薄一波文稿丛编

若干重大决策与事件的回顾【上】

薄一波　著

中共党史出版社

图书在版编目（CIP）数据

若干重大决策与事件的回顾 / 薄一波著 .—北京：中共党史出版社，2008.1（2025.10 重印）

ISBN 978-7-80199-892-7

Ⅰ．若… Ⅱ．薄… Ⅲ．历史事件 – 研究 – 中国 –1949—1966 Ⅳ．K270.5

中国版本图书馆 CIP 数据核字（2007）第 203310 号

书　　名：若干重大决策与事件的回顾
作　　者：薄一波

出版发行：中共党史出版社
责任编辑：郭宏　李晓倩
责任印制：段文超
社　　址：北京市海淀区芙蓉里南街 6 号院 1 号楼　邮编：100080
网　　址：www.dscbs.com
经　　销：新华书店
印　　刷：北京盛通印刷股份有限公司
开　　本：720mm × 1000mm　1/16
字　　数：778 千字
印　　张：58
版　　次：2008 年 1 月第 1 版
印　　次：2025 年 10 月第 24 次印刷
书　　号：ISBN 978-7-80199-892-7
定　　价：88.00 元（上下卷）

此书如有印装质量问题，请联系中共党史出版社读者服务部 电话：010-83072535

1991年薄一波在北京

重印说明

《若干重大决策与事件的回顾》，是薄一波同志晚年的重要著述，出版后受到了党内外和党史界、理论界的普遍赞扬，被称为“一部有长远历史价值的力作”。为了纪念薄一波同志诞辰一百周年，应广大读者要求，现由中共党史出版社重印该书。全书按人民出版社一九九七年修订版排印。

薄一波著作编写组
二〇〇八年一月

前　言

这是我的一部回忆并带有研究性质的书。写的是 1949 年到 1966 年“文化大革命”前党和国家有关经济和社会发展的一些重大决策的形成过程，以及一些重大事件的来龙去脉，故书名定为《若干重大决策与事件的回顾》。全书分为上、下两卷。

1949 年初，随着解放战争的胜利进行和党的工作重点从农村转到城市，我奉命参与接管北平和组建新中国财经领导机构的工作。建国以后，在毛主席和少奇同志、周总理、朱德同志、陈云同志、小平同志的直接领导下，我参与了财经和工交战线的领导工作，因此，对中央若干重大决策的形成过程和贯彻执行情况有所了解。多年来我有一个愿望，想以自己亲身经历的事情和了解的情况为基础，再查阅有关档案资料，写出一部书来。可是因工作量大，我又一直抽不出时间，迟迟没有动手。党的十三大后，中央分配我的日常工作有所减轻，这件事才总算提上研究日程。1988 年 4 月，我向中央政治局常委报告，希望在有生之年完成这项工作，当即得到了中央的赞同。在中央和中央党史工作领导小组的关心、指导下，在有关部门的支持和协助下，经过两年多的努力，这部书的上卷终于在党诞生 70 周年的前夕同读者见面了。

上卷是回顾从 1949 年接管平津、创建新中国到 1956 年社会主义改造基本完成八年间的重大决策和事件。这是中国社会大变动的时期。这个时期，党的最重大的决策和最有历史意义的事件，就是党领导人民在迅速医治战争创伤，卓有成效地恢复财政经济的基础上，不失时机地进行生产资料私有制的社会主义改造，消灭剥削阶级和剥削制度，成功地确立社会主义的基本经济制度，从而开创了中国人民建设社会主义的新时代。因此，这一卷的重点是告诉读者：党中央和毛主席作出这一历史性决策的时代背景和客观依据，以及党领导全国人民在实施这一决策的过程中所发挥出来的巨大聪明才智和创造精神。现在国内外许多人士正在对中国50年代的这一伟大社会变革进行研究，我希望本书对他们的研究能有所裨益。

下卷的写作正在着手进行。这一卷主要是回顾1957—1966年全面建设社会主义的10年中的重大决策和事件。这10年，也是我们党为探索适合中国情况的社会主义建设道路而经历的一个艰难曲折的时期。在探索中，既有成功的经验，也有失败的教训；决策上的失误比较多，付出了很大的代价。这一卷将尽量告诉读者：这些失误是怎样发生的，党和人民为纠正这些失误又做了哪些艰苦的努力和巨大的工作。深入地客观地分析和研究这段历史，"以史为鉴"，对我们在今后的建设中少走弯路，无疑是会有帮助的。

本书所涉及的主要历史经验和历史教训，在党的十一届六中全会通过的《关于建国以来党的若干历史问题的决议》中，已有基本的总结。我完全拥护这个决议。我觉得，《决议》对许多重大决策和事件毕竟只能作出原则性的论断，它们作为重要的历史研究课题，还需要进一步展开和进一步分析。我写这部书，也是想在这方面进行一些尝试。

由于本书不是写个人的事情，当然不同于一般的个人回忆录；但又包含着个人的回忆在里面，书中有不少情节是历史档案中所没有的。我觉得，把自己了解的情况如实地写出来，留给今人和后人去探讨，是我的责任。可以说，这部书是将个人的回忆和档案材料结合起来进行研究的产物。

研究中华人民共和国的历史，尽快写出一部好的"国史"来，是摆在我们面前的一项紧迫任务。我的这部书，如果能为中央有关部门撰写正式的中华人民共和国史和中共党史（社会主义时期），为有关研究机关和专家、学者从事这方面的研究提供一些史料和参鉴，我就感到很欣慰了。如果读者同志们能从本书中得到一些启发，从而加深对坚持党的“一个中心、两个基本点”的基本路线的认识，更加坚定社会主义的信念，进一步搞好现代化建设和改革开放，把建设有中国特色的社会主义的伟大事业推向前进，我就更感到欣慰了。

书中难免有不妥之处，请读者批评、指正。

薄一波

一九九一年四月于北京

目录

一　接管平、津

我们党领导的中国革命，沿着毛主席提出的用乡村包围城市、然后取得城市的道路，经过长期艰苦卓绝的斗争，到1949年终于获得了胜利。与此相适应，党的工作重心也由乡村移到城市。这是中国革命的又一次伟大的转变。在党的历史上，我们曾经经历过一次由城市到乡村的转变。那一次转变，开辟了中国革命走向胜利的道路，但是也付出了沉痛的代价。这一次转变，从一开始，就是在以毛主席为首的党中央的正确领导下有秩序地进行的。接管平、津，是胜利实现这次转变的一个重要标志，并为新中国的建立举行了奠基礼。我对建国以后党的若干重大决策与重要事件的回顾，就从这里开始。

(一)革命高潮的到来和先期赴北平的任务

进入1948年，革命形势发展很快，蒋介石的反革命统治已经注定走向灭亡。在这种情况下，党中央和毛主席在指挥作战的同时，开始了筹划迎接革命在全国胜利的各项准备工作。中央决定成立华北局，是准备工作中的一个重要组成部分。

同年2月16日，在西柏坡主持中央工委工作的刘少奇同志(1947年春国民党军队进攻陕甘宁边区的时候，中央决定：毛泽东、周恩来、任弼时同志继续留陕北指挥全国解放战争；刘少奇、朱德和董必武同志组成中央工作委员会，前往华北进行中央委托的工作)向中央提议，将晋察冀解放区和晋冀鲁豫解放区合并，两区中央局合并组成华北中央局。他在征求彭真、聂荣臻同志和我的意见并报中央的电报里说：“这两大解放区完全合并与统一后，即成为关内的基本解放区，发动五千万人民统一的力量，去支援西北、中原与华东，是不可限量的。”毛主席接电后，于2月20日复电少奇同志，要他召集彭真、聂荣臻、陈毅、邓子恢、康生、饶漱石和我，就两区合并组建华北局机构，以及创立大党校、大军校、大党报诸问题，做些具体讨论。当时的形势是：人民解放军已经转入全国规模的反攻，人民大革命的高潮已经到来，华北原来分割的各个解放区已经或将要连成一片。不失时机地将华北统一起来，对支援全国的解放战争是极为有利的。这是大的战略考虑。少奇同志主持讨论这件事的时候，原拟把山东和陕北都包括进来，因为饶漱石不同意，只把两大区合并在一起。在考虑华北局机构时，最初曾酝酿要我做书记。我当时在晋冀鲁豫中央局协助邓小平同志工作，小平同志到了大别山，中央局的事委托我主持。我考虑两区合并后的华北中央局由我主持，领导力量比较单薄，故建议少奇同志兼任书记。少奇同志说，兼任可以，工作还是你来做。

1948年3月23日，毛主席一行东渡黄河，经晋绥解放区，于4月中旬到达晋察冀中央局所在地的河北阜平，同刘少奇、朱德同志会合。同年4月30日到5月7日，中央书记处在城南庄举行会议，陈毅、粟裕、李先念、聂荣臻、张际春同志和我也参加了。在这次会议上，决定建立并加强华北、中原解放区的党政军机构。会后，中央于5月9日正式发出文件，将晋察冀和晋冀鲁豫两大战略区合并为华北解放区；华北中央局由刘少奇同志兼任第一书记，我任第二书记，聂荣臻同志任第三书记；华北军区由聂荣臻同志任司令员，徐向前同志任第一副司令员，我任政治委员；在华北人民代表会议召开前，先成立华北联合行政委员会，由董必武同志任主席。中央还委托华北局创办大党校、大军校、大党报及华北大学，并任命了主要负责人。

5月20日，华北局举行成立后的第一次会议，少奇同志到会讲了话。他说，“毛主席提出把战争引向蒋管区，建立华北局同这个部署有关系。今后华北的方针是建设，它的工作带有全国意义。除非世界形势大变，美国进来，石家庄被占（这是不可能的），华北要长期建设,要搞计划,逐步走向正规化”。

6月8日,华北局开会讨论办大党报问题,决定将《晋察冀日报》和晋冀鲁豫的《人民日报》合并,定名《人民日报》。在它作为华北局机关报期间,我常看大样。到北平后,毛主席曾向党内高级干部提起过这件事,要求党的负责同志亲自抓报纸。

华北局成立后,加强了建政工作。经过几个月的筹备,1948年8月召开了华北临时人民代表大会。会议决定将华北联合行政委员会改为华北人民政府,董必武同志当选为主席,我和蓝公武、杨秀峰同志当选为副主席。中央还任命我为政府党组书记。后来的中央人民政府工作机构,就是在华北人民政府工作机构的基础上组建起来的。华北局机关报《人民日报》也改为党中央的机关报。这张报纸,几经变动。1946年我去延安时,它还是晋冀鲁豫中央局的机关报,我请毛主席题写了《人民日报》的报头。以后,它成为华北局的机关报,我又请毛主席重新写过。它成为党中央的机关报后,又重写过一次。一直沿用到现在的《人民日报》的报头,是毛主席第三次写的。

1948年,党中央发布“五一”口号,号召召开新的政治协商会议,各民主党派和无党派爱国民主人士纷纷响应。同年9月,中央计划在战争的第四年即1949年下半年成立中央政府。不久,东北战场辽西大捷,毛主席开始部署第四野战军的部队南下夺取平、津。这一年的11月8日,党中央和毛主席决定把接管平、津的任务交给华北局。同时还决定:在北平解放后,由我先行赴平,为党中央机关进驻北平打前站。毛主席指示进北平要依靠工人阶级。他说:“蒋介石的国都在南京,他的基础是江浙资本家。我们要把国都建在北平,我们也要在北平找到我们的基础,这就是工人阶级和广大的劳动群众。”党中央、毛主席决定后,我马上着手进行赴平的各项安排。

(二)毛主席的谈话和中央关于接管城市的指导方针

平、津接管工作,中央决定由彭真、叶剑英和黄克诚、黄敬同志分别主持。彭真同志任北平市委书记,叶剑英同志任军管会主任兼市长；黄克诚同志任天津市委书记兼军管会主任，黄敬同志任市长。由于两市接管工作归口华北局负责，我又负有先遣任务，行前我专门到中央请示。毛主席同我进行了一次很重要的谈话，他首先特别嘱咐：城市接收工作主要是接收官僚资本；对民族工商业要好好保护，接收工作要“原封原样，原封不动”，让他们开工，恢复生产，以后再慢慢来。做好城市工作要依靠工人阶级，还要团结好民族资产阶级，跟他们保持长期的统一战线；现在是人民民主专政，不是搞无产阶级专政。接着，毛主席又谈到了郭沫若写的《甲申三百年祭》。他说，我们不能像李自成进北京，一进城就变了。这个时期，毛主席和中央其他几位领导同志多次谈到这个问题。有一次，毛主席当着中央和大区的一些同志的面说，新中国快要成立了，我们这些人将来都是要上历史的，不能像李自成进北京那样，要约法几章。这次毛主席又重提这一点，足见面对全国胜利的形势，怎样预防党执政后重蹈李自成式的因胜利而骄傲而腐化的覆辙，已成为他反复思考的大事。他还向我谈了党内，特别是党的高级干部一定要做到“几不”，即不做寿、不祝酒、不以人名作地名、活人不上舞台等。毛主席的这些话，不久得到了党的七届二中全会的认可，形成为全党必须遵守的规定。

在少奇同志那里，谈得较多的是关于对待民族工商业的政策问题。毛主席1948年提出要十分重视政策问题后，少奇同志很注意研究城市接管工作中的政策。后来中央陆续发出的几个有关城市接管工作的文件，例如中共中央关于接管官僚资本企业的指示，关于接管江南城市给华东局的指示等，都是他动手起草的。少奇同志同我谈的重点，是怎样利用私营工商业有益于国计民生的积极作用，以迅速恢复和发展生产的问题。

聆听毛主席和少奇同志的谈话，更加深了我对由乡村到城市这一历史转变的认识。我感到虽然在这之前对华北地区城市工作的经验教训作过总结，但毕竟还是些中小城市，现在要进入大城市，显然是不够了。我们党诞生在城市，但后来长时期生活、战斗在乡村，许多同志不熟悉城市工作，还有些同志难免用一种小生产者的观点去看待城市。华北最初接管城市，走过一些弯路，这是重要的原因。如收复井陉、阳泉等工业区，曾经发生乱抓物资、乱抢机器的现象，使工业受到了很大破坏。收复张家口的时候，不少干部随便往城里跑，乱抓乱买东西，有的甚至贪污腐化，领导机关也放松了乡村工作，引起部队战士和农村基层干部的不满。1947 年 11 月攻克石家庄，接管工作虽有所改进，但仍有不少士兵拿取东西，他们还鼓励城市贫民去拿。开始是搬取公物，后来就抢私人财物，以至于不得不实行戒严，甚至枪决了几个人来制止乱抢现象。进城后，外地机关纷纷派人前去抢购物资，四乡农民也准备乘势拥进来。邯郸、焦作、运城等几个城市也发生了类似的情况。在城市的管理上，自觉不自觉地搬用农村的经验，混淆封建主义和资本主义的界限，损害了工商业的发展。1948 年 4 月 19 日，我曾把这些情况写成专题报告送给毛主席。毛主席在这份报告上作了一条重要批注，指出：在城市或乡镇破坏工商业，“是一种农业社会主义思想，其性质是反动的、落后的、倒退的，必须坚决反对”。华北以至全党都曾经按照这一精神，在广大干部中进行教育，区分科学社会主义思想和农业社会主义思想的界限，端正思想，执行政策。从提出反对农业社会主义思想，到要求“原封原样、原封不动”地接管好城市，其间贯串着一个保护和发展生产力的马克思主义基本观点。我国经济落后，社会生产力水平低；但比起农村，城市的发展程度要高得多，少量的近代工业也主要集中在那里。在我们即将掌握全国政权的情况下，采取更为谨慎的政策，保护好城市这一部分较为先进的社会生产力，作为今后经济建设的基础，其意义就是很大的了。

1948 年下半年，我们陆续接管了若干较大的城市。其中，济南和沈阳的接管工作创造了许多新经验，对我们做好平、津的接管工作大有裨益。接管济南，是曾山同志主持的。1948 年 11 月 21 日，中央在批转他写的《关于接管济南的经验的报告》时指出：“关于接管济南经验的报告已收阅，甚好，当转发各局供他们参考。其中有些问题，如接管城市的事前准备，入城干部不忙工作而忙接收房屋、家具、汽车和乱抓物资、发救济粮，排挤蒋币，粮煤供应，处理敌伪反动分子、反动党派团体的党员会员和失业军人，组织各界座谈会与各界代表大会，建立革命秩序，收缴武装，处理敌产，开市开工开课及学校教育等，中央正在根据你和各地的报告，利用准备进入平、津的布置，起草与此有关的党内指示和军管期间的各项政策，以求解决这些问题。”

工业城市沈阳是陈云同志主持接管的。他当时担任东北中央局副书记，分管财经工作。东北局从军管会人员中抽调了4000名新老干部，由陈云同志率队，接管几个大城市。沈阳接管后，他还兼任了军管会主任。同年12月14日，中央批发了他写的《关于接收沈阳经验简报》。沈阳的经验，解决了接管工作中的两大难点，即怎样做到接收完整和怎样迅速恢复秩序。具体办法是："各按系统，自上而下，原封不动，先接后分"，做到接收得快而完整；同时，抓紧解决有助于在政治上、经济上稳定人心的关键问题，例如迅速恢复电力供应、解决金融物价问题、收缴警察枪支徒手服务、利用报纸传播政策、妥善处理工资问题等，城市秩序就能较快地恢复。陈云同志在简报中还建议组织专门接收班子。他说："接收一个大城市，除方法对头外，需要有充分准备和各方面能称职的干部。依目前形势看，中央和各战略区野战军，均需准备有专门接收大城市的班子，待工作告一段落，即可移交给固定的市委等机关。这样的接收班子，可以积累经验，其中骨干可以暂成专职，依次接收各大城市。”(《陈云文选》第1卷，第379页)当年苏军就有这样专职的接收班子。中央赞同陈云同志的意见，提议东北局将接管沈阳、长春两个城市的人员组成两个班子，为南下接管大城市之用；同时，从沈阳接管人员中抽调二三十个得力骨干给黄克诚同志，前往天津参加接管工作。毛主席关于“原封原样接收”的思想，吸收了陈云同志的做法，可以说是对已接管城市的正反两方面经验的高度概括。这一指示，成为全党做好城市接管工作的指导方针。

(三)平、津的做法和经验

1949年1月15日，中国人民解放军以战斗的方式解放天津。1

月 31 日，北平和平解放。我是在北平和平解放后的第三天进城的，华北局和华北人民政府也搬到北平办公。3 月初，党中央在西柏坡举行七届二中全会。中央决定我不参加，负责处理进北平的事务。七届二中全会后，毛主席和朱德、刘少奇、周恩来、任弼时同志率党中央和人民解放军总部机关于 3 月 25 日移驻北平。在这之前，3 月 21 日，为迎接党中央和毛主席迁平，我们在从前的六国饭店开过一次会，当时任四野司令员的林彪，以及罗荣桓、刘亚楼、彭真、叶剑英、聂荣臻、程子华、李维汉同志和我都参加了。当时曾提出，庆祝活动不宜扩大宣传，并向中央作了报告。可是，毛主席到了保定，连当地要开庆祝会也不同意。为这件事，周恩来同志当即电告华北局:“闻此地将举行庆贺大会，主席认为不妥，连北平也不要开庆祝大会，因以我党中央迁移名义，号召人民庆贺并不适当，望速停止北平及各地庆贺行动。”接报后，我马上转告了林彪、罗荣桓、彭真、叶剑英。事后，我感想很多。因为 2 月 14 日中央曾发来一个电报，指示在林伯渠同志将已到东北的一批党外民主人士迎来北平，同已在这里的民主人士汇集后，要我们专门召开一次欢迎大会，林彪、董必武、彭真、聂荣臻和我在开过欢迎会后，再到西柏坡参加七届二中全会(后又电告我留下)；现在又制止专为欢迎党中央迁平的集会活动。一个是要开欢迎会，一个是不要开欢迎会，两相比较，适成对照。看起来是两件具体事，却有深意。它不仅体现了我党严于律己和谦虚谨慎的态度，更重要的是体现了我党对各民主党派和一切爱国进步人士真诚团结合作的政策。我在这里还要特别讲一句，党中央不让我们组织群众开欢迎会，而当时北平各界人民以发自内心的热忱，自发地举行庆贺活动，那情景是十分感人的。

平、津接管工作，是在党中央和毛主席的直接领导下进行的。中央指出，平、津为全国观瞻所系，凡带政策性的决定，除中央已有具体规定者外，必须事先请示。中央对接管工作抓得很紧，过问也很细致。中央先后发来大量文电，指示接管工作中的政策问题，交待重大问题的处理原则。例如:关于入北平不再发任何宣传口号和不能把农村土改办法施行于大城市郊区的指示，关于接收官僚资本企业的指示，关于接管平、津司法机关之建议，关于北平各机关旧职员的处理原则的指示，关于工资问题复北平市委电，关于天津市旧有各种税收暂时照旧征收给平、津两市委的指示，关于私营工厂复工等问题给天津市委的指示，关于对外贸易方针问题的决定及对外贸易方针问题给华北局的指示，关于开滦问题给华北局的指示，等等。平、津市委和华北局遇事也及时报告，严格按照中央的精神进行工作。整个接管工作体现了党在建国初期的一个总的指导思想：一场大革命除必须破坏的以外，应尽量多保存一些有用的东西。这样做，政治上主动，经济上也便于恢复和发展生产力，有利于国家的长治久安。

接管平、津和其他大城市，标志着党的工作重心由乡村向城市的顺利转变。如果说过去的工作主要是破坏旧世界，今后则主要是建设一个新世界。这是很大的不同。接管工作的每一个具体环节，都要考虑到这个精神。我在这里只谈其中的几个问题。

1. 区别对待原有的政府机构和经济组织。

对国民党的政府机构原则上是打乱、解散；一般人员也给饭吃，但决不是原职原薪。除少数市政公用部门、卫生部门等机关人员外，对行政、司法、军事、警察等军政人员一般不依靠他们来进行工作，更不依靠他们原来的机构。一般的职员经过训练，除少数必要者回本机关外，主要是另行分派工作。有条件地利用旧警察和保甲人员暂时维持秩序，但这并不意味着承认他们在民主政权系统中的合法地位。

对原有的经济组织和企业机构，如铁路、邮政、电信、银行、工厂、矿山等，就不是打乱的办法了，而是原封原样接收下来，以后逐步进行改造。派去接收企业的负责人，尽可能选择准备留下来负责经营该企业的人员，承担现在接收与将来管理的双重责任，不使有“五日京兆”之心，以减少损失、浪费；凡企业的物资，包括已交国民党政府尚未收回货款的物资在内，都不得当作战利品没收，以维持继续生产的条件。如果把企业物资当作战利品用掉了，日后势必得另向企业付款才能正常开工生产。这两条曾经注意不够，吃过亏，中央专门向各地作了通报。接收原有的经济组织及企业机构后，我们留下来的军代表，仍要依靠原有的机构和人员继续维持工作，不代替他们去指挥管理，只负责监督他们的工作，保证上级命令的执行；原有的管理组织和规章制度，一般也暂不改动。

旧有的各种税收除少数苛捐杂税外，原则上照旧征收；房产及其租赁关系照旧维持，房租照旧由房东、房客议定。这两条也是接受了以往的教训。有些地方进城后曾实行过不收税的政策，结果反而引起人心不安，自己也没有财源；有的地方曾提出“人人有房住”，结果房客不交租，房东不修房屋、不出租房屋甚至拆掉房屋，我们又无法解决，也招致被动。

接管人员进入平、津后，有区别地对待不同性质的旧机构、旧人员、旧办法、旧制度，把革命进程中不可避免的破坏限制在最小的范围，能够保存的尽量保存，可以利用的尽量利用，哪怕是暂时的也好。这是马克思关于打碎旧的国家机器和对资本主义管理进行两重性分析的思想在中国具体条件下的灵活应用。

在这里还要特别说一下当时我们对待资本主义管理经验所采取的态度。1948 年 8 月 23 日，中央在给东北局的指示中，专门讲到过这个问题。那时，东北局接管了一批官僚资本企业，着手考虑如何改造的问题。中央针对他们的设想，讲了几点意见，其中有两点现在也还值得我们重视。

一是对于企业旧制度的改革采取怎样的态度比较妥当。中央认为，在我们还没有彻底了解情况准备好改革以前，只要照常生产，一般以维持原状不动为原则。必须经过调查研究，深思熟虑，订出办法和步骤，并经过宣传，群众有了准备，才能开始有计划有步骤地改革，才能避免由于盲目性和急躁性而发生政策性的偏向。

二是对于企业的旧制度怎样认识才符合实际。中央认为，必须有分析，完全否定是有危险的。指示里有这样一段话：“现时资本主义的工厂、企业管理制度是资本主义生产长期发展的结果，资本主义不仅为我们准备了科学技术，同时又为我们准备了一套管理制度；资本主义的管理制度，不仅有适应高度剥削需要的一个方面，也还有适应高度技术需要的一个方面。……我们的任务是批判地接受资本主义管理制度，发扬其合理性和进步性，去掉其不合理性和反动性。”中央考虑到当时我们管理企业的经验不多，还特别指出：“当我们还没有能够定出一套更合理更有效的制度来代替旧制度中某些不合理或过了时的东西时，宁肯不轻举妄动，以免影响生产组织，发生无政府状态。”

2. 既明确依靠工人阶级，又善于联合民族资产阶级。

党中央明确提出判断接管城市企业工作的好坏，要看工厂机器是否照常转动，工人是否照常工作。除了原封原样接收好官僚资本企业，还要保护好民族工商业，制止各种形式的侵犯工商业的现象。天津解放后，曾发生过工人分店铺的事。后来北平也出现了。迁就和迎合一部分工人的偏激情绪，斗老板，长工资，在私营企业里，特别是在小私营企业时有发生。所以，在接管工作中，贯彻对待民族资产阶级的政策，要着重强调克服“左”的思想，多讲团结这一方面，把实现尽快开工生产、开门营业作为劳资双方的共同责任。

依靠工人，就要教育工人。当时遇到的一个突出问题，是工人急切要求改善工资福利待遇。那时有一条原则，就是工人在国民党时期从斗争中得来的利益不要轻易取消，但是也不随意再许诺；在需要由工人作出暂时牺牲的时候，一定要同他们商量，取得多数的赞成才去做。工资福利问题涉及工人的切身利益，情况又复杂，当时不允许全盘解决。所以，中央三令五申必须谨慎对待，不能擅自行事。总的精神是按原标准照旧支付，只在严重不合理情况下才作个别调整。天津有些私营小企业，工资上升过快，造成经营困难；平、津邮政职工工资本来就高，冗员又多，华北交通部试图用一纸命令去降低，结果引起工人不满。这说明，谁不谨慎对待工资问题，谁就会吃苦头。

3. 实行包下来的政策，“三个人的饭五个人匀着吃，房子挤着住”。

对旧人员实行包下来的政策是早就定了的，在执行中有几件事没有处理好，出了些问题。一是北平和平解放后，遣散傅作义将军旧部军官1.8万人回绥远，虽然每人发了三个月薪水，但是他们并不满意，有些人回去就成了和平解放绥远的阻力；二是南京、上海、杭州解放后把旧人员裁了2.7万多人，引起波动，最后还得由我们负责安置。这两件事毛主席都批评了，认为还是养起来管饭吃好。他风趣地说："我们把南京国民党政府的大灶打破了，如果不给人家饭吃，人家就要另起炉灶。重庆谈判时，蒋介石不要我们另起炉灶，我说不另起炉灶就要在你的灶上吃饭。今天我们如果不把人家养起来，人家也要'另起炉灶'。"前一件事华北局有责任。我检讨说，这是花三个月薪水买了个"政策错误"。我多次用这件事说明看问题不能目光短浅，要看到政治影响。当然，政治不能代替一切，不能不顾及经济；但是，如果不注意从政治上考虑问题，只看眼前，不看将来，只看到一个侧面，不看到全面，只看经济上是否吃得消，不看政治后果如何，这样的政策对党和人民事业的发展是不会有利的，最终也是行不通的。从政治上周密考虑和正确处理问题，归根到底，也是为了保证和促进经济的发展，是更好地顾及经济。人总要吃饭，包下来，进行教育，再转入生产的办法比较好。这是有秩序地给饭吃，比把社会弄得乱七八糟好。社会安定了，才会较易于恢复和发展经济。历史证明这是有远见的政策。平、津接管中还考虑过裁减冗员与管理机构的问题，中央都决定暂缓执行，也是从政治上考虑的。1949年9月24日中央在关于旧人员处理问题的指示中说：包下来"一不是原职原薪，二不是原封不动，要同这些留用人员说明人民与政府的困难，适当降低待遇，三个人的饭五个人匀着吃，房子挤着住"；"一切人民政府机关，财政机关，特别是企业机构，均须改变国民党官僚主义效率低下的作风，闲杂人员及庞大的机关应加以精简，但对精简下来的人员，不可踢开不管，而应举办大的训练班，受训期间照减低后的薪资打六折至七折（薪水低的可少打折扣）发给，以保证他们及其家属的生活，学习成绩须认真加以考核，量材录用，学习好的尽先录用"。这是一种特殊的社会政策。实行这样的政策曾得到了多方面的好处，它的历史作用是不应该抹煞的。

4. 立足于自力更生克服困难。

华北1949年既要支援战争，又要渡过严重的灾荒，进入平、津后又增加了新的困难。毛主席在年初的一次政治局会议上就曾经提醒全党，准备应付困难。他说：“我们的胜利越大，包袱也越大，届时很可能觉得打仗还比较容易些。”尽管这样提醒了，许多同志却不这样看，总觉得胜利了一切总会好起来；一旦遇到困难，便希望别人来帮助。早在 1948 年 5 月 28 日，毛主席在给东北局的一封电报中就指出：“凡在有借有还之商业性协定以外之要求，则必须遵守自力更生不依赖外援之原则，非万不得已不要轻易提出要求。”毛主席讲的思想，奠定了进城后处理对外经济关系的一般原则。华北解决面临的困难，也必须按毛主席讲的办。1949 年 8 月 13 日，我在同参加全国工会工作会议的华北代表座谈时，向他们说，克服困难的办法是精兵简政，节衣缩食，清理家务。经过自己的各种努力，华北比较顺利地渡过了 1949 年的灾荒。

5. 用严格的纪律来保持党的优良作风。

我们党和党所领导的人民军队，所以能够战胜比自己强大得多的国民党反动派及其几百万军队，重要原因之一，是它具有国民党不可能具有的艰苦奋斗的优良作风。曾任国民参政会参政员的黄炎培等 1945 年 7 月访问延安时，对这一点感触颇深。但是，他对中国共产党能否在环境变化以后继续保持这样的作风，也有些疑问。对于这样的疑问，党中央和毛主席并不是简单地回答完事，而是以很高的警觉来对待这个问题。在即将取得全国胜利的形势下，不仅告诫全党同志必须戒骄戒躁、谦虚谨慎，而且采取了相应的措施。其中，强调党的纪律的严肃性，规定各级党组织和党员必须遵守的制度，就是一项意义重大的措施。

1948 年 1 月 7 日，毛主席代中央起草的关于建立报告制度的党内指示中规定：“各中央局和分局，由书记负责（自己动手，不要秘书代劳），每两个月，向中央和中央主席作一次综合报告。报告内容包括该区军事、政治、土地改革、整党、经济、宣传和文化等各项活动的动态，活动中发生的问题和倾向，对于这些问题和倾向的解决方法。”（《毛泽东选集》第 2 版，第 4 卷，第 1264 页）这就是有名的“子虞电”。

同年 4 月，毛主席向全党和全军发出了“军队向前进、生产长一寸、加强纪律性”的号召。

进北平前，毛主席提出要约法几章，并在党的七届二中全会上正式规定了下来。进城前后，全党上下的纪律观念是很强的，令行禁止，毫不含糊。当时规定由我们这些大区负责人亲自动手写的报告，如果遇到特殊情况不能如期报送的话，是必须事先或事后说明理由的。我有几次遇到这种情况，都一一向中央作了交待。列宁讲党必须有铁的纪律，我们是讲必须有严格的纪律。用词虽有不同，实质是一样的。我们党正是依靠这样的纪律，保证了由乡村到城市的顺利转变，保证了党在那个时期能够始终保持良好的作风。

(四)进城以后乡村仍然是党必须关注的关键环节

接管平、津，开始了以城市为中心来领导乡村的新时期。但是，城乡必须兼顾，决不可以丢掉乡村，只顾城市。进城后，华北有的同志曾经产生过看轻农村的想法，看不到恢复城市经济仍然必须从农村做起，即从恢复和发展农村市场入手。从华北地区的情况看，当时的困难主要是农民缺乏购买力。农民购买力低，工业品没有市场，城市要恢复和发展生产是比较困难的。所以，解决问题的出路，归根到底在于发展农业，在于提高农民的购买力。我们那时提出搞赊销，不仅农民欢迎，资本家也欢迎。华北已经完成了土地改革，农民的购买力仍然比较低；在没有经过土地改革的新区，更可想而知。民以食为天，无论是解决中国几亿人口的吃饭问题，还是恢复和发展国民经济，都必须继续把乡村作为关键环节去抓。我在1949年5月份写给中央的综合报告里说：“目前在发展农工商业的轻重缓急上存在着分歧，我认为必须大力恢复发展农业，这是发展工业的前提之一。”当时有的同志怀疑这样做是不是违背七届二中全会的精神，我们说，一点也不违背，不仅不违背，这也是全会决定把工作重心移向城市的同时所要求的。不能因为进了城，一夜之间就不抓农村了。恰恰相反，农村仍然需要抓，而且需要狠狠地去抓，一直抓下去，毫不放松。进城以后，华北及时地提出这个问题，纠正了少数同志一度有过的错误想法，没有出现大的偏差，农业生产在1950年就基本上恢复到了战前水平。

1951年9月，华北召开了一次县长会议，解决在新的基础上实现农业扩大再生产的问题。我代表华北局在会议上作了报告，提出了十项农业生产建设措施，中央后来转发了。从大区和省这两级领导机关检查，所不足的是，在抓城市工业上下的功夫不够，在把领导工作的重点放在工业这一点上比有的大区晚了一步。为解决这个问题，华北局在同年11月召开扩大会议，作出了关于把领导工作的重点放在工业上来的决议，与此同时还作出了关于进一步提高农业生产问题的决议，要求"将华北党的工作重心明确地转到工业上来，但决不能放松对农业生产的领导。省委仍须重视领导农业生产，地委和县委除了以一定的力量加强对手工业生产的领导外，必须以极大力量领导农业生产"。中央认为这两个决议的精神都是正确的，也转发了。我所以要讲这件事，是想结合自己有过的经验教训说明这样一个问题：在我们的领导工作中，怎样兼顾好城市与乡村、工业与农业这两个方面，是一篇很复杂的大文章，要做好它是不容易的。无论过去、现在还是将来，都要始终谨慎地处理好这些矛盾，防止出现大的偏差，以利保持社会的安定和整个国民经济的稳定发展。

二　新中国的建立

接管平、津工作告一段落后，中央确定我为中共代表之一，参加新政协的筹备工作。随后，我又以华北解放区首席代表的身份，出席了中国人民政治协商会议，并当选为中央人民政府委员，使我有机会参与了共和国的筹建工作，并对建国前后的若干重大决策有所了解。

中华人民共和国的建立，是中国革命史上的伟大里程碑，具有极其深远的意义。我们党关于建国的主张，主要通过建国纲领中若干重大决策体现出来。因此，我对新中国建立的回顾，着重于若干决策的形成。

（一）七届二中全会绘制的新中国建设蓝图

1949 年 3 月在河北省西柏坡村召开的七届二中全会，是一次为解放南半个中国和勾画新中国建设蓝图的极其重要的会议。当时，我奉命留守北平，没有出席会议，但会议前后展开的重大工作都是亲身经历过的。我想围绕着农业国变工业国这一建设新中国的重要蓝图，谈谈自己了解的情况。

七届二中全会召开之前，党中央就为创建新中国做准备了。1948 年 9 月，召开了中央政治局会议。毛主席在会上讲话时指出："新民主主义中有社会主义的因素，在政治、经济、文化各方面都是这样，并且是领导的因素，而总的说来是新民主主义的。""在我们社会经济中起决定作用的东西是国营经济，公营经济，这个国家是无产阶级领导的，所以这些经济都是社会主义性质的。农村个体经济和城市私人经济在量上是大的，但是不起决定作用。我们国营经济，公营经济，在量上较小，但它是起决定作用的。我们的社会经济名字还是叫新民主主义经济好。”“资产阶级民主革命完成之后，中国内部的主要矛盾就是无产阶级与资产阶级之间的矛盾，外部就是与帝国主义的矛盾。”（当然，这两个矛盾要区别对待：一个是与资产阶级的矛盾，是人民内部矛盾；一个是与帝国主义的矛盾，是敌我矛盾。——一波注）“我们努力发展国家经济，由发展新民主主义经济过渡到社会主义，……至于经济成分的分析还要考虑。”刘少奇同志在会上就新民主主义社会的经济构成、主要矛盾以及如何由新民主主义向社会主义过渡等重大问题发了言。毛主席赞同少奇同志的意见，并嘱托他对新中国经济成分的分析作进一步的思考，草拟文件提请二中全会讨论。

恰在这时，中央政治局委员、东北局常委张闻天同志向中央提出了《关于东北经济构成及经济建设基本方针的提纲》。东北解放较早，许多工作先走了一步，这就使闻天同志有可能和有条件对那里的实践进行调查研究，对经济成分作出系统和科学的分析。这份提纲，是理论和实践结合的产物，受到了毛主席和少奇同志的高度重视。9月间，毛主席在修改这个提纲时，强调了以下五点：(1)实行国民经济组织性与计划性必须严格限制在可能和必要的限度内，国营经济首先要适应这种组织性与计划性；(2)除开国家总的计划外，必须特别重视地方性的国民经济计划；(3)使合作社成为普遍的社会制度，必须经过长时期的艰苦工作，才能一处一处和一步一步地做到；(4)在批判小资产阶级或资产阶级路线时，又必须严格防止任何急性的“左”倾冒险主义；(5)由于有了多种经济成分，而且有了私人资本主义经济，特别是商人资本主义这一切情形，这使我们必须有无产阶级明确而周密的经济政策、经济计划与整套的经济组织去指导国民经济建设，绝不容许有任何的模糊和混乱。随后，少奇同志对提纲作了精心的修改。10月26日，毛主席看完修改稿后批示：“少奇同志，此件修改得很好。在第二十九页上，‘决不可采取过早地限制私人资本主义经济的办法’，改为‘决不可以过早地采取限制现时还有益于国计民生的私人资本主义经济的办法’。因为就我们整个经济政策说来，是限制私人资本的，只是有益于国计民生的私人资本，才不在限制之列。而'有益于国计民生'，这就是一条极大的限制，即引导私人资本纳入'国计民生'的轨道之上。"修改后的提纲，曾印发给东北局、华北局和部分领导同志征求意见。

我认为，党中央和毛主席、少奇、闻天同志对经济建设方针的探索和对提纲的修改过程，是一次理论联系实际的调查研究。如果没有这种调查研究，就不可能产生认识上的飞跃，也就写不出七届二中全会符合中国国情的经济建设指导方针。调查研究，犹如毛主席讲的"十月怀胎"。一个高明的领导者，应该首先把主要的精力放在弄清情况上，这样做出的决策才有科学依据。"情况明，决心大，方法对"，才能把中国的事情办好；"情况不明，决心大"，就可能把事情弄糟。处理复杂的经济问题尤其如此。所以，准备会议、准备文件，都应把功夫用在调研上，这是很值得记取的一条重要经验。

1949 年 1 月 8 日，中央政治局举行会议，对召开七届二中全会做了具体安排。毛主席在会上的讲话中，论述了经济建设方针。指出："今后对经济构成是应有一个通盘的认识。国营经济是带社会主义性质，合作经济也是带社会主义性质并向社会主义前进的，国家资本主义经济、私人资本主义经济和个体经济，那个东西基本上(是)对的，但要注意两条战线斗争。一方面不要以为新民主主义经济不是计划经济，不是向社会主义发展，而认为是自由贸易、自由竞争，向资本主义发展，那是极端错误的。……另一方面，必须注意，必须谨慎，不要急于社会主义化。"毛主席的这些思索，构成了七届二中全会的重要内容。

毛主席在七届二中全会上作的报告，可以说是集全党智慧之大成。报告的内容宏大精深，是一篇建设新中国的纲领性文献。这里，我不可能一一介绍，只想谈一点自己的体会。

毛主席在报告中提出的"使中国稳步地由农业国转变为工业国，把中国建设成一个伟大的社会主义国家"的战略构想，是建立在对国情分析的坚实基础之上的。这至少包括两方面：

第一，对政治形势的分析和与之相适应的转移党的工作重心的战略决策。毛主席说："我们很快就要在全国胜利了。……夺取这个胜利，已经是不要很久的时间和不要花费很大的气力了；巩固这个胜利，则是需要很久的时间和要花费很大的气力的事情。""从一九二七年到现在，我们的工作重点是在乡村，在乡村聚集力量，用乡村包围城市，然后取得城市。采取这样一种工作方式的时期现在已经完结。从现在起，开始了由城市到乡村并由城市领导乡村的时期。党的工作重心由乡村移到了城市。"适应这种工作重心的战略转移，从方针上讲，要解决好两个问题：一是"城乡必须兼顾，必须使城市工作和乡村工作，使工人和农民，使工业和农业，紧密地联系起来。决不可以丢掉乡村，仅顾城市"；二是"必须用极大的努力去学会管理城市和建设城市"(《毛泽东选集》第2版，第4卷，第1438、1426—1427页)。从我们接管城市的第一天起，我们的眼睛就要向着这个城市的生产事业的恢复和发展(第一是国营工业的生产，第二是私营工业的生产，第三是手工业生产)。城市中其他的工作，都是围绕着生产建设这一个中心工作并为这个中心工作服务的。在城市工作中，"我们必须全心全意地依靠工人阶级，团结其他劳动群众，争取知识分子，争取尽可能多的能够同我们合作的民族资产阶级分子及其代表人物站在我们方面，或者使他们保持中立，以便向帝国主义者、国民党、官僚资产阶级作坚决的斗争，一步一步地去战胜这些敌人。"(《毛泽东选集》第2版，第4卷，第1427—1428页)

第二，对基本国情的分析和与之相适应的经济建设的指导方针。毛主席指出："中国的工业和农业在国民经济中的比重，就全国范围来说，在抗日战争以前，大约是现代性的工业占百分之十左右，农业和手工业占百分之九十左右。这是帝国主义制度和封建制度压迫中国的结果，这是旧中国半殖民地和半封建社会性质在经济上的表现，这也是在中国革命的时期内和在革命胜利以后一个相当长的时期内一切问题的基本出发点。"(《毛泽东选集》第2版，第4卷，第1430页)从这个基本国情出发，毛主席阐明了一系列战略上、策略上和政策上的问题，精辟地分析了新民主主义五种经济成分和党在革命胜利后所应采取的方针，既反"左"，又反右，处处闪烁着实事求是的唯物辩证法的光辉，为如何由农业国变工业国绘制了一幅清晰的蓝图。它的基本点是：

1. 革命胜利后，我们建立的是新民主主义社会，新民主主义社会是过渡性质的，五种经济成分并存是新民主主义社会的经济形态；由于社会主义性质的国营经济起决定作用，其前途必然是社会主义的。

2. 新民主主义的基本经济纲领，是在国营经济的领导下，多种经济成分并存、共同发展。实行公私兼顾、劳资两利、城乡互助、内外交流的政策。在革命胜利后的一个相当长的时期内，还需要尽可能地利用城乡私人资本主义的积极性，以利于发展社会生产力，促进国民经济的恢复和发展。

3. 利用、限制和改造是我们对民族资本的总方针。因此，限制和反限制，将是新民主主义国家内部阶级斗争的主要形式。我们对民族资产阶级既团结，又斗争。对内节制资本，对外统制贸易，是新中国在经济斗争中的两个基本政策。谁要是忽视或轻视了这一点，谁就将要犯绝大的错误。

4. 必须谨慎地、逐步地、积极地引导占国民经济总产值 90%的分散的个体的农业经济和手工业经济向着现代化和集体化的方向发展。单有国营经济而没有合作社经济，我们就不可能领导劳动人民的个体经济逐步地走向集体化，就不可能由新民主主义社会发展到将来的社会主义社会。

5. 实现由农业国变工业国的时间，毛主席曾多次估计大约需要 15 年到 20 年，即三个五年计划或更多一些时间。

毛主席的报告，全党同志特别是党的高级干部是衷心拥护的，认识是一致的。但是，后来在发展农村互助合作等问题上，却产生了一些认识上的分歧。究竟原因在哪？经过多年的思考，我觉得起码有两方面的原因：一方面，从根本思想上说，七届二中全会制定的路线，标志着党和人民选择了社会主义道路，这是因为新民主主义中有起决定作用的社会主义因素，从新民主主义到社会主义的过渡时期，是属于社会主义范畴的。建国后，我们实行新民主主义经济政策，目的是促进生产力的恢复和发展，创造条件向社会主义过渡。后来党内认识上有些分歧，跟对毛主席这一战略思想的理解不深有关。另一方面，由于胜利的提前到来，部分农民在得到土地后，为了解决发展生产中的困难，已不满足于变工队、互助组的方式，而开始要求组织半社会主义性质的农业生产合作社。毛主席积极支持了农民中的集体生产积极性，这是正确的，但现在看来，他当时对农民中的个体生产的积极性的确有所忽视，后来在农业的社会主义改造中步骤也搞得有些急了。这些，都是革命实践中难于避免的，马克思主义者不是算命先生，革命也不是按某个“先哲”拟订的方案进行的，只能通过实践的发展不断完善。党的领袖人物，在革命的转折关头能指明历史发展的趋势，就很了不起了。因此，我们在研究历史时，要采取历史唯物主义的态度。我们讲不足，不是说三道四，而是从历史的经验教训中吸取营养，使我们变得更聪明些，把今天要办的事情办得更好。

（二）关于《共同纲领》

我们党在1948年庆祝五一国际劳动节的口号中，提出了召开新政治协商会议的倡议。1949年9月召开了中国人民政治协商会议第一届全体会议，商讨组建新中国的人民政权。10月1日，举行开国大典，毛主席在天安门城楼上庄严宣告，中华人民共和国成立。这里，我想记述三个问题。

1. 毛主席对新中国国体和政体的构思。

党中央和毛主席在绘制新中国建设蓝图的同时，就开始考虑和酝酿如何组建新中国的人民政权了。在1948年9月召开的政治局会议上，毛主席明确指出：“我们政权的阶级性是这样：无产阶级领导的，以工农联盟为基础，但不是仅仅工农，还有资产阶级民主分子参加的人民民主专政。”“我们采用民主集中制，而不采用资产阶级议会制。议会制，袁世凯、曹锟都搞过，已臭了。在中国采取民主集中制是很合适的。我们提出开人民代表大会，……不必搞资产阶级的国会制和三权鼎立等。”这就把新中国政权的性质和构成形式即国体和政体揭示出来了。为什么要采用这样的国体和政体？1949年1月底2月初苏共中央政治局委员米高扬来华时，毛主席曾告诉他：这是由中国的经济条件（我理解可能是指我们的经济还很落后，还需要多种经济成分并存，还需要利用有益于国计民生的城乡资本主义成分的积极性，因而在政治上需要团结民族资产阶级共同奋斗。——一波注）、政治条件（国民党完全丧失威信，共产党领导军队，取得领导权）、革命条件（广大群众由下至上的彻底革命）、群众条件（议会制度在中国彻底丧失威信，从袁世凯、曹锟直至蒋介石的国大均失败了），以及采用这种形式最利于与民主人士合作（既能保障我党领导权，又能联合一切民主力量），诸因素所决定的。1949年3月，在七届二中全会上，毛主席点明，他和恩来同志参加政府，他任总主席，恩来同志任内阁总理。这就从组织上保证了中国共产党在政权中的领导地位。6月30日，毛主席在《论人民民主专政》的著名论文中，又从历史、现实和理论结合的高度上对此作了精辟论述，深刻地指出："资产阶级的共和国，外国有过的，中国不能有，因为中国是受帝国主义压迫的国家。唯一的路是经过工人阶级领导的人民共和国。""以此作为条件，使中国有可能在工人阶级和共产党的领导之下稳步地由农业国进到工业国，由新民主主义社会进到社会主义社会……""总结我们的经验，集中到一点，就是工人阶级（经过共产党）领导的以工农联盟为基础的人民民主专政。"（《毛泽东选集》第2版，第4卷，第1471、1476、1480页）毛主席的这些思想，为《共同纲领》的制定奠定了理论和政策基础。《共同纲领》的通过，又成为团结全国人民建设新民主主义中国的大宪章。人们把"四项基本原则"称作立国之本。坚持党的领导、坚持人民民主专政这两条原则，40年前就载入了《共同纲领》。这说明，在中国人民革命胜利后，党和人民选择的通过人民共和国走上社会主义的道路，是完全正确的。

2.《共同纲领》中何以未写社会主义？

多年来，一些党史工作者对《共同纲领》未写社会主义而提出过各种不同的理解。据我所知，其所以不写，既不是一时疏忽，也不完全是出于策略上的考虑（如有人说是为了麻痹资产阶级等），而是从当时的实际出发，经过中央慎重考虑作出的决策。也就是说，我们党在立国之初，要搞一段新民主主义，是真心实意的。这从中央领导同志的言论中可以得到印证：

1949 年 8 月 26 日，毛主席在政协筹备会常务委员会上指出：纲领中只说现阶段的任务，如果再说得远一点就变得空洞了。就是说，纲领是带有时间性、有变动的。它是行动纲领，是为着规范当时的行动而规定的；它不同于《宣言》，不是描绘新中国社会发展前途的图画。

9 月 21 日，少奇同志代表我们党在政协开幕式上致词时指出，《共同纲领》是“一部人民革命建国纲领”。它包括了共产党的全部最低纲领。“共产党的当前政策，就是要全部实现自己的最低纲领。”(《刘少奇选集》上卷，第 434 页)

9 月 22 日，恩来同志作《共同纲领(草案)》说明时指出：总纲之所以没有明确地把新民主主义向更高级的社会主义和共产主义这个发展前途写出来，是因为考虑到：“应该经过解释、宣传特别是实践来证明给全国人民看。只有全国人民在自己的实践中认识到这是唯一的最好的前途，才会真正承认它，并愿意全心全意为它而奋斗。”“这个纲领中经济的部分里面，已经规定要在实际上保证向这个前途走去。”“所以现在暂时不写出来，不是否定它，而是更加郑重地看待它。”(《周恩来选集》上卷，第 368 页)稍后，他还讲过，不写入社会主义的前途，是因为今天的条件还不成熟，今天的民族资本主义还有它的历史任务，过早提出来会乱了资产阶级的阵脚。1952 年 6 月，他又进一步指出，当时不写入，是为了避免急躁地把前途当作今天要实行的政策，避免发生“左”倾错误。

我记得，没有写入《共同纲领》的，还有“不劳动者不得食”。因为这个原则是表明人人都应有工作，是社会主义性质的，在当时还做不到。

3. 确定同党外民主人士长期合作的政策。

1949 年初，党中央和毛主席考虑联合政府的组成时，曾设想过在联合政府中，中共与进步分子合为三分之二，中间与右翼占三分之一。七届二中全会上，毛主席从稳步地实现民族的昌盛和国家的富强的战略高度，指出："我党同党外民主人士长期合作的政策，必须在全党思想上和工作上确定下来。我们必须把党外大多数民主人士看成和自己的干部一样，同他们诚恳地坦白地商量和解决那些必须商量和解决的问题，给他们工作做，使他们在工作岗位上有职有权，使他们在工作上做出成绩来。"(《毛泽东选集》第 2 版，第 4 卷，第 1437 页)在进北平的途中，毛主席又交待周恩来同志：对做过贡献的各民主党派领导人，应该在政府里安排职务。我们党是这样说的，也是这样做的。请看当时中央人民政府的人事安排：副主席 6 人中，党外人士 3 人(宋庆龄、李济深、张澜)；委员 56 人中，党外人士 27 人(何香凝、赛福鼎、陈嘉庚、马寅初、马叙伦、郭沫若、沈钧儒、沈雁冰、陈叔通、司徒美堂、李锡九、黄炎培、蔡廷锴、彭泽民、张治中、傅作义、李烛尘、李章达、章伯钧、程潜、张奚若、陈铭枢、谭平山、张难先、柳亚子、张东荪、龙云)。再看政务院的人事安排：4 名副总理中，党外人士 2 人(郭沫若、黄炎培)；15 名政务委员中，党外人士 9 人(谭平山、章伯钧、马叙伦、陈劭先、王昆仑、罗隆基、章乃器、邵力子、黄绍竑)。在政务院所辖 34 个部、会、院、署、行中，担任正职的党外人士 14 人(其中郭沫若兼任两个正职)，具体任职如下：

文化教育委员会主任郭沫若
人民监察委员会主任谭平山
轻工业部部长黄炎培
邮电部部长朱学范
交通部部长章伯钧
农业部部长李书城
林垦部部长梁　希
水利部部长傅作义
文化部部长沈雁冰
教育部部长马叙伦
卫生部部长李德全
司法部部长史　良

华侨事务委员会主任何香凝

科学院院长郭沫若

出版总署署长胡愈之

(上述民主人士中,后来个别同志恢复了共产党党籍,有少数同志加入了中国共产党。——一波注)

作出这样的安排,充分地显示了我们共产党人立党为公,执政为民,励精图治,不谋党派和个人私利的坦荡胸怀,受到了各民主党派的衷心拥护和高度赞扬,极大地调动了他们建设新中国的积极性。

记得在开国大典之后不久,我曾根据毛主席指示的精神,针对着一些同志认为对民主人士、起义将领安排高位是否右倾的想法,几次在华北局干部会上指出:毛主席常说,我们不能再长征了,我们要千秋万代长坐北京,没有党外人士进入政府就不行。安置他们(如傅作义、程潜)要各得其所,要用大位置才能安置。我还说过,安排民主人士好处很多:第一,可以"赚"人,各方面的非党人物都有当副主席、部长、司令员的,"朝里有人",国民党不打自垮。前几天不是就从香港飞来12架飞机吗?这是对革命有利的。第二,可以"赚"来四万万人民,赚来土地改革。第三,可以"赚"一个社会主义。这叫做和平过渡到社会主义。所以,要反对"麻烦说"、"捣乱说"、"吃饭说",要反对关门主义。1949年11月13日,针对交通部党组个别领导成员在与党外人士合作中出现的问题,我曾以中财委分党组的名义作过批示:(1)要使党外人士有职有权。这不是句空话,共产党员应保证这句话不折不扣地实现。不论上级、同级、下级都应尽到自己职份内的责任,不能因为党内已有决定而不去就商党外人士。该商量的必须商量,该请示的必须请示,该经过的必须经过。在工作中遇到党外人士有不同意见时,不应做硬性决定,除检查自己意见有无不妥外,还应耐心说服党外人士始能作决定。(2)一切重要决定,须请应该参加的党外人士(如部长、副部长等)共同讨论。这决不只是形式问题,而是应该取得他们的实际同意,使他们真正有参加决定大事之权。许多事情需要党组事先商量,需要有党的明确领导。但这决不是说，一切事先商量好了，然后拿出去通过了事。相反，有些事党内可以不事先商量，直接提到会上讨论。如同中财委的委务会议那样，大事亦可讨论，党内意见亦不必尽同，反而更活泼些。(3)日常处理的重要事情均应让党外人士知道。如电报、公文，上级来的指示，下级送的报告，都要送给应该看到的党外人士看。这样，每天在做些什么事情，他都知道。(4)用人也应与党外人士商酌。党外人士所举荐的人，更应慎重考虑，能用者尽量予以录用。

重提上述这些事情，无非是想说明，从新中国诞生起，党中央就十分注意奠定和加强我党与党外人士真诚合作的基础。我觉得，党外人士参加政府最大的好处，是使我们的耳朵能经常听到不同的声音，从而使事关国家和人民的大事、要事，办得更谨慎、更好些。经过长期斗争考验而形成的在中国共产党领导下的多党合作和政治协商制度，是我国国情所决定的，也是我国政治制度的一个重要的特点和优点。

(三)“一边倒”的外交格局

“一边倒”的外交格局，有一个逐步形成的过程。它是历史的产物，并不是哪一个人心血来潮所决定的。在第二次世界大战结束和中国抗日战争胜利后，国际上存在着以苏联为首的社会主义阵营与以美国为首的资本主义阵营的尖锐对立和斗争；国内存在着共产党领导的革命武装集团与国民党领导的反动武装集团的尖锐对立和斗争。蒋介石国民党要内战、独裁，就要卖国，就要投靠美帝国主义；而美国为了企图控制中国，也必然支持蒋介石，反对中国共产党。我们党要取得革命胜利，主要靠自力更生，也离不开国际的援助，首先是苏联为首的社会主义阵营的援助。苏联政府宣布对日作战，苏军出兵东北，对中国取得抗日战争的胜利起了重要的推进作用，同时对我们党反对国民党的斗争也是有利的。国、共双方，犹如两个人打架，苏联这个巨人站在我们背后，这就极大地鼓舞了我们的锐气，大杀了国民党的威风。“一边倒”的外交格局，就是在这种国际大背景下形成的。

1. 建国前夕，刘少奇同志率中共代表团访苏，就建国大计和增进两党关系听取斯大林的意见。

在 1948 年 9 月的政治局会议上，毛主席指出："关于完成新民主主义到社会主义的过渡的准备，苏联是帮助我们的，首先帮助我们发展经济。"会后，9 月 28 日，毛主席关于九月会议向斯大林的通报中提到，有许多问题要向斯大林和联共中央通报，准备 11 月末赴莫斯科。10 月 16 日，毛主席致电斯大林："召开政协，成立临时中央政府，待我十一月到你那商定。"(虽然共产国际已取消，我们还是把苏联看成老大哥，有大事还是和它商量。——一波注)12 月 30 日，毛主席又电告斯大林：正召集高岗、饶漱石、薄一波、刘伯承、陈毅、罗荣桓、林伯渠诸同志来中央所在地开会，讨论 1949 年整个战略方针问题和准备召开七届二中全会(1949 年春季)。这个会开完即去莫斯科，然后回来开二中全会。后因交通不便，接着毛主席又要指挥淮海、平津战役而未能成行。斯大林委派苏共中央政治局委员米高扬于 1949 年 1 月 31 日飞抵西柏坡，听取我党中央的意见。毛主席和少奇、恩来、朱德、弼时同志，就战略方针、军事部署、和平谈判及其发展前途、政治协商会议、联合政府及其纲领、建都问题、经济政策及建设计划、外交根本政策及目前策略，以及中苏关系、两党关系等问题，同米高扬交换了意见。

3 月 25 日，中央机关进驻北平之后，建国问题已迫在眉睫。党中央和毛主席决定由少奇同志率中共代表团(团员有高岗、王稼祥)访苏，6 月 26 日代表团抵达莫斯科。28 日晚，斯大林和莫洛托夫、马林科夫、米高扬会见刘、高、王，祝贺中国革命的胜利。7 月 4 日和 6 日，中共代表团提出需向斯大林商谈的问题，其中包括：贷款和专家问题，关于国际形势的估计，在莫斯科向苏联学习的内容，请苏联帮助办一个培养建设管理人才的专门学校(即中国人民大学)，以及中苏交通问题、文化交流问题、贸易问题，等等。7 月 11 日，中共代表团参加苏共中央政治局会议，商谈增进两党关系问题。15 日至 26 日，代表团与苏联国家计委、财政部、商业部、国家银行负责同志交谈，并参观工厂、集体农庄。27日，刘、高、王与斯大林、布尔加宁、华西列夫斯基商谈军事计划。30日，少奇同志与马林科夫在克里姆林宫签订贷款协定。同日，高岗回国。8月2日，毛主席电请少奇同志回国，参加人民政协和新中国的组建工作。9日，刘亚楼、张学思同志抵莫斯科，与苏商谈帮助我建设航校、海校等事宜。14日，少奇同志圆满地完成了出访任务，乘专列离莫斯科回国（近百名苏联援华专家同行）。

2. 主动提出"一边倒"的外交政策。

为了澄清某些党外人士的模糊认识，同时，也为了奠定新中国外交政策的基础，1949年6月30日，毛主席在《论人民民主专政》一文中指出："一边倒，是孙中山的四十年经验和共产党的二十八年经验教给我们的，深知欲达到胜利和巩固胜利，必须一边倒。积四十年和二十八年的经验，中国人不是倒向帝国主义一边，就是倒向社会主义一边，绝无例外。骑墙是不行的，第三条道路是没有的。我们反对倒向帝国主义一边的蒋介石反动派，我们也反对第三条道路的幻想。""我们在国际上是属于以苏联为首的反帝国主义战线一方面的，真正的友谊的援助只能向这一方面去找，而不能向帝国主义战线一方面去找。"（《毛泽东选集》第2版，第4卷，第1472—1473、1475页）为什么当时要提出这样的外交战略方针？它的背景和针对性是什么？有何深远意义？当时正在华东指挥作战的邓小平同志于7月19日致华东局诸同志的信中，作了精辟的阐述。这些论述今天仍然可以帮助我们，尤其是青年同志加深对这一问题的理解，特转录如下：

"帝国主义的各种花样直到封锁，其目的在于迫我就范，我们的斗争也在于迫使帝国主义就范。我们绝不会就帝国主义之范，而一个多月的经验看出，帝国主义就我之范亦非易事。这一时期双方斗争实际上都是试探的性质，直到英美摊出封锁的牌。封锁，在目前说来，虽增加我们不少困难，但对我仍属有利，即使不封锁，我们许多困难也是不能解决的。但封锁太久了，对我则是极不利的。打破封锁之道，毛主席强调从军事上迅速占领两广云贵川康青宁诸省，尽量求得早日占领沿海各岛及台湾。同时我们提出的外交政策的一面倒，愈早表现于行动则对我愈有利（毛主席说，这样是主动的倒，免得将来被动的倒）；内部政策强调认真的从自力更生打算，不但叫，而且认真着手做（毛主席说，更主要的从长远的新民主主义建设着眼来提出这个问题），毛主席说这两条很好，与中央精神一致。我们这样做，即占领全国，一面倒和自力更生，不但可以立于坚固的基础之上，而且才有可能迫使帝国主义就我之范。”（《邓小平文选》第1卷，第134页）

3. 建国初期，毛主席访苏和中苏友好同盟互助条约的签订。

1949年10月1日，中华人民共和国中央人民政府成立。毛主席在开国大典上庄严宣告：“本政府为代表中华人民共和国全国人民唯一合法政府。凡愿遵守平等、互利及互相尊重领土主权等项原则的任何外国政府，本政府均愿与之建立外交关系。”（不言而喻，这也包括西方国家在内。——一波注）同日，周恩来外长致函各国政府。2日，苏联政府决定中苏建交，并互派大使，成为承认中华人民共和国的第一友邦。20日，毛主席致电斯大林，介绍王稼祥同志出任驻苏大使，同时以中共中央代表资格接洽两党事务。当时，刚刚诞生的人民共和国面临着打破帝国主义封锁的严重斗争，因而巩固和发展中苏两大国的友谊和合作，就显得格外重要。

11月12日，毛主席电谢斯大林：“感谢你欢迎我到莫斯科去。”12月16日，毛主席抵达莫斯科，受到苏联党和政府的盛大欢迎。21日，毛主席在庆祝斯大林70寿辰大会上致词，全场三次起立。22日，毛主席电告中央：“在准备对苏贸易条约时应从统筹全局的观点出发，苏联当然是第一位的，但同时要准备和波捷德英日美等国做生意。”并告“已与斯大林约好二十三或二十四日谈一次”。恰在这时（1949年12月24日），陪同毛主席赴苏的苏联驻华总顾问科瓦廖夫向斯大林作了《关于中共中央若干政策与实际问题》的书面报告。

报告中说：在中共党内，在中央委员中，有些人过去是亲美的、反苏的，中央的领导现在支持他们；刘少奇组织和领导了对高岗无根据的批评；中央人民政府的组成，民主人士占的比例很大，实际上变成了各党派的联合会，等等。据说，这个报告是根据高岗提供的材料在东北起草的（这说明，高岗从那时起，就在制造党内纠纷了。——一波注）。这份报告，对我党高层的政治生活作了不真实的反映，甚至可以说是对我党中央进行挑拨离间，起了很恶劣的作用。毛主席到苏联后，一段时间内，苏方不够主动，毛主席闭门不出，可能与此有关。毛主席在苏联接待人员面前发了脾气，说：我来苏联并非专来祝寿，还有两国双边关系等重要问题要商量。斯大林得知后，很快就同毛主席谈判，并将科瓦廖夫总顾问的那份报告交给了毛主席，从而增进了相互的了解（但有些猜疑仍未完全解开）。

1950 年 1 月 2 日，毛主席致电中央："最近两日这里的工作有一个重要发展。斯大林同志已同意周恩来同志来莫斯科，并签订新的中苏友好同盟条约及贷款、通商、民航等项协定。"14 日至 16 日，毛主席访问了列宁格勒。20 日，周总理和李富春同志等抵莫斯科。22 日，毛主席、周总理同斯大林、莫洛托夫会谈。23 日，周总理和王稼祥、李富春同志同米高扬、维辛斯基、罗申会谈。在毛主席主持下由周总理起草中苏友好同盟互助条约草案。25 日，电请中央讨论。2 月 14 日，《中苏友好同盟互助条约》、《关于中国长春铁路、旅顺口及大连的协定》、《关于贷款给中华人民共和国的协定》在莫斯科签字。同时，还签订了由苏联帮助中国建设与改造 50 个企业的协定。毛主席访苏获得了巨大成功。2 月 17 日，毛主席、周总理离莫斯科回国。

记得毛主席回国后，在中央书记处的会议上，曾谈到在苏期间向斯大林汇报了我们工作的情况，并传达了斯大林的三点意见：一是强调在土改中，不能侵犯富农的利益，否则是危险的。二是建议我们召开全国人民代表大会和制定宪法。三是建议把毛泽东同志的著作编成集子，以便党内学习，也便于国际上了解。随后，4 月 11 日，毛主席又主持了中央人民政府委员会第六次会议，周总理在会上作了《关于中苏条约的报告》。会议批准了这个条约。毛主席在讲话中指出:"我们是处在一种什么情况之下来订这个条约呢?就是说,我们打胜了一个敌人,就是国内的反动派,把国外反动派所扶助的蒋介石反动派打倒了。国外反动派,在我们中国境内,也赶出去了,基本上赶出去了。但是世界上还有反动派,就是我们国外的帝国主义。国内呢,还很困难。……在这种情况下,我们需要有朋友。……我们同苏联的关系,我们同苏联的友谊,应该在一种法律上,就是说在条约上,把它固定下来,用条约把中苏两国友谊固定下来,建立同盟关系。……帝国主义者如果准备打我们的时候,我们就请好了一个帮手。"

在谈到条约和协定的重大意义时,毛主席指出:"这次缔结的中苏条约和协定,使中苏两大国家的友谊用法律形式固定下来,使得我们有了一个可靠的同盟军,这样就便利我们放手进行国内的建设工作和共同对付可能的帝国主义侵略,争取世界的和平。"总之,"这一行动将使人民共和国处于更有利的地位,使资本主义各国不能不就我范围,有利于迫使各国无条件承认中国,……使各资本主义国家不敢妄动"。

我想,了解了这些,就会懂得在当时的历史环境下,我们党为什么要奉行"一边倒"的外交政策,为什么要跟社会主义的苏联结盟,为什么说这些战略方针都是正确的。

这里,我还想简略地讲一下有关出兵抗美援朝的问题。

1950 年 6 月 25 日,朝鲜内战爆发。杜鲁门随即公开宣布美国武装干涉朝鲜内政,并命令其海军第七舰队侵入台湾海峡,对我领土进行武装侵略,党中央和毛主席审时度势,以敏锐的洞察力对战局的发展作出科学预见,及时地作出了《关于保卫东北边防的决定》,迅速调集 20 多万野战军集结东北,组成东北边防军,作为"绸缪之计"。在 8 月 4 日召开的中央政治局会上,毛主席指出,如美帝得胜,就会得意,就会威胁我。对朝不能不帮,必须帮助,用志愿军形式,时机当然还要选择,我们不能不有所准备。周总理说,如果美帝将北朝鲜压下去,则对和平不利,其气焰就会高涨起来。要争取胜利，一定要加上中国的因素，中国的因素加上去后，可能引起国际上的变化。我们不能不有此远大设想。实践证明，这是富有远见的正确决策。

9月，美国侵略军进逼三八线，朝鲜民主主义人民共和国处于危急之中。10月初，毛主席多次主持政治局会议，认真倾听各种意见，充分发扬民主，真正做到了畅所欲言。应该说，当时下决心出兵打这场战争，对于新生的人民共和国来说并不是没有风险的。百废待兴，困难很大。记得毛主席曾跟我谈过，我们确有困难，一些同志不主张出兵，我是理解的，但我们是个大国，不打过去，见死不救，总不行呀！经过慎重的反复的考虑。党中央和毛主席于10月8日作出了出兵抗美援朝的战略决策。10月13日，毛主席在给周总理（当时在莫斯科）的电报中指出："与政治局同志商量结果，一致认为我军还是出动到朝鲜为有利。……我们不出兵，让敌人压至鸭绿江边，国际国内反动气焰增高，则对各方都不利。首先是对东北更不利，整个东北边防军将被吸住，南满电力将被控制。总之，我们认为应该参战，必须参战，参战利益极大，不参战损害极大。"周总理后来在回顾这段历史时讲道："当时，我们发表政府声明，警告美国不要越过三八线，进逼鸭绿江，否则，中国决不能置之不理。美国不听。这时，我们再次警告。除这两次公开警告，我们还正式通过印度向美国提出过。当时，印度相信我们的警告，劝美国要谨慎。美国不听，一直进逼鸭绿江，逼我们到墙角，我们才进行抗美援朝。"（《周恩来外交文选》，第328页）

以彭德怀同志为司令员兼政治委员的中国人民志愿军于10月19日跨过鸭绿江后，不仅站住了脚，而且很快地就赢得了第一、第二、第三战役的胜利，扭转了朝鲜的战局。那时，在毛主席的领导下，抗美援朝、土地改革、镇压反革命三大运动相互结合，"三套锣鼓一齐敲"，搞得有声有色，把全国人民的革命激情都动员起来了。毛主席当时那种敢于斗争的伟大气魄和高超的领导艺术，是永远值得我们学习的。

在抗美援朝战争中，我国人民再一次充分地显示了不畏强暴、英勇斗争、威武不屈的民族精神。为了夺取胜利，也付出了很大代价。消耗各种物资560多万吨，开支战费人民币60万亿（旧币）元。我志愿军壮烈牺牲和光荣负伤的达36万余人，其中牺牲的团以上干部就达200多人。对于这些为国捐躯的英烈，我们是应该永不忘却的。要把他们可歌可泣的英雄事迹作为生动的教材，经常对我们的人民尤其是青年群众进行爱国主义和民族气节教育。

抗美援朝战争的胜利，使我们刚刚诞生的人民共和国在与美国为首的外国侵略势力血与火的较量中，巍然屹立于世界的东方。同时也消除了苏共和斯大林对我们党的某些猜疑，进一步增强了中苏两党、两国人民的团结和友谊，为我国国民经济的恢复和发展，奠定了良好的基础。

三　刘少奇同志关于巩固新民主主义制度的构想

建国前后，刘少奇同志关于巩固新民主主义制度的基本观点是，新民主主义革命成功以后，从中国的国情出发，在采取社会主义的实际步骤之前，应该经过一个阶段的经济建设，创造和准备了充分的物质条件后，再转向社会主义。1951 年 3 月，他在为第一次全国组织工作会议起草的《共产党员标准的八项条件》中，明确提出了"巩固新民主主义制度"的口号。《条件》的第二条说："中国共产党的最终目的，是要在中国实现共产主义制度。它现在为巩固新民主主义制度而斗争，在将来要为转变到社会主义制度而斗争，最后要为实现共产主义制度而斗争。"(《刘少奇选集》下卷，第 62 页)此后，少奇同志虽然没有在哪篇文章、哪个报告里专门阐述这个口号，但它的精神却贯串于他的一些言论之中。在回顾建国初期经济建设的重大决策的时候，有必要谈一谈这个问题。

(一)进城前的思索

新民主主义革命成功以后，到底要建设一个什么样的国家？是像十月革命那样，革命一胜利就搞社会主义，还是搞一段新民主主义？我的印象，我们党最初比较集中地思考这个问题，大约是在从 1948 年 9 月政治局扩大会议起到 1949 年 3 月七届二中全会这段时间。

中央政治局扩大会议是 1948 年 9 月 8 日至 13 日在西柏坡召开的。少奇同志在会上作了《关于新民主主义的建设问题》的报告。

随后，12 月 25 日，他又在华北财经委员会的会议上作了题为《新中国经济建设的方针与问题》的报告。

少奇同志在这两篇报告中的观点，概括起来说，中心思想是，民主革命胜利后，还不能马上直接采取社会主义的实际步骤。他说："过早地采取社会主义的政策是要不得的。""过早地消灭资本主义的办法，则要犯'左'倾的错误。"毛主席表示赞同他的观点。少奇同志在政治局扩大会议上发言的过程中，毛主席特别补充说："到底何时开始全线进攻？也许全国胜利后还要 15 年。"也就是说，毛主席早已在考虑这一问题，已经算中有竹了。当时党中央的其他领导同志也都在思索革命胜利后什么时候转入社会主义比较合适的问题。

少奇同志提出不要过早采取"社会主义的政策"的理由是：

第一，条件不成熟。他在政治局扩大会议上说，从五种经济成分看，国营经济在整个国民经济中的比重是很小的，"顶多占 10%—20%"。毛主席插话说："连资本主义工业在内，整个近代机器工业的生产量顶多占 10%—20%，光是国营经济还不会有这样多。"少奇同志说："正因为这一部分数量很小，困难就来了，为什么不能实行社会主义革命即由于此。"

第二，搞社会主义就意味着实行公有制，在这方面不能照搬俄国在资产阶级民主革命成功后，立即就开始进行社会主义革命的经验。他说，"我们不要去套书本子"，要从中国的实际的阶级关系出发。因为俄国二月革命后，资产阶级完全站到反革命一边去了；而中国的民族资产阶级不是那样，它历来受帝国主义、封建主义、官僚资产阶级的压迫，具有革命性的一面。民族资产阶级和我们联合进行了反帝反封建斗争，感情一直没有破裂。革命胜利后，我们的政权性质是新民主主义的，还要请民族资产阶级代表人物参加。因此，我们没有必要像俄国那样采取立即推翻资产阶级、取消生产资料私有制的做法。

第三，客观上还要利用资本主义工商业来发展经济。他认为，资本主义工商业在当时还占着较大比重，"在目前整个国民经济中，是一个不可缺少的部分，它的适当发展，对于国民经济也是有利的”。为发展整个国民经济，对那些不危害国计民生的资本主义工商业还要允许其发展。为了建设新民主主义经济，我们与民族资产阶级至少“可搭伙10年至15年”，如果过早消灭了，“消灭了以后你还要把他请来的”。

民主革命胜利后，需要有一个过渡阶段。既然是过渡阶段，它就不能不具有一些过渡性质的特点。比如，在这个阶段充满着矛盾和斗争，对资产阶级有限制、反限制的斗争；有过渡到社会主义还是过渡到资本主义的斗争。新民主主义经济既有社会主义因素，又有资本主义因素，“这是一种特殊的历史状态”。但是，社会主义成分虽然很小，却是居于领导地位的。在新民主主义经济中，基本矛盾是资本主义经济成分与社会主义经济成分的矛盾，如何处理这一矛盾，少奇同志主张通过“经济竞争”来解决。他认为，在这个竞争中，无产阶级手中有领导权，并且掌握了国家的主要经济命脉，只要引导得当，是一定可以取得胜利的。但是“决定的东西是小生产者的向背，所以对小生产者必须采取最谨慎的政策”。他说，“单是给小生产者以土地，只是建立了领导权，还须进一步使他们成为小康之家”。要通过合作社（主要指供销合作社）的形式去团结他们。“合作社是劳动人民的集体经济，与国家经济相结合，建立同盟，走向社会主义”。

毛主席对少奇同志的这些分析是基本肯定的。毛主席除了在少奇同志讲话中不断插话补充和阐述自己的观点外，还在总结发言里说：“新民主主义与社会主义问题，少奇同志的提纲分析很具体，很好，两个阶段的过渡也讲得很好，各同志回中央局后，对这点可作宣传。”毛主席还指出，对这个问题要作进一步的思考和分析，请少奇同志做准备，草拟文件，提到党的七届二中全会上讨论。

（二）天津讲话及引起的风波

七届二中全会开过之后，接管城市的总方针定下来了，下一步是如何迅速使接管下来的城市生活正常运转起来，恢复和发展生产。这不仅是为了解决前方军需物资供应问题，也不仅是为了解决城市人口和几百万脱产人员(军人、地方干部和旧职员)吃饭穿衣的问题,更重要的是为了稳定和发展全国经济、巩固人民民主政权。否则,一切难以为继。

发展生产,自然首先是发展国营企业的生产,因为它是整个国民经济的骨干,是新民主主义政治、经济的主要支柱。这一条,我们在思想上是明确的,在实际中也是这样做的。但是,在工业中,国营经济成分占的比重还很有限,仅占34.7%,私营工商业还占着相当大的比重,恢复和发展生产,自然不容忽视私营企业。当时,民族资本家对我们的城市政策有疑虑,我们的人员中也确实有"左"的情绪。因此,如何做好团结和争取民族资本家的工作,迅速恢复和发展私营企业的生产,也是一个亟待解决的大问题。

关于这一点,我有切身体会。在参加接收平、津工作后不久,我给中央写了一个《平、津财经情况报告》,列举了两市财经方面的困难。当时,两市每月要补贴15亿元人民币(旧币)。由于工厂不开工,天津有上百万人口生活无着落,北平更多。我报告说:"所有城市的中心问题,就是如何有步骤地有计划地妥善地复工,这一问题得到解决,则万事皆通。否则,一切均谈不到。"4月份,我又向毛主席写了一个报告,详细列举了平、津工业生产中的问题,除了城乡交换阻隔、外贸断绝、原料匮乏、产品滞销、通货膨胀外,工作中没有处理好公私、劳资等关系,也是存在的突出问题。"工人、店员误认为我们允许分厂、分店,进行清算斗争。天津解放一个月内,曾发生53次清算斗争。""资本家脑子里有三怕:一怕清算,二怕共产党只管工人利益,三怕以后工人管不住,无法生产。"因此,他们抱着消极等待、观望的态度,甚至跑去香港。据天津统计,当时私营企业开工的不足30%。这种情况必须迅速扭转。向工人、干部和资本家阐明七届二中全会确定下来的城市政策,澄清工人中的模糊认识,消除民族资本家存在的疑惧心理,已经刻不容缓。

就是在这种形势下,1949年四五月间,少奇同志到天津进行了一次调查研究。4月上旬的一天,他来到华北局机关,对我说:"一波,我来向你报到。"并说他将去天津巡视工作。我对他说,你是中央领导同志，该上哪就上哪，何必来告诉我。他说，按组织原则，应该这样做。还说，他在天津的活动，一般情况由天津市委向华北局报告，有些重要问题由我向中央和毛主席报告。中央和毛主席的指示也由我向他转达。他 4 月 10 日抵达天津，5 月 10 日回到北平。在一个月时间里，他深入机关、工厂、学校听取汇报，调查了解情况，同干部、工人、职员、资本家等各方面人士座谈，还作了多次报告。

少奇同志的天津讲话是同他的巩固新民主主义制度的构想密切相连的。

1. 他强调，在执行党的七届二中全会制定的路线、方针和政策的过程中，最容易发生模糊认识的是，把民族资产阶级当作斗争对象，搞乱敌我阵线。他说，民族资产阶级还不是我们今天的斗争对象，“如果当作斗争对象，则是犯了错误，……这错误是路线错误”。他说，“资本家在生产方面占很高的地位”，保护他们，“实际上就是保护生产”。“天津的工商业将近有四万家，光是搞生产的——工业就有上万家，有好几十万工人，……社会上很多的必需品，吃的、穿的、用的、鞋子、袜子、牙刷、牙粉……要他们供给，他们是社会上的一个很大的生产力，这个生产力是很重要的，今天没有他们还不行。”他认为，毛主席把党的城市经济工作政策概括为“公私兼顾，劳资两利，城乡互助，内外交流”，概括得很好。他基本上就是按照毛主席的这个“十六字方针”（即照顾“四面八方”），来阐明新民主主义经济政策的。

2. 他批评在对待民族资产阶级问题上出现的“左”倾情绪和行为时说，进城了，敌人看不见了，就把眼睛盯准“大肚皮”工商业家，把子弹朝他们打来，像农村分田地一样，要分工厂、汽车、洋房、机器；或向他们提出过高的工资要求；或强令资本家不准辞退工人；或在报纸上只说资本家的坏，不说他们的好；干部、工人不敢接触资本家，否则就是立场不稳。总之，只强调斗争的一面；不强调联合和利用，以利于发展生产的一面。这是一种只顾眼前利益，不顾长远利益的行为。他在给东北局的一个电报中指出：“这是一种实际上立即消灭资产阶级的倾向，实际工作中的‘左’倾冒险主义和错误路线，和党的方针政策是在根本上相违反的。”

3. 他强调，私营工商业在一定范围、一定时期内的发展，是新民主主义经济政策所允许的。他说，因为我们国家“生产不发达”，不是工厂太多，而是太少，“在新民主主义的经济下，在劳资两利的条件下，还让资本家存在和发展几十年，这样做，对工人阶级的好处多，坏处少”。对有益于国计民生的私营工商业要加以保护和允许其发展，对危害国计民生的投机、垄断行为一定要制止，要把商业投机资本引向生产型的工业企业。

4. 他设想，经过一段新民主主义时期，工业逐步发展起来了，就“非走社会主义的道路不可”。关于过渡的方式，他多次讲过，中国可以不采取苏联、东欧推翻资产阶级的流血方式，而采取民族资本家“与我们一起走入社会主义”的方式。他在同宋棐卿、朱继圣、周叔弢等人谈话时表示，希望他们多办工厂，一个变两个，两个变四个，以至八个、十六个，办得越多，贡献越大，将来大势所趋，把工厂交给国家。国家不是没收，而是给以代价，还可以发给高薪，请资本家继续办厂。这时，少奇同志已想到了“和平赎买”的办法。

少奇同志天津讲话的基本精神是符合七届二中全会决议的，是力图贯彻毛主席的思想的。他的本意，是要稳住民族资产阶级，保护和发展民族工商业，迅速恢复和发展生产，建立新民主主义经济秩序（新民主主义经济中社会主义因素不断增长）。这在当时是正确的。他讲话之后，大家感到讲得好，对如何处理好“四面八方”的关系提供了重要思想武器。当时，华北局曾派人到各地择要进行了传达，6 月份还起草了一份给太原、石家庄、张家口、唐山等市委的电报指示，要求“普遍宣传少奇同志在天津所讲解的各个问题”（毛主席同意了的），“必须实行毛主席所指出的‘四面八方’的路线”，避免重犯过去在土改中侵犯私营工商业的错误。

少奇同志的讲话，在实际工作中起到了很好的作用。当时，为了正确处理好公私、劳资关系，中央发出了专门指示，天津、北平、上海以及各大中城市都纷纷制定了条例、暂行办法等。天津各公、私企业在 7、8、9 三个月组织传达、学习和讨论，普遍提高了认识，端正了对待民族资产阶级的态度。资本家中存在的各种疑虑逐渐解除了，提高了恢复和发展生产的积极性。7 月 4 日的《人民日报》报道说：

> “刘少奇同志在津召集资本家谈话，透辟地阐明了中国共产党和人民政府关于发展生产的政策以后，使资本家更明确地认识劳资关系，消除或减少了疑虑，提高了经营情绪。同时，职工会也对工人进行了较深入的教育，提高了工人的政治觉悟和政策水平，使他们认识到目前只有在劳资两利的方针下，积极发展生产，才能更好地改善生活。由于劳资双方明确了劳资两利的方针，并经人民政府和职工会合理地解决了劳资间的一些具体问题，劳资纠纷显著减少，如在旧历五月节，即很少发生劳资纠纷事件。这对恢复与发展生产起了推进作用。”

客观地说，少奇同志的天津讲话，也有个别言词不妥当的地方。比如讲“剥削有功”、“剥削越多越好”，就不妥当。当时，我把少奇同志在天津的讲话向毛主席作了汇报。毛主席对他的讲话总的是肯定的，认为讲得好，只是觉得“剥削越多越好”的话不一定这么讲。我认为，少奇同志讲这个话的本意，是要向工人、资本家说明，在生产力水平低下的历史条件下，剥削是难以避免的。雇佣关系愈发展，可以使更多的工人得到就业，更多的产品被生产出来，有利于社会经济的发展，从这个意义上讲，发展雇佣劳动是历史上的一个进步。在当时，如果过早消灭资本主义，消灭剥削，将会导致生产受到破坏，工人失业。我觉得，当时朱德同志在阐述这个问题时，讲得很好。他说：“私人资本主义企业中的职工，他们在经济上还没有获得完全解放，他们还受着资本家剥削，这种剥削在新民主主义时期只能够受到限制，而不能够消灭”；为了工人阶级根本的长远的利益，还必须“在现阶段自觉地**忍受**资本家之**一定限度以内的剥削**”（《朱德选集》，第 261、262 页）。这里用的是**“忍受”**资本家**“一定限度以内的剥削”**，而不是讲“剥削有功”、“剥削越多越好”。这就表达得比较确切恰当。

少奇同志很重视在新民主主义经济建设中防止和反对“左”、右两种倾向问题。早在1948年9月政治局扩大会议上，他就指出，经济建设问题是个新的问题，“要有系统地搞出点东西来，不然又可能犯‘左’倾或右倾错误”。1949年5月5日，他在天津华北职工代表会议上的讲话中又强调，反“左”要比反右困难得多。他说：

“不要怕说话，怕被人说投降了资本家，该说的话不说，结果是害了工人，工人失业后骂你，我们要早讲才对。‘左’的东西是常常有一股劲的，反‘左’的劲头一定要比原来的劲头更大才行。反右的时候，他一听右倾机会主义就会改。反‘左’，他往往会反过来说你右。最近我到天津，资本家很高兴，工人有的可能不高兴，但是不要紧，我是诚心诚意为工人打算，工人将来会知道。最近东亚毛织厂的资本家宋棐卿写信给我，说要扩大生产，再开一个工厂，我也回了他一信，好像我是替资本家打算的。但是假如另开了一个新工厂，使原有一千多工人增加到二千多工人，岂不解决很多工人失业问题？所以只好和资本家搞好一点，不要怕骂投降了资本家。真正替资本家着想，投降了资本家，那是失掉了立场。如果不失立场，鼓励了资本家，而是替工人打算，那就是好的。关系拉好了，弄的立场失了，那就是右了。关系极好，发展生产，又不是失掉立场，这就是马克思主义。有人说和资本家拉好关系，就是失掉立场，这是错误的说法。这种人大概立场不稳，一接头就投降了资本家。共产党人不是放在箱子里不见人的，而是经风霜的，这才能考验一个人的立场。”

少奇同志在当时就指出了反“左”比反右更难，这是难能可贵的。但是，时隔不久，围绕天津讲话以及其他一些问题，还是在党内发生了一场反对少奇同志的风波。事情的由来是这样的：少奇同志在天津之行结束不久的5月31日，为中央起草了《关于对民族资本家政策问题给东北局电》，批评东北局在这个问题上发生的“左”倾错误。在中央把这个电报转发给各中央局、市委和各野战军前委时，毛主席还亲自起草了按语，指出“如果不克服此种错误，就是犯了路线错误”，并要求各地党委“据以检查自己的工作，认真克服对待民族资产阶级的‘左’倾机会主义错误”。东北局书记高岗不但不接受毛主席、少奇同志的批评，反而对少奇同志怀恨在心。他把少奇的天津讲话抄成“档案”进行散布，别有用心地制造流言蜚语，恶毒攻击少奇同志，向党发难。

在1954年2月揭露高岗反党阴谋活动的七届四中全会上，邓小平同志针对高岗的流言蜚语说：

> “对资产阶级问题，虽然我没有见到一九四九年初少奇同志在天津讲话的原文，但是据我所听到的，我认为少奇同志的那些讲话是根据党中央的精神来讲的。那些讲话对我们当时渡江南下解放全中国的时候不犯错误是起了很大很好的作用的。虽然在讲话当中个别词句有毛病，但主要是起了好作用的。当时的情况怎么样呢？那时天下还没有定，半个中国还未解放。我们刚进城，最怕的是‘左’，而当时又确实已经发生了‘左’的倾向。在这种情况下，中央采取坚决的态度来纠正和防止‘左’的倾向，是完全正确的。……所以，我认为少奇同志的那个讲话主要是起了很好的作用的。”（《邓小平文选》第1卷，第205—206页）

小平同志对少奇同志天津讲话的这番评价，我以为是非常中肯、公正和实事求是的。

（三）春耦斋讲话

1951年春天，少奇同志在中南海西楼会议室曾跟我说：看来新民主主义要继续搞一个时期。3月，他在为第一次全国组织工作会议准备的报告提纲中提出：“新民主主义革命一般地不破坏私有财产的制度，但社会主义就首先要在工业中然后要在农业中破坏私有制”；共产党员“现在为巩固新民主主义制度而斗争”（《刘少奇选集》下卷，第62页）。他这年7月5日在中南海春耦斋的讲话（即对马列学院一班学员的报告提纲《中国共产党今后的历史任务》)以及其他一些文章、报告中,对这个构想作了进一步的发挥。

1. “新民主主义经济是一种过渡性质的经济”,“过渡所需要的时间”将是很长的。他在春耦斋讲话中,曾使用了“新民主主义阶段”的概念,认为“这个阶段”大略在10年到20年之间。

2. 这个阶段的中心任务是发展生产力,完成工业化。他说:“只要第三次世界大战不爆发,经济建设的任务就不变。二十年甚至三十年不爆发战争,我们的任务就一直是经济建设,要把中国工业化。”他在春耦斋讲话中明确提出了“一切以经济建设为中心”。

3. 应当使新民主主义的五种经济成分各得其所,都得到发展。五种经济成分中,“必须以发展国营经济为主体”。经过这个阶段,“社会主义与半社会主义性质的经济,比重要逐步增大,私人资本主义经济的比重、个体经济的比重,要相对缩小,其作用也要相对缩小”。实际上,这就是要在大力发展生产力的过程中,“逐步地增加国民经济中的社会主义成分,加强国民经济的计划性,以便逐步地稳当地过渡到社会主义”。

4. 国民经济得到恢复之后,应以主要力量发展农业、轻工业及必要的军事工业;然后建立和发展重工业;最后依靠重工业再进一步发展农业和轻工业。他认为,只有先发展农业、轻工业,才好安排生活,积累资金,“我们才有可能集中最大的资金和力量去建设重工业的一切基础”。他的这个主张并不完全符合中国当时的实际情况。因为,没有一定的重工业作基础,没有工业原材料和机器、能源等重工业的发展,农业、轻工业就很难发展起来,也谈不上积累资金。“一五”计划期间优先发展生产资料的生产所取得的辉煌成就,已足以说明这个问题。

5. 反对过早地“动摇、削弱、直到否定私有制”和过早地采取社会主义步骤。他认为,实行社会主义,就意味着无论在城市还是在农村都要触动私有制。中国的产业落后,过早实行工业国有化,只会伤害私人资本主义经济和个体经济的积极性,对发展生产不利;在农村,国家拿不出机器、化肥等工业品以满足农民的需要,实行集体化也不可能。他说，无论城市还是乡村，“私有权在今天中国的条件下，一般地还不能废除，并对提高社会生产力还有其一定的积极性”。他主张，在过渡阶段，可以采取扩大社会主义、半社会主义经济，提高其比重，增加社会主义的因素，而不要“侵犯私人资本主义的财产”，“没收是打草惊蛇”。在农村对私有制“又动又不动是不对的。太岁头上动土。你去动摇一下，削弱一下，结果猪牛羊杀掉”，是对生产力的破坏。

6. 关于由新民主主义到社会主义的过渡问题，他在政协讲话中说：“中国将来的前途，是要走到社会主义和共产主义去的”，“但这是很久以后的事情，对于这些事情，中国人民政治协商会议很可以在将来加以讨论。在中国采取社会主义的步骤，必须根据中国社会经济发展的实际需要和全国最大多数人民的要求。到了那时候，中国共产党也一定要和各民主党派、各人民团体、各少数民族及其他爱国民主人士进行协商并共同地加以决定。中国共产党在将来也愿意和一切愿意进入社会主义的人们一道，共同地进入社会主义”。(《刘少奇选集》上卷，第 435 页)他在春耦斋讲话中，把进入社会主义的条件更具体化了：“过了这个时期以后，工业大大发展了，农业也有了大发展。国家经济的领导更加强了，变成绝对的了，经济管理工作的干部成熟了，数量也多了，党的技术干部也有了，工人阶级和农民的联盟在政治上经济上都巩固了，那时，就会要采取进入社会主义的步骤。”

(四)几点评说

1. 在过渡时期总路线提出以前，少奇同志关于巩固新民主主义制度的构想，来源于毛主席关于新民主主义的理论，但也小有歧异。

毛主席把马克思主义与中国革命实践相结合，写下了《新民主主义论》等光辉著作，创立了新民主主义革命理论，指引中国革命一步一步走向胜利。有人说，这个理论只适应于新民主主义革命时期。其实不然，它也包含了关于对新民主主义社会的构想。我认为，少奇同志的构想，实际上也是发端于毛主席的理论。在大的问题上两者是基本一致的。比如，中国新民主主义革命的前途是社会主义，而不能走资本主义道路；中国革命必须分两步走，第一步建立新民主主义社会，第二步建立社会主义社会；新民主主义社会是一个向社会主义过渡的时期，在这个时期必须以经济建设为中心，努力实现由农业国到工业国的转变；新民主主义有五种经济成分，应该使它们各得其所，共同繁荣和发展等。

但是，在某些具体问题上，少奇同志有些观点与毛主席也有不尽一致的地方。比如，对待私营工商业，毛主席在强调要利用的同时，比较突出强调节制资本、限制和反限制的斗争一面；少奇同志则在赞成限制的同时，更强调发展和利用的一面，以致在天津讲话中讲到“剥削”问题时走了“火”。在农民问题上，毛主席强调组织起来，走合作化道路；少奇同志则认为不能过早轻易动摇农民的私有制，提出先有机械化、后有合作化，不要怕农民冒富，党员也可以当富农。在实行工业化问题上，已如前所述，毛主席主张在优先发展重工业的前提下，安排好农业、轻工业和重工业的比例；少奇同志的主张则与其相反。在向社会主义转变的问题上，毛主席1952年就开始提出向社会主义过渡，1953年正式提出了党在过渡时期的总路线；少奇同志则主张多搞一段时间的新民主主义，待条件成熟后再转入社会主义，等等。少奇同志的构想，虽然有许多合理的因素，但也确实存在一些片面性。少奇同志自己也并不认为他的意见都对。他在春耦斋讲话一开头就声明，他讲的只是“个人的意见”，“不是定见”，讲出来供大家“研究”、“批评”、“补充”。当有些观点受到批评以后，他就放弃，接受批评，甚至公开检讨。这表现了他的坦荡胸怀。尤其需要指出的是，毛主席提出过渡时期总路线后，他是同意和接受的。

2. 在一个小生产占优势的落后的农业国，要实行社会主义，必须采取与这种国情相适应的特殊办法。在这方面，列宁为我们留下了不少遗训。

十月革命后的苏维埃俄国，曾试图“直接过渡到纯社会主义的经济形式和纯社会主义的分配”(《列宁全集》第1版，第33卷，第380页)。

几年以后感到，这是“力所不能及的”。从 1921 年以后，不得不转而实行“新经济政策”。列宁从实践中认识到，“在一个小农生产者占人口绝大多数的国家里，实行社会主义革命必须通过一系列特殊的过渡办法”(《列宁全集》第 1 版，第 32 卷，第 203 页)。所谓“特殊的过渡办法”，简言之，就是从余粮收集制到粮食税。这一政策的转变，其实质在于要把政策建立在引导人们“对个人利益的关心”(《列宁全集》第 1 版，第 33 卷，第 39 页)的基础之上，要发展商品经济，允许自由贸易，利用资本主义经济成分来发展经济。列宁说：“既然我们还不能实现从小生产到社会主义的直接过渡，所以作为小生产和交换的自发产物的资本主义，在一定范围内是不可避免的，所以我们应该利用资本主义(特别是要把它引导到国家资本主义的轨道上去)作为小生产和社会主义之间的中间环节，作为提高生产力的手段、道路、方法和方式。”(《列宁全集》第 1 版，第 32 卷，第 342 页)他还说：“我们必须同资本主义经济成分并存一个时期。”(《列宁全集》第 1 版，第 33 卷，第 269 页)为了发展大工业，列宁还主张实行租让制，搞国家资本主义。他认为：“国家资本主义，就是我们能够加以限制、能够规定其活动范围的资本主义。”(《列宁全集》第 1 版，第 33 卷，第 244 页)只要国家政权和主要经济命脉掌握在无产阶级手中，国家资本主义也同样不可怕，只会对无产阶级有利。

列宁的这些论述，实际上是提出了在经济文化落后的国家里搞社会主义革命和社会主义建设应该十分注意的一个带普遍性的重大问题，就是如何更加重视和利用资本主义已经创造的物质技术管理和文化条件的问题。看来，少奇同志的有些想法，是从列宁的这些论述中受到了启发。回想起来，应该说当时在我们党内注意学习和深入研究、领会列宁这些论述的同志还不是很多。到了后来，随着社会主义建设实践的发展，特别是经历了一些曲折之后大家才愈来愈感到列宁在新经济政策时期的这些思想的重要性和深刻性。任何一个新的社会制度的创立和巩固，都不是凭空的，都必须利用先前社会创造的物质文明和精神文明条件，作为自己生存、发展和壮大的基础。资本主义经过几百年的发展，创造了比以往人类社会任何时期都要丰富和发达的物质文明和精神文明，只有自觉地充分地利用历史上，特别是资本主义的物质技术条件和管理、文化的进步成果，并按照无产阶级和劳动人民利益要求的方向努力创造新的物质文化条件和管理经验，社会主义建设才能顺利进行，不断取得成功。

毛主席在指导社会主义改造和建设的实践中，也是感觉到了这个问题的。他在1953年6月15日政治局会议上提出总路线时，就说道："鉴于资本主义经济在数量上是不可忽视的，……所以目前一脚踢开资本主义是不能的，也没有资格。现在，一辆汽车、拖拉机……不能造，就发生野心一脚踢开不对。"后来当他发觉资本主义经济成分结束得过早和对资本主义的技术和管理经验利用得不够时，几次想采取措施进行补救，但未能如愿。这个问题真正解决得比较好，还是在党的十一届三中全会提出实行改革、开放的政策以后。

3. 关于毛主席对"确立新民主主义社会秩序"的批评。

1953年6月15日，毛主席在中央政治局会议上作了一次讲话，重点是阐明党在过渡时期的总路线"是照耀一切工作的灯塔"，阐明社会主义"三大改造"和逐步过渡、公私关系中"有所不同，一视同仁"等问题。毛主席为了使全党接受和重视党的这条总路线，还批评了"确立新民主主义社会秩序"、"确保私有财产"等错误观点。我参加了会议，并对毛主席的讲话作了较为详细的记录。周总理也亲自作了记录。

毛主席对"确立新民主主义社会秩序"的批评，我当时的记录是：

"'确立新民主主义社会秩序'，怎样确法？每天在变动，每天都在发生社会主义因素。所谓确立，是很难哩！比如商业，今年下半年准备确立，明年就不确了。农业合作互助也年年在变。所谓过渡时期，就是很剧烈很深刻的变动。按照它的社会的深刻性来说，资本主义到十五年基本绝种了。过去枪炮激烈，不决定资本主义绝种。”

周总理的记录是：

“‘确立新民主主义社会秩序’这个社会秩序每年每天都在变化，故无法确立，过渡时期是剧烈的深刻的变动，按其性质来说，比过去武装革命来的深刻，因十年到十五年后资本主义绝种。”

毛主席的批评，着眼点是在“确立”二字上（恩来同志在记录时，特意在这两个字下面加了着重号），并未否定新民主主义社会的提法。因为革命胜利后，新中国的国家性质是新民主主义的，这是全党同意的，也写入了《共同纲领》。毛主席是对的。因为我国革命胜利以后，虽然建立了新民主主义社会秩序，但这只是一个过渡性的时期，是要逐步过渡到社会主义去的。在这个过渡时期，无论农村还是城市，都要发生“很剧烈很深刻的变动”，要确立，要固定，的确“是很难哩”。毛主席当时批评这句话，虽未确指何人，我看也适用于少奇同志。他的关于“巩固新民主主义制度”的提法，同样存在这方面的毛病。“巩固”和“确立”可视为同义语，新民主主义制度照样也是很难巩固的。所以，当毛主席适时地提出了党在过渡时期的总路线，批评了“确立”的观点之后，党内高层领导同志，包括少奇同志，大家都是心悦诚服接受的。全党很快统一到毛主席的正确思想上来。

四　平抑物价，统一财经

新中国创立前后，党中央和毛主席在指挥人民解放军继续向全国进军的同时，抓的另一件大事，就是建立经济工作的领导机构，着手统一全国财经管理，努力制止持续多年的通货膨胀，实现社会经济的稳定。这是我们党从推翻国民党政府到掌握全国政权过程中所面临的新课题，也是对我们党执政能力的一次考验。国内外的敌对势力总是盼望我们失败，说“共产党马上得天下，不能马上治天下”。我们的朋友中也有人对我们的治国能力表示怀疑，说“共产党打天下容易，治天下难”。就我们自己来说，过去的28年，主要是从事革命战争，对于经济工作不很熟悉，这也是事实。但是，28年奋斗的历史说明，在我们党面前没有什么现实的困难不可以克服。记得，毛主席曾经针对上面这些说法乐观地回答：打天下也并不容易，治天下也不是难得没有办法。果然，不出一年时间，我们就把通货膨胀基本上制止住了，把经济也初步稳定下来了，并奠定了新中国经济管理体制的基础，把国民经济引上了逐步恢复和发展的道路。这个事实向国内外表明：我们有能力领导人民夺取政权，也有能力领导人民治国安邦。为什么？道理很简单，就是因为我们党按照人民的利益和要求进行决策；按照唯物辩证法办事，采取的政策和措施符合各个时期的具体实际情况；我们党依靠全党的统一思想、统一行动和全国人民的广泛支持，积极进行工作。只要我们是这样做的，我们的斗争就一定能够胜利。

（一）组建新中国经济工作的领导机构中财委

建国后最初几年，我们曾经在中央和县以上各级政府，设立过统一的财政经济工作的领导机构——中央及各级政府的财政经济委员会,具体领导和管理各种经济事业。建立这样统一的财经领导机构,是鉴于长期革命战争形成的不统一状况而采取的重大措施。早在1948年9月召开的中央政治局会议上,就考虑到各个解放区财经工作的分散状态将不适应夺取全国政权的需要,曾经作出决定,首先采取过渡性的步骤,由华北财经委员会将华北、华东、西北三大区的财经工作统一起来,然后再统一东北和中原两大区的财经工作。10月,成立了华北财经委员会,由董必武同志(中央财经工作部部长)任主任,我和黄敬同志任副主任。由于辽沈、平津、淮海三大战役正在紧张进行,也由于由华北财委来组织和协调三个大区的财经工作存在实际困难,在统一财经方面虽然做了一些工作,例如发行统一的货币,调剂若干财力和物力等等,但总的看进展不大。

1949年元旦,中央召开了一次财经座谈会,出席的有朱德、董必武同志和各大区的负责人刘伯承、陈毅、林彪、饶漱石、高岗、罗荣桓和我。大家都不满意财经统一工作进展缓慢的状况,要求建立统一的财经领导机构。毛主席审阅了这次座谈会的纪要。同年3月召开的七届二中全会,在决定进城后财经工作大政方针的同时,决定建立中央财经委员会来统一领导全国的财经工作。会后,中央进驻北平。5月31日,中央发出《关于建立中央财政经济机构大纲(草案)》(以下简称《大纲》)的文件。这个文件是刘少奇同志起草、毛主席审定的。《大纲》指出:"由于人民革命战争正在取得全国范围的胜利,为了尽可能迅速地和有计划地恢复与发展人民经济,借以供给目前人民革命战争的需要及改善人民生活之目的,应即建立有工作能力的中央的财政经济机构,并使各地方的财政经济机构和中央财政经济机构建立正确的关系。"《大纲》要求:(1)在中国人民革命军事委员会之下,立即建立中央财政经济委员会,并陆续建立若干中央财政经济部门,作为目前中央的财政经济机构。这些机构,在召开新的政治协商会议,成立民主联合政府以前的几个月内,由中国人民革命军事委员会以命令建立之,并受中国人民革命军事委员会之委托,计划并领导国家的财政经济工作,中央各财政经济部门在财政经济计划方面应服从中央财政经济委员会的决议，各部门的主要负责人应加入中央财政经济委员会为委员。(2)中央财政经济委员会应陆续设立中央计划局、中央财经人事局、中央技术管理局、私营企业中央事务局、合作事业中央管理局、外资企业中央事务局等工作机构。此外，以现在华北人民政府各财经部门为基础，应即陆续建立中央财政处、中国人民银行、海关总署、中央商业处、交通处、燃料处、金属处、纺织处、工业处、农业处、林业处、水利处和中央铁道部等各中央财政经济部门。(3)在东北、西北、华中、华东等区域及各省各大中城市，均应建立财政经济委员会及各级人民政府委员会的若干财政经济部门，并在中央与上级财政经济机关的领导之下进行工作。这就确定了中财委作为党在经济战线的统一领导机构的地位。新中国建立后，它成为中央人民政府政务院的财政经济委员会，统一领导全国的财经工作。

党中央和毛主席在决定建立统一的财经领导机构的过程中，最重要的一着是从东北调回陈云同志主持中财委。陈云同志是新中国财经工作的卓越领导人。1942 年，他主持的陕甘宁晋绥五省联防财经办事处，工作很出色。解放战争时期，他主持东北财经委员会的工作，顺利实现了东北全区财经工作的统一管理，较早地把经济稳定下来。党中央和毛主席任命他为中财委主任，是再合适不过了。

在组建中财委时，毛主席找我谈话，要我到中财委任副主任，协助陈云同志工作。我说，中央要我到财委协助陈云同志工作，从内心讲是很愿意的，可以多学习一些东西；但我还有华北局的工作，也是一个重头，一身二任要误事的。毛主席说，那你就把华北局搬到财委去办公嘛！从这以后，我的主要精力就转到了中财委。

中财委是在原中共中央财政经济工作部和华北财政经济委员会合并的基础上组建起来的，中央其他的一些财经部门也主要是以华北人民政府的有关财经部门为基础组建的。这样做，有利于较快地展开工作。1949 年 7 月，中财委组建完成，当时有干部 300 多人。建国后，陈云同志仍任主任，我为副主任，还增加了党外著名的经济学家马寅初先生为副主任，以后又陆续增加了李富春、曾山、贾拓夫、叶季壮同志为副主任。委员中有民主党派领导人黄炎培等。

中财委为稳定金融物价，统一财经管理，调整工商业，完成国民经济恢复时期的任务，拟定和准备实施第一个五年计划，做了大量工作。40年后回头来看，这个时期的经济工作，大政方针都是由党中央和毛主席决定的，而中财委作为党中央的财经参谋部和具体作战的指挥机构，在陈云同志的领导下，工作也是做得出色的。

经济恢复时期结束后，开始执行发展国民经济的第一个五年计划，财经工作的担子更重了。党中央、毛主席下决心把大区的几位主要领导同志调回中央，分担任务。办法就是把中财委领导的21个部和直属局按性质划作五摊来管。高岗任中央人民政府计划委员会主席（当时的计委有“经济内阁”之称，不属政务院），分管工业，李富春、贾拓夫同志协助；邓小平同志任政务院副总理，兼管交通运输；邓子恢同志任国家计委副主席，分管农业、林业、水利；饶漱石任中央组织部长，分管劳动部的工作；财政金融贸易，仍由陈云同志主管，我和曾山、叶季壮等几位原中财委的同志协助。五个方面的工作，对外都用中财委的名义，但每个方面的工作是相对独立的，带共同性的问题举行联席会议解决，当时大家把它称为“五口通商”。这种经济管理体制，在当时条件下，对加强经济工作各个方面的统一协调，防止扯皮现象，提高决策和办事效率等等，曾经显示过它的优点，对于迅速实现财政经济状况的根本好转，开展有计划的经济建设，起过重要的作用。这是应该历史地予以肯定的。

(二)金融物价的初步治理

中财委成立后抓的头一件重要工作，是在刚刚解放不久的上海召开金融贸易会议，研究、部署以稳定金融物价为中心的经济工作。近代以来，中国长期遭受殖民主义、帝国主义的奴役掠夺，加上国民党蒋介石20多年的反动统治，财政枯竭，通货膨胀达到了惊人的程度。国民党从大陆败退前夕，上海主要商品批发物价指数比战前上涨了200多万倍。恶性通货膨胀使投机活动十分猖獗，正常的生产经营活动难以进行。人民共和国建立时，国民党政府给我们留下的是经济破敝不堪的烂摊子，财政经济状况十分困难。所以，中财委成立后的首要任务，就是整治金融市场，把物价初步稳下来。稳定了物价，就稳定了人心，这才能谈到恢复秩序，恢复经济。

当时，选择在上海召开这样全国性的经济工作会议，有重大意义。上海是最大的城市，全国的经济中心，稳定上海，恢复上海的经济，对全国关系重大。陈云同志受命主持中财委后，从东北进关，首先到上海去调查研究财政经济情况，正是出于这样的考虑。逃到台湾的蒋介石反动集团也懂得这一点，对上海实施封锁、轰炸，企图窒息上海经济，影响全国。在解放不到两个月的时间里，上海连续出现两次物价大波动。在华中，地处五省通衢的汉口，同上海息息相通，物价也剧烈波动，出现拒用人民币的严重情况。沪汉物价不稳，波及各地，人心难以安定。1949 年 7 月 3 日，华中局紧急电告中央，建议在上海开会谋求对策。中央采纳了这个意见，决定 8 月初召开上海会议，研究各大区的财政收支、物资调拨和货币发行问题，寻求支援战争与稳定沪汉经济的办法。

上海会议开了 20 天，陈云同志作了报告和总结。会议提出了克服经济困难的措施，并从领导思想上明确了一些重要问题，对建国初期的财经工作，具有很大的指导意义。

观察和解决财经问题，要有政治观点，这是上海会议强调的一个重要指导思想。所谓政治观点，在那时就是要立足于革命战争的全局看问题，从全国的范围看问题，这样才能抓住问题的本质，找到有效的解决办法，坚定自己的信心。当时，从我们面对的情况说，一方面是解放战争的节节胜利，新中国处在诞生的前夜；另一方面财政经济确实困难，特别是在南方，在较大的城市，困难更大。怎样认识这种困难，做财经工作的同志首先要明确。会议完全同意陈云同志的分析，认为这是胜利中的困难，是战争推进到国民党区域后出现的暂时困难；全国解放了，新区的工作开展起来了，困难就会减轻，回旋的余地也会更大。会议作出了努力收税、发行公债和发钞票几项决定，以解决财经困难。作出这样的决定，是基于以下的认识：全国解放了，中国这样广大的地区，众多的人口，多收一些税、多发一点公债是不会有问题的，随之也会增加对于货币量的需求。陈云同志在会上给大家算了一笔账，他说："抗战前，全国的货币流通量（包括地方币）为20多亿银元。经过了12年战争之后，生产和货币流通不正常，发行是应该少一些，假定打两个对折，还应有5亿多银元。可是，现在我们发行的人民币，只相当于1亿至1.2亿银元，数目还是很小的。我们的税收也不多。处在一个发展的环境中，加一点税不会出大问题。如果赤字不大，可以用增加税收的方法求得收支大体平衡，以便使经济走上健全发展的道路。到那时，货币比较稳定，发了票子物价不涨，就大有文章可做了。"会议从当时的全局出发，正确地指出：解决财经困难的根本办法，还是要依靠军事上的胜利。不论财经工作有多大困难，仍然要把支援战争放在第一位，在支援战争的前提下谋求经济的稳定。离开这个前提，孤立地看问题，就经济论经济，路子不会宽广。

观察和解决财经问题，要着眼于恢复和发展生产，这是会议提出的又一个重要指导思想。原来设想，解决上海的困难，办法之一是搬迁一些工厂出去，用疏散来减轻上海的负担。中央要陈云同志同华东的同志研究这个意见。商量的结果，认为这件事要慎重。从缓解一时困难看毫无疑问有利，但对于下一步恢复生产就未必有利了。因为工厂不是随便搬到什么地方都可以生产的，不具备一定的条件形成不了生产能力。而经济困难的最终解决，离不开生产的恢复和发展。本着这个原则，会议决定，各区共同努力来维持上海，承担分配的粮、棉调拨任务。上海的工厂恢复生产，全国各地都会受益，下一步就主动了。从这时起，在全国开始实行了粮、棉等关系国计民生的重要物资的统一调拨。

要把财委建设成有思想、有战略眼光的司令部，这是陈云同志向财经领导机关特别提出来的要求。那时，各级财委机关正处在组建过程中，陈云同志在会议总结里说："各大区财委机关要组织成为一个司令部。现在各地区财委只有几个人，这样不行。财委要设置专管各方面工作的组织，如金融、贸易等处。有些可以设秘书或委员，如工业秘书、计划委员等，负责看有关材料，动脑筋，考虑问题。这光靠下面的业务部门不行。现在工作范围很广，任务很重，没有专门的研究机构应付不了。人员从哪里来？由上面派不可能，要从业务机关抽。抽二三等的不行，要抽一等的。以前的机构，已完全不适应今天的需要，过去的那一套经验也应付不了现在的局面。现在我们不但要应付国内，而且要在国际经济中周旋。这样就需要党内外人士团结起来，根据地的，做地下工作的，外来的，本地的，没有哪一方面的也不行。总之，我们今天面临的是管理一个有几亿人口的大国的局面，必须吸收党内外各方面有知识的人来共同工作。”后来，他多次讲过这个思想，要求财委多考虑研究经济工作的战略问题，成为通观全局的经济工作机构。从中财委本身来说，当时就是按着这个想法设置机构、建设队伍的。我在前面已经谈到，中财委高层次的领导人员中有党内外经济专家，局处级领导工作人员中这样的专家就更多了，在一般工作人员中也有很大一部分青年同志具备了一定的财经专业知识，大家上下一心，通力合作。这对于完成各项任务起了很大的作用。许多同志后来成长为经济建设的栋梁之才。

上海会议提出克服困难的办法，主要有四项：

1. 精简节约。关于精简节约的具体措施，大家认为精减人员困难比较大，所以与其裁员不如减薪，“三个人的饭五个人匀着吃”。

2. 在新解放的乡村抓紧征粮，新解放的城市抓紧收税。这方面很有文章可做。例如上海的税收原来每月 45 亿元(指旧币，下同。1955 年 3 月 1 日发行新币，新旧币比值为 1∶10000)，经重新研究，可望达到 268 亿元。

3. 发行公债。会议原定发行 2400 亿元，因民族资产阶级人士对于现时发行公债一事尚有异议，所以中央决定推迟。

4. 由中财委主持从各地调拨物资，首先保证上海需要的粮食、棉花和煤炭，稳住上海，恢复生产。

在上海会议上，还就急待统一的几个问题作了规定：

第一，统一规定了各地的秋粮征购任务、1949 年 8 月至 12 月份的货币发行量和各区域之间的物资调拨计划。

第二，统一税率。

第三，建立由中财委领导的统一的发行库。

第四，建立全国性的花纱布公司、中纺公司、土产公司，集中掌握几种重要物资。

建国伊始，稳定金融物价的斗争，主要是同民族资产阶级中的投机资本家的较量。官僚资本在接管城市的过程中，已经陆续收归国家所有，帝国主义在华企业也已经不能为所欲为；而民族资本则不同，它是新民主主义经济的组成部分，受到国家政权的保护。在当时，民族资产阶级既拥有官僚资产阶级所没有的政治资本，又掌握着足以影响金融、物价的经济实力。他们自以为身价很高，看不起我们，说我们这些“土包子”只会打仗，不懂经济（即所谓“共产党军事一百分，政治八十分，经济是零分”），又看到我们控制市场的能力有限，于是就在市场上一再兴风作浪。在这种情况下，如果不同他们进行必要的斗争并在斗争中取得胜利，我们就会站不住脚。刘少奇同志曾经说，谁掌握了市场，谁就在实际上掌握了经济上的领导权。所以，这场斗争也是我们同民族资产阶级争夺经济领导权的斗争。正是这场斗争的初战胜利，具有社会主义性质的国营经济才开始树立起对其他经济成分的领导权，并按照新民主主义的经济政策去调整各种经济关系，使之各得其所。

金融市场上的银元斗争，是民族资产阶级中的投机资本同我们的初次较量。1949 年春，国民党崩溃的形势已定，在南方新解放的城市，我们在金融市场上遇到的难题，主要的已不是国民党发行的金圆券（金圆券已不打自倒），而是银元。渡江以前，我们一般是先解放乡村，后包围、解放城市。在金融市场上，人民币先在乡村生了根，城市一解放，人民币比较容易占领市场，较快地恢复城乡经济联系。沈阳、北平和天津解放前后的情况大体上都是这样。渡江以后，情形不完全相同了。在那里是先占领城市，后占领乡村，城市和乡村都是银元占领市场，人民币挤不进去。上海解放的头一周，投入流通的人民币还不足 20 亿元，数量并不大，但大部分还是浮在市面上，充当本位币的照旧是银元，人民币根本买不到成批的东西。这就滋生了银元投机。旧上海的证券交易所本来已命令停业，实际上却没有停，成了半公开的银元投机指挥所，每天麇集几千人在那里。充斥在大街小巷的银元贩子更多，1949 年 6 月 5 日这一天有二万人，6 月 8 日发展到八万人。银元的黑市价从人民币 1400 元涨到 2000 元以上。这股银元投机风严重地冲击了金融市场，危害正当的工商业，影响市民的生活。不禁止银元流通，制止银元投机，人民币的信用就树立不起来，金融也难以稳定。

上海最初设计的斗争方案是以银元制服银元，即用经济的办法解决问题，集中大量银元拿到黑市上抛售，先把价格压低，再宣布禁止流通。这个方案试行的结果，没有起什么作用。1949 年 6 月 6 日这一天，在一个城区抛出了一万银元，价格一点没有回落。原因是投机势力大，不够吃。据说，日本人占领上海期间，市场波动，从东京一次运来五吨黄金投下去，也是以失败告终的。后来，上海市决定组织一次严厉的政治打击。首先发动和组织以工人为骨干的各阶层人民，造成强大的舆论攻势，同时做好必要的准备，于 1949 年 6 月 10 日一举关闭作为银元投机中心的上海证券交易所，拘捕严重违法的投机者。在政治打击的基础上，迅速实施金银管理办法。人民币从此占领了市场。

从这件事也可以看出来，在经济斗争中需要有政治、法律手段配合，才能充分发挥经济手段的作用。当然，这也不能绝对化，决不可以因为政治、法律手段易于收到一时的效果而滥用。我们说政治是经济的集中表现，这是完全正确的马克思主义的观点。从事经济工作的同志一定要有这种观点，首先要学会从政治上看问题。如果只是埋头于具体的经济事务，不关心政治，不研究经济工作中的政治问题，就可能变得头脑不清醒，甚至迷失方向。但是，经济又是基础，如果离开经济去谈政治，那也会走向反面。经济问题毕竟有它自身的规律，最终还是要依靠符合经济发展规律的经济手段和经济办法来解决。这个道理，在粮食和纱布市场的斗争中，就看得更为清楚了。

粮食和纱布市场上同资产阶级的较量,是继银元斗争之后的又一个回合。银元斗争我们虽然胜利了,但资产阶级在经济上没有受到重大打击,还不服气。那时,物价不稳定,粮食和纱布往往代替货币充当筹码,成为囤积的对象。资产阶级也把眼光转到粮食和纱布市场上。在上海开会的时候,银元斗争刚过去,市面上好像显得平静,其实是酝酿着又一次较量。会议曾经作了一番布置。1949 年 10 月 15 日,物价涨风果然再起。以津沪为先导,华中、西北跟进,全国物价猛涨。天津是粮食带头,上海是纱布带头;资本家估计我们手里的纱布不多,就从这里突破,很有孤注一掷的架势。武汉受上海影响,也是纱布带头,涉及到粮食和金银。上海仍然是较量的主战场。在中财委统一部署下,各地一致行动,经济手段和行政手段双管齐下,一面筹措掌握物资,择机抛出;一面几路进军收紧银根:征收税款,收缴公债款,要求资本家按时发放工资而且不准关厂;公家的钱只能存放国家银行,不得向私营银行和私营企业贷款。这一抛(抛售物资主要是纱布)一收(收紧银根),资本家两面挨"耳光"。他们原以为大量买进,甚至举债存货,可以伺机抛出,大捞一把,没有料到银根一收紧,日子就过不下去了。他们错误估计了形势,完全失算了。

当然,我们也付出了代价。那时,从四川调运大米到上海,运费和粮价差不多,销价不提高,都是国家贴补。赔钱做买卖,私人是不会干的。看似悖理,不符合经济原则;但从稳定上海、进而稳定全国经济以较快恢复生产这个大局看,这样做是完全必要的,无论政治上还是经济上都有好处。看似悖理的事就不悖理了;不仅不悖理,而且是按照经济原则办事的又一种形式。搞经济是要算经济账的,不算经济账的财经干部不是好的财经干部。问题是看怎么算。有大账有小账,有时它们是一致的,有时不一致。在它们不一致的时候,首先算大账,不为小账遮住眼睛,这一点对于财经工作的领导者是很重要的。我们在粮食和纱布市场上斗争的胜利,就是正确处理了算大账和算小账之间的关系,各地区都从大局出发,统一行动,充分发挥我们的政治、经济优势才取得的。这是一条经验。

各地市场从 1949 年 11 月 25 日起趋向稳定，到同年 12 月 10 日物价涨风告一段落。以 1949 年 7 月底为基期，上海、天津、汉口、西安四大城市的物价涨幅基本稳定在 3.2 倍的水平上，和我们的物资力量、货币发行状况大体相适应。在这以后，市场物价虽仍有起伏，大的波动没有再出现，说明经过这次斗争，我们在市场上已经取得了领导地位。资本家对我们搞经济的能力也开始跷大拇指了。上海一位有影响的民族资本家事后说："6 月银元风潮，中共是用政治力量压下去的，这次仅用经济力量就能压住，是上海工商界所料想不到的。"

（三）统一财政经济

几番金融物价斗争，我们都胜利了。但是，这仍旧是暂时的，隐忧还没有完全消除。这里的要害问题是，财政经济没有统一起来，收支脱节，中央财政缺乏坚实的基础，随时有出问题的可能。

第一，全国军政公教人员 1950 年 3 月已经超过 900 万人，按 1949 年概算标准人均 4000 斤小米计算，900 万人需要 360 亿斤。包下来的旧人员大多集中在几个城市里，已经人满为患，一些地方和部门还纷纷开办训练班，陆续增人。照这种势头发展，不要多久，脱产人员就会超过 1000 万。这在当时是很沉重的负担。

第二，收入没有按计划完成。1950 年 2 月份的税收只完成了 60%。原因之一是，有的新区自己把税负面缩小了，等于减少了税收。一方面增人增支，一方面收入减少，没有别的办法，还得印钞票就是了。

第三，更为严重的情况是，收支脱节。那时候，收入的大头是公粮，而收起来的公粮都掌握在地方手里，其他税收也有一大半在地方手里，"近水楼台先得月"，自己可以先用，中央拿不到。但是，900 万人里面 500 万军队是要"吃皇粮"，由中央支付的。收在下面，支在上面，中央的日子就过不下去了。发钞票主要是中央有亏空。

由此可见，统一财政经济管理势在必行，收支脱节的状况决不能再继续下去。不然的话，1950 年的财政概算就会被突破，金融物价将再度出现大的波动，经济的恢复和发展受影响，到头来还是人民吃亏。我们计算了一下，1949 年 1 月、4 月、7 月、11 月四次大涨价，老百姓损失了 156 亿斤小米。前三次涨价，又是集中在两亿人口的长江以北地区，等于少数人负担了其中的大部分。他们是有意见的。不倾听人民的呼声，恢复发展生产就会成为一句空话。有些地区的同志也想解决这个问题，但是他们还是凭老经验办事，各打各的主意，以为这样就可以自保。实际上这是脱离实际的想法。国家已经统一了，如果不从全国的范围来考虑解决问题，一旦金融物价波动，谁也不能幸免。全局不稳，即使偏安一隅也是不可能持久的。所以，要统一财政经济工作，首先必须克服我们自己队伍里的狭隘观念，打破局限性，跟上已经变化了的新形势。

稳定金融物价需要财经统一，恢复和发展经济也需要财经统一。所以应该看到，那时考虑统一财经管理，并不完全是从克服暂时的困难出发，也是从中国贫穷落后、各地区经济发展很不平衡的现实情况出发，从经济工作的实际需要出发，按照实事求是的原则办事。在当时的情况下，我们的收支状况虽然紧张，机动力量有限，但是，如果能够集中起来，有重点地使用，还是可以办成一些事情的。否则，即使收支情况改善了，如果还是分散在各地和各个单位的手里，中央能够掌握的资金有限，也是难以有大作为的。在军事上，我们总结过一条宝贵经验：集中优势兵力各个歼灭敌人；分散使用兵力，往往招致失败。在经济工作上，也需要采取这样的方针。用那时常讲的一句话说，做经济工作不能撒胡椒面，而要集中必要的财力物力首先解决重大问题。

统一财经，主要是统一财政收支，重点又是统一收入，保证中央财政的需要。在收入方面，规定公粮、税收、库存物资和公营企业的利润（包括折旧基金的一部分）一律收归国库，由中央掌握。在支出方面，规定统一的编制和供给标准，不准擅自招收新人员，额外开支。此外，还规定国营贸易的资金和物资的调用统一于中央贸易部；机关、企事业单位的现金除留近期使用的额度，一律存入国家银行。

统一财经工作，实际上是确立国家统一后的财经管理体制。1950年3月3日，以政务院名义发布的关于统一国家财政经济工作的十条决定，奠定了以集中统一为基础的财经管理体制的雏形。这同我们过去在根据地时期和后来的各个解放区所实行的以分散为主的财经管理体制，有原则的不同。这是财经工作上的一个重大转变。由于有些同志对这一转变的必要性和重要性认识不足，加上在根据地和解放区长期处于被敌人分割条件下形成的观念和习惯，当时实施财经统一管理的困难和阻力是不小的。而实际情况又不允许我们再迟延下去，必须当机立断，尽快实现财经工作的统一管理。为保证国家这一重大政令的贯彻执行，党中央发出了关于全党保证实现《中央人民政府政务院关于统一国家财政经济工作的决定》的通知，要求全党认识这种转变的必要性，正确对待从旧的分散的管理方法变为统一的管理时必然出现的若干困难，用一切方法去保证这个决定的全部实施。通知最后说："中共中央认为共产党员必须是遵守国家法令的模范。如有共产党员在财政经济工作中，有虚报人数、贪污腐化、破坏制度等等违法行为，则除开受到国家法律的严重处罚外，同时还将受到党的纪律的严重制裁。"党和国家严明的纪律，保证在全国范围内顺利地实现了财经工作的统一。

在这里，我还要说明，当时统一财经工作，并不是统统都集中统一。中央在决定这个问题的时候，认真考虑到需要和可能两个方面，区别不同情况，统一必须统一有可能统一的方面，不需要统一或者暂时没有条件统一的就不统一，对于分散管理比集中统一管理效果更好的则继续维持原来的分散管理的办法。例如，对于农业生产，在中央的统一政策和方针下面，仍然主要由地方组织领导；对于国家所有的企业，划分为三种：一种是属于中央各部直接管理的企业，再一种是属于中央所有、委托地方管理的企业，第三种是划归地方管理的企业。在收入方面，地方附加粮和关税、盐税、货物税、工商税以外的地方税，照旧归地方支配。如此等等。这就是说，在财经工作的主要方面实现统一后，将继续存在分散管理的部分。所不同的是，过去是以分散管理为主，统一是次要的方面；现在则是统一管理为主，分散管理是第二位的。

财经统一有没有副作用？过去各个解放区自己管理收支，担子在自己身上，权力也在自己手里，各自核算，自求平衡，没有别的依赖，只能自己去努力开源节流；现在主要的方面统一了，弄不好，有可能助长依赖思想，不再去积极想办法，也有可能使地方感到被束缚了手脚，想有所作为而无能为力。这些问题都有可能发生，我们也并不是一点没有预计到。但是，从大局考虑，当时急待解决的是首先把财经统一起来，如果顾虑太多，就什么事情也办不成了。陈云同志那时常说，世界上从来不会有十全十美的办法，能做到九全九美就不错了。其实，九全九美的办法也并不很多，大抵一件事利多于弊就是不错了。当然，有些问题应该有所防范，事后看注意得不够，或者来不及考虑；有些问题即使考虑了，也还是估计不足。例如，统一管理以后，发挥地方积极性的问题，如果工作做好了，把道理讲清楚，是可以解决的。实践证明，当初想得有些简单，因为这不完全是认识问题，觉悟问题。必须承认，地方、部门、单位的责任心、主动性和创造精神，在不同的管理体制下，可能发挥的程度是不同的。但是，这个道理，只是在经过了一段实践后，在毛泽东同志 1956 年听取工业部门汇报的过程中，大家才有了新的认识。

统一财经后，时间不长，有些方面集中统一过多的缺点就开始暴露出来了。中财委打算在 1951 年作些调整，分一点权给地方。就在这个时候，在湖南工作的黄克诚同志 1951 年 2 月 16 日给毛主席和中财委写信，批评了中南地区出现的随意上收企业、限制地方经济发展的做法，提出了应当发挥地方办工业的积极性的问题。毛主席认为黄的意见是对的，指示中财委解决。不久，政务院通过了中财委提出的《关于 1951 年度财政收支系统划分的决定》、《国营工业生产建设的决定》和《划分中央与地方在财政经济工作上管理职权的决定》等几个文件，提出在继续保持国家财政经济工作统一领导、统一计划和统一管理的原则下，把一部分适宜于由地方政府管理的职权交给地方政府。其中包括：把一部分国营企业、一部分财经业务划归地方管理；地方的工业、财政、贸易、交通等经济事业，除保证政策、方针、重要计划和重要制度的全国统一以外，经营管理工作和政治工作都由地方负责；对地方工业，要采取积极发展的方针，鼓励和支持各级政府办工业的积极性。与此相适应，在财政体制上，实行统一领导下的中央、大区和省市三级管理的体制；除已经规定的地方税外，货物税、工商税等一部分税种和烟酒专卖利润实行中央和地方按比例留成的制度，依率计征的农业税超过部分也实行分成；地方工业利润在一定时期解除上缴国库的任务，用来发展地方工业；地方按年向国家交纳的折旧费，也可酌情作为国家对地方工业的投资。

关于发挥地方积极性的问题，一般说我们还是重视的。从根据地时期起，我们就有一条规矩，叫做统一领导、分级管理。建国后统一财经时，总的精神还是这个原则。当然，具体内容和权责的划分，已经因时因地有所不同。后来，毛主席又提出了发挥中央和地方两个积极性的问题，要求把统一性和独立性这两个方面结合起来。原则是有了，问题是在实际工作中并没有把这个问题解决得很好。今天看，也还有一些问题需要继续去解决。但是，有一点我想是可以而且是应该充分肯定的，那就是中央和地方两个方面的积极性必须很好地结合，不能只顾一头，这是从几十年工作中得到的一条需要经常加以注意的重要经验。

关于发挥企业积极性的问题，那时我们提出的口号是管理企业化，逐步过渡到实行独立的经济核算制。1951年5月，第一次全国工业会议专门讨论了这个问题。按照经济核算制的要求，国家在对企业规定若干生产指标与核定资金的基础上，由企业实行独立的会计制度，自负盈亏；在完成国家平衡计划的条件下，企业有权自行销售产品与收购原料，有权提取最多为30％的超计划利润作为奖励基金，以此促使企业的领导者和职工关心企业的经营状况，挖掘潜力，增加生产。这也是试图从责、权、利的结合上来调动企业的积极性。由于认识的局限，我们在这个问题上的努力是不够的。拿一个最基本也是最简单的关于企业折旧基金的归属问题来说，多少年来就没有得到满意的解决，还是前几年才解决的。

总的说，那时管理全国经济，我们还缺少经验。战争时期，有一些局部的经验，虽然宝贵，照搬也不行。学习苏联的经验，建国一开始就是重视的，中财委就请有苏联顾问。但是，我们也体会到不能依样画葫芦，因为两国的情况差别很大。中财委曾经专门讨论过如何对待苏联专家意见的问题，陈云同志很强调既要尊重，又不是什么都听；如果发生苏联专家的意见和中国的情况不符合，首先应当检查我们自己是否充分地向他们提供了有关情况。我们那时决定财经统一，实行以集中统一为基础的财经管理办法，老实说，是中国的情况使然。虽然不能说没有受到一些外来因素的影响，但是把它说成是照搬了某一种模式的结果，这至少是缺乏对当时历史事实的全面研究，缺乏具体分析的。我总觉得，在总结历史经验时，首先要弄清事情的全貌，弄清事情发生发展的来龙去脉、内在外在的各种联系，然后放到当时的历史环境中进行实事求是的分析，一是一，二是二，只有采取这种科学的严肃的态度，得出的经验才是最可靠的，也才是于推进现实的实践最有益的。

（四）初战胜利的经验

1950 年 3 月统一财经，同年 4 月财政状况开始好转，出现收支接近平衡、市场进一步稳定的可喜现象。货币的流通速度减慢了，物价稳中有降，私营企业的成交价格甚至降到国营牌价以下。与此同时，人民币的信用提高了，银行的存款大量增加，存放款利率也有所下降。上海市 1950 年 4 月 1 日到 15 日的半个月时间里，银行存款余额增加了 20％，折实存款反而减少了 36％，并出现了半年期的长期存款。人们终于松了一口气，因饱尝物价波动之苦形成的抢购心理开始有了变化。这是多少年不曾有过的情况。至此，建国初期平抑物价、统一财经的斗争初战告捷。毛主席曾经高度评价它的意义“不下于淮海战役”，并极为称道陈云同志的理财能力。记得有一次我在他那里谈完工作，说到陈云同志主持中财委的工作很得力，凡看准了的事是很有勇气去干的，平抑物价、统一财经就是他力主要做的，结果很快成功了。毛主席听后说，陈云同志有这样的能力，我在延安时期还没有看得出来，可称之为能。接着，他顺手在纸上写下了一个“能”字。毛主席善于用典故抒发思想和情感。在这里，他是借用诸葛亮在《前出师表》里叙述刘备夸奖向宠的用语（“将军向宠，性行淑均，晓畅军事，试用于昔日，先帝称之曰能”），来赞扬陈云同志的理财之能。

平抑物价、统一财经初战告捷，全党、全国人民为之振奋，国内外对我党治国能力抱有怀疑的人们，也不能不在事实面前刮目相看。当时，新中国的各项工作尚未走上轨道，经济尤其脆弱。在这种情况下，我们能够这样快地把金融和市场稳定下来，使恢复经济能够顺利起步，靠的是什么？主要是依靠党中央和毛主席的正确领导，全党认识与步调的一致，财政经济的统一管理，从而使政治优势加上它所转化的经济优势得到充分发挥，使我们的力量得到不断壮大。1949 年 10 月的那次物价斗争结束后，中财委曾经在总结里指出：在市场物价问题上同资产阶级的较量，不但需要统一的指挥，而且要有保证实施这种统一指挥意图的能力。就是说，要能做到集中使用力量，灵活调度物资，全面指导物价。而要做到这些，建立全国性的贸易公司，首先是棉花、纱布、粮食等专业公司，掌握足以影响市场的物资力量，是非常重要的。40 年来，我们看过来看过去，在中国这样一个人口众多又还不富裕的大国里，要长期保持金融物价的基本稳定、经济的基本稳定，维护中央的权威，保证政治与经济必要的集中统一是不可缺少的。中央有力量，各个地区都会得到益处。旧中国一盘散沙，大家受害，这是有目共睹的。

平抑物价、统一财经的斗争也说明，中国要恢复和发展经济，决不能走通货膨胀的道路。实行通货膨胀的政策，只能使少数投机者渔利，而使绝大多数人吃亏，使从事正当生产经营活动的人吃亏。在 1950 年春节前后那次平抑物价的斗争中，上海的资本家吃亏比较大，叫得厉害。毛主席曾为这件事询问我们，工商业会不会出问题。银根抽紧以后，上海的资本家虽然有故意多叫苦的一面，也确实遇到困难。对资产阶级不斗不行，斗过头也不行。收缩银根以求金融物价的稳定是必要的，但是适量投入货币以利工商业的恢复也是必须的,而且从长远看后一方面尤其重要。因为解决财政经济问题最终还是要靠发展生产。所以,这两个方面都应同时考虑,不能顾此失彼。当时,金融市场不稳定的主要因素是货币的财政性发行。要稳定物价,就得紧缩通货;紧缩通货,工商企业必然受影响。掌握适度,不会有大问题。银根抽得过紧,就会适得其反。工商企业不能恢复生产,财政困难就会继续下去,还得靠印钞票过日子。毛主席关心这件事是有理由的。问题是在实践中,这两方面都掌握得恰到好处,很不容易。经济生活很复杂,不可能有理想化的时候。金融物价不稳定,一向是中国经济的大祸害,不认真对待,是解决不了的。当然,后来的情况说明,我们的银根抽得过紧了一些,投放货币的决断也迟了几天。从指导思想上说,中财委当时还是注意到了这两个方面。应该说,我们从建国初期的实践中已开始认识到这一条经济规律,就是在中国的条件下,无论如何不能靠通货膨胀的办法搞经济。当然这种认识不可能一次完成,需要结合经济发展的新情况不断加以深化。

1949 年 12 月 19 日,中财委第 8 次委务会议讨论弥补赤字的办法,究竟是多发票子还是多收税,权衡的结果,都不赞成多发票子,主张用多收税的办法争取收支的平衡。陈云同志风趣地说:“世上没有点金术,也没有摇钱树,又要养活 900 万人吃饭,所以路只有两条,印钞票和增税。靠印钞票的路我们不能走,稳妥的办法是在税收上多想办法,打主意。”建国初期,党内外在税收问题上一度流行所谓施“仁政”的观点,似乎收税越少越好。我们过去反对国民党的苛捐杂税,现在有些同志自己也不敢收税了。为了整理税收,力求多收一些,我们不得不耐心地做解释工作,给税务干部撑腰打气。中央还规定,在一个县里配干部,除县委书记和县长外,还要配备一个强的干部去当税务局长,把税收工作抓起来。1950 年 2 月,中财委在给党中央、毛主席的报告里进一步申述了这个看法。报告说:“现在问题的中心是,多收税少发钞票,还是少收税多发钞票?路子只有两条。少收必得多发,想少发必得多收;不是多收便要多发,此外别无出路。有人要求少收,而又要物价稳,这办不到。收税和发钞票这两者比较，在可能限度内，多收一点税，比多发钞票，为害较小。这样做，工商业负担虽稍重，但物价平稳，对正当的工商业有好处。反之，物价波动大，任何人也不愿拿出钱去经营工商业，资金都囤积在物资上，或放在家中不用，劳动者也跟着没有活干了。这样，势必造成资金和劳动力的浪费，使生产受到严重影响。有人说，'温和的'物价上涨可以刺激生产，这种说法我们认为是不妥当的。物价的波动，只能打击生产，使经济停滞。这是后退的办法。少发行多收税，负担是重了些，但物价平稳，经济逐渐发展，则不失为一种前进的办法。"我们在随后几十年的经济工作中，基本上坚持了这样的指导方针，不走依靠通货膨胀的道路。事实证明，这符合我国的国情。

至于物价工作中积累的问题，并不是执行稳定金融物价方针造成的。坚持基本稳定金融物价的方针与进行物价改革并不是对立的。中财委时期对待某些物价不合理的状况，也是力求及时作出调整的。前几年，有些同志忘记了这个经验，提倡和支持所谓"温和通货膨胀有益论"的观点，靠发票子搞基本建设，特别是搞消费性的基本建设，盲目搞加工工业，鼓励超前消费，弄得积累和消费两头膨胀，物价剧烈波动，投机活动盛行，生产企业的日子越来越困难，以致不得不进行治理整顿。其结果是既危害了经济的发展，也干扰了经济改革的进程。这个事实从反面证明，即使在现在，建国初期经济工作中积累的反对通货膨胀的经验也还是不能忘记的；什么时候忘记了，到头来终究要受到客观规律的惩罚。

五　调整工商业

新中国建立后，必须对旧的社会经济结构进行改造与改组，把半殖民地半封建经济转变为独立自主的新民主主义经济，为进行有计划的经济建设创造条件。统一财经管理和调整工商业，是建国初期所进行的两项重要工作。陈云同志曾给予高度评价。他说："统一和调整，'只此两事，天下大定'。"

(一)紧缩银根后私营工商业遇到的困难

紧缩银根后，1950 年春夏之交，全国经济生活中出现了市场萧条，私营工商业经营困难，部分私营工商户关门、歇业，造成新的失业现象。上海市统计，4 月份大米和棉纱的批发市场交易量，分别比 1 月份下降了 83%和 47%；3 月份同 1 月份相比，百货营业额大商号减少了一半，中小商号减少 90%。到 4 月下旬，全市倒闭的工厂有 1000 多家，停业的商店有 2000 多家，失业的工人在 20 万以上。另据统计，14 个较大城市在 1950 年 1 月到 4 月倒闭的工厂合计 2945 家。16 个较大城市半停业的商店合计 9347 家。全国失业的工人逾百万。这种状况，激化了一些社会矛盾，失望和不满的情绪在一部分工人和城市贫民中迅速蔓延。上海市长陈毅同志报告，1950 年三四月份上海人心浮动，匪特乘机活动，市面上发生了吃白食、分厂、分店、抢糕饼、打警察、聚众请愿和捣乱会场等一类的事件。经济问题已影响到了社会的安定。

从半殖民地半封建的社会经济结构转到新的社会经济结构，是一件复杂的工作。在旧中国，私营工商业是在持续通货膨胀的环境里求生存的，表现出严重的投机性、对外国资本主义经济的依附性和对达官贵人的依赖。因而在改组过程中，遇到困难是必然的。

中财委当时分析，私营工商业的困难主要表现在以下几方面：一是因通货膨胀而形成的虚假购买力的消失，以及社会心理的变化，出现了一部分商品的滞销和生产过剩。二是供销对象变化后，工作一时衔接不上。从前依赖国外市场的，现在靠不住了；过去面向达官贵人的产品和服务项目，现在人民不需要了。三是占城乡人口大多数的工人和农民的购买力很低，特别是农民的购买力有限，许多生产和生活必需的商品因价高而买不起。四是私营工商企业大多数企业管理落后，人浮于事。

这些困难从根本上说，是社会变革过程中的产物，是难以避免的。但我们的工作中也确实存在一些缺点错误和需要加以解决的问题。

一是平抑物价的措施有些过猛。紧缩银根起了消除通货膨胀、稳定物价的作用，而对于正常的工商经营活动也产生了一些副作用。1950 年 2 月，全国财政会议曾估计“四路进兵”(即收税，收公债款，发放工人工资而且不准关厂，公营企业现金一律存入国家银行、不准向私营银行和私营企业贷款)可能会遇到资产阶级的抵抗，要打几个回合。实际上，他们已无力再较量。三四月份，我们看到势头不对(市场过紧)，“收兵回营”，已经来不及了。从发现问题，到开始投放货币，犹豫了 25 天，这就加重了银根紧张的程度。同时，由于没有谨慎地区别投机资本的活动和正常的工商经营活动，采取区别对待的措施，而是简单地一棍子打下去，使得有益于国计民生的工商业活动也连带受到了打击。

二是有些同志忘记了新民主主义经济的指导方针是公私兼顾、劳资两利，忘记了对民族资产阶级是又团结又斗争，斗争是为了团结，而产生了挤垮一些私营工商业的错误想法和做法。这些同志在处理公私关系上，明显地歧视私营工商业，使公私兼顾变成了“只公不私”。

华北局曾派张磐石、李哲人同志分别到天津、太原去检查执行“公私兼顾，劳资两利”政策的情况，还召集张家口、大同、保定、石家庄等14个中小城市的负责人就这方面情况作了汇报。1950年5月31日，华北局向中央作了专门报告，概括为八个方面的问题：

1. 国营商店和合作社经营的商品范围过宽、数量过大，有垄断一切的现象。在粮食、棉花、纱布、煤炭、煤油、食盐等几种主要商品上，国营商店和合作社的营业额高达80%左右。其中，有的商品在某些城市甚至达到100%。其他日用品，国营商店和合作社也广泛经营，抢夺私商的阵地。

2. 在价格政策上打击私营工商业。表现在批发价与零售价不分，私营零售商无利可图；地区差价小，私人长途贩卖赔钱；代销手续费低，代销商不满意；原料与成品的差价小，工业利润低，造成一些私营工厂倒闭。

3. 税收重，税目多，手续繁，加上认购公债的任务也重，私营工商业难以承受。

4. 在金融政策上，公营贷款，一般占80%—90%；私营贷款则比重过小，而且还款时间限得过短，资金周转不过来。

5. 私营工商业遇到困难后，京、津两地采取了适当降低工资，借以维持生产的办法，避免和减少了失业。但许多地方没有这样做。山西还发生了这样的事：当工人自发地与资方协商减薪的时候，反被有关部门指责为右倾。

6. 在市场上大量商品已经滞销的情况下，国营贸易仍只吐不吞，实际上放弃调节市场的责任。

7. 在原料采购、分配上，对私商的限制多。天津私营纱厂采购原棉，花纱布公司只准它买次花，并限制采购数量。太原私营铁业需要的钢筋，不允许在市场上自由选购，必须以高价从国营单位进货。

8. 在加工、订货和成品收购上条件也有些苛刻，私商得到的利润低，有时公方还不守信用。

华北如此，其他地区也同样存在这类问题。我们工作中发生的这些缺点、错误，使民族资产阶级产生了疑虑和不安。一些从香港回到上海的资本家，这时有的又跑回香港去了。湘鄂赣和武汉市的工商业者说，你们的贸易公司、合作社一起挤我们，我们还有什么前途！

(二)中央关于调整工商业的决策

为了克服私营工商业遇到的困难，稳定他们的生产经营情绪，1950年夏，中央多次召开会议进行研究，作出了调整工商业的决定，提出了不要四面出击的策略思想。

关于调整工商业的决策。1950年三四月份，中央先后召开了有各大区负责人参加的工作会议和政治局会议，为七届三中全会做准备。毛主席在政治局会议上说："中央人民政府成立以后，主要是抓了一个财政问题。目前财政经济的好转还只是财政的好转，并不是经济的好转；财政的好转也只能说是开始好转，根本好转需要完成土地制度的改革。目前财政上已经打了一个胜仗，现在的问题要转到搞经济上，要调整工商业。"会议明确指出，调整工商业的原则是公私兼顾、劳资两利，要纠正一些干部中存在的想挤垮私营工商业的不正确思想和做法。毛主席说："和资产阶级合作是肯定了的，不然《共同纲领》就成了一纸空文，政治上不利，经济上也吃亏。'不看僧面看佛面'，维持了私营工商业，第一维持了生产；第二维持了工人；第三工人还可以得些福利。当然中间也给资本家一定的利润。但比较而言，目前发展私营工商业，与其说对资本家有利，不如说对工人有利，对人民有利。"

1950年6月6日至10日，在中南海怀仁堂召开了七届三中全会。毛主席作了《为争取国家财政经济状况的基本好转而斗争》的书面报告，并作了《不要四面出击》的重要讲话。毛主席在报告里说："我们现在在经济战线上已经取得的一批胜利，例如财政收支接近平衡，通货停止膨胀和物价趋向稳定等等，表现了财政经济情况的开始好转，但这还不是根本的好转。要获得财政经济情况的根本好转，需要三个条件，即：(一)土地改革的完成；(二)现有工商业的合理调整；(三)国家机构所需经费的大量节减。"他以东北为例说："东北已经开始了有计划的经济建设，东北为什么做得好呢？就是因为有了这三个条件:土地改革完成了;工商业上了轨道;军队走了很多,国家机构的开支减少了,经费用在投资经济方面的很多。在关内土地改革还有很多地区没有完成,工商业很乱,北方比较好,在南方很乱——不是相当乱,而是乱上还要加上一个'很'字。"全会决定合理调整工商业,调整税收,使工厂开工,解决失业问题,改善同资产阶级的关系。陈云同志在会上作了重要发言,阐明了调整工商业的必要性、调整的内容和有关政策。

关于不要四面出击的策略思想。在1950年4月政治局会议上,毛主席说:"我们是一个大党,策略上要特别注意。尤其是我们现在胜利了,要巩固胜利,更要注意,要反对'左'的思想和'左'的做法。"在这次会议上,周总理提到了中国人民银行总行主要负责同志在统战工作会议上的发言(以下简称"发言",这个发言反映了对民族资产阶级的"左"的情绪)。他当时认为可能只是个别人的看法。会后,他发现中南区有一位参加中央财政会议的同志回去传达时,也是这样讲的,才引起警觉,把那份"发言"打印出来,送给了毛主席和少奇同志,也给了我一份。毛主席看到这个材料,很重视,做了许多批注,送给少奇、朱德、恩来、陈云以及彭德怀、林彪、彭真、胡乔木和我看,也送给发言者本人一份。毛主席的批注(以下简称"批注")要点如下:

1."发言"提出"今天斗争对象主要是资产阶级"。"批注"指出:不对!"今天的斗争对象主要是帝国主义封建主义及其走狗国民党反动派残余,而不是民族资产阶级。对于民族资产阶级是有斗争的,但必须团结它,是采用既团结又斗争的政策以达到团结它共同发展经济之目的。"

2."发言"认为:五种经济成分虽然都要发展,但要先公后私。"在走向社会主义过渡阶段的经济政策是'允许、限制、排挤'"。所谓允许有利于国计民生的私营工商业发展,也是有伸缩性的,譬如火柴业,国营生产多了,私营的即可不必扶持。"批注"指出:"应限制和排挤的是那些不利于国计民生的工商业,即投机商业,奢侈品和迷信品工商业,而不是正当的有利于国计民生的工商业,对这些工商业当他们困难时应给以扶助使之发展。”

3.“发言”主张国营经济“无限制的发展”。“批注”指出：“这是长远的事，在目前阶段不可能无限制地发展，必须同时利用私人资本。”我们现在“只能控制几种主要商品（粮布油煤）的一定数量，例如粮食的三分之一等”，“除盐外，应当划定范围，不要垄断一切”，“建立百货公司，并不是代替全部商业”。

“发言”还说：我们的政策是要与资产阶级“争利”，就是“只许州官放火，不许百姓点灯”，“我们放火可以，你们点灯就违反群众利益”，毛主席严厉批评了这种完全错误的说法。

在七届三中全会上，毛主席在他的报告和讲话里，进一步阐明了党在恢复国民经济期间的主要任务和打击目标，提出了不要四面出击的重要策略思想。他说：“四面出击，全国紧张，很不好。我们绝不可树敌太多，必须在一个方面有所让步，有所缓和，集中力量向另一方面进攻。我们一定要做好工作，使工人、农民、小手工业者都拥护我们，使民族资产阶级和知识分子中的绝大多数人不反对我们。”“民族资产阶级将来是要消灭的，但是现在要把他们团结在我们身边，不要把他们推开。我们一方面要同他们作斗争，另一方面要团结他们。”（《毛泽东著作选读》下册，第687、696页）

（三）调整工商业的措施和成效

调整工商业主要是调整公私关系和劳资关系，首先是调整公私关系。调整公私经济关系的实质，是在巩固国营经济领导地位的前提下，公私兼顾，使私营经济发挥其有益于国计民生的作用。

1950年4月12日，中财委召开党组会讨论调整工商业问题。我在会上发言谈到：关于公私兼顾的问题，中财委系统研究不够，没有把《共同纲领》第二十六条的原则规定具体化。《共同纲领》第二十六条规定：“中华人民共和国经济建设的根本方针，是以公私兼顾、劳资两利、城乡互助、内外交流的政策，达到发展生产、繁荣经济之目的。国家应在经营范围、原料供给、销售市场、劳动条件、技术设备、财政政策、金融政策等方面，调剂国营经济、合作社经济、农民和手工业者的个体经济、私人资本主义经济和国家资本主义经济，使各种社会经济成分在国营经济领导之下，分工合作，各得其所，以促进整个社会经济的发展。”而我们在实践中究竟怎样落实这些规定，还缺少办法。1949年为平衡收支，征税有些重，加上其他方面的缺点，资本家叫得比较凶。我们自己没有经验。来帮助我们的苏联专家又不熟悉中国的情况和政策，比如商业部的苏联专家，总不理解为什么国营贸易部门能赚的钱，白白让私营工商业赚去，主张凡能赚钱的买卖，国营贸易部门都要干。这当然不能怪他们，因为我们没有很好地向他们说明中国的实际情况和我党的政策。

陈云同志在这次会上强调指出：“我们既在经济上承认四个阶级，有利于国计民生的私人工商业就要让它发展，有困难就要帮助。”“对资产阶级无非有两种办法：一是不给‘油水’；二是给一点‘油水’，将来实行社会主义再拿回来。二者必居其一。我主张从预算内划出一部分，给资产阶级一点‘油水’，这对我们更有利。”他还说：“给‘油水，也有一个如何给法的问题。一是税收放宽；再就是税收不放宽，银行给贷款。后一种办法给了好处，人家也不知道；前一种办法给好处在明处。所以，还是实行前一种办法。”他提出：“今后要多照顾一下别的阶级，可以定下一条，明年从预算里让出一部分，叫做‘合作费’，用以解决与资本家的合作问题；国家订计划也要把私营部分包括进去。至于有些资本家现在遇到困难，提出要公私合营，我们不能随便答应，要考虑利弊得失，不能一说合营就都是好的。”

大家完全赞同陈云同志的意见。会议决定中财委的工作要把重心从财政方面转到恢复发展经济上，首先抓好现有工商业的调整工作。按照公私兼顾的原则，研究从贷款、税收、原材料供应、运输等方面扶持私营工商业的发展。

以后，中财委又召开了一系列有私营工商业者参加的工商、税务、贸易、油脂、火柴、橡胶、机械等专业会议，逐个解决问题。5月召开的上海、天津、北京、武汉、重庆、西安、广州七大城市工商局长会议，具体分析了私营工商业遇到的实际困难，提出了许多好的意见。

7月6日，中财委就召开公私关系各种专业会议的方针向中央写了报告，提出了应该采取的调整措施：

1. 投放货币，收购农副土特产品，开展城乡交流（这一条当时是作为全党的大事来抓的，中央曾专门发出指示）。

2. 对私人工业实行加工、订货，合理确定工缴费（后来成为对资本主义工商业改造的最初形式）。

3. 在原料供应、资金供给等方面，实行公私大体平等的原则。

4. 划分公私经营范围。国营零售商业要担负起稳定物价的作用；现有零售业务只经营粮食、煤炭、油品、布匹和生产工具等少数重要物资，掌握货源的三分之一到二分之一，其他商品让给私人经营，并推动私商以适当价格收购和运销农副产品。

5. 调整价格政策，使私营零售商有利可图。

6. 适当减轻税负，简化征税手续。

要落实这些措施，遇到的矛盾也很多。当时，国家财政还有赤字，社会上又有大量的失业者，金融物价也有再起风波的可能，政治经济形势仍然比较严峻。这些问题一方面需要在工商业的调整中去求得解决，另一方面又不能不制约工商业的调整。总之，当时是背着包袱搞调整的，回旋的余地比较小，必须审时度势，统筹考虑各项调整的措施，照顾到各个方面，避免顾此失彼，“按下葫芦又起瓢”。

下面就谈谈当时是如何处理这些矛盾的。

1. 关于维持生产、救济失业与继续稳定金融物价的矛盾。

要维持生产、救济失业，就要增加货币投放，这同稳定金融物价是相矛盾的；而实行有利于稳定金融物价的紧缩政策，工商业的困难就会继续下去。这两件事又都不能出问题，就像陈云同志比喻的，现在政府挑的是两筐鸡蛋，不要碰破一头。这就提出了一个问题，在采取维持生产、救济失业的措施时，必须同稳定金融物价相辅相成，不能鲁莽行事。当时的金融形势是：贸易回笼减少，信贷回笼增加，信贷回笼大于贸易回笼。1950年3月份，发出票子6万亿元人民币（旧币，下同），而贸易回笼仅完成计划的40%，银行存款达到

9 万亿元。进入 4 月份,贸易回笼又有减少。信贷回笼增加,会不会孕育另一种危险,一旦物价波动,存户挤兑,又迫使增加货币发行,酿成更为严重的局面呢?因为信贷回笼的货币并不是闲在那里,已经安排了用场。三四月份,我们就是靠存款解决了财政贸易周转的资金需要。如果存户大量挤兑,就得大量增加货币发行。当时还缺乏这方面的经验,必须从最坏处着想,事先预谋对策。

经党中央和毛主席同意,中财委提出了四项措施,设置了两道防线。第一,掌握足够的纱布。当时,我们的存粮比较多,纱布比较少,一旦物价出现涨风,游资又极易冲击纱布。所以,中财委决定增购棉花,扩大委托上海私营纱厂代纺数量,以增加我们的纱布实力,又帮助私营纱厂渡过困难,减少失业。第二,扩大人民币的流通地域。当时,人民币主要在若干大中城市流通,如能扩大流通地域,对预防金融物价风潮将有重要作用。为此,中财委要求新解放区选择有条件的市镇,按照国营贸易公司统一牌价,开展专收人民币的售卖活动。第三,吸收定期存款。以上三项措施是第一道防线。必要时,采取第四项措施,即把军政经费推迟发放,并在短期内冻结机关、国营企业及合作社的大部分存款,或限制提款数量。这是第二道防线。由于采取了这四条措施,金融物价没有出大的问题。

2. 关于减轻民负与平衡财政收支的矛盾。

从抗日战争起,多年打仗,人民疲惫,需要休养生息,适当减轻民负,以利于促进生产的恢复和发展。但是,国家财力匮乏,减轻民负,又可能危及财政收支平衡。那时全国收支大约 664 亿斤粮食,调整措施将引起减收和增支共计 116 亿斤粮食。即使我们把所有的后备力量都拿出来,也不过 66 亿斤,加上其他增收节支措施,也还需要发行折合 35 亿斤粮食的人民币。这已经接近危险的界限,因此必须在努力减少支出上作文章。一是裁减国家机构的经费,二是限制工业投资。

3. 关于扶持私营工商业与发展公营经济的矛盾。

从稳定物价、发展生产着眼,需要扩大国营及合作社商业在城乡的购销活动;但如果私营工商业被挤垮了,也不利于恢复城乡经济。调节的办法，是在国营经济领导下，对五种经济成分统筹兼顾。这种统筹兼顾，当时称之为既“有所不同”，又“一视同仁”。

4. 关于保护私营工商业合法利益与保障工人权益的矛盾。

刚进城的时候，我们强调工人已经争得的政治经济权益不能轻易取消，不允许私营工商业随便停工停业。1950 年上半年，工商业出现了困难，有些企业经营不下去，不批准停工停业不行了。有些企业要渡过难关，不仅需要政府的帮助，也需要工人的支持，包括忍受裁员减薪这样暂时的牺牲。这就需要我们做好劳资双方的工作。针对工人中存在的一些过高的福利要求，周总理在七届三中全会上要求全党注意做工人的工作，向工人进行公私兼顾、劳资两利的政策教育。工人一般都能够接受这个道理。当时有个口号，叫做“降低工资，劳资团结，渡过难关”。这样也发生了另一方面的问题。有些资本家和他们的代理人，对降低薪资持消极态度。天津私营中兴纸厂工人主动提出降低工资，而经理、副经理、襄理、协理七人的薪金占全厂工资支出的 16%，他们无动于衷，却要求工人多减。也有的私营企业本来不必减低工人薪金，资本家也趁机向工人开刀；我们有的同志又缺乏这方面的警觉，不管青红皂白发动所谓减薪运动，让资本家钻了空子，引起工人的不满。

工商业困难，失业工人增加，做好失业救济和安置工作，就成为当时党和政府的一件大事。毛主席和少奇同志、周总理都直接过问，亲自处理。中共中央于 1950 年 4 月、6 月、11 月三次发出指示，对失业工人的救济问题作了若干规定。这些规定，事后看来，有利有弊。从积极方面说，确实安定了失业者，他们看到新旧社会对他们的态度迥然不同，从内心拥护共产党和人民政府；从消极方面说，政府从此背上了统一安排所有失业人员的生活与工作的沉重负担，并一步一步地演变成了一种由国家包下来安排劳动就业的制度。

5. 关于工农业产品剪刀差扩大造成的矛盾。

繁荣市场的措施之一，是收购农副产品。除国家力量外，当时还要运用私商的力量。建国初期，城市人民购买力低，产地价格偏高，抑制了对农副产品的需求，私商不愿意下乡去收购贩卖。要打开农副产品销路，产地价格就必须适当降低，以适应消费者的承受能力，并使私商有利可图。在当时的情况下，农副产品只要能够卖出去，对农民就合算；否则，看起来是照顾了农民利益，最后还是农民受损失。

1950年5月份以后，由于部分工业产品价格上扬，工农业产品的剪刀差逐渐扩大了。5月下旬到8月下旬，河北省唐山、石家庄、保定三市工业品价格上升了22%—29%，农产品价格反而下降了7%—13%，粮食的市价降低到国家牌价以下，农民很有意见。9月19日，华北局就剪刀差扩大的情况和意见向中央写了紧急报告。9月25日，陈云同志主持召开会议，决定放手购粮，把粮价维持在一定的水平上，以免“谷贱伤农”，造成市场的呆滞。同时，加强农产品的推销与出口工作，并进口一部分农民需要的日用品。这样做，对繁荣农村市场，活跃整个国民经济有利。

1950年调整工商业的工作，总的看成效是大的，特别是把收购农副产品作为主要措施，抓到点子上了。如果要讲那次调整的经验，这是最重要的一个经验。陈云同志曾在中财委的一次会议上专门讲到了这个经验。他说：“三、四月间工商业困难，经过五、六、七月情况变了，霓虹灯又亮了。为什么变化得这么快？其中的道理之一是使社会力量转动起来，办法就是收购，城乡都是如此。在乡村收东西投放钞票，然后钞票又进城来买东西，就活起来了。所以，繁荣的重要之点又是收购农副产品。这是主要的经验。农村这个百分之九十动了，百分之十（当时城乡人口比例是一比九。——一波注）也就有办法了。基本动力是农村的力量，这一条道理我们摸到了。”我们大量收购农产品，农民卖出了产品，就增加了购买力，城市的工商业也就活了。失业现象跟着也会减少，继之又会推动城市购买力的提高，工商业又会进一步繁荣起来。这不仅有利于增加税收，减少财政困难，促使物价稳定，而且有利于打击投机活动，发展正当的工商经营，促进城乡交流越来越活跃。4月10日开始投放货币，一路到乡，一路到城，4月20日左右进入市场，5月初市场开始转机，6月份就重新活跃起来了。工商业停歇业户开始减少，复工复业户陆续增加。以华北为例，各地工商业5月底由下降转向回升。据上海、天津、北京、武汉等城市的统计，10月份同4月份相比，大米、面粉、棉布和棉纱的销售量，分别增加了289%、54%、133%和128%。上海市7月份扭转了歇业户多于新开业户的情况，整个下半年，新开业的工商户达到32674户，比歇业户多出25223户。

1951年4月9日到5月10日，我在上海对工商业的情况作了一个月的考察、研究，发现私营工商业存在的问题还不小，需要继续努力解决。回来后，我向毛主席和党中央作了书面报告。当时，上海工商企业中公私资本的比例是1∶5，而它们的营业额则是2∶5，说明公营比私营恢复得快。这既是好现象，也说明私营工商业困难多，恢复乏力。那时私营工商业在一些重点产业部门还占优势。如按资本额计算，在机电行业占60%，机械行业占75%，酸碱制造业占60%，纺织业占60%，其他日用品工业几乎都掌握在私人手里。国营工业设备利用率已恢复到70%—80%，私营工业仅恢复到40%—50%，有一半的生产能力闲置在那里。从国计民生的需要看，这是必须解决的。所以，我在报告里建议：一方面，必须有计划地发展国营工业，逐步改变不利于我的公私比重，以加强国营经济对私营经济的领导能力；另一方面，应该继续调整工商业，逐一解决存在的问题，把私营企业的潜力利用起来。此外，我还发现，统一财经后，地方对中央集权过多意见比较强烈。他们对中央管大政方针是拥护的，但对许多业务部门搞垂直管理有意见，认为这样做会影响经济工作。这次调整工商业的工作，由于抗美援朝开始，未能坚持做到底，还遗留下了一些问题没有得到解决，使后来的工作增加了一些困难。

六　新区土改保存富农经济的政策

从1950年冬季开始，全国新解放区分三批发动群众改革土地制度。到1953年春季为止，除了约有700万人口的少数民族聚居的地区以外，土改已全部完成。通过土改，不仅使广大无地少地的农民分得了几亿亩土地和其他大量生产资料，每年不必再向地主交纳几百亿斤粮食的地租；更加重要的是：比较彻底地摧毁了封建土地制度，挖掉了我们民族贫困落后的一条重要根子，解放了农村生产力，巩固了工农联盟和人民民主专政，为国家工业化和农业的社会主义改造创造了有利条件。这次土改进展比较顺利，主要是由于党中央在总结历次土改经验的基础上，根据建国后的新形势、新情况，制定和执行了一系列新的政策，其中最重要的一项就是保存富农经济，相应地在政治上实行中立富农的政策。

(一)党对富农政策的历史演变

我们党从建党伊始，在农民运动中就面临着怎样对待富农的问题。从创建井冈山革命根据地时算起，党对富农采取的政策发生过多次变化。我们研究建国后新区土改中富农政策的形成，有必要首先回顾一下党对富农政策的历史演变。

中国的富农，不同于资本主义国家的农场主或沙皇俄国的富农，它是中国传统农业和近代社会历史条件的产物。这个阶层人数不多(据中南各省土改复查后对新解放区100个乡典型调查，土改时富农户数占农村总户数的2.85%，富农户人口占农村总人口3.77%)，在经济上也不十分重要。但是对它采取怎样的政策，却对农民中的其他阶层(中农特别是富裕中农、贫农、雇农)、地主阶级以及城市里的资产阶级有十分重要的影响。在民主革命过程中，毛主席对这个阶层的经济状况、政治态度有过不少精辟论述，其中讲得比较完整的是《中国革命和中国共产党》和《怎样分析农村阶级》两部著作。在这些著作里，毛主席指出：富农是农民中的一个阶层，“被称为农村的资产阶级”。他们一般都自己参加劳动，但“大多有一部分土地出租，又放高利贷，对于雇农的剥削也很残酷，带有半封建性”(《毛泽东选集》第 2 卷，第 643 页)。他们的剥削是经常的。但是，富农在农民反对帝国主义的斗争中可能参加一份力量，在反对地主的斗争中也可以保持中立。因此，在民主革命过程中，不应把富农与地主等同起来，采取消灭富农的政策。

毛主席关于把富农和地主区分开来，在民主革命过程中采取保存富农经济、中立富农的政策思想，是在同“左”的错误思想作斗争中逐步形成的。

1928 年夏，在莫斯科召开的我党第六次全国代表大会，是采取保存富农经济、中立富农的政策的。大会提出的中心口号是：没收地主阶级的土地交由农民代表会议(苏维埃)处理，分配给无地少地的农民。富农土地不在没收分配之列。《政治议决案》还指出：农民运动中的“战术的路线是：主要的敌人是豪绅地主，无产阶级在乡村中的基本力量是贫农，中农是巩固的同盟者，故意加紧反对富农的斗争是不对的，因为这就混乱了农民与地主阶级的主要矛盾”。

毛主席虽然没有参加六大，但是他拥护六大制定的对富农的政策。他 1929 年 4 月主持制定的《兴国县土地法》，7 月主持制定的闽西第一次党代表会议决议案，都规定只没收地主阶级的土地及公共土地，不没收富农的土地。闽西决议案还指出：革命初期，对富农“不没收其土地，并不派款，不烧契，不废除其债务”，以便争取其“中立”。当贫农同富农的斗争已经起来，要求分配富农土地时，也只能分配富农多余的土地，“不要过分地打击他们”。“富农凡亲自参加劳动者可以参加政权，但须防止他们在政权中的领导(不要使他们当选为政府及农会的委员)”。毛主席还谈到他以前主持制定的《湘赣边界土地法》，说那里规定“没收一切土地而不是只没收

地主的土地,是一种错误,这种错误是由于当时缺乏土地斗争的经验而来的”。(《毛泽东选集》第1卷,第83页注释[21])

但是,六大关于不动富农土地财产、争取富农中立的政策,遭到共产国际的批判。

1929年6月7日,共产国际就农民问题给中共中央来信,指责中共六大在富农问题上“犯了最重大的错误”。来信断定:“中国富农在大多数情行之下,都是些小地主”,对农民的剥削比地主“更加残酷”,“富农分子照例到处都是公开地站到反动势力方面,来反对农民群众的革命斗争”。因而,应当与富农“进行坚决无畏的斗争”,对于“自己经营农业的那种富农”,即使是同农民一道“参加抗税运动或反军阀运动的时候,也不应向富农让步”。显然,这封信把中国的富农同俄国的富农等量齐观了,把十月革命后苏俄政权同富农作斗争的一套策略强加给中国党了。

共产国际来信前,当时的中央和中华全国总工会在上海召开的第一次全国苏维埃区域代表会议,即指责苏区土地斗争中有“右倾保守观念”,走了“富农路线”。收到共产国际来信后,便立即作出了《中央关于接受共产国际对于农民问题之指示的决议》,承认中国党在富农问题上犯了错误,并强调“在党内,也要坚决地反对富农”。这以后,中共中央1930年提出的《苏维埃土地法》(草案),中央军委1931年为苏维埃第一次全国代表大会提出的《土地法》(草案),都规定了把坏地分给富农作为“劳动份地”的政策。根据这些草案的精神,江西省苏维埃政府1932年12月1日制定的《没收和分配土地条例》还规定:“富农按劳动力与人口混合原则分坏田,即有劳动力者,按照当地每人分田数量,分以坏田;无劳动力者,酌量补以坏田,所补之田,不能超过当地分田每人数量的三分之一。”在鄂豫皖、湘鄂赣、赣西南等苏区,还一度按苏联农业集体化的模式,组织过集体农场,实行“共耕制”。由于脱离实际,这些做法理所当然地遭到了失败,使革命事业和农业生产遭到了损失。正是在这种情况下,毛主席经过大量调查,写出了《反对本本主义》一文。并在以后的一系列著作中,从理论上探讨了中国富农的特征和不同历史条件下对富农的策略问题。1958 年 3 月 10 日，在成都会议上，他回顾这段历史时说："中国的教条主义有中国的特色，表现在战争中，表现在富农问题上。因为中国的富农人数很少，我们决定原则上不要动，向富农让步。但是，'左派'不赞成。他们主张富农分坏田，地主不分田。"

遵义会议在实际上确立了毛主席在党中央的领导地位。这以后，他对富农问题的政策思想能够比较顺利地为中央和全党所接受了。但是，也因为种种原因未能付诸实施。

1936 年 7 月 22 日，党中央在陕北发出的《关于土地政策的指示》就体现了毛主席的政策思想。指示规定："地主阶级的土地、粮食、房屋、财产，一律没收"。"富农的土地及其多余的生产工具(农具、牲口)均不没收，如果在基本农民要求之下，实行平分一切土地时，富农土地，也当拿出一起平分，但富农应照一般平分条件得到土地(即与一般农民得到同等土地)"。由于不久后抗日战争开始，1937 年 8 月在陕北洛川召开的政治局会议，为团结抗日，决定停止土地革命，实行减租减息的新的土地政策。因此，1936 年 7 月 22 日指示中所体现的毛主席关于在土地革命中不动富农土地财产的政策思想，没有全面付诸实施。

在抗日战争结束后，1946 年 5 月 4 日，中共中央发出《关于清算减租及土地问题的指示》(简称《五四指示》)。根据山西、河北、山东和华中各解放区农民群众直接从地主手中取得土地，实现耕者有其田的经验，决定在各解放区实行土地改革，支持农民从地主手中获得土地。指示规定："一般不变动富农的土地。如在清算、退租、土地改革时期，由于广大群众的要求，不能不有所侵犯时，亦不要打击得太重。应使富农和地主有所区别，对富农应着重减租而保存其自耕部分。"(《刘少奇选集》上卷，第 378 页)《五四指示》中一般不动富农的政策，同毛主席在土地革命时期对富农的政策思想基本是一致的。

但是，《五四指示》一般不动富农的政策，也没有在实践中得到实施。事实上，各根据地土改中，都动了富农的土地和其他财产。我们晋冀鲁豫边区，就按照当时全区人均耕地面积总量，提出"耕者有其三亩田"的要求，将全部土地平分了。1947 年 9 月 13 日，中国共产党全国土地会议通过的《中国土地法大纲》,对类似这样的做法予以肯定。《大纲》规定:“按乡村全部人口,不分男女老幼,统一平均分配”土地。富农不仅土地被平分,多余牲畜、农具、房屋、粮食和其他财产也被征收。有些地方,不仅动了富农,而且还严重侵犯中农利益。康生、陈伯达鼓吹打乱仗,说什么“只要发动起群众来,动了中农不算‘左’;发动不起群众来,不动中农也是右”,更造成了恶劣的影响。对于《五四指示》“一般不动富农”的规定被突破,毛主席1950年6月9日在七届三中全会总结报告中作了如下的解释:“冲破《五四指示》是群众的行动。离开政治形势讲问题讲不清楚。生死存亡,这边是贫雇农、中农、城市小资产阶级,那边就是国民党、地主、帝国主义,那时候富农就对你那么好? 所以那时是不能提出中立富农的口号的。”“《五四指示》是有那么一个尾巴的。群众的正义行动就应该批准。因为是在战争前夜,7月1号就大打起来了,就是要批准群众的正义行动来对付蒋介石。”同一天,在饶漱石发言时,毛主席插话:贫雇农,富农,“这两头,总要顾一头”。他的意思是:当时只能顾贫雇农这一头。

总之,从井冈山时期开始,到解放战争时期为止,我党领导的各个时期的土地革命和土改,尽管想法曾有所不同,但实际上都是打击或消灭富农的。

平、津解放前后,毛主席和党中央开始思考新形势下的富农政策问题了。

1949年1月26日,毛主席致电由东北入关的第四野战军负责人林彪、罗荣桓、谭政,并告北平市委、天津市委:“入北平不要再发任何宣传口号”,“乡村中的土地改革办法,决不能施行于大城市附近。”5月3日,北平市军事管制委员会《关于北平市辖区土地问题的决定》中,根据毛主席指示的精神,规定只征收富农之出租土地,对其自耕和雇人耕种之土地,“其耕种权与所有权一律照旧不变”。据统计,当时北平郊区(不包括当时属河北省通县专区后来划归北京市的各县)富农占有土地88700亩,出租20500亩,自耕及雇人耕种60000多亩。在1949年10月开始的郊区土改中,这60000多亩富农土地未动，收到了中立富农、稳定中农等多方面的效果。

1949 年 11 月，在政治局会议上讨论新区农村政策时，毛主席正式提出：江南土改时，要慎重对待富农。

1950 年初，毛主席、周总理访苏时，就新解放区土改中对待富农政策问题，向斯大林通报了我党中央的初步考虑。2 月 17 日，他们又联名致电在国内主持工作的刘少奇同志，就送审的政务院《关于新解放区土地改革和征收公粮的指示》草案作复时，转达了斯大林的意见。电报说：

> “关于新区土改征粮指示草案电收到。一般甚好，而且亟须适时发出。惟第四部分因涉及分配土地问题本身，可否暂缓发表。因斯大林同志曾在我向其报告土改政策时，提议将分配地主土地与分配富农土地分成两个较长的阶段来做，即使目前农民要求分配富农多余的土地，我们固不禁止，但也不要在法令上预作肯定。我们虽对中国半封建富农作了解释，并说明对资本主义富农并不没收，他仍举十月革命后的苏联为例，要我们把反富农看成是严重斗争。他的中心思想是在打倒地主阶级时，中立富农并使生产不受影响。去年十一月政治局会议时关于江南土改应慎重对待富农的问题亦曾提到过，因此事不但关系富农而且关系民族资产阶级，江南土改的法令必须和北方土改有些不同，对于一九三三年文件及一九四七年土地法等，亦必须有所修改。故我们主张目前政务院只发表新区土改征粮指示的前三部分，而将第四部分留待我们归后讨论。如须修改，则可推迟至四月再行发表另一关于土改本身的文件。如同意，可向党外民主人士解释第四部分为今年秋后方始实行的政策，不妨从长计议，待毛主席归后再行决定及发表。”

从这封电报看出，斯大林这次提出的主张，基本上是与毛主席过去关于在土改中保存富农经济、相应地在政治上中立富农的思想相一致的。斯大林在这里表达的“打倒地主阶级时中立富农”的观点，已不同于当年共产国际电报中的观点了。

1950年2月到七届三中全会这段时间，党中央总结了历史经验，经过讨论，提出新解放区土地改革的路线是：依靠贫农、雇农，团结中农，中立富农，有步骤有分别地消灭封建剥削制度，发展农业生产。经三中全会提出、政治协商会议全国委员会第二次会议讨论，由中央人民政府于1950年6月28日发布的《中华人民共和国土地改革法》，将党的保存富农经济的政策形成法律。因此，可以说，建国后新区土改采取保存富农经济、在政治上中立富农的政策，是毛主席在民主革命过程中一贯政策思想的体现。这一思想的实施，标志着我们党对富农政策的实际转变。

(二)民主决策的一个范例

建国初期，毛主席对重大问题的决策是很谨慎的，对不同意见也很尊重，新区土改保存富农经济政策的形成过程，就是突出的一例。那时，在我们党内，可能还没有几个人听说过国外有一门叫"决策科学"的学问，当然也没有人使用现在流行的决策程序民主化这样一些概念。但是，毛主席和党中央当年关于富农政策走群众路线的决策过程，却为决策程序民主化提供了一个很好的范例。我们现在就比较详细地来谈谈这个过程。

如前所述，毛主席和党中央在考虑斯大林的主张以后，对新形势下的富农政策问题，已有了初步意见，但并不匆忙决策，而是广泛听取各中央局和省、市、区党委的意见。

3月12日，毛主席致电邓子恢(中南局)，并告林彪(中南局)、饶漱石(华东局)、叶剑英(华南分局)、彭德怀(西北局)、邓小平(西南局)，除同意邓子恢同志不随林彪来京开会外，重点是请他们就正在召开的各省负责同志会议，征询对待富农政策的意见电告中央。电报说：

"在今冬开始的南方几省及西北某些地区的土地改革运动中，不但不动资本主义富农，而且不动半封建富农，待到几年之后再去解决半封建富农问题。请你们考虑这样做是否有利些。这样做的理由：第一是土改规模空前伟大，容易发生过左偏向，如果我们只动地主不动富农，则更能孤立地主，保护中农，并防止乱打乱杀，否则很难防止；第二是过去北方土改是在战争中进行的，战争空气掩盖了土改空气，现在基本上已无战争，土改就显得特别突出，给予社会的震动特别显得重大，地主叫唤的声音将特别显得尖锐，如果我们暂时不动半封建富农，待到几年之后再去动他们，则将显得我们更加有理由，即是说更加有政治上的主动权；第三是我们和民族资产阶级的统一战线，现在已经在政治上、经济上和组织上都形成了，而民族资产阶级是与土地问题密切联系的，为了稳定民族资产阶级起见，暂时不动半封建富农似较妥当的。

关于暂时不动富农的问题，去年十一月政治局会议中，我曾提出过，惟未作详细的分析和未作出决定，现在已到需要作决定的时机了。决定之后，需要修改土地法及其他有关土改的文件，并颁布出去，以利新区各省土改干部的学习，方有利于今年秋后开始土改，否则将错过时机，陷于被动。因此，不但请中南局，而且请华东局，华南分局，西南局，西北局的同志们对此问题加以讨论，并请将此电转发所属各省省委各市市委加以讨论，将赞成和反对的意见收集起来迅速电告中央，以凭考虑决策，是为至要。”

3月30日，中央致电各中央局，就土地法大纲中若干问题征询各中央局的意见。电报共提出14个问题，其中将近半数的问题与富农政策有关，例如：土改可否分为两阶段，两阶段的间隔时间不是几个月，而是几年？第一阶段中立富农，对富农土地财产一律不动，照此办法，无地少地农民能分到多少土地？如只分富农出租土地，其余土地财产一律不动，能否达到中立富农之目的？照此办法，连同没收地主之土地加以分配，无地少地农民又能得到多少土地？不动富农时，雇工可否不分地，而只适当地改善其工资待遇？佃富农是否可以参加农会？

毛主席和中央分别征询意见的电报发出后，各中央局，新区和部分老区各省委、区党委，部分地、县委，一些中央委员，纷纷复电中央，或将意见报告上级党委，一致同意毛主席关于保存富农经济、在政治上中立富农的政策。有些电文还对毛主席所提三点理由作了补充。补充意见主要是：

——新解放区地域辽阔，干部力量薄弱，基层组织严重不纯，土改中不动富农可以避免弄乱。

——可以缩小打击面，最大限度地收到孤立敌人、团结多数的目的。福建省委通过典型调查测算，打击面可从10%缩小到5%。中南有些地方测算，可缩小到3%到5%。河北省委认为，这样做，在国际斗争中也会产生有利的影响。

——不动富农土地，在一般地区对贫雇农影响不大。福建典型调查：一个村，如动富农土地，贫雇农每人分地2.2亩；不动富农土地，分地1.9亩。另一个村，动，分地2.4亩；不动，分地2.08亩。安徽阜阳潘寨村，动，分地2.68亩；不动，分地2.4亩。

——可堵死损害中农利益的一个重要漏洞。富农和富裕中农的界限，是农村划阶级的难点。历次土改中虽然都强调保护中农、团结中农，但中农还是常常被侵犯受打击，重要原因之一，就是把有轻微剥削的富裕中农错划成富农。现在，规定富农经济不动，划阶级时，就有可能避免这样的错误，即使这样的错误再出现，也容易纠正。

——有利于农业生产的尽快恢复和发展。因为，中农的生产情绪对农业生产有着举足轻重的作用，富农经济不动，中农安心了，就对发展农业生产有利。川北区党委还认为，这对渡过一二年内的经济困难有很大好处。

河北省天津地委还发表了这样的意见：不动富农经济是路线问题，而不是策略问题，因为富农是农村的资产阶级，新民主主义社会既然允许民族资产阶级存在，当然农村就应允许富农存在。过去消灭富农是错误的，党内应进行检讨，但党外不能讲，应承认农民过去分富农的土地是合法的。华北局接到天津地委报告后，认为意见有正确的地方，也有不正确的地方。因为中央要听取各种意见，华北局对天津地委的意见未加评论，据实转报。

由于各中央局和各省委、市委、区党委迅速表态，同意新区土改实行保存富农经济、在政治上中立富农的政策，中央于 4 月 20 日电告中南局、华东局、西北局：从现在起，即可向群众口头宣传土改中不动富农的土地和财产，以稳定富农的生产情绪。4 月 26 日，中共中央发布的《庆祝五一劳动节口号》，第 21 条为："在今年秋冬实行土地改革的地方，将地主土地分配给无地少地农民，并同样分给地主一份；在土地改革中坚决联合中农，不动富农的土地财产。"4 月 29 日在北京庆祝五一劳动节干部大会上，中央人民政府刘少奇副主席在演说中宣布：今后的土地改革"不动富农的土地财产"。

各级党委在一致拥护毛主席、党中央提出的保存富农经济的基本政策的前提下，有一个争论：不动富农的土地，是否包括富农的出租地？这个问题，同毛主席提出的暂时不动半封建富农，待几年之后再去解决半封建富农问题，有着密切的联系。因为富农半封建性土地关系的主要特征是：一方面自己参加主要劳动，另一方面又有部分土地出租。因此，如果规定出租土地要动，那么半封建富农的土地关系一下子就消灭了，无须再等几年才去解决。

从现在保存下来的五个中央局（缺西南局）和一些分局、省委、区党委给中央的复电看，华东局、西北局、华北局认为，不动富农的土地财产，应当包括旧式富农的出租地；中南局和东北局认为，旧式富农的出租地还是要动。在省委、区党委中，也是两种意见。在中南、华东两个大区中，主张富农出租地要动的，有江西、湖北、湖南、浙江省委，山东分局，苏北、皖北区党委；不赞成动的有广西省委和皖南区党委。西北地区，陕南区党委认为出租地要动，其他省委和大市委、区党委不赞成动。李立三同志也写信给毛主席，认为佃富农的土地和半封建富农的出租地不能不动，关于佃富农问题，他说，佃富农的土地一般是从地主那里租来的，地主土地要没收，就不能不从佃富农那里抽出土地了。

所有主张动富农出租地的电报和信件，都有一个共同理由：不动富农出租地，光靠没收地主的土地和公地，不能满足贫雇农的土地要求。不赞成动富农出租地的理由，则多是：动了，社会震动大，也解决不了大问题；贫雇农的困难，可从发放贷款、扶持生产、社会救济等方面解决。华北局4月22日复电中央，提出的理由是："根据过去华北的经验，富农出租土地数量不大，动了得不偿失。土改后，可鼓励其自耕或雇人耕种，逐渐改变其封建剥削，中间亦不抽补变动。直至到了社会主义时期，再去彻底解决富农问题。"这封电报说明：华北局是既不赞成动富农出租地，又不赞成过几年再"割一次韭菜"的。毛主席将华北局的电报转发给各中央局研究，新解放区一直发到县委。宁夏省委4月21日致西北局的电报，介绍了宁夏的特殊情况：除国民党将领马鸿逵独占了近10万亩土地外，一般地主很少，富农更少。有些地方还有富农租种贫农土地的。因此，对宁夏来说，富农出租地动不动，对贫雇农分配土地多少影响甚微。

在两种不同的意见中，毛主席特别重视中南局邓子恢和华东局饶漱石的意见(1950年秋后第一批土改的新解放区大部分在中南、华东)。

邓子恢同志于3月16日、3月25日、4月25日三次致电毛主席，主张富农的出租土地应该拿出来分配，实行新的"中间不动两头平"的土地分配原则，即中农、富裕中农的土地和新式富农、旧式富农的自耕地不动，而由贫雇农和农村手工业者将地主土地、公地和富农的出租地加以平分，地主也分一份。邓子恢同志在这里所以把他的意见叫做"新的中间不动两头平"的原则，是因为1949年夏由他主持的华中局曾提出过一个"中间不动两头平"的原则，那时所讲的"中间"，只指中农包括富裕中农；"两头"，一头是贫雇农，一头是地主富农。此项分配原则，于1949年8月10日中央批复同意。

邓子恢同志4月25日的电报，对他的新的"中间不动两头平"的原则，即富农出租地也应拿出来分配的主张，详细申述了五条理由：(1)江南各省土地集中情形，已不如大革命前，特别是老苏区及其周围更加分散。在这里，地主富农土地只占三分之一左右，自己不劳动、单靠收租吃饭的地主很少。许多地主在苏维埃革命失败后，对反革命无信心，在反攻倒算中抓到一把钱后，即转到城市做投机买卖。这类地区土地分散是很自然的。(2)因为土地分散，如不动富农出租地，则贫雇农所得，比之按人口平分标准要少20%以上，湖北调查要少30%。同时，由于阶级界限难划，富农出租地不动，许多中小地主可能混到富农、中农中来，使可分配的土地更加减少。(3)由于可分土地太少，不能满足贫雇农要求。其结果会使贫雇农积极性减低，有些地方甚至土改运动都搞不起来。这不仅政治上不利，将来在生产上也有极大不利。(4)中立富农及稳定富农的生产情绪，单从经济上很难达到。除经济上适当照顾外，还要加上政治条件，如贫雇农充分发动，中贫农紧密团结，对恶霸地主适当惩办等。如富农出租地不动，一方面贫农议论纷纷，另一方面富农也不会相信我们让他长期保持这份非分之财，从而怀着不安情绪，这对中立富农反而不利。(5)现在不动，过一二年再动，会使中农产生“割韭菜”的疑虑，对生产不利；法令规定不动，农民起来要动才动，容易被动，不如法令明确规定动富农出租地为好。

4月30日，毛主席将邓子恢同志4月25日的电报转发给饶漱石，征求饶的意见。5月1日，毛主席电复邓子恢同志，并告饶漱石：“鉴于富农出租地数量不大，暂时不动这点土地，影响贫雇农所得土地的数量也不会大，现在我的意见仍以为暂时不动较为适宜”，“但你们可根据你们自己的各项意见起草一个土改法令草案”，“如华东局是赞成暂时不动富农出租土地的，则请华东局起草一个和华中不相同的土改法令草案，以便在中央会议上对照讨论”。

5月3日，饶漱石电复毛主席：“不动富农出租土地对贫雇农所得土地数量影响不大，但对团结多数、巩固政权、发展生产、避免搅乱，益处很多，因此，我赞成不动富农出租土地。”他还说：富农出租土地在减租与公粮累进条件下，估计数年内可能大部廉价转到佃农手中，故对内对外似应宣传不动富农土地财产为有利。如果宣传暂时不动，一二年后再动，则不但领导上可能被动，而且对生产亦可能产生若干不良影响(即发生“割韭菜”的顾虑)。根据毛主席批示，中央将饶漱石复电转发中南局、西南局、西北局、华南分局研究。

从邓子恢同志4月25日复电和饶漱石5月3日复电看出，尽管他们对动不动富农出租地持不同意见，但都不同意毛主席提出的富农出租地暂时不动、过几年再动的意见。

中南局、华东局各拟一个土地法草案是3月间提出的。中南局拟定的《中华人民共和国土地法草案》于5月13日报送到中央。草案第八条规定："富农的土地财产不动。对富农土地之出租部分，得按减租办法减租。如某些地区贫苦农民所得土地太少，不足维持最低生活者，得经省人民政府批准，酌情征购富农出租土地的一部或全部（但征购后，应保持富农所有土地不低于当地中农水平）。"随草案附送了中南局的一份说明。关于第八条，说明文写道：中南有占人口五分之二的地区土地较为集中，不动富农出租地，贫雇农所得土地可达全村平均数85%－95%，有的还可超过全村水平；另有占总人口五分之二的地区，土地虽较分散，但富农出租地也不多，即使动了，贫雇农所得土地也增加不了多少。这两类地区都可以不动富农出租地。但有局部地区情况特殊，一种是富农占地太多，甚至超过地主，不动富农出租地，贫雇农每人每年要差三四个月口粮；一种是乡村没有地主，公田也少，不动不能解决贫雇农生活问题。因此，这些特殊地区富农出租地就需要动一动。华东局拟定的《土地改革条例草案》是5月15日经由中央政策研究室副主任廖鲁言同志带回上报中央的。草案第七条关于富农政策，只有一句话："不动富农的土地财产。"饶漱石还就财经工作和土改的一系列问题，托廖鲁言向毛主席捎来口信。其中关于富农问题，他建议："可否对富农土地财产明确宣布不动，而不说暂时不动。"

5月底、6月初，中央召开土改工作会议，讨论中央政策研究室提出的《中华人民共和国土地改革法》（草案）。关于对富农的政策，多数同志同意基本采纳中南局的意见，只是将"酌情征购富农出租地"中的"征购"改为"征收"，文字也略加变动。华东局参加会议的刘瑞龙、谭启龙二同志表示：富农出租地还是不动为好，但也同意基本按中南局的方案写，因为那样写，并不是一定要动富农出租地。

6月6日到9日，党的七届三中全会开会。8日，邓子恢同志发言，表示完全拥护党中央改变过去征收富农多余土地的政策，说"过去我个人在这一点上还没有想得太通"，现在完全理解了。但是，他认为对富农出租的土地还要有条件地动一动，全部不动，在土改进行当中还有困难。同一天，饶漱石发言，仍然不同意在不动富农土地财产后边加一个尾巴。他说，根据华东情况，不动富农出租土地，贫雇农所得土地占全村平均数的60%—70%；如果动，也不过只占70%—75%。他认为发展工业才是解决贫雇农困难的基本方法，不能过多地在土地分配上打主意。刘少奇同志在发言中提出一个问题：如富农大量出租土地，那还算不算富农？他认为，如果大量出租土地，自己也种50亩，那就是半富农半地主。还有这样的情况：假设有一个人，40亩地完全出租，这就是小地主，土地要没收；可是，另一个人，他有90亩地，出租40亩，自种50亩，如果后者这40亩地不动，那同前一个人比较，就有些不公平。如果法令规定不动富农土地，而有些尾子又要调整，这样，富农土地不动的规定就很难站得住了。因此，他认为，不动富农土地，不要说得太死。

经过党的七届三中全会、政协全国委员会第二次会议的讨论，最后由中央人民政府公布的《中华人民共和国土地改革法》第六条，分三段表述了党和政府对富农采取的新的政策。全文如下：

> “保护富农所有自耕和雇人耕种的土地及其他财产，不得侵犯。
>
> 富农所有之出租小量土地，亦予保留不动；但在某些特殊地区，经省以上人民政府的批准，得征收其出租土地的一部或全部。
>
> 半地主式的富农出租大量土地，超过其自耕和雇人耕种的土地数量者，应征收其出租的土地。富农租入的土地应与其出租的土地相抵计算。”

毛主席在七届三中全会的报告、发言和总结，关于土改问题，中心是讲了对《五四指示》以来，特别是1947年以来各根据地土改的评价。他认为，那时的错误，包括对富农“扫地出门”等“左”的做法，都是由于没有经验，不会划阶级造成的，不要再拿到三中全会上来打屁股了。不要因为今天对富农实行新的政策就否定过去在战争条件下实行平分富农土地政策的正确性。会后，审阅刘少奇同志将于6月4日向政协全国委员会作的《关于土地改革问题的报告》时，针对当时已经出现的一种错觉，在关于保存富农经济一节，毛主席加了一段文字，说明在两年前，在战争谁胜谁负问题没有解决，富农还倾向地主、国民党一边，而战争胜利又要充分满足贫雇农的土地要求时，征收富农的多余的土地和其他财产是正确的。少奇同志的报告还指出："我们所采取的保存富农经济的政策，当然不是一种暂时的政策，而是一种长期的政策。这就是说，在整个新民主主义的阶段中，都是要保存富农经济的。"(《刘少奇选集》下卷，第40页)这个论述，事实上回答了暂时不动半封建富农、过几年再处理半封建富农问题的观点，符合共同纲领，也符合毛主席在民主革命过程中关于富农政策的一贯思想。

从上述决策全过程看到：毛主席对于土改中怎样处理富农问题，本是胸有成竹的，党中央对这一问题也没有明显的不同意见，但中央并没有仓促决策，而是广泛征询各级党委和民主人士的意见。碰到不同意见，不是加以批评，而是耐心倾听，接受其正确部分。经过调查研究和广泛讨论，证实某些分歧意见是各以不同的农村情况为依据的，就在保持基本政策统一的前提下，具体问题的处理允许各地因地制宜，不搞全国"一刀切"。在和平时期，在重大政策问题上，采用这种充分走群众路线的决策方法，有多方面的好处：一、可以做到集思广益，防止不应有的疏失，使决策更加正确周全，更加照顾到有特殊情况的地区；二、通过各种意见包括不同意见的交换、比较和讨论，有利于统一全党的思想，使正确的政策得到贯彻落实；三、通过民主讨论，可以收到教育干部、提高干部政策水平的效果。因此，当年毛主席和党中央关于富农政策的决策经验，对于今天我们推进决策民主化、科学化仍有指导意见。

(三)实施情况和效果

保存富农经济的政策在土改中实施情况是比较好的。

《中华人民共和国土地改革法》公布后，党中央、政务院又发布过一系列指示和具体规定，使党的保存富农经济的政策得以全面付诸实施。

1950 年 8 月 4 日政务院通过的《关于划分农村阶级成分的决定》，对 1933 年《怎样划分农村阶级》一文关于“反动富农”的规定作出重新解释。指出：所谓反动富农，是指有重大反革命行为的富农。所谓重大反革命行为，是指领导民团屠杀工农，对民主政府顽强抵抗，特别是解放后还在领导别人组织反革命团体机关，或个别进行重大反革命活动等。虽有反革命行为，但不是领导成员或没有重要反革命行为者，不算反动富农。没收反动富农的财产，只没收反动富农分子本人的财产，家庭其他成员的财产不没收。

1951 年 1 月 12 日，中央批转华南分局关于处理出租耕牛问题的办法明确规定：富农家中自养或雇工饲养之耕牛，不论是否出租，均不得征收。

1951 年 1 月 19 日，中央批准华东军政委员会发布的《关于发展农业生产十大政策》的布告。3 月 11 日中南军政委员会发布的《中南今年春耕生产十大政策》的布告，都明确规定了“允许富农经济发展”、“劳动雇佣自由”。

1951 年 7 月 5 日，中央批转浙江省在土改中对山林处理办法规定：保护富农自己经营及雇工经营的山林不受侵犯。

据中南局 1951 年 12 月 19 日向中央的报告。对新解放区 14 个县调查，如以当地土地分配在全村人口每人平均占有土地数为 100，则各阶层人均占有土地指数分别为：地主 80，贫农 90，中农 110，富农 130(多者 150)。另据有关部门对 23 个省 15432 户农家调查，新区土改后户均耕地：贫雇农 12.16 亩，中农 19.01 亩，富农 25.09 亩，地主 12.16 亩，其他 7.05 亩；户均耕畜：贫雇农 0.47 头，中农 0.91 头，富农 1.15 头，地主 0.23 头，其他 0.32 头(《经济研究》1965 年第 7 期，第 14 页)。廖鲁言同志在《三年来土地改革运动的伟大胜利》一文中也讲道：“富农在土地改革实行后，每人所保有的土地，一般仍相当于当地每人占有土地平均数的二倍。有些地方，对富农的小量出租土地也未征收，仍予保留。”(《人民日报》1952 年 9 月 21 日)富农在土改后成为农村经济实力最强的阶层，这反映了党的保存富农经济政策在土改中得到了贯彻实施。

新区各阶层对土改中保存富农经济，总的来说，反映是好的。华东局 1950 年 12 月 8 日向中央作的关于土改试点总结报告称：试点地区土改完成后，“贫雇农得地开心，中农有利放心，富农不动定心，地主劳动回心。”中农说：“人家也劳动，不动是对的。”“富农都不动，我们更安心了。”这些反映具有代表性。但也有些贫雇农和农村干部不理解。在“五一”口号和刘少奇同志在首都庆祝五一节大会讲话，宣布土改中不动富农土地财产的政策后，他们有抵触情绪。尤其是老苏区和第三次国内革命战争期间靠近老解放区的新区的一些贫雇农，抵触情绪更大。因为他们受过去土地革命和老区土地平分的影响，以为建国后的土改也将像过去那样来一次打乱大平分，因此对不动富农土地财产感到失望。这些思想问题，经过深入的政策教育，大多得到了解决。当然，也有少数贫雇农和基层干部经过说服教育也不理解，因此他们在实际工作中就拔高成分，把本应定为富农或富裕中农的人定为地主。这类问题，在后来土改复查中时有发现。

不动富农经济目的之一，是中立富农，减少土改阻力。这方面确实收到预期的效果。据中央政策研究室 1951 年 1 月 11 日报告：入冬以来两三个月的土改中，各地发生的破坏土改的事件，差不多都是地主干的，富农干的很少。富农在这次土改中确实处于中立状态。中央政策研究室另一份材料还讲到：有个地方有四家富农，一家地主。原来这五家每天联合起来，与政府和贫雇农捣乱。但在听到刘少奇同志的“五一”讲话后，四户富农说，这个讲话很好，从此再不理那户地主了。有些富农对这项政策是这样理解的：“毛主席不叫动我们的土地财产，是因为我们这些人沾了个‘农’字的光。”

新的富农政策保障了新区土改的顺利推进，使富农感到放心和庆幸。但是，在老区却掀起了一股不大的风波。

华北除绥远省仅约 500 万人的地区按《中华人民共和国土地改革法》进行土改，京津两市郊区按大城市郊区土改法令进行土改，都依法保存了富农经济外，其余广大农村都于1950年春以前完成了土改，消灭了富农经济。新区保存富农经济，在老区干部群众中引起一些误解；多余土地财产被征收的富农，更有埋怨情绪。他们埋怨共产党不公平，埋怨当地干部太积极，说那里土改搞早了，使他们吃了亏。“五一”口号和刘少奇同志“五一”讲话发表后，农村里就流传一些因曲解这项新政策而中伤毛主席、党中央的谣言，河北省天津专区一些心怀不满的富农同地主一起闹事，要求政府退地还财。1950年秋，美国打着联合国的旗号，出兵侵朝，直打到鸭绿江边，这时一些不甘失败的地主富农就更加嚣张了。天津专区据5个县统计，共发生要求退地还财的事件117起。随后迅速蔓延。到12月初，延及平原省32个县，河北省24个县，察哈尔省19个县。有些地主富农分子竟然向贫雇农夺地夺房、索租讨债、烧场焚禾，甚至向村干部和农民积极分子凶残报复。一些农民重新失掉土地，有的忍气吞声退出土地，有的贱价卖掉分得的土地。他们的生产情绪受到程度不同的影响。

华北各级党组织对这股风一般保持了较高的警惕。1950年6月21日，在《中华人民共和国土地改革法》公布的前几天，华北局就向各省委发出指示，提请他们注意：新区实行保存富农经济政策，要严密注意老区地主特别是富农的动向，要预作准备，迎击地主富农可能掀起的反攻倒算。12月10日，华北局发出《关于镇压地主富农反攻的指示》，要求各级党委坚决保护农民的既得利益。中央除将华北局的指示转发其他中央局外，刘少奇同志还指示华北局：“告各省县政府据此指示拟成布告到各老区农村张贴。”由于各级党委的重视，这股风很快就平息了。1951年3月17日，华北局就发布《华北春耕中应当注意的八件事》，号召农民和农村干部集中力量搞春耕。

新区土改中保存富农经济政策，在党的高层领导中是没有分歧的。但是，对这项政策的意义的认识，却有差距。如前所述，刘少奇同志认为，这不是一个暂时的政策，而是一个长期的政策，整个新民主主义阶段都是要保存富农经济的。毛主席当时虽没有对少奇同志这个观点提出异议，但他本人的多次讲话、书信、批示，谈到这项政策的意义时，着重点在于把它看成是顺利推进土改的一项策略。两位领导人在这一点上认识的差距，实际上为后来党内在农村社会经济发展问题上发生的多次争论，也为保存富农经济政策未能长期坚持埋下了"种子"。

1953 年 12 月，经毛主席审阅修改后发布的中共中央宣传部《关于过渡时期总路线学习和宣传提纲》正式宣布："逐步由限制富农剥削直到最后消灭富农剥削。"这标志着"保存富农经济"政策不再坚持了。事实上，终止"保存富农经济"的政策，比这还要更早些。1953 年 11 月 7 日，我在华北城乡作了 40 天的考察后向毛主席写的报告提到，继 1951 年和 1952 年两年对中央互助合作会议决议进行传达之后，到 1952 年冬季和 1953 年春季，"农业生产合作运动呈现为高潮，社会主义空气逼人，许多人怕冒富农之尖，富农在农村中实际成为不合法的了，共产党员如果不参加互助合作就站不住脚，雇工经营、放高利贷的共产党员被批评为'走台湾的道路'。"华北地区当时的富农虽主要是土改后冒出来的新富农，同新区土改中保存下来的老富农有所不同，但当时新老富农面临的政治压力都差不多。经验证明：农村的社会主义改造步子搞得太急，土改中事实表明行之有效的保存富农经济政策在土改后未能坚持一段时间，对我国农村的社会经济发展带来了某些不利的影响。

七　贯彻防腐蚀方针，开展“三反”斗争

在取得抗美援朝、土地改革、镇压反革命三大运动胜利的基础上，党中央、毛主席在1951年底又发动了反贪污、反浪费、反官僚主义的“三反”运动。这是我们党执政后自觉地抵制和克服资产阶级对党的腐蚀，保持共产党人廉政为民本色的一次成功实践。

“三反”运动中处决刘青山、张子善的果断决定，不仅在当时起到了振聋发聩、扶正祛邪的良好效果，而且几十年之后记忆犹新。今天，我们所处的历史条件和面临的任务已不同于那个时候了，我们完全可以而且应当主要依靠法制来惩治经济犯罪和其他犯罪活动，不必再采取“三反”这种群众运动的方式。但是，“三反”运动在充分依靠群众同犯罪现象作斗争，在坚决惩治腐败、防止腐蚀、从严治党等方面留下的宝贵经验，以及当时广大干部和群众的那种艰苦创业、自强不息的革命精神，却是值得我们代代相传的。

当年，党中央、政务院授命我主持“三反”工作。我想，今天对这段历史的回顾，对于我们当前和今后的惩治腐败现象，加强干部队伍廉政建设的工作，可能会有一些借鉴作用。

（一）在增产节约运动中察觉反腐蚀斗争的重要性

关于“三反”的起因和发动，毛主席在1951年12月13日凌晨给各大区中央局主要负责人的电报中曾经讲道：“发现贪污问题的严重性和大规模地惩治贪污分子，从东北开始，是由高岗同志亲自动手的。中央方面委托薄一波同志负总责，北京市由彭真同志负责，现已全体动起来了。”

事情还可以往前追溯。这一年10月召开的政治局扩大会议，集

中地分析和研究了朝鲜战局的发展趋势与对策。根据毛主席提出的“战争必须胜利，物价不许波动，生产仍须发展”的战略方针，会议确定了解决财政困难的五条办法：(1)节约兵力，整训部队。全国兵员从610万人减至465万。(2)精简机关，缩编人员。(3)紧缩开支，清理资财。预计1952年财政支大于收，将面临财政困难，要求各地从11月起开展全面增产节约运动。(4)提倡节约，严禁浪费。(5)组训民兵，准备推行义务兵役制。10月23日。毛主席在全国政协一届三次会议上庄严号召：“抗美援朝的伟大斗争现在还在继续进行，并且必须继续进行到美国政府愿意和平解决的时候为止。”“为了继续坚持这个必要的正义的斗争，我们就需要继续加强抗美援朝的工作，需要增加生产，厉行节约，以支持中国人民志愿军。这是中国人民今天的中心任务。”12月1日，中央进一步指出：实行增产节约这一方针，“不是消极的，而是具有重大积极意义的。它是既保证朝鲜战争能够胜利又保证国内物价继续稳定的方针，它是积累资金、取得经验、加速国家经济建设的方针，它又是整肃党纪，提高工作效率和转移社会风气的方针。总而言之，它是带动我们国家在政治、军事、经济、文化各方面的全局都将迅速进步、并奠定将来伟大建设基础的方针”。

在党中央和毛主席的号召下，全国各地的爱国增产节约运动蓬勃开展。1951年11月1日，东北局书记高岗向中央作了关于开展增产节约运动，进一步深入反贪污、反浪费、反官僚主义斗争的报告。报告说，从9月份以来，反贪污蜕化、反官僚主义的运动已先后在东北一级机关和各省市开展起来，并发展成为有领导的民主运动。由于在斗争中揭发、批判和打击了各种贪污蜕化的行为，大大提高了干部、群众的觉悟水平，从而使贪污现象得到遏制，机关开支大为紧缩。沈阳市在部分单位中揭发出3629人有贪污行为。东北贸易部仅检举和坦白的金额就达五亿人民币(旧币，下同)。浪费现象和官僚主义也很严重，仅东北铁路系统就积压了价值上千亿元的材料而不作处理。这个报告引起了毛主席的高度重视。11月20日，毛主席在为中央起草的转发这个报告的批语中，首次提出了“在此次全国规模的增产节约运动中进行坚决的反贪污、反浪费、反官僚主义的斗争”。

稍后，中央又陆续收到了各中央局报来的发现大贪污犯或落实“三反”斗争的报告。11月29日，华北局向毛主席、党中央作了关于天津地委严重贪污浪费情况的书面报告。11月30日，毛主席在为中央起草的转发这一报告的批语中指出：“华北天津地委前书记刘青山及现书记张子善均是大贪污犯，已经华北局发现，并着手处理。我们认为华北局的方针是正确的。这件事给中央、中央局、分局、省市区党委提出了警告，必须严重地注意干部被资产阶级腐蚀发生严重贪污行为这一事实，注意发现、揭露和惩处，并须当作一场大斗争来处理。”同日，他又在为中央起草的给西南局第一书记邓小平同志并告各中央局的复电中强调：“我们认为需要来一次全党的大清理，彻底揭露一切大中小贪污事件，而着重打击大贪污犯，对中小贪污犯则取教育改造不使重犯的方针，才能停止很多党员被资产阶级所腐蚀的极大危险现象，才能克服二中全会所早已料到的这种情况，并实现二中全会防止腐蚀的方针。”12月1日，党中央作出了《关于实行精兵简政、增产节约、反对贪污、反对浪费和反对官僚主义的决定》，深刻地指出：“自从我们占领城市两年至三年以来，严重的贪污案件不断发生，证明一九四九年春季党的二中全会严重地指出资产阶级对党的侵蚀的必然性和为防止及克服此种巨大危险的必要性，是完全正确的，现在是全党动员切实执行这项决议的紧要时机了。再不切实执行这项决议，我们就会犯大错误。”12月8日，毛主席又为中央起草了《关于三反斗争必须大张旗鼓进行的电报》，强调“应把反贪污、反浪费、反官僚主义的斗争看作如同镇压反革命的斗争一样的重要，一样的发动广大群众包括民主党派及社会各界人士去进行，一样的大张旗鼓去进行，一样的首长负责，亲自动手，号召坦白和检举，轻者批评教育，重者撤职，惩办，判处徒刑（劳动改造），直至枪毙一大批最严重的贪污犯，……才能解决问题”。

（二）发动群众，雷厉风行地进行“三反”斗争

为了加强对增产节约和“三反”运动的领导，中央决定成立各级

节约检查委员会来具体负责。12 月 7 日，政务院会议通过由薄一波担任中央人民政府节约检查委员会（简称“中节委”）主任，彭真、李富春、沈钧儒（最高人民法院院长）、谭平山（政务院人民监察委员会主任）任副主任，刘景范任秘书长。委员会下设办公机构，由党、政、军、民各主要机关负责同志 10 余人参加。每周开三至四次办公会议。从此，全国范围的“三反”斗争，遵照党中央、毛主席的指示，迅速展开了。

回忆毛主席当年抓防腐蚀的斗争，真是雷厉风行，至今历历在目。他看准的事情，一旦下决心要抓，就抓得很紧很紧，一抓到底，从不虎头蛇尾，从不走过场。他不仅提出方针，而且亲自督办；不仅提出任务，而且交待办法。在“三反”运动紧张的日子里，他几乎每天晚上都要听取我的汇报，亲自指点。有毛主席的亲自直接指导、督促和撑腰，我们的工作也就好做了，而且做得很起劲。

12 月 31 日，中央直属机关总党委召开了党、政、军、团、群等机关处长级以上数百干部参加的党委扩大会议，由我和安子文同志（他是中节委委员和总党委第二书记）宣布中央决定，限期发动“三反”斗争，10 天后向中央作出报告；对运动进展慢的单位，进行点名批评，引起了各单位的重视。他们当日回去，连夜开会。元旦也在开会。很多部长、副部长参加完团拜会就回去，戏也不看了。三天后，毛主席在为中央起草的《关于立即限期发动群众开展“三反”斗争的指示》中，向全党通报了这次会议的做法，并宣布“中央已指定薄一波同志（他是中央节约检查委员会主任）用电话和各大区负责同志联络，在目前‘三反’紧张时期，每三天至五天通话一次，检查各区‘三反’进度”。

接着，1952 年 1 月 9 日，政务院召开中央人民政府各部门、各民主党派、各人民团体和华北、北京、天津高级干部会议，由我作关于深入普遍地开展“三反”斗争的动员报告。由于执行了毛主席指示的首长带头、层层检讨的方针，机关内部的群众真正发动起来了，使运动向纵深发展。1 月 19 日，中直总党委召开有 1000 余人参加的高级干部会议，宣布运动进入集中力量打“老虎”（当时，人们称贪污犯为“老虎”，故有“打虎”之说。贪污旧币1亿元以上的大贪污犯叫“大老虎”，1亿元以下1000万元以上的叫“小老虎”）阶段。为了保证运动的健康发展，同日我向毛主席作了关于中央各机关“三反”运动情况及今后意见的报告，就几个政策性的问题提出了意见。1月21日，毛主席作了修改，并加了中央的批语，批发了这个报告。为了体现党的“坦白从宽，抗拒从严”的政策，2月1日，北京市举行了公审大会，由最高人民法院对七名大贪污犯进行宣判，其中判处死刑的有非法获得旧币23亿元的中国畜产公司业务处副处长薛昆山和贪污旧币6.4亿元的中央公安部行政处科长宋德贵，有三人被判处有期徒刑，两人免予刑事处分。我在会上讲话并宣布：自动坦白从宽的期限放宽到2月15日。几个大会一开，中央机关带了头，全国范围的“三反”运动就势如破竹地开展起来了。

各中央局、各大军区、各省市、各部门的主要负责人遵照毛主席关于“严加督促，勤加指导”，“必须抓得很紧，才能产生实效”的指示，放手发动群众，在“三反”斗争中创造了许多宝贵的经验。其中主要的有：首长负责，亲自动手，以身作则，带头作自我批评，取得运动的实际领导权；放手发动群众，号召检举和坦白交待；从反浪费入手，进而揭发贪污；组织专门队伍内查外调，重点审查；把“三反”与整党和考察干部结合起来；正确区别贪污和浪费的界限；对科研人才采取保护不伤的原则，着重于提高思想认识；对机关生产采取“管而不动，听候命令”的方针，等等。

据统计，全国县以上党政机关参加“三反”运动的总人数为383万多人（未包括军队的数字）。经核实，贪污1000万元（旧币，下同）以上的共10万余人，贪污的总金额达6万亿元。对有严重贪污行为的罪犯，判处有期徒刑的9942人，判处无期徒刑的67人，判处死刑的42人，判处死缓的9人。毛主席原来提出的“捉虎”指标和估计需要判刑的人数，比这要高。

在运动的高潮中，曾经出现过斗争扩大化的苗头，伤害了一些同志，正常的工作秩序也受到了一些影响。为了引起全党对这些问题的重视，5月10日，毛主席在中央转发的一个文件上加了一段很重要的批语,强调指出:“现当‘三反’运动进至法庭审判、追赃定案的阶段,必须认真负责,实事求是,不怕麻烦,坚持到底,是者定之,错者改之,应降者降之,应升者升之,嫌疑难定者暂不处理。总之,必须做到如实地解决问题,主观主义的思想和怕麻烦的情绪,必须克服。这是共产党人统治国家的一次很好的学习,对全党和全国人民都具有很大的意义。”因为采取了这种实事求是的态度,及时地纠正了工作上的缺点、错误,所以保证了“三反”运动的健康发展和取得重大的胜利。

记得1952年,我在华北局纪念党诞生31周年大会上所作的《为巩固“三反”“五反”运动的伟大胜利而斗争》报告中,对这场斗争的重大意义和经验讲了一些看法,现扼要摘录如下(“五反”问题见下篇):

“‘三反’‘五反’斗争,是在中国革命胜利以后,关系于中国革命前途的决定性的斗争。这次运动所要回答的问题,是我们国家究竟是要走向社会主义还是要走向资本主义这样根本性质的问题。从表面上看来,这个问题在革命胜利以后似乎已经不复存在了,而实际上在‘三反’‘五反’以前,这个问题还是严重地存在着。”

“反‘五毒’‘三害’的斗争所得到的胜利,是十分辉煌的。对于整个社会来说,是一个移风易俗的社会改革运动,它改变了人们的传统的观点,过去认为钻营、吹拍、偷窃是干才,现在认为是可耻了。对于我们党来说,则是一次普遍而深刻的整党运动。……经过斗争,我们对‘五毒’‘三害’已提高了警惕性,并在运动中初步解决了如何对待资产阶级及其思想这一个极为重要而复杂的问题。……‘糖衣炮弹’虽然曾经打倒了某些立场不稳、意志薄弱、经不起考验的人们,却不能打倒久经马克思列宁主义与中国革命实践相结合的毛泽东思想所教导的中国共产党。大批贪污分子被清除之后,大批的积极分子涌现出来了。去腐而后生肌,在组织上我们也比过去健康了。”

> “放手发动群众与严密控制相结合，是此次‘三反’‘五反’运动在领导上的一个特征。……在‘三反’‘五反’运动中一切检查、追赃、定案都是由广大群众自己动手来干的，这是充分走了群众路线，但在狂风暴雨般的群众运动中，又做到了‘反而不乱’的地步，关键就在于及时地恰当地规定了‘三反’‘五反’的各项政策和纪律。这种领导艺术是应该好好学习的。”
>
> “‘三反’运动中最大的教训之一，是有些共产党员在进入城市后，受了资产阶级思想的腐蚀，经不起考验、羡慕统一战线中的资本家。……”
>
> “贪污、浪费和官僚主义现象之所以大批发生，而又长期得不到克服，主要原因是缺乏党章上所规定的应有的民主生活，没有批评和自我批评，许多领导干部官僚主义作风甚为严重，高高在上，虚浮骄傲，死气沉沉，因而得不到群众的教育和监督。”

这些都是当年的认识，谈不上系统和深刻，但却是来源于实践的。当然，认识还有待深化，希望有更多的同志进行研究。我觉得“三反”斗争经验中最可贵的一条，就是以毛主席为首的党中央对清除党的肌体上发生的腐败现象，表现了高度的自觉性和巨大的决心与魄力，真正做到了从高级干部抓起，敢于碰硬，从严治党。例如，“中节委”收到署名“东北一党员”揭发高岗的信，报请毛主席同意，照样派人去查。收到天津群众揭发市领导和两位高级军事干部的信，毛主席叫我亲自上天津调查。又如，1951 年 12 月 30 日收到谭政同志关于开展“三反”问题的电报后，毛主席觉得中南军区动作稍缓，即于元旦凌晨两点起草复电，要求他们对运动要“严加督促，勤加指导，务使每天都有收获”，并对来电不妥之处作了修改，派专人连夜乘专机将修改稿送到，以引起中南军区的高度重视。后来，我们党也多次下决心惩治党内存在的腐败现象，但往往失之过宽，未能收到应有的效果。这就更加证明了，在清除腐败现象的斗争中，必须坚持这一条宝贵的经验。

（三）处决刘青山、张子善

大家都熟悉，在全国胜利前夕召开的党的七届二中全会上，毛主席讲过一段极为深刻的话：“敌人的武力是不能征服我们的，这点已经得到证明了。资产阶级的捧场则可能征服我们队伍中的意志薄弱者。可能有这样一些共产党人，他们是不曾被拿枪的敌人征服过的，他们在这些敌人面前不愧英雄的称号；但是经不起人们用糖衣裹着的炮弹的攻击，他们在糖弹面前要打败仗。我们必须预防这种情况。”（《毛泽东选集》第2版，第4卷，第1438页）毛主席的这些话不幸而言中。刘青山、张子善就是这样的典型。在“三反”中，毛主席下决心坚决果断地严惩这两个人，其意义与影响极为深远。

刘青山、张子善是1931年和1933年入党，经历过土地革命、抗日战争和解放战争严峻考验的老干部。刘青山参加过1932年高阳、蠡县的农民暴动，曾被国民党逮捕，在敌人的严刑逼供下，坚贞不屈。张子善1934年被国民党逮捕入狱，曾参加狱中的绝食斗争，在敌人面前表现了共产党人的英雄气概。应该公正地说，他们的确曾经是党的干部队伍中的佼佼者，曾经在不同的领导岗位上出生入死地苦斗过，曾经为新中国的诞生做出过自己的贡献。但是，进城后，他们在资产阶级思想和生活方式的腐蚀下，贪污腐败，蜕化变质，成了人民的罪人。

刘、张的犯罪事实主要是：

（1）利用职权，盗用公款。他们盗用飞机场建筑款、水灾区造船救济贷款，以及剋扣地方粮、干部家属救济粮、民工供应粮等共计171亿元（旧币，下同），用于经营他们秘密掌握的所谓“机关生产”。

（2）从事倒买倒卖的非法经营活动。他们勾结奸商张文义等，以49亿元巨款倒卖钢材，使国家蒙受21亿元损失。为了从东北盗购木材，他们不顾灾民疾苦，占用4亿元救灾款，并派人冒充军官进行倒买倒卖。

（3）破坏国家政策。他们以高薪诱聘国营企业的31名工程技术人员，成立非法的“建筑公司”，从事投机活动。

（4）盘剥民工。在兴建潮白、永定、大清、龙凤、海河等工程中，他们将国家发给民工的好粮换成坏粮，抬高卖给民工的食品价格，从中渔利达22亿元。

(5)腐化堕落，拒不悔改。他们从盗窃的国家资财中贪污、挥霍共3.7亿元以上，其中刘1.8亿元，张1.9亿元。刘吸毒成瘾。张为逃避罪责，曾一次就焚毁单据300多张。

刘、张的罪行，早在“三反”前就激起了干部和党员的不满，但在他们上欺下压的家长式统治下，一直未能公开揭露。这说明，没有一定的气候，这类问题是不容易解决的。但纸终究包不住火，坚持正义、坚持党的原则的干部总是要站出来揭发和斗争的。

1951年10月，天津专署一位副专员向河北省委组织部揭发了刘、张的若干违法乱纪事实后，引起了河北省委的重视，并进行了调查。11月下旬，河北省委召开第三次党代会，贯彻落实中央和华北局关于开展增产节约运动，反对贪污、浪费和官僚主义斗争的部署。与会代表集中地检举、揭发了刘、张的贪污罪行。根据刘、张的严重犯罪事实，河北省委建议省人民政府依法予以逮捕。华北局接到省委的请示后，经讨论并报请周总理批准，决定将他们逮捕法办。11月28日晚，河北省委召开常委会议，传达华北局的决定。29日上午，河北省公安厅依法逮捕了张子善(刘青山当时在国外，12月2日归国后当即逮捕归案)。接着，省委召集党代会主席团成员开会，正式宣布逮捕刘、张。绝大多数同志衷心拥护这一措施，认为这样做“挽救了天津的党组织”，少数同志感到突然，表示沉默。根据党代会代表们的建议，河北省委经过研究，12月4日报请华北局批准，作出了开除刘青山、张子善党籍的决议(毛主席对此事极为关注，12月29日在审阅《人民日报》社送审的有关新闻稿时批示：“应于三十日见报”)。12月5日，华北局召开会议，听取河北党代会情况的汇报和逮捕刘、张的经过。刘澜涛同志指出，刘、张事件说明，资产阶级的腐朽思想侵蚀了我们党，刘、张蜕化变质成了罪犯，将他们逮捕是完全应当的，得到了大家的拥护。但更艰苦的工作还在后头，建议组织专门班子全面审查处理此事。随后，河北省人民政府成立了以杨秀峰同志为首的调查处理委员会，会同天津市，对刘、张贪污案进行调查和侦讯。在弄清他们主要犯罪事实的基础上，河北省委于12月14日向华北局提出了处理意见：“刘青山、张子善凭借职权，盗窃国家资财，贪污自肥，为数甚巨，实为国法党纪所不容，以如此高级干部知法犯法，欺骗党，剥削民工血汗，侵吞灾民粮款，勾结私商，非法营利，腐化堕落达于极点。若不严加惩处，我党将无词以对人民群众，国法将不能绳他人，对党损害异常严重。因此，我们一致意见处以死刑。”12月20日，华北局经研究后向中央提出了对刘、张的处理意见：“为了维护国家法纪，教育党和人民，我们原则上同意，将刘青山、张子善二贪污犯处以死刑（或缓期二年执行），由省人民政府请示政务院批准后执行。”当时之所以加了“或缓期二年执行”，是考虑到中央决策时可以有回旋的余地。

鉴于刘、张的地位和影响，以及一些干部的认识不尽一致，党中央和毛主席在考虑对他们的量刑时，是十分慎重和民主的。1951年12月下旬，华北局通过河北省委征求了天津地委及所属部门对刘、张两犯量刑的意见。结果是：地委在家的8个委员的一致意见是处以死刑。地区参加讨论的552名党员干部的意见是：对刘青山：同意判处死刑的535人，判处死缓的8人，判处无期徒刑的3人，判处有期徒刑的6人；对张子善：同意判处死刑的536人，判处死缓的7人，判处无期徒刑的3人，判处有期徒刑的6人。党中央、毛主席看到上述材料，在请党外民主人士传阅并听取他们对量刑的意见后，决定同意河北省委的建议，由河北省人民法院宣判，经最高人民法院核准，对大贪污犯刘青山、张子善处以死刑，立即执行。1952年2月3日，华北局召开常委会研究河北省的“三反”工作。会议布置了有关公审刘、张大会的事宜，决定在省会保定对刘、张执行枪决，要求组织好公审大会，并拍摄电影。

在公审大会召开之前，曾在冀中担任过区党委书记，看着刘、张成长，当时担任天津市委书记的黄敬同志来找我。他对我说，刘、张错误严重，罪有应得，当判重刑。但考虑到他们在战争年代出生入死，有过功劳，在干部中影响较大，是否可以向毛主席说说，不要枪毙，给他们一个改造的机会。我说，中央已经决定了，恐怕不宜再提了。黄敬同志坚持要我反映。我说，如果一定要反映，我陪你去向毛主席说。他坚持不去，要我把他的意见转报毛主席。我只好如实地向毛主席转达了黄敬同志的意见。毛主席说，正因为他们两人的地位高，功劳大，影响大，所以才要下决心处决他们。只有处决他们，才可能挽救20个，200个，2000个，20000个犯有各种不同程度错误的干部。黄敬同志应该懂这个道理。由此可见毛主席在处理这个问题时所下的决心和所做的深思熟虑，他当时的心思完全倾注在如何维护党的事业上面，如何更好地挽救犯错误干部的多数上面，如何更有效地防止干部队伍的腐化上面。严惩刘青山、张子善的决定的果断作出，实际上是再一次用行动向全社会表明：我们党决不会做李自成！决不会放任腐败现象滋长下去！决不会让千千万万先烈用鲜血和生命换来的江山改变颜色！

2月10日，在保定市举行了河北省公审刘、张二犯大会，刘青山、张子善受到了法律的严厉制裁。

(四)不能忘记的历史启示

在“三反”运动38年之后，党的十三届六中全会通过的《中共中央关于加强党同人民群众联系的决定》深刻指出：“如果听任腐败现象蔓延，党就有走向自我毁灭的危险。”我觉得这句分量很重的话，揭示了一个真理，那就是陈云同志讲的：“执政党的党风问题，是关系到党的生死存亡的问题。”为了便于大家，尤其是青年同志理解这个道理，我想在这里记述几件事情，从中很可以得到一些重要的历史启示。

一件事是延安整风期间听毛主席作《学习和时局》的报告。他说：“我党历史上曾经有过几次表现了大的骄傲，都是吃了亏的。”“全党同志对于这几次骄傲，几次错误，都要引为鉴戒。”(《毛泽东选集》第2版，第3卷，第947、948页)当时，正值明朝灭亡的三百周年。郭沫若同志在重庆《新华日报》上发表了一篇论述李自成由胜利走向失败的文章，这就是著名的《甲申三百年祭》。毛主席很重视这篇文章，把它列为整风文献，让全党高级干部学习，目的“也是叫同志们引为鉴戒,不要重犯胜利时骄傲的错误”。

郭文不乏精彩之笔,是脍炙人口的力作。特摘录几段:

“在过短的时期之内获得了过大的成功,这却使自成以下如牛金星、刘宗敏之流,似乎都沉沦进了过分的陶醉里去了。进了北京以后,自成便进了皇宫。丞相牛金星所忙的是筹备登基大典,招揽门生,开科选举。将军刘宗敏所忙的是拶挟降官,搜括赃款,严刑杀人。纷纷然,昏昏然,大家都像以为天下就已经太平了的一样。近在肘腋的关外大敌,他们似乎全不在意。山海关仅仅派了几千兵去镇守,而几十万的士兵却屯积在京城里面享乐。尽管平时的军令是怎样严,在大家都陶醉了的时候,竟弄得刘将军‘杀人无虚日,大抵兵丁抢掠民财者也’了。而且把吴三桂的父亲吴襄绑了来,追求三桂的爱姬陈圆圆,‘不得,拷掠酷甚’;虽然得到了陈圆圆,而终于把吴三桂逼反了的,却也就是这位刘将军。这关系实在是并非浅鲜。”

“就这样在京城里忙了足足一个月,到吴三桂已经降清,并诱引清兵入关之后,四月十九日才由自成亲自出征,仓惶而去,仓惶而败,仓惶而返。而在这期间留守京都的丞相牛金星是怎样的生活呢?‘大轿门棍,洒金扇上贴内阁字,玉带蓝袍圆领,往来拜客,遍请同乡’,太平宰相的风度俨然矣。”

“这无论怎么说都是一场大悲剧。李自成自然是一位悲剧的主人,而从李岩方面来看,悲剧的意义尤其深刻。假使初进北京时,自成听了李岩的话,使士卒不要懈怠而败了军纪,对于吴三桂等及早采取了牢笼政策,清人断不至于那样快的便入了关。又假使李岩收复河南之议得到实现,以李岩的深得人心,必能独当一面,……假使形成了那样的局势,清兵在第二年决不敢轻易冒险去攻潼关,而在潼关失守之后也决不敢那样劳师穷追,使自成陷于绝地。假使免掉了这些错误,……岂不也就可以免掉了二百六十年间为清朝所宰治的命运了吗?”

抚今思昔,毛主席对此是铭记在心的。1949 年 3 月 23 日在离开西柏坡前往北平时，毛主席兴致勃勃地说："今天是进京的日子，不睡觉也高兴啊。今天是进京'赶考'嘛。进京'赶考'去，精神不好怎么行呀?"周恩来同志也笑着说："我们应当都能考试及格，不要退回来。"毛主席说："退回来就失败了。我们决不当李自成，我们都希望考个好成绩。"进城以后，毛主席对党内会不会出现骄傲情绪，以功臣自居的情绪，贪图享乐的情绪，会不会发生贪污腐化的现象，是非常之警惕的。一发现苗头，他就及时敲警钟，严厉批评，要求坚决纠正。他在发动"三反"斗争时，曾经要求"各级领导同志都要学贺龙同志那样亲自'上前线'，把'三反'斗争当作一场无产阶级和资产阶级之间的大战争，务必取得胜利"。他甚至认为，资产阶级糖弹的进攻"比战争还要危险和严重"，因而对惩治腐败现象毫不手软。今天人们仍很怀念的50年代那股清新优良的党风和社会风气，之所以能够形成和保持，应该说是同"三反"斗争的及时开展，全党同志从中受到警醒与教育紧密相关的。

另一件事也是值得我们经常重温和回味的。1945年7月初，黄炎培(字任之，社会人士习称"黄任老")先生等五位国民参政会参政员访问延安，受到了毛主席等中央领导同志的热情欢迎。黄任老返渝后，发表了著名的《延安归来》。其中有一段是这样写的：

"有一回，毛泽东问我感想怎样？我答：

我生六十余年，耳闻的不说，所亲眼见到的，真所谓'其兴也浡焉'，'其亡也忽焉'，一人，一家，一团体，一地方，乃至一国，不少单位都没有能跳出这周期率的支配力。大凡初时聚精会神，没有一事不用心，没有一人不卖力，也许那时艰难困苦，只有从万死中觅取一生。既而环境渐渐好转了，精神也就渐渐放下了。有的因为历时长久，自然地惰性发作，由少数演为多数，到风气养成，虽有大力，无法扭转，并且无法补救。也有为了区域一步步扩大了，它的扩大，有的出于自然发展，有的为功业欲所驱使，强求发展，到干部人才渐见竭蹶、艰于应付的时候，环境倒越加复杂起来了，控制力不免趋于薄弱了。一部历史，‘政怠宦成’的也有，‘人亡政息’的也有，‘求荣取辱’的也有。总之没有能跳出这周期率。中共诸君从过去到现在，我略略了解的了。就是希望找出一条新路，来跳出这周期率的支配。

毛泽东答：我们已经找到新路，我们能跳出这周期率。这条新路，就是民主。只有让人民来监督政府，政府才不敢松懈。只有人人起来负责，才不会人亡政息。

我想：这话是对的。只有大政方针决之于公众，个人功业欲才不会发生。只有把每一地方的事，公之于每一地方的人，才能使地地得人，人人得事。把民主来打破这周期率，怕是有效的。”

黄先生的担心并不是没有道理的。接管北平时，傅作义先生也向我们提出过：国民党取得政权后 20 年就腐化了，结果被人民打倒了。共产党执政后，30 年、40 年以后是不是也会腐化？毛主席当时对黄任老的回答是充满信心的，因为一个最根本的依据，就是我们党没有自己的任何私利，是全心全意为中国人民服务的。依靠人民民主，必将能够打破历史上屡屡出现的“其兴也浡焉”、“其亡也忽焉”、“人存政兴”、“人亡政息”的周期率。40 多年过去了，历史发展的客观进程，使我们深深地感到，开拓“民主新路”，打破“这周期率”，不可能一次完成，也不可能一劳永逸。不但今天我们还不能说已经完全“跳出这周期率”，就是在今后相当长的时期内，我认为也不要去说这个话。任务尚未完成，全党仍须努力！

还有一件事，就是 1949 年 10 月毛岸英同志写的一封信。事情是这样的，当时开国大典刚刚开过，他的一位表舅向三立在来信中谈到他的另一位亲戚希望能在长沙谋个“厅长方面位置”。毛岸英在给向三立的回信中专门就此事陈述了自己的看法。他说：

“新的时代，这种一步登高的‘做官’思想已是极端落后了，而尤以通过我父亲即能‘上任’，更是要不得的想法。新中国之所以不同于旧中国，共产党之所以不同于国民党，毛泽东之所以不同于蒋介石，毛泽东的子女妻舅之所以不同于蒋介石的子女妻舅，除了其他更基本的原因以外，正在于此：皇亲贵戚仗势发财，少数人统治多数人的时代已经一去不复返了。靠自己的劳动和才能吃饭的时代已经来临了。”

“反动派常骂共产党没有人情，不讲人情，如果他们所指的是这种帮助亲戚朋友，同乡同事做官发财的人情的话，那么我们共产党正是没有这种‘人情’，不讲这种‘人情’”。当然，对于自己的近亲是有一层特别感情的，“但如果这种特别感情超出了私人范围并与人民利益相抵触时，共产党是坚决站在后者方面的，即‘大义灭亲’，亦在所不惜。”

“我本人是一部伟大机器的一个极普通平凡的小螺丝钉，同时也没有‘权力’，没有‘本钱’，更没有‘志向’来做这些扶助亲戚高升的事。至于父亲，他是这种做法最坚决的反对者，因为这种做法是与共产主义思想、毛泽东思想水火不相容的，是与人民大众的利益水火不相容的，是极不公平，极不合理的。”

这些话，虽然是出自一个年轻人的笔下，但我以为是句句铿锵，义正词严，掷地有声的。今日读来，更令人感慨系之。就在写这封信的一年之后，毛岸英为了人民大众的利益在朝鲜战场上英勇牺牲了。他是这么说的，也真正是这么做的。他用自己的行动，向党向人民也向他的父亲，交了一份共产党员的正气长存、永不褪色的考卷。他之所以能够这样，我想这是同毛主席对他的严格要求，勤加教诲分不开的。

实践证明，建国 40 多年来，我们党的主流是健康的和具有强大生命力的。但是，也不能不清醒地看到，在执政的条件下，在改革开放的条件下，一些腐败现象，如以权谋私、贪污腐化、索贿受贿、任人唯亲、权钱交易和官僚主义作风等等，在党内确有滋长和蔓延。有的还相当严重，达到了目无法纪、肆无忌惮的程度。党内发生的消极腐败现象和社会上存在的消极腐败现象结合在一起，已经成为影响安定团结、影响建设和改革的严重社会政治问题。1989 年春夏之交发生的那场政治风波中，有些人卷入进去，是与此有关的，这不能不引起我们的深思和反躬自省。风波平息之后，邓小平同志曾尖锐地指出，“不惩治腐败，特别是党内的，确实有失败的危险”。这决不是危言耸听。东欧一些国家的党的个别领导人发生严重的腐败，使党脱离了群众，给反对派以口实，结果丧失了领导权，葬送了社会主义事业。这些沉痛的教训我们应该牢牢记取。现在，党中央和国务院正在高度重视并采取各种措施，解决党内和社会上存在的腐败问题。全党同志都要自觉地经受执政的考验、改革开放的考验和反“和平演变”的考验(杜勒斯在50年代就把“和平演变”的希望寄托在我国第三、第四代人的身上。毛主席对此十分警惕，多次向全党敲响警钟，要注意反“和平演变”的斗争)，准备进行长期的斗争，学会在对外开放和发展商品经济的大海中游泳，而不被淹死。只要我们发扬党的优良传统和作风，牢记历史经验的启示，加强同人民群众的血肉联系，始终保持清醒的头脑，真正痛下决心，惩治腐败，割掉痈疽，就一定能够不断增强党的生机与活力，我们的社会主义事业就会立于不败之地。

八　发动“五反”，打退不法资本家的猖狂进攻

1952年初，在“三反”运动的高潮中，经毛主席提议，党中央又决定在大、中城市，发动反对资产阶级行贿、偷税漏税、盗骗国家财产、偷工减料、盗窃经济情报的“五反”运动。这场斗争，是打击资产阶级违法活动的重大措施，是工人阶级同不法资本家之间的阶级较量。斗争的胜利，打退了不法资本家向党、向社会主义国营经济的猖狂进攻，对于建立正常的经济秩序和对资本主义工商业的改造，以及开展有计划的经济建设，起了重要作用。

（一）“五反”的发动

“五反”运动是在“三反”运动发展过程中引发出来的。1951年11月1日，东北局在写给中央的《关于开展增产节约运动进一步深入反贪污、反浪费、反官僚主义斗争的报告》中说：“从两个月来所揭发的许多贪污材料中还可看出：一切重大贪污案件的共同特点是私商和蜕化分子相勾结，共同盗窃国家财产。如东北人民政府卫生部医政处长李廷琳勾结私商光明药行经理丛志丰共同作弊，高价卖给公家，低价从公家买出，投机倒把，伪造发票、偷税、报假账，总计使国家损失人民币约61.3亿余元（旧币，下同）；该药行因此从三年前一个很小的行商一跃而为巨贾，并在天津、上海、广州等地均设有分店。丛对李则逢迎奉承，送礼、请客、代找舞女、代雇厨师，甚至令其姨太太陪李跳舞。本溪市还发现投机奸商先以请客、施贿引诱我工作人员上钩，尔后则以告发威胁其与之继续合伙盗窃国家资财。这

充分说明,资产阶级、私商对我们干部的引诱、侵袭几乎无孔不入,而我们的各种制度还很不严密。因此,除进一步加强对干部群众的正确政治教育外,还必须严格一切干部和私商往来的纪律,坚持贯彻在这次运动中所修订出的各种制度。”12 月 20 日,华东局在给中央的《关于展开反贪污、反浪费、反官僚主义斗争的报告》中,也提出了这个问题。报告说:“鉴于党政内部的贪污往往是由非法商人从外部勾结而来的,因此,必须注意调查奸商并发动群众检查控告不法商人的运动,对证据确凿的罪大不法商人,亦应严加惩处,以便内外配合,彻底肃清贪污分子。”

12 月 31 日,我向毛主席汇报“三反”运动情况。当说到资本家往往用给回扣的办法收买拉拢我们的采购人员时,毛主席插话说:“这件事不仅要在机关检查,而且应在商人中进行工作。过去土地改革中,我们是保护工商业的,现在应该有区别,对于不法商人要斗争。”看来,毛主席正在考虑这件事。我回来后,即向华北局的同志作了传达。

我们党对民族资产阶级实行又团结又斗争的政策。七届二中全会决议指出:“中国的自由资产阶级及其代表人物,由于他们受了帝国主义、封建主义和官僚资本主义的压迫或限制,在人民民主革命斗争中常常采取参加或者保守中立的立场。由于这些,并由于中国经济现在还处于落后状态,在革命胜利以后一个相当长的时期内还需要尽可能地利用城乡私人资本主义的积极性,以利于国民经济的向前发展。……但是中国资本主义的存在及发展,自由竞争和自由贸易的存在及发展,不是如同资本主义国家那样不受限制、任其泛滥的,也不是如同东欧各人民民主国家那样被限制和缩小得非常大,而是中国型的。……对于私人资本主义采取限制政策,是必然要受到资产阶级在各种程度和各种方式上的反抗的,特别是私人企业中的大企业主,即大资本家。限制和反限制,将是新民主主义国家内部阶级斗争的主要形式。”应当说,多数资本家在建国初期还是守法的,对恢复经济起了一定的作用。但是,资产阶级唯利是图的本性难改。随着经济的发展,他们中越来越多的人进行违法犯罪活动。据当时了解，私营工商业界不仅偷税漏税现象普遍，而且在承建国家工程、完成加工订货任务中偷工减料、弄虚作假、营私舞弊，严重地损害了国家和人民的利益。例如，在治淮水利工程中，承包商竟然不顾工程质量，用旧料充新料、次料充好料，从中赚取不义之财。在运往抗美援朝前线的军需物资里，有不法厂商制造和贩卖的变质罐头食品、伪劣药品、带菌急救包，造成一些战士致病、致残，甚至断送了生命。他们拉拢、收买党和国家机关工作人员。少数被他们收买的干部从他们那里领取干薪、干股，或者拿回扣、佣金，充当坐探、代理，同他们合伙进行违法犯罪活动。1950 年 8 月京、津糖价暴涨，1951 年北京碱价波动，就是不法资本家从他们安插在我们机关内部的坐探那里窃取到经济情报后，有意制造的。不法资本家损人利己的恶劣手段令人发指。不对他们进行坚决的斗争和必要的打击，是不行的。

不法资本家在"三反"中暴露出来的问题，引起了各级党政机关的高度警惕，人民群众对此义愤填膺。因此，许多地区在私营工商界中开展了配合"三反"的坦白检举活动。北京市把反贪污和反行贿结合起来，形成了斗争的两条战线。1952 年 1 月 5 日，毛主席看了北京市委《关于"三反"运动开展情况和继续开展这一运动的意见的报告》后，在他起草的中央批语中指出：全国各大、中、小城市"一律仿照办理，一定要使一切与公家发生关系而有贪污、行贿、偷税、盗窃等犯法行为的私人工商业者，坦白或检举其一切违法行为，特别注意在天津、青岛、上海、南京、广州、武汉、重庆、沈阳及各省省城，用大力发动这一斗争，藉此给资产阶级三年以来在此问题上对于我党的猖狂进攻（这种进攻比战争还要危险和严重）以一个坚决的反攻，给以重大的打击，争取在两个月至三个月内基本上完成此项任务。请各级党委对此事进行严密的部署，将此项斗争当作一场大规模的阶级斗争看待"。

1952 年 1 月 26 日，毛主席在为中央起草的《关于在城市中限期展开大规模的坚决彻底的"五反"斗争的指示》中，向全党进一步说明："在全国一切城市，首先在大城市和中等城市中，依靠工人阶级，团结守法的资产阶级及其他市民，向着违法的资产阶级开展一个大规模的坚决的彻底的反对行贿、反对偷税漏税、反对盗骗国家财产、反对偷工减料和反对盗窃经济情报的斗争，以配合党政军民内部的反对贪污、反对浪费、反对官僚主义的斗争，现在是极为必要和极为适时的。”开展“五反”斗争的范围、斗争的方针和任务在这里已讲得很清楚了。

有一次，毛主席在谈到中央为什么作出这一决策时这样说：“进城时，大家对资产阶级都很警惕，为什么现在有这样的变化？这可以从进城三年的历史来看。一九五〇年上半年，党内曾有一个自发、半自发的反对资产阶级的斗争。这个斗争是不妥当的，也是错误的。因为当时有台湾敌人的轰炸、封锁，土改、镇反工作亟待去做，应该团结资产阶级去向封建势力进攻，而不是全面出击，全面出击是很不策略的。所以，七届三中全会纠正了这一错误，提出调整工商业。到一九五一年抗美援朝运动形成，更需要国内的团结一致，一直到今天。在这一年多时间内，大家对资产阶级不够警惕了。资产阶级过去虽然挨过一板子，但并不痛，在调整工商业中又嚣张起来了。特别是在抗美援朝加工订货中赚了一大笔钱，政治上也有了一定地位，因而盛气凌人，向我们猖狂进攻起来。现在已到时候了，要抓住资产阶级的‘小辫子’，把它的气焰整下去。如果不把它整得灰溜溜、臭烘烘的，社会上的人都要倒向资产阶级方面去。”他还说：“现在出现了一种很严重的情况。一部分，人家打进来；一部分，叫人家拉出去。一九五〇年自发地搞社会主义，想搞垮资产阶级，是不对的；后来，又自发地搞资本主义，资本家向我大举进攻，也不允许。……要整党内那些买房置地、入股、当董事经理的人；同时也要搞不法的资本家。这是一场恶战。”

1952 年 3 月 23 日，毛主席在批转《中共中央中南局关于加强私营厂、店工人、店员工作的指示》中，把这次“五反”斗争的任务及其必须达到的目的，又进一步具体化了，提出了八条。

(1)彻底查明私营工商业的情况，以利于团结和控制资产阶级，进行国家的计划经济。

(2)明确划分工人阶级和资产阶级的界限,肃清工会中的严重脱离群众的官僚主义现象,清除资产阶级在工会中的代理人。

(3)改组同业公会和工商联合会,把那些“五毒”俱全及其他完全丧失威信的人们开除出这些团体的领导机关,把在“五反”中表现较好的人们吸收进来。

(4)帮助民主建国会的负责人整顿民主建国会,开除那些“五毒”俱全及大失人望的人,增加一批较好的人,使之成为一个能够代表资产阶级主要是工业资产阶级的合法利益,并以《共同纲领》和“五反”的原则教育资产阶级的政治团体。各部分资本家的秘密结社,例如“星四聚餐会”等,则应设法予以解散。

(5)清除“五毒”,消灭投机商业,使整个资产阶级服从国家法令,经营有益于国计民生的工商业;在国家划定的范围内,尽量发展私营工业,逐步缩小私营商业;国家逐年增加对私营产品的包销定货计划,逐年增加对私营工商业的计划性;重新划定私资利润额,既要使私资有利可图,又要使私资无法夺取暴利。

(6)要使资本家废除“后账”,实行经济公开,并逐步建立工人、店员监督生产和经营的制度。

(7)从补偿、退赃、罚款、没收中,追回国家及人民的大部分经济损失。

(8)在一切大的和中等的私营企业中建立党的支部,加强党的工作。

从上述部署看,毛主席并不是把“五反”运动仅仅看作一场经济斗争,也是把它看作一场关系国家命运和前途的政治斗争。在运动的指导上,毛主席则一再强调要按照《共同纲领》办事,要掌握一条政策界限,就是违法不违法。民族资产阶级在《共同纲领》范围内的发展,是合法的;离开了这个范围,就是不合法。他说:“违法不违法,对资产阶级是一个政治标准。”“这不是对资产阶级的政策的改变,目前还是搞新民主主义,不是社会主义;是削弱资产阶级,不是要消灭资产阶级;是要打它几个月,打痛了再拉,不是一直打下去,都打垮。”记得当时理论界有几位同志没有很好地体会这种意图,在中宣部主办的《学习》杂志上发表文章，否定民族资产阶级在现阶段还存在两面性。毛主席发现后，批评得相当严厉，中宣部为这件事专门作过检讨。

（二）关系全局的上海“五反”斗争

在“三反”运动不断升温的情况下发动“五反”斗争，对经济生活产生了一定影响。一部分经济部门的工作几乎停顿，国营企业的业务活动也受到冲击；加之资产阶级惊恐不安，并用歇业、停工的手段来要挟我们，大批私人工商户停业、半停业，使经济活动出现严重的堵塞现象，基本建设项目纷纷推迟，军事订货减少，商品货币流通遇到了障碍。据中国人民银行总行统计，1952 年春货币流通量比上年同期减少了 13%，银行汇兑及票据交换仅及去冬旺季的 30%。许多地区生产下降，市场清淡，税收减少，失业工人增多。华北地区 1952 年 2 月份的税收比 1 月份减少了一半。天津市新歇业的私营工商户有 4000 家，影响到 40 万人的生计。这个问题当然不能小看，党中央和毛主席要我们迅速弄清情况，拿出解决办法。

正在这时，中央收到了邓小平同志 2 月 22 日给毛主席发来的一封电报。电报说，目前西南地区工商业表现了暂时的但又是显著的停滞现象：(1)一季度税收估计将减少一半，好多税局已经垮了；(2)贸易额减少很多，国营公司百货营业额只有原来的 30%，工业器材仅及 15%；(3)许多私营工业无事可做，有的有意用不发工资或要公家贷款维持的办法抵抗“五反”运动；(4)工商停滞造成工人失业，也加剧了城市贫民的困难，重庆一区有两万人（占该区人口三分之一）到了无食或缺食地步，开始对“三反”、“五反”表示不满；(5)特务已乘机兴风作浪。如不设法解决这些问题，将陷我于被动地位，甚至影响“五反”深入。小平同志在电报中建议中央采取一些紧急措施，从恢复部分建筑业和私营工业加工订货入手，启动市场，减少失业工人，缓解城市贫民的困难。这个意见同中央的考虑不谋而合，毛主席复电表示同意，并要求各中央局“严重地注意解决小平同志电报所提出的那些同样的问题”。

这些情况说明，城市工作比农村要复杂得多。农村土改时也有震动，也波及各个方面，但远不如“五反”对城乡经济活动产生这样大的影响。在此情况下，党中央和毛主席适时地调整“五反”部署，采取措施，维持经济生活的正常运转。在运动的部署上，决定适当缩短持续的时间，全国最大的城市上海暂不发动“五反”，县以下的“五反”推迟到春耕以后，中等城市尚未开展运动的也要视情况进行安排。在经济工作上，毛主席提出，“五反”斗争要做到群众拥护，市场繁荣，生产有望，税收增加。1952 年 2 月 24 日，中财委采取四项措施：(1)财经部门立即抽出四分之一到三分之一的力量抓业务，以后逐步增加；(2)中贸部立即恢复收购土特产及加工订货；(3)省、县两级要不违农时地抓好春耕，准备防旱抗旱；(4)国营工业、交通部门要千方百计完成生产计划，补回损失。

上海是我国民族资本家最集中的城市。从揭露出来的情况看，上海的不法资本家的“五毒”行为也是相当严重的。上海的“五反”斗争搞得如何，直接关系着这一运动乃至全国经济工作的全局。党中央、毛主席十分关注，决定派我到上海去，在华东局的主持下，悉心考察和推进上海的“五反”工作。

1952 年 2 月 25 日，我到达上海。我去之前，上海的“五反”实际上已经开始，而且火力极为猛烈，逮捕了 200 多人，报刊宣传仍在升温，空气很紧张，发生资本家自杀事件 48 起，死了 34 人。我到上海的当天，就传达了毛主席和党中央关于上海推迟发动“五反”的指示，华东局和上海市委当即决定，先集中力量搞好“三反”，把“五反”运动暂时停下来，对抓起来的人分别情况加以处理，或取保释放，以缓和紧张局面。同时，采取措施维持正常的经济秩序，待准备工作做好了，再搞“五反”运动。2 月 27 日，我在写给毛主席和党中央的第一次报告里说：“现在的情况是指挥官未进入阵地，散兵式的各自为战，领导上自顾不暇，运动是在没有领导或半有领导的情况下进行着，工人、店员的每一斗争，报纸上的每一宣传鼓动，都使领导的被动性愈陷愈深。这种情况继续下去是很危险的。”2 月 29 日，毛主席复电同意上海关于“五反”推迟到 3 月 20 日以后发动的部署和各项处置措施，说“这样既有利于现在的‘三反’，也有利于三月二十日以后的‘五反’，也有利于全国的经济形势”。

上海“五反”的准备工作，主要是搜集材料，分析情况，组织队伍。那时，市委收到的检举材料有24万件。说明上海工人阶级有较高的觉悟程度，这是搞好“五反”运动的有利条件。问题比较大的是，部分干部和工人对“五反”斗争的政策界限不清楚，有过激行动，甚至党内担负部门领导工作的个别老同志也存在“左”的情绪，想趁机消灭私人资本，实行社会主义，以致闹出了一些乱子。当时支持乱斗资本家的，就有市总工会的一位负责人。在基层单位，不管什么违法不违法，一齐反。反暴利、反剥削、反压迫、反对资本家的腐化生活，等等。在这种情况下，明确“五反”的内容，划清政策界限，确定斗争目标，防止出现偏差，就成为必须首先解决的问题。

其他地区也先后遇到过这个问题。2月29日，西南局在给川西区党委并报中央的电报中指出：“你们二月二十二日送来之关于‘五反’不法行为临时计算办法中关于‘暴利’的解释，经我们研究后，觉得暴利的提法是不很妥当。这样，第一，是不好算，无底；第二，掌握不紧就很容易形成以算剥削账的办法去算暴利，形成混乱；第三，从政治上说也不够策略。事实上许多奸商愿意承认暴利而不愿承认盗窃，就是证明。因此，我们意见，你们所指各项，应列入盗窃国家财产或因此而使国家受到的损失为好，并望以后报纸的宣传上亦注意此点。”

3月1日，毛主席将西南局的电报批转各地。他指出：“西南局2月29日的电报是正确的，发给你们参考。当天津、济南、南京、上海等处提出反暴利的口号时，大资本家即迅速接受，因为这个口号可以被他们利用去威胁中小资本家，说他们的利润中也有暴利。就目前时期来说，真正违反国家和人民利益的暴利，已包含在‘五反’的各项对象中，故只应提‘五反’，不应再提反暴利。隐匿侵吞敌产、逃走外汇两事，国家已有法令，又可包括在‘盗窃国家财产’一项内。倒卖金银、偷卖鸦片白面两事，国家亦有法令，可依法办理，不必于‘五反’外另立项目，变为‘六反’、‘七反’。”

选择恰当的斗争方式，对于保证“五反”运动的健康发展极为重要。我到上海后，先去几家大的私营企业考察。记得其中有一个梅林罐头厂，在斗争不法资本家时，出现了戴高帽子和体罚现象。这类过激的做法致使少数资本家跳楼自杀。如不采取果断措施，改变这种斗争方式，将会带来严重后果。经与陈毅同志和华东局负责同志商量，决定把这种“面对面”的斗争方式改为“背靠背”的方式。让全市72家较大私营企业的资本家(几乎包括了上海工商界的全部头面人物，而且大都有比较严重的违法行为)集中起来开会、学习。上海市委选派得力干部参加，利用群众揭发出来的材料，促使他们在学习中坦白交待违法行为。其他中小私营企业也仿照这样的办法，分期分批地解决问题。大体上做到了斗而不乱，避免了前一个阶段发生的偏差。

3月3日，我将上海“五反”的情况，又向毛主席和党中央作了一次专题报告。报告中谈到，当时上海的私营工商业163000户，根据已经掌握的材料进行了分类排队，确定了应予保护的和着重打击的名单。报告还提出，运动展开后，必须加强领导，规定纪律，严密控制。毛主席看后，在报告上加了一段批注：“严密控制，非常需要。有些城市控制不严，出了乱子。”并把报告批转各地参考。

3月5日，毛主席将《北京市委关于“五反”运动中对工商户分类处理的标准和办法》批转各地。他在为中央起草的批示中，就若干政策问题作了新的补充规定，指出：对工商户的处理，要掌握过去从宽、今后从严(例如补税一般只补1951年的)，多数从宽、少数从严，坦白从宽、抗拒从严，工业从宽、商业从严，普通商业从宽、投机商业从严的原则。划分私人工商户的类型增加为五类，前三类(守法、基本守法、半违法)占95%左右，后两类(严重违法、完全违法)占5%左右。检查违法工商户必须由市一级严密控制，各机关不得自由派人检查，更不得随便捉人审讯。根据中央的这个指示精神，我们对上海的“五反”重新作了研究，又进行了一次分类排队。

经过重新准备，上海的“五反”斗争，于3月25日正式开始。这一天，举行了全市动员大会，由陈毅同志(当时任上海市长)作报告。

他很会讲话，着重讲了要防止过火现象，全面交待了党的政策。这次会一开，上海的资本家稳住了，跳楼事件的影响也很快消除了。

在对上海72家较大的工商户定案处理的时候，遇到了一个问题：如果都定为违法户，就谈不到继续同他们合作，党对民族资产阶级的又团结又斗争的政策也有在很大程度上落空的危险。我和陈毅同志商量后认为，可视他们的政治表现，适当从宽处理。有一件事值得提一提，就是荣毅仁先生家当时是上海最大的民族工商户，在“五反”中也发现了一些问题，应该划到哪一类？我和陈毅同志反复商量过。陈毅同志说，还是定为基本守法户好。我同意他的意见，并报告了周总理，周总理又转报毛主席。毛主席说，何必那么小气！再大方一点，划成完全守法户。这个“标兵”一树，在上海以至全国各大城市产生了很大影响。许多人跷起大拇指，称赞共产党伟大卓识。

上海的“五反”运动，毛主席自始至终直接过问。我每次呈送中央的报告，他都及时阅批。4月中旬，上海的“五反”运动已近尾声，我离沪去穗。在广州，我就运动处理阶段的几个政策问题，在给党中央、毛主席的报告中，提出了四点意见，这也是我这次外出期间写的最后一次报告。四点意见是：

1. 慎重处理违法资本家的退财补税问题。上海退补金额将达10万亿元（旧币，下同；不包括罚没），即使打七折，仍有7万亿元。而全市私营资本包括动产不动产在内总值约50万亿元，1951年除所得税及抗美援朝捐献以后的盈利额为5万亿元。资本家要退补这样大的数目，无论如何一下是拿不出来的。建议采取三种办法解决，即现款偿付20％左右；退而不出转为公股20％左右；其余60％左右记账分期偿还。这样做比较有利。

2. 上层资本家中应有一批划为完全守法户。这就需要打破单纯按违法数字大小定案的标准，适当考虑他们的政治态度和过去的贡献等因素。

3. 工人监督生产势在必行，但其中问题甚多，应重点试验，俟取得经验并经中央批准再行推广。

4. 妥善解决“三反”和“五反”的联系问题。“三反”提供的材料只能供“五反”参考，不能作为根据；“五反”只能顺便解决“三反”提供的材料问题，而不是为“三反”而“五反”。否则，机关的“老虎”乱咬资本家，资本家也乱咬干部，对定案没有好处。

4 月 24 日，中央批准了我在报告中提出的这些意见，并转发各中央局和分局参照执行。

(三)要让资本家重新靠拢我们

“五反”运动确实“痛整”了一下不法资本家，但是，也带来一些“后遗症”，对经济生活影响不小。为解决这方面的问题，5 月 9 日，中央批转了华东的三个材料(华东局副书记谭震林同志关于“五反”后引起的新问题的报告、浙江省委关于“五反”问题综合报告、上海市委关于“五反”后的情况报告)，就善后处理中的有关政策性问题作了规定，并要求各级党委和政府做好工作，使资本家重新靠拢我们。

谭震林同志在报告中说“三反”、“五反”所引起的新问题，主要是“工人失业，成品积压，物价下跌，不敢负责”。资本家普遍惶惶不安，感到退补的负担很重，对今后如何经营无所适从；工人中的多数希望公私合营，而现在则担心资本家大量退补后，生产将不能维持，工人生活将发生困难；而多数干部的思想还没有转过来，仍在考虑“多算”、“多退”、“多补”、“多搞公私合营”。他建议，要妥善处理好资本家当前最关心的几个问题：(1)退财补税的限额，应在资本家1951 年纯利收入限度内退二分之一或三分之一；(2)退财补税的时间必须照顾银根情况，当年退补时间最好放在下半年，全部退补最好分作二三年；(3)工人监督生产目前只宜作典型试验，过早提出这个问题，会使劳资关系紧张；(4)加工的工缴费与订货收购的价格，必须照顾到合理利润；否则，就无人愿意做资本家。

中央同意震林同志的这些意见。确定：退补以照三分之一略多一点为适宜；退补时间多数推迟到 9 月或 10 月开始，数大者可分多年退补，一部分还可转为公股；罚款的只能是极少数人，判刑尤其要少;工缴费不应采取苛刻政策;工人监督生产目前只在少数厂、店试验,待资本家喘过气来,到秋季或冬季再逐步推广;工人福利问题的解决要合乎实际经济情况,不能太低,也不可太高,太高陷自己于被动。

这时,毛主席已开始着手部署结束“五反”的工作。他说:“打击要适可而止,不能走得太远;走得太远,就要发生问题。我们已经对资产阶级打了一下,现在可以在新的基础上和他们讲团结了。”

5 月 20 日,中央发出关于争取“五反”斗争胜利结束中几个问题的指示。指出:“为了好好结束这场斗争,必须反对两种倾向:一种是虎头蛇尾,草率结束,特别是误解处理从宽,对违法工商户缺乏应有的严肃性,以致引起基本群众不满,并将导致不法资产阶级分子再行嚣张。一种是只顾眼前的经济利益,不肯将计算过高的资本家违法所得的数目,合理地降下来,认真核定,正确定案。同时又存在着要求多罚、多补、多搞公私合营、多没收的错误想法,而不顾实际经济情况,严重忽略了今天继续团结和改造资本家进行生产使工人不致失业的重要意义。”并宣布:“为在‘五反’运动结束以后能及时调整经济生活,集中力量于恢复生产营业和发展城乡交流,所有尚未进行‘五反’的中小城市和集镇,均一律不在目前再行开始‘五反’斗争。”“五反”运动事实上到此已基本结束,随后转入定案处理和工商业调整工作。

落实中央指示,使资本家重新靠拢我们,关键是要实事求是,既要对揭露出来的资本家的违法行为进行严肃处理,防止一风吹,又要敢于把计算过高的资本家违法所得数目降下来。陈云同志当时有针对性地指出:“现在我们算资本家的‘五毒’账,是不是算多了一点,是否有点像在农村曾经有过的那种苛刻算法:一只老母鸡下了很多蛋,蛋又孵了鸡,鸡里面又有多少公鸡多少母鸡,母鸡又下了多少蛋,蛋又孵了多少鸡……我看是有的。”他举例说:“蚌埠有一百五十家工商户,资本只有一万五千亿元,要退补的就达三万亿元。浙江省有几个工厂,‘五毒’账超过了加工订货的全部收入。算的太多了,恐怕站不住脚,也会把真正的‘五毒’放过去。我们必须实事求是地把它核减下来,核减到恰当的程度。”(《陈云文选》第 2 卷,第 172 页)

在定案中，由于各地坚持了实事求是的做法，而且允许资本家申诉和进行复查，工作做得比较稳妥，资本家也比较满意。

10 月 25 日，党中央批转中央政治研究室关于结束“五反”问题的报告。报告说：根据华北、东北、华东、西北、中南 5 大区 67 个城市和西南全区的统计，参加“五反”运动的工商户总共有 999707 户，受到刑事处分的只有 1509 人（很少数尚未定案者不包括在内），仅占工商户总数的 1.5‰。其中，判处死刑和死刑缓期执行的仅 19 人，占判刑总数的 1.26％。据北京、天津、上海、武汉、广州、重庆、西安、济南八大城市统计，定为守法户、基本守法户和半守法半违法户的，共占工商户总数的 97％以上。

1954 年，中央又指示各地对“五反”的遗留问题再作一次调查处理。结果表明，只有少数案件有计算偏高、处理偏重的情况，对绝大多数工商户违法问题的处理都是正确的。一场规模这样大的群众性的“五反”斗争，定案处理能做到这样，应该说是善始善终的。

总的看来，这次“五反”运动不仅体现了党对民族资产阶级的又团结又斗争的政策，体现了有理有利有节的斗争策略，在对不法资本家的处理上也体现了严肃与宽大相结合的方针，而且还体现了政治斗争与经济发展相结合的原则。所以，这次运动是进行得比较健康的和成功的。

(四)在新的基础上调整工商业

这是在“五反”结束后进行的。前一段主要调整工业，降低银行利率，增加放款，扩大加工定货及收购产品；后一段着重调整商业。内容主要是调整公私关系，也涉及劳资关系。这里我只是谈谈调整过程中遇到的几个问题。

1. 市场能否繁荣起来的问题。“五反”运动处于高潮的二三月份，生产经营活动遇到了较大的困难。五六月份，情况有些改善，但仍然没有活跃起来。有些同志担心市场恢复不过来，担心“五反”后有些躺倒的资本家不会再爬起来。当时我们指出，市场还会繁荣起来，但需要一定时间；调整工商业不能过急，过急了会把工作做坏。

我们分析，繁荣市场的条件依然存在，并没有因开展“五反”运动而消失。1952年风调雨顺，小麦收成不错，农民的购买力会提高(1952年粮食产量比上年增长14.1%，棉花产量比上年增长26.5%，油料产量比上午增长12.5%)；国家预算收支比上年增加(预算收支分别比上年增加38%和43.7%)，一部分将转化为购买力。只要这两个条件存在，市场就会繁荣起来；资本家也不会因为“五反”而见钱也不赚了。由于我们采取了正确的政策和耐心的工作，资本家又开始增加资金，增添工人，恢复发展营业。杭州市南北货业1952年底资不抵债的户数占58%，1953年1月降为31%。重庆市有不少私营工商户，1953年一二月份获得的利润就可以弥补1952年亏损额的80%。据河南省48个县及6个镇统计，调整商业前，要求歇业的有369户；调整商业后，不仅这些人不要求歇业了，原来的歇业户也开始复业，并增加了新户。上海、天津的私营工业，1953年上半年的生产情况都比1952年同期好。

2. 让资本家有利可图的问题。“五反”后，曾一度出现过普遍压低工缴费的现象，造成投资不如存款，影响了资本家投资经营的积极性。要扭转这种现象，办法只有一条，就是要让资本家感到有利可图。例如工缴费的确定，至少不使资本家所得利润低于银行存款利息；如果低于存款利息，资本家就不会去甘冒投资工商业的风险，而去坐吃利息了。所以，中财委提出确定工缴费的原则，应按照生产成本、市场价格和社会需要几个方面综合考虑，其利润率可以是10%、20%甚至30%；如果出现超过30%的情况，只要不违背国家规定，又能销出去，也允许；商业利润一般不应超过工业利润，但只要不是投机倒把、违法经营，个别的超过也可以，不能把30%作为死的界限。提出了这样的原则，我们就有理由去约束资本家，反对其再搞违法经营。

3. 继续发挥私营商业作用的问题。我国的私营商业、特别是小商小贩人多势众，上山下乡，走村串户，腿脚很长。在相当长的时期内，国营和合作社商业不可能完全代替他们。既然如此，不允许他们做生意和获取合法的利润是不行的。总的来说，商业中公私比重，呈现公营上升、私营下降的趋势是不可避免的。问题是，“五反”

后私营商业营业额下降过急、过早，在短时期内增加了较多的失业人员，并影响了城乡交流和人民生计。私商营业额的下降，很大程度上是由于我们的某些商业政策有缺陷造成的。

第一，国营商店与城市合作社的零售业务发展速度太快。中财委关于国营及合作社零售商业不超过25%的规定，不少地方突破了，有些地方甚至达到了60%。

第二，在价格政策上，批零差价不适当地缩小了。百货批零差仅8%—12%，低的在8%以下。地区差价也没有照顾偏僻地区。国营商业赚钱是由于免税，实际上赚的是税收。私商要纳税，零售就无利可图了。

第三，有些地方的国营商业和合作社用不正当的方法去对付私商，阻挠他们的经营活动。例如，私商下乡，要盘查有无路条；他们收购农产品要持有采购证明；动员农民不和他们做买卖，实行价格垄断，等等。

这样做，实际上最终还是我们自己吃苦头。为解决这个问题，党中央在1952年11月15日发出关于调整商业的指示。指出："我们在商业工作中，存在着盲目冒进的倾向，这是由于许多同志在'三反''五反'之后，又只看到资产阶级坏的一面，不了解资产阶级在现阶段仍然是一个不可缺少的力量，不了解我党团结资产阶级是一个长期的政策，尤其不了解经营商业的还有为数很大的小商小贩，而依赖私营工商业谋求生活的人，更以千万计，再加上城市和农村的手工作坊和家庭副业，牵涉到的人口就更为广大。如果我们在这个问题上采取粗暴的政策，不但不能充分利用私人资本有利于国计民生的一面，使之服务于国家建设，而且势必打击到广大的小商小贩，并使成千上万依靠私人工商业谋生的人丧失生活来源，而这些人的生活问题，在一个长时期内，又不是国家包得了的。"同时，也指出："三年来，我们打击商业中的投机成分，在主要商品的收购和批发市场上占了统治地位，在零售业务中保存稳定市场的力量，这些都是必须的、正确的，不能改变的。今后全国商业营业额的增加部分，其大部应归于国营商业与合作社商业，这也是肯定的。我们调整公私商业的方案,应该是保持目前私营商业的一般营业额,不使其下降。”为此,中央在指示中明确提出:在国营经济和合作社已经占领商业主要阵地的前提下,容许私人资本经营零售业务和贩运业务。并重申:在零售方面,公私商业的比重,就全国平均数来说,目前仍应按今年6月中央财政会议所规定的25%和75%的比例,如有增减,应报中央批准。要适当扩大批零差价和地区差价,取消对私商的不合理的限制。

价格政策问题,也是调整商业中要解决的一个关键性问题。我国的私营商业大部分从事商品零售业务,小商小贩的生存,在很大程度上取决于商品流通中的各种差价,特别是批零差价、地区差价。如果没有差价或者差价过小,即使有了公私比重的合理规定,也还是解决不了问题。

1956年2月24日,中央政治局会议通过的《中共中央关于资本主义工商业改造问题的决议》,对“三反”、“五反”运动作过这样的评价:“在国民经济恢复时期的末年,即一九五二年的‘三反’‘五反’的斗争,开始造成了我们国家有可能完全控制资本主义工商业的局面。在‘三反’‘五反’运动以前,由于资本主义经济在整个国民经济中起着巨大的作用,工人阶级还没有对于资产阶级进行激烈的斗争,资产阶级就还保持着很大的威风。‘三反’‘五反’的斗争唤起了工人阶级的高度自觉,打退了资产阶级用‘五毒’行为向国家机关和工人阶级的猖狂进攻,使资产阶级原有的威风在绝大多数企业中扫地以尽;在一部分中小企业中资本家虽然还有一些余威,但是也比过去大大低落了;这就使得工人的监督从此在很多企业中逐步地建立起来,很多资本家实际上丧失了或者基本上丧失了控制企业的权力。这是一个根本的变化。这个变化说明:作为一个阶级来说,资产阶级已被工人群众和工人阶级所领导的国家的威力所压倒了。”这个对“三反”、“五反”斗争意义的基本估计,是符合历史实际的。“五反”以后,民族资产阶级事实上不可能再照旧生存下去,除了接受社会主义改造已没有别的选择。从这种意义上也可以说,“五反”运动是改造资本主义工商业和改造资产阶级分子的重要步骤。

九　围绕山西发展农业生产合作社问题的争论

1951年,围绕山西省发展农业生产合作社问题,在党内发生了一场争论。争论的问题,在提法上,虽然只说是老区互助组织要不要提高一步,但实质是涉及当时老区农村或土改后的农村要不要开始起步向社会主义过渡的问题。这也是1950年围绕东北农村土改后出现新富农问题发生的那场争论的继续。我那时虽然几乎已把全部精力用在中财委协助陈云同志的工作,但仍然兼着华北局第一书记的职务,因此也参加了这场争论。"文化大革命"中,这场争论被作为农村"两条路线斗争"的一项重要内容提了出来,刘少奇同志有关山西省委报告的一则批语,更被当作反对在农村搞社会主义的"罪证材料"到处流传。此事虽早已由党中央作出结论,但留下的教训仍值得总结。

(一)争论经过

1951年4月17日,山西省委向中央、华北局写了一个题为《把老区互助组织提高一步》的报告。这个报告由三部分组成:问题的提出;省委的主张;几个具体问题。

报告说:在山西老区,"由于农村经济的恢复和发展,战争时期的劳、畜力困难,已不再是严重的问题,一部分农民已达到富裕中农的程度,加以战争转向和平,就使某些互助组织中发生了涣散的情形"。"实践证明:随着农村经济的恢复和发展,农民的自发力量是发展了的,它不是向着我们所要求的现代化和集体化的方向发展,而是向着富农方向发展。这就是互助组发生涣散现象最根本的原因”。这个问题如不注意，会有两个结果：一个是互助组涣散解体；一个是互助组变成富农的庄园。这是一方面的情况。但是，在另一方面，也有不少互助组产生了新的因素。老区互助组的发展已经到了这样的转折点，使得互助组必须提高，否则就会后退。

省委的主张是：扶植与增强互助组内“公共积累”和“按劳分配”两个新的因素，以逐步战胜农民的自发趋势，引导互助组走向更高一级的形式。公共积累，按成员享有，一人一票，出组不带。这“虽然没有根本改变私有基础，但对私有制是一个否定因素。对于私有基础，不应该是巩固的方针，而应当是逐步地动摇它、削弱它，直至否定它”。农业生产合作社“按土地分配的比例不能大于按劳力分配的比例，并要随着生产的发展，逐步地加大按劳分配的比例”。这两个进步因素逐步增强，“将使老区互助组织大大前进一步”。

在收到山西省委报告之前，华北局对省委的观点已有所了解。因为这个争论是华北局一个调查组同长治地委争论的继续和发展。1950 年 11 月 14 日，山西省长治地委在《人民日报》发表《组织起来的情况与问题的报告》一文，指出土改后农村出现两极分化趋势，有些互助组涣散解体。这引起了华北局政策研究室的注意，随即派调查组去长治。调查组到长治时，适逢地委召开 10 个互助组转为农业生产合作社的会议。地委认为，为了防止两极分化，必须提高互助组，试办土地入股的农业生产合作社。合作社实行按劳分配为主，社员退社不能带走公积金。调查组对地委的观点和某些做法有不同意见，遂写成报告，经长治地委负责同志审阅修改后，报告华北局。调查组回太原后向省委作了汇报。省委支持地委的意见，认为适当动摇和否定私有制没有什么不可以。1951 年 2 月，山西召开全省党代会，2 月 23 日，省委书记赖若愚同志向党代会的报告阐述了省委的观点。3 月，赖若愚同志就山西省党代会情况向华北局写的报告，重申省委的观点，并提出：为进一步扭转互助组的涣散现象，省委计划在长治专区各县，每县试办几个农业生产合作社。

当时，华北局关于互助合作运动的观点，在 3 月 17 日以《人民日报》社论的形式发表的《华北春耕中应当注意的八件事》中阐明过。这就是：要求在尚无互助组的地区，应广泛发展各种形式的互助组。在已有互助基础的地区，则应在农副业结合的基础上，进而与采用新农具、大农具及其他提高农业生产技术的工作相结合，充实新的生产内容。至于在互助组中伙买公共农具等现象，华北局认为，只可在农民觉悟程度与组织程度较高的地区适当提倡，但不能普遍推广，更不可强迫一般互助组照办。因此，在得悉山西省委意见之后，华北局表示不同意山西省委的意见，而支持调查组的意见。

那年春天，我在上海做财经方面的调查工作，早期的争论，我并不了解。返京后，刘澜涛同志和华北局政策研究室的同志，分别找我谈了争论的形成，并说他们不同意山西省委的意见，要我表态。我就去找少奇同志。少奇同志也不同意山西省委的意见，并说待山西省委的正式报告收到后，应予以批评等。

4月17日，山西省委送来正式报告。为慎重起见，澜涛同志再去请示少奇同志。少奇同志明确表示：现在采取动摇私有制的步骤，条件不成熟。没有拖拉机，没有化肥，不要急于搞农业生产合作社。4月下旬，华北局召开五省互助合作会议，讨论山西省委意见。山西代表维护山西省委意见，别省代表不同意山西省委意见。

根据少奇同志指示和五省互助合作会议多数同志的意见，华北局于5月4日正式批复山西省委并报告中央。批语指出：山西省委“抓紧对互助组领导，注意研究新发生的问题是对的”，但是，“用积累公积金和按劳分配来逐步动摇、削弱私有基础直至否定私有基础，是和党的新民主主义时期的政策及共同纲领的精神不相符合的，因而是错误的。新民主主义革命时期，革命任务只能动摇封建私有、帝国主义在华特权和官僚资本主义私有；一般动摇私有财产是社会主义革命时期的任务”。“提高与巩固互助组的主要问题，是如何充实互助组的生产内容，以满足农民进一步发展生产的要求，而不是逐渐动摇私有的问题。这一点必须从原则上彻底搞清楚”。“农业生产合作社全省只能试办几个作为研究、展览和教育农民之用。即便试办，也要出于群众自愿，不能强行试办，更不宜推广”。

刘少奇同志接到华北局批转山西省委的报告和听取我们的汇报后，连续在几个场合对山西省委报告的观点提出批评。

5月7日在全国宣传工作会议上说："山西省委在农村里边要组织农业生产合作社（苏联叫共耕社），这种合作社也是初步的。""这种合作社是有社会主义性质的，可是单用这一种农业合作社、互助组的办法，使我们中国的农业直接走到社会主义化是不可能的。""那是一种空想的农业社会主义，是实现不了的。""我们中国党内有很大的一部分同志存有农业社会主义思想，这种思想要纠正。""农业社会化要依靠工业。"

7月3日，少奇同志批印山西省委报告，批语全文如下：

> "在土地改革以后的农村中，在经济发展中，农民的自发势力和阶级分化已开始表现出来了。党内已经有一些同志对这种自发势力和阶级分化表示害怕，并且企图去加以阻止和避免。他们幻想用劳动互助组和供销合作社的办法去达到阻止和避免此种趋势的目的。已有人提出了这样的意见：应该逐步地动摇、削弱直至否定私有基础，把农业生产互助组织提高到农业生产合作社，以此作为新因素，去'战胜农民的自发因素'。这是一种错误的、危险的、空想的农业社会主义思想。山西省委的这个文件，就是表现这种思想的一个例子，特印发给各负责同志一阅。"

在写上述批语的信笺的天头上，又给中央办公厅主任杨尚昆同志写了一则批语："五号下午二时，马列学院一班来春耦斋上课，此件请印发给学生。并发给各中委和中央局。"

7月5日下午，少奇同志给马列学院学生讲课的讲题为《中国共产党今后的历史任务》。讲稿中对山西省委报告写了以下批评意见："对农民自发力量表示害怕。""用'提高农业生产互助组织，引导它走向更高级一些的形式，以彻底扭转涣散趋势'，这完全是空想。农业生产互助组织提得更高，数量就会更少。它完全不能阻止，还要增加农民自发趋势。""企图在互助组内逐步动摇、削弱、直至否定私有制走上农业集体化。这是完全的空想。”这种想法“在目前是冒险的，‘左’的，带破坏性的，在将来是右的，改良主义的”。“目前的互助组或供销社都不能逐步提高到集体农场。集体农庄是另外一回事，要另外来组织，而不能‘由互助组发展到’，也不能由供销社发展到”。

6月30日，我在《人民日报》发表的《加强党在农村中的政治工作——纪念中国共产党三十周年》一文，也根据少奇同志的谈话精神，提出：“没有强大的国营工业，就不能有全体规模的集体化。”“在互助组内逐步动摇、削弱直至否定私有财产，来达到农业集体化，这样的农业集体化道路，是一种完全的空想。”“此外，在目前的互助组内逐步动摇、削弱直至否定私有财产也是错误的。这要直接破坏互助组。这是一种空想的农业社会主义思想。”因为“今天的互助组是建立在私有财产基础上的自愿和等价交换的一种组织，一般地保护私有财产而不是削弱和否定它”。这篇文章我记得是准备在6月30日召开的纪念“七一”大会上的发言稿。《人民日报》略加改编后登了出来。

7月25日，华北局向中央作了《关于华北农村互助合作会议的报告》，陈述了“四月会议及以后的一些情况、争论和解决的问题”。报告明确表示不同意山西省委的意见。少奇同志对报告作了多处修改，尤其对争论部分改得更多。报告在介绍山西省委的意见之后说(黑体字是少奇同志加的)：“会议不同意**山西省委**的这种意见，认为目前的互助组织是以个体经济(私有的)为基础的，在自愿**两利**下的集体劳动组织，故不能在这个基础上逐步地**直接地**发展到集体农场。因为农业集体化，必须以国家工业化和使用机器耕种以及土地国有为条件。没有这些条件，便无法改变小农的分散性、落后性，而达到农业集体化。**将来在这些条件下普遍组织起来的集体农场，对于目前的农业劳动互助组来说，是一种完全新的组织。在集体农场组织之后，目前形式的互助组就没有必要了。**因此，山西省委在目前提出在互助组内对私有财产不是巩固，而是逐渐动摇、削弱以至否定，**并企图由此走上集体化**的方针，是错误的，是根本违反**互助组**

在私有财产基础上的等价原则的。这就直接破坏了互助组。富农已开始发展，但并不可怕，到将来适当时期可予以限制，如实行农业累进税等；现在即提出限制富农政策来阻止和避免农村阶级分化，不但不可能，而且对发展农业生产是有害的，所以也是不对的。上述错误思想的实质，是一种空想的农业社会主义思想。”在讲到巩固互助组，主要依靠充实生产内容一段，少奇同志加了这样一句话：**在长时期内，在农民中就进行了一种实际上的集体主义教育，是将来组织集体农场必需的思想基础。**

随后，毛主席找少奇同志、刘澜涛同志和我谈话，明确表示他不能支持我们，而支持山西省委的意见。同时，他指示陈伯达召开互助合作会议。毛主席批评了互助组不能生长为农业生产合作社的观点和现阶段不能动摇私有基础的观点。他说：既然西方资本主义在其发展过程中有一个工场手工业阶段，即尚未采用蒸汽动力机械、而依靠工场分工以形成新生产力的阶段，则中国的合作社，依靠统一经营形成新生产力，去动摇私有基础，也是可行的。他讲的道理把我们说服了。这样，经少奇同志修改的华北局报告当然也就没有发出了，但原件刊登在华北局内部刊物《建设》杂志上（因事先已排印）。少奇同志还通过范若愚同志向马列学院一班学员收回 7 月 5 日下午在春耦斋发给他们的材料。这场争论就这样结束了。

这以后，毛主席针对少奇同志和我们华北局的观点，采取了一系列的措施。

9 月，毛主席倡议召开的全国第一次互助合作会议，在陈伯达主持下开会。会后，起草了《关于农业生产互助合作的决议（草案）》。草案初稿写出后，毛主席提议向熟悉农民的作家们征求意见。陈伯达就将初稿送请赵树理同志看。赵树理提出不同意见，认为现在的农民没有互助合作的积极性，只有个体生产的积极性。陈伯达向毛主席汇报了赵树理的意见。那时毛主席是很注意听不同意见的。他说，赵树理的意见很好。草案不能只肯定农民的互助合作积极性，也要肯定农民的个体经济的积极性。我们既要有常年的农业生产合作社，也要有临时的互助组和单干户。既要保护互助合作的积极性，又要保护个体农民单干的积极性。既要防右，又要防“左”。

修改后的《决议》（草案）第一段就指出：农民在土改后所发扬起来的积极性，表现在两个方面：一方面是个体经济的积极性，另一方面是互助合作的积极性。农民的这些生产积极性，是迅速恢复和发展国民经济和促进国家工业化的基本因素之一。草案肯定在土地私有或半私有基础上的农业生产合作社，是走向农业社会主义化的过渡形式。草案认为，发展农业互助合作要防止和反对右的和“左”的两种倾向。右的倾向是：采取消极的态度对待互助合作运动，看不出这是我党引导广大农民群众从小生产个体经济逐渐走向大规模使用机器耕种和收割的集体经济所必经的道路，否认现在业已出现的各种农业生产合作社是走向农业社会主义化的过渡的形式，否认它们带有社会主义的因素。“左”的倾向是：不顾农民自愿和经济准备的各种必须的条件，过早地、不适宜地企图在现在就否定或限制参加合作社农民的私有财产，或者企图对互助组和农业生产合作社的成员实行绝对平均主义，或者企图很快地举办更高级的社会主义化的集体农庄，认为现在可以一蹴而就地在农村中完全达到社会主义。

10 月 17 日，毛主席起草了中央关于转发高岗 10 月 14 日关于东北农村互助合作的报告的通报，认为高岗报告中所提方针是正确的。根据毛主席的提议，中央办公厅将中央通报、高岗的报告及其三个附件，印成小册子，作为《党内文件》，发给各地学习。高岗报告认为，随着中农已成为农村中的多数和农民自发倾向的发展，指导互助合作工作中，反对和防止的主要偏向，已不是侵犯中农利益，而是农民的自发倾向；农民的主要顾虑，也不是“怕发展”、“怕归大堆”，而是要求迅速扩大再生产。

11 月 21 日，毛主席起草中央批语，批转河北省委向华北局的综合报告，认为河北经验可在各地广泛施行。河北省委报告称：今年互助组已由 60 万个发展到 100 万个，并有 22 个土地入股的农业生产合作社。互助合作组织已成为生产运动中的中坚力量。

12 月 15 日，毛主席起草中共中央关于印发九月会议草拟的《关于农业生产互助合作的决议(草案)》的通知,要求各地照此草案在党内外进行解释,并组织实行,把农业互助合作当作一件大事去做。

由于一系列文件和报告的传达,特别是《关于农业生产互助合作的决议(草案)》的广泛传达,1952年,全国农业互助合作运动有很大发展。到年底,组织起来的农户,老区占65%以上,新区占25%左右,全国各地成立了4000个农业生产合作社,创办了十几个集体农庄(即高级社)。农业互助合作事业的迅速发展,成为下半年提出过渡时期总路线的根据之一。

1953年8月12日,毛主席在全国财经会议上的讲话中,对我在财经工作中的缺点错误提出批评,也说到我写的《加强党在农村中的政治工作》一文,指出我对山西省委报告的批评是违反党的七届二中全会决议的。我理解,这实际上也包含了毛主席对少奇同志的观点的批评。

1954年2月,少奇同志在七届四中全会上作自我批评,承认他对山西省委报告《把老区互助组织提高一步》的批评是不正确的,山西省委的意见基本上是正确的。我在全国财经会议和七届四中全会上,也对此作了自我批评。

(二)1950年争论的继续

土地改革完成后,我国农业要实行社会主义改造,要走社会主义道路,不能走资本主义道路,在这个基本方向问题上,我们党内是没有争论的。当时大家所理解的农业社会主义道路的目标模式,也大都是苏联的集体农庄,在这一点上,也没有实质性的争论。但是,具体步子怎么走?却于1950年、1951年、1955年发生过三次争论。1951年围绕山西发展合作社问题的争论,就其实质来说,是1950年春天曾经发生过的那场争论的继续。两次争论涉及的主要问题是土改完成后,要不要立即开始起步向社会主义过渡。

1950年春的争论,是东北局内部一些分歧引起的。东北大部分农村在1948年完成土改。土改后大部分农民生活上升,上升的比例,松江占60%—70%,吉林约三分之二,黑龙江的显著上升户占

54%。上升户中一小部分添了车马，有的雇了长工，买进或租进了土地。另有一部分人因缺乏劳动力或疾病灾害，或因缺乏生产资料或好吃懒做，经济生活下降，他们中一小部分人已开始向前一小部分人出卖出租土地，或借粮借款。有些农村党员开始雇长工；许多党员不了解许不许群众雇工，许不许党员雇工；有些党员听了党员不应剥削雇工的党课后，出卖牲口，解雇长工。也有些村干部不让上升户买车买马拴独犁，怕他们单干；有的认为组织起来是“国策”，单干不合法；有的强迫农民参加互助组，而且认为参加三马组不算组织起来，只有参加六马组、八马组才算组织起来。不少区县干部也提出：新民主主义的农村究竟应是什么样子？农民应该经由什么样的道路走向富裕？除了组织起来以外，农村还要干什么？等等。面对这些新情况，应当怎样估量农村阶级分化状况？党在农村应当采取什么样的政策？实际工作应着重防“左”还是着重防右？东北局常委、辽东省委书记张闻天与东北局书记高岗有不同认识。

闻天同志经过调查研究之后，于1949年5月间，分三次打电报给东北局并转呈毛主席，陈述自己的观点。

5月17日电，重点谈农村的阶级分化问题。闻天同志认为，东北农村土改后，“阶级分化趋势已经开始，农业人口向城市转移，土地的所有与使用有更趋于合理的新调整，这是农村生产力与社会生产力要求向上发展的不同表现。”对此，“既不要粗心大意，熟视无睹，也不要过分夸大它的危险而表现恐慌，或采取不必要的行政手段来加以限制”。他的意见是：凡有利于土地的合理使用、工矿事业和农村副业的发展，有利于社会分业分工的租佃、买卖及移居，我们不应反对；但要发展供销合作与劳动互助，从各方面帮助贫雇农，解决其生产中的困难，使之免受新富农过分的剥削；同时对不愿从事生产的地主富农分子和二流子加以监督，使之在劳动中得到改造。

5月22日电，专谈互助合作问题。中心思想是：反对强迫命令和急性病，反对那种以为要农村不走资本主义道路，就必须把所有的农民都依照我们的愿望组织在生产互助组内的“左”的观点。认为在当时的农村，主要是因时因地组织农民乐意接受的各种换工组和供销合作;农民最关心的是供销合作,因此,我国农业集体化道路,先是供销合作,然后才是生产合作,供销合作是当前农业集体化的中心环节。

5月23日电,重点谈富农党员问题。大意是:教育农村党员坚决为农村合作化的方向奋斗,凡农民党员有向富农转化趋势时,给以事前的警告,使其转变;如不可能,允许自由退党或开除其党籍。

从这三封电报的内容摘要中可以看出:闻天同志对所谓阶级分化趋势的估计比较冷静,认为党在农村互助合作等问题上,应坚持新民主主义政策,防止"左"的偏向。

高岗1949年12月10日在东北农村工作座谈会上的发言,系统地阐述了他的观点。

面对土改后农村出现的新情况和干部群众提出的问题,高岗的回答是:"我们农村经济发展的方向是使绝大多数农民上升为丰衣足食的农民。而要做到这一点则又必须使绝大多数农民'由个体逐步地向集体方面发展'。组织起来发展生产,乃是我们农村生产领导的基本方向。"高岗虽然也批评了农业社会主义思想,但重点是批评各种各样的"要求单干,对单干、对旧式富农感兴趣,对组织起来感苦恼"的思想;虽然也提到允许单干,允许拴独犁,允许雇工、借贷,原则上允许土地买卖、出租,但重点是强调限制,强调加强领导,组织起来。高岗提出:现时的互助合作,"在获得生产工具的改进之后,还可以进一步提高与发展";以小型为主的变工互助组,根据当地农业与副业生产的需要,根据群众要求与干部强弱等条件,"逐步地提高为联组"。会后,《东北日报》关于互助合作的宣传报道,就把高岗的这些思想概括为"把互助合作组织提高一步"。高岗宣布了五条奖励互助合作,实际上也是歧视单干的具体经济政策,例如:农贷,除水利、防疫等贷款外,全部贷给好的、但生产上有困难的变工组;新式农具,应首先贷给变工组,或变工组自购时给以优待;各种优良品种及国家可能的农业扶助,一切变工组有优先权;劳模的奖励基本上应奖好的变工组等。关于党员雇工、单干问题,高岗说,从原则上讲,党员是不允许剥削人的,党员要雇工时,要说服他不雇工，党员不参加变工组是不对的，但这些问题主要是采用教育的方法解决，非在必要时，不采用组织手段。高岗的总结表明，他实质上主张土改后立即起步向社会主义过渡，无须有一个新民主主义阶段。

高岗的总结发言，发表在1950年1月4日的《东北日报》上。在这次座谈会后，东北局就有关党员雇工问题，写报告向中央请示。

少奇同志于1950年1月23日，即高岗总结发言发表的20天后，签发了中央组织部答复东北局的信，并于当晚与安子文等同志谈了他对东北农村土改后出现新富农等问题的意见(1949年秋，少奇同志访苏归来，途经哈尔滨时，曾对东北农村的新情况作过调查了解)。

中组部复信指出："党员雇工与否、参加变工与否，应有完全的自由，党组织不得强制，其党籍亦不得因此停止或开除。""在今天农村个体经济基础上，农村资本主义的一定限度的发展是不可避免的，一部分党员向富农发展，并不是可怕的事情，党员变成富农怎么办的提法，是过早的，因而也是错误的。"

少奇同志1月23日晚的谈话，据安子文同志整理的记录，大意是：

> 东北土改后农村经济开始向上发展了。有三匹马一副犁一挂大车的农民，不是富农，而是中农。今天东北的变工互助是建筑在破产、贫苦的个体经济基础上的，这是一个不好的基础。将来70%的农民有了三匹马，互助组就会缩小，因为中农更多了，他能够单干了。这是好现象。现在的变工互助能否发展成为将来的集体农庄？我认为是不可能的。这是两个不同的阶段。不能把新民主主义阶段同社会主义阶段混为一谈。由个体生产到集体农庄，这是生产方式上的革命。没有机器工具的集体农庄是巩固不了的。……现在对富农雇人买马不要限制，三、五年之后再限制，用国家颁布劳动法，把雇农组织起来，提高雇农的待遇，征土地税，多累进一些，多加公粮等办法

予以限制。党员成为富农其党籍怎么办？这个问题提得过早了。有剥削也还是可以做社会主义者的，圣西门是一个资本家，但他也是一个社会主义者，虽然当时是空想的。现在是私有制社会。党员生产发家了，要将财产交公也交不出去，将来在实行集体（化）时，将自己的财产交公，这种富农党员也是好党员。因此，即使东北将来有1万富农党员也不可怕，因为过几年，东北可能会有100万党员，这1万人若都不好，被开除也不要紧。认为（当）党员便不能有剥削，是一种教条主义。

少奇同志的上述谈话表明：他认为，现在是新民主主义阶段，要实行新民主主义政策。东北地广人稀，情况与关内不同，处理东北农村问题，更应考虑东北的特点。看得出来，少奇同志不同意高岗的观点，而比较接近张闻天的观点。但对闻天同志在合作社问题上的独到见解：先供销合作，后生产合作，少奇同志是不赞成的。这从他7月3日批语和7月5日讲稿中就可以看出来。他们两位在供销社问题上有不同意见，我在建国前后就有所察觉。

记得有一次中央开会，讨论供销合作社可不可以给社员分红问题。闻天同志认为应当分红，少奇同志反对分红，争论得很激烈。在去吃饭的路上，毛主席对少奇同志说："在这个问题上，我同意洛甫（张闻天）的意见，不能同意你的意见。"

据高岗说，他收到少奇同志1月23日晚的谈话记录后，在北京面交毛主席，毛主席批给陈伯达看，对少奇同志谈话的不满，形于颜色。后来，这个谈话记录就成为高岗反对少奇同志的重要藉口。

对于少奇同志的这次谈话，周总理1954年2月16日，在七届四中全会上批评高岗时，作过这样的评论："少奇同志的谈话，可能有个别话走了火，但本质上还是对的。"我认为，这个评价是客观的、公正的。少奇同志的谈话中确有一些不妥当的话语，比如对"富农党员"的讲法，显然是"走了火"的。共产党员不能有剥削行为，这是党的性质所决定的，不能认为这是"一种教条主义"。但总的来看，少奇同志的谈话"本质上还是对的"。因为那是1950年初，《中国人民政治协商会议共同纲领》刚刚通过，明确宣布以新民主主义作为共和国建国的政治基础。那时党中央正酝酿在新区实行保存富农经济政策，老区旧富农已经消灭，当然不允许反攻倒算了，但应当允许新富农发展。而且东北地广人稀，即使有劳动力，但没有牲口、大车就无法耕种，因此，东北土改后，允许拴车买马雇工，是生产力发展的客观需要。正如有些同志讲的：东北的富农与农场主如能每年吸收100万关内的失业人口，来开垦几千万亩东北的荒地，这对增产粮食和减少失业就是一大贡献，因此，即使关内老区当时对新富农采取限制政策是正确的话，也不能简单地把关内限制政策往东北搬。总的来看，少奇同志的谈话是根据《共同纲领》的要求，从东北的实际情况出发的。

由于少奇同志的谈话只有很少高级干部知道，而高岗的总结发言却在《东北日报》和东北各省报全文发表，因此，几个月内东北农村互助合作运动出现了严重的强迫命令和形式主义。据《东北日报》1950年5月19日报道，在辽西、辽东两省新区和吉林、松江两省某些老区，采取各种方法排斥限制单干，如单干户出门不给开路条，开荒时不准先占场子。松江有的区提出对单干户“三不贷”、“一不卖”(即不给贷款、贷粮、贷农具，合作社不卖给任何东西)。有的甚至提出：单干户没有公民权，不和他来往，使单干农民“不仅在生产上步步感到困难，而且在人权上受到歧视”。报道还说，对“把互助组织提高一步”，不少地方追求数量，忽视质量，有的地区采用挑战竞赛办法，要求组织起来的农户越多越好，有的连续开会，对单干户进行“说服”，说了不服就不散会，直逼到农民怕耽误生产不得不答应入组为止。据吉林省检查了解，依靠这种强迫命令方式组织起来的互助组占70%—80%。也有一些干部把“提高一步”理解成互助组越大越好，辽西兴城县一下子就搞了1125个大型联组。有的地方规定，组员要退组，第一次给予批评，批评后仍然要退，就只能“净身出组，车马留互助组”，而且不准组员和退组户来往。有的还规定，哪个互助组散了，罚款100万元(旧币)，给军属代耕一垧地。

1951年的争论所以是1950年争论的继续，主要是因为1951年争论双方的观点同1950年争论双方的观点是一脉相承的。两次争论的实质，都是涉及老区农村或土改后的农村要不要立即向社会主义过渡的问题。从前引高岗总结发言和《东北日报》报道看出：1951年山西省委报告，“把老区互助组织提高一步”这一口号的基本内容，就是东北1950年提出来的；增加公共积累的措施之一：“一人一票，出组不带”，则是东北1950年某些地区“净身出组，车马留互助组”的翻版。少奇同志1950年初的谈话的中心思想是：现在是新民主主义阶段，要从东北实际情况出发，处理东北的新富农问题和互助合作问题；他1951年的批语和讲稿的中心思想是：现在是新民主主义阶段，不能立即动摇、削弱或否定私有制基础。因此，少奇同志在四中全会作自我批评时，把1950年初同安子文等的谈话、中组部给东北局的复信和1951年关于山西省委报告的批语、以及给马列学院学生的讲课等看成同一性质的问题。就我个人来说，情况也是一样。1951年批评山西省委过早采取动摇私有制的步骤，原因也是认为，我们当时是搞新民主主义；不动摇私有制，允许富农经济发展，是新民主主义的“题中应有之义”。

（三）今天的反思

评论1951年这场争论，还得重温党的七届二中全会决议和《中国人民政治协商会议共同纲领》。决议规定：“占国民经济总产值百分之九十的分散的个体的农业经济和手工业经济，是可能和必须谨慎地、逐步地而又积极地引导它们向着现代化和集体化的方向发展的，任其自流的观点是错误的。必须组织生产的、消费的和信用的合作社，和中央、省、市、县、区的合作社的领导机关。这种合作社是以私有制为基础的在无产阶级领导的国家政权管理之下的劳动人民群众的集体经济组织。”《共同纲领》规定：“将封建半封建的土地所有制改变为农民的土地所有制”；同时又规定：“合作社经济为半社会主义性质的经济，为整个人民经济的一个重要组成部分。人民政府应扶助其发展。”

用决议和《共同纲领》来衡量，少奇同志关于山西省委报告的处理，是有缺点的。我的处理也是有缺点的。

第一，少奇同志的批语和我的文章都把“农业生产互助组提高到农业生产合作社”，同动摇、削弱直至否定私有基础一起，笼统地说成“错误的、危险的、空想的农业社会主义思想”，不仅帽子太大，难于为当时党内大多数干部所理解和接受，而且也没有说清楚：以土地入股为特征的初级形式的农业生产合作社，只要分红比例确定得合理，并没有动摇或否定私有制基础，并不违背二中全会决议和《共同纲领》。因为土地报酬就是地租。马克思说：“地租的占有是土地所有权藉以实现的经济形式。”（《马克思恩格斯全集》第 25 卷，第 714 页）农民土地入社之后，只要土地报酬合理，他们土地私有权在经济上得到实现，就没有动摇或否定土地私有制。类似我国初级社那样的农业合作组织，早在上个世纪就出现于北欧，第一次世界大战后，欧洲许多国家和拉美一些国家都有，那是建立在土地私有制基础之上的。

第二，没有指明我国当时虽不具备普遍建立高级形式的农业生产合作社的条件，但并不排斥可以寻找向高级社过渡的具体形式。事实证明：以土地入股为特征的初级形式的农业生产合作社就是容易为农民接受的向高级合作社过渡的适当形式。这一点少奇同志 1954 年 2 月在自我批评中已经认识到了：我们当时“没有想到立即就可以大量地组织半社会主义的农业生产合作社”，“没有抓住以土地入股的半社会主义的农业生产合作社这个组织形式，作为由互助组过渡到集体农场的十分重要的中间过渡形式，因而就以为互助组不能过渡到集体农场，而把二者看成在组织上是没有多少联系的两回事”。

第三，由于过分强调了合作化要以工业化和现代化为前提，华北局向中央的报告还提出要以土地国有化为前提，因此，实际上是提出了中国只有先机械化和土地国有化才能搞合作化的观点。这种观点基本上是照搬苏联的，并不符合我国国情（当然在这个问题上，二中全会决议本身也不明确）。这个道理，我是 1953 年秋在华北城乡经过 40 天的考察后，才比较明确地认识到的。这年 11 月 7 日，我给毛主席的报告中讲到：华北区初级形式农业生产合作社，45%左右办得很好，50%左右一般好，5%左右不好甚至垮台。1953年合作社的产量，一般均超过1952年水平（灾区例外），也超过当年同样土地的单干户和一般互助组的水平。“农业生产合作社的优越性，如劳动效率高，使用土地合理，能首先采用新技术，能充分发挥党所提倡的各项事业如兴修水利、改良土地和步犁、改良品种、密植等的效益，是单干户望尘莫及的，已为一般农民所理解”。这表明经过实地调查，我已比较深切地认识到办初级农业生产合作社的必要性和优越性；认识到在中国条件下，即使没有先进的农业机械，只要出于农民自愿，组织起来，也能在一定程度上促进生产力的发展。那时中央正在召开第三次全国农业互助合作会议。陈伯达来找我，说毛主席认为我的报告写得不错，希望我在会上讲讲。陈伯达的话我不相信。后来廖鲁言来找我，说确实是毛主席的意见，我便照办了。

此外，少奇同志对一个省委关于农村发展方向大事的报告有不同意见，既未同毛主席商量，也未经中央集体讨论，就在多种场合进行严厉批评，这也不能不说是一个缺点，至少是不够慎重的。

当然，上述这些缺点只是认识问题和工作方法问题，不是什么路线问题，把他的批语当作反对农业社会主义改造的根据，那是不符合实际的。

尽管有上述缺点，但是，我认为，少奇同志对山西省委报告的批语在主导方面是正确的。他提出不能过早地采取否定私有制的步骤，符合二中全会决议和《共同纲领》，符合当时我国的实际情况。由于我国经济落后，现代工业所占的比重很小，过早过急地采取否定私有制的步骤所带来的消极后果是显而易见的。1980年，邓小平同志谈到我国农业合作化的历史经验教训时说：“有人说，过去搞社会主义改造，速度太快了。我看这个意见不能说一点道理也没有。比如农业合作化，一两年一个高潮，一种组织形式还没有来得及巩固，很快又变了。从初级合作化到普遍办高级社就是如此。如果稳步前进，巩固一段时间再发展，就可能搞得更好一些。”（《邓小平文选》第2卷，第316页）我完全同意小平同志的看法。实际上这种“太快”，在土改后就开始了。土改摧毁了几千年的封建土地制度，是我国农业生产力的一次巨大的解放。如果土改后不急于立即向社会主义过渡，不立即动摇私有制，而是继续实行新民主主义政策，在充分发挥土改带来的农民个体所有制的积极性之后，才去动摇私有制，同时根据我国国情对我国农业社会主义改造道路究竟应当怎样走作广泛深入的探索，那样，不仅对生产力的发展可能更有利些，而且也可能不致于搞成后来那样千篇一律的农业集体化模式。

少奇同志对山西省委报告的批评，所以主导方面是正确的，还在于它及时抓住了刚刚露头的妨碍我国农村经济健康发展的三个重要的思想认识问题：

一是过分害怕农民自发倾向引起的两极分化。

山西省委报告比较典型地反映了这种害怕心情。经查阅当时山西和华北其他老区的调查材料，当时由于农民自发倾向引起的两极分化现象虽已开始出现，但说不上是造成涣散的主要原因。当时部分互助组出现涣散，原因是多方面的，例如：生产项目单一，多余劳动力组内无法安排；农业技术没有多大变化；计酬制度不合理；生产互助没有同供销合作结合起来，等等。问题较多的组的退组农民，多为生产经验较丰富的老农，他们所以退组，是因为组内计酬忽视他们的技术专长，对他们同年轻人一样按日计工。所以山西省委报告把部分互助组造成涣散的原因归咎于农民自发倾向，并没有把问题抓准；而华北局的《八件事》和5月4日对山西省委报告的批复，指出的主要是要充实生产内容，倒是比较对症一些。

土改后的农村出现两极分化是难以避免的，它是商品经济发展的必然结果。两极分化的出现，虽有消极的一面，但在当时的情况下，主要的还是有利于推进生产力的发展。在这个问题上，我认为，张闻天同志1949年5月17日电报中所阐述的观点是正确的。少奇同志1951年7月5日向马列学院学生讲课和经他修改的华北局7月25日报告讲得也很清楚。据我看到的调查材料，那时的土地买卖、租赁等现象，大部分是由于社会分工的发展和调整生产引起来的。例如：农村劳动力进城当了工人，土改中分给他家的土地无人耕种了。与其任其撂荒，不如允许出租出卖对生产更为有利。这类土地买卖、租赁现象，不能叫做两极分化。对真正的两极分化现象，不采用行政措施，而采用税收、金融等手段加以控制，只要工作做得好，消极的一面不致造成破坏性后果。在这个问题上，如果闻天、少奇同志的意见受到充分重视，党和农民的关系就可以避免发生一些不必要的紧张，我国农村商品经济的发展就可能不会遇到那么多的曲折。

二是把农民的绝对平均主义当成社会主义。

少奇同志和我当时使用的“农业社会主义”的概念，原是毛主席最先使用的。1948 年 4 月 1 日，毛主席在晋绥干部会议上指出：“现在农村中流行的一种破坏工商业，在分配土地的问题上主张绝对平均主义的思想，是一种农业社会主义的思想。这种思想的性质是反动的，落后的，倒退的，我们应当批判这种思想。”二十几天后，他又在我的一份报告中讲到晋冀鲁豫边区的一些人认为“不斗工商业，就不能肃清封建、满足群众要求”的话旁边，加了一条注：“这种思想是一种农业社会主义思想”。1948 年 7 月 27 日《新华社信箱》解释说：“抱有这种思想的人们，企图用小农经济的标准，来认识和改造全世界，以为把整个社会经济都改造为划一的‘平均的’小农经济，就是实行社会主义，而可以避免资本主义的发展。”“例如帝俄时代的民粹派和中国的太平天国的人们，大都是抱有这一类思想的。”“农业社会主义”又称“农民社会主义”。列宁就把民粹派的社会主义称为“旧时农民社会主义”。（《列宁全集》第 1 版第 1 卷，第 212 页）从 1948 年到 1951 年，在报刊和内部文件中，“农业社会主义”这个概念，是作为农民平均主义的同义语被广泛使用的。

以“均贫富、等贵贱”为特色的农民平均主义思想，在我国漫长的历史和社会生活中有着极为深厚、广泛、长久的影响。因此，当先进的社会主义思想传到中国时，人们往往从平均主义的角度去加以理解，那是不奇怪的。康有为的《大同书》，连篇累牍地提出“公农”、“公工”、“公商”的主张。章炳麟称：“均田一事，合于社会主义。”（《章太炎政论集》上册，第 278 页）孙中山先生反复说：“我们国民党的民生主义，目的就是要把社会上的财源弄到平均，所以民生主义就是社会主义。”(《孙中山选集》下卷，第798页)这就是说近代中国的许多资产阶级思想家在其主张中都自觉不自觉地接受和反映了农民的平均主义要求，并且用这种平均主义思想去塑造资产阶级的“社会主义”。脱胎于农民，又处于小农经济汪洋大海包围之中的中国无产阶级及其政党也不可避免地会受到农民平均主义思想的一些影响。应该说，我们党和毛主席在民主革命过程中始终注意了同侵袭到党内和革命队伍内的平均主义思想作斗争，从而保障了革命事业的顺利进行和建国后土改的顺利发展。少奇同志对山西省委报告的批评，则是在土改后新的历史条件下，严肃地提出：在农村社会主义事业的确立和发展进程中，要十分注意警惕把社会主义混同于农民的绝对平均主义的危害性。实践证明：这个问题提得很重要。可惜，由于这个问题在党内未能形成普遍的认识，因而也未能达到预期目的。而且从那以后，为避免与农村中的社会主义相混淆，“农业社会主义”这个概念也不再用了。

三是离开工业发展去谈论农业社会主义改造。

少奇同志认为，农业集体化必须以国家工业化为条件。我的文章也讲到，没有强大的国营工业，就不能有全体规模上的集体化。如前指出，这里虽然没有考虑到：在我国条件下，即使没有大批农业机械，只要按照自愿互利原则发展合作经济组织，也能在一定程度上达到提高生产力的目的，但是问题在于，社会主义是不能长期建立在落后的、手工劳动的基础之上的，因此从这个意义上讲应该承认，这些观点从根本上说是对的，所谓“根本”就是它符合不能离开社会生产力来谈论社会主义生产关系的原理，也符合毛主席对“农业社会主义”所作的解释。1948年9月8日，毛主席在向政治局扩大会议作报告中解释说：“我们反对农业社会主义，所指的是脱离工业的，只要农业来搞社会主义”，而工业化水平是整个社会生产力发展水平的基本标志。

由于少奇同志的观点受到批评，上述这几个妨碍农村经济和社会主义事业健康发展的思想，未能引起全党同志的注意：农业社会主义改造急于求成和“归大堆”，搞“一大二公”、“一平二调”、吃“大锅饭”那一套，与这些思想的继续存在和泛滥是有密切关系的。在当前我们正在进行的社会主义改革中，反思当年的这场争论，或许仍然可以从中吸取某些有益的东西。

十　过渡时期总路线的酝酿和制定

1965年12月，田家英同志（毛主席的政治秘书）让我查阅一下毛主席最初提出党在过渡时期的总路线的材料。我当即翻阅了我所作的有关记录，将毛主席论述这一问题的主要内容择要整理出来，交给了他。没有想到，不久就开始了“文化大革命”，我多年所作的记录全被抄走，至今尚未找回。家英同志也在“文化大革命”初期含冤去世。我写给他的那份材料幸好保存下来了，为我们了解党在过渡时期总路线的酝酿和制定过程提供了重要线索和史料。我想结合这一材料，再作些回顾。

（一）1952年秋后的酝酿

党的七届二中全会决议指出：“在革命胜利以后，迅速地恢复和发展生产，对付国外的帝国主义，使中国稳步地由农业国转变为工业国，由新民主主义国家转变为社会主义国家。”这就是说，建国后继续搞一段时间的新民主主义，使工业和整个国民经济在迅速恢复的基础上得以发展，使新民主主义内部的社会主义因素逐步增加，一俟条件基本成熟，即向社会主义转变。这中间，要有一个过渡时期。至于过渡时期的时间，当时毛主席和中央其他领导同志的估计是一致的，大约需要有10年、15年或者更多一点时间。

建国之初，在党中央和毛主席的正确领导下，依靠工人阶级、农民阶级、知识分子和全体人民的意气风发的共同奋斗，各项工作进展顺利，在短短的三年内就根本扭转了国民党反动统治者留下的混乱局面，实现了政治、经济、社会的稳定，各个方面都取得了超出预期的成绩。全国上下真是日新月异，一派生机勃勃。当中央决定从

1953年起执行我国发展国民经济的第一个五年计划时，毛主席已在开始思考向社会主义过渡的问题了。

在我的记忆中，第一次听到毛主席谈向社会主义过渡问题，是1952年9月24日在中央书记处的会议上。那次会议主要是讨论“一五”计划的方针任务，在听取周总理关于“一五”计划轮廓问题同苏联商谈情况的汇报后，毛主席讲了一段话。大意是：我们现在就要开始用10年到15年的时间基本上完成到社会主义的过渡，而不是10年或者以后才开始过渡。七届二中全会提出限制与反限制的斗争问题，现在这个内容就更丰富了。工业中，私营占32.7%，国营占67.3%，是三七开；商业零售是倒四六开。再发展五年，私营比例会更小，但绝对数字仍会有些发展，这还不是社会主义。5年以后如此，10年以后会怎么样，15年以后又怎么样，要想一想。到那时私营工商业的性质也变了，是新式的资本主义，公私合营、加工订货、工人监督、资本公开、技术公开、财务公开，他们已经挂在共产党的车头上，离不开共产党了。“空前绝后”，他们的子女们也将接近共产党了。农村也要向合作互助发展，前五年不准地主、富农参加，后五年可以让他们参加。

毛主席的这些话，给我极深的印象。因为这不仅是初次听到他对我国如何向社会主义过渡的论述，更感到这是他依据形势的发展变化所作出的新的判断。对于他的论点，中央其他领导同志没有提出异议，并连续召开中央书记处会议进行了讨论。在以后的书记处会议上，毛主席又多次讲了他对这个问题的一些看法。搜寻记忆，并参照有关档案资料，记述如下：

1952年11月3日的会上，他说：要消灭资产阶级，消灭资本主义工商业；但要分步骤，一是要消灭，一是还要扶持一下。

1953年1月31日的会上，他指出：对资产阶级，还有几个问题没有彻底解决。一是税收，二是劳资，三是商业调整，四是资金短绌，这些要解决。

1953年2月1日的会上，他表示不同意一个文件上所写的我国“社会经济结构已经大规模地改组”的提法。他认为：现在只是国营工业、运输业、批发商已经改组了，其他像农业、手工业、资本主义商业、资本主义工业才刚开始改组。国营商业零售面有待逐步扩大。从农业上看，农民从地主方面拿到土地，从封建所有制变为个人所有制是改组，但从个体所有制变成小集体所有制，则正在开始。

1953年2月27日的会上，他讲了在湖北视察时同孝感地委负责同志谈话的内容。他说：什么叫过渡时期？过渡时期的步骤是走向社会主义。我给他们用扳指头的办法解释，类似过桥，走一步算是过渡一年，两步两年，三步三年，10年到15年走完。我让他们把这话传到县委书记、县长。在10年到15年或更多一点时间内，基本上完成国家工业化及对农业、手工业、资本主义工商业的社会主义改造。要水到渠成，防止急躁情绪。

毛主席的这些论述，概括起来就是：他认为从新民主主义到社会主义是一个渐变的过程，需要采取逐渐推进的社会主义改造的步骤和政策，一步一步地向前过渡，即使社会主义因素一年一年地增加，争取用10年到15年或更多一点时间完成这一过渡。而不是等到10年到15年以后，才采取社会主义政策，实行向资产阶级全线进攻的突变。

毛主席的这种构思，显然已不同于刚进城时他本人和中央其他领导同志的设想了。前面已谈到，毛主席那时的设想是可能要在建国15年之后才能考虑向社会主义转变的问题。我认为，这种变化是合乎逻辑的。毛主席提出这种新的构思，绝非一时兴之所至，而是经过慎思熟审的，更重要的是它符合当时的客观实际，是当时客观形势发展的产物。经过三年的奋斗，我国的政治、经济和社会面貌发生了巨大的变化，国际形势也发生了变化，为我们采取社会主义改造的实际步骤提供了重要的条件和时机。主要表现在：

1. 实行了土地改革、镇压反革命、“三反”、“五反”等一系列民主改革和社会政治斗争，巩固了人民民主专政，为进行社会主义改造奠定了政治基础。

2. 国家已掌握了重要的工矿企业、铁路、银行等国民经济的命脉，并医治了长期战争的创伤，使国民经济得到了恢复，工农业生产有了新的发展，特别是国营经济已占主导地位。据1952年底统计，在工业总产值中国营工业的比重已超过了50%。这就为有计划地展开以实现工业化为中心的经济建设和进行社会主义改造奠定了必要的物质基础。

3. 在恢复国民经济和统一财经、稳定市场的过程中，国家对资本主义工商业的生产经营活动，已通过统购、包销、加工、订货等办法，加强了管理与监督，并对部分私营工商业实行了公私合营，使其纳入国家资本主义轨道。通过“五反”运动，揭露了资产阶级唯利是图，损人利己，损公肥私的本性，尤其部分不法资本家破坏经济秩序、危害国家利益的“五毒”行为，更引起了党、政府和全国人民的警觉。尽快对私营工商业进行社会主义改造，势在必然。

4. 农村在完成土地改革以后，为了进一步发展生产，提高农作物的产量，部分地区发展了各种形式的生产互助合作组织，有的还建立了初级农业生产合作社。手工业的生产也在向互助合作方向发展，有的组织起了手工业供销合作社，有的还在合作社的基础上发展成生产合作联社。对农业和手工业的生产经营如何进一步加强领导与扶持的问题，也提到了议事日程。

5. 抗美援朝战争取得了伟大胜利，但战争的威胁并未消失。特别是国际上社会主义与帝国主义两大阵营的尖锐对立，不能排除再次爆发大战的可能。而二次世界大战后，各参战国都有个恢复元气、发展经济的问题，资本主义国家之间争夺世界范围的工业原料和产品销售市场的矛盾日益加剧，短期内难以再次发动大规模战争。我们必须争取有利时机，加快工业化的建设，增强经济实力，壮大国防，防患未然。

总之，毛主席审时度势，提出从“一五”计划开始进行社会主义工业化建设，并对农业、手工业、资本主义工商业进行社会主义改造的任务，是适时的、正确的。

这里，还应记述一个事实。毛主席和党中央在作出10年到15年基本上过渡到社会主义的判断时，曾经参考过苏联的经验。我记得有这么两件事：

一是测算过苏联进行社会主义改造的时间。按《联共(布)党史简明教程》的介绍,1925年底苏联国民经济恢复时期结束,从1926年开始国家的社会主义工业化建设,到1933年底取得决定性胜利,共花了八年时间。按斯大林1936年11月25日所作的关于苏联宪法草案的报告所讲的情况,苏联1924年开始社会主义改造,到1936年资本主义在国民经济所有部门中被完全消灭,时间则为13年。这期间,苏联工业总产值中社会主义与资本主义成分所占的比重发生了很大变化:1923年至1924年公有制占76.3%,1935年增长到99.96%;在工农业总产值中工业所占的比重也发生了很大变化,1924至1925年工业占32.4%,1933年增长到70.4%。这些材料表明,苏联从农业国变成工业国,从社会主义改造开始到完成,用了10年或稍多一些时间。那么,中国设想用10年到15年过渡到社会主义,还算是打了一点机动时间的。现在回想起来,当时的测算有不足之处,是机械地生搬硬套。那时,我们还只是注意测算苏联1924年以后进行社会主义改造的时间,如果能同时注意对列宁提出的新经济政策所带来的社会效果,也从政治上经济上认真加以"测算",可能会促使我们在社会主义改造的过程中保持更清醒的头脑,在改造的进度、步骤安排上可能会更谨慎更稳当一些。

二是征求过斯大林的意见。1952年10月,少奇同志率我党代表团参加苏共十九大期间,他受毛主席的委托,于10月20日在莫斯科给斯大林写了一封长信。信中对我国过渡到社会主义所需的时间和能够实现的条件,进行了估算和分析:

> 中国现在的工业生产总值(不包括手工业),国营企业已占67.3%,私人企业只占32.7%。我们估计,在苏联帮助我国执行第一个五年计划之后,工业中国营经济的比重将会有更大的增加,私人资本主义经济的比重则会缩小到20%以下。10年后,私人工业会缩小到10%以下,国营工业将占90%以上。私人工业在比重上虽将缩小,但它们在绝对数上还会有些发展。因此,这时候多数资本家还会觉得满意,并与政府合作。他们

的企业大体都要依赖国家供给原料、收购和推销成品及银行贷款等，并纳入国家计划之内，而不能独立经营。到那时，我们将征收资本家的工厂归国家所有。设想多数情况下采取的方式是，劝告资本家把工厂献给国家，国家保留资本家消费的财产，分配能工作的资本家以工作，保障他们的生活。有特殊情形者，国家还可以付给他们一部分代价。为什么10年以后，中国的资本家多数可能同意把他们的工厂交给国家？原因有五条：

(1)中国基本上还是一个资本主义没有发展起来的国家，资产阶级不论在经济上和政治上都是很软弱的，而且富于妥协。

(2)我们从现在起就一方面照顾资本家得到不太少的利润，另一方面，又动员人民反对资本家各种违反国家和人民利益的违法行为。“五反”运动揭露了资本家大量的违法行为，使他们丑态毕露。但在处理时，我们又给他们以宽大的处理，多数只令其退财补税，不作处罚，只有少数违法严重恶劣者给予处罚和判刑。如此，多数资本家和政府的关系没有破裂，但资本家在政治上已经孤立，在社会上的威信大大降低。今后，严重违法的资本家还将会陆续地被处罚，保留下来的则将是守法的或比较守法的资本家。

(3)今天中国比较大一点的私人工厂差不多都是为国家加工订货，他们依赖国家供给原料，收购和推销成品及银行贷款等。此外，还有工人的监督。将来资本家更要依赖国家，工人监督也会变得更有组织。

(4)现在已有少数比较有远见的资本家看到了社会主义企业的优越性及其劳动生产率的提高，相信社会主义的前途已经不可避免，他们现在就积极要求将他们的工厂公私合营。不少资本家的子女在大学和专门学校读书，国家供给他们的生活，他们则宣告不要资本家父亲的遗产。资产阶级内部的这种变化，现已开始发生，在今后还会继续发展。

(5)中国社会主义成分的增长，到那时，少数资本家可能完全处在社会主义的包围中，全部资本主义工业国有化的步骤已经不能抵抗。

对农业的改造，现在全国参加互助合作组织的农民已有40%，在老解放区则有70%到80%，并已有几千个组织得较好的以土地入股的农业生产合作社和几个集体农场。我们准备在今后大力地稳步地发展这个运动，准备在今后10年至15年内将中国多数农民组织在农业生产合作社和集体农场内，基本上实现中国农业经济的集体化。

现在中国手工业的生产量超过机器工业的生产量，人民必需的制成品大部还是由它们供给的。对于这些手工业，我们准备用力帮助小手工业者组织生产合作社，并鼓励手工作坊主联合起来采用机器生产，有一部分则会被机器工业所挤垮。由于在手工业者中一般没有党的组织，我们在改造手工业和组织手工业生产合作社的运动中将会遇到更多的困难，可能需要更多一些时间。

10月24日，斯大林接见中共代表团，表示赞同我们的意见。他说："我觉得你们的想法是对的。当我们掌握政权以后，过渡到社会主义去应该采取逐步的办法。你们对中国资产阶级所采取的态度是正确的。"

(二)总路线的提出和最后确定

把实现"一化、三改"作为党在过渡时期的总路线和总任务，是毛主席1953年6月15日在中央政治局的会议上提出来的。以后经过中央多次开会讨论，以及对有关的文件进行修改补充，到12月形成了一个完整的表述，即："从中华人民共和国成立，到社会主义改造基本完成，这是一个过渡时期。党在这个过渡时期的总路线和总任务，是要在一个相当长的时期内，逐步实现国家的社会主义工业化，并逐步实现国家对农业、对手工业和对资本主义工商业的社会主义改造。这条总路线是照耀我们各项工作的灯塔，各项工作离开它，就要犯右倾或'左'倾的错误。"(《毛泽东著作选读》下册，第704页)

从酝酿到最后确定这条总路线，党中央用了一年多的时间，足见决策是慎重的。下面我再回顾一下党内酝酿这个问题的大致过程。

1953年春，中央为了确切掌握建国后资本主义工商业的变化情况、国家资本主义发展的情况，以及它们在国民经济中占的地位和所起的作用，以便确定对资本主义工商业改造的形式，指派中央统战部部长李维汉同志率工作组到上海、武汉、南京等工业比较发展的大城市进行调查。5月，李维汉同志向中央提交了关于资本主义工业中的公私关系问题的调查报告。报告中说：建国三年来，我国私人资本主义经济经历了深刻的改组和改造，国家资本主义已有了相当的发展，呈现出从统购、包销、加工、订货至公私合营等一系列从低级到高级的形式。它在国民经济中的地位已凌驾于纯粹的资本主义经济之上，仅次于国营经济，居于现代工业的第二位。其中低级形式的国家资本主义，生产资料仍归资本家所有，企业基本上还是按资本主义方式经营，只是在企业外部即流通领域同社会主义国营经济发生联系。它的生产和经营在一定程度上纳入了国家计划的轨道，限制了资本主义活动的范围。它的利润按照“四马分肥”的比例进行分配，因而在一定程度上限制了资本家的剥削。高级形式的国家资本主义即公私合营，企业由公私共有，企业领导权基本上属于国家，社会主义经济成分已经进入企业内部，资本主义剥削受到了进一步的限制。经过各种形式的国家资本主义，我们可以不同程度地改变资本主义企业的生产关系，逐步地使私营企业过渡到社会主义去。不管是低级形式的国家资本主义，还是高级形式的国家资本主义中的个别企业的公私合营，在价值分配上，它们中的大部分已为国家和工人阶级所掌握。企业新生产的价值，首先分为工人的工资、私方的利润和公方的利润三个部分，三分天下，工人阶级有其二；尔后企业利润又可分为国家的税收、资本家的股息和红利、工人的奖金和福利、企业的公积金，四马分肥，工人阶级得其大半。国家资本主义企业中的工人，已经不是单纯地为资本家生产，而同时是在为国家生产。报告的结语中，明确地向中央建议：经过国家资本主义，特别是公私合营这一主要环节，实现对资本主义所有制的变革。李维汉同志的报告受到毛主席和党中央的高度重视。毛主席还亲自打电话告诉他“这个报告将提交政治局会议讨论”。

6月15日，在中央政治局会议上，讨论并基本同意了李维汉同志的调查报告，责成他根据大家讨论的意见对报告加以补充和修改，然后提交全国财经工作会议进一步讨论。毛主席在这次政治局会上提出：“党在过渡时期的总路线和总任务，是要在10年到15年或者更多一些时间内，基本上完成国家工业化和对农业、手工业、资本主义工商业的社会主义改造。这条总路线是照耀我们各项工作的灯塔。不要脱离这条总路线，脱离了就要发生‘左’倾或右倾的错误。”这里，毛主席提出了总路线的任务和过渡时期的时间，但没有讲从何时算起。

在全国财经工作会议上，李维汉同志作了关于资本主义工商业问题的报告，传达了毛主席上述讲话的精神，并进行了讨论。毛主席在修改周总理为这次会议所作的结论时，对总路线作了更为完整的表述，主要是增加了“从中华人民共和国成立，到社会主义改造基本完成，这是一个过渡时期”。并把过渡的时限改为“是要在一个相当长的时期内”。

同年7月，毛主席在中华全国总工会送审的《关于加强资本主义工业企业中工会工作的指示》上，写了很长一段批语。指出：

> “这里所说的改造还不是指取消资本家生产资料的私人所有制，使之变为社会主义企业的那种最后的改造步骤。这里所说的改造，是指在承认资本家的受限制的不完全的私人所有制的条件下，使资本主义企业逐步变为国家资本主义企业，即在人民政府管理下的用各种方式和国营社会主义经济联系着的受工人监督的资本主义。这种资本主义已经不是解放以前的那种资本主义，它主要地是为国家和人民的需要而生产的，资本家已不能唯利是图。当然，工人还要为资本家生产一部分利润，但是这一部分利润，在整个企业赢利中不过只占四分之一

左右。占了四分之三左右的赢利的主要部分，是为国家(所得税)为工人(福利费)和为扩大企业设备(公积金，这里包含了为资本家生产利润的一个小的成分)而生产的。因此，这种资本主义已经不是普通意义下的资本主义，而是一种特殊的资本主义，即是新式的国家资本主义，它是带了若干(有几种程度不同的情况)社会主义性质的。必须指出，目前并不是一切或绝大多数资本主义工厂已经做到了这一步，还没有，还需要几年的努力才可以做到这一步，但是一定可以做到这一步的。”

党中央关于过渡时期总路线的酝酿情况在一些场合传达以后，在私营工商业界引起了一些反响。有人赞同，有人疑虑，有人抵触。9月7日，毛主席约见各民主党派和工商界部分代表，听取他们的意见。毛主席说：“有了三年多的经验，已经可以肯定：经过国家资本主义完成对私营工商业的社会主义改造，是较健全的方针和办法。”“共同纲领第三十一条的方针，现在应明确起来和逐步地具体化。所谓‘明确起来’，是说在中央及地方的领导人物的头脑中，首先肯定国家资本主义是改造资本主义工商业和逐步完成社会主义过渡的必经之路。”他还告诉大家：“将全国私营工商业基本上引上国家资本主义轨道，至少需要三年至五年的时间，因此不应该发生震动和不安。”

与此同时，中央宣传部起草了《关于党在过渡时期总路线的学习和宣传提纲》。12月，毛主席在审阅修改这个提纲时，对总路线的表述又作了推敲和审定，至此，党在过渡时期的总路线就最后确定下来了。

1954年2月10日，党的七届四中全会通过决议，正式批准了中央政治局提出的党在过渡时期的总路线。

9月，中华人民共和国第一届全国人民代表大会第一次会议在北京举行，毛主席在开幕词中指出：“这次会议是标志着我国人民从一九四九年建国以来的新胜利和新发展的里程碑，这次会议所制定的宪法将大大地促进我国的社会主义事业。”这次会议通过的《中华人民共和国宪法》，把党在过渡时期的总路线作为国家在过渡时期的总任务写入《总纲》，反映了亿万人民群众“为建设一个伟大的社会主义国家而奋斗”的强烈愿望。

（三）回顾中的思索

《中共中央关于建国以来党的若干历史问题的决议》指出：过渡时期的总路线反映了历史的必然性。我完全同意决议的观点。

“中国是万国的商场，各资本国竞争的焦点。”这是五四运动时期，先进分子对当时中国状况的描述。从19世纪40年代到20世纪中叶，全世界几乎所有大小资本主义、帝国主义国家都侵略过中国，给中国人民带来深重的灾难。外国侵略者同中国封建势力相结合，严重阻碍着民族资本主义的发展。从太平天国后期的《资政新篇》到辛亥革命，不少先进分子提出过发展资本主义、建立资产阶级共和国的主张，并为此奋斗终身，但都未取得成功，原因就在这里。中国当时的国情以及民族资产阶级的软弱性，决定了推翻压在中国人民头上的“三座大山”，只能由无产阶级领导的新民主主义革命来完成。

既是新民主主义革命，它的续篇就只能是社会主义。或者说必然以社会主义为其发展前途。中国只能走社会主义道路，不能走别的道路，这不是在制定过渡时期总路线的时候才选定的，而是早在中国共产党成立时就已经选择好了，而且这种选择在我们党领导民主革命的整个过程中是一直坚持，从未动摇过的。这是历史性的选择。全国财经的统一，土地改革的基本完成，国民经济恢复时期的结束，为有计划地进行经济建设创造了条件。这个时候，如果我们不适时地把社会主义改造的任务提到议事日程上来，私人资本主义企业的盲目生产和盲目经营，就会妨碍我国经济建设有计划（按比例）地发展；资产阶级唯利是图的本性，就会加剧同国营经济和工人阶级之间的矛盾，从而阻碍社会主义经济成分的顺利扩大。因此，在编制“一五”计划过程中，提出过渡时期总路线，是一件顺理成章的事情。

诚然，如前所述，毛主席和中央其他领导同志都曾主张建国以后继续搞一段时间的新民主主义，等国家工业发展到一定程度后，才开始社会主义的全面改造。因此，在《中国人民政治协商会议共同纲领》中暂时没有写入社会主义前途的话。我在1951年之所以不赞成山西省委关于把农业互助组织提高一步的观点，在1952年底之所以提出按“公私一律，平等纳税”的原则简化税制，也都是出于这样的基本考虑(对前者主要考虑的是既要扶植少数积极分子发展初级合作社的积极性，又不能忘记绝大多数农民的个体生产积极性；对后者主要考虑的是既要大力创造条件发展国营工商业，又要注意适当发展有利于国计民生的私营工商业)。但是，有一点，当时许多同志包括我自己在内，都没有认识到或没有深刻认识到，就是新中国成立后我们继续在全国范围内进行的新民主主义建设，本身就是过渡性质的，也就是说，已经乘上了向社会主义过渡的航船。正像周总理1953年9月11日在政协第49次常委扩大会议上作关于过渡时期总路线讨论的总结时所说的，过渡时期就是新民主主义的时期，也就是逐步地过渡到社会主义的时期，也就是社会主义成分在国民经济中的比重逐步增长的时期。

毛主席在酝酿过渡时期总路线时最先明确提出：中华人民共和国成立，标志着从新民主主义到社会主义过渡时期的开始。经他这一指点，大家都重新进行思索，觉得基本事实确实是这样，于是都心悦诚服地拥护过渡时期总路线，不再坚持原来那种设想和说法了，即“先搞10年、15年或更多一点时间的新民主主义，然后再向社会主义过渡”。这种说法不确切，往往容易使人们把新民主主义同社会主义自觉不自觉地分割开来，往往容易使人们把新民主主义理解为一种必须加以“确立”和“巩固”的独立的社会形态和制度，而不认识它是一种过渡形态的制度。因此，明确新民主主义时期就是“过渡时期”，虽然只是“四字”之差，但在认识上已起了质的变化。

能不能说过渡时期的总路线同七届二中全会决议精神不同呢？我看不能这样说。过渡时期的总路线，并没有违背七届二中全会决议的精神。《决议》提出了“由农业国转变为工业国”、“由新民主主义国家转变为社会主义国家”的任务。总路线将这两个“转变”融为一体,结合进行。应当说,这是根据实践的要求和经验,对七届二中全会精神的新发展。

毋庸讳言,在贯彻过渡时期总路线的过程中,工作中是有缺点的。当时提出用三个五年计划左右的时间完成“一化、三改”,今天回过头来看,时间还是打得短了一点。我这样说,丝毫没有责备之意,当时能提出“过渡时期”这样长,已经是难能可贵了。问题是在执行过程中一再“加速”、“加快”,以致几年的时间,就完成了过渡,“一化”的任务没有完成,“三改”的工作也做得很粗。这不能不说是一个历史的教训。我们后来在建设和工作中,多次发生急于求成、急躁冒进和其他严重的“左”倾错误,而受到客观规律的惩罚,也不能说与此无关。倘若按照原来测算和确定的时间扎扎实实地工作,一步一个脚印地全面精细地完成过渡时期的任务,情况可能要比提前完成好得多。我这样说,也丝毫没有责备“当时”之意。对历史实践,对党和人民过去的奋斗,任何时候都不能求全责备;求全责备,“指点”前贤,那不是历史唯物主义的态度。实事求是,该肯定的成绩充分肯定,不足的以至失误的地方,严肃正视,并分析原因,取得教益,作为今后的鉴戒,这才是我们要采取的历史唯物主义态度。回顾过去,意在前瞻。努力从历史事件中,从历史的经验和教训中,学到应当学到的东西,是为了有助于我们当前和未来的工作,推进我们的建设和改革事业,更好地坚持和完善社会主义制度。我在本书的各个章节中,力求对一些重要决策和重要事件的得失、启示,作些分析和评估,都是基于这样一个目的来做的。

十一　1953 年夏季的全国财经工作会议

1953 年夏季召开的全国财经工作会议，是一次对当时社会经济生活和党内政治生活都有重大影响的会议。我是会上受批评的主要对象，也是高岗阴谋推倒刘少奇同志而搞"批薄射刘"的靶子。这次会议作为一个历史事件已过去近 40 年，了解它的人已不很多了。我作为一个重要的当事人，深感有责任把它如实地写出来，以便让更多的同志了解它、研究它，找寻它所蕴含的历史经验。为此，我想适当地多引证一点重要的史料也就成为必要了。

（一）财经会议的起因：修正税制

这次财经工作会议，重点批判了修正税制工作中的缺点和错误。回顾这次会议的情况，先要从修正税制说起。

建国后，我们很快建立了自己的税制，大体是按照"暂时沿用旧税法"，部分废除，逐步整理的方针建立起来的。1950 年初，政务院通过并颁布了《全国税收实施要则》。当时国营和合作社经济还很薄弱，税法从实际情况出发，作了这样一些特殊规定：国营工商业总分支机构内部调拨货物不纳税；委托私营企业加工只就工缴收益按工业税率纳税，私商为国营企业代购代销产品，按实际所得的手续费征税；新成立的供销合作社免纳一年所得税，营业税按 2% 的税率征收，并打八折优待；新成立的手工业生产合作社免纳营业税和所得税三年，等等。

1952 年下半年，税收工作出现了许多新情况：由于五种经济成分不断改组，国营商业和合作社商业在经济中已经占了很大的比重；总分支机构内部调拨、加工订货及代购代销等经营方式日益扩大;私营企业主看到国营经济总分支机构内部调拨不纳税,亦更多地采取“产零见面”的办法,即工厂直接售货给零售商或委托零售商代售,以逃避一道批发营业税。由于经营方式、流通环节的变化,商品中间流转环节减少,使得营业税中的批发营业税减少或很难收上来,国家税收有下降趋势。而为了适应大规模经济建设的需要,又要求不断增加税收。一方面原定的税难以收上来,一方面税收任务还要增加,再加上“三反”、“五反”刚结束,资本家叫苦,这诸多原因决定了税制必须修正。保证国家税收是巩固国本的大事,国本不能动摇。

这年9月召开了一次全国财经工作会议,着重研究了在流通渠道发生变化的情况下如何保税的问题,并确定修正税制。同时,还召开了各大区财政部长会议和第四次全国税务会议,研究这个问题。根据几次会议酝酿、讨论的意见,财政部提出了修正税制的具体方案。修正税制工作是由财政部吴波副部长具体负责。修正税制方案起草后,经我点头,由吴波同志向周总理进行了汇报。总理用了好几个钟头的时间,逐字逐句对方案进行了修改。修改后的方案经政务院12月26日召开的第164次政务会议批准同意。吴波据此向民主建国会、全国工商联筹委会黄炎培先生、章乃器先生及工商界知名人士通气并征求意见。这符合毛主席的一贯教导,不论当时,乃至今天,我们党遇事都向各民主党派和无党派民主人士通气、征求意见。12月31日《人民日报》公布了《关于税制若干修正及实行日期的通告》,发表了题为《努力推行修正了的税制》的社论和《全国工商联筹委会拥护修正税制》的报道。

修正税制有两条原则,一是保税,一是简化税制。从保税而不是增税出发:(1)工业总分支机构从生产、批发到零售,要缴纳三道营业税;商业总分支机构从批发到零售,要交两道营业税,改变过去“相互拨货”、“不视为营业行为,不课征营业税”的做法;(2)为了堵塞漏洞,规定工厂直接卖货给零售商时,须将工商两道批发营业税移到工厂直接缴纳;(3)取消对合作社征收营业税打八折的优待,取消合作社成立第一年免纳所得税的规定。从简化税制、变“多种税,多次征”为“多种税，一次征”出发：(1)试行商品流通税。将卷烟、烟叶、酒等 22 种(国营工业能够大量生产，国营和合作社商业在批发环节上能够控制的)商品的货物税、批发营业税、零售营业税及附加、印花税等，合并为单一的商品流通税，在批发和收购环节一次征收。一种商品只要缴纳了商品流通税，就可行销全国，不再交其他各税和附加，大大简化了纳税手续；(2)货物税、营业税、所得税等也将一些项目合并简化。对批发环节征税问题，原来曾设想过公私区别对待，即国营不征，私商照征。在征求意见时，商业部、全国供销合作总社不同意，理由是：“三反”、“五反”后，私营企业在生产经营上有困难，应适当扶持一下，而在税收上区别对待，势必挤了它们。资本家躺倒了，对发展经济不利。财政部采纳了这一意见。

修正后的税制公布后，在社会上引起了强烈反响和波动。1953 年 1 月 9 日，山东分局向明等三同志联名写信给中央，反映执行新税制引起了物价波动、抢购商品、私商观望、思想混乱等情况。1 月 11 日，北京市委也写信给中央反映了类似情况。各大区、各省市财委也纷纷写信、打电报给中财委，反映在执行过程中遇到的困难和问题。这件事引起了毛主席的重视。他于 1 月 15 日给周、邓、陈、薄写了一封信，全文如下：

> “新税制事，中央既未讨论，对各中央局、分局、省市委亦未下达通知，匆率发表，毫无准备。此事似已在全国引起波动，不但上海、北京两处而已，究应如何处理，请你们研究告我。此事我看报始知，我看了亦不大懂，无怪向明等人不大懂。究竟新税制与旧税制比较利害如何？何以因税制而引起物价如此波动？请令主管机关条举告我。”

周总理收信后，连夜给毛主席写回信，谈了处理办法。可见他把毛主席这封信的分量是看得很重的，而且周总理一向办事勤敏精细，这是他的过人之处。我看信后，也立即召集中财委有关人员开会，汇报各地执行新税制的情况。我当时的心情半是沉重，半是茫然。信是批评出台刚半个月的新税制，而且词锋甚严，显然事出有因。我很注意信中两句话:“此事我看报始知,我看了亦不大懂”,已预感到事情有些严重了。

随后,财政部和税务总局派出若干个小组分赴各大中城市检查,并每天与各主要城市通话联系,解决发生的问题。经过努力,执行新税制中所发生的较大问题,很快都采取了补救措施,得到妥善解决。2月10日,财政部吴波、商业部姚依林、粮食部陈希云三同志联名写信给毛主席和党中央,就修正税制的目的、新税制对物价的影响和在执行过程中发生的问题等,作了说明。接着,财政部又向毛主席、政治局作了一次汇报,由吴波同志把税制修正了哪些地方,实行中出现了哪些问题,如何解决的,一一作了说明。毛主席尖锐地批评说“公私一律平等纳税”的口号违背了七届二中全会的决议;修正税制事先没有报告中央,可是找资本家商量了,把资本家看得比党中央还重;这个新税制得到资本家叫好,是“右倾机会主义”的错误。毛主席这些批评的话,比信中又进了一步,语气更为严厉,批评重点仍侧重于“事先没有报告中央”,而且把错误提到了“右倾机会主义”的高度,当时听起来,不免感到震惊。

修正税制本身虽然是一项具体的业务工作,但检讨起来,确实存在着一些严重缺点。主要表现在:

1. 在修正税制的过程中,操之过急,工作较粗糙。为了赶在元旦前公布实施,并能在春节前一个半月的旺季多收点税,新税制从9月财经会议酝酿到年底发布,仅三个多月时间,许多该做的工作没有去做,或虽然做了但做得粗率。比如,方案提出来以后,没有发到地方财政、税务部门去征求意见,更没有同地方党政领导打招呼。在有的中央部门负责同志对某些具体条文明确提出反对意见之后,我们主管的同志特别是我自己未予认真考虑,也没有提交中财委党组会议讨论。新税制方案公布前,我们主管的同志,特别是我本人没有直接向毛主席进行汇报,听取他的意见,这是不应有的疏失。

2. 修正后的税制,有些具体条文修改得不适当。意见最多的是,把在流通环节难以收上来的工业品的批发营业税移到工厂去征。由于担心物价引起波动,未能及时调整出厂价格,以及其他一些相应的措施没有跟上，致使2000多户被合理批准免缴批发营业税的专营批发商，得到了一些便宜，工厂税负相应增加，这样乍一看来，新税制就给人一种似乎偏袒了资本家的印象。还由于取消了对供销社的一些优待条件，使得供销部门的意见也很大。新税制公布时正赶上商业系统贯彻中央关于调整商业的指示，正在调整一些商品的价格。个别商品确实因为实行新税制的缘故而提了价。宣传解释工作又没有跟上，因而使人们产生了误解，以为修正税制是又要涨一次物价。人民对国民党统治下的物价飞涨吃够了苦头，记忆犹新，十分珍惜解放后经过几年努力赢得的市场繁荣、物价平稳。当时正值年关，人们在心理上十分害怕物价上涨。由于这种种原因，新税制公布后，在很短的时间里确曾引起过一些混乱。

3. 关于"公私一律平等纳税"。当时发表的《人民日报》社论，为了说明修改税制的必要性和目的，原稿上有这样一句话："国营企业和私营企业都要按照修改的税制纳税。"我在修改时，把这句话简化为"公私一律平等纳税"。看来，这是多余的，以不改为好。这次修正税制主要是针对流通环节的，货物一上市，就只能对物不对人了，商品按照一定税率平等纳税是应该的。它不同于所得税，可以根据收入区别不同对象去纳税。

我作为中财委副主任兼财政部长，应当承担这次修正税制工作中所犯错误的责任。好在新税制执行的时间仅半年，许多问题一暴露出来就采取了措施加以纠正，直至停止执行。当然，也应当看到，新税制确曾起到过保税、增税的作用。1953年5月30日，财政部在给毛主席并中央的报告中提到："一至四月份工商各税共收起225000余亿元，完成全年计划的29.64%，其中商品流通税、货物税、营业税三种主要税收均完成全年计划的30%以上。……从全年税收计划本身看，根据四个月的税收情况估计，上半年可以完成全年计划的43%或稍多一些，按照历年上半年约收全年税收的40%，下半年约收60%的规律，完成并且超过全年任务是有把握的。"吴波同志后来在财经会议上的检讨中，也坚持这一条。当有同志不同意说新税制保了税时，他反复强调："我们认为确是多收了税。""计算起来，还是多收了税。”“犯了错误，不管受什么处分，我说，还是多收了税。”他坚持按事实说话，我一直认为这是做得对的。至于他给周总理递条子要求发言，说修正税制从开始到出台，都是他一手办的，主要错误在他，薄一波同志只负点头的责任和领导的责任。我就不能苟同了。吴波同志这样说的意思很清楚，这是他勇于负责，想替我分担一些责任。但我是“承上启下”的人，“启下”就包括给下面挑担子，承担责任，我怎么能反而让吴波同志替我分担责任呢？我应当永远完全承担这个责任。

（二）财经会议的召开和会上对我的批评

这次全国财经会议，起初是按照中财委的例会进行准备的，后来改由周总理主持，实际上变成了中央召开的全党性质的重要会议。毛主席 5 月 6 日给陈云、富春同志和我的信，我根据这封信于 5 月 22 日起草的会议《通知》，周总理 6 月 9 日给毛主席和党中央写的关于会议如何进行的请示报告，都列举了会议应予讨论的问题，主要是讨论关于五年计划、财政、民族资产阶级三个方面的问题，以及财经方面其他一些具体问题。参加会议的有中央各部门负责同志，各大区、省市委和财委的负责同志（各大区、省市的财委主任都由第一书记兼）。6 月 12 日晚上，召开预备会议和第一次领导小组会议，周总理作了关于目前形势和建设新中国的基本情况的报告。6 月 13 日，会议正式开始，我宣读了财政方面的文件，并作了简要解释。

会议第一、二周（6 月 13 日—27 日），先是按六大区分组（块块），后是按专题分为税制修正、商业、粮食、农业税等四组（条条），讨论财政工作中的问题。第三周（6 月 29 日—7 月 4 日），由高岗作《关于编制五年计划几个问题的意见》的报告，李富春同志作《在苏联商谈我国五年计划问题的几点体会》的报告，并分组进行讨论。第四、五周（7 月 6 日—18 日），主要是召开各种专题座谈会。到第五周星期一（7 月 13 日），领导小组举行扩大会议，有 131 人参加，由我作第一次检讨。从此会议中心转为批评我的错误，都是以扩大的领导小组会议方式进行的。这可以说是这次财经会议的一个转折点。第六周(7 月 19 日—25 日),到北戴河休息三天。回来后,由李维汉同志作《关于利用、限制、改造资本主义工商业问题》的报告,并分组进行讨论。第七、八、九周(7 月 27 日—8 月 13 日),继续举行扩大的领导小组会和各种专题座谈会。这次会议原定会期半个月,由于中间发生了变化,一直开到 8 月 13 日结束,长达两个月。

讨论和批评新税制,实际上成了会议的中心问题。头一个月大家在发言中多是就税制的业务问题发表意见,讨论比较正常。在分组讨论中,高岗等人看到对新税制意见较多,就鼓动一些同志“放炮”,进行不适当的责难。当时会议每天进行的情况,都是由周总理向毛主席汇报。毛主席得知这一情况后,就让我在会上作出公开检讨,好让大家把话摆到桌面上来说。周总理 7 月 12 日夜写给我的信,把毛主席的这个意图传达得很清楚。信上说:

> “昨夜向主席汇报开会情形,他指示领导小组会议应该扩大举行,使各方面有关同志都能听到你的发言,同时要展开桌面上的斗争,解决问题,不要采取庸俗态度,当面不说背后说,不直说而绕弯子说,不指名说而暗示式说,都是不对的。各方面的批评既然集中在财委的领导和你,你应该更深一层进行检讨自己,从思想、政策、组织和作风上说明问题,并把问题提出来,以便公开讨论。此点望你在发言中加以注意。”

7 月 13 日下午,在扩大的第 15 次领导小组会议上,我按照信的要求作了第一次检讨。会议气氛立刻变得紧张起来,我也就成为“桌面上斗争”的集中目标。从 7 月 14 日起到 7 月 25 日之间,连续召开了八次扩大领导小组会议,对我进行批评。7 月 25 日,吴波同志在扩大的第 24 次领导小组会议上作完检讨,周总理宣布要我 27 日作第二次检讨。我当即给周总理写了个条子:“第二次检讨发言,我正在准备中,星期一恐怕准备不好,特别关于财经政策方针检讨的部分,有些材料还须搜集对照一下。”到 8 月 1 日,我才作第二次检讨。

在两次检讨中,我都努力从思想深处去挖掘自己的错误,但在当时的会议气氛下，还是过不了关。这次长达两个月之久的会议，既没有实现毛主席关于讨论总路线的意图，也没有认真讨论五年计划、财政问题和民族资产阶级问题，也就是说，没有达到预期的目的。我当时在思想上产生了这样的疑问，会议为什么会变成这个样子？

几个月后，真相大白了。原来是高岗、饶漱石在会上的串联造成的。据陶铸同志后来揭发，财经会议开过第一次领导小组会议后，高岗就请他到家里吃饭，在饭桌上高岗对他说，这次会议的方针就是要重重地整一下薄一波，“希望大家能勇敢发言”，并要他放头炮。陶铸同志没有答应。

高、饶在会上抓住几件事向我猛攻。一是“东北一党员信”。这封信是原鞍山市委书记和原东北局党校教育处长在马列学院学习期间写的，通过我于 1952 年 1 月 27 日转给了毛主席。信中揭露了高岗及东北个别干部贪污腐化、铺张浪费的问题。我给毛主席写了几句话：“这封检举信是叙述东北三个阶段的贪污浪费情况，写信的人是响应主席的号召，衷心爱护党的；而对贪污腐化则表示愤慨。”毛主席把这封信批在很小的范围内进行传阅。这件事使高岗大为不满，认为是故意给他抹黑。二是“鞍钢检查组”问题。鞍钢无缝钢管厂发生了八号高炉铜管瓦斯部分爆炸事故，死 11 人，伤 15 人。1952 年 8 月，由中监委和中财委联合组织了一个检查组去调查事故发生的原因。调查组认为这是鞍钢没有按基本建设程序办事，不仅造成了事故，还推迟了建设进度。高岗对此也大为不满，认为是我专挑东北的毛病。于是，他在批判我的发言中，无限上纲，什么“打击别人，抬高自己，投机取巧”，什么“品质不良”等大帽子不断向我扣来。他这样做是“项庄舞剑，意在沛公”。“批薄”是为了“射刘”，为了进而达到推倒少奇同志的目的。他在发言中，采取移花接木的手法，把少奇同志曾经说过的一些话，比如 1947 年土改中说过的“村村点火，户户冒烟”，1949 年在天津讲话中的一些观点，1950 年有关东北富农党员问题谈话中的观点，1951 年有关山西互助合作批语中的观点等等，统统安到我的头上加以批判。这种明里攻我，暗中攻刘的“批薄射刘”诡计，明眼人一看便知。高岗调到中央工作后，政治野心越来越膨胀。他把少奇同志视为实现其野心的最大障碍，因此他首先把矛头集中指向少奇同志。先推倒少奇同志，再推倒周总理，这就是他篡党夺权的如意算盘。

但是，聪明反被聪明误。不久，高岗、饶漱石妄图分裂党的阴谋被揭穿。1955年3月21日，小平同志在党的全国代表会议上的报告中，对高岗在财经会议上的所做所为作了结论。他说：高岗利用财经会议“大大施展他的阴谋活动。他和他的追随者不但在会议上为了有意制造党内纠纷而发表种种无原则的言论，并且在会外大肆散播各种流言蜚语破坏中央的威信，特别攻击中央书记处刘少奇和周恩来同志，同时鼓吹他自己。他是想经过这些阴谋活动把这次会议转变为对党中央的进攻”。

（三）周总理的结论和毛主席的讲话

由于高、饶的干扰，会议后期走偏了方向，与毛主席的原意大相径庭。毛主席希望早点结束会议，要周总理尽快作结论。但是，会上批评我的调子一直居高不下。我既然已意识到高、饶绝不仅仅是攻击我，而是进而攻击刘、周，为了不使事态扩大到中央领导核心，我决定再不多说一句话。当时毛主席还要我作第三次检讨，我拒绝了。周总理把我的态度报告了毛主席，毛主席说：薄一波同志可以不检讨了。

在这种情况下，周总理确实是很难作结论的。他是会议主持者，话说轻了，会上已是那种气氛，不大好通过，且有开脱、庇护之嫌；话说重了，就会为高、饶利用。最后还是毛主席出了个主意，他对周总理说：结论作不下来，可以“搬兵”嘛！把陈云、邓小平同志请回来，让他们参加会议嘛！

陈云同志在北戴河时，一些同志去看望他，谈到财经会议的一些情况。他就明确表示：不能把薄一波同志几年来在中财委工作中的成绩抹煞了，我反对两条路线斗争的提法。他在8月6日召开的第29次扩大的领导小组会议上的发言中，批评了我的错误，同时又明确地指出:“同志们在会议上提出中财委内部是否有两条路线的问题。我以为在工作中间个别不同的意见是不会没有的,在一起做了四年工作,如果说没有一点不同的意见,当然不行;这些意见,也不能说他的都是错误的,我的都是对的,也不能说他的都是对的,我的都是错的。总的说起来,我在今天这样的会议上不能说中财委有两条路线。”

在高、饶问题尚未揭露,会议批评的调子降不下来的形势下,陈云同志的这些话,无疑起到了降温和替我解围的作用。

小平同志回京后,也在一次会议上发了言。大意是:大家批评薄一波同志的错误,我赞成。每个人都会犯错误,我自己就有不少错误,在座的其他同志也不能说没有错误。薄一波同志的错误是很多的,可能不是一斤两斤,而是一吨两吨。但是,他犯的错误再多,也不能说成是路线错误。把他这几年在工作中的这样那样过错说成是路线错误是不对的,我不赞成。

由于陈云、小平同志讲了话,会议气氛起了变化,结论就比较好作了。8 月 9 日,在中南海西楼会议室召开政治局会议,讨论周总理的结论讲话稿,毛主席通知我这次会一定要参加。会上毛主席问大家有什么意见,也问到我。我表示,我有错误,但有些具体事情还说不清楚。高岗站起来批评我,说我态度不好时,毛主席打断他的话,说:你为什么不准上书的人写信给中央(指“东北一党员信”)?东北的工作为什么就不能检查(指检查鞍钢一事)?东北各省出了错误,你东北局还不是要进行批评、检查!高岗还想为自己辩解,但毛主席的态度十分严厉,他也就退缩了。后来回想起毛主席这些话,觉得他对高、饶在财经会议上的表演,可能已有某些察觉了。

8 月 11 日晚,在怀仁堂召开大会,陈云同志主持,周总理作总结报告。毛主席对总结报告作了多次修改。他修改的要点是:

1. 在报告的第一部分,毛主席第一次引用了他概括出来的过渡时期总路线的比较完整的提法,并指出:“这条总路线的许多方针政策,在 1949 年 3 月的党的二中全会的决议里,就已经提出,并已作了原则性的解决。可是许多同志,却不愿意遵照二中全会的规定去工作，喜欢在某些问题上另闹一套不符合于二中全会规定的东西，甚至公然违反二中全会的原则。"在引述了七届二中全会决议中四段论述同私人资本主义进行限制和反限制斗争的文字后，毛主席加上了"以薄一波同志为代表的若干财经工作干部在对私人资本主义所犯错误，是直接违反上述规定的"。但他在修改时，把凡是说我犯了"带路线性的右倾机会主义错误"的地方都删掉了"带路线性"四个字。并明确指出，由于"所有这些错误，还未构成一个系统，所以还不应该说成是路线错误"。

2. 在报告中讲到党的统一领导问题时，毛主席所作的修改甚多。下面这段引文中的黑体字，都是毛主席加的：**"党中央和毛泽东同志历来总是强调党的统一领导，反对各个党的组织和党员个人向党闹独立性，反对无政府无组织无纪律的错误倾向，**反对分散主义，这决不是偶然的。这次税收、商业、财政、**金融**工作中所犯的许多错误，**是与向党闹独立性、与无政府无组织无纪律的错误倾向、**与分散主义离不开的。修正税制及**其他许多违反党的原则的措施**，不向党中央请示，不与地方党委商量，亦不考虑有关部门的不同意见，**就独断专行地加以实施，而修正税制竟反与资产阶级代表人物事先取得协议**，离开了党的立场，这都是分散主义发展起来的必然恶果。"

3. 在报告中讲到我犯错误的地方，毛主席加了一段文字："应该指出，薄一波同志过去对敌斗争是勇敢的，在各个时期中**当他正确地执行党的路线的时候，他的工作是有相当**成绩的。**现在的问题是**薄一波同志能不能虚心**接受各同志的正确批评而坚决**改正自己的错误。**我们希望他虚心接受同志们的正确批评，坚决改正错误，以便在党的领导下继续**做有益于党和人民的工作。"

毛主席对这次会议是非常关心的。会议结束的前一天，即 8 月 12 日，他在怀仁堂向出席、列席会议的全体人员作了一次重要讲话。讲话的主要内容大体可分为五个方面：

1. 说明"三反"、"五反"运动后他主要考虑和警惕的问题。他正在酝酿提出过渡时期的总路线，因而特别重视和警觉资产阶级思想在党内的反映，认为这是"向社会主义发展还是向资本主义发展的问题”。

2. 批评“新税制”的错误。认为新税制是“有利于资本主义，不利于社会主义的错误”。他说，资产阶级用“精神的糖衣炮弹打中了一个靶子——薄一波，还有吴波等人”。

3. 批评主观主义和分散主义。他认为，在建设时期，既要反对急躁冒进的、不顾人力物力情况的主观主义，又要反对保守的主观主义。强调必须巩固集体领导，坚持民主集中制，反对分散主义。

4. 要求各级领导干部要有谦虚、坚韧的精神。他说，建设“要有狠劲”，要有坚韧不拔的精神。“不要骄傲、要学习，不能看不起人”，“永远是学习的态度”。

5. 对自己的错误进行自我批评。他说：

> “在批判薄一波的错误中间，周、陈都说要负责任，我说我也要负责任，各有各的账。我的错误在于：(1)抓得少，抓得迟，这是第一条，也是主要的一条。过去忙于土改、抗美援朝，‘三反’后应抓财经，抓了一些，但没有钻。我对财经工作生疏，是吃老资格的饭，过去一凭老资格，二凭过去的革命工作较丰富的经验，现在是建设时期，缺乏知识，未钻进去，要亡羊补牢。(2)统的死了，我也有份。我说过要统收统支，对统收我抓了，统支我没有抓紧，不注意。这一次会议提醒了我，要统一集中，但分级管理也是很必要的。(3)预算问题。去年十一月搞起，经过一月财经会议，中央也讨论了。预算中十六万亿是虚假数字(指将上年结余打入下年的预算。——一波注)，我现在才知道。利润打的太多，支出的太多了。我虽然说了‘三道防线’——增产、节约、发行，但错误是报纸上公布的早了，应该慢慢来(苏联今年预算现在才公布)，我也有急躁冒进。(4)查田定产，我支持过。到武汉、南京后，听到对此问题有反映，我说做个五年计划吧。回到北京，邓子恢同志看我口气松了，说查田定产否定了土改成果，根本行不通。我说，听你的吧。(5)扫盲，我开始是支持过，后来不行了，接受了大家的意见，修改了

原来的意见。(6)失业人员登记,是我的意见,失业的一百六十万人,加上半失业的人数很多。原因是我接到八百封信都是这个问题,劳动部当时又说这样做没有问题,有些失业救济经费还花不出去。我让恩来同志召集了会议,宣布了劳动就业办法,给地方上增加了麻烦。但也给失业者些希望。……我是中央主席,都有我的份。这些错误,中央政治局在逐步的纠正中。"

一位受全党尊敬的伟大领袖,能在大庭广众之中诚恳地检讨自己的错误,给了大家以很大的启发和教育。他的这番话,在一些具体问题上承担了责任,就使做实际工作的同志减轻了压力。更重要的是,可以从中看出他的本意是希望这次财经会议能通过批评、自我批评来总结经验,提高认识。

(四)"误会"的解除

财经会议结束后,尤其是七届四中全会之后到八大期间,从毛主席的多次谈话中,从中央对我的工作的安排上,我深深感到,毛主席和党中央随着对事情的真相一步一步地了解,对我的"误会"也在一步一步地消除;对财经会议上对我不恰当的批评也一步一步地作了修正。

8 月 14 日,即散会后的第二天,我找陈云同志谈了一次话。我向他表示了三点意思:一是承认我确实有错误;二是请求撤销中财委副主任和财政部部长的职务;三是请中央考虑我的工作问题,能够做什么,应该做什么,我都服从中央的决定。我请他把这个意思报告周总理,转报毛主席和党中央。

8 月 17 日,中央政治局决定由小平同志兼任中财委第一副主任和财政部部长;免除我的财政部部长职务,仍留任中财委副主任;由我协助小平同志领导铁道部、交通部、邮电部的工作。当时我还兼任编制委员会主任、全国供销合作总社主任、公安部劳改委员会主任。我觉得,我的工作性质已有了改变,不适合再担任这些职务,都请求予以免除。

8月22日，毛主席找我谈话。在此之前，我思想上产生过想下去工作的想法。我把这个想法报告了陈云、小平同志，也报告了周总理、少奇同志。他们都说，你直接去同毛主席谈。毛主席这次同我的谈话，虽然对我的错误尚无谅解之意，但语气亲切、温和，使我深为感激。他说：这次会议，原意是要引导大家讨论过渡时期总路线的，但是没有完全按照我的意图进行。对于发生这种变化的原因，他没有谈及。接着毛主席说：一波同志，你这个人是努力做工作的，但近半年来工作上出了问题，你是有责任的。这次大家对你批评这么多，你一定不满意，心想为什么把问题都推到我身上？不要不满意！好好想想，就可以想通的，"中财委的工作，陈在你做90%，陈不在你做100%，不批评你批评谁"。毛主席接着又问我，听说你要求下去，想到哪里去？我说：包钢是156项工程之一，正在建设，想到那里从头摸一个大企业。他说，不行，还需要你在中央工作。我说：我现在有点抬不起头来，在中央不好干了。他说：不要再这样讲了，你还要在中央做工作。他劝我找邓子恢、谭震林等同志谈一谈，还说你今后还要在中央工作，还要和大家共事。我回答说，我不欠他们的账，现在不找他们。毛主席又说：那你去找朱德、彭德怀同志谈谈，如何？我说：两位老总那里，我一定去谈谈。毛主席最后鼓励我说，天没有塌下来，你现在应该出去走一走，看一看，换换空气，看看光明前景。

我先找了朱总司令，又到彭老总那里。两位老总的谈话给我的印象很深。记得彭老总对我说：一波，我了解你，你总的方面是好的。但是一个人要是有点思想，有点能力，工作做得不错，有成绩，遇事又好讲个不同意见，再加上你平常工作中难免有点毛病，你就准备多受点批评。他还说：我这个人也是经常挨批评的。八年前华北工作座谈会(指在延安召开的历时40天的整风座谈会。——一波注)不是大批评了我一通吗？用湖南的土话说，我这个人是高山上倒马桶——臭名远扬。但是，我从来不把它当包袱。有些事一时说不清的，留待历史去评判好了。总之，不要怕批评，要继续做好工作。我听了他的一席话，很受感动。

8月27日，毛主席把卫生部负责同志对工作的检讨送给我看，并写便函说：“薄一波同志：此件可以一阅。其中，有许多和你在中财委和财政部的情形是相似的。”虽然我并不同意毛主席的批语，读后心情十分不愉快，但在当时的“压力”下，我不得不违心地于9月5日复信给毛主席，表示送来的材料“可以帮助我进一步认识我的错误”。并报告他，我已获得陈云、小平同志的允许，将于9月7日到外地去看看，时间一个月左右。

9月7日至10月17日，我到保定、石家庄、邯郸、太原、忻县、大同、归绥、张家口等八个地方进行了40天调查研究，听取了省、地、市委的汇报，召开了有21个县市的县、区、乡干部和农业社干部、劳模参加的小型座谈会。11月7日，我给毛主席写了一个报告，汇报了关于解放后农村经济、农民生活，以及华北地区农业生产互助合作等情况，并结合实际进一步分析、认识自己在财经工作方面发生的错误。毛主席非常仔细地阅读了这个报告，几乎每行都画了线，并批示：“印发中央各同志及有关财经部门党组阅看。”11月间，毛主席派陈伯达找我，转达他的意思，认为我的报告内容可取，要我在中央正在召开的第三次农村互助合作会议上讲一讲。我不相信陈伯达的话，便拒绝了。陈伯达又让廖鲁言同志来告诉我，这确是主席的意思，我即照办了。几天后，毛主席对我说：我是让你到全国各地跑一跑，你只记得一个华北！

12月24日，我接到通知，要我参加政治局扩大会议。记得那天到会的有20来人。毛主席在会上说，北京城里有两个司令部，颐年堂门可罗雀，东交民巷8号（指高岗的住处）车水马龙。接着召开七届四中全会，少奇同志通知我，并说在会上大家都要作自我批评。不久，会议开始揭发高岗、饶漱石篡党夺权的阴谋活动。少奇同志建议我不参加为好，我就没有参加后来的会议。

经过七届四中全会对高、饶篡党夺权阴谋的揭露，大家对他们在财经会议上的活动看得更清楚了，毛主席也意识到会上对我的批评过了头。为了帮助我轻装前进，他曾指定李先念、陈正人、邓子恢等同志主动来找我谈心，消除隔阂，加强团结。李先念同志第一个来，承认自己在财经会议上批我搞“三高”（高指标、高积累、高消费）的发言错了。陈正人同志第二个来，谈了四个多钟头，说“在财经会议上对一波同志的批评错了”。我记得，当时来谈过的几位同志都谈得融洽、诚恳，相互作了自我批评。邓子恢同志没有来，后来有一次在天安门上碰着，对我说，财经会议上批你错了。

1954年6月3日，毛主席通知我和刘澜涛、安子文同志到他的住处参加书记处会议。一进门，我还没坐下，毛主席就说：财经会议及其后相当一段时间，我们对一波同志是有些“误会”的，现在这些“误会”解除了。路遥知马力，日久见人心。一波同志是个好同志。停了片刻，他又说：如果高、饶问题没有揭露，这些“误会”可能还是难以解除的。我当时表示：我确有错误，今后还会犯错误。毛主席说：错误人人都会犯，改正了就好；以后再犯，当然还是要批评的。我感到这次谈话以后，我的问题算是完全解决了。

这年夏天，周总理根据毛主席的意见，要我再主持一次全国的增产节约运动。我表示犯错误不久，恐怕担负不起这个责任。周总理说：1952年你领导增产节约运动很有成绩嘛！至于财经会议对你的批评，毛主席已经同你谈过了，下发的文件（指在财经会议上作的总结报告，曾下发到县团级）是否就不必收回了。我说，听主席的。

这年9月，中央在西楼会议室召开的一次会议上，通知我主持国务院第三办公室（即重工业口）的工作。不久，又任命我为国家建设委员会主任。

1955年4月中旬，毛主席委托周总理转告，指定我组织有各主要工业部部长参加的大型代表团，去莫斯科参加苏联工业方面的一个大会，并进行参观考察和访问。访苏期间，我分别和苏共中央政治局委员、书记处书记苏斯洛夫以及苏联部长会议副主席、国家计委主任萨布洛夫进行了内容非常深刻的会谈。代表团并在苏联驻中国经济总顾问阿尔希波夫陪同下，访问了列宁格勒等城市。回国后，我们建议成立国家科学技术委员会、国家经济委员会，均被中央采纳，并把我从国家建委调出，任命为国家经委主任。以后又把国务院三办、四办、六办合并到经委，主管工交各口生产并负责年度计划的编制和执行。每次工作调动，毛主席都找我谈话，勉励我做好工作。

1956 年召开党的八大，毛主席指定我在会上发言。我讲了正确处理积累和消费的关系问题。在八届一中全会上，我当选为中央政治局候补委员。11 月，根据人大常委会决定，我被任命为国务院副总理。

回顾 1953 年夏季全国财经工作会议的全过程，我的总的看法是：建国初期，在党中央、毛主席的英明领导下，以陈云同志为首的中财委为恢复国民经济、稳定物价、平衡收支、争取财经状况根本好转和开展有计划经济建设，做了大量工作，而且做得很出色。在这个过程中，我也是努力去做工作的。但是我在工作中，由于经验不足，产生了一些缺点和错误，受到批评是应当的。而且，我从这些批评中确实受到了教益。特别是在财经会议期间和会议之后，毛主席和中央其他领导同志对我的关心、帮助、鼓励和教诲，更是铭记在心，终生难忘。党内的矛盾和斗争虽然是复杂的，在复杂的斗争中，发生一些误会、委曲和失误也是难免的，但是有马列主义、毛泽东思想的指导，有党的实事求是的思想路线，有在长期斗争中形成的党的领导骨干和丰富经验，误会可以消除，委屈可以澄清，失误可以纠正，而任何分裂党、毁坏党的事业的行为都是不可能得逞的。这正是我们党的强大生命力的表现。看看 1953 年财经会议的前前后后，我以为是很可以帮助我们增强这个信念的。

十二　统购统销的实行

继稳定物价、统一全国财经工作之后，被称为新中国财经战线上第二次大战役的，就是1953年开始的对粮食等主要农产品实行统购统销(加上对资本主义工商业和个体农业、个体手工业的社会主义改造，就是财经战线的“三大战役”)。到1985年改行粮棉合同定购制度为止，这个在特定条件下开始实行的农产品统购制度，持续时间长达32年之久。而统销制度的一些基本内容现在还在实行。回顾统购统销制度的产生及其发展，对于我们总结经验，探索今后怎样处理越来越多的城镇人口吃饭的这个大问题，可能是有益的。

(一)严峻的粮食购销形势

新中国诞生伊始，粮食产需矛盾、供求矛盾就十分尖锐。如果说尖锐的粮食产需矛盾是促进大规模开展农业合作化的动因之一，那么，1953年实行粮食统购统销，则是当时粮食供求矛盾发展的产物。

据粮食部1953年6月2日向中央的报告和该部负责人稍后向中央召开的全国财经会议的介绍：在1952年7月1日至1953年6月30日的粮食年度内，国家共收入粮食547亿斤，比上年度增长8.9%；支出587亿斤，比上年增加31.6%。收支相抵，赤字40亿斤。6月30日的粮食库存将由上年同期的145亿斤减为105亿斤，其中：北京由2.4亿斤减为1.3亿斤，天津由3.1亿斤减为1.6亿斤，上海由3.9亿斤减为2.9亿斤，广州由1.2亿斤减为0.6亿斤。由于1953年小麦受灾，预计减产70亿斤，加上广大农民因灾产生有粮惜售思想，预计夏粮征收和收购都将大大减少。形势相当严峻。

全国财经会议的粮食组集中讨论了粮食供销形势，结论是：问题很大，办法不多，真有点难以为继。

1952 年，全国的粮食总产量达 3278 亿斤，比上年增长 10.6%，比 1949 年增长 44.8%，超过战前最高水平 1936 年 3000 亿斤（包括大豆）的 9.3%，是土地改革之后的一个大丰收年。为什么大丰收之后粮食供销形势却未见缓和反而呈加剧趋势？这除了前述小麦减产和上年丰收后收购有所放松等具体原因外，主要有以下两个原因：

一是城乡粮食供应面迅速扩大，使销量大幅度增加。随着国民经济的恢复和大规模经济建设的开始，1953 年的城镇人口已达 7826 万，比 1952 年增加 663 万，比 1949 年增加 2061 万。1949、1952 和 1953 年城镇人口占全国总人口中的比例，分别为 10.6%、12.5%和 13.3%。城镇人口的增加，除自然增长的以外，绝大部分来自农村。他们在农村时吃粮自给，进城后就得吃商品粮。由于发展工业的需要，经济作物产区迅速扩大，加上其他缺粮人口，1953 年农村里吃商品粮的人口增加到一亿。如果全部由国家供应，返销到农村的粮食，估计不少于 300 亿斤（实际为 317 亿斤）。

二是土改后粮食产量虽有大幅度的提高，但由于农民生活改善，增产的粮食相当一部分被农民自己消费了。据统计，1949 年农村人均消费粮食 370 斤，1952 年增加到 440 斤。同三年前比较，每个农村人口多消耗粮食 70 斤，加起来就是一个惊人的数字。由于农村自给性消耗多了，公粮和商品粮所占的比例就降低。1951—1952 年度公粮和国家从市场上收购的粮食占粮食总产量的比重为 28.2%，1952—1953 年度下降到 25.7%。1953 年秋，我在华北作了几十天的调查之后，于 11 月 7 日写给毛主席的报告提到："过去山区农民一年只吃上十顿的白面，现在则每个月可以吃四五顿、七八顿，面粉需求量空前增大了，这是国家收购小麦困难的主要原因之一。"我的实际调查同粮食部的分析是一致的。

当时的粮食市场是自由市场，农民除缴纳农业税（即公粮）外，粮食可以自由上市。经营粮食的，除国营粮食公司和供销合作社外,还有私营粮商。1952 年 7 月 1 日到 1953 年 6 月 30 日这个粮食年度内,全国上市粮 348 亿斤,国家和供销社收购 69.9%,私商收购 30.1%。粮食形势一吃紧,私商同国家争夺粮源的斗争更尖锐。1952 年冬一个短时期内,江西吉安市上市的稻谷全被私商买走。江苏徐州专区各县 1953 年黄豆收割时,大江南北粮商蜂拥而至,有个叫王雨农的粮商,一人就抢购 50 万斤。当年青黄不接时,浙江、湖北一些地方出现私商预购“青苗谷”和“禾花谷”。私商买走粮食,虽然也可以满足市场需要,但抬高了粮价,从而影响整个物价稳定。当时私商活动频繁的地区,粮食市价一般高出牌价 20% 到 30%。那时,国家经济实力很弱,人民收入低微,很难承受这样的价格。在粮食自由市场存在的条件下,粮食价格波动,会引起一系列物价波动。在旧中国饱受了 12 年(1937—1949 年)恶性通货膨胀之苦后,人们对物价波动十分敏感。如果放任这种波动,就会引起人心不安,社会震动,大规模经济建设就很难进行。

建国头几年,国家掌握粮食,以征为主,以市场收购为辅。来自公粮征收和市场收购的比例,1951 年至 1952 年粮食年度为 61∶39;1952 年至 1953 年粮食年度为 56∶44。鉴于各方面对农业税有不少批评,1953 年 5 月 25 日,中央关于彻底做好农业税工作给各级党委的指示中明确指出:今后国家掌握商品粮,实行“少征多购”的方针,几年之内公粮征收数目稳定在 1952 年(即 348 亿斤减去特殊灾情的减免数)水平的基础上。这样,通过增加农业税来增加商品粮收入的道路就堵死了。据估算,由于供应面继续扩大,1953 年至 1954 年的粮食年度内,国家需要掌握粮食 700 多亿斤,除农业税可以拿到 275 亿斤外,还需要收购 431 亿斤(上年度实际收购数为 243 亿斤)。光靠市场收购要收到这么多粮食是不可能的。这就使得我们不得不另辟蹊径,非采用新的购粮办法和新的粮食供应办法不可。统购统销就是在这种情况下出来的。

(二)两种“炸药”中的选择

据我了解,陈云同志在 1951 年底,就酝酿过粮食统购问题。由他主持起草,用他、李富春同志和我三人名义,于 1952 年 1 月 15 日向中央作的《1952 年财经工作的方针和任务》的报告中提出:“由于今后若干年内我国粮食将不是宽裕的,而且城市人口将逐年增加,政府还须有粮食储备(备荒及必需的对外贸易),因此征购粮食是必要的。只要使人民充分了解征购意义,又能做到价格公平合理,并只购农民余粮中的一部分,则征购是可能的。目前先做准备工作,在 1952 年夏收时,采取合作社动员收购和地方政府下令征购的方式,重点试办,以观成效。如试验成功,即于 1952 年秋后扩大征购面,逐渐在全国实行。”(《陈云文选》第 2 卷,第 160 页)这里的“征购”,就是后来所说的统购。由于一些地方同志感到这个问题事关重大,希望从缓推行,中央在 1952 年实际上没有进行试点。

1953 年上半年,粮食供销矛盾进一步加剧,毛主席要求中财委拿出具体办法。这时,陈云同志因病在外地休息,财委工作由我主持。我组织粮食部和中财委粮食组的同志共同研究,草拟了《粮食收购办法》、《粮食计划供应办法》、《加强粮食市场管理办法》和《节约粮食办法》。《粮食收购办法》里,没有提到征购,那是考虑到农村工作人员和农民可能难于接受。提出的方案是:除依法征收公粮外,有选择地实行余粮认购法、结合合同收购法(即订合同用工业品换粮食)、储粮支付货币法(即按储粮时牌价将款存入银行保本保值并计息)、预购。几个草案经中央初步审阅后,于 6 月 15 日提交正在召开的全国财经会议粮食组讨论、修改。7 月下旬,财经会议后期,陈云同志回到北京。会议结束后,他立即拿出很大的精力继续这项研究。这时,汇总起来,共提出了八种方案。经过反复对比筛选,其中七种被否定了。这七种是:

只配不征。即只在城市搞配售,农村不征购。这种办法所以不行,是因为农民看到城市搞配售,他就会有粮不卖了。

只征不配。只在农村搞征购,城市不配售,还是自由市场。结果可能会边征边漏,农民会拿交征购粮所得的钱,到城市里从粮食公司再把粮食买回农村。

原封不动。即继续自由买进,自由卖出。这样做,困难会日益加剧，结果必乱无疑。

“临渴掘井”。先自由购买，实在买不到的时候，再去重点产粮区征购。这样办所以不行，道理很简单：到实在买不到的时候，城市自由供应也就无法继续了。

动员认购。东北1951年实行过。就是层层下达控制数字，而控制数字不向农民露底，由村支部动员农民认购，认购量达不到控制数字不散会。这是一种强迫而不命令的办法。

合同预购。这是个好办法，1949年、1950年在东北、华北收购棉花时就试行过。1951年对棉、麻、烟、甘蔗、茶叶等多种农产品全面实行合同预购，但预购合同一般要在春耕前签订，1953年至1954年粮食年度改行粮食合同预购，时间已晚。而且前几年合同预购证明，预购合同对小农的约束力也是有限的。收成好，他按合同交售，甚至希望国家多买；收成不好，市场价格看涨，虽订了合同，他也不一定会履约。现在粮食产量不是多，而是不足。因此，希望全面推行合同制来完成收购任务，没有把握。

不搞统一办法，由地方各行其是。这样做，怕各地互相影响，不好掌握。

经过广泛征求意见和认真思考后，陈云同志认为上述七种方案都不可选择，可选择的只剩下又统又配，即农村征购、城市配售的办法了。

财经会议后，我离京去外地做农业初级社的调查研究时，陈云同志曾通过电话征求我的意见。我表示同意他的选择，但希望在农村征购时，不要过头，除给农民留足口粮、种子、饲料外，最好还给留点机动粮。

陈云同志的建议向中央提出后，立即得到周总理、小平同志等的大力支持，并得到毛主席的赞许。毛主席嘱他代中央起草《关于召开全国粮食紧急会议的通知》。1953年10月2日凌晨，毛主席审改了陈云同志起草的通知，并决定于当晚7时召开政治局扩大会议讨论。

政治局扩大会议由毛主席主持，首先听取陈云同志的报告。报告说:情况十分严重。如不采取有效措施,会更加严重。(1)收购少,销售多。8月全国财经会议提出,从7月1日开始的新的粮食年度要收购粮食340亿斤,现在只买到101亿斤。个别地方收购虽达到计划,但全国同期销售124亿斤,超过原定计划19亿斤。现在既非1951年,又非1952年,1951年3月到6月紧张,7月以后收多销少,情况改变了;1952年11月间,情况也有改变。今年可以判断到11月、12月,也可能是收少销多。因为产区完不成计划,而销售却大幅度突破计划。(2)现在已有大批粮贩子活动于小集镇与乡村之间。只要粮食市场乱,一个晚上就可以出来上百万粮贩子。现在不少地方已开始混乱,粮多的地方则开始抬价。(3)过去规定全国供应京、津23亿斤粮食,其中麦子15亿斤,现在只能供应10亿斤。从7月1日到现在,只三个月已卖5亿多斤。现在到明年6月只有4亿多斤可卖了,而外无援兵。京、津面粉配售势在必行。京、津配售消息传出去又会影响粮食收购。(4)原定东北上调42亿斤,因为受灾,现在自认只能上调14亿斤,这个缺口不小。总之,粮食紊乱时间要提早到来,范围也要扩大,从乡村一直到大城市。其结果是物价必然波动起来,并立即逼得工资上涨,波及工业生产,预算也将不稳,建设计划将受影响。而且会引起人人各自囤积,人心不安。虽然物价不会像过去那样动荡,但也要相当动荡。这不利于国家,不利于人民,只有利于富农与投机商人。

在谈到解决办法时,陈云同志说:粮食问题涉及四种关系,即国家与农民的关系,与消费者的关系,与商人的关系,中央与地方和地方与地方的关系。同这四种关系相适应的处理办法是,农村实行征购,城市实行配售,严格管制私商,在坚持统一管理的前提下调整内部关系。上述四种关系中最重要的是第一种关系,只要通过征购把粮食搞到手,其他问题就好处理了。陈云同志又说:在我们之前,有两个政府实行过征购,一个是"满洲国"政府,叫"出荷";一个是蒋介石政府,叫"田赋强实,征购征借"。我们的征购不仅性质和他们的征购不同,而且价格公道。除运不出的"死角粮"的地区外,都可以实行。有无毛病?有。妨碍生产积极性,逼死人,打扁担,个别地方暴动，都可能发生。但不采取这个办法后果更坏，那就要重新走上旧中国进口粮食的老路，建设不成，结果帝国主义打来，扁担也要打来。结论是征购利多害少。

小平同志建议，农业税秋征推迟一个月开征，征与购同时进行。

毛主席最后发言说：赞成陈云同志的报告。征粮的布置推迟一个月。这也是要打一仗，一面对付出粮的，一面对付吃粮的，不能打无准备之仗，要充分准备，紧急动员。马克思、恩格斯从来没有说过农民一切都是好的。农民有自发性和盲目性的一面。农民的基本出路是社会主义，由互助合作进到大合作社（不一定叫集体农庄）。现在是“青黄不接”，分土地的好处，有些农民开始忘记了。农村经济正处在由个体经济到社会主义经济的过渡时期。我们经济的主体是国营经济，有两个翅膀：一翼是国家资本主义（对私人资本主义的改造）；一翼是互助合作、粮食征购（对农民的改造。这一个翼，如果没有计划收购粮食这一项，就不完全）。今天讨论的问题是涉及占农村人口80％到90％的广大农民的问题，也涉及到缺粮户的问题。依靠谁呢？主要依靠党员，他们是干部和农民中的积极分子。光靠缺粮户是不行的。征购，管制私商，统一管理粮食，势在必行。配售问题可以考虑，我观察也势在必行。因为小农经济增产不多，而城市粮食需求年年增长。这样做可能出的毛病，第一农民不满，第二市民不满，第三外国舆论不满。问题是看我们的工作。宣传问题，要大张旗鼓，但报纸一字不登。

毛主席在发言提纲的手稿上还写了这样一些内容：“和‘余粮收集制’的不同”；“所谓‘保护农民’的错误思想，应加分析和批判”；“大员下去”；“城市节约问题（苏联曾在大城市每人每天只配5两），我国应为老秤10两新秤12两”；“一切必要配售的地方均应配售”；“过渡时期社会主义体系构成的两个重要分支部门：私人资本——国家资本主义；小私有制农民的征收、征购。主体——国营工业：一翼——国家资本主义；又一翼——农村的互助合作和粮食征购制”；“价格应从长远计算，不要城乡同时紧张”。这里提出的“过渡时期社会主义体系构成的两个分支部门”，把粮食征购和互助合作合称为改造个体农业的一翼，反映了毛主席当时对我国私有经济的社会主义改造所作的理论思考。

这次政治局会议还通过了召开全国粮食紧急会议的通知。通知指出："从根本上找出办法来解决粮食问题，是全党刻不容缓的任务。"通知还规定华东局谭震林同志，中南局李先念同志，华北局刘澜涛、刘秀峰同志，西南局李井泉同志，西北局马明方同志必须参加会议。

10 月 10 日，全国粮食会议（对外名称未用"紧急"二字）召开，陈云同志作报告，政务院副总理兼财政部长邓小平同志讲话。

陈云同志在报告中，详细分析了粮食购销形势，对八种方案的可行性逐个作了说明，然后指出：现在只能实行农村征购、城市配售之一法，其他的办法都不可行。陈云同志说：如果大家都同意这样做的话，就要认真考虑一下会有什么毛病，会出什么乱子。全国有 26 万个乡，100 万个自然村，如果 10 个自然村中有 1 个出毛病，那就是 10 万个自然村。逼死人或者打扁担以至暴动的事都可能发生。农民的粮食不能自由支配了，虽然我们出钱，但他们不能待价而沽，很可能会影响生产情绪。"我这个人不属于'激烈派'，总是希望抵抗少一点。我现在是挑着一担'炸药'，前面是'黑色炸药'，后面是'黄色炸药'。如果搞不到粮食，整个市场就要波动；如果采取征购的办法，农民又可能反对。两个中间要选择一个，都是危险家伙。"（《陈云文选》第 2 卷，第 208 页）两害相权取其轻。选择农村征购、城市配售办法，危险性可能小一点。

小平同志在讲话中着重论述了粮食统购统销对巩固工农联盟，对国家有计划经济建设的关系。

经过讨论，大家同意中央的决策。

10 月 13 日，陈云同志作会议总结，传达了毛主席的一些新的意见：农村的征购面，今年控制在 50%左右，而重点又是这 50%中的 50%，即占农村总户数 25%左右的余粮较多的户；"征购"、"配售"的名词可否改一下？因为日本人搞过这个事情，这两个名词很吓人；征购要照顾农民的需要，不要把余粮都收走，还要留点给他；今冬明春农村工作仍然以生产为中心，粮食征购在春节前基本办完；要特别注意做好落后乡的工作。关于名称问题，陈云同志说，粮食部长章乃器先生主张将“配售”改为“计划供应”，我们何不再将“征购”改为“计划收购”，简单地说，新的粮食政策合起来就叫“统购统销”。

这一天，小平同志受毛主席委托，也再次到会讲话，中心是讲粮食问题和过渡时期总路线的关系。他说：从今年3月以来，毛主席主要是做了一件事，即提出了过渡时期的总路线。昨天晚上，毛主席交待，要我再跟大家讲一次，让同志们弄清楚一个道理，就是讲粮食征购一定要联系过渡时期总路线去讲。李井泉同志告诉我，四川试点，农村干部对征购抵触情绪很大，这些有抵触情绪的干部，主要还不是基层干部，而是县、区两级干部（后来查明，省部级干部中也有）。你讲征购不联系过渡时期的总路线，就无法使全党同志赞成这个东西。

党的决策工作，是一门很大的学问。今天我们仍不能说对这门学问已学习和掌握得很好了。但是，我觉得当年党中央对粮食统购统销政策的制定，却为我们立足实际，正确地进行决策提供了一个范例。无论在决策的程序，还是在决策的方法上，都留下了一些可贵的经验与启示。这在陈云同志的报告、小平同志的讲话和毛主席的发言中都有体现。从决策程序上说，党中央和毛主席首先责成主管部门中财委全面考察情况，提出解决粮食供销问题的方案、办法，然后召开有关会议集体讨论，并多方征求党内外的意见，充分发扬民主，坚持实事求是，确实是慎之又慎的。从决策方法上说，不仅提出了八种方案和办法，而且逐一条分缕析，反复论证，反复比较，论证可行性，比较得与失，最后确定统购统销为可行政策之后，还要陈述利弊，指明利是什么，弊在哪里，让大家思想上早做准备。确实是既唯物又辩证。这种民主的决策程序和科学的决策方法，我以为至今仍值得我们在经济政治文化社会发展的各项决策工作中，认真加以效法和发扬的。在决策的实践中，事事要求万全之策、万无一失，自然是不现实和难以办到的；但是，只要循此程序和方法去做，减少失当之处，防止和避免大的失误，则是完全可以做到的。

(三)统购统销政策的基本内容

10月16日,中央政治局再次召开扩大会议,通过经全国粮食会议讨论、小平同志修改过的《中共中央关于粮食统购统销的决议》等文件。同日,中央还发出《关于粮食统购宣传要点》。11月19日,政务院第194次政务会议通过《关于实行粮食的计划收购和计划供应的命令》。12月初开始,除西藏和台湾外,全国城乡开始实行粮食统购统销。

根据10月16日中央的决议和11月19日政务院的命令,粮食统购统销政策,包括计划收购、计划供应、由国家严格控制粮食市场和中央对粮食实行统一管理四个组成部分。

关于计划收购。它的基本含义是:“生产粮食的农民应按国家规定的收购粮种、收购价格和计划收购的分配数字将余粮售给国家。”(《命令》)粮种和价格由中央统一规定。统购价格的规定,大体维持在当时城市出售价格的基础上,以不赔不赚为原则。统购价格必须固定,以克服农民存粮看涨的心理。(《决议》)

关于计划供应。《命令》规定的计划供应范围,包括县以上城市,农村集镇,缺粮的经济作物产区,一般地区缺粮户,灾区的灾民。按照这个范围,当时城乡保障粮食供应的人口接近2亿,超过全国总人口的三分之一。供应品种由少到多,供应办法由简到繁,由宽到严。经过中央批准,北京、天津、保定(当时的河北省会)、济南四市于11月1日开始实行面粉计划供应,12月1日京、津两市又开始对大米和粗粮实行计划供应。其他大城市紧接着也实行了计划供应。上海因油比米紧,先实行食油和面粉计划供应,后实行大米计划供应。

关于市场管理。《命令》规定:“一切从事粮食经营、加工的国营、地方国营、公私合营、合作社营的商店和工厂,统一归当地粮食部门领导;所有私营粮商一律不许私自经营粮食,但得在国家严格监督和管理下,由国家粮食部门委托代销粮食。”“所有私营粮食加工厂及经营性的土碾、土磨,一律不得自购原料,自销成品,只能由国家粮食部门委托加工或在国家监督和管理下，代消费户按照国家规定的加工标准从事加工。”“一切非粮食机构和私商，禁止跨行业经营粮食。农民运粮进城出售，由国营粮店或合作社收购。”

关于中央统一管理。建国以后，无论征收和收购的粮食，一直由国家集中管理，省际间的余缺调剂由中央调拨。1958 年夏全国财经会议上，多数同志意见：为减轻中央的压力，增加地方及时处理粮食问题的机动权，建议改由中央与地方分级管理，地区的调剂由地区互相协商。由于此事关系颇大，周总理打电报去浙江征求陈云同志意见。陈云同志复电，主张仍维持原办法，但要克服工作中的缺点。复电说：如采用此新建议，各省区为保各自的安全，余粮者必然希望更少调出，缺粮者必然要求更多调入，甚至形成地区封锁，结果仍然要求中央作决定。这样，必然会带来市场混乱，情况可能更坏些。财经会议和中央 11 月 16 日《决议》吸取历史经验和陈云同志意见，仍坚持实行“统一的管理、统一的指挥和调度”的原则。《决议》规定：“所有方针政策的确定，所有收购量和供应量，收购标准和供应标准，收购价格和供应价格等，都必须由中央统一规定或经中央批准，地方则在既定的方针政策原则下，因地制宜，分工负责，保障其实施。”

中央《决议》指出：“上述四项政策是互相关联的，缺一不可的。只实行计划收购，不实行计划供应，就不能控制市场销量；只实行计划供应，不实行计划收购，就无法取得足够的商品粮食。而如果不由国家严格地控制粮食市场，和由中央实行统一管理，就不可能对付自由市场和投机商人，且将由于人为的粮食山头的相互对立，给投机商人以更多的捣乱机会，结果计划收购和计划供应亦将无法实现。”

小平同志 10 月 10 日在全国粮食会议上的讲话中，也谈到这四项政策的关系问题。他用一句四川土话来表述它们的关系：四项政策“只能穿一条连裆裤”。他说：中国山头很多，粮食问题又出了几千万个山头。如不强调统一领导，分工负责，就会出乱子。针对一些同志提出的城市提高销价，同时相应地提高工资的意见，小平同志说:我这个财政部长可是一个铜板也没有,由此要加大的国家支出,还得找你们要钱。

根据当时对社会矛盾和计划经济的认识,《决议》指出:实行上述政策,不仅可以妥善地解决粮食供求矛盾,更切实地稳定物价和有利于粮食的节约;而且是把分散的小农经济纳入国家计划的轨道之内,引导农民走上互助合作的社会主义道路和对农业实行社会主义改造必须采取的一个重要步骤,它是党在过渡时期总路线不可缺少的组成部分。现在,在粮食供销方面表现的紧张性,其本质是反映了国家计划经济与小农经济、自由市场之间的矛盾,反映了工人阶级领导与农民自发势力和资产阶级反限制之间的矛盾,归根结底是反映了社会主义因素与资本主义因素的矛盾。

由于"全党动员、全力以赴",而且把统购统销当作贯彻执行过渡时期总路线的一个组成部分,1953 年 10 月部署的粮食征购任务如期完成并超额完成。10 月,全国粮食会议确定,从 1953 年 7 月 1 日到 1954 年 6 月 30 日的粮食年度内,连同农业税在内,国家共收入粮食 709 亿斤。据国家统计局资料,这一年度内,全国实际粮食收入达到 784.5 亿斤,超过计划 75.5 亿斤,比上年度多收 177.9 亿斤,增长 29.3%;国内销售粮食 596.4 亿斤,比上年多销 135.3 亿斤,也增长 29.3%。购销相抵,库存有了较大幅度的增加。难关渡过了,形势缓和了。但是,正如陈云同志所预计的,统购中国家同农民的关系是紧张的,强迫命令、乱批乱斗、逼死人命等现象都发生过。个别地方还发生了聚众闹事的事件。毛主席在 1960 年说过:50 年代在粮食问题上,我们有两次同农民的关系搞得很紧张,第一次就是 1953 年。当时,从经济方面来说,华北地区发现的一个重要问题,就是把农村初级市场统死了。粮食统购以后,除忻州、运城、唐山等少数地区以外,绝大部分地区的初级市场陷于停顿状态。这给农村经济生活带来一系列的问题:(1)农民间的余缺调剂停止了,原来部分缺粮农民能通过调剂解决的问题,现在得由国家背起来;(2)商业销售受到重要影响,销售计划完不成,农村货币回笼不上来;(3)不少商贩停止活动,农村的土特产都收购不上来。华北局于 1954 年 3 月

13日、3月17日、4月9日，先后批发了邯郸地委、华北局财委、山西省委的报告，并上报中央，要求各级党委克服因胜利完成统购任务后的盲目乐观情绪，及早扭转农村初级市场的死滞局面。中央连续批转了华北局的三次报告，要求各地注意报告中提出的问题，切实建立国家领导下的初级市场。5月27日，并发出专门指示，要求限期建立国家粮食市场。

(四)统购统销制度的发展

在部署了粮食统购统销之后不久，中央紧接着部署了食用植物油的统购统销，第二年又部署了棉花的统购和棉布的统购统销。

我国1952年生产食用植物油169万吨(各种油料作物折油)，只相当于战前最高年产量(1935年222万吨)的76%。1953年的总人口和城镇人口都比战前增加很多，而且还要挤出部分食油出口换基建物资(当时一吨食油能换四吨钢材)，因此食油供应很紧张。考虑到这不是一时的现象，而是较长期的带根本性的困难，中央根据陈云同志的建议，趁部署粮食统购统销的时机，于1953年11月15日，作出了《关于在全国计划收购油料的决定》。油料实行计划收购，食油也相应地实行计划供应。

我国棉花产量，从1951年起，连年超过战前最高水平。如以战前产量最高的1936年的水平为100，则1951年为123，1952年为152，1953年为139。陈云同志当时很注意利用价值规律指导农业生产，几乎每年都要研究合理的粮棉比价。我根据他的要求，开过一次粮棉比价会议，确定八斤小米换一斤棉花，效果很好，促进了棉花生产。由于棉花大量增产，棉纱和棉布生产也有很大的发展。但是，随着棉纺工业的发展和人民购买力的提高，全国平均每人每年对机织棉布的消费量逐年增加，1950年为11.99市尺，1953年已增加到23.08市尺(土布消费量未计)。同上年比较，各年市场棉布供应量增长比例是：1951年33.47%，1952年17.18%，1953年47.8%。棉花产量的增长远不能适应社会对棉花棉布需求的增长。我国棉纱已于1951年1月实行统购，自那时起，凡公私纱厂自纺的棉纱、自织的棉布，均停止在市场出售，由国营公司统一收购。到1954年时，光控制棉纱已经不够了，要求进一步把棉花、棉布也控制起来。为此，1954年7月13日，中央批准中财委关于改变棉花购销制度的建议，9月9日，政务院第224次政务会议通过了《关于实行棉布计划收购和计划供应的命令》、《关于棉花计划收购的命令》。从1954年9月起，城乡开始凭布票供应棉布。

随着经验的积累和农业生产的发展（包括曲折），粮食等主要农产品统购统销制度也不断发展。

1954年，长江、淮河流域遭受百年不遇的大洪灾。为救灾需要，1954年至1955年度在非灾区多购了约70亿斤粮食，全国统算，也多购23亿斤（计划征购868亿斤，实际征购891亿斤）；加上1953年至1954年、1954年至1955年两个粮食年度的统购，有许多强迫命令和买“过头粮”等现象，加剧了国家与农民关系的紧张。到1955年春，许多地方几乎是“家家谈粮食，户户要统销”。这种虚虚实实的粮荒，不仅妨碍统购统销政策的贯彻实施，也影响农民的生产情绪。为此，中共中央、国务院于1955年3月3日，发出《关于迅速布置粮食购销工作安定农民生产情绪的紧急指示》，除将1955年7月1日至下年6月30日的粮食年度内的征购任务，由929.7亿斤减为900亿斤（后又两次核减，最后减为830亿斤）以外，决定在全国实行粮食“三定”（定产、定购、定销）制度，要求各地在春耕开始前，以乡为单位，将全乡的计划产量大体确定下来，并将国家对本乡的购销数字向农民宣布，使农民预先知道自己全年生产多少，国家收购多少，留用多少，缺粮户供应多少。在确定实行“三定”政策时，毛主席提出：粮食定产要低于实产，要使农民多留一点，多吃一点，多喂一点，多自由一点，做到“人不叫，猪不叫，牲口不叫”。据粮食部党组负责人1956年3月24日向毛主席汇报，这些要求基本做到了。1955年粮食定产一般为实产的90%到95%，1955到1956年度征购粮食预计完成870亿斤，虽然可能超过计划40亿斤，但因为这年粮食大丰收，又实行了“三定”，征购工作进展顺利。“三定”的办法获得了广大农民群众的拥护。有的农民说“三定是四定”，意思就是有了定产、定购、定销这三项办法，心也就定下来了。

1955年8月25日，国务院根据两年的经验，特别是1955年上半年处理粮食风潮的经验，发布了《农村粮食统购统销暂行办法》和《市镇粮食定量供应暂行办法》。前者对定产、定购、定销事宜分章作出详细的规定。关于定产，办法规定："一九五五年分户核定的余粮户粮食交售任务，在正常情况下，自一九五五年起，三年不变，增产不增购；缺粮户的粮食供应量，每年核定一次。"后者规定：市镇粮食统销由凭证购买，按户核实，改为按人定量供应，并发行粮票。

1956年初，初级形式的农业生产合作社已经普遍建立，正在一大批一大批地向高级形式的农业生产合作社转变。农业合作化后，农产品购销制度怎么办？要不要推行苏联的义务交售制？是形势提出的新问题。当时有一种议论：将我国的公粮制度（即农业税）和粮食统购制度合并起来，改为类似苏联的那种售价很低的义务交售制。毛主席和少奇同志，在分别听取了粮食部党组的汇报后，对此态度都很明朗：不赞成。我记得，毛主席的意见讲得很尖锐。说苏联采取义务交售等办法，把农民挖得很苦，那是既要母鸡多生蛋又不给它米吃，又要马儿跑又要马儿不吃草等。少奇同志也指出："我们的公粮制度好，群众有习惯，国家不出钱，群众无意见。如果将征收与统购合并成一个制度，必须跌价，农民有意见，价格搞乱了。"据粮食部汇报，苏联国家的粮食收入来源于四个渠道：义务交售、拖拉机器站实物报酬、国营农场上缴、国家采购。完全不通过税收取得粮食，而是通过价格。当时苏联集体农庄市场价格高于国家采购价格一倍以上，国家采购价格又高于义务交售价格二倍以上。义务交售价格只是象征性地给点钱。少奇同志说："这个经验，我们不要去学。现在粮食情况紧些，我们强制农民卖粮，将来粮食多了，农民要强迫我们买。中国历史上，国家向农民征税是一件事，粮食买卖又是一件事，合不起来。"合作化后，"改变粮食征购制度，不要单纯学苏联，要进一步研究"。由此可见，当时毛主席和少奇同志他们，都是注意从中国的历史条件和现实情况出发，来研究解决粮食制度和其他问题的办法的，来探索中国自己进行社会主义建设的路子的，并不赞成不加分析地完全照搬苏联的办法和经验。这一点，从毛主席稍后发表的《论十大关系》中可以看得更清楚更突出。这里我还想讲一个小插曲。当时有位叫毕尔曼的苏联在华专家，在一次谈话中，发表了一个意见，认为在处理国家与农民的关系问题上，中国不要学苏联。他说：苏联通过税收动员的资金不到预算收入的10%，主要是通过价格向农民索取积累。这样做，虽然政治上很漂亮，但经济上带来的问题很多。现在中国“业务部门的同志有一种倾向，就是盲目地重走苏联走过的路。这样可能会走弯路，造成损失”。4月26日，在讨论《论十大关系》的政治局扩大会议上，陈伯达念了这位专家的谈话记录，大家很感兴趣，会场议论风生。

根据统购统销基本制度不变的精神，经过研究，国务院于1956年10月6日作出《关于农业生产合作社统购统销的规定》。要求今后粮食统购和农村统销，“不论高级社或初级社，一般以社为单位，根据1955年分户、分社核定的粮食定产、定购、定销数字，统一计算和核定。归社统一计算的结果，粮食有余的为余粮社，粮食不余不缺的为自足社，粮食不足的为缺粮社”。这样，合作化后，国家不再跟农户发生直接的粮食关系。国家在农村统购统销的户头，就由原来的一亿几千万农户简化成了几十万个合作社。这对加快粮食收购进度、简化购销手段、推行合同预购等都带来了便利。1956年，由于部分地区遭灾减产，为了保证这些灾区的粮食供应，《规定》提出：“国家对粮食丰收地区的余粮社，可以在定购数量以外，适当增购一部分，但增购部分不得超过余粮社增产部分的40%。”1957年10月11日，国务院又作出补充规定，根据1956年的经验和供销矛盾的新发展，提出在坚持“三定”的基础上，实行以丰补歉的方针。对超过粮食“三定”的余粮社、自足社，必须增购一部分粮食；对缺粮社必须减销一部分粮食。

这以后，经历“大跃进”和十年动乱，统购统销制度又作了若干新的规定：

——1960年10月以后，实行“超购加价”办法。即社队出售的粮食，超过统购任务的部分，国家按高出统购价格的一定比例计价收购。

——1961年9月以后，实行售粮奖售工业品制度。当时规定：凡生产大队（当时的生产大队是人民公社的基本核算单位）向国家每出售1500斤粮食，奖售棉布15尺，纸烟1条，胶鞋1双。后来逐步改为奖售化肥等农业生产资料。为鼓励农民种植棉花和油料等经济作物，又规定了出售棉花等产品奖售粮食的政策，如1961年、1962年期间，每出售1担棉花奖售35斤粮食，出售1担花生仁奖售20斤粮食。

——1961、1962年严重困难时期，国家对那些暂时确有困难、以后有能力归还的生产大队实行粮食借销。借销的粮食在下一季度或下一年度必须归还。

——1958年2月，在中央管理权限大下放时，曾经将中央管理粮食的部分权力下放给地方。经历“大跃进”之后，1962年9月收回，重新实行中央统一集中管理。

——1955年一定三年不变期满之后，1959年、1965年重新定产、定购、定销，规定一定三年不变。1971年又重新定产、定购、定销，规定一定五年不变。由于“大跃进”浮夸风的影响，1959年全国定产指标为5000亿斤原粮，而1959年、1960年、1961年的实产量分别只为3400亿斤、2870亿斤、2950亿斤。三年平均实产比1957年减少827.6亿斤，但平均年征购粮食却比1957年增加了95.8亿斤，相当多的地方购了农民的“过头粮”。“三定”本是一种好制度，但由于整个经济工作和社会变革的指导思想发生失误，造成高估产、高征购，给农民带来严重的不利影响，也给粮食工作自身增加困难。

党的十一届三中全会以后，严格的统购统销制度逐渐有所放松。从1979年开始，粮食统购指标，在1971年确定的“一定五年不变”的基数上，每年核减50亿斤，同时增加进口粮食，让农民休养生息；从1982年开始，对粮食征购、销售、调拨，由省、市、自治区包干，一包三年不变，多购少销的粮食，归省、市、自治区掌握，生产队、组、户在完成征购任务后，有权处理多余的粮食，国家除统购外，开展议价收购；从1983年12月1日起，取消布票。

由于农村经济体制改革的巨大成功和一系列鼓励农业生产政策的实施，粮棉连续六年丰收。1984年粮食产量突破8000亿斤，棉花产量突破1.2亿担。1985年1月1日，中共中央、国务院《关于进一步活跃农村经济十项政策》宣布：用合同定购制度代替统购派购制度。

(五)改革中的评说

1985年，中央1号文件指出："农产品统购派购制度，过去曾起了保证供给、支持建设的积极作用，但随着生产的发展，它的弊端就日益表现出来，目前已经影响农村商品生产的发展和经济效益的提高。"这里既肯定了统购统销制度的历史贡献，也指出了它存在的弊端。这个评价是符合实际的。

物价稳定，是"一五"期间我国成功地开展大规模经济建设的条件之一。而统购统销的实行，是创造这一条件的决定性的步骤。因为从1953年到1957年，我国粮食总产量由3300多亿斤增加到3900多亿斤，而总人口由58700万增加到64600万，人均占有粮食只500斤稍多一点。那时不仅没有可能进口粮食，而且还要挤出部分粮食出口，以换取建设物资。在那种条件下，确实是"粮食定、天下定"，粮价稳定是整个物价稳定的关键。正如1953年10月16日中央《决议》指出的：那时如果不采取统购统销这一步骤，"将不可避免地出现一个严重的供销脱节的混乱局面，以至牵动全面的物价波动，影响整个的国家建设计划"。后来，我们国家遇到"大跃进"和"文化大革命"那样的灾难，这两次大灾难中所以没有出现更严重的局面，应该说，与统购统销制度发挥的积极作用也是密切相关的。

统购统销制度的主要弊病，就是限制了价值规律在农业生产和农产品经营中的作用，因而不能不影响农民生产积极性的发挥和工商企业经济核算的实施。因为统购统销割断了农民同市场的联系：土地种什么，信息不是来自市场；农民对自己的产品，处理无自主权，即使有余粮，也不能拿到市场出卖，这就排除了价值规律对农业生产的刺激作用。这种弊病在"一五"期间就表现出来，1958年以后，就更加明显了。

建国之初，我们党就提出了缩小旧社会遗留下来的工农业产品价格剪刀差问题。1956年，毛主席和少奇同志都明确表示：不赞成效法外国通过价格机制剥夺农民那一套。从1953年到1985年的32年中间，粮食统购价格也多次有所提高，其中主要的是两次：1961年提价25%；1979年，统购部分提价20%，超购加价由20%扩大到50%。但是，缩小剪刀差的成果却并不理想。据理论界有些同志测算，建国后，农业部门每创造100元价值，通过价格机制转移到工商部门实现的量：1952年17.9元，1957年23元，1978年25.5元，1984年10元(《经济研究》1990年第2期)。1953年后剪刀差的扩大，有复杂的原因。首先应当承认，在我们这样经济落后的农业大国，进行大规模的工业化建设，在开始一个时期内，要求农民多提供一些积累是必要的，不可避免的。资本主义国家筹集工业化资金，或者依靠残酷的原始积累、掠夺农民，或者对外掠夺殖民地，或者两者兼而用之。我们是社会主义国家，不能那样做。但是，如果不在相当一个时期内，要求农民多提供一点积累，工业化资金哪里来？当时党内党外都有一些同志过于同情农民，不赞成统购统销，他们的出发点可能是不坏的，但他们的意见是不对的，行不通的，因为没有考虑国家工业资金积累这一大的实际需要。当然，这不是说，我们在这方面没有缺点。问题是一开始我们就对发展重工业要求过急，对农民生活的改善注意不够。尽管1956年我们对苏联那种依靠剪刀差动员农民积累的方式进行了批评，这是对的，但由于否认价值规律的作用，而且农业税负担又已经定死，因此，在实际上就无法同剪刀差真正决裂。以后，由于“大跃进”和十年动乱的两次大灾难，使国民经济遭到严重破坏，更不得不要求农民承受更大的剪刀差负担了。这是一个严重的教训。

统购统销初期，国家规定的粮食购销差价为5.6%，第一年粮食经营做到了略有盈余，但是第二年(即1954至1955年度)，即赔了2.5506亿元。随着粮食经营费用的增加和购销价格“倒挂”现象的出现，亏损越来越大。在各种价格补贴中，大头就是粮油补贴。

1987年达276亿元，1988年突破300亿元，成为国家财政的一大包袱。

此外，在执行统购统销政策的过程中，还存在着统得过死的缺点。国家征购“过头粮”的现象比较普遍，农民生产的粮食，大多都给收购上去了，所剩无几。结果，各方面都搞得很紧张，农民的生产积极性受到严重影响，粮食产量长期没有大的突破。如前所述，毛主席当时已看出了这一弊端，强调指出，定产要低于实产，使农民多自由一点。可惜，在1957年以后，这一重要指示在实际工作中未能得到继续落实。党的十一届三中全会后，总结历史的经验，并根据条件的变化，将过去的统购改为合同定购，农民的自由大得多了，积极性也调动起来了，全国粮食产量有了较大突破。

总之，统购统销政策的提出，是由当时的具体历史条件所决定的，因而是必要的和正确的。问题和教训在于，“大跃进”和十年动乱的大曲折，人口增长的失控，不仅使我们长期找不到机会来改变这一政策，而且还不得不从购销两头越勒越紧。此外，还因为我们对于什么是符合我国国情的社会主义经济体制，对于我国现阶段社会主义经济发展的特点没有弄得很清楚，往往把商品经济等同于资本主义，把指令性计划等同于计划经济，因而自觉不自觉地把一定历史条件下实行的统购统销制度同社会主义制度等同起来。现在统购派购虽已为合同定购所代替，但是，问题还多。我国已经是一个11亿多人口的大国，但耕地仅十几亿亩。最近几年，每年人口以1500万左右的速度增加，耕地却以近千万亩的速度减少。城镇人口每年也大量增加。在这种情况下，究竟怎样解决越来越多的城镇人口的吃饭问题，或者扩大一点说，怎样解决11亿多人口的吃饭问题，仍然需要我们花大力气继续认真地加以探索。

十三　“一五”计划奠定了工业化的初步基础

1953年，中国的经济发展史揭开了新的一页，那就是开始执行(1953—1957年)发展国民经济的第一个五年计划。这一计划的实施，为我国实现社会主义工业化奠定了初步基础。这里，我侧重谈谈工业建设方面的情况。

(一)“一五”计划的任务和编制过程

发展国民经济的第一个五年计划，是我国由新民主主义向社会主义过渡的重大步骤。它的基本任务，是依据党在过渡时期的总路线和总任务确定的。

1953年9月8日，周总理在向全国政协常务委员会所作《过渡时期的总路线》的报告中，对“一五”计划的基本任务作了这样的概述：“首先集中主要力量发展重工业，建立国家工业化和国防现代化的基础；相应地培养技术人才，发展交通运输业、轻工业、农业和扩大商业；有步骤地促进农业、手工业的合作化和对私营工商业的改造；正确地发挥个体农业、手工业和私营工商业的作用。所有这些，都是为了保证国民经济中社会主义成分的比重稳步增长，保证在发展生产的基础上逐步提高人民物质生活和文化生活的水平。”(《周恩来选集》下卷，第109页)

1955年7月5日，李富春副总理代表国务院向第一届全国人大第二次会议所作的《关于发展国民经济的第一个五年计划的报告》中，对“一五”计划的任务又进一步作了比较完善的表述：“集中主要力量进行以苏联帮助我国设计的一百五十六项建设单位为中心的、由限额以上的六百九十四个单位组成的工业建设，建立我国的社会主义工业化的初步基础；发展部分集体所有制的农业生产合作社，并发展手工业生产合作社，建立对于农业和手工业的社会主义改造的初步基础；基本上把资本主义工商业分别地纳入各种形式的国家资本主义的轨道，建立对于私营工商业的社会主义改造的基础。”

根据上述任务，计划规定，在五年内，全国经济建设和文化教育建设的支出总额为766.4亿元(新币，下同)，其中属于基本建设的投资为427.4亿元，占总支出的55.8%。在基本建设投资中，工业是重点，占58.2%；农林水利占7.6%；运输和邮电占19.2%；贸易、银行和物资储备占3%；文化、教育、卫生占7.2%；城市公用事业占3.7%。上述支出总额相当七亿两黄金。用这样大量的投资进行国家建设，在中国历史上是前所未有的壮举。

在国民经济恢复时期，中财委和后来成立的国家计划委员会，曾经编制过几个粗线条的年度计划纲要，也曾试行编制十年或十五年的远景发展规划。但都因没有经验、地质资源情况不清、可供使用的统计资料极少、人才不足、知识不足等因素，没有搞出成型的东西来。后来，向苏联学习，并得到苏联政府的具体援助，计划的编制工作就比较顺利了。

“一五”计划从1952年着手编制，到1955年提交第一届全国人民代表大会第二次会议审议通过，前后用了三年多的时间。

1952年初，根据周总理的提议，中央决定成立由周恩来、陈云、薄一波、李富春、聂荣臻、宋劭文六同志组成的领导小组，组织领导“一五”计划的编制工作。8月，试编出《五年计划轮廓草案》，并组成以周总理为团长、陈云和富春同志为副团长的政府代表团赴苏，征询苏联政府对我“一五”计划的意见，商谈苏联援助我国进行经济建设的具体方案。苏联政府领导人看了我们的《草案》后，认为还不能算是五年计划，不仅不是计划，即使作为指令也不够。

周总理和陈云同志在苏逗留了一个多月的时间，两次会见了斯大林。斯大林对我国的“一五”计划提出了一些原则性的建议。他认为，我们《草案》里考虑的五年中工业年平均增长20%的速度是勉强的，建议降到15%或14%。他强调，计划不能打得太满，必须留有后备力量，以应付意外的困难。他同意帮助我们设计一批企业，并提供设备。斯大林的意见对我们是有很深刻的启发意义的。当时我们提出工业年平均增长20%的速度，是根据前三年工业年平均增长34.8%的速度设想的，虽然计划指标已低于这个数字，但对经济恢复时期带恢复性质（数量小、基数低、恢复易）的高速度不能持久保持这一点，则认识很不足。

1952年底，中央领导同志在讨论《五年计划轮廓草案》时，作出了四项指示：(1)执行“边打、边稳、边建”的方针，既要保证抗美援朝战争取得胜利，又要进一步稳定社会秩序和经济秩序，使大规模的经济建设工作有条不紊地展开；(2)突出重点，把有限的资金用于增强国家工业基础的建设上；(3)合理利用现有工业基础，充分发挥现有企业的潜力；(4)以科学求实的态度从事计划工作，使计划正确反映客观经济发展的规律。中央的这些指示，在“一五”计划中得到了充分体现。

周总理和陈云同志回国后，富春同志率领代表团继续同苏有关部门广泛接触，征询意见，商谈苏联援助的具体项目，时间长达九个月。

1953年4月4日，米高扬向富春同志通报了苏共中央、苏联国家计划委员会和经济专家对我国“一五”计划的意见。要点如下：(1)从中国的利益和整个社会主义阵营的利益考虑，“一五”计划的基础是工业化，首先建设重工业，这个方针任务是正确的；(2)从政治上、舆论上、人民情绪上考虑，五年计划不仅要保证完成，而且一定要超额完成。因此，工业的年平均增长速度调低到14%—15%为宜；(3)要注意培养自己的专家；(4)加强地质勘探等发展经济的基础工作；(5)大力发展手工业和小工业，以补充大工业之不足；(6)要十分注意农业的发展，不仅要大量生产质量好、价格低的农机具和肥料，还要保证工业品对农村的供应，发展城乡物资交流；(7)巩固人民币，扩大购买力，发展商品流通；(8)工业总产值的增长速度要大于职工人数的增长速度，以保证劳动生产率的提高。劳动生产率的提高速度要大于工资的增长速度，以保证国家的积累。技术人员的增长速度要大于工人的增长速度，以保证技术水平的提高。这些意见虽然主要是立足于苏联的经验而谈的，但基本上符合当时中国的实际。我们参考这些意见对计划草案作了较大的调整。

1953年6月至8月，在全国财经工作会议上，传达了中央的上述指示，讨论了“一五”计划的方针任务，并对计划编制工作进行了初步总结。

1954年初，根据工作发展的需要，中央决定调整领导编制“一五”计划工作的班子，成立由陈云同志为组长的八人小组，成员有高岗、李富春、邓小平、邓子恢、习仲勋、贾拓夫、陈伯达。4月，毛主席审阅了陈云同志提出的《五年计划纲要（初稿）》，并批转少奇、恩来、彭真、小平等同志审阅。8月，在陈云和富春同志主持下，八人小组审议国家计划委员会提出的《中华人民共和国发展国民经济的第一个五年计划草案（初稿）》，接连举行了17次会议，对草案逐章逐节地进行了讨论和修改。10月，毛主席和少奇同志、周总理三位领导人聚会广州，用一个月的时间，审议修改后的“一五”计划草案。11月，由陈云同志主持召开中央政治局会议，用11天的时间，仔细讨论了“一五”计划的方针任务、发展速度、投资规模、工农业关系、建设重点和地区布局，又提出了许多修改意见和建议。

1955年3月，党的全国代表会议，讨论通过了“一五”计划草案，并建议由国务院提请全国人大审议批准，颁布实施。

从以上简要叙述的“一五”计划编制过程可以看出，以毛主席为首的党中央对这个计划是极为重视的，他们不仅对计划的方针任务作出指示，对一些具体问题也及时过问。朱德同志还一再要求我们要重视手工业的生产，并且多次提出书面意见。据我回忆，在中央领导同志的指导下，计划草案曾进行过五次重大的修改和充实。周总理经常主持召开国务院会议，对计划的细节一一进行研究。陈云、富春同志，更是自始至终专心致力于这项工作，事必躬亲。国家计划委员会的干部，各经济部门和其他部门参与编制计划工作的干部，也是不分昼夜地工作。那时计算数据，是用老式的算盘、计算尺和手摇计算器，方案稍有变动，上千个数据都得相应改动，他们工作之辛苦是不言而喻的。由于上上下下齐心努力，发扬虚心学习、勇于探索和实事求是的精神，使这个计划的编制真正做到了精确计算，反复比较，慎重决策。

在缺乏经验的情况下编制全国统一的五年计划，只靠中央主管部门是难以做到的。例如，我国国情的调查、矿产资源的分布和可开采程度、现有企业和各地经济、社会发展状况，以及新建厂址的选择等众多编制计划必不可少的资料，均需有关部门和各级政府协助提供。当时编计划，虽然不像后来那样，由中央拟定一个初步轮廓（即控制数字），交各省编制地区规划，然后由中央汇总平衡，即由上而下、由下而上相互结合的做法；而是由中央部门集中搞，但计划的方针任务和重大决策，则是向各大行政区和各省、市、自治区政府及时通报，使他们心中有数，便于提出建议和指导所属有关部门配合。特别是在厂址的选择和人才的调配上，各级党委和政府从大局出发，做出了很多贡献。

（二）确立优先发展重工业的指导方针

把一个经济落后的农业大国逐步建设成为工业国，从何起步？这是编制计划之初就苦苦思索的一个问题。有关部门的同志也曾引经据典地进行过探讨，把苏联同资本主义国家发展工业化的道路作过比较，提出过不同的设想。经过对政治、经济、国际环境诸多方面利弊得失的反复权衡和深入讨论之后，大家认为必须从发展原材料、能源、机械制造等重工业入手。

得出这样的结论，其理甚明。设想多发展轻工业，按一般常识讲，一定是投资省、见效快，又能改善人民的物质生活条件，为国家多积累建设资金。但是，没有机器制造业，发展轻工业的装备从哪里来？没有钢铁等基础工业，机械制造的原材料从哪里来？没有能源和交通运输，整个经济又怎么运转？仰赖进口吗？办不到。一是我们没有钱，二是西方资本主义国家对我们实行禁运和封锁。全靠苏联等社会主义国家支援也不现实。特别是当时美帝国主义实际上还同我们处于军事对峙状态,我们亟须建立强大的军事工业以增强国防力量。这些因素是客观的现实,不是我们的主观意志可以改变的。因此,我们的“一五”计划不能不采取优先发展重工业的指导方针。

1953 年 9 月,毛主席在中央人民政府委员会第 24 次会议上,专门讲了一段如何看待“施仁政”的问题。当时有些同志,也包括一些党外朋友中的有识之士,看不到抗美援朝、发展重工业的重要性,片面强调中国经过 22 年的战争,经济亟待恢复,人心思定,不能再打仗了,人民生活亟待改善,应该多搞些轻工业。有的甚至提出,工商业者可专搞轻工业、国家则专搞重工业,这样分工合作,于国于民两利。这两种议论,一时呼声甚高。毛主席把这种思想称为“小仁政”,提出了善意的批评。他说:“所谓仁政有两种:一种是为人民的当前利益,另一种是为人民的长远利益,例如抗美援朝,建设重工业。前一种是小仁政,后一种是大仁政。两种必须兼顾,不兼顾是错误的。那末重点放在什么地方呢?重点应当放在大仁政上。现在,我们施仁政的重点应当放在建设重工业上。要建设,就要资金。所以,人民的生活虽然要改善,但一时又不能改善很多。就是说,人民生活不可不改善,不可多改善;不可不照顾,不可多照顾。照顾小仁政,妨碍大仁政,这是施仁政的偏向。”这段话讲得很好,今天重读,仍觉寓意良深。我们党是为人民服务、为人民谋利益的。服务、谋利益,也就是在做着“施仁政”的工作。第一是要“施仁政”,而绝不能向人民“施恶政”,否则就蜕化变质了,就“和平演变”过去了。这是我们的党员干部尤其是领导干部第一位要警惕的。第二,“施仁政”要善于施,施得得法。为人民需要办的好事多得很,不可能一天、一月、一年都办完,必须有大小主次之分,轻重缓急之分。“小仁政”不能妨碍“大仁政”,眼前利益不能损害长远利益,局部利益不能损害整体利益,生活消费不能冲击国家建设。如果只顾眼前,好行小惠,吃光分光,不图大计,那就有一天什么“仁政”也施不下去。这一点不可不察。这也是我们党员干部尤其是领导干部要时刻警惕的。

1954 年 6 月,在中央人民政府委员会第 30 次会议上,毛主席在谈到发展重工业的必要性和重要性时，又形象地说："现在我们能造什么？能造桌子椅子，能造茶碗茶壶，能种粮食，还能磨成面粉，还能造纸。但是，一辆汽车、一架飞机、一辆坦克、一辆拖拉机都不能造。"试想，不优先发展重工业，怎么能改变这种落后的经济状况，怎么能使我国立于世界民族之林呢？

在计划执行过程中，优先发展重工业的重要性日益显现出来。1955年6月28日，我在给中央的《目前重工业生产中的几个重要问题》的报告中谈道："我国原有工业基础十分落后，在国民经济建设全面展开的情况下，各工业部门在供需和生产协作配合上，呈现一种日益紧张的形势。突出表现在：地质工作薄弱；煤、电、油供应紧张；钢铁、有色金属、基本化学、建筑材料等产品，数量不足，品种不够，规格不多，质量不高；机械工业尚处在由修配到独立制造的转变过程中，还谈不到以最新技术装备国民经济各部门的任务。"我在报告中讲了这些事实之后，还向党中央明确说明："上述问题的解决，直接关系到'一五'计划的完成。"可以肯定地说，无论在"一五"时期，乃至在以后一个相当长的时期内，如果没有钢铁、有色金属、机械制造、能源、交通等重工业的建立和发展，要想大力发展轻工业，要使工业给农业以更大的支持，是办不到的。

优先发展重工业，并不意味着置其他事业于不顾。中央1952年12月22日发出的《关于编制一九五三年计划及长期计划纲要的指示》中，对此作了明确阐述。指出：要"集中力量保证重工业的建设"，但"决不能理解为可以忽视轻工业的发展、农业和地方工业的发展、贸易合作事业和运输事业的发展及文化教育卫生事业的发展，以至放松对这些事业的领导。如果那样，显然也是错误的"。根据中央的指示精神，"一五"期间国家基本建设投资用于重工业的占36.2%，用于轻工业的占6.4%，用于农业的占7.1%，三项相加共占49.7%。其余一半，用于国防建设、运输邮电、商业、文教卫生、科研、城市建设和购置车船，以及现有企业的改建和扩建。这样的安排，在当时的条件下，大体是合适的。

随着经济的发展、人民生活的改善和扩大出口的需要，农业和轻工业不相适应的情况逐步暴露出来。所以,毛主席在1956年4月发表的《论十大关系》一文中指出:"重工业是我国建设的重点。必须优先发展生产资料的生产,这是已经定了的。但是决不可以因此忽视生活资料尤其是粮食的生产。""在处理重工业和轻工业、农业的关系上,我们没有犯原则性的错误。""我们现在的问题,就是还要适当地调整重工业和农业、轻工业的投资比例,更多地发展农业、轻工业。"(《毛泽东著作选读》下册,第721、722页)他在另一场合严厉地指出,如果你们再不重视农业和轻工业的发展,我就要把"重轻农"的次序改为"农轻重"!1957年2月27日,毛主席在《关于正确处理人民内部矛盾的问题》一文中,再次强调了要处理好农、轻、重的比例关系。他指出:"在第二个五年计划和第三个五年计划期间,如果我们的农业能够有更大的发展,使轻工业相应地有更多的发展,这对于整个国民经济会有好处。农业和轻工业发展了,重工业有了市场,有了资金,它就会更快地发展。"(《毛泽东著作选读》下册,第797页)我认为,毛主席的这些话,一方面充分肯定"一五"计划执行优先发展重工业的指导方针是正确的,另一方面也告诉全党同志要根据条件的变化及时处理好农、轻、重的关系,避免出现畸轻畸重的现象,以保证国民经济的协调发展。

我们正是在执行优先发展重工业方针的前提下,适当地安排了农业、轻工业和其他事业的发展,使"一五"计划取得了巨大成就,经济效益和社会效益都是良好的。这从一些统计数据上可以得到有力的说明。

从全国社会总产值的构成来看,1957年总产值达到1606亿元,比1952年增长70.9%。其中,农业产值537亿元,增长24.8%,所占比重下降为33.4%;工业产值704亿元,增长1倍多,所占比重上升到43.8%。这说明,五年内在工农业都有较大幅度增长的情况下,初步改变了我国经济以农为主的局面。

从工业总产值的构成来看,1957年轻工业产值387亿元,比1952年增长72%,所占比重下降为55%;重工业产值317亿元,仍比轻工业少70亿元,但增长幅度达到1.6倍,所占比重上升到

45%,还低于轻工业。这说明,五年内在轻重工业都有较大幅度增长的情况下,开始改变了工业以轻为主的局面。

五年内,重工业主要产品的产量大幅度增长。1957 年,钢产量达到 535 万吨,比 1952 年增长近 3 倍;原煤产量达到 1.31 亿吨,增长 98.5%;发电量达到 193 亿度,增长 1.64 倍;原油产量达到 146 万吨,增长 2.3 倍;水泥产量达到 686 万吨,增长 1.4 倍;化肥产量达到 15.1 万吨,增长 3.9 倍;农药产量达到 6.5 万吨,增长 31.5 倍;金属切削机床达到 2.8 万台,增长 1.1 倍;铁路机车达到 167 台,增长 7.4 倍。重工业产品产量的大幅度增长,有力地促进了农业和轻工业的发展。1957 年,全国农业机械总动力达到 12.1 亿瓦特,比 1952 年增长 5.7 倍;机耕面积达到 263.6 万公顷,增长 5.6 倍;化肥的施用量达到 37.3 万吨,增长 3.8 倍。这些农业生产资料的大幅度增加,使 1957 年的粮食总产量达到 3901 亿斤,棉花总产量达到 164 万吨,分别比 1952 年增长 19%和 26%,都创历史最高水平。五年中,轻工业生产主要依靠农产品为原料的局面虽然没有多大改变,但以工业品为原料的比重有所增加,产量大幅度增长。1957 年比 1952 年,以农产品为原料的棉纱、棉布的产量增长 30%左右,毛线增长 1.9 倍,呢绒增长 3.3 倍,糖增长近 1 倍;以工业品为原料的产品产量增长幅度更大,自行车增长了 9 倍,缝纫机增长了 3.2 倍,收音机增长近 20 倍。有些产品实现了零的突破,1956 年开始批量生产家用电冰箱,1957 年批量生产化学纤维、手表、录放音机、照相机,并试生产电视机。其他日用工业品的产量都有成倍增长。这就使解放初期那种市场商品匮乏的局面有了很大改变,人民的物质文化生活得到了相应的改善。

纵观这五年,我们对农、轻、重比例关系的安排基本上是恰当的。毛主席在《关于正确处理人民内部矛盾的问题》一文中,对工业化的问题作过原则性的解释。他说:"这里所讲的工业化道路的问题,主要是指重工业、轻工业和农业的发展关系问题。"(《毛泽东著作选读》下册,第 796 页)应当说,"一五"计划执行的结果,为国家的工业化奠定了初步基础,为国民经济的长远发展创造了有利的条件。

(三)展开以“156项工程”为中心的工业布局

“一五”计划共安排大中型建设项目(即“限额以上项目”)694个,实际施工的达到921个,内有156项是由苏联援建的。德意志民主共和国、捷克斯洛伐克、波兰、匈牙利、罗马尼亚、保加利亚等六国也为我国的经济建设提供了帮助,共援助我们建设工业项目68项。

老实说,在编制“一五”计划之初,我们对工业建设应当先搞什么、后搞什么,怎样做到各部门之间的相互配合,还不大明白。因此,苏联援建的项目,有的是我方提出的,有的是苏方提出的,经过多次商谈才确定下来。大致是分五次商定的:第一次,1950年商定50项;第二次,1953年商定增加91项;第三次,1954年商定增加15项,达到156项;第四次,1955年商定再增加16项;第五次,口头商定再增加两项。五次商谈共确定项目174项。经过反复核查调整后,有的项目取消,有的项目推迟建设,有的项目合并,有的项目一分为几,有的不列入限额以上项目,最后确定为154项。因为计划公布156项在先,所以仍称“156项工程”。这“156项工程”,实际进行施工的为150项,其中在“一五”期间施工的有146项。

这150项施工项目的构成是:军事工业企业44个,其中航空工业12个、电子工业10个、兵器工业16个、航天工业2个、船舶工业4个;冶金工业企业20个,其中钢铁工业7个、有色金属工业13个;化学工业企业7个;机械加工企业24个;能源工业企业52个,其中煤炭工业和电力工业各25个、石油工业2个;轻工业和医药工业3个。不难看出,苏联援建的这些项目,主要是帮助我国建立比较完整的基础工业体系和国防工业体系的骨架,起到了奠定我国工业化初步基础的重大作用。

通过这150个项目的建设,以及为其配套项目的建设,我国的工业布局迅速展开。旧中国不多的工业设施,70%左右是集中在沿海一带,这是半殖民地经济所决定的。内地的工业,也主要集中在少数大城市。广大的内地几乎没有什么像样的工业。“一五”期间建设的项目,特别是苏联援建的项目,则主要配置在东北地区、中部地区和西部地区。150项中的106个民用工业企业,布置在东北地区

50个、中部地区32个;44个国防企业,布置在中部地区和西部地区35个,其中有21个安排在四川、陕西两省。

新建工业在地区上做这样的部署,是费了心思的。当时,着重考虑了以下几个因素:(1)就资源。钢铁厂、有色金属冶炼厂、化工企业,主要摆在矿产资源丰富或能源供应充足的地区;机械加工企业,要摆在原材料生产基地的附近。如,在建设鞍山钢铁公司的同时,把一大批机械加工企业摆在了东北地区。长春汽车城、沈阳飞机城、富拉尔基重型机械加工基地,就是按上述要求建起来的;(2)有利于经济落后地区改变面貌。在落后地区摆点大项目,可以带动那里的工业、交通运输、商业、服务业和城市建设的发展,也便于城镇人口就业;(3)军事上的需要。开始编制计划时,朝鲜战争还没有结束,蒋介石集团还在妄图反攻大陆,这就迫使我们不得不把新建的工业企业布置在后方地区。特别是国防工业企业,除有些造船厂必须摆在海边外,其他都没有摆在敌人飞机可以轰炸到的沿海地区。

按照上述要求布厂,可不是一件容易的事。一个重要项目的厂址,要有几个甚至十几个方案,经过反复踏勘比较后才能确定下来。李富春同志不辞辛劳,亲自率工作组下去选择厂址。周总理和陈云同志都亲自过问,并下去看过一些厂址。当时,国家建委负责审批大项目的计划任务书和初步设计,审查厂址时,要把厂址标在地图上,并用直线标出它与台湾、南朝鲜、日本等美军基地的距离,说明美国的什么型号的飞机可以攻击到它。可见,从国防考虑,从安全考虑,是当时确定厂址的主要因素之一。

从总体来看,"一五"的工业布局是合理的。随着工业布局的展开,大大促进了内地经济的发展。首先是基本建设投资的分配发生了变化。1952年,广大内地的投资占全国投资总额的比重仅为39.3%,沿海地区则占43.4%(两项相加不等于100,是扣除了全国统一购置的机车车辆、船舶、飞机的费用,下同)。到1957年,内地所占的比重上升为49.7%,沿海地区则下降为41.6%。内地投资比重的提高,一些新建项目建成投产,其工业产值占全国工业总产值的比重也有所上升，1952年占29.2%，1957年上升到32.1%。这些数据说明，内地的工业有了发展，沿海地区的工业生产仍然在国民经济中发挥着重要作用。这有利于加速国家工业化的进程。

这里我要说一点感想。每当回顾“156项工程”的建设，总是想到不要忘记斯大林，不要忘记苏联人民，不要忘记那些来华帮助过我们的苏联专家。

新中国建立前，我们打了22年仗，把日本侵略势力、美国侵略势力和蒋介石统治集团赶出了大陆。新中国建立后，又打了三年仗，同朝鲜人民一道把美国侵略势力打退到“三八线”。中国人民亟须休养生息，中国的经济亟须发展，迫切需要建立强大的工业，建立强大的空军、强大的海军和用现代化的常规武器装备军队，以加强国防，保卫国家不受外敌的侵略。正是在这个时候，以斯大林为首的苏联政府作出了援助我国经济建设和国防建设的决定。1950年2月，苏联政府确定给我国政府优惠贷款。斯大林说：“借款三亿美元，分五年付款，每年六千万，年息一分；对东南欧各新民主主义国家贷款利息均为二分，中国因战争及经济破坏，利息轻一点。”之后，苏联政府又给予我国五亿卢布长期贷款，年息也只有二分。

在短短的五年中，苏联政府之所以能动员那么大的人力、物力，帮助我们编制计划、援建项目、供应设备、传授技术、代培人才、提供低息贷款，并且派出3000多名专家和顾问来华帮助我们建设，是同斯大林的支持分不开的。我以为，只有具有无产阶级国际主义思想的领导人，才能作出如此决定。

当时，苏联政府提供给我们的援助，虽不是无偿的，却是真诚的。陈云同志曾经说过：“苏联是社会主义国家，那时他们对我们的援助是真心诚意的。比方说，苏联造了两台机器，他们一台，我们一台。”能做到这样，确实是尽到了他们的国际主义义务。当然，国与国之间的经济关系，应当是互利的。1953年5月15日中苏两国签订的协定中，就规定在1954年至1959年间，中方向苏方提供钨砂16万吨、铜11万吨、锑3万吨、橡胶9万吨等战略物资，作为苏联援建项目的部分补偿。我们认为，向苏联提供战略物资，不仅是偿还，也是尽我们的国际主义义务。

(四)从实践中摸索的可贵经验

编制"一五"计划，虽然用了三年多的时间，但这几年对我们学习做经济工作和积累经济建设经验来说是极为宝贵的。编制计划的过程，也是展开对国情全面系统调查的过程，探索我国发展工业化道路的过程，并且培养了大批计划工作干部和经济工作干部。实践证明，"一五"计划编制得是好的，执行结果是人民满意的。

回顾历史，想想几十年来我们经济发展中所获得的成就和发生的一些失误，更感到"一五"时期取得的基本经验是宝贵的。

在计划编制和执行过程中，中央负责同志有过多次重要的讲话，对从实践中摸索到的一些重要经验进行过总结和概括。这里，谈谈我的体会。

1. 计划任务一定要实事求是。

发展国民经济，在一定历史阶段需要有明确的奋斗目标，并据此确定五年计划及年度计划的任务和指标。奋斗目标是根据需要和可能产生的设想，是长期的任务，实现的时限可以有伸缩性，但无此不能指点航向，不能统一人们的意志。而五年计划和年度计划的任务及指标，则必须切实可行，但也允许在执行过程中作某些必要的修订。因此，无论是长期奋斗目标或短期计划任务的提出，都必须从实际出发，不仅考虑需要，而且考虑可能，经过周密的调查和计算，做到积极可靠。建国后，我们党提出了变农业国为工业国的长期奋斗目标，而据此安排的"一五"计划任务，则只提为工业化奠定初步基础；各项指标也留有余地，执行结果大部分提前或超额完成。这样，全党和全国人民都感到高兴和鼓舞。

周总理 1956 年 2 月 8 日在国务院第 24 次全体会议上说："绝不要提出提早完成工业化的口号。冷静地算一算，确实不能提。工业建设可以加快，但不能说工业化提早完成。""各部门订计划，不管是十二年远景计划，还是今明两年的年度计划，都是实事求是。"这些话是针对当时在经济建设顺利的形势下，有些部门和省市的领导人要求加快发展速度，出现了急躁冒进情绪而提出的忠告。他还说：“对群众的积极性不能泼冷水，但领导者的头脑发热了的，用冷水洗洗，可能会清醒些。各部专业会议提的计划数字都很大，请大家注意实事求是。”(《周恩来选集》下卷，第190、191页)

陈云同志1956年11月19日在商业部扩大的部务会议上讲话时说：“经济建设，一九五三年是小冒(指当年财政预算入不敷出，有21亿元赤字。——波注)，今年又是小冒，比五三年冒的还大一点，暴露的问题也就更明显一些。”他针对这种失误，意味深长地指出：“我们有了缺点错误，天天批评倒还好些。平时不批评，总有一天会来个大批评。”他还告诫大家：“我们做工作，要用百分之九十以上的时间研究情况，用不到百分之十的时间决定政策。所有正确的政策，都是根据对实际情况的科学分析而来的。”(《陈云文选》第2卷，第28、34页)

我认为，周总理和陈云同志的这些意见，是从实际出发，实事求是的，是运用辩证唯物主义的思想方法指导计划工作和经济建设的生动体现。

2. 国民经济要按比例发展。

国民经济是有机的整体，各部门之间关系密切，互为依存，计划安排得当，可以相互促进，协调发展。否则，缺东少西、七长八短，将互相掣肘，不能健康顺利发展。因此，国民经济必须有计划(按比例)地发展，计划工作必须力求体现这一经济发展的客观规律，必须进行全面综合平衡。

陈云同志1954年6月30日在向党中央汇报“一五”计划编制情况时，提到了四大比例、三大平衡。四大比例是：农业与工业的比例、轻重工业之间的比例、重工业各部门之间的比例、工业发展与铁路运输之间的比例。三大平衡是：财政收支平衡、购买力与商品供应之间的平衡、主要物资的供需平衡。此外，还强调了技术力量的供需平衡。他认为，“一五”时期农产品的供需是紧张的，开荒、修水利、合作化是农业增产的三种方法，根据以往经验，合作化是花钱少、收效快的好办法(一般可增产10%到30%),而只有在合作化以后,各种增产措施才更容易见效。轻工业的增产,主要不是增加投资的问题,而是原料问题。重工业存在的问题是国防工业突出,石油工业落后,煤电紧张,而这种状况目前还无法改变。铁路运输是紧张的,由于投资所限,修建铁路应首先保证重点工程建设的需要。在平衡问题上,他提出有多少钱办多少事。有钱不用,是保守,妨碍建设,但财政收入不能分光,要保留一定数目的预备费,以应急需。购买力和商品供应之间有一定差额,除了增加生产、适当进口原材料弥补外,应适当调整工农业产品的价格,烟、酒、糖等消费品可以涨点价,某些农产品可以降点价。主要物资的平衡要努力搞好。但为了保持外汇的收支平衡,应压缩不必要的进口。他还着重指出:"按比例发展的法则是必须遵守的,但各生产部门之间的具体比例,在各个国家,甚至一个国家的各个时期,都不会是相同的。一个国家,应根据自己当时的经济状况,来规定计划中应有的比例。究竟几比几才是对的,很难说。唯一的办法只有看是否平衡。合比例就是平衡的;平衡了,大体上也会是合比例的。"(《陈云文选》第2卷,第241、242页)

周总理1956年9月16日在党的八大所作的报告中,对"一五"计划的执行情况作了分析,认为经济工作中比较突出的问题是按比例发展。他指出要处理好四种比例:第一,应该根据需要和可能,合理地规定国民经济的发展速度,把计划放在既积极又稳妥可靠的基础上,以保证国民经济比较均衡地发展。第二,应当使重点建设和全国安排相结合,以便国民经济各部门能够按比例地发展。第三,应当增加后备力量,健全物资储备制度。第四,应该正确地处理经济和财政的关系。他认为,"一五"计划所定的各项指标基本上是正确的,大体上也是符合当时情况的,但1955和1956年的计划部分地发生了偏低或者偏高的缺点,造成了工作上的一些困难。在处理重点建设和全面安排的关系上也出过一些偏差,那就是1953年有些部门和地方在建设上不顾条件,到处铺开,造成了财政上的困难和人力、物力上的浪费;1956年在执行《1956年到1967年全国农业发展纲要(草案)》时,又发生了冒进的偏向,有些部门和地方企图把7年或者12年才能做完的事情,急于在三年、五年甚至一二年内做完,造成了某些农具的生产过量而积压。他认为,在国民经济发展中,不平衡的现象是经常会发生的,这就必须保持必要的物资、财政、矿产资源、生产能力等的后备力量,特别要增加国家的物资储备,以保证国民经济的均衡发展和年度计划的顺利执行,并且应付可能遇到的意外困难。在制定财政收入计划的时候,必须考虑到经济发展的可能性,考虑到积累和消费之间正确的比例关系,避免把收入定得过分紧张。在制定财政支出计划的时候,除了必须根据保证重点建设和国民经济按比例发展的要求,进行正确的分配以外,还必须考虑到建设规模和物资之间的平衡,考虑到意外的需要而留出一定数量的预备费,避免把支出定得过分紧张。周总理在总结了上述问题之后,着重指出:“在我们这样一个地区广阔、情况复杂并且经济上正在剧烈变革的国家里,任何疏忽大意,都可能发生重大的错误,造成重大的损失。因此,克服主观主义和官僚主义,对我们有着特殊重要的意义。”(《周恩来选集》下卷,第224页)

上面,我主要记述周总理和陈云同志的一些观点,是因为他们二位是当时党中央和国务院主管经济工作的主要领导人,对问题摸得比较深、讲得也比较透。

社会主义经济要做到有计划(按比例)发展,这在人类经济发展史上,是没有前例的大课题。我们开始进行这一工作时,还只有苏联的经验可资借鉴。但苏联的做法,有不少是错误的,只能择善而从,不能照抄照搬,照抄照搬就是教条主义,就会犯极大错误。“一五”计划,有借鉴别人的经验,也有我们自己的独创,搞得是好的。但也不能一锤定音,看成是“永恒真理”。所以只能说是“比较”正确。“一五”只是破了题。文章需要继续做下去,需要不断地适应新情况,解决新问题,创造新经验,把文章越做越好,我想,这一点值得我们和后继的同志们深思、再深思。

3. 正确处理经济工作中几个重大的关系。

要进行大规模的经济建设,没有一定数量的资金积累,不行;积累过多，影响人民的消费，也不行。拿陈云同志的话来说，叫做“一要建设，二要吃饭；分光用光，国家没有希望”。记得在“一五”计划编制和执行过程中，周总理在国务院的会议上，多次提到要认真研究经济与财政的关系、积累与消费的关系，画出几条杠杠来，作为安排计划的依据。

根据周总理的思索，我在工作实践中，开始注意对这方面的初步探索。党的八大，毛主席也让我在大会上发个言，我照办了。我作的关于正确处理积累与消费关系的发言，事前征求了有关部委负责同志的意见，得到了他们的支持。

发言中，我主要讲了以下几个比例，即：国民收入中积累部分的比重（即积累率）不低于20%，或者略高一点；国民收入中国家财政预算收入的比重不低于30%，或者略高一点；国家预算支出中基本建设支出的比重不低于40%，或者略高一点。后来，人们通称这些为“二、三、四比例”。这些比例是依据以下几个因素概算出来的：第一，资金积累依靠国内，不借外债；第二，财政收支平衡，略有结余；第三，拥有一定建设规模，确保生产力持续协调地发展；第四，随着生产的发展，使人民的消费水平得到相应提高。我认为依据上述因素概算出的“二、三、四比例”，是基本符合我国当时实际情况的，是比较稳妥的。当然，这只是一个概略的比例数字，并不是说在任何情况下都是一成不变的。随着生产的发展，国民收入的增加，科学技术的进步和劳动生产率的提高，国防费用和行政费用的进一步节减，这些比例不仅可能而且必将适当地提高，但是仍须保持一定的限度，特别是积累部分比重的提高应该更加慎重。

后来的经验表明，凡是建设规模安排过大，积累比重过高的年份或时期，财政收支就难以平衡，经济效益就不理想，人民生活就得不到相应改善。

十四 关于高、饶问题

1953年夏季全国财经工作会议结束后不到半年时间，我们党就揭露了高岗、饶漱石阴谋分裂党、篡夺党和国家最高权力的活动。这是建国初期党内发生的一场严重的斗争，也是当时党和国家政治生活中的一件大事。这场斗争的胜利，对增强党的团结，提高党的战斗力，起了重大作用。

（一）高、饶政治野心的膨胀

我们党在完成了经济恢复和土改、镇反等民主改革的任务后，为适应大规模经济建设的需要，决定将各中央局和大区行政委员会的主要领导同志及一批工作人员调到北京，并调整、增设中央和国家机关的部分机构，以便加强中央的集中统一领导。1952年8月，邓小平同志由西南局来京担任政务院副总理，高岗、饶漱石和邓子恢、习仲勋同志也陆续从东北局、华东局、中南局、西北局来京担任党和国家机关的领导职务。

我们党在干部任用上，历来主张搞“五湖四海”，既量才使用，又考虑到历史形成的各个方面的因素。高岗来京之前已担任中央人民政府副主席，这时中央又安排他兼任国家计划委员会主席（副主席是邓子恢，委员有陈云、邓小平、彭德怀、林彪、饶漱石、彭真和我等十几人），安排饶漱石担任中央组织部部长。应当说当时高岗是很受器重的，权力、地位甚为显赫，一时有“五马进京，一马当先”之说。他担任主席的国家计委亦有“经济内阁”之称。但是，高岗、饶漱石权欲熏心，对这样的安排仍不满足。特别是高岗，对其职位处在少奇同志之下，一直耿耿于怀。进京不久，他就把少奇同志在工作中的一些缺点错误搜集起来，并整理成系统材料，进行传播。他夸大其词地说刘少奇自七大以来犯了一系列的错误。后来，他发觉毛主席在发展农业生产互助合作组织和向社会主义过渡等问题上，与少奇同志有不同的看法，心中暗暗窃喜，以为少奇同志今后将不再受中央的信任，其威信和地位将发生动摇。于是，就授意别人写文章，以他的名义公开发表，借以抬高自己，打击别人。他写的《反对资产阶级思想对党的侵蚀，反对党内的右倾思想》一文，把少奇同志阐述过的关于党对民族资产阶级政策的观点，关于农村互助合作的观点，关于富农党员的处理问题的观点等等，一概当作所谓"党内的右倾思想"而加以批判。

1953年初，毛主席认为政府工作中存在分散主义现象。根据他的意见，中央先后作出了关于加强中央人民政府系统各部门向中央请示报告制度及加强中央对于政府工作领导的决定、关于加强对中央人民政府财政经济部门工作领导的决定，并撤销了政务院党组干事会(即总党组)，规定政府各部门的党组直接受党中央领导，政府工作中一切重要的方针、政策、计划和重大事项均须事先请示中央，经中央讨论决定、批准后方能执行。对政务院各口的工作，中央也重新作出分工：外交工作，由周总理负责；计划工作和八个工业部的工作，由高岗、李富春、贾拓夫负责；政法工作(包括公安、检察和法院工作)，由董必武、彭真、罗瑞卿负责；财政、金融、贸易工作，由陈云、薄一波、曾山、叶季壮负责；铁路、交通、邮电工作，由邓小平负责；农林、水利、互助合作工作，由邓子恢负责；劳动工资工作，由饶漱石负责；文教工作，由习仲勋负责。这是中央为加强集中统一领导所采取的重要措施。但是高岗、饶漱石竟错误地认为，这是毛主席对周总理的不信任，是削弱周总理对政府工作领导权的步骤。而此时他们在盘算什么呢？他们以为自己的权势在日益扩大，地位在不断提高，有可能担任更高的职务，于是更加妄自尊大，目空一切，资产阶级个人野心急剧膨胀起来。

在中央准备撤销中央局、大区行政委员会的同时，毛主席为了减轻自己担负的繁重的日常工作，加强集体领导，曾考虑将中央的领导班子分为一线、二线，党和国家的领导机构将进行大幅度调整，人事安排也会作相应调整。高、饶认为这是实现他们权力野心的好机会，便迫不及待地向党发难了。

(二)高岗向党发难

高岗向党发难，进行了一系列篡党夺权的阴谋活动，时间主要集中在1953年下半年。这年夏季召开的全国财经工作会议，是他进行阴谋活动的场所之一。前面已经讲过，高岗利用财经会议批判新税制错误之机，利用党内存在的分歧和矛盾，在会上进行时而隐蔽时而半公开的串联、鼓动，首先把攻击矛头对着我，并采用含沙射影的手法，实施他的“批薄射刘”的诡计，把矛头进一步指向少奇同志。这一点，他在1954年4月29日写的《我的反省》中作了交待。他说，他的发言“除批评薄一波同志外，还有指桑骂槐说少奇同志的意思”。高岗还对人说过：“我在全国财经会议上不讲话则已，要讲就要挖少奇的老底。”

高岗对少奇同志的怀恨和反对由来已久。少奇同志在天津讲话后不久，曾批评东北局在对待民族资产阶级问题上犯了“左”倾冒险主义错误。高岗不仅不去思考这个批评有没有道理，反而不择手段地进行报复和攻击，甚至公然在当时担任东北铁路系统的苏联总顾问科瓦廖夫(后来还一度担任过财经方面的总顾问)面前造谣中伤说，中国党内有一个以刘少奇为代表的“亲美派”。科瓦廖夫随即写信告诉了斯大林。高岗访苏回国以后，又向人散播说，斯大林不喜欢刘少奇，也不重视周恩来，而最赏识他高岗。他在财经会议上的发言，用“一箭双雕”的手法，把少奇同志的许多话加在我头上进行批判。他还把少奇同志个别的、一时的，而且已经改正了的缺点错误说成是一贯的、系统的，是路线错误。他散布说：刘少奇在七大被抬得太高了，几年来的实践证明他并不成熟。他只搞过白区工作，没有军事工作和根据地建设的经验，只依靠华北的经验指导全面工作，而看不起东北的经验。高岗还把搜罗到的所谓少奇同志的“错误”，集中起来，作为攻击的资料。毛主席知道这个情况后，要他找少奇同志直接谈清问题。他不予理睬。少奇同志两次主动找他谈话，并对工作中的缺点错误作了诚恳的检讨。他却对人说，刘少奇不肯进行自我批评。他污蔑少奇同志搞宗派，划“圈子”，指名道姓地说某某人是这个圈子里的人物。他甚至无中生有地说某个领导同志曾经说过，中国革命的大正统是井冈山，小正统是陕北，现在刘少奇有一个圈圈，周恩来有一个圈圈，咱们搞个井冈山的大圈圈。他自己迷上了“圈圈”主义、宗派主义，在他的眼里，自然这也成了“圈圈”，那也成了“圈圈”，一切正常的事情都被颠倒了。他这种种飞短流长、故布疑阵、谣言惑人的把戏，都是为他的分裂党、篡党夺权的活动服务的。党内出现了这种人，就不得安宁了，许多的鬼事、怪事和歪风邪气都会冒出来，党内斗争也就不可避免了。

1953年2月，党中央为加强集体领导，拟将中央书记处下属的办公机构加以调整，委托少奇同志找人商拟调整方案。少奇同志考虑，可以试行中央各部部长集体办公的制度，并征询高岗的意见。高岗竟以为这是少奇同志想把握书记处的权力，不予合作。

3月初，高岗向安子文同志转达了毛主席同他的谈话内容，说中央政治局成员要改组，要加强中央各部机构。安子文同志未经中央授权，草拟了一份中央政治局委员名单和中央各部主要负责同志的名单。政治局委员名单分成两组写出，一组写有毛泽东、刘少奇、周恩来、朱德、陈云（以上书记处成员）、高岗、林彪、彭德怀、邓小平、饶漱石、薄一波、邓子恢（以上各中央局书记）；另一组写有董必武、林伯渠、彭真、张闻天、康生、李富春、习仲勋、刘澜涛。对中央各部，列了组织部、宣传部、政法统战部、农村工作部、财经工作部负责同志和中央正副秘书长名单。安子文同志将这个名单给高岗看过，也向饶漱石谈过。高岗又疑神疑鬼，认为这个名单准是刘少奇授意向他进行试探的。于是，他抓住这件事在高级干部中大做文章，编造说，政治局委员名单中“有薄无林”（即有薄一波而无林彪），连朱总司令也没有了。并挑拨说，刘少奇不赞成陈正人担任建委副主任或中组部副部长，不支持陶铸在广西的工作，等等。

高岗还经常在他的住地，利用请客、组织舞会等活动，散布流言,拉拢干部,逢甲说乙,逢丙说丁,制造党内不和。他时而说毛主席现在不满意某个人了,对某某又进行批评了,时而捏造说毛主席讲过某个同志为恶霸,时而又吹嘘说毛主席对他如何器重,如何依靠他去做经济工作,如果他离开北京,毛主席休假就不放心了,如此等等。以此来攻击别人,抬高自己,造成人们对他的错觉,损害中央领导同志的威信。

明显表露高岗反党意图的是他散布的“军党论”(即所谓“枪杆子上出党”、“党是军队创造的”)。他公开反对毛主席提出的“我们的原则是党指挥枪,而决不容许枪指挥党”,企图取消党对军队的领导,把军队变成他分裂党和篡党夺权的工具。高岗说,党的历史上有“二元论”,党的六届七中全会通过的关于若干历史问题的决议要修改,决议中关于刘少奇是党的正确路线在白区工作中的代表的提法不对头,需要重新作出结论。他别有用心地把我们党的干部分为两部分,说毛主席代表红区,刘少奇代表白区。他还制造所谓“军队的党”是党的主体,而他就是这个主体的代表人物,现在党和国家领导机关的权力掌握在“白区的党”的人们手里,应当彻底改组,由他来掌权的谬论。并煽动说现在白区干部要篡夺党了,妄图蒙骗一部分军队中的高级干部追随他进行分裂党的活动。

财经会议结束后,党中央提出了我国最高国家行政机关是否采取部长会议的形式、党中央是否增设副主席或总书记的问题。高岗认为谋取党和国家最高权力的时机已经成熟,比以往更加迫切地走向前台公开活动起来。他打着拥护毛主席的旗号,把打击的矛头首先对着少奇同志,捏造说刘少奇已不被毛主席所重视。还说毛主席打算让刘少奇搞“议会”(人大常委会),周恩来当部长会议主席,由他(高岗)来搞政治局。可是,他在另一场合又表示不同意周恩来担任部长会议主席,主张由林彪来担任。他还要陈云同志去向毛主席转达他的意见,遭到了陈云同志的拒绝。

后来,他南下杭州、广州进行游说。在杭州对陈正人同志说:毛主席说过“林不如高”,按地位排列,过去是“林高”,现在应该是“高林”了。1953年10月间,他对设立总书记表示不赞成,而主张多设几个副主席,并反对少奇同志当总书记或者副主席。后来他听说书记处要开会把这个问题定下来,惟恐自己当不上副主席,曾对陈云同志说:要搞副主席就多搞几个,你一个,我一个。意思是将刘、周、陈、高都包括在内。遭到陈云同志断然拒绝后,他又反咬一口,诬陷陈云同志。毛主席生病,罗瑞卿同志对高岗说,我们大家都要劝主席多注意休息。高岗却幸灾乐祸。他告诉秘书:你要注意,一接到毛主席病重的消息,我们就要立即返回北京,因为现在党内没有一个人能够撑得起来。毛主席12月要休假,提议由少奇同志临时主持中央领导工作。实际上,过去毛主席离京外出,中央的工作都是由少奇同志主持的。少奇同志谦逊地提出,还是由书记处同志轮流负责为好。书记处的其他同志都同意由少奇同志主持,不赞成轮流。唯独高岗表示反对,他一再坚持说:"轮流吧,搞轮流好。"其用意就是要使少奇同志降格。十分清楚,高岗阴谋活动的本质,就是要推倒少奇同志和周总理,而由他担任党中央的总书记或第一副主席,同时担任政务院总理。他后来在《我的反省》等书面检讨中,承认他的目的就是"企图把少奇拉下来,使自己成为主席唯一的助手,准备自己将来做领袖"。

高、饶问题的政治性质是严重的。1980年3月19日,小平同志在同起草《关于建国以来党的若干历史问题的决议》的同志谈话时,把高、饶问题的实质讲得很清楚。他说:

> "这个事情,我知道得很清楚。毛泽东同志在一九五三年底提出中央分一线、二线之后,高岗活动得非常积极。他首先得到林彪的支持,才敢于放手这么搞。那时东北是他自己,中南是林彪,华东是饶漱石。对西南,他用拉拢的办法,正式和我谈判,说刘少奇同志不成熟,要争取我和他一起拱倒刘少奇同志。我明确表示态度,说刘少奇同志在党内的地位是历史形成的,从总的方面讲,刘少奇同志是好的,改变这样一种历史形成的地位不适当。高岗也找陈云同志谈判,他说:搞几个副主席,你一个,我一个。这样一来,陈云同志和我才觉得问题严重,立

即向毛泽东同志反映，引起他的注意。高岗想把少奇同志推倒，采取搞交易、搞阴谋诡计的办法，是很不正常的。所以反对高岗的斗争还要肯定。”（《邓小平文选》第2卷，第293页）

（三）饶漱石紧密配合

在一些同志的印象中，饶漱石是个谨慎小心的人，曾受到少奇同志的器重。可是，他一当上组织部部长，就一反常态，同高岗串通一气，反对少奇同志，政治野心昭然若揭。他到职才几个月，就对组织部原有的领导干部进行打击和排斥，发动了对安子文同志的无理斗争。之后，在全国财经会议、中央组织工作会议期间，又配合高岗反对少奇同志，阴谋篡党夺权。正像毛主席后来一针见血地指出的那样，“新官上任，刚来即斗”。小平同志也指出，饶漱石同高岗是“这边一炮，那边一斗”。他们互相呼应，配合得十分默契。

安子文同志未经中央授权草拟的那份政治局人选名单，饶漱石得知后，私下里在许多人中间进行传播。在财经会议期间，饶漱石捏造说：某某是一个宗派，一个“圈圈”，刘少奇是他们的支持者。在安子文同志就名单问题向中央作了书面检讨，并请求处分后，饶却抓住把柄不放。并散布说：财经会议上斗了薄一波，会后还要斗“圈圈”中的安子文。果然，他未经中央同意，就制造各种借口，在中组部内发动了对安子文同志的斗争。他指责安子文同志起草的组织部关于反对官僚主义斗争的报告不真实，说组织部是一潭死水，问题严重，要把它“震动”一下。安子文同志将这些情况如实地向少奇同志作了汇报。少奇同志找饶谈话，不同意他的这种错误做法，并告诫他要冷静从事，不要再在组织部内部继续争吵。但他根本听不进去，在组织部召开的两次部务会议上，继续向安子文同志开火，斥责他向少奇同志反映问题是“胆大妄为”。

1953年9、10月间，中央召开第二次全国组织工作会议，主要是总结经验，研究如何加强干部工作，以保证经济建设的顺利进行。可是，饶漱石却在会上兴风作浪，扭偏会议的方向。在讨论安子文同志作的工作报告时，他和一些人故意夸大中组部工作中的某些缺点错误，大批安子文同志，并进而把矛头指向少奇同志。中央发觉了饶漱石的分裂活动，提议会议暂停，先举行领导小组会议，解决中组部内部的团结问题。在领导小组会上，饶漱石不顾大局，继续诬陷安子文同志，破坏团结。当他受到批评后，又一反常态地对安子文同志说：我说你对财经会议有抵触，其实不是指的你，而是指的刘少奇。这就透露了他“讨安伐刘”的政治诡计。后来他在检讨中承认，在中组部斗争安子文，目的也是反对刘少奇，以取得高岗的信任，进行政治投机。

毛主席1955年3月在全国党代会上指出：虽然高岗、饶漱石之间没有订立文字协定，但是他们的思想、目标和行动的一致，说明他们不是两个互不相干的独立王国和单干户。毛主席的话切中要害，完全符合高、饶反党活动的实际。这里再概述几个事实：(1)饶漱石一向被认为是尊重少奇同志的，可是在高岗发动“批薄射刘”斗争时，他却另辟一个“讨安伐刘”的战场予以配合。他后来承认：“我不否认我们两个在行动上、目标上都是反对少奇同志。”(2)关于“名单问题”，毛主席说，问题不在提名单的人身上，而要追查散布名单的人。散布者恰恰就是高岗、饶漱石两人。他们会上会下广为传播这份名单，造谣惑众，以达到不可告人的目的。(3)高岗推荐的干部，饶漱石一概同意；高岗反对的干部，饶漱石一律排斥。饶漱石还说，今后中组部要以原东北局的组织部长为核心。(4)饶的问题被揭露后，高两次找毛主席，要求保护饶。高岗问题被揭露后，饶也为高伸“冤”。毛主席曾风趣地说：“高岗说饶漱石现在不得了了，要我来解围。我说，你为什么代表饶漱石说话？我在北京，饶漱石也在北京，他为什么要你代表，不直接来找我呢？在西藏还可以打电报嘛，就在北京嘛，他有脚嘛。第二次是在揭露高岗的前一天，高岗还表示要保护饶漱石。”当年党中央把他们称为“高饶反党联盟”不是没有道理的。

(四)高、饶问题的揭露和处理

从全国财经会议后期开始，毛主席已逐步察觉高、饶的活动不正常。他在与一些同志的谈话中指出:说薄一波同志犯了路线错误,少奇同志有圈圈,都是错误的说法。借“东北一党员”的信和鞍钢检查组两件事批评一波同志,也不能成立。毛主席和周总理一再强调加强党内团结的重要性。毛主席说,少奇同志是大公无私的,是正派的,他绝不是那种搞宗派的人。针对高、饶散布的所谓“圈圈”、“宗派”问题,毛主席在向各大区负责同志的讲话中,回顾了大革命时期和土地革命时期党和军队干部成长的情况,指出:中级干部北方人多,高级干部南方人多,是历史形成的。这是因为,在早期南方革命运动发展较为普遍,后来革命运动转到北方来了。现在,不管南方干部、北方干部,中级干部、高级干部,都不要有“圈圈”,要消灭“圈圈”。大家都要重视党的团结,消除山头。但是,高岗无视毛主席的告诫,跑到华东、中南等地区变本加厉地进行破坏团结的分裂活动。这就更加引起了大家的警觉,许多同志陆续向中央进行了揭发。1953 年 12 月 24 日,毛主席在中央政治局会议上说:“北京有两个司令部,一个是以我为首的司令部,就是刮阳风、烧阳火;一个是以别人为司令的司令部,就是刮阴风、烧阴火,一股地下水。”对高、饶的阴谋活动提出了严重警告。

1954 年 2 月,根据毛主席的建议,在北京召开了七届四中全会,讨论并一致通过了《关于增强党的团结的决议》。少奇同志受中央政治局的委托,主持了这次会议,在会上作了《中共中央政治局向第七届第四次中央全会的报告》。他在报告中指出,“一部分干部甚至某些高级干部对于党的团结的重要性还认识不足,对于集体领导的重要性还认识不足,对于巩固和提高中央威信的重要性还认识不足;党内相当多的一部分干部滋长着一种极端危险的骄傲情绪,他们因为工作中的若干成绩就冲昏了头脑,忘记了共产党员所必须具有的谦逊态度和自我批评精神,夸大个人的作用,强调个人的威信,自以为天下第一,只能听人奉承赞扬,不能受人批评监督,对批评者实行压制和报复,甚至把自己所领导的地区和部门看作个人的资本和独立王国”(《刘少奇选集》下卷,第 126 页)。针对高岗、饶漱石的阴谋活动,少奇同志不点名地说,如果他们的个人主义情绪不受到坚决制止，他们"就会一步一步地在党内计较地位，争权夺利，拉拉扯扯，发展小集团的活动，直至走上帮助敌人来破坏党分裂党的罪恶道路"(《刘少奇选集》下卷，第127页)。会上，朱德、恩来、陈云、小平等同志都发了言，严肃批判高、饶的反党分裂活动，希望他们翻然悔悟，改正错误。

但是，高岗、饶漱石执迷不悟，不作深刻检讨，不愿痛改前非。高岗以自杀(未遂)来抗拒党对他的教育和挽救。为全面查清他们的反党阴谋活动，中央书记处在2月中旬分别召开了关于高岗问题和饶漱石问题的两个座谈会，核实了他们分裂党、阴谋篡夺党和国家最高权力的事实。随后，在中央政治局领导下，东北局、华东局、山东分局和上海市委等又召集专门会议，对高、饶问题进行揭发和批判。在无可抵赖的事实面前，高岗仍拒不悔改，自绝于党，于8月17日再次服安眠药自杀。

1955年3月下旬，在北京召开党的全国代表会议，小平同志代表中央委员会作了《关于高岗、饶漱石反党联盟的报告》，全面论述了党同他们斗争的经过，以及进行这场斗争的重要意义和经验教训。会议通过了《关于高岗、饶漱石反党联盟的决议》，将他们两人开除出党，撤销党内外一切职务。至此，这场斗争取得了完全的胜利，全党的团结和统一得到了维护和加强。

(五)应该记取的教训

在我们党内，曾不止一次地发生过类似高、饶的玩弄阴谋诡计，搞两面派，分裂党，妄图篡党夺权的事件。从历史事件中应当记取哪些教训，值得我们认真研究和思考。这里，仅就几点谈谈我个人的认识。

第一，全党同志首先是党的高级干部，在马列主义、毛泽东思想的原则基础上的团结和统一是党的生命。延安整风以来，我们党之所以连续取得震撼世界的辉煌胜利，我认为重要的一条，就是全党同志首先是高级干部紧紧地团结在党中央周围，搞"五湖四海"，不搞山头，不搞宗派，形成了全党空前的团结和统一。这一点，连我们的敌人也是承认的。在胜利的形势下，威胁党的团结的主要危险是什么？我看主要是党的高级干部中发生骄傲自满情绪。在延安时，毛主席就讲过，我们党内出现过几次大的骄傲，结果都吃了大亏。进城之前，毛主席已预见到，因为胜利，党内的骄傲情绪可能滋长，并谆谆告诫全党同志要力戒骄傲。但是，骄傲的问题仍然发生了。高岗、饶漱石之所以走上分裂党的道路，很重要的一条，就是他们在胜利面前骄傲了，利令智昏了。因此，七届四中全会把增强党的团结的问题突出地提到了全党面前。毛主席在修改《关于增强党的团结的决议草案》时，郑重地加上了："党的团结的利益高于一切，因此应当把维护和巩固党的团结作为指导自己言论和行动的标准。""党的中央委员会和省（市）委员会以上的负责干部和武装部队的高级负责干部的团结，尤其是决定革命胜利的最主要的关键。"全会要求党的高级干部要像爱护自己的眼珠一样爱护党的团结，要求全党团结得如同一个和睦的大家庭一样，去为实现党在过渡时期总路线而斗争。这就抓住了党内生活中一个最重大的问题，不仅击中了高、饶的要害，而且对全党具有普遍的、深远的教育意义。我深感，要维护党的团结，一是要有马列主义、毛泽东思想的共同语言，这是团结的基础。二是党内的政治生活要正常，真正实行党的民主集中制，经常开展批评和自我批评。三是要有严格的党的纪律作保证。对那些破坏党的团结（特别是对那些用阴谋手段来破坏党的团结）而又坚持不改的人，决不能熟视无睹，必须开展积极的思想斗争直至把他们清除出党。四是要谦虚谨慎。这是我们保持政治上的青春与活力、加强相互团结的必备条件。古往今来，凡有志于为国家、民族建功立业者，无不以戒骄奢为要义。谦逊勤敏，团结未有不固，事业未有不兴；骄矜放逸，团结未有不坏，事业未有不衰。总之，我们要始终记住毛主席的话：虚心使人进步，骄傲使人落后。越是在胜利的时候，越要居安思危，常怀临深履薄之惧，戒骄戒奢戒惰，兢兢业业工作，这样才能免于颠坠之戾，立于不败之地。

第二，共产党人不可追求个人的权力、地位。孙中山先生曾经说过："要立志做大事，不要立志做大官。"辛亥革命后，他目睹许多国民党人变成了军阀、政客，腐朽堕落下去了，感到十分痛心，说出了这句有深刻意义的话。我们共产党人是要解放全人类的。在执政以后，党的各级干部首先是高级干部必须树立无产阶级的权力观，想问题、做事情，任何时候都不要忘记党的根本宗旨，不要忘记为人民掌好权、用好权，任何时候都不可追求个人的权力、地位，一切言行都要服从党的最高利益。权力、地位可以使人卓有成效地为国家和社会做贡献，也可以使人狂妄和堕落，是最能考验人的一关。有些功劳很大、资历很老的高级干部，常常因为经不住这一考验而沉沦下去，走到党和人民的对立面去了。高岗、饶漱石就是这样的人。拿高岗来说，他在开辟西北革命根据地，领导东北解放区的革命和建设，在支援志愿军入朝作战，以及对国民经济的恢复和经济建设等方面，曾经是做过大量工作的，是有贡献的。那时，党中央、毛主席对他也是器重并注意培养的。但是，高岗自我改造甚差，旧意识浓厚，斤斤计较个人得失。随着地位、职务的升高，他的政治权欲和野心就急剧膨胀起来，已经不满足于中央人民政府副主席、国家计委主席等职务了。完全摆错了个人和党、个人和群众的关系，"老子天下第一"，骄横跋扈，不可一世，最后陷入了野心家的黑暗深渊，再也不能自拔。正如毛主席指出的："在长期的革命斗争中，高岗虽有其正确的有功于革命的一面，因而博得了党的信任，但他的个人主义思想（突出地表现于当顺利时骄傲自满，狂妄跋扈，而在不如意时，则患得患失，泄气动摇）和私生活的腐化欲长期没有得到纠正和制止，并且在全国胜利后更大大发展了，这就是他的黑暗的一面。""高岗在最近时期的反党行为，就是他的黑暗面发展的必然结果。"

这里，我还要引用陈毅同志一句名言："手莫伸，伸手必被捉。"这句名言说明了一个道理，任何时候，共产党员都不要向党伸手要官。如果硬要伸手，就必然会身败名裂。这是每一个共产党员尤其是领导干部都应牢牢记住的。

第三，党中央处理高、饶问题是稳妥的和慎重的。高、饶问题暴露之后，党中央和毛主席对他们采取"惩前毖后，治病救人"的方针，与过去党内曾经发生过的“残酷斗争，无情打击”的错误做法完全不同。七届四中全会从增强党的团结的愿望出发，提倡各自多作自我批评，也期望高、饶能够承认错误，真诚悔改。记得毛主席曾经说过，在高岗检讨完之后，对他的工作还要给予适当安排。但是，高岗“患得患失，泄气动摇”，终于采取自杀的方式来对抗党。饶漱石虽作检讨，但避重就轻。即使这样，对他们的问题也没有上纲到路线斗争的高度。对受高、饶影响而犯有错误的同志，中央在处理时也是非常慎重的。当时毛主席强调，对他们不但要看，而且要帮，要采取积极的态度帮助他们改正错误。小平同志在1980年3月19日的谈话中，再一次肯定了这次党内斗争中的正确做法和成功经验。他说：“高饶问题的处理比较宽。当时没有伤害什么人，还有意识地保护了一批干部。”(《邓小平文选》第2卷，第293页)

十五　农业社会主义改造加速进行的转折点

从1951年围绕山西发展农业生产合作社问题的争论开始，我国农业合作化的发展速度，就是比较快的。农业生产合作社的数量，1951年12月制定《关于农业生产互助合作的决议（草案）》的时候为300多个；1952年6月为3000多个；1953年12月正式发布《关于发展农业生产合作社的决议》时为14000多个；1954年春为10万个；1955年春为67万个。但是，1955年夏季以后，发展速度急剧加快了。年底，参加合作社的农户，达到占全国农户总数的60%以上。1956年4月底，全国农村基本上实现了初级形式的合作化。10月底，多数省市实现了高级形式的合作化。

农业社会主义改造的急速发展，又带动了资本主义工商业和手工业社会主义改造急速前进。我国资本主义工商业的社会主义改造，在1955年夏季以前，基本上是由低级、中级发展到高级，由主要行业逐步扩展到次要行业，由大城市逐步扩展到中小城市。“一五”计划要求，到1957年底，私营工业的大部分转变为各种形式的国家资本主义；私营商业的一半以上转变为各种形式的国家资本主义商业或合作商业。但是1955年夏季以后，在农业合作化高潮的推动下，1955年冬天，全国城市也掀起了资本主义工商业改造高潮。到1956年1月底，全国大中城市基本实现了全行业公私合营。1955年底，全国组织起来的手工业者约200万人，占当时手工业从业人员总数的25.47%。在农业和资本主义工商业改造高潮的影响下，到1956年4月，这个比例达到90%。

我国社会主义改造加速进行的转折点，就是1955年夏党内开展的对所谓“小脚女人走路”的批判。

批判“小脚女人走路”，是这年7月31日毛主席在向省市自治区党委书记会议作的《关于农业合作化问题》的报告中提出来的。这个报告阐明了我国农业合作化的可能性和必要性，重申了自愿互利原则，提出了在我国条件下必须是先合作化、后机械化的原理，并且要求对合作化事业的发展加强领导，全面规划。这些无疑都是正确的。但是，由于报告的基调是批判“小脚女人走路”的右倾观点，而且，会后批判不断加温，到10月的七届六中全会和随后《中国农村的社会主义高潮》一书的出版而达到高潮，当时在全国范围内，实际上形成了这样一股空气：谁不跑步前进，谁就是“小脚女人走路”。这不仅推动了农业合作化的急速前进，也推动了整个社会主义改造的急速前进和1956年经济发展速度的冒进。

党内进行的这一批判，反映了毛主席同当时担任中央农村工作部部长、国务院副总理兼第七办公室主任的邓子恢同志之间，在关于浙江省整顿巩固农业生产合作社问题和全国农业合作化发展速度问题上存在的重要分歧。回顾和分析一下这两个问题的争论始末和分歧实质，对于进一步总结我国农业合作化的经验教训，可能是有益的。

（一）关于浙江整顿和巩固合作社问题

这个问题曾被林彪、“四人帮”利用，在“文化大革命”动乱中闹得满城风雨。1967年11月23日两报一刊编辑部文章《中国农村两条道路的斗争》中批判的所谓“停”、“缩”、“整”的“反动方针”和砍了“二十万个合作社”，讲的就是这件事。

这里，首先回顾一下事情的起因。

1954年12月，中央批准第四次全国互助合作会议的报告中提出的建议，到1955年秋收前，农业生产合作社发展到60万个左右，老区做到30%左右的农户入社，新区大部分乡有社，合作社总数比1954年春的10万个增加五倍，比1954年秋收前的22万个社也增加近两倍。报告说，如果这60万个社办好了，那就可以有把握地做到，在1957年组织50%以上（第一个五年计划要求为三分之一左右）的农户加入初级形式的农业生产合作社，使现有形式的农业生产合作社在全国主要农业区成为主要的生产形式。

1955年1月4日，邓子恢同志以国务院七办简报的形式向周总理和党中央报告了发展合作社计划的执行情况。简报说下边积极性很高，发展到60万个的计划已提高到70万个。现在看来，真正办好60万个都是不容易的，原因是县区干部几乎全年12个月都在做粮食统购统销等经济工作，只能抽一个短时间去发展合作社。现在全国办起来的38万个新社（老社尚有10万个），大部分没有立住脚，没有人帮助这些社克服初建的种种困难。又赶上粮食统购统销，部分农民抵触情绪很重。此种情绪和他们怕“归公”的思想顾虑结合在一起，就出现了比较普遍的不利于生产的现象，例如不积极沤肥积肥，大批出卖牲畜，有了钱不买生产资料，用于抢购不急需的用品，甚至用来修坟、买棺材等。这些提醒我们，必须警惕小私有者对社会主义改造的动摇态度。

为使运动健康发展，简报向中央提出两项建议，并附报了代中央起草的两个文件草案。一是建议制定一个全国性的章程，附报了《农业生产合作社示范章程》（草案），目的是明确规定合作社的半社会主义性质，使干部不致乱立法，群众不致乱猜疑；二是建议将合作化运动转入控制发展、着重巩固的阶段，附报了代中央起草的《关于整顿和巩固农业生产合作社的通知》的草案。总的精神是：照原计划完成60万个固然好；如果达不到，只要不出废品，完成50万个也应该承认是最大的胜利。

中央采纳了邓子恢同志的这两项建议。经政治局讨论后决定：示范章程草案，立即组织人修改；《关于整顿和巩固农业生产合作社的通知》略加修改后，于1月10日由刘少奇同志签署发出。通知指出：现在全国农业生产合作社已发展到48万余个，其中30多万个新社，有相当部分是在无准备或准备很差的条件下建立起来的，因而许多地方陆续有新建社垮台散伙和社员退社现象发生。“当前的合作化运动，应基本上转入控制发展、着重巩固的阶段。”凡是基本上完成或是超过了原定农业生产合作社计划的地方，应该停止发展，全力转向巩固。离完成计划尚远的地方，应该认真巩固已建立的社，有准备地在巩固中继续发展。如果有些省认为原订计划过高，可以报请中央农村工作部批准，适当收缩。对那些准备不足、仓促铺开的地方（例如河北和浙江个别县份就有此种情况），在不伤害积极分子热情、而又保证新建社质量的原则下，允许已有的社数和社员户数做必要的合理的减少。通知要求，在巩固合作社的工作中，要强调宣传自愿原则，放手让广大群众说出内心的怀疑和顾虑，针对暴露出来的思想去进行教育工作。全体社员的自愿联合，乃是办好社的最基本的保证。

通知发出后，农业生产合作社继续有所发展。2 月上旬发展到 58 万个，4 月达到 67 万个。

中央农村工作部根据 1 月 10 日通知要求，主要是协助河北、浙江、山东等省搞好农业生产合作社的整顿、巩固工作。其中重点是浙江。

浙江的问题是很突出的。据浙江省委农村工作部汇报，浙江省在反对饶漱石错误思想后，对合作化产生了盲目的积极性，有些地委提出“抓两头，带中间”（依靠贫农、斗争富农、带动中农）之类的错误口号，省委农工部没有及时纠正。全省农业合作社，1954 年秋收前为 3800 个，1955 年春发展到 50950 个，加上 4800 个自发社，共达 55000 多个。由于发展既快且多，发生了强迫命令等许多问题。例如，有的县召开全区斗争富农大会，并在会上宣布：“走社会主义道路就办社；不入社，就跟他们（被斗富农）一样。”1953 年浙江搞统购时，一律按合作社的产量，（高于当地个体农民）评定当地产量，有的地方个体户的田甚至比农业社的田评的产量还高，农民怕统购吃亏，要求入社。浙江土改后落后乡较多。改造落后乡的工作中，农民怕重划阶级，苦苦要求入社。由于互利政策处理粗糙，有些贫农误以为入社是要合伙平产，因此，建社后，先吃中农投资、后吃国家贷款的风气逐步发展。春耕开始后，强迫组织起来的新社，春耕生产准备工作很差，维持不下去的，约占总社数的10%。由于办社条件不够，加强领导也办不好的，约占总社数的30%。农民生产消极，突出表现在投资顶牛和不添修农具上。中央书记处第二办公室副处长袁成隆同志1955年4月12日给谭震林同志的信也讲到，浙江合作社大发展，大多数是某些干部强迫命令造成的。在鼓励入社时，有的办社干部公开宣布：入了社可以少派粮食征购任务，不入社就要多派。许多地区为了办社，要求土地连片，对不入社的农户强制调换土地。有些干部甚至对不入社的农民进行恐吓，致使不少农民是抱着惴惴不安的心情入社的。

为帮助浙江做好农业社的整顿、巩固工作，3月下旬，邓子恢同志和中央副秘书长、中央书记处第二办公室主任谭震林同志，邀请浙江省委书记江华同志，开会作了研究，并将讨论意见写成《对浙江省目前合作化工作的意见》，于3月25日，以中央农村工作部的名义，用电报发往浙江省委。电报全文如下：

“据已知材料，你省农村紧张情况仍在延续与发展着，农民生产情绪很不稳定，除粮食工作之外，农业生产合作社的发展过猛，步子迈得过大过急（由千分之六发展到百分之三十几），也是促成紧张的重要因素之一。据此，特建议你们对合作社数量分别地区实行压缩，有条件巩固的必须加以巩固，无条件巩固的，应主动有领导地转回互助组或单干经营，能够巩固多少算多少，不要勉强维持虚假成绩。省农村工作部同志顾虑到收缩会引起脱离积极分子的错误，这是对的，但如果群众是不自愿的，社巩固不下去，让积极分子长期脱离群众，我们最终还会连积极分子与群众一起脱离，并造成社会生产的巨大损失。因此正确的方针只能是：有条件办好的一定争取办好，不可冒退；没有条件办好的，应打通基层骨干和办社积极分子的思想，团结住他们，和他们一道领导群众实行改组，一道领导好退社的农民进行生产，无论他们是退回互助组或个体经营，都应该把他们的生产搞好，始终保持良好联系，不伤感情，为将来办好合作社而努力。在这些地方为了帮助基层骨干和积极分子下台，可由我们代为出头转圜。要向群众说明：合作化是为了农民的利益，因此要完全依照群众的自愿来进行；基层骨干和积极分子的工作方式不当，是有缺点的，这与上级要求太高有关，不能只怪他们，使他们以后好继续向群众进行工作。对省以下各级干部，亦应该逐级由上面领导同志把发展过猛的责任担当起来，使下面同志能够无顾虑地进行工作。对于退社或解散社的经济问题的处理，要照顾各方面群众的利益，深入典型，创造经验，作出公平合理的原则规定，使大家不伤和气，将来好再联合起来，避免可能发生的各种纠纷。闻你省现行的合作社经济政策，某些地方土地报酬显低，社员交公粮外即无剩余，树木及养蚕副业也过早入社，这些都是不妥的，望迅速研究改正，以利于团结中农，巩固贫中农的联合。有些合作社有条件办下去，但因粮食紧张，贫农缺乏口粮、种籽，中农不愿拿生产抵垫费用，国家应在销售粮食方面，在低息贷款方面给以支持（贷款要由银行作出切合的计划）。

估计你们在加强了领导的条件下，能巩固好三万个社，保持百分之十以上的农户在自愿基础上继续合作下去，虽然走了一小段曲折的道路，仍应承认是很大的收获，而不是什么失败。如能巩固的多一些当然更好。这个缩减数字不必下达，只作为省委内部掌握的计划，对下级只说明，能巩固多少算多少，确实办不好的不要勉强维持，能巩固的要力争巩固，要实事求是。你们意见如何，希速电告。”

据有关同志介绍，这份电报稿写成后，邓子恢同志曾委托陈伯达（当时任中央政治研究室主任、农村工作部副部长）带回去呈请毛主席审阅。

电报发出后，邓子恢同志出国。谭震林同志召集中央二办和农村工作部的负责人开会，决定派农村工作部秘书长杜润生、中央二办副处长袁成隆一道去浙江解释电报精神。据杜润生同志后来在七届六中全会发言中承认，他曾向浙江省委同志说：浙江“去冬今春发展合作社战略上勇敢是正确的，但战术上是缺乏准备的”，“有一批合作社，中农不向社投资，闹着退社，贫农缺口粮，要向社预支款项，情绪也不稳定。这一批合作社是上马难下了；不下马，误了春耕生产，并影响工农联盟”。“收缩了站不住脚的阵地，是为了巩固既得阵地，发展新阵地”。4 月 11 日，杜润生、袁成隆联名向两派出机关写了报告，提出浙江整顿和巩固合作社的工作，“除全面端正自愿、互利政策外，需要实行一个全力巩固，坚决收缩的方针”。现在不少合作社向政府要钱要粮，“中农不投资，贫农要预支，坐吃山空”，“一年之计在于春，必须赶快下马”。

浙江省委收到中央农村工作部的电报和听取杜润生同志的解释后，一致表示同意，并召开了四级干部会议作了布置。四级干部会议前，杜润生同志曾赶回北京，向谭震林同志请示浙江收缩措施是否可行。江华同志也从北京给省委打回电话，说“浙江合作冒进，全国第一”，督促省委采纳农村工作部的建议。经过一个多月的工作，浙江的农业生产合作社，由 53144 个减为 37507 个，减少 15607 个。“文化大革命”中说浙江“砍了二十万个合作社”，是夸大不实之词。

到 6 月底，全国农业合作社 65 万个，同 4 月间的 67 万个比较，仅减少 2 万个。除浙江减少 15607 个外，山东减少 4000 多个，河北减少 7000 多个；陕西、河南、吉林、云南等省还有所增加。

浙江压缩的 15000 多个农业生产合作社，大部分转成互助组。浙江省委霍士廉同志 5 月 8 日向中央农村工作部电话汇报说：这样做，全面宣传了党的政策，使干部知道侵犯中农利益的害处，消除了有些贫农以为合作化就是“合伙平产”，有些中农以为合作化是“二次土改”的误解，无论对社会生产和合作化都有极大好处。不仅是那些必须收缩的社，就是那些应巩固的社，都要进行一次政策宣传的补课工作。据谭震林同志 6 月 21 日发自杭州的考察报告，浙江整顿后，“合作社的生产都很好，极大部分增产有把握，大部分经营管理也好，但互利政策并未贯彻。查其原因主要是去年在贯彻阶级路线时即产生揩中农油的思想，总不愿与中农平等互利。据我了解如果这一问题不解决，现有社是不能完全巩固的，秋后还要垮一批”。7月6日他又报告说：浙江入社农户占总农户的比例，从28%退到18.6%，退时，普遍宣传了自愿互利政策，在退、转自愿的口号下，大批社员退了，但并未贯彻两利政策。浙江省委常委林乎加同志7月28日向中共中央上海局作电话汇报，谈到合作社问题时说：“我们认为：坚决收缩是正确的，但在收缩过程中有缺点，这就是把一些可以不收缩的也收缩了，很多地方当成了运动，主要搞收缩，有些收缩得很草率，善后工作没有很好处理，部分农民吃了亏，伤害了他们的积极性。这些缺点在中央5月会议以后就纠正了。”

毛主席察觉浙江收缩合作社问题后，曾向邓子恢同志提出过这样的警告：“不要重犯一九五三年大批解散合作社的错误，否则又要作检讨。”提这个警告的时间，毛主席7月31日在报告中说是4月，邓子恢同志在七届六中全会上说是5月初。查《1955年中央大事记》，5月5日晚21时30分，“主席在颐年堂和邓子恢同志谈话”。邓子恢的记忆可能是对的。

7月底，中共中央上海局书记柯庆施同志来京开会时，将林乎加7月28日向上海局的电话汇报记录转给毛主席，毛主席当即批示：“印发各省市委书记及其他到会人”，并在记录原稿中“我们认为：坚决收缩是正确的”这句话的后面加了一句批语：“这种估计不对。——毛注”。

7月31日，毛主席在报告中批评说：浙江由于采取所谓“坚决收缩”方针（不是浙江省委决定的），一下子就从53000个合作社中解散了15000个包括40万户的合作社，引起群众和干部很大不满，这是很不妥当的。这种“坚决收缩”的方针，是在一种惊惶失措的情绪支配下定出来的。这样一件大事不经中央同意就去做，也是不妥当的。胜利冲昏头脑，犯出“左”的错误，当然不好；胜利吓昏头脑，来一个“坚决收缩”，犯出右的错误，这也不好。现在的情况是属于后一种，有些同志被几十万个小型合作社吓昏了。毛主席还把围绕这个问题的分歧，概括为“下马”与“上马”之争。报告中说：有些同志从资产阶级、富农或者具有资本主义自发倾向的富裕中农立场出发，错误地观察了工农联盟这样一个极端重要的问题。他们向我们提出了警告："如果不赶快下马，就有破坏工农联盟的危险。"我们认为恰恰相反，如果不赶快上马，就有破坏工农联盟的危险。这里看来只有一字之差，一个要下马，一个要上马，却是表现了两条路线的分歧。

9 月 26 日，在审阅邓子恢同志准备在七届六中全会上就浙江整顿合作社问题作自我批评的发言稿时，毛主席写了一段批语："为什么老是喜欢去挫折社会主义因素，而老是不喜欢去挫折资本主义因素？你们没有回答这个问题。回答应是：你们脑子里藏着相当严重的资本主义思想，所以你们觉得社会主义因素没有什么可爱，忍心地去挫折它。""占百分之二十到三十的富裕中农的资本主义自发倾向影响了你们，占百分之六十到七十的贫农和下中农的积极性，你们却熟视无睹，敢于抹煞，敢于'与此相反，不是去爱护，而是去挫折它'，难道这是偶然的吗？"

10 月 11 日，毛主席在党的七届六中全会结论中，谈到"不赶快下马就要破坏工农联盟"这一提法时说："我看这一句话大体'正确'，只改一个字，把'下'字改为'上'字就行了。"

这个问题的分歧，实质是两点：一、对办得很不好的合作社怎样处理；二、对浙江 1954 年秋后农业合作化发展形势怎样估量。

今天看来，在第一个问题上，农村工作部的电报和邓子恢等同志的有些说法不是没有缺点的。例如，3 月 25 日电报提出：浙江"能巩固三万个社、保持百分之十以上的农户在自愿基础上合作下去"，就是"很大的收获"，这就明确要求浙江减少 2 万多个社。虽提出只是"内部掌握"，但也似无必要。又如，什么叫收缩，子恢同志作过解释，但讲得比较含混。他说："收缩是指那些确实没有办好的社，对它们已花了九牛二虎之力还没有办好，这些社就应该丢掉。""问题很多的社，群众有意见的，只有少数人愿意，大部分不愿意，那又何必留下呢？干脆退社（解散）好了。好来好去，不一定拖到八月十五以后再散伙。"这段话，给人两个印象：一是收缩就是解散；一是一个社该不该“收缩”，即该不该解散，由多数社员决定。我觉得，子恢同志这个说法，就不如毛主席的说法好。

毛主席说：“要下决心解散的合作社，只是那些全体社员或几乎全体社员都坚决不愿意干下去的合作社。如果一个合作社中只有一部分人坚决不愿意干，那就让这一部分人退出去，而留下大部分人继续干。如果有大部分人坚决不愿意干，只有一小部分人愿意干，那就让大部分人退出去，而将小部分人留下继续干。即使这样，也是好的。”毛主席还举了河北省安平县南王庄一个小合作社的例子：“三户老中农坚决不想再干下去，结果让他们走了；三户贫农则表示无论如何要继续干下去，结果让他们留下，社的组织也保存了。”毛主席这样讲法，起码在解散合作社这个问题上，比子恢同志提出的少数服从多数的说法，更能体现入社自愿、退社自由的原则。至于杜润生同志在浙江讲的“下合作之马”、“砍合作社”等用语，其不妥之处就更明显了，因为它容易引起误解。

林乎加同志在电话汇报中讲到的浙江把收缩“当成了运动”，“收缩得很草率”，“伤害了部分农民的积极性”，也是确有事实依据的。后来的一些调查发现，有些农民对解散合作社很不满意：“叫办是你们，叫散也是你们。”有的农民甚至说：“‘坚决收缩’的仇恨，三年也说不完，一世也忘不了。”这说明：在解散 15000 多个合作社过程中，也是有强迫命令的。这些发生在实际工作中的强迫命令，同邓子恢等同志某些不尽适当的说法，不能说没有关系。从这点上说，我认为，毛主席对子恢等同志的批评是有他的道理的，不能因为我们要总结那次批判中的教训而一概否定。

至于对 1954 年秋后浙江省农业合作化运动形势的估量，实践表明子恢同志的意见是对的。大量材料说明：浙江省 1954 年秋后，农业合作化从千分之几一下增加到百分之三十几，确实是冒进了。从这个估量出发，中央农村工作部提出向浙江省委的建议是必要的，总的精神也是对的。浙江解散的 15000 多个合作社，虽然有些不应简单地采取取消合作社组织的办法，但其中的大部分恐怕是难以维持的。在农村工作部给浙江省委发电报以前，中央通报了四川省的经验，由县政府出布告，宣布入社自愿。浙江省有55个县出布告，2月底，自动解散的社就有19个，3月底达264个。这说明违背自愿原则，依靠行政命令或各种政治、经济压力强行组织起来的合作社，是没有生命力的。强迫散社不对，强迫建社同样也不对。

互助合作的道路是小农经济走向社会主义的必由之路，但入社不入社，何时入社，终究是必须尊重农民自愿的事情。党只能用典型示范和思想教育的方法启发农民走这条道路，而不能强迫命令。1953年12月，中央正式发布的《关于发展农业生产合作社的决议》明确指出："发展农业合作化，无论何时何地，都必须根据农民自愿这一根本原则。""如果用强迫命令的手段去把农民的生产资料公有化，那只能够是破坏工农联盟和破坏贫农中农联盟的犯罪行为，因而也是破坏农业合作化的犯罪行为，而绝对不能给农业合作化带来任何一点好处。"这里的个别用词可能太尖锐了一点，但基本道理是对的。浙江1954年秋后合作化发生冒进的问题，症结可能就在这里。我国的农业合作和后来的公社化遇到的种种挫折，症结也可能在这里。

1981年3月9日，中央办公厅转发了国家农委党组《关于为邓子恢同志平反问题的请示报告》和党中央批准这个请示报告的意见。请示报告指出，经过调查核实，浙江省1955年整顿巩固农业生产合作社工作，"收到了较好的效果，纠正了侵犯中农利益的错误，一度紧张的中贫农关系得到了很好的解决，农民的生产积极性恢复了，干部政策水平提高了。实践证明，这样处理是符合群众要求的。有的地方由于酝酿不够，行动过猛和工作粗糙，对不该收缩的也收缩了一些，这是在具体执行中的缺点错误。"这个结论是符合实际的。

毛泽东同志的批评失当之处，今天研究起来，主要在于他未能全面了解浙江和其他地方农业生产合作的进展情况，以致于未能注意一些地方已出现了冒进的事实，以致于他不仅未能察觉浙江等省入社农户占总农户的比例的急剧大幅度上升中存在着不正常现象，而且认为它正是"农村中合作化的社会改革高潮"在这些地方"已经到来”的标志，而这些地方“高潮”的到来，预示着全国合作化的高潮也即将到来。从这个估量出发，他把邓子恢等同志对浙江等少数省县合作化运动冒进的批评，引申为对全国合作化运动的批评，把专指浙江少数“投资顶牛”、“坐吃山空”的合作社要“下马”的概念，引申为要全国合作化运动“下马”，这就不符合邓子恢等同志的思想实际了。因为子恢同志曾一再声明：1954 年秋天以后，合作化运动的发展是健康的，成绩是主要的，六十几万个社，大部分是可以巩固的。只有浙江、河北、山东等少数省县出现了冒进。

这个认识上的分歧还涉及一些更深层次的问题。例如，农村阶级政策问题，怎样理解贫农的社会主义积极性问题等，在下面还要加以回顾。

(二)农业合作化发展速度之争

继浙江整社问题出现意见分歧之后，邓子恢同志和毛主席之间，从 1955 年 6 月下旬起，又围绕农业生产合作社发展速度问题发生了争论。毛主席在七届六中全会的结论中，把这场争论概括为大发展与小发展之争。

6 月 14 日，中央政治局在少奇同志主持下开会，听取子恢同志关于第三次全国农村工作会议情况的报告，研究下年度发展农业生产合作社的控制指标和指导方针问题。会议认为：“过去几年的农业生产合作工作，虽然出了些乱子，但是有很大的成绩，绝大多数的合作社提高了生产。今后的一年内还是应当大发展。方针是：要把现有的社巩固起来，同时注意发展新社的工作，预期在一九五六年秋收前全国达到一百万个农业生产合作社。”“在合作化的工作中必须坚持贯彻自愿和互利的原则，过去曾有过‘中农在合作社中要吃点亏’的说法，是错误的，应当加以纠正。”100 万个社的指标，是中央农村工作部的建议。在讨论时，少奇同志说，发展到 100 万个以后就关一下门，等中农自动来敲门。

6 月下旬，毛主席外出视察归来，约邓子恢同志谈话，提出：下年度，农业生产合作社发展到 100 万个，同现有的 65 万个社比较，只增加35万个，即只增加半倍多一点，似乎少了一点，可能需要比原有的65万个增加一倍左右，即增加到130万个左右的合作社。新区应大发展，老区应再发展。邓子恢同志认为，还是维持100万个的计划比较好。新区现在只能小发展或适当发展，先慢后快。老区停一年再说。为此，双方发生了争论。

当时，邓子恢同志申述了三点理由：第一，整个合作化运动应与工业化进度相适应。第一个五年只能为工业化打个初步基础，农业技术改造可能刚起步，合作化还只能以手工劳动为主。在这种情况下，不宜过猛过快地发展合作社。据各地调查材料，现有的农业生产合作社，在其初建一二年，一般可增产20%到30%，以后如无技术改造跟上去，难于持续增产；第二，现有的六十几万个社，问题很多，巩固工作很繁重，如果发展过快，发展与巩固齐头并进，群众觉悟水平与干部经验水平都跟不上，可能使发展和巩固两方面都受影响，并影响农业生产；第三，1955年至1956年，主要是打好基础，为1957年实现三分之一的农户入社和以后的全盘合作化做好准备。现在老区入社农户虽已达20%到30%，但由于这几年领导力量主要忙于建社，对巩固工作做得很少，基础极不巩固，需要拿出一年左右的时间做巩固工作。根据以往老区的经验教训，在素无互助合作习惯与传统的新区，现在的主要任务是完成布点工作，适当发展一批新社，并集中力量把它办好，以便训练干部，作出示范，为以后由点到面加快发展打好基础。至于边远地区和少数民族地区，有的还没有土改，生产技术处于刀耕火种时代，连会计都找不到，很难办社，更需要多准备一些时间。当时，邓子恢同志从苏联、匈牙利访问归来不久，他还向毛主席谈到苏、匈两国农业合作化过急的教训。

邓子恢同志的这些意见，4月21日在中央委托农村工作部召开的第三次全国农村工作会议的开幕词和5月6日的结论中已作过详细的论述。他认为，社会主义革命是一个长期的斗争，像中国这样一个没有工业基础的国家，按原计划做到了15年实现农业合作化就不错了。办合作社同土改不同，土改发动群众，把地分配下去就完成了，可是搞合作化，把社建起来，才刚开始。要把一个合作社办好，内部团结，走上轨道，确实增产，把社员教育好，比土改难得多。农民入了社，生产资料虽仍属他所有，可以取得报酬，但他已不能自由支配，他把赖以为生的全家财产交给你，你不能把社办好，至少当家的农民会睡不着觉，这是唯物论。农民的社会主义觉悟主要靠眼睛看，不是光靠耳朵听，不从物质基础上（社办得好坏、社员收入增减程度等）去看农民的社会主义觉悟，就有点唯心主义了。一个社办好，完全靠农民是不行的，一般农民搞好一家一户的生产，经验是丰富的，但要领导三四十户合作社的生产，他没有经验，社员看到社长能力不行，自然就不放心。因此，要把大批合作社办好，没有一批专职的有一定文化水平和理论水平的干部不行；就是办了几年的老社，过了半年没有干部去照顾一下，就有许多新问题社本身不能解决。凡是没有办过社的地区，都应该经过试办阶段，做一个样子让干部看一看，让群众看一看，再推广。办合作社要发展一段，巩固一段，不要连滚带爬地往前进；连滚带爬往前进，就会要擦屁股，而且越擦越多。当前一个时期只宜大量兴办初级形式的合作社，维持土地私有权和土地分红。

7 月 11 日，毛主席在颐年堂约见邓子恢、廖鲁言、刘建勋、杜润生、谭震林同志和陈伯达，重申自己的意见，并比较严厉地批评邓子恢等同志。但子恢同志仍坚持自己的意见。谈话持续五个多小时才结束。据有关同志回忆，毛主席曾对子恢同志说："你的思想要用大炮轰。"

7 月 18 日，毛主席写信给杜润生同志："请将上次农村工作会议各项材料，如报告，各人发言和结论，送我一阅为盼。"这里指的"上次农村工作会议"，即第三次全国农村工作会议。这次会议提出的指导方针为：秋前停止发展，全力巩固；发展较快、问题较多省、县适当收缩；新区秋后适当发展。毛主席根据邓子恢同志当面陈述的观点和这次会议的材料，着手撰写《关于农业合作化问题》的报告。

7 月 31 日，毛主席在《关于农业合作化问题》的报告中指出："在全国农村中，新的社会主义群众运动的高潮就要到来。我们的某些同志却像一个小脚女人，东摇西摆地在那里走路，老是埋怨旁人说：

走快了，走快了。过多的评头品足，不适当的埋怨，无穷的忧虑，数不尽的清规和戒律，以为这是指导农村中社会主义群众运动的正确方针。”“否，这不是正确的方针，这是错误的方针。”(《毛泽东著作选读》甲种本下册，第406页)

邓子恢同志在毛主席批评后发言，表示拥护毛主席的批评，承认前些时候对情况的分析是欠全面的，对新区采取小发展而不是大发展的方针是比较消极的。

8月1日，在省市自治区党委书记会议结束时，毛主席说：和子恢同志的争论已经解决了。4月时，中央一个意见，子恢一个意见。农村工作部没有执行中央的意见。5月17日(15个省市自治区党委书记会议)以前，说新区发展的合作社糟得很。这次会上大家说好得很。现在证明新区能发展。今冬明春明夏可大发展。准备工作加巩固工作不会冒险。准备工作第一项就是批评错误思想。集体主义比分散主义、个人决断好，应该服从这条纪律。各部门不能乱发命令。

8月26日，毛主席批示邓小平、杨尚昆同志：“请电话通知中央农村工作部：在目前几个月内，各省市区党委关于农业合作化问题的电报，由中央直接拟电答复；并告批发此类来报的同志，不要批上‘请农村工作部办’字样。”

从8月13日到10月2日七届六中全会开幕前夕，毛泽东同志亲自起草中央批语，连续批发了湖北、辽宁、安徽、山西、河南、浙江等10个省委关于学习《关于农业合作化问题》，批判“右倾保守”思想，重新部署合作化发展步伐、加快发展进度的报告。

8月31日，毛主席在批发安徽省委报告的批语中指出：“安徽省委尖锐地批判了在农业合作问题上的右倾机会主义思想，这种批判是完全必要的。”这是中央文件第一次提出批判“右倾机会主义思想”。安徽省委报告认为：安徽地区有“小脚女人”，有“改组派”，也有大脚。为了使小脚放大，“改组派”变成天足，必须在结合学习毛主席指示当中深入检查，进一步揭发和批判“小脚女人”。

8月26日，毛泽东同志为中央撰写《通知》，将修改后的《关于农业合作化问题》的报告，正式发给各省市区党委，并请他们印发给各级党委，直发到农村支部。修改后的报告，同7月31日报告稿比较，主要是增写了四、六、七部分。六、七部分主要是批评"有些同志"利用苏联经验为自己的"爬行思想"作掩护的问题。

9月7日，在为中央拟的批转福建省委报告的批文中，毛主席全面阐述了他关于农业合作化中阶级政策的观点，特别是对待中农政策的观点。他的这些观点曾说服许多同志支持加快合作化的步伐。

9月26日，在审阅邓子恢同志准备在七届六中全会上作自我批评的发言稿时，毛主席针对子恢同志承认在讨论合作社发展计划时对中央、毛主席不够尊重，对部内同志的不同意见也没有认真听取的话，写了一段很长的批语。主要意思是："你们有一条路线，有一个方针，而是和中央的路线和方针相抵触的，所以在长时期内中央总是不能说服你们，即便经过严重的批评还是说不通。"这"不是什么对中央意见不够尊重，而是根本不尊重"。你们不听部内"微小的分歧意见"，"是同全国农村中大量的普遍的积极因素不能影响你们，你们只愿接受具有资本主义自发倾向的富裕中农的影响这一点直接地联系着的"。"中央同志对你们的严重的批评，书记处和政治局对你们的提议的否决，都不愿接受，何况你们部内一些同志的意见，他们对你们有什么办法呢？"

10月4日，以讨论农业合作化问题为主要议题之一的党的扩大的七届六中全会开幕。248篇发言或书面发言一致表示拥护毛主席《关于农业合作化问题》的报告，不指名地批评合作化运动中的"右倾保守思想"、"小脚女人"、"右倾机会主义"、"同资产阶级共呼吸的人"、"资产阶级思想的投降主义者"等等。248篇发言中有我的一篇。我发言的中心，是讲农业合作化与农业技术改造的关系问题。今天看来，当时对这两者的关系进行探讨是必要的，内容也还可以。但是，在发言开始的表态部分，讲了一些不妥当的话。248篇发言中，也包括邓子恢同志的检讨。说他"抱着十分沉痛的心情"，检讨自己又一次犯的"原则性错误"。说浙江有些地方发生强迫解散合作社的错误，责任完全由他承担。

10 月 11 日，毛主席以《农业合作化的一场辩论和当前的阶级斗争》为题，作会议结论。他说："我们这次会议，是一场很大的辩论。这是在由资本主义到社会主义过渡期间，关于我们党的总路线是不是完全正确这样一个问题的大辩论。"他把邓子恢等同志的观点，概括为 13 条，并逐条作了批驳。指出：邓子恢同志"这一次所犯的错误，性质属于右倾的错误，属于经验主义性质的错误"。

七届六中全会通过的《关于农业合作化的决议》，把邓子恢等同志对农业合作化问题的指导方针称为"右倾机会主义的方针"，说合作社的日趋巩固和增产，许多农民积极入社，"宣告了右倾机会主义的破产"。

1956 年初，《中国农村的社会主义高潮》一书的出版，通过序言、按语和典型材料，把对"小脚女人"的批判进一步引向深入，扩及全国。批判的语调更尖锐了。

1956 年 1 月 20 日，毛主席在中央召开的知识分子问题会议的讲话中说："我们的农村工作部，应该是一个促进部，但在一个时期之内，它是促退部。"

1958 年 3 月 18 日，在成都会议上，在陈伯达发言谈路线斗争时，毛主席插话说："合作化问题上的分歧——反对的主要人物是邓子恢。"

合作社发展速度之争，从形式上看，只是翻一番还是翻半番、发展到 130 万个还是 100 万个之争，但实质上是两种指导思想之争。

邓子恢同志是我党领导农民运动的卓越领导者。正如我在前面提到的：在中国要实现农业合作化这个根本道路和根本方向问题上，他和毛主席的意见是一致的，并没有分歧。对合作社的发展要有控制数字，这一点也没有分歧。但是，在合作化发展速度问题上，他们的指导思想却有着明显的不同。从 1953 年第一次全国农村工作会议开始，邓子恢同志就主张，中国互助合作运动要采取稳步前进的方针，绝不能操之过急。毛主席也讲过要稳步前进，但其基本指导思想却是强调："办得好，那是韩信将兵，多多益善"，"翻一番，摊派；翻两番，商量"，"超额完成，情绪很高"。如果说，1953 年反对"冒进"与反对"下马"的分歧，是这两种指导思想之争的第一个回合,那么,1955年夏的“大发展”与“适当发展”之争,则是这两种指导思想之争的第二个也是更重要的一个回合。

两种指导思想的不同,反映出对一系列与农业合作化发展速度有关的问题有着不同的认识。

在农业合作化目的方面各有侧重。

邓子恢同志侧重强调生产关系的改造一定要同生产力发展需要相适应,要有利于达到增加生产的目的。1953年他提出:“互助合作运动要根据生产需要,逐步前进,绝不能凭单纯主观要求,否则就达不到增产的目的。”1955年在第三次全国农村工作会议结论中指出,农业合作化的目的有三:发展农业生产,最后消灭资本主义,最后消灭工农矛盾,完全巩固工农联盟。但强调发展农业生产,保证国家和人民的需要,是主要的。他批评浙江等少数地区冒进,主张小发展,而不赞成大发展,着眼点都在于保障合作社切实增加生产。

毛主席则侧重于强调要通过加快生产关系的改造来大力发展生产力。他在《关于农业合作化问题》的报告中指出:苏联从1921年到1937年,共17年时间完成合作化,而它的合作化的主要工作是在1929年到1934年这六年间完成的。苏联经验证明:我国合作化采取大发展的方针是正确的。在七届六中全会的结论中,他在谈到加快农业合作化动因时说:“在这件事情上,我们是很没有良心哩!马克思主义是有那么凶哩,良心是不多哩,就是要使帝国主义绝种,封建主义绝种,资本主义绝种,小生产也绝种。在这方面,良心少一点好。我们有些同志太仁慈,不厉害,就是说,不那么马克思主义。”毛主席在理论上曾多次精辟地论述过生产关系与生产力的辩证关系,他深知生产关系一定要适应生产力的发展水平,深知改革生产关系的目的是为了更好地保护和发展生产力。但是,他对邓子恢同志的批评,却实际上给予人们这样的印象:似乎生产关系的改变可以不顾生产力的状况,而且改变得越快,就越能发展生产力。

在加快合作社发展步伐的可能性方面各有不同的认识。

邓子恢同志比较强调客观条件提供的可能性。1953年他提出过三条标准:生产需要;群众觉悟,即群众根据自己的切身体验,认识到合作社的优越性;干部的领导能力。1955年他主张稳步发展,基本还是以这三条标准为依据的。在与毛主席发生争论后,他准备了一篇《发言草稿》(从内容判断,可能是为参加7月31日召开的省市自治区党委会议准备的)写道:到现在为止,各省报来的计划为105万个,除现有65万个外,计划新发展40万个。这个计划是符合实际需要与可能的,希望各省市区具体审批时注意四个条件:一、现有社增产巩固程度;二、互助组发展规模大小;三、干部强弱;四、原有工作基础好坏,如在土改不彻底的落后乡,应考虑从缓发展。由此看出,邓子恢同志即使在受到批评后,他还是强调发展农业生产合作社要注意客观条件提供的可能性。

毛主席则比较强调群众走社会主义道路的积极性是加快农业合作化发展步伐的最大的可能性。7月29日,他看到中央农村工作部整理的《农业合作化最近简情》的材料,写了一篇很长的批语,其中第一段,就是阐述这个观点。批语说:"在发展问题上,'不进'与'冒进'。目前不是批评冒进的问题,不是批评'超过了客观可能性'的问题,而是批评不进的问题,而是批评不认识和不去利用'客观可能性'的问题,即不认识和不去利用广大农民群众由于土地不足、生活贫苦或者生活还不富裕有一种走社会主义道路的积极性,而我们有些人却不认识和不去利用这种客观存在的可能性。"在7月31日报告中,毛主席进一步发挥这一观点,并且指出:邓子恢强调的那些客观条件,是"数不尽的清规和戒律"。

在和毛主席争论期间,中央农村工作部有同志曾埋怨邓子恢同志不该为几十万个合作社问题,去同毛主席争论。子恢同志回答说:"不是几十万个社的问题了,要紧的是他认为办合作社的那些条件都不必要。这怎能不讲清楚!"

对合作化的阶级政策方面,毛主席提出了新的观点。

在1954年12月中央批发的第四次全国互助合作会议的报告中提出的农村阶级政策是:"依靠贫农(包括全部原来是贫农的新中农在内,这样的贫农占农村人口的百分之五十到七十),巩固地团结中农,发展互助合作,由逐步限制到消灭剥削。"邓子恢同志拥护并坚持这一阶级政策，他还提出贫农和中农“合则两利、离则两伤”的重要观点。他所以建议浙江采取收缩方针，主要是鉴于中农和贫农关系特别紧张。他所以不赞成合作社大发展，也主要是鉴于当时中农对加入合作社持怀疑、动摇态度。他在第三次全国农村工作会议上说：“你说他（上中农）愿意入社，我就不大相信。因为他的生产水平高，你合作社办了三四年也不一定超过他，要他参加合作社，和他平分，他就不干。看大势当然是中农的一个特点，但另一个特点是他计较利害。他把利害的算盘一打，觉得不够，就不来；就是来也是逼迫的。”“光看他的表面：高高兴兴，双手举起来，甚至哭哭啼啼地要求入社，你就认为他觉悟提高，这样看是会使我们犯错误的。”“去年广东有些地方就是这样，购粮的时候，中农哭哭啼啼硬是要求我们的干部给工作组讲，让他入社，开始一看，这个社会主义觉悟很高，以后过了一个时期问他，他说，同志，我对你说老实话，那时我是为了购粮这一关。你说这是强迫还是自愿！”“另外，有些地方清算富农，是杀鸡给猴子看，他对富农砍一刀，叫中农看，你说这不是强迫！”邓子恢同志认为，没有中农入社的“贫农社”，生产资料少，不易搞好；强迫中农入社，同样也搞不好生产。合作社要办好，就要靠贫农与中农的团结。至于“原来是贫农的新中农”，在合作化中究竟是依靠对象，还是团结对象？他的认识和许多同志的认识一样：既是依靠对象，也是团结对象。

针对邓子恢同志的观点，毛主席在 7 月 31 日报告和 9 月 7 日对福建省委报告的批语中，按照对合作化的态度和富裕程度，把中农分为新中农、老中农、新下中农、老下中农、中中农、新上中农、老上中农等阶层。他认为：贫农、新中农中的下中农（包括中中农）、老中农中的下中农，他们因为生活困难或还不富裕，“有一种组织合作社的积极性”，要把这些人作为合作化的依靠对象，依其觉悟程度，分作多批吸收他们加入合作社。对于富裕中农，除真正有觉悟的外，暂不吸收入社。这样一分析，对合作社持怀疑动摇的，就不是整个中农，而仅仅是中农中的一小部分，即有资本主义自发倾向的富裕中农（所谓富裕中农，按照七届六中全会《关于农业合作化决议》的解释，即新中农中的上中农和老中农中的上中农）了。毛主席说：“有人说，现在的提法似乎是放弃‘依靠贫农巩固地联合中农’这个口号了，这是不对的。我们不是放弃这个口号，而是使这个口号按照新的情况加以具体化，即将新中农中间已经上升为富裕中农的人们，不算作依靠对象的一部分，而将老中农中间的下中农算作依靠对象的一部分。”毛主席这一新的阶级分析和论证，在7月31日的省市自治区书记会议和10月间扩大的七届六中全会会议上，曾说服包括邓子恢同志在内许多同志拥护他关于合作化问题的观点。子恢同志在七届六中全会上作检讨时，就是着重从这个问题上，挖自己“犯错误”的根源。他说：“由于我缺乏正确的阶级分析，未把新中农的富裕阶层划出依靠对象之外，而笼统地把所有新中农都列为依靠对象，致各地过早吸收富裕中农入社，增加办社困难；另一方面，又不加区别地把富裕中农的动摇性看成所有中农的动摇性，……把富裕中农的自发资本主义思想看成所有中农都有这种思想，从而产生了对新老下中农倾向社会主义的积极性估计不足”。

当时，贫农揩中农油的问题，在一些地方比较严重。邓子恢同志强调要保护中农利益，教育贫农不要揩油；而毛主席则强调应教育贫农和中农两方面都顾全大局，反对向中农“全妥协”。他在对《农业合作化最近简情》的批语中说：“‘揩油’，问题已经发生，应当教育农民不要‘揩油’，应当端正各项政策，并以发放贷款的办法去支持贫农，这是一方面。但同时应当教育中农顾全大局，只要能增产，只要产量收入比过去多，小小的入社时的不公道，可以就算了。要教育两方面的人顾大局，而不是所谓‘全妥协’，全妥协就没有社会主义了。又团结、又斗争是我们的方针。”

关于农业合作化发展速度之争，党中央1981年3月批准国家农委党组的报告，肯定邓子恢同志坚持按政治局6月14日会议批准的计划是对的。我认为，这是实事求是的。

（三）失误在哪里

毛主席坚持引导个体农民走农业合作化的道路是完全正确的。

合作化的道路是对个体农民进行社会主义改造的必由之路。中国要不失时机地由新民主主义过渡到社会主义，在我国确立社会主义的制度，建设社会主义事业，不搞合作化是不可思议的。

1955年，毛主席想尽量加快农业合作化的发展步伐，对于浙江已经建立起来的55000多个合作社一下解散15000多个感到痛惜，其愿望和心情都是可以理解的。我们当时听说这个情况后，大家也都有痛惜之感。如我在前面所讲到的，邓子恢同志也确实不是一点缺点也没有。但是，把他坚持的农业合作化应稳步前进的主张当作“小脚女人走路”或经验主义甚至右倾机会主义的错误加以批判，显然是不当的，是批错了。《关于建国以来党的若干历史问题的决议》指出：“在一九五五年夏季以后，农业合作化以及对手工业和个体商业的改造要求过急，工作过粗，改变过快，形式也过于简单划一，以致在长期间遗留了一些问题。”这里所说的“一九五五年夏季以后”，实际上就是指对邓子恢等同志的这次错误批判以后。这次错误批判，我们这些人都有责任。我前面讲过，七届六中全会的248篇发言中，就有我一篇。我们不能而且永远不要把责任都归到一个人身上，那样，就不实事求是了。任何一个历史事件都不可能是简单的个人的行为。我们如实地指出失误的地方，并分析其原因，也主要是为了吸取历史教训，而不是要去追究个人责任。

这次错误批判的失误和教训究竟在哪里？我觉得，是不是主要在以下这两个地方：

第一，对我国农业社会主义改造的艰巨性、复杂性、长期性认识不足，在指导思想上有些急于求成。

我国是一个经济落后的农业大国。到1953年制定过渡时期总路线时，这种落后状况并没有大的改变。总路线要求，大约用15年的时间完成农业社会主义改造；1953年12月《关于发展农业生产合作社的决议》和后来的“一五”计划都规定，到1957年争取三分之一左右的农户加入初级形式的农业生产合作社，这个速度就是不慢的。邓子恢同志当时也是按这些文件的精神部署工作的。在我国条件下，固然不能“先机械化、后合作化”，但也要认识到，合作化的发展速度应当同工业化的发展速度大体相适应。因为没有比较强大的工业的支援，单是由一家一户的手工劳动和自给自足，变成十几户或几十户在一起手工劳动和自给自足，虽然由于新的劳动组合，可以形成一些新的生产力和优越性，但其优越性毕竟是有限的。邓子恢同志注意到了这一点，却被误解为“合作社只有三年的优越性”的悲观论加以批判。1955 年，我国工业化刚刚起步，人均国民收入只 129 元，就提出让“资本主义绝种，小生产也绝种”的问题。这种以为农业合作化可以脱离工业和整个国民经济发展水平而率先完成的观点，不能不说是对农业合作化的艰巨性、复杂性、长期性认识不足的一个重要表现。

列宁曾经指出：“改造小农，改造他们的整个心理和习惯，这件事需要花几代人的时间。”（《列宁全集》第 2 版，第 41 卷，第 53 页）经过民主革命的洗礼和过渡时期总路线的宣传，我国农民有了较高的政治觉悟，他们拥护共产党的领导，不少人向往社会主义、共产主义的远景。但农民毕竟是农民，几千年流传下来的那些同科学社会主义格格不入的绝对平均主义思想和落后的传统习惯，要改变过来，不做长时间的努力是不行的。而且这些落后的思想和习惯的改变，是同社会经济文化发展水平相联系的，不是单纯靠思想教育就能奏效的。现在回想起来，1955 年发动对邓子恢同志的批判，和合作化高潮时对农民社会主义积极性的估量，我觉得显然是有些高了。不仅当时的实际材料而且后来的实践发展也证明：我们曾经高度赞扬的贫农下中农的“社会主义积极性”，有不少在相当大的程度上是属于“合伙平产”的平均主义“积极性”；当时批判的富裕中农的“资本主义自发倾向”，有很多是属于保护自己的劳动成果不被均分的正当行为。毫无疑义，经过革命的社会实践和思想教育，农民的社会主义积极性是可以不断提高的，农民的传统观念和习惯是可以逐步克服的。但是，当时我们把提高农民的这种积极性估计得过快，把克服农民的旧观念旧习惯看得过于容易，确实是对农业社会主义改造的艰巨性、复杂性、长期性认识不足的又一表现。

“通过示范和为此提供的社会帮助”（恩格斯语），引导农民在自愿的基础上联合起来，是对农民个体经济进行社会主义改造必须坚持的基本原则。1955 年夏季以前，对这一基本原则，应该说是比较注意坚持的。在《关于农业合作化问题》的报告中，尽管毛主席又重申了这一原则，但是，由于指导思想有些急于求成，对邓子恢同志的稳步前进的主张开展了严厉的思想批判。这一来不仅使得各级党委和政府在规定合作化进度指标方面层层加码，而更重要的是在农村里，对暂时不愿入社的农民客观上形成了一种很大的政治压力，不自愿也得“自愿”。这种做法同毛主席自己倡导、一再重申的自愿原则，实际上是背道而驰的。

违背自愿原则的强迫命令形式是多样的。除政治压力外，还有经济手段。1955 年 10 月，七届六中全会通过的《关于农业合作化问题的决议》明确指出：“我国的农业生产合作社，在现阶段一般地是以土地入股统一经营为特点的半社会主义性质的初级合作社。”但是，在合作化高潮中，有些地方名义上是初级社，允许土地分红，实际上入股土地所分红利不够缴纳农业税，这就使得土地较多、土质较好的农户（主要是上中农）不得不交出土地。这种变相的强迫命令是许多初级合作社建社才几个月甚至几天，就自愿过渡到高级社的根本原因。入社耕畜的处理，一些地方当时说的是合理作价，以后分期偿还，实际上并没有这样办。由于严重违背自愿互利原则，以致 1956 年秋季以后，不少地方发生农民“闹社”、“退社”风潮，在干部中也有相当多的人对高级社的优越性发生怀疑。后来就不得不一次又一次地开展社会主义教育，来平息农民的不满。邓子恢同志与毛主席的争论是 30 万个合作社的指标引起来的。在要不要控制指标这个问题上，双方并无争论。我在想，如果当初根本不下达指标，而采用典型示范的方法，主要通过合作经济的优越性和社会经济发展的历史规律说服农民，是否入社由农民自己决定，不仅这场争论可能不会发生，而且我国合作经济可能是另外一个样子。我国农村的合作经济后来问题越积越多，以致后来发生人民公社化那样的曲折，我前面说过症结所在就是在实际上没有完全真正按照自愿原则办事。现在看来，所以没有严格按照自愿原则办事，又是因为把合作化看得太简单太容易,以为通过思想批判开路和几个政治运动就能顺利完成的缘故。

我国幅员辽阔,民族众多,农业资源、气象水文条件,农业内部结构(种植业、林业、畜牧业、渔业、副业等的比例关系)和经营习惯等千差万别,各地经济、技术、社会发展水平的差距更大,有的甚至是以世纪计。在我们这样的国家搞农业合作化,应允许各族人民充分地因地制宜,广泛探索,百花齐放,优胜劣汰,只要不违背合作化的总方向又有利于生产力发展,就要承认其存在。1955 年以后,由于急于求成,根本没有时间去进行探索,实际上也不允许因地制宜地进行探索,结果是只认定初级社和类似苏联集体农庄的高级社是半社会主义和完全社会主义集体经济的唯一模式。我们建立的农村合作经济,正如 1983 年中央一号文件《当前农村经济政策的若干问题》所指出的:“一讲合作就只能合并全部生产资料,不允许保留一定范围的家庭经营;一讲合作就只限于按劳分配,不允许有股金分红;一讲合作就只限于生产合作,而把产前产后某些环节的合作排斥在外;一讲合作就只限于按地区来组织,搞所有制的逐级过渡,不允许有跨地区的、多层次的联合。”事实说明,这种“一刀切”的合作化模式,是难以在全国各地农村都具有强大生命力的。如果当时不发生急于求成的毛病,允许各族人民从当地实际情况出发,作反复的试验、探索、比较、选择,我相信:勤劳智慧的中国农民,在我们党的领导下,就有可能在我国辽阔的农村,绘制出一幅多样化的、色彩斑斓的、生命力更加旺盛的合作经济图景。

第二,对党内的不同意见和正常争论,错上了路线斗争之纲。

邓子恢同志和毛主席的争论,并不是要不要合作化之争,而仅仅是合作化发展速度和某些问题很多的社如何处理之争。不用说子恢同志的主要意见是正确的,即使错误,也说不上什么“右倾机会主义”,不宜提为路线错误。因为按照从苏联接过来的传统习惯,一项错误被宣布为路线错误,特别是右倾机会主义错误,那就毫无分析的余地,一切皆错,全盘否定。这次的错误批判,无疑给党内政治生活和社会经济发展带来了消极后果,而且有些影响是深远的。

邓子恢同志注意照顾中农包括富裕中农的利益，并不是只从中农或富裕中农着眼，而是从全体农民，首先是贫农的利益着眼，从党的利益和合作化事业的全局利益着眼的。他不止一次地讲过，国家现在还穷，拿不出大量化肥、农业机械支援农业，扶贫贷款也有限，农业合作社生产搞得好不好，主要靠中贫农团结，使贫农的劳动力和中农的生产资料结合起来。由于在批判中一再指责邓子恢同志站在"有资本主义自发倾向的富裕中农立场上"，在七届六中全会的总结中还把富裕中农同地主、富农摆在一起，这不仅委屈了邓子恢同志，更重要的是这个精神传到农村里，使不少地方出现了一股批判富裕中农的风气。例如：有的把富裕中农怕入社吃亏，要求土地分红、牲畜农具作价等当成"资本主义自发倾向"或"两条道路斗争"加以批判。这样的批判在一定程度上打击了农民劳动致富的积极性。我国富裕中农，其实并不怎么富裕，只是同贫农比较，土地肥一点，耕畜、农具多一点，手头活一点。他们所以比较富一点，绝大多数是劳动比较勤奋的结果。贫苦农民通过勤奋劳动，变成富裕中农，本身就是一种进步，是农村经济发展的体现。应当鼓励，而不应当批评。据1957年估算，全国富裕中农人数在一亿以上。这些人劳动致富的积极性受限制和挫伤，对农村生产力的发展是很不利的。

邓子恢同志和中央农村工作部向中央反映的农村中的困难和问题，绝大多数都是事实。实际上，当时来自其他方面的材料，对农村里的困难和问题，讲得比农村工作部反映的严重得多。中央农村工作部因反映实际困难和问题被指责为"发谣风"，不仅给农业合作化高潮带来了报喜不报忧的缺点，也助长了生产建设中的"高指标"和浮夸风的苗头。据谭震林同志1955年11月20日从济南给中央书记处的报告，山东滋阳县计划1956年粮食亩产由1955年的177斤提高到267斤，增产50%；即墨县1955年亩产240斤，计划到1958年提高到1000斤，每年翻一番；黄县计划1956年亩产比1955年提高75%。据陈正人同志12月31日的河南考察报告，河南省委提出：两年内基本消灭旱灾，五年基本消灭水灾，三年实现绿化，七年达到全省人均占有粮食1200斤的指标。

谈到这次错误批判的原因时，我觉得，我们不能忽视另外的一个事实：粮食问题给予我们的压力。从建国开始，全国人民的吃饭问题一直是摆在我们党和政府面前的头等重要问题。土地改革带来了农村生产力大解放，粮食产量迅速超过历史最高水平。土改后，大家有这样的一个认识：靠小农经济满足日益增长的粮食需要是不行的。1952 年，苏联共产党召开第十九次代表大会，马林科夫在报告中宣布，1952 年苏联小麦产量比 1940 年增长 48%，以前认为最尖锐、最严重的粮食问题，依靠农业集体化“顺利地解决了，彻底而永远地解决了”。马林科夫这个宣布，在联共十九大赢得“暴风雨般的经久不息的掌声”，也在我们中国共产党人中间留下了很深刻的印象。1953 年，全国财经会议的粮食组开会，大家深感粮食问题严重，而把解决中国粮食问题的出路寄托在走苏联集体化道路上。这年 10 月 2 日，中央政治局开会讨论粮食问题，毛主席曾引用马林科夫宣布的苏联依靠农业集体化解决粮食问题的成果鼓舞到会的同志。10 月 15 日，他在同中央农村工作部负责人谈话时更明确指出：“个体所有制的生产关系与大量供应是完全冲突的”；“从解决这种供求矛盾出发，就要解决所有制与生产力的矛盾问题”，“改为集体所有制”。1955 年《关于农业合作化问题》的报告，更明确地表达了这个思想。他说：“大家知道，我国的商品粮食和工业原料的生产水平，现在是很低的，而国家对于这些物资的需要却是一年一年地增大，这是一个尖锐的矛盾。如果我们不能在大约三个五年计划的时期内基本上解决农业合作化的问题，……我们的社会主义工业化事业就会遇到绝大的困难，我们就不可能完成社会主义工业化。这个问题，苏联在建设社会主义的过程中是曾经遇到了的，苏联是用有计划地领导和发展农业合作化的方法解决了，我们也只有用这个方法才能解决它。”“现在已经建立起来了的六十五万个农业生产合作社有百分之八十以上的社都增加了农作物的产量”。“苏联所走过的这一条道路，正是我们的榜样”。

当时，毛主席的认识是这样，党中央其他领导同志的认识也是这样。陈云同志在七届六中全会的发言,就很有代表性。他的发言,谈到农业合作化同解决粮食问题的关系时说:增加我国农业产量的方法是很多的,例如,开垦荒地、兴修水利等等。但是,大规模的开荒、大量增加灌溉面积,目前还不可能。"就目前的需要与可能来说,增加农业产量的主要办法,无疑是实现农业生产的合作化。只要把分散的小农经营组成几十户或者更多户的联合经营,就能使个体农民难于单独进行的多种增产措施得以实现。如果农业生产合作社在建社的头一二年内,没有拖拉机,仍旧使用畜力和现有的农具,一般可以增产百分之二十的话,那么,单单这一项,在全国组成了农业生产合作社以后就可以增产粮食六七百亿斤。在目前,这是一种投资最少、收效最大、收效最快的农业增产办法。也只有把小农的经营组成为农业生产合作社,才有可能在具备条件以后,使我国农业由使用畜力农具的小规模的经营跃进到使用机器的大规模的经营。"毛主席《关于农业合作化问题》的报告,受到中央政治局和扩大的七届六中全会的一致支持。大家为什么会支持?除了前述毛主席关于农村阶级分析的观点说服了大家之外,就是大家都希望加快合作化进程解决我国的粮食棉花等供应问题。

今天看来,这里也有不切实际之处。这主要在:一、苏联通过集体化解决粮食问题的成果,并不像马林科夫宣布的那样令人振奋,这一点,毛主席是1956年才察觉到的(见本书第19篇),在我们党内他还是察觉得最早的;二、我国土改后的农民,既有互助合作的积极性,又有个体经营的积极性,但真正具有互助合作积极性的人当时为数并不很多,而相当多的农民都愿意先把自己的一份地种好。到1955年时,个体经营的积极性还远没有发挥完毕,就把增产希望完全寄托在发挥合作经营一种积极性方面,是不太现实的;三、由于当时实践经验和认识条件的限制,很容易产生以为公有化程度越高就越能促进生产力发展的思想,其实这是一种误解;四、当时统计的合作社增产幅度也有不实之处。邓子恢同志在第三次全国农村工作会议开幕词中就讲过:农村工作部向中央报告,合作社90%增产,事后调查增产社只有75%。根据少数典型材料推算全国增产成果，不免调高了对合作化增产程度的期望值。无论是初级社或高级社，一旦被作为典型，不仅干部强，本身生产条件好，而且上级领导特别重视，在财力物力支援和政策技术指导上都给偏饭吃，而面上广大农村不可能享有这样的优越条件和待遇。

（四）对“五月变化”的一种分析

在整顿、巩固现有农业生产合作社和发展新社这两大问题上，毛主席并不是一开始就对邓子恢同志采取批评态度的，在相当一段时间内，他是支持的，而且可以说是积极支持的。

1955年3月3日，毛主席签署了由全国财经会议提出，并经刘少奇、周恩来、陈云、邓小平、彭真、邓子恢、李先念、谭震林、杨尚昆等同志讨论修改的《中共中央、国务院关于迅速布置粮食购销工作安定农民生产情绪的紧急指示》。指示规定：下年度粮食征购指标减为900亿斤（后又两次减低）。在做好征购工作的同时，“再把农业合作化的步伐放慢一些，对于缓和农村紧张情况、安定农民生产情绪，有着重大意义”。1954年12月，中央批准的第四次全国互助合作会议建议中提出，争取到1957年全国入社农户占总农户的比例达到50%。毛主席在签发3月3日紧急指示前后，曾找邓子恢同志谈话，告诉他：1957年入社农户发展到占总农户三分之一就可以了，不一定要50%。子恢同志当时还坚持50%的设想，毛泽东同志表示不同意，认为粮食征购已经到了界限，征购任务是900亿斤，多一斤都不行，合作化进度也要放慢。当年5月6日，子恢同志在第三次全国农村工作会议的结论中，谈及这次同毛主席的谈话时说：“毛主席这样提出很重要”；“我们当时只想到有些省份今年计划大了一点，还没有怀疑一九五七年发展到百分之五十是不可能的。”“可见毛主席高见！”

随后，少奇同志也找子恢同志谈话，提出第一个五年发展三分之一，第二个五年发展三分之一，第三个五年发展三分之一。现在，有些著作把这段话说成是毛主席说的，当时，也有这样的传说。经查中央农村工作部 1955 年 8 月间的会议记录，针对当时的传说，子恢同志曾一再声明，这段三个三分之一的话，不是毛主席说的，而是少奇同志跟他说的。

还是 3 月上旬，毛主席听邓子恢、陈伯达、廖鲁言、杜润生汇报工作，谈到发展农业生产合作社的方针时，毛主席说："方针是三字经，叫一曰停，二曰缩，三曰发。"当时议定：浙江、河北两省收缩一些，东北、华北一般停止发展，其他地区（主要是新区）适当发展一些。"停、缩、发"三个字，是对 1 月 10 日中央《关于整顿和巩固农业生产合作社的通知》中所提出的分不同地区实行停止发展、适当收缩、适当发展三条指导方针的简化说法。"文化大革命"中批判"停"、"缩"、"整"是所谓"反动方针"，纯系无稽歪曲之谈。

1955 年春，一些地方曾发生农民闹事。有些同志把个别地方较大规模的农民闹事称为"暴动"。毛主席在上述谈话中，借用"暴动"一词，对农民中出现杀猪宰牛现象，作了精辟的论断："生产关系要适应生产力的发展，否则生产力会起来暴动，当前农民杀猪宰牛就是生产力起来暴动。"

邓子恢同志 5 月 6 日在第三次全国农村工作会议的结论中，还谈到毛主席春天关于合作社发展方针问题的一个意见，说"原来我们说今年秋天停下来，以后毛主席说，干脆（现在）就停下来，到明年秋天再看，停止一年半"。

4 月 20 日，中央书记处开会，听取农村工作部负责人关于第二天开幕的第三次全国农村工作会议准备情况的汇报。和毛主席多次谈话精神相一致，书记处会议提出：当前农业合作化的"总方针是：停止发展，全力巩固"。会议提出"合作社已发展到 67 万个，其中过多的省份，有超过二三万个的，主观力量控制不了，要收缩一些"。第三次全国农村工作会议就是按照这个精神召开的。

毛主席认识上的变化，是发生在 5 月。

继 5 月 6 日警告邓子恢同志不要大量解散合作社之后，5 月 9 日晚，毛主席约见邓子恢、廖鲁言、李先念、陈国栋（粮食部副部长）同志，周总理也在座。他提出：下年度粮食征购任务，原定 900 亿斤，可考虑压到870亿斤。粮食征购数字减少一点，换来个社会主义，增加农业生产，为农业合作化打下基础。今后两三年是农业合作化的紧要关头，必须在这两三年打下合作化的基础。他问：到1957年，“化”个40%可不可以？邓子恢同志答：上次说三分之一，还是三分之一吧！毛主席勉强说道：三分之一也可以。

5月17日，在杭州召开15个省市委书记会议，毛主席提出：合作社问题，也是乱子不少，但大体是好的。不强调大体好，那就会犯错误。在合作化问题上，有种消极情绪，我看，必须改变；再不改变，就会犯大错误。他虽然重申“停、缩、发”三字方针，但重点是强调“发”。他说：“对于合作社，一曰停，二曰缩，三曰发。缩有全缩，有半缩，有多缩，有少缩。社员一定要退社，那有什么办法？缩必须按实际情况，片面的缩，势必损伤干部和群众的积极性。后解放区就是要发，不是缩，不是停，基本是发；有的地方也要停，但一般是发。华北、东北老解放区里面，也有要发的，譬如山东30%的村子没有社，那里就不是停，不是缩；那里就没有，停什么？那里就是发。该停者停，该缩者缩，该发者发。”经过讨论，他在作结论时，提出了新区各省下年度（1955年秋后到1956年秋前）农业合作社发展的控制指标：“河南7万，湖北、湖南、广东各4.5万，广西、江西各3.5万，江苏6.5万。”他说：如你们自愿，那就拍板，把这个数字定下来。东北、西北、西南、华北，由林枫、马明方、宋任穷、刘澜涛回去召开一个会，把精神传达一下，讨论解决。发展起来的合作社，要保证90%是可靠的。

这两次谈话，特别5月17日会议，标志着毛主席对农业合作化问题的看法，已经有了一个明显的变化，对邓子恢同志部署的工作，已由支持开始转变为批评了。

邓子恢等同志也察觉到了毛主席思想的变化。这些年来，有些历史研究著作中把这称为“五月变化”，但都尚未涉及或说不清导致变化的原因。弄清这一变化的原因，是研究这段历史不能回避的一个问题。我现在根据看到的材料和自己的回忆，试着对导致这一变化的原因作些分析和推测。

在我们党的历史上，凡一项工作任务的提出，工作部署的轻重缓急，总是同对现实形势的分析和一定的估量相联系的。形势缓和，提出的任务就高一点，步子就迈得快一点；形势紧张，指导思想就特别慎重，步伐更力求稳妥。凭经验，我推测，毛主席在1955年内，对邓子恢同志的工作，从支持转向批评，可能同他对农村形势估量的变化有关。

1955年春季，毛主席支持放慢农业合作化发展步伐，其“缓进”的程度，有时甚至为邓子恢同志始料所不及，主要原因大概是基于对农村形势严峻的考虑。

1954年，长江中游、淮河流域和华北平原遭受百年不遇的大洪灾，其他地区平收或丰收。由于要以丰补歉，国家向非灾区多购了大约70亿斤粮食，不少地区购走了农民的口粮。其中两广和湘南部分地区，当年9月到1955年5月上旬又持续干旱，春季无法插秧，而且一场严重冻灾把原定春季收获的红薯冻死。因此，1955年春季全国农村形势比较紧张。尤其是两广和湘南冻灾旱灾区，情况最为紧张。除了自然灾害以外，从工作上来说，固然首先是因为粮食征购任务过重，形成继1953年以来的第二次全国性的粮食大风潮，但与1954年秋季以来农业合作化步伐发展过快，也有密切的关系。由于粮食统购任务紧张，县区干部几乎全部投入统购，无人顾及合作社发展工作，以致许多新建起来的合作社搞得很粗，许多经济政策问题处理不当，农民以为合作化就是“吃大锅饭”的误解没有消除，影响生产积极性。例如，有些地方提出“三年合作化”的口号，规定土地与劳动力分红比例是“一三七、二二八、三年归国家”（即第一年三七开，第二年二八开，第三年取消土地分红），农民就不往地里投肥了，而且人心惶惶，谣言四起。由于“过早过急地实行牲畜折价归社，而估价又偏低，价款又不按期归还；或者是合作社使用私人耕畜所给的报酬过低，于是有耕畜的农民往往在入社之前卖掉耕畜”（引自1月15日中共中央《关于大力保护耕畜的紧急指示》）。这就加剧了畜价狂跌和滥宰耕畜。

毛主席对邓子恢同志和农村工作部反映的情况，在春季里是相信不疑的。3月3日，他亲自签发的《中共中央、国务院关于迅速布置粮食购销工作安定农民生产情绪的紧急指示》，一开头就指出："目前农村的情况相当紧张，不少地方，农民大量杀猪、宰牛，不热心积肥，不积极准备春耕，生产情绪不高。应该看到，这种情况是严重的，其中固然有少数富农和其他不良分子的抵抗破坏，但从整个说来，它实质上是农民群众，主要是中农群众对于党和政府在农村中的若干措施表示不满的一种警告。产生这种情况有很多原因，比如有些地区的互助合作运动搞得过粗过快，某些措施不尽合理，农村供应工作有缺点等。"这里对农村形势的估计，与邓子恢同志1月4日简报的估计基本是一致的。

四五月间，毛主席外出视察工作。从5月开始，他对农村形势的估计发生了重要变化。认为"说农民生产消极，那只是少部分的。我沿途看见，麦子长得半人深，生产消极吗？""所谓缺粮，大部分是虚假的，是地主、富农以及富裕中农的叫嚣"，是"资产阶级借口粮食问题向我们进攻"，农村工作部反映部分合作社办不下去，是"发谣风"。

少奇同志10月4日在七届六中全会的发言，大致说明了中央和毛主席对农村形势认识的转变过程。他说：春夏之交，"当着这些'糟得很'的叫喊从全国各地来到我们耳朵里的时候，我们首先判断关于粮食问题的叫喊是不真实的，或者绝大部分是不真实的。而关于合作社的叫喊，最初我们也有些怀疑，但是，不久，毛主席发现这种叫喊也是不真实的，并且驳斥了这种叫喊，以致指责中央农村工作部'发谣风'"。

先讲在粮食问题上认识的变化。三四月份，正当农村粮食销量大幅度增加，而缺粮喊声也越来越大的时候，中央收到了一些典型材料，说明所谓缺粮并不都是真缺粮。其中有山西省闻喜县宋店乡的材料。这个乡原要求供应10170斤，经过对统销工作进行整顿之后，不仅不要供应，而且还多余6200斤机动粮。有些户本可自给自足，看到别人向国家买粮食，自己也跟着喊粮食不够。有些户本来有余粮，只因为害怕别人批评自己售粮太多或前来借粮，故意和别人一起喊叫缺粮。有些基层干部因为自己多买了粮或包庇亲友多买了粮，对于缺粮的叫喊，明知是假，也睁一只眼、闭一只眼。还有，由于没有经验，统销办法不规范，也助长供应不公平或宽打窄用。不缺粮而喊缺粮的人中，各阶层都有，而以富裕中农为多。类似宋店乡这样的一批典型材料，不仅使毛主席和党中央作出“缺粮大部分是地主、富农和富裕中农叫嚣”的判断，而且决定大力整顿粮食统销工作。4 月 24 日《人民日报》发表社论《立即依靠群众整顿粮食统销工作》，25 日，李先念同志在紫光阁作报告，向各界人士说明粮食问题的真相和整顿统销的意义，28 日，中共中央、国务院联合发出《关于加紧整顿粮食统销工作的指示》。整顿结果，效果如所预料，从 5 月份开始，粮食销量果然大幅度下降。这更使毛主席认为原来对农村粮食紧张形势的估计是言过其实了。恰在这时，在党外高层人士中，替农民说话的多了，有的还说了一些类似 1953 年梁漱溟先生讲的“农民苦”一类的话。尽管这些同志出于好心，但大家知道，毛主席是不大愿意听“农民苦”之类的话的。当时他得出这么一种印象：这些讲农民苦的人，自以为代表农民，其实他们并不代表农民，只是不愿搞工业化和社会主义。还有，更重要的是，中共中央上海局书记柯庆施向毛主席讲了一个情况，说他经过调查，县、区、乡三级干部中，有 30%的人反映农民要“自由”的情绪，不愿意搞社会主义。柯把毛主席的思路和喜爱琢磨透了。他的这几句话给毛主席留下的印象很深。毛主席立即想到：这种“不愿搞社会主义”的人，下面有，省里有，中央机关干部中也有。

上述这一系列情况反映到毛主席的头脑里，不仅使他改变了对春季农村的形势的看法，而且开始用阶级斗争的观点来看待来自各方的对农村形势的估量。

毛主席在各地的巡视，以及 5 月 17 日的会议，发现不少地方同志对办农业社是积极的，用他自己的话来说，大家认为农业社“好得很”。有些省在 5 月 17 日的会议上，还对中央农村工作部发了一点怨气。这使毛主席感到，中央农村工作部对农业合作化形势的反映也是不真实的。

既然原来放慢合作化发展步伐，主要是鉴于农村形势紧张，现在，对农村形势的认识改变了，加快合作化发展步伐就是理所当然的了，而邓子恢同志却“跟不上”这种变化。我想，这可能就是导致毛主席对邓子恢同志的工作由支持到批评的转变的主要原因。

毛主席这次外出巡视工作，是他对农村形势认识发生变化的一个转折点。他沿途所看到和听到的，了解和发现了不少新情况，有些是先前不曾了解和发现的，有些过去虽然了解可能这次发现事实有出入，他所说的大家办社很积极，就属于这种情况。这里，我想到一个问题，就是沿途向毛主席汇报的材料，无疑大多数会是真实的，但是不是其中也可能有不那么真实的，或者包含汇报者某种主观成分，或者有些以偏概全，或者甚至可能有虚夸的东西。看来也不排除有这种可能性。现实生活和党内生活是很复杂的。党的思想路线是实事求是，而要真正做到它是很不容易的事。主观上非常愿意这样去做，但往往因为这样那样的复杂因素的影响和干扰，而实际上难以做到。在我们党内生活中，还常常有这么一种很不好的现象，就是喜欢人云亦云，你说这个事很好，就到处都是报喜的；你说这个事有问题，就到处都出问题了，而且越讲越严重。这种现象对于全面了解真实情况，作出正确决策是很危险的。要改变这种状况，我看要从上下两个方面努力。上面的领导者在了解下情、实地考察时，要善于明察细审，去粗取精，去伪存真，还要特别警惕那些故作危言耸听，以打动领导的人；下面的同志一定要据实汇报，有喜报喜，有忧报忧。这样，我们对形势的估量也好，作各种决策也好，才能建立在比较可靠的科学的基础之上，才能防止和减少认识上、政策上、工作上的失算和失误。同样，决策上、工作上出现了问题，也应从上下两个方面来找原因找教训，共同取得教益，得到提高。而不是简单地去追究哪一个或几个人的责任，或者搞几次批判就能解决问题的。这可以说是我们各级、特别是中央、省市两级做领导工作的同志，都要经常加以注意的一条重要经验。

十六 《中国农村的社会主义高潮》的出版

《中国农村的社会主义高潮》，是毛泽东同志1955年主编的一部书。这部被称为“合作化运动百科全书”的材料书，共收集各地材料176篇，90多万字，仅汉文版就发行152万册。毛主席亲自为此书写过两篇序言，为104篇材料写了按语。这部书比较全面地反映了他关于我国农业合作化运动和对社会主义建设若干重要问题的基本指导思想，也反映了我国人民要求迅速摆脱贫困、使国家富强的美好愿望。它的出版，对我国的社会主义革命和社会主义建设产生了重大的影响。研究我国社会主义改造的历史和毛主席关于社会主义革命和社会主义建设的思想，不能不研究这部重要的历史文献。

(一)为什么编这部书

这部书于1955年9月进行第一次编辑，以《怎样办农业生产合作社》为书名，印出400本作为样本，发给参加10月4日到11日召开的党的扩大的七届六中全会的中央委员和各省委、市委、自治区党委及地委的负责同志。12月重编，1956年1月由人民出版社公开出版，书名改为《中国农村的社会主义高潮》。同时出版节选本。毛主席先后为《怎样办农业生产合作社》(以下简称《怎样办》)和《中国农村的社会主义高潮》(以下简称《高潮》)写的两篇序言中，简要地说明了当时的形势和编辑意图。

《怎样办》在开始编辑时，毛主席《关于农业合作化问题》的报告已发到农村支部，各地开展了对“右倾保守”思想的批判，农业合作化进度指标正在层层加码。序言谈到当时的形势时说：“目前，在这个问题上的主要的缺点，是在很多的地方，党的领导没有赶上去，他们没有把整个运动的领导拿到自己的手里来，没有一省一县一区一乡的完整的规划，只是零敲碎打地在那里做，他们缺乏一种主动的积极的高兴的欢迎的全力以赴的精神。”“下面运动很广，上面注意不足，当然要闹出一些乱子来。”序言说：“读者从这些材料，可以看出全国合作化运动的规模、方向和发展的前景。这些材料告诉我们，运动是健康的。出乱子的地方都是党委没有好好去指导。一旦党委根据中央的方针跑上去做了适当的指导，那里的问题就立即解决了。这些材料很有说服力，它们可以使那些对于这个运动到现在还是采取消极态度的人们积极起来，它们可以使那些到现在还不知道怎样办合作社的人们找到办合作社的方法，它们更可以使那些动不动喜欢‘砍掉’合作社的人们闭口无言。”书名和序言中的这些论述说明：编辑出版这部书的目的，在于展现农业合作化运动的规模、方向和前景；动员各级党委全力以赴，切实把合作化运动拿在自己手里；进一步批判对合作化运动的“动摇”态度和“动不动就喜欢‘砍掉’合作社的人们”；总结经验，让那些不会办合作社的人们也学会怎样办农业生产合作社。这里的关键，是批判“右倾保守”思想。1957 年初，再次批判一些同志对农业合作化的动摇时，毛主席说：“只要拿出一个办得好的合作社，就可以把反对合作化的一切怪论打下去。”这就点出了 1955 年他为什么要下大工夫编这部书的主要目的。

12 月重编时，形势发生了重大变化。到 12 月 27 日为《高潮》作序时，中国的 1.1 亿农户中，已有 60%以上，即 7000 多万农户加入了半社会主义性质的农业生产合作社。在这种情况下，虽然原定的以批判“右倾保守”思想为主要目标的宗旨不变，但批判的聚光点已经变了。这个变化主要是通过序言提出来的。序言说：“现在提到全党和全国人民面前的问题，已经不是批判在农业的社会主义改造速度方面的右倾保守思想的问题，这个问题已经解决了。也不是在资本主义工商业按行业实行全面公私合营的速度方面的问题，这个问题也已经解决了。手工业的社会主义改造的速度问题，在1956年上半年应当谈一谈，这个问题也会容易解决的。现在的问题，不是在这些方面，而是在其他方面。这里有农业的生产，工业（包括国营、公私合营和合作社营）和手工业的生产，工业和交通运输的基本建设的规模和速度，商业同其他经济部门的配合，科学、文化、教育、卫生等项工作同各种经济事业的配合等等方面。”“现在的问题，还是右倾保守思想在许多方面作怪，使许多方面的工作不能适应客观情况的发展。现在的问题是经过努力本来可以做到的事情，却有很多人认为做不到。因此，不断地批判那些确实存在的右倾保守思想，就有完全的必要了。”序言还说：“如同城市里每日每时都在发生社会主义事业的新事情一样，乡村里也在每日每时地发生着。农民在做些什么呢？农民所做的，同工人阶级、知识分子和一切爱国人士所做的有什么关系呢？为了要了解这些，看一看农村方面的材料是有好处的。”这说明，随着形势的迅速发展，毛主席希望通过这部书对农业合作化中“右倾保守”思想的批判，进而引导其他战线也批判自己的“右倾保守”思想。

一些同志不赞成合作社大发展，重要理由之一是，干部没有办社经验，建社容易巩固难。毛主席在《关于农业合作化问题》的报告中，批判了这些观点，提出了要相信群众、相信党这两条根本的原理，提出了不能用坐着不动的方法，而要采用走进斗争中去，在斗争中学习的方法去取得经验。这些批判在理论上当然是无可厚非的，然而理论主要是指明方向，农业生产合作社究竟怎样办？已经办起来的合作社究竟怎样巩固？还有各种实际问题要求回答。不切实具体地回答这些问题，农业合作社的巩固和大发展仍然是困难的。毛主席作完报告之后，省市自治区党委书记们在讨论中，也提出这个问题，希望他从党的领导这个角度，多讲些意见。会后，他根据大家要求，在尚未发出的报告稿中，增加了相关的部分，但是，没有也不可能讲得很具体。修改后的报告发出后，毛主席就集中精力来看材料。《高潮》一书，为着切实解决怎样办农业合作社的问题，收集了各个方面的当时认为是成功的经验。书末所附《本书内容索引》，就体现了这个宗旨。

这份索引将176篇材料，按具体经验（往往一篇材料提供多方面的经验）分成47类。即：

1. 一个地方实现农业合作化的过程；
2. 共产党的乡村支部对于农业合作化运动的领导；
3. 树立贫农在合作社领导机关内的优势；
4. 农业生产合作社的政治工作；
5. 农业生产合作社的保卫工作；
6. 民族杂居地方的农业生产合作社；
7. 工作薄弱地方的农业生产合作；
8. 办社的辅导工作；
9. 整顿农业生产合作社；
10. 落后于群众的右倾错误；
11. 一个地方以农业合作化为中心的全面规划；
12. 农业生产合作社的土地报酬和自留地；
13. 处理社员私有的牲畜；
14. 处理社员私有的林木；
15. 农业生产合作社的长期的生产规划；
16. 制订年度生产计划；
17. 兴修水利和保持水土、开发荒山；
18. 组织社员出外开垦荒地；
19. 发展以农业生产为中心的多部门经济；
20. 改进农业技术；
21. 划分劳动组织和实行包工制；
22. 制订工作定额和报酬标准，实行按件计酬制；
23. 劳动竞赛和检查评比；
24. 劳动妇女参加生产和建立农忙托儿组织；
25. 农业生产合作社内的青年工作；
26. 解决农业生产合作社劳动力剩余的问题；

27. 建立饲养和使用耕畜的制度；
28. 多养猪和养好猪的经验；
29. 公有农具的管理；
30. 大量积肥的办法；
31. 解决全社生产和社员个人生产的矛盾；
32. 抗御灾荒的斗争；
33. 筹集生产资金；
34. 勤俭办社；
35. 改进财务管理；
36. 农业生产合作社的会计工作；
37. 夏季预分和年终分配；
38. 组织社员学习文化；
39. 合作社主任和管理委员会进行领导的经验；
40. 帮助贫苦社员解决困难；
41. 互助合作网；
42. 互助组；
43. 农业生产合作社团结互助组和单干农民；
44. 农业生产合作社和供销合作社的结合合同；
45. 制订农业生产合作社章程；
46. 畜牧业生产合作社；
47. 办高级社和大社的经验。

这份索引将全书中包括的办社经验，按照内容开列出来。不会办社的人们看了它，确实能找到不少办社方法。

（二）建国后的“第一次调查”

在党的七届六中全会的结论中，毛主席谈到了前一段编辑《怎样办》一书的情况和材料来源。他说：“我是用十一天功夫关了门，看了一百二十篇报告。先请廖鲁言同志同农村工作部的同志，他们看了一千几百篇，选了一百二十篇。然后我对这一百二十篇搞了十一天，包括改文章、写按语在内。”许多报告是从各种刊物上挑选出来的。“因为这些刊物是零零碎碎发下去的。它不是集中比较好的典型。现在农村刊物又叫党内刊物，秘密不外传，其实毫无秘密。这些刊物有什么秘密呀！现在我们的书准备公开出版，由人民出版社出，民主人士也要卖给他一本。建议你们每年编这么一本书发下去，迅速来推广合作化运动，有好处。”

1961 年 3 月，在广州召开的中央工作会议上，谈到调查研究问题时，毛主席说：解放后 11 年，我作过两次调查，一次为农业合作化问题，看过一百几十篇材料（加上后来增补的，实为二百几十篇。——一波注），每省有几篇，出了一本书，叫做农村社会主义高潮。每篇都看，有些看过几遍，研究他们为什么搞得好。又一次是十大关系，那是经过两个半月，和 34 个部门讨论，每天一个部或两天一个部，听他们的报告，跟他们讨论，然后得出十大关系的结论。从这里看出，毛主席把编这部书看成是他建国后的“第一次调查”。我理解，这里说的调查主要是指对这 100 多篇材料进行阅读和研究。

样本《怎样办》，实际收入材料 121 篇，比中央农村工作部选送的材料多一篇。这多出的一篇，在序言中有交待：“是请了一个合作社社长到北京谈话的记录。”补这一篇的过程大致是这样：9 月 24 日，毛主席在处理完样本最后一批文稿之后，给协助他编书的秘书田家英同志写信：“最后部分附上，请付排。八月下旬的人民日报上载有邢台地委书记写的一篇关于邢台地区合作化的文章，请清出加印到河北省部分中去。此外，请商廖鲁言同志翻阅今年一月至九月的人民日报，看有无好的（要是很好的）材料可用的。”由于邢台地委书记这篇文章，是介绍全区合作化运动的经验，与全书体例不合（因已有的 120 篇材料都是介绍一乡一社的典型经验），田家英同志未收入。但考虑到文章中介绍的经验，比较突出的是邢台县东川口村合作社社长王志琪的办社经验。田家英同志经与廖鲁言同志商量，就邀请王志琪来京谈话。他的谈话记录，被整理成《邢台县东川口村是怎样完成合作化和达到增产的》一文，编入河北省部分，也是全书的第二篇。毛主席为此文写了分量较重的按语。后来收入《高潮》一书时，文章题目改为《只花一个多月时间就使全村合作化》。

在七届六中全会上，代表们拿到样本深受鼓舞，但不少同志提出，有些材料过时，需要补充新材料。毛主席嘱各省市自治区的同志回去后尽快将新材料送来。教育部参加全会的同志要求把一条按语涉及学龄儿童入学比例的数字加以更正，毛主席采纳了他的意见。

到10月25日，大部分省市自治区送来补充材料。11月间，又以中央办公厅名义约了一些具有特点的稿件。例如：11月2日中央办公厅致电黑龙江省委："《怎样办农业生产合作社》一书，需要有一篇文章介绍在土地特多、人口特少的地区农业生产合作社由初级社转到高级社的经验。这篇文章要说明在这种地区取消土地报酬比较容易，并且介绍牲畜公有化的条件和办法。希望你们能从已有的材料中挑选一篇，修改好文字，注明作者、写作时间、原载报刊等，于11月10日前送来。"

经过抽补重编，保留样本中材料91篇，吸收新材料85篇，合计176篇(这是精选中的精选。——一波注)，书名定为《中国农村的社会主义高潮》，以表明7月31日报告中说的全国农村社会主义高潮即将到来的话已成了现实。重编本12月20日发排(序言暂缺)。毛主席12月27日在杭州重写的序言脱稿，30日在上海写信，送请少奇、恩来、陈云、小平同志审阅。1956年1月，《高潮》正式出版。出版时，报纸、电台没有发消息，但书中的重要思想却迅速传遍穷乡僻壤。据当时和田家英同志一道协助毛主席编辑《高潮》一书的中央办公厅工作人员逄先知同志在《毛泽东和他的秘书田家英》一书中回忆："原先毛泽东决定发一条出版消息，田家英将拟好的稿子送给他，他咯咯地笑起来，说：'这个消息没有用了，已经过时了。'"

从《怎样办》到《高潮》，在编辑过程中，毛主席给田家英同志写过一系列的批示。除前引关于补充邢台材料一项外，重要的还有以下一些：

他指示田家英同志：排出的清样，送少奇、恩来、陈云、小平同志审阅。从保存的档案材料看到，少奇同志曾对试用本的序言提出过两处文字修改意见。

他指示田家英同志：由你和胡乔木同志各分一半清样，"彻底作一次文字上的修改,包括题目改得生动些。请告乔木”。

12 月 20 日,他看完《高潮》最后一部分稿件时,给田家英同志写的一张批条,表示他不再看了,也不要再送别的同志看了,但提出:“书名叫《五亿农民的方向》如何? 如果用这个名称,那就要把那一篇《五亿农民的方向》放在第一篇的位置,请酌定。”田家英同志未改,仍维持原书名。

据逄先知同志回忆:“毛泽东编《高潮》时,是那样认真地精选材料,认真地修改文字。在那段时间里,几乎把主要精力倾注到这部书的编辑工作上。”“有些材料文字太差,毛泽东改得密密麻麻,像老师改作文一样。”“毛泽东习惯于夜间工作,每天一清早,就退来一批修改好的稿子和写好的按语,再由我们进一步作文字加工。”“毛泽东还对大部分材料重新拟定了题目。把一些冗长、累赘、使人看了头痛的标题,改得鲜明、生动、有力,而又突出了文章的主题思想。例如,有一篇材料原题是《天津市东郊区詹庄子乡民生、民强农业生产合作社如何发动妇女参加田间生产》,共 33 个字,毛泽东改为《妇女走上了劳动战线》,只用九个字,简单明了,又抓住了主题,读者一看就有印象。又如,有一篇材料原题为《大泉山怎样由荒凉的土山变成了绿树成荫、花果满山?》,毛泽东改为《看! 大泉山变了样》,多么吸引人!”从保存的原稿和各次校样中看到,有的标题和按语,毛主席是经过多次推敲、一改再改的。例如:三娄寺农业生产合作社的那篇材料,发稿时题目为《山西省解虞县三娄寺农业生产合作社的教训》,看初校样时,他改为《解虞县三娄寺农业生产合作社几乎垮台的教训》,看二校样时,又改为《严重的教训》。在为这篇材料所写的关于政治工作是一切经济工作生命线的按语中,对“社会主义精神”有一个定义性的解释。原来排印的是:“提倡以集体利益为一切言论行动的最高标准的社会主义精神”,看初校样时,毛主席改为“提倡以集体利益和个人利益相结合的原则为一切言论行动的标准的社会主义精神”。这是很重要的修改,社会主义精神并不是不讲和不要个人利益,而是提倡集体利益和个人利益正确结合起来。

从以上所说的情况可以看出,毛主席是何等不辞劳苦,精心指导农业合作化运动的。对材料的选择,既照顾到四面八方,使之具有代表性,又尽量做到出类拔萃,使之具有典型性。对文字的加工修改,则力求刮垢磨光,精益求精。据逄先知同志回忆,《高潮》出版时,毛主席对田家英同志说,他很高兴,1949 年全国解放时,他都没有这样高兴过。他所以这样高兴,我看除了合作化之快出乎他的意料,看到农业社会主义改造已获得成功,占全国人口绝大多数的农民群众开始建设社会主义新生活之外,恐怕也包含了一种在紧张劳动结束之后通常有的喜悦。

(三)是非评析

现在有些人对我国农业的社会主义改造采取全盘否定态度,对《高潮》这部书当然也全盘予以否定。我认为,这是错误的。

《高潮》一书收集的材料,绝大多数是初级农业生产合作社的材料。历史的经验证明,在群众自愿基础上建立起来的初级农业生产合作社,在优化资源配置(主要是劳动力与土地、生产工具、生产资金、生产技术等的结合状况和结合方式)和对农民进行集体主义教育等方面,确实具有个体经营和互助组所不可比拟的优越性。《高潮》一书有关说明初级农业生产合作社的优越性的材料和按语,就整体而言是可信的,经得起历史检验的。按语中有些思想的基本精神,即使在改革开放的今天,也不失它的指导意义。这主要是:

——检验合作社标准的思想。在《只花一个多月的时间就使全村合作化》一文的按语中提出:“一切合作社,都要以是否增产和增产的程度,作为检验自己是否健全的主要标准。”这个思想无疑是正确的。它是党的七大提出的下述著名原理在新形势下的运用:“中国一切政党的政策及其实践在中国人民中所表现的作用的好坏、大小,归根到底,看它对于中国人民的生产力的发展是否有帮助及其帮助之大小。”现在我们搞改革,有生产关系方面的改革,有上层建筑方面的改革,不管哪个方面的改革,衡量其是否正确,归根到底,要看对生产力发展是否有利。

——勤俭建国的原则。《高潮》一书有五篇材料从不同的角度介绍了勤俭办社的经验。毛主席为其中的四篇写了按语。为介绍"穷棒子"精神的《勤俭办社》一文的按语指出:"勤俭经营应当是全国一切农业生产合作社的方针,不,应当是一切经济事业的方针。勤俭办工厂,勤俭办商店,勤俭办一切国营事业和合作事业,勤俭办一切其他事业,什么事情都应当执行勤俭的原则。这就是节约的原则,节约是社会主义经济的基本原则之一。中国是一个大国,但是现在还很穷。要使中国富起来,需要几十年时间。几十年以后也需要执行勤俭的原则,但是特别要提倡勤俭,特别要注意节约的,是在目前这几十年内,是在目前这几个五年计划的时期内。"这个原则符合我国国情,也体现了我们党的优良传统。50年代后期开始,我们党犯过一些大错误,但是群众仍能谅解我们,重要原因之一,是我们坚持了勤俭原则,和群众同甘共苦,防止了自身的腐败。

今天,我们国家并没有完全脱离贫困,然而一些地方和单位滋长了奢侈之风和腐败习气,引起了群众的不满和愤慨,重要原因之一,就是我们不少同志忘记了勤俭原则。

——政治工作是一切经济工作生命线的原理。这个适合我国情况的原理是为《严重的教训》一文写的按语提出来的。这条按语还指出:"提倡以集体利益和个人利益相结合的原则为一切言论行动的标准的社会主义精神,是使分散的小农经济逐步地过渡到大规模合作化经济的思想的和政治的保证。"《西乡县杨河坝乡党支部正确地领导了那里的互助合作》一文的按语肯定:"我们一定要相信这样一点,即劳动人民中的缺点或者错误,是能够经过适当的政治工作使他们加以克服或者改正的。"在今天我们进行社会主义现代化建设和改革开放的进程中,仍然需要大力加强思想政治工作。而且事实反复说明,思想政治工作做得愈好愈有成效,就愈能保证现代化建设和改革开放的正确方向,愈能促进它们的顺利发展。在新的历史条件下,重温按语提出的这一原理,对于我们摆正思想政治工作同经济工作或其他工作的关系,无疑是很有意义的。

——用积极的态度克服困难、治穷致富的思想。书中收集了河北省遵化县王国藩"穷棒子社"的材料,山西省平顺县李顺达金星农林牧生产合作社的材料，辽宁省锦县刘玉如合作社的材料，安徽省桐城县开明义合作社的材料。这些地方原来都十分穷困，经过社员们的艰苦奋斗，面貌都有不同程度的改变。毛主席在这四个合作社的材料前面都写了按语。为“穷棒子社”写的按语说：“我看这就是我们整个国家的形象。难道六万万穷棒子不能在几十年内，由于自己的努力，变成一个社会主义的又富又强的国家吗？社会的财富是工人、农民和劳动知识分子自己创造的。只要这些人掌握了自己的命运，又有一条马克思列宁主义的路线，不是回避问题，而是用积极的态度去解决问题，任何人间的困难总是可以解决的。”这段激动人心的话，在全国人民为实现我国现代化建设第二步战略目标而奋斗的今天，读起来，感到很亲切。困难任何时候、任何地方都有。对于困难，从来就有积极和消极两种不同的态度。一个地方、一个单位面貌变得快不快，困难问题解决得好不好，同那里的领导人用什么态度对待困难，往往有重要的关系。这些典型和按语鼓舞干部和群众用积极的态度克服困难，同贫困作斗争，既体现了我们党全心全意为人民服务的根本宗旨，也反映了我国人民要求迅速改变穷困面貌的强烈愿望。

——农业多种经营思想。这部书收集了多篇关于发展农村副业、畜牧业、林业、开发荒山、解决农村剩余劳动力等问题的材料，并在几则按语中，使用了“多种经营”的概念，强调多种经营的重要性。指出：“人民群众有无限的创造力。他们可以组织起来，向一切可以发挥自己力量的地方和部门进军，向生产的深度和广度进军，替自己创造日益增多的福利事业。”这些思想完全符合我国人多耕地少、多数自然资源也少的基本国情，体现了我国农业精耕细作、注重多种经营的优良传统。可惜，由于当时对商品经济同资本主义的关系没有划分清楚，对多种经营的发展必然要推进商品交换的发展和某些多种经营项目适宜于以家庭为单位分散经营缺乏认识，以致后来随着“一大二公”模式的形成，把社员个人搞的多种经营当成“资本主义尾巴”去割，从而陷入了单一经营的片面性。

——改进领导方法和工作方法的一些重要倡议。多篇按语中提出县、乡、村和合作社要作全面规划的问题。《依靠合作化开展大规模的水土保持工作是完全可能的》一文的按语指出："全国各县，都应当在一九五六年，由县委领导，做出一个全面规划，包括合作化，农、林、牧、副、渔业，工业或者手工业，水利、肥料、农具、改良耕作技术、改良种籽，商业、金融、文化、教育、卫生等等各项内容。如果不能这样全面，首先抓住几个主要的项目也好。"在《应当使每人有一亩水地》一文的按语中，提出每个县在全面规划中，都要作出一个水利规划。按语说："兴修水利是保证农业增产的大事，小型水利是各县各区各乡和各个合作社都可以办的，十分需要定出一个在若干年内，分期实行，除了遇到不可抵抗的特大的水旱灾荒以外，保证遇旱有水，遇涝排水的规划。"《一个做了三年生产规划的合作社》一文的按语指出："一切合作社，均应做一个几年的生产规划，经过社员多次讨论，加以修改，然后付之实施。"

在《季节包工》一文的按语中提出："希望全国二千几百个县的县级领导机关，密切地注意全县合作化运动的发展情况，发现问题，研究解决问题的办法"，及时地召开会议，"作出决定，迅速推行。不要等到问题成了堆，闹出了许多乱子，然后再去解决。领导一定要走在运动的前面，不要落在它的后面"。这些道理虽是针对合作化运动讲的，但很有普遍意义。

在《严重的教训》和《一个整社的好经验》两文的按语中，提出了改进思想政治工作方法的重要意见。指出：思想政治工作是艰巨的，"必须根据农民的生活经验，很具体地很细致地去做，不能采用粗暴的态度和简单的方法。它是要结合着经济工作一道去做的，不能孤立地去做"。"仅仅简单地提到所谓'或者走共产党的道路，或者走蒋介石的道路'，只是企图拿大帽子压服听众，手里并无动人的货色"，是不行的。"拿当地农民的经验向农民作细致的分析，这就具有很强的说服力"。

在为湖北省一个地委书记写的《襄阳县伙牌乡襄部农业生产合作社关于喂养和使用耕牛的经验》一文写的按语中，倡议全国二百几十个地委的书记，"每人都下乡去，研究一个至几个合作社，每人写出一两篇文章来”。这个倡议对于克服官僚主义，改进领导作风，总结实践经验，加强具体指导，提高干部工作能力，都有深远的意义。

——尖锐地提出文风问题。为《合作社的政治工作》一文写的按语肯定：这篇文章写得好，使人一看就懂，没有党八股气。“在这里要请读者注意，我们的许多同志，在写文章的时候，十分爱好党八股，不生动，不形象，使人看了头痛。也不讲究文法和修辞，爱好一种半文言半白话的体裁，有时废话连篇，有时又尽量简古，好像他们是立志要让读者受苦似的。”“哪一年能使我们少看一点令人头痛的党八股呢？”反对党八股以整顿文风，是延安时期整顿的“三风”之一，毛主席专门为此作过讲演。建国后，不大讲了。这一次对党八股的尖锐批评，是在编辑《高潮》一书中，因为看那些“带有浓厚的党八股气”和“晦涩难懂”的材料而吃了苦头。现在这种“晦涩难懂”的“八股气”是不是没有了？我看还远未绝迹。在一些同志中似乎还有“热衷”之势，这是值得注意的，不应再让读者吃这种苦头了。

其他关于青年、关于妇女、关于扫盲、关于经济工作和社会福利工作等按语，还有不少好的思想，这里我就不再一一列举了。

由于出版《高潮》的主要目的是批判农业合作化中的“右倾保守”思想，因此，序言、按语和材料选择标准中都存在一些问题。

存在的问题主要是：虽然在序言中已经宣布“农业社会主义改造速度方面的右倾保守思想”问题“已经解决了”，但书中选用的材料和按语仍然把它作为批判的重点，而且批得比 7 月 31 日报告和七届六中全会结论更加尖锐了。例如：在《这个乡两年就合作化了》一文的按语中指出：“群众中蕴藏了一种极大的社会主义的积极性。那些在革命时期还只会按照常规走路的人们，对于这种积极性一概看不见。他们是瞎子，在他们面前出现的只是一片黑暗。他们有时简直要闹到颠倒是非、混淆黑白的程度。”对农民政治觉悟的估计，在 7 月 31 日报告中的说法是“大多数农民有一种走社会主义道路的积极性”，《高潮》的这则按语则提高到“极大的社会主义的积极性”。《机会主义的邪气垮下去，社会主义的正气升上来》一文的按语指出:“这是大海的怒涛,一切妖魔鬼怪都被冲走了。社会上各种人物的嘴脸,被区别得清清楚楚。党内也是这样。”《在合作化运动中,工人家属的积极性非常高》一文的按语指出:“想要阻挡潮流的机会主义者虽然几乎到处都有,潮流总是阻挡不住的,社会主义到处都在胜利地前进,把一切绊脚石抛在自己的后头。”

现在可以看得更清楚,这样的批判显然是经不起历史检验的。它的失误,一方面是来源于对形势估量的偏差,另一方面,也是因为对“右倾机会主义”这一政治概念缺乏科学的解释。

如前所述,1955年夏季在农业合作化方面的争论,并不是什么政治路线之争,而且后来的实践证明,主张稳步前进的意见是正确的,因此,当时批判的“右倾机会主义”、“小脚女人”等,实际上并不存在。《高潮》一书,激化这种批判,就走得更远了。在工农业生产、基本建设、财政、金融、贸易和科学、文化、教育、卫生等事业方面,“经过努力本来可以做到的事情,却有很多人认为做不到”,这种情况虽然在不少地方确实存在,但是,并没有形成一种全国性的政治倾向。因为到1955年底为止,第一个五年计划顺利执行,我国工业化的规模和速度,科学、文化、教育、卫生等事业发展的规模和速度,都是比较快的。如果说当时出现了社会主义建设与社会主义改造不相适应的情况,那只能说主要是农业社会主义改造的步伐前进得过快了,而不是因为“右倾保守思想作怪”而使建设规模缩小和速度延缓了。或者说,我们的经济建设所以不能搞得更快,是因为我们没有管理经济工作的经验,科技人才缺乏,技术落后,而不能认为是“右倾保守思想作怪”。

关于“右倾机会主义”。在党的七届六中全会的结论中,毛主席使用过“慢机会主义”、“急机会主义”的概念。他的意思是明显的:“慢机会主义”就是右倾机会主义,“急机会主义”就是“左”倾机会主义。《高潮》第一篇《书记动手、全党办社》的按语,对右倾机会主义作了类似的解释:“我们现在有理由向人们提出这样一个问题:为什么这个地方可以这样做,别的地方就不可以这样做呢?……我看只有一条理由，就是怕麻烦，或者爽直一点，叫做右倾机会主义。”这个解释有两点不科学：一、我国地域辽阔，情况千差万别，既有自然条件、经济技术条件、工作基础的差别，又有人的素质，特别是干部文化知识水平、工作经验和能力等差别，而且即使主客观条件都相同，也还有个机遇问题。甲地能办到的事，乙地就不一定能办到；就是甲地，这个时候办到了，另一个时候也不一定能办到。这是常有的，而且是大量存在的现象。不顾主客观条件的差别和机遇，而把工作同甲地有差距的地方都称为右倾机会主义，这就离开了唯物论的基本原理。《高潮》选择了全国合作化运动最先进的一二百个典型，他们的经验中确有不少值得全国学习和应用的地方，但也确有许多是全国其他地区所没有条件学习和照搬的，硬要照搬，也不能变为先进。不能一律做到这些先进典型所做到的一切，这不但不足以证明他们是右倾机会主义，反而应该认为是基本上正常的，合理的，唯物主义的。二、把怕麻烦同右倾机会主义等同起来，也是不科学的。“机会主义”原是19世纪初法国政治斗争中的一个概念，是用来形容政治舞台上那些没有定见、只会随机应变的政党和政客的。第二国际时代，工人运动借用这个概念，通常指的是：只图眼前的利益或成就而牺牲无产阶级根本利益的政治思潮。根据主客观条件循序渐进，或由于认识上的原因该办的事没有办到，显然都说不上什么机会主义。党的十一届六中全会正是鉴于历史上多次发生滥用机会主义这一概念的错误，因此，在《中共中央关于建国以来党的若干历史问题的决议》中不再使用“机会主义”、“路线斗争”一类的概念，是什么错误就说是什么错误。我认为，这对于恢复我们党的实事求是的优良传统，正确地处理党内矛盾和正确地进行党内斗争，是有益的。

《高潮》一书，在批判“右倾保守”思想中，第一次提出了破除迷信的口号。在《所谓落后乡村并非一切都落后》一文的按语中写道：“在中国，对于许多人来说，一九五五年，可以说是破除迷信的一年。一九五五年的上半年，许多人对于一些事还是那么样坚持自己的信念。一到下半年，他们就坚持不下去了，只好相信新事物。”接着列举了主张合作化只能稳步前进的十几个观点，认为都是迷信。并说："这些迷信，经过一九五五年十月中国共产党第七届第六次中央全体会议（扩大）的批判以后，统统都打破了。"是迷信当然应当打破。问题是这里所说的"迷信"，有不少是在合作化问题上比较实事求是的观点。

（四）社会效果

1955年春季以前，我国的农业生产合作社基本上还只处于普遍试办阶段。党中央虽先后作过两个决议，但是，对于大多数农村干部来说，农业生产合作社究竟怎样办，还是没有解决的问题。在各级领导干部中，确实也有些同志"没有把整个运动的领导拿到自己的手里"。这部书，广泛收集全国各地的材料，经过毛主席的精心编辑，写了分量很重的序言和按语，引起了全党对合作化问题的重视，也为解决办社经验不足问题提供了便利。半年多的时间内，全国基本实现了合作化，这确实是一个翻天覆地的大变化。在这个大变化中所以没有发生大的社会震荡，原因之一，是这部原名为《怎样办农业生产合作社》的书起了它应起的作用。因为它在农村大量发行，并通过党组织组织学习，帮助农村干部初步掌握了办农业生产合作社的政策和知识。读了它，使人们对于办农业生产合作社，从不重视到重视，从不会到略会，从少数人略会到多数人略会，从区乡干部办社到群众自己办社。

《高潮》树立的某些典型，按语中倡导的某些思想，在我国人民中有过广泛而持久的影响，其积极作用可以说远远超出了农业合作化的范围。其中关于勤俭建国的思想，关于集体利益和个人利益相结合的思想，关于加强党的领导，加强对农民的思想政治工作，倡导兴修水利、开发山区、多种经营、养猪积肥、男女同工同酬、开办夜校、消灭文盲等的意见，对于推进农村党的建设和经济文化建设，长期起着指导作用。至于在十年"文化大革命"期间，把某些按语推向极端，以致发生了负面的作用，那是另外的问题，不能因此否定这类按语本身的正确性。

但是,《高潮》一书所发生的消极作用也要估计够。对消极作用作如实的估计,对于吸取历史教训是有益的。

由于《高潮》序言肯定“右倾保守”思想在许多方面作怪,号召其他战线也反对“右倾保守”;扩大建设规模和加快建设步伐,因此它一出版,就为正在召开或即将召开的全国计划会议、财政会议、基本建设会议等加了温,使1956年的经济建设中出现了冒进的偏向。

毛主席在《高潮》一书中,还进一步发展了他的农村阶级政策的思想。《对长沙县高山乡武塘农业生产合作社是怎样从中农优势转变为贫农优势的》一文所加的按语,从理论上论述了在合作社领导机关中“建立贫农下中农优势”的必要性。这实际上是为我国农村干部的选拔和结构提出了一条新原则。在《高潮》104条按语中,数这条最长。可见毛主席对贫下中农优势问题非常重视。《谁说鸡毛不能上天》一文的按语,进一步分析了农村对立的两极:“在富裕中农的后面站着地主和富农”;“在合作社的这面站着共产党”。把富裕中农排在了地主富农一边。经验证明:土地改革之后,离开剥削关系,单纯按照对合作化的态度和富裕程度的差别,在农民中划分三六九等,谁最穷就把谁当成依靠力量,弊病很大,也不符合我们党曾经明确宣布过的农村阶级政策。早在1949年10月11日,党中央即以“新华社信箱”的名义答复农村阶级成分的划分问题时宣布过:在彻底完成土地改革的农村中,不要强调阶级划分,特别是不要强调中贫农的界限;否则,对于发展生产是不利的。1950年8月4日,政务院《关于划分农村阶级成分的决定》中,有过土改完成后,在一定条件下,地主五年、富农三年改变成分的规定。1953年12月16日公布的《中共中央关于发展农业生产合作社的决议》,提出了“依靠贫农和中农的巩固联盟”的口号,这是淡化中农贫农界限的一个步骤。从7月31日报告到《高潮》一书强调的依靠贫下中农、树立贫下中农优势的思想,后来在“四清”运动中变成了“千万不要忘记贫下中农”的口号,在十年动乱中又变成在农村由工人阶级的可靠同盟者贫下中农领导一切的口号。这除了在农村容易造成一种越穷越光荣的错觉以外,对党政机关和企业事业单位选拔干部方面产生唯成分论的偏向也有重要影响。

我国农业合作化高潮基本上是靠1955年的“三个会议一部书”(5月17日15个省自治区书记会议、7月31日省市自治区党委书记会议、七届六中全会,《高潮》一书)发动起来的。三个会议的总精神,虽然都是批判“小脚女人”,强调加快合作化的步伐,但都强调现阶段的合作社是小型的土地入股形式的半社会主义性质。《高潮》一书,却不同了,大力提倡高级社和大社。书中选了多篇高级社的材料,其中的六篇还加了按语。《白盆窑农业生产合作社是怎样办成高级社的》一文的按语说:“这是两个由互助组直接进入高级形式、没有经过初级形式的合作社。有些条件适合的地方可以这样做。”《高级社利益最大,而且并不难办》一文的按语指出:慈谿县岐山乡有“百分之九十二的农户加入了八个高级社,谁说高级社那么难办呢?”《大社的优越性》一文强调:“社越大,优越性越大。”按语肯定文章的这个观点,并把它作为标题。同时指出:“有些地方可以一乡为一个社,少数地方可以几乡为一个社。”那时,三个会议已经把全国的“热劲”鼓了起来。《高潮》一书又把高级社、大社说得这么好,下边当然紧跟而上。短短几个月内,我国农村就一举实现了高级形式的合作化,许多地方没有经过初级社,甚至也没有经过互助组,就在个体农民基础上直接组织高级社。两年后,高级社还没站稳,又来了个公社化。这是一个巨大的、严重的,但不是正常的变化。促成这个不正常变化的原因固然是多方面的,其中《高潮》一书着力宣传高级社的优越性,并提倡社的规模越大越好是起了促进作用的。

“坚持真理,修正错误”,是我们党对待历史经验的根本态度。对待《中国农村的社会主义高潮》这部有重大影响的历史文献的研究,我们应当也只能采取这个态度。

(五)对农业合作化运动的估价

在回顾我国农业合作化运动这一段历史的时候,必须清醒地认识到,我们如实地指出它的发展进程中存在的一些不足、缺点和失误之处，找出其原因，这是尊重历史、总结经验的需要。但是必须强调，这样做，并不意味着对当年农业合作化取得的成绩的总的估价有什么变化。而且，我觉得恰恰相反，认识到这些不足、缺点和失误之处，会使我们更加感到合作化成绩的取得是来之不易的，会更加珍重它。我国农业合作化的成绩是伟大的，这是基本的历史事实，任何时候都必须充分肯定，不容抹煞。农业合作化的胜利，使中国广大农民群众彻底摆脱了小块土地私有制的束缚，走上了合作经济的广阔发展道路，开创了建设社会主义农村的新时代。农业合作化的胜利，为实现国家工业化和推进对资本主义工商业及手工业的社会主义改造，创造了有利的条件。农业合作化的胜利，为促进农村生产力的发展也打下了好的基础。比如说，合作化后，在广大农村我们就有条件对土地的利用进行合理规划了，大规模的水利灌溉、大规模的农田基本建设和田间林网化等等也有条件逐步进行了，机械耕作、施肥、杀虫等农业科学技术也可以逐步推广了，从而使我国农业生产条件大为改观。这个变化可不能小看。如果没有农业合作化，仍然只在原来的小块土地上作文章，上述变化是难以想象的。1956 年（合作化后第一年）受灾，全国仍增产粮食 176 亿斤，1957 年和 1958 年继续增产或稳产。这些事实都有力地说明，农业合作化促进了生产力的发展。同时，合作化也奠定了农村基层组织的基础，培养了大批基层经济和行政管理人才，他们至今还在农村的经济发展和社会进步中发挥着积极作用。当然，如果当时采纳了邓子恢同志的意见，合作化的前进步伐不搞得那样急促，坚持从各地不同条件出发，充分尊重自愿互利原则，广泛探索多种合作形式，并稳步发展，工作可能会搞得更好，成就也可能会更加伟大。

从 50 年代的农业合作化，到 80 年代在广大农村普遍推行家庭联产承包责任制，中间经历了人民公社化的严重挫折，付出过很大的代价。家庭联产承包责任制作为人民公社“吃大锅饭”的对立物应运而生。单从组织形式上讲，似乎是“退了一步”，但是，它大大调动了农民的生产积极性，取得了农业大增产的效果，受到了农民群众的欢迎。这说明它符合我国当前农村大多数地区生产力的发展水平。如前所述,衡量一种生产关系的组织形式是否先进就看它是否同生产力发展水平相适应。实行家庭联产承包责任制,是以坚持土地等主要生产资料公有为前提的。村集体(村农业生产合作社等集体经济组织或村民委员会)对主要生产资料的承包、发包和重大问题拥有决策权,是"统分结合、双层经营"中的一层。因此,也能大兴水利建设,组织大规模机械化耕作、播种、消灭病虫害和收获等作业。

从农业合作化到家庭联产承包责任制的实践,给我们提供了一条基本的经验,就是必须把带领农民群众摆脱贫困状态,逐步实现共同富裕,作为党在农村工作中的最根本的指导思想。贫穷不是社会主义。一部分人富裕,多数人贫穷也不是社会主义。社会主义的最大优越性就是实现全体人民的共同富裕,社会主义的本质也主要体现在这里。当年一些集体经济办得好的乡村,在70年代初,就先一步发展"社队企业",到80年代初,多种经营进一步发展,集体已有了较多的公共积累,并初步实现了机械化。特别是经过总结以往的教训,经过10多年来改革开放的洗礼,这些地方的集体经济越来越显示出强大的生命力,正在成为发展农村经济、促进农村社会全面进步,引导农民走共同致富道路的旗帜。各省区市都有一批这样的典型。如北京的窦店村、河南的刘庄和苏南、珠江三角洲等地的农村,以集体经济为龙头,整个乡村建设蓬勃发展,成绩斐然。这些虽然只是少数,不能代表全体,但它们有力地说明农村集体经济是完全可以办好的。随着农村生产力水平的提高,家庭联产承包责任制本身也需要完善和发展,在条件具备的地方和按照群众自愿的原则,可以逐步地向适度规模经营的方向发展。可以相信,只要我们坚持把家庭分散经营的积极性和集体统一经营的优越性结合起来,不断健全和完善双层经营体制,大力发展农村社会化服务体系,切实搞好农村商品流通,逐步壮大集体经济实力,广大农民群众走向共同富裕的前景是十分光明的。我们一定能够走出一条因地因时地适应工业发展水平和改革开放需要的、有中国特色的社会主义农业发展的广阔路子来。

还要认识到一点，在农业合作化运动中曾经发生的一些失误，有的在当时条件下是难以避免的。拿高级农业生产合作社这种形式来说吧，正如中央1983年一号文件中指出的：一讲合作，就是合并全部生产资料，不允许保留一定范围的家庭经营，而且是全国一个模式，这确是一个大缺点。应该肯定，互助组和初级社的合作形式，比较适合于土改后农村生产的实际和农民群众的觉悟程度。而且，主要是我们自己在实践中创造出来的，有着中国的特色。而高级社则不同了，它受苏联农业集体化模式的影响就比较明显了。斯大林领导建立的苏联集体农庄，家庭不再是独立的经济单位。斯大林说：集体农庄中"实行公有化的是基本生产资料，主要是谷物业方面的基本生产资料：劳动、土地使用、机器和其他农具、耕畜以及经营用的建筑物"。"不实行公有化的是：宅旁园地（小菜园、小果园）、住宅、一部分产乳牲畜、小牲畜、家禽等等"。（《斯大林全集》第12卷，第171页）苏联是世界上第一个成功地建设社会主义的国家，惟有它能够给我们提供社会主义革命和社会主义建设的经验。那时，在我们不少同志的心目中，一提起苏联的经验，是很有些肃然起敬、钦羡不已的味道的。我们在那样短的时间内，全国就发动了农业社会主义改造的高潮，就要采取完全社会主义性质的合作形式，自己又没有经验，于是急而仿效苏联集体化模式的一些做法，就成为不可避免的了。因此，如果离开当时的历史条件，要求50年代就实行今天这样的以家庭联产承包责任制为基础的多种形式、多种环节的合作，那显然是不现实的。

农业合作化运动是继土地改革之后农村的又一场大规模的群众运动。要对农业合作化作出正确的历史估价，还有一个怎样看待搞群众运动的问题。本来，农业生产的互助、合作，是经济发展到一定程度的必然产物，有其自身发展的规律。只有遵循客观经济规律办事，才能取得良好的效果。而且经济建设不宜采取革命战争年代那种搞政治运动的方式来进行。经过多年正反两方面经验的比较，今天我们对于这些问题已经有了比较深刻的认识了。但在建国初期，我们还没有也不可能认识到这一点。我们党搞群众运动的传统源远流长，在根据地经济建设中，也是一个运动接着一个运动。在战争环境里，采取群众运动的方式来完成一些重大任务，不仅是必要的，而且常常是很有成效的。在这方面积累的经验也是相当丰富的。所以，建国初期，广泛采取群众运动的方式来进行政治斗争和经济变革，就成了一种很自然的事情。而且有些运动是必须搞的，比如土改运动就非搞不可。既然是搞群众运动，一点毛病不出，一点后遗症不留下，那是不大可能的。在有几亿人口的农村，把合作化当作政治运动来搞，难免带有一定的强制性，一旦大规模地搞起来，有些行动就难以控制了。即使及时发现了某些偏差，但在运动的“惯性”冲力面前，想纠正也很难完全纠正。我们今天在回顾和研究农业合作化运动时，不能不充分考虑到当时的一些特定的历史条件。

十七 资本主义工商业全行业公私合营

1955年是我国社会主义革命的重要年头。这年的5月到10月，毛主席集中精力发动了农业合作化高潮，接着又发动了资本主义工商业全行业公私合营高潮。全行业公私合营以后，资本家除了按照规定领取带有剥削性质的定息以外，整个企业已经归国家所有了。这是对生产资料资本主义所有制进行社会主义改造的决定性的一步。弄清这决定性的一步是在怎样的条件下提出和完成的，它包含了哪些经验和教训，至今仍是人们关注的问题。本篇，我就准备谈谈这个问题。

(一)出乎预料的速度

1955年10月4日至11日，党的七届六中(扩大)全会在北京举行。重要议题之一是讨论农业合作化问题。就在这次全会的结论中，毛主席透露了他关于加快资本主义工商业改造步伐问题的设想。他说:围绕农业合作化发展速度问题的大辩论，牵涉的面很广，牵涉到手工业和资本主义工商业的改造，牵涉到党政军民各方面的工作。在阐明农业合作化同资本主义工商业改造的关系的问题时，他说:我在三中全会说过，不要四面出击。因为那时全国大片地方没有实行土改，农民还没有完全站到我们这边来。土地改革，使我们在民主主义的基础上同农民结成了联盟，使资产阶级第一次感到了孤立。现在的农业合作化使我们在无产阶级社会主义的基础上，而不是在资产阶级民主主义的基础上，巩固了同农民的联盟。这就会使资产阶级最后地孤立起来，便于最后地消灭资本主义。这些论述实际上是向全党发出一个明确的信号:农业合作化的步伐加快之后，资本主义工商业改造的步伐也将跟着加快。

七届六中(扩大)全会一结束,毛主席立即部署加快资本主义工商业的社会主义改造。

1955年10月27日和29日,毛主席两次约见工商界的代表人物谈话。头一次在颐年堂,只有黄炎培、陈叔通等少数人。第二次在怀仁堂,人数比较多,除全国工商联执委外,在京中共中央委员和中央各部门的负责人也参加了。两次谈话,都是勉励民族资产阶级要认清社会发展规律,掌握自己的命运,走社会主义的道路。

第二次谈话后,毛主席去杭州,除召集部分省委书记座谈农业发展规划外,就是主持起草《中共中央关于资本主义工商业改造问题的决议》。

《决议》(草案)指出:“我们现在已经有了充分有利的条件和完全的必要把对资本主义工商业的改造工作推进到一个新的阶段,即从原来在私营企业中所实行的由国家加工订货、为国家经销代销和个别地实行公私合营的阶段,推进到在一切重要的行业中分别在各地区实行全部或大部公私合营的阶段,从原来主要的是国家资本主义的初级形式推进到主要的是国家资本主义的高级形式。”

11月16日至24日,根据毛主席的提议,党中央召开了对资本主义工商业改造问题的工作会议,讨论《中共中央关于资本主义工商业改造问题的决议(草案)》。毛主席在最后一天参加会议并讲话。他说,帝国主义眼前还不敢发动战争,我们要趁着这个机会,加快社会主义改造,加快我国的发展。在批评那种认为民族资产阶级不能接受社会主义这一错误思想时,毛主席说:“现在它是一只半脚踏进社会主义,人家现在快要变工人阶级了,人家已经是半社会主义者了”,“它只有四分之一没有进来了”。

毛主席关于加快资本主义工商业改造步伐的设想,在党内没有听到不同意见。工商界的代表人物对毛主席亲自出面对他们做工作,表示很拥护。李烛尘先生10月29日那天当场表示,要积极推动民建会和工商联的会员搞高级形式的公私合营。荣毅仁先生讲了荣家的发家史和父辈在旧社会办实业的坎坷经历,认为只有跟着共产党走,才有光明前途。11月1日至21日,全国工商联首届执委会举行第二次会议。主任委员陈叔通在开幕词中，号召一切爱国的工商业者把自己的命运和国家发展的前途联系起来，在现有的基础上进一步接受社会主义改造，在伟大祖国的伟大事业中，继续贡献自己的力量。21日，执委会通过决议和告全国工商界书，指出："我们工商业者当前的首要任务是应该坚守爱国守法的立场，积极接受社会主义改造。"

中央工作会议和全国工商联执委会议之后，各地敲锣打鼓，掀起资本主义工商业改造高潮。不少城镇申请公私合营的人流，日夜不断，其势甚猛。在这种形势下，中央决定，只好先批准公私合营，把要做的清产核资、改组企业、安排生产、安置人员、组织专业公司等工作，放到后面去做。1956年1月15日，北京天安门广场举行集会，在郊区农民代表报告实现农业合作化的喜讯之后，工商界代表乐松生在天安门城楼，向毛主席报告首都已实现全行业公私合营的喜讯。继北京之后，全国大城市和50多个中等城市，于1月底全部实现了全行业的公私合营。

按照过渡时期总路线的要求，应于1967年完成对资本主义工商业的社会主义改造，现在基本完成的时间，比原计划提前12年。这个速度不仅超出我们大家的预料，而且也超出毛主席本人的预料。1956年1月25日，毛主席在第六次最高国务会议上说："公私合营走得很快，这是没有预料到的。谁料得到？现在又没有孔明，意料不到那么快。去年李烛老（即李烛尘先生）在怀仁堂讲高潮，我那个时候还泼了一点冷水。我说，你那样搞太厉害，你要求太急了。又对他讲，要瓜熟蒂落，水到渠成，要有秩序、有步骤地来，不要搞乱了。"据我了解，到1955年12月5日中央召开座谈会，由少奇同志传达毛主席关于批判"右倾保守"思想的部署时，中央设想是：到1957年争取90%的工商业实现公私合营，1962年基本完成资本主义工商业的社会主义改造。

（二）大势之所趋

资本主义工商业改造步伐的加快，是大势之所趋。这既是建国头六年对资本主义工商业实行利用、限制、改造政策的必然结果，也是在当时的条件下民族资产阶级唯一可能的选择。

根据七届二中全会确定的利用、限制的方针，我国对资本主义工商业的社会主义改造，从接收大城市之日起就开始了。

接收大城市时，将私营企业中的战犯、汉奸、官僚股权收归国有，实行公私合营；统一财经管理、平抑物价时，为取缔投机倒把，人民银行与私营银行、钱庄开始实行联营，随后又实行公私合营，接受人民银行委托办理的业务，这实际上就拉开了改造资本主义工商业的序幕。

1950 年调整工商业的重要措施之一，就是国营企业向私营工厂加工、订货，或包销、收购私营企业的产品。据统计，加工、订货、统购、包销的产品产值，占当年私营企业产值的 27%，棉纺业中甚至达到 70%以上。实行加工订货、收购、包销，原为帮助私营企业克服困难，但是，在实施中，却把私营企业纳入了国家资本主义的初级形式，限制了它追求暴利、盲目发展的消极作用。所以，陈云同志谈到加工订货时说："这是逐步消灭无政府状态的手段。通过这种办法，把他们夹到社会主义。"(《陈云文选》第 2 卷，第 93 页)

1952 年的"三反"、"五反"运动，对资产阶级唯利是图、损人利己、投机取巧的本质，作了充分的揭露。"三反"、"五反"的目的之一就是"打退资产阶级的猖狂进攻"。经过这次运动，使资产阶级受到深刻的教育，懂得：只有服从共产党的领导和国家法令，接受工人、店员的监督，老老实实地经营有利于国计民生的工商业，才有光明的前途。资产阶级经历"三反"、"五反"后，在思想上政治上取得的进步，为后来顺利推进社会主义改造提供了重要的条件。正如毛主席主持起草、1956 年 2 月 24 日中央政治局正式通过发布的《关于资本主义工商业改造问题的决议》指出的："一九五二年的三反五反的斗争，开始造成了我们国家有可能完全控制资本主义工商业的局面。"

由于国营经济的壮大和利用、限制、改造政策的推行，到 1952 年，国民经济恢复时期结束的时候，我国社会经济结构出现了两个意义重大的变化：一是私人资本主义经济在国民经济中的比重迅速下降。1949年私营工业产值在全国工业总产值中还占63.3%，1952年就下降到39%。再一个变化是：初级形式的国家资本主义得到很大的发展。到1952年底，加工订货、统购、包销和收购产品的产值已占私营工业总产值的56%，上海、天津、武汉、西安等几个大城市已经占绝大部分。公私合营的工业企业也出现了。运输业中，也有一些大户实行了公私合营。这是一种可喜的苗头。虽然公私合营工业企业的产值在全国工业总产值中还只占5.7%，但也说明我国资本主义工商业在社会主义改造道路上迈出了坚实的一步。

1953年，党中央和毛主席在提出过渡时期总路线的同时，总结了恢复时期改造资本主义工商业的经验，确认经过国家资本主义是改造资本主义工商业的必由之路。毛主席在一个文件的批语中指出："中国现在的资本主义经济其绝大部分是在人民政府管理之下的，用各种形式和国营社会主义经济联系着的，并受工人监督的资本主义经济。这种资本主义经济已经不是普通的资本主义经济，而是一种特殊的资本主义经济，即新式的国家资本主义经济。它主要地不是为了资本家的利润而存在，而是为了供应人民和国家的需要而存在。""这种新式国家资本主义经济是带着很大的社会主义性质的，是对工人和国家有利的。"党中央当时设想，再用三年到五年时间，将全国私营工商业基本上引上各种形式的国家资本主义轨道。

实际上没有多久的时间，这个设想就被打破了。其原因，主要是"一五"计划着手实施后，大规模经济建设进一步引发了市场供不应求的紧张状况，迫使我们不得不采取统购统销一类的政策措施，从而一步一步地加快了对资本主义工商业的改造进程。

1953年夏季以后，国营商业首先扩大了工业品的加工、订货和包销的范围。到年底，国家对全国10人以上私营工业企业加工、订货、包销、收购的价值达到了该类企业工业总产值的70%。

同年10月起，国家陆续对粮食、油料、棉花等主要农产品及棉纱、棉布等人民生活必需的工业品，实行了统购统销政策；对其他重要农业和副业产品也加强了收购工作。

实行上述措施后，我国整个市场关系发生了根本性质的变化。首先是国营商业和合作社商业所占的比重大大提高，而私商所占比重显著降低。在批发环节上，到1953年底，国营批发比重已经达到70%左右。全国零售商业的公私比重，1952年为34.11∶65.89，1953年为41.4∶58.6，1954年就达到57.2∶42.8。实行统购统销政策的结果，大约占农村征收和收购总额42%的粮食、油料和棉花基本上脱离了自由市场，加上其他重要工业原料和主要副食品大部分也由合作社负责收购，国营和合作社商业所掌握的农副业产品商品量从1953年的57%上升到了70%；国营和合作社商业在农村的零售总额也由1953年的44.2%上升到1954年的60.59%，超过了1957年的预定指标。其中，占农村零售总额24%的粮食、油料和棉花等也基本上脱离了自由市场。

其次，更加重要的是：在商业领域也出现了经销、代销等国家资本主义的初级形式。1953年以前，国家曾对私商采取"排挤"或"代替"政策。当时的想法是：商业资本家有中间剥削，合作社要减除中间剥削，斗争是不可免的。因此，对工业资本家和商业资本家采取区别对待的政策。对前者采取团结的方针，对后者采取竞争，通过竞争促使其向工业转移的方针。实行农产品统购统销和煤、钢材、生铁等重要工业原料的计划供应，意味着在这些商品的批发环节上排挤了私商。但是，后来发现单纯排挤，也带来一些不好解决的问题。1953年9月7日，毛主席同民主党派和工商联部分代表谈话时，明确指出："私营商业亦可以实行国家资本主义，不可能以'排除'二字了之。这方面经验较少，尚须研究。"实行粮、油统购统销，私营粮商油商只能充当国营粮油公司的代销店。总结粮油统购统销的经验，中央于1954年7月13日下达《关于加强市场管理和改造私营商业的指示》，规定对私营批发商采取"留、转、包"的方针，即：分别情况予以保留，在原行业代理国营批发业务；辅导其转业，代理国营商业从事新的批发业务；撤销商号，将私方人员及职工包下来，经过训练，由国营商业录用。对私营零售商则采取代销和经销的形式。代销和经销的商品都是国营商业已全部或大部掌握货源的商品，都执行国家规定的零售牌价。不同的是：代销店要把全部销货款交给国营商业，只从国营商业领取一定的手续费。经销店则用现款向国营商业进货，从规定的批发与零售价格的差额中，赚取商业利润。

自统购统销制度实行时起，作为流通环节的私营商业的改造走在私营工业前面，反过来又推动着私营工业加快改造的步伐。中国的私营工业大约有三分之二是轻纺工业，受统购统销制度的影响很大。国家从供销两头卡住了它们，他们不能不接受改造。从主观方面说，根据第一个五年计划的要求，国家在对国民经济实施计划管理的过程中，这时也开始感到了同私营工业的矛盾。国家计委在安排1954年计划的时候遇到的问题是：一方面国营工业满足不了社会的需要，另一方面私营工业有很大的潜力没有发挥出来，也需要抓紧对私营工业的利用和改造的工作。

1954年1月，以中财委名义召开了扩展公私合营工业计划会议。当时，从产值说，资本主义工业大部分已经纳入了各种形式的国家资本主义轨道，但国家资本主义的高级形式即公私合营企业的比重比较小，初级形式的比重也在下降，占主要地位的是中级形式。不论初级形式或者中级形式，基本上都没有触动企业内部的阶级关系。“三反”、“五反”运动的结果，劳资双方的阶级关系事实上已经发生了大变化，工人监督生产已陆续形成制度，资本家要完全按照原来的办法管理企业办不到了（当然也不应该一切照旧），这就使企业的生产经营活动经常遇到困难，成为私营企业发展的障碍。要充分利用私营工业的生产潜力，这是不能回避的问题。经会议讨论通过并报请中央批准，决定在几年内首先分期分批将10人以上的资本主义工业企业改造为公私合营企业。1954年计划先将其中651家较大的资本主义工业企业纳入公私合营，按1953年的产值计算，约占当年私营和公私合营工业总产值的23%左右。实际执行的结果，这一年一下就合营了将近800家较大的私营工业企业。到年底，全国公私合营工业户数累计已达1764户，同全部私营工业比较，虽然公私合营户数不到1%，但因为是大户，产值却占33%，职工人数占23%。

1955年秋天，全行业公私合营高潮到来的前夕，私营工业由国家加工订货的数量，在大型工业（使用机器的工业是16个工人以上，手工业是31个工人以上）中已占93%；实行公私合营的工厂有1900多个，它们的产值占58%；全国163户（1954年统计）500人以上的私营工厂，只剩下30家没有公私合营了。如果以私营工业和公私合营工业的总产值为100，此时私营自产自销部分仅占9.2，加工订货部分占41.4，公私合营部分占49.4。纯粹私商的销售量在社会商品零售总额中的比重，在32个大中城市中只剩25%，在农村集镇中只剩18%，在批发上只剩9%了。

毛主席说民族资产阶级"有一只半脚踏进社会主义"，是形象化地概括了建国头六年改造资本主义工商业的成果和已经达到的进程。

既然一只半脚已经进入了社会主义的门槛，在新形势下，剩下的那半只脚也不能不进来了。这是因为：

第一，私营工商业在生产和经营方面遇到了严重的困难，日子本来就难过。

私营工业遇到的主要是原材料方面的困难。1954年以来，国营和公私合营工业也发生这种困难，但私营企业的困难更大些。因为这时原材料已由国家控制，有关部门在原材料分配使用方面，又是优先照顾国营企业，其次是公私合营企业。在国营和公私合营企业生产任务还不足的情况下，就很少向私营企业加工订货，因而很少分配给私营企业原材料，致使部分私营企业停工、停薪、停火，甚至关门。发生这类困难的行业包括：机械、电机、针剂、片剂、医疗器材、针织、面粉、榨油、罐头、制革、金笔、钢笔、铅笔、文具、印刷、缝纫、木材加工等。从地区看，内地好些，上海、天津、沈阳（主要是机械工业）最为突出。因为解放后新建的工厂都在内地，各地地方工业就近使用当地原材料，不断增加产量，满足当地需要，减少从上海、天津、沈阳的进货。由于抗美援朝期间军事加工订货增加，"一五"初期大量进行机电加工订货，商业部门某些时候盲目扩大加工订货，都曾刺激私营企业盲目发展，因此在加工订货任务减少后，部分私营工商业者认为他们的困难是“政府造成的”，而把克服困难的希望寄托于政府。

私营商业遇到的困难，主要是货源问题。实行统购统销以后，大宗农产品和主要工业品由国家统一经营，私营批发商大量被国营批发商所代替。由于干部、群众对“割断城乡资本主义的联系”发生误解和市场供应紧张，不少地方对非统购的农副产品也禁止私商收购贩运。小商小贩不能下乡，农民搞副业生产或运销自己的产品也被看成“自发势力”。据 1955 年初召开的全国计划会议估计，由于货源不足，公进私退，从 1953 年以来，全国共挤掉的零售商 100 万左右，私营零售商的收入降低三分之一左右，许多私商贴本经营。

第二，农业合作化高潮掀起后，私营企业处境更加困难。因为同农民的联系进一步割断了，资产阶级更感到处境孤立。少奇同志 1955 年 11 月 16 日在中央工作会议上讲话时，曾对合作化后资产阶级的困难处境作了这样的估计：“巩固的工农联盟，再加上农业和手工业的合作化，这样就完全把民族资产阶级包围起来了，要它走社会主义道路。经济上，现在我们有极大的社会主义经济优势，资本家不接受改造就要垮台，就要破产，接受改造就统一安排，也就有饭吃。”“在这种条件下面，再加上教育，资本家接受社会主义改造是可能的，和平改造是可能的。”（《刘少奇选集》下卷，第 180 页）在本企业内部，工人和资本家更加对立了。私营企业的工人同国营和公私合营企业的工人比较，本来就有在政治上低人一等的错觉。在生产或经营不景气、工资无保障的条件下，他们通过工会，不断向政府送申请书，希望早日实行公私合营甚至改为国营。农村掀起了社会主义高潮，农民一马当先实行农业合作化，他们更急切地希望自己跨进社会主义的门槛。

在长期利用、限制、改造的基础上，在内外交迫的新形势下，民族资产阶级选择全行业公私合营的形式，接受了进一步的社会主义改造。

(三)全行业公私合营形式的选择

资本主义工商业的社会主义改造,从个别企业公私合营发展到全行业公私合营,不是偶然的。它是对资本主义工商业进行统筹安排的产物。

我在上面说到,1954 年这一年合营了将近 800 家较大的资本主义工业企业,也说到私营工业 1954 年以来就遇到原材料和销售市场方面的困难,日子不好过。这两件事汇集到一起,产生了一个新矛盾:把生产容易安排的大户合营了,剩下为数众多的小户就更过不下去了。对这方面的矛盾体会最深的是地方工作的同志。

1954 年 12 月,经中央批准,国务院第八办公室和地方工业部联合召开了第二次全国扩展公私合营工业计划会议,原来的议题是交流扩展公私合营工作的经验,研究和部署 1955 年及 1955—1957 年扩展公私合营工业的计划问题。由于私营工商业的困难给各地造成了很大的压力,与会的同志强烈要求首先讨论解决这个问题。他们说:现在扩展公私合营是采用“吃苹果”的办法,先挑大的吃,光吃“苹果”,不吃“葡萄”,把“葡萄”甩给地方,又小又烂,怎么办?如果不首先解决目前私营工商业的困难问题,扩展公私合营的工作就很难开展下去。会议领导小组将这个意见向陈云同志作了汇报,陈云同志又向周总理作了汇报。周总理说:资本家的企业在人民民主专政下应该受到照顾,生产的东西也是国内用的嘛!工人阶级只有一个,没有两个。国营企业的工人是工人阶级,资本家工厂的工人也是工人阶级,你只照顾大的公私合营企业,那小企业的工人干什么?把工人阶级分成两个?陈云同志是历来主张统筹兼顾的,他早在 1950 年调整工商业时就提出:“我们更应该注意统筹兼顾,既照顾到我们这一边,也要照顾到他们那一边。否则资本家的企业就会垮台,职工失了业就会埋怨我们。我们要搞经济计划,如果只计划公营,而不把许多私营的生产计划在里头,全国的经济计划也无法进行。”(《陈云文选》第 2 卷,第 93 页)他对解决私营企业新遇到的困难的意见是:加工订货要从全行业出发,统筹兼顾,统一安排。因此,会议改变原定议程，首先讨论私营工业的生产安排的问题，然后讨论制订今后扩展公私合营工作计划的问题。

讨论中，还遇到一个矛盾，就是没有合营的私人企业都很小，设备技术都很落后，国家分配任务给它，它无法承担；硬要塞给它，做出的东西也不合格，无法使用。如果把这些小企业合并起来，又遇到所有权的障碍。针对这个问题，会议提出了个别合营与按业改造（组）相结合的工作方针。陈毅同志（此时任国务院八办主任）就这次会议写给中央的报告里说："为了贯彻统筹兼顾的政策，在扩展合营的方式上，应采取个别合营与按业改造（组）相结合的办法。因为我国的资本主义工业有很大的分散性、落后性。除了少数的现代化的大工业外，还有数量众多的、落后的中、小工业。如果不按业通盘规划，只对较大较重要的企业进行个别合营，不仅使多数的中、小企业在经营上更加困难，而且会给扩展公私合营工作造成困难。但按业改造，并不等于原封不动地全部包起来或者一下子把全业合营过来，而是对企业的通盘规划，统一安排：可以个别合营的，就进行个别合营；需要进行联营合并的，就采取以大带小，以先进带落后的办法，进行并厂和生产改组，并使这种组合工作和合营工作结合起来；需要而且可以迁厂的，就帮助迁厂，在适当时期再进行公私合营；至于那些没有改造条件必须淘汰的企业，则可以有计划、有步骤地吸收其人员，淘汰其企业。"这里提出的联营合并，以大带小、以先进带落后等方法，已经突破了所有权的界限。

1955 年，上海市在制笔、棉纺等七个行业搞全行业统筹安排中，率先打破所有权界限，采用"裁、并、改、合"等方式，创造了企业的合并和合营的经验。

他们合并合营的方式有三种：

第一种，设备比较完整且具有独立生产条件的私营工业，单独公私合营；

第二种，在生产经营活动上有联系或者同属一个资本家的私营工业，按系统进行合营；

第三种，产品相同或具有专业化生产协作关系的私营工业，采取先进带落后、大带小的方式进行合并和合营。有的可以并厂集中生产，有的可以实行统一经营、分散生产。

他们总结这样做有几方面的好处：

1. 公私合营和生产改组结合进行，便于对全行业的改造工作和生产安排进行统筹规划，改善企业的规模结构和技术结构。例如，搪瓷行业原来的工厂规模比较小，工厂内部各道工序之间能力不平衡，困难比较多。合并合营后，企业规模比过去合理了，又填平补齐，解决了生产不平衡的问题。

2. 企业规模结构和技术结构改善以后，又为改进企业经营管理和改良生产技术创造了有利条件。有些工厂虽小但管理人员并不少，有的厂管理人员虽不很多但常常顾此失彼。合并合营以后，这些问题比较容易解决了。原来有限的技术人员也可以集中使用，去解决生产中的重要技术问题。

3. 也便于对资本家进行教育改造。

陈云同志多次推荐的上海三笔公司的经验，就是上海全行业改组、合营的典型之一。上海市原有 186 家三笔（金笔、钢笔、铅笔）厂，1955 年的生产任务比上年减少 40％多，估计要多出工人 2500 余人。在统筹安排中，整个行业来了个改组，大体上采用两种办法：一个是并，小的并到大的里面，大的带小的，几个小的合起来，变成一个大的；还有一种是淘汰，设备技术很落后的工厂就不要了，把工人、资方实职人员插到进步的、大的工厂里面去。结果 186 家变成 98 家，2500 多人都安置下来了，不要转业了，成立三笔公司，统管这 98 家工厂。这合并合营后的 98 家工厂，当年有的有盈余，有的可保持原来的收入水平，有的职工工资稍降一些也可维持。采取全行业公私合营的办法，不仅解决了所有制问题，还解决了 2500 多人转业的大问题。

资本主义商业全行业公私合营，主要指的是零售商，因为资本主义的批发商从实行统购统销以来，基本上已被国营批发商所排挤和代替。据 1955 年 8 月 31 日的普查材料，当时剩下的批发商在私营纯商业中的比重，户数仅占 4.2％，从业人员占 6.1％，资本额占

17.8%。这些批发商户均不到两人,绝大部分是经营零星商品的小批发商,严格说来不属于资本主义商业。

对资本主义零售商实行全行业公私合营和对小商贩进行全行业安排改造,也是从解决1954年以来私商遇到的困难中逐步寻找到的形式。在这方面率先创造全行业合营经验的是北京市。

1954年,北京市曾选择大有粮店、瑞蚨祥布店、稻香村食品店、桂香村食品店、同仁堂国药店、南庆仁国药店、六必居酱园、天源酱园、天义顺酱园和永长顺酱园等10户较大的资本主义零售商店,进行公私合营的试点工作。由于这次合营是一个行业中个别大户的合营,合营后这些商店的营业额上升都很多,对附近私商营业额影响很大,因而增加了对全行业统一安排的困难,不得不停止了私营商业的公私合营工作。

与此同时,北京市在对私营零售商业进行全行业安排的过程中,也产生了类似的矛盾。在零售商业中,因资金多寡、经营技术优劣、所在位置好坏等条件的差异,营业情况往往相差甚远,加上对全行业改造没有经验,有些措施考虑不周(事实上也很难把各种因素都照顾周全),结果在行业与行业之间、地区与地区之间、户与户之间,出现了苦乐不均的现象,中小户认为肥了大户,他们吃了亏。为了调节这种苦乐不均现象,北京市从1955年6月开始,采取行政措施,控制大户营业额。但是,控制的结果,又把生意挤到了国营商店,使公私之间增加了新的矛盾,资本家不满意,店员也不满意,国营商店忙不过来,服务质量下降。

为寻求解决这两重矛盾的出路,经国务院五办和商业部批准,8月间,开始了对零售商进行全行业公私合营的试点。试点选择在西单区棉布业和东单区百货业进行。做法是,在联营并店的基础上进行全行业公私合营,把调整商业网点和改造所有制结合起来。10月20日,商业部党组向党中央和毛主席转报了北京市棉布、百货全行业公私合营试点工作的报告。商业部认为:全行业合营"是对私营零售商业进行全行业改造的较好的组织形式,不但可以统筹安排,而且可以从企业内部对私商进行改造"。

10月18日，中央批准了中央统战部部长李维汉同志关于资本主义工商业社会主义改造调查研究方针的请示报告。报告提出："在工业方面，结合合并、淘汰的全行业公私合营既已获得成功的经验，商业方面也开始出现了全业统一合营的新经验，因此，我们拟着重研究在工业和商业两方面都采用基本上实行全行业合营方针的可能性，并且研究能否在今后两年即第一个五年计划最后两年基本上实现这一方针"。

11月16日，陈云同志在中央召开的关于资本主义工商业改造问题的工作会议上作报告，肯定了全行业公私合营，并围绕这个问题讲了六点意见：(1)克服当前私营工商业面临的困难，需要统筹安排；(2)要进行统筹安排，就要在各行业内部进行或大或小的改组；(3)改组就要突破所有权的界限，实行全行业公私合营，做到生产改组和所有制改造相结合；(4)合营后推行定息制度；(5)工业方面组织专业公司(就是类似托拉斯性质的经济实体)，实行按行业归口管理，商业方面可不另起炉灶，由原来的专业公司(例如花纱布公司等)管起来；(6)全面规划，加强领导，有步骤地、分行业地、分先后地搞，不要一声号令，立刻就来。

关于全行业公私合营，陈云同志说，这是实际工作中产生的，不是哪个人空想出来的，既然生产是整个行业安排的，既然整个行业的各个工厂要加以改组，那么整个行业的合营就是不可避免的。如果不是全行业合营，那就无法安排生产，也无法改组这个行业。全行业合营是今后改造资本主义工商业的主要方向，但个别工厂不愿意合营或个别大厂愿意单个合营，也是可以的。全行业合营同个别企业合营相比，是公私合营的高级形式，不仅进度快，而且两种合营企业也有质的不同：单个合营企业仍然单独计算盈亏，全行业合营后就全行业计算盈亏，这便于将来向全民所有制过渡。

关于定息制度，陈云同志说，原来的公私合营企业怎样给资本家分配利润，有两种形式：一种是"四马分肥"，把企业的盈利分成四份(所得税、企业公积金、职工福利基金、资方股息红利)，资本家取得其中的一份。另一种就是定息，主要在公私合营的银行、钱庄、煤矿、锡矿和某些公私合营的公用事业单位中实行。私营中国银行和交通银行实行公私合营以后,分别代人民银行管理全国的外汇和基本建设投资,它们的业务量都很大,如果实行“四马分肥”,私股得到的股息红利就很高,显然不合理,所以实行定息。那时,合营的煤矿、锡矿和某些城市合营的水电、电话等公用事业单位也是定息。这些企业事业单位,倒不是因为利润高了资方分得多,而是相反,因为矿山要投入大量资金进行基本建设,公用事业单位有的不收费或收费很低,如果也搞“四马分肥”,资方就无利可得,因此也实行定息。陈云同志所以主张选择定息办法,他认为定息把企业生产关系推进到一个新的质点:此时的企业,严格说已不是公私合营企业,而是实际上的国营企业了。在这些企业里,资本家不只是退出了生产领域,它所能够得到的以定息形式表现出来的那一部分剩余价值,也同原来的企业断绝了联系,它的生产资料从此失去了作为职能资本的作用,于是,原来的企业一变而成为没有资本家的企业了。实行定息之后,资本家名义上拥有100万元的资产,实际上只占有100万元的利息。利息多少?原来考虑年息1%到6%,行业之间保持不同的息率。后因情况复杂,不易区别对待,除个别情况外,统一规定为年息5%。1956年1月1日起计息,原定到1962年止息,后延长到1965年,但利息有所降低。

(四)成就和问题

对资本主义工商业的社会主义改造是三大改造的重要组成部分,而全行业公私合营又是对资本主义工商业改造的决定性步骤。这一合营的胜利,对于促进工业和整个国民经济的发展起了重要作用。

据统计,1956年公私合营企业总产值比上年增加32%。合营后,不少工厂出现一片新气象,广大职工(包括不少私方人员)热情很高,纷纷改进产品质量、提高劳动生产率、降低成本。这说明实行全行业公私合营,确实起到了解放生产力的作用。要理解这个历史事实,需要弄清一个道理:在中国当时用社会主义代替资本主义是民心所向。

资本主义是迄今为止的人类历史上最能促进生产力发展的一种剥削制度，也是最后一种剥削制度。对于中国人民特别是对于老一代工人来说，对资本主义印象最深的是它剥削人压迫人的一面，而对它在历史上有过解放生产力和促进生产力发展作用的一面，印象并不深刻。因为他们是在受剥削、受压迫、被奴役、被侵略的痛苦回忆中认识资本主义的。相反，对于社会主义却迅速地贴近和向往，有着崭新的感情，这不仅因为在世界范围内当时的确是“东风压倒西风”，更重要的是，国营企业的设备、管理、经营等方面，特别是职工内部关系方面，尽管现在看来还存在着很多落后现象，但是比之当时的私营企业，已明显地先进得多。加上建国六七年来，中国各方面的蓬勃发展给人们展现了诱人的前景。1955 年冬天，敲锣打鼓、申请公私合营的滚滚人流中，虽然心情复杂，难以一概而论，但是希望用社会主义代替资本主义却是许多人的共识，这是抹煞不了的。人是一种最基本的生产力。一切社会变革，只要是民心所向，使人气顺、心平、寄予希望，就会促进生产力的解放。只要弄清这一层道理，那么对全行业公私合营为什么进展得那样顺利，合营后劳动生产率为什么大幅度提高，就不难理解了。

当然，除了这个根本原因之外，全行业公私合营和全行业生产改组结合进行，也起了重要作用。因为合营后不久，生产力得到重新配置，供、产、销由国家统一安排，一改合营前遇到的那种生产任务不足和原材料严重短缺的困难处境。

小平同志 1979 年 6 月 15 日在全国政协五届二次会议开幕词中曾说：“我国资本主义工商业社会主义改造的胜利完成，是我国和世界社会主义历史上最光辉的胜利之一。这个胜利的取得，是由于中国共产党领导全体工人阶级执行了毛泽东同志根据我国情况制定的马克思主义政策，同时，资本家阶级中的进步分子和大多数人在接受改造方面也起了有益的配合作用。”(《邓小平文选》第 2 卷，第 186 页)这总结了包括全行业公私合营在内的我国对资本主义工商业改造工作两条最根本的经验。

我国民族资产阶级在解放前，是长期在封建主义、帝国主义、官僚资本主义的层层夹缝中生存和挣扎过来的。这种生存环境，决定了我国民族资产阶级在民主革命中有两面性（革命的一面和妥协的一面），在社会主义革命中也有两面性（唯利是图、剥削工人的一面和拥护宪法、接受社会主义改造的一面）。我们党正是从中国民族资产阶级的这个特点出发，提出了符合我国国情的资本主义工商业改造道路：通过一系列从低级到高级的国家资本主义形式，通过赎买政策，把资本主义企业改造为社会主义的全民所有制企业，把资产阶级分子改造成为自食其力的劳动者。如果党不是采用这样符合中国国情的和平改造的政策，或者资产阶级不接受这样的政策，1955 年冬天敲锣打鼓申请公私合营的场面就不可能出现，对资本主义工商业社会主义改造的历史篇章就不会写得那样顺手。

有人说，当时的资本家是白天敲锣打鼓，晚上回家抱头痛哭。这种情况是存在的。自己使用多年的一件器物忽而不归自己所有，在情绪上都要发生波动；自己甚至几代人苦心经营的企业一朝易主，在感情上产生一定的痛苦，是不难理解的。周总理 1955 年 11 月 16 日在中央召开的关于资本主义工商业社会主义改造问题会议上的讲话中谈到荣毅仁先生时说：他是全国第一号的资本家，他在这个地方讲，他那个阶级应该消灭，可是，另外碰到的一个人又跟他说：你祖宗三代辛辛苦苦地搞了这点工厂，在你手里送出去实在可惜呀！他也眼泪直流，这是很自然的，合乎情理。两种情形都存在，都是真实的。这种又接受和平改造，又感到痛苦的表现，如实地反映了中国民族资产阶级的心态。如果交出工厂，如弃敝屣，没有一点痛苦，那就不是资产阶级了。

但是，在实行全行业公私合营的进程中，也有缺点和偏差。实事求是地清理这些缺点和偏差，是实事求是地评价全行业改造高潮的重要一环。我认为，这一工作的缺点和偏差有三：

第一，时间过于急促。《中共中央关于建国以来党的若干历史问题的决议》中指出的“四过”（要求过急、工作过粗、改变过快、形式也过于简单划一）的缺点，虽然是对“农业合作化以及对手工业和个体商业的改造”讲的，但我认为这“四过”的缺点，在资本主义工商业，特别是资本主义商业的改造方面也是存在的。例如“形式”问题。在“高潮”前，国家资本主义有多种多样的形式，而“高潮”中却只采用全行业公私合营这种唯一的形式。我在前面讲到，全行业合营后，国家按照国营企业的办法来管理原来的私营企业有许多好处，但毋庸讳言，也有不少的弊病，其中重要的有两条：由一家一户的核算改为全行业统一核算，实际上把注意精打细算的私营企业纳入了吃“大锅饭”体系；实行定息之后，资本家的利润所得同企业脱钩，使资本家不关心原来企业的经营好坏了。这些缺点，从长远看对生产力发展不利，而且也是一个短时期内发生随意并厂并店、拆毁厂房铺面、丢弃原有设备而造成损失浪费的一个重要原因。我想，假使当时不搞得那样匆忙，多花一点时间探讨社会主义改造的多种形式，情况可能会要好些。

第二，对于一部分原工商业者的使用和处理也不很适当。从“高潮”开始，党中央就明确宣布：公私合营之后，对原企业私方在职人员实行包下来给以安排的方针。但实际上这个问题一直没有解决好。陈云同志1956年7月21日在商业和供销社系统的专业会议上曾这样讲过：“现在，从中央到地方，业务部门的普遍缺点是，开专业会议时大体上只找本系统的干部”，不找资本家，认为资本家是“包袱”。“和资本家离得远远的，采取‘隔离’办法来避免资产阶级思想的侵蚀”。（《陈云文选》第2卷，第329、330、339页）据国务院四办1956年8月间召开的一次会议反映，在公私合营企业中，公私双方人员能够明确分工，做到私方人员有职有权，充分发挥他们的积极性，使他们从生产实践中得到改造而显有成效的，是少数；公私共事关系很不好的，也是极个别的现象；绝大多数的工厂，公私双方人员是表面上相敬如宾，实际上貌合神离，关系不够正常。私方人员普遍感到有职无权，说是：“职位好定权难定，守职容易尽责难。”也有的说：“安排私方人员是聋子的耳朵（摆设），兔子的尾巴（长不了）。”公方代表则感到，和资本家相处，“‘左’了违反统战政策，右了丧失阶级立场”，因此在工作中大都谨小慎微，宁“左”勿右，不敢接近私方人员，不敢放手使用他们。少数公方代表态度生硬，缺乏协商精神，认为和私方人员商量不出什么名堂，分了工也负不了责，对私方人员的合理建议也往往是置之不理。私方人员中，尤其是资产阶级及其代理人中，有不少能干的人，他们有较丰富的经营管理知识和本领。对他们弃置不用，对发展经济和改善企业经营管理来说，都是一个损失。

第三，大批个体手工业者和小商小贩卷入了全行业公私合营。由于在“高潮”中对小业主、小商小贩的处理意见不明确，有些小商小贩也认为不给他们定息、发固定工资是“共产党嫌贫爱富”，因此全行业公私合营时，大批个体手工业者和小商小贩按行业卷入了公私合营，拿了很少的定息。没有想到，他们从此就戴上了资本家的帽子，不少人在后来的政治运动中受到歧视，有的还受到过不应有的打击，吃了不少苦头。

（五）1956 年底毛主席同工商界人士的一次谈话

毛主席和党中央其他领导同志，在 1956 年内对社会主义改造高潮中出现的一些问题陆续有所发现，并着手解决，探索符合中国国情的社会主义建设道路。除党的八大从理论观点到政策思想已作了比较系统的解决，记载了主要的探索成果之外，毛主席于 1956 年 12 月同工商界人士的谈话，又提出了一些重要的观点，把对中国社会主义建设道路的探索工作向前推进了一步。

谈话是由黄炎培先生的一封信引起的。中国民主建国会于当年 11 月举行一届二中全会。会后，黄炎培先生专门给毛主席写了一封信，他说：“全行业公私合营，工商业者的表现是好的。这几个月，有少数人表现了消极作用，流行着定息万岁的口号，白天是社会主义，夜里是资本主义，还出现地下工厂、地下商店。可以看出，资本主义工商业的改造任务还是艰巨的。”这几句话，引起了毛主席的重视。他决定趁全国工商联 12 月 10 日起召开会员代表大会的机会，来解决这些问题。在 12 月 5 日、7 日、8 日，花三个晚上的时间，分别找陈叔通先生、全国工商联正副主任、各省市工商界代表谈话。5 日晚谈话时，陈叔通先生又提出了三个问题：资本家对定息能拿多久心里没底，怕取消太快;资本家现在还给安排工作,怕再过几年会不会被一脚踢开;合营以后,如何进行自我改造?

毛主席的三次谈话,我觉得贯穿了一个基本精神,就是在中国还需要继续实行一段“新经济政策”。毛主席说:

> “现在我国的自由市场,基本性质仍是资本主义的,虽然已经没有资本家。它与国家市场成双成对。上海地下工厂同合营企业也是对立物。因为社会有需要,就发展起来。要使它成为地上,合法化,可以雇工。现在做衣服要三个月,合作工厂做的衣服一长一短,扣子没有眼,质量差。最好开私营工厂,同地上的作对,还可以开夫妻店,请工也可以。这叫新经济政策。我怀疑俄国新经济政策结束得早了,只搞两年,退却就转为进攻,到现在社会物资还不足。我们保留了私营工商业职工二百五十万人(工业一百六十万,商业九十万),俄国只保留了八九万人。还可以考虑,只要社会需要,地下工厂还可以增加。可以开私营大厂,订条约,十年、二十年不没收。华侨投资的二十年、一百年不要没收。可以开投资公司,还本付息。可以搞国营,也可以搞私营。可以消灭了资本主义,又搞资本主义。当然要看条件,只要有原料,有销路。就可以搞。……这样定息也有出路。”

毛主席这里讲的“又搞资本主义”,我理解,他当然不是说又要大力发展资本主义,而是说,在所有制结构上,要在国营经济和集体经济为主体的前提下,适当保存和发展一些私营经济和个体经济,并引进华侨投资。这样做,可以使国营经济、合作社经济有个“对立面”,保留一定的竞争机制。他当时把商品经济看成是资本主义范畴的东西,因此他认为自由市场基本性质是资本主义的。毛主席过去讲过要“让资本主义绝种”、“让小生产绝种”的话,在这里没有再提这个问题,虽不意味着改变他原来的观点,但至少可以认为,他实际上作了这样的解释:让资本主义绝种,让小生产绝种,是长远的将来的事,不是眼前一下子就可以完全做到的事。此外,在社会主义已经取得压倒性胜利以后重新保存和发展的私营经济和个体经济，它们的地位和作用也和以前的有了很大的不同。因此，毛主席这次谈话，在所有制结构方面，显露了有关中国特色的社会主义经济的一束可贵的思想火花。

关于小业主、小商小贩戴的“资本家”帽子的问题，毛主席说：

> “现在资本家当中大体有百分之七十左右对定息没兴趣。一个月拿几毛钱，他们要求放弃定息，摘帽子入工会，享受劳保待遇。我看也可以放弃吧！”
>
> “把小的占百分之八十到九十的不划入资产阶级范围内，拿到的定息只能买几包香烟的，就叫他们小资产阶级。资方代理人也是属于小资产阶级范围，叫上层小资产阶级。”

关于资本家及其代理人的工作安排问题，毛主席说：

> “作为一个阶级是要消灭的，但人都包下来。工商业者不是国家的负担，而是一笔财富，过去和现在都起了积极作用。中国资产阶级在经济上是现代化的，不是手工业的。……这一点工人不大了解，应该向工人说清楚。”
>
> “对资本家要解决的两个问题，一个是物质问题，一个是思想问题。物质问题就是有职有权问题，有工资可拿，拿到工资能生活。思想问题要资本家改造自己，发挥他们的作用，不但使用老经验，而且使得他们能够发展新经验。譬如荣毅仁年纪轻轻的，这种人来日方长，还可以学新的经验。”

关于定息，毛主席的意见是，除了小的可以取消以外，大资本家继续维持定息，而且定息时间要延长，“拖到三个五年计划，带个尾巴进工会”。他说，全行业公私合营，谁也没有料到这样快，下一步的国有化就不要这样快了。快了，对国家对民族都不利。大资本家拿了定息，也是“楚弓楚得”，“肥水不落外人田”，是国家的购买力，资本家也可以把定息作投资，继续开工厂。鉴于小的不拿定息、大的拿而且时间延长这些话，在座的工商界代表人物（因为多是大的）不好说，毛主席提议由陈云同志或者由我帮他们去说。因此，我于 12 月 10 日应陈叔通主任委员的邀请，在全国工商联第二届会员代表大会上作了报告。

我的报告，除介绍了“二五”计划的主要目标外，重点是根据毛主席谈话的精神，解释赎买政策。我说，毛主席的赎买政策是虎头虎尾，贯彻始终，是真正的赎买，不是虚假的赎买。对大资本家的定息，要继续维持，定息时间要延长到三个五年计划再说。小商小贩、小手工业者，戴了资本家帽子，拿了很少定息的，可以摘帽子，取消定息，加入工会。大的不能摘，拿定息 1 万、10 万元的更不能摘。大户的帽子都摘了，谁还代表资产阶级？今天社会上产品不足，拿资本主义来补充社会主义的不足，没有坏处。既然有国家领导下的自由市场，也可以有国家领导下的私营企业。当然，基本上大量发展的应该是社会主义企业。代表们对我传达的毛主席谈话精神，多次用热烈的掌声来表示拥护。

毛主席这次谈话提出的定息不变、时间延长等意见，后来付诸实施了。可惜，它的基本精神，即在社会主义公有制占优势的情况下允许多种所有制形式存在，把资产阶级当作财富、社会变革不能太快等，没有能够付诸实施。拿定息很少的人可以放弃定息，摘“帽子”、进工会的意见，也没有能够付诸实施。在 1957 年后的二十来年里，由于不断地搞所有制的升级、过渡，割“资本主义尾巴”，不仅使原工商业者，而且也使广大人民吃了不少的苦头。由于发生了这些曲折，毛主席、党中央本来在社会主义改造基本完成时就已发现的问题，直到党的十一届三中全会以后才真正获得解决。据统计，1956 年参加全行业合营和以前单个合营的工商业者，共计为 86 万人。1979 年 11 月 12 日，中央批准了中央统战部等六单位《关于把原工商业者中的劳动者区别出来的请示报告》。根据报告规定：共有 70 万人被摘掉“资本家”的帽子，恢复劳动人民的身份。这以后，还健在的原来的资本家，也被真正当成国家财富，继续为社会主义事业做出有益的贡献。

十八　加快手工业改造的得失

对手工业的社会主义改造，在建国头六年，是从供销入手，稳步前进的。但是，从1955年冬季开始，改造步伐急剧加快了。加快改造的决策，还导致了手工业合作化后不久又出现一个向全民所有制过渡的新阶段。弄清加快手工业改造的得失，对于总结我国社会主义改造的历史经验，加深对社会主义初级阶段党的基本路线的理解，无疑是有益的。

建国以后，我对手工业有比较多的接触。1956年初，毛主席关于加快手工业改造的决策，在“34个部委汇报”中听取手工业管理局负责人汇报时集中地系统地讲过一次，很能代表他对手工业社会主义改造的思想。现在我结合自己了解的情况，对加快手工业改造的得失问题作些回顾。

（一）我国手工业的特征及其在国民经济中的地位

对手工业社会主义改造的得失，不仅取决于对整个私有制经济进行社会主义改造的指导思想是否正确，而且还取决于具体决策是否从手工业的特点出发，是否对手工业在我国国民经济中的地位有一个恰如其分的认识。因此，探索加快手工业改造的得失，先要弄清楚手工业的特征和在整个国民经济、社会发展中的地位问题。

手工业，简单地说，就是主要依靠手工劳动、使用简单工具的小规模工业和服务业。我国解放初期的手工业，就其与农业分离的程度来说，大体有四种类型：一是从属于农业的自然经济形态的家庭手工业，如自制农具、衣服等；二是农家兼营的商品性手工业；三是独立经营的个体手工业；四是雇工经营的工场手工业。按照党和政府的有关规定，作为三大改造之一的手工业社会主义改造的对象，主要是第三类，即个体手工业，但也包括着第二类中以经营商品性手工业为主的兼业户和第四类中雇工不足四人（学徒不算雇工）、本人参加劳动而且是手工劳动出身的工场主。至于第一类和第二类中以农为主的兼业户，都归入农业社会主义改造的范围。第四类中雇工超过四人的工场主，一般归入私营工商业社会主义改造的范围。

个体手工业同个体农业比较，就其生产关系和经营方式来说，有一些基本的共同点。这主要是：(1)都是分散的、小规模的个体经济。据 1952 年对 16 个城市的调查，城市个体手工业户平均每户劳动力不到三人，农村大多只有一人。1954 年调查，城市户均 2 至 2.5 人，农村绝大部分一户一人。从布点方面来说，农村手工业往往比农业更分散，如有些农村甚至十里八里还找不到一个木工或裁缝。(2)个体手工业者和个体农户中的中农贫农一样，既是劳动者，又是私有者，他们都自食其力，不剥削别人，而且都程度不同地遭受地主、资本家的剥削，包括商业资本和高利贷的剥削。(3)生产不稳定，容易发生两极分化。农业有季节性，不少手工作业受农业季节性影响，也时断时续。以铁匠作业为例，通常是："三月（农历）菜花黄，铁匠称霸王"，过了"小满"，就是"苦五、绝六、淡七月"，过了七月，又进入了"八活、九金、十银"的旺季。个体经济本来是脆弱的。由于天灾、人祸、市场竞争和生产季节性影响，使个体手工业者同个体农民一样，很容易发生两极分化。这些基本的共同点说明，个体手工业和个体农业一样，采用合作化方式进行社会主义改造是可行的。

个体手工业不同于个体农业的特点主要是：

1. 没有多少生产资料，资本有机构成比农业还低。个体农民种地，一般需要土地、耕畜、农具等生产资料，而个体手工业者却只需要简单的工具。据 1953 年对北京、武汉、广州、重庆等城市 86811 户个体手工业户调查，平均每户资金 851 元（新币，下同），而其中 90% 以上的户，资金不过 300 元左右。在这些资金里，家具工具占 50%

以上。一部分手工业者基本没有生产资料，主要凭手艺吃饭。因此，手工业者常把自己的双手比喻成“十亩良田”。所谓“手艺手艺，无本生利”，说的也是这个意思。

2. 个体手工业经济是小商品经济，它的生产活动离不开市场，通过原料供应和产品销售同其他经济和消费者有不可分割的联系。供销关系一断，生产就无法进行。这一点，同个体农业主要是自给自足的自然经济显著不同。

3. 行业众多，经营灵活。在分工不发达的古代，人们就通称手工业为“百工”，随着分工的发展，今天手工行业就更多了。按其产品用途来划分，大部分属消费品手工业，一部分为生产资料手工业（如采矿、烘炉冶炼、建筑、农具和车辆制造等），另一部分为服务业（如农具和黑白铁修理、交通运输、理发等）。与农业基本上只能布局在农村不同，同一行业的手工业，往往城乡兼有。据 1954 年统计，按全国商品性手工业总产值计算，城市和农村的比例为 42.9∶57.1。由于行业多，规模小，兼跨城乡，因此经营方式十分灵活，有的坐店设厂，有的走街串巷，许多手工业者常常频繁往返于城乡。有些加工性的手工业户，则通过传统的“领原料、交成品”的方法，成为资本主义工业的有机组成部分，同城市现代工业联成一体。例如建国初期，上海有一家行销全国的毛巾工厂，它自己有一套整染设备，但织机却只有四十几台，它的生产基础是上海县和川沙县的几千户手工作坊、个体手工业者或兼业农户。它通过“发原料、收成品”的方式，同分散在城乡的手工业者联系起来。北京市著名的戴月轩、老胡开文毛笔店，自己都不制造毛笔，他们的毛笔都是广大分散的手工业者用领来的原料按照严格的规格质量代为加工的。

4. 技术传授主要采用师傅带徒弟的方式。由于市场竞争，手工业者时刻面临着失业的威胁，因此，手工业技术是不轻易传人的。传统的传授方式是拜师学艺。某些“绝招”还有传子不传女的陈规陋习。

上述特点要求，手工业合作化必须同农业合作化有明显的区别。

我国在世界历史上是手工业最为发达的国家之一。《诗经》上记载的八大类29种乐器，是约2500年前的手工业产品。史载，我国秦汉以前，就能用手工冶炼金、银、铜、铁、铅、锡、水银等七种金属；掌握炒钢法炼熟铁的技术，比欧洲早1900多年。著称于世的四大发明——指南针、火药、印刷术和造纸术，震撼中世纪欧亚两洲的丝绸织品，宏伟的万里长城，瑰丽的敦煌艺术，郑和下西洋的大型航船，都出自我们祖先的一双手。我国古代的手工业者为创造灿烂的中华文化做出了重大贡献。

由于我国发展现代工业起步晚，建国后，手工业生产在全国经济中仍占相当大的比重。1951年11月，我代中央起草的一个电报中提到，手工业产值占工农业总产值的15%—20%，农民所需要的工业品(包括生活和生产资料在内)中，手工业品占80%左右。据1952年的统计，全国农业产值、现代工业产值、手工业产值在工农业总产值中所占的比重，分别为50.5、28.3和21.2。现在，手工业产值在工农业总产值中的比重显著降低了，但对人民生活和工农业生产仍起着有力的补充作用。工艺手工业品更是换取外汇的重要来源。随着现代工业的发展，会有越来越多的手工业被淘汰，但是任何时候都不可能完全淘汰。因为我国是人多耕地少的大国，资金短缺，经济技术发展很不平衡，在相当长的时期内都将是最先进技术、一般先进技术、中间适用技术和落后技术同时并存，电子化、机械化和手工操作同时并存。在一个相当长的时期内，手工业都将是消灭不了的。某些特种工艺只适用于手工作业，强用机械代替将失去它的特色。由于手工业是一个劳动力高度密集而资本有机构成特别低的经济群体，在大力发展现代工业的同时，在一些地区一些领域适当发展手工业，对于解决就业这个难题也是有利的。据十几年前的材料，靠大工业解决就业问题，每吸收一个工人，国家大约要投资一万多元。而相比之下，手工业多吸收一个人就业所需要的资金要少得多。正如朱德同志1957年在中华全国手工业第一次代表大会的祝词中指出的："手工业不仅过去和现在，而且在今后很长时期中，都将是国营工业不可缺少的助手。"(《朱德选集》，第363页)弄清我国手工业的特点和社会地位，对于我们反思加快手工业改造的得失甚为有益。

（二）建国头六年手工业改造的进程

我国个体手工业的社会主义改造，要走合作化的道路，这是党的七届二中全会就定了下来的。毛主席在全会的报告中明确指出："占国民经济总产值百分之九十的分散的个体农业经济和手工业经济，是可能和必须谨慎地、逐步而又积极地引导它们向着现代化和集体化的方向发展的。"（《毛泽东选集》第2版，第4卷，第1432页）

经过12年的战争，1949年的全国手工业生产比战前降低40%。国民经济恢复时期，手工业的改造是围绕着扶助手工业者医治战争中受到的创伤，恢复和发展手工业生产这个目标进行的。

早在革命战争时期，各革命根据地就有通过组织起来发展手工业生产的经验。例如：陕甘宁边区1941年就建立了大大小小100多个手工业工场和合作社。山东解放区1941年建立了近百个供销形式的合作社，到1946年这种手工业供销合作社已发展到8000多个。建国前后，少奇同志集中研究了这些历史经验，对恢复时期手工业合作事业提出了一些重要的思想。1949年5月，他提出，对手工业合作从供销入手，先办"手工业供销合作社。为手工业者收购原料，推销出口产品"，"办广大群众需要的、容易办的合作社"。

1950年7月，中财委召开了中华全国合作工作者第一次代表会议。提交会议讨论的《中华人民共和国合作社法（草案）》，是由我主持起草的。报送中央审阅时，少奇同志改写了总则的第一、二、三条，明确规定在市民和工人中组织消费合作社，农民中组织供销合作社，城乡独立生产的手工业者和家庭手工业者组织手工业生产合作社。组织手工业生产合作社的目的，是"联合起来，凑合股金，建立自己商业的和生产的组织，去推销自己的手工业产品，并购买原料和其他生产资料"，"避免商人的中间剥削，提高产品的数量和质量"。少奇同志和朱德同志都到会讲话。少奇同志强调："手工业合作应从生产中最困难的供销环节入手，保持原有的生产方式不变，尽量不采取开设工厂的方式。”朱德同志强调先不要改变所有制形式。

1952年8月，全国合作社联合总社召开了第二次全国手工业生产合作会议，着重总结组织和管理合作社的经验，强调组织一个，巩固一个。

根据中央指示，恢复时期的手工业合作事业，一方面，在一些同国民经济关系最密切并有发展前途的行业中，选择觉悟较高又具有代表性的手工业劳动者，重点试办合作社；另一方面，对一般个体手工业者，从他们最困难的供销上给予帮助，采取从供销入手，组织加工订货，给予银行贷款等措施，支持和帮助他们恢复和发展生产，进行生产自救。建国之初，全国个体手工业从业人员为585万人(另有农民兼营性手工业者1200万)。恢复时期的三年，经过重点试办，手工业合作组织由300多个发展到2700多个，社(组)员人数从8万多人增加到25万多人。这为手工业生产的迅速恢复和发展，为进一步组织起来，打下了基础。

1953年，我国进入国民经济建设的第一个五年计划时期，党中央正式提出了党在过渡时期的总路线。11月20日到12月17日，全国合作总社召开了第三次全国手工业生产合作会议。朱德同志代表党中央到会作了题为《把手工业者组织起来，走社会主义道路》的讲话。他主张，把个体手工业者组织起来，应该从实际出发，采取灵活多样的形式，由小到大，由低级到高级，绝对不要规定一个格式。会议提出：手工业合作组织必须根据生产需要和手工劳动群众的觉悟程度，采用群众所能接受的形式，由群众自愿地组织起来，坚持“积极领导，稳步前进”的方针。

会议总结了建国以来试办手工业合作组织的经验，明确提出了三种组织形式：第一种是手工业生产小组。这是组织手工业者的低级形式，也是手工业者最容易接受的组织形式。它的特点是，原有的生产关系没有改变，仍然是分散生产，只是从供销方面把手工业者组织起来。第二种是手工业供销生产合作社。这种形式，是对手工业者进行社会主义改造的过渡形式。它的特点是，生产资料仍为私有,一般也是分散生产,也是在供销环节上组织起来,但它已在有些生产环节上开始集中生产,并开始购置公有的生产工具。因而这种形式比前一种具有更多的社会主义性质。第三种是手工业生产合作社。这是手工业社会主义改造的高级形式,也是主要形式。它的特点是,生产由分散变为集中,分配实行按劳分配。它根据生产资料公有程度的不同,分为完全社会主义性质的和半社会主义性质的。会议认为,从经济上讲,对手工业的社会主义改造,只有达到完全社会主义性质,即生产资料全部公有了,才算完成。

少奇同志两次听取了会议的汇报,就手工业合作化的一系列问题发表了意见。关于组织形式,他说:“组织起来,经手工业生产小组、供销性的手工业生产合作社,而后成为手工业合作社,这是一般的规律,但各种形式不一定都经过。”“把手工业生产合作社收归国有是一个原则的问题,不准随便这样做,不要随便把好的合作社收归国有。”农村手工业的合作化,“不能照土地改革那样搞,而是要逐年逐步地搞”。“原来同手工业资本家实行联营的部分手工业者要求分化改组,走合作化道路”,可以“适当地做,但不要搞得太急、太激烈,应该注意不引起社会的损失”。

1954 年 11 月,国务院成立了手工业管理局。12 月,召开了第四次全国手工业生产合作会议,朱德同志代表党中央作了《要把手工业生产合作社办好》的讲话。31 日,陈云同志在国务院召开的关于私营工商业问题座谈会上讲话,指出:“对手工业合作社生产的发展,要加以管理和控制。”“手工业合作化宁可慢一点,使天下不乱。如果搞得太快了,就会出毛病。”(《陈云文选》第 2 卷,第 270、271 页)由于大规模经济建设的开展,加以对主要农产品和某些工业品实行统购统销、统购包销,手工业的原料供应遇到了困难,个体手工业者困难尤大。第四次全国手工业生产合作会议确定 1955 年手工业社会主义改造的中心任务是:继续摸清主要行业的基本情况,整顿、巩固、提高现有合作组织,在此基础上,从供销入手适当发展新社。1955 年 5 月,中央在批转会议报告时指出,对手工业供产销和手工业改造,要同时考虑,要贯彻“统筹兼顾,全面安排,积极领导,稳步前进”的方针。

到 1955 年上半年，手工业合作组织已发展到近 5 万个，人数近 150 万人。应该说，这个发展速度已经不慢了。

(三)加快改造带来的曲折

1955 年下半年，在批判“小脚女人走路”的冲击下，农业合作化一马当先，随后党中央召开了工作会议，对把资本主义工商业的社会主义改造引向高潮作了部署。在这种形势下，手工业改造的步伐也急剧加快了。

11 月 24 日，陈云同志向有关部门打招呼：“手工业改造不能搞得太慢了”，“如果手工业这方面的改造速度慢了，那就赶不上了”。

12 月 5 日，中央召开座谈会，由少奇同志传达毛主席的指示，要求各条战线批判“右倾保守”思想，加快社会主义改造与社会主义建设的步伐。同时，批评手工业社会主义改造“不积极，太慢了”。少奇同志要求手工业合作化到 1957 年达到 70%到 80%。

12 月 20 日，少奇同志听取手工业管理局负责人的汇报，提出：手工业改造不应比农业慢。与其怕背供销包袱，还不如把供销包袱全部背起来好搞些。他要求手工业合作化在 1956、1957 两年搞完，说“时间拉长了，问题反(而)多”。

根据中央指示，中央手工业管理局和中华全国手工业合作总社于 12 月 21 日到 28 日，召开了第五次全国手工业生产合作会议，着重批判怕背供销包袱而不敢加快手工业合作化步伐的“右倾保守”思想。后来，中央在批转第五次手工业生产合作会议报告的批语中指出：“加快手工业合作化的发展速度，是当前一项迫切的任务。”

毛主席于 1956 年初发表的《中国农村的社会主义高潮》一书的序言，也提出了加快手工业改造的速度问题。1956 年 3 月 4 日，他在听取手工业管理局负责人汇报(即 34 个部委汇报之一)时说：“个体手工业社会主义改造的速度，我觉得慢了一点。今年一月省市书记会议的时候，我就说过有点慢。1955 年以前只组织了 200 万人，今年头两个月就发展 300 万人，今年基本上可以搞完。这很好。”

就这样，在紧接农业和资本主义工商业改造的高潮之后，又掀起了手工业改造的高潮。到1956年6月底，组织起来的手工业者，已占手工业者总数的90%。同年底，全国组织起来的手工业合作社(组)，经过调整为99100个，社(组)员达到509.1万人，占全部手工业从业人员的92%。至此，手工业由个体经济到集体经济的转变基本完成。新成立的手工业合作社，有一小部分是经过生产小组的过渡形式发展起来的，大部分则是改造高潮中直接组织的。

《中共中央关于建国以来党的若干历史问题的决议》指出："在1955年夏季以后，农业合作化以及对手工业和个体商业的改造要求过急，工作过粗，改变过快，形式也过于简单划一，以致在长期间遗留了一些问题。"这四"过"的缺点，在手工业改造高潮中的主要表现是：生产上盲目集中，组织形式上一律合作，管理上统一核算。据当时统计，石家庄市将88个社合并为31个社，其中人数最多的社社员达1400人。广东省有的综合社包括14个行业，有的跨地区的社纵横达60华里。四川省眉山县五金社把13个乡的烘炉、制秤、自行车修理、钟表修理等行业组织在一起，发一次工资骑自行车要走七天。上海修理自行车行业原有1908个服务点，改造高潮一开始，就撤掉450个。沈阳北市区原有103户个体服装店，改造高潮时组成一个缝纫合作社，只设10个门市部。有些特种手工艺，比如雕刻，也组成合作社，每星期开一次会，进货是统一的，销路也是统一的。

盲目集中，一律合作，统一核算，带来了一系列问题。(1)群众不方便了；(2)原来分散经营的供销关系割断了，因为等待生产合作社的统一经营，原个体手工户不接受零散订货，而合作社的统一经营一时又建立不起来，致使生产停顿；(3)吃"大锅饭"，出"大路货"，产品品种减少，质量降低，某些传统名牌产品失去了原有传统风格；(4)合作化后，不管师傅和徒弟大家都是社员，原有的师徒关系淡薄了甚至割断了，这对技术传授是不利的；(5)由于盲目集中，缺乏厂房和生活服务设施，一时造成混乱，使手工业者本来就不多的财产受到损失。

这些问题的发生，除了在指导思想上对整个社会主义改造有些急于求成、盲目求纯的缺点以外，显然同忽视手工业的特点也是密切相关的。我们的社会主义改造，是对生产资料私有制的社会主义改造。如果说，农业合作化高潮追求千篇一律的高级的农业生产合作化形式，是为了消灭小块土地私有制的话，那么，在手工业方面过分追求高级形式的手工业生产合作社，就是没有必要的。因为如前所述，大部分个体手工业者凭手艺吃饭，没有多少生产资料，而且有些行业只适宜分散生产、独立经营，不适宜于集中。

由于在改造高潮中集中合并过多，使一些产品减少，留了很多“空白点”，于是自发的手工工场和手工业户乘虚而入，应运而生。据统计，上海市 1956 年底手工业自发户达到 4236 户，从业人员 14773 人，从事 90 多种行业的生产。引起社会关注的所谓“地下工厂”问题，实际上绝大部分是自发的手工业个体户和手工工场。他们主要进行小商品和特殊产品的生产，保持手工业经营灵活、经常变化的特点，因此产品供不应求，经营的效益也比较好。这种现象的出现，也从另一方面说明，保持某些手工业的分散经营是社会的需要，是群众的要求。过分集中，一律合作，是不符合社会需要和群众要求的。

应该指出，党中央从发动手工业改造高潮开始，就估计到可能会出现一些问题，因此，一边发动改造高潮，一边提醒下边注意防止发生这些问题。

少奇同志 1955 年 12 月听取汇报，在批评对手工业改造不积极的同时，强调“对集中还是分散要小心。集中生产与分散生产(家庭生产)是个重要问题，应很好研究”。“分散的、个人的、修修补补的、磨剪刀的、修农具的，无论如何不能搞掉。零星的不能减少，而且要加多。分散流动，生产上门是个好特点，要维持，要保持”。“花色品种要注意。……搞社会主义，不能把这些东西搞掉，要把手工业品搞得更复杂，更多样，好的发扬提高”。1956 年 1 月 10 日，他在接见南斯拉夫新闻工作者代表团时又指出：“特种手工艺品不组织合并，怕合并以后，将来人民会感到不方便，特种手工业品质量会下降。”

周总理1956年2月8日，在国务院第24次全体会议讨论私营工商业和手工业的社会主义改造工作时指出："不要光看到热火朝天的一面。热火朝天很好，但应小心谨慎。要多和快，还要好和省，要有利于提高劳动效率。现在有点急躁的苗头，这需要注意。社会主义积极性不可损害，但超过现实可能和没有根据的事，不要乱提，不要乱加快，否则就很危险。"(《周恩来选集》下卷，第190页)在他主持下，国务院于2月11日公布了《关于目前私营工商业和手工业的社会主义改造中若干事项的决定》，规定所有手工业合作社在批准成立后，一律照旧经营，半年不动。并规定参加合作社的手工业户，必须保持他们原有的供销关系，不要过早、过急地集中生产和统一经营。

毛主席3月4日听取手工业管理局负责人汇报(34个部委汇报之一)时，听说修理和服务行业集中生产，撤点过多，群众不满意，说："这就糟糕!""提醒你们，手工业中许多好东西，不要搞掉了。王麻子、张小泉的剪刀一万年也不要搞掉。我们民族好的东西，搞掉了的，一定要来一个恢复，而且要搞得更好一些。"听说北京东来顺的涮羊肉已失去原有的特色时，毛主席说："'社会主义'的羊肉应该比'资本主义'的羊肉更好吃。"谈到对集中过多问题怎么办时，他还说："天下大事，分久必合，合久必分。"

陈云同志针对手工业改造中盲目合并的问题，于1956年1月、3月、6月多次发表意见。1月25日，他在第六次最高国务会议发言时，指出部分手工业要长期保留单独经营方式。3月30日，他在全国工商业者家属和女工商业者代表会议上的讲话中说："有些工厂和商店并得对，应该并。但也有很多是并得不对的，其中数量最大的是手工业。"这样做的原因，一是认识上有问题，认为集中是高级，而单干是低级，难以到社会主义。更重要的一点，是我们做管理工作的人，只考虑管理工作的方便，强调合在一起容易管理，而没有考虑应不应该合，能不能合。"并错了怎么办呢？要分开来，退回去。"(《陈云文选》第2卷，第298、299页)

朱德同志对手工业的社会主义改造，一直主张稳步前进。对如何解决加快改造带来的问题，也曾多次发表过意见。1957年4月他外出视察归来后，还向党中央和毛主席写过专题报告。

少奇同志、周总理在八大的报告和陈云同志在八大的发言，都批评了手工业改造中的盲目集中合并。陈云同志肯定绝大部分服务行业和许多制造行业不应该合并。为了克服由于盲目合并、盲目实行统一计算盈亏而带来的产品单一化、服务质量下降的缺点，他提出必须把许多大合作社改变为小合作社，由全社统一计算盈亏改变为各合作小组或各户自负盈亏。

根据党中央的指示精神，各地为纠正手工业改造高潮中出现的一些缺点做出了努力。盲目集中合并起来组成的手工业合作社，很大一部分改成了合作小组。通过调整体制，还对手工业合作组织的供产销实行按行业归口管理，生产任务比较饱满，一改过去生产时断时续的处境。经过这些工作，使走上合作化道路的手工业者心情舒畅，劳动热情提高了。因此，1956、1957 年内，虽然手工业产品的质量有所降低，花色品种有所减少，但生产有较大幅度的提高。1956 年，手工业合作社(组)产值 76 亿元，提前一年完成“一五”计划指标。人均年产值 1702 元，比 1955 年提高 33.5%。新社员同入社前比较，老社员同 1955 年比较，90%增加了收入，劳动条件亦有较大的改善。

手工业的社会主义改造，不能只到合作化就算完，而要继续过渡到全民所有制，这是在发动手工业改造高潮时就确定了的。1956 年 3 月 5 日，毛主席在听取中央手工业管理局汇报时指出：“手工业要向半机械化、机械化方向发展。”“机械化的速度越快，你们手工业合作社的寿命就越短。你们的‘国家’越缩小，我们的事业就越好办了。你们努力快一些机械化，多交一些给国家吧！”他肯定“国家将替换下来的机器和公私合营并厂后多余的机器、厂房，低价拨给合作社，很好。‘将欲取之，必先与之。’待合作社的基础大了，国家就要多收税，原料还要加价。那时合作社在形式上是集体所有，在实际上成了全民所有”。

毛主席这些话，鼓励手工业合作社向半机械化、机械化方向发展，有其必要之处。但从今天看来，有几点未能经得住历史的检验。

第一，没有指出在我国条件下手工业机械化的艰巨性和某些行业长期保留手工业操作的必要性。同时，支持将国营或公私合营企业更新下来的旧机器(大多是“电老虎”、“煤老虎”)廉价卖给手工业合作社使用，也不可取。因为这样做，单从合作社来说，可能提高了劳动生产率，但从全社会来说，却是能源的浪费。第二，认为合作社这种集体所有制形式只能同手工操作相联系，似乎一旦合作社实现了机械化就应当交给国家，成为全民所有，这缺乏科学依据，实际上是把手工业由集体所有制变为全民所有制所需要的条件看得过于简单了，这样做对发展生产和方便人民生活也未必有利。毛主席这段话的核心在“将欲取之”的“取”字，好像我们搞手工业合作化，帮助手工业合作社实现机械化，目的就是为了把它取过来。在毛主席的这段话和少奇同志1955年底说的不要怕背供销包袱的那段话的精神的影响和推动下，手工业在合作化之后，紧接着又出现了一个向全民所有制过渡的新阶段。

就在手工业合作化高潮时，有些地方已出现了向新成立的手工业合作社平调的苗头，挖走合作社中的能工巧匠，某些管理部门把自己归口管理的手工业合作社视为自己的企业。

1957年3月21日到4月25日，中央手工业管理局召开了社会主义改造座谈会。关于向全民所有制过渡问题，会议提出，经省市自治区批准，选个别有条件的手工业合作社进行试点。中央于9月1日批转了这个报告。

1958年3月召开的成都会议，明确提出了中央工业和地方工业同时并举的方针，并要求五年到七年内地方工业产值赶上和超过农业产值。会议通过的《关于发展地方工业问题的意见》中指出:“手工业合作社在条件成熟的时候，可以转为县的手工业联合社经营的合作工厂，取消分红制，改用工资制。”这以后，许多地方出现手工业合作社转厂过渡的热潮。到6月底止，已转厂12500个，职工约80万人。河南省新乡市、广东省佛山市、江苏省淮阴县等，已经基本转完。

1958年7月25日到8月4日，中华全国合作总社召开省市自治区联社主任会议，集中研究了向全民所有制过渡的问题。会议向党中央、毛主席作的报告中认为："我国手工业社会主义改造已经发展到向全民所有制过渡的新阶段"，"党中央在1955年底就已经指出了这个发展方向"。合作经济是"过渡性"的经济，"从个体经济到合作社所有制过渡，再从集体所有制向全民所有制过渡，是社会主义经济发展必然的发展规律"。过渡形式有两种：一是过渡到联社经营的合作工厂；二是直接转变为地方国营工厂。由于联社的财权已经完全归地方党政机关掌握，因此"合作工厂实际上也是全民所有制性质的"。这个报告经中央批发后，全国城乡出现升级过渡高潮。到1959年5月止，全国10万多个手工业合作社(500多万社员)，已经过渡为地方国营工厂的占37.8%，转为合作工厂的占13.6%，转为人民公社工厂的占35.3%，继续保留合作社形式的只占13.3%。

手工业合作社转为地方国营工厂，虽然促进了地方工业产值的增长，有些地方还为后来的"五小工业"(小钢铁、小化肥、小煤窑、小机械等)和乡镇企业打下了基础，但从总体上说，这个过渡是不成功的。它是在一种超越生产力发展水平，以为生产关系越高级就越能促进生产力发展的不正确理论指导下形成的社会变革。它把本来是独立核算、自负盈亏的手工业者或手工业合作组织中的绝大部分纳入吃"大锅饭"、端"铁饭碗"的体系，在经济困难时期，更成为国家的一个包袱。在农村里，手工业合作社的这个过渡后来实际上变成了人民公社化运动的一部分。这一步骤对社会生产力的发展，总地说，没有起到促进作用。

1961年6月19日，党中央发出《关于城乡手工业若干政策问题的规定(试行草案)》(即手工业四十条)，在"调整、巩固、充实、提高"方针指导下，初步总结了手工业社会主义改造的历史经验，着手对从合作化到转厂过渡中一些不妥当的做法进行纠正。《草案》规定："我国手工业，在整个社会主义阶段应该有三种所有制：全民所有制、集体所有制、社会主义经济领导下的个体所有制。在三种形式中，集体所有制是主要的。""集体所有制手工业组织形式，有手工业合作社、手工业合作小组、手工业合作工厂；城市有人民公社的社办工业，分社的工业和手工业；农村有人民公社社办工业、社社联营工业和生产大队、生产队的手工业生产小组。不论采取何种形式，原则上都要实行入社自愿、退社自由、经济发展、自负盈亏，反对不讲经济原则的'吃大锅饭'的做法，反对依赖国家包下来的'铁饭碗'的思想。”据 1962 年 10 月 20 日全国手工业合作总社报告，各地根据 1961 年手工业四十条的规定，初步调整了手工业的所有制关系。到 1962 年 6 月底止，全国参加手工业合作组织的(包括手工业合作社、手工业供销生产社、手工业合作生产小组、合作工厂)有 302 万人；由手工业部门管理和领导的全民所有制企业有 50 万人。此外，有个体手工业者 100 万人。中央在转发这个报告的批语中指出：“原来由集体所有制的手工业合作社转为全民所有制企业，转得不合适的，应当在精简多余人员后，再退回集体所有制手工业合作社。”

(四)用发展的观点看得失

我国广大手工业者在旧社会，除在极小的范围内能够自产自销以外，大多要依靠资本主义企业或中间商人借给资金、供应原料、推销产品。他们中间的多数人生活贫困，疾病伤亡没有保险。他们的生产多数是落后的，时刻面临被淘汰、被资本家吞并的危险，他们中也不可避免地会出现“富一家、倒四邻”的现象。为了保障本行业或行业成员的利益，为着保护自己辛苦学来的手艺不轻易传给别人，在手工业者中间保存着浓厚的封建行会习气，某些地方还有封建行会组织。建国后，党和政府按照社会主义原则对手工业的生产关系进行改造，引导手工业者走合作化的道路，无疑是正确的。国民经济恢复时期，从供销入手，重点试办，由供销合作社取代资本家，去给个体手工业者“发原料，收成品”，有力地医治了他们在战争中受到的创伤，促进了手工业生产的恢复。1953 年以后，提出“积极领导，稳步前进”的方针，发展多种形式的合作，并对手工业的供销关系实行“统筹兼顾，全面安排”，从而使手工业成为大工业的有力助手。这六年改造工作的指导思想基本上是正确的，具体决策基本上也是从手工业实际出发的，因而做出了好的成绩。

1955年冬天开始，手工业改造出现的急于求成，盲目集中，以及后来的向全民所有制过渡，无疑是工作中的一些失误。这些失误，不仅使我们在前进的道路上发生了本来可以避免的某些曲折，贻误了时间，而且长期遗留了一些不利于生产力发展的问题(例如某些特种手工技术失传等)。但是，应当肯定：这些失误或迟或早地作了纠正。在高潮中，正是对盲目集中、统一核算等现象纠正及时，才保障了1956年和1957年手工业生产的持续发展。

认识来源于实践。认识从来就不是直线发展的。通过对正确和错误、成功和失误的反复比较，从而得到正确认识，无疑也是一项重要收获和宝贵财富。十一届三中全会以后，我们党认识到我国现在还处于社会主义初级阶段，提出在坚持以公有制为主体的前提下实行多种经济成分长期并存，使我们对社会主义所有制结构的认识发生了一个飞跃。这一重大认识成果的取得，是同总结包括手工业改造在内的社会主义改造的历史经验分不开的。这个认识的飞跃，也为正确看待我国的手工业问题，奠定了理论基础。因此，我认为，回顾我国加快手工业改造的得失，不能孤立地只看一时一事，要用历史的观点、发展的观点去看，才能看得比较清楚，比较准确。通过回顾和总结，只要我们认真吸取历史教训，沿着党所指引的社会主义初级阶段的基本路线稳步前进，今后不再出现反复折腾、大起大落，这就是最大的“得”。

(五)对三大改造高潮的几点看法

我从本书第15篇开始，分别对个体农业、资本主义工商业和个体手工业改造高潮的形成、发展和问题作了回顾。现在综合起来，对三大改造高潮谈以下几点看法。

1. 过渡时期的总路线要求，在一个相当长的时间内，逐步实现国家的社会主义工业化，并逐步实现对农业、手工业和对资本主义工商业的社会主义改造。“相当长的时间”多长？1953年12月制发的总路线学习和宣传提纲规定，从1953年算起，大约是三个五年计划，即15年左右。1955年夏季以前，生产资料私有制社会主义改造的步伐，基本上是按照这一要求逐步推进的。但是，从1955年夏季开始，以批判“小脚女人走路”为先导，农业社会主义改造一马当先，带动了资本主义工商业和手工业改造高潮，结果，大体只用一年的时间，就完成了本来需要12年左右（从1956年算起）才能完成的任务。在那一年左右的时间里，财经各部门的负责同志，尽管大家都努力工作，紧跟形势，紧跟党中央，然而由于一个高潮接着一个高潮，总有一种跟不上的感觉。由于“要求过急”，“改变过快”，不仅必然带来了“工作过粗”，“形式过于简单划一”，“长时间遗留了一些问题”，而且使农民和手工业者“个体生产的积极性”未能得到充分发挥，资本主义工商业“有利于国计民生的方面”，未能继续加以利用，这对社会生产力的发展未必有利。毛主席曾经指出：土改后，农民的生产积极性，表现在两个方面：一方面是集体生产的积极性，一方面是个体生产的积极性。手工业者的生产积极性，无疑也有这两个方面。到1955年时，农民、手工业者由于土改和民主改革焕发出来的个体生产的积极性，都还远没有发挥出来。今天看来，如果1955、1956年时，对农业、手工业社会主义改造不搞得那么急促，而是进一步发挥两种积极性，以后，随着生产力与生产关系矛盾的发展，逐步推进合作化的进程，那样对生产力的发展可能会更有利些，后来的合作化事业也可能不会出现那么多的曲折。从建国前开始，毛主席对资本主义工商业，就既看到其有利于国计民生的方面，又充分估计其不利于国计民生的方面，党的利用、限制、改造政策就是建立在这种科学分析基础之上的。经过“五反”，对“五毒”行为的打击，为进一步利用其有利于国计民生方面提供了条件。今天看来，对其有利于国计民生方面多利用几年是否会更好些？也是值得我们研究的。

2. 在社会主义改造问题上，我们党是注意从我国实际情况出发的。对资本主义工商业，我们不是把资本家赶走，而是采用委托加工、计划订货、统购包销、委托经销代销、单个企业公私合营、全行业公私合营等一系列从初级到高级的国家资本主义形式，最后实现马克思和列宁曾经设想过的对资产阶级的和平赎买。对个体农业，创造了从临时互助组和常年互助组，发展到半社会主义性质的初级农业生产合作社，再发展到社会主义性质的高级农业生产合作社的过渡形式。对手工业的改造，则是从供销入手，多种形式，稳步前进。这些大都是我们自己的创造，来源于我们自己的实践，自己的国情。然而，对国情的认识，是一个长期的、不断发展的过程。1955 年时，我们对我国生产力落后虽有一定认识，但是，认识还不深刻，以致在社会主义改造高潮中，提出了一些离开生产力的实际状况而谈生产关系的先进性的要求。从社会主义改造高潮到人民公社化，从反右派斗争扩大化到“文化大革命”，经过长时间的曲折，我们才懂得，我国现在还处于社会主义初级阶段，需要在坚持公有制为主体的前提下发展多种经济成分。十一届三中全会以后，包括发展多种经济成分在内的一系列改革开放的政策的提出，标志着我们党对我国国情的认识又深化了一大步。

3. 50 年代我们对社会主义经济的认识，只认识到社会主义经济是计划经济，而计划经济的标志就是国家直接下达指令性指标；商品经济被认为是与社会主义经济不相容的东西。正是基于这样的认识，我们在发动三大改造高潮的时候，批判“四大自由”(实即批判商品经济)，并认为连“小自由”都要搞掉；在社会主义改造完成以后，就建立了一套实际上是严格限制价值规律发生作用的高度集中的经济体制。当时对社会主义经济作这样简单的理解是不奇怪的。因为当时我们看到的社会主义经济的唯一榜样(苏联模式)就是这样。马克思主义的书本也是这样写的。在马克思、恩格斯著作里，商品经济被认为是同私有制一道存在的。他们设想，一旦消灭私有制，商品生产也将消亡，个人劳动将直接成为社会总劳动的一部分，每个经济单位和劳动者都接受社会统一计划的直接支配，无须著名的“价值”插手其间。列宁早期完全接受马克思、恩格斯的设想，认为“社会主义就是消灭商品经济……只要仍然有交换，那谈什么社会主义是可笑的”(《列宁全集》第 1 版，第 15 卷，第 112 页)。他想象中的社会主义，就是一个大“辛迪加”(联合公司)，全体居民都是这个“辛迪加”的雇员(《列宁全集》第 1 版，第 25 卷，第 456 页)，因此无需商品交换。

1921年开始，实行新经济政策，恢复和发展“商品流转”，也不意味着他改变了“社会主义就是消灭商品经济”的观点，因为他并不认为新经济政策是社会主义政策，而认为是向资本主义的“暂时退却”。斯大林早年也认为“实现社会主义就要消灭商品生产，就要废除货币经济”(《斯大林全集》第1卷，第199页)。经过长时间的挫折和探索，直到1951年他才承认：消费品是商品，买卖和交换是集体农庄唯一能够接受的与城市进行经济联系的形式。斯大林的《苏联社会主义经济问题》一书，我们当时认为是社会主义经济理论的最新成果。因此，在社会主义改造高潮中，我们受到苏联那套高度集中的经济体制模式的很大影响，是顺理成章的，是很难避免的。我们所以发动社会主义改造高潮，重要目的之一，就是想要以最快的速度把全部农业、全部手工业、全部工商业都纳入直接的计划经济轨道。三大改造完成以后，发觉统得太死，不行，着手改进体制。可惜，被反右派斗争打断了。到1958年，曾一度提出过是否消灭商品生产的问题。经过严重的挫折和长期的反复思考、探索，直到1984年的十二届三中全会通过《中共中央关于经济体制改革的决定》，才认识到社会主义经济是有计划的商品经济，不能把商品经济和社会主义割裂开来，从而使我们对社会主义经济及其管理体制的认识发生了重大的飞跃。

4. 回顾这段历史，我们看到，三大改造高潮的发动，由于认识上的问题，有其难以避免的原因。三大改造要求过急，虽带来了这样那样的缺点，但是在短时间内，进行如此巨大的社会变革，没有引起大的社会动荡。我国的工农业生产当时没有受到大妨碍，而且得到发展，不像别的国家那样，一场农业集体化，要连续减产许多年。这确实是一个奇迹。这说明在这个历史阶段中，党中央和毛主席作出的“一化”、“三改”的决策是正确的，取得的胜利是辉煌的。党在群众中有着崇高的威望，党指引的社会主义方向代表了广大人民群众的根本利益，党的思想政治工作发挥了强大的威力。三大改造高潮中发生的一些失误，虽然带来了一定的损失，但毕竟是次要的，它同这场伟大的社会变革所取得的伟大历史功绩——在中国确立了崭新的社会主义经济制度，开创了中国人民全面建设社会主义的新时代，是绝不能相提并论的。而且经过对正反两方面经验的总结，使我们在十一届三中全会以后找到了建设有中国特色的社会主义的正确道路，这也是重要的收获。因此，用历史的观点、发展的观点看得失，不仅适用于手工业改造高潮，而且也适用于整个社会主义改造高潮，适用于整个社会主义改造全过程。那种由于今天实行改革开放，发展多种经济成分，发展商品经济，就否定历史，否定当年社会主义改造的必要性的观点，是没有根据的、站不住脚的。

十九 《论十大关系》形成前后的调查和探索

1956年初，毛主席刚从杭州归来，我去向他汇报工作，偶然谈到，现在少奇同志正在听取一些部委的汇报。没想到，毛主席对这件事很感兴趣，对我说："这很好，我也想听听。你能不能替我也组织一些部门汇报?"我当然乐于承担。没有多久，汇报就开始了。这个前后历时两个多月的、总共有34个部委的汇报，是毛主席在我国社会主义改造处于高潮，第一个五年计划进入第四个年头时的一次重要的调查和探索，直接为他提出和论述十大关系问题提供了主要的资料。

(一)调查和探索的目的

从1955年12月开始的一段时间内，毛主席和少奇同志等中央领导人在处理繁忙的日常国务之余，抽出大量的时间，从事调查研究和听取汇报的活动。34个部委汇报是其中最重要的一次。

首先是少奇同志听取各部委的汇报。1955年12月5日中央召开的座谈会上，少奇同志在传达了毛主席关于批判"右倾保守"思想的指示精神之后，宣布："为起草中央向八大的报告，我准备在最近找各部门的同志个别谈话，请各部同志预作准备。"这个谈话从12月7日开始，到1956年3月8日告一段落(5月以后，少奇同志又约新华社、高级党校和检察院等单位谈话)。据中央办公厅秘书局当时逐日编出的《中央大事记》载，前一段共约谈了32个部委(包括国务院直属局)。日程是：1955年12月7日国家建委、城建局，8日和10日一机部、二机部、三机部,9日中央农村工作部,12日煤炭工业部,13日煤炭工业部、电力工业部,14日地质部、石油部,15日建工部,16日重工业部,22日计委,27日地方工业部,28日纺织工业部,29日轻工业部,30日手工业管理局,31日财政部,1956年1月2日粮食部,3日商业部,5日外贸部,6日农产品采购部、人民银行,7日劳动部、全国总工会,26、27日计委,2月16日铁道部,17日交通部,18日邮电部,21日民航局,3月5日高教部,6日教育部,7日卫生部,8日文化部。

其次是毛主席外出调查。1955年12月21日到1956年1月12日,毛主席乘火车由京汉、粤汉线南下杭州,又经沪杭、沪宁、津浦线回京。除在杭州修改《高潮》一书的序言外,从保定、邢台开始,就找沿途地方干部谈话,做了一路的调查工作。

接下来才是毛主席听取34个部委的汇报。这个汇报按“口”的顺序进行。每个“口”先由国务院主管办公室作综合汇报,然后才由各部汇报。从我们重工业“口”开始。具体日程是:2月14日国务院第三办公室(主管重工业),15日电力工业部,16日石油工业部,17日一机部、二机部、三机部,19日建委,20日建工部,21日二机部、城建局,22日二机部,25日重工业部,26日石油工业部,27日地质部,29日煤炭工业部;3月1日国务院第四办公室(主管轻工业)、纺织工业部,2日地方工业部,3日轻工业部,4日手工业管理局;5日国务院第六办公室(主管交通、邮电),6日铁道部,8日交通部,9日邮电部、民航局;13日国务院第七办公室(主管农林水利),15日农业部,16日水利部,17日林业部、气象局;19日国务院第五办公室(主管财政贸易),26日商业部,27日外贸部,4月8日农产品采购部,9日财政部,10日人民银行;18、19、20、21、22日计委。《大事记》中没有劳动部汇报的记载。劳动部于7月7日向毛主席作了书面汇报。按照这个记载,34个部委,指的是29个部委行局加国务院主管经济工作的五个办公室。这个汇报同少奇同志听取的汇报不同的是:只限于政府财经各部委办局,不包括政府文教口各部和中直机关(文化部、高教部、教育部、卫生部、中国科学院、新华社、广播事业管理局于3月7日到10日,向中央报送了详细的书面汇报提纲)。听取汇报的,除毛主席外，有时有周总理（参加次数较多）和陈云、小平同志以及书记处其他同志。国务院三办和建委的汇报，以我为主，各位副主任作补充。我作为汇报者，也作为这个汇报的具体组织者，共参加过二十几次。重工业口各部、轻工业口各部、交通口各部的汇报我都参加了。

再接下去是各省市自治区党委汇报。3 月中旬，正在 34 个部委紧张汇报期间，中央办公厅主任杨尚昆同志邀集李富春、李先念、贾拓夫、王首道同志和我开会，传达毛主席指示：准备组织各省市自治区党委汇报，要我们分别拟出工业、交通、农林水、财金贸等各方面的汇报参考提纲。工交方面的汇报提纲是由国务院三办、四办、六办（这三个单位于 5 月 2 日后合并为经委）共同拟定的。各方面的提纲拟好并由计委汇总后，3 月 30 日毛主席亲自起草中央通知，发给中共中央上海局和各省市自治区党委，请他们立即着手准备材料，等候中央通知，按指定时间来京汇报。这个汇报于 4 月下旬开始。到 5 月 2 日毛主席在最高国务会议谈十大关系时，已邀湖北、广东两省委和武汉、广州两市委开了四天的汇报会；在这前后，中央还收到广东、河北、湖北、湖南、江西、广西、四川、贵州等省委、天津市委和一些省辖市委给毛主席的书面汇报材料。

34 个部委汇报开始不久，李富春同志向毛主席建议，通知工交部门约 200 到 300 个重要工厂、建设工地也向党中央、毛主席写一书面汇报。毛主席采纳了这个建议。不久，几百个工厂和工地的书面汇报，也雪片似地飞向中南海。

在听汇报的那些日子里，毛主席十分疲劳。有次听完汇报，他带着疲乏的神情，说他现在每天是“床上地下、地下床上”，起床就听汇报，穿插着处理日常工作，听完汇报就上床休息。情况确实是这样。现举 2 月 15 日这一天为例。这天早晨 9 时 40 分开始，刘澜波同志向他汇报电力工业部的工作，13 时左右结束；17 时 20 分，毛主席去勤政殿，会见以西哈努克为首的柬埔寨王国政府代表团；19 时 10 分，会见结束，回到颐年堂，继续听汇报，一直到 22 时 10 分才结束。听汇报劳累，除了时间紧凑，“连续作战”以外，还因为我们一些经济部门整理的汇报材料很不理想，只有干巴巴的条条或数字，没有事例，使他听起来非常吃力。有一次，听一位部长同志汇报，他紧皱眉头，忽而抬起头来说，听这样的汇报，“是使我强迫受训，比坐牢还厉害。坐牢脑子还有自由，现在脑子也不自由，受你们指挥”。“你们这些条条，一定是从许多具体材料中得出来的，应把具体问题写清楚”。“要请我的客，又不给我肉吃，是不是自己要留一手！”“半个月来的汇报，都存在这个问题”。这是继《高潮》按语之后，对我们经济部门的文风又一次尖锐的批评。

我在本书第16篇中说过，毛主席把编辑《中国农村的社会主义高潮》一书和听取34个部委汇报，看成是他建国后的两次调查。两次调查仅隔一个多月的时间。进行前一项调查已经艰苦备尝。为什么事隔一个多月之后，又要花大力气，专心致志地进行这么一项大规模的“汇报工程”？对于这个问题，毛主席《论十大关系》本身和后来有关的讲话，已有明确的说明。《论十大关系》讲话，一开头就说：“提出这十个问题，都是围绕着一个基本方针，就是要把国内外一切积极因素调动起来，为社会主义事业服务。”“特别值得注意的是，最近苏联方面暴露了他们在建设社会主义过程中的一些缺点和错误，他们走过的弯路，你还想走？过去我们就是鉴于他们的经验教训，少走了一些弯路，现在当然更要引以为戒。”(《毛泽东著作选读》下册，第720、721页)1958年3月10日在成都会议上讲：1956年4月提出十大关系，开始提出自己的建设路线，原则和苏联相同，但方法有所不同，有我们自己的一套内容。1958年5月18日在八大二次会议各代表团团长会议上讲：十大关系的基本观点就是同苏联作比较。除了苏联办法以外，是否可以找到别的办法比苏联、东欧各国搞得更快更好。1960年6月18日在《十年总结》中进一步说：前八年照抄外国的经验。从1956年提出十大关系起，开始找到自己的一条适合中国的路线，开始反映中国客观经济规律。这些论述告诉我们，调动一切积极因素，为社会主义建设服务；以苏为鉴，总结自己的经验，探索适合中国情况的社会主义建设道路，这是《论十大关系》的基本指导思想，也是听取34个部委和地方党委汇报的目的。

从1953年开始，在苏联帮助下，我国开展了大规模的经济建设，成绩卓著，举世瞩目。但是，同社会主义改造比较起来，在建设方面我们自己的创造比较少，农业方面、商业方面比较好一点，工业（特别是重工业）、计划管理、金融、统计等方面，基本是照搬苏联的。这在当时是不可避免的。因为我们没有管理现代经济的经验，知识不足，经济技术落后，以美国为首的资本主义国家又对我国进行了全面封锁和禁运。而苏联有了近20年管理社会主义经济的经验，他们的经济和技术，相对来说已达到了较高的水平。那时苏联帮助我们也确实是真诚的，例如：他们把全苏计划和管理机构动员起来，帮助我们搞出了一个有计划（按比例）建设的轮廓，又承担了第一个五年计划中156项骨干工程的设计、设备供应和技术指导的任务。可是，从斯大林逝世以后，苏联发生的事情，包括贝利亚被揭露，一批重要的冤案假案被平反，对农业的加强，围绕以重工业为中心的方针发生的争论，对南斯拉夫态度的转变，斯大林物色的接班人很快被替换等，已使我党中央陆续觉察到斯大林和苏联经验中存在的一些问题。在我的记忆里，毛主席是在1955年底就提出了"以苏为鉴"的问题。到那时，我们在经济建设方面，已积累了一些经验；同时，也陆续发现苏联的某些经验并不适合我国国情。因此，同社会主义改造一样，能否从我国国情出发，总结自己的经验，探索一条适合中国情况的社会主义建设道路，就是关系中国社会主义建设能否顺利进行、少走弯路的一个大问题。

34个部委汇报同苏共二十大，碰巧都是2月14日开始的。赫鲁晓夫关于斯大林问题的报告，是二十大闭幕的前一天即2月24日深夜作的。当时他们严格保密，会后才通报我代表团。随后，又派米高扬乘专机送来报告文本。在得知苏共二十大批判斯大林消息后，我党中央除召开了政治局扩大会议，专门作了讨论外，汇报中同斯大林和苏联经验相关联的事也多了起来，"以苏联为鉴戒"的思想更加明确了。

（二）汇报中提出的主要问题

经济部门向少奇同志的汇报和34个部委向毛主席的汇报，内容大致相同。提出的问题，除了大量是各部门主管范围内的业务问题外，带全局性的主要是以下几个：

一是关于产业结构问题，主要是农业、轻工业和重工业的比例关系问题。

从1949年到1955年，我国农业、轻工业、重工业全面增长，但增长速度重工业最为突出。如以1949年总产值为100，则1955年农业、轻工业、重工业的产值指数分别为170.2、310.7、540.5。国家的全部基本建设投资中，用于农业方面投资的比例，1952年为14.8%，1953年为9.8%，1954年为4.5%，1955年为6.7%；用于轻工业方面的比例，1952年为9.1%，1953年为6.2%，1954年为7.4%，1955年为5.2%；用于重工业方面的比例，1952年为34.3%，1953年为38.8%，1954年为42.4%，1955年为47.3%。国家计委在汇报中反映，苏联在"一五"期间，重工业与轻工业投资比例为9∶1。我国"一五"计划规定为8∶1(即以全部工业投资为100，重工业占88.8%，轻工业占11.2%)，预计可能降为7∶1。5年内计划兴建的限额以上工业项目694个，其中轻工业项目65个。但各部在编制第二个五年计划中，工业投资要求过大，进一步挤农业投资；在工业投资中，重工业各部的胃口尤大，又挤轻工业。按照各部编制的"二五"计划草案汇总，工业全部投资中，重工业投资占91.5%，轻工业投资只占8.5%，重工业与轻工业的投资比例，将扩大到11∶1。计委认为在解放前，我国现代工业在国民经济中只占很少比重，重工业的基础则更加薄弱。因此，当时工业建设坚持以重工业为中心是正确的。重工业薄弱，要很快赶上去，但过分突出，脱离合理的比例关系，会产生不良影响。对此，东欧一些国家已有这方面的教训，例如匈牙利"一五"期间，重工业与轻工业投资比例为10∶1，结果不得不中途改变计划。捷克斯洛伐克原计划1953年的平均工资比1948年提高35%，后因为重工业过重，1953年的实际工资水平反而比1948年还低。

轻工业部和纺织工业部在汇报中，详细介绍了轻纺工业过去几年为国家提供积累做出的贡献。1955年全国烟、酒、盐、糖四项产品的税收(不含专卖利润)19.1亿元(新币，下同)，占全国工商税和盐税总额的20.5%，如加上其他轻工产品，则占四分之一。国家每年从轻工业部门取得收入同新建厂的投资比较，卷烟厂为4.4倍，酒精厂为4.1倍，白酒厂2.6倍，糖厂1.2—1.5倍，药厂1—2倍，肥皂厂1倍多。轻工业部门基建投资与工业利润的比例，1953年为1∶1.9，1954年为1∶2.1，1955年为1∶3.1。纺织工业部汇报中提到，新建一座毛纺厂（粗纺机1万锭，年产600万米毛织品），总投资约2070万元，正常投产后，一年的时间，即可为国家积累资金4600万元，为投资的2.2倍。新建一座年产600万匹的印染厂，总投资约3200万元，正常投产后，每年可为国家积累资金3800万元，不到一年的时间即可收回全部投资。轻纺工业遇到的问题是：投资少，现有企业设备陈旧，潜力不能发挥，产品数量、质量和花色品种远不能满足市场需要。轻工业部门所需要的设备，有一部分机械工业部门不能供应，所需要的农产原料，农业部门不能如数供应，质量也低。汇报中发现，对于以重工业为中心的思想，大家是很明确的。而对加快轻纺工业的发展，则因为受苏联模式的影响，就连轻纺工业和地方工业部门的同志也顾虑多端。

二是生产力的布局问题，主要是沿海工业和内地工业的关系问题。

计委在汇报中提出，在工业布局问题上，除了要考虑资源、市场和交通运输等条件外，还要考虑沿海与内地的关系。所谓沿海，指的是长春以南，京汉、粤汉线以东，包括广东全省（后来根据毛主席意见又增加广西）和北京至郑州一段铁路沿线的各城市。据1952年统计，我国沿海各省市工业的产值，大体占全国工业总产值的70%左右，内地占30%左右。钢铁工业有80%分布在沿海，特别集中的是辽宁的鞍山。而铁矿资源非常丰富的内蒙古、西南、西北和华中，当时钢铁工业的基础则很薄弱。我国纺织工业有80%的纱锭和90%的布机分布在沿海，其中主要部分又集中在上海、天津、青岛等少数几个工业城市及其附近，而在各主要产棉区，近代化的纺织工业很少。这种不合理的工业布局，是旧中国半封建半殖民地性质的反映。从合理布局和国防安全出发，当时对沿海搞新的基本建设是控制较严的，要求新建项目主要放在内地。第一个五年重点是进行华北、西北、华中等新工业区建设，当时的设想是，争取第二个五年在这些地区分别形成以包钢和武钢为中心的两个工业基地，所以“一五”期间开始建设的694个限额以上工业建设项目中，绝大部分分布在内地，仅有较小的部分分布在沿海。应该说，这样布局是符合我国当时条件的。

各部委和地方党委的同志汇报的材料说明：沿海工业在建国头几年，对于推进全国工业建设和整个国民经济的发展，发挥了极为重大的作用。据统计，从解放到1955年底，上海市实现的利润占第一个五年全国基本建设投资总额的20.9%，天津市实现的利润如果用来搞工业建设，可以兴建10万纱锭的纺织厂36个或年产25000吨糖的甜菜糖厂72个。当时国内供应的设备、材料和绝大部分轻工业品都是沿海生产的。鞍钢1955年生产的钢材，就供应了全国2000多个生产、建设单位。他们试制成功的370多种新产品，就有力地加快了包钢、武钢、“一汽”、“洛拖”等重点工程建设的进度。那时，全国销售的纱布、卷烟有三分之一是上海生产的，日用工业品甚至有60%是上海生产的。沿海省市还向内地输送了大量技术员和技术工人。很明显，不积极利用和发展沿海工业，就不可能较大规模地发展内地工业。计委在汇报中提出，沿海多数省市工业基础比较好，1951年到1953年发展比较顺利，1954年后困难比较多，原因是为国防安全考虑，沿海不建新厂，限制了一些发展。轻工业部在汇报中提出：扩建、改建现有企业，比新建企业投资节省25%—50%，这是充分利用当地资源、发挥现有企业潜力，提高劳动生产率、降低产品成本的正确途径，但由于轻工业企业多在沿海，为国防安全起见，不敢作重大扩建。

三是国防工业建设的规模和速度问题，从经济上看实际上是更深层次的产业结构问题，即重工业内部的国防工业与民用工业的关系问题。

由于当时国际上资本主义与社会主义两大阵营的严重对峙，1954、1955年又加台湾海峡局势紧张，1956年初，我国在酝酿编制第二个五年计划和15年长远规划中，曾经有过一种设想：我国国防工业建设的目标，要求在1961年达到满足战时最大需要量。按照这个设想，在1956到1959年的四年中，每年必须建50个大型国防工业工厂。显然这是不可能的。后经计委与有关部门商量，达到最大需要量的时间推迟到1964年，满足最大需要量的产品，30％靠战时动员民用工业部门生产，70％靠国防工业生产。这样安排，仍然非常紧张。由于进度安排快，高峰期集中，投资、材料、设备、技术力量远不能满足需要。国防工业的加快，又影响到电站、钢铁、化工、石油、民用机械等的建设也跟着加快，甚至连轻工业部门的酒精、橡胶、甘油等的生产也得加快，从而导致整个工业部门全面紧张。计委在汇报中，将这个问题提请毛主席考虑。计委认为，我们既要考虑需要，又要考虑可能，使人力、物力、财力与建设规模相适应，民用工业建设是这样，国防工业建设也应该是这样。国防工业建设规模过大，要求过急，引起整个工业建设全面紧张，这是34个部委汇报中提出的最尖锐的一个问题。

四是经济体制问题，主要是国家、集体、个人的权利、责任、利益分配问题。

国务院五办在汇报中，从企业财务管理的角度，提出了企业自主权问题。汇报说，现在国家对企业实行统收统支办法，企业收入全部上交财政，支出全部由财政拨款。企业收入多少，能否完成，同自己本身的支出没有关系。这种办法对于促进企业从物质利益上关心自己的收入，更好地发挥企业增收节支的积极性，有一定的限制作用。例如在基本建设中，各项拨款都是专款专用，实际工作中，有的项目钱不够用，有的多余，有些临时性的开支需要解决，但企业无权调剂，需要经上级批准，结果是有些该办的事不能及时办，使钱花不出去。当时制度规定：国营企业的厂长、经理，视企业规模大小和性质不同，只有开支200元到500元（新币）的机动权，公私合营企业更少。超出规定数字的就要报批；价值在200元以上的购置，都算固定资产，列入基本建设。这既妨碍生产，限制企业的积极性，又容易助长上级机关的官僚主义。各省市和重点企业在口头与书面汇报中，对这个问题讲得比较多。

国务院七办在汇报中，提出了农业生产合作社自身的积累和提醒各行各业爱惜民力的问题。汇报说，农业生产合作社刚刚成立，就出现了一种苗头，上级部门要求农业社举办各种非生产事业。有的地方要求农业社办的事多达几十种，但是，上级又不给钱，统统要求农业社在社内劳动记工。这种不惜民力，妨碍农业社自身积累的苗头，十分值得警惕。

计委、劳动部和一些专业部在汇报中提出了职工工资问题。据劳动部统计，1955年同1952年比较，工业劳动生产率提高41.8%，职工平均货币工资提高14.7%，生活费指数提高7.3%，实际工资水平提高6.9%，远远落后于劳动生产率增长的幅度。轻工、纺织这两个为国家提供积累较多的部门，职工实际工资反而下降。劳动部负责同志在汇报中检查，他们平时在思想上只重视劳动生产率，而没有足够重视改善职工生活和提高工资问题；工资工作中限制性的措施多，鼓励性的措施少；只注意名义工资，不注意实际工资。北京市石景山钢铁厂党委向毛主席写的书面汇报提到，石钢这座建于1920年的老厂，在1948年12月解放时，衰微破败。建国后，在苏联专家帮助下，更新设备，生产飞速发展，1952年的生铁产量即比1949年增长12.1倍。但职工生活改善的程度却不大。据1956年初调查，全厂约有13%的职工家庭人均月收入不足8元，29%的职工人均在8元到10元之间。不少家庭粗粮、咸菜都不能吃饱。住房更是困难。工人批评领导“只关心炉况，不关心人况”。

国务院五办的汇报，还谈到农民生活情况。汇报说，几年来，农民负担不重。农业税及其附加占农民收入的比例，1952年13.2%，1953年12.12%，1954年12.96%，1955年11.53%。扣除农业税及其附加，再扣除农民缴纳的其他税费(屠宰税、牲畜交易税、公债、保险费等)，农民人均纯收入，1952年70元，1955年82元。据典型调查，1955年同1950年比较，工农业产品交换价格剪刀差约缩小18%。由于土改，免除了约占农产品总产量25%左右的地租负担，还由于减少了高利贷、牙纪、关卡剥削和商人的盘剥，解放后农民所得的实惠是不能用工农业产品比价差额来衡量的。这是34个部委汇报中，唯一的一段讲农民生活的材料。

五是关于国家对经济和其他事业的管理体制问题，主要是中央和地方的关系问题。

计委和五办在汇报中都提出了这个问题。

计委汇报说，现在各省市自治区普遍要求多办工厂。上海、天津要求发展较高级的产品，两广要求发展糖和纸，四川要求办甘蔗糖厂，云南、贵州要求发展食品工业、亚热带作物加工厂，另一些边远地区要求办畜牧产品加工厂。地方不但有兴趣搞轻工业，而且也有兴趣搞重工业，如小煤矿、小电站、小化肥厂、生产和修理农具的小机械厂等。但他们有两个顾虑：一怕中央不准他们搞；二怕等工厂搞得像样子后，被中央收走。今后轻工业发展规模很大，想由中央三、两个部包办，无论如何是包不下来的，因此要发挥各方面的积极性：既要发挥中央部门的积极性，也要发挥地方的积极性；既要发挥内地各省自治区的积极性，也要发挥沿海各省市的积极性；既要发挥先进地区的积极性，也要发挥后进地区的积极性。

五办汇报说，现在财政部每年下达预算指标，中央各主管部也下达自己的指标和要求。收支科目列得很细。虽允许地方作“类与类”、“款与款”之间的调剂，但调进者举手欢迎，调出者多方抵制，最后还得请示各自的上级。地方调剂权事实上是很有限的。现在省一级的财政收入只有三项：5%的农业税附加、3%的总预备费、自筹部分资金。三项收入数额都不大。省级财权除了这三项外，与中央级的预算单位没有什么区别。县和乡更没有什么财权。这就形成县要钱向省要，省要钱向中央要。因此，地方同志说，现在名义上是四级（中央、省、县、乡）财政，实际上是一级半，只有中央一级是完整的，省财政只是半级财政。这对调动地方组织财政收入的积极性是很不利的。1953年全国财经会议提出地方结余不上缴，这有利于鼓励地方增收节支，多办一些事情。但由于地方实际上很难于行使调剂权，遇到调剂项目时，就请示中央主管部，等主管部答复下来时，时间已晚，该花的钱年内已花不出去了，只好作为年终结余，上缴中央，中央就将这笔结余列入下年度预算，抵充下年度的拨款。从1953年以来，年终结余越滚越大，到1955年累计已达30亿元。这同地方实际上没有调剂权有很大的关系。这种体制不仅限制了地方增收节支的积极性，而且也意味着许多该办的事没有办。总之，中央财政部和各主管部门对地方国民经济计划、事业指标和财政收支，管得过多、过细、过分集中，束缚了地方的积极性。中国这么大，可以组织的收入很多，注意发挥地方的积极性，收入还可增加。

省市委的口头汇报和书面汇报，对束缚地方积极性的一些制度反映强烈，并从人、财、物各方面列举了大量的事例。例如，天津市委在汇报中说，中央一些主管部管干部，一直管到车间一级。1954年，天津市教育部门发挥积极性，多招收了一些适龄小学生，中央主管部不同意，经市委一再交涉，主管部才认账。商业部对商品价格的管理，原规定部管51种，总公司管208种，实际上总公司管了509种，把本应由地方管理的300来种商品也管了起来，使地方无法进行工贸平衡。

1958年3月10日，毛主席在成都会议上说："十大关系中，工业和农业，沿海和内地，中央和地方，国家、集体和个人，国防建设和经济建设，这五条是主要的。"这五大关系的基本资料主要是34个部委汇报提供的。

除上述五个问题外，汇报中提出的其他问题，比较集中的是今后要不要学苏联和怎样学的问题。

(三)从听汇报到论十大关系

少奇同志在听取汇报时，就提出过：要重视发展轻工业和农业，重视发挥沿海工业的潜力，重视发挥地方的积极性，重视发挥技术人员的作用，学习苏联应该有所学有所不学等观点。这些观点对后来毛主席概括十大关系提供了重要的参考。

毛主席2月14日听我汇报国务院三办工作(即34个部委汇报的第一场)时有一段开场白，讲的是发挥地方积极性问题。他说："我去年出去了几趟，跟地方同志谈话，他们流露不满，总觉得中央束缚了他们。地方同中央有矛盾，若干事情不放手让他们管。他们是块块，你们是条条，你们无数条条往下达，而且规格不一，也不通知他们；他们的若干要求，你们也不批准，约束了他们。曾希圣意见最多，对商业部很有意见，对不批准他们办肥料厂很有意见。看来是要有点约束，否则岂不是无政府状态？你们条条住在各地的机构，有没有不接受他们监督的地方？”“你们大家都来自地方，到中央就讲中央的话了。讲也要讲，但要让他们监督。”听各部委汇报时，毛主席有许多生动的插话。这些讲话、插话无疑是他后来构思十大关系的思想火花。

例如，关于重视发展轻工业和沿海工业的问题，他在听取轻工业部和纺织工业部汇报时，就明确指出：“你们野心不大，斗争性不强”，“王道太多，霸道太少，像小媳妇不敢斗争”。“重工业部门都积极抓，你们也要积极搞。你们有理由，要有些霸道”。在谈到机械工业部门不能满足轻工业部门对机械的需要时，毛主席说：“凡是重工业部门不干的，你们自己干。你们干起来，将来交出去也好。”在谈到农业部门供应的烟叶等原料质量下降时，说：“你们心平气和，程朱哲学，没有气，没有长角，不敢斗争。农产品质量下降，要向农业部门作斗争。”在汇报到由于考虑国防安全的缘故对沿海工业要采取限制发展方针时，毛主席说：“沿海地区要充分合理发展，不能限制。”“有的同志好像战争就要来的样子，准备着架子在等待战争，因此要限制沿海，这样不妥。轻工业百分之七十在沿海，不积极利用，还靠什么来提高生产？”“上海地区不作大的扩建，还值得考虑。上海赚钱，内地建厂，这有什么不好？这和新建厂放在内地的根本方针，并不矛盾。”

又例如，关于学习外国问题，毛主席在听取重工业口各部汇报时就指出：一切国家的先进经验都要学。要派人到资本主义国家去学技术，不论英国、法国、瑞士、挪威，只要他要我们的学生，我们就去嘛！学习苏联也不要迷信。对的就学，不对的就不学。苏联内务部不受党领导，军队和企业实行“一长制”，我们就不学。“一长制”这个名词有些独裁。过去苏联有电影部，没有文化部，只有文化局；

我们相反，有文化部，没有电影部，只有电影局。有人就说我们同苏联不一样，犯了原则错误。后来，苏联也改了，改成跟我们一样：设文化部、电影局，取消电影部。苏联原来男女分校，讲起利益之多，不得了，可是现在又要男女同校。所以学习苏联也得具体分析。我们搞土改和工商业改造，就不学苏联那一套。陈云同志管财经工作，苏联的有些东西，他也不学。总之，“要打破迷信，不管中国迷信还是外国迷信。我们的后代也要打破对我们的迷信”。

34个部委汇报结束后，政治局开过几次会，进行讨论归纳。由于部署我国的社会主义建设与国际形势紧密相关，考虑国防建设与经济建设的关系、沿海工业与内地工业的关系等问题，直接涉及对未来战争爆发可能性的估计，因此政治局会议的讨论，除了概括出十大关系之外，中心是分析国际形势，估量战争爆发的可能性问题。有两大国际会议是很有影响的。一是1955年4月间在印尼万隆举行的亚非会议，提出了促进世界和平与合作的十项原则；二是1954年4月到7月举行的日内瓦会议，实现了印度支那停战。由于两个会议的成功，世界和平与合作力量的影响逐步增强，使帝国主义不敢轻易动武。到1955年底和1956年初，我党中央逐渐感到国际形势趋向缓和。政治局会议认为，新的侵华战争或世界大战短时间内打不起来，可能出现10年或者更多一点和平时期。据周总理1956年11月10日在八届二中全会报告中传达，基于这种分析，“毛泽东同志在政治局会议上提出，现在把国防工业步子放慢，重点把冶金工业、机械工业和化学工业加强，把底子打好；另一方面，把原子弹、导弹、遥控装置、远程飞机搞起来，其他的可以少搞”。（《周恩来选集》下卷，第236页）

建国后第一个五年军事费用支出占国家预算支出的24%，政治局会议设想第二个五年减到20%以下，15%的样子，以便腾出更多的资金用于经济建设。政治局会议决定，把国防工业发展步伐放慢，各类经济比例就比较好安排了。这是安排十大关系，尤其是前五大经济关系的重要一环。

4月25日到28日，政治局召开扩大会议，毛主席于25日第一次讲《论十大关系》，他讲后，连续讨论了三天。

5月2日，毛主席召开最高国务会议，上午，第二次讲《论十大关系》，下午讨论。讨论结束时，他作了结论。

两次讲十大关系的记录，10个小标题相同，但内容有所不同。4月25日的讲话，批评斯大林内容多些，5月2日的讲话，理论分析多些，补充了政治局扩大会议三天讨论和四天省市委书记汇报时提出的一些意见。

1965年12月27日，根据少奇同志建议，并经毛主席同意，中央将《论十大关系》作为党内文件印发给县、团以上党委学习。这次印发稿，以4月25日讲话为基础，吸收了5月2日讲话中的部分内容。整理时，有关对苏联和东欧国家在处理农轻重关系和民族关系的批评，对斯大林的批评，以及过高估计战争危险，忽视发展沿海工业，某些方面照搬苏联的缺点错误等内容，都没有收进去。

1975年，小平同志在主持中央日常工作期间向毛主席建议，重新整理《论十大关系》讲话。重新整理稿于7月13日由小平同志送毛主席。毛主席批示："同意。可以印发政治局同志阅。暂不要公开，可以印发全党讨论，不登报，将来出版选集时再公开。"

这次对讲话的重新整理工作，是在胡乔木同志主持下完成的。这个整理稿忠实地体现了原讲话中"以苏联为鉴戒，总结我国已有经验"的主要精神，恢复了1965年整理稿中许多没有收进去的内容，文字也作了不少加工。但由于考虑到当时国内外形势，还是有些具体内容没有收进去。现在，我根据两次（主要是第一次）讲话的记录，就以苏为鉴戒和有关国际形势问题所讲的内容，作些补述。

谈到沿海工业与内地工业关系问题时，毛主席说："不用说有了十年、十二年，我们应当办好沿海的工厂，就算只有八年、七年、六年，甚至只要有五年时间，我们也应当在沿海好好地办四年的工业。办了四年以后，等到第五年打起来了再搬家，也是完全合算的。"在批评有些同志不敢在沿海搞工业建设时还说："好像原子弹已经在三千公尺上空了"，"不要说三千公尺的上空没有原子弹，就是一万公尺的上空也没有原子弹"。

谈到经济建设与国防建设的关系时，毛主席说："现在全世界都在谈论减少军事经费、发展和平经济问题，英国、法国谈得最多，美国有时候也被迫地谈一下。现在是和平时期，军政费用的比重太大不好。"在分析我人民解放军现状时，他批评了斯大林在卫国战争初期的错误，说："那时的红军，由于肃反扩大化削弱了干部，由于战略指导思想是要御敌于国门之外，国内不修工事，有攻无守，结果希特勒打进来，抵抗不住，只好按照诸葛亮的办法，三十六计走为上计，一直退下来。在这些方面，我们现在都比他们那个时候强。"

在谈到国家与农民关系时，毛主席批评了苏联推行农产品义务交售制的错误。他说："据说一直到第十九次代表大会那个时候，苏联粮食的产量还没有达到沙皇历史上的最高水平。如果真是这样，这就是大问题了。如果真是这样，集体化机械化的优越性在哪里？社会主义制度比沙皇制度好又要怎么说呢？"这里，我想作点说明。据《苏联国家经济年鉴》披露的资料，苏联从1929年到1940年，工业年均增长16.8%，而同期日、美、德等资本主义国家没有任何一国的增长超过10%的。13年内苏联钢产量从430万吨猛增到1830万吨。正因为工业特别是重工业的高速增长，得以取得反法西斯战争的胜利。从这方面看，社会主义制度的优越性是明显的。但由于集体化中的强迫命令和农业政策的失误，至少在谷物生产方面集体化和机械化的优越性确实没有明显发挥出来。1913年沙俄谷物产量8600万吨，1953年为8250万吨，确实低于沙俄最高水平，但1951—1955年的平均年产量达到8850万吨，总算是赶上或超过了沙俄时代的最高水平。

在谈到中央和地方关系问题时，毛主席说："我国宪法规定，地方没有立法权，立法权集中在全国人民代表大会。""这一条也是学苏联的。因为起草宪法的时候，我曾经问过一些同志：是不是应该这么写，据说苏联是这样，有些资本主义国家也是这样，但美国似乎不是这样。美国的州可以立法，州的立法甚至可以和联邦宪法打架，比如宪法上并没有剥夺黑人权利这一条，但有些州的法律就有这一条。似乎财政和税收方面，州和州的立法都不统一。美国这个国家很发展，它只有一百多年就发展起来了，这个问题很值得注意。我们恨美国那个帝国主义，帝国主义实在是不好的，但它搞成这么一个发展的国家总有一些原因。它的政治制度是可以研究的。看起来，我们也要扩大一点地方的权力。地方的权力过小，对社会主义建设是不利的。”“地方的权力过小，对社会主义建设不利”的思想，对体制改革有重要指导意义。可惜的是，1958 年走了一个极端，来了个权力大下放，在十几天的时间内，将绝大部分中央企业事业单位下放给地方，造成了混乱。以后就不再注意扩大地方权力了。直到十一届三中全会以后，在改革中才开始真正着手解决这个问题。扩大地方自主权的目的，是为了克服中央权力过分集中带来的弊病，充分调动地方在经济和社会发展中的积极性、主动性、创造性。扩大地方的权力当然要适度，应以不影响国家必要的集中统一为前提，而不能走到地区分割半分割的状态去。

在谈到党与非党关系时，毛主席说：在这一点上我们和苏联不同。他们是打倒一切，把其他党派搞得光光的，只剩下共产党的办法，很少能听到不同意见。毛主席吸取苏联的教训，总结了我国多党联合的历史经验，提出了各民主党派与共产党长期共存、互相监督的著名观点。

在谈到革命和反革命关系时，毛主席说：“斯大林不知道是怎样想的，抓到一个就杀一个，结果犯了大错误。其实，托洛茨基是可以不赶走的，季诺维也夫也是可以不杀的。至少可以让他们当个政协委员吧！”“特别重要的是，不割脑袋的办法可以避免犯错误。人的脑袋不像韭菜那样，割了一次还可以长起来，如果割错了，想改正错误也没有办法。”“斯大林说反革命越搞越多，这个道理是不对的。反革命是越搞越少，不是越搞越多。”说阶级斗争越斗越尖锐，“这在一定时间是真理”，“过了这个时间就不是越斗越尖锐”。

谈到是非关系时，毛主席说：“我看在这一点上，斯大林有点像赵太爷，犯了错误就杀掉，错误与反革命界限不分，错杀了很多人。我们要记住这个教训。”

谈到中国和外国关系时，毛主席着重讲了斯大林在中国革命问题上所做过的错事。他说："第二次国内战争后期的王明左倾冒险主义，抗战初期的王明右倾机会主义，都是从斯大林那里来的。解放战争时期，先是不准革命，他说如果打内战，中华民族就有毁灭的危险（不是用联共，而是用白俄罗斯共和国的党组织的名义，由联共中央转发来的电报提出的。——一波注）；仗打起来了，对我们半信半疑；仗打胜了，又怀疑我们是铁托式的胜利。1949、1950 两年对我们的压力很大。那个时候，除了党内同志以外，全世界只有蒋介石一个人天天替我们辩护，不用工资，替我们做义务宣传，说我们不是铁托。讲起斯大林，我们有三肚子火。可是，我们还认为他是三分错误，七分成绩，这是公正的。"南斯拉夫共产党 1948 年被斯大林开除出情报局，在斯大林看来，铁托不听他的，就是背叛了共产主义和国际主义。

这些未发表的材料说明，毛主席和党中央对斯大林的错误，当时就有了比较清醒的认识。当年 4 月 5 日发表的《关于无产阶级专政的历史经验》一文，鲜明地表明了我们党的原则立场。这是举世周知的。至于上述对斯大林的种种具体批评，当时没有公开发表，那完全是从维护国际工人运动的团结着眼，避免给人以口实。这些内部批评，后来我党中央都通报给苏共中央了。

（四）探索带来的新风

《论十大关系》讲话，初步总结了我国社会主义建设的经验，提出了探索适合中国国情的社会主义建设道路的任务，是毛主席关于社会主义建设问题的代表作。正如邓小平同志 1975 年 7 月 10 日给毛主席的信上说的："这篇东西太重要了，对当前和今后都有很大的针对性和指导意义。"讲话提出的一些重要原则，例如：保持重工业、轻工业、农业的合理的比例，充分利用沿海工业基地，充分发挥地方积极性，正确处理国家、集体、个人三者关系等，都被采纳成为八大关于第二个五年计划建议的指导思想。但是，也正如周总理在八届二中全会报告中指出的："这十大关系问题并不是一提出来就能解决得了的，具体的解决还需要今后在实践中、在采取具体措施中、在反对错误的倾向中不断努力。”“比如农、轻、重的比例究竟如何才恰当？现在还不可能回答得很完满，必须经过多次反复摸索，才能使这三者的比例安排得比较恰当。一个时候恰当了，过一个时候还要修改。”（《周恩来选集》下卷，第231、232页）重要的是提出了处理这些关系的原则。

毛主席率先探索，在党内和思想理论界也发生了良好的影响。1956年到1957年头几个月，我们党内掀起了一股调查和探索的风气，而且我以为是成果累累的，思想理论界探讨问题的空气也甚为活跃。这股新风的出现，同毛主席率先对十大关系进行探索、探索过程中又提出了“百花齐放，百家争鸣”的方针，是分不开的。

我国科学文化领域，由于受到苏联学术批评中粗暴作风的影响和教条主义、宗派主义、形式主义的危害，推崇一种学派、压制另一种学派的现象曾经是比较严重的，例如：在遗传学、生物学中，强制推崇苏联的李森科学派，禁止西方的孟德尔——摩尔根学派，并且乱贴政治标签，如说什么李森科学说、米丘林学说是“社会主义”的，而孟德尔——摩尔根学说是“资本主义”的等等。文艺方面对待不同流派也有类似问题。有鉴于此，毛主席在1956年4月28日讨论《论十大关系》的政治局扩大会议上，提出要实行“百花齐放，百家争鸣”的问题。早在1951年，中国戏曲研究院成立，毛主席就写了“百花齐放，推陈出新”的题词。1953年，中国历史研究委员会成立，这个委员会主任陈伯达向毛主席请示研究委员会的方针时，毛主席说，要“百家争鸣”。1956年4月28日的政治局扩大会议上，陈伯达发言，讲到这些情况时，毛主席说：“‘百花齐放，百家争鸣’，我看应该成为我们的方针。艺术问题上百花齐放，学术问题上百家争鸣。讲学术，这种学术可以，那种学术也可以，不要拿一种学术压倒另一种学术。”5月2日，在第二次谈十大关系的那次最高国务会议上，在作讨论结论时，毛主席明确宣布：“在艺术方面的百花齐放的方针，学术方面的百家争鸣的方针，是必要的，这个问题曾经谈过。百花齐放是文艺界提出的，后来有人要我写几个字，我就写了‘百花齐放，推陈出新’。现在春天来了嘛，一百种花都让它开放，不要只让几种花开放，还有几种花不让它开放，这就叫百花齐放。百家争鸣是诸子百家，春秋战国时代，二千年以前那个时候，有许多学说，大家自由争论，现在我们也需要这个。”“在中华人民共和国宪法范围之内，各种学术思想，正确的、错误的，让他们去说，不去干涉他们，李森科、非李森科，我们也搞不清。有那么多的学说，那么多的自然科学，就是社会科学，也是这一派、那一派，让他们去谈，在刊物上、报纸上可以说各种意见。”

在建国初期，我们在许多方面学习苏联经验虽然有必要，但毋庸讳言，在学习中有一定的教条主义，对斯大林存在一定的迷信。在苏共二十大揭露斯大林错误之后，毛主席在许多方面批评了斯大林，这无疑起了破除迷信，解放思想的作用。继十大关系的探索之后，紧接着又提出了“百花齐放，百家争鸣”的方针，这更有助于推动探索新风的形成。

5月，中央提出的既反保守又反冒进即在综合平衡中稳步前进的方针，是探索符合我国国情的社会主义经济建设指导方针方面的重要成果(详见本书第21篇)。因为像我们这样贫困而又落后的大国，从上到下有一股迅速改变贫困面貌的强烈愿望，在建设问题上就往往很容易急于求成，反映在指导思想上往往容易形成急躁冒进。

7月21日，周总理在上海市党代会上，提出了“专政要继续，民主要扩大”的观点。他认为，在我们还不能普遍直接秘密选举人民代表的时候，扩大民主的办法，一是使人大代表经常接触人民；二是把人民代表在人代会上的发言，包括批评政府工作的发言，不管错的对的都发表出来，这有利于揭露政府工作中的缺点；三是使人民代表检查政府工作，一直到检查公安、司法工作。

党的八大展示出一大批探索成果。

最重要的是八大关于社会矛盾问题的分析。中央委员会的政治报告提出：在生产资料私有制的社会主义改造基本完成以后，“我国社会主义和资本主义谁战胜谁的问题，现在已经解决了”。大会关于政治报告的决议，在肯定我国人民还必须为解放台湾、为最后消灭剥削制度、为彻底肃清反革命残余势力而斗争的同时，指出："我们国内的主要矛盾，已经是人民对于建立先进的工业国的要求同落后的农业国的现实之间的矛盾，已经是人民对于经济文化迅速发展的需要同当前经济文化不能满足人民需要的状况之间的矛盾。"在我国错综复杂的诸矛盾中理出这一个主要矛盾，这对斯大林曾经提出过的"阶级斗争越往后越尖锐"的观点是个重大突破。《论十大关系》提出了十大矛盾，但还没有提出我国社会的主要矛盾，如果说这是个不足的话，那么，八大决议关于我国社会矛盾的探索，就弥补了这个不足，从而在《论十大关系》的基础上又迈出了重大的一步。

八大展现的探索成果，除周总理向大会的报告中总结的第一个五年计划的基本经验以外，在经济方面主要的还有：

陈云同志在发言中提出的著名的"三主体三补充"方针，即：国营经济和集体经济是主体，一定数量的个体经济是补充；计划生产是主体，在计划许可范围内按市场变化的自由生产是补充；国家市场是主体，一定范围内的自由市场是补充。这里讲的是经济体制中三个相互联系的重要方面：所有制结构，经济运行的调节机制和市场结构。这"三主体三补充"的方针，对于克服社会主义改造高潮中给经济体制带来的一些弊病和当时出现的盲目求纯的思想，是一服对症的良药。

李富春同志在发言中提出了实行分级管理的计划体制的建议。凡需要全国统一平衡的各项重要指标，由国家计委、经委综合平衡，报国务院批准后纳入计划；地方性的、局部性的指标，由各省市自治区或各部门自行平衡和安排，报国务院备案，纳入国家计划；其他许多次要的、种类繁多、情况又不容易掌握的产品，不作计划，由地方或基层单位自行安排，国家只从大的方面加以筹划，并从价格政策、供销关系上加以调节。凡列入国家计划的指标，分成三类：指令性指标，可以调整的指标，参考性的指标。这个建议对高度集中的计划体制应该说是一个重大突破。

我在发言中讲到的那个有关积累与消费比例关系方面提出的三

条杠杠(详见本书第 13 篇)也可以算是一项探索成果吧。三条杠杠的具体数据是根据“一五”经验概括出来的。现在情况不同了,当然不可以照套这些杠杠,但国民收入分配是关系经济发展全局的大问题,似有必要总结新的经验,提出一些新的概念,探索一些新的杠杠。

八大展示的探索成果,在经济领域以外的,要算董必武同志关于法制建设的观点最为重要。他在大会的发言认为,在废除旧的《六法全书》之后,要逐步完备我国的法制,写出我们自己的《六法全书》。要制定刑法、民法、诉讼法、劳动法、土地使用法等一系列法律。他明确提出了党政职能分开的原则,认为加强民主与法制建设,可以使党和政府的活动做到“有法可依”,“有法必依”。在群众运动一个接着一个的年代,他对法制建设的认识达到这样高的境界,是很可贵的。

毛主席的率先探索,特别是在他提出“双百”方针后不久,1956 年冬天和 1957 年上半年,在社会科学方面,就出现了社会主义条件下商品经济和价值规律问题与人口问题的两次大讨论。当时,我国经济学界,一般都接受斯大林在《苏联社会主义经济问题》中的观点,把计划经济同价值规律对立起来,认为计划经济是受国民经济有计划(按比例)发展规律支配的,价值规律仅被用来作为经济核算工具。当时的中国科学院经济研究所所长、经济学家孙冶方同志在 1956 年 11 月 28 日恩格斯诞辰 136 周年纪念日发表的论文《把计划和统计放在价值规律的基础之上》,对这种流行观点提出挑战。经济学界对孙冶方的观点,支持的人少,反对的人多,这就出现了我国关于社会主义条件下商品经济和价值规律问题的第一次大论战。从 1955 年开始,我国理论界就有人提出要对人口的增长加以控制。1957 年初,社会学界吴景超、费孝通、陈长蘅、孙本文、全慰天等学者先后发表文章,论述我国控制人口增长的必要性。北京大学校长、经济学家马寅初先生在这年 6 月召开的首届人大四次会议的小组会议上,提出了他的著名的《新人口论》。马寅初、费孝通、吴景超等诸位学者有深远意义的观点提出后,立即受到了批判。批判者认为,人多是好事,我国人口越多越好,无须控制。这就是我国学术界第一次出现的人口问题的大论战。

二十　向科学进军的两项重大部署

随着生产资料私有制的社会主义改造基本完成，1956年我国经济、科学、文化等各条战线呈现出一派欣欣向荣的景象。党中央从新形势、新任务出发，召开了知识分子会议，制定了科学技术发展的长远规划。这是向科学进军的两项重大部署，也是我们党尊重知识、尊重人才，依靠科学技术进步推动社会和经济发展的体现。

(一)大规模经济建设展开后面临的新问题

我们党对科学文化工作和知识分子工作是重视的。党中央和毛主席明确指出：革命需要吸收知识分子，建设尤其需要吸收知识分子。我们必须善于充分地利用旧社会培养的知识分子，使他们为新中国的建设事业服务，并继续培养出一批又一批新的优秀科技干部，否则就很难完成繁重的经济建设任务。大规模经济建设开始后，党和国家在制定第一个五年计划时强调："国家大规模建设的进行，工业农业生产、运输交通、物资交流的扩大，以及文化教育工作的开展，需要大量的忠实于祖国、忠实于社会主义事业并具有一定文化、技术水平和一定业务能力的干部，特别是工业技术干部。"据统计，包括科学研究、教育、工程技术、卫生、文学艺术等各条战线上的高级知识分子，1949年仅有6万多人，1955年增加到10万多人。其中有些部门科技干部增加得相当快，如地质工作人员在解放初期还只有160多人，到1955年，根据地质、重工业、石油工业、煤炭工业等四个部的统计，仅地质方面的工程师就已经增加到497人，另有高等学校毕业的各种技术员3440人。而且广大工程技术人员已经初步掌握了一些有关现代工厂、矿井、桥梁、水利建设等方面的设计和施工的知识、技术，在大型机械、机车、轮船等方面的设计能力也有很大提高。从1952年到1955年，我国试制成功的新的机械产品已有3500种左右，少数还达到了当时的世界先进水平；在冶金方面，我国能够冶炼的优质钢和合金钢已达到240多种，高炉和平炉的利用系数基本达到苏联当时的水平。这些材料说明，广大知识分子正在发挥自己的专长，为新中国经济和社会的发展作出积极的贡献。

建国之初，我们主要是进行国民经济的恢复和各项社会改革，科学技术的发展问题，知识分子问题，还没有来得及摆到突出的位置上。到1955年初，毛主席提醒要重视这方面的工作，他说："过去几年，其他事情很多，还来不及抓这件事。这件事总是要抓的。现在到时候了，该抓了。"在这年3月召开的党的全国代表会议上，他进一步明确指出："我们进入了这样一个时期，就是我们现在所从事的、所思考的、所钻研的，是钻社会主义工业化，钻社会主义改造，钻现代化的国防，并且开始要钻原子能这样的历史的新时期。"随着第一个五年计划经济建设项目的全面铺开，大批新建扩建工厂的陆续投产，旧有企业的技术改造，生产建设中越来越多地采用现代科学技术，我们愈来愈感到建设人才的匮乏和科学技术水平的落后，愈来愈感到这方面的矛盾很突出。主要表现是：

1. 科技人才在数量上、质量上都不能满足大规模经济建设的要求。据统计，1952年底全国总人口近5.75亿人，全民所有制单位职工1580万人，其中科技人员仅42.5万人，全国平均每万人口中不到7个半科技人员，每万名职工中也只有269个科技人员。这40多万科技人员按门类分，工程技术人员16.4万人，卫生技术人员12.6万多人，教学人员12.1万多人，农林业技术人员1.5万人，科学研究人员仅8000人。到1955年底，各类科技人员虽有了较大增加，比如科研人员增加到1.8万人，高等院校的毕业生增加到21万多人，但与中央和毛主席提出的"要有数量足够的、优秀的科学技术专家"的要求还差得很远，至少需要培养一二百万这样的专家才行。当时，我国高等学校每年只有几万名毕业生。同苏联等国家比较，在校高校学生，我国平均每1万居民中只有5个，苏联是86个，波兰是50个，美国等西方发达国家就更多了。一个人口众多、经济落后的农业大国，要想尽快改变面貌，建成先进的工业国，仅有这点数量的知识分子和科技人员，是很难办到的。因此，有计划地培养大量的各个门类的科技人才，提到日程上来了。

2. 对现有知识分子的使用上存在着很多问题。当时我们党的干部，大多刚从农村转入城市，忙于政权建设和国民经济及其他事业的恢复，对于科学技术的发展，或者无暇顾及，重视不够，或者对科技人才和科技力量的重要性缺乏认识。有的工农干部对知识分子保持一定距离，甚至在政治上歧视他们，看不到他们的进步和重要作用，不认真执行党的知识分子政策，不认真研究解决实际存在的对知识分子安排不妥、使用不当、待遇不公等问题，使知识分子的工作热情和积极性受到严重影响。例如，有的单位对教授、科学家不够信任，不尊重他们的职权。党内决定的事项，群众已经听了传达，可是担任领导职务的党外专家还不知道，使他们难于开展工作。一位从事真菌名录研究工作的科学家，需要查阅全国植物病虫害分布情况等方面的资料，农业部门却不肯提供。对知识分子的工作安排不当的问题也比较突出。如一位擅长水墨花鸟画教学的著名画家、教授，美术学院却不让他开课，而派他到图书馆写书签，到陶瓷科画瓷碗，后来干脆由工会派他给教职员工买戏票。上海第一重工业局业务处有 23 名工程师，其中 16 人安排做行政工作。一位学术上有建树的甾体化学家，却分配他做应用化学方面的工作，使他有“硬逼木匠去种田”之感。有些科学家、教授社会活动过多，如钱三强当时很少有时间从事科研工作，内心十分苦闷；协和医学院妇产科教授林巧稚校外兼职多达 13 项，严重影响她的医疗、教学和研究工作。据北京、天津、广州等 128 个城市统计，失业的高级知识分子有 3005 人。这些现象虽不很普遍，但在一些部门和单位中却实实在在地存在着。中央曾专门组织人员进行调查，写出了许多专题报告，其中有：关于科学家研究工作条件问题，关于解决党外科学家、教授、医生等一部分人社会活动过多和兼职过多问题，关于从资本主义国家回国的留学生工作分配情况，关于高等学校未开课教师的情况和处理意见，关于城市失业高级知识分子的情况，关于解决高级知识分子待遇问题的意见等等，提出了许多有益的意见和可行的解决办法。

3. 我国的科学研究事业还处于初创阶段。据统计，解放初期全国的科研机构（包括社会科学研究机构在内），总共才 40 个左右，研究人员只有 650 多人。1949 年 11 月，在原中央研究院、北平研究院和延安自然科学研究院的基础上，组建了中国科学院，但全部研究机构只有 22 个，研究人员 200 人。按 4.5 亿人口计算，全国科研机构、科研人员与总人口的平均比例是，每 1125 万人口中只有 1 个科研机构，每 70 万人口中只有 1 名科研人员。学科和门类的空白点很多。经过几年的努力，到 1955 年，全国科研机构发展到 380 多个，研究人员增加到 9000 多人，学科门类也有所增多。广大科学工作者与工农群众相结合，为恢复、发展生产，建设一批重点工程，解决了某些技术难题，并进行了地质勘探、资源调查等工作。在理论科学方面也有了某些进展。但是，这些进步还仅仅是初步的，不仅对一些重大的复杂的技术问题，甚至连某些一般性的问题，也还解决不了，还需要依靠苏联等国专家的帮助。独创性的科研工作基本上还没有开展，特别是在最新技术的应用和推广方面，更未提上议事日程。原子核物理、空气动力学、电子学、半导体物理学等几乎还是空白。某些原来较有基础的学科，虽然几年来得到了一定程度的发展，但同世界先进科学技术水平比，差距仍然很大。

这些问题如不采取措施抓紧解决，要缩小跟世界发达国家的先进科学技术水平的差距，就是一句空话，更不要说赶超世界科技先进水平了。

1955 年 11 月 23 日，毛主席召集中央书记处会议，商定召开全面解决知识分子问题的会议，并决定成立由周总理负总责，彭真、陈毅等同志参加的中共中央研究知识分子问题的 10 人小组，着手筹备。第二天，在中央召开的关于资本主义工商业改造问题的会议上，毛主席、周总理都讲了话，提醒各省自治区和大中城市的党委把知识分子问题提到议事日程上来，并认真组织讨论，准备好有关知识分子问题会议的材料。10人小组和各部门、各地区党委的同志，对知识分子的状况进行了大量的调查研究工作，为开好这次会议做了充分的准备。

(二)中央召开知识分子问题的会议

1956年1月14日到20日，中央在北京召开了关于知识分子问题的会议。会议由周总理主持，在京的中央委员、候补委员，中央各部门和各省市自治区主要负责同志，以及重要的科学、教育、文化、卫生等单位的党员负责干部上千人参加，着重研究了加强党对知识分子的领导，加强党对科学文化工作的领导，以及妥善解决有关知识分子的工作安排和生活待遇等方面的问题。

会上，周总理代表党中央作报告，毛主席作了重要讲话。

周总理的报告，从党面临的任务说起，对整个知识分子队伍的现状，包括他们的成长过程和政治、思想、工作状态，作了详细的分析。报告的着重点，是传达和阐述毛主席关于“向科学进军”的指示，肯定知识分子在社会主义建设中的地位和作用，以及如何加强党对知识分子的领导。制定1956年到1967年科学技术发展远景规划的任务，也是周总理在这次报告中提出的。这里，我简要记述报告中的若干精辟论点。

周总理说：“社会主义建设，除了必须依靠工人阶级和广大农民的积极劳动以外，还必须依靠知识分子的积极劳动，也就是说，必须依靠体力劳动和脑力劳动的密切合作，依靠工人、农民、知识分子的兄弟联盟。”他还强调指出：我国知识分子中间的绝大部分“已经成为国家工作人员，已经为社会主义服务，已经是工人阶级的一部分”(《周恩来选集》下卷，第160、162页)。我认为，这是周总理代表党和政府对知识分子的阶级属性的一次正确表述，是对知识分子在社会主义建设中所起作用的充分肯定。他的话，在当时干部中间还存在歧视知识分子倾向的情况下，无疑给知识分子以极大的宽慰和激励。听了周总理的报告或报告的传达，知识分子中的许多人，包括剥削阶级家庭出身又在旧社会工作过的知识分子，纷纷写文章或发表讲话，用亲身经历叙述解放后党和政府给予他们的无微不至的关怀和帮助，决心在国家建设事业中发挥更大的作用。北京师范大学校长、著名历史学家陈垣教授说，周总理的报告说出了许多知识分子的心里话，指出了他们今后应当遵循的方向。广大知识分子今后要更加严格地要求自己，加强自我改造，积极进行科学技术和理论研究，为社会主义建设贡献最大的力量。青年数学家谷超豪表示，一定不辜负党所赋予的艰巨使命，在苏步青教授的指导下，发挥集体的力量，开辟新课题的研究，争取在较短时间内做出成绩。著名哲学史专家、老教授冯友兰表示，他拥护党对知识分子的政策，愿意努力工作，为社会主义建设事业增添一份力量，并提出了给知识分子创造有利条件的五项建议。

周总理在报告中还尖锐指出："目前在知识分子问题上的主要倾向是宗派主义"，"低估了知识界在政治上和业务上的巨大进步，低估了他们在我国社会主义事业中的重大作用"(《周恩来选集》下卷，第166页)。同时，也指出了当时知识分子中间存在的问题和弱点："知识分子的思想状态同他们在政治和社会地位上的变化并不是完全相适应的。许多进步分子也还有程度不同的资产阶级唯心主义和个人主义的思想作风，更不要说中间分子了。"但是，他认为："许多知识分子在我国伟大的社会主义改造和社会主义建设的事业面前，不能不日益受到强烈的影响，并且从中国的新生中看到全民族和他们自己的互相关联的命运。"(《周恩来选集》下卷，第163页)周总理这些实事求是的分析，给知识分子很大的教育，使他们认识到学习政治、改造思想、努力工作、跟上时代步伐的紧迫性。

对执行知识分子政策中存在的一些问题，周总理在报告中提出了原则的解决办法：(1)改善对于知识分子的使用和安排，使他们能够发挥有益于国家的专长；(2)充分了解知识分子，给他们以应得的信任和支持，使他们有职有权，尊重他们的意见，重视他们的业务研究和工作成果，提倡学术讨论，对他们的创造发明进行试验和推广；(3)为知识分子创造必要的工作条件，保证他们至少有六分之五的业务工作时间，解决图书资料、工作设备及助手配备等问题；(4)政治上、生活上关心知识分子，积极吸收符合党员条件的知识分子入党，改善他们的生活条件，调整工资，修改制定合理的升级制度，以及学位学衔、荣誉称号、发明创造和优秀著作奖励等制度。这是当时解决知识分子问题的新思路、新办法。这些办法的贯彻执行，解除了广大知识分子的后顾之忧，保证了他们在社会主义建设中发挥出更加积极的作用。

周总理在提出“向科学进军”的任务时，强调指出：“科学是关系我们的国防、经济和文化各方面的有决定性的因素。”现在科学技术正在一日千里地突飞猛进，各个生产部门的生产技术和生产过程正在日新月异地变革，“原子能给人类提供了无比强大的新的动力泉源，给科学的各个部门开辟了革新的远大前途。”(《周恩来选集》下卷，第181页)人类正处于新的科学技术和工业革命的前夕。他认为，世界科学技术在近二三十年中有了特别巨大的进步，已经把我们远远抛在了后面，我们必须急起直追。为了认真地而不是空谈地向现代科学进军，必须抓紧时间，必须为发展科学研究准备一切必要的条件。他提议由国家计划委员会负责，会同有关部门，制定1956—1967年科学技术发展的远景计划。国务院决定设立中国专家局，统一规定和管理有关对待知识分子的各种行政性质的问题。

毛主席在会议结束的那天到会讲了话。他在讲话中谈知识分子问题和向科学进军的话不多，但分量很重。我记忆比较深的有这么几点：(1)哪怕是知识分子中间的落后分子，也是可以改变的。党要加强领导，促进他们的改变，并且要看到他们的改变；(2)现在我们革什么命，革技术的命，革没有文化、愚昧无知的命，所以叫技术革命、文化革命；(3)搞技术革命，没有科技人员不行，不能单靠我们这些大老粗，这一点要认识清楚，要向全体党员进行深入的教育；(4)我们国家大，人口多，资源丰富，地理位置好，应该建设成为世界上一个科学、文化、技术、工业各方面更好的国家；(5)中国要培养大批知识分子，要有计划地在科学技术上赶超世界水平，先接近，后超过，把中国建设得更好。毛主席的话，给人以很大的启迪。这不仅使知识分子认识到改造思想的重要性和迫切性，也认识到在技术革命中自己是主力军，报国有门，英雄有用武之地了。同时，对于不重视知识和知识分子的干部，也给予了深刻教育。

这个会议开得很成功。会议结束不久，中央政治局于2月24日举行会议，依据周总理的报告和毛主席的讲话，做出了《中共中央关于知识分子问题的指示》。这些文件传达后，在全国引起了极大的反响。真是“一石激起千层浪”，在知识界很快兴起了向科学进军的热潮，在行政机关、企事业单位也有组织地开展了文化和各种业务学习。当时我主持国家建设委员会的工作，建委机关曾组织了各种学习班，并聘请中国人民大学的教师定期为干部讲政治经济学。

由于全党的努力和重视，到1960年，全国科研经费支出比1952年增长了近60倍；全国全民所有制单位的科技人员达到196.9万人，比1952年增长了3.6倍；平均每万人口中的科技人员增加到30名，比1952年增长了3倍。新中国的建立，大规模经济建设的展开，向科学进军热潮的兴起，激励着海外游子，一批在国外工作多年的优秀科学家和技术人员先后毅然返回祖国。这里有建国初期回来的吴阶平、邓稼先等，有1956年前冲破西方一些国家阻挠回来的钱学森、汪德昭等，有在知识分子问题会议后回来的林兰英、张文裕等。他们为发展新中国的科学技术和工农业生产做出了重大贡献。

知识分子问题会议的意义深远，时间越久，越显示出它的思想光辉，迄今仍有指导作用。遗憾的是，这次会议提出的对待知识分子的正确政策、中央根据会议精神作出的《关于知识分子问题的指示》，没有能够贯彻始终。由于1957年春夏之交，极少数资产阶级右派的猖狂进攻，改变了党对阶级斗争形势的估计，在指导思想上出现了“左”的错误，导致了反右派斗争的扩大化，又把所谓“资产阶级知识分子”推向了阶级斗争的浪尖上，严重地伤害了一大批知识分子。对知识分子政策的这种变化，给我们国家的政治生活和经济建设带来了很大损失。

（三）制定12年科学技术发展远景规划

1956至1967年的12年科学技术发展远景规划的制定，是一项浩大的工程。它涉及高科技领域和应用技术以及培养人才等多方面的课题,需要集中大批专家和全国的协作才能完成。

1. 中央的高度重视和强有力的组织领导,保证了规划制定工作的顺利进行。在知识分子问题会议提出制定科技发展长期规划的任务后,中央确定由周总理亲自挂帅领导这项工作,政治局和书记处多次开会进行研究,国务院成立了由科学院和各部委办负责人组成的科学规划10人小组,进行具体的组织工作。为了解我国科技工作现状与世界先进科技水平的差距,毛主席和少奇、恩来、陈云、彭真等同志在怀仁堂专门听取科学院吴有训、竺可桢、严济慈等同志作的报告。1956年2月24日,中央政治局会议批准成立国务院科学规划委员会,决定陈毅同志任主任,李富春、郭沫若、李四光同志和我任副主任,张劲夫同志任秘书长,科学规划10人小组成员都任副秘书长。由于这项工作过去我们从来没有搞过,国务院和规划委员会都倍加重视,多次举行不同类型的会议,充分听取各方面科学家、专家和有关部门的意见,对制定规划的方针、原则、重点等逐步取得一致的认识。中央调集了600多名各种门类和学科的科学家,并请了近百名苏联专家参加规划编制的实际工作。他们一面消化国家计委制定的国民经济长期计划草案及各部门已拟订的生产和科学技术长远规划,以弄清整个国民经济对科学技术的具体要求;一面接受中国科学院院长的苏联顾问拉扎连科的建议,邀请16名苏联各学科的著名科学家来华短期讲学,使我国科学家及时了解当代世界科学技术的水平和发展趋向。然后,大家分工合作,经过半年时间的辛勤劳动,编写出12年科技发展远景规划的纲要(草案)。后来,因陈毅同志调外交战线工作,中央和国务院于1956年11月任命聂荣臻同志为国务院副总理兼科学规划委员会主任。国防工业的科研工作原来就由聂帅主管,现在中央作出这个决定,可以更好地统筹兼顾,使军民一体,把全国科研工作纳入全面规划。科学规划委员会的组成人员随后也作了必要调整和充实。聂帅身负重任,领导有方,全身心地扑在这项工作上。他在原规划纲要(草案)的基础上,组织规划委员会多次开会研究,着重讨论规划制定中出现的一些争论较大的问题，进一步提出修改补充和完善规划的意见。每次会后向周总理汇报，周总理都及时地作出指示。12 月下旬，规划纲要的修正草案拿出来了，中央立即将草案连同陈毅、富春、荣臻同志联名写的关于编制科学规划的工作报告转发各地、各部门，听取各方面的意见和反应。同时，还将规划纲要包含的各项任务和基础科学学科规划的说明书，寄到苏联征求意见。苏联科学家仔细研究后，对每个项目提出了书面意见和建议。1957 年，我国政府派出以郭沫若同志为首的科技代表团，与苏联科学家进一步磋商，交换看法，并洽谈确定 122 个科技合作的项目。特别值得指出的是，在规划的实施过程中，既注重出成果，又注重出人才，为我国科技事业的发展积累了宝贵的经验，受到科学家们的称赞。

2. 明确的指导思想和方针对规划的正确制定和组织实施起了重要的作用。周总理在关于知识分子问题的报告中曾着重指出，我们制定科技发展长远规划的指导思想是："必须按照可能和需要，把世界科学的最先进的成就尽可能迅速地介绍到我国的科学部门、国防部门、生产部门和教育部门中来，把我国科学界所最短缺而又是国家建设所最急需的门类尽可能迅速地补足起来，使十二年后，我国这些门类的科学和技术水平可以接近苏联和其他世界大国。"(《周恩来选集》下卷，第 184 页）这个指导思想告诉人们，要加快我国科学技术的发展，不能不注重世界已有科学技术的发展水平和取得的成果。假如我们关起门来，"一切都自己从头搞起"，不学习和利用世界科学技术的先进成就，包括苏联的成就，那就不能实现我们预计在 12 年要达到的目标。在规划制定讨论过程中，大部分同志认为，发展科学技术应该坚持自力更生，但世界上已经搞出来的先进科技成果都是人类创造的宝贵财富，我们不应该对它持排斥态度。正确的方法是，只要人家愿意提供和帮助，我们应该虚心学习、利用和掌握这些先进成就，把它变为自己的东西，然后在这个基础上研究、创新、提高，以收到事半功倍的成效。郭沫若同志当时讲过的一个例子很能说明问题：铝镍钴合金是生产部门十分需要的产品，我国曾花费很多精力研究它的冶炼方法，一直未能奏效。后来知道日本早在 20

多年前已经取得了研究成果，苏联也早在1936年将这种冶炼方法研究成功并投入了生产。我们完全可以直接从苏联获得整套设备、资料和图纸，而不必再走回头路了。苏联顾问拉扎连科也一再表示，苏联可以把从理论到工艺方法的科技成果都传授给中国。他说："我来中国前，得到科学院领导及其他方面的指示，中国可以从苏方得到任何援助，包括可以派比已议定的名额多几倍的人员到苏联学习，可以从苏联得到所有的科学情报，只要中国方面提出要求来。"对苏联的援助，中国政府和人民是不会忘记的。周总理在听取规划委员会负责同志汇报这个问题时，赞成大家的意见，并富有远见地说，我们要尽量瞄准当代世界的新兴科学和技术，采用世界的先进技术，不失时机地迎头赶上去。当然，根据我国国力有限的实际情况，我们在选择和确定科研项目上要重点发展，以避免分散力量。我国发展科学技术采取"重点发展，迎头赶上"的方针，就是由此而来的。

在这个方针指引下，我们的科技规划纲要（草案）提出了重要的科技研究任务57项，共有研究课题600多个。整个规划加上它的附件，全文达600多万字。这57项任务都是经过大批科学家反复论证，围绕我国今后10年左右经济建设各方面的需要提出来的。努力完成这些任务，就可以迅速壮大我国的科学技术力量，满足经济战线的需要，使我国科学技术的某些重要和急需的部门在12年内赶上或接近世界先进水平。在这个基础上，大家又讨论确定了12个重点项目：(1)原子能的和平利用；(2)电子学方面的半导体、超高频技术、电子计算机、遥控技术；(3)喷气技术；(4)生产过程自动化和精密仪器；(5)石油等奇缺资源的勘探，开矿基地的确定；(6)建立我国自己的合金系统，探寻新冶金技术；(7)综合利用燃料，发展重有机合成；(8)新型动力机械和大型机械；(9)黄河、长江的综合开发；(10)农业的化学化、机械化和电气化；(11)危害人民健康最大的几种主要疾病的防治和消灭；(12)自然科学中若干重要的基本理论问题。

对这些重点项目的前10项，大家的认识是一致的，少数同志对后两个项目有不同意见。经过热烈争论,对(11)项,聂帅的解释说服了大家。他说:“有几种疾病,如血吸虫病,严重地危害着几千万人民的生命和健康,不是件小事,应该是科学研究的一个重点问题。如果我们的医学科学不把解除亿万人民的病痛列为重点,那么我们的科学规划怎么能谈得上是造福人民的规划呢?”对(12)项,从讨论一开始就有分歧,有人说,我国科技发展还处在初创阶段,工农业生产和国防建设中有着大量的科技问题急需解决,现在发展应用科学是当务之急,不应再牵涉精力开拓别的领域。大多数人则认为,我们现在着重发展应用科学是对的,主要精力也要往这里投入,可是理论科学作为应用科学的基础,我们绝不能放松,也要有人从事这方面的工作,正确处理好理论科学和应用科学的关系。这一点,周总理看得更远,指出,“如果我们不及时地加强对于长远需要和理论工作的注意,我们就要犯很大的错误。没有一定的理论科学的研究作基础,技术上就不可能有根本性质的进步和革新。”他的意见,博得了大家的赞赏和同意。后来的实践证明,我们制定的这个长远规划是宏伟的,也是切实可行的,它成为当时全国人民向科学进军的行动纲领。有了这个规划,在各级党和政府的领导下,科研、教学和生产单位密切配合,工作开展得很顺利,从而也更加坚定了我们艰苦奋斗、自力更生地发展我国科学技术的决心和信心。

在这个规划指导下所取得的科技成果是巨大的。1963 年,国家对规划的执行情况进行了全面检查,绝大多数科研项目都已完成,并且已经运用到生产建设中。我国整体科学技术的发展,七年时间完成了十几年的工作量,大大缩小了同世界先进科学技术水平的差距。从科技研究机构和研究队伍上看,全国科研机构(国防系统研究机构除外,下同)由 1956 年的 381 个增加到 1962 年的 1296 个,各主要学科和技术领域几乎都设置了专门的研究机构。专门从事研究工作的科技人员,从 1956 年的 6.2 万多人增加到 1962 年的近 20 万人,其中大学毕业的有 5.5 万人,副研究员以上的高级研究人员达到 2800 多人。从科研成果看,规划任务的实现,解决了第二和第三个五年计划国家经济建设和国防建设中迫切需要解决的一批科技问题，填补了我国科学研究的一些重要空白，加强了某些重要的基础学科，发展了原子能、电子学、半导体、自动化、计算技术、喷气和火箭技术等新兴科学技术，并为以后科学技术和国家各项建设事业的继续发展打下了良好的基础。

这里举几个例子来加以说明。1956 年 9 月才开始筹建并同时开展科研工作的电子学研究所，在不到 10 年的时间里，取得了科技成果 100 多项，其中有 49 项在国防建设和经济建设中获得广泛应用，有 3 项获得 1964 年全国工业新产品奖，有 4 项获得中国科学院 1964 年度优秀奖，有 50 多项在实验室获得完整的或重大阶段性的成果。又如，我国曾被认为是一个贫油国，1949 年全国石油年产量不过 12 万吨。建国后，在以李四光为代表的著名地质学家的理论指导下，运用我国独创的地质力学方法，研究地壳运动和油气聚集规律，揭示了我国东部新华夏构造体系的三个沉降地带具有广阔的含油前景。经过勘察、钻探，相继发现并开发了大庆、大港、胜利等大油田，从而推翻了“中国贫油”的观点。1963 年起我国实现了石油自给，从此结束了依赖“洋油”的历史。特别值得提及的，是我国在原子能、火箭技术重大突破方面所取得的成就。1964 年 10 月 16 日，我国爆炸了第一颗原子弹。1966 年 10 月 27 日，我国自己设计制造的导弹发射成功。1967 年 6 月 17 日，我国的氢弹试验成功。美苏两国由拥有原子弹到爆炸氢弹，都用了 10 年时间，而我们只用了 3 年。1968 年春天，我们又完成了发射人造地球卫星的一切准备，1970 年发射成功。这些尖端技术的掌握，证实了我国的科技工作已经达到了相当的水平，中国科技人员的智慧并不逊于外国人，中国人民是有能力赶超世界先进科学技术水平的。

我深深感到，要发展我国的科技事业，党和政府的正确决策是至关重要的。但仅有正确的决策，而无切实可行的规划和有力的组织措施，也是不行的。实践证明，指导思想和目标明确，规划的指标恰当，实行全国大力协同，集中必要的人力、物力、财力形成拳头，锲而不舍地攻关，就一定能取得预期的较好效果。反之，如果规划脱离实际，指标订得过高，要求过急，组织措施不得力、不落实，那就会带来损失。这方面的教训,我们也有不少。党的十一届三中全会以来,在实事求是的思想路线和改革开放的总方针指引下,我国科技工作重新走上全面发展的道路。经过40年的奋斗,总起来看应该说,我国的科学技术比起许多发展中国家来,发展速度要快些,发展水平要高些。这是社会主义制度优越性的体现,也是全国广大工人、农民、解放军指战员和广大知识分子特别是科技领域的知识分子辛勤劳动、勇于探索、勇于创新的结果,我们要倍加珍惜。面对今后更加艰巨的任务和世界新技术革命的挑战,我们的广大科技工作者要同全国人民团结一致,坚定信心,继续拼搏,勇攀高峰,使我国的科学技术迎头赶上世界先进水平。

(四)对知识分子问题的思考

多年来,我一直在思索一个问题。为什么建国后,我们党在对待知识分子政策问题上曾发生过多次摇摆?直到现在也还不能说已经解决好了。这中间有客观上的各种原因,也有我们指导思想上和工作中的失误。这里想谈几点个人看法。

一是建国以后的长时间内,我们没有把解决好知识分子问题提高到“安邦治国”的高度来认识。古人说:天下可以马背上得之,不可以马背上治之。意思是说,取得天下、巩固政权后,应该赶快由“武功”(以武力取得天下)转入“文治”(经济建设,治理国家),用今天的话来说,就是要实行工作重点的战略转变。为此,一个很重要的问题,就是要通过正确的政策和有效的措施,充分调动知识分子的积极性、创造性,来为国家的治理和经济文化社会的发展服务。回想起来,对知识分子的重要地位和作用,我们是认识不足的,见事迟了。究其原因,主要是进城之后,我们各方面的领导骨干,多是从战争中过来的工农出身的干部,这是很自然的。而这些干部大多文化水平不高,他们过去同知识分子接触又很少,不熟悉不了解他们的特长、心理、工作方式,生疏感甚或加上某些不信任感,影响了对知识分子的安排、使用和工作支持。按理说,担负领导职位的干部,不善于解决知识分子问题,不善于团结他们一道工作,用其所长,开拓进取，至少是一种工作上的失职。这样的教训不少。当今世界进入高科技的时代，科学技术突飞猛进地向前发展，如果我们不吸取历史的经验，最大限度发挥知识分子的作用，我们和发达国家在经济和科技上的差距将不但很难缩小，而且会越拉越大。

二是在对知识分子使用的问题上思路太窄。我们过去往往总是习惯于按“发展党员、选拔干部”的思路去培养和使用知识分子。显然这是不全面的。然而长期跳不出这个“模式”的束缚，几乎成为一个痼疾。那么多的知识分子，情况各异，专业不同，怎么可能都按这样的“模式”去套呢？其实，知识分子只要热爱祖国，拥护共产党，拥护社会主义制度，就应充分信任他们，大胆地放手使用他们。他们有多大本事、多大才能，就应该放到与之相适应的岗位上，包括关键的领导岗位上，以便充分发挥他们的本事和才能。抗日战争时期，知识分子只要愿意抗日，热爱祖国，我们就欢迎，就大胆使用。我们尝到过这方面的甜头。我在山西新军时就大量吸收了东北和平、津的爱国知识青年，对此是深有体会的。

三是过去的多次政治运动对知识分子的积极性挫伤太大。当年我们党提出和开始实行“百花齐放”、“百家争鸣”方针时，知识分子是种什么精神状态？可以说是一片衷心拥护，兴高采烈，积极性很高，学术探讨空气也很浓厚。在那种情况下，就比较容易出成果、出人才。可惜，这样好的形势、好的局面没有能坚持发展下去，被后来一个又一个运动打断了。特别是有相当一些知识分子在运动中过不了关，或者受到了冲击批判，或者受到不应有的打击，使他们的报国之忱和工作积极性受到很大挫伤，而一旦伤了“元气”，往往是多少年恢复不过来的。这个历史教训太深重了。当然，并不是一切领域都是这样。应该说，在自然科学领域工作的知识分子所受的冲击要小些，而在社会科学、文学艺术领域工作的知识分子所受的冲击就大多了，损失也更为严重些。我这样讲，并不是讲知识分子就十全十美，可以不严格要求，可以采取放任的态度。而是说知识分子身上有这样那样的毛病、缺点、弱点，是毫不奇怪的，也不必求全责备。要相信他们身上的一些不足是可以通过长期的学习和实践，通过走与工农相结合、与实践相结合的道路，逐渐得到克服和改变的。在这方面我们既要做积极引导工作，又要有耐心，而不能急于求成。

党的十一届三中全会以来，中央在落实知识分子政策方面做了大量工作，重申了知识分子是工人阶级的一部分，强调尊重知识，尊重人才，强调科学技术就是生产力，而且是最重要的生产力。知识分子的使用和工作、生活环境比过去都大有改善。但是，需要解决的问题还很多。党和政府也正在继续努力采取措施逐步解决这方面的问题。完全可以相信，广大知识分子是顾大局识大体的，他们深知国家有困难，人民不富裕，是能够同群众同甘共苦，共济时艰，奋发图强的。但是作为我们的各级领导机关和领导干部来说，却要时刻想一想，经常查一查，在关心知识分子，改善他们的工作条件和生活条件上是不是已经尽心尽力尽责了，凡是经过努力能够做到的事坚决做到，如此坚持做下去，积以时日，必有成效。而战斗在各条战线上的广大知识分子就会从中受到鼓舞，就会更加自觉地为民族的振兴和祖国的繁荣贡献出自己的全部聪明才智。

二十一　反冒进和八大的正确决策

从1955年第四季度开始，我国经济建设，出现了一股层层抬高数量指标和忽视综合平衡的冒进势头。1956年的经济社会发展，实际上存在着冒进和反对冒进两种不同的指导思想。反冒进，不仅使当年经济发展避免了重大失衡，而且对实事求是地确定八大经济决策和1957年计划的指导方针有着重要的影响。鉴于往后的岁月里，我国经济建设一再出现急于求成实即急躁冒进的错误，直到现在也不能说急于求成的思想认识问题已经彻底解决，因此，认真回顾和思考一下1956年反冒进的经验，可能是很有意义的。

(一)冒进倾向的产生

1955年12月5日下午，中央在中南海西楼会议室召开座谈会，由少奇同志向在京中央委员、党政军各部门负责人(到会122人)，传达了毛主席关于批判右倾保守思想，争取提前完成过渡时期总任务的指示。少奇同志传达的大意是：

> 毛主席说："我们要利用目前国际休战时间，利用这个国际和平时期，再加上我们的努力，加快我们的发展，提早完成社会主义工业化和社会主义改造。"关于八大的准备工作，毛主席提出，"中心思想是要讲反对右倾思想，反对保守主义"。可以设想，如果不加快建设，农业和私营工商业未改造，工业未发展，将来一旦打起来，我们的困难就会更大。因此，一切工作都要反对保守主义。毛主席说："我们可以有几条路前进，几条路比较一下，要选一条比较合理、正确的路线。"按常规走路，时间拉

得长,成绩不大,这是保守路线。现在各方面的工作都落后于形势的发展,我们有不少同志正在走着这条保守的路线。工业部门不要骄傲,要加油,否则,就有出现两翼走在前面而主体跟不上的现象。客观事物的发展是不平衡的,平衡不断被冲破是好事。不要(按)平衡办事,按平衡办事的单位就有问题。

在这次座谈会以前的两个月,七届六中全会对农业社会主义改造中的"右倾保守"思想开展了批判,这是我在本书第15篇中已经介绍了的。11月16日至24日,中央又召开了有各省市自治区党委书记参加的资本主义工商业改造工作会议,批判了对资改造中的"右倾保守"思想。毛主席于24日到会讲话,批评领导机关的思想严重落后于实际。详细内容我在本书第17篇中也作了介绍。现在,按照少奇同志的传达,毛主席的意图是"批判各方面的右倾保守思想",批判的范围,就扩及到经济建设的各个领域了。社会主义改造高潮的形成,已经对农业、工业、交通运输业、商业、科学、文教、卫生事业的发展,形成了强大的压力。现在再批这些领域的"右倾保守"思想,压力当然就更大了。

毛主席批判经济建设领域的"右倾保守"思想,也是事出有因的:

第一,他感到国务院有些部门设想的长期计划指标偏低了。

1955年夏,国务院在北戴河开会,按照过渡时期总路线总任务的要求,讨论编制15年(1953—1967年)远景计划和第二个五年计划轮廓的问题。各部汇报自己的设想。按照各部汇报,1967年,全国粮食产量6000亿斤,棉花产量5600万担,钢产量1800万吨,煤炭产量28000万吨;工农业产值平均年增长速度:"一五"8.6%,"二五"9.9%,"三五"10.1%,15年平均年增长9.5%。10月5日,国家计委汇总报告中央。毛主席对这个设想是不满意的。如同抓社会主义改造高潮先从农业改造高潮抓起一样,抓经济发展速度问题,他也从农业发展速度抓起。

11月中旬,毛主席先后在杭州和天津召集华东、中南、东北和华北15个省市自治区党委书记开会，展望农业合作化和农业生产发展的远景，归纳了《农业十七条》。12月21日，他起草中央通知，将《农业十七条》发给上海局和省市自治区党委。《农业十七条》最重要的一条是：到1967年，粮食每亩平均年产量，在黄河、秦岭、白龙江、黄河（青海境内）以北地区，由1955年的150多斤增加到400斤；黄河以南、淮河以北地区，由208斤增加到500斤；淮河、秦岭、白龙江以南地区由400斤增加到800斤；棉花亩产分别达到60斤、80斤、100斤；各地分别储积足够一年、一年半或两年的余粮。还有一条是：从1956年起，12年内，开荒14000万亩，到1967年，全国耕地面积达到18亿亩左右。按照估计中的耕地面积和单位面积产量一算，1967年的粮食产量，就不是6000亿斤，而是10632.8亿斤，超出主管部门原设想的指标近80%；1967年的棉花产量，就不是5600万担，而是12000万担，超出原设想的1倍多。

第二，他对1955年国民经济计划执行情况不满意。

1955年原计划基本建设投资97.9亿元（新币，下同），比上年增长31.5%。执行中，由于经济生活中出现一些新情况，几次调整计划。在调整中，由于不适当地削减了某些非生产性（校舍和职工宿舍等）建设项目，投资总额调减为91.7亿元。到年底，原来安排收支平衡的预算，结余资金18.1亿元。钢材、木材、水泥等物资也有较多的结余。又由于没有经验，还不认识保留必要储备的重要性，一度决定钢材出口，水泥减产，木材和部分器材减价出售。没有想到，批判“右倾保守”思想之后，多余很快就变成短缺。对此周总理曾一再作自我批评，但毛主席还是不大满意，这从他在1958年2月的政治局会议上所说的一段话中可以看得很清楚：“一九五五年十二月，八项东西（钢、铁、煤、水泥、铝、铜，还有两项）多得不得了了，以致毫无办法，只好请苏联帮忙。苏联是要订长期合同的，好，订，订了，签了字了，过一个月要毁约。过两个月毁约也好呀！跟人家订长期合同，你强迫人家订，过一个月就毁约。”“讲起共产党，又是光荣的，伟大的，什么的，就这样一件事情讲，我看是幼稚的，眼光短浅的。”

关于少奇同志传达中讲的“国际休战时间”，中央政治局会议后来作了详细分析，就是我在本书第19篇中讲的：鉴于1955年万隆会议和1954年日内瓦会议的成功，世界和平与合作的影响日益增强，中央估计可能出现10年到12年的和平时期，我们应当利用这一和平时期加快社会主义改造和国民经济建设。

毛主席这些设想事实上很快就公开发表了。1955年12月27日定稿的《中国农村的社会主义高潮》序言指出，现在的问题是：右倾保守思想在许多方面作怪，使许多方面的工作不能适应客观情况的发展，中国工业化的规模和速度，科学、文化、教育、卫生等事业的规模和速度，已经不能完全按照原来所设想的那个样子去做了，都应当适当地扩大和加快。序言还说："在三个五年计划完成的时候，即到一九六七年，粮食和许多其他农作物的产量，比较人民共和国成立以前的最高年产量，可能增加百分之一百到百分之二百。"共和国成立前粮食(包括大豆)最高年产量为1936年的3000亿斤，增加200%即9000亿斤。通过这篇序言，毛主席不仅把他前些时候酝酿的基本观点公开了，而且关于9000亿斤到1万亿斤粮食产量指标的设想，实际上也公开作了透露。因此，在1958年初的南宁会议上批判反冒进时，他说：这篇序言"对全国产生了很大的影响，各地报纸、大小刊物都登了，我就成了'冒进'的'罪魁祸首'"。

1956年《人民日报》元旦社论《为全面地提早完成和超额完成五年计划而奋斗》，明确提出了又多、又快、又好、又省的要求。据我了解，"多快好省"的提出过程是这样的：1955年12月5日以前，周总理和我提出了"多"、"快"、"好"三字，毛主席完全同意，便接过去提出"要快，要好，要多"。李富春同志后来补充了一个"省"字。随后，在中华全国总工会发出的一个文件中，出现了"快、多、好、省"的提法。《人民日报》社论是在经过文字调整之后，又以"多、快、好、省"的次序发表出来。这篇社论从标题到内容都充满了形势逼人的气息。

1956年1月初，经各省市自治区党委书记会议补充修改，将《农业十七条》扩展为40条，形成《一九五六年到一九六七年全国农业发展纲要》。1月25日经最高国务会议通过，以草案形式公开发表。

它的主要内容，除前引1967年粮、棉单产指标和增加耕地面积指标外，还有：7年到12年内，基本消灭普通水灾、旱灾和水土冲刷灾害；在可能的地方，基本消灭危害农作物最严重的病虫害，危害人民最严重的疾病；5年、7年或12年内，基本消灭老鼠、麻雀(后来才知道麻雀是益鸟，又改为臭虫)、苍蝇、蚊子；5年或7年内基本扫除文盲。毛主席在最高国务会议发言时指出：《纲要》(草案)是在"社会主义改造和社会主义建设的高潮的基础上，给农业生产和农村工作的发展指出一个远景，作为全国农民和农业工作者的奋斗目标。农业以外的各项工作，也都必须迅速赶上，以适应社会主义革命高潮的新形势。"农业部长廖鲁言在最高国务会议上对《纲要》(草案)的内容作说明。按照经毛主席审定的稿子，说明指出：按照《纲要》(草案)规定的亩产量计算，到1967年，粮食的全国总产量将达到1万亿斤(公开发表时改为将比1955年的产量增加一倍半。——一波注)；棉花的全国总产量将达到9000万担到1亿担(公开发表时改为将比1955年的产量增加两倍。——一波注)。

各方面批判"右倾保守"思想的精神下达之后，国务院各部纷纷修改了1955年夏季在北戴河汇报时提出的长期计划指标。1956年1月14日，国家计委汇总报告中央、国务院。其中，1967年粮、棉、钢、煤四大指标修改如下：粮食9500亿斤(加上大豆实为1万亿斤)，比1955年夏北戴河汇报的6000亿斤提高3500亿斤；棉花1亿担，比北戴河汇报的5600万担增加4400万担；钢2400万吨，比原汇报的1800万吨增加600万吨；原煤33000万吨，比原汇报的28000万吨增加5000万吨。不少部门的修改，是把原定1967年实现的指标，提早五年，改为1962年实现。

1月15日，我驻苏代表团团长李富春同志受中央委托，向苏共中央通报我"二五"计划和15年远景计划的基本任务和计划草案的主要指标。通报的1967年的工农业总产值指标为4675亿元，比北戴河汇报时的汇总数字提高了43.1%，粮食指标1万亿斤，棉花指标1.2亿万担。

1月20日，毛主席在中央召开的关于知识分子问题会议上的讲话，25日在第六次最高国务会议上的讲话，都讲到，美国那点东西，一亿吨钢，几百个氢弹，不大算数，中国要超过他，第一步是接近他。

接下来就是2月14日开始的34个部委汇报。在听取汇报中毛主席的有些插话，讲了一些要求过急过快的不切合实际的话。例如，说我们工业的发展速度不应该被苏联前几个五年计划所束缚，我们的速度可以超过苏联头几个五年(苏联工业年均增长速度是："一五"(1928—1932年)19.2%，"二五"(1933—1937年)17.1%，"三五"头三年(1938—1940)13.2%。我国工业产值"一五"期间平均年增长18%，已经很快了。——一波注)。又如，他在谈到我们的工业发展速度可以超过苏联时，还提出了"一空二白"的论点。他说："中国有两条好处，一曰空，二曰白，一点负担都没有。美国在华盛顿时代，也是白，所以发展起来也是很快的。苏联开始也是白。富了不行。"(后来公开发表时，改为"一穷二白"。显然，这个论点不能算是一种科学的论断，是带有认识上的一些片面性的。——一波注)这些话，一经传达，不能不起到鼓励冒进的作用。

现在看来，1955年冬季，毛主席敏锐地抓住国际形势呈现缓和趋势的机遇，决定加快我国社会主义改造和建设步伐，反映了我国人民要求迅速摆脱贫困面貌的愿望。这是无可厚非的。问题在于要求过急了，指标过高了。几亿农民在几个月的时间里参加农业生产合作社的这一事实，使他把原来关于15年左右的时间里实现过渡时期总任务的设想和"一五"计划规定的速度都视为应当打破的"常规"，以为以远高于原来设想的速度来推进我国的社会主义改造和经济建设，做到1962年生产1500万吨钢、6000亿斤粮食和1967年生产3000万吨钢、1万亿斤粮食，是可能的。从这种急于求成的思想和过高的指标设想出发，他把那些对客观需要和客观可能估计不足的一般缺点，把那些坚持按已有经验和客观可能实事求是地测算经济发展速度的思想，称作"右倾保守思想"而加以批判，这就不能不导致冒进倾向的产生。1955年10月5日，国家计委向中央汇总报告各部1955年夏天关于长期计划设想时，曾附报了国家计委综合局对1967年生产粮食6000亿斤的论证。综合局认为，"粮食产量从

1952年3278亿斤增长到1967年的6000亿斤，增长83%，每年平均递增4.1%；单产由176.3斤增至260.7斤，增长47.9%，每年平均递增2.64%。这种增长水平超过目前世界上所有国家的水平而居世界第一位”。据综合局提供的资料，苏联从1928年到1950年的22年间，粮食总产量平均每年递增2.4%，美国、英国从1913年到1952年的39年间平均每年递增0.9%和1.3%，日本从1927年到1952年的25年间平均每年递增1.8%，西德1952年产量则低于战前。实际上，我国粮食产量，1967年为4365亿斤，又过了17年后，到1984年，才达到8142亿斤；即使没有“大跃进”和“文化大革命”开始两年那样的大曲折，1967年也到不了1万亿斤。我国的棉花产量，1967年为4070万担，迄今为止，创纪录的产量为1984年12154万担，1988年下降为8400万担。1990年获得新丰收，也只有8620万担；即使没有“大跃进”和“文化大革命”头两年那样的大曲折，1967年达到1亿担或1.2亿担也是不可能的。我国钢产量，1967年为1029万吨，1983年才突破3000万吨大关；即使没有“大跃进”和“文化大革命”头两年那样的大折腾，1967年也达不到3000万吨，1982年更不可能达到1亿吨。批判“右倾保守”的政治空气和1967年实现3000万吨钢、1万亿斤粮食等高指标，表面上看来，似乎鼓舞了大家的决心和劲头，实际上是带来了很大的压力，使得大家急急忙忙往前赶。这种缺乏科学精神的冒进情绪，在1956年初国务院各部召开的专业会议上表现得最为集中。

中国共产党毕竟是一个伟大的实事求是的党，既然出现了冒进，就必然会有反冒进。

由于冒进主要涉及计划和预算指标（包括农业发展纲要四十条中那些指标）的拟定和执行问题，因此，反冒进的主要责任自然就落到我们国家的总管、国务院总理周恩来同志的肩上。

周总理在1955年第四季度，也同其他领导人一样，对刚刚兴起的生产建设高潮是欢欣鼓舞的。在12月5日的座谈会上，当少奇同志传达完毛主席关于各方面批判“右倾保守”的指示精神之后，他表示拥护毛主席关于各方面工作都是认识落后于实际的批评。他念了新编的一副对联，用来表达对毛主席批评的体会。对联的上联：客观的可能超过了主观的认识；下联：主观的努力落后于客观的需要。他还说："新大陆早就存在，而我们发现得太晚了。"12 月 21 日召开的国务院全体会议上，他把《农业十七条》看成是一个"推动力量"，要求各部按 1967 年产粮 1 万亿斤的精神，修改原拟定的计划指标。但是，1956 年初，来自各部专业会议的消息使他感到这么做不行，于是和几位主管经济工作的副总理一道，从防止冒进到反对冒进。

（二）为组织好 1956 年生产建设反冒进

1956 年初，各部专业会议在批判"右倾保守"、"提前实现工业化"的口号激励下，纷纷要求把 15 年远景设想和《农业四十条》中规定 12 年或 8 年的任务，提前在 5 年甚至 3 年内完成。要尽量往前赶，就得准备生产能力，早上基本建设。

1955 年 10 月，中央批准国家计委提出的 1956 年国民经济计划控制数字：1956 年基本建设投资 112.7 亿元，比 1955 年的预计完成数增长 30.4%，比"一五"计划中规定的 1956 年投资多 12.4%。但是，据计委 1956 年 1 月 5 日报告，各省市、部门要求的投资已达 153 亿元，后又增加到 180 亿、200 多亿元，比 1955 年预计完成数增加 1 倍多，而全年财政收入只增长 9.29%。第一个五年计划规定，五年内限额以上基本建设项目 694 个，建成的 455 个；1956 年初召开的第一次全国基建会议将建设项目追加到 745 个，建成的追加到 477 个；几个月以后，又将建设项目追加到 800 个，建成项目追加到 500 多个。正像周总理说的："各方面千军万马，奔腾而来"，"基本建设一多，就乱了，各方面紧张"。防止和反对冒进，关键在于控制基本建设投资。从 1956 年 1 月下旬开始，周总理集中做这方面的工作。

1 月 20 日，周总理在党中央召开的知识分子问题会议上呼吁：不要搞那些不切实际的事情，要"使我们的计划成为切实可行的、实事求是的计划，而不是盲目冒进的计划"。"这一次我们在国务院召集的计划和财政会议，主要解决这个问题"。

1月30日，周总理在二届政协全国委员会第二次会议上所作的《政治报告》提出："我们应该努力去做那些客观上经过努力可以做到的事情，不这样做，就要犯右倾保守的错误；我们也应该注意避免超越现实条件所许可的范围，不勉强去做那些客观上做不到的事情，否则就要犯盲目冒进的错误。"

2月6日，周总理和计委主任李富春同志、财政部长李先念同志研究在计划会议和财政会议上压缩指标的问题。周总理指出：现在各部专业会议订的计划"都很大"，既然已经存在"不小心谨慎办事，有冒进急躁现象"，计委、财政部就要"压一压"。经过两会努力，年度基本建设投资压到147亿元。后来周总理多次把这两个压指标的会议戏称为"二月促退会议"。

2月8日，在国务院第24次全体会议上，周总理提出一个重要的原则：经济工作要实事求是。他说："现在有点急躁的苗头，这需要注意。社会主义积极性不可损害，但超过现实可能和没有根据的事，不要乱提，不要乱加快，否则就很危险。""绝不要提出提早完成工业化的口号。冷静地算一算，确实不能提。""各部门订计划，不管是十二年（因1953年至1955年这3年已经过去，故15年又称12年。——一波注）远景计划，还是今明两年的年度计划，都要实事求是。""领导者的头脑发热了的，用冷水洗洗，可能会清醒些。各部专业会议提的计划数字都很大，请大家注意实事求是。"（《周恩来选集》下卷，第190、191页）

4月10日，周总理在国务院常务会议上指出："搞计划必须注意实事求是"，"搞生产要联系到平衡"。他指定我和计委张玺同志负责平衡工作。鉴于不少地方由于劳动力增加和对"右倾保守"的批判，下面普遍要求多生产，多建设，而上面却不敢将物资供应紧张情况向群众交底，因此工作很被动。为扭转这种被动状况，周总理根据多次平衡测算的结果，提出1956年物资供应计划按钢材442万吨、水泥647万吨方案执行，并下达到各部门和地区。4月14日，国务院为此下达通知，要求各地区、各部门"必须使群众的社会主义建设高潮同计划的全面平衡相结合，特别是同物资供应计划相结合。

如果只看到施工力量的增长，而没有注意到设计、设备和材料的供应情况，采取全面铺开和齐头并进的作法，就可能而且一定会发生停工、窝工现象，并且会使我们的计划有部分招致落空的危险”。

5月11日，周总理在第28次国务院全体会议上提出："反保守、右倾，从去年八月开始，已经反了八九个月，不能一直反下去。"

5月，中央开会，讨论为6月召开的一届人大三次会议起草文件，主要是预算报告问题（此次人大无全面的政府工作报告和国民经济计划报告）。就是这次会议，决定我国经济发展要实行既反保守、又反冒进，坚持在综合平衡中稳步前进的方针。少奇同志在这次会议上，要求中央宣传部就反对"两个主义"问题代《人民日报》写一篇社论。6月3日，由财政部起草、提交政治局讨论的预算报告初稿，已根据5月中央会议要求写了如下一段话：

> "必须全面执行多快好省和安全的方针，在反对保守主义的时候，必须同时反对急躁冒进。急躁冒进的结果，并不能帮助社会主义的发展，而只能招致损失。"

6月1日，中央宣传部部长陆定一同志在部分省市委宣传部长座谈会上讲话中宣布："反对右倾保守，现在已高唱入云，有必要再提一个反对急躁冒进。中央要我们写篇社论，把两个主义反一反。"

6月1日，周总理召开国务院常务会议，研究再次压缩1956年计划指标和编制1957年计划问题。周总理说：今年的"基本建设投资额，去年夏天在北戴河开会时订得差不多，共一百二十一亿元，比去年已经增长百分之三十二，后来增加到170亿，比去年增加将近百分之九十"。二月会议压缩后，"三月份下达的基本建设投资是一百四十七亿元，比去年增加百分之六十八。增长这么大的数字不可能完成，因此要好好计算一下"。这表明，周总理认识到，2月会议压缩后的基本建设投资指标仍然是个冒进指标。

6月4日，在少奇同志主持下，中央开会讨论预算报告初稿，周总理在会上介绍了上半年经济发展中存在的矛盾，提出了准备继续压缩基本建设投资、紧缩开支的意见。

6月5日，国务院常务会议开会，讨论预算报告草案。草案规定，147亿元的基本建设投资，比上年增长68%，而钢材只增长45%，水泥是负增长。一看就知道这个基建计划无法完成。因为基建不光是要有钱，还得要有原材料，原材料缺口大，当然完不成。我和先念同志都感到，这样的预算拿出去不好。与其到年底完不成计划时再去修改计划，不如现在半路改正好。可是，这时减谁的谁也不愿意，因为大家都已按147亿元的盘子铺开摊子了。怎么办？我们两人意见，只好"剃一次平头"，大家都减5%，投资总额由147亿元减到140亿元。我们知道"推平头"不好，可是实在找不出别的办法。周总理同意这个意见，投资额就定为140亿元。我是管工业生产的，也管过基本建设。原材料对工业生产和基本建设的重要性，我是深有体会的。有一次毛主席起草一个财经方面的文件，上面有"有多少钱办多少事"，拿来征求意见，我就在"钱"字后面加了"和材料"三个字，使这条重要的原则，由"有多少钱办多少事"，变成"有多少钱和材料办多少事"。因此，对于没有原材料保障的投资计划，我坚决主张把它削减下来。

6月10日，在少奇同志主持下，政治局会议基本通过预算报告初稿，指定胡乔木同志根据讨论中提出的意见加以修改。修改稿将初稿中涉及指导方针的那几句话改成：

> "在当前生产领导工作中，必须着重全面地执行多、快、好、省和安全的方针，克服片面地强调多和快的缺点。
>
> 生产的发展和其他事业的发展都必须放在稳妥可靠的基础上。在反对保守主义的时候，必须同时反对急躁冒进的倾向，而这种倾向在过去几个月中，在许多部门和许多地区，都已经发生了。急躁冒进的结果并不能帮助社会主义事业的发展，而只能招致损失。"

看得出来，经过政治局讨论后的修改稿，明显增强了反对冒进的分量。

经过国务院全体会议讨论后，6月15日，副总理兼财政部长李先念在一届人大第三次会议作了报告。16日各家报纸全文登出报告(未经代表讨论即公开发表,受到不少代表的批评。——一波注)。批准这个报告的大会决议指出:“在执行1956年国家预算过程中,必须在反对保守主义的时候,同时反对急躁冒进的倾向;必须全面地注意多、快、好、省和安全,不仅要做到多和快、而且要做到好和省,要做到安全生产”。这是一个“总的方针”。

在人代会上,我以国务院第三办公室主任、国家经委主任名义发了言,讲了关于重工业生产和基本建设计划执行方面的一些问题。我是赞成反冒进的。在分析产生这些问题的原因时,我说主要是我们在计划工作中反了右倾保守思想之后又产生了急躁冒进的情绪。从这里得到的教训是:今后编制计划时,必须对我国现有的生产能力及其可能的增长程度进行认真的研究,同时要经过反复的平衡计算,以确定各部门的比例关系。

6月16日,《人民日报》发表社论《读1956年国家预算报告》,认为预算报告“最值得注意的一点,是在反对保守主义的同时,提出了反对急躁冒进的口号。这是总结了过去半年中执行国民经济计划的经验得来的结论”。社论在指出急躁冒进的几种表现后说:“希望全国各级组织和各个部门的工作人员,都认真地重视这一个警号,在实际工作中正确地进行两条战线的斗争……”这篇社论可能由于题目不鲜明,未引起毛主席的注意。

中央宣传部起草的社论,题为《要反对保守主义,也要反对急躁情绪》,于6月10日左右脱稿,先后经过定一、少奇、乔木三同志修改。定一同志删掉了颂扬反保守主义的几句话,在“农村的扫盲工作也是一个突出的例子”这句话中,在“也是”后面加了“急躁冒进的”五个字。少奇同志作了四处文字修改,都是加重语气,以揭示冒进的危害性。少奇同志改完后批示:“主席审阅后交乔木办。”毛主席接到此稿后,批了三个字:“不看了。”乔木同志在修改加工时,补充了几个急躁冒进的例子,其中之一是:“双轮双铧犁的生产计划定得过高,没有考虑到南方水田的条件,以致在南方许多地方大量积压。”社论指出:“急躁情绪所以成为严重的问题,是因为它不但是存在在下面的干部中，而且首先存在在上面各系统的领导干部中，下面的急躁冒进有很多就是上面逼出来的。”社论于20日在《人民日报》头版头条地位刊出。

乔木同志加写的双轮双铧犁的例子，定一同志修改突出的扫盲例子，在当时是比较敏感的两件事，因为都直接涉及毛主席亲自主持制定的《农业发展纲要(草案)》。为适应农业合作化后的新情况，推广新式农具，纲要规定：“在三年至五年内，推广双轮双铧犁六百万部。”在急于求成气氛下，1956年原设想生产500万部，后来计划安排生产350万部，推销270万部，但仍满足不了各地需要，以致中央在4月19日不得不致电各省自治区党委，说明因钢材紧张，不能按原计划组织生产，要求各地降低生产和销售指标。结果，却因为没有考虑到这种犁根本不能用于南方水田，以致到10月底，虽生产出170多万部，却只销出80万部，还退回15万部；没有退回的，也有很大一部分是只能挂在墙上无法使用的“挂犁”。1958年2月，在政治局扩大会议谈及此事时，毛主席也说过：“双轮双铧犁在北方还可以，在南方是名声很臭。这个东西对不对？现在看起来不对。”纲要规定，从1956年起，五年到七年内基本扫除城乡居民中的文盲(以识汉字1500个以上为标准)。在批判“右倾保守”，“提前实现工业化”的膨胀空气下，实现这个目标的时间，到某些省里变成了四年和五年，到某些县里又变成了三年和二年，到某些农村就变得更短。现在看来，不仅将五年到七年任意缩短是冒进，纲要关于五年到七年的规定本身也是冒进的。在我们这样贫穷落后的大国，要指日消灭文盲，谈何容易！

由于党中央、国务院从年初开始，大力压缩基建指标，从防止冒进到明确提出反对冒进，一股来势很猛的盲目冒进势头总算被遏制住了。1956年的经济发展，总的说来还算是健康的。据统计，1956年实际完成的工业总产值比上年增长28.1%，基本建设投资比上年增长62%，是“一五”期间我国经济增长速度最高的一年。能不能把这个增长速度笼统地称为冒进呢？不能。因为这一年增长速度所以这样高，有以下两方面的客观原因：

第一，上两年农业丰歉的影响。1954 年长江、淮河流域和华北平原遭受洪灾，全国农业歉收，许多农产品减产，其中棉花比上年减产 9%，即减少 220 万担。我国那时工业极为薄弱，轻工业原料 90% 左右来自农业。农业丰歉对第二年轻工业生产、财政收入和基本建设投资有重大影响。由于 1954 年农业歉收，致使 1955 年地方工业的生产能力不能充分利用，其中棉纱生产能力只利用 75%，棉布、食油生产能力只利用 62%，面粉 56%。最为严重的是卷烟工业，只利用 24%。轻工业减产，加上粮食供应紧张，这又影响重工业生产，影响基本建设投资计划的安排。因此，1955 年工业总产值仅比上年增长 5.6%，基本建设投资增长幅度也低，使这一年成为“一五”期间工业发展速度最低的一年。这就为 1956 年的工业和基本建设高增长提供了一个“低基数”。这是一重影响。另一重影响就是 1955 年农业丰收，其中棉花产量从 1954 年的 2130 万担猛增到 3038 万担，一年增产棉花 908 万担。棉花和其他工业原料作物增产，就比较充分地把纺织工业和其他轻工业的设备开动起来，推动了整个工业也推动了基本建设投资的高增长。

第二，“一五”期间苏联承担的设计项目，头三年到货的设备很少，主要集中在第四年、第五年即 1956 年、1957 年到货，这也促使 1956 年基本建设投资骤增。

即使除去上述两项正常因素，年初安排的基本建设投资和工业生产计划的增长速度也还是偏高的。如果不是党中央、国务院及时采取正确的方针，遏止来势很猛的冒进倾向，而是一个劲地反对“右倾保守”，只讲多和快，不讲好和省，那么，1958 年“大跃进”那样的大灾难，就有可能会提前到来。

但是，正因为来势很猛，冒进势头还只能说是基本遏止住，并没有完全遏止住。后来总结，认为 1956 年经济工作中的冒进，主要是三条：基本建设投资虽几经压缩，还是多用了 20 来亿元；由于职工人数增加过猛，工资改革控制不严，工资福利支出多用了 10 来亿元；由于支持新成立的农业生产合作社，农贷多发了几亿元。我在第 19 篇中讲到，从 1953 年以来，我国预算执行情况，年年都有结余。可是，

1956年不仅没有结余，反而出现赤字10多亿元。1957年1月8日到10日，毛主席在颐年堂召开小范围的会议，座谈1956年的经济工作。陈云、富春、先念同志和我，我们四人的发言，都一致认为1956年"冒了"。陈云同志提出要防止建设规模超出国力的危险，会后加以充实，1月17日在省市自治区书记会上讲了，这就是他后来收入文选的那篇著名文章《建设规模要和国力相适应》。富春同志的发言认为，1956年计划冒了，执行中也冒了。他还使用了"冲昏头脑"的话。先念同志的发言，从财政预算角度上讲，认为1956年"冒了"30到35亿，其中库存减少25亿，银行透支10亿。我的发言，则列举了1956年经济生活中的一系列问题，例如，基建投资过多，挤了市场；消费资料增长赶不上人民的需要；工资福利的增加，超出劳动生产率增长幅度，等等。凑起来共10个问题，也可以说是1956年冒进在经济工作中的10种表现吧！我们四人的发言，毛主席作了详细的笔记，即现在中央档案馆保存的题为《谈经济问题时主席的笔记》。毛主席在我的发言部分标了一个题目："薄一波十条。"

（三）为拿出一个实事求是的"二五"建议反冒进

6月，人代大会通过了1956年国家预算之后，周总理立即把自己的精力转入关于第二个五年计划建议的编制工作。这是为八大准备的一个重要文件，也是1956年反冒进抓的第二个题目。

如前所述，1955年夏天，国务院在北戴河召开重要会议。各部在会上不仅提出了1956年计划指标和15年（1953—1967年）远景计划设想，而且也提出了第二个五年计划的指标。国家计委加以汇总后，于10月5日，连同15年长期计划设想一道，报送到中央、国务院。但是，也如前所述，在11月间，毛主席提出《农业十七条》和随后部署各方面批判"右倾保守"思想之后，各部不约而同地把在北戴河提出的"二五"计划方案否定了，重新提出了"二五"方案或把"三五"计划改为"二五"计划。例如：粮、棉、钢产量指标，有关部门在北戴河汇报时提出，1962年粮食产量指标4600亿斤，棉花产量指标4300万担，钢产量1100万吨；批判"右倾保守"思想之后，粮食指标增加到

6400 亿斤，棉花指标增加到 7000 万担，钢产量增加到 1200 万吨。1956 年 1 月 14 日，国家计委将各部修改后的“二五”计划方案汇总报告中央。34 个部委汇报时，各部和计委是按照修改后的方案向毛主席汇报的。

毛主席对各部修改后的方案是满意的。但认为钢产量指标还低，他主张 1962 年“把钢搞到一千五百万吨”，“三五”期间再翻一番，搞到 3000 万吨。因此，计委后来又计算过以 1962 年生产钢 1500 万吨为目标的“二五”计划方案。由于方案向毛主席作过汇报，等于得到毛主席首肯，要落实修订就更困难了。

周总理 1956 年 11 月 10 日在八届二中全会的报告中，回顾编制“二五”计划建议中的困境时说：由于钢、粮等指标过高，“各部、各省市就要跟上去，煤、电、油是这样，机械工业是这样，这样就根本没有法子平衡”。八大开幕在即，尽管 6 月的人代会已批准经济发展要实行既反保守、又反冒进，坚持在综合平衡中稳步前进的方针，但有关部门却迟迟拿不出一个符合这个方针的“二五”计划草案来，周总理很着急。

7 月 3 日到 5 日，周总理连续召开国务院常务会议，讨论计委报送的两个“二五”计划草案。周总理指出：“第一方案冒进了”，第二方案也是“不可靠的”，“危险的”。就 1962 年产粮 6400 亿斤、产棉 7000 万担的两个指标，周总理说：合作化后，虽然农业增产的“积极因素增加了，但消极因素并未减少”，“水、旱灾害总要起作用”。农业生产指标“算高了，农业税、轻工业利润、基本建设投资和财政预算等一系列数字都要受影响”。周总理、陈云同志和我主张把钢产量也降下来，我们都不赞成把钢产量作为衡量工业化水平的唯一尺度。钢少搞些，别的就都可以少些。经过三天的讨论，周总理强调：“现在要精打细算，搞一个比较可行的方案，作为向八大的建议。”

会后，计委又一次调整“二五”计划方案。在 7 月 17 日的国务院会议上，周总理再次指出：计划必须“建立在稳妥可靠的基础上。计算生产能力，除人力条件外，还必须考虑到物资等其他条件”。在这前后，他还同计委工作人员反复计算各项指标的可行性。在周总理的关怀和帮助下，计委于7月下旬编出一个新方案。

8月3日到16日，周总理、陈云同志在北戴河召开国务院常务会议，审查计委新编出的方案，对部分指标作了调整。回京后又邀集计委具体主持计划修订工作的同志推敲了一遍，才提交给中央。

正在这时，苏联的意见来了。8月17日，苏联计委主席巴依巴科夫和第一副主席帕乌金约见我在莫斯科的国家计委主任李富春同志，转达苏联政府对我“二五”计划草案的意见：积累在国民收入分配中的比例，从“一五”的22%跳到“二五”的26%，对这个飞跃感到惊奇；“二五”投资比“一五”增长两倍，太大了；苏联因金属材料供应很紧张，而且还有工人罢工问题，对中国要求供应设备的生产很难保证，所提具体项目尚在研究，希望中国同志了解苏联的困难。9月1日，苏共中央正式给我党中央复信，认为我“二五”计划草案拟定的国民经济发展速度是紧张的，而比较正确的做法，就是要考虑现实的可能性，来很谨慎地确定国民经济的发展速度。复信明确表示：中国要求苏联在“二五”期间为109个新建企业提供技术援助，苏联将尽量予以满足，但所需设备，要从1961年起才能开始供应（某些项目1960年开始供应），更早地供应设备是不可能的。苏联的答复，对周总理主持修改的“二五”计划草案被中央采纳起了有利的作用。

国务院最后敲定提交给中央的“二五”计划方案：1962年粮食产量指标为5000亿斤，棉花产量4800万担。同1955年北戴河汇报时提出的指标比较，粮食产量只增加400亿斤，棉花产量只增加500万担，就是说，基本维持主管部最初设想的指标，但是，同1956年1月14日国家计委汇总上报的方案比较，差别就大了。其中：粮食指标比1月14日方案减少1400亿斤，棉花指标比1月14日方案减少2200万担。1月14日方案指标偏高，无须拿后来的实践证明（1962年由于天灾人祸，生产极不正常，也无法证明），仅从国家计委汇总上报时提出的条件，就可以看得出来。国家计委提出：如将1962年的粮食指标定为6400亿斤，棉花指标定为7000万担，需要的条件是：大力开荒，兴修水利，大量增加化肥，大力推广《农业发展纲要（草案）》中的有关增产措施。所提开荒一条是：在完成“一五”预计开荒9000万亩的计划以后，“二五”期间要求开荒2亿亩，1956年到1962年每年开荒3300万亩，1962年全国耕地面积达到18.3亿亩。别的条件先不说，仅这一条就无法做到。我国东部、中部地区耕地后备资源有限，宜农荒地主要分布在西南、西北和东北的边远地区，开发垦殖需要大量投资。据周总理的算法是：开荒1000万亩，当时需要投资5亿元；如每年平均开荒3300万亩，每年就需要投资16.5亿元(1956年的财政收入只300亿元左右)。这在当时无论如何挤不出来。相反，国务院敲定的指标，就比较扎实了。1957年的全国粮食实产量为3820亿斤，国务院敲定1962年达到5000亿斤，五年增产粮食1180亿斤，每年平均递增200多亿斤，在正常情况下，这既是可以做得到而又不是轻而易举就能做到的；而把1962年粮食产量指标定为6400亿斤，则五年内要求增产粮食2580亿斤，每年平均增产500多亿斤，这是很没有把握的。1957年的棉花实产量3000万担，国务院敲定，1962年达到4800万担，五年增加1800万担，每年平均增加360万担，这也是在正常情况下可以做得到而又不是轻易能够做到的；而把1962年的棉花指标定为7000万担，五年内要求增加4000万担，翻一番还多，平均每年增产800万担，这无论如何是办不到的。

9月初，周总理在审阅、修改中央委员会准备向八大作的政治报告稿时，发现别人在铅印稿中将1962年的粮食产量指标改为5200亿斤，棉花产量指标改为5200万担。他按国务院敲定的指标，将粮食指标改为5000亿斤，棉花指标改为4800万担，并在旁边注明：“粮棉产量是经过多次商议并与陈云同志谈过的。”

国务院敲定的粮棉生产指标，为毛主席所采纳。9月13日，毛主席在第三次审定周总理关于“二五”计划报告稿时，发现1962年粮食产量指标为5300亿斤(这是别人改的)，毛主席批示：“五千亿斤为宜。”

工业方面的指标，有的取得一致意见，有的意见未能一致。经商定：凡意见一致的，即写一个数字；凡意见不一致的，即写两个数字，作为上限和下限的机动幅度。例如，1962年的钢产量指标就是两个数字:1050 万—1200 万吨。

毛主席提出的又多、又快、又好、又省的口号,本身是比较全面的。可是,好和省的标准,当时没有人提出具体指标,也没有人认真研究过,实现也难。而多和快显眼,在不顾好、省和安全的条件下,做到也比较“容易”。在批判“右倾保守”和开展生产建设高潮的气氛下,人们更容易注重多、快而忽视好、省。而且所谓“多、快”还常常是以牺牲“好、省”为代价的。有鉴及此,周总理在第三次修改“二五”计划草案时,在一个重要的地方删掉“以多、快、好、省的精神”几个字。此事引起了毛主席的注意。后来批判反冒进时,此事曾一再被提出。

周总理主持制定的第二个五年计划是一个既积极而又实事求是的好计划。后来,虽受到批评,但在经历“大跃进”的严重挫折之后,终于得到了毛主席的赞许。1960 年 6 月 18 日,毛主席在《十年总结》中谈到高指标的教训时,深有感慨地说:“一九五六年周恩来同志主持制定的第二个五年计划,大部分指标,如钢等,替我们留了三年余地,多么好啊!”

(四)在探索中形成八大的正确决策

1956 年 9 月 15 日到 27 日,具有重大历史意义的党的第八次全国代表大会在北京举行。大会提出了团结全党和国内外一切可以团结的力量,为建设一个伟大的社会主义中国而奋斗的总任务。为实现这一历史任务,解决全面建设社会主义中的问题,作出了一系列正确的决策。我在第 19 篇中,回顾了从生产资料私有制的社会主义改造即将完成的时刻开始,毛主席和党中央其他领导同志“以苏联为鉴”,总结我们已有的经验,对中国怎样走社会主义道路的问题,进行了一系列的探索,写出了《论十大关系》这一光辉著作。正如少奇同志在八大二次会议的工作报告中指出的:“党中央委员会向第八届全国代表大会第一次会议的工作报告,就是根据毛泽东同志关于处理十大关系的方针政策而提出的。”本篇中又介绍了周总理领导的反冒进工作,反冒进对八大正确决策的形成也有重要影响。由于既反保守又反冒进的过程，实际上是努力探索我国社会主义经济发展规律的过程，因此可以说，八大的一系列正确决策，是在探索中形成的，是探索的积极成果。

第一，根据对新形势下社会主要矛盾的探索成果，作出了关于党的工作着重点转移的决策。八大政治报告和关于政治报告的决议概括几个月来党中央的探索结果，指出在生产资料私有制社会主义改造基本完成以后，“我国的无产阶级同资产阶级之间的矛盾已经基本上解决”，“我们国内的主要矛盾，已经是人民对于建立先进的工业国的要求同落后的农业国的现实之间的矛盾，已经是人民对于经济文化迅速发展的需要同当前经济文化不能满足人民需要的状况之间的矛盾”。中国共产党是全中国人民的领导核心。按照唯物辩证法的原理，不断分析社会矛盾，并全力捉住主要的社会矛盾，把自己工作的着重点摆在解决主要社会矛盾上；主要社会矛盾转变了，工作的着重点也跟着转变，这是我们党的传统工作方法，也是领导革命和建设不断夺取胜利的一大诀窍。在社会主义改造基本完成以后，主要的社会矛盾既然已经发生了上述变化，工作着重点当然就应该随之转移。八大关于政治报告的决议明确指出，党和国家的主要任务，“已经由解放生产力变为保护和发展生产力”，正是党的工作着重点伴随社会主要矛盾的变化而转移的标志。

第二，根据反冒进中积累的认识成果，作出了关于经济发展指导方针的正确决策。周总理代表党中央向八大作关于第二个五年计划建议的报告中，对“一五”期间的经济工作，总结了一些重要的经验。例如，应该根据需要和可能，合理地规定国民经济发展速度，把计划放在既积极又稳妥可靠的基础上；应该使重点建设和全面安排相结合，以便国民经济各部门能够按比例地发展；像我们这样经济落后、人口众多的国家，各种物资缺乏是经常的现象，而物资多余则是暂时的现象，因此，特别需要我们增加后备力量；计划所造成的节约是最大的节约，计划所造成的浪费是最大的浪费；制定财政收入计划时，必须考虑经济发展的可能性，考虑积累和消费之间的比例关系，避免把收入定得过分紧张；在制定财政支出计划时，必须考虑建设规模与物资供应之间的平衡，等等。这些精辟的总结，反映了对我国社会主义经济发展规律的正确认识。这些认识成果来源于第一个五年经济工作的实践，特别是1956年反冒进的实践。如果没有1956年的反冒进，使大家把头脑冷静下来，要取得这样符合客观实际的认识，是不可能的。党的八大以这些认识成果为依据，决定把既反保守又反冒进，坚持在综合平衡中稳步前进，作为经济发展的指导方针。八大关于政治报告的决议指出：我们“有可能高速度地发展我国的生产力。如果对于这种可能性估计不足，或者不努力把这种可能性变为现实性，那就是保守主义的错误。但是，我们也必须估计到当前的经济上、财政上和技术力量上的客观限制，估计到保持后备力量的必要，而不应当脱离经济发展的正确比例。如果不估计到这些情况而规定一种过高的速度，结果就会反而妨碍经济的发展和计划的完成，那就是冒险主义的错误。党的任务，就是要随时注意防止和纠正右倾保守的或‘左’倾冒险的倾向，积极地而又稳妥可靠地推进国民经济的发展”。

第三，根据对国家行政体制和经济体制的探索成果，作出了初步改进体制的正确决策。

我在第19篇中已经谈到，毛主席在听取34个部委汇报的基础上，作了《论十大关系》的讲话，提出了“正确处理中央同地方的关系”和企业自主权问题。党的八大依据毛主席这一探索成果，作出了相应的决策。少奇同志在八大政治报告中提出：“适当地调整中央和地方的行政管理职权”，“把一部分行政管理职权分给地方”，“既能够发挥中央机关的积极性，也能够发挥地方的积极性，使中央和地方都有必要的机动，又便于实行相互的监督”。（《刘少奇选集》下卷，第249—250页）八大决定：“根据统一领导、分级管理、因地制宜、因事制宜的原则，改进国家的行政体制，划分企业、事业、计划和财政的管理范围，适当扩大各省、自治区、直辖市的管理权限，并且注意改进和加强中央各部的工作。”同时规定，保证企业在国家统一领导和统一计划下，在计划管理、财务管理、干部管理、职工调配、福利设施等方面，有适当的自主权力。

我在第19篇中还讲到，陈云同志在社会主义改造即将基本完成的时候，对我国社会主义的所有制结构问题、经济运行的调节机制问题、市场问题作了探索，提出了著名的“三个主体、三个补充”的论点。李富春同志对改进我国的计划体制问题，进行了探索，也提出了重要的观点。八大采纳他们的探索成果，也作出了相应的决策。这主要反映在经大会批准的周总理所作的关于第二个五年计划的报告中。周总理的报告指出：我们应在适当的范围内，更好地运用价值规律，来影响那些不必要由国家统购包销的、产值不大的、品种繁多的工农业产品的生产，以满足人民多样的生活需要。“在国家统一市场的领导下，将有计划地组织一部分自由市场；在一定范围内，将实行产品的自产自销；对某些日用工业品，将推行选购办法；对所有商品，将实行按质分等论价办法”，这“将会对国家的统一市场起有益的补充作用”。报告对扩大地方管理权限，提出了七项原则，其中第一项明确规定：各省自治区直辖市有一定范围内的计划、财政、企业、事业、物资、人事方面的管理权。

根据八大关于改进体制的决策，1957年9月20日召开、10月9日结束的八届三中全会，基本通过了《关于改进工业管理体制的规定》(草案)、《关于改进商业体制的规定》(草案)和《关于改进财政体制和划分中央和地方财政管理权限的规定》(草案)。这三个文件，于11月8日由国务院通过，公布施行。

上述对体制的各项改进，虽然其深度和广度都不能同十一届三中全会以后的改革相比较，但是，对于当时那种被认为是神圣不可侵犯的，以高度集权、纯而又纯、政企不分为特征的苏联传统体制模式来说，却打开了一个重要的缺口。

第四，把毛主席提出的“百花齐放，百家争鸣”的方针写入八大文件，使它正式成为党发展科学和文艺事业的正确方针。八大政治报告和关于政治报告的决议指出：“科学上的真理是愈辩愈明的，艺术上的风格是必须兼容并包的。党对于学术性质和艺术性质的问题，不应当依靠行政命令来实现自己的领导，而要提倡自由讨论和自由竞赛来推动科学和艺术的发展。”“用行政的方法对于科学和艺术实行强制和专断，是错误的。”这一思想直到现在仍然是并且有待继续努力贯彻执行的党对科学和文艺事业发展的基本指导思想。

第五，根据法制建设方面探索的成果，把系统地制定比较完备的法律，作为党在国家政治生活中的紧迫任务。我在第 19 篇中讲到，在社会主义改造基本完成以后，周总理提出了“专政要继续，民主要扩大”的原则，董必武同志更对法制建设进行了系统的探索，提出了不少重要意见。以他们的探索成果为依据，八大作出了相应的决策。少奇同志在政治报告中指出：“现在，革命的暴风雨时期已经过去了，新的生产关系已经建立起来，斗争的任务已经变为保护社会生产力的顺利发展，因此，斗争的方法也就必须跟着改变，完备的法制就是完全必要的了。”“我们目前在国家工作中的迫切任务之一，是着手系统地制定比较完备的法律，健全我们国家的法制。”(《刘少奇选集》下卷，第 253 页)公民只要没有违反法律，他的公民权利就是有保障的，不会受到任何机关和任何人的侵犯，如果有人非法地侵犯，国家就必然出来加以干涉。公安机关、检察机关和法院，必须贯彻执行法制方面的分工负责和互相制约的制度。同反革命分子和其他犯罪分子进行坚决斗争，也“必须严格地遵守法制”。

第六，在党的建设方面一项重要决策，是提出了反对突出个人、为个人歌功颂德的方针。小平同志代表中央委员会向八大作了《关于修改党的章程的报告》。他的报告根据历史唯物主义的原理和我们党的切身体会，科学地阐述了党、阶级、领袖的关系问题。指出：“对于领袖的爱护——本质上是表现对于党的利益、阶级的利益、人民的利益的爱护，而不是对于个人的神化。”(《邓小平文选》第 1 卷，第 235 页)报告回顾了七届二中全会以来毛主席倡议制止歌功颂德和反对在文艺作品中夸大领导者作用等一系列正确指示之后，明确提出：“我们的任务是，继续坚决地执行中央反对把个人突出、反对对个人歌功颂德的方针，真正巩固领导者同群众的联系，使党的民主原则和群众路线，在一切方面都得到贯彻执行。”(《邓小平文选》第 1 卷，第 235 页)在坚持民主集中制，反对突出个人方面，八大本身就带了一个好头。

以上讲的六条，都是八大的正确决策。至于这些决策执行的情况怎样？八大有无局限性？八大文献对一些重要问题的揭示和表述是否准确？这里都没有讨论。以后有机会，再和读者来讨论这些问题。

(五)为编好1957年计划继续反冒进

一些讲1956年反冒进的书籍和文章，只讲到八大以前，有的还只讲到6月人民代表大会以前。其实，不仅6月人大之后，就是9月八大之后，还继续反了一段冒进。这最后一个阶段的反冒进，主要是围绕着编制1957年的国民经济计划和预算而进行的。

编制1957年的国民经济发展计划，是1956年7月开始的。那时，计委管长期计划，刚成立的经委管年度计划。编制1957年国民经济计划的任务，就由我们经委承担了。

经委是不赞成冒进的，问题是各部，各省市自治区一开始上报的指标，还是要价很高。报的基本建设投资指标共计为243亿元，比1956年的140亿元多103亿元。前面讲过1956年的计划已经“冒”了，1957年再“冒”这么多，当然不行。经委一开始就有两种不同意见，一种是主张高些的，认为压到150亿元就可以了；一种是认为150亿元太高了，主张压到100亿元。在我拍板时定为125亿元，相持不下，只好报周总理和陈云同志了。

面对这种局面，周总理认为，急躁冒进情绪还未平息，还得继续反冒进。周总理的意见是：1957年基本建设投资压到150亿还不行，而应明显低于1956年的实际水平。他强调，把过高的投资额压下来，是1957年全部国民经济协调发展的关键。投资总规模下不来，过高的积累率就下不来，预算会继续出现赤字，物资供应缺口会继续存在甚至扩大。根据周总理和陈云同志指示，经委最后定案为110亿元。这里，我想起了一件轶事：1958年1月南宁会议时，毛主席指着我说，“我看你不是右倾的话，至少也是中间偏右！”我估计就是针对1957年计划会议上，我对基本建设投资采取了“折中”办法而言的。

1956年10月20日到11月9日，党的八届二中全会开会前夕，周总理连续召开了10次国务院常务会议，检查1956年计划执行情况，研究1957年的主要控制指标。在10月24日的会上，他提出现在“主要应该批‘左’”。在11月9日的会议上又明确提出“必须采取退的方针”。他说：“我们国家很大，很落后，人口多，要建设，又要注意人民生活。”我们现在的速度“已经是很了不起了”。在这天的会议上，陈云同志提出：宁愿慢一点，慢个一年两年，到三个五年计划，每个五年计划慢一年。稳当一点，就是说“右倾”一点。“右倾”一点比“左倾”一点好。周总理接着说：“这不发生‘左倾’、右倾的问题。不像政治方面，‘左’了就盲动，右了就投降。”

11月10日，党的八届二中全会开会。毛主席后来把这次全会看成反冒进的“集中表现”。的确，为争取1957年经济稳定发展而开展的反冒进，是集中表现在这次全会上的。

全会议程有三项：时局问题，1957年国民经济计划和财政预算控制数字问题，粮食和主要副食品问题。

少奇同志作时局问题的报告。他作为我党派赴苏联，协助苏共处理波、匈事件的代表团团长，除向全会报告了波、匈事件经过及与苏方谈判情况之外，着重讲了波、匈事件的教训。他认为，波、匈事件教训之一，是苏联和东欧发展重工业中忽视了人民生活，以致激起群众不满，被反动势力所利用。我们应遵照毛主席关于“又要重工业，又要人民”的指示，不能把同人民的关系搞得太紧张。他说：“我们应该注意把工业建设速度放在稳妥可靠的基础上。什么叫稳妥可靠？就是群众总不能‘上马路’，还高兴，还能保持群众的那种热情。”报告结尾时，他引用了周总理、陈云同志关于左倾、右倾的谈话，说：究竟是左倾一点好，还是右倾一点好？毛主席说：看是什么右。少奇同志答：是快慢的右。毛主席说：这种右可以。少奇同志接着说：“对阶级敌人，你右了，人家就进来了，你让，人家就进来了，那个就让不得，那个右是不许犯的。快一点慢一点不是失掉立场问题。昨天有一位同志讲，慢一点，右一点，还有回旋余地；过了一点，左了一点，回旋余地就很少了。”今天看来，那时把“左”倾、右倾这些政治概念运用到建设速度的快慢上来是不确切的(这也是反"右倾保守"时所形成的用语),但这里阐明的宁肯慢一点、也不要搞快了的观点却是很重要的。

周总理就第二项议程作报告。他联系波、匈事件的教训和我国"一五"计划和1956年计划执行情况的总结,提出1957年应实行"保证重点,适当收缩"的方针。他说:

——毛主席近几个月常说,既要重工业,又要人民。我们搞工业化,搞社会主义,就是为人民谋长远利益。你不关心人民的利益,让人民过分地束紧了裤带,重工业搞起来还得停。东欧的教训值得我们注意。

——八大决议提出:"我们必须在三个五年计划或者再多一点的时间内,建成一个基本上完整的工业体系。"基本完整主要是指自己有足够的主要原料,又能独立地制造机器,不可能一切都完完全全。有些东西的生产量是要大些,但也不一定要很大,因为这个任务的实现,决定于东西的有无,不决定于量的太多或次多;实现这一任务的时间可能要放得更长些。

——八大前设想的远景计划:1967年生产3000万吨钢、1万亿斤粮食,现在看来不可能实现,我们的步子可以放慢点。

——八大建议的一些指标,如果综合平衡起来有困难,算不上去,可以修改。

——农业发展纲要四十条也是建议,而且还是一个草案,在执行中如果跟不上去,不要勉强,实际上某些数字已经勾掉了。

——今年的生产指标多数已接近第一个五年计划要求的1957年水平。到明年,46种工业生产指标,估计有39种一定要超过。五年计划基本建设投资427亿,现在提出的明年投资指标为131亿,同前四年的投资加在一起,就是480亿了,超出计划50来亿。五年计划规定的预算收支、人才培训、劳动工资等,都将超过或四年就已超过。

——今年生产建设成绩很大,但有些方面"冒"了。因为今年"冒"了,明年的计划安排就非常困难。"冒"了的就要收缩一下,使整个国民经济协调发展，不然站不稳，就会影响我们的货币、物价、劳动工资等各方面。应该意识到，不要使中国也发生“波兹南”，几万人或者几十万人站在街上请愿，那问题就大了。

周总理报告最后宣布：政治局提议，明年开展一个增产节约运动，指定李先念、薄一波、黄克诚、杨尚昆、习仲勋五同志来计划这个事情。

各组在讨论中，除一些同志担心“适当收缩”的提法会引起“冒退”和对某些具体指标安排有意见以外，一般都同意1957年实行“保证重点，适当收缩”的方针。华北组认为，1956年各方面都“冒”了，1957年应该收缩。董必武同志11月15日在中南组说，批评冒进从6月就开始了，但冒进的思想并未得到清除。经济建设是长期的，偶然突击一下可以，但不能经常靠采取突击的方法。冒进思想不清除，第二个五年计划还会发生问题。董老的话不幸而言中了。

毛主席在小组长会议上提出七条，主要包括：1956年国家建设事业是有成绩的，基本建设投资和其他事业开支，大部分正确，一部分不正确，在308亿元的预算开支中，有20亿到30亿元用得不恰当；1957年预算收支各为308.5亿元，维持1956年水平；钱和材料只这么多，在某些方面必须比1956年作适当压缩；国内阶级矛盾已经基本解决，但是仍应注意一部分反革命分子的活动。11月15日，他在大会上讲话说：现在还看不到第一个五年计划的830项有什么根本性的错误，包括今年预算中用得不当的20亿到30亿在内。前进不是突然进，而是波浪式地前进。有退有进，但主要还是进。要保护干部同人民的积极性，不要在他们头上泼冷水。从这些话语中看得出来，毛主席对这次会议反冒进是有不同意见的，但当时没有提出批评，而且同意1957年实行“保证重点，适当收缩”的方针。1958年批判反冒进时，他说他在八届二中全会提出的七条是个妥协方案，是用来挡水的，想挡一挡反冒进之水。

1957年2月8日，中央发出《关于一九五七年增产节约运动的指示》。为统一全党思想，指示对1956年的经济工作，总结了两条经验：一、建设的速度和规模不但决定于国家的财力，更重要的是决定于建设物资的供应能力。1956 年基本建设规模定得过大，正是因为没有足够考虑建设物资供应的可能。二、人民生活改善的速度主要决定于消费物资供应能力。如果仅仅增加工资、农贷、提高农产品收购价格，而不能相应地增加消费品的供应，那么，就必然造成市场紧张，甚至物价上涨，因而就达不到改善人民生活的目的。指示指出：1956 年我国社会主义改造和社会主义建设取得了巨大的胜利，许多生产指标和建设项目提前完成了 1957 年计划。为巩固这种胜利，总结“一五”经验，准备“二五”计划的实行，1957 年的建设事业在前进的道路上，适当地放慢一些脚步，是完全必要的。

1957 年 6 月 26 日，一届人大第四次会议开幕。7 月 1 日，我以国家经委主任身份代表国务院向大会作《关于一九五六年国民经济计划执行结果和一九五七年国民经济计划草案的报告》。报告规定 1957 年工业总产值比 1956 年增长 4.5%，其中，消费资料增长 1.1%，生产资料增长 8%，钢产量增长 11%，原煤增长 10.7%，棉纱、棉布产量分别比上年减少 11.7%和 14.7%。轻工业减产主要是因为 1956 年部分农业原料减产。基本建设投资 111 亿元，比上年实际完成数 139.9 亿元减少 20.6%。在周总理、陈云同志主持下，1957 年的综合平衡工作是做得比较好的。这一年经济发展的比例关系较为协调。积累占国民收入使用额的比例，财政收入占国民收入比例，基建拨款占财政支出的比例，同当时国家的经济承受能力是相适应的。财政收支平衡，略有节余。当年商品货源显著大于当年社会购买力，市场繁荣，补足了上年的亏空。实践证明，1957 年实行“保证重点，适当收缩”的方针是完全正确的。

总之，1956 年初到 1957 年初的反冒进，是我们党依靠集体领导和集体智慧，成功地避免了一次可能出现的重大失误而载入党的史册的。

上卷结语

写到这里，本书上卷就写完了。掩卷而思，依然往事历历在目，似觉话犹未尽。于是还想写个简短的结语，也可以算是我对1949—1956年这段重要历史的几点总的看法吧。

在起草《中共中央关于建国以来党的若干历史问题的决议》的过程中，小平同志曾经对这段历史作过一些很重要的论述。他指出：

> “建国头七年的成绩是大家一致公认的。我们的社会主义改造是搞得成功的，很了不起。这是毛泽东同志对马克思列宁主义的一个重大贡献。今天我们也还需要从理论上加以阐述。当然缺点也有。从工作来看，有时候在有的问题上是急了一些。”（《邓小平文选》第2卷，第302页）
>
> “没有中国共产党，不进行新民主主义革命和社会主义革命，不建立社会主义制度，今天我们的国家还会是旧中国的样子。我们能够取得现在这样的成就，都是同中国共产党的领导、同毛泽东同志的领导分不开的。恰恰在这个问题上，我们的许多青年缺乏了解。”（《邓小平文选》第2卷，第299页）
>
> “总起来说，一九五七年以前，毛泽东同志的领导是正确的”。（《邓小平文选》第2卷，第294—295页）

从本书上卷所记述的大量事实中，可以清楚地看出，小平同志这些结论性的意见，完全符合这个历史阶段的实际，因而是完全正确的。

中华人民共和国的建立，标志着党领导的新民主主义革命取得了伟大胜利，中国半殖民地半封建社会的历史从此永远结束了；标志着我们实现了民族独立、国家统一和全国各族人民的大团结，中国人民从此在地球的东方真正站起来了。随后，在党中央、毛主席的英明领导下，我们依靠全国人民高涨的革命积极性和巨大的创造力量，迅速医治了长期战争的创伤，迅速恢复、发展了国民经济和教育、科学、文化等事业。在此基础上，党中央、毛主席又适时地提出了党在过渡时期的总路线，庄严地宣布：我们早就选择了社会主义，现在就是要坚定不移地走这条道路。在实践中，我们党创造性地开辟了一条适合中国国情的社会主义改造道路，顺利地基本上完成了生产资料私有制的社会主义改造，在960万平方公里的土地上消灭了剥削制度，铲除了造成社会不平等、不公正的主要社会历史根源，建立了崭新的社会主义制度。这是我国历史上最深刻最伟大的社会变革，为我国今后的一切发展和进步奠定了坚实的基础。总之，中国新民主主义革命的胜利，中国社会主义改造的胜利，是我国历史上具有深远意义和影响的两件大事。现在党领导全国人民正在进行的第三件大事，就是建设有中国特色的社会主义，实现社会主义的现代化。这是我们党为国家、民族、人民做出的最伟大的历史性贡献，也是对马克思列宁主义的重大贡献。在这些历史贡献中，毛主席作为党的伟大领袖尤其建立了不可磨灭的历史功绩。正如邓小平同志所说过的："回想在一九二七年革命失败以后，如果没有毛泽东同志的卓越领导，中国革命有极大的可能到现在还没有胜利，那样，中国各族人民就还处在帝国主义、封建主义、官僚资本主义的反动统治之下，我们党就还在黑暗中苦斗。所以说没有毛主席就没有新中国，这丝毫不是什么夸张。"(《邓小平文选》第2卷，第148页)同样可以说，没有毛主席的英明决策和正确领导，也不可能那样顺利地取得社会主义革命的胜利，就没有社会主义中国的发展，这也丝毫不是什么夸张。

在建国后的头七年中，我们取得的成就是伟大、辉煌的。工农业生产高速地健康发展、经济效益良好；市场繁荣，物价稳定，人民安居乐业，生活显著改善和提高；科学技术、文化教育长足进步；党和人民政府励精图治，清正廉明，人民当家作主，各项民主权利得到保障；党内政治生活正常，党群关系密切，各级党组织和广大党员在工作、生产和社会活动中真正发挥了战斗堡垒作用和先锋模范作用，党在人民群众中享有崇高的声誉；整个社会安定团结，形成了革命的、健康的、朝气蓬勃的精神道德风尚；全国上下，同心同德，艰苦奋斗，勤俭建国，自强不息，表现出摆脱了压迫、剥削和奴役的中国人民为荡涤旧社会遗留下来的一切污泥浊水，为建设自己的新生活而焕发出来的巨大的革命积极性、主动性和历史首创精神。新中国完全是以一种新的生活、新的制度、新的形象、新的力量出现在世界的东方。在这些事实面前，艾奇逊们曾经发出的中国共产党人摆脱不掉“不堪负担的压力”，解决不了自己的经济问题，中国将永远是天下大乱，只有靠美国的救济才有出路的种种预言，完全破产了。可以无愧地说，这是中华人民共和国建立以来最好的时期之一，至今仍令人神往和回味无穷。

在这七年中，在社会主义改造的后期，主要是1955年下半年以后，在三大改造以及其他一些局部工作中，确实开始产生了急躁冒进的苗头，出现了过急过粗过快的偏差和缺点。我在本书的若干篇章中，对此作了一些实事求是的分析和研究，这是必要的和有益的，目的是总结历史的经验教训，作为今后工作的鉴戒，以便把我们的工作做得更好。这些偏差和缺点的发生，毛主席当然有责任，我在书中也作了一些实事求是的分析和研究，这也是必要的，对我们总结历史经验和改进领导工作也是有益的。但是，发生这些偏差和缺点，不能由毛主席一个人负责，别人也有责任。否则，是不符合事实的，也是不公正的。一是毛主席在三大改造的后期提出的一些意见和决策，事后看来过急了一些，有缺点有偏差之处，但当时大家都是同意和接受了的；有的同志虽然有过不同意见，或者未能提出，或者提出了又未能坚持。所以大家都应承担一些责任，这是合乎实际的。二是这些缺点和偏差是在缺乏实践经验的情况下，在探索的过程中发生的。既然是探索，就难免出现某些失误，要求在探索中不出一点偏差，完全正确，那是把探索理想化了，而这种理想化的探索在现实生活中是不存在的。包括领袖人物进行的探索在内，由于认识条件的限制，也难免出一些差错，如果要求他们一点差错也不能出，那就是把领袖人物神化了。这里，必须再一次强调指出，我们所以能够成功地探索出一条适合中国国情的社会主义改造的道路，首先应该归功于毛主席。在社会主义改造基本完成时，毛主席又及时提出"以苏联为鉴戒"，开始探索适合中国情况的社会主义建设的道路，并且写过一些好文章，提出过一些好思想。这些都是非常难能可贵的。总之，对在三大改造高潮中发生的一些缺点和偏差，我们不但要摆到当时的环境中去分析，既不回避也不夸大，实事求是地总结经验教训，而且要充分地看到，这些缺点和偏差同党中央、毛主席领导全国人民完成社会主义改造和开展大规模经济建设所取得的巨大成就相比，是非常次要的，而且许多也是难免的。事实已经雄辩地证明，党中央和毛主席所确定的指导这个时期工作的总路线和基本方针、基本政策是正确的。

薄一波文稿丛编

若干重大决策与事件的回顾【下】

薄一波 著

中共党史出版社

目录

二十二 《关于正确处理人民内部矛盾的问题》的发表

《关于正确处理人民内部矛盾的问题》，是毛主席在社会主义时期写下的最重要的著作之一。它运用唯物辩证法科学地分析了社会主义社会的基本矛盾，正确地提出和阐述了社会主义建设中的一系列重大问题，为我国社会主义事业的发展奠定了理论基础。它的发表，不仅是50年代中期我国政治生活中的一件大事，而且我认为在建设有中国特色社会主义的过程中，它仍然显示着毛泽东思想的理论力量，对于促进我国改革开放和现代化建设事业的发展仍然具有重要指导意义。因此，在本书的下卷中，我想首先对毛主席这篇著作的形成作些回顾与分析。

(一)社会主义建设时期国家政治生活的主题

毛主席为什么提出正确处理人民内部矛盾的问题？概括地说，不仅是我国由革命时期转入全面建设时期的迫切需要，也是对中国革命和建设经验以及整个国际共产主义运动经验的深刻总结。

《关于正确处理人民内部矛盾的问题》，是1957年2月27日毛主席在1800多人出席的最高国务会议第11次扩大会议上发表的重要讲话。原题目是《如何处理人民内部的矛盾》，后来经过整理和作了若干修改、补充，于6月19日公开发表，并定名为《关于正确处理人民内部矛盾的问题》(以下简称《正处》)。

当时，我国正处在一个重大的历史转折时期。毛主席说："中国共产党是领导阶级斗争胜利了的党，现在的任务就是要向自然界作斗争，就是要搞建设。”1956 年 9 月，党的八大标志着和宣布了中国“由革命到建设”的转变。由于大规模的阶级斗争基本结束，即敌我矛盾、阶级剥削与被剥削的矛盾基本解决，而人民内部的矛盾则逐渐大量显露出来，突出起来，因此正确处理人民内部矛盾成为国家政治生活的主题，是“提起一切工作的纲”。周恩来同志在谈到这个问题时说：“为什么在现在，毛主席在最高国务会议扩大会议上提出正确处理人民内部矛盾问题？就是因为我们革命阶段过去了，或者说基本上过去了”，“现在面临着社会主义建设的阶段。这个阶段，由于革命阶段过去了，大规模群众性的阶级斗争结束了，因此人民内部的矛盾就露出来了，这些问题就多起来，就需要我们处理”。又说，“在社会主义建设阶段有许多新问题”，“最主要的是人民内部矛盾问题”。

列宁指出，生机勃勃的创造性的社会主义是由人民群众自己创立的。毛主席从 1956 年 4 月《论十大关系》开始，再三阐明了这样一个基本方针或战略方针：调动一切积极因素，团结一切可能团结的人，并且尽可能地将消极因素转变为积极因素，为建设社会主义社会这个伟大的事业服务。而如何调动一切积极因素，团结一切可能团结的人呢？1957 年 5 月 2 日，根据毛主席的意见撰写的《人民日报》的社论《为什么要整风？》指出：“所谓团结全体人民，所谓调动一切积极力量，将消极力量转化为积极力量，无非就是要正确处理人民内部的矛盾。”在这里，将正确处理人民内部矛盾同动员人民群众建设社会主义的关系说得非常明确。可以这样说，不正确处理人民内部矛盾，就不可能胜利地建设社会主义。几十年的历史也证明，这是千真万确的。

当时，我们党的广大党员和干部对这个问题的认识状况怎么样呢？毛主席多次指出，绝大多数共产党员和干部（包括高级干部）对人民内部矛盾这个“新问题”都“没有精神准备”，“心中无数”，不知道如何处理。

从 1956 年下半年起，我国一些地区接连出现了不安定的苗头。据不完全统计，从 1956 年 9 月到 1957 年 3 月半年时间内，全国发生数十起罢工、请愿事件，每起人数一般有10多人至数十人，多者有一二百人，甚至近千人，共约一万多人；有几十个城市发生大、中学校学生罢课、请愿事件，也共有一万多人；在农村也连续发生了闹社的风潮，如浙江省农村发生请愿、殴打、哄闹等事件1100多起，广东省农村先后退社的有十一二万户，等等。有人在闹事过程中公开提出要来一个“匈牙利”！刘少奇同志指出，闹事“表现人民内部的矛盾开始在紧张起来，开始在发展起来”。那么，闹事的原因究竟是什么呢？1957年2月22日《中华全国总工会党组关于职工罢工请愿情况的报告》指出：“罢工请愿事件的发生，大部分是由于企业行政上的官僚主义。”“另一部分罢工请愿是由于新工人不断增加，他们缺乏锻炼，思想不纯，而工会组织对他们的政治思想教育又做得不够。”青年团中央在分析学生闹事的原因时，强调指出：“根据闹事的情况来看，基于反革命分子捣乱、破坏的是极少数，绝大部分都是些幼稚青年因学校在学习、生活上满足不了自己要求而闹事的。”毛主席1957年1月在省、市、自治区党委书记会议的讲话中指出：“发生人民闹事的原因有这么一些：有些是因为我们在政治上或在经济上犯了错误。犯错误的原因无非是主观主义、官僚主义这些东西。不要都讲是反革命。”稍后，又指出：“这些闹事不能够说主要是反革命，而主要是我们工作中的缺点，我们不会教育，我们不会领导。”少奇同志也说：“人民群众起来闹事的主要原因是我们领导机关的官僚主义。”这些分析是符合实际的。它说明这些闹事，基本上是人民内部的问题。然而，当时许多党员和干部却认为，“好人不闹事，闹事没好人”，“凡是与政府闹事的就是敌我矛盾”。基于这样的认识，他们对人民群众的闹事，一是“怕”；二是“简单处理”，即采取压制和压服的办法，动辄批判斗争、开除，甚至动用武力。举两个比较突出的例子：一是广东某县的麻风病防治委员会，要在某乡盖一个麻风病院，和群众商量，群众不同意，而县政府根本不顾群众的意见，硬在那里盖了一所麻风病院。这样就惹恼了群众，有400多人在合作社主任的带领下，把麻风病院的房子拆掉，并把干部的衣服也扯烂了。该县公安局的负责人带领八名警察赶赴现场，开枪打死五个人、打伤九个人。二是兰州一所技校，外省籍学生要求发给寒假回家路费，学校不同意，300多学生闹了起来，学校领导采取强硬办法，抓了60多人，认为他们是反革命。当然，用这种办法对待群众闹事是极个别的，但采取种种压制和压服手段的则所在多有。毛主席在党的八届二中全会上曾尖锐指出："现在，有这么一种空气，有相当这样的人，好像得了天下，就高枕无忧，可以横行霸道了。"这个批评一针见血。当时，有许多党员和干部在掌了权后，不知如何对待群众，一遇到问题，一遇到群众的不满，习惯用革命战争时期对付敌人的办法对待人民群众。正如毛主席所说："随着敌我矛盾在国内基本解决，人民内部的矛盾开始比过去显露了。但是至今还有许多同志对这种形势不很清楚，还用过去一些老的办法来对待新的问题。"又说："现在我们有些同志，对待人民内部问题动不动就想'武力解决'，这是非常危险的，必须坚决纠正的。"

革命是"得天下"，建设是"治天下"，"治天下"与"得天下"的任务不同，办法也就不同。对此，古人多有论述。例如，西汉的陆贾对刘邦说：凭武力固然可以夺取天下，难道也可以用来治理天下吗？("居马上得之，宁可以马上治之乎？"见《史记·陆贾列传》)贾谊说："夫并兼者高诈力，安定者贵顺权，推此言之，取与守不同术也。"(《过秦论》)唐太宗与侍臣论周、秦的长短，说："周得天下，增修仁义，秦得天下，益尚诈力，此修短之所以殊也。盖取之或可以逆得，而守之不可以不顺故也。"(《通鉴纪事本末·贞观君臣论治》)然而，历史上常有人袭用"得天下"的办法"治天下"，结果酿成这样或那样的祸乱，教训良深。毛主席深知这些道理，并经常教育干部要以史为鉴，他在由革命到建设的转变时期提出正确处理人民内部矛盾问题，我以为是从更深刻的意义上阐明这些道理，用以教育广大党员和干部学会"治天下"即建设好人民自己的国家的办法。

当时，有没有能够正确对待和处理人民内部矛盾的党员和干部呢？有，但不多。昆明航空工业学校的领导是一个好的例子。1956年9月初，昆明市发生了由广东来昆明上中等技校的3000多名学生向省人民政府请愿，要求提高助学金和生活待遇的事件。但是，同期到达昆明航校的500名湖南学生，没有受影响，而且很少怨言。其实他们的学习、生活条件比其他学校还差。他们并没闹事，这是为什么呢？当时团省委写的材料说，其原因就在于“这个学校的政治思想工作是做得比较具体切实的”。校领导说老实话，把学校的困难情况如实地告诉学生，动员学生共同克服困难；校领导和师生同甘共苦。学校没有饭厅，师生都吃“露天食堂”，每逢雨天，干饭成了稀饭。但是学生说：“看见老师的干饭也变成了稀饭，我们年轻人还怕这些困难？”发现个别的坏人坏事，严肃处理，并让大家讨论，受教育。就这样，“困难重重的昆明航空学校”办得生气勃勃。毛主席十分称赞他们的做法，说：“这是没有官僚主义的。如果办学校的人，都照这个办法办，那就好了，这是马克思主义的办学校的办法。”

许多党员和干部对面临的新形势、新任务不理解，还表现在对待人民群众的思想和精神生活方面。随着“双百”方针的提出和倡导，思想文化界开始活跃起来，在出现一些好的作品的同时，也“鸣”、“放”出一些错误的东西，有毒的东西。这时有些同志就坐不住了。解放军总政治部文化部的陈其通等四位同志，在1957年1月7日的《人民日报》上发表了《我们对目前文艺工作的几点意见》的文章。文章说，“在过去的一年中，为工农兵服务的文艺方向和社会主义现实主义的创作方法，越来越很少有人提倡了”，“有些人认为国家已进入社会主义建设的新时期，只需要强调‘百花齐放，百家争鸣’，为工农兵服务的方向就可以不必强调了”，结果“真正反映当前重大政治斗争的主题有些作家不敢写了，也很少有人再提倡了”，“使文学艺术的战斗性减弱了，时代的面貌模糊了，时代的声音低沉了，社会主义建设的光辉在文学艺术这面镜子里光彩暗淡了”。这篇文章的实质是反映了很多人对“双百”方针的怀疑和抵触情绪。它一出来就引起了毛主席的注意，在1至4月的几个月内曾多次批评这篇文章。他一方面明确指出和充分肯定陈其通等同志“立场很好”，“忠心耿耿，为党为国”，另一方面又尖锐批评他们“方针不对”——“阻止‘百花齐放，百家争鸣’”，“方法不对”——“粗暴不讲理”。还说他们“忧心如焚，惟恐天下大乱”，“不相信人民，不相信人民有鉴别力量”等等。《人民日报》在发表这篇文章后长期不表态，也受到毛主席的严厉批评，说他们是“死人办报”。此外，我们党对各民主党派和无党派民主人士实行“长期共存，互相监督”的方针，许多人思想也不通。有人说：“革命几十年都没有叫人监督，现在革命胜利了反倒要叫人监督了！”显然，这种狭隘的不正确的思想情绪，不利于团结一切可以团结的力量，共同建设社会主义。

毛主席提出正确处理人民内部矛盾问题，也是同正确地总结和吸取当时苏联和东欧一些社会主义国家的经验教训分不开的。

我先从苏共二十大批判斯大林谈起。斯大林的问题，不单是苏共一个党的问题，而是牵涉到国际共产主义运动的大问题。对苏共二十大批判斯大林，我们党有自己的看法。毛主席在《正处》的讲话中指出：“批评斯大林有两方面的性质，一方面实在有好处，一方面是不好。揭破对斯大林的迷信，揭掉盖子使大家解放，这是一个解放运动。但是因为他揭的方法不对，没有做过好好分析，一棍子打死，这么一个方法引起全世界去年下半年的几次大风潮，后来又引起匈牙利、波兰事情。”我们党认为斯大林有功有过，功大于过；对斯大林的错误应该批评，但必须在肯定和维护他正确方面的前提下进行。这种看法，集中地反映在《人民日报》编辑部根据中央政治局扩大会议的讨论写成的《关于无产阶级专政的历史经验》和《再论无产阶级专政的历史经验》两篇文章中。毛主席一再指出，斯大林的严重错误之一，就是“混淆敌我矛盾和人民内部矛盾，拿对付敌人的办法来对待人民”。在斯大林当权的很长时间内，不准人们对党和政府表示不满，更不准批评党和政府的工作，谁批评，就怀疑谁是敌人，就有坐班房、杀头的危险。苏联30年代后期的肃反扩大化就是这样造成的。斯大林这个错误(以及其他错误)是应该批评的。但是，赫鲁晓夫在苏共二十大上批判斯大林错误的时候，采取“一棍子打死”的办法，全盘否定的办法，则是错误的，也是混淆人民内部矛盾和敌我矛盾，用对待敌人的方法对待斯大林。这样搞，只能使“亲者痛，仇者快”。苏共二十大后发生的世界性反共风潮以及波匈事件，充分证明了这一点。

波匈事件引起了我党的极大注意。仅仅从1956年10月21日到11月9日的20天时间内，中央常委和中央政治局连续召开十三四次扩大会议讨论波匈事件及有关问题。11月10日至15日召开的八届二中全会，其中心议题之一也是讨论波匈事件及其教训。全会后，仍多次召开常委扩大会议、政治局扩大会议继续讨论波匈问题，并根据讨论的意见，以《人民日报》编辑部的名义，撰写和发表了《再论无产阶级专政的历史经验》一文。中央这些会议绝大多数我都参加了。当时，中央的工作日程排得很紧，往往是通宵达旦，不分昼夜。这里可以介绍几天的情况。

——10月21日，政治局常委于21时30分—23时45分举行扩大会议，讨论有关波兰问题。

——10月22日，中央指示我国驻波使馆“收集波兰近况”，指示驻苏大使刘晓为中央代表团收集各国关于波兰问题的动向。凌晨1时20分至2时55分毛主席接见苏驻华大使尤金，少奇、恩来、陈云、小平同志在座。随后，毛主席和少奇、恩来、陈云、小平同志谈波兰问题，并决定由少奇、小平、稼祥同志组成代表团去参加苏共中央的一个会议。23时至翌日零时40分，毛主席主持政治局扩大会议讨论波兰问题。

——10月23日，凌晨1时—2时10分，毛主席约见尤金大使，在座的有少奇、恩来、陈云、小平、稼祥、乔木同志。随后，毛主席和在座的同志谈话，至2时40分。23时至翌日2时，毛主席主持政治局会议谈波兰问题。

——10月24日，23时至翌日1时30分，毛主席主持政治局扩大会议谈波兰和匈牙利问题。

——10月31日，9时30分—12时20分，举行中央政治局扩大会议讨论波匈问题。19时20分—20时15分，常委举行会议谈波匈问题。20时20分—21时30分毛主席接见波驻华大使基里克，恩来、朱德、陈云同志在座。翌日零时30分至1时20分毛主席和恩来、李维汉、吴冷西同志谈话。

——11月1日，16时—18时，常委讨论《中华人民共和国政府关于苏联政府1956年10月30日宣言的声明(草稿)》。20时—23时40分,毛主席召开最高国务会议,讨论通过《中华人民共和国政府关于苏联政府宣言的声明》。23时15分,少奇、小平、稼祥、乔木同志由莫斯科返抵北京,11月2日零时,毛主席、恩来、陈云、彭真等同志即听取他们去莫斯科的情况汇报,至5时5分。

毛主席和党中央为什么这样关切波匈事件?因为这两个事件不仅关系着波匈两个社会主义国家的命运,而且对其他社会主义国家也有影响,在我们国家也发生了一些罢工、罢课等闹事问题。波匈事件连同苏共二十大对斯大林的错误的揭露,极其尖锐地表明社会主义制度下仍然存在着各种矛盾,如何对待和处理这些矛盾直接关系到社会主义事业的巩固和发展问题,是摆在各社会主义国家共产党人面前的重大课题。

所谓波兰事件,是指波兰波兹南市于1956年6月28日发生的罢工、游行示威和骚乱。关于这件事情的原因,7月18日波兰党召开的七中全会指出,“寻找事件的原因时把我们的注意力集中在煽动者和帝国主义走狗的阴谋上去,那是错误的”,“极大部分的责任要归中央和地方领导者的官僚主义和愚昧无知”;波兹南事件“证明在党同人民各阶层之间的关系方面存在着重大的错误”。为此,波兰党采取措施,克服缺点,扩大政治民主,改善人民生活,并在10月19日举行八中全会,重新选举中央政治局,改组了领导机构。我们党赞赏波兰党的做法,认为他们“比较有力量,能控制局势,使不满逐步得到解决,对坏分子的利用能够逐步加以批判”。

匈牙利事件的情况就不同了。

所谓匈牙利事件,是指1956年10月下旬至11月上旬在布达佩斯等地发生的罢工、游行示威和骚乱。其原因也主要是由匈牙利党的错误引起的。少奇同志在八届二中全会的报告中指出,匈牙利党在执政后没有“充分地发动群众去进行阶级斗争,反对地主阶级,反对资产阶级”,在“经济建设中过多地建设重工业”,“牺牲轻工业,牺牲农业,一直到现在人民生活没有改善”。关于匈牙利党的错误,毛主席指出:“官僚主义,脱离群众,工业方针错误,工人减薪,资本家简单地被打倒，知识分子未被改造，反革命分子没有镇压。”事件发生后，匈牙利的党既没有力量，又不能正确地对待群众，当时党的第一书记格罗大骂群众是“法西斯”，把群众当成敌人，再加上国内反革命分子和帝国主义分子的煽动和利用，使一部分人民群众受了欺骗，于是人民群众的游行示威就演变成对付政府的骚乱。匈牙利事件表明，能否正确区分和处理敌我矛盾和人民内部矛盾，不仅关系到社会主义建设的成败，也关系到人民政权的存亡。特别是，在共产党执政的情况下，正确处理人民内部矛盾尤为重要。社会主义国家及其执政的共产党必须学会正确区分和处理敌我矛盾和人民内部矛盾，而且只有正确区分和处理敌我矛盾和人民内部矛盾才能巩固人民政权，这是无产阶级专政的基本历史经验之一。

总之，不论中国的现实，还是其他社会主义国家的经验，都证明正确处理人民内部矛盾的极端重要性，证明正确处理人民内部矛盾的问题是社会主义建设时期国家政治生活的主题。毛主席在《正处》第一部分“两类不同性质的矛盾”的结尾写道：“现在的情况是：革命时期的大规模的急风暴雨式的群众阶级斗争基本结束，但是阶级斗争还没有完全结束；广大群众一面欢迎新制度，一面又还感到还不大习惯；政府工作人员经验也还不够丰富，对一些具体政策的问题，应当继续考察和探索。这就是说，我们的社会主义制度还需要有一个继续建立和巩固的过程，人民群众对于这个新制度还需要有一个习惯的过程，国家工作人员也需要一个学习和取得经验的过程。在这个时候，我们提出划分敌我和人民内部两类矛盾的界线，提出正确处理人民内部矛盾的问题，以便团结全国各族人民进行一场新的战争——向自然界开战，发展我们的经济，发展我们的文化，使全体人民比较顺利地走过目前的过渡时期，巩固我们的新制度，建设我们的新国家，就是十分必要的了。”

（二）正确处理人民内部矛盾学说的形成过程

毛主席 1957 年 3 月 10 日在和新闻出版界代表的谈话中指出：“我在最高国务会议讲话所谈的问题，本来在心里积累了很久。”这表明，毛主席关于正确处理人民内部矛盾的学说，或者说，关于正确区分和处理两类矛盾的学说，并不是突然提出来的，也不是一次完成的，而是经历了一个长期孕育、产生和发展的过程。

早在延安整风时期，毛主席就多次尖锐批评"左"倾教条主义者在党内斗争中实行"残酷斗争"和"无情打击"的错误，反复指出，这是对付敌人的办法，而对于党内的缺点和错误，只能采取"惩前毖后，治病救人"的方针。在这里，毛主席是把矛盾分成两种或两类的。1942 年 5 月，《在延安文艺座谈会上的讲话》中批评"从来文艺的任务就在于暴露"的错误观点时，他指出："对于革命的文艺家，暴露的对象，只能是侵略者、剥削者、压迫者及其在人民中所遗留的恶劣影响，而不能是人民大众。人民大众也是有缺点的，这些缺点应当用人民内部的批评和自我批评来克服。""人民内部"显然是相对于人民外部即敌我而言的。在这篇讲话中，毛主席还谈到鲁迅写杂文对待敌人和对待人民的不同态度。他说："……'杂文时代'的鲁迅，也不曾嘲笑和攻击革命人民和革命政党，杂文的写法也和对于敌人的完全两样。对于人民的缺点是需要批评的，……但必须是真正站在人民的立场上，用保护人民、教育人民的满腔热情来说话。如果把同志当作敌人来对待，就是使自己站在敌人的立场上去了。"(《毛泽东选集》第 2 版，第 3 卷，第 872 页)1944 年 9 月，毛主席在中央招待留守兵团学习代表时说，我们的军队一向就有两条方针：第一对敌人要狠，要压倒它，要消灭它；第二对自己人、对人民、对同志、对官长、对部下要和，要团结。1949 年 3 月，毛主席在党的七届二中全会上提出，要"划清两种界限"：(一)"是革命还是反革命？是延安还是西安？"(二)"在革命的队伍中，要划清正确和错误、成绩和缺点的界限"。(《毛泽东选集》第 2 版，第 4 卷，第 1444 页)同年 6 月，毛主席在《论人民民主专政》中，深刻阐明了对于反动派实行专政和"对于人民内部，则实行民主制度"的道理。他说："对人民内部的民主方面和对反动派的专政方面，互相结合起来，就是人民民主专政。"(《毛泽东选集》第 2 版，第 4 卷，第 1475 页)这些材料说明，早在民主革命时期，毛主席就十分注意区分和处理两类不同性质的矛盾

（尽管当时还没有这样明确的提法），这正是保证我们革命取得胜利的重要条件。

新中国建立后，在社会主义革命时期，毛主席继续进行这方面的探索。在这里应该指出，少奇同志也很注意这个问题。1951年，他在审读邓子恢同志《在中南总工会筹委扩大会上的报告》和高岗《论公营工厂中行政与工会立场的一致性》两篇文章的笔记中，曾具体分析过国营工厂的矛盾。他说："在国营工厂内部是没有阶级矛盾了，但是不是还有其他的矛盾呢？一切事物的构成都是矛盾的构成，国营工厂的内部结构当然也是矛盾的结构。什么是构成国营工厂的内部基本矛盾呢？这就是国营工厂管理机关与工人群众之间的矛盾，就是国营工厂内部的公私矛盾。这种矛盾与资本家工厂中的阶级对抗完全不同，它是一种在根本上非敌对的、可以和解也应该调和的矛盾。"又说："如果不能正确地处理这个问题，就不能正确地处理国营工厂中的一切问题。但是，这种矛盾和关系是工人阶级和人民内部的矛盾和关系，因此，应该用同志的、和解的、团结的办法来处理这种矛盾和关系。""由此可见，矛盾大体上可以分为两类：一类是在根本上敌对的不能和解的矛盾；另一类是在根本上非敌对的可以和解的矛盾。我们在观察问题的时候，必须分清这两类矛盾的不同性质，既不可以把敌对的不能和解的矛盾看作是非敌对的可以和解的矛盾，也不可以把非敌对的可以和解的矛盾看作是敌对的不能和解的矛盾"。（《刘少奇选集》下卷，第93—94页）少奇同志这篇笔记毛主席不一定看到。但它确实表明，时代和实践在呼唤着两类矛盾学说。

我们回过头来继续讲毛主席关于这个问题的思想的发展。毛主席的《矛盾论》在1952年重新发表时，他作了部分的补充、删节和修改，在"对抗在矛盾中的地位"一节中，对两类矛盾问题作了阐述。毛主席在1955年5月写的《驳"舆论一律"》中，明确地提出要分清楚"人民的内部和外部两个不同的范畴"。他说："在内部，压制自由，压制人民对党和政府的错误缺点的批评，压制学术界的自由讨论，是犯罪的行为。这是我们的制度。""在外部，放纵反革命乱说乱动是犯罪的行为，而专政是合法的行为。这是我们的制度。”区分两类不同性质的矛盾的概念，在这里已经跃然纸上，呼之欲出了。

随着时间的推移和实践的发展，毛主席关于两类矛盾的学说愈来愈明确。在苏共二十大之后，中央政治局在毛主席主持下连续开会讨论苏共二十大提出的问题及其所产生的正、反两方面的影响，并于同年4月5日发表《关于无产阶级专政的历史经验》的文章。明确指出：“有一些天真烂漫的想法，仿佛认为在社会主义社会中是不会再有矛盾存在了。否认矛盾存在，就是否认辩证法。各个社会的矛盾性质不同，解决矛盾的方式不同，但是社会的发展总是在不断的矛盾中进行的。社会主义社会的发展也是在生产力和生产关系的矛盾中进行着的。”（顺便指出，苏联《真理报》4月7日在转载这篇文章时恰恰删去了这段话，这清楚地表明当时苏联官方对社会主义社会矛盾问题的态度）以苏联的经验为鉴戒并在广泛调查研究的基础上，毛主席4月25日作了《论十大关系》的报告，探讨适合中国情况的社会主义建设道路。这“十大关系”，也是“十大矛盾”，其中讲到“革命和反革命的关系”与“是非关系”，这是直接论述敌我矛盾和人民内部矛盾的；此外，诸如“国家、生产单位和生产者个人的关系”，“中央和地方的关系”，“汉族和少数民族的关系”，“党和非党的关系”等，也都是人民内部矛盾的具体内容。《论十大关系》在两类矛盾学说产生和发展过程中又前进了一步，使它更加具体化了。

1956年上半年，我国生产资料私有制的社会主义改造基本完成，社会主义制度已经基本建立起来，这是我国历史上最伟大最深刻的社会变革。党的八大明确指出：“无产阶级同资产阶级之间的矛盾已经基本上解决。”因此，研究如何处理人民内部矛盾成为突出的重大课题。随着波兰、匈牙利事件的发生，以及我国出现的一些群众闹事的情况，更加重了研究这个问题的重要性和紧迫性。在此后一段时间内，主要是在1956年11月到1957年2月，毛主席在这个问题上倾注了大量心血，并取得了辉煌成果——创立了社会主义社会两类不同性质的矛盾的学说，特别是正确处理人民内部矛盾的学说。这再一次表现了毛主席善于在关键时刻抓住关键问题从理论上和实践上正确予以解决的大睿大智。

——1956年11月，在党的八届二中全会上，毛主席和其他中央领导同志及时地总结了波兰、匈牙利事件的经验教训。他们以波兰、匈牙利事件为鉴戒，反对大民主，认为大民主是对付阶级敌人的，而不适用于人民内部。毛主席说："以后凡是人民内部的事情，党内的事情，就是用整风的方法，用批评和自我批评的方法来解决，而不是用武力来解决，或者群众运动一轰。"

——1956年10月和11月，中国民主建国会相继召开了中央常委会和二中全会，用批评和自我批评的方法解决内部的问题。主任委员黄炎培给毛主席写信报告情况。毛主席于12月4日回信，称赞"你们的会议开得很好"，并说："批评和自我批评这个方法竟在你们党内，在全国各地工商者之间，在高级知识分子之间行通了，并且做得日益健全，真是好消息。"还说："我高兴地听到民建会这样开会法，我希望凡有问题的地方都用这种方法。"毛主席对这件事的欣喜之情溢于言表。他在致黄炎培的信中，对社会主义社会两类矛盾学说作了重要和精彩的论述。他说："社会总是充满着矛盾。即使社会主义和共产主义社会也是如此，不过矛盾的性质和阶级社会有所不同罢了。既有矛盾就要求揭露和解决。有两种揭露和解决的方法：一种是对敌（这说的是特务破坏分子）我之间的，一种是对人民内部的（包括党派内部的，党派与党派之间的）。前者用镇压的方法，后者是用说服的方法，即批评的方法。我们国家内部的阶级矛盾已经基本上解决了（即是说还没完全解决，表现在意识形态方面的，还将在一个长时期内存在。另外，还有少数特务分子也将在一个长时间内存在），所有人民应当团结起来。但是人民内部的问题仍将层出不穷，解决的方法，就是从团结出发，经过批评与自我批评，达到团结这样一种方法。"（《毛泽东书信选集》，第514—515页，着重点是原有的）在这里，毛主席把两类矛盾学说和正确处理人民内部矛盾学说的基本逻辑和基本内容已经阐发出来了。

——12月29日《人民日报》发表的《再论无产阶级专政的历史经验》，把两类矛盾的观点作为观察现代国际问题的"根本立场"，首先提了出来。文章说:“在我们面前有两种性质不同的矛盾:第一种是敌我之间的矛盾(在帝国主义阵营同社会主义阵营之间,帝国主义同全世界人民和被压迫民族之间,帝国主义国家的资产阶级同无产阶级之间,等等)。这是根本的矛盾,它的基础是敌对阶级之间的利害冲突。第二种是人民内部的矛盾(在这一部分人民和那一部分人民之间,共产党内这一部分同志和那一部分同志之间,社会主义国家的政府和人民之间,社会主义国家相互之间,共产党和共产党之间,等等)。这是非根本的矛盾,它的发生不是由于阶级利害的根本冲突,而是由于正确意见和错误意见的矛盾,或者由于局部性质的利害矛盾。它的解决首先必须服从于对敌斗争的总的利益。人民内部的矛盾可以而且应该从团结的愿望出发,经过批评或者斗争获得解决,从而在新的条件下得到新的团结。当然,实际生活的情况是复杂的。有时为了对付主要的共同的敌人,利害根本冲突的阶级也可以联合起来。反之,在特定情况下,人民内部的某种矛盾,由于矛盾的一方逐步转到敌人方面,也可以逐步转化成为对抗性的矛盾。”接着强调指出:“在开始谈到我们所要讨论的问题之前,我们认为必须首先解决这个根本立场问题。否则,我们就必然会迷失方向,就不可能对于国际现象作出正确的解释。”在这里,不仅第一次明确地提出和使用了“敌我矛盾”和“人民内部矛盾”的概念,区分了两类不同性质的社会矛盾,而且讲了这两类矛盾产生的原因和具体内容,还讲了处理这两类矛盾的方法,以及这两类矛盾在一定条件下的转化等等。在讨论这篇文稿时,王稼祥同志提出:“把人民内部矛盾的性质及其解决的方法,稍加说明一下,表明它与敌我矛盾不同。”尽管在修改过程中作了努力,但由于受文章主题(讲国际问题)等原因的限制,不可能展开。这个任务主要是由毛主席在1957年1月和2月完成的。

——1957年1月18日至27日,中共中央在北京召开省、市、自治区党委书记会议,主要讨论思想动向问题、农村问题和经济问题。毛主席就思想动向问题,于18日和27日两次发表长篇讲话,并在会议讨论过程中作了许多插话,中心就是讲矛盾,讲辩证法,讲如何对待群众中发生的闹事即如何处理人民内部的矛盾。他着重指出，如何处理人民内部矛盾是一个新问题，研究它是一种科学。“对于建设时期的阶级斗争和人民内部的斗争这个东西，我们缺乏经验。革命时期的人民内部的斗争很小，因为都集中力量去对付阶级斗争了。建设时期剩下一部分阶级斗争，大量表现的是人民内部的斗争，对于这个东西我们的经验不足，值得好好研究一下这个问题。这是一种科学，应该好好研究。”毛主席在这里把研究人民内部矛盾问题上升为“一种科学”，这是正确处理人民内部矛盾学说形成过程中的一个“飞跃”。他在这次会上详细地论述了正确对待人民群众中发生的闹事问题，强调指出，许多干部对这种闹事事件“又怕，又简单处理”，“其思想上的原因就是不承认社会上有对立统一，社会上有对立的一面”，即不承认有矛盾。

历史的追溯就到这里。毛主席的《正处》讲话，确实是酝酿了很久，积累了很久，一步一步丰富，一步一步完善，终于“水到渠成，瓜熟蒂落”。

(三)从讲话到论文的发表

1957 年 2 月 27 日毛主席所作的《如何处理人民内部的矛盾》的讲话，是他关于社会主义社会两类不同性质的矛盾学说，特别是关于正确处理人民内部矛盾学说的系统化和全面展开。这篇讲话阐明了提出正确处理人民内部矛盾的历史背景，即社会主义改造的基本完成，从革命到建设的转变，提出正确处理人民内部矛盾是为了更好地建设社会主义；阐明了正确处理人民内部矛盾的理论前提，即承认社会主义社会存在着矛盾，其基本矛盾仍然是生产关系和生产力、上层建筑和经济基础的矛盾，而从人与人的关系上则区分为两类不同性质的矛盾，一类是敌我矛盾，一类是人民内部矛盾；阐明了人民内部矛盾的性质、内容和一系列正确处理办法，等等。毛主席在讲话中谈到《再论无产阶级专政的历史经验》时说，那里讲两类矛盾问题是说国际方面的事，很少说国内方面的事，并且“关于人民内部的矛盾究竟如何解决，没有做详细的分析，只有一个原则的说明”。而这篇讲话，关于人民内部矛盾如何解决就不是“原则的说明”，而是“详细的分析”了。

《正处》从讲话到6月19日公开发表，经历了将近四个月的时间。为什么要发表讲话？外国研究者有种种说法。有人说，“可以想象，政治局在6月14日至18日之间才作出决定”。究其原因，是为了“向干部和提出批评意见的人说明毛关于矛盾问题的分析情况”，即为了适应反右派斗争的需要。又说，“看来更有可能的是，6月13日，《纽约时报》发表了带有很长引语的毛讲话的摘要，使毛措手不及”。（[英]罗德里克·麦克法夸尔《文化大革命的起源》第1卷，第310页）这些说法带有很大的猜测性质。实际情况是，毛主席这篇讲话，听的范围，传达范围，都十分广泛，党内外都希望有正式文本问世，以便更好地学习和掌握。讲话所以发表，首先是这个原因。4月4日至6日，在杭州召开的讨论思想方面问题的华东会议上，江苏省委的同志向毛主席汇报江苏思想工作时说：“参加学习主席的报告的同志有个共同的要求，就是希望毛主席这篇文章能够早一点发表。”毛主席说：“从这里回到北京，再过两个礼拜或三个礼拜就可以发表了。现在已经有个初稿，再改一下就可以发表。”显然，这里所说的发表与后来的反右派斗争无关。不过，后来所说的发表就与反右派斗争有关了。5月15日，毛主席写了《事情正在起变化》一文，发出了反右派的信号。5月26日，毛主席在一次讲话中说：“我的报告也有意压一下再发表。”5月27日又说：“我的文章在十五日到二十日之间发表。”6月6日，毛主席起草的《中央关于加紧进行整风的指示》中指出：“毛泽东同志二月二十七日在最高国务会议及三月间在宣传会议的两次讲话，准备于六月十五日左右在报上发表。”

《正处》从讲话记录稿到最后发表稿，加上中间的修改稿，共有15份稿子，就是说，一共修改了14次。修改，不仅是根据文章逻辑结构的需要，还有形势的需要，以及认识的发展变化。所谓形势的需要，就是有极少数资产阶级右派分子趁党进行整风之机，向党向社会主义发动了进攻。发表稿中尽管没有直接提到反对资产阶级右派的话，但发表的目的含有为反击右派的进攻提供思想武器，则是无疑的。

发表稿和记录稿相比，究竟作了哪些重要的修改（包括增和删）呢？

先谈删去的情况。

(1)删去了对斯大林和苏联的批评。这在讲话中篇幅是很大的，在发表时一句也没有了。

(2)删去了对若干有“左”的倾向的文章（以及有右的倾向的文章）的批评。

(3)删去了各种各样的具体实例。

这些内容之所以删去，有的是当时不宜公开；有的是适应当时形势的需要；还有的是可有可无等等。

再看增加的情况。

(1)增加了关于社会主义时期阶级斗争状况的分析：“在我国，虽然社会主义改造，在所有制方面说来，已经基本完成，革命时期的大规模的急风暴雨式的群众阶级斗争已经基本结束，但是，被推翻的地主买办阶级的残余还是存在，资产阶级还是存在，小资产阶级刚刚在改造。阶级斗争并没有结束。无产阶级和资产阶级之间的阶级斗争，各派政治力量之间的阶级斗争，无产阶级和资产阶级之间在意识形态方面的阶级斗争，还是长时期的，曲折的，有时甚至是很激烈的。无产阶级要按照自己的世界观改造世界，资产阶级也要按照自己的世界观改造世界。在这一方面，社会主义和资本主义之间谁胜谁负的问题还没有真正解决。”

这段话是毛主席在看到极少数资产阶级右派分子利用帮助党整风的机会发动进攻而逐渐加上去的。从2月27日《正处》讲话原稿一直到5月24日以前的改稿，都是讲无产阶级和资产阶级在思想方面即意识形态方面还存在矛盾和斗争，而从5月24日以后的改稿，阶级斗争的范围就逐渐扩展了，分量也逐渐加重了，最后变成了“无产阶级和资产阶级之间的阶级斗争，各派政治力量之间的阶级斗争，无产阶级和资产阶级之间在意识形态方面的阶级斗争，还是长时期的，曲折的，有时甚至是很激烈的”。今天回过头去看，我觉得在这个问题上，还是原稿讲得比较好。修改后的论述，同八大精神，同《正处》讲话原稿，不仅不大协调，有了明显的差别，而且在理论上也有不妥之处。八大文件指出，在资本主义工商业的社会主义改造基本完成后，“资产阶级作为一个阶级已经处在消灭的过程中”，“无产阶级同资产阶级之间的矛盾已经基本上解决”。应该说，这是符合实际的，科学的。而看到有极少数资产阶级右派分子进攻，就不加任何限制和条件地讲“无产阶级和资产阶级之间的阶级斗争”，这不能不说是毛主席把极少数资产阶级右派分子的进攻看得过重的结果(关于右派进攻和反右派斗争的情况我将在下篇讲)。但从这段话的基本精神来说，或联系上下文看，主要是讲政治上思想上的阶级斗争。而在这方面，无产阶级和资产阶级之间的斗争，包括国内国际，可以说“还是长期的，曲折的，有时甚至是很激烈的”。在以后的20年(1957—1976年)中，尽管在实践上我们对待和处理这个问题犯过严重的扩大化的错误，但从理论上说，这个论断的基本精神还是站得住的。苏联解体和东欧剧变的严重教训，很值得我们深思和警觉。应该看到，在世界上还存在两种社会制度斗争的情况下，一个社会主义国家不要也不能轻易说社会主义和资本主义之间谁胜谁负的问题已经解决。因为在社会主义社会里，虽然剥削阶级作为阶级已经消灭，阶级斗争已不是社会的主要矛盾，但一定范围的阶级斗争还将长期存在，在某种条件下还可能激化。这种一定范围的阶级斗争，主要是人民同某些与人民为敌的敌对势力之间的斗争，而斗争也主要表现在政治上思想上。这种国内一定范围的阶级斗争往往是同国际上的阶级斗争相联系的。如果对这种斗争不保持应有的警惕性，以为天下太平无事，可以高枕无忧了，那是很危险的，那就要犯历史性的错误。

(2)增加了“只有社会主义能够救中国”的论断：“当人民推翻了帝国主义、封建主义和官僚资本主义的统治之后，中国要向哪里去？向资本主义，还是向社会主义？有许多人在这个问题上的思想是不清楚的。事实已经回答了这个问题：只有社会主义能够救中国。社会主义制度促进了我国生产力的突飞猛进的发展，这一点，甚至连国外的敌人也不能不承认了。”“只有社会主义能够救中国”，这句至理名言，不仅具有明显的针对性，即针对当时一些离开社会主义的言论和行动，而且深刻地反映了中国社会的历史发展规律。从1840年鸦片战争起，世界上大大小小的帝国主义国家都侵略过中国，一步一步地把中国变成贫穷落后的半殖民地半封建社会。有压迫就有反抗。也是从那时起，许多爱国的仁人志士，为拯救中国，抛头颅，洒热血，前仆后继。封建主义的，资本主义的方法(包括改良的和革命的)都用过，但通通失败了。这是为什么？中国的出路究竟在哪里？这个问题苦恼着每个有血性的中国人。摸索，寻觅……是十月革命的炮声给中国带来了新的希望和曙光。中国的先进分子，特别是中国共产党人，“用无产阶级的宇宙观作为观察国家命运的工具”，得出了“走俄国人的路”即社会主义道路的结论，才使中国革命的面目为之一新。走社会主义道路，这是中国人民的历史选择。这条路，走对了，走通了，没有社会主义就没有新中国。1989年那场政治风波发生后，小平同志重申“只有社会主义才能救中国”，并且加上“只有社会主义才能发展中国”，这是非常重要的思想，是对毛主席论断的坚持和发挥。“只有社会主义能够救中国”，这在30多年前是真理，今天仍然是真理。

(3)增加了区分香花、毒草的六条标准：“(一)有利于团结全国各族人民，而不是分裂人民；(二)有利于社会主义改造和社会主义建设，而不是不利于社会主义改造和社会主义建设；(三)有利于巩固人民民主专政，而不是破坏或者削弱这个专政；(四)有利于巩固民主集中制，而不是破坏或者削弱这个制度；(五)有利于巩固共产党的领导，而不是摆脱或者削弱这种领导；(六)有利于社会主义的国际团结和全世界爱好和平人民的国际团结，而不是有损于这些团结。这六条标准中，最重要的是社会主义道路和党的领导两条。”这种增加不仅是为了一般地区分香花、毒草的需要，而且是为了适应反右派斗争的需要，这是很清楚的。但是，不能说这六条标准是外加的。从讲话本身看，这六条标准都内在地包含了，只是散见于各处。所谓增加,只不过是把它们集中起来加以概括。这六条标准也不是突然添上的。1956年12月发表的《再论无产阶级专政的历史经验》指出:"毫无疑问,民主集中制的集中必须建立在广泛的民主的基础上,党的领导必须是密切联系人民群众的领导。在这些方面如果发生了缺点,就必须坚决地加以批判和克服。但是对于这些缺点的批判,只能是为着巩固民主集中制,巩固党的领导,而绝对不能是像敌人所企求的那样,造成无产阶级队伍的涣散和混乱。"1957年3月12日,毛主席在宣传会议上的讲话中又指出,香花和毒草,不同的阶级有不同的看法。"这个阶级认为香花,那个阶级认为毒草,这个阶级认为毒草,那个阶级认为香花"。又说:"共产党批得倒?马克思主义批得倒?人民政府批得倒?"这些话充分反映了中国共产党人具有坚强的自信心。我们实行"鸣"、"放"的方针,显然是为了改进和加强党的领导,是为了坚持和发展马克思主义,是为了巩固人民政权,而绝不是为了别的。毛主席在1957年5月26日的一次讲话中指出,"百花齐放、百家争鸣要有六个标准","解决人民内部矛盾就是要有利于这六个方面"。事实上,六条标准是我们党一贯坚持的原则,毛主席在《正处》中把它明确起来是一个很大的功劳。这六条标准,不仅在当时具有重要的现实指导意义,而且我认为,其基本精神在今天和以后仍然是适用的,仍然是我们在处理国内和国际问题时需要遵循和把握的。

从《正处》发表稿和讲话稿的比较可以看出,发表稿虽有许多重大改动,但并未改变讲话的基本精神,即其主题、中心思想和基本内容都没有大的变化。从总体上看,完全可以这样说,《正处》是一部经得起历史检验的马克思主义的光辉著作。

(四)《正处》的理论贡献与实践过程中的曲折

《正处》的公开发表,在国际上引起了强烈反响。外国舆论指出,"毛泽东《关于正确处理人民内部矛盾的问题》的讲演震动了全世界","这篇文章公布刚几日就已成了整个世界注意的中心"。社会主义国家的、资本主义国家的许多报刊都相继转载了《正处》的全文或摘要，并纷纷发表评论，大都给予《正处》以高度的积极的评价，认为它是共产主义运动的一个重要文献。英国《曼彻斯特卫报》在一篇社论中指出："这篇讲话对世界共产主义的影响可能比赫鲁晓夫的秘密演说来得大。因为毛泽东的讲话完全是在积极地提出新的思想和政策，而赫鲁晓夫主要是消极地贬斥过去。"在这方面，当时一些社会主义国家的评论特别值得注意，我在这里引录几段。

——《正处》发表后，尽管苏联官方仍然否认苏联存在人民内部矛盾，特别是领导和被领导的矛盾，但许多理论工作者表现了极大的兴趣。苏联哲学博士斯捷潘年发表评论，称赞"毛泽东同志文章的原理：社会主义社会的统一不排斥矛盾"，是"一个马克思主义的普遍真理"。他说："毛泽东同志的讲演是在深刻地概括中国和其他社会主义国家的丰富的新经验的基础上创造性地发展马克思列宁主义的典范。"哲学博士祖努索夫指出，毛泽东报告中所论述的领导和群众的关系问题，从来没有人作过这样辩证的全面的分析。

——波兰统一工人党中央委员、《人民论坛报》总编辑卡斯曼说：中国现在在发展马克思主义。在毛泽东同志的报告里，可以看到马克思主义在中国具体情况下的应用。报告的贡献在于，它提出了以前一个时期内由于教条主义束缚而没有人提出的社会主义国家内部矛盾的问题。

——捷共中央政治理论刊物发表署名的长文《中国共产党在解决新的问题》，其中指出："及时认识到社会变化的历史意义，及时认识到在新情况发展中人民内部矛盾出现的必然性和正确地解决这些矛盾的必要性，通过说服教育的道路来领导各社会阶层前进——这一切都保证了，中国将在不长的时期内变成一个强大的、日益繁荣的社会主义国家。"

——匈牙利党的机关报发表《马克思列宁主义的真理》的社论，认为毛主席的讲话是"以新的观点，创造性的方式，照耀着整个工人运动的理论和实践的讲话"。社论还着重指出，区别敌我矛盾和人民内部矛盾，在匈牙利有着重大的意义。

我认为，这些评论是客观的、公正的。毛主席的《正处》对马克思主义究竟作出了怎样的理论贡献呢？对这个问题我想谈几点自己的看法。

第一，在马克思主义发展史上第一次创立了关于社会主义社会矛盾的学说。首先承认和肯定社会主义社会存在矛盾的不是毛主席，而是列宁。1920年5月，列宁读布哈林的《过渡时期的经济》一书，当读到书中“资本主义是对抗的、矛盾的制度”一语时，他批注道：“极不确切。对抗和矛盾完全不是一回事。在社会主义下，对抗将会消失，矛盾仍将存在。”（《列宁全集》第2版，第60卷，第281—282页）但由于列宁经历社会主义的实践太短，他对社会主义社会的矛盾未能展开论述。斯大林长期否认社会主义社会存在矛盾，直到1952年，才勉强承认，如果搞得不好，社会主义的生产关系和生产力之间也会发生冲突。毛主席一方面肯定斯大林这个进步，同时又指出他没有把生产关系和生产力的矛盾看作“本质的矛盾”，也不是“当作全面的问题提出来”。在马克思主义发展史上，建立系统的社会主义社会矛盾学说的，毛主席是第一人。矛盾是“一切辩证法的源泉”（马克思语）。否认社会主义社会也存在着矛盾，就是否认辩证法。毛主席正是运用唯物辩证法的矛盾原理即对立统一规律，分析社会主义社会，指出：社会主义社会充满着矛盾，其基本矛盾仍然是生产关系和生产力、上层建筑和经济基础的矛盾，但社会主义社会的这些矛盾同旧社会“具有根本不同的性质和情况”。它虽有矛盾的一面，但基本上是相适应的，因此，它不表现为剧烈的对抗和冲突，它可以经过社会主义制度本身不断地得到调整和解决。这正是社会主义优越性的根本所在。小平同志一直充分肯定毛主席的这个观点。1979年，他在《坚持四项基本原则》的重要讲话中指出：“关于基本矛盾，我想现在还是按照毛泽东同志在《关于正确处理人民内部矛盾的问题》一文中的提法比较好。毛泽东同志说：‘在社会主义社会中，基本的矛盾仍然是生产关系和生产力之间的矛盾，上层建筑和经济基础之间的矛盾。’……当然，指出这些基本矛盾，并不就完全解决了问题，还需要就此作深入的具体的研究。但是从二十多年的实践看来，这个提法比其他的一些提法妥当。”

(《邓小平文选》第2卷,第181—182页)毛主席又指出,社会主义社会存在着两类矛盾,即敌我矛盾和人民内部矛盾,要胜利地建设社会主义,必须正确区分和处理两类矛盾。这样,毛主席把对社会主义社会发展规律的认识,升华到新的理论高度,为巩固、发展和完善社会主义制度,提供了理论指南。

第二,在社会主义革命史上第一次把工人阶级和民族资产阶级的矛盾作为人民内部矛盾(实践上早已这样做了,只是第一次作理论说明)。社会主义革命的对象是资产阶级,这是马克思主义的一个普遍原则。毛主席和我们党没有教条式地理解这个原则,而是从中国的实际出发,根据中国的历史条件,把资产阶级分为两部分。对于官僚资产阶级,作为三大敌人之一,采取推翻和没收的政策;而对于民族资产阶级则作了独特的处理,始终把工人阶级跟它的矛盾作为人民内部矛盾来对待,并取得了巨大的成功。毛主席说:“在我们国家里,工人阶级同民族资产阶级的矛盾属于人民内部的矛盾。工人阶级和民族资产阶级的阶级斗争一般地属于人民内部的阶级斗争,这是因为我国的民族资产阶级有两面性。在资产阶级民主革命时期,它有革命性的一面,又有妥协性的一面。在社会主义革命时期,它有剥削工人阶级取得利润的一面,又有拥护宪法、愿意接受社会主义改造的一面。民族资产阶级和帝国主义、地主阶级、官僚资产阶级不同。工人阶级和民族资产阶级之间存在着剥削和被剥削的矛盾,这本来是对抗性的矛盾。但是在我国的具体条件下,这两个阶级的对抗性的矛盾如果处理得当,可以转变为非对抗性的矛盾,可以用和平的方法解决这个矛盾。”马克思曾多次讲过,在一定条件下,可用赎买的方法即和平的方法对待资产阶级,但他从没有把资产阶级当成人民,他认为,“假如我们能用赎买摆脱这整个匪帮,那对于我们是最便宜不过的事情了”。(《马克思恩格斯选集》第4卷,第315页)我们党根据中国的国情和民族资产阶级所具有的两面性的政治特性,把民族资产阶级和工人阶级的矛盾定为人民内部矛盾,这是马克思主义的本本上没有说过的,也是在其他社会主义国家的实践中没有先例的,是毛主席和我们党在理论上和实践上的伟大创造，是马克思主义的基本原理和中国具体实际相结合的产物。这种观点和理论，对中国民族资本主义工商业的和平改造提供了理论根据和合理解释，并指导我们顺利地完成了消灭作为阶级的中国民族资产阶级的任务。

第三，正确地提出和论述了中国工业化道路的问题。我国是一个小农经济占优势的农业大国。在这样的国家里如何实现社会主义工业化？这是需要我们独立解决的大问题。毛主席较早地看到了这一点。他以苏联和东欧工业化过程中的经验教训为鉴戒，运用马克思主义的基本原理，分析中国的国情，提出了“中国工业化的道路”。1956 年 4 月，毛主席在《论十大关系》中指出：“特别值得注意的是，最近苏联方面暴露了他们在建设社会主义过程中的一些缺点和错误，他们走过的弯路，你还想走？”在谈到“重工业和轻工业、农业的关系”时，他说：“我们现在发展重工业可以有两种办法，一种是少发展一些农业轻工业，一种是多发展一些农业轻工业。从长远观点来看，前一种办法会使重工业发展得少些和慢些，至少基础不那么稳固，几十年后算总账是划不来的。后一种办法会使重工业发展得多些和快些，而且由于保障了人民生活的需要，会使它发展的基础更加稳固。”他在《正处》中，把正确处理“重工业、轻工业和农业的发展关系问题”上升为“中国工业化的道路”，强调“发展工业必须和发展农业同时并举”。实践证明，毛主席提出的这条工业化的道路，是符合我国实际情况的，是非常正确的。1963 年 5 月，我曾写过一篇《中国的社会主义工业化》的文章（载《红旗》杂志 1963 年第 20 期），谈过我学习党中央和毛主席关于这个问题论述的粗浅体会：“正确处理重工业、轻工业和农业这三个最基本的生产部门的发展关系，对于我国社会主义工业化具有极其重要的意义。我们在实践中充分地认识到，社会主义工业化是不能够孤立地进行的。必须是工业和农业同时并举，重工业和轻工业同时并举，也就是说，它们应当在发展中相互适应，而不是彼此脱节，才能够保证社会主义工业化高速度按比例地向前发展，保证社会主义工业化同改善人民生活很好地结合起来。”“在社会主义工业化过程中，如何正确地对待农业的发展，这是坚持我国社会主义工业化道路所必须着重解决的问题。在我们这样有五亿几千万农民的国家里，农民的状况如何，农业的状况如何，对于工业化的进展和社会主义建设的发展关系极大。"还须指出，所谓工业化的道路，决不只是工业本身的问题。从社会关系上说，它还是如何正确处理工人和农民之间这个最大的人民内部关系和矛盾的问题。列宁指出，无产阶级专政的最高原则就是巩固工农联盟。毛主席提出的中国工业化的道路是符合这个原则的。

上面所说的《正处》的理论贡献，难免有遗漏，但仅此已可说明，它对马克思主义确有创造性的发展。然而，毛主席关于正确处理人民内部矛盾问题的理论在党的十一届三中全会以前的20年实践中，并没有得到认真贯彻，甚至遭到严重违反。就在提出这个理论的1957年，发生了反右派斗争的严重扩大化，严重混淆两类不同性质的矛盾，把大量人民内部矛盾当作敌我矛盾处理。在1966年开始的"十年内乱"中，混淆两类矛盾和不能正确处理人民内部矛盾的情况，更是达到登峰造极的地步。为什么实践和理论竟有如此强烈的反差？实在令人深思。我想，原因可能有两条：一是毛主席本人的思想后来发生了变化，反右派斗争后，他越来越过分地强调阶级斗争，因而正确处理人民内部矛盾的思想逐渐淡漠了。二是正确处理人民内部矛盾的理论和策略尚未被广大党员和干部所掌握。我们党是执政党，掌握着各种权力，广大党员和干部对正确处理人民内部矛盾的理论和策略不理解，不掌握，也就不可能加以认真的贯彻执行。一种再好的理论，如果不被大多数人所接受和掌握，也只能是纸上的东西。列宁指出："问题在理论上的解决和实际的贯彻是有区别的。"(《列宁选集》第3卷，第799页)又说："理论和实践是两个不同的东西，从实践上解决这个问题和在理论上解决这个问题决不是一回事。"(《列宁全集》第2版，第42卷，第44页)事实的确是这样。值得庆幸的是，我们党在经历了从1957年下半年到1978年22年的曲折反复之后，经过党的十一届三中全会及其以后的拨乱反正，终于实现了理论和实践的统一。以邓小平同志为核心的党中央第二代领导集体，认真贯彻执行毛主席关于区分两类不同性质的矛盾和正确处理人民内部矛盾的学说，不仅平反了党的历史上的一批冤假错案，正确评价了一些重要领导人的功过是非，而且在全国范围内平反了大量冤假错案；并根据新情况新问题，提出了许多新的论断，丰富和发展了毛泽东思想。近年来，以江泽民同志为核心的党中央第三代领导集体，遵照邓小平同志的意见，又恰当地处理了国际、国内一系列复杂的矛盾，维护和发展了安定团结的政治局面。这些事实表明，严格区分两类不同性质的矛盾和正确处理人民内部矛盾的理论，在国家的政治生活中是须臾不可离开，更不能违背的。

二十三　整风、反右派和修改八大关于主要矛盾的论断

整风、反右派是1957年关系全局的两件大事。它们的性质本来是不同的,但在实际进行中又搅在一起,因而讲整风不能不讲反右派,讲反右派也不能不讲整风。回顾这两件大事的起因和过程,总结和吸取经验教训,对加强党的建设,发扬社会主义民主,是有益的。

(一)发动全党进行整风的意图和方针

整风是我们党在延安时期创造的加强党的建设的一种好方法。1942年开始的延安整风,在马克思列宁主义基本原理和中国革命具体实践相结合的原则的基础上统一了全党的思想,为夺取新民主主义革命的胜利和社会主义革命的胜利奠定了思想基础。

这次整风运动是在我国进入全面建设社会主义时期后,发扬延安整风传统,加强执政党建设,提高党的素质和领导能力的重大举措。它经历了一个酝酿、准备过程。1957年4月30日,毛主席在约见各民主党派负责人和无党派民主人士时说:"几年来都想整风,但找不到机会,现在找到了。"所谓"现在找到了",是指随着社会主义改造的基本完成,正确处理人民内部矛盾成为国家政治生活的主题,当时全国上下正在热烈讨论这个问题。这次整风实际上从党的八大就开始酝酿。1956年9月15日,毛主席在八大开幕词中指出,七大以来的11年,两次革命的实践证明党的路线是正确的,我们的党是一个政治上成熟的伟大的马克思列宁主义政党,"但是我们还

有严重的缺点。在我们的许多同志中间，仍然存在着违反马克思列宁主义的观点和作风，这就是：思想上的主观主义、工作上的官僚主义和组织上的宗派主义。这些观点和作风都是脱离群众、脱离实际的，是不利于党内和党外的团结的，是阻碍我们事业进步、阻碍我们同志进步的。必须用加强党内的思想教育的方法，大力克服我们队伍中的这些严重的缺点”。9月16日，小平同志在修改党章的报告中，提出了在执政的条件下加强党的建设的方针，要求各地区各部门党的组织，运用过去整党工作的经验，采取群众性的批评与自我批评的方法，经常对党员进行工作作风的整顿。

1956年11月，在党的八届二中全会上，毛主席明确宣布明年要在全党开展一次新的整风运动。鉴于波匈事件的教训，少奇同志在会上着重讲了不要脱离群众、防止产生新的贵族阶层的问题，认为这是执政党面临的最严峻的考验。他说：“为了把我们的工作做好，要特别注意一个问题，就是我们的党以及我们国家的领导机关和各级领导人员无论如何也不要脱离工农劳动群众。这是一个根本问题。东欧这些国家就有这个问题，就是脱离了工农劳动群众。”他还说，列宁曾谈过在帝国主义国家的工人阶级中有一部分成为“工人贵族阶层”的问题，“如果我们不注意的话”，在我们国家和党内“也可能产生一种新的贵族阶层”。毛主席同意少奇同志的观点。他说：“少奇同志讲了，我们可以成为一个贵族阶层的，人数几百万，主要的就是那么几十万到百把万，我看无非是十八级以上的(周恩来同志插话：县委以上)，县委以上有几十万，命运就掌握在县委以上的手里头，如果我们不搞好，不是像今天好多同志所讲的艰苦奋斗”，“我们一定会被革掉”。我们党之所以要进行整风，主要就是要解决这个问题。少奇同志说，在干部中间进行整风，就是要用整风的办法进行教育，批评部分党员在执政的情况下产生的“特殊的思想，特权的思想，站在人民头上的思想，社会沙文主义的思想，脱离人民群众，主观主义跟命令主义的思想，官僚主义的思想”。

1957年2月27日，毛主席在《如何处理人民内部的矛盾》的讲话中，虽然没有直接讲这次整风问题，却为这次整风提出了根本的指导思想，就是要求全党在新的形势下学会正确处理人民内部矛盾。对这一点，周总理在4月24日的一次讲话中指出："正确对待人民内部矛盾的问题，首先要把共产党搞通。""为着要把共产党首先搞通，所以我们主张在现在开始自上而下地进行整风。"1957年3月，毛主席在北京和外地多次阐述正确处理人民内部矛盾的谈话和讲话中，也反复指明了整风的必要性、目的和方法。3月12日，毛主席在全国宣传工作会议上的讲话中指出："整风，在十几年以前做过一回，后头有一些，但是很不深刻，是检查工作性质的，不是延安那个时候的整风。"中央决定今年开始的党内整风，方法是像延安那样，在研究一些文件的基础上，检查自己的思想和工作，开展认真的批评与自我批评，惩前毖后，治病救人。3月20日，毛主席在上海党的干部会议上充满信心地说：这次整风的结果，估计会使我们党得到相当大的进步。

由上述毛主席、少奇、恩来、小平同志的讲话中可见，整风的目标很明确，针对性很强，就是为了改进我们党执政后部分党员干部思想作风中出现的新问题。这是抓住了在大变动年代加强党的建设的根本的。

1957年4月初，中央根据毛主席多次讲话精神起草了《关于整风运动的决定(草案)》。4月9日，毛主席作了修改，同时起草了一个通知(没有发出)。后来，中央又根据毛主席的指示重新起草了《中央关于整风运动的指示(初稿)》。4月27日，陈云同志主持中央政治局会议，讨论通过了这个文件。同日，毛主席为中央起草了《关于即将发出整风、党政主要干部参加体力劳动的指示和请各地分析研究党与人民群众各项具体矛盾的通知》，指出：整风"以正确处理人民内部矛盾为主题，发扬正确的思想作风，纠正主观主义、官僚主义、宗派主义的错误的思想作风"。4月28日，毛主席对整风指示作了修改，进一步强调了整风的重要性，并批示："准备五月上旬或中旬公开发表。"4月29日，毛主席召集少奇、恩来、陈云、小平、彭真等同志专门讨论整风问题。4月30日，毛主席和中央主要负责同志约请各民主党派负责人和无党派民主人士谈话，向他们讲了我党的整风问题，表示热诚欢迎他们帮助共产党整风。毛主席说："整风总的题目是要正确处理人民内部矛盾，反对三个主义。""现在已造成批评的空气，这种空气应继续下去。揭露出来的矛盾在报上发表，可以引起大家的注意，不然官僚主义永远不得解决。"在谈到整风的方法时，毛主席说："非党员自愿参加，自由退出"，"有意见就说，党内外打成一片"。从以上的日程和材料可以看出，1957 年 4 月是党中央和毛主席加紧部署整风的一个月，甚至可以说，在这个月内，几乎每天都在研究和谈论整风问题。

《中国共产党中央委员会关于整风运动的指示》于 1957 年 5 月 1 日在《人民日报》上公开发表。这个指示明确规定了整风的目的、要求和方法，指出："现在，我们的国家已经从革命的时期进入了社会主义建设的时期"，"但是，党内有许多同志，并不了解或者不很了解这种新情况和党的新任务。同时，又因为党已经在全国范围内处在执政的地位，得到了广大群众的拥护，有许多同志就容易采取单纯的行政命令的办法去处理问题，而有一部分立场不坚定的分子，就容易沾染旧社会国民党作风的残余，形成一种特权思想，甚至用打击、压迫的方法对待群众。几年以来，在我们党内，脱离群众和脱离实际的官僚主义、宗派主义和主观主义，有了新的滋长。因此，中央认为有必要按照'从团结的愿望出发，经过批评和自我批评，在新的基础上达到新的团结'的方针，在全党重新进行一次普遍的、深入的反官僚主义、反宗派主义、反主观主义的整风运动，提高全党的马克思主义的思想水平，改进作风，以适应社会主义改造和社会主义建设的需要"。并指出："这次整风运动，应该是一次既严肃认真又和风细雨的思想教育运动"，"放手鼓励批评"，坚决实行"知无不言，言无不尽；言者无罪，闻者足戒；有则改之，无则加勉"的原则。《整风指示》的发表，标志着整风运动的正式开始。

5 月 4 日，毛主席为中央起草了《关于继续组织党外人士对党政所犯错误缺点展开批评的指示》，指出："最近两个月以来，在各种有党外人士参加的会议上和报纸刊物上所展开的，关于人民内部矛盾的分析和对于党政所犯错误缺点的批评，对于党与人民政府改正错误，提高威信，极为有益，应当继续展开，深入批判，不要停顿或间断。”根据中央和毛主席的部署，中央统战部于5月初至6月初，分别召开了两个座谈会，一个是各民主党派、无党派民主人士座谈会，一个是工商界人士座谈会。前者开了13次，有70余人次发言；后者开了25次，有108人次发言。在这期间，国务院各部门的党组、党委，各省、市、自治区党委和一些高等院校党委，也相继召开了党外人士座谈会，请他们帮助党整风。

在各种座谈会上，党外人士畅所欲言，对党和政府提出了大量的批评、意见和建议，其中绝大部分是正确的和中肯的，受到中央和毛主席的肯定和欢迎。上海《解放日报》于1957年5月8日邀请22位中、小学教师举行座谈会，请他们谈谈工作中所遇到的各种问题。5月10日，该报第2版以《大胆揭露矛盾，帮助党内整风》为题，用整版的篇幅刊登了这次座谈会的发言摘要。这些发言揭露出来的矛盾，主要是党的工作中发生的种种脱离群众的问题。毛主席看到后，在这份报纸的第2版上写了如下批语：“少奇、恩来、陈云、小平、彭真同志阅。这一整版值得过细一看，不整风党就会毁了。”又批道：“请你们注意看上海解放日报，南京新华日报，上海文汇报，北京日报，光明日报，集中看人民内部矛盾和我党整风消息，这是天下第一大事。”“不整风党就会毁了”，这是把整风看得何等重要啊！这是把党在执政的新的历史条件下如何及时解决党内出现的新矛盾新问题，防止脱离群众，确保党不变质看得何等重要啊！无论是革命还是建设时期，无论在任何条件下，如果党从根本上脱离了群众，就会失信于民，就会走向毁灭。这是我们共产党人必须牢记的治国箴言，尤其是党的高级干部必须时刻不忘，警钟长鸣。

5月16日，毛主席起草的《中央关于对待当前党外人士批评的指示》指出：“自从展开人民内部矛盾的党内外公开讨论以来，异常迅速地揭露了各方面的矛盾。这些矛盾的详细情况，我们过去几乎完全不知道。现在如实地揭露出来，很好。党外人士对我们的批评，不管如何尖锐，包括北京大学傅鹰化学教授在内，基本上是诚恳的，正确的。这类批评占百分之九十以上，对于我党整风，改正缺点错误，大有利益。从揭露出来的事实看来，不正确地甚至是完全不合理地对党外人士发号施令，完全不信任和不尊重党外人士，以致造成深沟高墙，不讲真话，没有友情，隔阂得很。党员评级、评薪、提拔和待遇等事均有特权，党员高一等，党外低一等。党员盛气凌人，非党员做小媳妇。学校我党干部教员助教讲师教授资历低，学问少，不向资历高学问多的教员教授诚恳学习，反而向他们摆架子。以上情况，虽非全部，但甚普遍。这种错误方向，必须完全扳过来，而且越快越好。”

执政党的最大危险是脱离群众。所以，党中央和毛主席对揭露出来的党内各种脱离群众的现象和问题十分重视。事实证明，在新形势下进行一次全党整风是非常必要的，党的整风的决定是正确的、诚恳的，采取开门整风、“内外夹攻”的办法也是好的、有效的。“没有社会压力，整风不易收效”。毫无疑问，如果严格按照整风指示进行下去，这次整风运动一定会取得改进党的工作和党的领导，树立起执政党的新风，推进社会主义建设的预期效果。然而，世界上的事情是复杂的，事物的发展是曲折的。难以预料的情况终于发生了，整风运动迅速逆转。

(二)从整风到反右派的转变

在整风初期，我们党为了改正自己的缺点错误，克服主观主义、官僚主义、宗派主义，诚心诚意地欢迎党外人士帮助我们整风，虚心听取他们的各种批评和意见。但是，不料有极少数资产阶级右派分子利用帮助党整风的机会，杀气腾腾，向党向社会主义发动了猖狂进攻，欺骗和煽动一部分人，掀起了一股反党反社会主义的思潮。例如，他们把共产党在国家和社会生活中的领导地位攻击为“党天下”，说什么在全国范围内，不论大小单位，“都要安排一个党员作头儿，事无巨细，都要看党员的颜色行事”，“党这样做，是不是‘莫非王土’那样的思想，从而形成了现在这样一个一家天下的清一色局面”。“这个‘党天下’的思想问题是一切宗派主义现象的最终根源，是党和非党之间矛盾的基本所在”。他们公然反对共产党执政，鼓吹共产党和各民主党派“轮流执政”（又叫“轮流坐庄”），说什么“一党执政有害处”，“如果不要共产党一党执政，而要共产党和各民主党派通过竞选来轮流执政，由各党各派提出不同的政纲来，由群众自由的选择，这就好得多”。他们肆意攻击社会主义制度，说什么“现在政治黑暗，道德败坏，各机关都是官僚机构，比国民党还坏。人民生活降低，处于半饥饿状态”，“根本的办法是改变社会主义制度”，“请共产党下台”，“中共组织退出机关、学校”。他们全盘否定我们党进行的历次政治运动，说什么“过去几个大运动，都是共产党整人”，“肃反是对人类道德的进攻，对人类心灵的摧残”。他们还把矛头直指党中央、毛主席，说什么“三害”（指官僚主义、主观主义、宗派主义）“应向党中央和毛主席那里挖”，“最近大家对小和尚提了不少意见，但对老和尚没有人提意见”；“现在学生上街，市民跟上去”，“形势非常严重”，“已经天下大乱了，毛主席他们混不下去了，该下台了”等等，等等。总之，极少数资产阶级右派分子把共产党和社会主义说得一塌糊涂，一无是处，公开要推翻共产党的领导和社会主义制度，并认为时机到了。这种情况，是我们党在决定开始整风时所没有预料到的。

在要不要共产党的领导和社会主义制度问题上，毛主席的警惕性是很高的。为了防止匈牙利事件在中国重演，他密切注视着整风形势的发展和变化。当各种座谈会和社会上陆续出现一些激烈的反党反社会主义言论时，引起了毛主席的极大警觉。5 月 15 日，他写了《事情正在起变化》的文章，发给党内高级干部阅读。这篇文章，一方面指出，党外人士“对我们提出的批评，大多数是对的”，“右派的批评也有一些是对的”；另一方面又严肃告诫全党：“最近这个时期，在民主党派中和高等学校中，右派表现得最坚决最猖狂”，“他们不顾一切，想要在中国这块土地上刮起一阵害禾稼、毁房屋的七级以上的台风”。“现在右派的进攻还没有达到顶点，他们正在兴高采烈”，“我们还要让他们猖狂一个时期，让他们走到顶点。他们越猖狂，对我们越有利益。人们说：怕钓鱼，或者说：诱敌深入，聚而歼之。现在大批的鱼自己浮到水面上来了，并不要钓”。并指出：“右派有两条出路。一条,夹紧尾巴,改邪归正。一条,继续胡闹,自取灭亡。右派先生们,何去何从,主动权(一个短时期内)在你们手里。"这篇文章表明,毛主席关于整风的指导思想已经发生了重大变化,决定要反击右派,发出了反击右派的信号。在实际工作中也开始了从整风到反右派斗争的转变。

根据这个精神,从5月中旬至6月初,中央接连发出指示,中央政治局和书记处多次开会,制定反击右派斗争的策略;而其中最重要的一条,就是让右派进一步暴露的策略,即让右派任意鸣放,他们"愈嚣张愈好",党员暂不发言,"按兵不动",预作准备,后发制人。

5月14日,《中共中央关于报道党外人士对党政各方面工作的批评的指示》指出:"最近各地党外人士正在展开对于党、政各方面工作的批评,这是很好的现象,这不但会大大帮助我党的整风,消除同党外人士的隔阂,而且可以在群众中暴露右倾分子的面貌。我们党员对于党外人士的错误的批评,特别是对于右倾分子的言论,目前不要反驳,以便使他们畅所欲言。我们各地的报纸应该继续充分报道党外人士的言论,特别是对于右倾分子、反共分子的言论,必须原样地、不加粉饰地报道出来,使群众明了他们的面目,这对于教育群众、教育中间分子,有很大的好处。"

5月16日,毛主席起草的《中央关于对待当前党外人士批评的指示》指出:"最近一些天以来,社会上有少数带有反共情绪的人跃跃欲试,发表一些带有煽动性的言论,企图将正确解决人民内部矛盾、巩固人民民主专政、以利社会主义建设的正确方向,引导到错误方向去,此点请你们注意,放手让他们发表,并且暂时(几个星期内)不要批驳,使右翼分子在人民面前暴露其反动面目。"

5月20日,《中共中央关于加强对当前运动的领导的指示》指出:"现在的情况是,在上海、北京等运动已经展开的地方,右翼分子的言论颇为猖狂,但有些人的反动面目还没有暴露或者暴露的不够","左翼分子前一时期不宜多讲话,共产党员则采取暂不讲的方针","在一个短期内,党员仍以暂不发言为好"。

5月25日,毛主席在接见青年团第三次全国代表大会代表时,郑重指出："中国共产党是全国人民的领导核心。没有这样一个核心，社会主义事业就不能胜利。""同志们，团结起来，坚决地勇敢地为社会主义的伟大事业而奋斗。一切离开社会主义的言论行动是完全错误的。"（《人民日报》1957 年 5 月 26 日）如果说以前的指示还都是党内的，并且是"绝密"文件，限制在一定级别的范围内传达，莫说普通党员，就是级别较低的党员干部都不知道；那么，毛主席这次接见青年团代表的谈话，一方面是向党内党外"打招呼"，另一方面则是反击右派的公开动员令。

我们党为什么在一段时间内采取让右派进一步暴露的策略？当时党内党外很多人不理解。毛主席后来在《文汇报的资产阶级方向应当批判》（《人民日报》社论 1957 年 7 月 1 日）一文中解释说："共产党看出了资产阶级与无产阶级这一场阶级斗争是不可避免的。让资产阶级及资产阶级知识分子发动这一场战争，报纸在一个期间内，不登或少登正面意见，对资产阶级反动右派的猖狂进攻不予回击，一切整风的机关学校的党组织，对于这种猖狂进攻在一个时期内也一概不予回击，使群众看得清清楚楚，什么人的批评是善意的，什么人的所谓批评是恶意的，从而聚集力量，等待时机成熟，实行反击。有人说，这是阴谋。我们说，还是阳谋。因为事先告诉了敌人：牛鬼蛇神只有让它们出笼，才好歼灭它们，毒草只有让它们出土，才便于锄掉。"

在进一步暴露右派的同时，党中央为开展反右派斗争积极进行准备。5 月 20 日，中央指示各省市党委，"必须指导宣传部门和党报立即着手分类研究右翼的反动言论和其他资产阶级论点，准备在适当时机（中央届时另作通知）发表一批论文和社论，予以反驳和批判"。5 月 21 日和 25 日，中央书记处连续召开会议，研究报纸宣传方针问题和写文章争鸣问题，并拟定了一批题目和指定了作者，确定了各文的审稿人和交稿日期。6 月 6 日，毛主席起草的《中央关于加紧进行整风的指示》指出："各省市一级机关、高等学校及地市一级机关用大鸣大放方法的整风，请即加紧进行。""北京的情况证明，各民主党派、高等学校和许多机关中暴露出一大批反动思想和错误思想，反动分子乘机活跃，但是他们只占各单位人数的百分之几，最反动的分子不过百分之一，百分之九十几是中间派和左派。请你们注意将你们的单位人数，在运动中，按左中右标准，排一下队，使自己心中有数。”

从上面叙述的让右派充分暴露的策略和部署可以看出，反右派斗争的正式开展只是时间问题了。6月8日，毛主席为中央起草了《关于组织力量准备反击右派分子进攻的指示》，其中强调指出：“这是一场大战（战场既在党内，又在党外），不打胜这一仗，社会主义是建不成的，并且有出匈牙利事件的某些危险。现在我们主动的整风，将可能的匈牙利事件主动引出来，使之分割在各个机关各个学校去演习，去处理，分割为许多小匈牙利，而且党政基本上不溃乱，只溃乱一小部分（这部分溃乱正好，挤出了脓疱），利益极大。”同日，《人民日报》发表了题为《这是为什么？》的社论，指出：“在‘帮助共产党整风’的名义之下，少数的右派分子正在向共产党和工人阶级的领导权挑战，甚至公然叫嚣要共产党‘下台’。他们企图乘此时机把共产党和工人阶级打翻，把社会主义的伟大事业打翻，拉着历史向后倒退，退到资产阶级专政，实际是退到革命胜利以前的半殖民地地位，把中国人民重新放在帝国主义及其走狗的反动统治之下。可是他们忘记了，今天的中国已经不是以前的中国，要想使历史倒退，最广大的人民是决不许可的。”6月8日的《指示》和《社论》标志着反右派斗争的正式开始。此后，中央连续发出指示，《人民日报》不断发表社论，指导全国开展反右派斗争。

6月10日，毛主席起草的《中央关于反击右派分子斗争的步骤、策略问题的指示》指出：“北京条件已成熟，人民日报已于六月八日开始反击反动派。”“各地情况不同，何时开始反击，要看当地情况决定。”“在此次浪潮中，资产阶级大多数人表现很好，没有起哄。”“无论民主党派、大学教授、大学生，均有一部分右派和反动分子，在此次运动中闹得最凶的就是他们，他们历史复杂，或是叛徒，或是在过去三反肃反中被整的人，或是地富资本家子弟，或是有家属亲戚被镇压的。……章伯钧、罗隆基拼命做颠覆活动，野心很大，党要扩大，政要平权，积极夺取教育权，说半年或一年，天下就将大乱。毛泽东混不下去了，所以想辞职。共产党内部分裂，不久将被推翻。他们的野心极大。完全是资本主义路线，承认社会主义是假的。”

6 月 26 日，《中共中央关于打击、孤立资产阶级右派分子的指示》指出：“前些日子，向工人阶级猖狂进攻的资产阶级右派，现在开始溃退了。我们必须认真地组织群众，组织民主人士中的左派和‘中左’分子，趁热打铁，乘势追击，紧紧地抓住已经暴露出的这伙阶级敌人，实行内外夹击，无情地给他们以歼灭性的打击。”

根据党中央和毛主席的指示和部署，反右派运动陆续在全国展开，以正确处理人民内部矛盾为主题的整风运动也就主要地变成了反击右派的对敌斗争。反右派斗争的发生经过，大致就是这样。

（三）反右派斗争的严重扩大化及其教训

1980 年 3 月 19 日，小平同志同中央负责同志谈话时指出：“一九五七年反右派斗争还是要肯定。三大改造完成以后，确实有一股势力、一股思潮是反社会主义的，是资产阶级性质的。反击这股思潮是必要的。我多次说过，那时候有的人确实杀气腾腾，想要否定共产党的领导，扭转社会主义的方向，不反击，我们就不能前进。错误在于扩大化。”（《邓小平文选》第 2 卷，第 294 页）1981 年 6 月 27 日，党的十一届六中全会通过的《关于建国以来党的若干历史问题的决议》也指出，1957 年“在全党开展整风运动，发动群众向党提出批评建议，是发扬社会主义民主的正常步骤。在整风过程中，极少数资产阶级右派分子乘机鼓吹所谓‘大鸣大放’，向党和新生的社会主义制度放肆地发动进攻，妄图取代共产党的领导，对这种进攻进行坚决的反击是完全正确和必要的。但是反右派斗争被严重地扩大化了，把一批知识分子、爱国人士和党内干部错划为‘右派分子’，造成了不幸的后果”。我赞成小平同志和党中央这种实事求是、一分为二的分析。在这里，我想侧重谈谈从中应该吸取的经验教训。

据我所知，粉碎“四人帮”，特别是十一届三中全会以来，改正被错划的“右派分子”的结果表明，反右派斗争中所划的 55 万人中，除极少数是真右派外，绝大多数或者说 99%都是错划的。在这些被错划的人当中，有许多参加革命多年的党的干部，许多同党长期合作共事的爱国人士和朋友，许多学有专长的知识分子和富有经营管理经验的工商业者，以及许多政治上热情但不成熟的青年学生。他们被错划为右派，使他们在社会主义建设中不能发挥应有的作用。这不仅是他们个人的损失和不幸，也是党和国家的损失和不幸。

为什么会发生反右派斗争的严重扩大化？其教训在哪里？我看主要有三条：

第一，对右派进攻的形势作了过分严重的估计。在整风运动中，确有极少数资产阶级右派分子向党向社会主义进攻，这是不容否认的。但只是在一定范围内，并不是普遍的、全国性的。毛主席和我们党却把右派的进攻看成是“整个春季，中国天空上突然黑云乱翻”，“黑云压城城欲摧”，“惊涛骇浪”，“十级台风”，等等。正是由于对右派进攻的形势作了这样夸大的估计，于是就决定发动大规模的急风暴雨式的群众性阶级斗争，进行反击。而这样的群众性的阶级斗争一起来，简单、粗暴、过火的现象也就不可避免了。比如，对右派分子数字的估计，在很大程度上带有主观随意性，并不是建立在严肃的事实基础上的。6 月 29 日，毛主席估计需要在各种范围内点名批判的右派，北京大约 400 人，全国大约 4000 人。仅仅过了 10 天，即 7 月 10 日，新的估计又翻了一番。到 9 月八届三中全会时，全国已划右派达 62000 多人，据会上的透“底”估计，全国大约有右派分子 15 万人。而到整个运动结束，全国共划右派分子 55 万人，比八届三中全会的透“底”估计还多 40 万人。这说明，我们对右派的情况，并没有一个确实可靠的估计，而基本上是跟着群众运动走，整出多少算多少。从指导思想上讲，虽然也说过“不可过分”、“决不要扩大化”，但更多地是怕漏掉，所以在反右派过程中，一再反对“温情主义”，强调“深入挖掘”。机械地规定百分比，比例不够就硬凑。这种明显的主观随意现象普遍发生，严重地混淆两类不同性质的矛盾，导致了反右派斗争扩大化的错误。总之，用大规模群众运动的方式进行这种政治斗争，弊多利少。当时社会主义的基本制度刚刚建立，由于缺乏经验和研究，我们党对社会主义时期阶级斗争的规律认识得还不清楚，不深刻。时隔多年以后，有了更多的建设社会主义的实践，有了正反两方面的历史经验，今天我们对社会主义社会的阶级和阶级斗争问题的认识就要清楚、深刻得多了。本来，在夺取政权之前和取得政权之后，进行阶级斗争的形式是大不相同的。在取得政权前，斗争的主要形式是放手发动群众进行武装斗争；无产阶级取得政权后，政权就成为我们进行阶级斗争的强有力的武器。在完成社会主义改造之后，阶级斗争已不再是社会的主要矛盾，更应该主要依靠法制进行。但由于我们党长期处于群众性的阶级斗争环境中，仍然习惯于采用群众性阶级斗争的方式。直到“十年内乱”结束前，我们一直缺乏这种认识，这正是从反右派斗争开始形成的长期阶级斗争扩大化的重要根源。这个教训，我们应该牢牢记取。

第二，明确具体地划分右派分子的标准下达晚了。毛主席在 6 月 19 日公开发表的《关于正确处理人民内部矛盾的问题》中提出的六条区分香花和毒草的政治标准，是非常重要的，但还代替不了划分右派的具体界限和具体标准。7 月 11 日，中央批转统战部《关于划分左、中、右的标准的建议》，在六条标准的基础上加以解释，虽然具体了些，但仍较空泛，不便于掌握。直到省市以上机关和大专院校等单位的反右派斗争已基本结束，八届三中全会才定出一个统一的《划分右派分子的标准》，于 10 月 15 日下发。《标准》中有一条：“在根本立场上并不反对社会主义和党的领导，而只是对于局部性的工作制度，局部性的不属于根本原则的政策，工作中的问题，学术性的问题，共产党的个别组织、个别工作人员表示不满，提出批评的人，即使意见错误，措词尖锐，也不应划为右派分子；同样，在根本立场上并不反对社会主义和党的领导，而只是在思想意识上有某些错误的人，也不应划为右派分子。”这无疑是正确的，但在当时强调反对“右倾情绪”的气氛下，却是很难做到的，实际上很多这样的人都被划成了右派分子。如把说了几句错话，属于认识上的问题，说成是反党反社会主义；把几个人在一起的自由议论，说成是反党小集团;把对某个或某些领导人的正常批评,说成是向党进攻;把向党交心,检查自己的错误思想,说成是恶毒攻击,思想反动;把在理论问题研究中的不同见解,说成是反对马列主义等等,这就不能不导致反右派的严重扩大化。

第三,不应把整风和"肃反"弄在一起。在准备整风的过程中,1957年3月17日,毛主席在天津市党员干部会议上的讲话中曾正确地指出:"整风没有什么可怕,我们在延安做过,它不跟肃反联系起来,就没有什么可怕。"延安整风运动是健康的,取得了伟大的胜利,但也有段曲折,就是发生过"抢救失足者运动"——在当时总学委副主任、中央社会部部长康生的指挥下,大搞"逼、供、信",10余天中就造成了很多冤假错案。中央和毛主席及时纠正了这个错误。毛主席讲的整风"不跟肃反联系起来",就是指要以这件事情为鉴戒。可惜,这次整风运动恰恰又和"肃反"(反右派)联系起来了,甚至成了整风的一个必经阶段。反右派开始后,毛主席不只一次地指出,"反右派就是肃反","新式肃反",是"清党清团的好机会,也包括各民主党派"。把性质不同的两件事捆在一起来搞,斗争的锋芒很自然地就对准了党内和党外的"右派",这也是造成反右派扩大化的重要原因。

在整风、反右派过程中,毛主席曾经正确地提出:"我们的目标,是想造成一个又有集中又有民主,又有纪律又有自由,又有统一意志、又有个人心情舒畅、生动活泼,那样一种政治局面。"小平同志也正确地提出:"必须使反右派斗争的结果,有利于而不是不利于'百花齐放,百家争鸣'这个方针的贯彻执行,有利于而不是不利于培养人民群众敢讲话的空气。"然而,经过急风暴雨式的反右派斗争,这个"目标"和"结果"不仅没有能够实现,反而变得更糟了。1962年4月9日,毛主席在第十八次最高国务会议上讲话时也承认:"右派猖狂进攻,不得不反,你不反怎么办呀?但是带来一个缺点,就是人家不敢讲话了。"承认有缺点是一个进步,但现在看来是很不够的,丝毫没有触及指导思想上的失误。应该说,从反右派开始,直到十一届三中全会以前,长达20年的时间里,毛主席提倡的那种生动活泼的政治局面一直未能出现，党内民主生活很不正常，“百花齐放，百家争鸣”的方针也没有认真贯彻执行。十一届三中全会以后，在以邓小平同志为核心的第二代中央领导集体的领导下，通过拨乱反正，才逐渐消除了反右派斗争扩大化以及后来的阶级斗争扩大化的影响，使我们党和国家的政治生活日益活跃起来。

（四）修改八大关于主要矛盾的论断

反右派斗争及其扩大化的严重后果，在理论上的集中表现就是修改了党的八大关于主要矛盾的论断，从而中断了党的工作重心的转移，使我们党和国家长期陷入阶级斗争扩大化的迷误，阶级斗争连续不断并逐步升级，严重地干扰了社会主义经济建设，错过了不少宝贵的发展时机，影响了国家实力和人民生活水平的提高。

1956 年 9 月召开的党的八大，在党的历史上是一次具有深远意义的代表大会。它的重大功绩之一，就是对我国社会主义改造基本完成后国内无产阶级和资产阶级的矛盾状况和主要矛盾的变化作了正确的规定和论述。八大关于政治报告的决议正确指出：“我国的无产阶级同资产阶级之间的矛盾已经基本上解决”，“国内的主要矛盾，已经是人民对于建立先进的工业国的要求同落后的农业国的现实之间的矛盾，已经是人民对于经济文化迅速发展的需要同当前经济文化不能满足人民需要的状况之间的矛盾”。“党和全国人民的当前的主要任务，就是要集中力量来解决这个矛盾，把我国尽快地从落后的农业国变为先进的工业国”。然而，仅仅过了一年，在 1957 年 9 月 20 日到 10 月 9 日召开的党的八届三中全会上，就改变了这个论断，重提无产阶级和资产阶级的矛盾是主要矛盾。

八届三中全会是一次扩大的中央全会，出席会议的除中央委员和候补委员外，还有中央各部门和各省市以及地、县的领导干部参加。会议的主要议题是总结前一段整风、反右派的经验，部署下一段的整风、反右派工作。9 月 19 日，毛主席召集中央同志讨论关于三中全会问题时指出：“整个过渡时期，总的矛盾是社会主义与资本主义，即工人阶级与资产阶级的矛盾。”“去年所有制（指资本主义私有制。——一波注)是革掉了,但人并没有革掉,没有改造。工人阶级与资产阶级的矛盾、社会主义与资本主义的矛盾是整个过渡时期的主要矛盾。"毛主席提出这个问题,当时许多同志感到不理解。9月24日的一期会议《情况简报》反映:"过渡时期,国内的主要矛盾是人民内部矛盾还是敌我矛盾?许多同志觉得毛主席……又把七届二中全会的提法提出来了,这和八大决议以及一些整风文件中的提法不一致,希望中央负责同志再解释一下。"在整个会议过程中,与会同志对这个问题进行了热烈的讨论。

讨论中基本上有两种看法。一种看法认为,无产阶级与资产阶级的矛盾是主要矛盾,即同意毛主席当时的论断。

有的同志说:"党的七届二中全会决议指出:革命胜利后,国内的基本矛盾是无产阶级与资产阶级的矛盾。但这一点有时被忽视了。1956年三大改造胜利,使我们产生了错觉,以致强调人民内部矛盾多,对无产阶级与资产阶级的矛盾是基本矛盾强调不足。这一点在八大也讲得不够。只提出大规模的阶级斗争已经基本结束,没有更明确地指出所有制虽已解决,但人的改造、意识形态上的斗争却没有解决。因此在今后15年到20年内,资本主义与社会主义的矛盾仍将是国内的基本矛盾。"

有的同志说:"要进行社会主义建设就有社会主义和资本主义之间两条道路的斗争,这是过渡时期的主要矛盾。但是过渡时期仍有人民内部矛盾存在,而且解决这些矛盾,总不能脱离两条道路的斗争。"

还有的同志说:"过渡时期既然主要是社会主义和资本主义两条道路的斗争,那末就应该说当前主要矛盾是无产阶级同资产阶级的矛盾。正确地处理这一矛盾,是顺利地解决其他各种矛盾的主要关键。"

另一种看法,不同意无产阶级与资产阶级的矛盾是主要矛盾,仍然坚持八大的基本观点。

有的同志说:"虽然目前的重要任务是反右派,但不应把国内政治生活中一个时期的主要问题,作为整个过渡时期的主要矛盾。"

有的同志说:“过渡时期主要是无产阶级与资产阶级之间的敌我矛盾,是不符合现在的实际情况的。因为生产资料所有制改变以后,人民内部矛盾是多方面的,而敌我矛盾比较简单。当前主要是少数资产阶级右派反党、反社会主义的问题,所以反右派斗争的性质是很重要的敌我矛盾。但这只是少数的,而大量的、经常的则是人民内部的矛盾。因此敌我矛盾不是主要的,八大决议对当前国内矛盾的分析仍是正确的,不能因为这次反右派斗争而改变这种估计。”

还有的同志说:“资产阶级民主革命解决了同三大敌人的矛盾,而过渡时期社会主义改造又解决了生产资料所有制问题。在这个基础上,八大决议对我国当前主要矛盾的提法是正确的。”

在讨论过程中,持第二种看法的人不少。其中心意思就是说,虽然同资产阶级右派的矛盾是激烈的、尖锐的,但它是“一个时期的”、“少数的”,不应该由此断言我国社会的主要矛盾还是无产阶级和资产阶级的矛盾。应该说,这个看法是正确的。回顾起来,记得当时我还没有这个认识,而是同意第一种看法,即同意无产阶级和资产阶级的矛盾是主要矛盾。这里需要指出一点,就是毛主席这时虽然重提无产阶级和资产阶级的矛盾是主要矛盾,但他并未把无产阶级和资产阶级的矛盾看成敌我矛盾,只是认为同资产阶级右派的矛盾是敌我矛盾。他在 9 月 19 日的谈话中说:“资产阶级是人民内部矛盾,但在斗争中把他们(右派)划出去一部分,为敌我矛盾。”我觉得,将“敌我矛盾”和“主要矛盾”相混同是不对的,把“个别”和“一般”相等同也是不对的,这是理论上的一种混乱。而在全会的讨论中是存在着这种情况的。

10 月 7 日,毛主席在全会的组长会议上讲话,再次谈了他对主要矛盾的见解,对改变八大论断的原因作了说明,并对如何公开改变这一论断,发表了意见。

毛主席说:有两次革命,一次是反帝反封建的民主革命,集中打倒国民党,对民族资产阶级和个体经济采取保护的方针,只是在党内反对资本主义思想。第二次是无产阶级的社会主义革命,推翻资产阶级，是社会主义与资本主义两条道路的斗争，这在理论上是没有问题的。社会主义革命进行了一半，私有制搞掉了，政权拿到无产阶级手里，但是上层建筑问题（政治战线与思想意识形态上）还没有解决。从1953年提出过渡时期总路线起，给了资本主义经济以严重的打击，基本上改变了所有制，反映到八大文件上是肯定基本上解决了无产阶级与资产阶级的矛盾。现在看这也没有错。基本上解决，并不是完全解决，所有制解决了，政治思想上还没有解决。资产阶级和资产阶级知识分子、富裕中农中有一部分人不服，八大没有看清楚，所以那时对阶级斗争强调得不够，因为他们表现服服帖帖；现在他们又造反，所以又要强调，青岛会议文件（指《1957年的夏季形势》。——一波注）是一个补充（指提出了城市和农村还有社会主义和资本主义两条道路的斗争。——一波注）。

毛主席指出，对过渡时期的主要矛盾是无产阶级与资产阶级的矛盾，暂时“报纸上不要发表”，还是按青岛会议的精神，只讲社会主义和资本主义两条道路的斗争。这是因为：（一）“不要引起风波”。一上报就会引起一些知识分子拿八大决议的文件与现在的讲法大搞一场争论，为了几个字又使他们闹得天翻地覆。（二）“容易放松人民内部矛盾的处理”。我们确有三大主义，现在大讲阶级矛盾是主要的，就容易把党内的几个主义都挂在无产阶级与资产阶级矛盾的账上，实际上不完全是这个矛盾。

在八大关于政治报告的决议中，对主要矛盾的“实质”有个提法，说这一矛盾的实质“也就是先进的社会制度同落后的社会生产力之间的矛盾”。讨论中，有人提出，这个提法“请三中全会考虑，可否正式予以更正”。毛主席对这个提法从一开始就是有保留的，在10月7日的讲话中他对这个问题也作了答复。他说：八大决议的那句话是不适当的，但也没有坏处，它不妨碍生产，不妨碍反右派等。同时它也反映了一个要求，要求加强物质基础。既没有害处，现在就不必去改它，否则引起麻烦、争论，将来再作适当的解释。他不只一次地指出，这个提法是拿现在同将来比，拿中国同外国比，不符合实际，等等。我觉得，毛主席在这个问题上的观点是有一定道理的，但不能认为这是毛主席修改八大关于主要矛盾论断的根据和理由。

10月7日的讲话经过传达、讨论后，10月9日，毛主席在全体会议上对主要矛盾问题作了结论。他说："无产阶级和资产阶级的矛盾，社会主义道路和资本主义道路的矛盾，毫无疑问，这是当前我国社会的主要矛盾。我们现在的任务跟过去不同了。过去主要是无产阶级领导人民大众反帝反封建，那个任务已经完结了。那末，现在的主要矛盾是什么呢？现在是社会主义革命，革命的锋芒是对着资产阶级，同时变更小生产制度即实现合作化，主要矛盾就是社会主义和资本主义，集体主义和个人主义，概括地说，就是社会主义和资本主义两条道路的矛盾。"

八届三中全会关于主要矛盾讨论的情况和毛主席的观点，基本上就是这样。毛主席的新论断为全会所接受。按照毛主席的部署，这次会议之后，一段时间内只提两条道路的斗争，暂时不提无产阶级与资产阶级两个阶级的矛盾。12月9日，毛主席到杭州，16日，召集舒同、曾希圣、江渭清、刘顺元、柯庆施、叶飞、江华同志开会，周总理参加。毛主席看到江华同志12月9日在中共浙江省第二届代表大会第二次会议上的报告中，讲了"社会主义同资本主义两条道路的斗争，仍然是过渡时期的主要矛盾"问题，十分高兴和重视。17日凌晨，他给中央办公厅机要室主任、他的秘书叶子龙写信说："叶子龙同志：请于今日上午八九时通知舒同、曾希圣、江渭清、刘顺元、柯庆施、叶飞、周总理等七位同志看《中国共产党浙江省委员会向中国共产党浙江省第二届代表大会第二次会议的工作报告》这个文件，在下午一时以前看完。其他工作，可以移到明天上午去做。毛主席十二月十七日上午二时。"接着，17日下午和18日，毛主席连续召集这些同志以及江华同志继续开会，主要讨论江华同志的报告。23日下午，毛主席又约江华、胡乔木、田家英同志，谈江华同志报告的修改问题。经过修改后的江华同志报告的第一部分"整风运动和反右派斗争"，关于国内主要矛盾问题写道："在生产资料所有制方面基本上完成了社会主义革命以后，阶级斗争并没有完全结束。资产阶级和无产阶级的斗争，资本主义道路和社会主义道路的斗争，仍然是过渡时期的主要矛盾。”“社会主义同资本主义两条道路的斗争，既可以表现为敌我矛盾，也可以表现为人民内部矛盾。但是，在我国目前的条件下，前一种情况是比较少数的，后一种情况却是大量的。”按照毛主席的指示，这篇报告由《人民日报》于1957年12月28日发表，题为《坚持党的正确路线，争取整风运动在各个战线上全胜》。《人民日报》在编者按中指出，江华同志“报告的第一部分所涉及的问题不是地方性的而是全国性的。究竟什么是过渡时期的主要矛盾？怎样认识两个阶级、两条道路之间的矛盾和人民内部矛盾的关系？为什么党在一个时期强调人民内部矛盾，而在另一个时期强调阶级斗争？这些重大问题是大家所关心的。江华同志在他的报告里，根据党中央和毛主席的指示，作了正确的解答。”1957年12月25日，柯庆施同志在中共上海市第一届代表大会第二次会议上作了《乘风破浪，加速建设社会主义的新上海》的报告，其中关于国内主要矛盾问题的提法和江华同志报告中的提法基本相同。毛主席审阅了柯的报告，并作了一些修改。《人民日报》于1958年1月25日发表，并加编者按说：“柯庆施同志在报告的第一部分中，根据党中央的指示，对于国内的主要矛盾，对于人民内部矛盾及其正确的处理，都作了详细的分析和阐明”，“是具有普遍意义的”。这样，通过发表江华同志和柯庆施同志的报告，毛主席关于无产阶级和资产阶级的矛盾是国内主要矛盾的观点，就公之于世了。

1958年5月，在党的八大二次会议上，少奇同志代表中央作工作报告，宣布：“整风运动和反右派斗争的经验再一次表明，在整个过渡时期，也就是说，在社会主义社会建成以前，无产阶级同资产阶级的斗争，社会主义道路同资本主义道路的斗争，始终是我国内部的主要矛盾，这个矛盾，在某些范围内表现为激烈的、你死我活的敌我矛盾”，“但是在我国目前的具体条件下，上述两个阶级、两条道路的矛盾在大多数的情况下表现为人民内部的矛盾”。至此，修改八大关于主要矛盾论断的工作就算正式完成了。

毛主席和我们党为什么修改八大关于主要矛盾的论断？有国内原因，也有国际原因。从国际方面讲，波匈事件，特别是匈牙利事件，对毛主席和我们党的影响和震动太大了，仿佛中国也存在着这种现实的危险，再加上国内有极少数资产阶级右派分子利用帮助党整风的机会发动进攻，就更加重了这种危机感。由于偏重于从阶级斗争的角度去观察问题，于是就认为八大关于无产阶级和资产阶级的矛盾已经基本解决的论断不妥当了，重新提出无产阶级和资产阶级的矛盾是我国社会的主要矛盾。这种受国际事件和国内暂时情况的影响而修改党的基本理论和实践的做法，是一个很深刻的教训。实践证明，八届三中全会修改党的八大关于我国主要矛盾的论断，动摇了八大路线的根基，从此开始了对八大路线的偏离，助长了"左"的指导思想的发展。

在经历一段长时间的严重曲折和沉痛教训之后，错误终于得到了纠正。我们党用更科学的语言、更精确的表述方式重新恢复和肯定了八大关于主要矛盾的论述。十一届六中全会的决议指出："在社会主义改造基本完成以后，我国所要解决的主要矛盾，是人民日益增长的物质文化需要同落后的社会生产之间的矛盾。"又说："在剥削阶级作为阶级消灭以后，阶级斗争已经不是主要矛盾。由于国内的因素和国际的影响，阶级斗争还将在一定范围内长期存在，在某种条件下还有可能激化。"根据我们党的历史经验和我们国家的现实，并纵观世界的现状和发展的总趋势，小平同志领导我们党制定了"一个中心，两个基本点"的基本路线，确立了建设有中国特色社会主义的道路，正确地处理了国际、国内一系列复杂的问题。现在，我国人民正沿着这条康庄大道奋勇前进。

错误和挫折教训了我们，使我们比较地聪明起来了。我感受最深的一点是，在社会主义建设的整个过程中，必须紧紧扭住经济建设这个中心不放，致力于发展社会生产力，正确处理"一定范围内长期存在"的阶级斗争和经济建设这个工作中心的关系。

从理论上讲，主要矛盾是和主要任务联系在一起的。主要矛盾决定主要任务。毛主席改变了八大主要矛盾的提法，当然不是说毛主席不主张"把我国尽快地从落后的农业国变为先进的工业国"，事实上毛主席是一贯这样主张的。但是，重提无产阶级与资产阶级的矛盾是主要矛盾以后，就打断了从1956年下半年提出的从革命到建设的转变的进程，而建设社会主义的途径和方法也随之发生变化。实践证明，在社会主义的基本政治经济制度确立后，仍然实行“以阶级斗争为纲”的方针是错误的，其结果不但不能推动经济建设，反而干扰了经济建设，也冲击了政治建设。从1958年到1978年十一届三中全会之前20年时间，我国经济发展迟缓，人民生活改善不大，社会主义制度的优越性未能正常地充分发挥出来，其根本原因就在这里。小平同志多次讲，我们耽误了20年，就是指这一段说的。十一届三中全会以后的情况就大不相同了。由于实现了把党和国家的工作重心转到以经济建设为中心的轨道上来，十多年来，实行改革开放的新方针新政策，我国的经济和社会发展取得了举世瞩目的巨大成就，增强了我国的经济实力和综合国力，提高了人民的生活水平，充分显示了社会主义的生机与活力。从前后的比较中，我们更深刻地懂得了社会主义的根本任务是发展生产力，其他任何工作，都要服从和服务于这一根本任务。当然，看不到一定范围内长期存在的阶级斗争，丧失警惕，是错误的，但夸大阶级斗争的范围，甚至把它置于工作中心的位置，则更是错误的。摆正两者之间的关系，正确处理好一定范围内存在的阶级斗争问题，为社会主义建设创造安定的社会环境和条件，一心一意地、全力以赴地把中国的经济搞上去，这不仅是我们几十年来的根本历史经验，也是我们今后长期的中心任务和奋斗目标。根据小平同志1992年年初视察南方的重要谈话的精神，党中央明确指出：“牢牢把握党的‘一个中心、两个基本点’的基本路线，一百年不动摇，国家就能长治久安，中国就大有希望。”我认为，这是当代中国发展的最重要的战略思想，是完全正确的。

二十四 批评反冒进

反对经济建设上的冒进，是1956年初提出的，一直延续到1957年初。对这个问题，我在本书上卷第21篇中作过回顾，并提到毛主席对反冒进是有意见的。但当时他的注意力集中在国际上发生的波匈事件和对斯大林的评价问题上，对反冒进采取了保留态度。1957年下半年形势发生了很大变化：国际上波匈事件已经过去；国内反右派斗争基本结束，各级干部经过整风改善了工作作风；农村出现了冬季农田水利建设的热潮；“一五”计划提前超额完成，人心振奋。随着形势的发展，毛主席对反冒进的做法提出了批评，认为反冒进束缚了群众正在高涨起来的生产热情，给群众的积极性泼了冷水，使建设速度放慢了，阻碍了跃进局面的出现。这次批评，加速了社会主义建设总路线的形成和“大跃进”的发动，“左”的错误随之发展，对我国的经济生活和政治生活产生了很大的消极影响。

(一)批评反冒进的经过

批评反冒进，主要是通过一系列会议进行的。

1957年九十月间在北京召开的八届三中全会，是批评反冒进的开端。10月9日闭幕会上，毛主席说：1955年来了一个高涨，1956年吃了亏，来了一个右倾，来了一个松劲。主要是扫掉了三个东西，一是多快好省，一是《全国农业发展纲要》，一是促进委员会。还说：1956年的毛病是基本建设多用了30亿元，生产了600万部不适用的双轮双铧犁。这可以组织个临时促退小组来解决，但共产党总的方针是促进而不是促退。共产党应该是促进委员会，只有国民党才是促退委员会。毛主席提出要“复辟”被扫掉了的这三个东西。

全会后，通过《人民日报》社论的形式，把批评反冒进的问题逐步公开了。11 月 13 日发表的《发动全民，讨论四十条纲要，掀起农业生产的新高潮》的社论写道："有些人害了右倾保守的毛病，像蜗牛一样爬行得很慢。""有右倾保守思想的人，……认为农业发展纲要草案是'冒进'了。他们把正确的跃进看成了'冒进'。"12 月 12 日，又发表了经过毛主席修改和政治局讨论过的《必须坚持多快好省的建设方针》的社论，批评在反冒进期间"刮起了一股风，居然把多快好省的方针刮掉了"。"有的人竟说，宁可犯保守的错误，也不要犯冒进的错误"，"于是，本来应该和可以多办、快办的事情，也少办、慢办甚至不办了。这种做法，对社会主义建设事业当然不能起积极的促进的作用，相反地起了消极的'促退'的作用"。

毛主席认为那时北京的空气沉闷，华东的空气活跃，想以地方来促北京。他于 1957 年 12 月 8 日离京，到华东停留将近一个月时间，并在杭州召开会议。会上，毛主席在发言中从治淮工程谈起，认为安徽人民 1957 年一个冬季就搞了 16 亿土方，超过过去七年的土方数量，说明原来的计划低了，保守了，应该批评右倾保守。还说：批评右倾保守，就很舒服，愈批评愈高兴，要愉快地批评右倾保守。并指名道姓地批评了恩来等同志。

1958 年 1 月 6 日，毛主席到南宁，11 日至 22 日主持召开了南宁会议，把批评反冒进推向了高潮。毛主席原只想找九省二市的第一书记参加。周总理对毛主席说，2 月份要召开一届人大五次会议，时间已经迫近，是否先在党的会议上讨论一下 1958 年的预算和年度计划。这样，毛主席同意陈云、富春、先念和我到会。陈云同志因病未出席。会议初步总结了第一个五年计划，讨论了第二个五年计划和 1958 年计划草案，并议出了《工作方法六十条》。但会议的重点是批评反冒进，为发动大跃进做准备。

会上印发了 22 个参考文件。其中李先念同志 1956 年 6 月 15 日在一届人大三次会议的报告中关于反冒进的一段话、1956 年 6 月 20 日《人民日报》的社论、周总理 1956 年 11 月 10 日在八届二中全会上《关于 1957 年计划的报告》的节录，是作为被批评的反冒进的材料印发的。毛主席在会上多次讲话和听取汇报时的插话，都是集中批评反冒进的。会上气氛紧张。

1月11日晚，毛主席说：不要提反冒进这个名词，这是政治问题。一反就泄了气，六亿人一泄了气不得了。多用了人，多花了钱，要不要反？这些东西要反，如果当时不提反冒进，只讲一个指头长了疮，就不会形成一股风，吹掉了多快好省、四十条纲要、促进委员会这三个东西。这些都是属于政治问题，而不属于业务问题。毛主席还尖锐地批评了1956年6月20日《人民日报》发表的《要反对保守主义，也要反对急躁情绪》的社论，说：这篇社论既要反右倾保守，又要反急躁冒进，好像有理三扁担，无理扁担三，实际重点是反冒进的。认为社论中引用《中国农村的社会主义高潮》序言的几句话来说明反冒进，“是用毛泽东来反对毛泽东”。还在这篇社论上批注：“庸俗辩证法”，“庸俗马克思主义”，“尖锐地针对我”。

1月15日，我在会上作了题为《关于1958年计划(草案)的汇报提要》的发言。发言分为1957年计划执行结果和1958年计划草案两部分。在1958年计划草案部分，我列举了1958年计划的一些主要指标，并说明：工业总产值定为747.47亿元，比上年的628.1亿元(预计数)增长15.1%；农业总产值定为642.5亿元，比上年的603.5亿元(预计数)增长6.5%，超过“一五”计划期间的平均增长速度。应该说，这个计划不算保守。而且为了避免被说成保守，我还提出了实行“两本账”的办法，即国家一本账，为必成数；企业一本账，为期成数。毛主席当时想的是搞得更快一点，同时也由于长期积淀下来的对反冒进的不满，对我的发言并不满意，批评我是“中间派”，“假使不是偏右的话”。这个批评既是针对我在反冒进中赞成反冒进说的，也是针对我在制订1957年基本建设计划时，采取了反对计划指标偏高，也反对压得太低这一点说的。

毛主席在批评反冒进的过程中，对柯庆施同志十分欣赏，一再提到柯1957年12月25日在上海市党代会上所作的《乘风破浪，加速建设社会主义的新上海》的报告。1月15日说：这个报告把中央许多同志比下去了，中央工作的同志不用脑筋，不下去跑跑，光在那里罗列事实。还说，“大家都要学习柯老”。16日，毛主席在大会上再次拿出柯文，当众对周总理说：“恩来同志，你是总理，你看，这篇文章你写得出来写不出来？”周总理回答：我写不出来。毛主席接着说，上海是中国工人阶级集中的地方，没有工人阶级建设社会主义的强烈激情，是写不出这样的好文章的。“你不是反冒进吗？我是反反冒进的！”

当时，大家心里在纳闷，这到底是批评谁？少奇同志说：主席的批评是针对管经济工作的几个人的。1月17日晚上，毛主席约富春、先念同志和我谈话，明确讲到批评主要是对陈云同志的。周总理为顾全大局，在19日晚上作了检讨，说：反冒进是一个带方针性的动摇和错误，是一种右倾保守主义思想，是与主席的促进方针相反的促退方针。并表示，他对错误负主要责任。

2月18日，在北京召开政治局扩大会议，继续批评反冒进，但气氛缓和下来了。毛主席用比较平和的口气说：南宁会议还是要放一炮的，我看不过是小炮而已，害得一些同志紧张。先念同志现在还睡不着觉，吃安眠药，何必那么紧张。今后还是靠你们这些人办事，此外没有人。会上，陈云、先念同志和我都进行了自我批评，承担了各自在反冒进中所犯“错误”的责任。

3月，在成都会议上，毛主席作了六次重要讲话，其中两次谈到批评反冒进的目的。3月9日说：反冒进是个方针性的错误，南宁会议提出了这个问题，有许多同志紧张，现在好了。谈清楚的目的是使大家有共同的语言，做好工作，而不是不好混，我绝无要哪个同志不好混之意。3月25日又说：关于反冒进，我看以后不需要谈了。如果从经验上、方法上把它作为例子，那倒是可以的。这个问题不是个什么责任问题，重点是要用唯物论、辩证法来深入分析反冒进问题。毛主席认为：当年反冒进是不尊重唯物论，也不尊重辩证法。不讲全面，不抓本质和主流；作出反冒进的方针，没有事先征求省委书记的意见，在国务院系统也脱离了多数的部。因为国务院也是两种意见，只有财金贸系统想少搞，工业部门是想多搞的。毛主席还着重讲了要破除迷信、解放思想，说反冒进是“寻寻觅觅，冷冷清清，凄凄惨惨戚戚”，冒进则是“轰轰烈烈、高高兴兴”，“不尽长江滚滚来”，就是要和反冒进对起来，反对慢的路线。

4月初，小平同志在中南海怀仁堂主持召开高级干部会议，传达成都会议精神。富春同志作全面传达，我传达毛主席的讲话内容。我当时是按学习与独创、总路线、提高风格、唯物论四个问题传达的。

4月上旬，毛主席又到武汉主持召开了一次汇报会议。在4月5日周小舟同志发言时，毛主席插话说：1956年下半年到1957年来了个反冒进，搞得人不舒服。这个挫折很有益处，教育了干部和群众，是反面教育。因为受了损失，是个马鞍形，两个“高潮”之间一个低潮——反冒进。过去说1957年比1956年实在些，这个话是不合乎事实的。1957年实际上工作差劲了，许多干部抬不起头来。上面骂冒进，下面也骂冒进，所以1957年劲头不大。去年揭开盖子，用整风反掉了右倾保守思想。盖子不解决，压在劳动者、干部身上，精神不振，生产力不解放。毛主席还说，在八届二中全会上没有着手解决这个问题，是因为当时国内外情况紧张，斯大林问题，波匈事件，顾不上开会；他那时是采取防御的，以后才逐步恢复三个口号。4月8日，叶飞同志汇报时，毛主席插话批评反冒进中强调的稳妥可靠是既不稳妥又不可靠，说：我们这样大的国家，老是稳、慢，就会出大祸，快一点就会好些。对“稳妥派”的办法就是到了一定时候提出新的口号，使他们无法稳。“冒进”是“稳妥派”反对跃进的口号，我们要用“跃进”代替“冒进”，使他们不好反对。毛主席还说有些人可能是“观潮派”、“秋后算账派”，如果今年得不到丰收，还会有人出来说“我早就有先见之明，还是我的对”。到那时又要刮台风的。党内中间偏右的人是观潮派，他们是“楼观沧海日，门对浙江潮”（宋之问《灵隐寺》诗句）。

在1958年5月召开的八大二次会议上，少奇同志代表党中央作工作报告，对批评反冒进作了结论。报告说：反冒进损害了群众的积极性，影响了1957年的生产建设，特别是影响了农业的发展，形成了“马鞍形”。毛主席修改工作报告时，在这里加了一段：“一个马鞍形，两头高，中间低。一九五六年——一九五七年——一九五八年，在生产战线上所表现出来的高潮——低潮——更大的高潮，亦即跃进——保守——大跃进，不是大家都看得很清楚了吗？马鞍形教训了党，教训了群众。”不少同志在小组会发言时也对反冒进进行了批评，认为少奇同志的报告对反冒进的批评还不够，语气嫌轻，对立面讲得不够，应彻底清算反冒进的“错误”。经过几个月的批评，对反冒进负有责任的恩来、陈云、先念同志和我，又再次作了自我批评。至此，批评反冒进的问题，已告一段落。毛主席在5月20日讲话时说：经过整风和批评“反冒进”，中央也好，地方也好，都很团结。反冒进的问题，现在也搞清楚了，我们在新的基础上团结起来了。从团结的愿望出发，经过批评和自我批评，在新的基础上达到了新的团结。

5月23日，八大二次会议闭幕。毛主席在原来准备的“讲话提纲”中写道：《高潮》序言、促进委员会、农业发展纲要四十条、论十大关系、多快好省等都是在中央会议上通过了的，“有些同志，当时同意（无一人反对），五个月、或者一个月以后，即表示反对，或者不同意，或者怀疑，而不经合法手续，即经同样性的会议加以改变，即进行反对活动，提反冒进”，“在1956年11月八届二中全会上突然爆发”。但毛主席在讲话时，这些话都没有讲。从这件事可以看出，毛主席对反冒进是有“气”的，但最后处理这个问题时，基本上采取了克制的态度。

（二）毛主席对反冒进问题的分析

毛主席对反冒进的批评，集中在以下五个问题上：

1. 关于反冒进问题的性质。

毛主席认为，大家都是为党为国，不是为私。反冒进的性质还不是路线问题，而只是在一个时期一个问题上的方针性“错误”。“一个时期”，就是1956—1957年；“一个问题”，就是建设规模、建设速度。

毛主席批评反冒进是方针性“错误”的理由有两条。

一是他认为反冒进给群众的积极性泼了冷水。1958 年 1 月 12 日，毛主席在南宁会议上说：我就怕六亿人民没有劲，不是讲群众路线吗？六亿人民泄气，还有什么群众路线？看问题要从六亿人民出发。1 月 14 日毛主席又说：反冒进伤了许多人的心，水利、办社、扫盲、除四害都没劲了。1 月 16 日毛主席在他的“讲话提纲”里列了这么几条：“劳动者阶级表现积极起来，它的意义是什么？”“马克思用这点作标志，证明革命来了。”“1956 年我们有些人不认识这一点。”“1958 年，人民对革命和建设所表现出来的积极性比过去任何时候更高。”在 1 月 20 日的会上，毛主席说：冒进是全国人民烈焰冲起来的，是好事，部分是坏事，反冒进把前进放在第二位了。2 月 18 日，毛主席在政治局扩大会议上又指出：反冒进反得那么厉害，把群众的气泄下去了，加上右派的猖狂进攻，群众的气就不高，我们也倒霉。我们这些中央委员，你就那么舒服呀？我是不舒服的。

二是毛主席认为反冒进不符合马克思主义。1958 年 2 月 18 日，他在政治局扩大会议上说：如果说冒进是非马克思主义，或者反马克思主义，而反冒进是马克思主义，那马克思主义就在中国变了样子，把搞得少的叫马克思主义，搞得多的不叫马克思主义。我不赞成反冒进叫马克思主义，赞成冒进才是马克思主义。这个冒进好嘛，使农民多搞了水利嘛！3 月 9 日，毛主席在成都会议上说：一种是马克思主义的冒进，一种是非马克思主义的反冒进，究竟采取哪一种？我看应该采取冒进。毛主席还强调说：以后反冒进的口号不要提，反右倾保守的口号要提。反冒进这个口号不好，吃亏，打击群众。反右倾这个口号为什么不会打击群众呢？反右倾所打击的就是一部分人的官气、暮气、骄气、娇气，一些人的主观主义、官僚主义、宗派主义，这些东西应该加以打击。

毛主席历来珍惜群众的积极性，反对泼冷水。他认为，要改变我国“一穷二白”的面貌，加速经济建设，需要群众的干劲，“气可鼓而不可泄”。应该说，这是有道理的。不过，毛主席把这一点夸大了，忽视了按客观经济规律办事，并给强调按客观经济规律办事、脚踏实地地稳步前进的同志“上纲”，说是对群众的积极性“泼冷水”，犯了“方针性错误”，这就不对了，不合乎实际了。他把这个实际工作中的问题提到马克思主义与非马克思主义的高度来分析，也是不适当的。发挥群众积极性而不加正确领导，就会变成盲目性。强调主观能动性而忽视客观规律性，就可能表现为唯意志论。正如列宁说过的，真理只要向前多走一小步，就会变成谬误。

2. 关于反冒进同右派进攻之间的联系。

毛主席认为，反冒进在前，右派进攻在后。反冒进的人说 1956 年是冒进，右派攻击 1956 年是“全面冒进”，二者之间是相关联的。

1958 年 2 月 18 日，毛主席在政治局扩大会议上说：右派把你们一抛，抛得跟他相距不远，大概 50 米远。……我们的同志就会生气，“噢，你右派把我抓得跟你差不多呀！”果然生了气。表现在去年 6 月 23 日周恩来同志在人民代表大会上的那一篇报告，痛驳右派，壮人民的志气，灭敌人的威风。

在 1958 年 3 月 19 日成都会议上，毛主席为重印《中国农村的社会主义高潮》一书部分按语写了说明，指出：“我们没有预料到 1956 年国际方面会发生那样大的风浪，也没有预料到 1956 年国内方面会发生打击群众积极性的‘反冒进’事件。这两件事，都给右派猖狂进攻以相当的影响。”

这里，我顺便讲一段小插曲，说说毛主席在讲话中表扬的周总理 1957 年 6 月 23 日在人大的那一篇报告。报告中有两段话，批评了右派所谓“全面冒进”的攻击，同时肯定了 1956 年是“跃进的步骤”、“跃进的发展”。后来，毛主席看了彭真同志 1958 年 5 月 25 日送来的 1957 年 11 月 13 日《人民日报》社论，说明最早使用“跃进”一词自此始。毛主席当即写了一封信，表彰发明这个词的人“其功不在禹下。如果要颁发博士头衔的话，我建议第一号博士赠与发明这个伟大口号(即：‘跃进’)的那一位(或者几位)科学家”。实际上，周总理使用“跃进”一词比《人民日报》社论早 140 多天。5 月 26 日，彭真同志又把周总理的这篇报告送给毛主席，并在上面写道：“主席：‘跃进’一词，在这个报告中已用了。”周总理在当夜也给毛主席写信说：“我当时的中心思想是维护社会主义，反击右派，从建设的实绩上，肯定了 1956 年的建设是跃进的发展，抛弃了对 1956 年建设是‘冒进’的错误估计。但是，我当时还没有意识到反‘冒进’是方针性的错误。”

我觉得，右派进攻和党内同志对建设速度有不同的看法，是两种不同性质的问题，不能把它们联系起来。否则，容易产生副作用，使党内同志不敢讲话。这一点，不是到今天才看得清楚，当时不少同志就已有感觉。

3. 关于九个指头和一个指头的关系。

毛主席认为，要弄清大局小局，九个指头是大局，一个指头是小局，不要“一叶障目，不见泰山”。

毛主席在南宁会议第一天（1958 年 1 月 11 日）就批评说：反冒进首先没有把指头弄清楚，十个指头只有一个长了疮，就只讲一个长了疮的指头。十个指头问题要搞清楚，这是关系六亿人口的问题。究竟成绩是主要的，还是错误是主要的？是保护热情，鼓励干劲，乘风破浪，还是泼冷水、泄气？后来又说：攻其一点不及其余，历史上吃过大亏，教条主义就是这样。毛主席还举了宋玉写的《登徒子好色赋》作例子，说明不要像宋玉那样，攻其一点不及其余。

在 1958 年 2 月 18 日政治局扩大会议上，毛主席又说：不要一讲缺点，就搞得天昏地暗，日月无光。中国六亿人口，1200 万党员办事，能没有一点缺点？

后来在《工作方法六十条》中专门写上了一条：“人有十个指头，要使干部学会善于区别九个指头和一个指头”，“我们的工作，除非发生了根本路线的错误，成绩总是主要的”。这个“公式”一经形成，在实际工作中，我们的一些干部和党员就往往只讲九个指头的成绩，而自觉不自觉地忽略一个指头的缺点，甚至害怕提及错误，担心被说成是“攻其一点不及其余”。其实，这很不利于纠正错误，很不利于党的工作和人民事业的发展。我们总结和评估工作，既要看到取得的成绩，也要看到存在的缺点或错误，二者不可偏废，不能顾此失彼，也不能重此轻彼。小平同志经常要求我们要“走一步，看一步，回过头来总结一步”。看什么？总结什么？就是既看成绩，又看不足，既总结经验，又总结教训。总之要“两点论”，不要“一点论”。当然，这“两点论”中要有主次之分，并不是“平分秋色”，并不是“半斤对八两”。这样看问题和分析事物，就全面了，就符合于马克思主义唯物辩证法的全面性要求。只讲缺点、抹煞成绩的“一点论”不行，只讲成绩、无视缺点的“一点论”也不行。我们主张充分肯定成绩，目的是鼓舞士气，在已有成绩的基础上更好地前进。同时，我们又主张充分正视缺点和不足，哪怕是一个指头的问题也要看清楚，目的是保持清醒的头脑，以利尽快克服缺点，弥补不足，更好地前进。我始终觉得，对我们的领导干部尤其是高级干部来说，在肯定工作成绩的同时，应该更自觉地和更多地注意分析工作中存在的缺点、问题和不足，力求及时加以解决，这样才能防止小错变成大错，避免发生大的失误，保持领导工作中的主动权。

4. 关于平衡和不平衡的问题。

毛主席认为，造成反冒进的另一个思想方法上的失误，是没有正确认识和处理平衡与不平衡的关系，过分强调了平衡，而束缚了自己的手脚。

1958年1月29日，彭真同志在北京干部会议上传达南宁会议精神，比较系统地介绍了毛主席在这方面的思想。他说：

> 主席讲了一大段哲学。主席讲：平衡是相对的、暂时的、过渡的。不平衡才是绝对的。我们一定要有一个平衡，没有一个暂时的平衡和统一也不行。但它是相对的，就是要不断地用先进的经验，在前进中把原来的平衡打破。只有把平衡不断打破，事业才能前进。平衡打破了就前进了，前进又达到平衡。平衡又是暂时的，然后又有好多工作前进了，又把原来的平衡打破，又前进。不要把平衡当作主要的，比如钢铁，一个先进的技术搞起来了，所有都赶不上了，所有的都要赶，就是要在这里面前进。平衡是革命的平衡，是积极的平衡，不是消极的平衡，不是保守的平衡。

毛主席在南宁会议的结论提纲里写道：“不平衡——平衡——

再一个不平衡——再一个平衡，以至无穷，这就是规律。”他在《工作方法六十条》里还写道：“不平衡是普遍的客观规律。从不平衡到平衡，又从平衡到不平衡，循环不已，永远如此，但是每一个循环都进到高的一级，不平衡是经常的、绝对的；平衡是暂时的、相对的。”《人民日报》1958年2月28日发表的《打破旧的平衡，建立新的平衡》的社论，正式提出了积极平衡与消极平衡的概念，指出：“不断地提高落后的指标和定额，使它适应于先进的指标，向先进的定额看齐，这是积极的平衡”；“总是企图压低先进的指标和定额，使它迁就落后的指标，向落后的定额看齐，这是消极的平衡”。

毛主席提出积极平衡的理论，目的在于指导我们要奋发进取，不满足于现状，通过积极解决矛盾，力求不断地有所突破、有所创新和发展。无论是做经济工作还是做其他工作，都应懂得和掌握积极平衡的理论，从中吸取前进的推动力，以防故步自封。在组织生产建设中，如果我们过于强调眼前的平衡，往往就会缩手缩脚，裹足不前。积极平衡并不是不要平衡。早在1956年4月28日政治局扩大会议上，毛主席就说过：全国的平衡还是要的。没有全国的平衡，就会搞得天下大乱。没有一点平衡，没有一点调剂，我们全国的大工业，全国的工业化搞不起来。毛主席在批评反冒进中再次强调积极平衡，其用意是不要用消极平衡的办法束缚群众的手脚和前进的步伐。问题是，毛主席把它强调得过分了，在“大跃进”中又否定了综合平衡这一实现有计划按比例的主要方法，以致完全不讲平衡，只是拼命往上提指标，造成国民经济比例的严重失调，大起大落，这是个很大的教训。

5. 关于政治设计院不在政治局。

“政治设计院”是章伯钧1957年在向党进攻中的用词。毛主席借用这个词来批评国务院和经济工作部门搞分散主义，不让中央参与对经济工作的“设计”。

1958年1月12日，毛主席在南宁会议上说：我对分散主义的办法是消极抵抗，还要小会批评，当着众人批评。小范围不行，就开中央全会，总要有点压力。2月18日，陈云同志在政治局扩大会议发言中谈到这个问题时，毛主席插话说：政治设计院究竟在哪里？章伯钧说国务院都是拿成品，他不满意，他要有权参与设计。我们政治局委员可不可以有权参与设计呢？过去这个五年计划，实际上是无权参与设计。我是主席，也没有参与设计。每年的年度计划，总是请你签字，叫做强迫签字。我有个办法，不看。你强迫我嘛，我事先没有预闻，事先没有接触嘛。老是在国务院讨论，总是拿不出来。千呼万唤不出来，为什么不出来呢？说没有搞好，等到梳妆打扮一跑出来的时候，我们说不行，时间迟了！这事实上是一种封锁。

毛主席还批评说：有人想把大权揽过去，让党委搞点小权。这样就没有集中了。集中只能集中于党委、政治局、常委、书记处，只能有一个核心。毛主席重申："大权独揽，小权分散；党委决定，各方去办；办也有诀，不离原则；工作检查，党委有责。"

对毛主席的批评，周总理在党的八大二次会议上作了自我批评，说：在经济工作中，有些重大的工作问题没有及时地向中央请示报告，更没有经常地系统地向中央反映情况。即使请示了，报告了，也不是"毛毛细雨"，而是"倾盆大雨"，材料数字一大堆，使中央对于需要作出决定的问题，来不及进行仔细的分析研究。当时，周总理的自我批评，也只能讲到这个地步。尽管我们这些做经济工作的同志或部门有这样那样不周到的地方，但无论如何不能说是要进行"一种封锁"，不让中央"参与设计"。凡是重大方针政策性问题，都是经过政治局或书记处的。经济工作的业务量很大，是不可能事事都请毛主席过问的。显然，毛主席的批评是言重了。

（三）今天的认识

回顾了批评反冒进的全过程之后，今天我们应该如何认识和评估这段历史呢？从总体上来说，能不能作这样一个估计：批评反冒进是不适当的，批过了头，为以后的大冒进开了路。

批评反冒进，改变了八大提出的经济建设方针。1957 年反右派斗争基本结束以后，我们党由于对阶级斗争形势的估计产生了失误，不仅在政治上改变了八大关于社会主要矛盾的论断，在经济建设上也改变了八大批准的在综合平衡中稳步前进的正确方针，并把它说成是右倾保守，压制群众的积极性，是非马克思主义的，是慢的建设方针，从而加以根本否定。实践证明，这样做是不对的。1981年党的十一届六中全会通过的《关于建国以来党的若干历史问题的决议》说："八大的路线是正确的，它为新时期社会主义事业的发展和党的建设指明了方向"，"大会坚持了一九五六年五月党中央提出的既反保守又反冒进即在综合平衡中稳步前进的经济建设方针"。《决议》是肯定1956年的反冒进和在反冒进中提出的经济建设方针的，把历史上的这一问题澄清了。

长达半年多的批评反冒进，造成了一股强大的政治压力。毛主席的威信高，大家都敬仰他。他怎么说，大家就跟着怎么做。这样，一些部门和省市的领导干部头脑就膨胀起来了，反过来又影响毛主席的思想。结果导致了"大跃进"的发动。毛主席在1958年5月26日致政治局、书记处各同志和省、市、自治区党委第一书记及参加政治局扩大会议的其他同志的信中说："自从'跃进'这个口号提出以后，反冒进论者闭口无言了，'冒进'可反（冒进即'左'倾机会主义的代名词），当然可以振振有词。跃进呢？那就不同，不好反了。要反那就立刻把自己抛到一个很不光彩的地位上去了。"毛主席还多次讲，以后反冒进的口号不要提，反右倾保守的口号要提。这就等于只能反保守不能反冒进。这样一种政治规定，显然有失偏颇，是很难经得起实践检验的。不能设想，在党内生活和实际工作中，只会发生"右倾保守"现象，而不会发生冒进现象。"右倾保守"和冒进都是脱离实际的错误倾向，为什么只能反右不能反"左"呢？这显然也是说不通的。而对"右倾保守"又没有一个科学的划分标准，似乎坚持按比例平衡协调发展就是"右倾保守"，而调子唱得越高才越是"左派"。这种不正确的结论导致了经济指标越高越好、思想越"左"越好的空气弥漫全国。各省、市、自治区，各部门都拟订跃进计划、指标层层加码，不受约束。这样，"大跃进"就成了弦上之箭。毛主席在1958年2月18日政治局扩大会议上说：今年下半年你们就看到，要有一个大冒进就是了，我看是要比哪一年冒得还要厉害。这就在实际上形成了如下的公式：冒进＝跃进＝马克思主义。于是，冒进也好，跃进也好，谁也不能再提出什么不同意见，谁也无法阻挡它的发生了。

实践证明，不适当的过火的批评，不利于发扬党内民主，不利于保证党的决策的正确性。这次批评反冒进，历时半年多之久，其影响所及，在党内政治生活史上是一件很不小的事情，也可以说是一种标志，它标志着建国以后党内的民主生活开始由正常或比较正常向不正常转变。有一位同志曾经说过，南宁会议前后，党内气氛逐渐紧张了。毛主席有些高居政治局之上了，已很难像以往那样经常同政治局的同志坐在一起平等地商讨问题，党内的生活开始不正常了。我同意这种看法。毫无疑义，党内开展批评与自我批评是完全必要的，这对于坚持真理，修正错误，保持党的战斗力，具有重要作用。批评与自我批评，是马克思主义政党维护和发展自己的一个重大武器和法宝。如果放弃这个武器和法宝，党就会失去生机与活力，就会削弱甚至衰亡。但是，历史经验证明，党内的批评必须正确地进行，必须有充分的依据作基础，必须采取和风细雨的方式，摆事实讲道理，以理服人，而不能进行过火斗争，以势压人。批评的重点是正确地分清是非，目的是取得经验教训，有利于促进和保证党的决策的正确，有利于更好地推进党的工作。很明显，用这些要求来衡量这场对反冒进的批评，其失误之处是不少的。为什么说对反冒进的批评具有标志党内政治生活开始转向不正常状态的严重性质呢？我想，可以从这样几个方面来分析：一是这场对反冒进的批评是毛主席亲自发动和主持的，被批评的是在中央和国务院主持经济工作的领导同志；批评者言词猛烈，且有痛快淋漓之势，而被批评者却几乎没有可能进行说明和申述，只能一个劲地做自我批评，包括不得不发一些违心之论。二是毛主席的一系列批评，不仅有事实不充分、论据不足的地方，而且言之过重、上纲过高，又是“右倾保守”，又是“像蜗牛一样爬行”，又是“促退派”、“观潮派”，又是“寻寻觅觅，冷冷清清，凄凄惨惨戚戚”，又是“跟右派相距不远了”等等。这不能不说毛主席已有些居高临下，已离开了他自己曾经一再倡导的对于党内的不同意见只能以理服人，而不能以势压服的民主原则了。我想，毛主席当时采用一些过重过激的批评言词，可能是让被批评的同志出身冷汗，尽快警醒，尽快接受他的意见。但问题在于，采取这种不适当的批评方式，使得被批评者（都是职位很高的领导同志）欲辩不能，造成党内生活中的“一言堂”，不利于实事求是地讨论问题，也不利于团结。三是对反冒进的激烈批评，助长了“左”的思想的发展，为1958年“大跃进”的发动起了清道和催化的作用。总之，对反冒进的批评，可以说是“未收其功，先储其弊”，或者说弊多利少。其教训是深刻的。

毛主席在批评反冒进中，当然也讲了不少有道理的话。比如，他提出要扫掉“官风”，中央和省级干部一年要有几个月走出机关，要“一竿子插到底”，深入实际、深入群众搞调查研究；领导干部要以普通劳动者的姿态出现，要以平等态度对待群众；既要破除迷信，解放思想，又要尊重科学；要把党的工作中心转到技术革命、文化革命上来；等等。这些都是正确的，具有长远指导意义。

列宁指出：“在分析任何一个社会问题时，马克思主义理论的绝对要求，就是要把问题提到一定的历史范围之内。”（《列宁选集》第2卷，第512页）回顾50年代中叶，我国工业基础还很薄弱，处于奠基阶段，实行的是高度集中的计划经济体制，加上西方国家的封锁，不可能与世界经济发生广泛的联系和接轨。在缺乏国内外市场调节的条件下，在计划安排上强调有多少钱和物就办多少事，量力而行，不搞无米之炊，是必要的和正确的。否定计划安排上采取综合平衡的方法，超越国力和实际经济、社会条件所提供的可能性，过分追求超高速发展，搞“大跃进”，效果是必然不会好的，也是不可能成功的。但这决不是说，中国的经济建设只能按部就班地缓慢地进行，而不可以搞得快一点。当时，毛主席的本意是想找到一个搞得又快又好的办法，但没有找对。只要我们的指导思想和方针政策对头，既充分运用好客观条件，又积极发挥主观能动性，是完全可以实现和保持较高的发展速度的。

党的十一届三中全会以后，以邓小平同志为核心的第二代中央领导集体，在拨乱反正、深刻总结历史经验教训的基础上，制定了党的“一个中心、两个基本点”的基本路线，坚持实行改革开放的新方针新政策，极大地增强了我国经济的活力，使国民经济在1984—1988年间上了一个大台阶。小平同志根据国际国内形势的变化和新的实践经验，在1992年春视察南方的重要谈话中深刻指出：“那五年的加速发展，也可以称作一种飞跃，但与‘大跃进’不同，没有伤害整个发展的机体、机制。”“我国的经济发展，总要力争隔几年上一个台阶。”又说：“抓住时机，发展自己，关键是发展经济。现在，周边一些国家和地区经济发展比我们快，如果我们不发展或发展得太慢，老百姓一比较就有问题了。所以，能发展就不要阻挡，有条件的地方要尽可能搞快点，只要是讲效益，讲质量，搞外向型经济，就没有什么可以担心的。”据此，党的十四大作出了进一步解放思想，把握有利时机，加快改革开放和现代化建设步伐的重大决策。小平同志关于加快发展的战略决策是科学的。只要我们时刻保持清醒的头脑，坚持实事求是的原则，精心组织，慎重从事，及时处理出现的重大问题，是完全可以把经济建设搞得快一点的。这对于我们中华民族的复兴，意义是太大了。我们研究历史，从研究方法、思想方法来说，既要注意把握今天与昨天、现在与过去的历史的内在联系，并注意进行比较研究，从中得到应有的经验、教训、启示和借鉴，同时又要注意历史条件的发展变化，防止形而上学式的简单的类比和生搬硬套。我们一定要学会掌握“具体地分析具体的情况”这一马克思主义活的灵魂。

二十五　社会主义建设总路线的制定

1958年，党的八大二次会议制定的“鼓足干劲，力争上游，多快好省地建设社会主义”的总路线，体现了党中央和毛泽东同志试图把工作重心转移到经济建设上来的决心，反映了全党和全国人民迫切要求改变我国落后面貌的愿望。总路线以及在它指引下相继发动的“大跃进”和人民公社化运动，就是当时人们惯称的“三面红旗”。由于决策本身的某些缺陷和执行中的巨大偏差，这次工作重心转移的尝试，没有达到预期的效果，反而造成了经济生活连续三年的严重困难，不得不进行国民经济的大调整。30多年来，人们对这条总路线有这样那样的看法并不奇怪。在这里我想对其中的经验、教训作些具体分析，供同志们及史学家们研究参考。

(一)成都会议的酝酿和讨论

1958年3月11日，毛主席在成都会议上说，这条社会主义建设总路线，是在建国以后八年中间逐步形成的。1959年底至1960年初，毛主席在《读苏联〈政治经济学教科书〉谈话记录》里论述它的形成过程时，指出：

> 由于我们没有管理全国经济的经验，所以第一个五年计划的建设，不能不基本上照抄苏联的办法。到生产资料私有制的社会主义改造基本完成以后，我们就提出了建设社会主义的两种方法的问题，在一九五八年正式形成了社会主义建设的总路线。
>
> 一九五六年提出《(论)十大关系》，提出多快好省，这是社

会主义建设总路线形成的开始。一九五六年的跃进，出来了一个反冒进，经过了一次曲折。一九五七年九月(八届)三中全会恢复多快好省。一九五八年春南宁、成都会议上批判反冒进，形成鼓足干劲、力争上游、多快好省地建设社会主义这条总路线的提法。五月党的八届二次大会正式通过总路线。

我在本书上卷中说过，建国以后，由于缺乏经验，我们在经济建设中基本上是沿袭苏联的做法，但毛主席不久就发现这种做法存在不少弊端，力求在借鉴苏联经验、教训的基础上，找到一条适合中国自己情况的社会主义建设的道路。由于建国以后各方面的工作进展比较顺利，尤其是农业合作化运动在很短时间内就完成了，毛主席便认为中国的社会主义建设速度也可以加快，应该比苏联搞得快一些、好一些，应该以尽可能高的速度向前发展。为此，毛主席夙兴夜寐进行研究和探索，先后作了《论十大关系》、《关于正确处理人民内部矛盾的问题》的报告，提出了一系列构想和重大方针政策；主持制定了《全国农业发展纲要(草案)》；进行了对反冒进的批评。经过这些工作和活动，毛主席的主张基本上被各级领导干部所接受。广大农村在1957年冬季迅速掀起了农田水利建设的高潮。在这种形势下，制定社会主义建设总路线就提上了议事日程。

至于如何才能把建设搞得快些、好些，当时是缺乏深入研究探讨的。以为只要像战争年代那样，动员群众，大搞群众运动，就什么事情都能办好。关于这一点，党内是存在着思想认识分歧的。冒进、反冒进、批评反冒进，就是这种分歧的反映。针对这种分歧，毛主席先是提出了两种建设方法问题(即快一些、好一些的方法和慢一些、差一些的方法)，后来在批评反冒进中逐步把它上升到两种建设方针、两条建设路线的高度。在1958年3月8日至26日召开的成都会议上，毛主席在一次插话中指出：社会主义建设有两条路线，一条多、快、好、省，一条少、慢、差、费。比如水利建设，一为“排、大、国”，一为“蓄、小、群”，这不是两条路线吗？他说：把水排走是大禹的路线。过去从大的出发，依靠国家(过去依靠国家修了好多水库),现在是以蓄为主,小型为主,群众自办为主。毛主席在另一次插话中又说,社会主义建设有两种办法,一种是十劲十足,轰轰烈烈,坚持群众路线;另一种是"寻寻觅觅,冷冷清清,凄凄惨惨戚戚",这也是一条路线。在这次会上,毛主席还多次讲到要破除迷信,解放思想,振作精神,要有高屋建瓴、势如破竹的气势和姿态,要像古今中外那些创立新思想、新学派和搞出新创造、新发明的青年人那样,敢想、敢说、敢做。正是在这样一种气氛下,成都会议对总路线进行了酝酿和讨论。

3月18日,陈伯达在会上作了长篇发言,论证我国正进入"一天等于二十年"的时代,经济可以高速度地发展。毛主席在他发言时插话,提到"两个速度分歧",一是在社会主义改造速度问题上与邓子恢同志的分歧,一是在建设速度问题上同"反冒进派"的分歧。陈伯达说,1956年以来的分歧就是建设速度问题的分歧。

"鼓足干劲"、"力争上游"、"多快好省"这些词,就是在两种速度问题的争论中先后出现的。这次会上毛主席又多次提到这些词。但直到3月26日以前,总路线的正式提法还未最后形成。

最早出现的是"多快好省"。1955年10月11日,毛主席在七届六中全会上作的结论中提出:要讲有些什么好办法,可以使合作社办得又快又多又好。不久,他在中央政治局会议上,又提出社会主义经济建设也要"又多又快又好"。12月6日,毛主席在关于反右倾反保守的讲话中说:中国农民比英美工人还好,因此可以更多、更快、更好地进行社会主义(建设)。稍后,采纳李富春同志的建议,在多、快、好三个字后边加上了一个"省"字。12月14日,我在全国农具工作会议上所作的《改善企业管理,掌握新技术,为又多、又快、又好、又省地提高我国重工业的生产而奋斗》的报告中,首次传达了中央"又多、又快、又好、又省"的建设方针。1956年1月1日,《人民日报》在《为全面地提早完成和超额完成五年计划而奋斗》的社论中,提出"要又多、又快、又好、又省地发展自己的事业",从而把"多快好省"的口号向全国发表了。后来在反冒进中,这个口号很少被提及。召开八大时,周恩来同志在修改一个文件时曾勾掉了有多快好省的一句话。但经过批评反冒进，又重新恢复了这个口号。

“鼓足干劲，力争上游”这两个词，是在1958年1月1日《人民日报》那篇《乘风破浪》的社论中第一次出现的。社论指出，不仅要“又多又快又好又省地进行各项建设工作”，而且“必须鼓足干劲，力争上游，充分发挥革命的积极性创造性”。1月上旬，毛主席在上海同复旦大学教授周谷城谈起元旦社论，周说归纳起来就是“鼓足干劲，力争上游”。这引起了毛主席的重视，认为这两个词提得好。后来在南宁会议、最高国务会议、成都会议上，毛主席多次提到这件事。在成都会议上，毛主席多次提到“鼓足干劲”、“力争上游”，并将它们与“多快好省”连在一起，称之为总路线。

3月25日，在成都会议上，中央将准备提交八大二次会议的《报告草稿》发给与会同志讨论。由于会议定于26日结束，与会同志没有来得及对《报告草稿》进行深入讨论，只有少数同志提出了意见。有的同志提出，总路线的提法应加上奋斗目标，如10年内基本上实现农业机械化。有的同志提出，应当通过这个报告，把总路线在干部中明确，建议从中国的条件讲起，说明应当采取哪种路线，现在的稿子力量不够。有的同志提出，这个报告主要应当讲总路线，并且在理论上批判教条主义和经验主义。西南、西北小组提出，全文应突出写社会主义建设总路线，根据南宁、成都两次会议精神，讲得更完善些，讲透，将主席重要指示写进去，写总路线形成过程是进行了斗争的；关于总路线的公式，是否不讲死，提得松动一点，留个余地；关于过渡时期总路线与社会主义建设总路线是如何衔接起来的，要写清楚，等等。

《报告草稿》发给会议后，陈伯达又作了修改，毛主席也作了修改。陈伯达将第1页上的“我们今后的任务是要为技术革命和文化革命而奋斗”一句，改为“我们今后的任务，是要贯彻执行党中央和毛泽东同志提出的多快好省地建设社会主义、鼓起干劲、力争上游的总路线，为技术革命和文化革命而奋斗”。毛主席又将这段话改为：“我们今后的任务，是要贯彻执行党中央和毛泽东同志提出的调动一切积极因素，正确地处理人民内部的矛盾，鼓足干劲、力争上游、多快好省地建设社会主义的总路线，为技术革命和文化革命而奋斗”。并批示：“此件可用。略有修改。或者还须作某些修改，可由少奇同志及小平同志斟酌处理”。可见，成都会议对于总路线的形成是起了重要作用的。

社会主义建设总路线虽然提出来了，但毛主席认为还没有完全形成。他说：从 1921 年到 1942 年，用了 21 年时间才形成了自己的革命路线。社会主义建设总路线，是在八年中逐渐形成的，时间不算长，严格说还不算完全形成，大约再有五年就差不多了。还说：许多东西自己就是将信将疑的，比如多快好省、鼓足干劲、力争上游这些东西究竟对不对，十大关系究竟对不对，我看至少还要看五年。我们证明了的东西只有一条，就是革命。至于建设，还没有证明，只是有了初步的东西。

毛主席这段话的意思是，中国新民主主义革命的路线，前后经历了 20 来年，才逐渐形成、逐渐完备起来，并证明是对的、正确的，是完全可以肯定的。而中国搞社会主义建设时间还很短，提出的建设路线究竟对不对，还没有得到证明，尚不能定论，还要继续在实践中间看，看它若干年，有待于证实和进一步完备。这段话包含了一个很重要的思想，就是重大的路线、方针，需要在实践之中逐步形成、逐步完善，并且要经过反复检验和证明。也就是说，路线、方针对不对，是不是合乎真理，关键要看是不是符合客观实际和客观规律，是不是经得起实践的检验。可惜的是，毛主席在领导我国社会主义建设的实践中，未能把他这个正确的思想贯彻好。在他说这段话不久，紧接着就发动了脱离实际、违背客观规律的“大跃进”和人民公社化运动，后来出现了更严重的“左”的错误。

(二)八大二次会议正式制定总路线

成都会议结束后，由少奇同志主持，胡乔木同志负责，对《报告草稿》进行了大的修改。4 月 7 日，少奇同志致信胡乔木同志，谈了他关于修改的一些设想。根据他的意见和成都会议上大家所谈的意见，4 月 17、18 日改出报告初稿，篇幅比原来的草稿增加将近两倍。初稿全文分为六个部分，在第二部分中专门论述了社会主义建设总路线。4月21日，中央政治局第46次会议决定进一步修改。5月2日，中央政治局第47次会议又对报告修正稿进行了讨论，决定提交八届四中全会讨论通过。

5月5日，少奇同志代表党中央向八大二次会议作《工作报告》，对总路线进行了系统论述，把总路线的基本点概括为：调动一切积极因素，正确处理人民内部矛盾；巩固和发展社会主义的全民所有制和集体所有制，巩固无产阶级专政和无产阶级的国际团结；在继续完成经济战线、政治战线和思想战线上的社会主义革命的同时，逐步实现技术革命和文化革命；在重工业优先发展的条件下，工业和农业同时并举；在集中领导、全面规划、分工协作的条件下，中央工业和地方工业同时并举，大型企业和中小型企业同时并举；通过这些，尽快地把我国建成为一个具有现代工业、现代农业和现代科学文化的伟大的社会主义国家。报告提出：虽然这条路线还需要在今后的实践中继续考验，并且使它继续发展和完备起来，但是它的基本方向和主要原则是可以确定下来了。

5月8日、17日、18日、20日、23日，毛主席在会上作了五次讲话，同总路线有关的内容，主要有以下几方面：

1. 为什么要提"鼓足干劲，力争上游"。毛主席说："鼓足干劲，力争上游"，这两句是非要不可的。一个人也好，一群人也好，我们一个党也好，全国人民也好，没有一点劲，或者劲不足，那不好办事。所以，要鼓足干劲，力争上游，就是要跟先进看齐。又说："鼓足干劲，力争上游"，这两个口号跟多快好省建设社会主义合起来，我看很好。这样一个提法恐怕也是一个新鲜的提法。这是反映了人民的干劲，好像大跃进中间的干劲，反映了人民要争上游。这个干劲有个量的问题。现在用"鼓足"这两个字，恐怕比"鼓起"好。鼓起，早已鼓起来了，你还要起？问题是足不足。有一分干劲，也有两分干劲，有三分干劲，有四分、五分、六分、七分、八分，至少也得个六分、七分，最后是八分、九分，十分就足了。干劲会有不同的。"鼓足干劲"，这个话是个新话。"力争上游"是从前就有的，但是现在有新鲜意义。什么叫力争上游？在我们国内，无非是争“四五八”（指《全国农业发展纲要（草案）》规定的12年内黄河、秦岭、白龙江以北地区粮食亩产达到400斤，黄河以南、淮河以北地区亩产达到500斤，淮河、秦岭、白龙江以南地区亩产达到800斤。——一波注）。又比如，长春汽车厂增加的投资不多，而产量要比过去的设计能力增加一倍以上。鞍山钢厂，现在不增加投资，而钢产量可以提高。《农业发展纲要》提出的任务，原定12年完成，现在不要12年了。有些项基本的项目，个别的省说三年可以，有些项目今年就可以完成，有些项目明年可以完成，有些项目第三年可以完成。跟外国比较，就是要在主要工业产品的产量上七年赶过英国，15年赶过美国。对于我们的党、人民和民族来说，毛主席提倡自强不息、不甘落后的“鼓足干劲、力争上游”的精神，这在任何时候都是必要的、正确的、无可厚非的。但在这里，毛主席所做的具体解释，把它同“四五八”的发展目标联系起来，要求把原定在12年内完成的基本建设项目，一下子缩短到三年，特别是把它同加速赶英、赶美的目标联系起来，显然就不恰当了。当然，在一定的时间内，在一些经济发展的重要目标上，把国外一些发达国家作为赶超的对象，以激励大家的士气，并不是完全不可以的。问题在于赶超的时间和办法，一定要经过充分的科学论证，定得合乎实际。如前所述，这时提出是七年赶过英国、15年赶过美国，可是后来的时间越缩越短，赶英的时间最后缩为二三年。这样问题就来了，就很难避免盲目追求高指标和其他不切实际的行动了。

2. 为什么总路线省略了主词。毛主席说：鼓足干劲，力争上游，多快好省地建设社会主义，这在外国人看来恐怕不大懂。这里头也没有个主词，什么人鼓足干劲？本来想前边加一句“调动一切积极因素”，把“积极因素”当作个主词。现在想，世界上也有那么一些怪事，不要主词也可以。我们这个六亿人口就是我们的主词。所谓鼓足干劲，大家知道，就是六亿人口的绝大多数的干劲（后来，少奇同志在1962年第18次最高国务会议上也曾说：我们在1958年制定总路线的时候，提的是：全国人民团结起来，在中国共产党领导之下，鼓足干劲，力争上游，多快好省地建设社会主义。后来把主词去掉了，就是鼓足干劲，力争上游，多快好省地建设社会主义。谁鼓足干劲呢？应该说，全国人民是主词。以后说的时候，把主词省略了。——一波注）。

3. 总路线是怎么产生的。毛主席说：多快好省是从哪里来的？就是因为群众里头出现了多快好省，工厂、农村、商店、机关、学校、军队里都出现了多快好省。既然这个合作社可以多快好省，为什么那个合作社不可以？既然这个工厂可以多快好省，为什么别的工厂不可以？这是积累了许多经验形成的，有苏联的经验，也有中国多少年的经验。毛主席又说：这次大会，反映了人民的情绪，反映了人民的干劲。人民要求鼓足干劲，力争上游，多快好省地建设社会主义。

在少奇同志报告和毛主席讲话以后，与会代表分组进行讨论，提出了一些意见。广西、河南、湖南组的代表提出，这条总路线和过渡时期总路线的关系不明确，过渡时期总路线包括了过渡时期的主要矛盾，而多快好省的总路线包括不了这个主要矛盾，两个总路线的关系究竟如何，希望加以解释；既然多快好省是指方法而言的，这条总路线可否改为："鼓足干劲，力争上游，多快好省地建设一个具有现代工业、现代农业和现代科学文化的伟大社会主义国家。"

绝大多数代表对这条总路线的提出表示拥护。从5月8日开始大会发言，口头发言的有117人，书面发言的有140人，表示完全拥护这条总路线。他们列举本地区的成绩、经验，说明总路线的正确，同时也提出了许多脱离实际的口号和指标。例如在农业方面，许多省都提出了"苦战三年，彻底改变全省面貌"；广西来宾县提出"苦战四个月，基本实现水利化"；河南长葛县提出当年要把全县112万亩土地深翻一遍，争取亩产800斤；湖北谷城县提出"争取一两年内小麦亩产一千斤"；安徽桐城县提出当年亩产达到1000斤，争取1500斤；广东汕头地区提出争取当年亩产达到千斤，三年左右达到1500斤。在工业方面，机械工业部门提出在"二五"计划期间，机械工业的产品产量平均每年的递增率要达到50%；冶金部门提出，实现"五年超过英国，十五年赶上美国”的任务，“二五”期间钢产量平均每年的递增率要达到41.5%；煤炭部门提出“二五”期间煤产量要达到七亿吨，“两年赶上英国，十年赶上美国”；铁道部门提出全民办铁路，“二五”期间修铁路三万公里，15年内全国铁路总长度要达到27万公里；纺织部门提出五年内主要纺织品产量超过英国，赶上美国；轻工部门提出造纸工业的产品产量五年超过英国；水利电力部门提出五年内全国初步实现电气化；第一汽车制造厂介绍了“苦战半个月，三万变七万”，班产百辆车的经验；包头钢铁厂提出要实现“产量增加一番，速度快一倍，投资省一半”的目标。这些提法和说法，在今天看来，不免有许多令人哑然失笑之处，然而当时许多同志的思想实际、思想方法就是这个样子，就是这么来理解和希求多快好省的，就是这么来理解和表现敢想敢说敢干的。每当重温和思考这样的历史材料时，心情总不免感到沉重，当时怎么会发生这种不切实际的、严重忽视客观经济规律的举措呢？原因应该深深地探究，教训应该好好地找寻。但人也好，事业也好，总是从不成熟走到成熟。对于创业者们的幼稚、笨拙之处以至干出的明显蠢事，不应过多地去责怪或讥笑，重要的是把它当作历史的一部分进行严肃研究，吃一堑长一智，从中得到有益的东西，并作为殷鉴，永远记取。

这里，我还想专门摘一段柯庆施同志5月13日的发言，因为它给我的印象最深。他主要讲的是文化革命问题。他说：以多快好省的方针进行文化革命，在15年或者更多一些的时间内，我国的小学教育、中学教育早已普及，不但每个专区、每个县都办了大学或专科学校，在广大乡村中也都办了大学或专科学校，人人知书识礼，个个都有比较高的科学文化知识，人家都能够读《资本论》，都懂得高等数学，什么天文学、地质学、农业学、机械学、化学、物理学、电子学等等，都会变为普遍人的常识。到那时，人们将过着极为文明、卫生的生活。苍蝇、蚊子、臭虫、老鼠、麻雀等等早已断子绝孙。孩子们读到书上关于这些东西的记载，就像谈到希腊神话里的怪物一样神秘。人们在博物馆里看到这些东西的标本，正如现在人们看恐龙化石一样感兴趣。新的文化艺术生活，将成为工人、农民生活中的家常便饭，不但有了更好地为工农兵服务的文学艺术，而且工农兵自己也能更普遍、更高明地动手创造文化艺术。每个厂矿、农村都有图书馆、文化馆、歌咏队、演剧队；每个生产队、组都有自己的墙报、画报，都有自己的李白、鲁迅和聂耳，都有自己的梅兰芳和郭兰英。共产主义的道德风尚，将成为人们的思想和行动的规范。那时“城市和乡村的差别，体力劳动同脑力劳动的差别，将逐渐消失，而共产主义的最后建成，也就离我们不远了”。他说，这样设想到底合不合乎实际呢？“只怕我们的眼界还是小了些，想得还不够远大”，“现在已经不是可能不可能的问题，而是我们怎样尽最大的努力”去实现的问题了。他的这个发言，简直是太离奇、太令人“陶醉”了。他当时讲得绘声绘影，其神其态，至今还能记得。这样脱离现实的空想，对当时已经发生和发展起来的“左”倾思潮，起了推波助澜的作用。

根据会上提出的意见，起草小组对《工作报告》又进行了修改。5 月 22 日，胡乔木同志将修改稿送交毛主席和中央领导同志。5 月 24 日，毛主席批示：“改得很好，真正势如破竹了。”

5 月 23 日，会议作出《关于中央委员会的工作报告的决议》。决议指出：

> 会议一致同意党中央根据毛泽东同志的创议而提出的鼓足干劲、力争上游、多快好省地建设社会主义的总路线。会议号召全党同志同心同德，团结全国人民，在继续完成整风运动的基础上，贯彻执行这条社会主义建设的总路线，在继续进行经济战线、政治战线和思想战线上的社会主义革命的同时，积极地进行技术革命和文化革命，争取在 15 年，或者在更短的时间内，在主要的工业产品产量方面赶上和超过英国，争取提前实现《全国农业发展纲要》，为尽快地把我国建成为一个具有现代工业、现代农业和现代科学文化的伟大社会主义国家而奋斗。

从此，全党掀起了宣传和贯彻执行社会主义建设总路线的热潮。5 月 29 日，《人民日报》发表《把总路线的红旗插遍全国》的社论，认为“这次大会的重大历史意义在于确定了鼓足干劲、力争上游、多快好省地建设社会主义的总路线”。这条总路线“是创造性地运用马克思列宁主义、正确地总结我国社会主义建设的经验的结果”。“在党的路线已经确定以后，全党的任务，全国人民中一切积极分子的任务，就是贯彻执行这条路线，把总路线的红旗插遍全国，使总路线的灯塔照耀全国人民的一切工作”。

（三）一点评析

党的十一届六中全会通过的《关于建国以来党的若干历史问题的决议》指出：“一九五八年，党的八大二次会议通过的社会主义建设总路线及其基本点，其正确的一面是反映了广大人民群众迫切要求改变我国经济文化落后状况的普遍愿望，其缺点是忽视了客观的经济规律。”这种一分为二、实事求是的分析态度，是完全正确的。

旧中国是一个经济文化十分落后的半殖民地半封建社会，饱受过帝国主义的侵略、掠夺和欺凌。原因是“没有独立、自由、民主和统一，不可能建设真正大规模的工业”。而“没有工业，便没有巩固的国防，便没有人民的福利，便没有国家的富强”。（《毛泽东选集》第2版，第3卷，第1080页）新中国成立以后，中国人民在共产党和人民政府的领导下，迅速医治了战争的创伤，恢复了国民经济，社会主义改造和“一五”计划进展顺利，正朝着实现国家工业化的道路奋发前进。社会主义建设总路线的提出，反映了广大人民群众迫切要求改变落后面貌的普遍愿望，也表达了中国人民尽快跻身世界经济发达国家行列的强烈信心。

1956年的党的八大一次会议，根据我国社会主义改造已经基本完成、国内的主要矛盾已经发生变化的实际情况，适时地作出了把党和国家的工作着重点从“解放生产力”转变到“保护和发展生产力”方面来的决策。八大二次会议提出一条以发展生产力为主要目标的社会主义建设总路线，无疑同实现工作重点转移的要求是相适应的。

社会主义建设总路线的一系列基本点，大都发端于毛主席的

《论十大关系》、《关于正确处理人民内部矛盾的问题》等报告,是党中央和毛主席探索适合于中国情况的建设社会主义道路的积极成果。

在制定特别是在具体贯彻执行社会主义建设总路线的过程中,发生的忽视客观经济发展规律的缺点和失误,是不是主要表现在以下这些方面:

1. 不重视综合平衡。国民经济要求有计划按比例地协调发展,这是一个不可违背的经济规律。运用这个规律,可以通过计划手段,也可以通过市场机制。在当时基本没有市场机制的条件下,在计划安排上努力做好综合平衡工作,是保障国民经济协调发展的关键。1956年八大一次会议曾经提出过"在综合平衡中稳步前进的经济建设方针"。但是,到了1958年,却把力求按综合平衡的要求办事当作消极平衡加以批判,因此在社会主义建设总路线的基本点中,完全不提这一点,这是忽视客观经济规律的一个重要表现。没有综合平衡,就会为高指标、随便留缺口的主观随意性大开方便之门。在这种情况下,比例必然严重失调。所谓多快好省、工农业并举等等,就很容易成为空话。

2. 只强调从精神上激发人们的社会主义建设积极性,而忽视物质利益的原则。总路线提的"鼓足干劲",是通过思想政治工作,鼓舞广大群众的生产积极性;"力争上游",是形象化的文学语言,按照毛主席的解释,就是要像从上海到重庆逆水行舟那样,去努力争取各项工作的最好结果。这两句话,基本上都是讲的要通过思想政治工作,从精神上激励人们的积极性,以达到多快好省地建设社会主义的目的。历史的经验告诉我们,无论是在革命还是在建设中,精神因素的作用无疑是很重要的。人总是要有点精神的,否则就会知难而退,畏葸不前,干不好事情的。但是,光有精神上的激励,不重视人们的物质利益,不重视通过正确的政策和经济机制把不同人们的物质利益正确地结合、协调和发展起来,工作也是搞不好的。小平同志在《解放思想,实事求是,团结一致向前看》的讲话中指出:"不讲多劳多得,不重视物质利益,对少数先进分子可以,对广大群众不行，一段时间可以，长期不行。革命精神是非常宝贵的，没有革命精神就没有革命行动。但是，革命是在物质利益的基础上产生的，如果只讲牺牲精神，不讲物质利益，那就是唯心论。”小平同志还以农村生产队自主权为例，说：“一个生产队有了经营自主权，一小块地没有种上东西，一小片水面没有利用起来搞养殖业，社员和干部就要睡不着觉，就要开动脑筋想办法。”(《邓小平文选》第2卷，第146页)社会主义建设总路线及其基本点，只强调鼓干劲、争上游，强调精神的力量，而对物质利益原则和社会物质条件注重不够甚至忽略了，这是忽视客观经济规律的又一重要表现。

3. 多快好省，从字面上看，数量与质量、速度与效益都包含进去了，都有了。但是，没有一系列合乎实际、合乎规律的具体的经济政策和合理的经济体制、经济管理办法来保证，单靠鼓干劲、争上游，是很难全面实现数量与质量、速度与效益的统一，达到多快好省的目的的，即使一时达到了，也是很难维持住的。而且，在多快好省四个字中，当时在实际工作中往往只突出了多、快，而未能把它同好、省有机地统一和结合起来，做到相互促进。1958年6月21日《人民日报》发表的《力争高速度》的社论就有这样的解释：速度是总路线的灵魂，快是多快好省的中心环节。在我们这样一个贫穷落后的国家，把经济尽快地搞上去，力争高速度，无疑是正确的必要的，但这一要求只能同时是高效益高质量、符合客观经济发展规律的高速度。当年的历史事实已经说明，不注重以至离开质量和效益，不按客观经济发展规律办事，孤立地强调高速度，是难以实现的。没有一定质量与效益的速度，不仅没有实际意义，而且势必造成社会财富的浪费，最终也快不了，也不可能实现和保持高速度前进。

进行社会主义建设，还有一个争取有利的国际环境问题。历史进入现代以来，世界各国的经济、文化联系愈来愈密切。现代经济是一个开放的经济。任何一个国家要发展，孤立起来，闭关自守，都不可能成功。科学技术和其他文明成果都是人类的共同财富。任何一个国家要发展，都要学习、吸收、借鉴别国的先进技术和先进管理经验，这是必不可少的重要条件。这种互相交流、互相引进，也是现代经济、现代科学技术发展的一个客观规律。建国以后，由于帝国主义对我们实行封锁，妄图把新中国扼杀在摇篮之中，我们党和国家不能不进行针锋相对的斗争。在那种形势下，我们要进行对外的经济文化交往，可以说是困难重重、阻力重重。这种情况到1958年社会主义建设总路线提出时，仍无什么大的变化，而且台湾海峡局势以及同西方几个大国的关系一时间更趋紧张。但即使这样，今天回过头来看，作为社会主义建设的总路线，从原则上讲，应该考虑到外部条件，考虑到如何力争使国际环境朝着对我国建设变得有利一些的方向转化。本来在《论十大关系》中，毛主席已谈到对外经济关系和学习、借鉴外国经验的问题，但在总路线的基本点中却完全没有涉及这个问题，这不能不说是一个重要的不足。

党的社会主义建设总路线提出以后，全国各族人民确实意气风发，斗志昂扬，建设热情十分高涨。这表明了党和政府在人民中的威望，表明了人民对党对总路线的信任和拥护，也表明了人民群众要求和向往尽快改变祖国经济文化落后面貌的强烈愿望和意志。对于人民群众焕发出来的这种建设社会主义的积极性，这种振兴祖国的巨大热忱，我们任何时候都要给予充分肯定和高度赞扬。问题在于当时我们没有能够做到把群众的这种可贵的积极性引导好、保护好和发挥好。原因在于我们建设社会主义还刚刚开始，经验还很不够，对什么是社会主义和社会主义建设的规律还远未认识，一些急于求成、夸大主观能动性的“左”的东西就很容易产生和滋长。在实践经验不多的情况下仓促提出的社会主义建设总路线也就不可能是完备的和成熟的。这一点，毛主席当时也已意识到了，说这条总路线还不算完全形成，还要看几年。到了60年代初期，经过一番挫折，毛主席进一步认识到：社会主义社会是一个相当长的历史阶段。我们对社会主义还“不甚了了”，对社会主义时期的革命和建设“还有一个很大的未被认识的必然王国”。实际上，在批评反冒进的基础上提出来的社会主义建设总路线，基本上是指导1958年发动的“大跃进”和人民公社化运动的路线。当然，总路线及其基本点，包含着党中央和毛主席对中国的社会主义建设进行积极的有益的探索的内容，这也是可贵的，任何时候都应加以肯定。如同民主革命时期经历 20 多年的曲折，我们党才形成一条指引中国新民主主义革命的正确路线一样，社会主义时期也经历了 20 多年的曲折，我们党才深刻认识到我国现在还处在社会主义初级阶段，认识到改革开放是发展社会生产力的必由之路，也是实现中国的现代化、建设有中国特色社会主义的必由之路，从而正确地制定了党在社会主义初级阶段的基本路线，这就是以经济建设为中心，坚持四项基本原则，坚持改革开放的基本路线。总之，实事求是地、一分为二地弄清社会主义建设总路线的正确方面和缺点方面，并进而弄清为什么会存在这些缺点，有利于我们加深对十一届三中全会以来党中央和邓小平同志确立的党在社会主义初级阶段的基本路线的正确性的认识。

二十六 “大跃进”的发动

1958年到1960年，在我国历史上习惯称为“大跃进”的年代。发动“大跃进”，是我们党在50年代后期工作中的一个重大失误。连续三年的“大跃进”，使我国经济发展遭遇到严重的挫折，教训非常深刻。我作为当时主管工业交通方面工作的副总理，对以钢为纲的工业“大跃进”的发动负有一定的责任。研究这段历史，回顾1958年工农业两大生产部门“大跃进”的发动，认真探求失误的原因，分析当时的主客观条件，对于正确地吸取其中的教训，是会有帮助的。

（一）农业“大跃进”的发动

1958年发动“大跃进”，是从农业开始的。

1957年九十月间召开的党的八届三中全会，不仅揭开了批评“反冒进”的序幕，同时也揭开了发动农业“大跃进”的序幕。这除了批评“反冒进”本身就奠定了“大跃进”的思想基础之外，还因为全会基本通过了《一九五六年到一九六七年全国农业发展纲要（修正草案）》（后简称《四十条》或《农业发展纲要》）；在征求与会同志的意见之后，中央作出了《关于在今冬明春大规模开展兴修农田水利和积肥运动的决定》。

全国农业发展纲要草案，是由毛主席主持制定，于1956年1月25日，经最高国务会议通过后公开发表的。八届三中全会的修改，主要是在序言中增写了农业发展两条道路的斗争和我国的正确选择；在条文中增加了巩固农业合作化制度和农业增产措施等方面的内容；将原草案中要求5年或7年内实现的指标（例如基本扫除文盲等），都改成12年实现。但是，最关键的粮食单产指标没有修改。毛主席要求五年内粮食产量按全国人口平均每人达到 2000 斤，半个世纪内做到亩产 2000 斤。他认为，现在一人三亩地太多，将来只用几分地种粮就够吃。修改后的纲要，于 1957 年 10 月 25 日公开发表。同日，中央发出通知，组织全民讨论，要求通过讨论，在全民中“开展一次大辩论，目的在认清方向，坚定信心，人人努力，改造中国”；农村讨论应放在冬季，“以便掀起一个生产高潮”。1957 年 10 月 27 日，《人民日报》发表第一篇关于四十条修正草案的社论：《建设社会主义农村的伟大纲领》，要求“有关农业和农村的各方面的工作在十二年内都按照必要和可能，实现一个巨大的跃进”。这是党中央通过报纸正式发出“大跃进”的号召，也是第一次以号召形式使用“跃进”一词。这说明修改后的农业四十条，实际上成为发动农业“大跃进”的纲领。

用中央和国务院名义，于 1957 年 9 月 24 日发出的《关于在今冬明春大规模开展兴修农田水利和积肥运动的决定》，要求各地要鼓起像 1955 年冬季高潮中那样一股劲头来，使这一运动“成为随着目前农村社会主义教育高潮而来的生产高潮的主要组成部分”。11 月、12 月，各省、市、自治区相继召开了党的代表大会，贯彻八届三中全会精神，以“四大”（大鸣、大放、大辩论、大字报）的形式，批判“右倾保守”，落实四十条，部署农田水利建设和积肥运动。投入水利建设的劳动力，10 月份两三千万人，11 月份六七千万人，12 月份 8000 万人，1958 年 1 月达到一亿。空前规模的农田水利建设运动的掀起，实际上吹起了农业“大跃进”的号角。

在水利建设高潮中召开的南宁会议上，毛主席提出了提前实现农业发展纲要四十条的问题。会后，正式写进《工作方法六十条（草案）》（后简称《六十条》）中，草案规定：“在今后五年内，或者六年内，或者七年内，或者八年内，完成农业发展纲要四十条的规定。各省委、直属市委、自治区党委对于这个问题应当研究一下。就全国范围来看，五年完成四十条不能普遍做到，六年或者七年可能普遍作到，八年就更加有可能普遍作到。”南宁会议以前，安徽提出三年改变面貌的目标，毛主席接受安徽省委负责人的建议，在《六十条》中规定:“十年决于三年,争取在三年内大部分地区的面貌基本改观。”“口号是:苦战三年。”毛主席还采纳了农业部长廖鲁言的意见,提出了一种掌握时机的方法,叫做:“五年看三年,三年看头年,头年看前冬。”认为只要掌握好时机,三年改变农村面貌,提前实现农业发展纲要的把握就更大了。

南宁会议原定是听取九省二市汇报,讨论经济计划和国家预算问题。那时年度计划归国家经委管。会前,经委编制1958年的国民经济计划草案,是按常规程序编的,各项指标尽量建立在综合平衡的基础上。南宁开会时,批评“反冒进”,大家的头脑热起来了。我预计到,经委编的年度计划草案很难满足地方同志的要求,于是向毛主席建议搞两本账:中央一本账,地方一本账。毛主席采纳了这个建议,经过讨论研究,变成了三本账。《六十条》中的第九条把三本账的思想作了这样的表述:“生产计划三本账。中央两本账,一本是必成的计划,这一本公布;第二本是期成的计划,这一本不公布。地方也有两本账。地方的第一本就是中央的第二本,这在地方是必成的;第二本在地方是期成的。评比以中央的第二本账为标准。”毛主席要求各省、市、自治区、专区、县立即着手编制1958年计划和第二个五年计划的第二本账。1958年计划的第二本账会后即报来,粗线条的“二五”计划的第二本账,在1958年7月1日以前交卷。后来的事实说明:我这个建议是个失误,因为两本账或三本账的观念为计划的层层加码打开了一个重要的缺口。中央带头搞两本账,各级就都搞自己的两本账,下到基层,同一个指标就有六七本账了。不管工业也好,农业也好,其他行业也好,“大跃进”中的各种高指标,大都是通过编两本账的方法,层层拔高的。

南宁会议后,浙江、广东、江苏、山东、安徽、江西等省委提出,五年或者稍多一点时间,粮食生产达到农业发展纲要规定的目标。河南省委向地县部署:当年麦收前,全省实现水利化;消灭“四害”:老鼠、麻雀(后改为臭虫)、苍蝇、蚊子;当年实现纲要规定在12年内达到的粮食亩产指标;年底全省城乡消灭文盲。因工业集中,历年吃外调粮的辽宁省提出,当年实现粮食、猪肉、蔬菜三自给。毛主席对河南的部署虽有怀疑，但认为危险不大，只要求不要登报。让河南试验一年，如河南灵了，明年各省再来一个大运动。党中央和省委要求如此之急，下面当然就更加“只争朝夕”了。

1957年冬天以来，毛主席抓农业，除了十分重视指标以外，还非常重视农业的增产措施和群众的干劲。后来，《人民日报》有一篇社论，题目叫《十分指标，十二分措施，二十四分干劲》，可以说是如实地反映了毛主席抓农业的基本要领。毛主席重视的农业增产措施，除大兴水利建设之外，就是耕地深翻改土、合理密植、工具改革、养猪积肥等。著名的“农业八字宪法”（土、肥、水、种、密、保、管、工），就是毛主席在1958年致力于抓农业增产措施基础上总结概括而成的。

毛主席听说山东有个大山农业生产合作社，因为深翻土地增产，“不多不少，增产百分之百”，就鼓励各省同志搞深翻。他对湖南的同志说：“深翻换土，大有味道，宁可一亩地花一百个工、几百个工也要干”；又对陕西的同志说：“订个五年计划，用人海战术，把耕地全部翻一遍。”河南省长葛县县委第一书记在八大二次会议发言，专门介绍深翻地的经验，说他们县到1958年4月底，33万亩早秋地都深翻了一遍，深度在一尺五寸左右，计划年内把全县112万亩土地“来一个大翻身”。据他说，土地经过深翻，可以充分发挥水、肥的效能，使产量增加百分之几十以至一倍、几倍。毛主席5月27日在八大二次会议上讲话时，号召在全国推广长葛县的经验。他指出：“深翻一尺五寸，是一大发明。长葛的经验向所有各县提出一个问题：如果长葛县今年一年就把全县的耕地112万亩深耕一遍，难道别的县就不能吗？一年不行，两年；两年不行，三年；三年不行，四年；四年不行，五年总可以了吧！”后来，农业部在长葛县召开全国现场会议，决定大干一秋，加上明年一年，把全国所有耕地深翻一遍。

毛主席发现南方某些高产地区水稻每亩植三万蔸，就号召各地根据不同情况合理密植。他在八大二次会议讲话时肯定：“所谓合理密植，在湖北、湖南、广东，就是三万蔸。”他还亲自算了一笔细账：三万蔸共插多少根秧，共发多少根苗，共长多少谷穗，共结多少粒谷子？最后按斤折合，一亩共打820斤。他认为北方的小米、麦子也可以算，高粱也可以算，玉米、番薯、谷子也可以算。

在农田水利建设和深翻改土运动中，出现了工具改革的苗头。毛主席对此高度重视。3月22日，他在成都会议上指出："改良农具运动应推广到一切地方去，它的意义很大，这是个伟大的革命，是技术革命的萌芽，它有伟大的意义，它带有伟大革命的性质。"在毛主席讲话的鼓舞下，广大农村掀起了工具改革的热潮。

采用自上而下刮大风式的推动工作的方法，特别是在反"右倾保守"的紧锣密鼓声中，即使是正确的指示，也难免被扭曲，往往弄得面目全非；更不用说一系列过高的指标、求成过急的要求，一些并不科学或只在一定条件下见效的具体经验被拔高为普遍经验加以推广，所带来的副作用了。据后来了解，深翻地，在一些地方变成翻得越深越好，有些地方竟有翻到一丈二尺深的。"合理密植"，在一些地方也变成越密越好，一亩地下种几百斤的，给插红旗，而按农民自己的经验下种的，则给插上白旗。结果，插红旗的土地只收一堆秕子，插白旗的土地倒真正增了产。按穗按粒推算产量的方法，在一些地方也演变成为制造"高产卫星"的方法之一。在工具改革中，因为搞所谓"车子化运动"、"滚珠轴承化运动"、"绳索牵引机化运动"等，结果也事与愿违，造成很大的浪费。山西有一个和尚同一个农民合伙，在山坡上挖鱼鳞坑蓄水，这个办法合乎当地实际，本来是不错的，但是，后来一普遍宣传，并在平原地区也盲目加以推广，搞所谓"葡萄串"、"满天星"，以致给平原地区农民带来严重的灾难。这些现象及其后果，都说明了不按客观规律办事，脱离客观条件去盲目发挥主观能动性，没有不闹笑话，不跌跤，不受客观规律的惩罚的。

过高的指标，求成过急的要求，靠大辩论开路的刮风式的领导方法，所带来的副作用，最大的还是由此引发出来的各级干部的浮夸风。1958年的农业"大跃进"，是以严重的浮夸为其显著特征的。

浮夸，首先是点上的浮夸。在那以前，苏联发射了两颗人造地球卫星，在全世界引起很大震动，不少人就把自己假造的所谓高产典型叫做“放卫星”，一时间成为全国流行的时髦用语。6月8日，报纸率先报道河南省遂平县放出亩产小麦2105斤的“卫星”；6月26日，又报道了江西贵溪县水稻亩产2340斤的“卫星”。随后，“卫星”越放越大。小麦“卫星”亩产最高的，为9月22日《人民日报》报道的青海赛什克农场亩产8585斤；水稻“卫星”亩产最高的，为《人民日报》9月18日报道的广西环江县红旗农业社亩产130434斤。除了小麦、水稻“卫星”以外，《人民日报》和一些省报，还连续发表了玉米、高粱、谷子、番薯、芝麻、南瓜、芋头、蚕豆、苹果等28种农作物和蔬菜、水果的高产“元帅”。

此起彼伏的“元帅”升帐，“卫星”上天，使一些同志本来就不冷静的头脑更不冷静了，说出了一些违背唯物主义基本常识的话。例如：7月23日《人民日报》社论《今年夏季大丰收说明了什么》宣称：我国农业发展速度已经进入了一个“由渐进到跃进的阶段”，“只要我们需要，要生产多少就可以生产出多少粮食来”。8月3日《人民日报》社论《年底算账派输定了》，8月11日发表的一位负责同志论述夏季农业丰收经验的文章，8月13日《人民日报》社论《祝早稻花生双星高照》，都正面引用了“人有多大胆，地有多大产”的豪言壮语。8月3日《人民日报》的社论还特别解释：“地的产是人的胆决定了的”，以此强调“人是条件的主人”，批判“唯条件论”。8月27日《人民日报》刊登的一篇关于山东寿张县亩产万斤粮的高额丰产运动的调查报告，编者冠以《人有多大胆，地有多大产》的标题，并以通栏排出。10月间，有些同志总结当年农业高产经验时说，今年我国农业生产出现的新的规律就是高产，所有外国和中国农业科学书籍讲的那些规律，都被彻底推翻了。如果头脑是冷静的，牢记主观必须符合客观，牢记必须实事求是，是绝不会放出这种种浮夸的“卫星”，作出这无视科学、无视规律的轻率宣告的。

离奇的粮食高额丰产典型，大都是采用“并田”方法（即把许多块茁壮的成熟或基本成熟的庄稼移栽并到一块田里）假造出来的；也有一些是按密植株数推算出来的，如山东寿张县推算，一亩谷子密植四五十万株，一棵谷穗一两谷，一亩就是30000斤。然而，当时各级领导机关和新闻单位对此却置信不疑。领导机关以这样的典型作基础，对 1958 年粮食、棉花总产量作了极为乐观的估计，对 1959 年计划和长期计划的粮棉产量提出了高得出奇的指标。

1957 年，我国粮食产量 3700 亿斤，棉花产量 3280 万担。1958 年 2 月 3 日，我以国家经委主任身份，向首届人大五次会议作关于 1958 年国民经济计划报告（当时年度计划由国家经委主管），提出：1958 年计划粮食产量 3920 亿斤，比上年增加 220 亿斤；棉花产量 3500 万担，比上年增加 220 万担。应当说，这个指标还是比较实事求是的，在年景正常的条件下，经过努力是能够达到的。但是，农田水利建设高潮一来，反“右倾保守”的空气一膨胀，地方对农业的“大跃进”充满了信心，地方提出的指标（后称为 1958 年计划第二本账），粮食 4316 亿斤，比 2 月人大批准的计划（后称为 1958 年计划第一本账）增加 396 亿斤，比 1957 年增加 616 亿斤（其中辽宁、内蒙古增长 60%以上）；棉花产量 4093 万担，比第一本账增加 593 万担，比大丰收的 1957 年增加 813 万担。这就有点玄乎了。

从 6 月中旬开始，刚成立的各大协作区先后召开农业协作会议。由柯庆施同志任主任的华东协作区首先放出一炮：华东五省市（不包括山东）去年粮食总产 715 亿斤，今年夏季就收了 203 亿斤，加上秋季将有 1200 亿斤，比去年将增加 485 亿斤，增长近 70%。谭震林同志 6 月 25 日在会议总结中说，一般规律农业只能增长 4%、5%，最多 6%，一般的跳跃可达 10%、20%，华东今年增长 70%，这是飞跃。他说，根据华东的经验，原来估计今年全国增产 1000 亿斤，就小得不像样子了。毛主席要求做到五年内全国人均粮食 2000 斤的任务，可能三年，至多四年就能完成。此后，其他各大协作区也纷纷按“大跃进”的愿望和要求测算本区的产量。湘、鄂、赣、粤、桂五省区协作会议估计，春收作物和早稻增产 1 倍多。一向低产的西北地区提出：1958 年每人平均粮食产量要达到 1100 斤，1959 年 2000 斤，1962 年突破 3000 斤。1958 年 8 月 25 日，农业部党组提供给北戴河政治局扩大会议的报告称：1958 年全年粮食总产量超过 8000 亿斤，比 1957 年的 3700 亿斤增加 4000 多亿斤，增长 1 倍以上。北戴河政治局扩大会议对农业部的数字有所保留。9 月 1 日发表的会议公报宣布：1958 年粮食产量将达到 6000 亿斤到 7000 亿斤，比上年增长 60%到 90%；棉花产量达 7000 万担，比上年增长 1 倍以上。10 月，谭震林同志在西安召开的华北、东北和陕西九个省市农业协作会议上所作的总结报告称：1958 年全国粮食产量 8000 亿斤是肯定的，1 万亿斤是可能的。12 月初召开的八届六中全会认为西安会议估计产量水分大，打了个折扣，在 12 月 10 日发表的全会公报中宣布：今年粮食产量将达到 7500 亿斤左右，棉花产量将达到 6700 万担左右。那一粮食年度的征购任务和经济生活，基本就是以这个估计数字为基础安排的。但后经落实，1958 年粮食产量为 4000 亿斤，棉花产量为 3938 万担。

在一派浮夸气氛中编制的 1959 年计划的第一本账和“二五”计划的第二本账，粮棉指标也很高。

1958 年 6 月中旬，由农业部门提出、国家经委汇总、我向政治局汇报的 1959 年计划第一本账的指标是：粮食 6000 亿斤，比当时预计的 1958 年产量增加 1300 亿斤；棉花 6000 万担，比当时预计的 1958 年产量增加 1000 万—1600 万担。在高产“卫星”的鼓动下，8 月，北戴河会议决定：1959 年粮食产量指标 8000 亿—10000 亿斤，棉花产量指标 9000 万—10000 万担。10 月，在西安召开的九个省市农业协作会议的总结报告提出：1959 年全国粮食产量 15000 亿斤必须保证，并力争达到 2 万亿斤。会上还出现一种奇异的说法：我国粮食产量再提高，“把地球上的人通通集中到中国来也够用”。12 月，八届六中全会对西安会议的建议打了个大折扣，全会决定：1959 年粮食产量指标 10500 亿斤，棉花指标 1 亿担，与钢、煤指标一起，合称为 1959 年的“四大指标”，并公开发表。但 1959 年初，有些地方的农民说：“去年订的指标，是飞机上吊大闸蟹，悬空八只脚。”

1956 年党的八大建议：“二五”计划（后称为“二五”计划第一本账）期末 1962 年粮食产量 5000 亿斤，棉花产量 4800 万担。1958 年八大二次会议提出的“二五”计划第二本账：1962 年粮食产量 6000 亿—7000 亿斤，棉花产量 6500 万—7500 万担。8 月北戴河会议建议，

1962年粮食产量15000亿斤，棉花产量15000万担，分别高出第一本账两倍和两倍多。头脑热度达到最高点时的11月，即第一次郑州会议经过讨论，曾写出《十五年社会主义建设纲要四十条（初稿）》，要求到1972年全国平均粮食亩产达5000—10000斤，棉花亩产达到500—1000斤，全国耕地实行"三三制"（三分之一种植农作物，三分之一休闲和种植绿肥，三分之一种树种草）。这些严重脱离实际的高指标和非科学的设想，理所当然地会落空的。

对1958年粮棉等农产品产量盲目乐观的估计，并认为今后我国农业生产将不是以百分之几，而是以百分之几十的速度年复一年地增长的错觉，又引发了一个更重要的错觉，以为我国农业问题解决了，粮食吃不了了。从这个错觉出发，作出了一系列的错误决策，其中之一就是用农业逼工业，把全党工作重心转移到工业首先是钢铁上来，放手发动全党全民大办钢铁。

(二)全民大办钢铁的由来

1958年开始的工业"大跃进"，最具典型性的是全党全民大办钢铁。因此，工业"大跃进"的发动，重点就是回顾全党全民大办钢铁的由来，包括一系列钢产量高指标（1958年1070万吨，1959年3000万吨，1962年8000万吨到1亿吨）和两条指导方针（以钢为纲带动一切，大搞群众运动）的由来问题。

毛主席希望加快我国钢铁工业发展，我是在1956年初组织34个部委汇报时就有所察觉的。1956年2月16日，毛主席听重工业部（当时还没有冶金工业部）汇报时，他就主张钢产量每五年翻一番，今后就采用这种"一番加一番的增长法"。

1957年11月初，毛主席率中国代表团访问苏联，参加十月社会主义革命40周年庆祝活动，随后并参加12个社会主义国家共产党和工人党代表会议以及64个共产党和工人党代表会议。11月18日，毛主席在64个党的会议上发言时，提出了中国用15年左右的时间在钢产量等方面赶上英国的目标。他说：

> 赫鲁晓夫同志告诉我们，15年，苏联可以超过美国。我也

> 可以讲，15年后，我们可能赶上和超过英国。因为我和波立特、高兰同志谈过两次话，我问过他们国家的情况，他们说，现在英国年产钢2000万吨，再过15年，可能爬到3000万吨。中国呢？再过15年，可能是4000万吨，岂不超过英国了吗？

12月2日，少奇同志代表中共中央向中国工会第八次全国代表大会致祝词时，公开宣布：“在十五年后，苏联的工农业在最重要的产品的产量方面可能赶上和超过美国，我们应当争取在同一时间，在钢铁和其他重要工业产品的产量方面赶上或超过英国。”从此，在钢铁和其他重要产品产量方面赶上和超过英国，就成为发动“大跃进”、特别是工业“大跃进”的一个重要口号。

1958年2月3日，我向首届人大五次会议作关于1958年国民经济计划的报告，提出1958年钢产量指标为624.8万吨，比1957年实际产量535万吨增长17%。这个指标是对各项生产条件进行综合平衡之后提出来的，也考虑了15年左右赶上英国的目标。这个指标后来就称为1958年钢产量计划的第一本账。

1958年初的南宁会议上，毛主席在部署加快农业发展速度时，也考虑了加快工业发展速度问题。他抓的一个重要题目，就是要求地方工业产值限期超过农业产值。在《工作方法六十条(草案)》中规定：“各地方的工业产值(包括中央下放的厂矿、原来的地方国营工业和手工业的产值，不包括中央直属厂矿的产值)，争取在五年内，或者七年内，或者十年内，超过当地的农业产值。各省市对于这件事要立即着手订计划，今年七月一日以前订出来。主要的任务是使工业认真地为农业服务。大家要切实摸一下工业，做到心中有数。”4月23日，毛主席又写信给各省市自治区党委书记，叮嘱他们立即连夜加班，研究本省市自治区到1962年时，地方工业产值能够达到何种程度，作一个表，于5月5日来京参加八大二次会议时带来。这个部署对于后来地方工业“遍地开花”，起了很大的鼓动作用。

按照南宁会议关于三本账的部署，地方报来的1958年的钢产量指标为711万吨。国家经委于4月14日汇总报告党中央，这就是1958年钢产量计划的第二本账。

这以后，钢产量指标长得很快。这同当时大家认为赶英国的时间可以缩短再缩短有密切的关系。

首先是冶金工业部部长王鹤寿同志3月20日向党中央、毛主席的两个报告，特别是有关钢铁工业的报告，提出了可以缩短的见解。

根据毛主席在批评反冒进以来提出的关于要又红又专、虚实并举、“管‘实业’的人当了大官、中官、小官，自以为‘红’了，钻到里边出不来”等一系列指示，王鹤寿同志于3月初，组织冶金部党组同部分大企业负责人一道，连续“务”了八天的“虚”，写出了两份报告：《争取有色金属的飞跃，占领有色金属的全部领域》、《钢铁工业的发展速度能否设想得更快一些》。后一个报告提出：只要把“红”与炼钢、炼铁结合起来，“从我们自己的教条主义学习方法中解放出来”，我国钢铁工业“苦战三年超过八大指标（一千零五十万吨——一千二百万吨）、十年赶上英国、二十年或稍多一点时间赶上美国，是可能的”。报告说：英国现在的钢产量为2200万吨，即使它今后每年增长4%，1967年也只能达到3300万吨。美国现在的钢产量为1.02亿吨，这一生产水平估计在今后许多年不会有大的改变。我国实行大中小钢铁厂同时建设，建设时又实行投资包干，完全证明建设速度可以快一倍，投资可以省一倍（半）。在多快好省、鼓足干劲、力争上游的路线下，只要有具体措施，1962年的钢产量超过1500万吨而争取2000万吨，是可能的。不久前（1月19日在南宁会议上），我们说1962年可以达到1500万吨，是因为“还没有看到建设速度快一倍、投资省一倍（半）这样大的潜力”。如果1962年达到1700万吨到2000万吨，则我国钢铁工业的大小基地，初步在全国铺开了。在全国有了几十个大小基地之后，1967年达到产钢3500万—4000万吨，“就不是不能设想，而是比较现实的了”，“因为每个五年都会有新厂建设，而原有的几十个基地的生产力也会发展，只要是十年超过英国，再有十年赶上美国也是比较现实的设想”。

王鹤寿同志的报告，受到毛主席的高度重视。党中央根据毛主席的意见写了分量很重的批语。3月22日、25日两天，毛主席在成都会议的讲话中，又三次给予表扬，肯定报告“不但鲜明地指出了冶金工业的发展方向，而且对过去工作中的错误倾向作了尖锐的批判”。毛主席号召其他部门也要像冶金部一样，“坚决克服干部中的教条主义、经验主义、本位主义的倾向、右倾保守倾向和不问政治、只专不红的倾向”。5月29日，毛主席在政治局第48次扩大会议讲话中，更称王鹤寿同志的报告是“一首抒情诗”。

4月15日，毛主席写了《介绍一个合作社》一文，根据王鹤寿等同志报告中的观点，明确宣布：“我国在工农业生产方面赶上资本主义大国，可能不需要从前所想的那样长的时间了。”他在送出此文时给少奇、恩来、小平、陈云、乔木、吴冷西各同志写的一封信中还写道：“十年可以赶上英国，再有十年可以赶上美国，说‘二十五年或者更多一点时间赶上英美’，是留了五年到七年的余地。‘十五年赶上英国’的口号仍不变。”

5月5日到23日，八大二次会议开会，提交会议讨论的第二个五年计划第二本账，是由国家计委汇总、经过中央财经小组讨论的。第二本账的各项指标，都有两个方案，其中：1962年的钢产量指标，第一方案为2500万吨，同1956年八大的建议数(此时称“二五”计划第一本账)1050万—1200万吨比较，增加108%—138%；第二方案3000万吨，同1956年八大的建议数比较，增加150%—186%。李富春同志在会上作了《赶上英国，再赶上美国，第二个五年计划是关键》的发言。他说，这次提交大会讨论的“二五”计划第二本账，是以7年赶上英国、15年赶上美国为目标的。王鹤寿同志在大会发言时，论证了第二方案钢产量指标的依据。他说：冶金部再次和各省、市、区研究了钢产量的发展速度后，认为1959年可以达到1200万吨，1962年3000万吨，1967年7000万吨，1972年1.2亿吨。5年可以超过英国，15年赶上美国。

5月7日，毛主席在大会讲话，再次提出了速度超过苏联的问题。他说，苏联是20年加半年(从实行新经济政策开始，到苏德战争爆发)，把钢产量从400万吨(1913年的产量)搞到1800万吨。

1957年是5100万吨。我看,我们搞到5100万吨,不需要这么多时间。我们的老底子是90万吨(1943年的产量),到1962年,13年间将搞到3000万吨,可能是3500万吨,也许是4000万吨。从1949年算起,可能只要15年就能搞到5100万吨;或者从今年算起,只要7年搞到4000万吨,再加1年,就可能搞到5100万吨。5月18日,毛主席在《卑贱者最聪明,高贵者最愚蠢》的批语中,采纳李富春同志的意见,稍加变通,明确提出:"七年赶上英国,再加八年或者十年赶上美国。"

鉴于设想赶上英国的时间在逐步缩短,"二五"计划期末的钢产量指标在逐步提高,5月26日到30日召开的第48次政治局扩大会议,将1958年的钢产量指标改定为800万吨到850万吨。这是1958年钢产量计划的第三本账。

6月5日,王鹤寿同志根据毛主席指示,拟出1958年6月到1960年6月两年内,将钢的年生产能力达到3600万吨水平的规划方案,交给少奇同志。6月9日中央政治局会议讨论并批准了这一规划方案。

6月7日,冶金部向党中央报送《一九六二年主要冶金产品生产水平规划》。规划预计,1958年钢产量为820万吨;1962年指标定为6000万吨,比向八大二次会议提出的"二五"计划第二本账中第二方案的指标又提高了1倍。

6月12日,国家经委党组向党中央报告:地方冶金工业的"跃进"指标,已经大大超过"二五"计划第二本账。计划今年兴建小高炉12694座,大部分年内可投入生产,地方铁产量今年可达440万吨,比去年增长7.9倍;兴建转炉220座,电炉43座,地方钢产量今年可达200万吨,比去年增长2.5倍。根据地方冶金工业的飞跃发展,估计明年全国钢铁产量可以比今年预计完成数翻一番。

6月中旬,由国家计委汇总,经中央财经小组讨论后,李富春同志向党中央提出新的《第二个五年计划要点》。《要点》估计,1958年钢产量可能达到850万吨到900万吨。《要点》认为,"为了实现第二个五年的指标,一九五九年有决定的意义,必须争取一九五九年有一个比一九五八年更大的跃进，例如工业方面，钢产量超过二千万吨，争取达到二千五百万吨，超过日本，超过英国”。“现在看，以钢铁为主的几种主要工业产品的产量，有可能不用三年赶上和超过英国，全国农业发展纲要有可能三年基本实现”。当时，正值中央军委在北京召开扩大会议，批判刘伯承等同志在军事院校工作中的所谓“教条主义”。6 月 17 日，毛主席读完《要点》后，批示：

> 此件即刻印发军委会议各同志。很好一个文件，值得认真一读，可以大开眼界。这是你们自己的事情。没有现代化工业，哪有现代化国防？自力更生为主，争取外援为辅，破除迷信，独立自主地干工业、干农业、干技术革命和文化革命，打破奴隶思想，埋葬教条主义，认真学习外国的好经验，也一定研究外国的坏经验——引以为戒，这就是我们的路线。经济战线如此，军事战线上也完全应当如此。反对这条路战的人们如果不能说服我们，他们就应该接受这条路线。“既不能令，又不受命，是绝物也”，走进死胡同，请问有什么出路呢？

6 月 17 日下午 3 时，政治局在中南海西楼开会，听取我作的关于 1958 年计划执行情况和 1959 年设想的汇报。谈到钢铁生产时，我说，预计今年钢产量将达到 900 万吨，初步安排，明年计划为 2000 万吨或 2000 万吨以上。在讨论时，有两种不同意见：一些同志同意我的估计和建议；另一些同志认为今年钢产量不止 900 万吨，明年的指标还可以更高一点。会议到 23 时才结束。会议由少奇同志主持，除毛主席缺席外，其他常委同志都参加了。

6 月 18 日晚 8 时至 11 时半，毛主席在中南海游泳池，召集中央全体常委和彭真、李富春、李先念、薄一波、廖鲁言、黄克诚、王鹤寿谈话。谈的内容比较广泛。关于钢铁生产，毛主席表示，他赞成提高钢指标。那时，我的脑子也很热，而且在八大二次会议上刚就反冒进问题作过检讨，即使有不同意见也不便坚持，因此，我也同意把钢指标提高。经过研究，1958 年的钢产量的预计完成数改为 1000 万吨，1959 年的钢产量指标改为 2500 万吨。会后就按这个数字重新修改我的《汇报提要》。谈话时，毛主席曾对我说：现在农业已经有了办法了，叫做“以粮为纲，全面发展”，你工业怎么办？我没有多加思索，就回答说：工业就“以钢为纲，带动一切”吧！毛主席说：对，就按这么办。他认为，机械工业也很重要。接着就议论起工业交通各行业之间的相互关系问题了，提出机械工业也是纲，电力和铁路是先行。因此，我在修改《汇报提要》时，就写下了这么一段话：“基本建设投资首先保证两个‘纲’和两个‘先行’部门的需要。两个‘纲’就是冶金工业和机械工业。两个‘先行’部门，就是电力和铁路。纲举目张，其他一切东西都带动起来了。这是工业部署上的战略问题，必须有统一的看法。”7 月 1 日，《人民日报》就闻风发表一篇《以钢为纲》的文章，后来广泛使用的“以钢为纲”、三个“元帅”（钢铁、机械、粮食）、两个“先行”之说，皆出于此。

根据毛主席的指示和政治局会议的讨论意见，我对《汇报提要》作了重要修改。改后的《汇报提要》提出：1959 年我国国民经济将比今年有一个更大的跃进，经过三年苦战，我国可以在钢铁和其他主要产品产量方面赶上和超过英国，基本建成比较完整的工业体系，农业方面将实现水利化，达到“四、五、八”的要求。《汇报提要》改好后，我于 20 日下午报送毛主席。20 日晚，中央办公厅将修改后的《汇报提要》铅印出来。21 日晚，我就出发到东北去了。

6 月 22 日，毛主席对我的《汇报提要》作了批示：“此件印发军委会议各同志。赶超英国，不是十五年，也不是七年，只需要两年到三年，两年是可能的。这里主要是钢。只要一九五九年达到二千五百万吨，我们就在钢的产量上超过英国了。”毛主席在写这条批语的时候，对《提要》的题目也作了修改。我 20 日改好的稿子，题目就叫《汇报提要》。毛主席改用正副两道标题，正题是《两年超过英国》，副题是《国家经委党组向政治局的报告》。

《汇报提要》上，1958 年的钢产量预计为 1000 万吨，那么，后来公开发表的 1070 万吨这个指标又是怎样提出、怎样确定的呢？据陈云同志 1958 年 8 月 21 日在北戴河中央政治局扩大会议的传达，是 6 月 19 日晚上在中南海游泳池确定的。陈云同志说：“六月十九号晚上开各大区协作会议以前，主席在北京游泳池召集中央一些同志，王鹤寿也参加了，主席问他：去年是五百三，今年可不可以翻一番？为什么不能翻一番？王鹤寿说，好吧！布置一下看。第二天他就布置了。所以，是六月十九号才决定搞一千一。”内部决定 1100 万吨，后来公开宣布为 1070 万吨，即以 1957 年产量 535 万吨为基数翻一番。外间传说，在游泳池的上述对话，是毛主席跟我进行的，这是误传。如前所述，当晚，我正在加紧修改《汇报提要》，准备交卷后去东北。游泳池的这次聚会，我不在场。

毛主席下“一〇七〇”的决心，除了他本人出于急于赶上英国的迫切心情以外，还有多方面的影响促成。王鹤寿同志多次提供的钢铁生产顺利发展的材料有影响。我 17 日的汇报、18 日的谈话，头脑不冷静，未能坚持实事求是的精神，也有影响。但是，有决定性影响的，还是来自柯庆施同志。他当时是上海市委第一书记，也是新成立的华东协作区主任，6 月中旬来京开协作区主任会议之前，他主持了一次华东协作区会议，规划 1959 年华东五省市（不含山东）钢的生产能力达到 800 万吨。这五省市煤铁资源很少，1959 年就能达到 800 万吨钢的生产能力，其他煤铁资源丰富的地区，不是能够搞得更多吗？我没有参加那几天的协作区主任会议，柯庆施同志在毛主席面前怎样吹的，我不得而知，但是，我可以断定，毛主席受了他的影响。这有毛主席后来多次的谈话为证。例如，1958 年 11 月 30 日，在武汉召开的政治局常委和协作区主任会议上，毛主席对柯庆施同志说：“你过去干劲冲天，条件没有”，说华东搞 600 万吨到 800 万吨，“这几个月我们想了一下，没有那个条件，比如没有煤、铁怎么搞法！”又如：1959 年 7 月 23 日，毛主席在庐山会议上的讲话，谈到闯“一〇七〇”这个祸时说：“第一个负责任的是我”。“至于柯老，你那个发明权怎么办（柯回答：我也有责任）？可不可以这样讲：你也有责任。但是，你是不是比我轻一点呀？因为你那只是意识形态。我虽然没有你那个气魄：你（一个协作区）一年要搞八百万吨，我全国只搞一〇七〇万吨。”毛主席这些话清楚地表明，是柯庆施同志促使他闯下这个乱子。美国的中国问题专家们，把柯称为“土法炼钢的干将之一”(上海人民出版社出版的《剑桥中华人民共和国史(1949—1965年)》第335页),这不是没有来由的。

1958年6月21日,即毛主席定下“一〇七〇”的指标两天之后,冶金部向党中央报送的一份《产钢计划》中提到:“政治局扩大会议的时候,华东区提出争取明年钢的生产能力达到八百万吨。这是一个极重要的指标,因为根据这一指标,我国钢铁工业的发展速度,又将走入一个新的水平。”根据华东区可能达到的指标,我们研究了各大协作区明年及第二个五年计划的指标,认为“根据现在的情况看,明年钢的产量可以超过三千万吨,而一九六二年的生产水平则将可能争取达到八九千万吨以上”。这是第一次提出1959年产钢3000万吨、1962年产钢八九千万吨的指标。6月22日,毛主席将冶金部的《产钢计划》批发到各省、市、自治区党委,中央各部委,国务院各部委党组,中央军委会议各同志。从冶金部的这个《产钢计划》,更可以看到华东协作区对钢产量的高指标所起的推进作用了。

6月21日,毛主席在军委扩大会议的讲话中称:我们三年基本超过英国,十年超过美国,有充分把握。

6月22日,毛主席还对冶金部《一九六二年主要冶金产品生产水平规划》作了批示:“此件印发军委会议各同志。只要一九六二年达到六千万吨钢,超过美国就不难了。必须力争在钢产量上在一九五九年达到二千五百万吨,首先超过英国。这里是一个简单的表,很容易看。”

1958年产钢1100万吨的任务,虽然在6月20日就作了布置,但7月间计划完成情况很不理想。7月份只产钢70万吨,1月到7月底,累计生产钢380万吨稍多一点,同1100万吨的年计划比,相差700多万吨。8月16日,即北戴河政治局扩大会议开幕的前一天的预备会议上,毛主席感到计划有完不成的危险,决定大搞群众运动,实行书记挂帅,全党全民办钢铁。因此,王鹤寿同志1958年10月29日在向党中央的一份报告中讲道:“今年,在钢铁工业发展上(也在整个工业发展上),有两个伟大的日子”,一个是6月19日,毛主席提出钢产量翻一番的任务;一个是8月16日,毛主席提出书记挂帅,全党全民办钢铁工业的方针。

北戴河政治局扩大会议开会的头几天，大家分析了 6 月 19 日以后钢铁生产未见起色的原因：第一，从部到相当多的工厂，根据南宁会议后下达的《工作方法六十条（草案）》的要求，把注意力都放到编计划（五年计划和明年计划）方面去了，部长、副部长都在外面参加各协作区的计划会议，忽视了抓生产；第二，由于小高炉生产不稳定，农民工不熟练和大批工厂领导关系改变（5 月 29 日闭幕的政治局扩大会议要求，到 6 月 15 日 24 时止，大批中央部直属厂转交地方领导），主管部门和地方忙于办交接手续，生铁调度不灵；第三，钢铁冶炼需要的设备供应不上，6 月间安排生产的一批冶炼设备，有的被计划外的东西冲掉了，有的还没有安排落实。

毛主席在听取汇报之后，打电话给陈云同志，作了八点指示：一、国家经委主要抓生产（此后年度计划的编制工作交归计委，基本建设交归由陈云同志任主任的新建的国家基本建设委员会）；二、原材料调配要服从国家计划，分配钢材既要照顾重点，又要照顾农民的需要；三、抓紧冶炼设备的生产和安装；四、机械厂收到钢材后，第一是用来制造炼钢炼铁轧钢的设备；五、各省市自治区党委每星期抓一次钢铁生产；六、加大保险系数，冶金部直属钢铁厂今年增加 50 万吨钢的新任务（因此，1958 年的钢产量指标实为 1150 万吨。——一波注）；七、要有铁的纪律，没有完成生产和调拨计划的，分别情况给予警告、记过（小过、中过、大过）、撤职留任、留党察看、撤职、开除党籍的处分；八、立即把各省、市、自治区党委主管工业的书记（后简称工业书记）找来北戴河，开一次工业书记会议。8 月 21 日，由陈云同志向参加扩大会议的全体同志传达了毛主席的这些指示。

陈云同志在传达时说：我们今年要生产 1100 万吨钢，已经传到国外去了（小平同志插话：给赫鲁晓夫打了保票的）。7 月 31 日到 8 月 3 日，赫鲁晓夫来华访问期间，毛主席跟赫鲁晓夫讲：我们今年生产钢 1070 万吨，明年是 2500 万吨到 3000 万吨。“赫鲁晓夫不大相信，说中国的同志提出来的计划大概我们相信可以完成，究竟具体情况怎么样，他不问，那是很大的怀疑。”陈云同志还说：赫鲁晓夫那天签公报的时候，他的总顾问，也是建国初期在华苏联专家总顾问阿尔希波夫跟赫鲁晓夫一起来了。“我跟他讲，我们明年的（钢产量）计划完成得了完成不了？他不回答，笑一下，说很大的计划，伟大的计划，能完成百分之八十、九十也是很好的。他是没有信心的。”陈云同志介绍的阿尔希波夫这几句话，曾引起大家的愤慨。我记得那天在走向宴会厅时，阿尔希波夫跟我走在一起，他讲：“你们的计划太高了，恐怕实现不了。”我说：我们有群众路线，把土法炼铁炼钢加上去，计划一定能实现。他苦笑了一下，说土法炼钢再多也没有用。

毛主席提出的工业书记会议，8 月 25 日在北戴河开幕，由我主持。主要是研究在年内怎样完成以 1150 万吨钢为纲的工业生产任务的问题。陈云同志两次到会讲话，李富春同志作报告，我作总结。

鉴于光靠“洋炉子”完不成今明两年的钢铁生产任务，陈云同志在讲话中提议，要依靠党委，发动群众搞“土炉子”，说“土炉子”在中国的命运还有一个时期。我在总结发言中，提出“紧急行动起来，为完成以一千一百五十万吨钢为纲的工业生产跃进计划而斗争”的口号。我说：“主席指示，对土炉子要有信心，不能泄气。即使在一百个土炉子中，只有一个出铁，那就很好，就算是插上了红旗，其余九十九个都应当向它学习。”在省、市、自治区工业书记们思想统一后，30 日下午，我领着主要钢铁产区的工业书记，鞍钢、武钢、太钢等几个大厂的党委书记，去毛主席那里，一个一个向他当面担保。尽管不少同志慷慨激昂，保证完成任务，但毛主席还是不放心，因为只剩下四个月，时间太紧迫，他念了一句古诗：“夕阳无限好，只是近黄昏。”

从 8 月 17 日到 30 日，毛主席在扩大会议、协作区主任会议和接见工业书记们的多次讲话中，都讲到钢铁问题，有关这方面的话，除前面已经引述的以外，大体还有以下几个要点：

——讲重要性。说年内生产 1100 万吨钢，明年搞 2700 万—3000 万吨钢，苦战三年，达到 5000 万吨钢，是关系全国人民的大事，是一场大战。

——讲工作重点转移。说农业问题已经解决，要求第一书记从现在起把工作重点转到工业上来，抓工业主要是抓钢铁。

——作自我批评。说题目是他出的，但他一直没有抓，如果实现不了，他要作检讨。

——强调要大搞群众运动。说资产阶级和苏联的一些人，说我们在工业方面搞群众运动是“游击习气”、“农村作风”，其实我们这一套正是正规的马克思主义作风。

——强调纪律。针对当时生铁供应紧张，调度不灵，个别地方赶着大车去鞍钢要铁，不给不走，毛主席一再强调：“冤各有头，债各有主”，完不成生产或调拨计划，要按纪律办事，要铁的纪律，不要“豆腐纪律”，“马克思要与秦始皇结合起来”。

——对“一〇七〇”能否完成有怀疑。每讲到钢铁时，他几乎都要扳着指头算时间：今年还剩多少天？督促大家切实抓紧。直到8月30日，他还说：“我是观潮派、算账派”，今年能否搞到1100万吨钢？“我总是十五个吊桶打水，七上八下”，提醒大家：“钢铁尚未完成，同志仍须努力。”

最后，还要说明一点：政治局扩大会议公报写上1958年力争生产1070万吨钢，是我的主意。当时，我对“一〇七〇”的任务，已经有些信心不足了。由于考虑到此事已经捅到国外去了，毛主席又强调一吨不能少，我风格不高，也就不便说出自己的怀疑。8月30日下午，在毛主席那里，看到大家都说能够完成，我就向毛主席建议，把“一〇七〇”写到公报上。毛主席表示赞成。我马上拿起电话，通知起草公报的胡乔木同志，说毛主席讲了，把“一〇七〇”写到公报上。结果，后来发表的政治局扩大会议公报就写了这样一句：“会议经过讨论，决定号召全党和全国人民用最大的努力，为在一九五八年生产一千零七十万吨钢，即比一九五七年产量五百三十五万吨增加一倍而奋斗。”

政治局扩大会议关于大办钢铁的决定，除在会议公报中写上“一〇七〇”以外，还在会议通过的《关于一九五九年计划和第二个五年计划的决定》中规定：1959年计划生产钢2700万吨，争取3000

万吨，并批准国家计委以这个钢产量指标和8000亿斤到1万亿斤粮食产量指标为纲编出的《一九五九年国民经济计划主要指标》；1960年生产钢5000万吨左右；1962年钢产量达到8000万吨到1亿吨，并批准国家计委以这个钢产量指标和15000亿斤粮食产量指标为纲提出的《关于第二个五年计划的意见》。

9月1日，政治局扩大会议公报发表的同一天，《人民日报》发表社论：《立即行动起来，完成把钢产量翻一番的伟大任务》；5日，发表第二篇社论：《全力保证钢铁生产》，号召与钢铁生产无直接关系的部门“停车让路”。一场全民夺钢保钢的群众运动，在960万平方公里的土地上轰轰烈烈地开展起来了。8月以前，全国已建成一批年产量10万吨以下的土高炉、小高炉，9月后新建了几十万座。除主管的冶金部门之外，地质、煤炭、电力、机械、交通运输等部门，为配合完成“一〇七〇”，也广泛开展了群众运动。为了找矿，许多地方由党委书记带领群众上山，中小学生、七八十岁的老人，都投入运动。煤炭部门提出“兵对兵，将对将，用分散的小煤窑对分散的小高炉”；“哪里有千吨铁，哪里就有万吨煤”。成千上万的农民，背着镢头，带着锅灶，上山挖煤。据后来统计，1958年，全国共建手工操作(即所谓“土法”生产)的小型工业企业121.5万个，共有工人(大部是农民)2489万人；主要作业用机器操作(即所谓“洋法”生产)的小型工业企业7.5万个，职工840万人，两项合计小企业129万个，3329万人。大中型企业也开展群众运动。当时，把主要作业采用机械化方法生产的大中型企业的群众运动称为“大、洋、群”；把采用土法生产的以农民工为主体的小型企业或生产点的群众运动称为“小、土、群”。投入各类“小、土、群”的农村劳动力，最多的时候达到6000万以上。

经过全党全民的努力，《人民日报》12月22日以套红通栏标题报道：《一〇七〇万吨钢——党的伟大号召胜利实现》。消息说，据冶金工业部12月19日的统计，今年全国生产钢1073万吨(这个统计数字包括土钢，下同。——一波注)，比1957年的钢产量增加了一倍挂零。至12月31日，全年累计钢产量为1108万吨。

由于预计“一〇七〇”可望完成，在钢的总产量方面两年赶上英国被认为“不成问题”，11月初召开的第一次郑州会议，还讨论了15年内按人口平均计算的产品产量方面赶上英国的问题。据当时掌握的资料，估计15年后，即1972年，英国人均钢产量可能在500公斤左右，我国1972年按八亿人口算，人均500公斤，钢产量就要达到4亿吨。因此，这次会议拟订的《十五年社会主义建设纲要四十条（初稿）》规定：到1972年全国钢产量达到四亿吨。头脑热度最高的时候，也是开始转向冷静的时候。是毛主席第一个开始作冷静的思考。他对1972年搞四亿吨钢可不可能，需不需要，提出了怀疑。提议：这个纲要草案先放一放，不公布，也不正式提交八届六中全会讨论，“只在地下管道流通一下，让领导干部知道”。

北戴河会议确定的1959年钢产量的指标，后来作了调整。我将在本书第二十九篇中另作回顾。

（三）“大跃进”第一个回合的得失

连续三年的“大跃进”，大体可分为两个回合：我们现在讲的1958年“大跃进”算第一个回合；1960年的继续“大跃进”为第二个回合。

“大跃进”的第一个回合，国家和人民是有所得的。1958年，由于全国人民战天斗地，大干苦干，加上年景也好，核实后的粮食产量为4000亿斤，比上年增长2.5%；棉花产量3938万担，比上年增长20.1%。钢产量（剔除土钢）800万吨左右，比上年增长49.1%。在钢铁生产的推动下，一些基础工业有较大幅度的增长。同1957年比较，煤产量由1.31亿吨猛增加到2.7亿吨，发电量从193亿度猛增加到275亿度，金属切削机床产量从2.8万台猛增加到8万台。工业建设和农田水利基本建设都有不少的成就，北京的十大建筑、十三陵水库等，也是“大跃进”第一个回合中建成的。应该肯定，经过第一个回合的“大跃进”，国家的物质技术基础有所增强。

但是，这些成绩的取得付出了极大的代价，而且有些成绩实际上也没有完全拿到手，从总体上来说，第一个回合的“大跃进”是得不偿失的。

第一，投入很大，经济效益很低。

首先是产品质量低。就拿钢铁质量来说，为完成“一〇七〇”，国家和人民公社投入了巨大的人力、物力和财力，不少地方矿产资源遭到破坏，森林被砍光，群众做饭的锅被砸光，但没有生产出多少合格的产品。冶金部原定标准，生铁含硫量不得高于0.1%。北戴河会议后，放宽标准，改为0.2%。即使这样，1958年第四季度和1959年第一季度，各钢厂调入的生铁，合格的不到一半。有些地区小高炉生产的铁，含硫量竟超过2%、3%，有的甚至高达6%。这种当时名叫“烧结铁”的高硫铁不能炼钢。如用于浇铸，也因铸件发脆、太硬，而无法加工。由于矿石品位低、生铁质量差和追求高产快炼等多种原因，大钢厂的产品质量也显著降低了。鞍钢1958年第四季度一级钢在全部钢产量中的比重，由过去的93%降到50%以下。1959年初开始，有几个月，鞍钢每天有3000多吨铁水不能炼成钢，只能翻成铁块；有大量的钢无法轧制成符合订货要求的钢材。5月上旬，所属三个钢厂共出了22炉“低温钢”。所谓“低温钢”，就是炉温不够，就抢着出钢。行家们懂得，这是钢铁生产之大忌。“大跃进”对工业产品质量的影响，几乎扩及所有工业部门。国家经委1959年1月27日报告提到：重点煤矿原煤灰分由原来的百分之十几，增加到20%至30%。玉门油矿运出的原油，其含水率由原来的2%增加到15%至20%。据一机部部长赵尔陆同志1959年5月26日向毛主席报告：最近检查去年年底和今年年初安排的一批轧钢机，比较普遍地存有质量问题，有的非常严重，甚至不敢交付使用。1959年5月28日，小平同志在听取我和富春同志汇报时，特别提醒我们要注意轻工业产品的质量问题，说我国轻工业产品质量高的声誉，在国际上几个月就垮下来了。现在生产的纸，跟战争时期的纸差不多。

基本建设工程质量问题也十分严重。据统计，1958年10月以后，由于强调快速施工，随意修改设计和建筑结构，随意使用代用材料，随意破除规章制度，发生了许多严重的质量事故，倒塌了不少新建的厂房，砸死了人。新任国家基本建设委员会主任陈云同志不得不于1958年底、1959年初，在杭州专门召开全国工程质量问题的现场会议，采取补救措施。陈云同志在讲话中，意味深长地叮嘱大家保持清醒的头脑，认识我们自己“本领不大”。他说，这不是打击群众的积极性，而是现实问题。由于盲目施工等原因，农田水利基本建设的后遗症也不小。曾经大力倡导农田水利建设搞群众运动的柯庆施同志，1962年6月2日在华东局扩大会议（此时他任华东局第一书记）上，在谈到华东地区水利建设的教训时，也承认：1958年以来，国家投资22.8亿元，修大型水库20多座，中型水库300多座，小型水库2000多座，占用耕地2600万亩，移民近2400万人，已迁237万人，但不少工程不配套，现在还不能发挥效益。有些工程打乱了原来的排水体系，加重了内涝和盐碱化。我们花的钱和器材不少，而事情却没有办好，有些甚至办坏了，许多钱被浪费了。

经济效益低更直接的一个方面是：为了搞到几百万吨基本无用或用处不大的生铁，使国家财政支付了巨额的补贴。当时每吨大高炉的生铁成本，鞍钢为85.4元，石（景山）钢为112.6元，国家规定的调拨价为150元。小高炉（容积在55立方米以下的）的炼铁成本，原设计为153元，实际都在200元以上，多数为250—300元之间，有的高达460元。为鼓励群众炼铁的积极性，国家规定，从1958年9月1日起，小高炉生铁调拨价提高到200元，亏损部分由国家财政补贴。当时估计1958年只补贴15亿元左右，但据1959年12月10日财政部的报告，实际补贴了40亿元（当年支付21.2亿元，第二年决算追加补贴18.8亿元），而1958年财政总收入才387.6亿元，光补贴小高炉亏损就超过财政收入的十分之一。这还不包括因提高调拨价格和土铁质量差，而使炼钢厂增加的支出和减少的收入。

第二，国民经济严重比例失调。

首先是消费与积累比例关系失调。1958年，实际完成固定资产投资279.06亿元，比1957年实际完成数151.23亿元增长84.9%，超过计划145.77亿元的91.4%。1956年，我在八大发言中建议，在今后若干年内，在通常情况下，我国积累率（即积累在国民收入使用额中的比重），应不低于20%或者略高一点。1957年实际为

24.9%,“一五”期间平均为24.2%,而1958年却一下跃到33.9%,开我国高积累之先河。我在八大发言中建议,若干年内,在通常情况下,我国基建拨款在预算中的比重,应不低于40%或者略高一点。1957年实际为40.7%,而1958年一下跃到56%,也是第一次把一半以上的财政收入用于基本建设。过高的积累,一方面严重挤消费,使人民的基本生活资料得不到保证;另一方面因为原料、材料、设备、能源分散使用,又使上马的基本建设工程工期一再拖长,不能按期投产。据统计,1958年施工的限额以上的项目共1639个,连同上年结转项目在内,建成投入生产的仅28项。后来长期使我们苦恼的所谓“胡子工程”问题,就发端于1958年。1959年3月26日下午,我在上海会议上,向中央汇报谈到这个问题时,毛主席说:“这不是大跃进,这是破坏大跃进,都跃不了嘛!只有这么多粮食,大家都吃不饱……这种方法是破坏跃进的方法。”严酷的事实,使毛主席在这个时候也认识到:只讲多快、不讲比例是不行了。

其次是工农业比例失调。1958年同1957年比较,按不变价格计算,工业产值增长54.8%,其中重工业产值增长78.8%,而农业产值仅增长2.4%。工农业产值的比例,一下子由56.7∶43.3改变为65.7∶34.3。各行各业搞以保钢为中心的“小、土、群”,实际上是各行各业都打农民的主意,因为所谓“全民办工业”,实际上主要是农民办工业,大家挤农业。例如:抽调几千万农村劳动力搞“小、土、群”,就严重妨碍当年的秋收,使很多粮食作物和其他农产品没有收回来,丰产没有丰收。据统计,全国从事农业生产劳动者人数同从事工业生产劳动者人数的比例,1957年为13.8∶1,1958年一下骤降至3.5∶1。如果说,80年代推行家庭联产承包责任制以后,一批又一批的农民脱离土地,从事乡镇企业和其他工商业,是商品经济发展的正常现象,那么,1958年的农业劳动力大转移,却是不正常的。因为那种转移是在商品经济进一步受到限制的条件下,通过行政命令,将农业劳动力调到钢铁等非农产业部门造成的,是以牺牲农业为代价的。如前所述,1958年粮食实产量为4000亿斤,而征购任务的第二本账却按6000亿—7000亿斤的产量布置,从当年7月1日到下年6月30日的粮食年度内共征购粮食1175亿斤。高估产带来的高征购，更严重地削弱了本来就很脆弱的农村生产力，再加上人民公社化后吃“大锅饭”，更加剧了农村的灾难。据中央有关部门汇总，到1959年4月初，山东、安徽、江苏、河南、湖南、甘肃、贵州、河北等15个省区“无饭吃”的人口达2517万。城市蔬菜定量供应按两计，北京市居民有个时期一天只能吃到一二两蔬菜，以致不得不用船经过台湾海峡从广东调蔬菜进京。“大跃进”后发生如此严重的缺粮缺菜问题，这是事先完全没有想到的。

再次，工业和交通运输之间比例失调。煤、铁、机械等产量成倍增加，给交通运输造成了巨大的压力。尽管交通运输部门做了巨大的努力（包括将20%的运量交给农民突击运输），但是，到1958年底，光铁路沿线积压待运的物资就有三四千万吨。

最后是，工业内部，重工业与轻工业之间，重工业内部采掘工业、原材料工业、加工工业之间，同一产业内部这一环节与那一环节之间，更是矛盾重重。由于原材料和能源被挤或收不上来，加上手工业向全民所有制过渡，1959年上半年许多轻工业大幅度减产，一些地方特产受打击尤甚。例如：温州雨伞，1957年生产180万把，1959年上半年仅生产3万把。1958年12月的八届六中全会宣布：1959年每人布票24尺，结果无法兑现，非常被动。按照我国当时的经济技术水平，每增加1吨炼铁能力，大体相应地需要新增4吨铁矿石开采能力和1吨炼焦能力，而1958年每增加1吨炼铁能力，只新增1.5吨铁矿石开采能力和0.3吨炼焦能力。这说明仅就钢铁生产内部各环节来说，比例失调现象就是很突出的，更不用说钢铁产业同其他产业之间比例关系了。

第三，企业管理混乱，无政府主义思潮泛滥。

据中央工业工作部1959年5月16日向党中央、毛主席报告：由于在强调党委领导的同时，没有注意加强生产行政管理方面的厂长负责制，一些企业成立了党委书记处，实行党委委员分片包干，“大权独揽，小事都管”，使企业生产处于无人指挥状态。有些企业把计划、设计、技术检验、技术安全、设备动力、工艺等重要科、室撤了，管理人员下放当工人，有关管理权限下放给车间、工段或班组，使生产、技术、财务、安全等处于无人负责状态。还有些企业推行“无人管理”或“工人自我管理”，搞所谓“八自”、“十八无”，即工人自编计划，自搞定额，自编工艺，自行设计，自行调度，自管半成品，自行检验，自行统计；无人管工具，无人管考勤，无人发放材料，无人分配活，无人管工序检查，无人管半成品，无人管计划等。有些企业在改革规章制度过程中，把所有规章制度都说成教条主义或压制工人积极性的条条框框而一脚踢开，以致出现所谓“十大随便”（上班随便，下班随便，干活随便，吃饭随便，开会随便等）。另据这个部 1959 年 1 月 12 日报告，鞍钢下放给辽宁省后，1958 年 10、11 月间，在省委书记处书记杨春甫主持下，搞多装快炼，乱拔“白旗”（把坚持技术规程和管理制度的工程技术人员和行政管理人员当作“白旗”，宣布停职反省）。在炼铁厂拔掉一面“大白旗”，七面“小白旗”。所谓“大白旗”，就是蔡和森同志的儿子、留苏归来的炼铁专家、总工程师蔡博。第一炼钢厂厂长竟在大会上宣布：“一九五四年以来的厂长调度命令全部无效，并且像土改时烧地契一样烧毁。”由于乱破规章制度、乱拔“白旗”，炼铁厂连续发生了一系列建国以来少见的恶性事故，死 22 人。当时全国最大的第 10 号高炉，投产不到一个月，就发生九起重大事故。其他钢铁企业也是重大事故不断。为此，我要求冶金部党组写出关于事故严重问题的专题报告，并于 1959 年 5 月 25 日，将这份专题报告转报党中央。5 月 28 日，我向中央书记处汇报，其中谈了几个月来工业交通部门因事故死亡三万多人的情况。

（四）从发动阶段看到的问题

关于“大跃进”的教训，我准备在回顾“大跃进”的全过程之后再谈。这里先谈谈从工农业“大跃进”发动阶段看到的一些问题。

首先，应当肯定：毛主席发动“大跃进”，出发点是好的。我国是一个穷国。由于贫穷落后，长期遭受帝国主义的侵略。百多年来，许多先进分子前赴后继，抛头颅，洒热血，驱列强，闹革命，尽管他们的政治经济社会目标各不相同，但有一个共同愿望：使我们国家尽快强大起来，富裕起来，自立于世界民族之林。在推翻帝国主义、封建主义、官僚资本主义三座大山之后，我国人民虽然在政治上站立起来了，但国家的落后面貌没有改变，以美国为首的一大批资本主义国家不仅拒绝承认我们，而且仍然对我国虎视眈眈。对此，毛主席是感触最深的。1957 年 11 月莫斯科会议之后，毛主席多次讲话反复阐明：我们这个国家，吹起牛皮来，了不起：地大物博，人口众多，历史悠久，炎黄子孙，等等，但就是钢赶不上比利时，粮食亩产很低，识字的人只那么一点点，因此，过去帝国主义欺侮我们，现在世界上的一些人，比如美国的杜勒斯等，也不把我们放在眼里。毛主席所以发动“大跃进”，就是要以尽快的时间，使国家富裕起来，强大起来，摆脱目前这种被动的、在世界上无权的状况。围绕这个目的，1956 年开始了关于中国社会主义建设道路的探索。1958 年发动“大跃进”，就是这个探索的继续。这个愿望是正当的，无可厚非的。“大跃进”的号召，一经发出，全国上下，奋起响应，迅速成为规模宏大的群众运动，这也说明毛主席、党中央当时提出的为改变国家贫穷落后面貌而加快经济发展的战略，反映了全国人民的共同要求和愿望。

其次，一些经济指标，并不是一开始就是提得很高的。钢产量指标就是一例。现在，有些著作对 1957 年 11 月毛主席在莫斯科会议上，提出钢铁等主要产品产量 15 年赶上英国的口号，采取批评态度。对此，我有不同认识。我认为，在当时两大阵营严重对峙和美国政府不断在台湾海峡制造紧张局势的国际环境下，一个拥有六亿人口的社会主义国家，憋一口气，矢志增强自己的实力，争取某些产品产量尽快赶上某个发达的资本主义国家，这种奋发图强的精神是无可责难的。列宁在 1917 年 9 月间写的《大难临头，出路何在?》的小册子，就豪迈地提出：俄国要“赶上并且超过先进国家”，(《列宁全集》第 2 版，第 32 卷，第 224 页)我国 1957 年为什么就不能提赶上老牌的但已衰落的资本主义国家呢？再说 15 年赶上英国，就钢的总产量来说，也不能算是冒进。当时我们掌握的资料是：英国从 1913 年到 1956 年的 43 年中，钢产量只增长 169%，年均增长 1.3%，而我国“一五”

期间钢产量增长近3倍,年均31.8%。1957年,英国钢产量为2174万吨。按照英国几十年钢的增长速度推算(必然发生的经济危机和萧条不算在内),估计15年后,即到1972年,英国钢产量可能达到3600万吨。我国1958年的钢产量,按第一本账的624.8万吨计算,如果以后在综合平衡中稳步前进,那么到1962年可达到1200万吨(八大建议指标的上限),1967年可达到2500万—3000万吨,1972年可达到4000万—4500万吨,即可超过我们匡算的英国1972年钢产量400万—900万吨。后来的实践证明:我们那时替英国做的预测想得太顺利了。1958年以后,英国经济发展远没有我们想的那么顺利。它的钢产量1970年曾达到过2822万吨,可是1972年又下跌到2232万吨。我国经过"大跃进"三年,不顾一切,虽然把钢产量突到1866万吨,但1962年不得不又猛降到667万吨;调整后,重新起步,到1972年,也达到了2338万吨,虽比英国1970年的产量还差约500万吨,但同英国当年的产量持平。可见,如果我们按1956年八大确定的指标和在综合平衡中稳步前进的方针办事,不搞什么"大跃进",那么,我国1972年的钢产量超过英国是绰有余裕的。

再次,还应当肯定,1958年进一步提出了发挥中央和地方两个积极性的观点,并且推行某些改革,将管理权限下放,改革不合理的规章制度等,大方向也是正确的。

肯定上述三点,是我们正确吸取"大跃进"教训的前提。

然而,"大跃进"是一场实实在在的大灾难,亲身经历过"大跃进"的人们,是永远也不会忘记的。那么,客观实践与主观愿望出现如此巨大的反差,究竟是什么原因呢?从"大跃进"的发动阶段,大致可以看到有以下一些问题:

第一,把建设社会主义,把根本改变中国的贫困面貌看得太简单太容易了。这不仅表现在"苦战三年"的口号之中,而且也表现在一系列美好的憧憬和宏大的规划中间。在我们这样经济文化十分落后的大国,仿佛只要苦战三年,再加上若干年,就可以完成社会主义建设任务,开始向共产主义过渡。这主要是因为中国民主革命和社会主义改造的顺利,特别是农业合作化任务的迅速完成,使毛主席和我们这些人过分夸大了主观能动作用，以为有了党的领导，有了社会主义制度，有了强有力的思想政治工作，有了群众运动的方法，我们就有了万能的法宝。此外，把“一穷二白”看成是我国优点的片面观点，也为低估我国根本改变落后面貌的艰巨性起了一定的作用。

第二，只怕冷不怕热，只反右不反“左”。从1957年整风、反右派以来，不停顿地批判“右倾保守”，批判反冒进，批判“观潮派”、“稳妥派”、“秋后算账派”，而对说大话、吹牛皮、放空炮，不仅不加批评，而且还予以鼓励、表扬，甚至升官。这就造成这样一股空气：“右了”（当时通行着按指标高低分左右）不得了！“左”了没什么。“真正的左比右好”，是1958年南宁会议提出的一个影响很大的观点。这个观点在理论上原则上是有一定道理的。问题是：什么是真正的左？你有你的认识，我有我的认识。例如：在经济发展计划这样的问题上，你可以认为增长10%是真正的左，他却可以认为增长50%或100%才是真正的左，仅增长10%只是右。等到实践证明他的意见是错误的时候，严重的挫折已经造成了。在一般情况下，谁都希望自己是真正的左，而不愿意右倾，当然也不愿意“左”倾。在不断批判“右倾保守”和批判反冒进的条件下，人们更害怕沾右的边。这种情绪的存在就是指标层层加码的重要的思想根源。中央提出的指标，本来就已经高的，经过层层加码，就变成更高；本来不算是高的，经过层层加码，也变成了高指标。钢产量赶英国的时间，由原来的15年左右缩短为七年，最后缩短为二三年，就是突出的一例。

第三，对经济建设这个根本不同于革命斗争、具有自身特殊规律的事物缺乏深入的理解，仍搬用革命斗争中人搞群众运动的方法来指导经济建设。早在1956年听取34个部委汇报时，毛主席就多次谈到，中国经济发展速度所以能够超过苏联，主要是因为“我们有群众工作传统，有群众路线”。这里所说的“群众工作传统”、“群众路线”，实际上就是群众运动。“大跃进”发展战略的基本思路，就是把我们党在战争中、土改中大搞群众运动的传统工作方法运用到经济建设上来。大兵团作战修水利，几千万人上山炼钢铁，发动群众冲击规章制度,从城市到农村“大办”这个、“大办”那个,这不是用当年指挥人民战争、指挥土改运动的传统方法吗?我们党从土地革命时期开始,运用大搞群众运动的方法解决农民土地问题、战争问题,确实得心应手,无往而不胜。在农业、手工业、资本主义工商业社会主义改造中大搞群众运动,虽遇到很大阻力,但终究战胜了阻力;遗留问题虽不少,但总算没有出大乱子。这使毛主席和我们这些人,坚信这套传统工作方法也可以运用于社会主义经济建设。因为大家都没有经验,当时谁也说不出这里有什么不对。作为主管工业交通方面工作的负责人,我不仅没有对此提出过不同意见,而且还说过不少赞成的话,例如:1958 年 10 月 21 日,我视察徐州时,就发表过一篇论述全民大办钢铁十大好处的谈话,为当时已处于高潮中的钢铁运动火上加油。今天回过头来看,就感到我们这些人当时对钢铁生产,对社会主义建设的了解是很肤浅的。搞社会主义建设,要依靠群众,走群众路线,充分发挥群众的积极性、主动性、创造性,这当然是必要的和正确的。但是,搞建设毕竟不同于打仗,不同于搞土改,而且群众运动也不是贯彻群众路线的唯一形式。把土改、战争中大搞群众运动的传统方法运用到建设上来,就对不上号。搞建设虽然也要处理复杂的人与人的关系问题,但归根结蒂是为着处理好人与自然的关系问题,这跟战争、土改所要求解决的矛盾是根本不同的。近代工业生产是个庞大的复杂的结构体系,各部门之间,各环节之间,既有精密的分工,千差万别的专门作业,又彼此互相依赖,相互制约,你中有我,我中有你,你的需求是我的市场,我的产品是你的生产条件。在这里,就不能攻其一点或两点,不计其余,即只搞钢、粮食或别的而不顾其他。搞社会主义建设,要求熟悉掌握和严格遵守客观规律,有准确的信息,精确的计划与计算,严密的规章,严格的纪律,精细和准确的操作,更重要的是要有一批具有各种专门知识、训练有素的劳动者。海底有石油,你没有专门的知识、复杂的技术和设备,你的“小、土、群”不管搞得多么火热,也只能“望洋兴叹”。不顾这些要求,只依靠群众运动冲击、猛干、乱干,势必破坏经济平衡,搞乱生产秩序,造成社会财富的巨大浪费。在当前,现代化就是科学化，就是技术领先。

第四，对社会主义的认识未能摆脱传统观念的束缚。如我前面说的，1958 年管理权限下放，强调发挥两个积极性，大方向是正确的，但这并不说明当时我们对社会主义的传统模式、对权力高度集中的经济管理体制的弊端一面有深切的认识；恰巧相反，当时在这方面的认识还是比较肤浅的，用毛主席 1961 年的话来说叫做“一知半解”、“不甚了了”。这种传统模式、传统经济体制基本上是从苏联搬过来的，因为我们自己还没有经验，它的主要弊病就在于政府和企业的职能混合在一起，党和政府完全通过国家计划和行政命令调节经济的运行和资源的配置，而否认商品经济和市场机制。在这个基本方面，即经济运行的行政控制方面，随着“大跃进”的发动，不是一步步放得宽松，而是一步步勒得更紧。1958 年经济管理权限下放，带来的不是对生产力发展的促进作用，而是一片混乱和无政府主义。下放太急促，发生失控，固然是一个重要的原因，但根本原因还在于这次下放，只在中央政府和地方政府之间的权力分配上作文章，不仅没有放开企业的手脚，反而把企业的手脚捆得更紧，工作更难做了。因为中央虽然把一些权力下放给了地方，但在层层加码成为一时风尚的时候，地方政府管企业往往比中央政府管得更死，加码的任务更多，瞎指挥也更多。至于建立人民公社，批判“资产阶级法权”，实行吃饭不要钱，取消计件工资等，更是对商品经济的沉重打击。把商品经济和市场机制看成与社会主义不相容的东西，这就是当时我们对社会主义认识的肤浅性和不科学性的主要表现。

第五，偏离了党在革命战争时期形成的调查研究传统。历史上的教条主义，不研究中国的国情，盲目搬用外国经验，使中国革命遭受到严重挫折。历史上的经验主义，只相信一时一地的具体经验，不顾各地情况千差万别，到处乱套，也使革命事业遭受严重损失。在反对教条主义和经验主义的斗争中形成的“不调查就没有发言权”的传统，保证我们党正确地制定革命的路线、方针、政策，从而保障革命从一个胜利走向另一个胜利。但是，在 1958 年，我们党在领导经济建设的过程中，明显地偏离了这个优良传统。我在前面讲过，1958年影响最大的失误，是农业的浮夸，由于农业的浮夸，导致了一系列决策的错误，而浮夸是从所谓“放卫星”开始的。这一年通过报纸、广播放了那么多“高产卫星”，可是，当时省以上领导机关却没有任何一位负责干部对任何一颗“卫星”的真实性作过认真的调查。其实，那些天方夜谭式的神话，当地群众是一清二楚的，只要跑到当地去看看，住上一两天，神话就不难揭穿。1958年，我们在指导思想方面还有一个重要的缺点，就是明显地偏离了我们党历来遵循的从各地实际情况出发，分类指导，因地制宜的原则。当时，抓到一个什么地方的经验，就不顾各地的具体情况，要求普遍推广，全国一刀切，以致没有煤铁资源的地方靠砍树、砸锅完成钢铁生产任务；不顾各地自然条件和耕作习惯的差别，一律搞深翻改土和密植；不顾山区和平原的差别，一律推行以蓄为主的治水方针等等。《关于建国以来党的若干历史问题的决议》指出：“大跃进”和人民公社化运动失误的原因是“由于对社会主义建设经验不足，对经济发展规律和中国经济基本情况认识不足，更由于毛泽东同志、中央和地方不少领导同志在胜利面前滋长了骄傲自满情绪，急于求成，夸大了主观意志和主观努力的作用，没有经过认真的调查研究和试点”。我认为，这里概括的主客观原因，是准确的全面的。其中：“毛泽东同志、中央和地方不少领导同志在胜利面前滋长了骄傲自满情绪”，又是“没有经过认真地调查研究和试点”，就轻率地发动“大跃进”和人民公社化运动的一个根本原因。1961年，党中央、毛主席重新提出调查研究问题，并身体力行，在全党大兴调查研究之风，说明经过严重挫折之后，已初步找到了病根。

上述“大跃进”的教训说明：搞经济建设，要坚持实事求是的原则，加强调查研究，掌握经济发展的客观规律。我们反对脱离实际的高指标和不顾客观规律的主观随意性，并不是说我国国民经济就不可以发展得快一些。抓住机遇，加快经济发展，以提高综合国力和人民生活水平，是人民的迫切要求，是形势发展的需要，是巩固和发展社会主义事业的第一要务。十一届三中全会以来改革开放的实践证明，加快经济的发展是可能的。

二十七　农村人民公社化运动

轻率地发动农村人民公社化运动，是我们党在上世纪50年代后期工作中的又一个重大失误。这个失误是伴随着“大跃进”运动的失误而产生的。“大跃进”和农村人民公社化两大运动的发动，有着共同的急于求成和夸大主观能动性等思想根源，在运动进程、发动方式、影响和后果等方面，也有着不可分割的关系。但性质有所不同，前者主要表现在生产力发展方面的盲目冒进，而后者则主要表现在生产关系和社会制度的变革等方面的盲目冒进。在原因方面，同“大跃进”运动比较，导致农村人民公社化运动的失误，有着更深一层的理论和认识根源。因此，在回顾50年代后期我们党的工作发生失误的教训时，把农村人民公社化运动的失误作为一个专题加以研究，我以为更有助于我们加深对社会经济发展规律的认识，加深对科学社会主义学说和唯物主义历史观的理解，从而提高我们坚持实行以联产承包为主的责任制和统分结合的双层经营体制为核心的党的现行农村政策的自觉性。

(一)在“大跃进”中萌发人民公社的构想

我在上一篇中已经讲到：1957年冬到1958年春，全国出动几千万到上亿的劳动力，大搞农田水利基本建设，从而揭开了“大跃进”的序幕。正是因为农田水利基本建设等群众运动的发展，促使毛主席和其他中央领导同志萌生出改变农村基层组织结构的想法。

由于农田水利基本建设要求在大面积土地上统一规划，修建长达几公里、几十公里、甚至上百公里的灌溉渠系，一些较大工程的建设需要大批的劳动力和资金，建成后的使用又要求做到大体与受益单位的投入(劳动力、土地、资金等)相适应,这就不仅涉及农业生产合作社之间的经济关系问题,而且还涉及村与村、乡与乡、区与区,甚至县与县之间的经济关系问题。在当时的条件下,不可能也不允许根据商品经济的原则,按照各农业社投入的大小,与受益挂钩进行结算,只能从调整农业生产合作社的规模和调整行政区划方面打主意。

关于农业生产合作社的规模,毛主席早在1955年主编《中国农村的社会主义高潮》一书时,就亮明了他的观点。他为《大社的优越性》一文写的按语指出:“现在办的半社会主义的合作社,为了易于办成,为了使干部和群众迅速取得经验,二三十户的小社为多。但是小社人少地少资金少,不能进行大规模的经营,不能使用机器。这种小社仍然束缚生产力的发展,不能停留太久,应当逐步合并。有些地方可以一乡为一个社,少数地方可以几乡为一个社,当然会有很多地方一乡有几个社的。不但平原地区可以办大社,山区也可以办大社。”因此,1956年内一些地方办的高级社,规模比较大,例如安徽省有16个社规模在3500户以上,河南省千户以上的大社有495个。

1956年秋后,一些地方出现闹退社、分社风潮。后来查明某些社规模过大,难于管理,吃“大锅饭”严重,是酿成风潮的原因之一。有鉴于此,党中央在1957年9月14日发出《关于整顿农业生产合作社的指示》和《关于做好农业生产合作社生产管理工作的指示》,指出:“大社、大队一般是不适合于当前生产条件的。”“除少数确实办好了的大社以外,现在规模仍然过大而又没有办好的社,均应根据社员要求,适当分小。”“生产队是合作社的基本生产单位,一般以二十户左右为宜。”“社和生产队的组织规模确定之后,应该宣布今后十年内不予变动。”但是,在经历了批评反冒进的曲折之后,现在遇到了因农田水利建设大规模开展带来的新问题,加之许多地区进行了撤区并乡工作,因此,毛主席就重新考虑合作社的规模问题了。1958年1月南宁会议上,听说广西出现并社现象时,毛主席就说:“可以搞联邦政府,社内有社。”后来正式提出并大社的主张。

有关部门根据毛主席的意见,起草了《关于把小型的农业合作社适当地合并为大社的意见》(以下简称《意见》),指出:“我国农业正在迅速地实现农田水利化，并将在几年内逐步实现耕作机械化，在这种情况下，农业生产合作社如果规模过小，在生产的组织和发展方面势将发生许多不便。为了适应农业生产和文化革命的需要，在有条件的地方，把小型的农业合作社有计划地适当地合并为大型的合作社是必要的。”《意见》于3月20日在成都会议通过，4月8日经政治局会议批准，作为中央意见正式下达。4月12日，《人民日报》头版头条，以《联乡并社发展生产力》为题，报道了福建闽侯县在3月间，把城门、下洋、龙江3个乡合并为1个乡、把23个农业生产合作社合并为1个社的消息，并用《编辑的话》的形式，将《意见》中的主要观点公开发表。

这以后，各地迅速开始了小社并大社的工作。辽宁、广东两省最快。辽宁于5月下半月，即将9272个社合并为1461个社，基本是一乡一社，平均每社2000户左右，最大的为18000多户。紧接着，河南、河北、江苏、浙江也相继完成并社。河南由38286个社合并为2700多个社，平均每社4000户左右；北京郊区农村，由原来的1680个社合并为218个社，平均每社1600户。

在1958年1月间的杭州会议、南宁会议上，毛主席提出地方工业的产值几年(3年、5年或10年)超过农业产值的问题。国家经委根据毛主席的意见，起草了《关于发展地方工业问题的意见》，第一次正式提出农业生产合作社办工业问题。《意见》于3月23日在成都会议通过，也于4月5日经政治局会议批准，作为中央意见正式下达。农业社办工业，就已突破了农业生产合作这个名称的限制，实际上就提出了给农村主要的合作经济组织另找名称的问题。

以大搞农田水利建设为中心的农业生产高潮的掀起，地方工业遍地开花，带来了农村劳动力紧张。一些地方为着尽可能地腾出劳动力用到工农业生产上去，于是出现了简易的公共食堂和托儿所。为了让青年农民学习农业技术，吉林延边、河南登封、湖南浏阳等地的农村办起了“农业大学”。正是在这种情况下，中央领导同志酝酿了新的农村基层组织结构问题。少奇同志1958年11月7日在第一次郑州会议的一段回忆和陆定一同志在八大二次会议的发言，介绍了中央领导同志最早关于这个问题的酝酿情况。

少奇同志在第一次郑州会议上说：

> 公社这个名词，我记得，在这里（郑州火车站），跟吴芝圃（时任河南省委第一书记）同志谈过。在广州开会（少奇等同志去广州向毛主席汇报八大二次会议准备情况，时间估计可能是1958年4月底。——一波注），在火车上，有我、恩来、定一（时任中央宣传部部长）、邓力群，我们四个人吹半工半读，吹教育如何普及，另外就吹公社，吹乌托邦，吹过渡到共产主义。说建设社会主义这个时候就为共产主义准备条件，要使前一阶段为后一个阶段准备条件，我们搞革命就是这样的，开始搞前一步的时候，就想到下一步，为下一步创造条件。我们现在建设社会主义，就要为共产主义创造一些顺利条件。还吹空想社会主义，还吹托儿所，集体化，生活集体化，还吹工厂办学校，学校办工厂，半工半读。要邓力群去编空想社会主义，要定一编马恩列斯论共产主义。下了火车，在这个地方，大概有十几分钟，跟吴芝圃同志说，我们有这样一个想法，你们可以试验一下。他热情很高，采取的办法也很快（吴芝圃插话：那个时候，托儿所也有了，食堂也有了，大社也有了，还不叫公社），工农商学也有了，就是不叫公社。乡社合并是老早就有的。陆定一回去，马上就编了那本书。八大二次会议，我去讲了一个半工半读和生活集体化。后头要北京试验，要天津（泛指河北省，因为当时天津市属河北省，是河北的省会。——一波注）试验。公社就是这样来的。事实上已经有了，他们叫大社。陆定一同志在八大二次会议发言里边讲了这个东西。

陆定一同志在八大二次会议发言的日期，是5月19日，题目叫《马克思主义是发展的》。18日晚，他在推敲经大会秘书处已经铅印好的发言稿时，在结尾的部分，新加了这样一段话：

> 毛主席和少奇同志谈到几十年以后我国的情景时，曾经这

样说，那时我国的乡村中将是许多共产主义的公社，每个公社有自己的农业、工业，有大学、中学、小学，有医院，有科学研究机关，有商店和服务行业，有交通事业，有托儿所和公共食堂，有俱乐部，也有维持治安的民警等等。若干乡村公社围绕着城市，又成为更大的共产主义公社。前人的“乌托邦”想法，将被实现，并将超过。我们的教育方针和其他教育事业，也将朝这个目标发展。

虽然陆定一同志这段话也包括着少奇同志在火车上“吹”的那些内容，但主要是转述毛主席在广州向他们四位谈的内容。

政社合一是人民公社一个重要的特征。对此，少奇同志说：“乡社合并是老早就有的。”他究竟指的是些什么事？不清楚。就现在看到的材料，他的话不是没有根据的。在合作化过程中，东北有些地方曾出现村政府和合作社合署办公，一个机构、两块牌子的现象。在浙江舟山群岛的蚂蚁岛，还正式出现过一个乡社合一的渔业生产合作社。1955年初，民政部曾把这些做法作为“以社代政”或“政权消亡论”的错误倾向加以批评。当时主管民政工作的副总理陈毅同志于1955年4月14日在全国第三次民政工作会议的讲话中，说民政部的批评是“文不对题”。中央同意陈毅同志意见，转发了陈毅同志讲话的全文。此外，1956年冬，陈伯达曾到福建莲塘乡搞乡村调查。1957年1月7日向党中央、毛主席写过一个报告，就农村工作提出过许多意见，其中，涉及农村基层经济政权组织的意见有两条：一、“可以把乡（或村）和社合在一起，使合作社成为真正的基层；乡（或村）中的行政工作，可以由一个合作社的副社长兼任，他不必脱离生产，也不拿专薪，或者只由政府给些少补贴”；二、“可以考虑把供销合作社和信用合作社合并到农业生产合作社，作为农业社的供销部和信用部。”中央批转了陈伯达的报告。虽在批语中指出：乡政权设在合作社一起和基层供销社、信用社并入农业社这两个问题，“因牵涉较广必须慎重考虑”，但并没有否定陈伯达的建议。另据胡乔木同志回忆：1958年二三月间，毛主席和陈伯达谈过一次话，说乡社合一,将来就是共产主义的雏形,什么都管,工农商学兵。

各地并起来的大社,初期叫法多种多样。在河南省,有的叫集体农庄,有的叫农场,有的叫社会主义大院或社会主义大家庭。别的省情况也差不多。例如辽宁省盖平县花园坨乡由7个社、18024户合并而成的一个大社称为“太阳升共产主义农场”。四川省成都市郊区第一批由24个农业社并起来的4个大社都称为“国营农场”。北京市顺义县400多个农业生产合作社合并而成的8个大社,分别叫“红旗”、“卫星”、“七一”、“火箭”、“东风”、“东方红”、“先锋”和“红星”合作农场。

6月14日,少奇同志同全国妇联党组谈话,提出家务劳动社会化的意见,要求在农村大办公共食堂、托儿所和敬老院。30日,同《北京日报》编辑谈话,提出三四十年即可进入共产主义社会。对于共产主义社会的基层组织,现在就要开始试验。

6月间,一些地方出现了以“公社”命名的大社。浙江省诸暨县城南乡6月中旬成立一个大社,叫“红旗共产主义公社”。成立过程大体是这样:6月13日,城南乡党委书记丁祖铭,参加全省三级干部会议,听到省委书记处书记林乎加在报告中讲到每个县可以搞个把共产主义雏形的乡、社。回来后,经乡党委讨论,同意试办公社,立即动员全乡四个农业生产合作社的社员写申请书,接着就制定规划,宣布公社正式成立。6月底,在辽宁省安东县的前阳地区出现了一个“前阳公社”。这个公社由原前阳、新安等5个农业生产合作社合并而成,共有13000多户,72000多人。安东地委和安东县委在这里进行“由集体所有制过渡到全民所有制”的试点。

公社这个名称,原出于欧洲中世纪,是当时西欧实行自治的城镇。大多数公社的特点是:其公民或市民宣誓互相保护或帮助。法国资产阶级大革命成功后,雅各宾派中的一些派别,曾主张在法国恢复公社制度。伟大的空想社会主义者罗伯特·欧文和他的学生们,于1824年至1828年在美洲购置土地,进行未来理想社会的试验,就把他们理想社会的基层组织叫做公社。欧文的公社是由2000人到3000人组成的工、农、商、学相结合的生产和消费单位。在公社内部,纯粹个人日用品以外的一切东西都变为公有财产。产品按需分配,每个人可在公社仓库领取必需的物品。

马克思、恩格斯的文献,也常把他们设想的共产主义社会的基层组织称为公社。19世纪中叶,在欧洲其他一些派别的共产主义者也使用公社这个概念,因此,共产主义也常称为公社主义。这里需要说明的是:1871年巴黎公社的革命者,把自己政权称为公社,并不是在共产主义的意义上,而只是在城市自治的传统意义上,使用公社这个概念的。因为巴黎公社革命者并不信仰共产主义,他们并没有接受马克思主义。十月革命后的苏俄,出现了三种形式的农业合作组织:农业公社,农业劳动组合,共耕社。1919年12月3日到10日,俄共(布)中央召开了第一次全俄农业公社和农业劳动组合代表大会。4日,列宁在代表大会讲话称:"农业公社是个很响亮的名称,是与共产主义这个概念有联系的。"(《列宁全集》第2版,第37卷,第362页)

前已提到,陆定一同志1958年4月底在去广州的火车上,接受编辑《马克思、恩格斯、列宁、斯大林论共产主义社会》一书的任务后,回到北京即组织中央宣传部的同志全力突击,6月间初稿编成。收入初稿的第一条语录,就是恩格斯1845年2月8日《在爱北斐特的演说》中描绘共产主义社会概况的几段话。这条语录就有两个地方提到共产主义社会的基层组织叫做公社。这部书的编出,对毛主席最后决定把新合并起来的大社叫做人民公社看来起了不小的促进作用。因此,在后来的北戴河会议上,毛主席向与会同志一再推荐这本书。

7月1日,《红旗》第3期出版。上面有陈伯达的短文:《全新的社会,全新的人》,赞扬湖北省鄂城县旭光农业社"把一个合作社变成一个既有农业合作又有工业合作的基层单位实际上是农业和工业相结合的人民公社"。他借题发挥,透露了人民公社的名称。

后来在第一次郑州会议上,谈到人民公社的起源问题时,陈伯达也有一段回忆。他说:人民公社,我没有感性知识,主席要我们到天津(当时河北的省会)去,到天津后,跟安国、徐水、定县、正定几个县委的同志谈了一下。安国的同志说过这个问题:他们有五万亩洼地要搞成稻田。他们说,既然调了很多劳动力,大家协作,把洼地变成稻田,就不如搞一个大社。

6月底7月初,晋、冀、鲁、豫、陕五省和北京市在郑州召开农业协作会议。谭震林同志在结论中讲了农业生产合作社的变革问题,第一次把河南省遂平县嵖岈山卫星农业社称为“共产主义公社”。他说:“农业大丰收,在农村已开始了新的变革,在合作社组织上和合作社的经营管理上、规模上开始了变革,它已经不能按照原来那些方法、那一套制度、那一套形式来发展了,需要有所改变了。”“像遂平县嵖岈山卫星社已经不是农业合作社,而是共产主义公社。”“华东有百分之十到百分之十五的合作社需要过渡,由现在的状况过渡到更高级。办法是直接到国营农场,……有些地方搞公社,……大概是一万户左右。”会后,他把嵖岈山卫星农业社的干部找去郑州汇报,并向他们讲了一番办公社的道理。1961年3月19日,谭震林同志在广州中央工作会议上作自我批评,谈到上述在郑州的言行时说:当时“这些话,虽然讲是建议性的,实际上否定了高级社的一整套经营管理制度。万户大社的思想已经产生了”。

谭震林同志提到的嵖岈山卫星农业社,是1958年4月20日由嵖岈山附近27个高级农业生产合作社合并而成的。共6566户,30113人。《红旗》杂志常任编辑李友九同志带着任务于当年7月17日到达这里时,已改名为卫星人民公社。据李友九8月8日给总编辑陈伯达的信称:“他们这里并大社,原来也只是为了并大一点,好搞建设。到郑州一汇报,谭震林同志和他们讲了一番‘工、农、商、学、兵’办‘公社’的道理,回来就叫成公社了。”“公社这个名词群众还不习惯,有写成‘共社’的,有写成‘工社’的。”李友九随信给陈伯达寄去《嵖岈山卫星人民公社试行简章(第二次草稿)》一份,并说明这份简章是他和河南省委书记处书记史向生、省委农村工作部副部长崔光华、信阳地委书记路宪文,在这里“大汇合、大研究”之后写成的。陈伯达收到后,即将《简章》草稿的复制件和李友九的信转报毛主席。毛主席当即对《简章》作了修改,批示:“请各同志讨论,似可发各省、县参考。”1959年7月23日,毛主席在庐山会议讲话中说:

“我在河南调查之后，叫河南同志跟红旗杂志合作，搞了一个卫星公社的章程，我得了那个东西，如获至宝。你说我小资产阶级狂热性，也有一点，不然我为什么如获至宝呢?”

7月16日出版的《红旗》第4期，刊载了陈伯达“七一”前夕在北京大学的讲演稿:《在毛泽东同志的旗帜下》。文章讲道:“毛泽东同志说，我们的方向，应该逐步地有次序地把‘工(工业)、农(农业)、商(交换)、学(文化教育)、兵(民兵，即全民武装)’，组织一个大公社，从而构成我国社会的基本单位。”这里透露的内容，较之陆定一同志在八大二次会议上的发言、谭震林同志在六省市农业协作会议结论中透露的内容更具体更鲜明了。

最先得到关于人民公社信息的河南省，7月间，在并大社的基础上，迅速掀起了人民公社化热潮。据8月13日河南省委向中央的电话汇报，全省已建立公社1463个，占计划数的52.42%。新乡地委8月10日向中央和省委汇报，已办起354个人民公社，平均每社5345户，其中:7月18日成立的修武县人民公社是一县一社，共29193户。

8月4日、5日，毛主席视察徐水、安国。在徐水，称赞“组织军事化、行动战斗化、生活集体化”，称赞农民上山炼铁，问粮食多了怎么办?可考虑让农民一天干半天活;另外半天搞文化，学科学，闹文化娱乐，办大学、中学。在安国提出:粮食多了，每人每年可吃六七百斤，土地实行轮作。这说明，此时毛主席的头脑里，已经在思考着粮食多了怎么办的问题。在从安国回保定的汽车上，他问陪同视察的保定地委书记李悦农:是不是一乡一社，是不是搞万人公社?说在平原地区8000人搞一个公社不要紧，社里工农商学兵都有。要搞全民武装，给民兵发枪。还说，县也要并大一点，并到几十万人的大县。头少了好领导。还称赞河北省委提出的大地园田化的口号。毛主席走后，8月6日，中央农村工作部副部长陈正人同志到达徐水，传达了中央关于在徐水搞共产主义试点的指示。几天之内，全县248个农业生产合作社宣布转变为人民公社。8月22日，徐水县制定了《关于加速社会主义建设向共产主义迈进的规划(草案)》，规定1959年基本完成社会主义建设并开始向共产主义过渡，1963年进入共产主义社会。8 月 23 日,《人民日报》发表长篇报道,宣称:“徐水的人民公社将会在不远的时期,把社员们带向人类历史上最高的仙境,这就是‘各尽所能,按需分配’的时光。”

8 月 6 日下午 4 时 20 分,毛主席到达河南新乡县七里营公社。在公社办公室门口,看到公社牌子,点点头说:“人民公社名字好。”在视察公社棉田时,对陪同视察的河南省委第一书记吴芝圃同志说:“吴书记,有希望啊!你们河南都像这样就好了。”“有这样一个社,就会有好多这样的社。”

9 日,毛主席到达山东。当山东省委书记处书记谭启龙、裴孟飞同志在汇报中提到历城县北园乡准备办大农场时,毛主席说:“还是办人民公社好,它的好处是,可以把工、农、商、学、兵结合在一起,便于领导。”

毛主席视察三省的消息,特别是 8 月 13 日的报纸发表关于“还是办人民公社好”谈话的消息后,全国各地迅速掀起了办人民公社的热潮。

以上的回顾说明:在“大跃进”的声浪一阵高过一阵、“大跃进”的脚步步步进逼、“大跃进”的幻觉使人眼花缭乱的情况下,萌发人民公社的构想,确实事出有因,势有必至。后来说,人民公社是生产力发展的必然产物,就某些方面(例如水利建设)的现象来说,也是可以理解的。

(二)北戴河会议的讨论和决议

1958 年 8 月 17 日开幕的北戴河政治局扩大会议,议题共有 17 个,关于人民公社问题,是其中之一。

会前,“农林口”根据毛主席意见,准备了一份题为《关于在农村建立人民公社的意见》的文稿。开幕当天,毛主席指示将这份文稿连同陈伯达转送给他的《嵖岈山卫星公社试行简章(草案)》印发给与会同志。

由于会前一些省已经掀起了办人民公社的热潮,因此,与会同志希望扩大会议能通过一份正式文件。对农林口提送的文稿没有提出重要的不同意见。

毛主席称赞《关于在农村建立人民公社的意见》，认为是提交会议讨论的文件中写得最好的一个。他在扩大会议和在扩大会议期间穿插召开的协作区主任会议的多次发言，广泛地谈到了对有关人民公社问题的看法：

——办人民公社，是群众自发的，不是我们提倡的。因为我们提倡不断革命，破除迷信，鼓励敢想、敢说、敢做，群众就干起来了。我们不仅南宁会议没有料到，成都会议没有料到，八大二次会议也没有料到。我们的人民在农业合作化的基础上搞起的人民公社，不是空想，他们就是有那么个趋势，想要干起来。但是，条理化，说清道理，那就需要我们。

——人民公社的特点：一曰大，二曰公。我看，叫大公社。大，人多（几千户，一万户，几万户），地多，综合经营，工农商学兵，农林牧副渔；大，人多势众，办不到的事情就可以办到；大，好管，好纳入计划。公，就是比合作社更要社会主义，把资本主义残余（比如自留地、自养牲口）都可以逐步搞掉。房屋、鸡鸭、房前房后的小树，目前还是自己的，将来也要公有。人民公社兴办公共食堂、托儿所、缝纫组，全体劳动妇女都可以得到解放。人民公社是政社合一，那里将会逐渐没有政权。

——人民公社实行供给制与工资制相结合的分配制度。粮食多了可以搞供给制，吃饭不要钱。当然实行工资制度和吃饭不要钱还要一个过程，部分地区一两年或两三年，大约一半以上的地区需要有四五年。那时候搞农业，就像办工厂一样，土地国有，工资发给每个人。首先是吃饭不要钱。“大概十年左右，可能产品非常丰富，道德非常高尚，我们就可以从吃饭、穿衣、住房子上实行共产主义。公共食堂，吃饭不要钱，就是共产主义。”现在人民公社仍然是社会主义性质的，有共产主义萌芽，但不要过分强调共产主义。有一个文件讲，第三个五年计划过渡到共产主义（不单是农村，还有城市），我加了“第四个”三个字，第三、第四个五年计划向共产主义过渡，不然太短了（少奇同志插话：第三个五年计划开始过渡），加个“开始”可以。

——人民公社的建立，标志着对资产阶级法权的进一步破坏。我们过了22年的军事共产主义生活。我们的军事共产主义与苏联的军事共产主义不同。苏联的军事共产主义，中心是余粮收集制，共农民的产，你张三有100担粮食，自己吃50担，那另外的50担拿出来，一个钱不给。这种军事共产主义，我们历来没有搞过。我们的军事共产主义，是生活平等，搞供给制，军民一致，官兵一致。我们就依靠这个打败了日本帝国主义和蒋介石。但是，进城后，我们对资产阶级法权观点不自觉，把薪水制说得神乎其神。于是，按等级发薪水，衣分三色，食分五等（这是借用王实味在延安写的批评党中央的小字报的用语。——一波注），坐椅子有等级，办公桌也有等级。这样一来，脱离了群众，战士不喜欢军官，农民不喜欢区乡干部，城市里的工人也不喜欢我们。进城后搞薪金制虽也不可避免，但缺点是把它说得神乎其神。我就不相信实行供给制人就变懒了，发明创造就少了，积极性就低了。过去22年，实行供给制，大家都过"共产主义"生活，我就没有见过几个懒汉！军队一个"花"（军衔）都没有，可把蒋介石打垮了，把日本人也打走了。打美国人的时候也没有"花"。自从兴起将、校、尉多少朵"花"，还没有打过仗。等级制度，脑力劳动者工资多，体力劳动者工资少等，这是资产阶级法权。"各取所值"（今译"按劳分配"）是法律规定的，也是资产阶级（法权）的东西。光有所有制的社会主义改造，解决不了这个问题。整风反右，反对官僚主义，干部下放，将军当兵，种试验田，已经相当地破坏了资产阶级法权。人民公社的建立，就是进一步的破坏。公社工资发给每个人，不发给家长；实行粮食供给制，吃饭不要钱；开展大协作，自带工具、粮食；工人敲锣打鼓，不要计件工资。这就是对资产阶级法权的继续破坏。我们也不是要在国家工作人员中马上废除薪水制，要有一两年的准备，要人民公社起来逼我们。

——"组织军事化，行动战斗化，生活集体化"的口号可以提。不仅工人是产业大军，农民这个产业大军更大。把农民组织成产业大军，积极性更高，产量更多。陈伯达编了一本书，叫《马恩列斯论军事》。马克思说，许多东西是从军队里首先实行的。战争时期不是劳动力统一调配吗？我们现在办大公社，统一调配劳动力，这就是战争时期的经验。怕帝国主义造谣，大可不必。但是，人民公社采用团、营、连、排、班的建制，一般可以不这样搞，愿意搞的也不反对。

——搞人民公社，又是农村走在前头，城市还未搞，工人的级别待遇比较复杂。将来城市也要搞，学校、工厂、街道都办成公社。不要几年工夫，就把大家组成大公社。城市、乡村一律叫公社，如鞍钢叫鞍山公社，不叫工厂。

——办人民公社，要试，一个县要有一两个试点，不要一哄而起。但是，群众要搞，也不能压。压就要犯错误。从前犯过这种错误。嵖岈山章程，《红旗》杂志要登。各地不一定照此办，要好好吹一下。搞公社这个东西，没有初级社那样多的危险。关键是初级社，由私有变公有。在合作社基础上搞公社没有那么多困难。共产党的话，过去讲的：抗日，打蒋介石，土改，合作社，都灵了，农民相信。这次提出办公社，农民会很快接受。

这里，谈谈“吃饭不要钱”的来由问题。毛主席在北戴河会议上确实多次谈到吃饭不要钱，但这个口号的发明权却不一定是毛主席。据有些同志回忆，七里营人民公社刚成立时，柯庆施同志就派上海市委宣传部部长张春桥去看过，张发现那里搞吃饭不要钱，认为是个新发明，回去后，向柯作了汇报，柯就把这个口号宣扬出去了。因此，当时就有一种传说：“吃饭不要钱”是柯庆施的“首创”。

8 月 23 日，讨论农村工作时，中央其他领导同志也就人民公社问题发了言，大家都同意在农村办人民公社。

经过讨论，8 月 29 日，通过《中共中央关于在农村建立人民公社问题的决议》。决议共分六个部分：

1. 关于人民公社是形势发展的必然趋势。指出：“人民公社发展的主要基础是我国农业生产全面的不断的跃进和五亿农民愈来愈高的政治觉悟。”“在目前形势下，建立农林牧副渔全面发展、工农商学兵互相结合的人民公社，是指导农民加速社会主义建设，提前建成社会主义并逐步过渡到共产主义所必须采取的基本方针。"

2. 关于人民公社的规模。目前一般以一乡一社、两千户左右为宜。进一步发展的趋势,有可能以县为单位组成联社。

3. 关于小社并大社和转为人民公社是广大群众的共同要求。要依靠贫农、下中农,充分发动群众,开展鸣放辩论,团结大部分赞成并大社、转公社的上中农,克服另一部分上中农的动摇,揭穿和击退地主富农的造谣破坏,使广大农民在思想解放自觉自愿的基础上并大社转公社(这段有关阶级路线的话,是根据少奇同志的意见加写的。——一波注)。

4. 关于并社中的若干经济政策问题。中心是强调以共产主义精神教育干部和群众,不要去斤斤计较小事。

5. 关于人民公社的名称、所有制和分配制的问题。毛主席在这一部分里,就所有制问题,加写了一大段话:

人民公社建成以后,不要忙于改集体所有制为全民所有制,在目前还是以采用集体所有制为好,这可以避免在改变所有制过程中的麻烦。实际上,人民公社的集体所有制中,就已经包含有若干全民所有制的成分了。这种全民所有制,将在不断发展中继续增长,逐步地代替集体所有制。由集体所有制向全民所有制过渡,是一个过程,有些地方可能较快,三四年就可完成,有些地方,可能较慢,需要五六年或者更长一些时间。过渡到了全民所有制,如国营工业那样,它的性质还是社会主义的,各尽所能,按劳取酬。然后再经过多少年,社会产品极大地丰富了,全体人民的共产主义的思想觉悟和道德品质都极大地提高了,全民教育普及并且提高了,社会主义时期还不得不保存的旧社会遗留下来的工农差别、城乡差别、脑力劳动与体力劳动的差别,都逐步地消失了,反映这些差别的不平等的资产阶级法权的残余,也逐步地消失了,国家职能只是为了对付外部敌人的侵略,对内已经不起作用了,在这种时候,我国社会就将进入各尽所能,各取所需的共产主义时代。

6. 关于建设社会主义与实现共产主义的关系。肯定现阶段是建设社会主义，建立人民公社首先是为了加快社会主义建设的速度，而建设社会主义是为了过渡到共产主义积极作好准备。宣布“共产主义在我国的实现，已经不是什么遥远将来的事情了，我们应该积极地运用人民公社的形式，摸索出一条过渡到共产主义的具体途径”。

以上的回顾说明，人民公社的建立，虽然毛主席负有主要责任，但决不是他一人的责任。其他中央领导同志和我们这些参加北戴河会议的人，都举了手，都有一份责任。

据统计，1957 年，我国人均国民收入仅 142 元。农民生活水平虽比解放初期有很大提高，但温饱问题还远没有得到解决。除东部沿海和城镇郊区以外，辽阔的农村基本上还采用以手工操作为主的、延续了几千年的传统生产技术，还处于自然经济或半自然经济状态。从个体到集体的转变，虽然同生产力的水平和发展要求有密切关系，但并不表明和并不能代替生产社会化水平和技术水平的转变。在这种情况下，轻言集体所有制向全民所有制过渡和社会主义向共产主义过渡问题，显然是一种超阶段的空想，离我们国家的实际太远了。

8 月 29 日，即通过建立人民公社决议的同一天，政治局扩大会议还通过《中共中央关于今冬明春在农村中普遍开展社会主义和共产主义教育的指示》，要求“充分发扬‘拔白旗、插红旗’的共产主义风格”，“就农业社如何分配和是否建立人民公社问题进行鸣放辩论”，“引导农民用社会主义和共产主义精神来解决这两个问题”。

9 月 1 日出版的《红旗》杂志第 7 期，发表《迎接人民公社化高潮》的社论和嵖岈山卫星公社简章（草稿）。简章规定：各农业社合并为大公社，应将一切公有财产交给公社，多者不退，少者不补；社员转入公社，应该交出全部自留地，并将私有的房基地、牲畜、林木等生产资料转为全社公有；公社按乡的范围建立，一乡一社，乡社合一，乡长即社长；供销合作社和信用合作社下放给人民公社，或在公社建立供销部和信用部，代办相关业务；生产大队（管理区）是管理生产、进行经济核算的单位，盈亏由公社统一负责；生产队是组织劳动的基本单位；社员分配实行工资制和粮食供给制（免费供应粮食）；以生产队为单位建立公共食堂和托儿所。9月4日，《人民日报》发表社论：《从“卫星”公社简章看如何办公社》，赞扬嵖岈山卫星公社“在若干方面突破了集体所有制的框框”，“取消了生产资料私有制的某些最后残余”。

9月10日，《关于在农村建立人民公社问题的决议》（后简称《公社决议》）公开发表。《人民日报》同日发表社论：《先把人民公社的架子搭起来》。11日，《中共中央关于今冬明春在农村中普遍进行社会主义和共产主义教育的指示》公开发表。这时，一个大办人民公社的全民运动，迅速在全国农村广泛开展起来。

据中央农村工作部1958年9月30日编印的《人民公社化运动简报》第4期报道，到9月29日止，全国农村已基本实现了公社化。除西藏外27个省市区共建立人民公社23384个，入社农户占总农户的90.4%，其中，有12个省达到100%；平均每社4797户，其中河南、吉林等13个省，已有94个县以县为单位，建立了县人民公社或县联社。11月27日中央农村工作部报告，到10月底，农村共有人民公社26576个，参加的农户占农户总数的99.1%。至此，我国农村多数在1956年上半年建立起来的70多万个高级农业生产合作社，才刚满两年，就被2万多个政社合一的人民公社所代替。平均大约28个农业生产合作社并成一个公社。到10月底的不完全统计，全国农村共举办公共食堂265万多个，在食堂吃饭的人占农村总人口的70%、80%到90%。已建托儿所、幼儿园475万个，幸福院10万多个。河北、贵州、辽宁等20个省市区共建民兵师1052个，民兵团24525个。

11月初召开的第一次郑州会议上，毛主席说，一县一社容易出“秦始皇”，并批评徐水是“独立王国”。以县为单位的特大公社不久就分开了。

初期的农村人民公社的架子，基本上是按照嵖岈山卫星公社的模式搭起来的。一般分为公社、大队（有的叫管理区或作业区）、生产队三级。有些几乡一社的大社，还有一个虚级，即在公社和大队之间，有一个管理区，作为公社的派出机构，大体相当原来的乡。在分配方面，一般计划在当年 12 月或第二年 1 月开始，推行供给制与工资制相结合的制度。据河南、山东、河北、辽宁、安徽五省到 10 月底的统计，共有人民公社 5254 个，计划实行粮食供给制（即吃粮不要钱）的共 842 个社，占 21%；实行伙食供给制（即吃粮吃菜不要钱）的 2151 个社，占 61.3%；实行基本生活资料供给制（即吃饭、穿衣等基本生活资料不要钱）的 590 个社，占 15%；实行全供给制（即衣、食、住、行、生、老、病、死、学、育、婚、乐全由公社包干）的 103 个社，占 2.7%。当年很多公社秋后就不再给社员分配粮食了，而把粮食拨给食堂，只给社员发一张就餐证。实际上，许多基层干部明白：由于估产方面的严重浮夸，上述关于所谓几包干的许诺，除了用来应付上级外，是根本无法实行的。

（三）超阶段空想的进一步发展

我在上一篇中讲到，从北戴河政治局扩大会议到第一次郑州会议，“大跃进”进入高潮。与此同时，在生产关系和社会制度变革方面，在这两个多月时间里，随着《公社决议》的发表和公社化运动的迅速推进，前几个月已经产生的那种超阶段空想，也进一步有所发展。这主要表现在：

第一，徐水模式的宣传和推广。9 月 15 日，徐水县成立“徐水县人民总公社”（后一度改名为徐水人民公社），实行政社合一，全县统一核算。9 月 20 日，发布《中共徐水县委员会关于人民公社实行供给制的试行草案》。规定，从 9 月份起，脱产干部、工人取消工资，社员取消按劳取酬。对全县人民实行“十五包”，即吃饭、穿衣、住房、鞋、袜、毛巾、肥皂、灯油、火柴、烤火费、洗澡、理发、看电影、医疗、丧葬这 15 项开支，全部由县人民公社统一包起来。干部另发津贴：县级每月八元，科局级五元，一般干部三元，勤杂人员二元。从 8 月 23 日《人民日报》发表徐水县向“共产主义”迈进的消息后，徐水就陆续成为人们参观的热点。据统计，几个月的时间里，先后有 40 多个国家、930名外国人和3000多个国内单位组织人前来集体参观。出席北戴河政治局扩大会议的代表,也集体去参观过。我在参观中,看到一片成熟的棉田,出桃棉花一片白,记者赶忙拿起照相机准备以棉桃为背景为我拍照。同去参观的一个同志赶忙拉开了我,说:“别照,假的。”细看,我也看出假来了。由于中央报刊上的宣传,北戴河会议代表的参观,徐水模式自然就被人们认为是中央有意识推广的典型模式。据一些同志后来调查,当年11月间,徐水县曾筹款550万元,给全县公社社员和干部发过一次工资和部分生活用品;12月,又筹款90万元,挪用商业流动资金700万元。以后,由于财力枯竭,再也无法继续下去了。在此以前,10月18日,中央办公厅机要室在徐水劳动的同志向毛主席写了一份报告,说徐水县主观主义、强迫命令、虚假现象不少。10月底,毛主席去河北,又听到河北省委负责人林铁、刘子厚等同志反映:徐水县严重强迫命令,对生产队长和农民,动不动就“辩”你一家伙,名曰“辩论会”,实际上变成了斗争会。地委、省委的话,徐水县委根本听不进去。因此,11月9日,在第一次郑州会议即将结束的时候,毛主席批评徐水是“独立王国”,“急急忙忙往前闯”,提出以后不要宣传徐水。这以后,对徐水的宣传虽然停止了,但几个月宣传徐水所扩散的超阶段空想及其一些做法,却已传播到大江南北。

第二,张春桥文章的发表和讨论。9月初,柯庆施同志回到上海后,把毛主席在北戴河会议上讲的关于破除资产阶级法权的见解告诉了当时的上海市委宣传部长张春桥。张立即按自己的理解,写了一篇题为《破除资产阶级的法权思想》的文章。文章认为,“资产阶级法权的核心是等级制度”。在举了鲁迅小说中的赵太爷骂阿Q不配姓赵的例子之后,张春桥说,在旧社会,从配不配姓赵,到穿衣、吃饭、住房子、走路、走路的快慢、抽烟的姿势,“处处都有资产阶级的法权”。文章不承认社会主义阶段资产阶级法权的存在是不可避免的,而主张立即加以破除。文章否定建国后改供给制为薪金制的必要性,认为这个改革“保护了不平等的资产阶级法权”,“打击了无产阶级的革命传统”。张春桥的文章,原载上海《解放》半月刊第6期。

根据毛主席指示,《人民日报》在10月13日全文转载。毛主席代《人民日报》写的编者按语指出:"这个问题需要讨论,因为它是当前一个重要的问题。我们认为,张文基本上是正确的,但有一些片面性,就是说,对历史过程解释得不完全。但他鲜明地提出了这个问题,引人注意。文章又通俗易懂,很好读。"从10月18日起,《人民日报》和其他报刊开展了连续两三个月的讨论。绝大多数讨论文章同意张春桥的观点,把工资制看成资产阶级法权的表现,主张对资产阶级法权残余应该继续破除。有的文章认为,现在如推行供给制,将冲破人们"在劳动中斤斤计较、多劳多得、少劳少得的庸俗习气,势必大大发扬共产主义"。一些农村干部的讨论文章,则结合批判资产阶级法权,批判上中农对人民公社化的抵触情绪,认为他们"一怕归公,二怕拉平,归根结蒂是幻想继续走资本主义道路"。张春桥文章的发表和讨论,为平均主义和无偿调拨农民财富的"共产风"的蔓延滋长进一步制造了舆论,同时也进一步加深了人们特别是一些领导干部在理论认识上对社会主义和共产主义的误解。

第三,"非现金结算"观点的提出和流传。9月中旬,中央有关负责同志在江苏、浙江两省召开了人民公社干部座谈会,起草了一份以分配问题为中心的题为《关于人民公社若干问题的意见(第一次修改稿)》的文件。文件规定:公社社员除吃饭不要钱外,所得的工资报酬,一律存在公社,发给存折,不计利息;社员消费需要,由公社统一购买,统一分发,或由社员凭存折到公社门市部选购。"无论统一分发或自行选购,均采取转账办法,实行非现金结算,以便减少货币流通范围和杜绝资本主义。"在将文件报送毛主席审阅时,这位负责同志还建议毛主席于国庆前后宣布全国吃饭不要钱。文件草案虽然没有被毛主席和党中央采纳,但已用安徽省委办公厅的名义发给省内外一些单位,以致流传很广,影响已成。在一些地方,"非现金结算"成为打白条、无偿调拨农民财产的借口之一。

第四,新出现了一批急于向共产主义过渡或准备过渡的单位。1958年10月,山东寿张县委作出二年内"基本建成一个像样的共产主义"的规划,山东范县(今属河南)县委制定了1960年过渡到共产主义的规划。随后，山东莒南县制定出一个大战200天，向共产主义过渡的规划。在河南，最先实行一县一社的修武县，制定了三年丰衣足食、五年内建成社会主义并向共产主义过渡的规划。一些省委也根据《公社决议》关于三四年或五六年过渡到全民所有制的要求，制定了一些相关的文件草案，例如：《陕西省人民公社向共产主义过渡四十条》、《山东省人民公社共产主义建设纲要》等。当时，党中央对过渡问题，采取的态度是允许进行试验。例如：11月6日，毛主席在第一次郑州会议期间，看到范县的规划后，当即批示："此件很有意思，是一首诗，似乎也是可行的。时间似太促，只三年。也不要紧，三年完不成，顺延可也。陈伯达、张春桥（此人由于《破除资产阶级的法权思想》一文，受到毛主席的赏识。柯庆施同志来郑州开会时，就把他带来了。——一波注）、李友九三同志有意思前去看一看吗？行路匪遥，一周可以往返，会后出征，以为如何？"此时，急于过渡的影响在农村干部中引起的极度思想混乱情况，从发生在湖北省当阳县跑马乡的一件事可见一斑。据中央1959年3月15日批转的湖北省委第一书记王任重同志的报告讲到：1958年10月中旬的一天，跑马乡的党委书记在大会上宣布：11月7日是社会主义结束之日，11月8日是共产主义开始之日。会一开完，大家就上街去拿商店的东西，商店的东西拿完后，就去拿别人家的：你的鸡，我可以抓来吃；这个队种的菜，别个队可以随便跑来挖。小孩子也不分你的我的了。只保留一条：老婆还是自己的。这位乡党委书记说：不过这一条，还得请示上级。如此现象，在今天的人们看来，自然会感到奇而又奇，更不会有人去演出这种闹剧了。然而，这确实是当年"大跃进"和人民公社化运动中发生过的一桩事实。它说明如果我们在决策指导上、理论认识上发生了重大的失误，在实践中在群众中是什么严重的后果，什么贻笑后人的怪事情，都有可能产生出来的。我们是马克思主义的执政党，应坚持动机与效果的统一，处处对人民的利益高度负责，在任何时候任何情况下，都要谨防决策和理论上的失误，这是最为重要的。在这样的大问题上，各级领导干部不可不夙夜以思，慎之又慎。

第五，人民公社化的浪潮，从农村滚滚冲向城市。率先实行农村公社化的河南省，一鼓作气，在城市建立了人民公社。据河南省委办公厅 1958 年 10 月 1 日报告：到 9 月底，全省 9 个省辖市共建立人民公社 482 个，其中，以街道为主的 63 个，以厂矿为主的 218 个，以大专学校为主的 118 个，以机关团体为主的 42 个，以郊区农业人口为主的 41 个。参加公社的人数占这 9 个市总人口的 97%。每个城市公社平均规模为 4950 人。别的一些地区的城市也试建了一批城市人民公社。例如，一度颇有点名气的哈尔滨市香坊人民公社、北京市二龙路人民公社等，就是 1958 年建立的。农村人民公社化的浪潮汹涌地向城市冲来。城里人对这股浪潮，一部分人高兴，一部分人恐慌。上海一些人向银行提取大量存款，商店里的手表、金刚钻戒指等商品迅速脱销。

(四)从“共产风”看人民公社的弊病

随着农村人民公社的建立和超阶段空想论的进一步发展，农村里刮起了一股强烈的“共产风”。农村人民公社化的过程，实际上是农村里第一次大刮“共产风”的过程。

“共产风”这个词，是毛主席在 1959 年 2 月 27 日到 3 月 5 日召开的第二次郑州会议讲话中首先使用的。当时他说：“公社在一九五八年秋季成立之后，刮起了一阵‘共产风’。主要内容有三条：一是贫富拉平。二是积累太多，义务劳动太多。三是‘共’各种‘产’。所谓‘共’各种‘产’其中有各种不同情况。有些是应当归社的，如大部分自留地。有些是不得不借用的，如公社公用事业所需要的部分房屋桌椅板凳和食堂所需要的刀锅碗筷等。有些是不应当归社而归了社的，如鸡鸭和部分的猪归社而未作价。”又说：“在公社范围内，实行贫富拉平，平均分配；对生产队的某些财产无代价地上调；银行方面，也把许多农村中的贷款一律收回。‘一平、二调、三收款’，引起广大农民的很大恐慌。”这是从第一次郑州会议以来经过三个月整社之后得出的认识。这里讲的虽然只限于公社建立时实际工作中的问题，但“共产风”这个概念却准确地抓住了人民公社制度本身的症结。可以这样说，当时的人民公社实际上是利用行政权力，在自然经济或半自然经济基础之上建立起来的，带有浓厚的平均主义色彩、军事共产主义色彩和超社会发展阶段的空想色彩的联合体。“一平二调三收款”的概括则准确地揭示了刮“共产风”的三种基本形式。

“共产风”，即把平均主义和无偿调拨农民或农业合作组织的财产误以为是共产主义的那种坏风气，早在人民公社成立之前就已经显露苗头。这主要表现在以“共产主义协作”名义举办的农田水利基本建设和其他大型公益事业之中。不过当时还是微风乍起。被称为共产主义社会基层组织和向共产主义过渡最好形式的人民公社一建立，此风就大刮起来了。第二次郑州会议后开始清理。经过几个月的算账和部分退赔，风头得到收敛，但不久又刮了起来。正如中央 1960 年 11 月 15 日关于彻底纠正五风(即“共产风”、浮夸风、命令风、干部特殊风、对生产瞎指挥风。这是“大跃进”和人民公社化运动中的五种坏风气。——一波注)问题的指示，所附湖北省沔阳县委的报告中所指出的：“‘共产风’，从一九五八年下半年以来，虽然年年在处理，但始终没有停止，还是日复一日、年复一年地在刮，而且越来越严重。开始，只有县、公社、生产队刮，到后来，省、地两级也刮，社员和社员之间也刮。开始刮大的，如土地、房屋、资金、粮食等，到后来，就像群众所说的：‘见钱就要，见物就调，见屋就拆，见粮就挑。’”据中央直属机关下放干部、共青团中央书记曾德林 1960 年 11 月 19 日从湖南省益阳县沙头公社写回的报告：如果以三年来平调这个公社农民的财富总额为 100，则各时期所占的比重是：人民公社成立前为 6%，公社建立后到第二次郑州会议要求确定人民公社三级管理体制前为 48%，1959 年其余时间内为 20%，1960 年 1 月到 10 月为 26%。

“共产风”所以连绵不断，清理后又刮，边清理边刮，固然同清算、退赔不认真不彻底，特别是同 1959 年庐山会议的“反右倾”有密切的关系，但从根本上来说，还在于人民公社本身存在的弊病和超阶段空想论的影响。

“共产风”,可以说是人民公社的诸多弊病的集中表现。这些弊病,下面试举其大端:

一是“一大二公”的弊病。如前所述,初期的农村人民公社大体是平均由28个农业生产合作社并为一个公社。规模大,是人民公社的重要特点之一,但也是形成“共产风”的重要根源之一。因为人民公社建社的过程,一般说,就是28个原来经济条件、贫富程度不同的农业生产合作社“共产”的过程。28个社的“共产”,首先就是在28个社中,原来的穷社共富社的产。作为人民公社标准模式的嵖岈山公社模式,虽规定生产大队或管理区是“管理生产、进行经济核算的单位”,但却规定“盈亏由公社负责”。因此,最初的公社实际上就以公社为基本核算单位。从法律和理论上说,公社成立之日,就是原来28个农业社的全部公有财产转归公社所有之时。这里包括:全部土地、牲畜、林木、大农具,地里的农作物、果树、蔬菜,已收获但没有分配的农产品等。财产和劳动力的所有权既归公社,那当然包括部分生活资料在内,任凭公社调拨了。至于“二公”的特点,即人民公社公有化的成分比合作社大得多。其实质则是:公有化成分越多,无偿平调的“共产”范围则越大,这是不言而喻的。

公社自身调走的财产和劳动力,主要是两个用途:一是建立和发展公社一级的直属经济和盖办公楼等;二是在大队与大队之间平均分配。据河南省委调查组1960年11月5日关于嵖岈山公社的调查报告:1959年秋天,嵖岈山公社为建立牛场、“万头猪场”和“万鸡山”,首先下令向各大队调建筑物资和劳动力或直接分配建设任务,由各大队替公社建了305间畜舍;接着下令调饲养员,共调了50多人;再往下,就是下令调猪、牛、羊、鸡、鸭,要求“放卫星”,一天之内完成上调任务。这一天,到处牵牛赶猪,追鸡捕鸭,闹得全社“鸡犬不宁”,人心惶惶,共调了牛192头,猪89头,鸡2700多只。当时报纸宣传,许多社办企业“白手起家”,实际上有不少就是无偿平调起家。嵖岈山公社成立后,为建公社办公楼和招待所,调用土地50余亩,调用人畜工14600个劳动日,砍树13000余棵,调砖瓦312000块。第二次郑州会议后一年多的时间里,大队与大队之间无偿协作的劳动日共3800多个。大队范围内队与队之间的无偿协作更加频繁。往往大队一道命令，生产队就得放下本队的活，抽人帮别队干活。一个队出售了农产品，钱被公社收走去支援别队的事，也到处都有。安徽省舒城县城北公社古城大队1958年秋收后卖粮24万斤，粮款全部被公社拿去支援穷队了。大队干部编了一首打油诗："累了一头汗，卖粮二十万；分文未得到，傻瓜也不干。"这些做法，今天看来，是不可思议的，但在当时却是振振有词的。因为公社是一大二公，公社一级就享有那么大的调拨权力。《公社决议》规定："社的组织规模，就目前说，一般以一乡一社、两千户左右较为适宜。"实际上这个规定没有执行。初期的人民公社，多是几乡一社，平均规模为4797户。2万户以上的特大社，全国就有51个。公社规模所以搞得这么大，就是因为不少办社干部认为，社越大，越好平调，权力和名气也越大。

二是分配制度的弊病。人民公社实行供给制与工资制相结合的分配制度。这是平均主义，特别是在社员与社员之间搞平均主义的根源。供给制在当时被说成是按需分配的因素，主要是指社员在公共食堂吃饭或吃粮不要钱；工资部分，不管实施办法是否完善，总算是按劳分配。1959年1月初，中央农村工作部受命召开的农村工作会议建议：人民公社分配收入，供给部分与工资部分各占一半。实际上，由于收入低，绝大多数公社除了保障社员按低标准吃饭或吃粮以外，发不了多少工资。据河北省委负责人林铁、刘子厚同志在第一次郑州会议前向毛主席汇报，河北省1958年秋收后，人民公社分三类情况：一类是吃饭都没有保证，要求国家救济；二类是能管社员吃饭，但发不出工资；三类是除管吃饭外，能发一点工资，有一个月发几角钱的，有发一元钱的，有发两元或三四元钱的。一些地方能发工资的社，也是发一两个月就难以为继了。这说明：初期人民公社分配收入中，真正按劳分配的部分微乎其微。据国家统计局1960年1月报告：到1959年底，经过"反右倾"之后，全国农村公共食堂已由1958年10月底的265万个增加到391万多个，参加公共食堂吃饭的约4亿人，占人民公社总人数的72.6%。4亿农村人口

“按需分配”，即按勉强维持生命的最低伙食标准在公共食堂吃饭，这就是人民公社分配的主体。“干不干，都吃饭；干不干，都吃一样的饭”；“工多不喜，工少不急，两餐稀饭，你吃我吃”，这就是社员与社员之间的平均主义的一项基本内容。这种平均主义严重挫伤群众的生产积极性。新华社 1959 年 1 月 18 日内部报道，广东省新会县人民公社第一次发工资后，出现“四多四少”和“三化”，即：吃饭的人多，出勤的人少；装病的人多，吃药的人少；学懒的人多，学勤的人少；读书的人多，劳动的人少；“出工自由化，吃饭战斗化，收工集体化”。据分析，主要的原因，就是因为供给部分过多，工资所发无几，因此，社员生产积极性和劳动效率普遍下降。这不是一个县或一个社的问题，而是人民公社制度固有的弊病。

三是“三化”弊病。人民公社建社初期，采用徐水经验，实行组织军事化，行动战斗化，生活集体化。这首先从组织上，为像战争时期支援前线那样大规模地无偿地调用农民的劳动力提供了可能性。其次，实行生活集体化，也带来了对部分生活物资的平调。在集体财产非常薄弱的条件下，一哄而起地举办公共食堂、幼儿园、托儿所、缝纫组、幸福院、农业中学、红专学校等集体福利事业和文教事业，就不能不平调社员的房屋、粮食、蔬菜、炊具、家具、用具等生活物资。《公社决议》虽确认房屋和生活物资私有，但由于要大规模地举办这类集体福利事业，加之某些地区大规模拆毁房屋，建立所谓“新居民点”，房屋和生活物资私有的规定实际上已经被打破了。

四是政社合一的弊病。人民公社实行政社合一的体制，这是导致不讲经济效益、不按经济规律办事、不讲因地制宜、单凭行政命令管理经济、什么事情都“一刀切”的重要根源，因而也是以强迫命令大刮“共产风”的一个重要根源。政社合一体制除了强化“共产风”以外，还使“共产风”同“命令风”结合在一起，使一切平调都以行政命令的方式下达。特别值得注意的是：政社合一后人民公社的行政命令，较之原来政府机关的行政命令要严厉得多，也方便得多，因为社员吃饭在食堂，吃饭权操纵在干部手上，如果碰上了不正派的干部，你违抗命令，或执行命令不很合意，他就可以剥夺你的吃饭权，叫你以至全家挨饿。因此，有些地方的农民，谈起“共产风”时，说上级搞“一平二调”，比老鹰抓小鸡都容易，老鹰抓小鸡，小鸡还能叫几声，现在平调你的东西，谁也不敢吭一声。此外，政社合一的体制，再加上确认人民公社中包含着全民所有制成分（主要是指农村中原有全民所有制的银行、商店和某些其他企业下放给公社管理），还产生了县以上国家机关参与平调人民公社财产的弊病。因为人民公社既是政社合一的，又包含有全民所有制的成分，那么，县以上代表全民的国家机关参与对人民公社的直接调拨就令出有理了。县以上国家机关平调人民公社的财产，“正宗”的主要有两个大项目：一是各项“大办”的开支。1958 年开始，从中央到各地，搞了许多“大办”，只给任务不给钱，这实际是国家向公社平调。据谭震林同志 1959 年 4 月 3 日向毛主席报告：“陶鲁笳（当时的山西省委第一书记）同志谈，他们最近摸了一个底，去秋以来农副产品收购总额四亿二千万元，县级扣留了一亿八千万元，公社级扣留了三千万元，这笔钱主要用于钢铁亏损，县和社办工业投资，县社举办的水利工程投资，购买了一批农业机械和修公路、小铁路的投资。这种情况可能是全国性的，估计全国从农业社手上扣去的这样性质的钱可能有二十亿到三十亿元，如何还清这笔账是一件大事。”这仅仅讲的是 1958 年各种“大办”平调农民的账。1959 年这种“大办”的开支少了，但 1960 年又多了起来。第二是，从 1959 年开始，因为副食品供应困难，各级党政领导机关、部队、工厂、学校在农村举办副食品生产基地，这又带来了对公社土地和其他生产资料的平调。据河北省出席 1962 年“七千人大会”的同志谈，从 1959 年开始，仅部队和中央机关向河北省要土地搞副食品生产的，就有 312 个单位，共要土地 127 万亩（实际给了 107 万亩）。有些单位要了地，还要种子、肥料、劳动力，但收获后全部拉走，而且不交公粮（实际是农民替机关单位交公粮）。据甘肃省对平凉、白银、通渭、陇西四县市调查，县级机关、学校百分之八九十有平调问题。临洮县城关公社东街生产队共有 426 亩水田，被调走 310 亩。在湖北，省级和武汉市级单位，甚至跑到几十里、几百里以外的地方，去调生产队的土地、耕牛、农具，建立自己的农场、养殖场。除了这两项"正宗"的平调以外，还有些上级领导机关，趁刮"共产风"的机会，为本单位或少数人的私利，浑水摸鱼。例如：河南省某宣传单位，1958年就向嵖岈山公社调了54头猪，还带走两个饲养员。

如果说人民公社刚成立时，发生"共产风"的主要契机是"一大二公"和平均分配，那么，第二次郑州会议确定三级所有体制之后还继续刮"共产风"，主要契机就是急于过渡了。因为第二次郑州会议虽然纠正了那种认为人民公社一成立，各生产队生产资料、人力、产品就可以由公社领导机关直接支配的观点，但并没有改变《公社决议》中讲的三四年、五六年或更多的时间集体所有制过渡到全民所有制的观点，而且进一步强调"我们伟大的、光明灿烂的希望"，就在于不断壮大社一级的经济。所以第二次郑州会议不久，特别是庐山会议"反右倾"之后，不少地方就按照三四年或五六年的规定，制定向全民所有制过渡的规划，有些地方要求"六〇年试办，六一年大办，六二年渡完"。有些干部认为，"反正迟早要过渡，早过渡比晚过渡好"，"平调生产队的东西没有什么，反正生产队的东西迟早要归公社所有"。

无偿平调农民和农村集体经济的财产，究竟有多少？据中央农村工作部1961年8月24日向中央的报告，几年来全国平调物资折款总值为250亿元。农村工作部提供的这个数字，如按当时的全国乡村总人口53152万计算，平均每人被平调财物48.89元。当然"共产风"刮得严重的地方，比这个平均数高得多。从今天看来，这个数字似乎不算高，但在当时农业生产和农民收入水平很低(1961年农民平均年消费水平为68元)，农民家底很薄弱而币值又高的条件下，被平调走这么多的财富，无疑对农业生产和农民生活带来了严重的影响。

更重要的问题，还在于这股风对农民生产积极性造成的摧残和对生产力的破坏。据各地报告，"共产风"刮得严重的地方，劳动力大量外流，耕畜家禽家畜大量宰杀，农具大量损坏，营养性疾病严重流行，土地耕作粗放或大量荒芜，产量一减再减。道理十分简单：大家混在一起吃“大锅饭”，公私你我都不分；我种的庄稼，别人收获；我卖的粮食，钱却不归我得；我的东西，你可以随便拿走；你欠的账，我替你还。这样，大家当然不会有心思去搞生产和爱护公共财物了。“共产风”不仅严重破坏社会生产力，而且严重增加了群众对共产主义的误解，毁了一批干部和基层组织。一些坏分子则浑水摸鱼，胡作非为，欺压群众，败坏党的声誉。因此，“共产风”给党和政府在政治上造成的损失也是难于估量的。我们党的最终目标是在中国实现共产主义。矢志为这一远大目标奋斗的一代又一代的共产党人，应当永远铭记当年搞人民公社而大刮“共产风”的惨痛教训，应当真正认清历史发展的规律，真正认清由社会主义到共产主义社会的漫长历程和必由之路。

（五）对几个问题的初步探索

农村人民公社已为我国广大农民创造性的实践作出了应有的结论。从历史的长河看，它由成立到废止不过是存在一瞬之间，然而它带来的灾难是深重的，留下的教训是深刻的。为着便于吸取这个历史教训，我认为，需要进一步弄清楚几个问题。

一是当时为什么把实现共产主义的时间估计得那么短？

《公社决议》提出：“共产主义在我国的实现已经不是什么遥远将来的事情了。”这句话在决议原稿中就有，大家都同意。“不是遥远将来”，到底是什么时间呢？前引提交北戴河会议讨论的一个文件写的是第三个五年计划，即1967年以前，毛主席改活了一点，改成第三、第四个五年计划，即1967年或1972年以前。在1959年春召开的第二次郑州会议上，在批判急于过渡的情绪时，毛主席又把时间往后移了一点，说三四年或五六年过渡到全民所有制以后，再经过几个发展阶段，“在十五年、二十年或者更多一些的时间以后，社会主义的公社将发展成为共产主义的公社”。虽然后移了一点，但没有根本改变。现在估计，我国社会主义初级阶段就要上百年，其成熟阶段尚未可预料。这是经历了几十年的实践取得正反两方面的历史经验之后作出的合乎实际的估计。邓小平同志关于建设有中国特色的社会主义的理论，就是建立在这个科学估计之上的。当年，把实现共产主义的时间估计得短而又短，我以为这是理论认识上导致人民公社化错误的根本原因。

读者记得，在1957年6月19日发表的《关于正确处理人民内部矛盾的问题》一文中，毛主席曾反复阐明：依靠全体人民几十年艰苦奋斗，才能使我们国家逐步强盛起来。这讲得多好啊！如果这个认识能坚持，那就不会有1958年的公社化运动了。为什么时间才一年稍多一点，就把实现共产主义的时间缩得这么短？思想认识发生如此巨大的变化？我想可能有两个原因：

第一，是“大跃进”迷雾的影响。我在上篇中讲过，农业浮夸提供了错误的信息，导致了一系列战略决策的失误，这是“大跃进”最大的教训。估计共产主义到来为期不远，就同农业浮夸有密切关系。因为根据浮夸的估计，我国农业今后将不是以百分之几，而是以百分之几十的速度，年复一年地增长。用不了几年，“把地球上的人通通集中到中国来（粮食）也够用”。农业浮夸，逼得工业也搞浮夸，搞高指标。这样，就把马克思本来是说的革命时期“一天等于二十年”的概念，也搬到生产力发展速度的估量方面来了。当时中央宣传部编的《马克思恩格斯列宁斯大林论共产主义社会》一书的前言的第一句话就说：“在我国社会主义建设处于‘一天等于二十年’的大跃进形势下，人们都不能不关心着我国将如何由社会主义逐步过渡到共产主义社会的问题。”这就是“大跃进”的迷雾导致了共产主义很快到来的错误估计，从而也导致了人民公社化的空想。

第二，是国际共运“接力棒”和当时赫鲁晓夫举措的影响。希望共产主义早日到来的急性病，并不是从毛主席开始的，可以说是共产主义运动代代相传的一种“接力棒”。1920年，列宁提出了共产主义等于苏维埃政权加全国电气化的著名口号。当时他估计，苏维埃政权通过电气化道路，有可能在“为期不下10年”或“10—20年”的时间里，使俄国走向共产主义。这年10月2日，他在俄国共青团第三次代表大会讲话，就说：“现在15岁的这一代人，就能够看到共产主义社会，也要亲手建设这个社会。”他还把15岁的人，说成是

“10—20年就会生活在共产主义社会里的这一代人”。(《列宁全集》第2版,第39卷,第311页)大家知道,十月革命初期,苏维埃俄国实行军事共产主义,虽然主要是当时的形势所迫,但也与列宁当时的急于搞共产主义的想法是分不开的。列宁后来承认,他犯了错误,确实曾试图通过无产阶级国家法令,使一个小农国家直接向共产主义过渡。斯大林在1936年宣布苏联社会主义建成之后,在第三个五年计划开始的1938年就提出:在五年内,“完成无产阶级的社会主义的建设并从社会主义逐步过渡到共产主义”。1952年又宣布,“苏联社会主义建设任务已经完成”,现在已处在“从社会主义逐渐过渡到共产主义”的时期。矢志为一种崇高理想而奋斗的人,谁都希望这种理想能早日实现,这种常情是容易理解的。革命的领袖们也有这种希望和心情,这也是容易理解的。但无论如何这种远离实际的企望是错误的。

1958年前后,赫鲁晓夫关于向共产主义过渡的调子,唱得也很高。1957年11月,在庆祝十月革命大会上,赫鲁晓夫提出,在今后15年内苏联赶上和超过美国。与此同时,在内部确定,从1959年算起,在12年内达到共产主义。在1959年1月的苏共二十一大上,赫鲁晓夫就公开宣布苏联进入了“全面开展共产主义建设时期”。当时中国把自己看做是社会主义阵营中的一员。赫鲁晓夫的这个调子,作为一种国际气候,自然会对中国产生重要的影响。反过来,中国希望早一点实现向共产主义过渡的声音也会影响苏联。

二是毛主席为什么看中了人民公社的模式?

毛主席所以看中这种模式,并不是简单的“眉头一皱,计上心来”,并不是一时之偶兴,而是有着复杂的思想认识根源。

第一,有照搬马克思的概念并扩大了这些概念运用范围的问题。最典型的要算破除所谓资产阶级法权问题了。如前所述,毛主席把资产阶级法权理解为资产阶级性质的东西,从而把各尽所能、按劳分配说成是带资本主义色彩的分配原则,并把它的范围扩及到政治、思想、家庭关系等许多方面(如说工资不发给家长而发给个人就破除了资产阶级法权)。这是不恰当的,是理论上的一种失误,因为对马克思所讲的资产阶级法权概念的含义并不能这样来理解。至于张春桥所谓的走路的快慢、抽烟的姿势等都有资产阶级法权问题，那更是风马牛不相及了，不仅是扩大了范围，而且简直是荒谬和无知。对资产阶级法权的误解，是形成供给制和吃饭不要钱等人民公社分配制度的基本原因。

资产阶级法权，今译资产阶级权利，是马克思 1875 年在批判德国已去世的工人运动一个派别的头面人物拉萨尔的观点、阐述按劳分配原则时提出的一个概念。拉萨尔认为，未来社会的劳动者将取得“不折不扣的劳动所得”，“每人有获得同等劳动产品的权利”。马克思说：这里确有平等的权利，但仍然是资产阶级权利。这个权利同任何其他权利一样，仍然是以不平等为前提的。因为按照提供劳动量多少去分配消费品所通行的原则，仍然是调节商品交换的同一原则。劳动者的体力和智力有强有弱，在同一时间所能提供的劳动量有多有少。他们的家庭情况各不相同：有的结了婚，有的没有结婚；有的子女多，有的子女少，如此等等。你统一只按一个标准：提供劳动量多少去分配劳动成果，情况各不相同的劳动者的实际生活水平就不平等。这种不平等是共产主义第一阶段不可避免的，因为“权利永远不能超出社会的经济结构以及由经济结构所制约的社会的文化发展”。（《马克思恩格斯选集》第 3 卷，第 12 页）根据上述论述，我们大体可以得出两点认识：（一）马克思讲的资产阶级权利，其实质并不是资产阶级性质的东西，而只是体现了在资本主义社会曾经支配过一切的等价交换原则的平等权利。（二）马克思提出资产阶级权利的问题，目的和重点在于说明，在社会主义历史阶段，由于经济文化发展水平的限制，消费品分配只能和必须实行按劳分配的原则，还不可能做到事实上的完全平等。

为着证实我对资产阶级权利的上述理解，这里再引证一点列宁的论述。列宁在十月革命前夕写的《国家与革命》一书的第 5 章中，讲到国家消亡的观点时说，在共产主义第一阶段中，“国家还没有完全消亡，因为还要保卫那个确认事实上的不平等的‘资产阶级权利’”。（《列宁全集》第 2 版，第 31 卷，第 91 页）列宁说要“保卫”，我们却说要

“破除”，显然是有着差别的。1917年初，列宁在苏黎世写作《马克思主义论国家》一文时，作了大量的笔记，其中关于资产阶级权利，他这样写道：这“也是一种强制的形式：‘谁不劳动，谁就没有饭吃’”；“和（半资产阶级）权利一起，（半资产阶级）国家也还不能完全消失。**注意**这一点！！”（《列宁全集》第2版，第31卷，第164页）列宁所谓“半资产阶级国家”就是无产阶级专政的社会主义国家；“半资产阶级权利”就是按劳分配所体现的平等权利。按劳分配所体现的平等权利的实质不是资产阶级性质的权利，也正像无产阶级专政的社会主义国家的实质不是资产阶级性质的国家一样。

第二，有不适当地沿用革命战争时期经验的问题。供给制和无偿调拨就属于这种情形。在长期的革命战争中实行的供给制，对于克服当时的物质条件的困难，调动士兵和农民的积极性，保障战争的胜利，确实起了很大的作用。在当时的历史条件下，确实很少因实行供给制而发生怠工一类的问题。由于有这个成功的经验，毛主席不相信实行供给制就会出懒汉的道理。这一点，不仅毛主席不相信，我们许多同志当时也不大相信，因此，也程度不同地对供给制，对破除资产阶级法权表示拥护。直接平调农民的财富，过去我们虽没有过，但大规模地调动农村的劳动力，在战争中却是经常的。淮海战役、渡江战役，不是有大批农民参加支前工作吗？这在战争环境中是可行的、正当的，农民群众也是理解和支持的。那时派农民执行战勤任务一般是不给钱的。毛主席在北戴河会议所说的，办大公社，统一调配劳动力，搞大兵团作战，就是沿用战争时期的这种经验。历史条件变化了，党的任务不同了，继续采用这种办法，显然就不适当了。历史唯物主义要求我们，应在历史的联系中把握历史变化的规律，推动历史的前进。对于以往的优良历史传统和基本历史经验当然要重视，不但要重视，而且要坚持结合新的实践加以继承、运用和发展。所谓优良历史传统和基本历史经验，是指那些有普遍意义的、适用于各个时期的具有一般规律性的东西，而不是指那些特殊条件下的特殊具体做法。后者只适用于一定的时期一定的范围，是不能随意搬用的，否则就会犯经验主义的错误。这一点不可不经常注意。

第三,可能还有毛主席在青少年时代曾经受过的某些政治思想的影响问题。青少年时代的毛泽东,为了拯救中国,在接受马克思主义之前,博览群书,曾接受过多种政治学说的影响,包括欧美和日本的空想社会主义学说(《新青年》等杂志常有介绍)和康有为的《大同书》的影响。1919 年春夏,他曾与蔡和森、张昆弟、陈书农等青年一道,计议在长沙岳麓山进行建设“新村”的实验。1919 年 12 月他发表在《湖南教育月刊》第一卷第二号上的《学生之工作》一文,不仅介绍了建设“新村”的理想,还详细描绘了“新村”的蓝图:“此新村以新家庭新学校及旁的新社会连成一块为根本理想”。“新学校中学生之各个,为创造新家庭之各员”。“合若干之新家庭,即可创造一种新社会”。“新社会之种类不可尽举,举其著者:公共育儿院,公共蒙养院,公共学校,公共图书馆,公共银行,公共农场,公共工作厂,公共消费社,公共剧院,公共病院,公园,博物馆,自治会”。“合此等之新学校,新社会,而为一‘新村’”,“工作之事项,全然在农村的”,有种园、种田、种林、畜牧、种桑、养鸡鱼。现在,“俄罗斯之青年,为传播其社会主义,多入农村与农民杂处。日本之青年,近来盛行所谓‘新村运动’。美国及其属地斐律宾,亦有‘工读主义’之流行。”“今不敢言‘模范国’、‘模范都’、‘模范地方’,若‘模范村’则诚陈义不高,简而易行者矣”。(《毛泽东早期文稿》,湖南出版社 1990 年版,第 449—456 页)如果说,上一篇所说的 1958 年体制上的权力下放,可以依稀找到毛主席早年曾探索过的“虚君共和”思想的某些印痕,那么,同样可以说,从人民公社的模式中,也可以隐约看到他早年曾考虑过的“新村”计议的某些轨迹。

前引少奇同志在火车上的谈话,谈到农村并大社时,吹到空想社会主义,并布置编空想社会主义的书。陆定一同志在八大二次会议发言,讲到毛主席、少奇同志认为,从前乌托邦的空想,我们要实现。毛主席 1958 年 8 月 21 日上午,在北戴河谈人民公社时,也讲过:空想社会主义的一些理想,我们要实行。毛主席还赞扬唐朝惠能和尚一切皆空的观点,说是“突出了主观能动性,是中国哲学史上的一个大跃进”。更早几个月，3月22日，毛主席在成都会议上的讲话中谈到家庭将来的命运时，还讲到了康有为的《大同书》。他说：家庭是原始公社后期产生的，将来要消灭，有始有终。康有为的《大同书》曾看到此点。可见，在酝酿思考人民公社的有关问题时，毛主席的头脑里是浮现过西方空想社会主义者曾经宣扬过的“新村”模式和中国史籍中描述过的“大同”思想的，他的思想已经有些偏离历史唯物论了。马克思主义的经典作家们认为，空想社会主义之所以是空想，主要不在于他们设想的这种或那种理想的社会模式（事实上他们关于社会模式的许多设想，如生产资料公有制、按需分配、教育与劳动生产相结合等，后来都为经典作家所采纳，成为科学社会主义学说的组成部分），而在于他们没有也不可能找到无产阶级这个实现社会主义的真正革命的社会力量，没有也不可能找到阶级斗争和无产阶级专政这条通向社会主义的必由之路。到1958年为止，我们党领导中国人民进行了几十年的艰苦斗争，打垮了阶级敌人，建立了强大的具有中国特色的无产阶级专政即人民民主专政，又完成了生产资料私有制的社会主义改造。在“大跃进”的形势下，人们更浮想联翩，许多从前办不到的事被认为能办到了。在这种条件和形势下，毛主席认为空想社会主义的某些理想和他早年曾一度设想过的“新村”有可能通过人民公社的形式，在今日的中国农村加以实现，这也是符合逻辑的。

第四，还可能有中国文化遗产中某些特殊材料的影响。1958年8月24日上午，毛主席在北戴河政治局扩大会议上第二次谈吃饭不要钱的问题时，就是联系东汉末年张陵的五斗米道而谈起来的，说张陵的道，出斗米就有饭吃。11月3日，在第一次郑州会议上再谈吃饭不要钱时，又讲了五斗米道的传人、张陵的孙子张鲁的故事。他说：“三国时候，汉中有个张鲁，曹操把他灭了。他也搞过吃饭不要钱。凡是过路的人，在饭铺里吃饭、吃肉都不要钱，尽肚子吃。这不是吃饭不要钱吗？他不是在整个社会上都搞，而是在饭铺里搞。他统治三十年，人们都高兴那个制度。”1958年12月10日，毛主席批印了《三国志·魏志》中的《张鲁传》，发给即将召开的武昌会议的与会各同志。毛主席写了一篇很长的批语,说五斗米道与黄巾农民起义的太平道,是一条路线的运动。“我国从汉末到今一千多年,情况如天地悬隔。但是从某几点来看起来,例如,贫农、下中农的一穷二白,还有某些相似。”批语对五斗米道的某些纲领作了通俗的解释,对“义舍”解释说:“大路上的公共宿舍”,“吃饭不要钱(目的似乎是为招徕关中区域的流民)”;对“不置长吏,皆以祭酒为治”解释说:“近乎政社合一,劳武结合,但以小农经济为基础”。12 月 7 日写的另一条批语还指出:《张鲁传》中“所说的群众性医疗运动,有点像我们人民公社免费医疗的味道”。“道路上饭铺里吃饭不要钱,最有意思,开了我们人民公社公共食堂的先河”。在对我国历史上众多的农民革命战争作了评述之后,批语指出:“现在的人民公社运动,是有我国的历史来源的。”我国有文字记载的历史长达 5000 年,拥有着世界上任何国家都无与匹敌的浩瀚的古代文化典籍。50 年代中期,我听他说过,他在读二十四史,并信心十足,不信二十四史读不完。在古籍这个海洋里,他涉猎广泛,功底深厚,知识渊博,而记忆力又特别强。他从古籍里吸取了大量的材料,以丰富自己的思想,吸取治理国家和社会的一些有关的启示和借鉴。运用起来,常似信手拈来,得心应手,脱口成章。他的著作、演说所以能豁人耳目,沁人心脾,同他具有渊博的历史知识而又巧妙地运用这些知识有着密切的关系。但是,当他的思想一旦脱离实际、陷入某些空想的时候,中国史籍中类似五斗米道这种带有农民平均主义色彩的特殊材料,就起了不好的作用了。

三是为什么不切实试点?

“一切通过试验”,是我们党推行社会改革和新的工作的一项成功的基本经验,是具有普遍意义的,在任何时候任何领域都是应该倡导并坚持实行的。1958 年初的《工作方法六十条(草案)》曾肯定了这一经验。毛主席在北戴河会议上谈建立人民公社问题时,也提过:“要试,一个县要有一两个试点,不要一哄而起。”但是,实际上却没有切实进行试点,就一哄而起了。现在回顾起来,从指导思想来检查,我分析可能有两点原因:

第一，对公社化引起的社会震动估计不足。毛主席在北戴河会议的讲话，既谈到要试点，也谈到“搞公社这个东西，没有初级社那么多的危险。关键是初级社，由私有变公有。在合作社基础上搞公社没有那么多困难”。既然“没有那么多困难”，此话又是从毛主席口中说出来的，在当时的情况下就很容易在各级领导干部中引起一种错觉，似乎就没有必要搞那么些试点了。实际上，由高级农业生产合作社到“一大二公”的人民公社，无论从利益关系、农民对生产生活的自主权、生产队或小队一级干部的责任方面来看，还是从整个社会的政治经济的影响来看，其变动之深度和广度，都比从互助组到初级社剧烈得多。

第二，不正确地接受了农业合作化中层层下达控制指标的教训。毛主席在北戴河会议的同一次讲话，既提到要试点，也提到“群众要搞就不能压。压就要犯错误。从前犯过这种错误”。这里所说的“从前犯过这种错误”，主要指的是邓子恢等同志1955年控制农业合作化进度时采取的方法。我在本书上卷第十五篇中讲到：邓子恢等同志主张农业生产合作社要稳步发展，总的意见是正确的，但是，那时采用层层下达控制指标的方法，办社要经过领导批准，实在办得不好的合作社也要经过领导批准才能解散。以致有些地方群众要求办社，领导就压。这种方法没有切实遵守入社自愿、退社自由的原则，确实不好。由于那次对邓子恢同志采用层层下达指标控制合作社盲目发展的方法进行大规模的群众性的批判，并且扣上了几顶大帽子，因而在广大干部中造成一种严重的“恐右症”。在“大跃进”基础上搞人民公社化运动，曲调之高昂（如人民公社是进入共产主义天堂的金桥等），声势之浩大，淹没了不同意见，也把大批持怀疑观望态度的人卷了进来。因此，只要一人振臂一呼，即有百人群起而诺。在这种形势下，想要试点，也不允许你试了。自然，再重提1955年压的“错误”，就更不会有人甘冒压制群众的风险而先去搞试点了。

总之，北戴河会议在布置建立人民公社时，提到了试点，这是事实。但是，在接下来的两次“但书”中，又冲淡以至抹掉了试点的要求，所以，基本上没有经过试点，就一哄而起了。

中国共产党以辩证唯物主义和历史唯物主义作为自己的世界观，与空想论格格不入。毛主席更以崇尚实际，坚持实事求是，一切从中国实际情况出发的崇高的务实精神和政治品格为全党所景仰，为世界所公认。在民主革命时期和建国之初的实践中，对于重大的决策，他是三思九虑，集纳群言，慎而又慎，是非常之强调实事求是的；他对于主观主义、空谈空想，更是痛切批判，深以为戒的。然而，严酷的历史事实却是：以毛主席为领袖的中国共产党，在1958年内，在五亿多农村人口中，没有经过切实的试点，就搞了一场虽震惊世界却严重损害自己元气的人民公社化运动。其教训是非常之深刻的。我在这里提出三个“为什么”的问题，意欲何为呢？目的是希望能借以引起读者的思考，进一步探索形成这一不寻常失误的社会历史根源和思想根源，从而更有利于让代代相继的中国共产党人从中吸取应有的教训。

二十八　改进经济管理体制的尝试

新中国建立后，在统一财经的基础上，逐步建立起中央权力高度集中的经济管理体制。这对于当时集中全国有限的财力、物力，迅速恢复凋敝的国民经济，抑制通货膨胀和物价飞涨的局面，应付抗美援朝的巨大开支，胜利地完成“三大改造”的任务，顺利地展开大规模的经济建设，起了极为重要的作用。但实践说明，实行中央权力高度集中的体制，人、财、物和产、供、销由中央各有关部门统管，即后来人们所说的“条条专政”，既不利于发挥地方的积极性，又对企业管得过死，不利于生产力的发展，还助长官僚主义作风。为了克服这种弊端，党中央和国务院从1955年开始酝酿改进经济管理体制，逐步下放管理权限，破除和修订某些不合理的规章制度，实行“大计划、小自由”的方针，让地方和企业在国家计划指导下办更多的事情。可是，在“大跃进”期间，又形成了下放失控的混乱局面，不得不在调整中回收管理权。从总结经验的角度看，当时改进经济管理体制的工作，并没有真正解放思想，实事求是，掌握规律，只是局限于在行政管理权限上做文章，要么中央管，要么地方管，要么双重管，没有抓住如何搞活企业，使生产、流通、消费三大领域畅通，使经营单位取得良好经济效益的问题，形成了人们通常形容的“一统就死，一死就叫，一叫就放，一放就乱，一乱就收，一收又统”的循环，不可能收到预期的成效。这是历史的局限造成的。不仅事物的发展受一定历史条件的制约，人们的思想也受一定历史条件的制约，这是历史唯物主义的常识。回顾这段改进经济管理体制的经历，可以看出我国经济体制改革的尝试由来已久，分析和总结一下其中的经验教训，对于坚持和促进我们现在正在进行的经济体制改革,是会有所助益的。

(一)改进经济管理体制的提出

我国幅员辽阔、人口众多,长期受封建主义、官僚资本主义、帝国主义的压榨,经济十分落后,地区间发展很不平衡。建国以后,要尽快医治战争的创伤,使千疮百孔的经济得到恢复和发展,不举全国之力是难以奏效的。这是建立中央权力高度集中的经济体制的决定性因素。“一五”计划是在苏联的帮助下拟定的,156 项骨干建设工程也是苏联援建的。当时,我们自己在经济建设的各个方面都缺乏经验,很自然要搬用苏联管理经济的一些办法,这就更进一步强化了中央权力过分集中的体制。

对实行这种经济体制,在开展大规模经济建设的初期,中央部门和地方的同志都是肯定的,没有什么异议。随着经济建设的深入发展,特别是“三大改造”任务基本完成后,所有制变化了,全国的经济活动大都纳入中央的计划,地方的机动性很小,企业的产、供、销没有自主权,问题和弊病就日益显露出来了。

1955 年,毛主席外出巡视工作期间,所到各省的负责同志纷纷向他反映中央对经济统得过死,严重束缚着地方和企业的手脚,要求中央向下放权。安徽省委书记曾希圣同志反映:淮南两万多人的大煤矿,矿领导在财政支出上仅有 200 元以下的批准权,无增加一个工人的权力,怎么能办好事情呢? 还反映:中央有的部限制地方发展工业,竟以安徽工业落后为理由,说省里没有资格办工厂,不能把合肥变成“人为的”工业城市。广东省委书记陶铸同志反映:过去总说广东是前线,不能办工厂,群众的就业问题由中央管,而国家预算里又不给钱,包袱还得省里背,这不是长久之计。天津市委同志反映:建国后五年中,中央只给天津地方工业安排了 20 万元基建投资,建什么都要报中央有关部门批准,甚至连市里设多少电影队、每队配备多少人,也都要报经中央主管部门同意。还反映,许多部强调垂直领导,甚至管到企业的处室,使企业很难办。

毛主席对各地的这些反映极为重视,回到北京后在中央的会议上，多次讲到经济管理体制要改，要注意发挥中央和地方两个积极性，不要只发挥中央一个积极性，要让地方办更多的事。1955年11月16日，在中央召开的各省、自治区和大中城市党委负责同志参加的会议上，毛主席强调说："经济工作要统一，但要分级管理，要在统一计划下各省负责。"他认为："层层负责有好处，但要避免形成无数个独立国。"

1956年春，毛主席在听取34个部委汇报工作期间，又多次提出要改进经济管理体制。2月4日，我和重工业几个部的负责人向他汇报时，他说："地方同志对中央集权太多不满意，他们是块块，你们是条条，你们无数条条往下灌，而且规格不一，也不通知他们，他们的要求你们也不批准，约束了他们。"当时，经济界正在批评本位主义，邓力群同志针对这方面的问题为《人民日报》起草了一篇社论。我在汇报中提到这篇社论，认为写得好。毛主席说："写本位主义的文章要写，但光从思想上解决不行，还要解决制度问题。人是生活在制度中的，同样是那些人，施行这种制度，人们就不积极，敲锣打鼓，积极性也提不起来；施行另外一种制度，人们就积极起来了。"还说："思想问题常常是在一定情况和制度下产生的，制度搞对头了，思想问题也容易解决。例如，农村中包工包酬的制度建立起来了，二流子也会积极起来，也没有思想问题了。"毛主席这段话，讲了解决人们的思想问题同解决制度问题的相互关系，我以为是讲得好的，深刻贯彻和体现了唯物辩证法的思想。制度是人定出来的，人又是生活在制度中的。人们在实践中积累了经验，对客观实际的了解是深切的，对客观规律的认识是科学的，制定出来的制度就会是正确的。制度搞正确了，反过来又会促进和保证人们积极性、创造性的充分有效的发挥。由于人们干得痛快舒畅，思想问题也就会少了，一时产生了一些思想问题，在正确的制度下也容易解决。当然，再好的制度，本身也不能代替思想问题的解决，解决思想问题还要有正确有力的思想教育和思想政治工作及其他办法，但如果制度不对头，光靠思想工作去解决人们的思想问题，也是解决不好的。所以，制度还是根本性的。毛主席阐述的这个道理，在我们的领导工作中应好好记取。

毛主席经过大量系统的调查研究之后，在4月25日至28日中央政治局扩大会议上，发表了《论十大关系》的讲话。他在讲话中开宗明义地说："提出这十个关系，都是围绕着一个基本方针，就是要把国内外一切积极因素调动起来，为社会主义服务。"还说："最近苏联方面暴露了他们在建设社会主义过程中的一些缺点和错误，他们走过的弯路，你还想走？过去我们就是鉴于他们的经验教训，少走了一些弯路，现在当然要引以为戒。"毛主席这篇讲话的形成过程和主要内容，我已在本书的上卷中作了详细论述，这里只再回顾一下他关于改进经济管理体制的论点。

他在这篇讲话的"国家、生产单位和生产者个人的关系"一节中指出："国家和工厂、合作社的关系，工厂、合作社和生产者个人的关系，这两种关系都要处理好。为此，就不能只顾一头，必须兼顾国家、集体和个人三个方面，也就是我们过去常说的'军民兼顾'、'公私兼顾'。鉴于苏联和我们自己的经验，今后务必更好地解决这个问题。"他特别强调生产单位在统一领导下的独立性，认为："把什么东西统统都集中在中央或省市，不给工厂一点权力，一点机动的余地，一点利益，恐怕不妥。""各个生产单位都要有一个与统一性相联系的独立性，才会发展得更加活泼。"

他在"中央和地方的关系"一节中指出："中央和地方的关系也是一个矛盾。解决这个矛盾，目前要注意的是，应当在巩固中央统一领导的前提下，扩大一点地方的权力，给地方更多的独立性，让地方办更多的事情。这对我们建设强大的社会主义国家比较有利。我们的国家这么大，人口这样多，情况这样复杂，有中央和地方两个积极性，比只有一个积极性好得多。我们不能像苏联那样，把什么都集中到中央，把地方卡得死死的，一点机动权也没有。"

主张扩大一点地方的经济管理权力，给地方更多的独立性；特别是主张给企业一点权力、一点机动、一点利益，使企业在实施经营、发展经济中具有相对的独立性，这些思想，在1956年"三大改造"刚刚基本完成之际，毛主席就率先向全党提了出来，可以说是从理论上开了尝试改革我国经济管理体制的先声，确实是很可贵的。这说明毛主席是非常注意分析苏联以及我们自己经济建设中的经验教训的，非常注意倾听实践的呼声的，发现了弊病，就马上进行理论思考，探求新的思想和办法。不管这些思想和办法后来在实践中贯彻与否和贯彻得怎么样，但毛主席首先倡导的这种积极探索适合中国情况的建设社会主义道路和经济管理体制的精神，是功不可没的。

中央政治局扩大会议一致同意毛主席《论十大关系》的讲话，认为应当根据讲话的精神正确处理好各方面的关系，改进中央权力高度集中的经济管理体制势在必行，并要求国务院尽快研究具体改进的方案。

（二）1956年改进经济管理体制方案的形成及主要内容

国务院根据毛主席《论十大关系》的讲话和中央政治局扩大会议的精神，于1956年5月和8月间召开全国体制会议，研究改进经济管理体制的方案。我记得，这个会议分两段举行：5月下旬到6月下旬，中央各部和各省市区同志集中在北京，由周总理亲自主持，主要是对当时中央权力过分集中的现象进行检查，并各抒己见，提出改进的办法。然后暂时休会，由各部和各省市区分别研究提出改进方案。8月，各部和各省市区同志在北戴河集中，由我主持，汇集研究各部和各省市区提出的方案，然后向国务院汇报。根据国务院的讨论，组织了各部门和国务院参事室一批专家参加的工作小组，起草出《国务院关于改进国家行政体制的决议（草案）》（这里所称的国家行政体制，也就是国家经济管理体制。——一波注）。8月28日，国务院召开第36次全体会议，对《草案》作了修改后，提交党中央讨论通过。党中央和国务院于10月30日联名发出通知，要求各部和各省市区对《草案》进行认真研究讨论，提出书面修改意见，以便集中各方面的意见，再加研究修改确定后下发执行。

在北京开会期间，各省市区要求下放企业管理权、基本建设审批权、财权和物资分配权的呼声很高，而中央部门又在分权问题上有许多顾虑，怕分权后分散了力量，影响生产和基建计划的完成。周总理针对这种情况，在 6 月 23 日的大会上讲了一番话，对改进体制的意义、原则和方法作了系统阐述。

周总理指出："毛主席论十大关系的中心，就是动员一切力量来建设社会主义国家。在这个前提下提出了分权给地方的问题，以便于发挥地方的积极性，也便于动员全国广大劳动人民参加社会主义建设。"他认为："我们要在这样的意义上理解分权，理解经济建设、社会关系、党内外关系。这是个带原则性的问题。"

周总理认为："实行中央与地方分权，是为了发展生产，不是为了缩小或妨碍生产。"在这个大原则下，"主要的不是把现有的分掉，而是要地方搞更多的生产，更多的事业、企业"。他强调指出：改进体制的"中心不要放在分现有的厂矿企业，而主要的是使地方有权，……地方除了有党权、政权（就是行政权）以外，还要有人权、财权，有权才能增加生产"。"社会生产力大发展不能光靠集权。苏联过去集权多了，地方权力小了，这是一个经验教训，是一面镜子。马列主义的原则是，上层建筑一定要同经济基础相适应，适合生产力的发展。也就是说，各种制度要有利于把一切积极因素动员起来，参加社会主义建设。我们要从这方面着想"。

周总理还指出："搞体制要全面规划，加强领导。"要"统一计划，分工合作，因地制宜，因事制宜"。他认为："一切工作，规划要全面。而做起来一定要有先有后，也可能发生偏差。我们搞体制也是一样，不会十全十美，也会发生偏差。"因此，"规划要全面，执行时要加强领导，纠正偏差。各级领导要经常检查，从群众中来，到群众中去，坚持原则，修正错误。不要以为全面规划了就没有问题了"。他还指出：地区间经济发展不平衡，改进体制"不可能用一个办法在各地都实行得通"。所以，"计划是要统一的，但要有分工，有了分工还要有合作"。对各地的情况"要作分析，不要图案化，每省一个样子都可以。搞体制的原则只有几条，具体方案可以每省一个"。他说："要因地制宜，就是不要一律，各省市不可能都一样。要因事制宜，就是有些事情可以多集中在中央，有些事情可以多放下去。有了这两条，我们才可以把普遍真理与实践结合起来，才能够照顾大局。”

周总理特别强调地指出：体制的改进“是辩证的”，由于客观形势的需要，“过去的体制那样集中是必要的”。“过去的体制是集中多了，分权少了，但我们有些权没有人管，应该很好地分，所以要改进体制，……这个改进不是一下实现，而是逐步实现”。他的设想是：“今年（1956年）准备，明年试行，到第二个五年计划期间会有更好的改进。”他要求大家在试行中注意总结经验，做到“在执行中要不断地改进”。他还提醒大家，改进体制的工作不要匆匆忙忙，“要实事求是。不要急躁冒进，也不要右倾保守；要逐步实现，不要求之一步登天”。

我们根据周总理上述讲话精神所草拟的体制改革《草案》，有13个方面。这里，将其要点略述如下：

1. 划分中央与地方行政管理职权的原则。

首先明确规定给予各省、市、自治区一定范围的计划、财政、企业、事业、物资、人事的管理权。具体分工是：凡关系到整个国民经济而带全局性、关键性、集中性的企业和事业，由中央管理；其他的企业和事业（包括有关的计划、财务和人事管理），尽可能多地交给地方管理。

2. 计划管理。

健全和加强全面综合平衡和分级分工负责相结合的制度。各项计划指标在全面综合平衡的基础上，划分由国务院和省、市、自治区两级管理：具有重大国民经济意义的、需要全国统一平衡的指标（如工农业总产值、工农业的主要产品产量、基本建设投资额、限额以上的建设单位、职工总数等），由国务院管理，其中一部分指标委托有关部代管；地方性的、属于地区平衡的指标，由省、市、自治区管理，涉及两个省市区以上的指标，由国务院有关部协调进行平衡。同时规定，国务院拟定的年度计划指标，各省市区在确保国家计划任务的前提下，可以有一定的机动调整权限。全国长期计划和年度计划的审核、汇总和编制工作，由国家计委和国家经委分别负责。

3. 财政管理。

在中央预算和地方预算收入的划分上，应保证中央和地方都有稳定的收入来源，同时要使中央能够对各地方的收入进行必要的调剂，以便保证各地方预算收支的平衡；在预算支出的划分上，应以企业、事业和行政机构的隶属关系为基础。地方预算的年终结余，除由地方安排其跨年度工程经费外，其余归地方自行安排支出。同时，中央给各省市区分配一定数量的机动款，用于解决中央企业和地方企业的临时周转和调整地方企业年度放款计划的需要。

4. 工业管理。

原则上由中央和地方分工负责经营管理。其分管的比例，按照工业的性质确定为四类：(1)大部分由中央部管理，少部分由地方管理；(2)大部分由地方管理，少部分由中央部管理；(3)中央部和地方分管的比例大体相等；(4)手工业全部由地方经营管理。同时确定，今后新建的企业，在中央统一规划下，除了特别重要的以外，只要地方有条件、有能力办好的，就由地方兴办。不论哪一级管理，都要适当地扩大厂矿企业的职权范围。企业在保证完成国家计划的条件下，可以根据实际情况对月度计划进行调整；在财务上有一定的机动权限；在人事上有权提拔和调动一般干部和技术人员；在年度劳动计划范围内，可以根据生产的需要，对劳动力进行适当调整和补充。

《草案》的其他几个方面分别是：基本建设、农业林业水利、运输邮电、商业、文教科学卫生、政法、劳动、机构编制、民族自治区。这些方面，也都按照分权和因地制宜的原则，作出了改进的规定。

《草案》的结尾提出：国务院各部委应按照决议的各项规定分别拟定实施方案，各项方案的实施步骤都要仔细研究，作出恰当安排。对于中央下放和地方接管的各项企业、事业，必须上下充分准备，密切配合，做到分好、交好、接好、管好；国务院各部委的职权和协作关系，要作出明确规定；对扩大企、事业单位职权的问题，要拟定具体办法。并且强调“每个工作人员，不论共产党员和非共产党员，都应该有职有权，经常注意发扬民主，密切联系群众，深入实际，提高工作效率，以保证和巩固改进行政体制的成果”。

（三）1957 年拟定的改进工业、商业、财政管理体制的规定

1957 年初，党中央为了加强对经济工作和改进体制工作的统一领导，决定成立一个小组，在中央政治局领导下具体负责。1 月 10 日，中央发出《关于成立中央经济工作五人小组的通知》，小组由陈云、李富春、薄一波、李先念、黄克诚同志组成，陈云同志为组长。小组成立后，立即着手研究落实《国务院关于改进国家行政体制的决议（草案）》的各项规定，认为改进体制的重点是工业、商业和财政，首先应解决好这三个方面的问题，并督促有关部门尽快提出具体实施方案。

1 月 18 日至 27 日，中央在北京召开省市区党委书记会议，讨论农业和经济问题。当议到改进经济管理体制问题时，毛主席向各省市区负责同志发问：“中央、地方分权，你们感到不过瘾，‘一没钱，二没权’。你们要什么，请尽量提出来。”毛主席幽默地发问，使会议的气氛更为活跃，省市区同志争相发言，分析中央权力高度集中的弊病，要求下放企业的管理权，给地方更多的机动财力，使地方自主地、因地因事制宜地发展经济和各项事业。陈云同志在 27 日的会议上讲话时，对地方同志的要求作了明确答复。他说：“中央和地方的体制中的权力和财力的分配问题，实质上就是中央举办的一些重点的基本建设工程将来势必有一部分要分散。所谓分散重点，就是要分掉一些钱。有些企业的管理权要下放，财务要下放，利润也要下放。地方上要求税收和企业利润收入按比例分成，三年不变。”他认为：“中国一个省等于外国一个国，如果像现在这样，地方机动的余地很少，这种情况不能是经常的，中央不可能包揽全国的事情，所以应当有适当的分权，重点不能过分集中。”可以看出，陈云同志的这些话，对于毛主席在《论十大关系》中阐述的一些思想，又有了进一步的发挥和发展，这主要表现在已开始提出中央不能过分集权的问题。毛主席和少奇、恩来、朱德、小平等中央领导同志十分重视和支

持发挥地方的积极性，赞成陈云同志的讲话，当即作出决定，委托陈云同志和五人小组拟定改进经济管理体制的具体实施方案。

根据中央的决定，五人小组重新研究了全国体制会议拟定的关于改进体制的决议（草案），并审议了有关部提出的改进体制的具体方案，认为：中央部门虽然也已感到权力高度集中的弊端非除去不可，这一点与地方同志是有共识的，也有下放权限的决心，但对下放后如何搞好综合平衡工作则考虑不够。这确实是一个大问题。在当时财力、物力有限的情况下，如果权限下放后没有全局的综合平衡，局部的发展也会遇到很大困难，甚至会造成浪费和损失。为此，五人小组要求国务院各综合部门再同各省市区进一步协商，拟定下放各项权限的具体规定。

当时，国家计委的主要精力放在编制长远计划上，年度计划由国家经委分管。陈云和李富春同志委托我负责研究拟定改进计划制度的办法。经与有关部委计划部门共同研究，我于8月下旬向五人小组提出了一个改进计划制度的意见书。意见书的主要内容有三点：(1)实行“大计划、小自由”的计划工作制度。对国民经济有重大意义的工农业主要产品产量、基本建设总投资额、重大建设单位、职工总数、平均工资以及各项主要事业的发展，由国家统一平衡和控制。对于不需要全国统一平衡的产品产量、建设单位和其他事业的发展，由各部和各省市区按照国家的方针政策和社会需要进行平衡安排。凡不需要国家和省市区统筹的经济活动，基层单位可以根据实际情况自行安排。工矿企业可以根据原料和市场的情况超计划安排生产。(2)实行分级管理、层层负责的制度。将国民经济计划指标分三级管理，即国务院一级、中央部和省市区一级、基层单位一级。国务院管理的指标又分为三类：第一类为指令性指标，一经确定，各级必须确保完成；第二类为参考性指标，各部和省市区在执行中可根据实际情况进行调整；第三类为计算性指标，只供国家作预测计划时参考，不下达。(3)简化计划程序和不必要的表格，使各级计划机关集中精力加强调查研究和综合平衡工作。这个意见书，五人小组认为大体可行，并上报中央和国务院审核。

如上所述，五人小组在改进体制问题上，既着眼于下放管理权限，又重视综合平衡工作，重视全局和局部的协调问题，避免权力下放后出现混乱现象。9月24日，陈云同志在党的八届三中全会上作了《经济体制改进以后应该注意的问题》的发言。他着重讲了四点：(1)“中央某些职权下放以后，必须加强对各个地方的平衡工作”。他认为：“扩大地方的职权是完全必要的，一般来说，当地的事情，地方比中央看得更清楚一些。体制改变以后，地方更可以因地制宜地办事。但是，必须加强全国的平衡工作。因为经济单位是分散的，没有全局、整体的平衡，就不是有计划的经济。过去中央各部可能忽视地方，但是职权下放以后，地方也可能发生不顾全局的倾向。因此，一方面要有适当的分权，同时又要加强综合。”在权力下放以后，提醒地方注意防止发生不顾全局的倾向，我觉得陈云同志这个提醒是很必要很及时的。部署一件工作，作出一个决策，提出一项改进和改革的措施，要考虑和估计到可能会发生什么不利的问题和不良的倾向，及时提醒下边的同志注意防止，这是上级领导机关的一项重要职责和领导艺术。(2)“地方要切实掌握资金的投放方向”。陈云同志建议：“地方资金投放的主要方向，也就是地方大部分的钱，应该投向与发展农业生产有关的方面，例如化肥工业、兴修水利、可垦荒地的开垦等。”(3)“财政体制一经改变，必须建立相应的财务管理制度”。(4)“中央和地方各种分成制度，基本上三年不变；但执行一年以后，如果有不适当的地方，应该有局部的调整”。陈云同志当时估算，三年内地方财政分成将有30亿至36亿元，外汇分成将有4500万至5000万美元。

八届三中全会后，陈云同志在五人小组调查研究的基础上，亲自代国务院起草了《关于改进工业管理体制的规定》、《关于改进商业管理体制的规定》、《关于改进财政管理体制的规定》，经国务院全体会议通过，并提交1957年11月14日召开的第一届全国人民代表大会常务委员会第84次会议批准，自1958年起施行。这三个规定，已收入《陈云文选》(第3卷)。我认为，这些规定，其基本精神反映了党和国家对改进经济管理体制重要意义的认识，反映了当时改进体制的方针，就是：分级管理，逐步下放，重视综合平衡，处理好下放后的人、财、物和产、供、销等各环节的协调关系，破除和修订某些不合理的规章制度，更好地促进经济和各项事业的发展。应该说，50年代中期国务院拟定的《关于改进国家行政体制的决议（草案）》和陈云同志代国务院起草的三个规定，以及各部门提出的改进管理体制的设想和措施，在我国经济体制改革的历史上是一次积极有益的探索和尝试。

（四）1958年的“放权”与“收权”

第一个五年计划任务的胜利完成，有些主要指标提前一年完成，给全国人民以极大的鼓舞。从中央到地方，从干部到群众，都要求进一步加快经济的发展速度，更快更多地改善人民的物质文化生活。《人民日报》1958年1月1日发表的《乘风破浪》的社论，表达了干部和群众的这种热情和要求。

2月18日，毛主席在中共中央举行的春节团拜会上说：“今年是一个很大的生产高潮。以前没有解放，一部分上层建筑一些环节有错误、缺点，生产关系上不完善，因为整风，就改善了，改掉了，破坏了不好的，建立了比较好的……这样，群众就高兴了。高兴了，就来了一个生产高潮。现在农村里头搞了几个月，城市里头也搞了几个月，现在正在大来！”他在讲到经济管理体制问题时说：“中央集权太多了，是束缚生产力的。这就是上层建筑与经济基础的关系问题。我是历来主张‘虚君共和’的，中央要办一些事，但是不要办多了，大批的事放在省、市去办，他们比我们办得好，要相信他们。”“一个工业，一个农业（本来在地方），一个财，一个商，一个文教，都往下放。”地方只要“有原材料，你就可以开厂；有铁矿，有煤炭，就可以搞小型钢铁厂。化学肥料厂、机械厂，各省都可以搞。而且地方又有地方，它有专区，比较大的市镇，有县的工业。所以，有中央的工业，有省的工业，有专区的工业，有县的工业。这样就手脚多，大家的积极性多。单是我们北京这一个方面积极，人太少了”。毛主席的这番话，中心意思是打破中央和中央部门管得过多、统得过死的局面，以利调动地方各方面的积极性，以利因地制宜地发展经济，以利增强经济的活力，这在原则上无疑是必要的和正确的。遗憾的是，后来在实际做法中并未达到这样的目的，在改进经济管理体制的工作中出了不少违背客观规律的问题。

在春节团拜会的那天，《人民日报》还发表了由毛主席撰写的《反浪费反保守是当前整风运动的中心任务》的社论。社论里有这样两段话："在十五年赶上英国和苦战三年改变面貌的伟大号召的鼓舞下，群众不能不要求生产和工作的大跃进，不能不反浪费反保守。""要通过和结合反浪费反保守的斗争，彻底改进干部和群众的关系，提高全体职工群众的社会主义觉悟，打破那些妨碍生产力迅速发展的陈规，精简机构，改善生产管理和劳动组织，改进生产技术，降低生产费用，以便贯彻执行多快好省的方针，促进生产的大跃进。"

1958年一年内，中共中央和国务院召开了多次会议，中心议题都是经济工作和改进经济管理体制，并先后作出一批改进体制的决议、规定。这些会议和作出的决议、规定，基本精神是：加快经济的发展速度，加快和扩大管理权限下放的步伐，促进国民经济的"大跃进"。这里，我只记述几个重要规定的主要内容。

4月11日，中共中央和国务院发布《关于工业企业下放的几项规定》。提出："为了加快我国社会主义建设的速度，提早实现工业化，在工业管理体制方面决定作如下改变：国务院各主管工业部门，不论轻工业或者重工业部门，以及部分非工业部门所管理的企业，除开一些主要的、特殊的以及'试验田'性质的企业仍归中央继续管理以外，其余企业，原则上一律下放，归地方管理。"

6月2日，中共中央作出《关于企业、事业单位和技术力量下放的规定》。规定了下放企业、事业单位和技术力量的17条具体办法，主要是尽快更多地下放。如规定："轻工业部门所属各企业、事业单位除四个特殊纸厂和一个钢网厂外全部下放。重工业部门所属各企业、事业单位大部下放，下放的单位约占全部的百分之六十至七十。各工业部门下放的单位和产值，除军工外，均占全部的百分之八十左右。"按照上述要求，中央部直接管理的1165个企事业单位，下放 885 个，下放比例为 76%。其中，下放比例最高的是纺织部，全部下放；轻工业部次之，达 96.2%；再次是化工部，达 91%；机械部民用部分为 81.7%；冶金部为 77.7%；煤炭部为 74.1%；水利电力部为 72.5%；其他部都在 60%以上。《规定》还要求："下放企业、事业单位和技术力量的交接工作，应该一律于六月十五日以前完成。"

在不到半个月的时间内，要求把中央各部门管理的近 900 个企事业单位下放到省市区，并完成交接工作，可见当时改进管理体制的决心是非常之大的。单从改变企事业单位隶属关系的手续来说，那是容易办到的。但是，要协调好人、财、物和产、供、销的关系，就需要做大量细致的工作，如不能理顺关系，就会产生中央部门和省市区之间的相互掣肘，给企业造成困难。为了解决这个矛盾，中央曾于 1958 年 2 月 6 日作出《关于召开地区性的协作会议的决定》，即在全国划分为东北、华北、华东、华南、华中、西南、西北七个协作区，分区"举行定期性的和不定期性的会议"，"使各省、市、自治区互通情报，交流经验，互相协作，彼此支援，调节矛盾，互相评比，以便在中央方针政策和统一规划的领导下，促进社会主义建设事业的共同发展"。6 月 1 日，中央又作出《关于加强协作区工作的决定》，指出："为了适应社会主义建设事业发展的新形势，除了充分发挥中央各部、委和省、市、自治区的积极性以外，还必须充分发挥协作区的积极作用，以便根据我国幅员广大、资源丰富、人口众多的特点，进一步地在中央集中领导下，按照全面规划，逐步形成若干个具有比较完整的工业体系的经济区域，保证农业以较快的速度发展，巩固工农联盟。""不但对于财政经济工作要实行分级管理的制度，而且对于建设计划，特别是经济计划工作，还应当采取全面规划、分级平衡、点面结合、以点带面的方针。"决定成立七个协作区委员会，每年至少开四次会议；委员会下设经济计划办公厅，为办事机构，并接受国家计委和国家经委指导。6 月 10 日，中央又发出《关于成立财经、政法、外事、科学、文教小组的通知》，规定这些小组直属中央政治局和书记处，负责领导各方面的工作。财经小组由 12 人组成，陈云同志为组长，李富春、薄一波、谭震林同志为副组长，李先念、黄克诚、邓子恢、聂荣臻、李雪峰、贾拓夫、王鹤寿、赵尔陆同志为组员。

协作区委员会成立后，虽然开过一些会议，但它是个协调机构，解决不了多少实际问题。中央财经小组成立后，面对企业迅猛下放的局势，也遇到一些棘手的问题。6 月下旬，我到东北地区作调查，在大连看了 20 个工厂，将实地考察中发现的问题整理成书面材料，于 7 月 9 日上报毛主席和党中央。7 月 30 日，中央将我的报告命题为《薄一波同志关于当前企业间生产协作问题的意见》，批转各省市区和中央各部委研究。我在报告中反映："由于工农业生产的大跃进和国营企业的大部分下放，以及地方企业产品产量猛烈地增长等原因，企业之间原有的产品协作关系，目前正处在以条条为主，而转变为以块块为主的过渡时期。从今后发展趋势来看，这种转变是肯定的，必要的，原封不动地保持原有的协作关系将很困难，但是一下子打乱原有的协作关系也会妨害今年下半年和明年生产跃进计划的完满实现。"我提到的问题有："(1)有的由于本企业生产任务的增加和原材料供应的困难，对外协作拖延了交货期，妨害了对方生产计划的完成，这是比较多的现象；(2)有的不愿签订年初合同外的跃进部分的协作件；(3)有的不愿签订明年的协作合同。"我提出解决问题的方针是："在新的协作关系还没有建立起来之前，不打乱原有的协作关系，但应积极创造条件，逐步地过渡到以地区为主的协作关系。"还提出了九条具体办法，主要是要求各协作区和各省市区把组织协作的工作抓起来，要求企业维护原有的生产协作关系。除此而外，没有也不可能提出更有效的解决办法。

由于企业下放过猛，加之下半年开展的全民大办钢铁运动，不仅打乱了企业间原有的生产协作关系，而且出现了各地大上基本建设项目，大量增加职工，以及平调国营企业设备、材料的问题，从而导致计划失控，工业生产秩序混乱。尽管中央在作出下放企业决定的前后，也曾发出《关于改进物资分配体制问题的意见》、《关于改进计划管理体制的决定》，要求加强全国和地区的平衡工作，生产资料必须按计划任务统一调拨；还发出《关于立即停止招收新职工和固定临时工的通知》等一些控制性的规定，但冲破计划、盲目大干快上的势头有增无减。

为了扭转经济发展的混乱局面,《人民日报》于 1959 年 2 月 24 日发表题为《全国一盘棋》的社论。社论指出:“我们的社会主义经济,是有计划按比例发展的。为了最有效、最合理地调动各方面的积极性,就必须更好地加强集中领导和统一安排。就必须从全国着眼,把全国经济组织成全国一盘棋。这就是说,必须在全国范围内统一安排全国基本建设项目,统一安排全国主要产品的生产,统一分配全国的原材料,统一调拨和收购生产资料和生活资料这两大部类的主要物资。”

3 月 11 日,国务院发出《关于调整若干个企业隶属关系的通知》,决定将有关全局性的 34 个企业由地方交归国务院有关部领导。4 月 28 日,国务院又发出通知,批准 21 个企业由地方交归国务院有关部领导,24 个企业原由地方管理改由国务院有关部与地方双重领导。从此,中央又逐步上收企业的管理权。

7 月 2 日,毛主席在庐山会议上分析了当时的经济形势和存在的问题,认为“大跃进的重要教训之一,主要缺点是没有综合平衡”。他在谈到体制问题时说:“现在有些半无政府主义。‘四权’过去下放多了一些、快了一些,造成混乱,应该强调一个统一领导,中央集权。下放的权力,要适当收回。对下放要适当控制,反对半无政府主义。”还说:“过死不好,过活也不好。现在看来,不可过活。”

按照毛主席这个意见,在 1961 年开始的经济调整期间,又把下放地方的大部分企业陆续收归国务院有关部管理,使计划、基本建设、物资、财政和企业管理方面的混乱状态有所扭转,使国民经济恢复了正常的秩序。这样,以下放企业管理权为中心内容的改进体制的工作,又以上收企业管理权而告结束。

(五)今天的一些认识

50 年代中、后期改进经济管理体制的工作,虽然没有取得多大的成效,却留给我们一些有益的历史启示和深刻的历史教训。就历史启示来说,我认为最基本的一条是,认识到中央权力高度集中的经济管理体制影响地方和企业积极性的发挥，束缚生产力的发展，必须进行改进。在进行改进之初所拟定的草案和规定，步子是稳的，带有试验的性质，以求取得经验后逐步使体制的改进工作向深度和广度发展。但“大跃进”的形势一来，把改进体制看得过于简单化了，做法上也匆匆忙忙过于草率，认为只要把大部分企业的管理权下放给地方，就可以一蹴而就，则是一个重要的教训。

还有一个更重要更具根本性的教训，就是当年的经济管理体制的改进，只是看到了权力高度集中存在的弊端，因而采取的办法就是给地方下放权力；下放多了，又往上收权，而没有认识到在社会主义制度下，只强调实行计划经济体制（而且是以国家指令性计划为主体的体制），而完全忽视、否定市场机制的作用所存在的弊端。为什么当时以至以后相当长一段时间内迟迟没有认识到这个问题呢？我认为原因主要是两个：一是受到国际共产主义运动中传统观念的影响。在马克思主义经典作家的著作中，一直就认为社会主义是同商品经济、市场经济不相容的。很明显，当时毛主席和我们这些人是接受了这种观点的，而且还有自己的发展，好像社会主义就等于计划经济，资本主义就等于商品经济、市场经济；好像在社会主义条件下是绝对排斥市场机制的，是绝不能搞计划与市场相结合的，一搞市场机制，就要走到资本主义的路上去了。二是受到我国历史上传统的自然经济和半自然经济观念的影响。由于我国经济长期处于自给半自给的状态，商品货币关系很不发展，致使我们对于商品经济、市场机制的属性、作用等等也就很不了解，缺乏这方面的知识和经验，因而也就很容易陷入盲目畏惧的状态，生怕这些东西发展了，会产生自发势力，产生资本主义。正因为我们的认识在建国后的相当长时间内处于这种状况，没有认识到在社会主义条件下必须大力发展商品经济，必须实行计划与市场相结合，充分发挥市场机制的作用，所以长时间内，只是在计划经济体制的模式内做改进、调整的文章，只是围绕“放权”与“收权”打圈子，而“放权”也主要是放给地方，并未放给企业，因为在计划经济体制下，企业不是进入市场的独立商品生产者，而是隶属于中央部门或地方行政指挥和管理下的主要按指令性计划生产的单位。因而，直到党的十一届三中全会以前，我们的经济管理体制的改进，始终没有找到问题的真正症结所在，始终没有找到正确的改革道路。

党的十一届三中全会以来，在小平同志领导下，我们党纠正了长期以来经济建设中“左”的倾向，使经济建设逐步走上健康发展的轨道。特别是小平同志在总结过去经验教训的基础上，提出了中国的社会主义还处于初级阶段，创立了建设有中国特色社会主义的理论，确立了改革开放、利用计划和市场这两种调节手段搞活经济的方针，使我国的经济体制改革不断深化，使我国的经济不断增强生机与活力，取得了举世瞩目的伟大成就，我国的社会主义事业从此进入了一个新的发展时期。这是小平同志的一个伟大的新功绩。1992 年，在小平同志视察南方重要谈话精神的指引下，我国的改革开放和经济建设加快了发展的步伐。党的十四大通过总结 14 年来改革和建设的经验，系统地阐明了小平同志建设有中国特色社会主义的理论，而且明确地确立了建立社会主义市场经济体制的改革目标，这标志着我国的改革开放和现代化建设走上了蓬勃发展的新阶段，也标志着我国的经济体制改革实现了一个新的飞跃。建立社会主义市场经济体制是一个巨大的复杂的社会系统工程，但在建设有中国特色社会主义理论和党的基本路线指引下，经过全党同志继续共同奋斗若干年，这种适合中国国情、具有强大生命力的新的经济体制，是一定能够成功地建立和完善起来的。有了这种新体制的保证，集中力量把我国经济建设搞上去的前景是十分光明的。

陈云同志 1992 年 7 月 21 日在《悼念李先念同志》那篇短文中，写了这样一段话：“现在我们国家的经济建设规模比过去要大得多、复杂得多，过去行之有效的一些做法，在当前改革开放的新形势下很多已经不再适用。这就需要我们努力学习新的东西，不断探索和解决新的问题。”这段话虽然不长，但充满着经济发展和历史经验的辩证分析精神，也充满着激励人们在未来的建设和改革中不断学习和探索的殷切期待。我完全赞同。

二十九　郑州会议开始纠“左”

从1958年11月初的郑州会议开始，到1959年7月中旬庐山会议前期，毛主席和党中央接二连三地召开了一系列重要会议，领导全党努力纠正已经察觉到的“左”倾错误。八个半月的纠“左”，是逐步深入和富有成果的。如果不是庐山会议后期中断了这一进程，“大跃进”造成的损失可能会小得多。但是，历史是无情的，历史就是历史。它的发展，并不因为我们开始纠“左”而不犯更严重的“左”倾错误。这既说明了“左”的思想根深蒂固，也说明了人们对“左”的危害的认识不可能是一次完成的。作为这一过程的见证人，重温这段历史，我想是会有助于总结这方面的经验教训的。

（一）毛主席在“大跃进”的高潮中提出要“压缩空气”

1958年以大炼钢铁和大办人民公社为标志的“大跃进”高潮，九十月达到巅峰。它的出现，固然反映了我国人民要求迅速改变“一穷二白”面貌的强烈愿望，同时在很大程度上也反映了我们党对经济建设的客观规律不甚了了的状况，带有很大的盲目性。在这之前，自上而下地层层发动，批判反冒进、“拔白旗”、“插红旗”、“大辩论”，其结果是指标越提越高，头脑越弄越热，以致使以高指标、瞎指挥、浮夸风和“共产风”为主要标志的“左”倾错误，在全国范围内严重地泛滥开来。

在一片“胜利冲昏头脑”的气氛下，毛主席虽然赞赏“六亿神州尽舜尧”那热气腾腾的局面，却最先冷静了下来。为了弄清真实情况，10月13日至17日，他外出视察，14日，在天津约黄火青、黄欧东、吴德、林铁、万晓塘等同志谈话。15日，约林铁、万晓塘、吴德、欧阳钦、黄火青等谈钢铁生产和人民公社问题。16日，约彭真、陈伯达、林铁、万晓塘、张春桥，保定地委书记，徐水、安国、唐县县委书记等开会，讨论人民公社问题。17日，先在杨村约刘子厚同志谈话，稍后在天津又约河北省委、天津地委、保定地委和唐县、安国、正定县委主要负责人开会。通过接触，他发觉在人民公社化运动中，很多人“急急忙忙往前闯”，有一大堆混乱思想。19日上午，毛主席两次致信陈伯达：“你和张春桥同志似以早三天去河南卫星社进行调查工作为适宜”，“建议将胡绳、李友九都带去，练习去向劳动人民做调查工作的方法和态度，善于看问题和提问题。我过了下星期就去郑州，一到，即可听你们关于卫星社观察所得的报告”。23日，他电告正在河南的陈伯达：“你们调查研究卫星社大约要一个星期，包括调查团(社)、营(大队)、连(队)的各项问题。然后，请找遂平县级同志们座谈几次，研究全县各项问题。”26日，同吴冷西、田家英同志谈话后，28日再次电告陈伯达：“如果遂平调查已毕，你们可去附近某一个县再作几天调查，以资比较。于十一月二号或三号回到郑州即可。已令吴冷西、田家英二同志昨日夜车出发，分赴修武七里营两处调查几天再去郑州。”这期间，他在北京又同周总理、陈云同志以及彭真、陈毅、李富春、薄一波、王鹤寿、赵尔陆等同志交谈。10月31日，毛主席乘专列南下，途经保定、石家庄、邯郸、新乡，每到一地，都会见了当地省、地、市、县委负责同志，同他们交谈，进行调查研究，听取地方负责同志的汇报。尽管这些调查对象，不少人思想上尚未摆脱“左”的束缚，还不可能真正反映实际情况和群众的要求，但通过接触，取得感性认识，仍然是有用的。

11月2日至10日，党中央在郑州召开了有部分领导人和若干省委书记参加的会议，广泛地讨论了公社化运动中出现的问题。继2日下午在专列上与河南、河北、山西、陕西、甘肃等省委书记谈话后，3日下午，毛主席在听取吴芝圃、王任重、周小舟、张德生、张仲良、林铁、陶鲁笳、曾希圣、舒同等九位省委书记汇报时，开始向党的高级干部做“降温”工作。他说：10月钢产量720，还差400万吨，真是逼死人了。脑筋里头就是钢了。农业没有人抓了。现在开的支票太大了，恐怕不好。要让社员吃饱吃好，还要加一个睡足歇足。4日下午在听取吴芝圃、王任重等同志关于议论十年规划文件时，毛主席说：还是社会主义为题目，不要一扯就扯到共产主义。你现在牵涉到共产主义，这个问题就大了。你说十年就过[渡]了，我就不一定相信。这是个客观的东西，人们的想法是一回事，是否符合客观规律又是一回事。我们要参考《苏联社会主义经济问题》，研究公社的性质、交换、社会主义向共产主义过渡、集体所有制向全民所有制过渡。5日，柯庆施同志到会，汇报了上海市思想混乱的情况，毛主席问：上海有没有200万人人心大乱？柯答：恐怕有百把万。又问：干部有没有30%怕“共产”？柯答：恐怕还没有30%，是少数的。毛主席说：县以下恐怕没有，省一级，大城市，我看恐怕有。周小舟、舒同、曾希圣同志反映：怕废除票子，怕归公，因而提款的多，发生了抢购。毛主席说：废除货币，陈伯达就有这个倾向。北京现在也混乱得很，我们没有章程，天下大乱。人民公社城市恐怕搞不了。在议论到“十年规划”的钢铁指标时，毛主席主张把时间延长一点，不去赶美，只赶英国，并风趣地对李富春、王任重同志说：我就比你差四年，我就比较右倾一点，叫你们当左派，世界上一点右派没有也不行。我现在顾虑，我们在北戴河开那个口，少者三四年，多者五六年，就由集体所有制搞成全民所有制，像工厂那样，是不是开了海口，讲快了。在谈到产品调拨问题时，毛主席说：调拨跟商业交换不同，现在还是要等价交换，将来共产主义的产品交换，现在还办不到。要区分两种全民所有制，这是个客观规律，不能混同。9日，在审议《十五年社会主义建设纲要四十条(1958—1972年)》草案时，毛主席批评了这个文件避开商品问题，说：起草这个文件的同志以及在座诸公，都是避开这一点的。我就想写上去，当一点右派。这可能触犯许多人，因为许多左派实在不愿意。他们是竭力想把这方面缩小的，就是要急于过渡到共产主义。他接着说：我们国家是个商品生产不发达的国家，现在又很快地进到了社会主义。社会主义的商品生产同商品交换还要发展，这是肯定的，有积极作用(小平同志插话：商品和工资是关联的，统统都是供给了，商品也就很难交换了)。现在有那么一种倾向,就是共产主义越多越好,最好一两年内就搞成共产主义。山东范县说两年进入共产主义,说得神乎其神,我是怀疑的。为了澄清思想混乱,同日,毛主席写了《关于读书的建议》,要求中央、省、市、自治区、地委、县这四级党的委员会的委员同志们,认真读一点书。当然,书本上也未必能找到现成的答案,但读与不读,毕竟大不一样。尽管斯大林对“商品”的认识,最后也只是觉悟到“城乡”交换问题而已。10日,毛主席提议将《郑州会议纪要》改成《郑州会议关于人民公社若干问题的决议》,因为这都是一些政策问题。下午,他又亲自向到会同志讲解斯大林的《苏联社会主义经济问题》,说:大跃进搞得人[的]思想有些糊里糊涂,昏昏沉沉。我睡不着,还是想搬斯大林,企图对一些同志进行说服工作。在谈到商品交换时,毛主席指出:

我们是工人阶级的产品跟过去的小资产阶级(农民)的产品进行交换。农民在中国是一个海。现在还是个农民问题。许多同志觉得,农民现在忽然变得跟无产阶级一样,或者更高,农民现在是第一,而无产阶级呢?变成二哥了。我们有一些同志在读马克思主义教科书的时候,是马克思主义的,一碰到具体问题,马克思主义就要打折扣了。

我们有些同志昏了头脑,以为快要上天了。看起来是国家要什么拿什么,实际上要拿,那是痛心得很的。中国有个河南省,河南省有个修武县,修武县有个第一书记,据田家英同志跟我讲,他现在考虑了两个问题,不敢宣布全民所有制:第一条,怕灾荒的时候不能发工资,国家不能给补贴。全国这么多公社,你有了灾荒,不能发工资,国家来给你发工资?第二条,是丰产。一宣布全民所有制,你是不是把我拿去了?全民所有制,产品所有是属于全民,就得拿。

这个同志是想事的同志,不那么冒进。徐水,还有什么地方,就急急忙忙往前闯。

第一次郑州会议结束后,11月13日上午,毛主席致信少奇、小平同志：

建议在北京在政治局、书记处同志并再参加若干同志的范围内，在这几天内，开三次至四次会：(一)讨论郑州起草的两个文件(指《郑州会议关于人民公社若干问题的决议》草案和《十五年社会主义建设纲要四十条(1958—1972 年)》草案。——一波注)，当作问题提出，征求意见；(二)讨论斯大林苏联经济问题"意见书"部分的第一、第二、第三章。这样做，是为了对武汉会议先做精神准备。是否可行，请酌办。我认为省级也应这样做，讨论上述同样的两个问题，也应当只是当问题提出，征求意见的性质。如以为可行，请以电话通知各省。所谓当作问题提出，即对每一个问题，都提出正反两面。例如对划一条线弄清界限问题，提出划线好，还是不划线好？对商品问题，提出现阶段要商品好，还是不要商品好。其他问题，以此类推。

11 月 13 日至 19 日，在少奇同志、周总理和小平同志主持下，在京的政治局和书记处成员，按毛主席的指示，进行了多次的学习和讨论。

毛主席继续在河南、湖北作调查研究。11 日，约许昌、洛阳、新乡、开封地委书记和鲁山、商丘、信阳、禹县县委书记谈话。12 日，会见中南海机关下放在荥阳劳动的 18 位同志，并再次约许、洛、新、开四地委书记谈话。13 日，离开郑州，在遂平，与县委负责人和嵖岈山区委书记谈话，在信阳，跟地委负责同志谈话。14 日，途经孝感，与省、地、县委书记及长风公社、五店公社书记谈话。15 日，到达武昌。16、17 日，与谭震林、廖鲁言、王任重同志商谈。19 日，约见武汉、黄石市长，与黄冈、襄阳、荆州、宜昌、恩施、孝感地委书记谈话。20 日，先约周小舟、陶铸、李井泉、陶鲁笳同志谈话，继与陈云、小平、彭真、杨尚昆、王任重同志谈话。

11 月 21 日，有各省、市、自治区党委第一书记、中央有关部长参加的政治局武昌扩大会议开幕。毛主席主持会议并作重要讲话。他说：苏联在准备向共产主义过渡问题上很谨慎。我看，我们中国人大概包括我在内，是个冒失鬼。五亿多农民的年薪不到80元，是不是穷得要命？我们现在吹得太大了，我看不合事实，没有反映客观实际。整个说来，认识客观规律，掌握它，熟练地运用它，并没有。所谓速度，所谓多快好省，是个客观的东西。客观说不能速，还是不能速。我不相信那个9000亿（指1958年预计粮食产量。——一波注），搞到7500亿斤我就满意了（事实上，直到1976年毛主席逝世时，也没有达到这个数字。——一波注）。10年内需不需要四亿吨钢？心血来潮一想就搞了这么一个数目。《四十条》传出去很不好，叫做务虚名而受实祸。毛主席表示，他最怕犯冒险主义错误了。在当时的情况下，毛主席公开表明自己的这种看法，批评“务虚名而受实祸”的现象，认为整个说来，大家还没有能够认识、掌握和熟练地运用客观规律，并承认包括他在内，犯了“冒失”的错误，这是很不容易的，因而尤为引人注目，这对于压缩当时“左”的空气，降低人们头脑发热的热度，其作用和影响是很大的。因为“大跃进”就是在毛主席亲自发动的批判反冒进的声浪中兴起来的。然而“大跃进”发生后不到半年的事实，就已经证明不按规律办事，“急急忙忙往前闯”的冒进之路是走不通的。革命战争之中，怕犯冒险主义错误，经济建设之中，同样也怕犯冒险主义错误。在这里，毛主席虽然仍未说1956年反冒进是正确的，但我以为1958年的实践已经再次检验，那个反冒进是对的和必要的。

在毛主席讲到1959年钢铁指标是否定在3000万吨时，我插了一段话：现在这种形势，6000万人，搞一个大运动，这样搞下去，当然有很大的好处，可是造成了各方面这么个紧张局势，这实在是值得考虑的。明年这样搞，显然是不行的。所以提出一个“定点”，是两种用意：把基地定下来，不是马上形成什么，而是赶快定；那些合乎条件的就把它保存起来，那些不合乎条件的就收兵回营，不要搞了，人就可以撤下来一些。老这么拖，各方面的矛盾太突出了，棉花也不能收了，吃的也不能运了，出口的东西也不能够集中了，什么东西都供应不上。我讲到这里时，毛主席说：大城市里头，猪肉也没得吃了，粮食也没得吃了，猪肉也不能出口了。我接着说：钢，北戴河向主席保证的1100万吨，现在从数量上来讲，还是可以达到，甚至可以超过，但是从质量上，把内容加以分析，情况就大变了，1100万吨钢，大概把18个重点企业，把造机械的铸钢，把地方上的好钢加上，不会超过900万吨，我估计是850万吨，还有250万吨土钢，还轧不成现在所需要的材料，假使明年要搞到3000万吨，概念是增加两倍半达到三倍半，那是相当紧张的。毛主席说：要总结经验，你搞这么一点铁，这么一点钢，要6000万人，我们中国究竟有几个6000万人？这个总不妙吧。是不是这样，明年老老实实就是翻一番，如果今年搞成1070万吨，明年搞2141万吨，翻一番之外还有1万吨。我们在这一次唱个低调，把脑筋压缩一下，把空气变成固体空气。他风趣地说，唱戏拉胡琴，转那个东西转得太紧，它就有断弦之危险。这有点泼冷水的味道，右倾机会主义了。

21日下午，李富春同志主持中央部委参加会议的同志讨论1959年钢铁等指标的安排问题。初到武昌的当天晚上，毛主席找李富春、赵尔陆和我，谈明年钢的指标定多少？富春同志说：有同志说定3000万吨，我看2500万吨是可能的。尔陆同志说：我看1600万吨也就不小了。最后，我说：内定1800万吨，公布1600万吨。毛主席非常关心这件事，夜不能寐。11月23日，他在武昌会议的第二次讲话中指出：

> 我们的脑筋正在这里压缩空气。指标问题，以钢为纲带动一切，究竟以什么指标为好？北戴河是2700—3000[万吨]，那是个建议性的，这一次是决定性的，问题是办得到办不到。今年翻一番是个冒险的倡议。
>
> 北戴河会议后两个半月的经验对我们是一个很好的经验，就想到恐怕明年搞2700到3000万吨难得办到。我们是不是可以用另外一个办法：把指标降低，只翻一番，不翻两番？今年搞到1100万吨，明年翻一番，是2200万吨。有没有把握？前天晚上，富春、一波、王鹤寿、赵尔陆他们已经睡着了，我从被窝里头把这几位同志拖起来，就是讲，不是什么3000万吨有无把握的

问题，而是1800万吨有无把握的问题。昨天晚上我跟大区和中央几个同志吹了一下（与会的有少奇、陈云、小平、彭真、谭震林、柯庆施、李井泉、王任重、陶铸、欧阳钦、张德生、林铁等同志。——一波注），究竟1800万吨有无把握，我们所得到的根据不足。

我在这里反冒进。从前别人反我的冒进，现在我反人家的冒进。将来又搞个马鞍形，那好，就开个全国大会。昨天晚上我们说，似乎1800万吨是有把握的，要经过努力。但是还有好几关没有过。

破除迷信，不要把科学破除了，比如第一条科学，人是要吃饭的，……没有一个地方证明人可以不吃饭。第二条，人是要睡觉的，这也算一条科学。

为了从理论上弄清冷和热的辩证关系，12月1日，毛主席在武昌写的《关于帝国主义和一切反动派是不是真老虎的问题》一文中，作了回答：

可能性同现实性是两件东西，是统一性的两个对立面。虚假的可能性同现实的可能性又是两件东西，又是统一性的两个对立面。头脑要冷又要热，又是统一性的两个对立面。冲天干劲是热。科学分析是冷。在我国，在目前，有些人太热了一点。他们不想使自己的头脑有一段冷的时间，不愿意做分析，只爱热。同志们，这种态度是不利于做领导工作的，他们可能跌筋斗，这些人应当注意提醒一下自己的头脑。另有一些人爱冷不爱热。他们对一些事，看不惯，跟不上。对这些人，应当使他们的头脑慢慢热起来。

在毛主席的耐心启发和教导下，经过郑州会议、武昌会议和紧接着召开的八届六中全会的紧张工作，终于迈出了纠“左”的一步，取得了最初的成果。六中全会通过的《关于人民公社若干问题的决议》明确指出，不能混淆集体所有制和全民所有制的界限，更不能混淆社会主义和共产主义的界限，强调“继续发展商品生产和继续保持按劳分配的原则对于发展社会主义经济是两个重大的原则问题”，“我们既然热心于共产主义事业，就必须首先热心于发展我们的生产力”。全会通过的《关于一九五九年国民经济计划的决议》，虽然还保留了相当多的高指标，但钢的产量已由原来的2700万—3000万吨，降为1800万—2000万吨，基本建设投资总规模已从500亿元降到了360亿元。正如毛主席指出的，全会通过的决议，主要锋芒是向着急这方面的。

“事非经过不知难”呀！一个时期一股热情，谁不想搞得快一点。但愿望与可能毕竟不是一回事。毛主席首先察觉到这一点，提出“压缩空气”，说明他头脑清醒得比我们早，发现和判断问题的敏锐性比我们高，转变不合乎实际的看法也比我们快。这的确是很不容易、很值得我们学习的。

毛主席在察觉到“大跃进”中泛滥起来的“左”的错误之后，从1958年10月中旬到12月，为了开始纠“左”，他一路奔波、夜以继日地非常之紧张地工作了两个多月。从中也可以看到他的工作方法和工作作风的几个鲜明特点。一是抓得很紧。一旦发现了错误倾向，就抓住不放，又是调查了解，又是开会研究，又是找人谈话，寻找解决办法，几至终日以思，夜不能寐；二是加强实地调查。不但派人下去调查，而且亲自进行调查，在调查中不仅找省部级的高级干部、地县级的中层干部座谈、个别交谈，而且找区乡级的基层干部座谈、个别交谈。通过座谈、交谈，反复了解情况，广泛听取意见，同时也向调查对象亮明自己的看法；三是理论与实际结合。他既要求大家实地调查，又要求大家读点书，把“左”的错误的表现、产生的原因上升到理论上进行分析，以利于提高大家对错误的认识，增强纠正错误的决心和自觉性；四是研究和解决问题的形式多样。小范围研究、大会讲话以及党内写信、作批示等等，多管齐下，把中央要纠正错误倾向的意图、办法迅速传达下去。这些工作方法和工作作风的特点，不独表现在这次开始纠“左”的工作中，而是贯穿于毛主席的整个领导工作之中。下一节还要谈到的他在1959年1月下旬，再一次风尘仆仆地深入实际、深入群众，着重调查研究人民公社存在的问题的过程，也充分体现了这些特点。我以为这也是很值得我们学习和效法的。

(二)人民公社问题的症结所在

八届六中全会结束后，毛主席继续深入实际调查研究，在湖北、湖南和返京途中，又与当地负责同志进行了广泛的交谈，于 1958 年 12 月 30 日回到北京。

1959 年 1 月 26 日至 2 月 2 日，中央召开了省、市、自治区党委第一书记会议，讨论 1959 年的年度计划等问题。2 月 1 日、2 日，毛主席两次到会讲话。他说：我们对于搞经济建设还是小孩子，虽然我们现在年纪不小了。应该承认这一点：向地球作战，向自然界开战，这个战略战术，我们就是不懂，就是不会。……关于客观经济规律、按比例，这个问题我是没有解决的，这个问题，我不懂。毛主席的这种坦诚态度，发人深省；而他那种"从实践中找经验"的求知欲望和对党和人民事业高度的负责精神，更为全党树立了榜样。

1 月 15 日，毛主席从新华社内部参考上，看到了广东《新会县人民公社在发放第一次工资后出勤率、劳动效率为什么普遍下降》一文，其中谈到：究其原因是多劳不能多得，干多干少都一样。2 月中旬，毛主席看到了广东省委批转赵紫阳同志关于雷南县干部大会解决粮食问题的报告，其中谈到瞒产私分的严重情况，引起了毛主席的极大关注。23 日，他再次外出视察，在天津与河北省委书记刘子厚、天津市委书记万晓塘等省、市负责人谈公社问题。24 日，分别与山东省委第一书记舒同和省、市委负责同志谈公社问题。25 日，又跟舒同和历城县委第一书记、东郊人民公社第一书记、大辛管理区总支书记、生产队长等谈公社分配问题。他了解到，吕鸿宾合作社用一张条子(调东西调不动)，一把秤(让人拿秤去称粮食，群众普遍抵制，于是便翻箱倒柜)，一顶帽子(本位主义，进行神经战)都不灵，于是，受了教育，改变主意，用一把钥匙(解决思想问题)，一张布告(安民告示)，一个楼梯(下决心解决所有制问题)解决问题的经验。

26日，他与河南省委书记吴芝圃等同志谈公社分配问题。27日上午，又与新乡、信阳、许昌、洛阳地委书记谈公社生产、分配问题。

2月27日至3月5日，毛主席主持召开了第二次郑州会议，主要讨论人民公社的分配制度问题，形成了具有重大意义的《郑州会议记录》。

在郑州会议上，毛主席作了多次讲话。这里，我想着重引述毛主席对人民公社存在的问题，是怎样透过现象弄清本质的。

毛主席是这样提出问题和分析问题的：

> 大家看到，目前我们跟农民的关系在一些事情上存在着一种相当紧张的状态，……几乎普遍地发生瞒产私分，大闹粮食、油料、猪肉、蔬菜“不足”的风潮，其规模之大，较之一九五三年和一九五五年那两次粮食风潮都有过之无不及。……我们应当透过这种现象看出问题的本质即主要矛盾在什么地方。
>
> 六中全会的决议写明了集体所有制过渡到全民所有制和社会主义过渡到共产主义所必须经过的发展阶段（这从理论上讲是对的，但作为历史发展的具体过程来讲，似应指出大体需要多长时间。经过三十多年的实践，现在回过头来看，当年想的过渡时间显然是太短了，过急了。——一波注）。但是没有写明公社的集体所有制也需要有一个发展过程，这是一个缺点。因为那时我们还不认识这个问题。这样，下面的同志也就把公社、生产大队、生产队三级所有制之间的区别模糊了，实际上否认了目前还存在于公社中并且具有极大重要性的生产队（或者生产大队，大体上相当于原来的高级社）的所有制，而这就不可避免地要引起广大农民的坚决抵抗。从一九五八年秋收以后全国性的粮食、油料、猪肉、蔬菜“不足”的风潮，就是这种反抗的一个集中表现。一方面，中央、省、地、县、社五级（如果加上管理区就是六级）党委大批评生产队、生产小队的本位主义，瞒产私分；另一方面，生产队、生产小队却几乎普遍地瞒产私分，甚至深藏密窖，站岗放哨，以保卫他们的产品。

他们误认人民公社一成立，各生产队的生产资料、人力、产品，就都可以由公社领导机关直接支配。他们误认社会主义（其实，在很长一段时间里，对什么是社会主义，有很多东西我们并未真正弄清楚。——一波注）为共产主义，误认按劳分配为按需分配，误认集体所有制为全民所有制。他们在许多地方否认价值法则，否认等价交换。因此，他们在公社范围内，实行贫富拉平，平均分配，对生产队的某些财产无代价地上调；银行方面，也把许多农村中的贷款一律收回。“一平、二调、三收款”，引起广大农民的很大恐慌。这就是我们目前同农民关系中的一个最根本的问题。

从这样的分析入手，毛主席认为首先应该纠正平均主义倾向和过分集中倾向。他说：

所谓平均主义倾向，即是否认各个生产队和各个个人的收入应当有所差别。而否认这种差别，就是否认按劳分配，多劳多得的社会主义原则。所谓过分集中倾向，即否认生产队的所有制，否认生产队应有的权利，任意把生产队的财产上调到公社来。

对事物的分析，并没有到此为止。请看毛主席是怎样从实践升华到理论高度的：

上述两种倾向，都包含有否认价值法则、否认等价交换的思想在内，这当然是不对的。凡此一切，都不能不引起各生产队和广大社员的不满。

公社在一九五八年秋季成立之后，刮起了一阵“共产风”。主要内容有三条：一是穷富拉平。二是积累太多，义务劳动太多。三是“共”各种“产”。……这样一来，共产风就刮起来了。即是说，在某种范围内，实际上造成了一部分无偿占有别人劳动成果的情况。

我们对于民族资产阶级这样的剥削阶级所采取的政策（指

赎买政策。——一波注)，尚且是如此，那么，我们对于劳动人民的劳动成果，又怎么可以无偿占有呢？同志们，价值法则依然是客观存在的经济法则，我们对于社会产品，只能实行等价交换，不能实行无偿占有。违反这一点，终究是不行的。

目前的问题是必须承认人民公社有一个必不可少的发展过程(看来，当时问题的本质还是急，而没有实事求是地研究，农村要根本摆脱贫困落后状态，实现农村人民的富裕，究竟需要多少年，需要经历哪些发展阶段？如同现在估计的那样，实现农业的“两个飞跃”需要上百年的时间。——一波注)，而不是什么向农民让步的问题。事情是客观世界强迫我们一定要这样做，只能这样做，不许可别种做法，无所谓让步不让步，是如实遵守客观法则去办事，不可能违反它。

我们都钦佩毛主席驾驭全局的本领。以上的记述再一次说明，他看问题总是比我们站得高，看得深，一旦了解了真实情况，就毫不犹豫地果断决策，工作效率之高，行动之快，在党内是无与伦比的。如果不是毛主席从纷繁的事物中，找出人民公社问题的症结所在，我们的事业就可能被“共产风”所葬送。有了上述的分析，问题就清楚了，就是人民公社在生产关系的变革方面超前了，脱离了生产力的发展水平。正如毛主席指出的：“问题只是我们在生产关系的改进方面，即是说，在公社所有制问题方面，前进得过远了一点。”

症结找到了，解决问题的办法也就出来了(这是指当时的认识水平而言的，那时还很难设想，像十一届三中全会之后那样，尊重群众的创造，实行以家庭联产承包为主的生产责任制)。郑州会议根据毛主席的意见，规定了整顿和建设人民公社的方针：“统一领导，队为基础；分级管理，权力下放；三级核算，各计盈亏；分配计划，由社决定；适当积累，合理调剂；物资劳动，等价交换；按劳分配，承认差别。”

与第二次郑州会议同步召开的河南省五级(后来变成六级)干部会议，及时地传达了毛主席的讲话，立即引起了巨大的反响。许昌地区反映:“主席看透了农村情况,看透了农民的心。我们成天在农村,看不见问题的实质。”“在下边遇到很多群众怕上调东西,就是没有办法处理,老认为是群众落后,资本主义思想严重,这次听了主席指示,心里才开了窍。”信阳地区反映:“公社化后出现的问题,到底也找不到什么原因,毛主席给找到根啦!”新乡地区反映:“咱想的和毛主席想的恰恰相反,咱们在批判分散主义、本位主义,嫌农民不听话,主席正是批判这个问题。”洛阳地区反映:“主席摸透了群众思想,真说到群众的心窝里了。”郑州市反映:“主席在北京,给咱的心看得真透”,“瞒产私分——咱认为是本位主义,没了解事情的本质,这次毛主席指出是所有制问题,应该先批评平均主义”。当然,基层干部的这些反映,也还没有道出群众的真实心情——“包产到户”。

郑州会议之后,各省、市、自治区迅速召开五级、六级干部大会,把郑州会议的精神,一竿子插到底。毛主席因势利导,以“党内通讯”的方式,密切注视贯彻落实中出现的新情况、新问题,及时提出指导性意见。其中属于带有决策性的意见,至少有三条:

第一条,基本核算单位放在大队还是队?3 月 15 日,毛主席致信各省、市、区党委第一书记:

> 河南、湖南两省均主张以生产大队(管理区)为基本核算单位,湖北、广东两省均主张以生产队即原高级社为基本核算单位,究竟哪一种主张较好呢?或者二者可以并行呢?据王任重同志说,湖北大会这几天正辩论这个问题,两派意见斗争激烈。大体上,县委、公社党委、大队(管理区)多主张以大队为基本核算单位,生产队(即原高级社)支书绝大多数,或者全体主张以生产队为基本核算单位。我感觉这个问题关系重大,关系到三千多万生产队长小队长等基层干部和几亿农民的直接利益问题,采取河南、湖南的办法,一定要得到基层干部的真正同意,如果他们觉得勉强,则宁可采用生产队,即原高级社为基本核算单位,不致使我们脱离群众,而在目前这个时期脱离群众,是很危险的,今年的生产将不能达到目的。……《郑州会议记录》

上所谓“队为基础”，指的是生产队，即原高级社，而不是生产大队（管理区）。总之，要按照群众意见办事。无论什么办法，只有适合群众的要求，才行得通，否则终久是行不通的。

尊重群众意见，适合群众的要求，这是党的政策的出发点和归宿，也是我们共产党人克服困难、走向胜利的法宝。

第二条，旧账要不要算？毛主席于3月30日、4月3日分别在陶鲁笳、王任重、谭震林同志的报告上，作了重要批示：

> 旧账一般不算这句话，是写到了郑州讲话里面去了的，不对，应改为旧账一般要算。算账才能实行那个客观存在的价值法则。这个法则是一个伟大的学校，只有利用它，才有可能教会我们的几千万干部和几万万人民，才有可能建设我们的社会主义和共产主义。否则一切都不可能。对群众不能解怨气。对干部，他们将被我们毁坏掉。有百害而无一利。……须知，这是劫财，不是善财。无偿占有别人劳动是不许可的。
>
> 算账才能团结；算账才能帮助干部从贪污浪费的海洋中拔出身来，一身清净；算账才能教会干部学会经营管理方法；算账才能教会五亿农民自己管理自己的公社，监督公社的各级干部只许办好事，不许办坏事，实现群众的监督，实现真正的民主集中制。

第三条，小队要不要有部分所有制？3月17日，毛主席在致各省、市、区党委第一书记“关于召开县的五级干部大会和人民公社第一次社员代表大会问题”的信中提出：

> 应当讨论除公社、管理区（即生产大队）、生产队（即原高级社）三级所有、三级管理、三级核算之外，生产小队（生产小组或作业组）的部分所有制的问题，这个问题是王任重、陶鲁笳两位同志提出来的。我认为有理，值得讨论。

经过3月底4月初中央政治局上海扩大会议的讨论，在《关于人民公社的十八个问题》的会议纪要中，作出了明确规定：“以生产队作为基本核算单位，生产队下面的生产小队就是包产单位。为了提高这一级组织的积极性和责任心，作为包产单位的生产小队也应当有部分的所有制和一定的管理权限。”

这样，人民公社的基本所有制，实际上就退回到了原来的高级社或部分初级社的规模，问题也就较好地解决了。

（三）降低钢铁指标

“大跃进”提出“以钢为纲”；赶超英国，也是以钢的指标为标志的。因此，钢的指标成为党中央、毛主席关注的焦点之一。八届六中全会时，钢的指标虽然降下来了，陈云同志觉得还是难于完成，为慎重起见，建议以不公布为好(这个建议没有及时反映给主席，毛主席直至4月2日上海会议期间才知道陈云同志的意见)。毛主席返京后，1959年1月上旬，曾找陈云同志和李富春、薄一波、李先念、彭德怀同志，谈经济问题和工业问题。陈云同志表示今年的生产计划难于完成。毛主席说，那就拉倒，甚至于这个总路线究竟正确不正确，我还得观察。那时，一些同志对降低指标有抵触，认为陈云同志“右倾”。而毛主席是有心改变高指标的，他赏识陈云同志的见解，要陈云同志讲话。陈云同志那时还不摸底，以为毛主席要他检讨。2月1日，陈云同志在省、市、自治区党委第一书记会上讲了这样一段话：1月初，总理、小平叫摸一下计划，富春8号回来，10号开始讨论。在钢的问题上，一种认为可能，一种认为困难，我在计委、财经小组发言，都对困难看得多了一些，后跟主席反映过，说1800万吨好钢是不是能够完成？恐怕有点问题。在讲了这些话后，接着作了自我批评，检讨了一番。因而，北京会议基本上维持了武昌会议的指标，未能作出进一步的调整。

2月15日，中央批准国家计委党组关于国民经济发展计划几个问题的说明。根据计委的测算，要确保2000万吨钢的任务，需生产2700万吨铁，开采9000万吨以上的矿石，而现有生产能力仅5000万吨，扩建后可提高到6800万—7000万吨；需4000万吨焦炭，也就需要6400万吨洗煤，而现有机械化洗煤能力仅2000多万吨，机械化炼焦炉的生产能力仅900万吨；完成2000万吨钢的运量是6.2亿吨，而现有铁路运输能力约5.7亿吨。原有轧钢能力是900万吨，按1400万吨的轧钢任务，需新增生产能力500万吨，这就需要增加261套中小型轧钢机和98套大中型轧钢机。

2月24日，我向中央报送了关于冶金、机械、煤炭三部生产情况和计划安排的汇报提纲，反映了钢材、设备分配不足的情况，建议中央召开第一书记电话会议并由负责同志挂帅，下去督战（因为计划是中央和各地共同商定的，国家经委不能改变计划，故只能提出这样的建议）。3月9日，中央批转了我的报告，提出：今后工业生产发生的问题和需要采取的措施，责成国家经委负责解决。由于洗煤、炼焦、矿山设备、电力设备和运输设备等薄弱环节没有及时调整，计划完成情况并不理想。

为了讨论经济工作、人民公社的整顿工作和国家机构的人事配备，3月25日至4月5日，在上海召开了中央政治局扩大会议和八届七中全会。

3月25日晚，我给毛主席写信，报送《当前工业战线上的形势》的发言提纲，讲了一季度工业生产和基本建设的执行情况，预测了年度计划的三种可能（全面完成、基本完成、出现比例失调），对轧钢机安排不落实作了检讨，建议二季度按重重急急排队，缩短战线等等。26日下午，我在会上作了《关于第一季度工业计划执行情况和第二季度的安排》的报告，在谈到炼钢设备未能按计划完成时，毛主席当即借题发挥，对计划、经济、基本建设以及工交各部的工作，痛痛地批评了一番。他说：搞了十年工业，积累了十年经验，还不晓得一套一套要抓。安排了98套（指大中型轧钢机。——一波注），2月底还报可完成31套，结果只搞了16套，还有一部分配不齐全，这是什么人办工业，是大少爷。现在工业要出“秦始皇”，我看你们搞工业的人不狠，老是讲仁义道德，搞那么多仁义道德，结果一事无成。搞那么多干什么（指基建项目。——一波注）？削它500项，如果不够，再削，削600项。这时周总理机智而风趣地插话：要有决心，头上要沾点血。毛主席说:根本不要决心,干掉就完了。周总理说,这句话就是决心。小平同志插话:1000多个项目,一季度只有20多个投入生产。毛主席说:何必那么忙,急得要死,一定要搞1000多项,又搞不成。搞成我赞成,问题是你搞不成。从前讲轻重缓急,现在讲重重急急要排队,算得一点经验了,重中有重,急中有急。

3月28日,李先念同志作《关于当前财贸工作的情况和意见》的报告,在毛主席讲话之后,小平同志讲了一段很重要的话:

> 现在提出一个计划问题,计划要放在切实可靠的基础上,中央、地方都觉得有些问题,主要是肩膀上的担子重得很,感到为难。讲出来好,应该实事求是解决。总的情况就是原材料不足,又主要是钢材不足。武昌会议是按钢材1400万吨(加100万吨进口)来订的计划,王鹤寿讲,即使搞到2000万吨钢,钢材不会超过1200万吨,加进口95万吨,不到1300万吨。问题摆得很明白,即使1500万吨钢材,也不可能完成,所以存在危险。大家一致赞成这样一个办法,把计划定在确实可靠的基础上,宁肯超过,大家心情舒畅一点。想把我们的计划放在1100万吨钢材的基础上,包1800万吨[钢]。保重点,冶金部18个企业,是1200万吨,赵尔陆的企业是100万吨,吕正操的企业是40万吨。不下这样一个决心,计划有危险。

毛主席、周总理赞成小平同志的意见。毛主席说:现在看,人心所向,横直没有东西,我们从前讲过的,钱只有这么多,现在是钢材只有这么多,看办多少事。

4月2日,少奇同志主持会议讨论钢、煤、粮、棉四大指标。小平同志说:经过中央三委(计、经、建委)和各省摸的结果,加上原材料不足,究竟能搞多少,从冶金设备、焦煤、采矿等方面考虑,今年只能搞2550万吨铁。最后核定钢的数字是1640万吨。即使搞不到1800,搞1600万吨洋钢,那也比去年翻一番,钢材1100万吨也比去年增加80%,也并不丑。会上,周总理讲了三条经验:一定要有保险系数,统统打满不好,要留有余地,藏一点。从北戴河以后步步退却，就是因为不落实；逐步提高定额，超额完成；实事求是。

4月4日，李富春同志在八届七中全会上指出，决定把原来2000万吨钢的计划调到1800（好钢1650万吨），基建投资原安排360亿元调为260亿—280亿元，项目原安排1500个，现削500个，剩下1000个。少奇同志说：1650万吨，还有很多问题，如煤、矿、专用线、调运，需要有很多措施。武昌会议的2000万吨是比较困难达到的，要努力争取1800万吨。

4月5日，毛主席结合“大跃进”以来的经验教训，从工作方法的高度，作了长篇讲话，提出了“多谋善断”、“留有余地”、“波浪式前进”、“要善于观察形势”、“当机立断”、“与人通气”等重要问题。据我的观察，大凡在我们的工作中出现的问题、矛盾以致偏差、混乱现象比较多的时候，毛主席常常就要向大家讲工作方法、讲领导作风、讲唯物辩证法。我觉得这是很有道理的。因为工作中出现这些情况，往往是与我们的同志工作不细、不扎实、不了解下情、想当然、搞片面性，不讲方法论，不讲唯物辩证法，密切相关的。这个历史的经验值得注意和重视。

八届七中全会后，李富春同志和我，又召开了两天会，4月15日，我们两人向毛主席写了《关于今年钢铁生产问题给主席的报告》。报告中说：“主席在七中全会上对我们的指示和批评，我们还在进一步思索和检查。我们的心情是沉重中包含着愉快。沉重者是工作没有做好，愉快者是思想比较开动了。这半年来，特别是武昌会议以后，我们的脑子有些僵了，总往好的一面想，在许多问题上摸得不深，材料掌握不确，抓得不狠，少谋无断，以致在计划工作中犯了主观片面的错误。”

毛主席的确比我们技高一筹。七中全会后，他并没有满足于钢铁指标已经作了压缩，对压缩后的指标能否实现仍然放不下心。他委托陈云同志进行研究。4月29日和30日，中央书记处根据上海会议拟定的二季度分配钢材250万吨的方案，由于生产上不去，只有205万吨可供分配的新情况，责成中央财经小组在研究钢铁指标时，分成可靠指标和争取指标。于是，陈云同志连续听取了冶金部的六次汇报(钢铁方面总的情况一次,矿石、焦炭、耐火材料、钢铁冶炼、钢材品种等各一次),经过认真的计算和综合分析后,5 月 11 日,向中央政治局作了报告:“财经小组经常参加这次汇报会议的几个同志,富春、一波、赵尔陆同志和我,都同意钢材的可靠指标可以初步定为九百万吨,钢的生产指标就是一千三百万吨。”(《陈云文选》第 3 卷,第 130 页)5 月 15 日,陈云同志就钢铁指标问题给毛主席的信中,针对有的同志认为钢材定为 900 万吨太少的说法,勇敢地提出:“说把生产数字定得少一点(实际是可靠数字),会泄气,我看也不见得。正如少奇同志在政治局讲的,定高了,做不到,反而会泄气。”(同上书,第 139 页)

从 1949 年下半年起,我就在陈云同志领导下做经济工作,长时期的共事,使我深深感到,他常常在关键时刻,对经济工作提出真知灼见,是与他平时深入细致的调查研究,特别是对一些重要情况和重大问题反复思考、论证分不开的。以这次落实钢铁指标为例,陈云同志是这样论证的:要生产 900 万吨钢材,就要求生产 1300 万吨钢,2000 万吨铁。生产一吨铁需要三吨半铁矿石,生产 2000 万吨铁就要 7000 万吨矿石。现有 14 个有机械装备和铁路运输的大型采矿企业,今年可采铁矿石 5300 万吨,现有 19 个中型采矿企业,全年可采铁矿石 800 万吨,现有 214 个小型土法生产的采矿点,全年共可采铁矿石 1000 万吨,以上大、中、小三类企业合计,可以生产铁矿石 7100 万吨,能够运出的是 7000 万吨。炼一吨铁,平均需要一吨半焦炭;炼一吨焦炭,平均需要一吨半洗煤;一吨洗煤,平均需要两吨炼焦煤。因此,生产 2000 万吨生铁,就需要 3000 万吨焦炭,折合 4500 万吨洗煤,或者 9000 万吨至 1 亿吨炼焦煤。洗煤能力的情况是,大型的机械化洗煤厂今年大约可生产 1950 万吨,新建的洗煤厂可生产 550 万吨,还要用土法生产洗煤 2000 万吨。炼焦能力的情况是,原有的大型洋法生产可以达到 1000 万吨,新建的机械化炼焦炉和简易炼焦炉如能如期建成,可以生产 1000 万吨,尚缺 1000 万吨,仍然需要用土法生产来解决。关于耐火材料,全年需各种耐火材料 420 万吨,需原料 600 万吨。这些原料,用机械化开采的只占 20%,其余

80%基本上是手工操作的，因此，在开采和搬运方面都需要用很多的人力。关于运输，为了生产2000万吨生铁，除了要运输炼焦煤9000万到1亿吨以外，矿石、耐火材料等物资的运输量也是很大的。冶金部要求：铺设铁路支线和专用线共500公里，铺设轻便铁路500公里，增加机车150台，增加车皮1500辆，还要增加一批小机车和矿车。陈云同志在作了这样周密的分析之后，才得出结论："今年生产九百万吨钢材，相应地生产一千三百万吨钢，是有可能的，但是还需要做很大的努力。"(同上书，第134页)

我所以用近两页的篇幅介绍陈云同志对这个问题的分析，不仅因为这是一项重大决策，而且也是想介绍一下陈云同志领导经济工作的方法。毛主席讲过，经济工作不像写诗，要越做越细。我体会，所谓越做越细，就是坚持从实际出发，做细考察、细比较、细论证，坚持按照客观规律办事，而不能人为地去改变它。规律是看不见、摸不着的，只能通过实践，通过周密的调查，通过计算，掌握充分的材料，研究它们内在的联系，经过从感性认识到理性认识的飞跃，才能能动地制定出反映客观规律的计划。否则，主观和客观相脱离，就会碰得头破血流。我们吃这方面亏已经不少了，应该逐步聪明起来。

正确反映客观可能性的计划，要把它变成现实，也不是轻而易举的。为了落实1300万吨钢的指标，全党进行了巨大的努力。

5月17日，周总理写了《关于总理和八个副总理分别到九个产铁重点地区去视察的报告》，请小平同志批转主席、刘、朱、陈、林、彭真核阅。报告说：

根据我在中央书记处、政治局和主席处的报告，为了了解目前各地钢铁，主要是地方生铁的生产情况和问题，为六月中央召开的省市委书记会议提供这方面的材料，我已征求陈毅等八个副总理的同意，我们于本月二十日前后分别出发到九个产铁重点地区去视察，于六月十五日左右回京。

分工视察的地区是：

周恩来——河北；

陈　毅——山西，可能时再去内蒙古；

谭震林——山东（主要的是注意农业，兼研究生铁生产）；

习仲勋——河南，可能时再去陕西；

贺　龙——四川，可能时再去云南；

罗瑞卿——湖南，可能时再去湖北；

陆定一——江苏，可能时再去上海；

聂荣臻——安徽；

乌兰夫——包头。

视察的内容，主要是生铁的质量和数量问题，为此，拟到产铁产煤基地，对矿石、煤炭、洗煤、炼焦、耐火材料、炼铁、炼钢、设备、运输、劳动力分配和成本核算等一系列的具体问题做具体了解，以求实现中央财经小组的要求，先保质量，后争数量。

5月23日，陈云同志主持财经小组会议，指出：钢铁生产指标，经向政治局汇报，认为应当降下来。书记处决定：1959年落实指标：钢1300万吨，铁1900万吨，钢材900万吨。5月28日，小平同志主持书记处会议，我在会上发言：指标落实不容易。落实后，生产日日升，情况好了。不落实，好像坐喷气式，不能坐稳谈心。落实问题，是中央与地方、领导与群众，以及地区之间的关系问题；实际退指标本身就起了鼓干劲的作用，过去是你计划你的，我生产我的。小平同志说：

思想上应从1800万吨钢中解放出来，注意力放在全局上，不仅要搞工业，而且要注意整个国民经济，要眼见四面，耳听八方。中央下了决心，退到可靠的阵地，在落实的基础上，积极增产。原来那种做法，只会上不去，最后还得下来。主席说，巧妇难为无米之炊。没有材料，只有下来，理所当然，没有议头。现在的问题是，究竟1800万吨钢完不成事情大，还是国计民生和市场问题大？市场和出口的影响是根本问题，比1800万吨钢问题大得多。从北京、武昌、上海会议始终站在1800万吨钢中突不出来，问题越来越严重。工业方面来个解放思想，1800 万吨钢既然办不到，索性来个精神解放。全面安排，解决工农、轻重关系，眼睛只看到 1800 万吨，就会把全面丢掉，包括丢掉人心。

小平同志这番话讲得鲜明果断，言简意赅，充满实事求是的精神和唯物辩证思想。他着重讲了局部与全局的关系，解放思想与实事求是的关系。想问题，办事情，当然离不开从本地区本部门本单位本岗位着眼，但同时必须考虑这个问题、这件事情，在全局中是什么地位，对全局有什么影响。小平同志强调"要眼见四面，耳听八方"，就是这个意思，就是要有全局观念，而不要只钻在一个局部里面出不来，不要只见树木而不见森林，不要去做那种影响全局即使一时上去了最后还得掉下来的事情。丢掉全面，也就"包括丢掉人心"，这个话是讲得很深刻的。条件具备、做得到的事不敢去做，当然不是解放思想，不是实事求是；而条件不具备、做不到的事硬要去做，背个大包袱，弄得处处被动，也不是实事求是，索性不做了，思想和精神也就解放出来了。所以解放思想，就是使思想合乎实际，也就是实事求是。坚持解放思想与实事求是的统一，是小平同志的一贯思想。

有中央这样明确的指示和支持，我们工作起来，胆子也就大了。5 月 30 日，我在全国煤炭管理局长会议上作了题为《做计划要留有余地，生产指标要落到实处》的讲话：

> 今年一至五月份，大家尽了最大努力，鼓足干劲去做，工业产值比去年同期提高了百分之九十，但还没有完成计划。钢铁、电力、机械工业的生产都没有完成计划。能想的办法都想了，就是完不成任务，压得大家情绪都下来了，总是感到欠了债。
>
> 工业生产出现这样的局面，不能怪各部，首先我有责任。从中央领导机关起，连我在内，原先都希望指标能高一些。我曾经说过：树上有果子，要跳一跳才能拿下来。这是对的。但现在的问题不是树上的果子，而是天花板上的电扇，怎么跳也

拿不下来。既然是办不到的事，那只得退回来，这样有好处。

原来订的1800万吨钢的指标就是虚胖的，有“空气”，是虚假现象。把虚假现象去掉有什么不好呢？1800万吨钢的指标把我们整苦了，天天忙着1800万吨。现在解放出来了，可以想一想农业的问题、市场的问题，这样有好处。农业不抓不行，去年大丰产，可是农村劳动力却集中去搞大办钢铁和水利，没有把丰产的粮食全部收起来，损失很大，今年一些地方没有饭吃；去年大跃进，今年王府井商店的货架子上没有东西。现在钢的指标落实下来了，可以腾出手来搞农业，搞商业，想想化学工业、轻工业，好好调整一下各方面的比例关系。

同样内容的话，这期间我还在外交部、冶金部和全国供销合作总社讲过。这些话，比较真实地表达了作为工交战线指挥员的我的看法。

6月29日，国家经委党组趁降低钢铁指标的东风，向中央作了《关于当前工业生产中亟待解决的几个问题的报告》，提出三季度拟针对“大跃进”以来所出现的国民经济各部门之间以及工业内部比例关系的某些严重失调现象，进行整顿和巩固，调整比例关系和整顿生产秩序的意见。可惜，庐山会议后期的“反右倾”，使这个过程中断了。

（四）读书、总结经验与逐步认识客观规律

从1958年11月第一次郑州会议开始的纠“左”，由于历史的局限和认识上的原因（当时是在充分肯定“三面红旗”下进行的，如果有人对“大跃进”和人民公社表示怀疑和动摇，就认为“是一个观潮派算账派，或者简直是敌对分子”。在这个前提下纠“左”，当然是不可能彻底的，因而庐山会议后期出现反复就不足为奇了），未能一以贯之。我们既不能过高地估计它的成果，也不要忽略它在党史（社会主义时期）中的地位。这次纠“左”，方向是正确的，也是比较接近实际的。毛主席在纠“左”过程中，提出的许多重要观点和领导方法，是有长远意义的。我感受较深的有三点：

第一点，要经常读一点书。我们党在长期的革命斗争中，经过两次胜利和两次失败的反复比较，才实现了马克思主义的普遍真理同中国革命实际的结合，完成了认识上的第一次飞跃，取得了中国革命的胜利。应该承认，我们进入社会主义比较顺利，但时间毕竟很短，对什么是社会主义，它的规律是什么，我们的确知之不多，不甚了了。在这种情况下，本应走一步，看一步，边实践，边总结经验，而我们却急急忙忙往前闯，不出乱子、不闹笑话、不办蠢事才怪呢。毛主席较早地意识到这一点。1958 年 11 月 9 日他在《关于读书的建议》中写道：

> 要联系中国社会主义经济革命和经济建设去读这两本书（一本是，斯大林著《苏联社会主义经济问题》；一本是，《马、恩、列、斯论共产主义社会》。——一波注），使自己获得一个清醒的头脑，以利指导我们伟大的经济工作。现在很多人有一大堆混乱思想，读这两本书就有可能给以澄清。有些号称马克思主义经济学家的同志，在最近几个月内，就是如此。他们在读马克思主义政治经济学的时候是马克思主义者，一临到目前经济实践中某些具体问题，他们的马克思主义就打了折扣了。现在需要读书和辩论，以期对一切同志有益。
>
> 为此目的，我建议你们读这两本书。将来有时间，可以再读一本，就是苏联同志们编的那本《政治经济学教科书》。乡级同志如有兴趣，也可以读。大跃进和人民公社时期，读这类书最有兴趣，同志们觉得如何呢？

毛主席的这种领导方法（结合当时中国的实际问题，学习经济理论著作，反对教条主义和经验主义），真是高屋建瓴、势如破竹。尽管在今天看来，建设有中国特色的社会主义的实践，早已突破了斯大林著作的框框，但是，我们毕竟要承认，在 30 多年前，我们中国共产党人还是从他的这本书中受到了教益，初步懂得了些什么是经济规律，社会主义和共产主义的区别，为什么要发展商品生产和商品交换，尊重价值规律等等。历史就是这样走过来的。我们是马克思主义的历史唯物论者，我们着眼于未来，但从不割断历史。1959年庐山会议之后，“左”的思潮再度泛滥，毛主席、少奇同志、周总理以及中央许多领导同志又精心攻读了《政治经济学教科书》，从中受到启迪。这说明经常联系实际读点书，是开阔脑筋、实现思想飞跃和坚持真理、修正错误的重要一环。

第二点，要“唯实”。我们党除了人民的利益之外，没有自己的私利。但仅仅满足于好心，是很不够的。“大跃进”的实践证明，如果思想方法、工作方法不对头，不从实际出发，不掌握群众的脉搏，陷入“左”的空想，单凭主观愿望行事，好心也仍然会办错事。郑州会议开始的纠“左”，最大的收获是使党的政策重新回到了现实之中。这个转变，是跟毛主席、党中央领导同志直接深入实际，调查研究，掌握第一手材料，倾听群众的呼声分不开的。毛主席找到人民公社存在的问题，赞成陈云同志提出降低钢铁指标的意见，无一不是遵循实践——认识——再实践——再认识，从群众中来，到群众中去，这个马克思主义的认识论和领导方法的结果。毛主席深有感触地说：“我们的公社党委书记同志们，一定要每日每时关心群众利益，时刻想到自己的政策措施一定要适合当前群众的觉悟水平和当前群众的迫切要求。凡是违背这两条的，一定行不通，一定要失败。”又说，“情况不明，下情不能上达，上情不能下达，危险之至”。因而在第二次郑州会议之后，当正确的政策已经制定，毛主席便果断地采取“一竿子插到底”的办法，由各省、市、自治区召开五级、六级干部会议，直接跟群众见面，收到了显著的效果。毛主席倡导的这种工作方法和领导方法，需要我们代代相传，这是关系我们的事业能否兴旺发达的大事。空谈不能治国，只能误国。走马观花，“浅尝辄止”，不能解决问题。“形式主义也是官僚主义”。小平同志讲得好：“实事求是是马克思主义的精髓。要提倡这个，不要提倡本本。我们改革开放的成功，不是靠本本，而是靠实践，靠实事求是。农村搞家庭联产承包，这个发明权是农民的。农村改革中的好多东西，都是基层创造出来，我们把它拿来加工提高作为全国的指导。实践是检验真理的唯一标准。我读的书并不多，就是一条，相信毛主席讲的实事求是。过去我们打仗靠这个，现在搞建设、搞改革也靠这个。”只要我们党的各级领导干部，一切从人民的利益出发，又掌握了“实事求是”的基本功，我们的事业就一定能够无往不胜。

第三点，认识客观规律要有一个过程。毛主席说：“一个正确的认识，往往需要经过由物质到精神，由精神到物质，即由实践到认识，由认识到实践这样多次的反复，才能够完成。”这是因为“事物（经济、政治、思想、文化、军事、党务等等）总是作为过程而向前发展的。而任何一个过程，都是由矛盾着的两个侧面互相联系又互相斗争而得到发展的。”（《毛泽东著作选读》下册，第840、843页）因而，不可能要求人民公社刚一出现在地平线时就充分地认识它，只能随着这一过程的延续和矛盾的展开而逐步加深认识。武昌会议认识到要划“两条线”是进步；郑州会议认识到“三级所有”要以“队（即原高级社）为基础”，更是个进步；上海会议认识到还要保留部分的初级社所有制，则又进了一步。但直到十一届三中全会后，农民创造了家庭联产承包责任制和统分结合的双层经营体制，取代了“一大二公”的人民公社，才从根本上解决了当今农村的经济体制问题。这个过程，花了20多年的时间，并且几经反复。又如，对商品生产、商品交换、商品经济的认识，花费的时间更长，直到1984年《中共中央关于经济体制改革的决定》，才明确了社会主义经济是有计划的商品经济。随着改革开放的深入，又提出了计划与市场相结合的问题，进而又提出了社会主义市场经济的命题。可见，认识一个事物是多么的不容易。我们虽然搞了40多年的社会主义，但社会主义仍在实践中。我们还处于社会主义初级阶段。小平同志提出的建设有中国特色社会主义的理论，经过14年改革开放的实践，已经充分显示了它的正确性和强大的生命力。但是，正如小平同志客观和冷静地指出的，“恐怕再有三十年的时间，我们才会在各方面形成一整套更加成熟、更加定型的制度”。至于把我国建设成中等水平的发达国家，充分显示社会主义制度优于资本主义制度，则需要到下个世纪中叶。总之，任重道远，需要我们一代又一代的共产党人去探索、去奋斗、去掌握它的规律。只要我们勇于实践，勤于思索，善于总结，我们就一定能够把中国的事情办得越来越好，对人类做出更大的贡献。

三十　庐山会议的“反右倾”

1959年的庐山会议，按照毛主席和党中央的原意，是想统一全党对形势的认识，在肯定成绩的前提下，总结经验教训，研究若干具体政策，进一步纠“左”，动员全党完成1959年的“大跃进”任务。但它却开成了错误地批判“以彭德怀同志为首的右倾机会主义反党集团”的会议。这一党内斗争的重大失误，造成了严重的后果，留下了深刻的教训。

（一）庐山会议的初衷

本文所讲的庐山会议，是指1959年7月2日至8月1日的中央政治局扩大会议和8月2日至8月16日的八届八中全会。为了弄清庐山会议，需要先讲一下1959年6月13日在北京毛主席主持召开的中央会议。参加这次会议的有30多人，我也参加了。会议的中心议题是讨论工业、农业、市场等问题。毛主席、周总理和李富春同志在讲话中都指出了“大跃进”的主要问题，就是对综合平衡、有计划按比例地发展国民经济重视不够。李富春同志说：“今年总的经验，第一是有计划按比例的综合平衡不够。工业方面注意了重工业，对轻工业注意不够，特别对手工业注意不够。轻工业中对大商品注意了，对小商品注意不够。”周总理说：“在跃进中间，综合平衡抓得不够，抓了这方面，其他方面忽视了：企业内部的综合平衡，几个方面的综合平衡都抓得不够。”毛主席说：“不晓得讲了多少年的有计划按比例发展，就是不注意，横直是一样，就是高炉、平炉、小高炉、小转炉，各个工业部门的联系，重、轻、农的联系，就没有顾到。”“现在是6月13号，今年还可以抓7个月，这7个月就要搞平衡。”在李富春同志讲话时，毛主席插话说："工农商都要挂帅，只是工挂帅，李先念不挂帅不行，要有点霸道，不要太王道。"关于高指标，毛主席说："本来是一些好事，因为一些指标定得高了，使我们每天处于被动。工业指标、农业指标中，有一部分主观主义，对客观必然性不认识。""世界上的人，自己不碰钉子，没有经验，总是不会转弯。"农业究竟增产多少？对"增产三成"，毛主席表示"怀疑"。他说："假定有三成，全国也只有4800亿斤。今年根本不要理那个10500亿斤的指标，就是按去年的实际产量，今年只增一成、二成、三成。听说包产的结果是6000亿斤，但是我看，我们过日子还是放在4800亿斤的基础上。本来是富日子，也照穷日子过，这样安排好。""工业，明年的指标切记不可高，我看大体就按今年的指标，低一点也可以。"在谈到食堂问题时，毛主席说："食堂，保持有三分之一，或者四分之一，或者五分之一的人吃就可以了。至于要不要钱，一种人是吃饭要钱，一种人是吃饭不要钱。老、弱、五保户不要钱，其他的要钱。……现在食堂的问题没有完全解决，我想出去跟省委书记谈一谈。粮食要分给本人，你愿意吃食堂，就自愿参加，不愿意可以不参加。这样就主动了。"这次会议为庐山会议做了准备。

参加庐山中央政治局扩大会议的，有中央负责同志（常委中陈云、小平同志由于身体原因未参加），各省、市、自治区的负责人，以及国务院和工交、财贸各部门的负责人。会议开始时，毛主席提出了需要讨论的18个问题，即：(1)读书；(2)形势；(3)今年的任务；(4)明年的任务；(5)四年的任务；(6)宣传问题；(7)综合平衡问题；(8)群众路线问题；(9)建立和加强工业企业的各项管理制度和提高工业产品的质量问题；(10)体制问题；(11)协作区关系问题；(12)公社食堂问题；(13)学会过日子问题；(14)三定政策；(15)农村初级市场的恢复问题；(16)使生产小队成为半基本核算单位；(17)农村党团基层组织的领导作用问题；(18)团结问题（根据周总理的意见还增加了一个"国际问题"，即第19个问题。——一波注）。毛主席说：

"有鉴于去年许多领导同志，县、社干部，对于社会主义经济问题还不大了解，不懂得经济发展规律，有鉴于现在工作中还有事务主义，所以应当好好读书。”“我们提倡读书，使这些同志不要像热锅上的蚂蚁，整年整月陷入事务主义，搞得很忙乱，要使他们有时间想想问题。”

“国内形势是好是坏？大形势还好，有点坏，但还不至于坏到‘报老爷，大事不好’的程度。八大二次会议的方针对不对？我看要坚持。总的说来，像湖南省一个同志所说的，是两句话：‘有伟大的成绩，有丰富的经验。’‘有丰富的经验’，说得很巧妙，实际上是：有伟大的成绩，有不少的问题，前途是光明的。基本问题是：(1)综合平衡；(2)群众路线；(3)统一领导；(4)注意质量。四个问题中最基本的是综合平衡和群众路线。要注意质量，宁肯少些，但要好些、全些，各种各样都要有。……去年‘两小无猜’(小高炉、小转炉)的搞法不行，把精力集中搞这‘两小’，其他都丢了。去年大跃进，大丰收，今年是大春荒。现在形势在好转，……今年夏收估产普遍偏低，这是一个好现象。”“我们批评斯大林一条腿走路，可是在我们提出两条腿走路后，反而搞一条腿了。在大跃进形势中，包含着某些错误，某些消极因素。”

“今年钢的产量是否定 1300 万吨？能超过就超过，不能超过就算了。”“总之，要量力而行，留有余地，让下面超过。”“去年做了一件蠢事，就是要把好几年的指标在一年内达到。”

“过去安排是重、轻、农，这个关系要反一下，现在是否提农、轻、重？”“过去陈云同志提过：先市场，后基建，先安排好市场，再安排基建。黄敬同志不赞成。现在看来，陈云同志的意见是对的。要把衣、食、住、用、行五个字安排好，这是六亿五千万人民安定不安定的问题。”

“大跃进的重要教训之一，主要缺点是没有搞平衡。说了两条腿走路、并举，实际上还是没有兼顾。在整个经济中平衡是个根本问题，有了综合平衡，才能有群众路线。”“有三种平衡：农业内部农、林、牧、副、渔的平衡；工业内部各个部门、各个环节的平衡；工业和农业的平衡。整个国民经济的比例关系，是在这些基础上的综合平衡。”

此外，毛主席还讲了公共食堂“不要一哄而散，都搞垮了，保持20%也好”，以及“富日子当穷日子过”，等等。

从毛主席提出的18个问题及其说明，可以看出，召开庐山会议，是为了进一步总结1958年以来的经验教训，解决一些具体问题，将各种指标落到实处，以便更好地实现1959年的继续跃进。周总理也曾谈到过大家初上庐山的心情：“那时候，是本着一年的党的总路线的执行情况，跃进了一年，大家都很忙，找到庐山来把经验总结总结。主席说了，也带一点休息的意思。这一年的大跃进成绩伟大，有些问题，逐步在解决，已经解决了不少，剩下的还在解决中，在认识上前途是光明的。是这样的心情，这样的意思上山的。”

从7月3日开始，中央政治局扩大会议按六大区分组讨论。不少同志尖锐地指出“大跃进”和人民公社中的一些问题，有些同志还对自己工作中的错误作了自我批评。会议开得轻松愉快，人们称之为“神仙会”。7月15日前，已经解决和提出解决的问题，举其大者，有如下一些：

——7月3日，毛主席审阅修改了李先念同志起草的《中央关于在大中城市郊区发展副食品生产的指示》，认为“是一个好文件”。7月4日，中央批准了这个指示。

——7月5日，毛主席批发陈国栋同志《关于一九五九至一九六零年度粮食分配和粮食收支计划调整意见的报告》，指出“手里有粮，心里不慌，脚踏实地，喜气洋洋”。要“告诉农民，恢复糠菜半年粮”，“苦一年、两年、三年，就翻过身来了。多储备，少食用，以人定量，粮食归户，食堂吃饭，节余归己，忙时多吃，闲时少吃，有稀有干，粮菜混吃”。同日，中共中央、国务院联合发出《关于肥猪收购和农村食油供应问题的几项通知》。此外，还印发了国家基本建设委员会党组《关于贯彻执行一九五九年基本建设计划调整方案的报告（草稿）》。

——7月10日，中央批转《农业部党组关于冬种准备会议的报告》。

——7月12日，中央批转《中央组织部关于一部分公社党委的领导方法和干部作风方面的情况简报》。

——7月14日，中央批转《林业部党组关于木材生产问题的报告》。同日，印发了国家计委党组《对一九六零年发展国民经济的方针、任务和速度的初步意见》。

应该说，会议初期是开得好的，但是也有些人“护短”，认为一味纠“左”会使干部和群众泄气。在柯庆施同志主持的华东组会议上，就有人说，不能认为“大跃进”破坏了按比例发展的客观规律。认为指标越低越落实，实际上是以落实掩盖保守思想。还有人说，有些人片面地强调经济核算，说大跃进“得不偿失”，把小洋群都否定了，等等，等等。由于有这么一些言论，使会议的气氛受到影响。7月10日，毛主席在组长会议上讲了一番话。他说：对形势的看法如不能一致，就不能团结。龙云说我们人心丧尽，天安门工程如秦始皇修长城。党内也有人议论纷纷。“得不偿失”可举几十、几百、上千件，无非是头发夹子、菜、肉、蛋不够，有的买不到了。有人说，就是总路线搞坏了，从根本上否定大跃进，即否定总路线。所谓总路线，无非多快好省，多快好省不会错。不能说1958年只有多快而无好省，也有又多又快又好又省的，要作具体分析。对去年的一些缺点错误要承认。从一个局部、一个问题来讲，可能是一个指头或七个、九个指头的问题；但从全局来讲，是一个指头与九个指头，或三个指头与七个指头，最多是三个指头的问题。成绩还是主要的，无甚了不起。一年来有好的经验与坏的经验，不能说光有坏的、错误的经验。从毛主席这篇讲话中可以看出，毛主席的精神还是“左”的错误要批评，但不应总是抓住不放；对热心搞“大跃进”的同志，应该是既批评又鼓励，不要挫伤他们的积极性；现在已经批了九个月的“左”，差不多了；应赶快抓工作，争取1959年的跃进。

按照预定的安排，庐山会议应于7月15日左右结束。14日，会议印发了胡乔木等同志起草的《庐山会议诸问题的议定记录（草稿)》。共12个问题:(1)关于形势和任务;(2)读书;(3)宣传问题;(4)综合平衡问题;(5)群众路线问题;(6)加强企业管理和提高产品质量的问题;(7)体制问题;(8)协作关系和协作区的问题;(9)组织农村集市贸易问题;(10)过日子问题;(11)公社食堂问题;(12)加强农村党的基层组织的领导作用问题。这个《议定记录》反映了毛主席提出的18个问题和庐山会议初期讨论的情况,既肯定了成绩,也讲了缺点,并有许多指导性的具体规定。其基本精神是纠"左"的。当然,还很不彻底,它规定的速度仍然是过高的(工业增长20%左右;农业增长10%—20%)。但这个文件也是一个成果和进步,若能真正贯彻到实际中去,也会起好的作用。然而,随着后来庐山会议进程和性质的改变,这个《议定记录》也被置诸脑后,一笔勾销了。

(二)彭德怀同志的信

彭德怀同志对庐山会议上出现的"护短"情况很焦虑。他后来写道:"我当时对那些'左'的现象是非常忧虑的。我认为当时那些问题如果得不到纠正,计划工作不迎头赶上去,势必要影响国民经济的发展速度。我想,这些问题如果由我在会议上提出来,会引起某些人的思想混乱,如果是由主席再重新提一提两条腿走路的方针,这些问题就可以轻而易举地得到纠正。"(《彭德怀自述》,第275页)会议马上就要结束,彭德怀同志12日上午想去找毛主席当面谈谈,由于毛主席正在休息,于是就改为给毛主席写信的方式反映自己的意见。信13、14日写好并送给毛主席。谁能料到,就是因为这封信引起了一场轩然大波,改变了庐山会议的进程和性质,也给彭德怀同志本人招来了一场大祸。

彭德怀同志究竟写了一封怎样的信?用一句话说,就是要求认真总结1958年"大跃进"和人民公社化运动的经验教训。

信中开宗明义地写道:"这次庐山会议是重要的。我在西北小组有几次插言,在小组会还没有讲完的一些意见,特写给你作参考。"信分为甲、乙两部分。

"甲、一九五八年大跃进的成绩是肯定无疑的"。在这部分中,彭德怀同志列举了工农业生产以及国家对收入增长的统计数字，认为“这样的增长速度，是世界各国从未有过的”，“突破了社会主义建设速度的成规”，“基本上证实了多快好省的总路线是正确的”。对于农村公社化，他认为“具有伟大意义”，“这不仅使我国农民将彻底摆脱穷困，而且是加速建成社会主义走向共产主义的正确途径”。至于公社化过程中出现的缺点错误，经过一系列会议，“基本已经得到纠正”。在讲到全民炼钢铁时，他说“多办了一些小土高炉，浪费了一些资源（物力、财力）和人力”，但“对全国地质作了一次规模巨大的初步普查，培养了不少技术人员，广大干部在这一运动中得到了锻炼和提高，虽然付出了一笔学费（贴补二十余亿）”，“这一方面也是有失有得的”。

“乙、如何总结工作中的经验教训”。在这部分，彭德怀同志说：“现时我们在建设工作中所面临的突出矛盾，是由于比例失调而引起各方面的紧张。就其性质看，这种情况的发展已影响到工农之间、城市各阶层之间和农民各阶层之间的关系，因此也是具有政治性的。”他指出：“过去一个时期所出现的一些缺点错误，原因是多方面的。其客观因素是我们对社会主义建设工作不熟悉，没有完整的经验。对社会主义有计划按比例发展的规律体会不深，对两条腿走路的方针，没有贯彻到各方面的实际工作中去。我们在处理经济建设中的问题时，总还没有像处理炮击金门、平定西藏叛乱等政治问题那样得心应手。”“在我们的思想方法和工作作风方面，也暴露出不少值得注意的问题”。这主要是：“1. 浮夸风气较普遍地滋长起来。去年北戴河会议时，对粮食产量估计过大，造成了一种假象。大家都感到粮食问题已经得到解决，因此就可以腾出手来大搞工业了。在对发展钢铁的认识上，有严重的片面性，没有认真地研究炼钢、轧钢和碎石设备，煤炭、矿石、炼焦设备，坑木来源，运输能力，劳动力增加，购买力扩大，市场商品如何安排等等。总之，是没有必要的平衡计划。……浮夸风气，吹遍各地区各部门，一些不可置信的奇迹也见之于报刊，确使党的威信蒙受重大损失。”“2. 小资产阶级的狂热性，使我们容易犯‘左’的错误。在一九五八年的大跃进中，我和其他不少同志一样，为大跃进的成绩和群众运动的热情所迷惑，一些‘左’的倾向有了相当程度的发展，总想一步跨进共产主义，抢先思想一度占了上风；把党长期以来所形成的群众路线和实事求是作风置诸脑后了。”并说：“纠正这些‘左’的现象，一般要比反掉右倾保守思想还要困难些，这是我们党的历史经验所证明了的。”

在信的结尾，彭德怀同志写道：“我觉得，系统地总结一下我们去年下半年以来工作中的成绩和教训，进一步教育全党同志，甚有益处。其目的是要达到明辨是非，提高思想，一般的不去追究个人责任。”

彭德怀同志在信中提到他“在西北小组有几次插言”。据统计，从7月3日到10日，他在西北小组共有七次插话或发言。后来，批判他时，其中的部分内容被整理出来，登在《简报》上。主要有：

——“1957年整风反右以来，政治上、经济上一连串的胜利，党的威信提高了，得意忘形（这句话太重了点），脑子热了一点。”“解放以来，一连串的胜利，造成群众性的头脑发热，因而向毛主席反映情况只讲可能和有利的因素。在大胜利中容易看不见、听不进反面的东西。”

——“从北戴河会议以后，搞了个‘左’的东西，全民办钢铁这个口号究竟对不对？……我们党内总是‘左’的难纠正，右的比较好纠正。”

——“去年忽视了《工作方法六十条》中的一切经过试验，吃饭不要钱那么大的事，没有经过试验。”“要找经验教训，不要埋怨，不要追究责任。人人有责任，人人有一份，包括毛泽东同志在内。‘1070’是毛主席决定的，难道他没有责任！我也有一份，至少当时没有反对。主席最伟大的地方在于能及时发现问题，弯子转得快，如果没有郑州会议，经济会被破坏。”

——“人民公社我认为早了些，高级社的优越性刚发挥，还没有充分发挥，就公社化，而且未经过试验，如果试上一年再搞，就好了。”“毛主席家乡的那个公社去年提的增产数，实际没那么多，我去了解实际只增产16%。我又问了周小舟同志，他说那个社增产只有

14%，国家还给了不少帮助和贷款。主席也去过这个社，我曾问主席，你了解怎么样？他说没有谈这个事，我看他是谈过。"

——"政治与经济各有不同的规律，因此思想教育不能代替经济工作。毛主席与党在中国人民中的威信之高，是全世界找不到的，但滥用这种威信是不行的。去年乱传主席的意见，问题不少。"

——"基层党组织的民主问题要注意，省、地的民主是否没有问题呢？现在是不管党委的集体领导的决定，而是个人决定，第一书记决定的算，第二书记决定的就不算，不建立集体威信，只建立个人威信，是很不正常的，是危险的。"

——"什么算账派、观潮派……等帽子都有了，对于广开言论[路]有影响，有些人不说真话，摸领导人的心理。"

我所以这样不惜篇幅列举彭德怀同志信的内容和他在小组会发言的内容，因为就是由于这些东西他才被批判的，被打成"右倾机会主义分子"的头子的。当然，这封信和这些发言确有一些带情绪和偏激的话，确有一些"刺"，有些是直接指向毛主席的，但其基本精神是实事求是的，是切中时弊和要害的。

彭德怀同志通过各种渠道听到和看到"大跃进"和人民公社的种种问题。1958 年 12 月武昌会议后，他亲自到湖南调查研究，接触到大量事实和材料。在省委书记周小舟同志的陪同下，他到了家乡——湖南省湘潭乌石和韶山、平江等地。在乌石，他看到为了搞居民点，有的房子空了，有的房子拆了，甚至连烧饭的锅都砸了。他在自己的旧居开调查会，了解到基层干部打人、骂人、训斥、体罚现象很严重；安排劳动，不照顾妇女生理特点。到"幸福院"看望老人，了解到他们每餐只有二三两米。在他领导平江起义的旧地，发现干部严重弄虚作假。彭德怀同志看到这些现象，心情十分沉重。

这年，我也去湖南调查。我和彭德怀同志在株洲相遇。彭德怀同志说，1958 年的粮食产量绝没有公布的数字那样高，征购 1200 亿斤很危险，最多只能征购 900 亿斤。在这个问题上我和他的调查有同感。他建议联名给中央发电报反映。我说，我们还是分别向中央反映好些，他同意这样做。

彭德怀同志的信客观地反映了实际情况和广大人民群众的愿望与要求，表现了一个老共产党员对党和人民高度负责的精神。他写这封信，在程序上也是完全符合党的组织原则的。作为政治局委员给中央主席写信，是完全正常的，而且信的内容也是正确的。当然，今天来看，这封信对 1958 年“大跃进”得失的评估和对缺点的分析还有不够的地方；但在当时，有那样的认识已十分难能可贵了。

(三)会议转向:从纠“左”到“反右倾”

彭德怀同志的信引起了毛主席的不满。他认为信中并没有什么新东西，其中所列“大跃进”的种种问题，并没有超出中央八九个月来所一再讲的，而在过去的历次会议上“不提意见”，现在“搞这一手”，动机不纯。7 月 16 日，毛主席把这封信加上《彭德怀同志的意见书》的标题，印发与会同志。本来准备结束的会议又延期了，而此后的会议，基本上就是围绕彭德怀同志的这封信进行的。

在讨论彭德怀同志信的前一段，即毛主席 7 月 23 日讲话以前，会开得还比较缓和。大家根据自己的认识谈对这封信的看法。很多人同意彭德怀同志的信。认为这封信既肯定了“大跃进”的成绩，又指出有不少深刻的经验教训。但有些提法不够确切，需要斟酌，如“小资产阶级的狂热性”等。至于对彭德怀同志敢于发表自己意见的精神，大家几乎是一致肯定的。周小舟同志在 19 日的小组会上说：“彭总给主席的信，我认为总的精神是好的，我是同意的，至于某些提法、分寸、词句，我认为是可以斟酌的。”黄克诚同志 17 日上庐山后，虽然私下对彭德怀同志说过：我看“这信写得不怎么样。有意见可以当面说嘛，写信干什么。信里有些提法和用词也不太妥当”。但从他 19 日在小组会议上的发言看，他对形势总的看法和彭的信是一致的，也就是说，他对彭德怀同志的信实质上是持肯定态度的。7 月 21 日，张闻天同志在小组会上作了三个小时的长篇发言，根据大量事实，客观地、深刻地分析和总结了 1958 年“大跃进”的经验教训，强调应着重“从思想观点、方法、作风上”去探讨原因，认为“民主风气很重要”，领导者要“造成一种风气、环境，使得下面敢于提意见”，并明确表示支持彭德怀同志的信。说:“彭德怀同志的意见书提出了一些问题,中心内容是希望总结经验,本意是很好的。他说,成绩是基本的,同大家说的一样,个别说法,说得多一点少一点,关系不大。”有的同志甚至说:“我们目前很需要彭总这样的精神,信中的某些词句容易引起误会,可以不必争论,主要看精神。”即使在总的方面不同意彭德怀信的同志,对他的精神也是肯定的,说他“有什么意见就讲出来”,“对这次会议深入一步展开讨论,起了好的作用”。在这段期间,彭德怀同志还可以申辩。7 月 18 日的小组会上,他要求大家对他的意见书提出意见。7 月 19 日的小组会上,他对信中的一些观点又作了进一步阐述。关于缺点的性质,他说:“去年底、今年初的一段时间,工农之间、城市各阶层之间、富队和穷队之间,都引起了相当的紧张,不紧张的是少数。凡是属于社会性的问题不能不说是带政治性的。”关于“小资产阶级的狂热性”,他说:“去年下半年,党内一些‘左’的倾向确实有所发展,如浮夸风气的滋长,以热情代替科学,一下子全国都吃饭不要钱,有的地方几天内便拆了很多房子,三五天之内要消灭文盲等等。这种‘左’的倾向的滋长,是有社会原因的,这就是小资产阶级的狂热性。”应该说,这段讨论是正常的。但毛主席 8 月 2 日晚在八届八中全会的小组长通气会议上却说:“23 日以前,你们并不晓得中央常委对这封信的评论,我们没有跟你们讲过,混乱了一个星期,各人自己打主张嘛! 23 日以后就起了一个变化。”——7 月 23 日确实是庐山会议发生转折的日子。

在这一天,毛主席在全体会议上发表了长篇激烈的讲话。他说:我看了一些文件和材料,听了一些谈话,“感觉到有那么两种倾向”。一种是“触不得”,“一触即跳”(这主要是指那些在“大跃进”中头脑热得厉害,犯了一些错误的同志。——一波注)。我对他们说:“话有两种”,“坏话好话都要听”,对于坏话要“硬着头皮顶住”,“神州不会陆沉,天不会跌下来”,因为“我们做了一些好事”,腰杆子硬。毛主席讲的另一种倾向就是右的倾向。他说:“我劝另一部分同志,在这样的紧急关头不要动摇”,不要“扭秧歌”,要注意“讲话的方向问题”。毛主席尖锐地批评了彭德怀同志的信,逐一驳斥了他认为错误的观点。

关于“小资产阶级狂热性”。毛主席说:“五亿农民的大多数,非常积极,办食堂,搞大规模协作”,为了摆脱贫困,他们“想搞多一点,想搞快一点”,“你说这是小资产阶级狂热性呀?”对于“广大的群众运动,不能泼冷水”!

关于“有失有得”。毛主席说:“‘得’放到后,‘失’放到前,这都是斟酌了的。”(据查,信的原稿为“有得有失”,彭的随行参谋誊清时错抄成“有失有得”。——一波注)对“大跃进”持这种态度是“资产阶级的动摇性”,是“右的性质”,是“受资产阶级思想影响”,“在帝国主义和国内资产阶级的压力之下右起来了”。

关于“比例失调引起各方面的紧张”。毛主席说:“一个时期猪肉缺少,蔬菜缺少,女人也没有头发夹子,也没有肥皂,叫做‘经济比例失调’。市场紧张,粮食也紧张,农业也紧张,工业也紧张,商业也紧张,交通也紧张,以致搞得人心也紧张。据我看,没有什么紧张。”

毛主席说,彭德怀等同志虽然“不是右派”,“但是他们把他们自己抛到右派的边缘去了”,距离右派“还有三十公里”。

在这篇讲话中,还有两点值得注意。第一点:“人不犯我,我不犯人,人若犯我,我必犯人”,“现在这个原则我也不放弃”;第二点:“如果解放军不跟我走(我看解放军会要跟我走)”,“我就跑到农村去”,“另外组织”。这两点表明,毛主席认为彭德怀同志的信是“犯”了他的,他已下决心进行反击!

7 月 26 日,毛主席又把李云仲同志(原国家计委的一个副局长,后调任东北协作区委员会办公厅综合组组长)给他的信,加上《李云仲同志的意见书》的标题,写了 2000 多字的批语,题为《对于一封信的评论》,并说这是对他 23 日讲话的“补充”。其中指出,有人“对党和人民的主要工作基本上不是高兴,而是不满,对成绩估计很不足,对缺点估计过高,为现在的困难所吓倒,对干部不是鼓劲而是泄气”。“错误必须批判,泄气必须防止。气可鼓而不可泄。人而无气,不知其可也。我们必须坚持今年三月第二次郑州会议记录上所说的,在满腔热情地保护干部的精神下,引导那些在工作中犯有错误者，存在缺点者，批判和改正自己的缺点错误”。“但是现在党内党外出现了一种新的事物，就是右倾情绪、右倾思想、右倾活动已经增长，大有猖狂进攻之势”，“这种情况是资产阶级性质的”。“反右必出‘左’，反‘左’必出右，这是必然性。时然而言，现在是讲这一点的时候了”。毛主席在这里明确指出，右倾已经成为主要危险。

由于毛主席23日的讲话和26日《对于一封信的评论》，庐山会议的气氛骤然变化，形势急转直下，一场“反右倾”的风猛烈地刮了起来。在各小组会上，普遍批评彭德怀同志的信是原则错误，方向错误。许多发言上纲为反对总路线，攻击党中央和毛主席。有的说：“这个意见书的锋芒是指向主席和中央的”，是“向主席和中央发的一个挑战书。想要以他的思想观点来代替中央制定的总路线”。有的说，彭德怀同志的信是“烟幕加毒气”，他说他自己像“张飞”，其实他不像“张飞”，而像“魏延”。在严厉地批判彭德怀同志的同时，还严厉批判了张闻天、黄克诚、周小舟等同志。在批判张闻天同志时，有的还对他21日的发言作了如此的“统计”，说9000多字的发言，讲成绩只有270余字，讲缺点错误却有8300多字。发言利用“但”字作文章，全篇共用39个“但”字，只有一个好“但”，其余38个都是坏“但”。关于彭、张的关系，有人说一个是元帅，一个是副帅；一个是司令员，一个是政委，等等。很多人根据毛主席23日的讲话和《对于一封信的评论》，反复提出：“现在的主要危险，已经不是‘左’的问题，而是右的问题了”，“保卫党的总路线反对右倾机会主义是我们的迫切任务”。一场严重的“路线斗争”就这样掀起来了。

7月31日和8月1日，中央常委连续两次开会，批评彭德怀同志，实际上是在算“历史总账”：

毛主席指出，彭德怀同志的世界观不是马克思主义，而是经验主义，主观唯心主义的经验主义。说彭德怀同志31年来，在各次错误路线中都犯了错误；又说彭德怀同志与他的关系是“三七开”，即三分合作，七分不合作。

会议认定彭德怀同志的信是“右倾机会主义的纲领”，彭德怀、黄克诚、张闻天、周小舟同志结成“反党集团”，进行有计划、有组织、有准备、有目的的活动，矛头指向党中央、毛主席和总路线。并说彭德怀同志“要按照他自己的面貌来改造我们党、改造世界”，是“伪君子”、“阴谋家”、“野心家”。在谈到彭德怀同志反对毛主席时，林彪说：彭德怀参加革命“包含着很大的个人野心，个人欲望，个人要求，他是想来当个大英雄”。“毛主席是个真正的大英雄，他也觉得他是个大英雄，两雄不并立，因此，就要反对毛主席，这是事情的规律”。

会议强调召开八届八中全会，就是要为保卫党的总路线反对右倾机会主义、反对党的分裂而斗争。

八届八中全会于 8 月 2 日开始，毛主席提出要讨论两个问题：“第一是改指标问题”，“第二是路线问题”。在谈第二个问题时，毛主席说：“我们的路线究竟对不对，现在有一些同志发生怀疑，去年八大二次会议所定的这条路线发生了问题。”又说：“一上山，我就讲了三句话：‘成绩很大，问题不少，前途光明’。”现在看来，所谓“问题不少”，是“右倾机会主义向党猖狂进攻的问题不少，而不是那些别的问题”，“我们反了九个月的‘左’倾了，现在基本上不是这一方面的问题了，庐山会议不是反‘左’的问题，而是反右的问题。因为右倾机会主义在向着党，向着党的领导机关猖狂进攻”，“把结论引导到路线错误，领导机关错误”。这一天，毛主席还给张闻天同志写了一封信，一开头就说：“怎么搞的，你陷入那个军事俱乐部去了。真是物以类聚，人以群分。”还说：“你把马克思主义的要言妙道通通忘记了，如是乎跑进了军事俱乐部，真是武文合璧，相得益彰。”这就表明全会要把主要锋芒放到彭德怀、张闻天同志身上，放到揭发批判所谓“军事俱乐部”上。

毛主席讲话后，全会先开小组会，后开大会。不论小组会，还是大会，其中心内容都是揭发、批判彭德怀、黄克诚、张闻天、周小舟等同志；其倾向是“一边倒”，几乎是异口同声。各种各样的政治帽子纷纷飞向彭、黄、张、周，除了说他们反对党中央、毛主席和总路线之外，对他们这样或那样的人身攻击也发生了，如有人说彭德怀同志伪装“爽直”和“朴素”，他对待人可以概括成“压、打、拉、推、赖、装”。全会完全开成了批判会、斗争会。虽然大家口头上都说“惩前毖后，治病救人”，实则重复了历史上的“残酷斗争，无情打击”的错误。彭德怀同志 8 月 7 日在小组会上讲的几句话，很能说明这次会议的气氛。在接连不断地追逼下，彭德怀同志说：“我说我是野心家，想把毛泽东赶下台，你们愿意听，我可不能那么讲。”有人指责他发脾气。他说：“我没有律师辩护，你们对我像法庭审判！”在这种气氛下，是很难客观地讲清事实，分清是非的。彭德怀、黄克诚、张闻天、周小舟同志，在毛主席的崇高威望和尖锐批评面前，在小组会和大会的严厉批判、斗争面前，再加上一些战友好心规劝彭德怀同志“抛开信的本身，从全局利益来作检讨”，于是他们便采取“要什么给什么的态度”，一次又一次地检讨。8 月 16 日，即最后一天，全会通过的《关于以彭德怀同志为首的反党集团的错误的决议》，历数彭、黄、张、周的“错误”，并决定把他们调离国防部、外交部和省委第一书记等工作岗位，同时保留他们在中央委员会和政治局中原来的职务，以观后效。全会通过的《为保卫党的总路线、反对右倾机会主义而斗争》的文件明确宣布：“右倾机会主义已经成为当前党内的主要危险”，“保卫总路线，击退右倾机会主义的进攻，已经成为党的当前的主要战斗任务”。

大会通过各项文件后，毛主席说：“看来，这次庐山会议解决了一个大问题。总结经验应该是这样总结法才好。头一个阶段，还照我们那个老轨道，那个总结法不对头。后来出来了对立面，引得我们大家注意了，那个时候起草的 19 个问题，那些东西都放到第二位去了。总结经验应该像刚才通过的这几个文件这样的总结法，就是锋芒向着反右，反右倾，鼓干劲。”又说，“当前形势主要是反右倾，鼓干劲”，这次庐山会议，“把这个问题解决了”。这表明毛主席改变了观点，认为庐山会议原来就不应该反“左”，而应该反右。这是庐山会议造成严重灾难性后果的主要原因。

在庐山会议上，为什么会突然发生从纠“左”到“反右倾”的转向？这似乎很难理解。在相当长的时间内我也感到困惑。经过仔细思索，我认识到原因是多方面的，根本原因是毛主席和大家当时都认为总路线、“大跃进”和人民公社是不能动摇的。虽然从 1958 年

11月郑州会议起就开始纠正“大跃进”和公社化运动中的各种问题，但始终把这些问题看作是具体执行中的问题，而对“大跃进”和人民公社本身没有任何怀疑，不认识也不承认指导思想上有什么失误。毛主席积极地为“大跃进”和人民公社辩护，甚至搬出马克思主义原理来辩护。7月29日，毛主席在《赫鲁晓夫谈苏联过去的公社》等材料的批语中说：“不合历史要求的东西，一定垮掉，人为地维持不垮是不可能的。合乎历史要求的东西，一定垮不了，人为地解散不是办不到的。这是历史唯物主义的大道理。请同志们看一看马克思政治经济学批判的序言。近来攻击人民公社的人们就是抬出马克思这一科学原则当作法宝，祭起来打我们，你们难道不害怕这个法宝吗?”马克思政治经济学批判的序言的中心内容，就是提出生产关系一定要适合生产力；而问题在于我们一哄而起的“大跃进”、人民公社，恰恰违反了这个基本原理。然而毛主席并不这么看，他认为“大跃进”、人民公社“是合乎历史要求的东西，一定垮不了”。毛主席在8月5日的一个批语中又说：“孙中山说：‘事有顺乎天理，应乎人情，适乎世界之潮流，合乎人群之需要，而为先知先觉者决志行之，则断无不成者也。’这句话是正确的。我们的大跃进，人民公社，属于这一类。”总之，毛主席认为“大跃进”、人民公社是符合历史发展需要的天经地义。八届八中全会通过的《关于开展增产节约运动的决议》，也对它们作了很高的评价：“总路线、大跃进、人民公社，这是我国勤劳勇敢的六亿五千万人民的伟大决心和伟大智慧的表现，是我们党和我国各族人民的伟大领袖毛泽东同志创造性地把马克思列宁主义的普遍真理同中国实际结合起来的产物。”这表明了当时毛主席和党中央对总路线、“大跃进”、人民公社的根本立场和态度。因此，对总路线、“大跃进”和人民公社不用说“言词偏激”，就是稍有微词，也就成了“对立面”，成了“右倾”了。彭、黄、张、周的“右倾机会主义”，说到底，无非就是他们要求总结“大跃进”、人民公社经验教训的深度和广度，超出了毛主席所允许的限度和范围。这是他不能同意和接受的。庐山会议转向的原因，我想可能就在这里。

这里，也谈一下我参加庐山会议前后的情况。庐山会议前期，中央留我在京主持工作，没有上山。会前，我请薛暮桥同志根据我在外交部等部门先后所作的四次报告，整理出一篇题为《从一年来大跃进中吸取经验教训》的发言稿，约万言。文中有自我批评，因为我也主动执行过一段时间的"大跃进"，但主要是批评领导的。发言稿指出："一年来的社会主义经济建设，总的说来成绩很大，形势很好，但是问题很多，缺点不少，错误也有。""比较严重的缺点和错误"，我列举了七条："第一，在计划工作的指导思想方面，过分强调高速度，比较忽视按比例；过分强调满足需要，比较忽视实际可能；过分强调保证重点，比较忽视照顾一般；过分强调人的主观能动作用，比较忽视物质技术条件和客观经济规律。总的来讲，有主观片面性。""第二，对党中央的'多快好省地建设社会主义'的总路线的认识不全面，只重视多快，不重视好省。""第三，对党中央的五个并举的方针，有些在执行中有偏差"。如去年"下半年在夺钢大战中，挤了农业的劳动力，使秋收、秋种受到相当大的损失"。"第四，在所有制和分配制度方面，去年刮了一阵'共产风'。人民公社把生产队的产品无代价上调，造成了粮食、棉花熟了不收，和杀猪宰鸡等很大的损失。在分配上过少的按劳分配，过多的按需分配，以及'吃饭不要钱'、'放开肚皮吃饭'，造成了粮食等很大的浪费，还损害了农民劳动的积极性。在国营工厂过多地取消了计件工资制，部分工厂、工地的劳动生产率下降。手工业过多过早地合并和升级(从集体所有制变成全民所有制)，使许多小产品停止生产，市场供应发生困难。""第五，管理体制和规章制度的改革是必要的，但是急了一点。各种权力下放过多，而且层层下放，每个地区都想建设一个完整的工业体系，发展了盲目的'积极性'。""第六，在大跃进中没有认真计划和安排人民生活，在农村中出现了相当严重的春荒，在城市中出现了副食品和某些日用工业品供应的空前紧张，总之，出现了'生产大跃进，供应大紧张'的难于理解的现象。""第七，干部作风浮夸"，"几倍、几十倍地虚报产量，把失败了的事情也向上级报喜"。

庐山政治局扩大会后期，接到中央要我参加会议的通知，我携此发言稿于 7 月 17 日上了山。上山后当天，余秋里、习仲勋同志分别告诉我，会议的风向变了，现在要批判《彭德怀同志的意见书》，你发言要注意。我当时就找来《彭德怀同志的意见书》、彭德怀同志在小组会上的发言，以及与会同志们的发言简报看了，感觉到彭德怀同志的意见很中肯，切中要害。稍后，我听了毛主席在会上的讲话，讲话说彭德怀同志历来不跟主席合作，历来就是反对主席、反对党的，仅这次庐山会议，就从"军事俱乐部"搞到"彭、黄、张、周反党集团"云云。气势是要老账新账一起算，调子是决心彻底打倒彭德怀同志。在这种政治形势下，我准备好的发言稿没有拿出来，因为它不仅无补于事，更丝毫动摇不了毛主席打倒彭德怀同志的决心。其间，杨尚昆、安子文同志曾一起来找我交换意见，我们认为彭德怀同志的信没有错，但在这次全会上人人必须表态时，我们在发言中尽量避开《彭德怀同志的意见书》，主要谈过去华北工作座谈会上已批评过的几个历史问题。尽管如此，我的发言，仍说了一些过头的、言不由衷的话。对于这些话我感到愧疚与自责。

由于我预先准备的发言稿未在会上拿出来，因而未受到批判。但我上庐山前，在四个部门作过报告，庐山会议后，在"反右倾"高潮中，中央国家机关党委根据领导指示把我的讲话整成材料上报，认为我犯了"右倾错误"，彭真同志受中央领导同志委派让我作检查。我坚持了半个多月，没有承认错误。但最后，还是不得不按照中央领导要求作了自我批评，写了检讨，并承认发表这些讲话事先未请示中央，在组织程序上也有问题。这样，算是过了关。

经过党的十一届三中全会及其以后的拨乱反正，历史已作出了公正的结论：

1980年4月1日，小平同志在同中央负责同志谈话时指出："一九五九年上半年，是在纠正'左'的错误。庐山会议前期还讨论经济工作。彭德怀同志的信一发下来，就转变风向了。彭德怀同志的意见是正确的，作为政治局委员，向政治局主席写信，也是正常的。尽管彭德怀同志也有缺点，但对彭德怀同志的处理是完全错误的。"（《邓小平文选》第2卷，第295页）

1981年6月27日，党的十一届六中全会通过的《关于建国以来党的若干历史问题的决议》也指出：“从一九五八年底到一九五九年七月中央政治局庐山会议前期，毛泽东同志和党中央曾经努力领导全党纠正已经觉察到的错误。但是庐山会议后期，毛泽东同志错误地发动了对彭德怀同志的批判，进而在全党错误地开展了‘反右倾’斗争。八届八中全会关于所谓‘彭德怀、黄克诚、张闻天、周小舟反党集团’的决议是完全错误的。”

（四）“反右倾”的严重后果

庐山会议的“反右倾”，造成了极为严重的后果。会后，紧接着在全党范围内从上到下开展了一场声势浩大的“反右倾”斗争。在各级党组织中，一大批干部、党员遭到错误的批判，不少人被定为右倾机会主义分子，受到组织处分。据1962年甄别平反时的统计，在这次“反右倾”斗争中被重点批判和定为右倾机会主义分子的干部和党员，有三百几十万人。而这些干部和党员，大都是敢于讲真话、敢于反映实际情况和敢于提出批评意见的同志，他们受到不应有的打击，并由此精神上、工作上受影响，不能正常地发挥自己的积极性、主动性，这对我们党是非常大的损伤，对国家和人民的事业是个重大损失。

“反右倾”在政治上造成的严重后果，是把阶级斗争引入党内乃至党的高级领导层。8月16日，毛主席在《机关枪和迫击炮的来历及其他》一文中指出：“庐山出现的这一场斗争，是一场阶级斗争，是过去十年社会主义革命过程中资产阶级与无产阶级两大对抗阶级的生死斗争的继续。在中国，在我党，这一类斗争，看来还得斗下去，至少还要斗二十年，可能要斗半个世纪，总之要到阶级完全灭亡，斗争才会止息。”又说：“人们对于社会主义时代的阶级斗争的理解，是要通过自己的经验和实践，才会逐步深入的。”这是毛主席对庐山会议“反右倾”斗争的理论概括。他以为是发展了社会主义时期阶级斗争的理论，实际上是把社会主义时期的阶级斗争进一步严重地扩大化了。毛主席关于阶级斗争问题的这种新观点，不仅混淆了党内斗争和社会阶级斗争的界限，而且也违反了他关于社会主义时期中国资产阶级(指民族资产阶级)与无产阶级的矛盾有对抗性的一面、又有非对抗性的一面的正确论断。同时,也埋下了把社会主义时期阶级斗争、政治斗争的主战场逐渐转移到党内的种子。庐山会议以后,党内斗争愈演愈烈,其根源就在这里。

"反右倾"在经济上造成的严重后果,就是打断了纠"左"的积极进程,掀起了继续"跃进"的高潮。在"反右倾,鼓干劲"的口号下,各种"大办"一拥而上,如大办钢铁,大办粮食,大办县、社工业,大办水利,大办养猪场等等,在城市则大办城市人民公社,大办街道工业等等。9月24日,国家计委和国家建委决定新开工230个限额以上项目,使全年施工的限额以上项目又达1000项以上。1960年1月中央批转的国家计委关于1960年国民经济计划,提出产钢1840万吨,粮食6000亿斤。后来,随着中苏关系的恶化,更加强调钢铁的重要性。7月,毛主席同李富春、陈正人同志和我谈话说:"实力政策、实力地位,世界上没有不搞实力的","手中没有一把米,叫鸡都不来,我们处在被轻视的地位,就是钢铁不够。……资本主义国家看不起我们,社会主义国家也不给技术,憋一口气有好处"。在毛主席的号召下,全国大炼"争气钢"。国际社会的斗争,是以实力(国家的经济实力、综合国力)为基础的,历来如此。一个国家、一个民族要有"一口气"、"一股民族精神",自强不息,奋斗不已,方能屹立于世界民族之林。这些道理都是对的,毛主席深谙此理,他注重用这些道理来激励干部和群众发愤图强,这也是很必要的。问题在于"争气"的精神一定要立足于实际,不能脱离开现实的主客观条件,要看到"憋一口气"赶上世界发达国家,必然有一个过程,不是一朝一夕之功可以办到的。而这一点,看来毛主席是注意不够的。这就不能不发生要求过急的问题。由于各种"大办",庐山会议前有所收敛的"一平二调"的"共产风"又大刮起来。平调范围,土地、粮食、房屋、生产工具、劳力以及生活家具,无所不有;平调单位,省、地、县、公社和生产队,一级比一级搞得厉害。两年持续"跃进",虽然重工业项目,靠着拼体力、拼设备、拼资源,有较大幅度的增长,如钢产量1959年达到1387万吨,1960年达到1866万吨,煤、铁等也增长较多,但重工业的这种“单兵突进”,进一步加剧了国民经济的比例失调,轻工业急剧下降,而遭到最大破坏的是农业。拿粮食来说,1959 年产量仅为 3400 亿斤,比 1958 年的实际产量 4000 亿斤减少 600 亿斤。1960 年粮食产量下降到 2870 亿斤,比 1951 年的 2874 亿斤还低。在这两年中,棉花、糖料、油料、生猪等主要农产品,也都大幅度减产。1958 年的“大跃进”和 1959 年“反右倾”后的继续“跃进”,给我们国家和民族造成了严重的灾难。我国人民所经历的 1959—1961 年“三年困难时期”,主要是“大跃进”、人民公社化运动和“反右倾”斗争造成的。在“三年困难时期”,全国广大人民因食物缺乏、营养不良,相当普遍地发生浮肿病,不少农村因饥馑死亡增加,据统计,1960 年全国总人口减少 1000 多万。在和平建设时期发生这种事情,我们作为共产党人实在是愧对百姓,应该永志不忘这沉痛的教训!

在 1959 年 7 月 23 日毛主席讲话的当天晚上,彭德怀同志在笔记中曾写过这样一段话:“我写这封信,是在西北小组会议上,一些不便讲的问题,要点式的写给毛主席作参考的,希望主席考虑信中的一些问题。主席竟把问题提到如此十分严重,如此十分尖锐,提到离开现实情况的高度原则。因此,国内在经济建设中,出现的许多问题,不仅不能得到解决,在‘左’倾急躁冒进的基础上,再加以猛烈的反对右倾机会主义,并把它提到两条路线斗争的高度。它将要造成难以估计的损失,引起更加严重的比例失调,甚至引起党内外一段时间内的混乱,影响生产和人民生活水平下降的后果!!”事情的发展,完全证实了彭德怀同志的忧虑。

(五)党内斗争的深刻教训

庐山会议的“反右倾”,不论对彭德怀同志(及其他被批判的同志)还是对我们党和国家来说,都是一场悲剧。人们或许可以这样想,假如毛主席当时接受彭德怀同志信中的意见,或者对彭德怀同志的信“参考”“参考”就算了;假如彭德怀同志不写这封信,不犯颜直陈,而是缄默不语,情况可能会是另外一个样子:中国经济建设的发展很可能不会这样曲折,彭德怀同志本人也自会安然无恙。但是，历史是不能假设的。历史悲剧的出现，也是有其必然原因的。悲剧固然痛苦，但惟其痛苦，也就给人们留下最深沉的反思，因而往往成为新思想、新事物孕育的重要契机。我们党在十一届三中全会以后进行拨乱反正，实行改革开放等一系列马克思主义的新政策，从此我们的社会主义事业开了新局面，不正是从庐山会议到十年“文化大革命”这类严重的历史悲剧之中吸取了很多教益吗？人们不也正是由此更加重了对彭德怀同志和刘少奇同志等的追思和怀念吗？我在想，即使庐山会议上没有彭德怀同志的信，党内对“三面红旗”的不同意见和分歧也仍然存在，而且全面维护“三面红旗”的意见占主导地位，所以庐山会议也不可能彻底纠“左”。

毛主席指出：“党内不同思想的对立和斗争是经常发生的，这是社会的阶级矛盾和新旧事物的矛盾在党内的反映。党内如果没有矛盾和解决矛盾的思想斗争，党的生命也就停止了。”（《毛泽东选集》第2版，第1卷，第306页）正确地进行党内斗争是保持党的生命和发展的重要一环。要正确地进行党内斗争，最重要的就是要充分发扬党内民主，实行民主基础上的正确集中，真正坚持民主集中制。这本来是毛主席一贯提倡和主张的。他曾不知多少次地讲过，在党内要畅所欲言，敢于讲真话，领导者要善于倾听不同意见，并总结党内斗争的经验教训，提出处理党内矛盾必须采取“团结——批评——团结”的原则。应该说，毛主席在相当长的时间内，从1935年遵义会议成为党的领袖起一直到建国后50年代前期，在这方面，都是做得好的。然而，在庐山会议上这些优良传统却遭到了破坏。如前所说，彭德怀同志作为政治局委员给中央主席写信，这是完全正常的。按党章规定，这是每一个党员都有的权利。怎么彭德怀同志一写信就成了“下战书”？他的信上明明写着“供参考”，怎么能说他的目的是“争取市场，组织队伍”？这样的政治判断，显然是不符合实际的，也是违反党的民主集中制原则的。毛主席虽然一再表示，“一九五八、一九五九年，主要责任在我的身上”，并讲：“说我是主席，不能驳，我看不对”。而庐山会议的事实表明，毛主席有错误自己讲可以，别人讲，就听不大进去了，特别是过去有些积怨的同志讲就更听不进去了，这应该说是党内民主生活不正常的一个重要表现。在庐山会议期间，7月4日，毛主席在他的住处同王任重等同志谈话时，念起明代杨继盛(号椒山)的两句诗：“遇事虚怀观一是，与人和气察群言。”并说这是椒山先生名句，他从青年时代就喜欢，且照此去做。遗憾的是，在庐山会议上，他却没有做到这一点。共产党人有了缺点、错误，自己讲出来，作自我批评，诚然可贵，同时也应让别人讲，欢迎别人进行批评，应该有让人“面折其过”的政治雅量。当然，这是需要有很高的党性修养的，要做到、做得好是很不容易的，要始终坚持做到、做得好就更不容易了。毛主席的党性原则、党性修养不可谓不高，大家对此都是景仰不已的。何以到了庐山会议上，却未能实践“遇事虚怀观一是，与人和气察群言”？究竟还有些什么思想原因和社会历史原因？我一直在思索，至今也尚未得到满意的答案。大家还可继续研究。

毛主席历来提倡尊重实际、坚持真理、修正错误，而且在他一生中的绝大部分时间里，在这方面也是躬自力行，实践得好的，为全党同志特别是党的高级干部做出了榜样。直到50年代末，他还在不同场合强调要坚持真理、修正错误。比如，据周谷城同志回忆，当时有一次在中南海游泳池边他和毛主席进行交谈中，毛主席谈到西汉的赵充国时说：赵充国主张在西北边疆实行屯田，这个人很能坚持真理，坚持正确的主张。他的主张在开始，赞成的人不过十分之一二，反对的人达十分之八九；到后来，他的主张逐渐被人接受了，赞成的人达十分之八九，反对的却只有十分之一二。真理要人接受，总要有个过程，无论是过去和现在都是如此。又比如，1958年4月27日，毛主席给田家英的一封信中，建议他读一读《汉书·贾谊传》，并说：贾谊的《治安策》一文“是西汉一代最好的政论，贾谊于南放归来著此，除论太子一节近于迂腐以外，全文切中当时事理，有一种颇好的气氛，值得一读”。贾谊给汉文帝的《治安策》，又名《陈政事疏》，它为国家的长治久安提出一些谋策，虽措词激烈，但切中时弊，毛主席称它为“西汉一代最好的政论”，足见他是很赞赏贾谊的居安思危、痛陈弊端、追求真理的勇气和精神的。毛主席称颂赵充国“能坚持真理”，称颂贾谊的上书为“切中当时事理”的“最好政论”，是对的，很有道理的，确属真知卓识。然而令人费解的是，几乎就在他赞扬这些古人，推崇他们上书的同时，当彭德怀同志把他经过调查研究，发现“大跃进”中存在的问题和流弊写成信件，并直言不讳地表达了自己居安思危的忧虑和意见，送给毛主席后，毛主席却没有称赞彭德怀同志“能坚持真理”，像看待赵充国那样，也没有称赞他的“上书”是“切中当时事理”的“政论”，像看待贾谊的上书那样，反而把彭德怀同志的信看成是“反党的意见书”，并给他戴上了“右倾机会主义”的政治帽子。毛主席评古人的话和评彭德怀的信两相比较，反差何以如此之大，这中间是何缘故？大家也还可以继续研究。不能说毛主席不重视不坚持言行一致、表里如一，据我了解，他是很注意这方面的修养的。我觉得，不能光从毛主席个人的思想、作风、性格等方面去寻找原因，更重要的是要从我们党的成长经历、党内制度、党内生活的整体来加以历史的探索和研究。下面紧接着我就要谈到应该从庐山会议中吸取哪些经验教训的问题。在处理彭德怀同志信件的问题上，毛主席和我们党虽然犯了严重错误，这种历史的遗憾是无法挽回了，但是毛主席所倡导的贾谊、赵充国的居安思危、直陈时弊、坚持真理的精神，是永远值得我们借鉴和学习的。我们党是立党为公、执政为民的，坚持真理、修正错误，应该始终成为全党同志的重要工作原则和战斗风格。如果我们党的干部，尤其是领导干部中，能尊重实际、居安思危的人多了，能坚持真理、修正错误的人多了，那么实事求是在党内就必定蔚然成风，我们在前进中发生的问题和弊端就愈能及时发现，党和国家决策的民主化科学化就愈能充分实现，党的民主集中制的执行和党内矛盾、斗争的正确解决就愈有保证。这当然不是一朝一夕之力可以做到的，但历史的经验和未来的使命，要求我们必须朝着这样的目标进行不懈的努力。

从庐山会议的“反右倾”这场悲剧中，应该吸取正确进行党内斗争的哪些经验教训呢？我想，至少应该注意以下几点。

第一，一定要实事求是。是什么问题就解决什么问题，既不能夸大,也不能缩小,更不能捕风捉影,无限上纲。只有这样,才能达到既要"弄清思想"又要"团结同志"的目的。庐山会议的"反右倾"违反了实事求是原则,任意推理,任意上纲。彭德怀同志在庐山会议前,奉命到苏联和东欧访问,却无端地被说成"从国际取经",甚至"里通外国"(紧接着庐山会议后召开的军委扩大会议硬是给彭德怀同志加上了这个罪名);彭德怀等同志对"大跃进"和人民公社提些具体意见,却被说成从根本上反对总路线、"大跃进"和人民公社;彭德怀、黄克诚、张闻天、周小舟同志在庐山会议上观点比较接近,互相交换过意见,则被说成组织"军事俱乐部",进行分裂党的非组织活动,如此等等。就这样,庐山会议把一些本来属于正常的不同意见,上升为路线分歧和路线斗争,大加批判。"路线斗争"本来是一个很严肃的概念,而在我们党内的生活中长时期内用得很滥,动不动就是路线分歧、路线斗争。鉴于这种滥用造成的危害,1981 年 6 月 22 日,小平同志在指导《关于建国以来党的若干历史问题的决议》起草过程中指出:"党内斗争是什么性质就说是什么性质,犯了什么错误就说是什么错误,讲它的内容,原则上不再用路线斗争的提法。"(《邓小平文选》第 2 卷,第 308 页)我认为,这个意见非常中肯和正确。

第二,不能搞所谓"新账老账一起算"。历史和现实当然有联系,但不能混淆,历史问题是历史问题,现实问题是现实问题。应该说,彭德怀同志在长期的革命斗争中,立过大功,也确有过一些缺点和错误——事实上,这是谁也难免的,——但那都是过去了的事情,已经解决了的问题,这次在庐山会议上又通通翻腾出来,算历史旧账,甚至把彭德怀同志的功绩也加以否认,这是很伤人的。至于有的人把彭德怀同志正确的意见,硬是当作"错误"批判,更是错上加错了。一个同志一旦犯了错误,或认定他犯了"错误",就仿佛他从来就不正确,把他过去的工作一笔抹煞。这种非历史主义的观点和形而上学的做法,在我们党内有一定市场,我认为,这是应该经常注意防止和纠正的。

第三,不能凭感情和意气用事。党内斗争是原则斗争,必须理智地冷静地进行,决不能凭感情和意气用事。我感到,庐山会议所以斗到不可收拾的程度，跟没有做到这一点有关。彭德怀同志大胆地讲出自己的意见和看法是正确之举，但当他受到毛主席的错误批判后，态度也有不冷静的地方。比如他讲，“华北会议骂了我40天娘，难道庐山会议骂你20天娘还不行?”1945年华北工作会议我是参加了的，那次会议对彭德怀同志的批评确有缺点和过火的地方，但作为一个老党员对于上级和同志的批评称作“骂娘”，并以此来类比自己在庐山会议上的做法，是不应该的。毛主席对彭德怀同志这种说法很生气，很反感，也动了感情，一再提起这话，说“我们欠了20天的账，我看要补足20天，还是要40天”，还说“再加5天”，“满足骂娘的欲望”，等等。由于复杂的原因，彭德怀同志和毛主席在历史上有过分歧和误解，如果双方都不计个人恩怨，不动感情，冷静处理，情况就会好得多。当然，人非草木，孰能无情？喜怒哀乐是人之常情，要做到理智控制感情，也是不容易的；但对于党的高级干部来说，为了党和人民的事业，要力求做到这一点。否则，党内斗争就容易走偏方向，或越搞越复杂。

第四，不要“刮风”。在党内斗争中，随大流，跟“风”跑，“墙倒众人推”，上面说什么就是什么，这是党内生活中时常遇到的一种不正常的现象。庐山会议也不例外。毛主席7月23日讲话后，会议“一呼百应”，对毛主席发动批判彭德怀等同志这一不正常、不正确的行动，却没有一个人站出来说句公道话，或者从中缓解一下。为什么会这样？我想，这与我们党内民主生活不正常有关，与毛主席在1957年以后逐渐滋长起来的“一言堂”作风(“一言堂”这个词，也是毛主席最先使用的，他是用来批评那种不民主的个人或少数人说了算的专断作风的)有关，也与个人崇拜现象的发展有关。由于毛主席的伟大功绩和崇高威望，在我们党内，从上到下，几乎都认为毛主席一贯正确，没有也不会发生错误。即使自己的看法和毛主席有不同，也总是从自己方面检查，找原因。记得我的一位老领导和一位老战友曾不只一次告诫我：毛主席讲的话，如你觉得不对，千万不要讲，你回去想想，慢慢就会知道毛主席是正确的。长期以来，在我们的脑筋里，的确形成了一个思想框框：毛主席说对，就对；说错，就错，人人都以毛主席的是非为是非。其实，这种神化领袖的做法并不科学，也很难说是真正地爱戴领袖。在党内斗争中，我们每个共产党员，特别是党的高级干部，应该而且必须具有坚持真理、坚持马克思主义原则的大无畏精神，学会用自己的脑子想问题，努力做到敢讲真话和实话，不说违心之话，不做违心之事。果能如此，党内斗争，就能正确地进行，就能富有成效，就能防止发生悲剧。在这方面，我们党吃过的苦头太多了，我们应该始终牢记这个教训。

三十一 “调整、巩固、充实、提高”方针的提出及初步实施

60年代初期，为了克服“大跃进”造成的困难，对国民经济实行了“调整、巩固、充实、提高”的方针，通称“八字方针”。这说明，我们党对经济工作中的失误有所醒悟，并期望通过具体措施扭转局势。但是对于不顾客观条件盲目发动“大跃进”运动这一错误决策，并未能从根本上认识；相反，还指望稍加调整后重新实现“大跃进”，这当然也就不可能全面正视和彻底纠正了！因而，“八字方针”经过较长时间的酝酿才定了下来，所采取的措施并没有也不可能完全摆脱“大跃进”的轨道，第一年收效很不理想，以致经济困难的局面延续数年之久。

(一)违背客观规律行事而造成的惩罚

1958年下半年发动的以钢为纲、钢产量翻番，以粮为纲、粮食产量翻番为中心内容的“大跃进”运动，超越了客观的可能，违背了有计划按比例发展的规律，结果事与愿违，钢、粮产量不但没有翻上去，反而使社会生产力遭到很大破坏，群众的积极性受到严重挫伤，造成工农业生产和整个国民经济的大滑坡。1960年，即“大跃进”的最后一年，我国的经济已陷入极度困难的境地。

1. 主要农牧业产品大幅度减产，出现了全国性的粮食和副食品危机。

1960年，粮食实产2870亿斤，比1957年的3901亿斤减少26%以上；棉花实产2126万担，比1957年的3280万担减少35%以上；

油料作物实产3405万担，比1957年的7542万担减少一半多；猪的年底存栏数8227万头，比1957年的14590万头减少56%；大牲畜年底饲养量7336万头，比1957年的8382万头减少12.5%。这些农牧业产品的产量，大都退到1951年的水平，油料作物的产量仅及1951年的一半。

“大跃进”中，由于工矿企业从农村大量招工，使城镇人口猛增，1960年比1957年增加3124万人，比1951年增加近1倍。为了维持城镇商品粮的供应，不得不采取高征购的办法，1958至1960年三年中的征购量都在1000亿斤以上，分年的征购量及占总产量的比重是：1958年征购1175亿斤，占29.4%；1959年1348亿斤，占39.7%；1960年1021亿斤，占35.6%。在粮食大幅度减产的情况下，尽管征购了过头粮，仍然不能保证城镇人口的最低需要，不得不挖库存。1960年末粮食库存量降到573亿斤，比1955年的804亿斤减少29%。农业大幅度减产，粮食库存减少，这就形成了全国性的粮食危机，城镇人口不得不普遍减少定量，农村人口不得不以瓜菜弥补口粮的不足。至于食油、肉类、禽、蛋等副食品的供应，比粮食更紧张。

2. 生产性基本建设规模膨胀，工业内部比例严重失调。

钢铁“元帅升帐”，产量翻番，有关部门必须相应配合，必须全面开绿灯让路。生产能力不够，就大上基本建设。“大跃进”的三年中，每年新增基本建设投资都在百亿元以上，1960年达到384亿元，比上年增加11%，比1957年增加1.8倍。而且基建投资的配置很不合理，表现在：

生产性投资比重过大，挤了非生产性的建设，特别是挤了住宅建设。三年间，在基本建设投资总额中，生产性建设投资所占比重都在86%以上（1958年为88%，1959年为86.8%，1960年为86.4%），大大高于1957年76%的水平；非生产性建设投资所占比重只为13%左右，比1957年的24%下降2/5多。在非生产性投资中，住宅建设投资所占比重仅为3%—4%，比1957年的9.3%减少一半以上到三分之二。这就加剧了学校、医院、商业及其他集体福利设施和群众住房紧张的局面。

在工业建设投资中，用于重工业的比重过大，挤了轻工业。1957年，重工业投资在投资总额中所占比重为51.6%。这是执行优先发展重工业的方针所形成的比例，已经够高的了。在“大跃进”的三年中，重工业的比重又上升到55%—57%之间，轻工业所占比重除1958年高于1957年外，其余两年均低于1957年的水平。由于轻工业建设缓慢，特别是农业提供的原料减少，致使主要产品的产量减产。1960年，棉纱、棉布、卷烟、糖等的产量均低于1958年，造成市场商品匮乏。

1958至1960年三年中，施工的大中型建设项目均在1300个以上，1960年达到1815个，比1957年的992个增加83%；而建成投产项目占施工项目的比重，却大幅度下降，1957年为26.4%，1960年仅为9.8%。这说明违背了从党的八大以来所倡导的“有多少钱和物办多少事”的原则，基建项目上得过猛，摊子过大，财力、物力分散，不能集中力量打歼灭战。建设项目不能很快投产，不仅不能为整个经济的发展服务，而且挤占了生产用材，造成物资供应的全面紧张。

3. 财政收不抵支，出现赤字，造成通货膨胀、物价上涨。

“大跃进”的三年中，财政支出大幅度增加，每年增加百亿元以上，而收不抵支，致使连续三年出现赤字：1958年为21.8亿元，1959年为65.8亿元，1960年高达81.8亿元。为了弥补财政赤字，不得不增发货币，形成通货膨胀。1960年末，货币流通量达到95.9亿元，比1957年的52.8亿元增长82%；每元货币流通量拥有的商品库存量，却由1952年的5.2元减至4.1元。这就是说，群众手持货币增多，而市场商品短缺，有钱买不到东西，票子就发毛，物价就上涨。当时，为了控制物价上涨，合理分配商品，不得不采取凭证供应的措施，除肉、蛋、糖、肥皂等按户凭证供应外，还制发了工业券，凭券购买日用工业品。

应该说，发动“大跃进”运动，主观上是想把经济建设搞得更快一些，愿望是好的，但实际部署上超越了国力的可能，违背了经济发展的客观规律，又采取大搞群众运动的做法，认为只要把群众发动起来，“敢想、敢说、敢干”，就没有办不到的事情，结果打乱了国民经济的秩序，导致工农业生产大幅度滑坡、基本建设规模膨胀、财政拮据，人民的吃穿用全面紧张。这种惩罚是严重的，教训是惨痛的。面对现实，对国民经济进行调整，已势在必行。

（二）“八字方针”的酝酿过程

1958 年，钢和粮食的产量都没有实现翻番的任务。钢，比原计划超产 28%，但仅完成北戴河会议确定指标的 75%；粮食，只完成原计划的 97%，仅为北戴河会议指标的 67%。

在拟定 1959 年计划的时候，对钢、粮这两个关键性的指标有两种不同的意见：多数同志主张继续翻番，钢由 3000 万吨的高起点，逐步压缩，减至 1800 万吨，粮食定为 10500 亿斤；以陈云同志为代表的少数同志认为指标过高，难以完成。计划公布执行之后，生产、建设和市场供应都出现了紧张局面。1959 年 4 月，党的八届七中全会确定将钢的指标调至 1650 万吨。事后看仍然偏高。5 月，中央委托财经小组进一步研究落实钢的指标。在陈云同志主持下，经过反复摸底和平衡，将钢的指标压到 1300 万吨。7 月，中央又将粮食的指标压到 5000 亿斤。这是“大跃进”中对计划指标的一次调整。执行结果，钢产量超过调整指标的 6.7%，比上年增长 73%；粮食产量仅完成调整指标的 68%，比上年减产 15%。即使作了这样的调整，经济困难的局势仍未能得到遏制，还在继续发展。

在拟定 1960 年计划时，也曾考虑在上年调整的基础上，继续搞好综合平衡，指标留有余地。但是，在 1959 年庐山会议“反右倾”斗争的影响下，许多同志的头脑又热了起来，调整根本无法进行。当时，国家计委和国家经委这两个经济综合部门更是处于风口浪尖上，工作十分被动，不仅不能说调整的话，而且要硬撑着去干。在 1959 年 10 月国家计委召开的全国计划会议上，各部门、各地方为了实现新的“跃进”，争相要投资、上项目，使计划盘子搞得很大。国家计委虽然进行了控制，把各地区和各部门要求的基建投资由 500 亿元压缩到 340 亿元，但钢、粮等主要指标只能按 7 月庐山会议确定的数字安排，即钢 1840 万吨、粮食 6500 亿斤。对于 1960 年发展国民经济的任务和方针，虽然强调以农业为基础，更好地处理农业、轻工业、重工业各部门之间的关系，并且有计划有步骤地加强运输业、动力工业、采掘工业等薄弱环节，但又不能不提出“在一九五八年和一九五九年连续大跃进的基础上，争取国民经济继续跃进”的口号。在全国计划会议期间，国家经委召开了全国工业生产、交通运输会议。会议的调子也是“反右倾、鼓干劲”，讨论如何超额完成 1959 年的工业生产和交通运输计划，为 1960 年第一季度的生产做好准备。记得大概就是在这次会议上，提出了争取 1960 年工业生产“开门红、满堂红、红到底”的口号。

10 月 29 日，中央政治局召开会议，听取计划会议和工业生产会议的汇报。大家的认识比较一致，提的意见也比较集中，概括起来有如下几点：(1)庐山会议以后，“反右倾”运动发展得很快很猛，在生产、财贸各个战线上有些问题也露了头。各部门提出 1960 年基建投资 500 亿元、新增发电设备 800 万千瓦，要求过大，是否头脑有点发涨？要注意。否则，搞下去，越要越多，又会重复今年三次落实计划的被动局面。(2)4 月在上海召开的中央政治局扩大会议决定降低工业生产指标，压缩基建规模，当年减少职工 600 万至 800 万人，到 9 月底已减了 500 万人。可是，“反右倾”后，各地又在招收职工，照此下去，不但减 600 万人的任务完不成，还有继续增加的可能，要注意控制。(3)庐山会议确定 1959 年施工的大中型建设项目 788 个，现在已达到 1000 多个，有 200 多个是未经中央批准的计划外项目。这样发展下去不得了，最后还是要下来。(4)计划的安排要做到大体上按比例和大体上平衡。根本不平衡，就不算计划。缺口很大是不行的。会后，国家计委又对 1960 年计划的部分指标作了压缩，但对钢的指标丝毫没有松动，并且还一再加码。

1960 年 1 月 2 日，《人民日报》发表《开门红，满堂红，红到底》的社论，要求各个企业、各个行业、各个地区第一季度的平均日产量不低于或略高于去年第四季度的水平，并且在这个基础上稳定上升，实现月月红、季季红；不但要做到产量红，而且同时做到质量、品种、成本和安全样样红，全面跃进。1月7日，党中央召开政治局扩大会议，通过了1960年计划草案，钢的指标仍定为1840万吨，粮食指标减至6000亿斤。4月，全国人大通过了《关于1960年国民经济计划草案的报告》。《报告》对钢的指标未作变动，将粮食指标减至5940亿斤。4月14日，中央同意并批转了冶金部提出的1960年钢产量三本账的计划及冶金部、煤炭部、铁道部关于实现这个计划的联合报告。三本账即：1840万吨，2040万吨，2200万吨。为了争取实现第三本账，冶金的生产能力、煤炭的开发、铁路的运力都要相应建设，投资都要加码。5月30日，党中央正式批准了这一计划，决定确保完成第二本账，争取实现第三本账，并以此为标准来安排和检查工作。钢产量一变，冲乱了整个国民经济计划的安排，在全国又掀起了保钢、保煤、保运输的“跃进”高潮，从而使经济生活发生了更大的危机。

回忆当时的情况，不仅干部和群众焦虑不安，处于第一线的经济综合部门更是紧张。为了确保中央确定的各项生产指标得以实现，国家计委和国家经委领导干部集体办公的会议室里，都醒目地悬挂着工业主要产品的日进度表，如全国钢、铁、钢材、原煤、焦炭等的日产量，铁路日装车量等，我和李富春同志天天看，看到产量逐日增加，心里才踏实；看到产量下滑，就立即分析原因，采取措施解决。李先念同志那里也不轻松，各地要粮的电话昼夜打来，不能不急事急办，只好采取“挖东补西”、“抽肥补瘦”等措施，紧急调运粮食，帮助断粮地区渡难关。

7月5日至8月10日，党中央在北戴河召开工作会议，主要讨论经济问题和国际问题。会议批准了李富春同志和我联名提出的《1960年第三季度工业交通生产中的主要措施的报告》。报告提出：为了扭转第二季度以来主要产品下降的局面，解决基本建设战线过长、物资使用分散的问题，必须削基建，保生产，集中力量把钢、铁、煤、运输的生产搞上去。中央同意这样做，并指出：由于可供调运的煤炭、生铁资源减少，要求调入煤炭、生铁的省份，在经过努力后仍不能实现原定钢铁生产指标，那就应当实事求是，根据煤炭和生铁供应的可能，降低钢的产量。会议还通过了《关于全党动手，大办农业、大办粮食的指示》、《关于开展以保粮、保钢为中心的增产节约运动的指示》；确定压缩基本建设战线，保证钢铁工业等生产；认真清理劳动力，加强农业生产第一线，保证农业生产；决定以后国民经济计划不再搞两本账，只搞一本账，不搞计划外的东西，不留缺口。在这种气氛下，李富春同志建议对1961年的国民经济实行整顿、巩固、提高的方针。

在会议进行过程中，7月16日，当时的苏联政府突然照会中国政府，单方面决定召回苏联专家，并撕毁经援合同，停止供应我国建设需要的重要设备，对我施行经济压迫。这使我国一些重大设计项目和科研项目被迫中断，一些正在施工的建设项目被迫停工，一些正在试验生产的厂矿不能按期投入生产，严重地打乱了我国的经济建设，使我国的经济生活“雪上加霜”。苏联政府的这种背信弃义行为，引起全党和全国人民的愤慨。在这种情况下，一些同志又不冷静思考和处理问题了，反而提出要炼“争气钢”，要争取当年生产2000万吨，提前实现钢产量赶上英国的任务。这样，就使得会议没有对经济的调整问题进行深入讨论。

8月30日至9月5日，国务院审议国家计委《关于1961年国民经济计划控制数字的报告》。《报告》提出，1961年国民经济计划的方针应以整顿、巩固、提高为主，增加新的生产能力为辅；压缩重工业生产指标，缩短基本建设战线，加强农业和轻工业的生产建设，改善人民生活。大家赞成这些设想。周总理认为，对方针的提法，与其讲整顿，不如提调整，并建议增加“充实”二字，从而形成了“调整、巩固、充实、提高”的八字方针。这个方针的基本内容是：以调整为中心，调整国民经济各部门间失衡的比例关系，巩固生产建设取得的成果，充实新兴产业和短缺产品的项目，提高产品质量和经济效益。党中央同意实行“八字方针”，并基本同意国家计委的报告，于9月30日批转各部、各地参照执行。

(三)“八字方针”的初步执行情况

1960年11月15日至23日,国家计委在北京召开全国计划会议,初步总结“大跃进”的经验教训,传达中央关于国民经济实行“八字方针”的决定,并提出了1961年的计划安排要点。李富春同志在向会议所作的报告中指出,造成国家经济生活的严重困难,除了客观因素如天灾外,计划指标定得偏高、各项比例关系失调是主要原因;1961年计划的方针,就是要在调整、巩固、充实、提高的基础上争取国民经济继续跃进。这种提法,反映了当时人们的普遍认识,既要对国民经济进行调整,又不能舍弃“跃进”,而且一定要争取主要产品的产量比上年有较大的增长。在这种思想指导下,初步拟定1961年生产钢2010万吨、煤炭4.25亿吨、粮食3900亿斤、棉花3200万担;施工的大中型项目1200个左右,比上年减少300个;财政收入680亿元,支出650亿元,实现当年收支平衡、略有结余;精减全民所有制职工502万人。这些指标,以后又作了调整。

12月3日,党中央发出《关于保钢问题的紧急指示》,指出:今年能不能完成1860万吨钢的生产任务,是国内国外瞩目的一件大事,是一个政治问题。要求各地区、各部门抓紧时机,克服困难,集中力量抓煤、钢、铁、运,把钢的生产水平突上去,确保今年工业的继续跃进。同日,中央组织部根据毛主席的指示,发出《关于从中央一级机关抽调干部下放农村基层的通知》。通知决定抽调一万名干部到社队帮助工作,为期两年,争取农业丰收。

1960年12月24日至1961年1月13日,党中央在北京召开工作会议,主要讨论1961年国民经济计划,同时总结各地整风整社试点的经验,作出了《关于农村整风整社和若干政策问题的讨论纪要》。1961年1月3日,李富春同志向会议汇报计划工作,当讲到计划工作的四个主要缺点(即忽视农业、指标偏高、权力下放偏多、检查不够)时,毛主席插话说:“不仅没有注意农业,而且是挤了农业,挤了农业的人力、物力,工业战线过长,面过广。这三年都是指标高了后来退不下来了。1958年北戴河会议后从9月份开始大搞,1959

年庐山会议反右倾后又大搞，1960年又一年，这三年大炼钢铁，挤了农业。”毛主席还说：“现在看来，社会主义建设也不要那么十分急，过急了办不成，越急越办不成，要搞它半个世纪。要波浪式地向前发展。要搞几年慢腾腾，要搞扎实一点，不要务虚名而招实祸。今年、明年、后年，要做巩固工作，提高质量，增加品种、规格，加强管理，提高管理水平，提高劳动生产率。”他还指出：“实现方针、政策，要有一种方法。你有很好的方针、政策，而情况不明，决心不大，方法不对，就等于没有。”他号召全党大兴调查研究之风。毛主席讲的搞工业不能挤了农业，社会主义建设过急了办不成，不要务虚名而招实祸，实现方针政策要讲究工作方法这几条，都很重要。这是付出了很大代价才得到的认识，惟其代价不小，才显得更真切可贵。这些思想，在实行“八字方针”的过程中得到了贯彻和体现。这些思想，我以为在今天的现代化建设中仍然适用，仍然要坚持贯彻之。

会议根据1960年计划的执行情况，又对1961年计划指标作了调整。即：钢调低到1900万吨，煤炭调高到4.36亿吨，粮食调高到4100亿斤；当年施工的大中型项目900个，比原设想减少300个，比上年实际减少700个；财政收入调低到630亿元左右。

1月14日至18日，党的八届九中全会在北京举行。全会听取了李富春同志作的《关于1960年国民经济计划执行情况和1961年国民经济计划主要指标的报告》，批准对国民经济实行“八字方针”，并建议国务院将1961年计划草案提交全国人代会审议。

这一年第一季度的工业生产，不但没有实现“开门红、月月红”，反而出现了严重滑坡。在25种重要工业产品中，除食糖外，其余24种分别比上年第四季度下降30%到40%；一般只完成全年计划的10%到20%。究其原因，主要是对连续三年“大跃进”使生产力遭到破坏的现实估计不足，计划安排的生产指标过高，煤炭、电力、运输及其他物资的供应状况更趋紧张，导致人民吃穿用状况继续恶化，职工生产积极性下降。4月2日，国家计委不得不对基本建设计划进行再次调整，将预算内投资由167亿元减至129亿元，使当年正式施工的大中型项目控制在771个。4月3日，中央批转国家计委、国家经委关于节约煤炭的报告，要求生产单位降低能耗、市场用煤节约5%，做到全年节煤500万吨，以保证重点生产的需要。4月7日，国家经委向中央报送了《关于第二季度工业生产交通运输安排的意见》的综合报告。报告认为，第一季度工业生产大幅度下降的直接原因，是“由于煤炭的生产和供应下降，打乱了原来的部署，许多安排都不能按计划实现”。报告分析了第二季度的形势，认为经过努力，各种主要产品完成全年计划的比重也将是比较低的；客观形势迫使我们不得不考虑后退的问题。5月10日，李富春同志在国家计委的会议上提出：如果不采取坚决措施把过高的生产建设计划落到实处，国民经济全面被动的局面就不能扭转过来。国家计委要会同各部门、各地区把实际情况摸清楚，看看1961年的生产建设任务究竟能完成多少？计划指标不能按时实现的，就延长到1962年去完成，不再重新编制1961年计划。他认为，当年生产1840万吨钢是不现实的，要适当调整下来。

5月21日至6月12日，党中央在北京召开工作会议，主要是讨论农村工作、商业工作和城乡手工业工作问题。会议决定取消农村公共食堂和供给制的规定，制定了《农村人民公社工作条例（修正草案）》、《商业四十条（试行草案）》和《手工业三十五条（试行草案）》。陈云同志在会上就精减职工和城镇人口下乡问题，作了题为《一项关系全局的重要工作》的讲话。会议根据陈云同志的意见，制定了《关于减少城镇人口和压缩城镇粮食销量的九条办法》，规定在三年内减少城镇人口2000万人以上，当年减少1000万人。会议还根据国家计委和国家经委的测算，决定将当年的钢产量调低到1100万吨。李富春同志在会上发言说：“重工业这样下降，是一个惩罚，是没有按规律办事。重工业速度发展过快，基本建设拉长了，城市人口增多了，工农矛盾突出了，所以退也是应该的。你不退，有什么办法？”毛主席、少奇同志、周总理和中央其他领导同志都讲了话，表示赞同。毛主席说：“去年1850万吨钢，现在1100万（吨），降下来750万吨，我看可以。无非是外国人骂中国人不行。”

7月17日至8月12日，国家计委在北戴河召开全国计划会议，讨论1961年计划执行情况和1962年计划控制数字。会议估计，1961年钢产量至多完成850万吨，仅为调整计划的45%，1962年只能定750万吨；煤炭产量预计2.7亿吨，只为原计划的62%，1962年只能安排2.5亿吨；粮食产量预计2700亿斤，只为调整计划的66%，1962年计划要求比上年增产8%到10%；预算内基建投资完成78亿元，为调整计划的60%，1962年安排42.3亿元。

8月9日，小平同志在中央书记处听取计划会议汇报时指出："去年北戴河会议提出八字方针，究竟怎样贯彻，一年多了还没有具体化，各部、各地区和计委都没有具体地安排。去年钢完成了1840万吨，还是一马当先，影响了八字方针的贯彻。今年又是高指标，1800多万吨钢，基本建设规模过大，还是影响八字方针的贯彻。明年的粮食比今年还困难，特别是城市。指标定高了，大家为完成指标而奋斗，对贯彻八字方针、填平补齐的劲头就小，工作不好安排。指标退下来，可以腾出精力和时间搞填平补齐。基本建设要建成一个算一个。要确实贯彻八字方针，调整什么，巩固什么，充实什么，提高什么，各部、各地区、各行业都要搞清楚，具体安排，不要再拉长战线了。八字方针的贯彻，至少要五年时间。"小平同志的讲话，对大家解放思想，实事求是，从"跃进"的框框中摆脱出来，切切实实贯彻"八字方针"，集中精力搞好调整，是个极大的支持和帮助。

党中央原定1961年8月中旬在北戴河召开工作会议，讨论工业问题，李富春同志整理了一份题为《目前经济形势与调整任务》的大会发言稿，提交中央审查。之后，中央工作会议于8月23日改在庐山召开，9月16日结束。李富春同志9月2日又在会上作了补充发言。他的发言，着重从计划工作的角度总结经验教训。他认为，三年"大跃进"的主要教训是，对生产力估计过高，计划指标过头，要求发展生产过快，基本建设战线过长，综合平衡很差，打乱了生产关系和正常的比例，使生产力遭到一定程度的破坏。他还认为，"八字方针"提出后，想调整，但总想在重工业生产已达到的水平上调整，结果延误了时间。现在认识到，整个工业不后退，不退够，不松动一个时期，就不能调整。毛主席和中央其他领导同志赞成李富春同志的发言，认为只有退够，调整好比例关系，才能使国民经济健康发展。

这次中央工作会议作出的退够了再前进的决定，是正确的。然而，为时已晚。这一年，最初的计划指标仍然很高，调整后的指标也不低，始终没有放下“跃进”的架势。结果，计划的执行情况相当差，绝大部分指标不但距原计划相差很多，连调整后的计划也没有完成，甚至比上年还低。如，工农业总产值比上年下降30.9%，国民收入比上年下降29.7%。主要工农业产品的产量同上年相比，除粮食等少数产品略有增加外，多数都下降，有的下降幅度还很大：粮食2950亿斤，增长2.8%；棉花1600万担，下降24.7%；油料3237万担，减少4.9%；猪7552万头，下降8.2%；大牲畜6949万头，下降13%；钢870万吨，下降53.4%；铁1281万吨，下降53%；原煤2.78亿吨，下降30%；棉纱369万件，下降39%；棉布31.1亿米，下降43%。更为严重的是，城乡居民的粮食、食油、猪肉、棉布等的消费量比上年续减，更加剧了吃穿用的紧张。

经过1962年“七千人大会”统一了全党认识之后，在“西楼会议”上才真正下了退够的决心，才真正开始扎扎实实的全面调整，“八字方针”才落到了实处。

三十二　《农村六十条》的制定

60年代初，毛主席亲自主持制定的《农村人民公社工作条例》（后简称《六十条》或《农村六十条》）草案和修正草案，是纠正1958年以来农村工作中的错误，特别是人民公社化错误的一个重要历史文献。它的制定和试行，在一定程度上稳定了几亿农民的生产情绪，成为我国农村摆脱连续三年的严重灾祸、迈向60年代中期新发展的转折点。十年"文化大革命"大动乱中，农村所以能够保持相对稳定，农业所以能够保持继续增长势头，同《六十条》继续发挥作用是分不开的。虽然由于认识上的局限，《六十条》对错误的纠正尚不彻底，其解放生产力的作用是有限度的，但是，它的历史作用应当充分肯定。

在这个条例的起草、修订、再修订的一年零九个月的大部分时间里，毛主席的主要精力用于纠正1958年以来农村工作中的错误。在他的倡导和带动下，全党开展了大规模的调查研究工作，谱写了我党调查研究史上的新篇章。条例的起草、修订、再修订的过程，就是通过调查研究，对错误认识的深化、再深化的过程。在大量的调查材料面前，终于使我们党把过去单凭政治热情和浮夸不实的材料所构想的许多错误观念和做法，一个又一个地纠正过来了，并把这些认识成果用条例形式固定下来，以统一全党的思想和行动。这个决策程序和方法，是科学的，永远值得我们学习、回味、继承和发扬。因此，我不惜篇幅，回顾当年通过调查研究，纠正一个又一个错误的过程。

但是，也应看到，60年代初对人民公社错误的纠正是不彻底的。尽管以毛主席为代表的党的第一代领导集体，都是智慧过人的，而且当时为纠正错误又投入了那么大的力量，但仍然有几个根深蒂固的传统观念没有突破，以致人民公社还继续保存下来，直到党的十一届三中全会以后，才根据广大农民的伟大创造彻底解决问题。前后历时 20 多年。这至少可以说明：即使是毛主席、少奇同志、周总理那样的伟大人物，对客观世界的认识，也不是一次完成的，探索也是艰辛的。我不惜篇幅回顾这段历史的目的，也含有希望读者理解探索之艰辛的用意。

（一）全党大兴调查研究之风的第一个硕果

由于农业大幅度减产，“共产风”一度有所收敛后又重新刮了起来，1960 年夏，中央和地方一些负责同志就去基层作过调查。1960 年 11 月 15 日，毛主席为党中央起草的《关于彻底纠正“五风”问题的指示》，就明确提出：“省委自己全面彻底调查一个公社（错误严重的）使自己心中有数的方法是一个好方法”，“省委不明了情况是很危险的。只要情况明瞭，事情就好办了”。在 1960 年 12 月 24 日至 1961 年 1 月 13 日召开的北京工作会议和随后四天召开的党的八届九中全会上，毛主席表扬湖北省委对沔阳县通海口公社纠正“共产风”的调查，中央农村工作部对河北省宝坻县（今属天津市）江石窝生产队的调查，号召全党大兴调查研究之风，要求 1961 年成为实事求是年、调查研究年。

八届九中全会闭幕后，毛主席率先身体力行。他告诉田家英、胡乔木、陈伯达，各带一个调查组，分赴浙江、湖南、广东农村调查，10 天至 15 天为期，各调查一个最坏的生产队和一个最好的生产队，然后到广州会合。这三个调查组出发时，每组 7 人，共 21 人，除组长 3 人外，组员有邓力群、许立群、王力、张超、梅行、王录、杨波、胡绩伟、逄先知、吴介民等。后来，有关中央局和省委也有一些同志参加，如参加浙江组的有华东局农委副主任董家邦，浙江省委副秘书长薛驹等。

三个调查组于 1961 年 1 月 21 日离京赴农村。1 月 26 日晚，毛主席也带着急于了解农村真实情况的紧迫心情，乘火车离开北京，经天津、济南、南京、上海、杭州、南昌、长沙，于2月24日到达广州。在这将近一个月的时间里，他沿途听取了河北、山东、江苏、浙江、江西、湖南和广东七个省委和田家英、胡乔木、陈伯达三个调查组组长的汇报，还同一些县委书记谈了话，作了一路的调查研究工作和调查研究的动员工作。

这一时期，有些省、市、自治区党委也做了一些调查研究工作。

3月10日，毛主席主持的“三南”(中南、华东、西南)会议在广州开幕；与此同时，由少奇、恩来、陈云、小平同志主持的“三北”(华北、东北、西北)会议，在北京开幕。两个会的主要议题，都是讨论农村工作。11日，毛主席把当时刚刚找到的、他1930年春写的《关于调查工作》(即《反对本本主义》)一文，加上批语，印发给“三南”会议各同志。

毛主席刚到广州时，就看到中央广东调查组2月19日报送给他的《调查纪要》。《纪要》提到：“公社各级的关系，在解决了自下而上的‘共产风’问题后，似乎应当注意更适当地解决队与队之间、社员与社员之间在分配上的某些平均主义。”关于队与队的平均主义，《纪要》举例说：新兴县里洞公社蒙坑大队，是由原来的两个高级社合并起来的。一个在山上，副业门路多，收入高，原来一个劳动日1.2元；另一个在平地，副业门路少，收入低，一个劳动日0.7元。合并后，收入都降低了，而且降成一样，都是0.4元，两个大队的社员都有意见，收入降低多的社员意见更大。关于社员与社员之间的平均主义，《纪要》认为：主要表现在供给与工资的比例、公共食堂的某些制度上。大沥公社平均每月共发工资500元，可是按人口平均供应的粮食、菜、油、盐、柴，合计每月2600元，按劳分配的工资部分还占不到总分配数的20%，而按人口平均分配的供给部分却占了总分配数的80%多。公社干部认为，“劳动力强的和弱的都一样地吃，能挑百斤泥的人没有劲了，劳动力弱的也不积极，有些人就‘走自发’，谁也瞧不起工分了。”据典型调查，农村里劳动力多、人口少的家庭和人口多、劳动力少的家庭，大体都占农户总数的40%左右。人民公社要分配合理，重点就是处理好这两类户之间的矛盾。《纪要》提供的这些情况和所做的分析，受到毛主席的重视。他察觉到：1960 年 11 月 3 日，中央发出的《关于农村人民公社当前政策问题的紧急指示信》中规定的 12 条，只解决“调”的问题，没有解决“平”，即平均主义的问题。

3 月 13 日上午 8 时，毛主席给少奇、恩来、陈云、小平、彭真并“三北”会议各同志写了一封信。指出：“大队内部生产队与生产队之间的平均主义问题，生产队（过去小队）内部人与人之间的平均主义问题，是两个极端严重的大问题”，“不亲身调查是不会懂得的，是不能解决这两个重大问题的（别的重大问题也一样），是不能真正地全部地调动群众的积极性的”。“我看你们对于上述两个平均主义问题，至今还是不甚了了”。“省、地、县、社的第一书记大都也是如此，总之是不甚了了，一知半解。其原因是忙于事务工作，不作亲身的典型调查，满足于在会议上听地、县两级的报告，满足于看地、县两级的书面报告，或者满足于走马看花的调查。这些毛病，中央同志一般也是同样犯了的。我希望同志们从此改正。我自己的毛病当然要坚决改正”。毛主席的信还指出：《关于调查工作》一文“提出的问题是作系统地亲身出马的调查，而不是老爷式的调查，因此建议同志们研究一下”。

信写完后，当天上午，毛主席在“三南”会议讲话，反复阐明要搞清两个平均主义问题，就要深入调查研究的道理。他要求各级党委第一书记亲自做调查研究工作，其他书记的调查研究工作由第一书记抓。毛主席说，医生看病叫诊病，先诊，中医叫望、闻、问、切，先搞清病情，然后开处方。我们打仗，首先要搞侦察，侦察敌情、地形，判断情况，下决心，然后布置队伍、后勤等。历来打败仗都是情况不明。过去几年，我们犯错误，首先就是因为情况不明。

毛主席原决定派陶铸同志去北京，向“三北”会议通报“三南”会议的情况，并带去他写给少奇等同志的信和《关于调查工作》一文。信写完后，他改变了主意：陶铸不去了，请“三北”会议各同志移师广州，合开中央工作会议。

广州工作会议于 3 月 15 日开幕。大家对毛主席的信和《关于调查工作》一文反映强烈。党中央随即将毛主席的信发给省、市、自治区党委常委,中央各部部长,中央国家机关党组成员学习。根据党中央意见,由胡乔木同志执笔起草了《中共中央关于认真进行调查工作给各中央局,各省、市、自治区党委的一封信》。这封指示信,于3月23日在工作会议上通过后发出。将《关于调查工作》一文作为附件,下发到县、团级党委,指示信要求"联系最近几年工作中的经验教训,进行深入地讨论"。并指出:"中央要求从现在起,县级以上党委的领导人员,首先是第一书记,认真学习毛泽东同志的思想方法和工作方法,把深入基层(包括农村和城市),蹲下来,亲身进行有系统的典型调查,每年一定要有几次,当作领导工作的首要任务,并且定出制度,造成风气。""在调查的时候,不要怕听言之有物的不同意见,更不要怕实际检验推翻已经作出的判断和决定。中央相信,只要全党坚持这种调查研究、实事求是的作风,我们目前所遇到的问题就一定能够比较顺利地得到解决,我们的各方面的工作就一定能够得到迅速的进步。"

在大会讨论这封指示信时,田家英同志边念信稿,毛主席穿插边作解释。信稿不过800字,而毛主席的解释记录却有上万字。毛主席坦诚地说明:"最近几年吃情况不明的亏很大,付出的代价很大。""情况不明,政策就不对,决心就不大,方法也就不对头。""为补课起见,我现在提倡调查研究。""第一书记亲身调查很重要,足以影响全局。"他还说,听李雪峰同志(时任华北局第一书记)讲,河北省原有152个县,现在并为63个县,没有一个县委书记做过典型调查。这种现象很值得注意。正像鲁迅说创造社(当年上海左翼文化团体)的人有一股"创造气"一样,我们共产党人这几年有一股"共产气"。"共产气"要放在心上,不要挂在脸上,尤其不能天天挂着。勤于调查研究,就是很好的"共产气"。

3月,广州工作会议结束后,从中央到地方,各级领导人纷纷走出机关,深入基层进行比较扎实的典型调查。少奇同志在湖南长沙县广福公社的天华大队和宁乡县花明楼公社炭子冲大队做了44天的调查。他轻装简从,走家串户,找干部群众谈话,召开大小座谈会，查看山林、水塘、屋场、食堂、医院、集市、水库、社队企业。既不扰民，又深入群众。在天华大队，他住的房子就是大队原先的养猪场。周总理在广州工作会议后到河北省武安县伯延公社做调查。朱德同志到四川、河南等省农村做调查。陈云同志6月下旬、7月上旬到上海市青浦县小蒸公社做调查。邓小平、彭真同志利用日常工作的间隙，直接组织五个调查组，在北京市顺义县、怀柔县进行调查。毛主席直接领导的三个调查组返回原地调查。与此同时，中央新派出了大批的调查组，仅农村调查方面，就有杨尚昆同志领导的徐水、安国调查组，习仲勋同志领导的河南长葛调查组，胡耀邦同志领导的辽宁海城调查组，钱瑛同志领导的甘肃天水调查组，王从吾同志领导的黑龙江双城调查组，平杰三同志领导的山东泰安调查组，陈正人同志领导的四川简阳调查组，谢富治领导的河北邯郸调查组，廖鲁言同志领导的山西长治调查组等。

5月6日到29日，毛主席先后批发了陈正人、周恩来、胡乔木、李井泉、邓小平和彭真、张平化、阎红彦、胡耀邦等同志的调查报告。5月6日，毛主席收到陈正人同志关于四川简阳平泉公社调查报告后写了回信。回信中，除鼓励陈正人同志回简阳农村，再做两个星期的调查外，还给各中央局，各省、市、自治区党委第一书记写了一段话："请你们在这半个月内，下苦功去农村认真做一回调查研究工作，并和我随时通信。信随便写，不拘形迹。""如果你们发善心，给我写信，我准给你们写回信。"5月14日，就湖南省委第一书记张平化同志的调查报告，写了一条批语："各级党委，不许不作调查研究工作。绝对禁止党委少数人不作调查，不同群众商量，关在房子里，作出害死人的主观主义的所谓政策。"5月30日，毛主席批发了田家英向他推荐的戚本禹写的《关于"调查研究"的调查》材料，批语要求所有从事调查研究的同志，不要采用"官僚主义的老爷式的使人厌恶得透顶的那种调查法"。"死官僚不听话的，党委有权把他们轰走"。

5月21日到6月12日，在北京召开工作会议，讨论调查研究、群众路线、退赔、平反四大问题。毛主席在最后一天的大会讲话中，介绍了少奇同志在湖南的调查研究，并表示，他要向少奇同志学习，亲自去做调查。根据会议讨论结果，中央在6月15日发出的指示中指出："中央重申毛泽东同志在《工作方法六十条》(草案)中的规定，中央、中央局和省、市、自治区两级党委的委员，除了生病和年老的以外，每年一定要有四个月的时间轮流离开办公室，到下面去调查研究。地、县两级的领导人员也应该这样办。"

北京工作会议结束后，更多的领导同志深入城乡基层单位进行典型调查。

大批领导同志响应毛主席的号召，深入基层，进行典型调查，使这次调查研究新风有了鲜明的特色。它不仅成为我党60年代前期转变工作作风、重新掌握工作主动权的思想先导，而且直接结出了一系列丰硕成果。《农村六十条》就是第一个硕果。因为《农村六十条》的酝酿、起草和修改的全过程，都是同这股调查研究新风紧密联系在一起的。没有调查研究的"十月怀胎"，就不会有制定《六十条》的"一朝分娩"。

这里，我想对毛主席的调查研究思想，谈点自己的认识和感受。他在早年投身革命之时，就很重视社会调查工作。新民学会期间，他多次下乡做调查。最有名的，是大革命时期对湖南农民运动的考察。十年内战时期，他在同党内"左"倾错误的斗争中，提出了"没有调查就没有发言权"的著名论断，指出"左"倾教条主义、冒险主义的根源和致命伤，就在于不懂得做调查研究，不了解中国的国情，只会主观主义地搬"本本"，搞教条。他还亲自做过兴国调查、才冈乡调查、才溪乡调查等等。到了延安时期，继续在党内特别是高级干部中坚持调查研究的工作作风，他把他过去调查的材料，编印成《农村调查》一书，并写了序言与跋，让大家学习。直到三年困难时期，在他的号召和亲自带领下，又一次在广大干部中大兴调查研究之风。总之，毛主席不仅在我们党内开了调查研究工作的先声，而且是调查研究最积极的倡导者，对党的调查研究的理论和优良传统的形成与发展做出了最大的贡献。

综观我们党的历史，可以这样说，什么时候全党都重视调查研究，广大干部尤其是各级领导干部坚持从群众中来，到群众中去，处处倾听群众的呼声和要求，我们的决策就比较正确，工作就比较顺利，或者即使发生了严重的缺点和失误，也比较容易纠正，重又继续前进；什么时候调查研究不被重视甚至偃旗息鼓了，工作中的问题就多起来了，以致出现主观主义、“本本主义”、官僚主义、形式主义和“左”的或右的错误倾向。这些东西都是违背客观实际、违背辩证唯物主义和历史唯物主义的方法论的，它们在党内和干部中的滋长和泛滥，必然导致工作中发生失误和曲折。所以，调查研究是保证党的科学决策和正确领导，防止或减少工作失误的一个法宝，也是帮助我们迅速纠正失误、渡过难关的一个法宝，切不可低估了它事关全局的重大政治意义，任何时候都不能忽略，更不能丢掉。我们这些跟随毛主席走过来的人，对于这一点可能感受更深一些，因为既尝过正面经验之欢乐，也受过反面教训之痛苦。

在毛主席的调查研究思想中，我觉得有三个思想是尤为突出的，也是他经常加以强调的，因而也是特别值得我们学习和躬行实践的。一是强调领导干部亲自做调查研究的思想。毛主席对一些重大问题，就是坚持亲自做调查的。为什么他要强调这一点呢？这样做有什么好处呢？我的体会是，别人的调查研究，你看了固然也可以从中了解一些实际情况、实际问题和解决问题的办法、经验，但仍然代替不了领导干部尤其是高级干部亲自做调查。由于所处的岗位不同、经历不同、知识面不同、看问题的角度不同，以及实践经验、政治智慧、分析判断能力不同等等，因此即使是在同一个地点、同一个问题、向同样的调查对象做调查，而了解情况和问题的广度深度，以及得到的感受和认识，都往往会有差别的。一般说来，看了别人的调查研究材料，主要领导同志再亲自下去加以调查，使情况弄得更明白，才能帮助自己下决心，提出解决问题的对策和方法来。二是强调领导干部做系统的调查研究的思想。所谓系统调查，也就是全面的周密的调查，对一个问题、一件事情、一种现象进行由此及彼、由表及里的系列调查，而不是“走马观花”、东鳞西爪式的调查。只有坚持系统调查，才能弄清问题和事情的全面貌，弄清来龙去脉，弄清产生的原因、经过和后果，这样才可能发现带规律性的东西，有利于找到正确解决的措施和方法。不调查，主观主义地解决问题，固然会害死人，会闹大笑话；而不做系统调查，道听途说，情况还不明，问题还没有弄清，就要去解决，也肯定是解决不好的，会闹诊脉不准就乱下药方一类的不切实际的笑话的。三是强调各级领导干部对一段时间内带普遍性的突出问题，上下一齐动手做调查研究的思想。毛主席的这个思想，在1960、1961年解决人民公社和“大跃进”的问题中，得到了最充分的体现。这从以上的叙述中可以清楚地看出。为了解决人民公社暴露的弊病，起草《六十条》，中央和省、市、自治区领导同志组织了那么多调查组，分头下去，广泛调查。这种围绕突出问题，上下结合，一齐动手的共同调查研究的办法，好处甚多。一可以迅速地摸清各地的实际情况。二可以提出各种分析、意见和建议，有利于中央集思广益，迅速作出符合群众要求的正确决断。三可以促进各级领导干部对存在的突出问题迅速统一认识、统一思想、统一解决的步调。如果有的调查，有的不调查，自以为是，各持己见，就很难达到这个目的。

我所以不惜篇幅，讲了这么一大段调查研究的问题，发了一番议论，是因为从我几十年的工作经历中，感到这个问题确实太重要了，感到毛主席的调查研究思想确实有许多宝贵之处。调查研究作为我们党的领导方法和工作作风的一个重要的优良传统，应该代代相传，不断发扬光大下去。在今天改革开放和现代化建设的新的伟大实践中，不但更有需要，而且也更有条件大兴调查研究之风，把它从理论和实践两个方面都提到一个新的更高水平上去。

现在回过头来，再讲《六十条》的问题。《农村六十条（草案）》的前身是邓子恢同志主持起草的《农村人民公社内务条例（修改稿）》。1960年夏，受少奇同志委托，邓子恢同志带领中央农村工作部工作组，到山西汾阳、江苏无锡等地进行调查。在汾阳县的万年青公社，他选了两个调查点：一个是工作比较先进的贾家庄管理区，一个是工作比较落后的金井村管理区。调查回京途中，在石家庄停留，又在石家庄市郊区钢冶人民公社南钢冶大队做了调查。调查工作结束后，他当面向毛主席和周总理作过汇报。在向周总理汇报时，他提出需要搞一个条例，得到周总理支持，回来后就主持起草了《农村人民公社内务条例》。所谓《内务条例》，是说条例的内容只涉及人民公社的内部关系，不包括公社与上级党和政府的关系、公社和公社的关系等。《内务条例(修改稿)》共 14 章、66 条，1960 年 12 月 23 日用中央农村工作部的便函报送毛主席。1961 年 3 月 23 日，在起草《农村六十条》的广州工作会议上，毛主席对邓子恢同志经过调查研究、提出起草条例的创议予以表扬。毛主席说：邓子恢同志去年到山西、石家庄、苏南做了一次调查，做得很好。他的观点很正确。这几年农村工作的错误，没有他的份。他的很多意见是正确的。他同我谈过，我介绍他去跟总理谈。总理请他起草一个文件，叫做人民公社的章程，首先创议的是总理(周总理插话：是他给我说的)。"啊！首先创议的是邓老，然后总理支持。"邓子恢同志主持起草的《农村人民公社内务条例(修正稿)》，后来成为起草《农村六十条(草案)》的重要参考材料。协助邓子恢同志起草《内务条例》的中央农村工作部二处处长王录同志，后来又参加了毛主席直接领导的调查组(在广东组)和《农村六十条》的起草工作。我国于 1955 年和 1956 年，曾先后颁发过《农业生产合作社示范章程》和《高级农业生产合作社示范章程》。1959 年 4 月，在上海召开的政治局会议通过会议纪要——《关于人民公社的十八个问题》中的最后一个问题，就是要求在全民讨论的基础上，制定人民公社示范章程。鉴于公社体制在不断调整变动，毛主席认为章程搞不出来。1960 年底，他听说邓子恢同志搞了一个文件，以为是人民公社示范章程，所以不感兴趣。1961 年 2 月 6 日，田家英同志在杭州向他汇报时提出：章程搞不出来，可以搞一个条例。他同意了。2 月 6 日到 12 日期间，他先后在杭州和长沙，向浙江和湖南两个调查组提出："各同志分头去调查研究，将来在广州搞出一个条例来"；"三个省(浙江、湖南、广东)共九个人，加我一个，组成十人小组，认真研究，解决一些问题"；"要搞一个人民公社章程恐怕困难，准备一个工作条例，把公社各级组织的职能、权利、能做什么、不能做什么，都规定好。规定好了，就好办事了”。

3月13日，毛主席在“三南”会议讲话，谈到为什么要搞条例时说：高级合作社的章程（即1956年6月30日首届人大三次会议通过的《高级农业生产合作社示范章程》。——一波注），已经作废了。几年来，没有一个完整的条例。当然有些规定，比如1958年北戴河会议关于建立人民公社的决议，1959年3月郑州会议《关于人民公社管理体制的若干规定（草案）》，4月上海会议的十八条，我写给生产队长、小队长的六条（即毛主席1959年4月29日关于农业方面六个问题的党内通信。——一波注）等。这许多文件，在一类队灵，在二类队一部分灵、一部分不灵，在三类队基本不灵。“可能搞个条例也不灵，但总得搞一个”。由于一般文件不灵，于是想到搞一个条例，这是毛主席看了山东、河南、甘肃、贵州等省某些地区发生严重情况的报告，又听了三个调查组汇报之后形成的认识。因为山东、河南、甘肃、贵州等省的报告已经说明，中央纠正“五风”的规定，在某些地区根本没有同群众见面，后来查明，有的还被当成“反面材料”加以扣留。中央三个调查组，按照原来的要求，都调查了一个落后队，调查材料也同样证明，中央有些政策，在这些落后队确实没有执行。因此可以说，毛主席关于搞条例的决定，也是在初步调查研究的基础上作出的。

经过中央和地方党委的初步调查，“三南”、“三北”和广州工作会议的讨论，中央认为，当时农村人民公社迫切需要解决的问题是：在分配上，无论在生产队与生产队之间，或者社员与社员之间，都存在着程度不同的平均主义现象；公社和生产大队（当时的基本核算单位，有些地方称管理区）的规模在许多地方偏大；公社对生产大队，大队对生产队（当时称小队），一般管得太多太死；公社各级的民主制度不健全；党委包办各级行政事务的现象相当严重。在调查研究基础上概括出来的这些问题，就成为制定农村人民公社工作条例的政策目标。

广州工作会议之后，中央和地方党委大规模调查研究工作的开展和深入，不仅进一步摸清了情况，吸取了农民和基层干部克服困难、搞好农村生产和工作的经验，为《农村六十条》的修正提供了基本依据；更重要的是：在大量的事实面前，改变了高层领导对一些问题的认识，逐步统一了全党的思想，使制定的条例能够真正解决所提出的问题。本篇以下几节，将向读者具体介绍调查研究在《农村六十条》起草和各次修改中的实际作用。

(二)“三月草案”的形成和内容梗概

毛主席直接领导的三个调查组于 1961 年 2 月 23 日在广州会合。25 日，毛主席在广州邀集陶铸、陈伯达、胡乔木、廖鲁言、赵紫阳(时任广东省委书记处书记)、田家英开会，宣布条例起草工作班子由陶铸挂帅，陈伯达为副，3 月 10 日起草好。起草工作分两段：前七天拿出初稿，后七天找些同志来讨论。会后，开始起草。初稿由廖鲁言、田家英、赵紫阳、王录分头执笔，胡乔木修改。3 月 6 日写出的初稿，不算序言，共 8 个部分(不分章)，67 条，连序言在内，近 14000 字。

草案初稿印出后，送政治局常委审查，同时发给 10 日开幕的“三南”会议各同志。12 日，周总理在北京通读了初稿全文，凡认为有新意的地方都作了标记或摘记，并要求他办公室的工作人员开会，逐条讨论。13 日，毛主席在“三南”会议的讲话，认为条例草案初稿内容太杂，篇幅太长，不能一气读完，要压缩到 8000 字左右。出席“三南”会议的许多同志一致赞成搞一个条例。有些同志说，1960 年 11 月的“十二条”虽好，但那是党内文件，需要一个公开的条例。还有些同志提出：目前农村工作中问题很多，光搞一个条例，内容势必很杂，重点不易突出，建议条例只写经过实践已肯定的制度、政策和办法，另写一个党内指示，着重解决思想认识和党的领导等问题。也有一些同志认为，鉴于公社体制在调整探索中间，在体制定型以前，条例可暂不搞。对此，毛主席表示不同意。他说：“这又不是圣旨，今年不行，明年再改；明年不行，后年再改。”后来，这个条例始终没有提交人大常委会讨论通过，形成正式法令，一直都只是修正草案，可能与毛主席的这个解释有关。

根据毛主席指示和“三南”会议讨论，由胡乔木同志执笔，又对条例作了一次大的修改，15日上午修改完毕，这就是条例草案的二稿。二稿首次定名为《农村人民公社工作条例》。共九个部分，50条，9000多字。序言改为第一部分。

15日下午，毛主席决定将二稿印发给当天开幕的广州工作会议讨论。

工作会议的讨论，集中在一些实质问题上，例如社、队规模问题，食堂问题，供给制问题，生产管理问题，责任制问题，评工计分问题，等等。3月19日，着手修改第二稿。根据毛主席的意见，每个大区吸收一至三个同志参加修改。21日修改完毕，是为草案的第三稿。三稿共10章，首次定型为60条。

22日，大会通过三稿。通过前后，根据大家意见，又作了多处修改。这就是1961年3月29日由中央正式发出的《农村人民公社工作条例(草案)》。

《六十条(草案)》10章的小标题，依次为：农村人民公社现阶段的性质、组织和规模；人民公社社员代表大会和社员大会；公社管理委员会；生产大队管理委员会；生产队管理委员会；社员家庭副业；社员；干部；人民公社各级监察委员会；人民公社中的党组织。除第一章带综合性质外，其余各章基本上讲的是人民公社各级组织和社员、干部的权利、职责和义务，规定可以做什么、不可做什么，体现了毛主席关于制定公社工作条例的基本要求。

草案坚持第二次郑州会议确定的体制，规定：以生产大队的集体所有制为基础的三级集体所有制，是现阶段人民公社的根本制度。在生产大队范围内，除了生产队和社员所有的生产资料以外，一切土地、耕畜、农具等生产资料，都属于生产大队所有。根据毛主席关于公社类似联邦制的设想，草案规定：公社在经济上，是各生产大队的联合组织；生产大队是基本核算单位；生产队是直接组织生产和生活的单位。

草案根据新发现的问题，规定人民公社各级的规模都不宜过大，特别是生产大队的规模不宜过大。公社一般应该相当于原来的乡或者大乡，生产大队一般应相当于原来的高级农业生产合作社。但是，也不强求一律，公社、生产大队和生产队，都可以有大、中、小不同的规模，由社员根据具体情况民主决定。

草案根据部分地区的经验，采用“三包一奖四固定”的办法，处理生产大队与生产队之间的经济关系问题，即：生产大队把劳动力、土地、耕畜、农具固定给生产队使用；生产大队对生产队实行包产、包工、包成本，超过“三包”指标的给予奖励。

关于分配问题，草案基本坚持1960年11月3日中央紧急指示信中的规定：生产队（包括食堂）分配给社员的现金和实物当中，一般地工资部分至少不少于七成，供给部分至多不能多于三成；在一切有条件的地方，生产队应该积极办好公共食堂。

草案提出：家庭副业是社会主义经济必要的补充，它从属于集体或全民所有制经济，是它们的助手；社员可以经营自留地、零星开垦荒地，饲养猪、羊、兔、鸡、鸭等家禽家畜，也可以饲养母猪。分配给社员的自留地，一般占当地耕地面积的5%，长期归社员使用。社员家庭副业的产品和收入，都归社员所有，归社员支配。除了国家统购的农副产品外，其他的农副产品，在完成国家规定的交售任务以后，都可以拿到集市上进行交易。

草案规定：公社占用大队的劳动力，一般不宜超过大队劳动力总数的2%；大队占用生产队的劳动力，一般不宜超过生产队劳动力总数的3%。大队扣留的公积金、公益金，一般控制在大队可分配收入的5%左右。若干年内，公社不提或少提大队的公积金。

草案规定：人民公社中的党组织，必须根据党的政策，加强对公社各级各部门的领导，但是，不能包办代替各级管理委员会的工作。社队的日常业务工作，应该由管理委员会处理。

从上述摘要中可以看出，草案的许多规定，是针对当时人民公社工作中迫切需要解决的问题而作出的。从后来的反映看，其中解决得比较好的，是社队规模问题和社员的家庭副业问题。

规模大，一开始被认为是人民公社的主要特点之一。1958年北戴河会议时，把“一大”的好处说了一大堆。1958年10月底，全国共有人民公社 23384 个，每社平均 4797 户，其中不少是万户以上的大社。1959 年春郑州会议以后，社队数目有所增加，规模有所缩小，但 1960 年春在反“右倾”、“创造条件过渡”的思想影响下，刮起了第二次“共产风”，社队数目又呈减少趋势，规模又呈扩大趋势。到 1960 年底，据 27 个省、市、自治区统计，全国农村共有人民公社 25204 个，生产大队 483814 个，生产队（原来的小队）2988168 个。广州工作会议前，中央和地方去农村做调查的同志，一到基层，生产队一级的干部和农民就尖锐地提出社队规模过大的问题。因此，毛主席 1961 年 2 月 6 日至 12 日期间，在杭州和长沙听取田家英同志和浙江省委、胡乔木同志和湖南省委汇报时，就明确表示：社队规模太大了，浙江的公社可以一分为二，湖南的公社可以一分为三，田家英同志调查的那个生产队（即嘉兴县魏塘公社和合生产大队），有 11 个小队，把这 11 个小队分成 3 个或 4 个生产队行不行？社队规模太大，把积极性都搞掉了，穷的就依靠富的了，瞎指挥就来了。

“三南”、“三北”会议和广州工作会议期间，规模问题成为会议讨论的一个热点。据辽宁省委第一书记黄火青同志说：辽宁省每社平均 6500 户，大队 345 户，小队 60 户，有的社队大得惊人，某县东风公社有个大队，下属 250 个小队，大队领导要跑遍小队，得一年时间。将社队划小，是群众的迫切要求。华东组在讨论时，将初级社、高级社和人民公社时期的社队规模进行了比较，认为初级社时，是社员自愿联合，高级社是几个社自愿联合的，那时发展扩大是逐步的，群众不觉得突然，初级社一般是几十户、百把户，“看得见，捏得牢，收多少，分多少，心里有数”；高级社虽规模稍大，社员还能“看得到边”。由于社队规模较小，便于联系群众，发扬民主。社员对于生产、分配等事情都有说话的权利。每天晚上，社员自动走来，先评工计分，后议论社内外大事，社内的事又不是一人做主，因而社员有主人翁感。公社化后，社队规模一下搞得这么大，社员“看不到边，摸不到底”，生产、分配完全由少数干部做主，因而社员漠不关心。湖南省委第一书记张平化同志说：农民反映，社队规模大了，“不是共同富裕，而是共同遭殃”；“田种好种坏，反正摊到我头上只几粒谷，怕懒得(湖南方言:怕什么)!”云南省委第一书记阎红彦同志说:在一些多民族杂居的山区,社队规模过大,不仅把穷富拉平,使生产受到重大损失,而且还妨碍民族团结。在讨论中,有些同志提出:生产大队的规模应该是“转半天,跑到边,干部群众都方便”;生产队的规模应该是“望得到,喊得应,看得清,管得了”。

这个问题由于思想认识比较一致,广州工作会议就做到了“一锤定音”。“三月草案”中的有关条文,各方面都能接受,到6月第一次修正时,没有改动。1962年两次修改也没有原则改动。据中央农村工作部1961年9月6日报告:《六十条(草案)》下发后,各地调整了社队规模,调整后,全国农村人民公社总数55682个,比调整前增加30478个;大队708912个,比调整前增加225098个;生产队4549474个,比调整前增加1561306个。据国家统计局统计:1962年平均每个农村人民公社有9.4个大队,每个生产大队有7.9个生产队,每个生产队有24.9户。

说家庭副业问题解决得比较好,是因为把有关自留地、家庭副业和开放集市贸易等方面的政策,明确载入条例。这在当时的条件下,一定程度上消除和缓解了农民怕政策多变的恐惧心理。

早在高级农业生产合作社时期,党中央、国务院关于怎样处理社员自留地、家庭副业和农村集市等问题,就制定过一套政策法规。1956年6月30日首届人大三次会议通过的《高级农业生产合作社示范章程》规定,分配给社员菜地数量一般地不能超过当地每人平均土地的5%。1957年6月25日人大常委会第76次会议通过的文件规定:分配给社员的菜地、饲料地合计不超过10%。中央、国务院根据1956年11月27日陈云同志在八届二中全会讲话的建议,养猪坚持私养为主、公养为辅的方针。1957年10月22日国务院发布的文件规定:“某些适合于分散经营的家庭副业,应当在合作社的统一安排和帮助下,由社员家庭分散经营,收益全部归个人所有。”1957年9月8日国务院第56次全体会议通过的文件,对进一步开放农村的集市贸易(当时叫“自由市场”)问题作出了规定。这套后来被称为“小自由”的规定,随着人民公社化运动的开展和1958年成都会议又一次对邓子恢同志的批评，被取消了。第二次郑州会议后，陆续恢复。1959 年 5 月 7 日，中央发布《关于分配私人自留地以利发展猪鸡鹅鸭问题的指示》；6 月 11 日，发布《关于社员私养家禽、家畜、自留地等四个问题的指示》；9 月 23 日，中央、国务院联合发布《关于组织农村集市贸易的指示》。照这些指示的规定，人民公社社员享有的“小自由”基本达到 1957 年高级社社员的水平。但是，好景不长，随着 1960 年春季第二次“共产风”的刮起，社员的自留地又被收走了，鸡、鸭、鹅被宰了或进了“万鸡山”，猪进了“万头猪场”，牛进了“千头牛场”。这种收收放放、准准禁禁、开开关关、“春天说了秋不算”，政策朝令夕改的做法，使农民诚惶诚恐，心灰意冷，反感极了。1960 年 11 月 3 日，毛主席、周总理主持制定的中央《关于农村人民公社当前政策问题的紧急指示信》（即《十二条》）的第五条和第十条虽明确宣布恢复这几项“小自由”，但仍未能唤起农民的热情。中央和地方工作组、调查组纷纷报告：发还给农民的自留地，农民不要；苦口婆心地劝说农民饲养家畜家禽，农民就是不听。在“三南”、“三北”和广州中央工作会议上，许多同志谈到这方面的教训。在 3 月 15 日中南、华北组的小组会议上，当有同志提出，让社员自己搞点东西，不仅可以增加收入，活跃市场，而且也是经济民主时，少奇同志当即插话：“对，家庭副业，自留地，这是经济民主。”《六十条（草案）》单列社员家庭副业一章，将党中央关于自留地、家庭副业、集市贸易方面的政策，用条例形式加以固定下来，虽然内容并不是新的，却是在消除和缓解农民怕政策多变的顾虑，使党重新取得农民的信赖方面迈出的重要一步。

中央工作会议 3 月 22 日的全体大会，除通过了《农村人民公社工作条例（草案）》以外，还通过了中共中央关于讨论这一条例草案给全党同志的信。党中央要求“把这个条例草案从头到尾一字不漏地读给和讲给人民公社全体党员和全体社员听，对于同社员关系密切的地方要特别讲得明白，对于他们的疑问要作详细解答，同时，征求他们对于这个条例草案的种种修改意见。”“应该通过这次讨论，来提高全体干部的政策思想水平，提高全体农民的生产积极性和社会主义积极性，促进社会主义农业的发展。”“城市中的机关、工厂、学校、部队和其他单位，也应该领导党员和适当范围的群众讨论这个条例草案，以便使他们了解党关于农村人民公社的政策。”

(三)“六月修正草案”的新突破和重要补充

广州工作会议闭幕后，由各级领导干部率领的调查大军，带着《六十条(草案)》开赴农村，同群众一起讨论《六十条》，解释《六十条》，听取意见，了解情况，研究问题。与此同时，各级党委、党政机关、民主党派、群众团体也进行了广泛讨论。各种修改意见，通过不同的渠道，源源汇集到党中央。起草工作班子于5月上旬着手研究修改(此次修改，初期还是胡乔木同志主要执笔，中途乔木同志病休，由别人接替)，5月22日拿出“草案第一次修改稿”。经过5月21日开幕的北京工作会议讨论，6月5日产生了第二次修改稿。6月8日，毛主席阅后，第二次修改稿付印。根据大家的意见，对印出的第二次修改稿又进行了一些文字性的修改，6月15日由毛主席审定后发出，这就是1961年五六月间北京工作会议制定的《六十条(修正草案)》。

“六月修正草案”同“三月草案”比较，10章、60条及10章的小标题，均无改动，但内容和文字改动很大，完全无改动的条文只有8条。认识上的新突破，主要是食堂问题和供给制问题。新增写的条文，主要是山林问题，党政干部的三大纪律、八项注意问题。下面就来考察这些新突破和新条文的来由。

第一，关于食堂问题。

群众在家里吃饭，还是在生产队的公共食堂吃饭，这本来是个无关紧要的生活问题，可是，在人民公社化以后，却被看成是一个很大的政治问题。1959年“反右倾”时，一些不愿意去食堂吃饭的群众，受到了以“大辩论”为名的过火斗争和断粮等打击，一些支持和同情群众不去食堂吃饭的干部，被划成“右倾机会主义分子”，受到批判。有些省还提出了“食堂万岁”的口号。批得激烈的地方，人们几乎“谈堂色变”。当时全国农村有四亿人口在公共食堂吃饭，占农村总人口的72.6%，一些省还实现了“食堂化”。1960年，为巩固公共食堂，党中央发过一系列文件，认为公共食堂是“必须固守的社会主义阵地”，“农村中阶级斗争尖锐所在”，要求各级党委把安排生活和办好食堂“提高到阶级斗争的地位上来”。以纠正“共产风”为主要目的的11月3日“紧急指示信”（即《十二条》），是一个好文件，但其中的第9条规定：“公共食堂的制度必须坚持”，“‘政治到食堂，干部上伙房’是办好食堂的关键”。尽管三个调查组都带回了农民恳切希望、强烈要求停办公共食堂的意见，毛主席的态度也略有松动，但基本原则仍然不变。所以，“三月草案”的第34条，仍然规定：“在一切有条件的地方，生产队应该积极办好公共食堂。”本条共分3款，主要是讲各地如何办好公共食堂的经验。

《六十条》草案发下去后，广大农民喜形于色，奔走相告，对党中央下决心解决农村工作中的问题和条例中的许多规定表示拥护，但对食堂问题和其他一些条文，持不同意见的比较多。现将一些负责同志和调查组在调查之后对有关食堂问题的意见，摘录如下：

少奇同志说：食堂情况，以前我也不清楚，讲食堂有优越性，可以节省劳动力，解放妇女等。下来一看，不是那么回事：专人煮饭，专人炒菜，专人砍柴，专人担水，专人舂米，一个食堂占三分之一的劳动力，甚至半数的人都做饭去了。烧硬柴砍树，不烧茅草，破坏山林，还有其他毛病。有人想在吃饭的问题上把群众卡起来，那比捆绑还厉害。少奇同志在农村讲的这些意见，4月11日在长沙也当面向毛主席讲过。

周总理5月7日在河北武安县伯延公社调查告一段落后，打电话告诉毛主席：绝大多数甚至全体社员，包括妇女和单身汉在内，都愿意回家做饭。5月25日下午，周总理在北京工作会议第三小组会议上还说，他亲自访问了三户不愿意吃食堂的老贫农，这三户老贫农劳动都很积极，思想品质很好，都自家做饭，但每天出工比吃食堂的人都去得早（作者按：原来宣传举办公共食堂有八大好处，其中第一条就是：“吃饭时间一致了，社员出工、开会和学习都不再互相等待了，可以节省出许多劳动力用于生产”）。

朱德同志5月9日给毛主席信，说他在四川看到的是：社员吃饭"两道烟"（食堂打饭、自己回家做菜），浪费人力物力。到陕西，反映更强烈，说食堂有五点不好：社员口粮吃不够标准；浪费劳动力；浪费时间；下雨天吃饭不方便；一年到头吃糊涂面。据河南省的同志调查，河南荥阳县大塝滩食堂，是个模范食堂，得到过县委的锦旗，但全村32户中，只有4户五保户和单身汉愿意吃食堂，其余28户都要求回家吃。

小平、彭真同志5月13日给毛主席的信：食堂问题在北京郊区比较复杂。居住分散的队不办，常年食堂一般主张不办。至于农忙食堂，群众意见很不一致。北京市各县、区向群众宣布三条：吃食堂、不吃食堂都完全根据自愿；吃食堂、不吃食堂都好，都光荣；吃食堂、不吃食堂都给予便利。结果远郊区的食堂大部分都散了。

4月9日晚，胡乔木同志在长沙向毛主席汇报：《六十条（草案）》下达后，韶山公社的生产队干部对食堂问题有三派：赞成、反对、中间，调查组有意识地把三派人找到一起开会，持反对态度的队长一开口就问赞成办食堂的队长："把良心拿出来，说真心话：你说你家生活比三年前过得怎样？"几句话问得那个赞成办食堂的队长面红耳赤，说不出话来。4月26日，乔木同志写给毛主席的报告，附有调查组关于韶山公社食堂问题的详细调查材料。报告说，在讨论《六十条》中，遇到的最突出问题就是食堂问题。从群众反映来看，大多数食堂目前实际上已经成了发展生产的障碍，成了党群关系中的一个疙瘩。主要是因为它同工分值降低、社员收入减少、分配上的平均主义直接联系在一起，又在群众的每天生活中引起许多不便。因此，我们认为，这个问题愈早解决愈好。毛主席把乔木同志的报告批发给各中央局、各省市自治区党委，并单给湖南省委张平化同志写去一信，嘱他立即将报告及附件印发三级干部会议讨论。

中央其他调查组和各中央局、省市自治区的调查组，也有许多报告历数了公共食堂的缺点和问题。例如：中央河北省邯郸调查组谢富治4月19日给中央报告说：调查组一进村，群众就问"食堂要不要下放到户？"又说"食堂好比紧身袄，穿在身上怎么也不自在"。初步调查，80%的社员赞成回家做饭。此时，大队一位副支书说话了："食堂不能散，食堂是方向，散食堂就是不走社会主义道路。谁要散，得经过县委批准。"群众听他这么一说，要退出食堂的也不敢退了。为了让群众表达真实的意见，调查组在五个生产队进行无记名投票公决。投票结果是赞成停办食堂的户占90%，赞成继续办的户仅占10%。中央海城调查组胡耀邦同志5月6日报告：青壮年、妇女、老年人，基层干部，没有一个说食堂好话的。干部们说：自从办起公共食堂，通常有一个队长顶着，不是丢就是坏，不是修就是补，不是吵就是闹，这个说"饼子有大有小"，那个说"勺子长眼睛啦"，伤透了脑筋。干部们还说："宁肯领导两个生产队，也不分管一个食堂"。徐水、安国调查组杨尚昆同志5月20日报告：两县不少社队食堂已经散了，但是，为了应付上级检查，出现了一批"支应食堂"或各户轮流派代表去食堂吃饭的"代表食堂"。云南省委第一书记阎红彦同志5月9日调查报告：食堂本身办得好不好，不是能不能继续办下去的决定条件，决定的条件是党的家庭副业政策是否落实和食堂收支是否同生产队的收支混在一起。他调查的三个食堂有两个食堂办得很好，但一听说要分配给社员自留地，允许社员养猪，食堂以后要实行单独核算，就有60%的有辅助劳动力的户要求退出食堂。

一大批来自实践的有说服力的调查报告，终于使我们党在这个曾经被视为"共产主义萌芽"、许多人为此吃过苦、挨过整的问题上，取得了突破性的进展，认识基本统一了。"六月修正草案"第36条规定："在生产队办不办食堂，完全由社员讨论决定。""社员的口粮，不论办不办食堂，都应该分配到户，由社员自己支配。"后来，毛主席听说绝大部分农村公共食堂散了伙，认为"这是一件大好事"。

第二，关于供给制问题。

这个问题同食堂紧密相连，起因和结果也相类似。

人民公社一成立，就把供给制和吃饭不要钱看成是"共产主义因素"。关于分配给社员的收入中，供给部分（即平均分配部分）同工资部分的比例，1959年2月6日，中央批转的全国农村工作部长会议的报告提到，1958年的秋收分配"做到各一半为宜"。1959年8

月19日，中共批转广东省委关于坚决纠正农副产品自给部分过多现象的报告，根据毛主席关于坚决压缩供给部分、实行按劳分配为主的意见，规定："在目前的生产水平上，供给部分一般应当限制在只占分配部分的百分之三十左右，最多不超过百分之四十。即工资部分应当占百分之七十左右，最少不少于百分之六十。"1960年11月3日的《十二条》规定："在现阶段，在很长时期内，至少在今后二十年内"为"三七开"，即工资部分应该占70%，供给部分应该占30%。在30%"这个比例之内，能实行伙食供给制的就实行伙食供给制，不能实行伙食供给制的就实行粮食供给制，不能实行粮食供给制的就实行粮食半供给制"。《农村六十条》的"三月草案"又稍放宽了一点。草案第33条第2款规定："在生产队(包括食堂)分配给社员的现金和实物当中，一般地工资部分至少不少于七成，供给部分至多不能多于三成。有些地方，还可以只对生活没有依靠的老、弱、孤、寡、残疾的社员，家庭人口多劳动力少的社员和遭到不幸事故、生活发生困难的社员，实行供给或者半供给或给以补助，其余的社员都按劳动工分的多少，进行分配。"

包括调查报告在内的来自各方面的反映，大多数不赞成供给制，只同意把"五保户"(按照八大二次会议通过的《全国农业发展纲要》的规定，对农村中缺乏劳动力、生活没有依靠的鳏寡孤独的社员，在生活上做到保吃、保穿、保烧、保儿童上学、死后保葬的户)包起来，对困难户给予适当照顾。一些调查报告反映，如只包"五保户"、照顾困难户，所需粮款不过只相当生产大队可分配收入的10%或稍多一点，而要实行伙食或粮食供给制半供给制，就得突破三七开，有的供给部分占可分配收入的比例达到70%甚至80%，形成倒三七、倒二八。剩下可供按劳分配的部分就微乎其微了，因而把每个劳动日的工分值拉得很低。中央浙江调查组在桐庐县调查的环二大队，1960年的一个劳动日只值0.0302元，社员劳动一年仅得工资2.53元。环二大队工分值如此之低，虽属个别，而且原因也是多方面的，但与实行伙食或粮食供给制是分不开的。《六十条(草案)》第33条关于供给制与工资制三七开的规定，是与草案第一条关于人民公社实行各尽所能、按劳分配、多劳多得、不劳动者不得食的原则相违背的。在当时产量很低的历史条件下，只要实行伙食或粮食供给制半供给制，供给制三成的规定就框不住，工分值就必然会降低。因此，当时有一种流传很广泛的说法，说一个劳动力还不如一只母鸡，一只母鸡下个蛋可卖 5 毛钱，社员劳动一天，只有三几毛钱。工分不值钱，人们就不会积极出工，不愿参加集体生产劳动了。

广州工作会议在制定条例草案时，所以还坚持供给制与工资制三七开，除了把供给制看成“共产主义因素”的观点没有彻底澄清以外，还误认为保留三七开，有利于照顾贫农下中农。对此，小平、彭真同志 5 月 13 日给毛主席的信中，根据他们在顺义县调查了解的情况，提出了相反的观点。他们说：“许多典型材料证明，这种供给制，不但不一定对贫雇农和下中农有利，甚至是对地富和上中农更有利。因为贫雇农和下中农一般结婚比较迟，子女少，劳动比较好，在他们中间占这种供给制便宜的人，比例较小；而地主、富农一般抚养人口比较多，劳动比较差，又有使子女上学的习惯，在他们中间占便宜的人，比例较大。因此，在这次讨论中，干部和群众普遍主张取消这种供给制，而主张只包五保户和对生活困难户给予部分补助。”少奇同志在广州工作会议一次小组讨论会上明确表示，他不同意实行供给制，只同意对“五保户”实行“部分供给制”，并说：这部分供给制，“实际上是社会保险”。

经过调查研究和北京工作会议的讨论，在这个问题上，意见也一致了，原草案第 33 条第 2 款被全部删掉了。至此，从 1958 年北戴河会议以来突出宣传的关于人民公社分配方面的两项“共产主义因素”都被否定了。从今天看，这两个东西，谁都知道是“大锅饭”，应当被否定。可是在当时，要认识到这一点，并从实践上否定掉，谈何容易啊！

当了共产党人，不忘实现共产主义的最终奋斗目标，这是天经地义的。想早一点进入共产主义，这种“愿望”似乎也“无可厚非”。但愿望必须建立在可靠的现实基础上，才能成为产生积极作用的动力。更重要的是，要从理论上、思想认识上真正弄清楚，什么是共产主义，什么是社会主义，它们之间的联系是什么，区别又是什么；在社会主义社会要经过哪些历史发展阶段，等等。而要做到这一点是很不容易的，经过一些坎坷、曲折，其间发生这样那样一些错误以至幼稚可笑的认识，是难以避免的。把“平均主义”的东西当作“共产主义因素”，不就是幼稚可笑的认识吗？可当时我们许多同志就是这么误认的，而且还相当的“真诚”。但我们党有个最大的优点，就是一旦从实践中发现的确是做错了，认识错了，迟早会彻底加以否定和纠正。正因为这样，我们党能够依靠自己的力量在充满艰辛的实践和探索中开拓前进，不断追求真理，不断走向成熟，不断在新的基础上赢得人民群众的支持和信任，因而是不可战胜的。

第三，山林问题。

山林问题，从第一次郑州会议以来历次调整农村生产关系方面的文献都没有讲过。林业部向中央的报告中，有关这方面材料也很少。1961 年五六月间的北京工作会议鉴于山林问题重要，不仅在《农村六十条(修正草案)》中加写了一条(第 21 条，共 3 款)，而且还制定了一个专门文件，即 1961 年 6 月 26 日发布的《中共中央关于确定林权、保护山林和发展林业的若干政策规定(试行草案)》，简称《林业十八条》。这完全是根据调查研究材料作出的决策。

中央、地方许多领导同志和调查组，到了农村以后，不约而同地抓了山林问题。少奇同志、陶铸同志还专到林区做过调查。各方面调查材料证明：1958 年以来，我国森林资源破坏严重。据湖南调查组 3 月 29 日给毛主席的报告，长沙县天华大队土改后有 55 亩大树林，到公社化后，砍掉 31 亩；剩下的 24 亩，近两年也陆续被砍光。原有竹林 70 多亩，现在一株竹子也没有了。据湖南省林业厅的同志介绍，这种情况不只天华大队有，别的地方也差不多。临湘县在公社化前有十几万亩山林，两年多后，差不多砍光了。茶陵县有家铁厂用木炭炼钢，仅两年时间，就把它周围 30 里的林木砍光。中央浙江调查组 5 月 31 日向毛主席报告：浙江嵊县长乐公社葛英大队(全山区)原有山林 840 亩，竹园 80 亩。从公社化以来，山林遭到三次大破坏：第一次是 1958 年大炼钢铁；第二次是 1960 年县、社、队大办木炭窑;第三次是1961年春开始的毁林开荒。此外,还有社员的乱砍滥伐从未间断。几年的破坏导致“四光”:砍光,烧光,偷光,开(荒)光。这两个调查报告认为山林破坏的原因,有三条是相同的:第一,公社化后,山林名义上归大队所有,但大队实际管不了,上面平调不能管,下面砍伐管不住;第二,公社化前一套严格的行之有效的山林管理制度废掉了,出现了无人负责现象;第三,山林的经营管理体制没有确定。其他有关报告反映的情况,也大致相同。北京工作会议根据这些报告,增写了《六十条(修正草案)》中的第21条。主要是明确山林一般归生产大队所有,固定包给生产队经营;不便于生产队经营的,组织专业队经营;大队和生产队每年编制采伐计划,实行按计划采伐,不在计划之内的采伐,大队和生产队有权制止。

第四,关于党政干部三大纪律、八项注意的条文。

颁发《党政干部三大纪律、八项注意》,以及把它写进《农村六十条》,都是毛主席的主意。鉴于“五风”的严重危害,而许多干部又不听中央的纠“左”号令,毛主席于1959年庐山会议初期,就重申红军《三大纪律八项注意》中的“一切行动听指挥”和“不拿群众一针一线”这两条现在“普遍适用”。1960年12月24日起,中央召开工作会议,讨论整风整社等问题。会议开始不久,毛主席就要求胡乔木同志借鉴红军的历史经验,试拟一个在新形势下适用的党政干部三大纪律、八项注意的稿子。乔木同志研究了各省一些类似的规定,以及宪法和刑法草案、党章,并与许多同志交换意见之后,于1961年1月8日拟出了一个初稿,送给毛主席。初稿三大纪律是:(一)有事同群众商量,永远同群众同甘共苦;(二)重要问题事前请示,事后报告;(三)自己有错误要检讨改正,别人做坏事要批评揭发。八项注意是:(一)保护人民安全,打人要法办,打死人要偿命;(二)保护人民自由,随便罚人抓人关人搜查要法办……毛主席于1月9日批示:“印发(工作会议)各组讨论,提出修改意见。(一)是否目前颁发?目前是全国百分之二十的社队夺取政权问题,是否缓一下再发为宜?(二)太复杂,不如红军三大纪律八项注意简单明了,使人难记。有几条执行起来可能起反作用。以上两项,请予讨论。”

根据毛主席指示和工作会议的讨论，乔木同志又修改了两次。第二次修改稿全文如下：“三大纪律：（一）一切从实际出发；（二）正确执行政策；（三）实行民主集中制。八项注意：（一）同劳动同食堂；（二）待人和气；（三）办事公道；（四）买卖公平；（五）如实反映情况；（六）提高政治水平；（七）工作要同群众商量；（八）没有调查没有发言权。”出席工作会议和随后参加八届九中全会的同志，同意第二次修改稿。

1961 年 1 月 27 日，中央通知各中央局，各省、市、自治区党委，中央各部委党组：“现将《党政干部三大纪律、八项注意（草案）》的第二次修改稿发给你们。目前只在党内公布，印发到公社和生产大队，立即照此执行。同时希望你们提出修改意见，于三月底前报来。”

可能因为各地修改意见没有报齐，即使报齐了，也待进一步研究，3 月 29 日印发给各地的《六十条（草案）》，没有写上党政干部三大纪律八项注意。五六月间的北京工作会议，经过讨论修改后，正式写进《六十条（修正草案）》，作为第 8 章（干部）第 47 条。修改后的三大纪律是：（一）如实反映情况。（二）正确执行党的政策。（三）实行民主集中制。八项注意是：（一）参加劳动。（二）以平等的态度对人。（三）办事公道。（四）不特殊化。（五）工作要同群众商量。（六）没有调查没有发言权。（七）按照实际情况办事。（八）提高政治水平。这里，属于内容的修改，主要是将“同劳动同食堂”改为“参加劳动”；“待人和气”改为“以平等态度对人”；“买卖公平”改为“不特殊化”。其他只属于位置的调换和文字上的推敲，其中包括将原来的第五项注意“如实反映情况”改作三大纪律中的第一大纪律；将原来的第一大纪律“一切从实际出发”，改为“按照实际情况办事”，并移作第七项注意。这些改动，既有认识上的突破（例如对吃食堂从肯定到否定），也有思想上的升华，确实改得很好。这次修改后的《党政干部三大纪律、八项注意》，后来也写进《国营工业企业工作条例（草案）》。

时间已过去了 30 多年，今天重温这个《三大纪律、八项注意》，每个党政干部如能经常照此查查自己的思想和行动，是很有现实意义的。我们党内曾经产生过许多好的东西，好的规定，为形成这些规定曾费过很大功夫，当时也曾起过重要作用，可是往往过了一阵子，就逐渐淡漠，甚至束之高阁了。这是很可惜的。原因何在？我以为主要是没有或者缺乏制度上的保证，没有真正变成党员和干部的自觉行动。

北京工作会议闭会前，通过了由田家英同志起草的《中共中央关于讨论和试行农村人民公社工作条例修正草案的指示》。指示连同《六十条（修正草案）》于6月15日发出。指示强调："各级党组织必须保证把这个工作条例的每条、每款，一字不漏地、原原本本地告诉群众。要防止一部分干部把那些不合乎自己口味的规定不告诉群众，或者任意加以篡改。"指示宣布："中央一九六〇年十一月三日发出的紧急指示信，其中有些问题，例如供给制的问题和食堂问题等，同这个修正草案规定得不一致的地方，应该以修正草案为准。"在党内党外的讨论中间，如果对这个修正草案还有修改意见，请各中央局，各省、市、自治区党委收集起来，及时报告中央。

1961年8月23日到9月16日，中央在庐山召开工作会议，讨论工业、粮食、财贸及教育等问题。毛主席在8月23日的一次会议上说："对社会主义，我们现在有些了解，但还不甚了了。"现在搞了《六十条》，不要以为一切问题都解决了。搞社会主义，我们没有一套，"再搞两三年，看看能不能搞出一套来"。从这些话中看出：在遭遇到严重挫折之后，毛主席对社会主义建设问题已经有了比较冷静的认识，对农村问题准备继续探索，"六月修正草案"准备继续修改。

（四）1962年的修改

"六月修正草案"颁发实施一年之后，1962年又作了两次修改，这就是六七月间的一次修改；8月北戴河中央工作会议和9月党的八届十中全会的一次修改。这两次修改的主要执笔人均为陈伯达。

"六月修正草案"颁发三个月后，1961年9月27日，毛主席在邯郸，邀集河北、山东两省省委负责人和邯郸、保定、邢台、石家庄、张家口五个地委书记谈话。谈话反映的一个突出问题是：修正草案规定采用“三包一奖四固定”的办法，来处理生产大队与生产队的经济关系，既繁琐，又没有真正解决队与队之间的平均主义问题。谈话反映，据河北省委工作组在满城县城内生产大队调查，推行三包一奖，仅在大队、生产队两级，春季搞三包，作分配计划，夏收和秋收搞预分和结算，还不算生产队内部的分配，最少就要经历37道工序、49个百分比，算1928笔账。光定额就有400多个。因此，基层干部说：“三包一奖有三愁：算账，吵嘴，熬灯油。”生产队的实际产量超过包产指标，虽说可以获奖，但奖励的产量只能占超产额的很小一部分，超产额的大部分上交大队，按统一的工分值在全大队范围内分配。对于这个超产奖励，超产单位的群众说：“这好比新出嫁的姑娘回娘家，带回来的东西少，拿走的东西多。”“三包一奖”包得了数，包不了心，大队统一分配，生产队老怕吃亏，互相观望，互相依靠，各打各的小算盘，谁也不愿意多投工，多投资。“三包一奖好是好，就是投机取巧管不了。”

谈话反映，河北一些单位创造了一种叫“大包干”（这是保定地委的概括，群众原叫“老包干”、“砸估堆”）的办法，来解决大队与生产队之间的经济关系问题，既大大简化了手续，又使队与队之间的平均主义问题进一步得到解决，调动了生产队的积极性，很受群众欢迎。各地“大包干”办法的细节虽有许多差别，但有基本的共同点：按照《六十条》修正草案规定的比例，大队从各生产队的总收入中，提取农业税、公积金、公益金、生产费、管理费之后，剩下的都留归生产队；生产队除依照有关规定提取自己的生产费用和管理费用之外，都按工分分配给社员。这样做，生产队实际上就变成基本核算单位了。

毛主席听到两省同志汇报后，当即表示：“三包一奖”是个大问题，不以脚为基础，以腰为基础，闹平均主义，脚在生产，腰在分配。9月29日，在将谈话记录转送政治局常委其他同志时，他又写道：“农民说，六十条就是缺了这一条。这一条是什么呢？就是生产权在小队，分配权在大队，即所谓‘三包一奖’的问题。这个问题不解决，农、林、牧、副、渔的大发展即仍然受到束缚，群众的积极性仍然要受到影响。”“我的意见是：‘三级所有，队为基础’，即基本核算单位是队而不是大队。……我以为非走此路不可。在这个问题上，我们过去过了六年之久的糊涂日子（从1956年高级社成立时起），第七年应该清醒过来了吧！”

就在邯郸谈话的同一时间里，毛主席、党中央收到了湖北省委关于试行以生产队为基本核算单位的请示报告，并附送了两个大队试行以生产队为基本核算单位的调查材料。这两个大队都不便明说他们试行以生产队为基本核算单位，而是一个叫“大队委托生产队进行分配”，另一个叫“扩大生产队核算”。实际做法同河北的“大包干”差不多：取消“三包一奖”，生产队的收入除按一定比例向大队上交公积金、公益金、管理费之外，其余全归生产队进行分配。征购任务国家定到大队，大队定到生产队，生产队之间不作调剂。湖北省委报告说：贯彻《六十条》以来，我们在“三包一奖”上做了大量工作，想了许多办法，也解决了一些问题，但队与队之间的平均主义问题，还基本没有解决好，即使勉强定案，也意见很多。有些基层干部和群众说：“三包不如一瞒”，宁肯瞒产挨罚，也不愿“受奖”。在有地委第一书记参加的省委常委会议讨论中，对以生产队为基本核算单位的问题毁誉不一。省委请求中央批准他们进一步扩大试点。

以生产队为基本核算单位问题，早在1959年春第二次郑州会议以后，就有人提出过。1961年春，山东省委农村工作部开了四次有县、社、大队、生产队干部和工作组参加的公社体制座谈会，生产队一级的同志一致提出：地是我种的，粮食是我打出来的，为什么要拿到大队去统一分配？为什么多产的单位不能多分多吃？超产的粮食是我打出来的，为什么你要拿走一些，剩下的还说是奖励给我？他们说：你们省里的、地委的、县里的来了这么些干部下来摸，就是没有摸准这一条。要是上级把这一条解决了，生产高潮马上就来到了。这一年临沂地区有四分之一、济宁地区有11%的农村实行以生产队为基本核算单位。秋天，山东省委开地委书记会议，经过讨论，九个地委书记中有八个认为，以生产队为基本核算单位势在必行。

3月广州工作会议，五六月间北京工作会议，对这个问题都有议论，毛主席的几位秘书也在毛主席面前发生过争论。但是，当时因为中央对情况不摸底，讨论没有展开。现在，毛主席经过亲自调查，又收到许多这方面的报告材料，情况不同了。

1961年10月7日，毛主席起草党中央给各中央局和各省、市、自治区党委的指示，将邯郸谈话记录和河北省的五件材料，湖北省委的报告、山东省的材料、广东省的材料（处理大队与生产队矛盾问题的另一种方案），一并发给他们。指示说：

> 从这些材料看来，就大多的情况来说，以生产队为基本核算单位，是比较好的。它最大的好处，是可以改变生产的基本单位是生产队，而统一分配的单位却是生产大队的不合理状态，解决集体经济中长期以来存在的这种生产和分配不相适应的矛盾。请各中央局，各省、市、自治区党委，各地委、县委，在十月下半月和十一月上半月内，仔细地研究一下这个问题。

10月23日，党中央转发了邢台地委关于南宫县贯彻大包干政策的通报。中央批语指出："南宫县只用了两天时间，经过小队长以上四级干部会议讨论，在群众中贯彻了大包干政策之后，就出现了促进粮食征购和多种小麦的新气象。这个经验很好，各地都应当认真研究，参照办理。"

1961年11月23日，毛主席又起草党中央批语，批转了邓子恢同志关于农村人民公社基本核算单位试点情况的调查报告。批语指出：目前各地对以生产队为基本核算单位问题正在普遍试点。"此件可发至地、县、社三级党委参考。认真调查研究，对具体问题作出具体的分析，而不是抽象的主观主义的分析，这是马克思主义的灵魂。建议在十二月二十日以前，各省委第一书记带若干工作组，采取邓子恢同志的方法，下乡去，做十天左右的调查研究工作"。

经过各地广泛调查和试点，又经过1962年1月七千人大会的讨论，党中央于1962年2月13日正式发出《关于改变农村人民公社基本核算单位问题的指示》。指示说：

> 基本核算单位下放，这是继《十二条》、《六十条》之后，调整我国农村生产关系的又一重要政策。意义是重大的，影响是深远的。把它简单地看作是一项临时性的措施，一种权宜之计，都是不正确的。在我国绝大多数地区的农村人民公社，以生产队为基本核算单位，实行以生产队为基础的三级集体所有制，将不是短时期内的事情，而是在一个长时期内，例如至少三十年，实行的根本制度。基本核算单位一经确定之后，就要稳定下来，不能任意变动。

基本核算单位下放到规模只二三十户左右的生产队，并规定至少30年不变，是1962年六七月间对《六十条(修正草案)》修改的主要之点，也是对人民公社"一大二公"的模式的重大突破。

这次修改于6月17日改出草稿，7月23日改出二稿。二稿改出后，发给杨尚昆、谭震林、邓子恢、廖鲁言、王观澜、田家英等同志研究。根据他们的意见，7月31日改出三稿。毛主席阅后，批示："印发各同志讨论，提出修改意见。"后来陈伯达又作了一些修改，并代党中央拟了一份关于讨论《农村人民公社工作条例修正草案(修改稿)》(后简称《修改稿》)的指示，报送少奇同志："此件主席已看过，他同意，请您批发。"8月6日晚，《指示》连同《修改稿》发给各中央局，各省、市、自治区党委，中央各部委，国务院各部委党组，同时提交当天于北戴河开幕的中央工作会议讨论。

《修改稿》明确规定："生产队是人民公社中的基本核算单位。它实行独立核算，自负盈亏，直接组织生产，组织收益的分配。这种制度定下来以后，至少三十年不变。"

由于基本核算单位的变动涉及大队和生产队的职权、土地等主要生产资料和原大队企业的所有权、劳动管理、生产管理、财务管理和分配制度等一系列的问题，因此，需要改动的条文不只是这一条，而是很多条。不仅内容改动，结构也有很大的改动。改后，有关生产大队一章的条文，由12条减少到仅2条；有关生产队一章的条文，由10条增加到22条。

除了与基本核算单位变动相联系的修改以外,《修改稿》还有不少修改和补充。例如:为进一步减轻农民负担,《修改稿》规定:生产大队和生产队干部误工补贴工分占总工分的最高比例,由2%减为1%,提取的公积金占可分配收入的比例由5%减为3%—5%,公益金从3%—5%减为2%—3%;除国家统购、派购任务外,公社、大队都不许另派机动粮和自筹粮;根据精减原则,规定公社和大队在今后若干年内一般不办企业,已办的企业生产不正常的一律停办;根据毛主席的指示,规定生产队经社员大会决定,可以适当留些储备粮,以便备荒防灾,互通有无;根据中监委意见,规定公社各级监察组织可以直接同中央监察机关联系。由于生产大队已不是基本核算单位,原修正草案中关于人民公社在经济上是生产大队联合组织的话取消了。

到1962年8月21日以前,各省、市、自治区党委和中央部委已将第一批讨论意见报齐。关于以生产队为基本核算单位的问题,北京、广东、青海、黑龙江等省市建议不要写得太死,要允许个别地方以生产大队为基本核算单位。北京市委8月18日向党中央、华北局报告说:北京市在贯彻今年2月13日中央关于改变基本核算单位的指示后,目前还有184个生产大队(占全郊区大队的5.1%),仍以大队为基本核算单位。这些大队除少数是因春耕紧迫,来不及改变基本核算单位以外,绝大多数都是连年增产、社员收入增加的好队,都积累了一套管理经验,并且几年来在大队范围内又进行了许多基本建设,经过社员充分讨论,愿意仍然实行以大队为基本核算单位,不愿意再做改变。市委常委经过研究讨论后,认为这是合理的,应该允许的。建议中央对这个问题作出明确规定,并且相应地修改或补充工作条例中的有关规定。

中央各部委也就与本单位有关的问题提出了意见。例如:轻工业部党组要求在有关条文中增写保护竹林和芦苇的内容;国家统计局党组要求在“不许向生产队乱发乱要统计报表”一语的前面,加上“除国家统一规定的报表外”一句;人民银行党组要求在“生产队定期向社员公布一切账目”一句之外,加上“一切基本建设投资和借债，都要经社员大会讨论决定”一语。

根据各方意见，又作过几次修改。9月29日，八届十中全会正式通过。这就是后来十几年内对农村人民公社和整个农村工作起指导作用的《农村人民公社工作条例（修正草案）》。

《修正草案》中关于基本核算单位一条，维持前引的8月6日修改稿的条文，不作改动。但根据北京市委和广东、青海、黑龙江等省委的意见，在第3章（生产大队）第19条中增写一款：“有些生产大队，现在仍然作为基本核算单位，只要群众同意，就应该积极办好。这些生产大队，应该参照第四章关于基本核算单位的规定，处理各项工作。”

《修正草案》规定：“生产队范围内的土地，都归生产队所有。生产队所有的土地，包括社员的自留地、自留山、宅基地等等，一律不准出租和出卖。”

《修正草案》还有一个特点，就是考虑到我国地域辽阔，情况复杂，更加注意了条例的灵活性和因地制宜。例如：《修正草案》规定，公社的组织可以是两级，也可以是三级；公社的规模可以是小乡一社，也可以是大乡一社。第一章还新增了一条：“少数民族地区，畜牧区，渔业区，林业区，可以根据本条例的基本规定，结合本地区的具体情况，另订具体办法。”第34条关于农业生产的指导方针，规定一般的生产队以粮食生产为主，经济作物集中产区的生产队以种植经济作物为主，渔业区以经营渔业为主，畜牧区以专营牧业或以经营畜牧业为主，山区半山区要因地制宜发展用材林、竹林、经济林、薪炭林、山货和林副产品的生产。

关于《党政干部三大纪律、八项注意》的条文，8月6日修改稿只字没有改动。但八届十中全会讨论时进行了修改。改后的三大纪律是：（一）认真执行党中央的政策和国家法令，积极参加社会主义建设。（二）实行民主集中制。（三）如实反映情况。同1961年6月15日颁发的修正草案比较，把认真执行党中央的政策和国家法令一条从原来第二条改为第一条，把如实反映情况一条从原来的第一条改为第三条。这个修改说明：由于全党大兴调查研究之风，如实反映情况的问题已经取得了较好的成效;经过总结经验、调整政策,制定了一系列条例之后,认真执行政策法令的问题变成了党政干部的首要问题。

八届十中全会通过《修正草案》之后,在毛主席逝世前没有再修改过。其中,以生产队为基本核算单位30年不变的原则,在"文化大革命"中,不管张春桥一伙或别人如何鼓吹"穷过渡",毛主席都没有松过口。

1978年12月,党的十一届三中全会重新制定了《农村人民公社工作条例(试行草案)》。这个文件的前言指出:"毛泽东同志亲自主持制定的《农村人民公社工作条例(修正草案)》即《六十条》,一九六二年经党的八届十中全会通过,并在全国农村中试行以来,对于促进人民公社制度的巩固和农业生产的发展,起了重大的历史性作用。"十一届三中全会这个评价是符合实际的。

当然,正如我在本篇开头时所讲的:八届十中全会通过的《六十条》修正草案也是有缺陷的。从今天看来,这些缺陷主要是:

一、仍然保留人民公社是政社合一的基层组织这个重要的僵化观点。

在1961年3月广州工作会议和夏天的北京工作会议上,一些同志对政社合一的优点提出了质疑。胡乔木同志在长沙县召集过政社合一座谈会,参加座谈会的公社一级干部对政社合一基本持否定态度。草案、修正草案、修改稿发给省、市、自治区党委或基层讨论时,几乎每次都有人主张删掉政社合一的文字。可惜,当时对这些不同意见没有认真进行研究。

同政府和企业职能不分是传统的国营经济管理体制一个根本弊端一样,政社不分,也是人民公社体制存在的各种弊端的渊薮。因为它可以以此为理由排斥一切以经济办法管理经济的可能性,为单纯用行政办法管理经济提供了制度根源。人民公社不讲经济规律,不讲经济效益,缺乏经济活力,"共产风"、命令风、瞎指挥风等盛行,群众的积极性、主动性和创造才能受到窒息,甚至产生"一个县只有一个'生产队长'(县委书记)"那样的怪现象,体制上的政社合一，是一个重要原因。政社合一也使农村党政干部把主要精力用于日常的生产经营管理与收益分配等具体事务上，而放松了一些本该管起来的日常政权工作。那时党委的实际领导方法，在很大程度上是“大权独揽，小权不散”，因此政社合一在许多地方实际变成了党社合一。中央虽察觉到“党委包办代替公社各级行政的现象相当严重”，条例也作出了一些相应的规定，但始终没有把这个问题解决好。这同把政社合一看成是人民公社一大特征的观点是分不开的。直到十一届三中全会重新制定《农村人民公社工作条例》时，才将政社合一的规定加以抛弃。

二、八届十中全会通过的修正草案，堵住了通向“包产到户”的可能性，使农村生产关系的调整，到基本核算单位下放到生产队就戛然止步了。

1962 年的北戴河工作会议和八届十中全会，对当时许多地方推行的，并得到少奇、小平、陈云、李富春、邓子恢等同志支持的包产到户或包干到户，进行了严厉的批判，并通过了中央《关于进一步巩固人民公社集体经济、发展农业生产的决定》。这些，我将在本书第三十七篇中专门回顾。这里需要讲一下的是：禁止包产到户或包干到户的这个错误决策，在八届十中全会通过的《六十条》的修正草案中也有反映。修正草案第 32 条，关于劳动管理，要求对农活和作业“制订各种劳动定额，实行定额管理。凡是有定额的工作，都必须按定额计分，对于某些无法制订定额的工作，可以按照实际情况，采用评工记分的办法”。不管定额计分也好，评工记分也好，都是凭工分分配。这就排除了包产到户或包干到户的可能性，堵死了以家庭作为生产单位的道路。按工分分配虽然也在一定程度上体现了按劳分配的原则，但并没有离开生产队那口大锅，而且规定劳动定额、评工记分等手续也十分繁琐。这个缺点，也是直到 80 年代初期农村改革兴起来以后，才得到克服。

三、八届十中全会修改后的《六十条》，贴上了以阶级斗争为纲的标记。

1961 年的“三月草案”和“六月修正草案”，都没有关于农村阶级路线的内容。1962年八届十中全会通过的修正草案,却加上了这方面的内容。《修正草案》第8条规定:“公社、生产大队、生产队,在选举管理委员和监察委员的时候,应该注意使老贫农和下中农占优势。”第57条规定:人民公社各级党组织,“要教育党员、团员和干部,正确执行党在农村的阶级路线,依靠老贫农和下中农,巩固地联合其他中农”。在完成土地改革10年之后,还坚持以贫下中农占优势的阶级路线,是农村工作中以阶级斗争为纲的“左”的指导思想的核心。把这条阶级路线写进《六十条》,就使这份历史文献也带上了以阶级斗争为纲的标记。这也是到了十一届三中全会原则通过的新的农村工作条例时,才抹去了这个标记。

三十三　《工业七十条》的诞生

继《农村六十条（草案）》下达之后，党中央又制定了一系列的工作条例。1961 年 9 月 16 日，颁发了《国营工业企业工作条例（草案）》（以下简称《工业七十条（草案）》）。这是当时用于克乱求治、整顿工业企业的一个重要文件，也是我国第一部关于企业管理方面的章程。它的颁发试行，对于贯彻执行调整、巩固、充实、提高的方针，恢复和建立正常的生产秩序，促进生产力的发展，发挥了重要的作用；对于企业管理的法制建设，也进行了有益的探索。但是，随着城市“四清”运动的大规模开展，《工业七十条（草案）》实际上被扔到一边。在“文化大革命”中，更被林彪、“四人帮”诬为“瓦解社会主义、复辟资本主义的黑纲领”。指导这一条例起草工作的邓小平同志，受到许多毫无道理的攻击。我作为起草工作的具体主持人，在回顾这一段历史时，把《工业七十条（草案）》出台前前后后的情况讲清楚并做出说明，我觉得是很有必要的。

（一）在调查研究中诞生

起草工业企业工作条例的任务，是 1961 年 6 月 17 日邓小平同志主持的中央书记处会议正式安排下来的。在这以前，中央书记处组织了一系列的工业方面的调查工作，也酝酿过起草关于工业工作的文件问题。

早在 1960 年底，李富春同志根据中央书记处的意见，组织国家计委、经委、一机部、中央高级党校、中国科学院经济研究所和北京市委等单位的同志，成立调查组，到北京第一机床厂，就工业方面的问题开始进行系统调查。1961 年 3 月，响应毛主席关于大兴调查研究之风的号召，国家计委、经委又组织人力到石景山钢铁公司、城子煤矿、华北无线电厂、天津永利久大化工厂、太原钢铁厂、济南钢铁厂等单位做调查。富春同志还亲自带领工作组到北京市西城区调查城市工作问题。中央政治研究室也对天津第一钢厂和天津机床厂做了调查。5月3日到6日，国家经委邀集各中央局经委主任和北京、天津、辽宁、黑龙江、江苏等11个省市主管工业的党委书记，由我主持在北京举行座谈会。一些中央局也召开了摸清工业情况的座谈会。5月底6月初，上述调查材料和座谈会材料陆续反映到中央。这些材料说明，当时工业生产大幅度下降，基本建设工程大批被迫停工，设备损坏严重，事故很多，人心不定，煤矿工人大批逃跑，企业管理混乱，生产指挥系统有不少处于瘫痪或半瘫痪状态。严峻的形势迫切要求中央采取重大步骤，把“八字方针”落到实处，迅速扭转这种困境。

早在3月广州工作会议之前，中央书记处就有搞个工业文件的动议。5月20日，中央书记处会议在听取我汇报工业座谈会的情况之后，讨论到搞工业文件时，我表示：现在光发个原则性的指示，一是难写，二是发了也不解决问题。小平同志当即表示：“写各项政策，如责任制、技术政策、工资政策等”。这次议论没有形成结论性意见。

6月12日，以修改《农村六十条》为主要议题的中央北京工作会议，进入最后一天。毛主席在全体会上讲话中，谈到要用《农村六十条》教育干部时，指出：“城市也要搞几十条”。毛主席的这个意见，实际上就成为制定工业企业工作条例的缘起。

6月17日，中央书记处召开会议，讨论钢铁生产和北京工作会议的传达问题。会上确定由我主持起草工业条例。鉴于当时钢煤产量急剧下降，涉及整个工业发展的全局，李富春同志提出：要由负责同志分头调查，解决重点企业的问题，并建议华北的石钢、太钢、天津钢厂由他和李雪峰同志包；东北的鞍钢、本溪钢厂由我包。小平同志同意富春同志意见，说：工业比农业复杂得多，究竟如何搞？现在心里无底。只有结合调查研究，条例才能搞得出来，可从各部抽人，必要时找少数大厂的人一块来参加；头10天左右，先把情况好好摸一下。他明确提出企业要整顿，并告诉我们：下到工厂后，工厂整风不要停；条例搞出来以后，根据条例再整一次。

“大跃进”开始后，小平同志对工业企业方面出现的问题，察觉得比较早，而且发表过切中时弊的见解。早在1959年1月26日，他在各省市自治区党委书记会议上的讲话中，就提出：“工矿企业，在生产方面，同样还要提出加强经营管理，经济核算，责任制。规章制度，只能废除那些必须废除的，有的废除之后要新建，不能统统否定规章制度。特别是大生产里边一系列的问题，就更要有充分的科学的根据，随便乱动不得。大生产应该着眼于搞技术革命，不是搞人海战术。”现在又提出整顿企业问题，并亲自抓调整工业和整顿企业的文件的起草工作，这表明他对“大跃进”给工业企业和工业交通战线造成的严重后果有了比较明确、比较清醒的认识。他的这些重要意见，后来就成为起草条例的指导思想。

这次书记处会议后，我们以北京第一机床厂调查组部分同志为基础，组建了一个班子，带了一大批调查材料和座谈会材料，到沈阳去了。到沈阳后，在东北局的协助下，在沈阳第一机床厂、重型机械厂等单位进行调查，一边调查，讨论问题，一边起草条例。参加起草条例的主要执笔人有马洪、梅行、廖季立、董峰、张沛等同志。7月初，草拟出了一个比较简单的稿子。

这个稿子，总题为《国营工业企业管理条例》，共10章。第1章小题为“国营工业企业的性质、任务和体制”，以下9章，分别讲计划管理、责任制度、技术管理、经济核算等具体问题，基本上属于工业企业的内部关系和各种管理制度问题。由于是分头写的草稿，各章体例也不一样，还分不出多少条来。我在电话上将情况同李富春同志简单讲过。

7月3日晚，我接到李富春同志从北京打来的电报，电报说：关于工业条例，中央书记处指示要早些拿出初稿，以便大家酝酿，准备三翻四复地修改，要我把草拟的稿子修改补充之后，于7月15日印出送中央。电报还通知我7月25日到北戴河开会，一面参加计划的制订，一面研究工业条例。后来，我才了解，在7月3日的书记处会议上，小平同志曾问道："一波的初稿何时可搞出来？"李富春同志回答说："七月二十五日可出初稿。"

这以后，我们带着写出的草稿，分赴哈尔滨、长春征求意见。这时企业的同志提出：企业中的许多问题，都不是企业自身造成的，而是上级领导决定造成的，例如计划是上面下达的，生产指标是上面规定的，原材料供应也是上面决定的。生产建设上的瞎指挥，许多来自上面。外部问题不解决，企业内部的生产秩序即使整顿好，企业工作还是搞不好。根据企业同志所谈的意见，我们在修改中，既注意写了企业内部的问题，也注意写了企业外部的问题。经过修改，形成了初稿，题为《国营工业管理工作条例(草案)》，共15章、80条，于7月16日，报送中央书记处。

中央书记处于7月29日在北戴河开会，在听取我的汇报和说明后，进行了讨论。大家认为，搞工业管理条例，现在还搞不出来，还是只搞企业管理条例，主要写企业内部问题，名称就叫《国营工业企业管理工作条例》。有关国家与企业、企业与企业、人民公社与企业等关系方面的问题，必须写的也可以写一些，但大部分要放到中央关于工业问题的指示中去写。《红旗》杂志副总编辑邓力群同志建议在条例中加一段序言。小平同志赞成，并指示他组织力量搞。之后，他找田家英、胡绳、吴冷西同志，还有王力，搞了一个序言稿。

会后，根据讨论的意见，就在北戴河进行修改。除东北局的同志外，华北局也派人参加修改。根据中央书记处的意见，修改后的稿子，题目定为《国营工业企业管理工作条例(草案)》，简化了篇幅，共10章、65条，于8月10日送中央书记处。

8月11日到14日，在小平同志主持下，中央书记处在北戴河连续举行了四天会议，对条例稿逐条讨论，边议边改，最后定为70条，分10章。10章的小标题是：计划管理，技术管理，劳动管理，工资、奖励、生活福利，经济核算和财务管理，协作，责任制度，党委领导下的厂长负责制，工会和职工代表大会，党的工作。加上邓力群同志他们起草的总则，总字数约25000字。中央书记处原则定下来以后，我和李雪峰、邓力群等同志又推敲过一遍文字。

8月15日，由小平、彭真、富春和我，联名向毛主席和政治局常委同志写了一封信，附上条例草案稿，请予审查。信中除简要介绍了企业现存的问题、条例起草经过和主要内容外，还特别说明了条例草案稿还不很成熟，不很完备，难免有不妥之处，待提到中央工作会议讨论修正后，再用草案形式发到各重要企业，一面试行，一面讨论提意见，以便进一步修改。同一天，中央办公厅将条例草案稿和我们四人的联名信，印发给参加即将召开的中央工作会议的各同志，请他们事先阅读，提出意见。

8月23日，中央工作会议在庐山开幕。《工业七十条(草案)》提交会议讨论。小平同志在大会讲话时说：这个条例将采用《农村六十条》的办法，先发下去试行，在试行中再修改。

我在会议上，就草案的起草经过和主要内容作了说明。我预料到会上不同意见的辩论不可避免，故着重介绍了工业企业工作中存在的问题，以说明为什么要作出这样的规定。

各组在讨论中普遍认为，制定这样一个条例，对于兴利除弊、整顿工业企业、搞好企业管理十分必要。有了这个条例后，工业企业的工作就有章可循了。条文很实际，针对性很强，总的倾向是积极的。但是，也有些同志(主要是华东、华北、东北的同志)提出了一些原则性批评。他们认为，初稿对“大跃进”的正面经验总结得不够，肯定得太少；党的领导问题不突出；大搞群众运动问题不突出；对政治是统帅、是灵魂阐述得不够彻底；对专业管理写得多，控制得严，而对鼓励企业千方百计地发挥工人群众的积极性写得不够；只提到尊重科学，没有提到解放思想，破除迷信，敢想敢说敢干；在企业领导制度方面，对党委领导写得不鲜明，偏重于厂长负责，等等。华东有些同志说，我们办工业有两个时期的经验：“一五”时期，少数人办工业，我们自己没有经验，照抄苏联，规章制度太多，束缚群众的积极性；“大跃进”时期，虽然管理上有些混乱，应该改正，但这个时期放手发动群众，破除迷信，解放思想，创造了许多好经验。条例草案稿，对第一个时期的经验吸收得多，对第二个时期的经验吸收得少。

还有的同志认为，对第二个时期的经验，从消极方面吸收得多，从积极方面吸收得少。有些同志担心，实行这个条例，又将回到“大跃进”以前的老路上去。

这里，需要说明一个情况，就是在中央工作会议之前，一些中央局和省市区党委曾将条例草案稿拿到企业讨论。有些企业的干部、工人、技术人员也提出了类似的意见，不过话讲得更尖锐些。例如：北京市12个厂矿的党委书记、厂长和工人代表在座谈时讲道：“看到这个条例，感到有点反冒进的味道，似乎把大跃进的东西都吹了。”“对大跃进的经验肯定得少，看后使人泄气。”有的还统计了条例草案中“不许”、“不准”、“禁止”之类的字眼有多少处。有些同志认为：条例草案写厂长负责制方面很突出，而党的领导方面则不突出；写按劳分配、给钱方面很突出，而对政治思想方面则不突出；写责任制方面很突出，而群众运动方面则不突出；写厂长负责制方面是连贯的，一气呵成的，写政治挂帅方面则是点滴的、不连贯的；写强调尊重科学方面很突出，对解放思想、破除迷信方面则不突出。从这次中央工作会议的一些发言中可以看出，企业同志上述的这些意见大都反映到中央工作会议上来了。

对于这些批评意见，中央书记处都进行了认真研究。凡能吸收的都尽量加以吸收，但修改以后，有些同志仍然不表态。这时，我去找田家英同志商量。因为田家英同志遇到经济工作疑难问题时，好找我商量，我发现他很有见地，很会处理大争论矛盾问题，所以就去同他商量。他说，这很好办。他建议：同中央颁发《农村六十条》草案和修正草案一样，另写一封指示信，全面论述“大跃进”的成就，并对制定这一条例的目的、意义、重要内容进一步加以说明。在各组讨论中，中南组也提出了这样的建议。中央书记处同意这一建议，并指定田家英同志组织人起草指示信稿。这封信，把社会主义建设总路线和一整套两条腿走路的方针，以及“大跃进”时期的许多流行口号都吸纳进去，予以肯定，并肯定工业企业在“大跃进”中取得四个方面的伟大成绩：企业的生产有了飞速发展，企业的技术力量有了迅速增加，企业管理工作有了许多新的创造和新的经验，职工的政治觉悟大大提高。这些确实是当时条件下大家的共同认识,因而把大家的思想统一起来了。由于有了这封信,条例草案中某些修饰性的政治语言就删掉了。

9月16日,彭真同志将指示信和修改后的条例草案报送政治局常委各同志,并附信说明:"六个大区的同志已阅,均无意见,认为很好。"

9月17日凌晨3时,毛主席批示:"指示及总则已阅,很好。"毛主席和周总理在审阅时,不约而同地在条例的题目上,圈掉了"管理"二字,所以,最后定下来的文稿就叫《国营工业企业工作条例(草案)》。

(二)条例的主要内容

作为整顿工业企业的文件,条例草案的基本内容,主要是针对当时工业企业工作中存在的问题而做出的相应规定。因此,在介绍条例草案的基本内容时,也顺便说明一下当时通过调查研究所发现的工业企业工作中存在的问题。

第一,规定国家与企业之间实行"五定"、"五保"。

条例草案第8条规定:为了加强整个工业生产的计划性,在计划管理中正确处理国家和企业的关系,保证企业生产的正常进行,国家对企业必须实行"五定",企业对国家必须实行"五保"。"五定"是:定产品方向和生产规模;定人员、机构;定主要的原料、材料、燃料、动力、工具的消耗定额和供应来源;定固定资产和流动资金;定协作关系。"五保"是:企业对国家保证产品的品种、数量和质量;保证不超过工资总额;保证完成成本计划,并且力求降低成本;保证完成上缴利润;保证主要设备的使用期限。"五定"的内容实际上是企业生产条件的五个方面;"五保"的内容实际上是企业对国家对社会应尽的五项义务。条例规定,"五定"、"五保"一经确定,三年基本不变,但是每年可以按照年度计划的要求调整一次。

用今天的观点来看,即使在传统体制下,"五保"、"五定"的规定也是值得研究的。因为企业生产条件是不断发展的,对国家对社会应尽的义务也应相应地发生变化,要求把两者固定下来实际上是很难做到的。但是,在当时的条件下,要求在一段时间内(条例规定为三年),把这些生产条件和义务相对固定下来,却是恢复正常经济秩序和生产秩序,贯彻执行调整、巩固、充实、提高方针的客观需要。因为经过三年"大跃进"之后,国家对企业的主要生产条件普遍底数不清。有些企业自己也说不清。这里最关键的是高指标引发的基本建设的盲目膨胀。我在庐山中央工作会议上对条例做解释说明时讲到:那时工厂的领导核心,不能专心致志地搞生产,而是热衷于翻番,把主要精力用于争取投资,搞基本建设。这样,一方面,企业的生产规模不断扩大;另一方面,现有设备严重损坏,出力程度比原设计能力普遍降低20%—30%,有的甚至一半还多。苏联帮助我国设计的156项建设工程,"一五"期间的实有人员就超过设计定额的20%到30%,为培训后备力量,这在当时是必要的。可是,在"大跃进"期间,为了产量翻番,盲目增人,许多工厂实有人数成倍地超过设计标准。因而要求把人员、机构相对固定下来,正是为了遏制这种任意膨胀的趋势。"大跃进"期间,单位产品的原料、材料、燃料消耗普遍提高了。要推进原材料、燃料的节约,就必须根据当时的条件确定一个合理的定额,这就产生了固定消耗定额的要求。

把几项主要生产条件固定下来的想法,最早是小平同志提出来的。他1961年六七月间去东北视察时,发现底数不清的问题,提出要搞"几定"。辽宁省当即派出11个工作组前往本钢、抚顺煤矿等11个大企业搞试点,认为可行。根据试点经验,国家计委、经委等单位研究,把"几定"逐步定型为"五定"。有了"五定"的思想,相应地逐步形成了"五保"(开始叫"五包")的概念。

第二,限制企业党组织对生产行政工作的过多干预,禁止把党委领导下的厂长负责制引申到车间、工段和科室。

条例草案总纲第6条规定:"在国营工业企业中,实行党委领导下的行政管理上的厂长负责制,这是我国企业管理的根本制度。"第8章共4条,专讲党委领导下的厂长负责制。明确规定企业党委对生产行政工作的领导责任是:贯彻执行党的路线、方针、政策,保证全面完成和超额完成国家计划，实现上级行政机关布置的任务；讨论和决定企业工作中各项重大问题；检查和监督各级行政人员对国家计划、上级指示、企业党委决定的执行。“在企业党委的领导下，企业生产行政工作的指挥，由厂长负责”。规定车间、工段不实行党委、支部领导下的车间主任、工段长负责制，专职机构不实行党支部领导下的科长、室主任负责制。其他章的有关条款还规定：“企业党的主要领导干部，应当用主要精力和大部分时间进行调查研究工作，努力发现企业管理工作中的关键性问题，认真研究解决的办法，提交党委讨论和决定。”不要随便组织各种指挥部、办公室，党委委员不要采取“分片包干”办法。这是针对“大跃进”中企业领导已无章法而对改进企业领导制度问题所做出的一些规定。小平同志当时谈到这一问题时，经常说“党委书记要做甩手掌柜子”。

我国国营工业企业领导制度，在建国初期，各地是“八仙过海，各显神通”。东北地区开始推广的是厂长负责制（当时沿用苏联的叫法，习惯称为“一长制”），其他地区，则多实行党委领导下的厂长负责制。我记得，从华北解放到建国伊始，我跟毛主席就工厂应实行什么样的领导制度问题，谈过几次，毛主席主张“集体领导”，可由书记、厂长、工会主席组成“三人领导小组”或者再加一位工程技术人员、一位工人组成“五人领导小组”。华北地区就是照此执行的。后来在一次华北局的会议上，黄敬同志主张“一长制”，他举了苏联办工厂的管理方法；并详尽地介绍东北就是完全学苏联的，成绩显著。我按照毛主席讲的“集体领导”精神，主张实行党委领导下的厂长负责制，我们还争论了一番。1954 年开始，关内各地经中央批准，也相继实行厂长负责制。1956 年春，毛主席在听取 34 个部委汇报时，对厂长负责制提出严厉的批评，我和重工业各部部长都被称为“一长制主义者”。后来，在一次政治局扩大会议上，毛主席又责问周总理：推行“一长制”究竟是根据哪个党中央的命令？是北京的党中央，还是莫斯科的那个党中央？（在此以前的一次会议上，讨论教育体制时，毛主席曾提出：大学搞校长负责制，工厂搞厂长负责制，这是哪个国家的？会后我找到 5 份说明是我们党中央批准推行厂长负责制的文件，请周总理转送毛主席。——一波注）由于毛主席的这个批评，党的八大否定了厂长负责制，决定实行党委领导下的厂长负责制。

还应说明一下车间、工段不实行党总支、支部领导下的车间主任、工段长负责制，这是小平同志提出来的。在酝酿时曾有激烈争论，有不少同志用毛主席“支部建在连上”的重大发明来反对。其实小平同志这一规定正是适合我国国情贯彻“一长制”的好办法。

“大跃进”以来，党委领导下的厂长负责制在实践中发生了许多问题。主要是：厂长负责变成了一句空话，而党委领导，在一些单位则变成了党委书记一人包办，有些人管这叫“书记一长制”。许多企业名为党委集体负责，实则无人负责。许多企业的车间、工段和科室，也仿效党委领导下的厂长负责制，实行所谓党总支或党支部领导下的车间主任或工段长负责制、党总支或党支部领导下的科长或室主任负责制，有的甚至班组也实行所谓党小组领导下的班组长负责制。据派赴北京第一机床厂的调查组1961年6月15日向中央的报告，实行党委领导下的厂长负责制，在实践中产生的问题：“主要是有了党委领导，少了厂长负责，而党委领导又削弱了政治思想工作。”“群众说，党的书记什么事情都挂帅，是第一忙人。忙什么呢？主要忙行政事务。”“党的委员会会议实际上变成了生产调度会，事无巨细都拿到会上讨论。”“这种情况也助长了某些行政干部的依赖思想，认为天塌了有党委、总支、支部顶着。”全国著名劳动模范、鞍钢机修总厂第一加工车间主任王崇伦，1965年曾跟我讲起过“大跃进”时他们车间实行“一元化”领导的情况。他说：“当时什么都是书记说了算，行政上决定了的事，支部一讨论就推翻。书记不懂技术，指挥生产，也得听他的。有个支部书记，用手指去量零件的内圆，然后用千分尺量手指头，一看大体‘合格’，就让检验人员放过去，大家看着直笑！”当时生产技术工作中的许多瞎指挥和无人负责现象，确实同这个企业领导制度有密切的关系。条例草案的规定，主要是限制企业党委对生产行政工作的过多干预，强化厂长对生产行政工作的指挥，纠正这个制度执行中发生的偏差。

第三，建立严格的责任制度。

条例草案总则第2条规定："为了全面地实现国家计划，每个企业都必须充分依靠群众建立各级的、各方面的和各个环节的责任制度。克服和防止工作上的无人负责和生产上、技术上的瞎指挥现象。"第7章共6条，专讲责任制度。有关计划管理、技术管理、劳动管理、经济核算和财务管理等章，也规定了相关的责任制度。条例要求："从厂部到生产小组，直到每一个人，都要有明确的分工，有明确的职责。要使每一件事情，每一台设备，每一种工具，每一份材料，每一个产品，都有专人负责。"在生产行政上，主要是建立以下三种责任制。

一是以厂长为首的全厂统一的生产行政指挥系统及其责任制。厂长集中领导企业的生产、技术、财务等活动。企业生产行政工作的指挥中心是厂部，企业中各级行政副职都归正职领导。

二是以总工程师为首的技术管理责任制。在厂长或者副厂长领导下，总工程师对企业技术工作负全部责任。各级技术管理机构，车间及有关技术管理机构在技术工作上必须服从总工程师指挥，企业重要技术文件必须由总工程师签署。

三是有条件的企业，设立总会计师，实行以总会计师为首的财务管理责任制。在厂长领导下，总会计师负责计算和审查一切技术措施和生产经营的经济效果，设计和审查企业的财务、会计事项，监督执行财务制度和财政纪律。企业对外提供会计报表，必须经厂长和总会计师共同签署。

条例规定："企业中主要的责任制，应当通过规章制度明确地规定出来。""原有规章制度的修改、废除、新规章制度的建立，都应当由厂部统一负责，重要的必须报请上级行政主管机关批准。"在劳动管理一章，还明确规定："对于经常旷工、破坏劳动纪律的职工，应当给以纪律处分；情节严重、屡教不改的，企业有权开除。"这是我国法规第一次赋予企业以开除职工的权利。

为什么要作出上述一系列严格规定？因为从1956年批判"一长制"以来，特别是1958年"大跃进"以来，持续不断地批判"一长制"，批判"专家治厂"、"白专道路",原有的以厂长为首的生产行政指挥系统,大多解体了,各种责任制度大多废弛了,厂长和技术人员说话没人听了,许多人不敢抓工作了。1958 年"大跃进"中,虽然讲的是要破除束缚生产力的规章制度,但由于对怎样才算束缚生产力并没有科学的解释,也没有规定谁有权最后判断某项规章制度是不是束缚了生产力,结果造成谁感到什么制度不顺眼,谁就可以宣布它束缚了生产力而不加遵守,以致有些单位把规章制度文件像土改中烧地契那样烧毁。这样,一些企业里,各科室都无人负责,出现了车间"自由生产",机器"谁都用无人管",仓库"门户开放"、"谁要谁拿"等等现象。这种无政府主义的泛滥,无人负责和瞎指挥的盛行,成了当时企业的一大祸患。上述一系列严格规定,就是为着消除这些祸患而作出的。

第四,将职工代表大会制度载入条例。

条例草案总纲第 5 条规定:"每个企业,都必须认真实行职工代表大会制度。"第 9 章第 60 条规定:"企业的职工代表大会制,是吸收广大职工群众参加企业管理和监督行政的重要制度。""企业各级的职工代表大会和职工大会,要讨论和解决企业管理工作中的重要问题,要讨论和解决职工群众最关心的问题,要保证大会决议的实行,切实避免形式主义。""企业各级的职工代表大会和职工大会,有权对企业的任何领导人员提出批评,有权向上级建议处分、撤换某些严重失职、作风恶劣的领导人员,并且有权越级控告。"

实行职工代表大会制度,是建国初期企业民主改革中的一个创造。小平同志 1957 年 9 月 23 日在党的八届三中全会上作整风报告时,曾经指出:"党委领导下的职工代表大会,是扩大企业民主、吸引职工群众参加企业管理、克服官僚主义的良好形式,是正确处理人民内部矛盾的有效方法之一。在这次整风运动中应该充分运用,并在总结试点经验之后,全面推广。"小平同志关于整顿工业企业和实行职工代表大会制度的思想,已作为他在开始全面社会主义建设时期的两项理论贡献,载入了十一届六中全会通过的《关于建国以来党的若干历史问题的决议》之中。

第五，明确规定技术人员和职员是工人阶级的一部分。

条例草案第 64 条，讲到企业思想政治工作时指出："技术人员和职员是工人阶级的一部分。要对他们加强政治教育，鼓励他们学习政治，学习技术、业务，鼓励他们同工人群众密切结合，并且给他们一定的条件，使他们向又红又专的目标努力。不能把钻研技术、钻研业务看作是'走白专道路'。"

这是在 1962 年春为广大知识分子"脱帽加冕"的前夕，党中央对技术人员和企业职员作出的公正的政治评价。关于这个问题，我在庐山中央工作会议上所做的说明，讲得比较详细，本书第 34 篇在回顾党对知识分子政策的调整时，还将进行论述。这里就不多说了。

第六，规定企业必须实行全面的经济核算，讲求经济效果。

条例草案第 5 章是专讲经济核算和财务管理的。条例规定："每个企业，都必须实行全面的经济核算。凡是产品方案和生产规模的确定，技术措施和生产方法的制定，综合利用和多种经营的安排，以及一切生产、技术、财务活动，都要保证质量，讲究经济效果，都要真正体现多快好省的根本要求。""企业的厂部、车间、小组三级都要实行经济核算，建立和健全经济活动分析制度。""每个企业，都要努力增加社会主义积累"。"经过国家批准的在一定时期内需要补贴的企业，必须精打细算，力求减少补贴，并且尽早地变为赢利的企业。"

由于"大跃进"时期批判"算账派"，提倡算政治账，不算经济账，加以不顾产品质量，盲目追求产量翻番，因而，经济核算观念淡薄了，生产不计成本、不计盈亏现象相当普遍。我曾经组织国家经委冶金局的同志，对冶金部 12 个直属企业和地方 8 个重点钢铁企业的盈亏状况进行过调查，发现一向管理工作做得比较好的企业，在"大跃进"中都由盈变亏了。例如石景山钢铁公司 1958 年以前一直是盈利的，1959 年以后年年亏本，1959 年亏 978 万元，1960 年亏 3990 万元，1961 年计划亏 4860 万元。亏损额不断扩大，主要是产品成本逐年提高了。因此，改进企业管理，降低产品成本，成为当时一个十分突出的问题。

第七，重申社会主义分配原则是按劳分配。

条例草案第 4 章，是专讲工资、奖励、生活福利的。条例规定："国营工业企业的工资、奖励制度，必须体现按劳分配的原则，克服平均主义。""工人、技术人员、一般职员的劳动报酬的多少，应当按照本人技术业务的熟练程度和劳动的数量质量来决定，不应当按照其他标准。""工人的工资形式，凡是需要实行计时工资制的，就应当实行计时工资制；凡是需要和可能实行计件工资制的，就应当实行计件工资制；目的是为了提高劳动生产率。""计时工资制包括标准工资和奖金。实行计时工资制的单位，按照职工超额完成任务的情况，合理地评定和分配奖金，不许平均分配。"

"大跃进"在企业中造成的重要影响之一，就是把按劳分配当作"资产阶级法权"加以批判，因而导致了分配上的平均主义弊病的加剧。这方面在企业中首当其冲的是计件工资制度。陈伯达曾多次反对计件工资制度，主张取消。开始，我们这些人还以为取消计件工资，是工人的要求，调查中才发现并不是那么回事。天津市第一钢厂的调查材料说：1958 年计件工资被扣上"钞票挂帅"、"妨碍大跃进"等帽子，地方劳动行政部门的领导人在大会上宣布要"枪毙"计件工资，厂里少数积极分子响应号召，写好大字报，征求签名，他们对老工人说："要政治挂帅，还是要钞票挂帅？"老工人说："谁要钞票挂帅?！签！"这就被当成工人的要求往上反映了。这个厂第四分厂，在准备发工资的前一天，领导突然宣布工资推迟发，当天下午开群众大会，宣布取消计件工资。还有些分厂不开群众大会，而是组织专题辩论，"启发工人自觉"。工人反映："砍了我们一刀，还叫我们同意。"条例中关于计件工资的规定，就是为了纠正这方面的错误。调查中还发现，当时不少人对分配原则有严重的误解。问他们社会主义分配原则是什么？他们说：是政治思想教育与物质鼓励相结合。在实际生活中，不少地方则以工人、职员的政治态度，例如对"三面红旗"的态度、开会时是否积极发言等等，作为评定工资奖励的标准。因此，条例重申：工资、奖金的评定，除了按照技术业务的熟练程度和劳动的数量和质量以外，"不应当按照其他标准"。我在庐山中央工作会议上做条例说明时，曾明确讲过："政治教育与物质鼓励相结合，这是我们调动职工积极性的正确原则，但不是分配原则。”

第八，规定企业的主要管理权力集中在厂部。

条例草案总纲第4条规定：“国营工业企业内部的管理，一般分为三级：(1)厂部，(2)车间或分厂，(3)工段或小组。”“企业的主要管理权力，集中在厂级。联合企业的主要管理权力，集中在公司。”计划管理、劳动管理、技术管理、财务管理等方面的具体问题，就是按照这个原则处理的。

规定这样的原则，也是根据当时的实际需要。1958年的体制下放，本来是国家对企业的管理权限下放，将大部分企业由中央管理下放到省市自治区管理，并不涉及企业内部的管理体制。但是，不少地方在下放的浪潮中，企业管理权限也来了个层层下放。下放一定的权力是必要的，问题是下放过多过滥。例如：北京第一机床厂有个时期，把季度计划的编制、老产品设计、质量检验、工艺设计、对职工的处分等9种重要权力下放给车间，有些权力车间又下放给小组。这样，使厂部对生产、技术的统一指挥受到削弱，生产调度往往失灵。例如：对老产品的设计修改权限下放以后，车间、工段修改很多，弄得全厂没有一张比较完整的图纸；同一部整机，有的甚至这个部件按这张图纸做，那个部件又按另一张图纸做，装配时“驴唇不对马嘴”。质量检验权层层下放，导致了对质量管理工作的放松。有些权力下放到工段、小组，工段、小组又接管不了。群众说“这是困难下放，无人管理”。

上面列举的这些内容大致可以说明：《工业七十条(草案)》的制定，是从我国当时的实际情况出发的。正如中央在颁发这一条例草案的指示中指出的：“因为这个条例是在很短的时间内草拟出来的，它的内容不但不很完备，而且还会有不够恰当的地方。”但它毕竟是通过调查研究，把我们接管工业企业以来管理方面的主要经验，特别是“大跃进”以来正反两方面的经验，做了一个初步的总结，用条例形式把它归纳了出来。

(三)条例的试行

《工业七十条(草案)》一直发到企业党委。中央要求全体国营工业企业要一字不漏地读给全体职工听,同时要求各地区各部门选择不同行业和大、中、小不同类型的企业试行,并根据条例的规定整顿企业。

国家经委于1961年九十两个月,分别邀集各中央局经委负责同志和国务院工业、交通各部负责同志开会,研究实施办法。根据中央指示,计划在两年内分三批进行:第一批,主要是整顿试点企业,大中小各种类型的企业都有;面上的企业主要是向职工宣讲条例,进行学习和讨论,能改的马上改。第二批,集中整顿大中型企业。第三批,主要是整顿县级企业。那时,全国几十万个工业企业,重要的企业万把个。按照小平同志的要求,做"笨"工作,一个企业一个企业地整顿,估计两年时间就可以整顿好一大批。

各级领导对传达贯彻《工业七十条(草案)》十分重视。国务院工业、交通各部门,都确定一位副部长主管企业管理工作,由一个办事机构综合研究这方面的问题,并派出63个工作组,会同地方一起帮助企业按条例要求进行整顿。国家经委也派出了6个工作组。在各部委派出的这批工作组中担任组长的有:邮电部部长朱学范、副部长王子纲,农机部副部长黎玉,煤炭部副部长徐达本,化工部副部长李超白,石油部副部长刘放,铁道部副部长钱应麟,地质部副部长旷伏兆,国家经委副主任叶林等。

《工业七十条(草案)》同广大干部和职工群众见面后,受到广泛的拥护。辽宁一个工业集中城市的市委书记说:"去年下半年以来,我们感到企业问题很多,脑子很乱,千头万绪。《七十条》给我们理出头绪来了。"工厂厂长们反映:"过去工作抓多了怕犯一长制错误,抓少了又怕别人说不负责任。现在条文规定明确,工作好做了。"各地科技人员的反映是:"《七十条》给我们撑了腰,领导尊重科学,尊重我们的职权,我们要更好地工作。钻研技术不怕别人说是走白专道路了。"老工人反映:"条例规定得有条有理,都是我们心里想的。"

青年工人感兴趣的是:《七十条》规定,定期进行技术考核,调整工资级别,今后可得好好学习技术。但也有许多人怀疑条例能否兑现。天津永利久大化工厂有的工人说:"《工业七十条》好是好,就怕三天热气一阵风。"沈阳第一机床厂有的工人说:"几年来又是风、又是雨,一提规章制度不合理就立刻破,《七十条》能长久吗?!"安庆邮局有个工作人员说:"《七十条》能实行一半也是好的。"

一些企业党委书记则对条例草案提出批评。他们说:"今后党委没事干了","党委书记不好当了"。他们担心车间、工段不实行党委领导下的行政负责制,会削弱党的领导。坚决反对这一条例的也不乏其人。有一个大城市的党委领导干部,就这样说过:起草人"好像刚从外国回来,不懂中国情况,没有经历过'大跃进',总想恢复过去的一套老办法"。由此可见,经过"大跃进"的严重干扰,党内要按照实事求是的原则统一思想很不容易。人的思想一下子就可以搞乱,端正过来却要花很大的气力。

1962 年第一季度,国家经委会同各地区、各部门,对《工业七十条(草案)》的贯彻执行情况进行了检查。第一批试点的中央和地方工业企业近 3000 个,都在不同程度上调整了企业内部的关系,管理工作有所改善,生产逐步好转,但"五定"工作进展缓慢。华东地区 130 个试点企业,制定出"五定"方案的仅 40 个,其中经审查落实的只有 4 个。试点的中央直属企业,没有一户完成"五定"的。究其原因,除了"五定"工作本身复杂,有许多实际困难以外,国民经济还处在调整过程中,又没有长期规划的指导,客观上也难以进行"五定"。鉴于这种情况,从 1962 年第二季度起,条例草案的贯彻试行,更加强调密切结合全国工业的调整与整顿工作。例如,结合工业调整和企业关停并转,确定企业的产品方向,查定综合生产能力,进行填平补齐;结合压缩城市人口、精减职工,搞定员定额,加强劳动管理;结合清仓核资,相应建立和健全有关管理机构;结合清理拖欠货款,查经营管理中的漏洞,健全必要的制度;结合全国性的扭亏增盈工作,整顿企业内部,健全党委领导下的以厂长负责制为中心的各种责任制。

1963年，在工业调整与企业整顿取得初步胜利的基础上，党中央号召开展增产节约运动，要求用《工业七十条（草案）》对照检查，克服生产与管理各个环节上的浪费现象，健全各种规章制度。这次增产节约运动，实际上成为企业整顿工作的继续，巩固和发展了前两年企业整顿工作的成果。

由于工业调整与企业整顿双管齐下，使一些在“大跃进”中受到破坏的国营工业企业较快地恢复了元气，各项工作也有很大进步。1965年5月16日，我在写给中央的一份报告里指出，几年来工业交通企业工作的进步，突出地表现在两个方面：一方面，克服了过去几年的一些片面性，例如只强调产品数量的发展，忽略产品质量、品种和成本；只强调扩建、改建，忽略设备的维护检修和现有生产能力的合理利用；只强调破除迷信，忽略实事求是；只强调大搞群众运动、大轰大嗡，忽略经常性的群众工作，等等。这样，企业工作就走上了健康发展的道路。另一方面，企业工作也增加了一些新内容，主要是学习人民解放军，加强了思想政治工作，开展了比学赶帮的社会主义竞赛活动。

企业工作的进步，促进了生产的稳步增长，产品质量大幅度提高，产品品种显著增加。据有关部门统计，仅1961年和1962年两年里，就增加了大约100个钢的新品种、1500个机械产品的新品种，多项产品质量达到或超过了历史最好水平。反映工业企业经济效益状况的经济技术指标，也接近或超过了过去的水平。1963年到1965年，国营工业企业全员劳动生产率平均每年增长23.1%，1965年达到8943元，比1960年提高53%，为历史最高水平；每百元产值占用的流动资金，1965年比1962年减少二分之一以上；1965年的资金利税率为29.8%，已经接近1957年34.8%的水平；工业部门亏损额由1961年的46.5亿元下降为6亿元，盈利额由1962年的76.3亿元增加到217亿元，增长了近两倍。

国家经委经中央书记处批准，在1965年对条例草案进行修订。为此，我从3月18日开始，在上海邀集大庆油田、齐齐哈尔车辆厂、白银有色金属公司等八个大企业的负责同志，中央办公厅和北京市委工业部的有关同志，原条例草案的起草执笔人梅行、马洪同志，进行了近两个月的座谈，比较系统地摸了一下条例草案的试行情况和调整结束后企业面临的新问题。4 月 29 日，座谈结束后，以我和马天水(时任上海市委书记处书记，我们的修订条例草案调查组，临时吸收他为副组长。——一波注)的名义，写了一份关于《工业七十条》的修订意见。5 月 28 日，中央书记处听取了我的汇报。小平同志事先看了我们的修订意见，针对修订意见作了重要指示。这份修订意见由于是同马天水联名写的，写进去不少政治口号。小平同志指出：修订后的《七十条》，除总纲写些鼓足干劲、加强思想政治工作一类的话以外，各章的条文应尽可能写具体。条例就是要写具体，不然的话，发个指示就行，何必搞条例？

会后，国家经委按小平同志指示和上海座谈会的意见，对《七十条(草案)》作了修改。7 月下旬至 8 月中旬，国家经委派人带着修改草稿，分赴西北、西南、中南、东北四个大区，分别召开了 29 次座谈会，听取意见。回来后，根据这些座谈会意见，作了再一次的修改。修改完毕后，于 9 月 7 日上报中央书记处。

我在上报修正草案初稿时写给小平同志的信中说：这次修改，强调了两个方面：一方面，根据“四清”运动的经验，强调了企业的政治思想工作，除政治思想工作有专章外，干部参加劳动、干部和工人的团结、民兵、支部建设等，也都单列了一章；另一方面，强调了技术工作，原《七十条(草案)》中有关技术管理的内容基本保留了。并说：“我们在起草过程中觉得，企业在突出政治的同时，要适当强调技术，以便我们有可能在技术上较快地赶上和超过先进国家。”我的信还说：“从开头到现在，地方、部门和企业的同志，大多数都主张参照解放军的办法，把党委领导下的厂长负责制改为政治委员、厂长分工负责制。我们觉得这个问题比较大，没有把握，列了两种意见(修正草案初稿第 1 章第 6 条，列了继续坚持党委领导下的厂长负责制和改为党委领导下的政治委员、厂长分工负责制两种意见。——一波注)，请中央考虑确定。”

此时，一场大规模的政治斗争正在酝酿中间，整个中国处于山雨欲来风满楼的时刻，中央书记处还未来得及组织讨论，“文化大革命”就开始了。1961年颁发的《工业七十条(草案)》，成为“文化大革命”批判的靶子，说它是一棵修正主义的大毒草。

1967年6月5日，当时被张春桥、姚文元等所控制的上海《解放日报》，发表了题为《发展社会主义，还是复辟资本主义？——评〈工业七十条〉》的长文。此后，该报又连续发表四篇批判文章。这些文章诬蔑《工业七十条》是“瓦解社会主义经济、复辟资本主义的黑纲领”。批判的观点，归纳起来有五条：一是说《工业七十条》强调企业是社会主义经济组织，根本任务是生产，这是抹煞阶级斗争，强调生产第一、政治第二；二是说《工业七十条》强调厂长负责制，主张总工程师对企业的技术工作负全部责任，这是取消党的领导，推行“专家治厂”，实行资产阶级专政；三是说《工业七十条》强调实行按劳分配，反对平均主义，是鼓吹物质刺激，钞票挂帅；四是说《工业七十条》强调经济核算，增加企业赢利，是推行利润挂帅；五是说《工业七十条》要求建立严格的规章制度和学习国外的先进经验，是大搞资产阶级管、卡、压，提倡崇洋媚外，推行“爬行哲学”。这些批判，尽管荒谬可笑，但它却从反面说明了《工业七十条》确实是一部有效的治乱文件。小平同志后来多次告诉我：毛主席直到临终时，还把《工业七十条》的文件摆在枕边，始终没有提出过批评。“四人帮”发动对《工业七十条》进行大肆攻击，显然是背着毛主席干的。

(四)对两个问题的说明

《工业七十条(草案)》的颁发，离现在已经30多年了。30多年来，我国工业和整个社会主义事业的发展，发生了深刻的巨大的变化。在改革开放的今天，重读《工业七十条(草案)》，我觉得有两个问题需要向读者加以说明。

1. 国营工业企业的地位及其经营管理权问题。

研究《工业七十条(草案)》可以发现，它对国营工业企业的地位及其经营管理权的规定，是不明确的，甚至有自相矛盾的地方。例如总则第1条，认定国营工业企业是“独立的生产经营单位”，但又没有规定它必须具有的独立生产经营权利，相反却把“五定”的内容和企业之间的协作关系等属于企业生产经营范围内的基本权利问题，视为应由国家决定的企业外部的生产条件。这就否定了企业的独立地位，把企业管理的概念主要局限在劳动生产过程的组织管理上，经营问题被排除在外了。在这种情况下，关于企业进行独立经济核算的规定，在很大程度上就失去了它的本来意义。那么当时为什么会作出这样互相矛盾的规定呢？

我在前面已经讲过，当时提出的“五定”，只是为了调整国民经济的需要，解决当时底数不清、经济秩序混乱的问题，时间只规定三年，即1962、1963、1964年。这只是特定历史条件下的特定措施，并没有要求把“五定”作为长期目标，其基本精神是为了纠正上级领导部门在“大跃进”中计划多变、层层加码、高指标和“瞎指挥”那一套，并不是要把企业的手脚捆死。同时，当时认为“企业是独立的生产经营单位”，也是相对的，即只相对于“大跃进”时把企业完全看作是政府部门的附属机构而说的，不可能像现在这样，把企业看成是与政府脱钩、面向市场的独立的经济实体，那时还没有达到这样的认识。条例关于企业权利、责任和利益的规定，当时也不可能突破传统体制的局限。因此，我们不能用今天的观点和认识去简单地衡量评价《工业七十条》，而应该把它摆在当时的社会环境之中，历史地加以对待。

2. 党委领导下的厂长负责制，在“大跃进”中既然暴露了许多矛盾，为什么《工业七十条(草案)》还加以坚持，而不恢复党的八大以前的厂长负责制？

这也是当时历史条件的产物。首先是如上所述，毛主席严厉地批判了一长制；也因为党的八大以后，大多数同志把坚持党委领导下的厂长负责制，看成是坚持党的领导的政治问题。1959年“反右倾”时，一些主张恢复厂长负责制的同志，一些批评过工厂党委书记包揽行政事务过多的同志，都被当作反对党的领导，受到批判，有的还被戴上了“右倾机会主义分子”的帽子。自此以后，厂长负责制问题，更加成为党内的一大思想禁区。1961年9月，我在庐山中央工作会议上作《工业七十条》的起草经过说明，在谈到党委领导下的厂长负责制好时，主持会议的少奇同志插话说："这个问题形式上解决了，实际上还有很多问题，恐怕也有说厂长负责制好的。这个问题还可以讨论，不抓辫子，不戴帽子，不打棍子，有主张厂长负责制的可以提，再讨论一番吧，意见还是有的。""党委书记的一长制，也是一种偏向。由厂长负责制变成党委书记一长制好，还是翻过来搞厂长负责制好？这个思想还是比较混乱的，不要以为认识一致了。不是统一认识吗？这个统一认识不是那么容易的。"少奇同志这两段插话，看得出来，是有意识地引导大家放开思想，讲心里话。然而，还是没有人对这个规定提出不同意见。条例草案在坚持党委领导下的厂长负责制前提下，纠正执行中发生的偏差，还有人认为是在"架空党委"，在当时的情况下想要写上厂长负责制那是根本不可能的。

后来的实践证明：不用说恢复厂长负责制，就是党委领导下的厂长负责制也受到来自"左"的方面的严重干扰。1965年春，我去上海召开座谈会时，听到的意见是：党委领导下的厂长负责制，"没有跳出苏联一长制的框框"，而主张割去厂长负责制这个尾巴，实行党委领导下的分工负责制；或依照军队一样的办法，企业设政委，实行"双首长制"（政委、厂长）。后来，听到的意见，大多数同志主张实行政委、厂长负责制。这是随着"四清"运动和全国学解放军的广泛开展，企业管理日益"政治化"倾向的反映。

工业企业实行厂长负责的领导制度和管理制度，从根本上说是由社会化大生产的要求决定的。马克思曾把共同劳动的管理职能比做乐队的指挥。恩格斯在《论权威》一文中，更强调了现代化工厂不能渎视对于集中统一指挥的特殊要求。恩格斯以纺织厂为例，指出："大工厂里的自动机器，比任何雇用工人的小资本家要专制得多。至少就劳动时间而言，可以在这些工厂的大门上写上这样一句话：**进门者请放弃一切自治！**""想消灭大工业中的权威，就等于想消灭工业本身，即想消灭蒸汽纺纱机而恢复手纺车。"（《马克思恩格斯选集》第2卷，第552页）列宁正是根据社会化的大生产要求成百成千人的意志服从于统一的意志的特点，支持在企业中实行一长制的观点。他说："这一必要性无论从技术上、经济上或历史上看来，都是很明显的，凡是思考过社会主义的人，始终认为这是社会主义的一个条件。"（《列宁全集》第2版，第34卷，第180页）

从今天的观点看，厂长负责制，作为一种企业领导制度和管理制度，是企业管理学的范畴，同政治学范畴的党的领导的概念是不同领域的问题。可是，30年前，我们不可能有这样的认识，因此，《工业七十条（草案）》在限制党委在生产行政管理方面的权限的同时，仍然坚持党委领导下的厂长负责制。

我们的国营企业（现在改称国有企业）是从事社会化大生产的经济实体，必须保证厂长在生产经营的重大问题上的决策权，突出厂长在行政指挥中的作用，同时，又要坚持党的领导，坚持强有力的思想政治工作。这个问题在领导制度方面究竟怎样处理更好，十一届三中全会以后，根据新的实践作了有益的探索，但是至今也还不能说已经圆满地解决了。因此，还需要我们在实践中继续探索。我在这里讲的一些历史情况，只是供大家在继续探索中参考。

三十四　对知识分子政策的调整

60年代初期，我们党在对国民经济进行全面调整的同时，对知识分子政策和统一战线政策也进行了调整，为在“反右倾”等运动中受到错误批判和处理的干部甄别平反，给一部分划错了的“右派”摘了帽子。这些政策的调整，对于抑制“左”的错误，调动广大干部和群众的积极性，团结一切可能团结的人，克服困难，搞好经济调整，起了很好的作用。在本篇中，主要谈知识分子政策的调整。

（一）科研、高教、文艺等条例的制定

知识分子政策的调整，是从制定科研、高教、文艺等方面的工作条例开始的。

从1957年反右派斗争开始，一个接着一个的政治运动开展起来，使科研、教育、文艺等部门的工作受到很大的冲击，很多知识分子，特别是各方面的业务骨干，受到错误的批判和处理。在“大跃进”中，大批业务人员、学校师生参加劳动过多，也打乱了正常的工作、学习秩序。为了克服这些领域的混乱现象，尽快改进科研、教育、文艺等工作，以配合国民经济的调整，急需制定这些领域的具体工作条例，使工作有章可循。

根据党中央和毛主席的指示，在制定农业、工业、商业、手工业方面的工作条例的同时，科技、教育、文艺等部门也在认真开展调查研究的基础上，起草各自的工作条例。

最先制定出来的是《科研十四条》，即《关于自然科学研究机构当前工作的十四条意见（草案）》，是由国家科委党组、中国科学院党组负责起草的。在起草的过程中，他们曾征求了许多科学家和干部

的意见，并在北京、上海等地的研究机构做了典型调查。1961 年 6 月 20 日，聂荣臻同志向中央书记处报送了《关于当前自然科学工作中若干政策问题的请示报告》和《科研十四条》草案。

《科研十四条》的主要内容是：(1)提供科学成果，培养研究人才，是研究机构的根本任务；(2)保持科学研究工作的相对稳定；(3)正确贯彻执行理论联系实际的原则；(4)计划的制订和检查，要从实际出发，适应科学工作的特点；(5)发扬敢想、敢说、敢干的精神，坚持工作的严肃性、严格性和严密性；(6)坚决保证科学研究工作的时间；(7)建立系统的干部培养制度；(8)加强协作，发展交流；(9)勤俭办科学；(10)百花齐放、百家争鸣；(11)团结、教育和改造知识分子；(12)加强思想政治工作；(13)大兴调查研究；(14)健全领导制度。

报送中央书记处的请示报告说：《科研十四条》"除了规定若干业务方面的具体措施以外，还有一些属于政策界线的问题，是需要经中央批准后，向党内干部解释清楚的"。这些问题是：(1)自然科学工作者的红与专问题；(2)百花齐放、百家争鸣的问题；(3)理论联系实际的问题；(4)培养、使用科学人才中的"平均主义"问题；(5)关于科学研究机构保密问题；(6)保证科学研究工作时间问题；(7)研究机构内党的领导方法问题。这些都是当时困扰科研工作的主要问题。

7 月 6 日，中央政治局召开会议，讨论了这个请示报告和《科研十四条》草案。少奇、小平同志在发言中指出：文件很好，很有必要，所提问题和情况带有普遍性，可以试行，以后在实践中再加以修改补充，使其成为科学工作中的宪法。周总理认为：文件对财贸、文教系统也有指导作用，财贸、文教系统也可以发。会议基本同意这个请示报告和条例草案，决定根据会议讨论的意见修改后送党中央批发。

7 月 13 日，条例修改稿送交中央书记处。7 月 19 日，中央作出《关于自然科学工作中若干政策问题的批示》，同意请示报告和《科研十四条》。《批示》指出：请示报告中提出的各项政策规定和具体措施是正确的，在自然科学工作中必须坚决贯彻执行。同时，文件的精神对于一切有知识分子工作的部门和单位，也都是适用的。各高等学校、大中型厂矿、医院、报社、杂志社、出版社等单位的党委，都应当认真地讨论，结合自己的情况，参照执行。《科研十四条》则在中国科学院内公布试行，各部门、各地方也要选择一批研究机构试行，并继续加以充实修订。

《高教六十条》，即《教育部直属高等学校暂行工作条例（草案）》，是教育部负责起草的。为写好这一条例，教育部召开过两次座谈会，广泛征求了一些学校的党员负责干部和教授的意见。1961年7月底，小平同志在北戴河主持召开的中央书记处会议，听取了蒋南翔同志关于条例草案起草的说明，并对草案初稿进行了讨论，决定成立一个由陆定一同志主持的小组，根据会议讨论的意见进行修改。8月1、2、3、5日连续召开的中央书记处会议，对条例草案修改稿逐条进行了讨论，并进行了反复的修改。同时，还讨论了中央关于讨论和试行这个条例草案的指示草稿，以及小平等同志于8月5日联名写给毛主席和常委各同志的信。信中说明了条例草案的起草经过，以及九个方面的重要规定，还说明了中央指示草稿主要是强调巩固成绩，改正缺点。

条例草案经过修改，定为10章60条。各章的标题是：(1)总则；(2)教学工作；(3)生产劳动；(4)研究生培养工作；(5)科学研究工作；(6)教师和学生；(7)物质设备和生活管理；(8)思想政治工作；(9)领导制度和行政组织；(10)党的组织和党的工作。

8月5日，中央书记处会议决定：一、由陆定一同志负责，将三个文件修改后立即发给参加八月中央工作会议的同志，以便事先阅读，准备意见；二、由教育部负责派三个工作组到北京、上海、天津各选一所高等学校，分头宣读条例草案，征求意见。会后，教育部即派出三个调查组，到北京大学、天津大学、上海复旦大学征求意见。

8月23日至9月16日在庐山召开的中央工作会议，对《高教六十条》草案和中央指示草稿进行了讨论。9月10日，陆定一同志在会上发言，对条例草案作了说明。这次会议，对条例草案改动不大。

9月15日，中央发出经14日中央书记处会议讨论通过，并经毛主席核阅批准的《中央关于讨论和试行教育部直属高等学校暂行工作条例(草案)的指示》,原则批准了这个条例草案,决定在教育部直属院校讨论试行。同时,发给其他一切高等学校,这些学校是否试行和如何试行,由各地区、各部门决定。

在制定《高教六十条》的同时,教育部还起草了中小学教育工作条例(草案)。后来林枫同志提议,应将中学和小学分开。1962 年 2 月 18 日召开的中央书记处会议,同意林枫同志的提议,决定将这个条例分别写成《全日制中学暂行工作条例(草案)》和《全日制小学暂行工作条例(草案)》两个文件。这样,高等学校、中学、小学三个教育工作条例草案,就先后都制定出来了。

《文艺八条》,即文化部党组和全国文联党组《关于当前文学艺术工作若干问题的意见(草案)》,是由中央宣传部于 1961 年上半年主持起草的,最初题为《关于当前文学艺术工作的意见(草案)》,共十条,因而简称《文艺十条》。这年 6 月中旬,中央宣传部在北京召开文艺工作座谈会,对《文艺十条》进行了讨论,8 月 1 日印发各地征求意见。随后,根据各地讨论中提出的意见,由陆定一同志主持进行了反复修改,压缩成八条。1962 年 3 月 28 日,根据周总理的指示和参加全国人民代表大会、政治协商会议的文艺界代表的要求,将《文艺八条》送中央书记处。4 月 30 日,经毛主席和少奇同志核阅后,由小平同志批发,以中共中央的名义批转了《文艺八条》。

《文艺八条》的主要内容是:(1)进一步贯彻执行百花齐放、百家争鸣的方针;(2)努力提高创作质量;(3)批判地继承民族文化遗产和吸收外国文化;(4)正确地开展文艺批评;(5)保证创作时间,注意劳逸结合;(6)培养优秀人才,奖励优秀创作;(7)加强团结,继续改造;(8)改进领导方法和领导作风。

在制定《文艺八条》的同时,有关部门还制定了《剧院(团)工作十条》、《电影工作三十二条》等具体条例。

《科研十四条》、《高教六十条》、《文艺八条》等工作条例,虽然是针对不同方面的工作制定的,但因为这些方面的工作都是以知识分子为主体,因而许多内容是一致的,解决的问题是共同的。归纳起来，这些条例重点解决了以下几个问题：

第一，关于知识分子的政策问题，特别是如何看待“红”和“专”的关系问题以及坚持“双百”方针问题。

从1957年反右派斗争以后，党对知识分子的政策逐渐发生了偏差，对他们政治上的进步和在社会主义建设中的作用估计不足，虽然一直强调“又红又专”，但实际上是过分强调“红”而忽视“专”，并以参加政治学习、政治活动的多少作为“红”的标准，甚至把“红”与“专”对立起来，认为非“红”即“白”，给很多积极钻研业务的知识分子扣上“白专”帽子，加以压制和排挤。在坚持“双百”方针问题上，往往把学术问题与政治问题混淆，轻易将学术上的不同观点提高为政治问题，并出现了片面的、粗暴的做法，严重挫伤了广大知识分子的积极性。要重新调动知识分子的积极性，首先就要解决这些问题。

关于“红”和“专”的关系问题。1961年6月19日，周总理在中央宣传部召开的文艺工作座谈会和文化部召开的故事片创作会议上的讲话中，就曾批评“白专道路”这个口号，指出“这个口号不是我们提的”。(《周恩来选集》下卷，第342页)6月20日，聂荣臻同志在《关于当前自然科学工作中若干政策问题的请示报告》中，也认为“红必须落实，不能空空洞洞的”，“白专”这个提法“是不确切的”，建议“以后不要把‘白专’作为批判用语”。8月10日，陈毅同志在对北京市高等院校应届毕业生的讲话中，也谈到了这个问题。他说：“从来没有空头的政治，政治都是通过业务来体现的”，“我们不能够拿参加政治活动多少来衡量一个人的‘红’或‘白’”。

正是根据这些精神，《科研十四条》规定：“红，首先和主要的是指的政治立场。对自然科学工作者的红的初步要求，就是：拥护党的领导，拥护社会主义，用自己的专门知识为社会主义服务”，“红和专应当统一起来。……在今天大多数的情况下，科学工作者的钻研业务和努力工作的积极性，正是他们的社会主义思想觉悟提高的具体表现，必须十分爱护和充分鼓励”。《高教六十条》也作了基本相同的规定，并明确指出：“把在业务上比较努力，但是在政治上进步较慢，或在政治上处于中间状态的人，指为走‘白专道路’，是不对的。”

关于“双百”方针，周总理1961年6月19日在文艺工作座谈会和故事片创作会议上的讲话中，就曾强调说：在文艺工作上，“不论哪一方面都不能独霸文坛。我们提倡批评，也提倡百家争鸣、自由讨论”。(《周恩来选集》下卷，第343页)7月19日，中央《关于自然科学工作中若干政策问题的批示》也提出：“在学术工作中，一定要百花齐放、百家争鸣，不戴帽子、不打棍子、不抓辫子。这样才能造成一种又有统一意志、又有个人心情舒畅、生动活泼的政治局面，充分地调动起广大知识分子的积极性，使他们能够放心、负责地去做工作。”

根据这些精神，《科研十四条》规定：要“正确地划分政治问题、思想问题和学术问题之间的界线，区别对待，防止混淆”，“不要给自然科学技术的不同学派、不同主张，贴上什么‘资产阶级的’、‘无产阶级的’、‘资本主义的’、‘社会主义的’之类的阶级标签”。《高教六十条》规定：“不许用对敌斗争的方法来解决人民内部的政治问题、世界观问题和学术问题，也不许用行政命令的办法、少数服从多数的方法来解决世界观问题和学术问题。”《文艺八条》规定：“百花齐放、百家争鸣，是发展我国社会主义文学艺术的根本方针”，在文艺批评中，“对文学艺术作品的不同意见和文艺理论上的不同观点，有讨论的自由，批评的自由，也有保留意见和进行反批评的自由”。

第二，明确了科研、高教、文艺工作的根本任务，并规定了有关的规章制度，以恢复正常的秩序，保证根本任务的完成。

为了克服政治活动和生产劳动过多，影响业务工作的现象，《科研十四条》规定：“研究机构的根本任务是：不断提供新的科学研究成果，并且在工作中培养出科学研究人才，为社会主义建设服务。研究机构的一切工作、一切措施，都必须保证这一根本任务的实现。”为了完成这一根本任务，研究工作要实行“五定”，就是定方向、定任务、定人员、定设备、定制度，应该尽一切可能，把研究技术人员的精力和工作时间，用于研究工作。《高教六十条》规定：“高等学校必须以教学为主，努力提高教学质量。”为了保证这一点，平均每学年应该有八个月以上的时间用于教学,学生参加生产劳动的时间一般为一个月至一个半月。在《文艺八条》中,对努力提高创作质量,保证创作时间等也做了规定。

第三,改善党对科研、高教、文艺工作的领导。

1957年以后,党加强了对科研、高教、文艺工作的领导,这本来是必要的和正确的。可是在实际工作中,研究所的室、高等学校中的系及文艺单位中的基层党组织,直至党支部、党小组,也强调要领导一切,强调"外行领导内行",这就干预了业务工作,给科研、教育和文艺工作造成了许多困难。为了改进党的领导,《科研十四条》和《高教六十条》规定:研究所和校一级的党组织(党组或党委)是所和校的领导核心,各研究室、组、系一级党组织的任务是做好思想政治工作,保证党的方针政策的正确贯彻,保证研究和教学任务的顺利进行,即起保证监督作用。

关于党对文艺工作的领导问题,周总理1961年6月19日在文艺工作座谈会和故事片创作会议上的讲话中指出:对文学艺术我们懂得少,发言权很少,不要过多干涉,要尊重文艺的客观的发展规律。根据这个精神,《文艺八条》除做了与《科研十四条》、《高教六十条》相类似的规定外,还特别强调了党组织不应该不适当地干涉学术性质和艺术性质的问题。

这些规定,针对当时困扰科研、教育、文艺工作的主要问题,确定了明确的政策界限,纠正了过去几年中的"左"的错误。因此,三个条例下发以后,受到广大知识分子的普遍欢迎。

《科研十四条》发出后,党内外反映都很强烈,做科研工作的人员更是感到兴奋,积极性普遍提高;做党政工作的干部也表示欢迎,感到政策界限比较清楚了。各科学研究机构出现了繁荣气象,学术活动开始活跃起来。

《高教六十条》发出后,高等学校的师生员工也普遍表示欢迎和拥护,认为这个文件基本上总结了教育革命的经验,并且针对当时存在的问题,提出了解决的办法,称得起是一个纲领性的文件。天津大学的校长认为,执行这个条例就能够"贯彻政策、明确职责、稳定秩序、加强教学、提高质量”。有的学生说:“看到人民公社六十条以后,就盼望高等学校也定出一个六十条来,现在果然盼到了!”

《文艺八条》发出后,同样受到广大文艺工作者的热烈拥护。它的初稿《文艺十条》在1961年6月的文艺工作座谈会上讨论时,与会同志就一致认为它的制定是及时的、正确的,其中提出的问题正是当时迫切需要解决的问题,希望能早日发到全国,作为各地改进文艺工作的依据。

(二)为知识分子“脱帽加冕”

科研、高教、文艺等条例的制定,知识分子工作方向的端正,涉及对知识分子的基本估计,包括对知识分子的阶级属性做出科学判断的问题。

关于我国的知识分子问题,周总理1956年1月4日所作的《关于知识分子问题的报告》已经明确指出:“他们中间的绝大部分已经成为国家工作人员,已经为社会主义服务,已经是工人阶级的一部分。”(《周恩来选集》下卷,第162页)可是从1957年反右派斗争后,知识分子就明显地被看作资产阶级知识分子,甚至“革命对象”,许多人受到错误的批判和不公正的待遇。科研、高教、文艺等条例制定以后,广大知识分子受到很大鼓舞,但仍然存在很多顾虑,感到知识分子的阶级属性问题还没有解决,要求进一步解决这个问题。

1961年6月19日,周总理在文艺工作座谈会和故事片创作会议上的讲话中,尖锐地批评了“一言堂”和“五子登科”(即套框子、抓辫子、挖根子、戴帽子、打棍子)的不良风气,并含蓄地重新肯定了1956年关于知识分子阶级属性的分析。他说:“有一个时期好像觉得一九五六年关于知识分子的那些问题可以不讲了,不是的,那些原则仍然存在。”(《周恩来选集》下卷,第335页)7月19日,中央《关于自然科学工作中若干政策问题的批示》,也批评了在对待知识分子问题上的片面认识和简单粗暴现象,强调团结和使用好知识分子,并提出对知识分子要落实政策,各单位要对1957年反右派斗争以后对知识分子的批判加以清理,凡批判错了或部分错了的,都要甄别事实,纠正错误，戴错了帽子的要摘掉。

正是根据这些精神，这年9月10日我在庐山召开的中央工作会议上说明《国营工业企业工作条例（草案初稿）》时，对技术人员的阶级属性和应采取的政策作了如下说明：

> 当前我国工业企业中技术人员的状况跟第一个五年计划的情况来比，已有很大的变化：旧的技术人员只占很少数，绝大部分是解放后我们自己培养出来的；旧的技术人员，经过历次运动的教育和长期的生产实践，绝大多数在思想政治上有了很大进步，他们拥护党，拥护社会主义，有些人并且已经入了党，有问题的只占少数。比如吉林化学工业公司共有专职的技术人员988人，其中我们自己培养出来的占80%以上；出身于劳动人民家庭的占73.5%；党团员占56%；有政治历史问题，但已经解决了或者已经弄清楚了的占3.9%。过去每一次运动，有不少的企业总是把这些人叫做资产阶级知识分子，或者叫做旧人员。《条例》上也讲到这个问题，不能笼统说旧的技术人员都是资产阶级知识分子，更不能说我们培养出来的青年技术人员也是资产阶级知识分子。
>
> 现在许多企业中有一种不正常的现象，有些技术人员不敢钻研技术，特别是青年技术人员不敢钻研技术，怕说是走"白专道路"，这种风气，也影响到一部分工人不好好学技术，一些学徒不尊重师傅，一些新工人不尊重老工人。不少人觉得，现代化企业中技术简单，可有可无。这种状况应该改变。
>
> 企业领导人员，在技术上必须尊重技术人员的意见，并且要使他们勇于负责。
>
> 在工作上、学习上、生活上，都要给技术人员以一定的条件，使他们有可能努力钻研技术，发挥自己的积极性。

这里虽然主要说的是技术人员的阶级属性和应该对他们采取的政策，但已涉及整个知识分子的性质问题。周总理以及陈毅同志的讲话，则进一步全面地论述了这个问题。

1962年3月，国家科委在广州召开全国科学工作会议，文化部和戏剧家协会在广州召开全国话剧、歌剧、儿童剧创作座谈会，贯彻“七千人大会”的精神，两个会议都称为“广州会议”。

3月2日，周总理对两个会议的代表作了《论知识分子问题》的讲话。他说：“不论是在解放前还是在解放后，我们历来都把知识分子放在革命联盟内，算在人民的队伍当中。”“十二年来，我国大多数知识分子已有了根本的转变和极大的进步。一九五六年我曾作过关于知识分子问题的报告，对知识分子的状况作了初步估计。刘少奇同志在一九五六年党的八大一次会议上也说，‘知识界已经改变了原来的面貌，组成了一支为社会主义服务的队伍’……”（《周恩来选集》下卷，第358、361页）周总理接着说：对于知识分子，有六个问题要解决好，要信任他们，帮助他们，同他们改善关系，帮他们解决问题，要承认我们过去有错误，承认了错误还要改。这事实上重新肯定了他在1956年提出的知识分子的绝大部分“已经是工人阶级的一部分”的结论，以及当时提出的对知识分子的正确政策。周总理的这篇讲话，同他1951年的《关于知识分子的改造问题》和1956年的《关于知识分子问题的报告》一起，成为建国以后党对知识分子的正确理论和政策的代表作。

3月4日，周总理动身回北京前，陈毅同志把准备在会上讲话的大体意思跟他讲了一下，他赞成陈毅同志的讲话，说我们的科学家和知识分子是人民的科学家、社会主义的科学家、无产阶级的科学家，是革命的知识分子，应该取消资产阶级知识分子的帽子。于是，陈毅同志3月5日在全国科学工作会议上的讲话和3月6日在全国话剧、歌剧、儿童剧创作座谈会上的讲话中，提出了“脱帽加冕”，就是脱掉资产阶级知识分子之帽，加上劳动人民知识分子之冕，并郑重地向与会人员行了“脱帽礼”。他坦率地说：

> 他们（指科学家。——一波注）是人民的知识分子，社会主义的科学家，是人民的劳动者，是为无产阶级服务的脑力劳动者。工人、农民、知识分子，是我们国家劳动人民中间的三个组

成部分,他们是主人翁。不能够经过十二年的改造、考验,还把资产阶级知识分子这顶帽子戴在所有知识分子的头上,因为那样做不符合实际情况。我们劝所有做党的工作的同志,做行政工作的同志,在这方面要进行反省,要有自我批评。过去没有从团结他们、体谅他们出发,有很多事情做得太粗暴、太生硬。

他还说:

我是心所谓危,不敢不言。我垂涕而道:这个作风不改,危险得很!我们必须改善这个严重的形势。形势很严重,也许这是我过分估计,严重到大家不写文章,严重到大家不讲话,严重到大家只能讲好,这不是好的兆头。将来只能养成一片颂扬之声,……危险得很呵!

陈毅同志豪爽健谈,且素有“儒将”之称,他这两次讲话讲得生动活泼、诙谐风趣、悲愤交集,使到会的同志深受感动和鼓舞,在讲话过程中会场里响起60多次掌声和笑声,可见受欢迎之程度。陈毅同志说他是“心所谓危,不敢不言”,这八个字,可谓字字珠玑,掷地有声。“心所谓危”,表明他胸有群众,政治敏锐,洞察下情;“不敢不言”,表明他为民公仆,照实直言,高度负责。这种品格和精神是很可宝贵的,尤其需要在我们党内和领导干部中加以倡导。

如果说,周总理、陈毅同志在广州会议上的讲话还是在小范围讲的,那么,3月28日,周总理在第二届全国人民代表大会第三次会议上的《政府工作报告》,则是面向全国人民的郑重文件了。他在这个报告中说:

我国的知识分子,在社会主义建设的各个战线上,做出了宝贵的贡献,应当受到国家和人民的尊重。我国知识分子的状况,已经同解放初期有了很大的不同。新社会培养出来了大量年轻的知识分子,他们正在沿着“又红又专”的道路成长。从旧社会来的知识分子,经过十二年的锻炼,一般地说,已经起了根本的变化。知识分子中的绝大多数,都是积极地为社会主义服务，接受中国共产党的领导，并且愿意继续进行自我改造的。毫无疑问，他们是属于劳动人民的知识分子。我们应该信任他们，关心他们，使他们很好地为社会主义服务。如果还把他们看作是资产阶级知识分子，显然是不对的。(《周恩来统一战线文选》，人民出版社1984年版，第426页)

在为知识分子"脱帽加冕"的同时，党为落实知识分子政策，从以下两方面采取了措施。

一是为被错误批判和处理的知识分子甄别平反。这项工作，是跟对广大党员、干部、群众的甄别平反工作同时进行的。1961年6月12日，毛主席在中央工作会议上讲话，认为1959年的"反右倾"犯了扩大化的错误。根据他的讲话精神，这次会议通过的《中共中央关于讨论和试行农村人民公社工作条例修正草案的指示》，明确规定对过去几年受过批判和处分的干部、党员要进行甄别。但是，由于当时认识还不一致，这项工作进展缓慢。针对这种情况，小平同志于1962年4月27日批发了经毛主席同意的《中央关于加速进行党员、干部甄别工作的通知》。5月11日，小平同志又在中央工作会议上突出强调了这一问题。他说：这个工作军队搞得很好，说是一揽子解决。"大家都赞成这个办法，就是全国县以下，首先是农村，都应该来个一揽子解决。就是说，过去搞错了的，或者基本搞错了的，统统摘了帽子。……除了个别严重的个别处理外，一般的，包括基本上搞错了的，就是有一点点还对的，都不要留尾巴，一次解决。上面的领导同志，要下去帮助他们承担责任。这样搞快一些。这件工作，请各中央局告诉各省，凡是做了的，继续做，没有搞的，用迅速的比较简单的办法。"从这以后，甄别平反的工作明显加快。据23个省市自治区和中央直属机关的不完全统计，过去几年受到批判、处分的党员、干部和群众共807万人，其中党员、干部433万人，群众374万人。截至1962年8月底，已经甄别了695万人，占86%，其中党员和干部甄别了365万人，占84%；群众甄别了330万人。得到甄别平反的党员、干部中，有不少是知识分子。可以说，从1958年以来被错误批判和处分的知识分子，绝大部分得到了甄别平反，从而解除了压在他们身上的政治包袱。

另外，在1959、1960年两批摘掉约9.9万人的“右派分子”帽子的基础上，从1961年起，又分批摘掉了一部分“右派分子”的帽子。到1964年，已先后五批共摘掉30多万人（其中主要是知识分子）的“右派分子”帽子，他们的生活和工作得到了初步安置，从而解决了他们的一些困难，重新发挥了他们的特长。

二是从生活上对重点保护的知识分子给予照顾。为了减轻三年困难时期这部分知识分子的生活困难，保证他们的工作能够坚持，在1961年7月13日的中央书记处会议上，小平同志提出：“应千方百计把科技专家、教授生活搞好，不光解决个人，还要解决他一家的问题，人同此心。”10月27日，中央书记处会议对这个问题再一次进行了讨论，并作出以下决定：“关于改善在京的科学家、艺术家和著名教授的副食品补助供应问题，由齐燕铭同志负责，成立办公机构，开列名单，制定办法，由国家拨出专款，专门解决。”当时担任国务院副秘书长的齐燕铭同志很快写出报告，中央批示后立即付诸实施。为保证从事“两弹”（原子弹、氢弹）等重点国防工程的科技人员的身体健康和正常工作，聂荣臻同志还给海军和一些大军区领导同志写信，请他们给予支援。随后一大批肉、鱼、海带、黄豆、水果等副食品，从全国各地运到了这些科研基地，保证了尖端科学研究的顺利进行。

（三）成就和局限

知识分子政策的调整，科研、高教、文艺等条例的制定，使广大知识分子受到极大的鼓舞。“左”的干扰和束缚减少了，他们的积极性重新得到了发挥。当时全国正处于困难时期，广大知识分子的生活普遍都很困难，很多人的身体状况很不好，但他们没有怨言，一心一意地扑在科研、教学、文艺等工作上。可以说，这几年是建国以后知识分子政策贯彻得较好的时期之一，也是广大知识分子心情舒畅、积极性高的时期之一。

由于广大知识分子的积极性重新调动起来，过去几年造成的混乱现象得到了纠正，因而在各个领域取得了一系列显著的成就。

在科学技术方面，在极端困难的情况下，仍然取得了重大的突破。著名的大庆油田，就是在 1960 年至 1962 年这三年中初步建成的。1964 年，又相继建成了胜利油田和大港油田。到 1965 年，我国的石油已全部自给。这些油田的勘探和建设的成功，是我国科学技术方面的巨大成就。意义更为深远的是，“两弹”（原子弹、氢弹）也是这个时期开始研制的。1961 年，中央做出以研制“两弹”为中心、加速国防科研和工业发展的重大决策。1962 年 11 月，中央成立以周总理为首的 15 人专门委员会，负责组织和领导“两弹”的研制。到 1964 年 10 月 16 日，我国成功地爆炸了第一颗原子弹，标志着我国科学技术达到了一个新水平。在基础科学研究方面，1965 年我国首先人工合成牛胰岛素结晶，处于世界领先地位。小平同志在 1992 年初视察南方的谈话中，曾深情地回忆说：“大家要记住那个年代，钱学森、李四光、钱三强那一批老科学家，在那么困难的条件下，把两弹一星和好多高科技搞起来。”

在教育方面，《高教六十条》等三个工作条例下发以后，学校迅速走上正轨。教师特别是老教师受到尊重，一批质量较高的教科书、课本、讲义很快编印出来，学术研究、学术讨论重新活跃。大、中、小学的学生认真读书蔚然成风，学习质量明显提高。这个时期的教育工作质量，至今仍令人怀念和津津乐道。可以说，我国经济、文化建设等方面的骨干力量，有许多是这个期间培养出来的。

在文艺方面，出现了繁荣的局面。无论是小说、散文、诗歌，还是电影、戏剧、音乐、舞蹈、曲艺、美术，都出现了一大批优秀作品。

这个时期知识分子政策和各项具体政策的调整，还为后来的工作积累了宝贵的经验。这些政策和条例虽然后来有的中断了，但为“文化大革命”结束以后，党在新时期工作的展开和新的发展提供了借鉴。十一届三中全会以来，党所以能在很短的时间内迅速纠正“文化大革命”及其以前长期存在的“左”倾错误，实现历史性的伟大转变，同认真总结新中国成立以来，特别是调整时期的历史经验是分不开的。

这个时期党对知识分子政策的调整，也存在历史局限性，主要是对知识分子比较集中的教育、科技、文化等领域的一些“左”倾观点、错误认识，没有从根本上加以清理，没有从根本上拨乱反正，因而对这些领域发生的错误的纠正并不彻底，而且不久就出现了反复。

这种情况，从《文艺八条》的制定和修改中就可以看出来。这个条例从讨论初稿到定稿发出，经过了将近一年的时间。如果拿1962年4月30日中央正式批准的《八条》与1961年8月1日下发征求意见的《十条》比较一下，就可以看出当时顾忌不少，某些规定在修改过程中有所后退。

关于制定文艺工作条例的目的，《十条》指出是为了“创造更多的好作品，通过生动的艺术形象、优美的艺术形式，反映人民的生活和斗争，以社会主义、共产主义精神教育人民，鼓舞人民的劳动热情和革命热情，丰富人民的文化生活，满足人民多方面的需要”。这本来是基本正确的。可是在《八条》中，却改成是“为了使我国社会主义文学艺术更好地发挥战斗作用，更有效地‘团结人民、教育人民、打击敌人、消灭敌人’”。这样一改，政治性明显地增强了，而调整文艺政策的目的却不那么鲜明了。

《十条》的第一条，本来是“正确地认识政治和文艺的关系”。这是文艺界一直感到没有解决好的问题。其中尖锐批评了混淆政治与文艺界限、把文艺等同于政治的“左”的错误，并明确提出：我们“不但需要表现强烈的政治内容的作品，也需要没有什么政治内容，但能给人以生活智慧和美感享受的作品”。可是在《八条》中，这些内容都被删掉了，换成了概括的正面论述，并把这一条与第二条“鼓励题材和风格的更多样化”合并为一条，题目改作“进一步贯彻执行百花齐放、百家争鸣的方针”。这一改，好处是“双百”方针突出了，但对“左”的错误的批评及正确处理政治与文艺关系的内容被冲淡了。

《十条》的第六条为“加强文艺评论”，其中详细地规定了如何

“正确地细致地划分政治问题和思想问题、艺术问题的界限”。但在《八条》的第四条“正确地开展文艺批评”中，这部分内容被压缩后移到了别的条目中，而增加了“文艺批评应该鼓励香花、反对毒草”的内容，强调“凡是违背毛泽东同志在《关于正确处理人民内部矛盾的问题》中提出的六项政治标准的作品和论文，就是毒草，必须给以严格的批评和驳斥”。这一改，强调的重点显然不同了。

《十条》的第九条原为“加强团结，调动一切积极因素”，《八条》把这一条改为第七条“加强团结，继续改造”，把原来的内容压缩成了第一点，又增加了关于加强思想改造和深入群众体验生活这两点。这一改，重点从调动一切积极因素变为继续加强改造了。

如果把《八条》中新增加的内容单独抽出来看，当然没有什么错，但当时是在调整政策，删掉或压缩了原文中的许多有现实针对性的正确内容，而增加的多是历来所强调的政治性很强的内容。这些修改，明显地反映出当时的顾虑和政策调整的局限。

即使这样，当时做党政工作的一些同志，对这些条例仍有看法。对于《科研十四条》，做党政工作的干部就一面欢迎，一面又不放心，认为是不是有些矫枉过正，甚至怕知识分子“翘尾巴”，怕“走老路”。教育部到北京大学等三所高校征求对《高教六十条》的意见时，一部分党员干部既表示拥护，又有或大或小的抵触情绪。

如果仅是基层干部对这些政策和条例有不同意见，问题还不大，可以通过工作逐步使思想统一起来。重要的是党的高层领导中，意见也并不一致。周总理、陈毅同志在广州会议上关于知识分子问题的讲话，在中央内部就有少数人不同意甚至明确反对，柯庆施同志在上海竟不让传达陈毅同志的讲话。在周总理要求毛主席对这个问题表示态度时，毛主席也没有说话。到 1962 年 8 月 9 日，当有人在北戴河中央工作会议中心小组会上提出“摘掉资产阶级知识分子的帽子是否合适”时，毛主席便说：“资产阶级知识分子有些阳魂过来了，但是阴魂未散，有的连阳魂也没有过来。”这表明毛主席对摘掉资产阶级知识分子帽子的做法是不同意的。8 月 13 日，当有的同志提出资产阶级知识分子还是有的，不能说资产阶级还存在，就没有资产阶级知识分子了的时候，毛主席又插话说："从意识形态来说，资产阶级知识分子还存在。"陈毅同志9月11日谈到他在广州着重批评了知识分子问题上的"左"的倾向时，小平同志明确表示"陈总讲的是对的"。而毛主席却表示了不同看法，他说：人家请你讲话总是有目的的，总要沾点光，没有利益他不干。我对总司令讲过，你到处讲话要注意。

关于知识分子阶级属性问题的不同看法，也反映到了1962年10月至11月中央召开的宣传文教会议上，特别是中南组，在讨论中分歧很大。11月26日，陆定一同志在中央书记处会议上汇报了会上的不同意见，周总理听后明确表示："对知识分子，说我们提劳动人民的知识分子是没阶级分析，我是代表党作报告的，是党批准的，不是我一个人起草的，少奇在宪法报告上讲过有工人阶级知识分子，劳动人民知识分子，资产阶级知识分子，我不认为我在广州会议上讲劳动人民知识分子有什么错误。"小平同志完全支持周总理的意见："恩来在广州报告没毛病，对知识分子问题应照总理讲的解释，请定一查一查，澄清一下，讲清楚。关于知识分子问题，下次会议还要讨论，统一解释口径，还是按总理在人代会讲的为准，把那一段印一下，那是中央批准的我们党的正式语言，今天正式决定。"小平同志还说："上次在主席处谈了，这次宣传会议关于知识分子问题的讨论，不下传。"但是，这个问题实际上并没有完全解决。

对于给划错了的"右派分子"加以甄别的问题，党内的分歧也很大。统战部曾几次提出对划成右派的本人及其家属要求甄别的，应该进行甄别。他们1962年7月26日给中央的报告，再次提出这个意见。可是8月17日《中央关于右派分子工作的几个问题的复示》，虽然同意"对于其中个别确实完全搞错了的即确实不曾有过右派言论、行动的，才作为个别人的问题，实事求是地予以改正"，但是明确表示"对右派分子不应当一般地提出甄别平反问题"，认为统战部报告中所说如果右派分子本人和其家属要求甄别的(包括已摘掉右派帽子的人员)应该进行甄别的意见"是不妥当的"，"这样做起来，实际上会搞成一种对资产阶级右派分子普遍的甄别，或者对很多右派分子进行甄别。这是没有必要的，也是对党和人民不利的”。当国家机关党委确定以冯雪峰等人为右派甄别试点对象，进行甄别试点工作时，毛主席 9 月 29 日在反映这一情况的中央宣传部《宣教动态》增刊第 63 期上作了如下严厉的批示：“刘、周、邓三同志阅。请邓查一下此事是谁布置的？是组织部，中直党委，还是国家机关党委自己？此事出在中央机关内部，右派分子本人不要求甄别，而上级硬要试点，以便取得经验，加以推广。事件出在六七月。其性质可谓猖狂之至。阅后付还。查后告我。”这样，对右派分子的甄别工作就不可能再进行下去了。直到 1978 年后才对错划的“右派分子”进行了改正，几乎全部摘掉了右派分子的帽子，而时间已相隔了 15 年。

正因为还存在“左”的倾向，当时很多知识分子对政策的调整和各项条例的制定，一则以喜，一则以忧，存在着不少疑虑。《科研十四条》下达以后，做研究工作的人员就一面感到兴奋，一面又缺乏信心，怕不能贯彻，怕不久“行情”又变了。教育部到北京大学等征求对《高教六十条》意见时，广大师生也是既表示拥护和欢迎，又对能否真正落实有些担心。有的知识分子说：“希望把这些条例刻在石碑上。”这句话，充分反映了他们希望政策不要再变的殷切而又担忧的心情。

他们的担心并不是没有根据的。当时的政策调整不仅有一定的限度，而且已经潜伏着出现大反复的预兆。八届十中全会以后，党突出强调阶级斗争，这些正确的政策和条例很快就被搁置了，许多政策又出现了大的反复，政策调整的许多成果不仅被否定，而且“左”的思想进一步发展。在十年动乱中，我国的教育、科技、文化事业受到更加严重的摧残，教训就更为沉痛了。

为什么会出现这种反复呢？最根本的原因，是由于党内存在着根深蒂固的“左”的思想、“左”的看法，认为在社会主义改造基本完成以后，知识分子不仅仍然是一种需要继续改造的“异己力量”，而且是同无产阶级较量的一种主要力量。1957 年 5 月 25 日，毛主席在同伏罗希洛夫的谈话中就说过：现在“资本主义臭了，在社会上资本家臭了。但是资产阶级知识分子还有影响”。后来不仅把从旧社会过来的知识分子看成资产阶级知识分子，连新中国自己培养出来的知识分子，也被说成基本上是资产阶级知识分子，或半资产阶级知识分子。既然如此，当然要不断地强调加强教育和改造了。也正是由于这个原因，总是对知识分子感到不放心，甚至认为书读得越多越蠢，知识分子最无知识。在“文化大革命”中，知识分子被斥之为“臭老九”。知识的贬值，知识分子地位的低下。可谓到了极点。党在长时期内对知识分子采用的口号，是“团结、教育、改造”。建国初期这样提，是有道理的，也起了好的作用，但长期把知识分子看成“团结、教育、改造”的对象，而不承认他们是党和国家的依靠力量，就不对了。

把知识分子都看成资产阶级知识分子，逻辑很荒谬，好像知识是资产阶级的私有品，一有知识，就归到资产阶级队伍里去了。这种提法，也是没有理论和历史根据的。马克思、恩格斯从来没有把为资本主义服务的知识分子和资产阶级等同起来，他们认为知识分子绝大多数是脑力劳动者，其中一般的工程技术人员也参与剩余价值创造，受资本家剥削。马克思的《剩余价值学说史》第一卷，详细论述了这个问题。列宁在十月革命后，明确地把知识分子，旧社会培养的知识分子，称为“劳动阶层”之一。在我们党的历史上，长期以来也是把知识分子看作劳动者的。这方面有代表性的文献很多，1933 年苏维埃政府《关于土地斗争中一些问题的决定》，1948 年 1 月 16 日毛主席为中央起草的给中央邯郸局（即晋冀鲁豫中央局）的电报，1950 年 8 月政务院发布的《关于划分农村阶级成分的决定》，都有过明确的规定。遗憾的是，这些正确的规定和看法，未能贯彻始终。掌权的某些工农干部不信任甚至排挤知识分子，是普遍的现象。1962 年周总理、陈毅同志为知识分子“脱帽加冕”以后，很快又变了。对知识分子的性质和作用的错误认识，可以说是毛主席晚年思想中的一个重大偏见和失误，也是我们党长期没有处理好同知识分子关系的最深刻的根源。

我在上卷《向科学进军的两项重大部署》中，曾提出我们对知识分子问题没有提高到“安邦治国”的高度来认识，这一点，在反右派斗争后的20年里表现得更为明显。现在，科学技术突飞猛进，在经济和社会发展中起着越来越突出的作用，掌握科学技术和文化教育、运用知识为社会主义现代化建设服务的知识分子，地位越来越重要。环顾全球，世界各国的竞争是很激烈的，但归根到底是科学技术的竞争，是文化教育的竞争，是人才的竞争。一个国家，特别像我们这样一个大国，不重视人才，不发展文化教育，不发展高科技，在当今世界就没有立足之地。值得庆幸的是，在1978年的全国科学大会上，小平同志代表党中央重申：绝大多数知识分子“已经是工人阶级和劳动人民自己的知识分子，因此也可以说，已经是工人阶级自己的一部分”；科学技术现代化是整个四个现代化的“关键”，并提出“科学技术是生产力”，(《邓小平文选》第2卷，第87、89页)向全党和全社会发出了尊重知识、尊重人才的伟大号召。这在知识界和社会上引起了强烈反响，人们称之为“科学的春天”和知识分子的“第二次解放”。事实确实如此。从这以后，党对知识分子的政策重又走上正确的轨道，不仅纠正了过去的偏差，而且为广大知识分子开辟了充分发挥聪明才智的新天地。近年来，小平同志又提出科学技术不仅是生产力，而且是第一生产力的观点，进一步强调了科学技术的重大作用，进一步地强调了知识分子在国家现代化建设中的重要地位。全党同志的认识也越来越清楚了。尊重知识，尊重人才，已经成为我们党和国家的坚定不移的方针。尽管我们对知识分子的工作，还有做得不尽如人意的地方，但会逐步改善的。广大知识分子完全可以在建设有中国特色的社会主义事业中大显身手，不断贡献自己的智慧和力量。

人们常说：“无农不稳，无工不富，无商不活。”这是对的，很有道理的。那么，无“士”(指知识分子，也泛指科学技术和文化教育)又会怎样呢？自古以来，特别是文明时代以来，“士农工商”构成了人类的四种主要社会分工(或曰四种主要社会职业)，尽管其地位和作用不同，但缺一不可。在社会主义社会中，工人、农民、知识分子，是建设社会主义的三支基本力量。我们在讲“无农不稳，无工不富，无商不活”的时候，似乎也可以加上“无士不兴”。让“教育兴邦”、“科技兴国”的道理深入人心，尊重知识、尊重人才在全党和全社会蔚然成风，并变为人们的自觉行动。工人、农民也应人人有知识，懂得科技，使体力劳动和脑力劳动相结合。这是实现振兴中华的希望之重要关键所在。

新中国成立以来特别是1957年以来的经验教训表明：要培养大批的知识分子和人才，最重要的是要有长期稳定的正确政策和良好的社会环境。对知识分子的阶级属性、社会地位和作用，要有马克思主义全面的正确的认识，决不能因一时的社会现象而左右摇摆。我相信，只要我们善于吸取这方面的经验教训，一支宏大的适应社会主义现代化建设需要的知识分子队伍，一定能够形成和不断地发展壮大起来。

三十五　“七千人大会”的召开

1962年1月11日至2月7日，中央在北京召开了扩大的工作会议。出席会议的有中央、中央局、省、地、县（包括重要厂矿）五级领导干部，共7118人。人们习惯地称这次会议为“七千人大会”。这是我们党在执政后召开的一次空前规模的总结经验大会。会上，发扬了民主，开展了批评与自我批评，初步总结了1958年“大跃进”以来的经验教训。这次会议对于统一全党思想，提高认识和纠正工作中发生的“左”的错误，起了积极作用。

（一）大会始末

1961年11月16日，中央发出《关于召开扩大的中央工作会议的通知》，指出：1958年以来，在中央和地方的工作中间“发生了一些缺点和错误”，并且产生了一些不正确的观点和作风，妨碍着克服困难，必须召开一次较大规模的会议来统一思想认识。少奇同志在向“七千人大会”所作的报告（以下简称《书面报告》）中也说明：“中央召集这次会议的主要目的，是要总结经验，统一认识，加强团结，加强纪律，加强民主集中制，加强集中统一，鼓足干劲，做好工作，战胜困难。”（《刘少奇选集》下卷，第349页）

由于“大跃进”、“人民公社化”运动连续三年多的失误，国家生产建设和人民生活都出现了严重困难。中央领导同志头脑逐渐冷静下来，开始在一系列会议上总结教训。1961年五六月间召开的北京中央工作会议，就是在“七千人大会”之前总结教训的一次重要会议。会上，少奇同志以沉重的语气说：“我看在座的同志应该是有经验了吧！饿了两年饭还没有经验？铁路还要修几万公里吗？‘小洋群’还要搞那么多吗？工厂还要开那么多吗？还舍不得关厂吗？还舍不得让一部分工人回去吗？招待所还要盖那么多吗？恐怕应该得到经验教训了。农民饿了一两年饭，害了一点浮肿病，死了一些人，城市里面的人也饿饭，全党、全国人民都有切身的经验了。回过头来考虑考虑，总结经验，我看是到时候了，再不能继续这样搞下去了。”(《刘少奇选集》下卷，第338页)毛主席在会上指出，如果违背了客观规律，就一定要受惩罚，我们就是受惩罚，最近三年受了大惩罚，土地瘦了，人瘦了，牲畜瘦了，“三瘦”不是惩罚是什么？这个社会主义谁也没有干过，未有先学会社会主义的具体政策而后搞社会主义的。我们搞了11年，现在要总结经验。

到1961年底，总结教训、纠正错误已经做了大量工作，主要是调整政策和调整经济，使农业形势开始露出了好转的苗头，工业的滑坡也已停止。但由于党内思想认识不统一，调整工作遇到一些阻力，深入不下去，国民经济仍很困难。

1961年10月苏共22大后，赫鲁晓夫掀起了新的反华浪潮，中苏两党、两国的关系面临破裂。毛主席认为：我们坚持的是马克思主义立场，站在95%以上的人民一边，是不会受孤立的，天塌不下来。但是，这几年我们在工作中犯了错误，心情比较沉闷，一定要有紧迫感，做好工作，摆脱困境。12月20日晚上，毛主席同小平同志谈话，流露了这种心情。第二天，小平同志在为“七千人大会”做准备的中央工作会议上说：毛主席去年(1960)、前年(1959)心情不那么愉快，今年(1961)很高兴，因为具体政策都见效了。过去几年，包括“大跃进”三年，总的来说，我们办的好事是基本的，也出了些毛病，也有缺点错误。这些缺点错误，我们要把它总结起来，好的、成功的、错误的，统统总结起来，变成财富，使我们的工作一天一天走上轨道。毛主席在无锡找华东几个省的同志也谈了，明年(1962)要抓工、农、兵、学、商、政、党七个字，要大抓一年，这几个方面都要理出一个头绪来。毛主席还说，明年这一年的工作很重要，这次会议(指中央工作会议和接着召开的“七千人大会”。——一波注)要好好议一下过去的经验教训，要有个统一的看法，要步调一致，以便在这个基础上前进。这样，召开一次全党性的大会，集中总结经验教训，统一认识，就势在必行了。

1961年12月20日至1962年1月10日，召开了中央工作会议。1962年1月9日，会议分组讨论了为少奇同志准备的在"七千人大会"上的《书面报告》第一稿。1月10日会议结束，1月11日"七千人大会"即开幕。会议原定1月28日结束，只开18天。因《书面报告》的讨论、修改延长了一些时间，还因毛主席1月29日讲话中提出了开"出气会"的建议，故会议延长，一直开到2月7日才闭幕。

周总理说：这次会议有两个"高潮"。"第一个高潮"，从1月11日开幕到29日上午，主要是围绕少奇同志代表中央作的《书面报告》，进行分组讨论和提出修改意见。《书面报告》第一稿写出来之后，还没有经过政治局讨论，毛主席即提议直接印发大会，和大家见面。毛主席认为：参加会议的有各方面人员，多数接近实际和基层，能够从各个角度提出意见来，能更好地集思广益。在大会分组讨论的同时，由少奇同志组织了一个层次很高的21人《报告》起草委员会，参加的有政治局成员、各大区书记，进行更加深入的讨论和研究，经过八天修改，于22日拿出第二稿。24日，毛主席看过后，找少奇、小平同志谈话，表示"赞成这个方向"。25日，在中南海怀仁堂，由少奇同志主持召开了中央政治局第102次扩大会议，讨论《书面报告》第二稿。大家表示基本上赞成这个稿子，同意提交大会。

1月27日，毛主席主持召开全体大会，把印好的《书面报告》第二稿发给与会者。《报告》共分三个部分，第一部分是"关于目前形势和任务"，第二部分是"关于集中统一"，第三部分是"关于党的问题"。少奇同志在会上没有照本宣读，而是在大家阅读、讨论《报告》的基础上，从国际形势、国内形势、集中统一和党的作风四个方面，作了一些更具体、更深入的解释、说明和补充。

会议的"第二个高潮"，从1月29日下午毛主席提议开"出气会"到2月7日闭幕，中心就是"出气"。会议原安排1月30日或31日结束，31日晚即可离京回各地过春节。可是，到29日下午，许多人反映，话还没有说完，还憋着一肚子气。有的组还反映，会上还有人压制民主，不让讲话。毛主席和政治局常委同志商量，决心让大家把要讲的话都讲出来，把“气”出完。于是提议延长会期，在北京过一个革命化的春节。毛主席说：

> 这次用这么个方式，在北京开这么个会，要解决问题。现在，要解决的一个中心问题是：有些同志的一些话没有讲出来，觉得不大好讲。这就不那么好了。要让人家讲话，要给人家有机会批评自己。你自己不批评自己，也可以，得让人家批评你。最好的办法还是自己来批评自己！有许多地方的同志是做了准备的，而且有的作检讨作了几年了——59年、60年、61年。有好几个省，从59年起就自我批评，不只一次、两次、三次、四次，而是五次、六次。自我批评的结果，人家就不爱听了，说：“请你不要再讲了，老讲那一套！”这个时候你就可以不讲了，这才取得了主动。我看是不是在这次会议上就解决这个问题。县、地、省都有同志在这里，不要等回去了再解决。
>
> 为什么一定要回到你们家里过春节才算舒服？为什么我们在北京7000人一道过一个春节不好？我主张集体在北京过一个春节。有这么几天，我相信能够解决上下通气的问题。有一个省的办法是：白天“出气”，晚上看戏，两干一稀，大家满意。我建议让人家“出气”。不“出气”，统一不起来。没有民主，就不可能有正确的集中。因为“气”都没有出嘛！积极性怎么调动起来。到中央开会，还不敢讲话，回到地方就更不敢讲话。我们常委几个同志商量了一下，希望解决“出气”的问题。有什么“气”出什么“气”，有多少“气”出多少“气”，不管正确之“气”，还是错误之“气”，不挂账，不打击，不报复。

毛主席讲话后，当晚各中央局召开会议，迅速部署如何开好“出气会”。1月30日上午，各省召开动员会，号召大家打消顾虑，趁热打铁，把“气”出完，重点是对省委的工作提出批评。晚上，毛主席又在各中央局书记会上，对如何开好“出气会”作了指示。1月31日到2月7日，主要是召开小组会议，对省委、中央局、国家机关、中央机关及负责同志提出批评意见;这些负责同志在会上发言,对这几年工作中的失误进行认真检讨和自我批评。2月4日,毛主席和大家一起看戏。5日,进行春节团拜活动,毛主席和大家一起过春节。

召开“出气会”的同时,还穿插了几次大会,由中央政治局几位常委讲话。1月29日下午,林彪讲了关于党的工作和军事工作两个问题。1月30日,毛主席发表重要讲话,共讲了六点,中心是讲民主集中制和认识客观世界的问题。2月6日,小平同志讲党的建设问题,重点是讲如何恢复党的优良传统和健全党内生活,包括坚持民主集中制、建立经常工作、培养和选择干部、学习马列理论和毛主席著作等四个方面的内容。同日,朱德同志着重讲了反对现代修正主义的问题。2月7日,周总理讲了1958年以来计划工作的失误,作了自我批评,并分析了国民经济存在的困难和克服困难的办法。陈云同志没有在大会上讲话,但在2月8日陕西组会议上讲了发扬民主和怎样使认识比较正确的问题。会后,毛主席、少奇、周总理、小平、林彪的讲话经过反复修改后,分别以中央文件的形式发到各省、市、自治区党委。

2月7日闭会。8日,又召开中央工作会议,少奇同志讲了如何修改《书面报告》的意见。2月17日改出第三稿送毛主席审阅。毛主席于2月23日在审读稿上批复少奇同志:“修改得很好了,即请你处理。”第三稿于2月26日印发到各省、市、自治区。第三稿与第一、二稿相较,有两点比较大的变化:一是在“形势和任务”部分增写了“基本经验教训”;二是在“关于集中统一”部分,加进了毛主席在1月30日讲话中所阐述的关于民主集中制的重要内容,题目改为“加强民主集中制,加强集中统一”。

关于会议精神的传达和贯彻,毛主席在1月30日的讲话中指出:同志们回去后,一定要把民主集中制健全起来。要发扬民主,采取主动,作自我批评。有什么就检讨什么,倾箱倒箧而出。白天“出气”,晚上不看戏,白天晚上都请你们批评。让人讲话,采取主动好,天不会塌下来,自己也不会垮台。不让人讲话呢?那就难免有一天要垮台。小平同志在讲话中也谈到,回去后,个别的也可以开“出气”大会，这几年工作搞得不好的领导同志要进行自我批评，检讨一次不够就检讨几次。2月8日，小平同志在中央工作会议上讲了会议精神的传达和文件阅读的问题。2月12日，中央书记处召开第314次会议，决定：中央和国家机关17级以上、司局长级以下的干部，根据《报告》传达讨论；司局长级以上的干部除了传达《报告》外，还传达毛主席和政治局其他常委同志的讲话。各省、市、自治区都分别在2至4月间，按党中央规定的范围，传达、讨论和贯彻会议精神，在各级党组织内发扬民主，开展批评和自我批评，总结经验教训。

(二)对“大跃进”以来所犯错误的分析

1. 对严重困难的估计。

“七千人大会”上，对困难和形势的估计是有分歧意见的。有的人很乐观，认为形势已经根本好转，“58年的劲头又起来了”，“生产高潮正在开始到来”，过两年又“可以组织新的跃进”。有的中央局在讨论《书面报告》时，发言者纷纷表示，“对过去几年的缺点、错误讲得过分了”，认为《书面报告》关于1963—1972年的国民经济发展目标的设想、任务提得太低了。在《书面报告》起草委员会的讨论中，华东局的柯庆施同志1月17日发言，对报告中关于形势的分析和提出的任务表示不满，提出一连串问题：“《农业发展纲要四十条》要不要？多少年解决吃穿用？十五年赶上英国要不要？……干劲还要不要？用什么方法鼓干劲？……指标要不要？”并且说：“越看越没劲。”

《书面报告》认为，困难“还是相当严重的”。报告列举了经济形势严峻的事实：1961年，工业总产值下降了40%多；不少企业由于原料、材料、燃料不足而陷于停工、半停工状态；市场供应紧张，人民吃穿用严重不足；国家财政收入大大减少，通货膨胀严重；不得不进口520多万吨（105亿斤）粮食，这是我们这个农业大国建国以来所没有过的。报告中也写上了“我们最困难的时期已经渡过了”。这句话的意思主要是指1958年以来的错误已经停止，正在改正，或大部分已经改正。周总理在大会的讲话中就是这样来解释的。

少奇同志的讲话对困难的估计比《书面报告》更充分。他说：1959、1960、1961这三年，农业不是增产，而是减产了，减产还相当大；工业1961年减产40%还要多一点，1962年也难于上升；由于工农业减产，人民吃的粮食、副食品、肉、油都不够，穿的、用的也不够。他尖锐地指出："这种形势，对于许多同志来说，是出乎意料的。两三年以前，我们原来以为，在农业和工业方面，这几年都会有大跃进。……可是，现在不仅没有进，反而退了许多，出现了一个大的马鞍形。这种情况是不是应该承认呢？我想，要实事求是，应该承认事实就是这样。"(《刘少奇选集》下卷，第419页)

2."三分天灾，七分人祸"。

1958年以来，出现这么严重困难的局面，过去总是归咎于或者主要归咎于自然灾害，不敢从主观上从领导工作中找原因。1961年5月，少奇同志到他的家乡湖南宁乡县花明楼进行调查，他得出了"三分天灾，七分人祸"的结论，认为困难主要是由"人祸"造成的。所谓"人祸"，就是我们工作中的失误。这年5月31日，少奇同志在中央工作会议上说：

> 这里提出一个问题：这几年发生的问题，到底主要是由于天灾呢，还是由于我们工作中间的缺点错误呢？湖南农民有一句话，他们说是"三分天灾，七分人祸"。我也问了几个省委干部。我问过陶鲁笳同志：在你们山西，到底天灾是主要的，还是工作中的缺点错误是主要的？他说，工作中的缺点错误是造成目前困难的主要原因。河北、山东、河南的同志也是这样说的。其他一些省我没有问。总起来，是不是可以这样讲：从全国范围来讲，有些地方，天灾是主要原因，但这恐怕不是大多数；在大多数地方，我们工作中间的缺点错误是主要原因。(《刘少奇选集》下卷，第337页)

在"七千人大会"《书面报告》中，他没有涉及这个问题。但在他的讲话中，重申了上述观点，认为困难形势的出现，就全国总的情况来说，“是由于我们工作中和作风上的缺点和错误所引起的”。他不同意总是把成绩说成九个指头，把缺点错误说成一个指头。他说：

> 过去我们经常把缺点、错误和成绩，比之于一个指头和九个指头的关系。现在恐怕不能到处这样套。有一部分地区还可以这样讲。在那些地方虽然也有缺点和错误，可能只是一个指头，而成绩是九个指头。可是，全国总起来讲，缺点和成绩的关系，就不能说是一个指头和九个指头的关系，恐怕是三个指头和七个指头的关系。还有些地区，缺点和错误不止是三个指头。如果说这些地方的缺点和错误只是三个指头，成绩还有七个指头，这是不符合实际情况的，是不能说服人的。我到湖南的一个地方，农民说是“三分天灾，七分人祸”。你不承认，人家就不服。全国有一部分地区可以说缺点和错误是主要的，成绩不是主要的。(《刘少奇选集》下卷，第421页)

《书面报告》对几年来所犯的错误列举了四条，进行了详细的分析，还初步总结出了16条基本经验教训。这些在本书其他篇章中已有涉及，此处不再赘述。

在当时“左”的思想还根深蒂固的情况下，在多数同志对1958年“大跃进”严重失误的原因还没有根本认识的情况下，少奇同志敢于根据一些群众和一些省市负责干部的反映，提出“三分天灾，七分人祸”的估计，指出在分析错误和成绩时，不能用“一个指头和九个指头的关系”“到处这样套”，应该说是难能可贵的。没有大无畏的革命勇气，不可能提出这种实事求是的意见来。马克思主义的活的灵魂就是具体情况具体分析。具体情况具体分析，也就是实事求是。全国这么大，情况千差万别，各个地方的成绩与缺点错误的情况，不可能一样；在不同的时期，由于指导思想、方针政策的正确与否不同，成绩与缺点错误的情况也不可能一样，怎么能够用一个比喻、一个公式到处套用呢？如果那样，还有什么实事求是精神可言？还有什么马克思主义的唯物辩证法可言？形势好，不可能绝对的好，一点缺点错误也没有，也要看到存在的问题和不足；形势不好，发生了严重失误，也不可能是绝对的坏，也要看到取得的成绩，成绩有多大就肯定多大。但更要承认失误，失误有多大也要承认多大，以利于采取纠正措施。这才是马克思主义的科学态度，才是对党对人民对历史高度负责的态度。这一点对于参与制定决策和指挥全局的各级主要领导同志来说，极为重要。回顾少奇同志的上述论述，我想我们应该从中得到这样的启示。

3. 对错误责任的分析。

"七千人大会"上对于1958年以来所犯缺点、错误的责任，形成了统一的认识：首先要负责任的是中央，其次要负责任的是省市自治区一级党委，再其次是省以下的各级党委。各有各的账，都有责任。

《书面报告》提到，"有些事情，是经过中央政治局的，中央政治局应该担负责任"。在承担责任的问题上，中央领导同志表现出了应有的风格。

这里我说一个小插曲。在1月18日召集的《报告》起草委员会上，彭真同志发言：我们的错误，首先是中央书记处负责，包括不包括主席、少奇和中央常委的同志？该包括就包括，有多少错误就是多少错误。毛主席也不是什么错误都没有。三五年过渡问题和办食堂，都是毛主席批的。小平同志插话说：我们到主席那儿去，主席说，你们的报告把我写成圣人，圣人是没有的，缺点错误都有，只是占多少的问题。不怕讲我的缺点，革命不是陈独秀、王明搞的，是我和大家一起搞的。彭真同志接着说：毛主席的威信不是珠穆朗玛峰，也是泰山，拿走几吨土，还是那么高；是东海的水（拉走几车，还有那么多）。现在党内有一种倾向，不敢提意见，不敢检讨错误。一检讨就垮台。如果毛主席的1%、1‰的错误不检讨，将给我们党留下恶劣影响。省市要不要把责任都担起来？担起来对下面没有好处，得不到教训。各有各的账，从毛主席直到支部书记。次日，陈伯达发言说：彭真同志昨天关于毛主席的话，值得研究。我们做了许多乱七八糟的事情，是不是要毛主席负责？是不是要检查毛主席的工作？彭真同志不得不进行解释：关于毛主席的问题，要说清楚。

似乎彭真讲毛主席可以批评，是不得人心的。我的意思是不要给人一个印象：别人都可以批评，就是毛主席不能批评，这不好。很显然，彭真同志的意见是对的，是有道理的，符合实事求是精神和唯物辩证法观点。他当时敢于这样披肝沥胆直言，是很不简单的。30 年过去了，经得起时间检验的是彭真同志的这些话。至于陈伯达的发言，当时貌似“忠心”一片，而他后来的所作所为，人们已很清楚。忠奸之分，正邪之别，历史会作出最公正的评判。毛主席在会上不仅作了自我批评，而且带头承担所犯错误的责任，体现了党的领袖的广阔胸怀。小平同志插话讲到的毛主席的态度就很感人。在 1 月 30 日的讲话中，毛主席还说：

> 去年 6 月 12 号，在中央北京工作会议的最后一天，我讲了自己的缺点和错误。我说，请同志们传达到各省、各地方去。事后知道，许多地方没有传达。似乎我的错误就可以隐瞒，而且应当隐瞒。同志们，不能隐瞒。凡是中央犯的错误，直接的归我负责，间接的我也有份，因为我是中央主席。我不是要别人推卸责任，其他一些同志也有责任，但是，第一个负责的应当是我。

周总理在“七千人大会”以前的多次讲话中都已讲到，这几年所犯错误，国务院要负主要责任。在“七千人大会”上，他再一次说：对于缺点和错误，在中央来说，国务院及其所属的各综合性的委员会、各综合口子和各部，要负很大责任。计划上的估产高、指标高、变动多、缺口大，基本建设战线过长，权力下放过多、过散，不切实际的、过多过早过急的大办、大搞，等等，国务院及其所属部门，都是有责任的。他还检查了自己所犯的两个错误：一是，1959 年 8 月 26 日在人大常务委员会上，提出了超过实际可能的关于跃进、大跃进、特大跃进的标准（即规定农业每年增产超过 10％是跃进，超过 15％是大跃进，超过 20％是特大跃进；工业每年增产超过 20％是跃进，超过 25％是大跃进，超过 30％是特大跃进。——一波注）；一是，1958 年 6 月 2 日主持起草了一个关于将轻工业下放 98.5％、重工业下放

76%的文件。他认为,这是"权力下放过多过散","形成分散主义的根源之一"。他在会上还说:这些问题,我还要在3月的人大、政协会议上作适当的解释,这是我的账,要交代。毛主席插话说:交代一回也就好了。可见周总理对错误勇于承担责任的精神。

小平同志在1961年3月的广州会议,在八九月间的庐山会议,在年底的中央工作会议上,也多次表示:中央书记处要负错误的主要责任。在"七千人大会"上,他又说:关于这几年工作中的缺点和错误的责任,……首先应该由做具体工作的中央书记处负主要责任。中央书记处给毛主席和中央政治局常委写了一个报告,对这几年中央的文件,作了检查。后来,小平同志在1980年4月1日对起草《关于建国以来党的若干历史问题的决议》的同志说:"讲错误,不应该只讲毛泽东同志,中央许多负责同志都有错误。'大跃进',毛泽东同志头脑发热,我们不发热?刘少奇同志、周恩来同志和我都没有反对,陈云同志没有说话。在这些问题上要公正,不要造成一种印象,别的人都正确,只有一个人犯错误。这不符合事实。中央犯错误,不是一个人负责,是集体负责。"(《邓小平文选》第2卷,第296页)这些话讲得很公正,很中肯,充分体现了实事求是的态度。1992年7月下旬,小平同志在审阅党的十四大报告稿时,再一次回忆起"七千人大会",他说:在那次会上,大家都作了检讨嘛!总之,在我们党的历史上,像"七千人大会"这样,党的主要领导人带头作自我批评,主动承担失误的责任,这样广泛地发扬民主和开展党内批评,是从未有过的,所以它的意义和作用,在我们这些亲身经历过的人当中,永远不会忘怀,而且我相信会历时愈久,影响愈深。

(三)犯错误的根源何在

"七千人大会"上,大家根据当时的认识水平,对1958年"大跃进"以来所犯错误的根源进行了分析,归纳起来,大体有这样几条:经验不够;违背了民主集中制原则;分散主义严重泛滥;丢掉了实事求是的作风;过火的党内斗争和只反右不反"左"等等。

1. 关于经验不够。

《书面报告》提出，这几年犯错误的原因之一，是“我们在建设工作中的经验还很不够”。

在会上分组讨论中，中直机关有的同志表示不大同意这个分析，认为“不能把一切缺点错误都归结到没有经验”。有的同志说，光强调经验不足，“不能服人”，因为“一五计划”时期经验更少，为什么没犯这么大的错误。

这些意见不无道理。少奇同志在讲话中对此作了解释，认为“一五”时期没有犯大的错误，“二五”时期反而犯了大的错误，原因当然不止一个，除了经验不够以外，还有不够谦虚谨慎，骄傲自满等等，但是，经验还是很不够，不能说不是犯错误的原因之一。在1月17日《书面报告》起草委员会的讨论中，陶铸同志也强调说：确实没有经验。如怎样向共产主义过渡？速度究竟多快？怎样叫有计划按比例？还有以农业为基础、生产力和生产关系、积累和消费的关系、价值法则、建设和生活的关系等等，我们没有经验。

毛主席在1月30日讲话中，在谈到第四点即关于认识客观世界问题时，从认识论的高度把这个问题讲得比较清楚和比较透彻。

他指出：人们对客观世界的认识，要有一个过程。中国的民主革命就经历了24年后才有了比较正确的认识。如果有谁说，在一开始的时候，就完全认识了中国革命的规律，那是吹牛，你们切记不要信，没有那回事。现在进行社会主义建设，也必须要经过一个很长的过程，要翻过筋斗，碰了钉子，有了成功和失败的比较，才能比较主动、比较自由。恰恰在这个问题上，我们还缺乏经验。

毛主席还诚恳地说：

> 在社会主义建设上，我们还有很大的盲目性。社会主义经济，对于我们来说，还有许多未被认识的必然王国。拿我来说，经济建设工作中间的许多问题，还不懂得。工业、商业，我就不大懂。别人比我懂，少奇同志比我懂，恩来同志比我懂，小平同志比我懂。陈云同志，特别是他，懂得较多。……对于农业，我

懂得一点。但是也只是比较地懂得，还是懂得不多。……我注意得较多的是制度方面的问题，生产关系方面的问题，至于生产力方面，我的知识很少。社会主义建设，从我们全党来说，知识都非常不够。我们应当在今后一段时间内，积累经验，努力学习，在实践中间逐步地加深对它的认识，弄清楚它的规律。

他还指出：在认识客观规律以前，我们的行动总是不自觉的，带着盲目性的。这时候我们是一些蠢人。最近几年，我们不是干过许多蠢事吗？人家不骂，我们应当自己骂自己，从这些事来看，我们实在是太蠢了。毛主席这段话讲得多好啊！他的态度如此诚恳、谦虚，当时大家听了，无不深受感动。无论干什么事，无论在什么时候，如果处于不自觉的盲目状态，就会违背客观规律，就会干蠢事。干了蠢事，别人批评了要欣然接受，别人不批评，也不能安然无事，也要作自我批评，"自己骂自己"，并真正引以为鉴，从而变得更聪明一些。这才是马克思主义者的坚持真理、修正错误的光明磊落的精神。毛主席这段话的中心意思就是提倡这种精神。

经过"大跃进"和随后三年困难的挫折，对社会主义建设的长期性，毛主席也有了较深刻的认识。他说：至于建设强大的社会主义经济，在中国，50年不行，会要100年，或者更多的时间。中国的人口多、底子薄，经济落后，要使生产力很大地发展起来，要赶上和超过世界上最先进的资本主义国家，没有100多年的时间，我看是不行的。这比起他1958年在南宁会议、成都会议、八大二次会议的讲话，比起那些"十五年超英"、"七年超英"、甚至二年、三年"超英"的口号来，头脑要冷静得多了，思考要深刻得多了。

建设社会主义是崭新的事业，谁都没有经历过，谁也不可能预先准备好一套经验。因而，只能一边试验，一边前进，在这样的过程中犯错误的可能性很大。在缺乏经验的情况下，如何减少犯错误，特别是防止犯大的错误呢？我想，一是在敢闯、敢试的前提下，要谦虚谨慎，尊重科学，稳扎稳打，一步一个脚印，先试点，后铺开，千万不可莽撞行事；一是犯了错误就及时总结经验教训，赶快纠正。

1958 年以来的这几年,错误犯得这么大,时间拖得这么长,我看就与没有坚持这两条有关。

2. 关于违背民主集中制。

毛主席在 1 月 30 日讲话的第二点,集中分析了这个问题。

“大跃进”那几年中,强迫命令、瞎指挥成风,无论在党内,还是在人民群众中,民主生活都遭到严重破坏。干部、党员和群众,都没有发言权,更不能说不同的、反对的意见,以致酿成了大的错误,并且得不到及时纠正。这是一个沉痛的教训。结合现实生活中的这个教训,毛主席在讲话中尖锐地指出:实行不实行民主集中制,是关系到巩固无产阶级专政的大问题。如果在人民内部不实行广泛的民主,干部和群众就不敢讲话,正确的意见就集中不起来,就不可能调动他们的积极性。在人民内部不实行民主,无产阶级专政就可能会转化为资产阶级专政,甚至是法西斯专政,社会主义经济建设就不可能正常进行下去。

毛主席强调,在人民内部实行广泛的民主,很重要的就是要在党内实行民主,因为我们党是执政党。党委的领导,是集体领导,不是第一书记个人独断。第一书记同其他书记和委员之间的关系是少数服从多数。拿中央常委或者政治局来说,我讲的话,不管是对的还是不对的,只要大家不赞成,我就得服从他们的意见,因为他们是多数。他指出,凡是大事,就得集体讨论,认真地听取不同的意见,认真地对于复杂的情况和不同的意见加以分析。要想到事情的几种可能性,估计情况的几个方面,好的坏的,顺利的和困难的,可能办到的和不可能办到的。尽可能地慎重一些,周到一些。他批评说,凡是个人说了算的第一书记,是“霸王”,不是民主集中制的“班长”。他引用了两个历史人物来说明,一是“西楚霸王”项羽,不爱听别人的不同意见,甚至连自己的心腹谋士范增的话也不听,结果只落得个“四面楚歌”,“霸王别姬”。一是刘邦,他比较能够采纳各种不同的意见。比如,他改变傲慢态度,虚心听取儒生郦食其的意见,攻取了陈留。刘邦打败项羽不是偶然的,是与他“豁达大度,从谏如流”密切相关的。而我们有些第一书记,连封建时代的刘邦都不如,倒有点像项羽。这些同志如果不改，最后要垮台的，“难免有一天要‘别姬’就是了”。

毛主席说，光在党内实行民主还不够，在人民群众中也必须要有充分的民主。就是要让群众讲话，让群众批评，哪有马克思列宁主义者怕群众的道理？犯了错误，就要真正把问题敞开，让群众讲话，哪怕是骂自己的话，也要让人家讲。骂的结果，无非是自己倒台，不能做这项工作了，降到下级机关去做工作，或者调到别的地方去做工作，那又有什么不可以呢？对于那些被错误处理了的干部，一经发现就要甄别平反，向他们赔礼道歉；而这些干部也要从逆境中受到益处和锻炼。周文王、孔子、屈原、左丘、孙膑、吕不韦、韩非等人，不都是曾经身处逆境而有所成就和作为的吗？

毛主席还认为，运用批评和自我批评的方法，是解决人民内部矛盾、充分发扬民主的唯一正确的方法。工作中的是非问题，正确和错误的问题，是属于人民内部矛盾问题。解决这个矛盾，不能用咒骂，也不能用拳头，更不能用刀枪，唯一可用的就是批评和自我批评，用民主的方法，让群众讲话、说理、讨论。犯了错误，就应该检讨，正视错误，承认错误。

毛主席讲话后，小平同志在讲话中也着重阐述了民主集中制问题。他说：“民主集中制是党和国家的最根本的制度”，坚持这个制度，“是关系我们党和国家命运的事情”。“毛泽东同志强调提出这个问题，意义很重大。这几年来，由于我们没有搞好民主集中制，以致上下不通气，这是一个带普遍性的严重的现象”。(《邓小平文选》第1卷，第312页)他在谈到实行党内民主的问题上，提出了一个重要观点，就是要对权力实行监督。我们党是执政党，对权力实行监督，最重要的是“对于我们党的各级领导人(包括党委会的所有成员)，应该有监督。这种监督是来自几方面的，来自上面，来自下面(下级)，来自群众，也来自党小组生活”。那么，哪一种监督最有效呢？小平同志提出了自己的真知灼见：“我觉得，对领导人最重要的监督是来自党委会本身，或者书记处本身，或者常委会本身。”他建议，领导人的党组织生活主要应放到党委会、书记处、常委会去。少奇同志插话提出一个月开一次党内生活会。小平同志说，三个月一次也很好。少奇同志表示同意，说：“一季有一次，一年四次也好，开党内生活会。这么一个建议，行不行？每一个委员会，省委也好，地委也好，县委也好，一季开一次会，搞批评和自我批评，过党的生活。”毛主席补充说：“检查工作，总结经验，交换意见。”为什么党委会自身的相互监督是最重要的呢？小平同志说：“上级不是能天天看到的，下级也不是能天天看到的，同级的领导成员之间彼此是最熟悉的。”（《邓小平文选》第1卷，第309—310页）

陈云同志在2月8日陕西小组会上，也是着重谈的民主集中制问题。他说：“发扬民主，经常开展批评与自我批评，都是我们党的老传统”，“现在要把它恢复起来”。“这几年我们党内生活不正常。‘逢人只说三分话，未可全抛一片心’，这种现象是非常危险的”。“有些‘聪明人’，见面就是‘今天天气哈哈哈’，看到了缺点、错误也不提。如果这样下去，我们的革命事业就不能成功，肯定是要失败的”。（《陈云文选》第3卷，第187、190页）他还提出了认识问题、认识客观事物要掌握“交换”、“比较”、“反复”的方法，以使我们的认识比较全面些。

毛主席关于民主集中制的重要讲话引起了强烈反响。会议结束的第二天，在中央工作会议上研究如何修改《书面报告》。少奇同志说：起草《书面报告》时，把分散主义作为主要问题来批评，忽略了民主集中制方面存在的问题。他建议把第二部分“关于集中统一”改为“加强民主集中制、加强集中统一”，把毛主席讲的关于民主集中制的意思加进去。并强调说：我感觉，我们这几年的主要经验之一，就是这一条。如果我们这几年完全根据群众的意见，充分发扬民主，完全走群众路线，有许多错误不会犯，即便犯了，也可以早发现。这几年，我们吃了不调查研究的亏，吃了不讲民主的亏，麦子要割，食堂要办，这个事情人家晓得的，我们不民主，不善于听人家的意见，不充分在人民中间讨论，不认真取得他们的同意，这是一条很大的经验教训。少奇同志还提出一个重要观点：党内民主固然重要，但党内民主不能代替国家的民主，1700万党员的民主不能代替六亿人的民主，那就要充分发扬人民代表大会制度的作用，通过这个制度去实行人民的民主。他说，社员大会，社员代表大会，人民代表大会，真正要建立起来；党委员会，人民委员会，要真正实行民主，这样，才能有真正的国家的人民民主制度。因此，中央决定，要把“七千人大会”上的精神向人大、政协联席会传达，并组织讨论，提出意见。

修改后的《书面报告》，突出批评了破坏民主作风的倾向，特别是批评了用对待敌人的专政手段来对待人民内部矛盾的“国民党作风”。少奇同志在修改自己的讲话时，亲自用铅笔重写了几大段话，加进了关于民主集中制的内容，强调这是几年来犯严重错误的“根本原因”，甚至是“全部原因”。

在“七千人大会”上，中央领导同志抓住违背民主集中制，特别是抓住破坏民主的倾向，来分析犯错误的原因，确实是抓到了要害。这也是这次会议的显著特点。历史经验说明，能不能坚持贯彻执行民主集中制，贯彻执行得好不好，直接关系到党和国家的政治生活是否正常，党和政府的决策是否正确，党和人民的事业是否顺利发展。因此，民主集中制是一个涉及党和国家全局、前途的一个大原则、大制度、大问题，任何时候疏忽不得。在“七千人大会”上，毛主席和其他中央领导同志关于这个问题的一系列论述，应该说把党的民主集中制的理论大大向前推进了一步，使之得到了丰富和发展。但是，遗憾的是，这次大会以后，民主集中制在党内特别是党的高层政治生活中，并未得到严格遵守和真正执行，而且日益受到破坏，从而也日益加剧了党内生活的不正常。我认为，这是导致“文化大革命”悲剧产生的根本原因之一。在十年“文化大革命”中，一方面是违反民主的个人崇拜达到了极点，一方面是破坏集中统一的无政府主义达到了极点，民主集中制遭到了空前的大破坏。这段悲剧的历史说明，要真正坚持和正确执行党的民主集中制原则，是非常之不容易的。我一直在思索，在我们党和国家的政治生活中，尤其是在重大的决策工作中，如何才能确保民主集中制顺利执行，真正成为铁的原则，任何时候任何情况下都得到遵守，不被忽视，不受破坏。

但是至今也还未思索得很清楚。不过，从过去正反两方面的经验来看，我觉得至少要具备这么几条：一是民主集中制的理论一定要完备，并用以武装大家的头脑；二是民主集中制本身所必需的一系列制度一定要健全和完善，也就是要从制度上保证任何人都不能违背它；三是在广大党员和干部特别是各级领导干部中，一定要真正养成遵守民主集中制的高度自觉性和高度责任感。所谓“高度”，就是要使这种自觉性和责任感达到始终不渝、坚定不移的程度。显然，要具备这么几条，并且做得好，也是非常之不容易的。十一届三中全会以来，我们党在健全完善和贯彻执行民主集中制方面，做了许多工作，取得了很大进步。但是用这几条来衡量，仍有不小的距离。不仅现在就是今后相当长一段时间内，我们都不要轻易说在坚持和完善民主集中制问题上已大功告成了这个话。小平同志在审阅十四大报告时指出：民主集中制是我们党和国家的根本制度，也是最合理最便利的制度。这个问题在报告中要写上一段话，放到那里，将来适当的时候还要展开来好好讲一讲。我觉得小平同志这些话和考虑，十分重要，就是要求和告诫我们，要把民主集中制继续研究下去，继续完善下去，此事还任重道远。

3. 关于分散主义严重泛滥。

在“七千人大会”第一个高潮的18天里，集中分析、批评了分散主义。《书面报告》第一、二稿的第二部分，也着重讲的是分散主义和破坏集中统一的问题。当时，起草委员会在研究《书面报告》的起草、修改时，大家发言认为分散主义是主要问题，应集中批评分散主义。

今天回过头去看，当时把分散主义作为纠正错误的一个问题来抓，还是必要的。由于头脑发热，盲目追求速度、数量，各地有令不行，有禁不止，自行其是，各搞一套，重复建设，浪费惊人。在执行政策中乱提口号，乱放“卫星”，标新立异，虚报浮夸的现象也很严重。“七千人大会”上，各组发言列举了分散主义的种种表现和危害。

当时反对分散主义，强调加强集中统一领导，也是为了集中力量克服困难，渡过难关，搞好国民经济调整。在困难时期，国家财力物力严重匮乏，如果各地还像前几年那样胡吹乱搞，力量分散，显然国民经济的调整是无法进行的，国力民力也无法承受。集中统一领导在任何时候都不可缺少，尤其在渡过困难、调整经济时期就显得更为重要。

4. 关于丢掉了实事求是的传统和作风。

在“七千人大会”分组讨论中，大家分析了1958年以来所犯错误最根本的原因，就是丢掉了实事求是的优良传统和作风。比如，山西组在1月18日的讨论中，就列举了主观主义、不实事求是的种种表现：不调查研究，以感想代替政策；瞎指挥，办事不听群众意见，不同群众商量；弄虚作假，欺骗上级；封锁消息，不让上级了解真实情况；盲目执行上级指示，不从本地区实际出发，等等。

《书面报告》对这个问题作了比较深刻的分析，指出：“最近几年，有许多干部忘记了毛泽东同志一贯提倡的实事求是的作风。他们在决定问题的时候，不调查，不研究，以感想代替政策；在进行工作的时候，乱提高指标，说空话，瞎指挥，不同群众商量。这些同志都凭‘想当然’办事，脱离实际，脱离群众，结果必然是把事情弄糟。”“他们听了一些不确实的事情，如假典型、假‘卫星’等，就以讹传讹，盲目推广”，“根据假报告、假数字来拟定政策、编制计划，必然会犯错误，必然会对党、对人民、对国家造成很大损害”。(《刘少奇选集》下卷，第396、397、399页)还指出：“另外有一种人”，“故意弄虚作假，瞒上欺下”，“为了争名誉、出风头，不惜向党作假报告，有意夸张成绩，隐瞒缺点，掩盖错误”。(同上书，第398页)这是一种极不老实的欺骗行为，是资产阶级作风。《书面报告》强调必须把树立实事求是的作风作为加强党性的第一标准。在组织上，那几年存在着对老实人讲真话不但不表扬，还给予打击；对讲假话、做虚事的人不但不批评、处分，反而表扬、提拔。必须纠正这种现象，不能使那些不老实的人占便宜。

周总理2月3日在福建组发言，谈到这次大会检讨错误，最重要的一点，就是要恢复“说真话，鼓真劲，做实事，收实效。这四句话归纳起来就是：实事求是”。(《周恩来选集》下卷，第350页)

5. 关于只反右不反“左”的恶果。

在传达、讨论“七千人大会”精神时，中央高级党校有同志提出：“为什么这次‘左’的错误范围这样广，这样严重，时间这么久，又这么难以纠正？……为什么中央有的部长到下边视察工作，看到了真实情况也不敢向中央反映？对这些问题不能完全理解。”这个问题提得是深刻的。

1958 年以来，特别是 1959 年庐山会议及其以后，我们党犯了严重的错误，损失惨重，而且长期得不到彻底纠正，一个重要原因，就是那几年党内斗争过火，只反右不反“左”，只反保守不反冒进。

反右派斗争和批评反冒进、反“右倾”，实际上形成了这么一种很不正常的政治风气：不容许党员和群众提出不同意见，否则就很容易被扣上有思想政治问题，甚至反党分子的帽子；不容许批评工作中的缺点、错误，特别是各级领导人的缺点、错误，否则就可能被说成是反对党的领导；党内斗争过火，对敢于实事求是、说真话的同志不适当地进行打击、处分；“上有所好，下必甚焉”。上面有人好“左”，下面就有一批以“左”的面孔出现的干部，群众把他们称之为“风马牛”干部(即善于看风使舵、拍马屁、吹牛皮)，而这些人往往还容易受到赏识、提拔、重用；尤其在庐山会议以后，各地开展反“右倾”、整风整社和民主补课活动，人们唯恐沾上“右倾”的边。“左”比右好、宁“左”勿右、右是立场问题、“左”是方法问题等观点普遍流行，泛滥成灾。

毛主席对这个问题的严重性有所察觉。1961 年 1 月 18 日，他在八届九中全会讲话曾这样指出过：庐山会议反右，把纠“左”打乱了。这年 6 月 12 日，他在北京中央工作会议上也说过：庐山会议以后，我们错就错在不该把关于彭、黄、张、周的决议传达到县以下，应该传达到县为止。一反右，就有一个假象。搞下去，就整出了许多右倾机会主义分子。现在看，就犯了错误，把好人、讲老实话的人，整成了右倾机会主义分子，甚至整成反革命分子。一反右倾，“共产风”又出来了，几个“大办”出来了：大办水利、大办县社工业、大办养猪场、大办交通、大办文教，这五个大办一来，糟糕！

少奇同志在“七千人大会”的讲话中，关于反“左”反右问题主要讲了两点见解，这两点见解在今天看来仍然是很重要的，仍不失为真知灼见。一是，他批评了“左”比右好、“左”是方法问题、右是立场问题的错误观点。他认为：“左”派和右派是相通的，“左”倾错误造成的严重后果，“和右派差不多，不见得比右派好一点”。在党内斗争中，应该是有什么反什么，“有‘左’就反‘左’，有右就反右”。二是，他认为不应该把经济建设中的一些具体问题，看作是“左”或右。他说：“比如说，亩产八百斤就是左派，亩产七百斤就是右倾。这也是不正确的，在这种具体指标、具体数字的问题上，不应该联系到右倾或者‘左’倾上去。对于生产技术的问题，也不应该联系到右倾或者‘左’倾上去。”(《刘少奇选集》下卷，第427、428页)

朱德同志在“七千人大会”上参加山东组讨论时强调，不要自上而下地普遍搞反倾向斗争。他说：这几年，党内斗争扩大化了，吃了一些亏，运动中打击面宽了，伤了人。在群众运动中，往往一个偏向来了，掌握不住，越走越偏。“左”的倾向来了，也带群众性，制止不住，要到失败了，吃了亏，才制止得住，“左”的东西往往不容易看清，不容易制止。应该是有“左”反“左”，有右反右，有啥反啥，没有就不反。不要一说反什么就自上而下地来个普遍化。普遍化地进行反倾向斗争，往往造成扩大化错误，这是“左”的错误长期难以制止的一个重要原因。朱德同志这番话，也是讲得很好的，也是经得起实践检验的一种卓识。

建国以来，我们在工作中虽犯过右的错误，但更多的是犯了“左”的错误。“左”是一个顽疾。十年“文化大革命”中，“左”的错误达到了登峰造极的地步，流毒全党，祸及全国。十一届三中全会以后，我们党进行拨乱反正，主要就是拨“左”倾错误之乱。有了这个拨乱反正，才有了改革开放的新政策新实践，才开创了我国社会主义事业发展的新时期。小平同志为此做出了卓越的贡献。

(四)几点看法

“七千人大会”，总的来说，是开得好的、成功的，基本上达到了总结经验、统一认识的目的，在我们党的历史上，是一次影响深远的重要会议。陈云同志说过：“这次大会取得了非常大的胜利，不要估计低了。”(《陈云文选》第 3 卷，第 187 页)

我觉得，这次会议有几个好的做法，给我们留下了宝贵的启示。

一是犯了错误，就严肃认真地对待，勇于正视，努力纠正，这是一个郑重的政党的标志。建设社会主义，是人类史上的崭新事业，我们没有经验，在干的过程中难免发生这样那样的问题，难免犯这样那样的错误。关键是要保持高度的政治敏锐性和政治洞察力，密切审视全局，及时总结工作，对的就坚持，不对的就赶快改，好的经验就坚持发扬，失误的教训就认真吸取。用毛主席的话来说，就是干了蠢事，“人家不骂，我们应当自己骂自己”。真正做到这样是不容易的，但是必须做到。做到了，做得好，益处极大：任何困难都可以克服；克服困难、继续前进的新办法、新对策就可以应运而生；领导者因为干了蠢事、犯了错误而失去的威信和感召力，可以重新恢复起来和提高起来。“七千人大会”的事实说明了这一点，说明用这个办法来总结经验，统一认识，改进工作，效果是好的。

二是创造良好的民主气氛，让大家充分讲话，真正实行“不戴帽子，不抓辫子，不打棍子”，下级可以批评上级(地委，省委，直至中央)，上级虚心听取意见和批评，反复进行检讨。“七千人大会”实行这种做法，在党的历史上是一个创举，是值得我们继承和发扬的好传统。

三是各级领导同志勇于承担责任，带头进行检讨。毛主席和其他中央领导同志在这方面做出了榜样。这是资产阶级政党及其领导人不可能做到的。记得当年 3 月 21 日，在中南海勤政殿召开的最高国务会议上，张治中先生听了少奇同志介绍“七千人大会”的情况，即席发言，对中央领导同志和各省负责同志自觉检讨错误，主动承担责任，表示“万分感动、万分钦佩”。他说：这可以充分证明共产党“对国家、对人民的忠诚态度和负责精神”。张先生说：我当过十几年国民党的中央常委，从来没有听到蒋介石讲过自己的缺点、错误。蒋介石不论在大会、小会上，都是骂这个、骂那个，从来不骂自己。

当然，这次会议也存在着明显的缺点和历史的局限性。

比如，会上对“三面红旗”仍是完全肯定的，大家都小心翼翼地把握这个大前提，不敢越雷池一步。因而，“七千人大会”总结经验教训，纠正错误，就不能不是初步的，没有也不可能从根本上否定“左”的指导思想。林彪在会上的讲话就与众不同，明眼人一看就知道那是费了心思的。他说：最近几年的困难，“恰恰是由于我们没有照着毛主席的指示、毛主席的警告、毛主席的思想去做。”“毛主席的优点是多方面的，不是一方面的。我个人几十年来体会到，毛主席最突出的优点是实际。他总比较人家实际一些，总是八九不离十的。”“我深深感觉到，我们的工作搞得好一些的时候，是毛主席的思想能够顺利贯彻的时候，毛主席的思想不受干扰的时候。”1962 年 3 月 20 日，毛主席在就修改林的讲话致田家英、罗瑞卿同志的信中说：“此件通看了一遍，是一篇很好、很有分量的文章，看了很高兴。”同林彪的讲话相反，少奇同志在讲话中，用“一个大的马鞍形”来批评“大跃进”，说“三面红旗，我们现在都不取消”，过 5 年、10 年后“再来总结经验”，“作出结论”；他还提出“三分天灾，七分人祸”，等等。这些话，今天看来很平常，但在当时听起来的确有些刺激，从而也就留下了后来党内斗争的阴影。

三十六　西楼会议和进一步调整国民经济的措施

"七千人大会"结束后的第14天，1962年2月21日，少奇同志在中南海西楼会议室，主持召开了中央政治局常委扩大会议，后称西楼会议。会议连续开了三天，主要是根据"七千人大会"的精神，对"大跃进"造成的经济困难形势进行深入分析，把"七千人大会"上没有涉及或未能展开讨论的问题讲透，并且提出了克服困难的具体措施。我列席了这次会议，对会议的情况至今记忆犹新。我认为它是"七千人大会"的继续，是贯彻大会指导思想的一次务实的重要会议；"七千人大会"出了题目，西楼会议及其后召开的国务院扩大会议则交了一份比较完满的答卷，对克服当时的经济困难起了不可磨灭的重大作用。

（一）实事求是精神的体现

在"七千人大会"上，毛主席虽然一再倡导大家畅所欲言，揭露矛盾，开展批评与自我批评，并带头作了自我批评，但许多同志由于对国家的经济底盘了解不全面，或者出于顾虑，未能尽言；有少数同志由于还没有从"左"的指导思想中摆脱出来，不愿正视严重的困难。国家计委和财政部提交大会的1962年工农业生产计划和财政预算，虽然做了压缩，但仍有不少缺口。如：1962年钢产量定为750万吨，基本建设投资59.5亿元。按此计算，当年财政收支将出现30亿元赤字，而且1958至1961年的财政收入都有水分，核实下来，赤字还会扩大。

西楼会议首先就这些问题展开了讨论。少奇同志指出:“收入要可靠,争取的数字不能打上。支出要打足,各种支出都要打上。实际支出如超出了预算,做预算的人要负责。有赤字要提出来警告大家,采取措施来弥补。过去几年没有揭露赤字是不对的。搞不好,经济还要继续恶化。只有暴露了问题,才好解决问题。”周总理提议下决心对国民经济进行大幅度调整。大家一致同意这一建议,认为只有压缩某些工业生产指标和基本建设投资,才能实现财政收支“当年平衡、略有回笼”的要求,使经济逐步恢复正常秩序,然后在这个基础上发展。

2月23日,陈云同志在会上对当时的经济形势及克服困难的办法作了重要讲话。这里,我简要记述他的讲话要点。

陈云同志指出:“目前的处境是困难的。对于存在着困难这一点,大家的认识是一致的。但是,对于困难的程度,克服困难的快慢,在高级干部中看法并不完全一致。”他认为:“不要掩盖这种不一致。这几年处于大变动中,大家对形势自然会有这样那样的看法。取得认识的一致,需要时间,需要事实的证明。”“把各种不同的看法说出来,进行讨论,不是坏事而是好事,有利于使我们的认识趋于统一。高级干部的看法统一,非常重要。”

陈云同志分析了当时严峻的经济形势,认为困难主要表现在五个方面:

(1)农业在近几年有很大的减产。1961年与1957年相比,粮食产量减少了800多亿斤,棉花、油料等经济作物和畜牧产品减产也很多。粮食不够吃,人民群众肚子里没有油水,身上缺少衣着,这都是农业减产直接带来的后果。

(2)已经摆开的基本建设规模,超过了国家财力物力的可能性,同现在的工农业生产水平不适应。职工和城镇人口增加过多,不仅农业负担不了,工业也负担不了。

(3)钞票发得太多,通货膨胀。这几年挖了商业库存,涨了物价,动用了一部分黄金、白银和外汇的储备,在对外贸易上还欠了债。一方面多发钞票来弥补财政赤字,一方面农业、轻工业减产,国家掌握的商品少，这两方面不能平衡。

(4)城市的钞票大量向农村转移，在物资少、钞票多的情况下，出现了相当严重的投机倒把现象。

(5)城市人民的生活水平下降。吃的、穿的、用的都不够，物价上涨，实际工资下降很多。

陈云同志认为，上述五点困难中，前两点是最基本的，其他三点是派生出来的。这些问题，都是关系全国人民的大事，关系整个社会主义建设的大事；如不采取果断措施解决，将不利于工农业生产的恢复，不利于市场的稳定，不利于经济建设的开展，也将影响社会的安定。

陈云同志提出了六条克服困难的措施：

(1)把十年经济规划(指“大跃进”中拟定的1963年至1972年十年国民经济发展规划的初步设想。——一波注)分为两个阶段，前一阶段恢复，后一阶段发展。他估计农业的恢复大约要三至五年；在恢复阶段，工业只能是放慢速度，进行调整。他认为，不把十年规划分为两段，笼统地要大家执行，又想发展，又要下马，又想扩大规模，又要“精兵简政”，就会彼此矛盾，举棋不定。而明确划分两个阶段，调整的任务才能落实。有了前一阶段的恢复，才有后一阶段的发展。

(2)减少城市人口，“精兵简政”。他认为，这是克服困难的一项根本措施。应在1961年已压缩城市人口1000万的基础上，继续压缩，不仅要动员“大跃进”中进城的农民返回农村，充实农业的生产力，还要动员一部分家在农村的职工“回家吃饭”。

(3)采取一切办法制止通货膨胀。他设想了几种办法：一是严格现金管理，节约现金支出；二是尽可能增产人民需要的生活用品；三是增加高价商品，品种要少，回笼货币要多；四是坚决同投机倒把活动作斗争，在农村建立供销社，在城市建立消费社，互相配合，经营三类物资和一部分工业品，并通过税收、物价及行政手段把自由市场管起来。

(4)尽力保证城市人民的最低生活需要。他要求做到：城市每人每月供应三斤大豆以补充营养；每年供应几千万双尼龙袜子，以减轻市场棉织袜供应不足的压力；把山珍海味等高级副食品用于高价饭馆，既可改善一部分人的生活，又能多回笼货币。

(5)把一切可能的力量用于农业增产。他认为，除了增产粮食外，还要采取奖励的办法保证经济作物的增产，如棉农交售一斤棉花供应二斤粮食，使棉农有足够的口粮。国家每年都要拨出一部分钢材、木材，制造中小农具。

(6)计划机关的主要注意力，应该从工业、交通方面，转移到农业增产和制止通货膨胀方面来，并且要在国家计划里得到体现。他认为，“增加农业生产，解决吃、穿问题，保证市场供应，制止通货膨胀，在目前是第一位的问题”。“国民经济的发展必须以农业为基础，必须按照‘农轻重’的次序来安排计划”。

陈云同志说：“以上六点，是克服困难的主要办法。”“我们的工作部署，要反复考虑，看得很准，典型试验，逐步推广，稳扎稳打。慎重一点，看得准一点，解决得好一点，比轻举妄动、早动乱动好得多。”“凡是看准了确实有效的办法，就要集中统一，全力以赴。”只要兢兢业业地做几年工作，就一定能够克服困难，争取财政经济状况早日好转。

在陈云同志发言时，大家还三言两语地插话，为他的讲话内容作补充。少奇同志在插话和会议的结论中，讲了一些极为深刻的话。他说：“中央工作会议(即“七千人大会”)对困难情况透底不够，有问题不愿揭，怕说漆黑一团！还它个本来面目，怕什么？说漆黑一团，可以让人悲观，也可以激发人们向困难作斗争的勇气！”“现在处于恢复时期，但与1949年后的三年情况不一样，是个不正常的时期，带有非常时期的性质，不能用平常的办法，要用非常的办法，把调整经济的措施贯彻下去。”少奇同志还建议召开国务院全体会议，请陈云同志再展开讲一讲，统一大家认识，并征求意见。陈云同志接受了这个意见，并建议国务院会议扩大到各部委党组成员参加，由李富春、李先念和他共同传达西楼会议精神。

2月26日，国务院召开扩大会议，李富春同志作了《关于工业情况和建设速度问题》的报告，李先念同志作了《当前财政、信贷、市场方面存在的问题和应当采取的措施》的报告，陈云同志作了《目前财政经济情况和克服困难的若干办法》的报告。这三个报告，贯穿了“七千人大会”和西楼会议的精神，把问题彻底摆开，提出的措施也比较具体。特别是陈云同志的报告，丰富了他在西楼会议讲话的内容，并且提出了一些新的观点，对统一高级干部的思想认识起了更大的作用，受到了与会同志的热烈赞扬。他指出：目前的困难是相当严重的，农业生产元气大伤，恢复不可能很快。而农业生产恢复的快慢，直接影响到进口粮食、基建规模和工业生产，因此经济工作要放在“争取快、准备慢”的基点上。陈云同志的报告，已收入《陈云文选》第3卷，这里不再详述。

他们三位的报告，给与会同志很大启发。大家认为，中央把情况讲透了，又明确了经济分为恢复与发展两个阶段，就使各部委从十年经济发展规划的框框中摆脱出来，致力于调整；西楼会议及国务院扩大会议的召开，符合毛主席倡导的“情况明、决心大、方法对”的领导方法和工作方法，希望中央和国务院经常召开这样的会议，及时解决经济发展中出现的问题。

西楼会议结束后，党中央决定恢复中央财经小组，统管经济工作。早在1957年1月10日，中央政治局决定，成立中央经济工作五人小组，在中央政治局领导下，统一领导国家的经济工作，陈云同志任组长。1958年6月10日，又决定恢复中央财经小组，仍由陈云同志任组长，李富春、李先念同志任副组长，成员有周恩来、谭震林、薄一波、罗瑞卿、程子华、谷牧、姚依林、薛暮桥同志。

写到这里，我想对中央财经小组几起几落的原委谈点看法。大家都知道，陈云同志是我们党内理财的能手，是建国后财政经济工作的总管。他的工作原则和工作方法是务实的，“用百分之九十的时间做调查研究，用百分之十的时间作决策”。这就是说，陈云同志考虑经济问题，总是从我国的实际情况出发，从充分的调查研究中得来的能反映实际情况的确实可靠的第一手材料出发，从可能出发，并经过广泛征求意见后，才向中央提出决策性的建议；即使决策要付诸实施了，还要坚持通过试点，注意总结经验，讲究实施决策的方式方法，务求每事必成。他的工作方法和实绩，得到毛主席和中央其他领导同志的赞赏，所以每当经济建设遇到挫折的关键时刻，总是要请他出来，组成中央财经小组，由他主持来解决问题。当时，一些同志把毛主席和中央的这种做法喻之为“国乱思良将，家贫念贤妻”。然而，陈云同志实事求是的指导思想和谨慎细致的工作方法，同当时“左”的急于求成的做法是不合拍的，这就形成了财经小组完成了解决问题的任务后，又不被重视，中止工作，问题来了又恢复，这样几起几落的情况。但陈云同志对此毫不在意，他总是以党和人民的利益为重，任劳任怨地承担起中央交给他的任务。应特别值得提出的是，陈云同志十分重视总结经验，肯定成绩，找出工作中的不足，包括自己对工作考虑不周的问题也毫不隐晦地加以分析，力求改进，使工作做得更符合实际。我始终认为，陈云同志的这种精神以及他处理经济问题的指导思想和工作方法，我们经济工作战线及其他战线的同志，特别是领导同志，应该努力学习和效法。

中央财经小组恢复后，于 3 月 7 日和 8 日举行第一次会议，进一步研究经济调整问题。经过大家集思广益，除提出了若干具体调整计划和克服困难的办法外，还议定了三条方针：第一，把十年规划分为两个阶段，前五年恢复，后五年发展；第二，对重工业的生产指标和基本建设要“伤筋动骨”地砍掉一些，只有这样，才能把重点真正放在农业和市场上；第三，坚决搞综合平衡，只有按短线平衡才有真正的平衡，才能扭转比例严重失调的局面，才能使经济协调、健康地发展。会后，陈云同志健康状况欠佳，到南方休息去了。财经小组在周总理和两位副组长的主持下，继续研究调整国民经济的措施。按照财经小组的部署，国家计委、国家经委、国家建委、财政部分别对 1962 年工农业生产指标、基本建设规模、财政收支预算和工业支援农业的措施作了进一步调整。

3 月 13 日，少奇同志再次主持召开中央政治局常委扩大会议，讨论了陈云、富春、先念同志在国务院扩大会议上的报告，并建议用中央名义转发各地讨论、学习。14 日，少奇、恩来、小平同志专程去武汉向毛主席汇报。毛主席仔细阅读了三位同志的报告，同意批发省、军级参阅。18日，中央发出《中共中央关于批发陈云等同志讲话的指示》。这三个报告的下发，对各省市自治区领导干部进一步领会“七千人大会”精神，统一思想认识和行动，起了很好的作用。

4月2日至4日，中央财经小组举行扩大会议，吸收经济战线各部委党组负责同志参加，听取并讨论国家计委《关于调整1962年国民经济计划的报告》。之后，财经小组又继续讨论了两天，并起草了《中央财经小组关于讨论1962年调整计划的报告(草稿)》。这个报告，全面地分析了当时国民经济的基本形势，如实地指出了经济生活中存在的严重困难，并提出了克服困难的具体措施。报告草稿形成后，由薛暮桥同志带往杭州向陈云同志汇报，经陈云同志同意后，于4月下旬正式报送党中央。

陈云、富春、先念同志的报告下发后，各省、市、自治区反响很大，纷纷要求扩大传达范围。党中央同意这一要求，于4月26日发出补充通知，将传达范围扩大到地、市级。这样，从3月上旬到5月上旬，国务院各部委、各大区中央局和各省、地、市委认真学习这三个报告。从各地向中央的书面汇报来看，这三个报告，特别是陈云同志的报告，对大家认识全局、正视困难有很大帮助，从而也坚定了全党同志克服困难的决心和信心。

为了进一步统一全党的思想，1962年5月7日至11日，党中央在北京又召开工作会议，通称“五月会议”。会议由少奇同志主持，在京的中央政治局常委、政治局委员和中央书记处成员，各大区中央局、党中央和国务院各部委负责同志共105人参加。会议的中心议题是讨论西楼会议、国务院扩大会议、中央财经小组会议形成的文件，落实调整国民经济计划的部署。少奇、恩来、朱德、小平同志在会上讲了话，他们讲话的要点是：要求大家以历史唯物主义的态度充分估计困难，扎扎实实地工作，把经济调整好。他们在讲话中还特别指出，如果对困难估计不够，自己安慰自己，又不积极采取措施克服困难，那是真正的右倾。富春、先念同志和我，也分别就调整1962年计划的有关问题，向大家作了说明和解释。

在工作会议结束的那天，小平同志主持会议并讲了话。他指出："这次（会议）各方面的问题都摆出来了，要做的事情很多，恐怕中心任务是两个：一个是减少两千万城市人口，一个是加强农村生产队的工作。这两件事情都不能抓迟了。""我们有了粮食、棉花和其他东西，才翻得了身，这些东西要靠生产队拿出来。减少城市人口的工作也涉及到生产队的问题，安置城市人口就要靠生产队。"他还特别强调了两个极为重要的问题：一是"干部的甄别平反"，以调动干部和群众的积极性；一是"树立和加强各级党委的领导核心"，使各级领导核心"联系实际，联系群众，主观主义少一点"。他说："搞命令主义还有什么群众路线？不因地制宜叫什么联系实际？"他认为，加强各级党委领导核心的"根本办法是搞民主"。

会议经过热烈讨论，一致赞同中央对经济形势的分析，认识到国民经济存在着严重不平衡状态，工农业之间、工业内部各环节之间、城乡之间、积累和消费之间都互不适应。同时，对必须采取措施解决的八个方面的问题也有了深刻的认识。这就是：第一，粮食供应紧张，经济作物减产，农业生产的恢复不可能很快；第二，工业要上去，没有农业的恢复不行，没有工业内部的大调整也不行；第三，基本建设规模缩小以后，必须踏步几年，在调整好的基础上，才能创造条件继续前进；第四，短途运输能力严重不足，有物资也运输不畅；第五，职工人数大大超过了经济发展水平，特别是超过了农业生产水平；第六，市场商品匮乏，特别是吃、穿两项，在三五年内难以有大的改善；第七，外汇收入不可能增加，支出的一半左右必须用于进口粮食；第八，财政严重亏空，货币发行过多，主要商品挖了库存，生产资料大量积压。对这些问题的分析和认识，又比西楼会议深入了一步。有的同志在会上表示，面对困难，要有"毒蛇噬臂、壮士断腕"的决心，才能把国民经济调整好。

这次中央工作会议的最大成果，是进一步统一了思想认识，确定了进一步调整1962年计划的各项指标，并提出了当时全党着重抓好的两项中心工作：一是精减职工和城市人口；一是从人力、物力、财力等方面切实加强农业。中央财经小组吸收会议讨论的意见，修改和充实了送交党中央的《关于讨论 1962 年调整计划的报告》，经毛主席批准，于 5 月 26 日发到全国贯彻执行。

（二）非常时期的非常措施

根据西楼会议、国务院扩大会议和中央工作会议的精神，在中央财经小组的主持下，落实了调整国民经济的措施。这些措施，基本上就是陈云同志在西楼会议和国务院扩大会议上讲的那些。这里，我只记述主要的方面：

1. 摆脱“大跃进”的思想束缚和十年经济发展规划原定的框框，把工作的基点放在恢复上，争取用三到五年的时间，把工农业生产和基本建设等各项事业调整好，使国民经济协调、稳定、持续发展。

“大跃进”以来，全民大办粮食、大办水利、大办钢铁，实现人民公社化，目的是为了促进生产力的高速度发展，愿望是好的，但违背了有计划按比例发展的客观规律，又是采取群众运动大呼隆的搞法，结果适得其反，打乱了正常的经济秩序，工农业生产力都遭到严重破坏，使国民经济跌入低谷。从农业生产条件来看，1961 年同 1957 年相比，除水利、农业机械、化肥、农药有了较多增加外，地力下降，种子退化，耕畜、农家肥、中小农具减少；农作物大幅度减产，粮食减产 951 亿斤，棉花减产 1600 万担。从工业生产条件来看，许多企业的设备失修，带病或超负荷运转，而主要产品还由于基建新增生产能力大幅度减少，产量不断下降。工农业生产的进退是互为条件的。农作物大幅度减产，不仅给人民的吃穿造成极大困难，以农产品为原料的轻纺工业的生产也受到严重影响；采矿、冶炼的新增生产能力减少，钢铁的生产乃至整个工业的生产就难以为继，又影响对农业的支援。而扭转这一局面，调整好各方面的比例关系，恢复国民经济的正常秩序，没有三到五年的时间是难以奏效的。

集中力量进行调整经济的决策，使各部门、各地方的同志思想大解放。有的同志说：“从前光讲八字方针，如何贯彻执行，不明确。又要上又要下，上不去又下不来，很难办事。思想一时明白，一时糊涂。现在分为两个阶段，先调整后发展，头脑清醒了，从举棋不定、无所适从的困境中走了出来。不这样，就没有出路。"应该说，当时作出这样的决策，是迫不得已的，然而却是符合实际的，顺应党心民意。

2. 下决心减少城镇人口，动员那些"大跃进"时进城的农民返回农村，加强农业生产；同时动员一部分家在农村的职工"回家就食"，以减轻城镇粮食供应的负担。

1960 年全国城镇达到 1.3 亿多人，比 1957 年增加 3124 万人。1961 年初中央提出对国民经济实行调整的方针以后，当年减少城镇人口 1000 多万人，其中精减职工 873 万人，但城镇人口仍比 1957 年多出 2758 万人。经过"七千人大会"、西楼会议和国务院扩大会议的讨论，认为城镇人口还是过多，粮食、副食的供应难以保证，应再多减一些。5 月，中央工作会议决定，在 1962 年内再减少城镇人口 1000 万人，其中精减职工 850 万人。这样，1961 和 1962 两年内共减少城镇人口 2000 万人以上。

在两年中精减 2000 多万城镇人口，也是迫不得已的，但又是克服困难的一项根本性措施。城市的一些厂矿关停并转，许多基建项目下马，来自农村的临时工、合同工和一部分家在农村的职工不返回农村，继续由城市供应生活必需品，生产又不能进行，就没有出路。

周总理和少奇同志在 5 月的中央工作会议上，对这项措施作了深刻的解释。

周总理说：现在下减少城镇人口和精减职工这个决心，其目的就是要把我们的经济生活来一个大幅度的调整，使我们的经济生活在新的发展基础上来一个大改组。这个事情是领导的决心，也是全民的决心。

少奇同志说："我们下决心减少城市人口两千万，这也算一个勇气。……搞这件事，我看应该是决心要大，行动要快，但是要有区别、有步骤地来进行。不能慌慌忙忙一股风。"要先保证"大城市不闹大事，尽可能不出乱子，少出乱子，不出大乱子。但是我们也还要准备出乱子。……因此，我们现在在精神上、组织上还得有点准备,准备他出大乱子。……如果我们深入地做群众工作,做解释工作,我们负起责来,向他们道歉,……我估计在群众中间是可以说得通的”。

毛主席后来谈起这一措施时,曾感慨地说:“我们的人民好啊!几千万人招之即来,挥之即去。”的确是这样。即使有了解决困难的正确措施,如果没有人民的谅解、支持和做出某些牺牲,困难还是闯不过去的。我们应该永远不要忘记人民的支持!

3. 坚决调整工业生产建设的高指标。

在中央财经小组会议上,陈云同志和周总理都强调压缩工业战线的必要性。他们说:1962 年的计划还需要大调整。“要有个 180°的大转弯”。“要准备对重工业、基本建设的指标‘伤筋动骨’。重点是‘伤筋动骨’这四个字”。

我国从 1958 年到 1961 年,基本建设投资共 1112 亿元,平均每年 278 亿元。如此巨大的投资额,光靠国家财政是难以支持的,不得不动用一部分企业的流动资金,挪用企业的设备维修费,占用银行信贷资金,挤掉农业和手工业维持正常生产的费用等等。也就是说,这种扩大再生产,是用损害简单再生产的办法进行的,从而使投资效果大大下降。四年中,用于工业的投资总额为 679 亿元,转为固定资产的仅 480 亿元,而这些固定资产仅有一半能够在生产上发挥作用。1962 年的基本建设投资额降低以后,对工业、交通的投资,远不能还清过去几年在设备更新、维修和矿山开拓、延伸等方面所欠下的账。因此,中央财经小组指出:“基本建设规模缩小以后,必须踏步几年,做好调整工作,才能创造条件,继续前进。”

按照不怕“伤筋动骨”的精神,中央财经小组确定:1962 年的绝大多数重工业生产指标比原计划分别降低 5%到 20%。其中,煤产量从 2.5 亿多吨降为 2.39 亿吨,钢产量从 750 万吨降为 600 万吨;基本建设投资规模从 59.5 亿元降至 46 亿元。对现有的工业,“必须下定决心,有计划地保住一批工厂,缩小一批工厂,合并一批工厂,关掉一批工厂,并且改变一批工厂的生产任务,从而把工业生产战线和维修战线真正缩短,把力量集中起来,更好地完成今年的国民经济计划，并且为以后调整工作的顺利进行打下基础”。只有这样，才能把生产任务适当地集中到那些消耗少、成本低、质量好、劳动生产率高的企业去承担，从而降低成本，减少亏损，增加盈利；回收那些停产、半停产企业占用的流动资金和固定资产，用于加强薄弱部门和薄弱环节，才能够减少职工和城镇人口，增加农业战线的劳动力，减少城镇商品粮和菜蔬等的供应，减轻市场压力。

4. 大力恢复农业生产，搞好市场供应。

1961年粮食产量(包括大豆)为2950亿斤，虽比上年略有增加，但仍比1957年少850亿斤，供应还很紧张。为了保证人民的需要，1961年进口粮食100多亿斤，1962年还要进口80亿斤。在国务院扩大会议上，陈云同志强调，要“把一切可能的力量用于农业增产”，“这一条是根本大计”，“我们的出路就在这里”。又说：“农业问题，市场问题，是关系五亿农民和一亿多城市人口生活的大问题，是民生问题。解决这个问题，应该成为重要的国策。为了农业、市场，其他方面‘牺牲’一点，是完全必要的。”

为了尽快恢复农业生产，中央决定尽可能地挤出一部分原材料来增产农业所需要的生产资料。以1962年为例，在可供分配的500万吨钢材中，划拨75万吨用于农业，比原计划增加8.5万吨；在可供分配的2158万立方米木材中，划拨310万立方米用于农业，比原计划增加50万立方米，基本上满足了生产大、中、小型农具和维修农业机械的需要。并且把机械工业的10个企业(约5500台机床、3万名职工)转产农业机械。同时，增加了化肥、农药的生产量和供应量。1962年安排的化肥供应量为540万吨，比上年增长61%；农用拖拉机为12.1万台，增长50%；排灌机械为679万马力，增长41%；农用汽车为10247辆，增长53%；农用电为18亿度，增长153%；供应农业用的煤、燃料油等，均有较多增加。

组织好市场供应，缩小以至平衡社会购买力同商品可供量之间的差额，是一大问题。“大跃进”以来，社会购买力大幅度增长，1961年达605亿元，比1957年的474亿元高出131亿元；1962年经预算压缩后，还将有584亿元，比1957年仍多110亿元。而市场上吃的、穿的、用的商品严重不足。陈云同志指出:解决这个问题,“除粮食增产外,还要制订保证经济作物增产的措施。经济作物不恢复,国家就没有商品保证城市和乡村的供应”,“国家同农民也不可能有真正的等价交换,工农联盟就不能巩固”。要鼓励农民种棉花,就必须保证棉农有足够的口粮,为此就需要多进口粮食。据当时测算,1962 年外汇支出的一半左右必须用于进口粮食。为增加商品可供量,在 1962 年计划调整方案中,还安排了较多的原料、材料和燃料增加日用品的生产,比原计划增加 19 亿元的商品。在轻纺工业方面,除恢复传统手工业和一般轻工业产品外,还发展了洗衣粉、塑料、化学纤维等工业。同时进口尼龙,组织生产尼龙袜子供应市场。

5. 抑制通货膨胀。

连续几年的财政赤字及由此带来的通货膨胀,如不坚决制止,将不利于市场的稳定,不利于工农业生产的恢复,不利于经济建设的开展。

当时,提出制止通货膨胀的措施主要有:

(1)严格现金管理。恢复银行严格管理现金的制度,控制货币的发行,节约现金支出,能不用的钱就不用。

(2)严格财政管理。各大区和各省、市、自治区按国家规定应该分得的地方财政结余、地方预备费、地方投资,由国家计委、国家经委和中央财政金融部门按年度、季度进行分配。

(3)严格物资管理。1962 年 5 月 18 日,党中央批发了国家经委党组《关于物资工作上贯彻执行集中统一方针、实行全面管理的初步方案》,对调整时期物资的集中统一管理作了具体、明确的规定。这样,把一切可以利用的积存物资尽可能地利用起来,不但可以解决生产上、市场上的需要,而且可以减少财政支出,制止通货膨胀。

(4)尽可能增产人民需要的日用品,并确定一些商品卖高价,以回笼货币,平衡商品供应量同社会购买力之间的差额。当时卖高价的商品有高档烟、酒、糖果、点心以及手表、自行车、缝纫机等。

6. 保证城市人民的最低生活需要。

除了做到城市每人每月供应三斤大豆外,还拨出部分钢材、木材制造机帆船，增添捕鱼网具，增加渔业产量，做到城市每人每月供应半斤鱼。在缺少肉类和蛋品的情况下，用大豆和鱼来补充营养；有了大豆和鱼，职工就可以不买或少买自由市场上的高价副食品，提高一点实际工资水平。

陈云同志指出：保证城市人民的最低生活需要，“是国家大事”。“人民群众要看共产党对他们到底关不关心，有没有办法解决生活的问题。这是政治问题”。

5月，中央工作会议结束后，党中央和国务院组织了若干工作组，到重点地区、重点城市，同地方同志一起具体落实调整方案。据我回忆，当时组织的主要工作组有：精减职工和城市人口工作组，由中央组织部和国务院劳动部组成；恢复农业生产力工作组，由中央农村工作部和国务院农业、农机等部组成；工业企业关停并转工作组，由工业各部门组成。国家计委、国家经委都选派干部参加了各工作组的工作。这样，大幅度调整国民经济的工作，就在全国范围内顺利展开了。

多年的事实说明，在关系国家建设全局的每项重大决策确定和下达以后，中央就立即组织有关部委的同志参加的工作组、检查组等等，下到各个地方狠抓决策的落实工作，十分必要。这样做，既可以同地方的各级党委和政府一道，结合当地的实际，共商落实的具体措施，有利于中央决策层层落实到位，一直落实到基层，变为群众的实际行动；又可以及时发现落实过程中出现的新情况、新问题，有利于上下结合，因地制宜地采取相应的办法迅速加以解决；还可以促进中央和地方的领导机关把一般号召和个别指导结合起来，有利于改进领导作风和领导方法，减少和防止官僚主义、命令主义和形式主义的东西。总之，这是一个成功的做法、成功的经验，在我们的领导工作中应该经常加以运用。

（三）西楼会议在调整经济中的作用

按照西楼会议的决策，经过全党的努力，经济调整取得了比较理想的效果。拿精减职工和城市人口来说，在1961年精减城镇人口

1000多万人的基础上，1962年实际减少城镇人口1048万人，其中精减职工850万人。两年的时间精减这么多人，可不是一件简单的事情，正如周总理在5月中央工作会议上所讲的那样："这如同一个中等国家搬家，史无前例，世界上也没有过，可以说是空前绝后。这件事，在中国没有哪个政权办得到，只有无产阶级政权才有这个魄力，才有这样的群众基础。"

对工业企业，也做到了大刀阔斧地整顿。对那些材料无来源、产品无销路的企业，坚决关停。不关停这样的企业，不仅继续消耗国家的物资和财力，也做不到精减职工。对于生产有发展前途，而经营不善有亏损，或者设备陈旧不适应生产发展需要的企业，有的充实，有的数厂合并，使其为经济的调整和改善人民生活出力。这样做，就使国家的财力、物力用到了加强重点和骨干企业上。说是"伤筋动骨"，实际上起到了强筋壮骨的作用。

经过调整，全民所有制企业在1961年减少2.5万个的基础上，1962年又减少1.8万个；基本建设投资由1960年的384亿元，1961年的124亿元，减至1962年的67.6亿元（如前所述，因前几年设备维修等方面欠账太多，在实际执行中，基建投资从原订的46亿元追加到67.6亿元）；施工的大中型项目由1960年的1815个，1961年的1409个，减至1962年的1003个。这样做，事后看，基本建设投资规模是砍得狠了一些，确实"伤筋动骨"。但当时不这样办，就不能把过高的积累率调下来，就不能增加消费。"砍"的结果，积累率逐年下降，1960年为39.6%，1961年为19.2%，1962年为10.4%。当然，积累率减至10.4%，是迫不得已的，是非常时期所采取的非常措施。不下决心退够，整个经济就调整不过来。在压缩基建战线的过程中，尽管投资规模大幅度减少，但注意了短线的发展。如原油产量，在经济调整时期一直是逐年增长的，1960年为520万吨，1962年为575万吨，1965年突破1000万吨。再如用于农业生产和制造农业机械的钢材，也是根据需要和可能不断增加的。

由于各地采取切实措施支援农业，粮食的总产量也有较快的增长，1960年为2870亿斤，1961年为2950亿斤，1962年为3200亿斤,1965 年达到 3890 亿斤,差不多是建国后的最高年产量。

全国的财政收支,1961 年赤字 10.9 亿元,1962 年转为结余 8.3 亿元,1965 年结余 7 亿元。

随着经济的调整,人民生活逐步有所改善,职工年平均消费水平逐年增加,1962 年为 226 元,1965 年为 237 元;农民的年平均消费水平,1962 年为 88 元,1965 年为 100 元。全国城乡居民平均每人年消费粮食量,1962 年为 329 斤,1965 年为 368 斤;棉布消费量,1962 年为 10.5 尺,1965 年为 16.8 尺;猪肉消费量,1962 年为 4.4 斤,1965 年为 12.6 斤。消费水平的增长和市场商品的增加,社会购买力逐年增长,物价指数也有所下降。当然,列举的这些增长数字,在今天看来是微不足道的,但当时能做到这一步,却是相当吃力的,尽了最大的努力。由于中央的决策和措施正确,国民经济的调整工作成效显著,人民是满意的。

1958 年开始的三年“大跃进”,造成经济生活的严重困难,教训极为深刻。究其原因,除了建设社会主义是崭新的事物,前无古人,没有可资遵循的先例这个重要因素之外,更重要的是指导思想上发生了“左”的错误。“左”的思想不仅来之于上面,也来之于下面,中央的一些急于求成的不正确决策在很大程度上也是反映了下面的过急的盲目建设的要求;而下面的热度一旦膨胀起来后,想一下子抑制都抑制不过来,又反转来影响上面不能及时调整决策。凡事都有一个限度,不顾客观条件的可能,只凭主观愿望、主观意志一味地大干快上,非出问题不可。尽管当时大家的主观动机是好的,但搞“左”了,违背了客观规律和客观实际,效果和动机就不可能统一,必然造成劳民伤财的恶果。

“七千人大会”是毛主席、党中央发现问题严重后倡导召开的,目的是统一认识,纠正错误,做好工作。但在那么大的会议上,难以具体研究调整计划的措施。而西楼会议和国务院扩大会议、中央工作会议、中央财经领导小组会议,对于贯彻“七千人大会”的精神,从实际工作中纠“左”,实事求是地拟定调整国民经济的具体措施,发挥了关键作用。如果没有这些会议的召开,党的思想仍不会统一,调整国民经济的措施会拖延出台，在执行中也会各行其是，国民经济也就不可能在短短几年的时间里得到恢复和发展。这是铁的事实。然而，当时却有同志对陈云同志在西楼会议上那篇讲话提出非议，认为毛主席在“七千人大会”上请陈云同志讲话，陈云同志说对问题摸得不清没有讲，而会议结束不久就在西楼大讲一通，是不正常的。少奇、恩来、小平同志都不同意这种看法，我也不同意这种看法。

三十七　八届十中全会和强调阶级斗争

1962 年下半年召开的党的八届十中全会，在开始全面建设社会主义的十年中产生的消极影响是很突出的，主要表现在：过分强调阶级斗争，把一定范围内存在的阶级斗争扩大化、绝对化；并把当时党内关于国内形势、关于恢复农业生产的办法、关于干部甄别等方面存在的意见分歧和不同主张，斥之为“黑暗风”、“单干风”、“翻案风”，用阶级斗争的观点去分析批判。从而，使国内的政治风向发生逆转，由刚刚进行不久的、对扭转困难局面极为重要的纠“左”又变成了反右。

(一)会议的进程

建国以后，我们党在领导经济建设中有个毛病，就是当经济形势比较好的时候，或实际上并不那么好而误以为很好的时候，就容易头脑发胀，不那么谦逊谨慎，或在思想政治上出现“左”倾，或在经济建设上出现盲目冒进。八届十中全会在思想政治上再次出现“左”倾，就是突出的一例。1962 年上半年，党中央连续召开了“七千人大会”、西楼会议和五月北京中央工作会议，采取了比较实事求是的、各方面都退够的调整方针。到下半年，由于形势开始好转，也由于从年初以来在恢复农业生产和整个国民经济调整中存在意见分歧，还由于国际社会出现了一些变故、争端，国内一定范围内的阶级斗争在某些方面有些激化，毛主席又重新提出阶级和阶级斗争问题。

八届十中全会正式会议只开了四天(9 月 24 日至 27 日)，但预备会议开了 29 天(8 月 26 日至 9 月 23 日)，预备会议之前还开了北戴河中央工作会议(7 月 25 日至 8 月 24 日),为全会准备文件。所以,毛主席在全会第一天说,这次会议实际上已经开了两个月。

7 月 25 日开始的北戴河会议,按原定计划主要是讨论农业、粮食、商业和国家支援农业等问题,重点是围绕讨论《关于进一步巩固人民公社集体经济、发展农业生产的决定(草案)》、《农村人民公社工作条例修正草案》、《关于商业工作问题的决定》等文件进行的。到 8 月 5 日,毛主席在华东、华中组会议上吹风;8 月 6 日,他正式在大会上作了关于阶级、形势、矛盾问题的讲话;又在 8 月 9、11、13、15、17、20 日的六次中心小组会上多次插话,继续阐发他讲话中的观点,会议也就转为着重讨论阶级斗争问题和批判“黑暗风”、“单干风”。

8 月 26 日开始的预备会议,头一个多星期重点是讨论上述两个农业文件,批评邓子恢同志的所谓“单干风”;还讨论了国际形势和《关于有计划有步骤地交流各级党政主要领导干部的决定》、《关于加强党的监察机关的决定》等文件。到 9 月 6、7 日,六个小组先后转入批判彭德怀、习仲勋同志的所谓“翻案风”,一直到预备会议结束。

八届十中全会的四天会议,基本上是大会发言。第一天毛主席作关于阶级、形势、矛盾问题的报告。然后,陈伯达、李先念、董必武、薄一波、朱德、刘少奇、邓小平、周恩来、柯庆施、刘澜涛、李富春、彭真等同志先后在会上发言。会议最后一天下午,除通过上面提及的五个文件外,还通过了《中央监察委员会原有的委员、候补委员和增选的委员、候补委员的名单》、《关于撤销和补选书记处书记的建议》、《关于组织“关于以彭德怀同志为首的反党集团问题的专案审查委员会”的通知》、《关于组织“清查习仲勋等同志反党活动的专案审查委员会”的通知》和全会公报等五个文件。

毛主席说,这次长达两个月的会议,讨论的是两项性质的问题:一项是工作问题;一项是阶级斗争问题,就是马克思主义同修正主义斗争的问题。实际上,由于毛主席提出了阶级、形势、矛盾等问题,从 8 月 6 日起,会上大部分时间是讨论阶级斗争问题和批“三风”，只用了很少时间研究和讨论工作问题。

(二)对形势的不同看法和对“黑暗风”的批判

对于1958年以来三年“大跃进”造成的困难和经济形势的估计，在党内是有不同看法的。一些思想比较“左”的同志，认为困难并不大，形势仍然是好的。华东局的柯庆施同志就是代表。毛主席曾一度认为，我们违背了客观规律，“最近三年受了大惩罚”，碰了钉子，“碰得头破血流”。但在更多的情况下，他又比较同情“左”的观点。1961年9月庐山中央工作会议上，在周总理发言时，毛主席曾插话说：错误就那么一点，没有什么了不得。随后他又形象地说，现在是退到谷底了，形势到了今天是一天天向上升了。1961年底，在召开“七千人大会”的前夕，毛主席又说：国内形势总的是不错的。前几年有点灰溜溜的，心情不那么愉快。到1961年，心情高兴些了，因为在农村搞了《六十条》，工业搞了《七十条》，还提出了“三级所有，队为基础”，这些具体政策都见效了。他在无锡找华东几个省的同志谈话时，表示1962年要抓工、农、兵、学、商、政、党七个方面的工作，大抓一年，工作要一天一天上轨道。1962年初“七千人大会”后，毛主席到上海、山东、杭州、武汉等地视察，听到一些地方负责人讲的都是形势去年比前年好，今年又比去年好，比较乐观。

“七千人大会”后，接着召开了西楼会议和五月中央工作会议。这两个会议很重要的一个内容，就是强调当时是一种困难的形势，要把困难估计够。但是，党内的认识并不一致。陈云同志在国务院各部、委党组成员会上讲话指出：“对于困难的程度，克服困难的快慢，在高级干部中看法并不完全一致”，“农业恢复的速度是快还是慢？也有不同的估计”，“不要掩盖这种不一致”。“我相信，大家的认识，在实践的过程中，可以逐步地一致起来”。(《陈云文选》第3卷，第191、192页)这些话把这种“不一致”已经挑明了。到八届十中全会前后，毛主席就把这两次会议对形势和困难的实事求是估计当作“黑暗风”来批判了。

针对这两次会议对形势的估计，8月5日，毛主席在华东、中南组说:我周游了全国,从中南到西南,找各大区的同志谈话,每个省都说去年比前年好,今年比去年好,看来并非一片黑暗。有的同志把情况估计得过分黑暗了。8 月 6 日,毛主席在讲话中批评说:现在有一部分同志把形势看成一片黑暗了,没有好多光明了,引得一些同志思想混乱、丧失前途、丧失信心了。8 月 9 日在中心小组会上,毛主席又说:1960 年下半年以来,大家只讲黑暗,不讲光明,已经有两年了。我在周游"列国"时,在光明、黑暗的问题上只是露了一点,提了个题目。这两年讲困难讲黑暗合法,讲光明不合法了。这次会上就是要解决这个问题。

针对两会要把困难估计够的说法,8 月 15 日毛主席批评说:有那么一些人,没有干劲了,怎么办? 他们鼓单干之劲,鼓黑暗之劲,鼓讲缺点错误之劲。讲光明、讲成绩、讲集体经济,他们就没劲了,怎么办? 8 月 20 日他又说:讲困难、讲黑暗已经讲了两年多了,讲光明不合法了。毛主席多次批评以后,少奇同志不得不就五月中央工作会议对困难估计的说法进行解释和自我批评。在 8 月 11 日中心小组会上,少奇同志说:五月会议我对困难有两点估计过分了,一是说 1962 年夏收减产已成定局,一是说单干在全国估计已占 20%。9 月 26 日,少奇同志在全会上讲话,着重谈了如何对待困难的问题。他说:前些年困难是不可避免的;要实现国家工业化和农业集体化,就要花一些代价,吃一些苦,死一些人,都是合乎规律的,比起列宁在十月革命后遇到的困难要小得多。他还把对待困难的态度分作三种:一是被困难所吓倒,动摇(这是指邓子恢同志);一是利用困难向党进攻(这是指彭德怀同志);一是充分估计困难,坚持社会主义道路(这是指西楼会议、五月会议)。少奇同志是维护两会的正确性的,但他也不得不承认:两会对困难估计得多了一些。"现在我们受到的困难到底有多大? 我看,现在就是这样大","就是如此而已"。不过他还是认为,在宣传上不要把形势说得太好了,"还是有困难,还要继续克服"。毛主席接受了这个看法,插话说:公报要改一下,改成去年比前年好一些,今年又比去年将会要好一些。这也是当时对形势、对困难估计的两句有代表性的用语。

针对两会关于农业恢复的速度不能够很快的说法，在8月11日中心小组会上，毛主席批评说：农业恢复要五年、八年，讲得那样长，就没有希望了。如果那样讲，就是说我们的政策如《六十条》、《七十条》、精减两千万人、减少征购等都不灵，或者说，这些政策要长期才能见效，那就需要另搞一套。在8月13日中心小组会上，军队一位负责同志发言也批评说：农业恢复的时间越说越长，工业指标也越讲越少，我们一辈子没有希望了，还有什么搞头。还有的同志在小组会上发言说：现在整个国民经济的中心不是个恢复问题，工业、农业、交通运输业都不是个恢复问题。在十中全会最后一天，有的同志发言批评说：现在是越低越好，越少越好，越慢越好，越黑暗越好，把大跃进说得越不像话越好，越松劲、越单干越好。今后五年不能光讲是恢复。毛主席插话说：今后五年不只是恢复，一定要有所发展。

针对两会提出的"争取快，准备慢"，把十年规划分为前五年恢复，后五年发展的决策，在8月15日的中心小组会上，李富春同志发言说：五月会议提出争取快、准备慢，问题是有些同志把重点放在准备慢上了。毛主席插话说："争取快、准备慢"，哪一方面也适用。快了，头一句灵；慢了，后一句灵。谭震林同志发言也不赞成说农业的恢复要五年。他说：实际上，"五风"纠正了，搞了《十二条》、《六十条》，恢复就会很快，只要两年就达到1957年3700亿斤的水平。毛主席插话说：恐怕再有两年差不多，主要是今明两年，1964年扫尾。无非是刮"五风"、瞎指挥不干了，高征购减少了，现在这些因素没有了嘛！有的同志在小组会上还说："大跃进的形势，肯定会要很快重新到来的"。并认为，这是社会主义建设发展的客观规律。

从五月会议到北戴河会议，时间仅隔两个多月，对形势的看法为什么那样悬殊？毛主席为什么要批判"黑暗风"？我认为，这还是反映了中央领导同志中间对如何进行国民经济调整有不同看法。毛主席是同意进行调整的，但前提是：必须首先肯定1958年以来提出的路线、方针、政策的正确性，不容许有什么触动；对前几年所犯错误的分析，对困难的分析和克服困难的办法，必须与之合拍。西楼会议、五月中央工作会议使调整工作大大深入了一步，在某些方面触动了这个大前提。因而，毛主席就要出来干预和纠正了。在8月11日中心小组会上，毛主席说：现在不赞成总路线、“三面红旗”的人，把形势说成一片黑暗。就像有些小说，如《官场现形记》等，揭露黑暗，人们是不喜欢看的，鲁迅把它叫做谴责小说。《红楼梦》、《西游记》人们爱看，因为它有希望嘛。《金瓶梅》没有传开，不只是因为它的淫秽，主要是因为它只揭露黑暗。会上，有的同志说，“三面红旗”究竟打不打？现在似乎理不直、气不壮了。有的同志说，大跃进似乎很难开口了，简直就不好提了。东北有个同志说，现在似乎总路线不好讲了，大跃进也不能讲了，成绩不能讲了，一讲成绩就受讽刺。在8月9日中心小组会上，有人说到，现在有人怕说光明，说光明就感到有压力。毛主席插话道：说压力，那你先压我嘛！你压了我几年了嘛！你们黑暗讲了几年了嘛！越讲越没有前途了。说集体没有优越性了，这不是压我？压力总是有的。这段话很能反映毛主席对西楼会议、五月中央工作会议的看法，也很能反映他对1960年底以来的调整工作的一些看法。

（三）包产到户问题引起的争论

1961、1962年，在全国一些农村，群众创造并实行了包产到户这种比较符合农村生产力水平的农业生产责任制。它是对“一大二公”的人民公社经营方式的自发的否定，也是为克服农村遇到的严重困难应运而生的。它一问世就很受农民欢迎，全国不少地方都程度不同地实行起来。比如，当时搞各种形式包产到户的，安徽全省达80％，甘肃临夏地区达74％，浙江新昌县、四川江北县达70％，广西龙胜县达42.3％，福建连城县达42％，贵州全省达40％，广东、湖南、河北和东北三省也都出现了这种形式。据估计，当时全国实行包产到户的约占20％。但是，由于认识上的不一致，它长期得不到肯定。而且在这两年时间里围绕它发生了一场争论，八届十中全会上，把它作为“单干风”进行了批判。

我们党领导农民群众走农业集体化的道路，这个大方向是对的，是应该坚持的。但是，对集体化的内容和具体发展路子的理解，在相当长的时间内存有片面性和局限性，而且在生产管理上也长时间没有找到一种好的形式。自1960年冬季开始，党中央在调整农村政策中，先后制定了《十二条》、《六十条》和《关于改变农村人民公社基本核算单位问题的指示》，逐步纠正了“共产风”、“瞎指挥”，基本结束了队与队之间的平均主义。但是，户与户之间的平均主义问题还没有解决。平均主义对生产力的破坏极为严重，农民群众最厌恶的就是干活大呼隆，分配一拉平。基本核算单位下放到生产队以后，农民形容说：“大呼隆”变成了“二呼隆”，“大锅饭”变成了“二锅饭”。

1961年，在一位老农的启发下，安徽创造了在计划、分配、大农活、用水、抗灾等方面实行统一管理（即“五统一”）下的“责任田”，实际上就是包产到户的形式。这年3月，安徽省委作出决定，在全省普遍实行这种生产形式。因怕被人误解说成是“单干”，他们把这种形式叫做“包产到队、定产到田、责任到人”的责任制。实行“责任田”确实很见效，能够大幅度增产，提高农民的生产积极性。当时一个干部给毛主席写的一封信，就举了这样一个生动例子：安徽太湖县徐桥实行了“责任田”，附近的宿松县没有实行。徐桥嫁到宿松县的姑娘们三五天跑回娘家一趟，为的是多吃几餐饱饭，回去还要带些粮食走。做母亲的叹息道：“唉，你们宿松县不实行责任田，真急人。”

但是，对这种受欢迎的责任制形式，中央和华东局的态度是不明确的。安徽省委书记曾希圣同志向华东局柯庆施同志汇报，柯的态度暧昧，说这个办法不要推广，可以试验。1961年2月，柯庆施同志去安徽，途经全椒县古河镇，几位老农当面提出要求实行“责任田”，并问：“为什么不相信我们？”3月10日，在广州中央工作会议华东组会上，曾希圣同志介绍了这种办法，大家一般地表示“试验可以，推广值得考虑”。

曾希圣同志于3月15、16日向毛主席汇报这个问题时，毛主席说：“你们试验嘛！搞坏了检讨就是了。”曾立即打电话告诉省委：

“现在已经通天了，可以搞。”广州会议尚未结束，毛主席又通过柯庆施同志转告曾希圣同志说：可以在小范围内试验。3 月 20 日，曾希圣同志又给毛主席并少奇、恩来、小平、彭真、庆施同志写信，如实分析了实行“责任田”的好处和坏处，认为好处明显大于坏处。毛主席未表态。1961 年 7 月，曾又赶到蚌埠向毛主席汇报，毛主席勉强说了一句：“你们认为没有毛病就可以普遍推广。”到了这年 12 月，毛主席思想上起了变化，认为农村实行以生产队为基本核算单位以后，这是最后的政策界限，不能再退了。他在无锡，把曾希圣同志找去，用商量的口气说：生产恢复了，是否把“责任田”这个办法变过来。曾希圣同志提出：群众刚刚尝到甜头，是否让群众再搞一段时间。

1962 年初，曾希圣同志在“七千人大会”上因安徽在“大跃进”中刮“五风”严重而受到批判，也把实行“责任田”作为一个问题提出来进行批判，说他搞“责任田”是“犯了方向性的严重错误”，“带有修正主义色彩”。他被撤了职。新省委作出改正“责任田”的决定，认为“责任田”“在方向上是错误的，与中央提出的《六十条》和关于改变农村人民公社基本核算单位问题的指示是背道而驰的”，要求在 1962 年内大部分改过来，1963 年扫尾。

至此问题并没有解决。因为“责任田”是一种联产计酬的生产责任制，适应农村生产力的发展要求和广大农民的需要，有强大的生命力，广大农民群众不愿意改变。1962 年 6 月 14 日，中央农村工作部副部长王观澜同志致函邓子恢同志并转谭震林同志说：安徽群众“特别强烈要求的”，是“‘责任田’三年不变，人大代表李有安(劳模)甚至代表群众说话，提出三年又三年不变”。6 月，李富春同志也致函少奇、小平并书记处诸同志，说他本月 16 日途经安徽一些地方，看到农民生活好了，没有浮肿病和逃荒要饭的了。同农民谈话，农民都说：“实行包产到户好，积极性比过去高了”，“现在自己种自己收，多种就多收，多收就多吃”。6 月 29 日，他还致函正在湖南农村和田家英同志一起做调查工作的梅行同志说：农业问题恐需“在政策上要活些，要以退为进”。

1962 年 4 至 7 月，中央的一些领导同志对这个问题思考甚多。

(1)邓子恢同志的主张。他很早就重视在农业合作社建立生产责任制的问题,同时他是主张巩固集体经济,反对单干的。1962 年上半年,安徽强行纠正"责任田"。4 月初,宿县符离区委书记给邓子恢同志写信反映群众的意见,认为"责任田"坚持"五统一",就是坚持了土地等主要生产资料集体所有的原则,方向是正确的。这封信引起了邓子恢同志的重视,他让中央农村工作部派工作组去安徽一些县做调查。6 月中旬和 7 月 18 日,工作组先后给他发来《当涂县责任田的情况调查》、《宿县王楼公社王楼大队实行责任田的情况》、《宿县城关区刘合大队实行包产到户责任田的情况调查》。这些材料都是肯定"责任田"的,认为是"在集体农业生产的经营管理上找出了一条出路",群众说:"越干越有奔头,最好一辈子不要再变"。

在 5 月中央工作会议上,邓子恢同志赞成在有些地区适合搞包产到户的就让农民搞。5 月 24 日,他给党中央、毛主席写了《关于当前农村人民公社若干政策问题的意见》,主张给农民多一点"小自由、小私有",强调建立生产责任制是"今后搞好集体生产、巩固集体所有制的根本环节"。5 月底至 7 月中旬,邓子恢同志还先后应邀在军委总后勤部、解放军政治学院、中央高级党校等单位作过多次长篇报告。这些报告分析了在三年困难时期,粮食产量连续下降,农村元气大伤的原因是:所有制变动太大、分配上搞平均主义、瞎指挥、经营管理没有上轨道、干部中存在特殊化作风、工农业发展比例失调等。他详细比较了个体经济、集体经济的优缺点,结论是集体经济的优越性大。但是因为经营管理没做好,优越性没有发挥出来。因而,他主张除固定所有制、做好经济工作以外,主要是搞好经营管理,也就是"必须要有严格的责任制"。他主张搞联产计酬的包产到户。他说:"农活生产责任制不和产量结合是很难办的。因此有的地方包产到户,搞得很好,全家起早摸黑都下地了。"他认为,不能把"包产到户"说成是单干,因为"土地、生产资料是集体所有,不是个体经济"。7 月 2 日,安徽宿县符离区党委全体同志又给邓子恢同志并党中央寄来《关于"责任田"问题的汇报》,列举了七条理由证明"责任田"方向是对的,列举了十个变化说明它确实好。

在这种情况下，邓子恢同志坚信“责任田”的办法是正确的，决心把中央农村工作部的调查材料和安徽来信都送给毛主席看。农村工作部的同志劝他暂时缓一缓，等中央态度明朗以后再说。他毫不含糊地说：应该实事求是地向中央陈述意见。共产党员时时刻刻想到的是老百姓的利益，不怕丢“乌纱帽”。

在我们党内，邓子恢同志对农业、农村和农民问题是非常了解和深有研究的一位老同志。在那些年，我们常常可以听到看到他在这方面的一些真知灼见。更可贵的是，他能够始终如一地坚持党的实事求是的原则，如实地反映农村情况，如实地陈述自己对农村问题的看法，只要事实证明他的看法是合乎农民群众的要求和愿望的，他就毫不动摇地加以坚持，不管别人怎么看，不管是否受到批评，也不管是否丢掉“乌纱帽”。其识其胆，我以为是足堪激励同辈，鞭策后人的。

(2)中央几位领导同志对田家英同志湖南调查结果的不同态度。“七千人大会”后，毛主席南下，派秘书田家英同志率调查组到湖南农村调查如何尽快恢复农业生产问题。田家英同志在 1961 年的广州会议上，是不赞成安徽等地包产到户的做法的。1962 年三四月份，他率调查组来到湖南韶山南岸生产队、毛主席的外祖家棠佳阁生产队、湘乡县大坪大队和少奇同志故乡宁乡县炭子冲大队，经过两个多月深入调查，发现农民对包产到户呼声极高，过去搞“大呼隆”，大家责任心不强，误工、不出活、农活质量低、干部开销大，因而粮食产量从 1955 年开始到 1961 年几乎连年下降。农民对这种状况很不满意，强烈要求工作组“帮个全忙，把田分到户”，中央“只应当大家，莫当小家”，“小家让农民自己去当”。田家英同志深受感染，态度也发生了转变，赞成农村可以搞包产到户。

田家英同志到上海去汇报，陈云同志称赞他“观点鲜明”。他向毛主席汇报群众欢迎包产到户，而毛主席认为“包产到户”是一种后退，反映了落后群众的要求，并说：我们是要走群众路线的，但有的时候，也不能完全听群众的，比如要搞包产到户就不能听。田家英同志又回到湖南做了一段时间的调查研究，7 月初回北京，田家英同志又向少奇同志汇报，少奇同志说：要使包产到户合法起来，可以把调查得出的结论在“秀才”中间酝酿。他向小平同志汇报时，小平同志很明确地表示：赞成。7月上旬，毛主席从邯郸回到北京，田家英同志被召见。田表示：全国各地出现包产到户、分田到户，与其自发地搞，不如有领导地搞，全国农村可以60%的搞包产到户，40%的仍集体统一经营、统一分配。当时毛主席没有答理。后来在八届十中全会上，因为这一条，田家英同志也一再受到批评。

(3)邓小平同志的意见。6月下旬，中央书记处听取华东局农村办公室汇报，华东局认为安徽搞“责任田”就是单干，是方向性错误。会上赞成和反对的各占一半。小平同志说：在农民生活困难的地区，可以采取各种办法，安徽省的同志说，“不管黑猫黄猫，能逮住老鼠就是好猫”，这话有一定的道理。“责任田”是新生事物，可以试试看。7月7日，小平同志在接见出席共青团三届七中全会全体同志的讲话中，主张使包产到户合法化。他说：

> 生产关系究竟以什么形式为最好，恐怕要采取这样一种态度，就是哪种形式在哪个地方能够比较容易比较快地恢复和发展农业生产，就采取哪种形式；群众愿意采取哪种形式，就应该采取哪种形式，不合法的使它合法起来。……刘伯承同志经常讲一句四川话：“黄猫、黑猫，只要捉住老鼠就是好猫。”……现在要恢复农业生产，也要看情况，就是在生产关系上不能完全采取一种固定不变的形式，看用哪种形式能够调动群众的积极性就采用哪种形式。……现在要冷静地考虑这些问题。过去就是对这些问题考虑得不够，轻易地实行全国统一。有些做法应该充分地照顾不同地区的不同条件和特殊情况，我们没有照顾，太轻易下决心，太轻易普及。(《邓小平文选》第1卷，第323—324页)

(4)陈云同志的意见。1962年春夏之交，陈云同志在上海、杭州。他看了安徽“责任田”的材料，认为是非常时期必须采取的办法。他打算向毛主席进言。7月初回京，与几位常委同志交换意见，看法基本一致。7月6日，他给毛主席写信说："对于农业恢复问题的办法，我想了一些意见，希望与你谈一谈，估计一小时够了。我可以走路了，可以到你处来。"毛主席从邯郸回来，当夜就约陈云同志谈话。陈云同志阐述了个体经营与合作经济在我国农村相当长的时期内还要并存的问题。当前要注意发挥个体生产积极性，以克服困难。当时毛主席未表态。第二天传出，毛主席很生气，严厉批评说："分田单干"是瓦解集体经济，是修正主义。陈云同志闻讯沉默不语。北戴河会议初期，他写信给小平同志并转毛主席，说明因身体状况不好，要求请假，并表示："7月24日《关于巩固人民公社集体经济、发展农业生产》的决定草案，我已看过，我完全同意中央作这样一个决定。"陈云同志未参加八届十中全会的全过程。

1962年7月上旬，毛主席从邯郸回来，主意已定，对邓子恢、田家英同志主张"包产到户"(他认为这就是"单干")十分反感，对少奇、陈云、小平同志没有抵制甚至赞同也不满意。9、10、11日连续三天下午他分别把河南的刘建勋、耿其昌同志，山东的谭启龙同志，江西的刘俊秀同志召来北京商谈农村工作问题。针对各地出现"包产到户"，他提议以党中央名义起草一个关于巩固人民公社集体经济、发展农业生产的决定，改由陈伯达主持，不让田家英同志参与其事。毛主席后来在北戴河会议上说：为什么搞这么一个文件，讲巩固集体经济呢？就是因为现在这股闹单干的风，越到上层风就越大。毛主席态度明确以后，大家不能不跟着转变态度。7月18日，少奇同志在对下放干部的讲话中，专门讲了巩固集体经济问题，批评包产到户，批评从高级干部到基层干部"对集体经济的信念有所丧失"。7月17日，文件初稿拿出，7月19日、20日，由陈伯达主持，在中南海怀仁堂召开有各大区书记参加的起草委员会会议，座谈这个决定。会上对包产到户取否定态度。柯庆施同志发言说：现在看，单干不行，这个方向必须批判。刘澜涛同志发言介绍了西北局围绕"包产到户"展开争论的情况。陶铸、王任重同志曾到广西龙胜县调查座谈过包产到户问题，毛主席对他们的"座谈记录"评价甚高，认为"分析是马克思主义的，分析之后所提出的意见也是马克思主义的”。陶铸同志发言还是坚持划清单干与集体的界限，认为在单门独户、分散居住的地方可以搞包产到户。

中央的决定发下去后，各省、市、自治区和各部委写出61篇讨论的“书面报告”，基调是批评包产到户，但也有的发表了赞成包产到户的意见。北戴河会议初期的讨论也大体如此。

8月5、6日，毛主席在北戴河会议讲话后，形成了一边倒，对“单干风”（实际是包产到户）进行严厉批判。8月5日，毛主席说：一搞包产到户，一搞单干，半年的时间就看出农村阶级分化很厉害。有的人很穷，没法生活。有卖地的，有买地的，有放高利贷的，有娶小老婆的。8月6日，毛主席讲话强调：还是到社会主义，还是到资本主义，农村合作化还要不要？还是搞分田到户、包产到户，还是集体化？主要就是这样一个问题。8月9日，在中心小组会上，毛主席又插话说：单干从何而来？在我们党内有相当数量的小资产阶级成分，包括许多农民，其中大部分是贫农和下中农，有一部分富裕中农家庭出身的，或者本人就是富裕中农，也有地富家庭出身的，也有些知识分子家庭，是城市小资产阶级出身，或者是资产阶级子弟。另外，还有封建官僚反动阶级出身的。党内有些人变坏了，贪污腐化，讨小老婆，搞单干，招牌还是共产党，而且是支部书记。这些人很明显，把群众当奴隶。有些同志马克思主义化了，化的程度不一样，有的化得不够。我们党内有相当多的同志，对社会主义革命缺乏精神准备。

批“单干风”重点是批评邓子恢同志。会上把他夏天的几次报告和安徽省太湖县委宣传部一位同志给毛主席写的《关于保荐责任田办法的报告》都拿来批判。会上说邓子恢同志在困难面前发生动摇，是代表富裕农民阶层搞资本主义农业的要求。8月12日，毛主席在一个文件上批示，严厉批评邓子恢同志“动摇了，对形势的看法几乎是一片黑暗，对包产到户大力提倡。这是与他在1955年夏季会议以前一贯不愿搞合作社；对于搞起来了的合作社，下令砍掉几十万个（实际上，那次整顿，只减少了两万多个合作社。——一波注），毫无爱惜之心；而在这以前则竭力提倡四大自由，所谓‘好行小惠，言不及义’，是相联系的”。“他没有联系1950年至1955年他自己还是站在一个资产阶级民主主义者的立场上，因而犯了反对建立社会主义集体农业经济的错误”。这种批评显然是不对的。9月25日，董必武同志在八届十中全会讲话谈到“单干风”时，毛主席又插话说：邓子恢同志曾当面和我谈过保荐责任田，我跟他谈了一个半钟头的话，我就受了一个半钟头的训，不是什么谈话，是受他的训。接着，毛主席问道：邓子恢同志还跟别的同志谈了没有？少奇、恩来同志不得不进行解释。毛主席多次说到建议可以，但不能采纳。话中隐含着批评少奇等同志没有抵制包产到户的意见。他在会上还多次批评田家英同志60%的包产到户、40%搞集体的主张；批评中央农村工作部搞资本主义，邓子恢同志是“资本主义农业专家”。这一天，我在会上也发了言，虽然主要谈的是工农业关系问题，但在开头的表态中，我对邓子恢同志也是作了不恰当的批评的。随后，中央撤销了邓子恢同志任部长的中央农村工作部，调他任国家计委副主任。

1981年3月，党中央为邓子恢同志平了反。十一届三中全会以后，包产到户、联产计酬的承包责任制在我国农村普遍实行，发挥了巨大威力，是适合于我国农村当前生产力水平的一项最重要的改革。今天回过头去看，八届十中全会批判所谓“单干风”的做法是不对的。第一，对包产到户的性质弄错了。各种形式的生产责任制，包括包产到户，克服了吃大锅饭的弊端，带动了生产关系的调整，纠正了农业生产经营管理方面长期存在的缺点，深受农民群众欢迎。它本质上仍然是集体经济，只是分户经营，联产计酬，多劳多得，是把集体经济的优越性与农民分户经营的积极性统一起来的较好方式。可是，八届十中全会把包产到户说成是“单干”，把“单干”说成是搞资本主义，这就把事物的性质弄错了。第二，片面追求经营管理上的单一模式。我在前面引的小平同志的那段话，讲得很深刻。多少年来，误认为只有集中生产资料、集中劳动、平均分配，才是社会主义。实际上，应该根据不同地区不同条件，按群众的愿望，采取不同的管理形式。凡是有利于发展生产的，就应该采取。强迫推行单一模式，对发展生产不利，甚至造成破坏。第三，动辄把生产经营管理上的问题上纲到两个阶级、两条道路斗争的高度去分析。1962年的批判，不是从农村的生产力水平和农民群众的要求等实际情况出发，而是从“一大二公”之类的原则出发。以为只有符合这些原则才是社会主义，稍有变更就认为是搞“资本主义”。到底根据什么来判断是非呢？小平同志1992年在视察南方的谈话中，提出了判断的标准，这就是主要看是否有利于发展社会主义社会生产力，是否有利于增强社会主义国家的综合国力，是否有利于提高人民的生活水平。这才是唯一正确的客观标准。

（四）为何发生对“翻案风”的批判

我在本书第30篇已谈到1959年庐山会议对彭德怀等同志的批判和处理。在调整政策，为“反右倾”中被错误批判、打击的干部和群众进行甄别平反的过程中，由于毛主席坚持认为庐山会议没有错，问题只是不该传达到县以下，彭德怀同志的问题仍没有得到平反。在1962年1月召开的“七千人大会”上，少奇同志在讲话中说：1959年7月14日，彭德怀同志给主席写信反映意见，“信中所说到的一些具体事情，不少还是符合事实的”，“一个政治局委员向中央主席写一封信，即使信中有些意见是不对的，也并不算犯错误”。那么，为什么要批判他？为什么要肯定“这场斗争是完全必要的”呢？少奇同志列举了四点理由：一是在党内有一个小集团，是高、饶反党集团的主要成员。毛主席插话补充说，彭和高岗，实际上的领袖是彭；二是彭和高“都有国际背景”，“同某些外国人在中国搞颠覆活动有关”；三是阴谋篡党，背着中央在党内进行派别活动；四是他1959年的信早不写、晚不写，恰在他率军事代表团出访几个月回来后急急忙忙写，是以为时机已到，利用工作中的缺点错误向党进攻。

彭德怀同志没有参加“七千人大会”。会前三天（1月7日），他给中央办公厅主任杨尚昆同志写信说：“六日午前，中央办公厅同志电话通知十日参加扩大会议，烦请代我请假。一、二月拟继续读哲学和政治经济学，三月去太行山区，四月去冀南区各调查一两个大队。”后来当他知道会上再次受到了批判，他不得不进行辩解和申诉。1962年6月16日，他向毛主席和党中央交了一封很长的申诉信(即所谓“八万言书”)。

这封信共分五个部分，大体上是围绕少奇同志在“七千人大会”的讲话中对他的批评来写的。第一部分，他与黄克诚、张闻天、周小舟等人之间是同志关系，没有什么不可告人的秘密，不存在“阴谋篡党”的问题；庐山会议上，他对一些问题的看法，曾在会前和会中都讲过，不存在等待时机问题。第二部分，回顾同高岗、饶漱石的接触和来往情况，承认听到高岗议论少奇同志，没有及时向中央报告，是不对的，但决不存在“彭、高联盟”。第三部分，回顾1936年至1958年之间，九次同外国人的接触，每次同外国人谈话，都有翻译和外交人员在场，有案可查，不存在“同某些外国人在中国搞颠覆活动”的问题。第四部分，回顾他本人入党、平江起义、上井冈山、长征、抗日战争等情况。第五部分，针对有人说他执行了资产阶级军事路线，他说：自己在主持中央军委日常工作期间，在建军原则、领导制度、战略方针、民兵制度等方面，都是遵循党中央、毛主席的原则办事的，“不能得出什么‘资产阶级军事路线’的结论”。他特别申明，说他阴谋篡党和有国际背景，“实在腹怀委屈”，是莫须有的罪名，如果发现事实确凿，他宁愿“按以叛国论罪，判处死刑无怨”。

8月22日，北戴河会议结束前两天，他再次给毛主席和党中央写信，重申不存在反党小集团篡党和同外国人在中国搞颠覆活动的问题。他说：“我带着苦闷的沉重的心情，再次请求对我所犯的错误，进行全面的审查，作出正确的处理。”

两封信送上去以后，被认为这是彭德怀同志利用当前国际阶级斗争激烈的形势和国内发生了困难而闹翻案，是根本否认他1959年所犯的错误，根本否认“反党集团”问题，是向党进行的新的进攻。在北戴河会议期间，毛主席就已多次在讲话、插话中批评彭德怀同志。8月5日，毛主席说：59年反右倾斗争，大多数是搞错了。彭德怀要翻案、要求平反，我看59年反右倾不能一风吹。8月11日，毛主席在中心小组会上说：不是东风压倒西风，就是西风压倒东风，彭德怀写信，把过去说的统统推翻。8 月 13 日又说：我们只坚决反对背后捣鬼的，不怕搞阳谋的。9 月 24 日，毛主席在八届十中全会上又说：近来有股平反之风，无论什么都要平反，那也是不对的。我们的方针应当是：真正搞错了的，要平反；部分搞错的，部分平反；没有搞错，搞对了的，不能平反。这里说的没有搞错，不能平反，就是针对彭德怀同志说的。

彭德怀同志 8 月 22 日的信发出以后，一些同志认为，这是逼着中央全会来讨论他的问题，是向中央挑战。在八届十中全会前的预备会议上，9 月 3 日毛主席曾召集小范围会议，布置要把彭的两封信拿到全会各小组会上讨论。一直到全会结束，小组发言，大会发言，都充满了对彭德怀同志的批判。黄克诚、张闻天、周小舟、谭政、邓华、甘泗淇、洪学智等同志，也都一一检讨和受到批评。

这次批彭，声势也是很大的，不亚于 1959 年庐山会议那一次。批判主要集中在这样几个方面：彭写此信是 1962 年夏天刮的“翻案”阴风，是配合“三尼”（当时把肯尼迪、尼基塔·赫鲁晓夫、尼赫鲁和铁托简称为“三尼一铁”公司。——一波注）反华，利用我们暂时的困难，向党发起新的进攻，100 多页信纸里面埋的是“炸弹”，是反党纲领；彭一贯反对毛主席，一贯支持、执行错误路线，是“野心家、阴谋家”；不但是彭、高联盟，而且在六届五中全会上，彭就被选为中央委员，认识了王明，因而，中国的反党集团，不是一个小集团，而是大集团；算历史旧账，说彭参加革命是来“入股”，是资产阶级民主派，极端个人主义，用资产阶级世界观改造党，在历史上屡犯错误；说彭德怀同志是“里通外国”，是“国际反动别动队”。陈伯达则从“理论”高度强调：“在社会主义制度下，也会出现张邦昌、石敬塘。”就这样，发言者都把“信”上升到敌对分子搞篡党夺权阴谋的高度去批判。9 月 24 日，八届十中全会召开的第一天，康生就提议，被列为审查对象的彭德怀等五位同志不必要再出席全会，国庆节也不上天安门。9 月 27 日，中央全会正式通过组成对彭德怀同志的专案审查委员会，进一步进行审查。到 1965 年，毛主席亲自和彭德怀同志谈话，派他到西南领导三线建设。在“十年动乱”中，他被林彪、江青反党集团派人从西南抓回北京批斗，迫害致死。1978年12月，党的十一届三中全会坚持实事求是、有错必纠的原则，审查、纠正了对彭德怀同志的错误结论。12月24日，在北京隆重举行了彭德怀同志追悼会，邓小平同志代表党中央致悼词。悼词回顾了彭德怀同志光辉的革命历程，给他作了全面、公正的评价，为他恢复了名誉。悼词说：

> 彭德怀同志是我党的优秀党员、老一辈无产阶级革命家，……是我们党、国家和军队的杰出领导人，曾担任过党政军的许多重要职务。他具有很强的组织领导能力和军事指挥才能。
>
> 彭德怀同志在近半个世纪的革命斗争中，在伟大导师毛泽东同志的领导下，南征北战，历尽艰险，为中国革命战争的胜利，为人民军队的成长壮大，为保卫和建设社会主义祖国，作出了卓越的贡献。他的一生，是革命的一生，是忠于党、忠于人民的一生。他的不幸逝世，是我党我军的重大损失。
>
> 彭德怀同志热爱党，热爱人民，忠诚于伟大的无产阶级革命事业。他作战勇敢，耿直刚正，廉洁奉公，严于律己，关心群众，从不考虑个人得失。他不怕困难，勇挑重担，对革命工作勤勤恳恳，极端负责。彭德怀同志是国内和国际著名的军事家和政治家，一直受到广大党员和群众的怀念和爱戴。

在预备会议批判彭德怀同志所谓“翻案风”的过程中，又发生了围绕小说《刘志丹》（上册送审样书）而引起的政治批判。小说初稿写出来以后，作者请当年担任过陕甘苏维埃政府主席、刘志丹的战友习仲勋及其他有关同志审阅。习仲勋同志认为小说没有写好，于1960年春天，两次约作者谈了自己对书稿的意见。1962年夏天，出版社印出了送审样书。

应该指出，小说作者的创作态度是不够严肃的，作品本身是有缺点或错误的（至于1984—1985年出版的三卷本《刘志丹》涉及的政治领域中的是非问题，中央领导同志已明确指出，这里就不再赘述了）。因此，曾参加过陕甘边和陕北革命斗争的老同志中，有的对它提出批评，这本来是很正常的。可是康生却别有用心，认为小说“带有政治倾向性”、“为什么要在这个时候来宣传高岗”，硬说这是一部“为高岗翻案”的反党小说，立即要中宣部通知各报刊不准发表。于是，会议就把它作为“翻案风”的例证进行批判。

9月中旬开始，各组在批彭的过程中对小说《刘志丹》也展开了批判。在批判中，又错误地把曾经参加过西北地区革命斗争的习仲勋、贾拓夫、刘景范等同志打成“反党集团”，而且还升级为“彭、高、习反党集团”、“西北反党集团”，说小说就是他们的“反党纲领”。9月24日，毛主席在八届十中全会上讲话时，康生递了一张条子说：“利用小说进行反党活动，是一大发明。”毛主席在会上念了这张条子，接着说：近来出现了好些利用文艺作品进行反革命活动的事。用写小说来反党反人民，这是一大发明。凡是要推翻一个政权，总要先造成舆论，总要先做意识形态方面的工作。不论革命、反革命，都是如此。毛主席后来说过：利用小说反党，是康生发现的。9月27日，全会决定成立审查习仲勋等同志的专案审查委员会，由康生负责。这个专案审查一直到“文化大革命”开始时尚未结束。“文化大革命”中，继续对这些同志进行审查、迫害。

对小说《刘志丹》(上册送审样书)当然可以进行批评，但全会上把它作为“翻案风”进行政治批判，进而把习仲勋、贾拓夫、刘景范等同志打成“反党集团”，则是康生制造的一起大错案。1980年2月25日，中共中央发出《关于为所谓“习仲勋反党集团”平反的通知》。《通知》说：

> 习仲勋、贾拓夫、刘景范同志都不存在所谓反党问题，他们之间是工作关系和同志关系，所谓“习仲勋反党集团”，纯属不实之词。这三位同志自一九六二年以后长期受批判、审查，文化大革命运动中被关押多年，是康生等人蓄意制造的一起冤案。
>
> 习仲勋、贾拓夫、刘景范同志参加革命几十年来，为党为人民做了大量的工作，对革命是有贡献的。强加给他们的反党罪名应予推倒，彻底平反，恢复名誉。一九六二年以后审查他们所形成的一切诬蔑不实的结论意见和材料，应予否定。对因所

谓“习仲勋反党集团”问题受到株连迫害的干部和群众，均应予以平反，恢复名誉。

（五）重新强调阶级斗争及其失误

从北戴河会议开始，最初的意图是要解决如何巩固集体经济，反对“包产到户”的问题。会议召开一个多星期后，毛主席认为，不抓普遍的问题，只抓具体问题，会议展不开。注意观点和分析不够，有点沉闷。现在需要务虚。离开阶级斗争就不能说明问题。不讲阶级、阶级斗争，就没劲了。就是说，需要用阶级分析的方法去观察这些问题。于是，毛主席在会上多次专门讲阶级、形势和矛盾问题，重新强调阶级斗争。

所谓重新强调阶级斗争，是相对1957年党的八届三中全会和1958年党的八大二次会议说的。这两次会议改变了八大关于社会主要矛盾的论断，认为无产阶级同资产阶级、社会主义道路同资本主义道路的矛盾仍然是社会主义社会的主要矛盾。从那以后，虽然1959年庐山会议曾把党内斗争夸大为两大对抗阶级的生死斗争，但比较集中地谈论阶级斗争问题，还是这一次。

毛主席把社会主义时期的阶级矛盾、阶级斗争扩大化、绝对化了。他在几次讲话中都问道：在社会主义国家究竟还存在不存在阶级、阶级斗争？8月5日，毛主席说：我看还有。地主、富农、反革命残余都还存在。既然阶级存在，就要出反革命，而他们总是想复辟的。8月6日，毛主席说：外国有些人说，没有阶级了，听说国内也有人这样讲。有人听到国内还有阶级存在，就感到吃惊。8月9日，他说：只要有阶级、阶级斗争，一万年也要搞，哪有有阶级不进行阶级斗争的？9月24日，毛主席再次强调说：在社会主义国家，要承认阶级和阶级斗争的存在，老干部要好好研究，要在中层干部、基层干部，特别是青年人中进行教育，我们必须从现在就讲起，年年讲，月月讲，开一次中央全会就讲，开一次大会就讲，使全党提高警惕，使我们有一条比较清醒的马克思列宁主义的路线。应该说，在我国1956年生产资料私有制的社会主义改造基本完成后，无产阶级和资产阶级的矛盾已经基本解决了。当然，由于国内的因素和国际的影响，阶级斗争还将在一定范围内长期存在，在某种条件下还可能激化。这是无疑问的。问题是，毛主席把这种一定范围内存在的阶级斗争现象扩大化、绝对化，看成是普遍现象了。

毛主席对资产阶级"复辟"问题，警觉性很高。9月24日，他引用列宁在十月革命刚胜利不久的一段话，说明"复辟"的危险是长期存在的。9月26日，少奇同志讲话提出谁胜谁负的问题还没有解决。毛主席插话说：法国、英国资产阶级革命，都有过三四次贵族复辟。英、法资产阶级革命经过多次复辟和反复辟的斗争，这没有错。问题出在毛主席把当时在党内开展的不正常斗争，也说成是反"复辟"的斗争了。

为了说明阶级斗争是普遍存在的，8月5日毛主席说：农村当中还有富裕阶层，阶层之间存在着两类矛盾，一是对抗性的敌我矛盾，一是无产阶级和资产阶级、社会主义和资本主义之间的矛盾。农村现在主要是阶层之间的矛盾，即贫农和富裕农民之间的矛盾，农村富裕阶层是反革命想复辟的"助手"。显然，这种说法是不科学的。因为在社会主义阶段，只能实行按劳分配的原则，由于劳动者的劳动数量和质量不同，在社会分配上，任何时候都会存在一定差异的。如果把这些也看成是阶级斗争，那么，阶级斗争将永无终止。

毛主席把当时党内存在的问题看得过于严重是导致阶级斗争扩大化、绝对化的又一个重要根源。毛主席当时虽然重视社会上"阶级斗争"的各种现象，但是他认为，反革命有是有，已不很多，无非是"一个游鱼三个浪"。他把主要注意力放在党内出修正主义的问题上。8月13日，毛主席在北戴河会议的一次插话中说：在中国一定不出修正主义？这也难说。儿子不出，孙子出，不过不要紧，孙子出了修正主义，孙子的孙子一定会出马列主义。按辩证法，事物总是要走向它的反面，我们也不一定不走向它的反面。9月24日，毛主席说，我们除了在国际上同"帝、修、反"的矛盾外，在国内也还有人民群众同修正主义的矛盾。我们过去叫它做右倾机会主义，现在看，恐怕以改一个名字为好，叫中国的修正主义。这次会上，他着重讲的就是怎样对待国内和党内的修正主义的问题。实际上,他在这里所说的修正主义,在很大程度上,是冲着1962年上半年的“三风”(即党内认识分歧)说的。在阶级社会里,党内斗争一般来说是阶级斗争和新旧事物矛盾在党内的反映。在社会主义社会,阶级斗争只在一定范围内存在,党内矛盾主要是认识问题。当然,不能排除社会上一定范围内的阶级斗争在党内也会有某些反映。但如果把党内存在的认识上的分歧和不同意见随意说成修正主义、阶级斗争,势必混淆两类不同性质的矛盾,造成党内斗争扩大化的错误,破坏党内民主生活,导致在政治上犯错误。

毛主席的上述关于社会主义时期阶级斗争的观点,集中反映在经过他反复修改和最后审定的八届十中全会公报的一段话里。公报说:

> 在无产阶级革命和无产阶级专政的整个历史时期,在由资本主义过渡到共产主义的整个历史时期(这个时期需要几十年,甚至更多的时间)存在着无产阶级和资产阶级之间的阶级斗争,存在着社会主义和资本主义这两条道路的斗争。被推翻的反动统治阶级不甘心于灭亡,他们总是企图复辟。同时,社会上还存在着资产阶级的影响和旧社会的习惯势力,存在着一部分小生产者的自发的资本主义倾向,因此,在人民中,还有一些没有受到社会主义改造的人,他们人数不多,只占人口的百分之几,但一有机会,就企图离开社会主义道路,走资本主义道路。在这种情况下,阶级斗争是不可避免的。这是马克思列宁主义早就阐明了的一条历史规律,我们千万不要忘记。这种阶级斗争是错综复杂的、曲折的、时起时伏的,有时甚至是很激烈的。这种阶级斗争,不可避免地要反映到党内来。国外帝国主义的压力和国内资产阶级影响的存在,是党内产生修正主义思想的社会根源。在对国内外阶级敌人进行斗争的同时,我们必须及时警惕和坚决反对党内各种机会主义的思想倾向。

这段话,毛主席曾作过两处较大的修改。9月26日上午,在“在无产阶级革命和无产阶级专政的整个历史时期”之后，加写了“在由资本主义过渡到共产主义的整个历史时期(这个时期需要几十年，甚至几百年)”，下午又把括号内的“甚至几百年”几个字改为“甚至更多的时间”。在“存在着……这两条道路的斗争”之后，加写了“被推翻的反动统治阶级不甘心于灭亡(虽然只是一小撮人)，他们总是企图复辟。同时，社会上还存在着资产阶级的影响和旧社会的习惯势力，存在着一部分小生产者的自发的资本主义的倾向，因此，在人民中，还有一些没有受到社会主义改造的人，他们人数不多，只占人口的百分之几，但一有机会，就企图离开社会主义道路，走资本主义道路。在这种情况下，阶级斗争是不可避免的。这是马克思列宁主义早就阐明了的一条历史规律，我们千万不要忘记”。后又把括号内的几个字去掉了，就成了公报公布的这段话。

这段话的中心意思就是“告诫”人们，“千万不要忘记阶级斗争”，不要忘记党内产生修正主义的危险。这段话后来成为“十年动乱”中概括出来的“无产阶级专政下继续革命的理论”和“路线”的主要依据。1981年《关于建国以来党的若干历史问题的决议》指出：“在1962年9月的八届十中全会上，毛泽东同志把社会主义社会中一定范围内存在的阶级斗争扩大化和绝对化，发展了他在1957年反右派斗争以后提出的无产阶级同资产阶级的矛盾仍然是我国社会的主要矛盾的观点，进一步断言在整个社会主义历史阶段资产阶级都将存在和企图复辟，并成为党内产生修正主义的根源。”我认为，这个分析是完全正确的。

毛主席把阶级斗争问题提到这样的高度，是有其历史原因的。国际上，从1960年起，我们党认为苏联出了修正主义，考虑如何“反修防修”问题甚多。1962年四五月间，苏联直接插手酿成了新疆伊犁暴乱、塔城等三县边民外逃等事件，还暗中支持有的国家在我边界地区挑起冲突。我国海峡两岸局势也很紧张。蒋介石集团叫嚷要“反攻大陆”。美国曾不断派遣间谍飞机侵犯我内陆(包括北京)领空。国内一定范围内的阶级斗争，比如敌对分子的破坏活动和严重经济、刑事犯罪活动等，表现得也比较激烈。更主要的是，毛主席把党内认识上的分歧也看成了严重的阶级斗争。毛主席强调阶级斗争，很快为全党所接受。从预备会议到八届十中全会，大家都发言表示拥护毛主席的观点，认为“毛主席提出的这些问题，在长时期内，一直到消灭阶级都是管用的”。这说明，当时存在的“左”倾思潮不是偶然的，不是个别人的责任，而是全党性的思想认识问题。

尽管八届十中全会把阶级斗争提到这样的高度，有鉴于 1959 年庐山会议的教训，少奇同志在 8 月 20 日北戴河中心小组会上和 9 月 26 日在全会讲话中都提议：会议精神的传达应该有个范围，不向下面传达，免得把什么都联系到阶级斗争上来分析，也免得把全党的力量都用去对付阶级斗争。毛主席在 9 月 24 日的讲话中也讲到：要分开一个工作问题，一个阶级斗争问题，决不要因为对付阶级斗争而妨碍了我们的工作。要把工作放到第一，阶级斗争和它平行，不要放在很严重的地位。当天下午，在陈伯达发言时，毛主席又插话说：庐山会议以后，又有国外修正主义的干扰，以至于 1959 年下半年，1960 年差不多整个一年，我们的精力就是对付那方面去了。这一次，不管国际国内发生什么事，我们要任凭风浪起，稳坐钓鱼船。国内也好，国际也好，只有那么大的事，没有什么好大的事。因此，他赞成少奇同志的提议，这次会议的精神只传达到 17 级以上干部。由于有毛主席、少奇同志的这个建议和说明，全会以后，在国民经济调整方面，还是继续贯彻执行八字方针，经济工作受的冲击不大，使国民经济的调整工作到 1965 年得以基本完成。但是，八届十中全会中断了继续纠“左”，不适当地重新强调阶级斗争，使“左”的思想和“左”的错误倾向不但没有得到纠正，反而更加泛滥开来，其消极影响确实是十分严重的，最终导致“十年内乱”的发生。即使是无产阶级的执政党，如果在理论上发生了失误，就必然会导致指导思想和实际行动上的失误，必然造成国家发展的曲折和严重社会危害。从我们党在社会主义时期阶级斗争理论上的失误，到党内“左”倾指导思想盛行和“文化大革命”灾难的酿成，就充分证明了这个沉痛的历史真理。我们应该永远牢记这个真理。

三十八　开展城乡“四清”运动

党的八届十中全会以后，毛主席为了“反修防修”、防止“和平演变”，决定在全国城乡发动一次普遍的社会主义教育运动，开展大规模的阶级斗争。农村的运动，以清理账目、清理仓库、清理财务、清理工分为主要内容，简称“四清”。城市的运动，以反对贪污盗窃、反对投机倒把、反对铺张浪费、反对分散主义、反对官僚主义为主要内容，简称“五反”。为了指导运动的开展，中央于 1963 年 5 月和 9 月，先后制定了《关于目前农村工作中若干问题的决定（草案）》（简称《前十条》）、《关于农村社会主义教育运动中一些具体政策的规定（草案）》（简称《后十条》）。随着运动的深入，中央又于 1964 年底至 1965 年初，制定了《农村社会主义教育运动中目前提出的一些问题》（简称《二十三条》），决定城乡社会主义教育运动的内容一律为清政治、清经济、清组织、清思想，通称“四清”。这场运动直到 1966 年下半年随着“文化大革命”的开展而结束，历时近四年。当时，工业交通企业的“四清”由我分管。回顾这场城乡的“四清”运动，从中找出经验教训，对于解决好党内及干部队伍中存在的问题和防止腐败现象，避免重犯阶级斗争扩大化的错误，是会有教益的。

（一）“四清”运动的由来和《前十条》的制定

对广大农村干部和群众进行社会主义教育，一直是毛主席关心的一个大问题。早在 1957 年 7 月，即反右派斗争开始后不久，他就表示“赞成迅即由中央发一个指示，向全体农村人口进行一次大规模的社会主义教育”。8 月 8 日，中央发出《关于向全体农村人口进行一次大规模的社会主义教育的指示》。1959 年庐山会议以后，中央再一次提出要在农村中进行一次社会主义教育。从1960年起，先后在农村开展“三反”（反贪污、反浪费、反官僚主义）运动和整风整社运动。1961年11月13日，中央又一次发出《关于在农村进行社会主义教育的指示》。在八届十中全会上，毛主席为了“反修防修”，突出地强调阶级斗争，再次提出要进行社会主义教育。

但是八届十中全会后，许多地方并没有立即开展社会主义教育运动。1962年冬到1963年初，毛主席外出视察工作，到了不少地方，只有湖南省委王延春同志、河北省委刘子厚同志，分别在长沙、邯郸向他汇报了这个问题。毛主席认为这个问题还没有引起全党的重视，决定在1963年2月召开的中央工作会议上，重点讨论农村社会主义教育和城市“五反”问题。

为了引起与会同志的重视，毛主席接连将湖南、河北省委关于社会主义教育和整风整社运动的两个报告批印会议讨论。2月25日在少奇同志讲话时，毛主席插话说：我国出不出修正主义，两种可能：一种可能，一种是不可能。现在有的人三斤猪肉，几包纸烟，就被收买。只有开展社会主义教育，才可以防止修正主义。2月28日，毛主席又在会上强调：“要把社会主义教育好好抓一下。社会主义教育，干部教育，群众教育，一抓就灵。”对于毛主席的这些意见，当时大家都是拥护的。

经过讨论，会议通过了《中共中央关于厉行增产节约、反对贪污盗窃、反对投机倒把、反对铺张浪费、反对分散主义、反对官僚主义运动的指示》。这个指示规定，运动只在县（团）级以上的党政军民机关、国营和合作社营企业事业单位、物资管理部门、文教部门中进行。至于在农村人民公社和县级以下的工商企业中如何开展运动，将另行安排。根据党中央的部署，中央各部和各省、市、自治区机关立即在会后组织领导干部“洗手洗澡”，开展运动。与此同时，各地农村的社会主义教育也进行试点。

会后，毛主席便着重研究农村如何开展社会主义教育的问题。1963年4月，他首先发现了东北局宋任穷同志和河南省委的报告，随后又发现了河北保定地委关于进行“四清”和邢台地委关于建立贫下中农组织的报告。4月25日，毛主席在上海对周总理说：这几个文件值得注意。不久，他又让彭真同志去上海，起草中央转发这些文件的批语。5月2日，彭真同志起草了对东北、河南两个报告的批语。毛主席亲自将批语修改定稿，肯定了两个报告中所说的做法。指出："社会主义教育是一件大事"，各地要"检查一下自己在这方面的认识和工作，检查一下是不是抓住了要点和采取的方法是否适当，查一查是否还有很多的地、县、社没有抓住这方面的工作。如果有的话(看来一定是有的)，应当在农忙间隙，在不误生产的条件下，抓住进行"，"特别要注意分步骤的方法、试点的方法和团结大多数、孤立极少数的政策"。

5月2日以后，毛主席把各中央局书记召集到杭州，举行包括部分政治局委员参加的小型会议，研究关于农村社会主义教育的文件。文件在5月2日前已由彭真同志主持写出第一稿。各大区书记到后，彭真同志和他们一起讨论、修改了两次。毛主席看了以后，觉得不够尖锐，没有提到马列主义理论的高度，于5月7日指出："可以不要那么长，短些，严肃些。要写些这样的问题，如认识不一致问题"，"要点就是阶级、阶级斗争，社会主义教育，依靠贫、下中农，四清，干部参加劳动这样一套"。5月8日，毛主席连续批印了湖南省委的两个报告和原载《中南通讯》的河南、湖北、湖南的四个文件，认为是"四个好文件"，并在会上再次讲了认识问题。5月9日，毛主席又批了浙江省七个关于干部参加劳动的材料，并写了很长的批语，强调了阶级斗争的严重性、防止修正主义的重要性以及社会主义教育的重大意义。陈伯达根据这些意见又将文件做了修改，并将毛主席对浙江省七个材料的批语放在文件的最后。5月10日，毛主席将这个稿子作了反复修改，主要是在前边加上了关于人的正确思想是从哪里来的一大段话，并将题目改为《中共中央关于目前农村工作中若干问题的决定(草案)》。毛主席批示过的20件材料，作为文件的附件。

毛主席看到与会同志对社会主义教育的认识统一了，便在11日晚的讲话中，着重强调不要性急，要搞稳一点，不要伤人过多。这样说了还不放心，一夜未睡，12 日凌晨，又把各大区书记找去，再次强调说：不要一哄而起，要准备好了再发动，要有强的领导，不打无把握之仗，并说干部行不行，好不好，“这次是一次大考哩！”

中央《关于目前农村工作中若干问题的决定（草案）》一共十条，经 5 月 18 日中央政治局会议讨论通过，5 月 20 日正式发出，后来把它称为《前十条》。

毛主席在杭州会议上的四次讲话，在这前后写的许多批语以及《前十条》，归纳起来主要有这样一些内容：(1)坚持马克思主义的认识论，深入调查研究；(2)强调阶级斗争，认为中国社会中出现了严重的尖锐的阶级斗争，有些地方社队的领导权实际上已落在地主富农分子手里，其他机关的有些环节也有他们的代理人，提出“阶级斗争，一抓就灵”；(3)防止出现修正主义。5 月 9 日，毛主席对浙江省七个材料的批语，明确提出如果不搞阶级斗争、生产斗争和科学实验，那就不要很长时间，马列主义的党就一定会变成修正主义的党，整个中国就要改变颜色；(4)充分发动群众，依靠贫下中农，建立贫下中农阶级组织和革命队伍；(5)进行“四清”，解决干群之间的矛盾，但在运动中要团结大多数，使多数人洗手洗澡，轻装上阵，退赔要合情合理。关于团结的比例，毛主席原来一般是讲 90%以上，后经周总理提示，毛主席同意改为团结 95%以上，所以《前十条》中明确提出要团结 95%以上的群众、95%以上的干部；(6)干部参加劳动，转变工作作风；(7)不要性急，要训练干部，经过试点，有领导、有步骤地进行社会主义教育；(8)开展运动的目的是要建设一个好的党、好的干部队伍和美好的社会。

可以看出，毛主席发动这场运动，目的是为了防止发生修正主义和“和平演变”，巩固社会主义制度；是为了整顿干部作风，解决干部群众之间的矛盾，把党、干部队伍和社会主义建设搞得更好。这些，是符合广大干部群众的愿望的。关于开展运动的方式方法，在原则规定上也大都是正确的。但是，这场运动是在八届十中全会关于阶级斗争要“年年讲、月月讲、天天讲”的“左”的思想理论指导下开展的，对于当时的阶级斗争形势看得过于严重了，甚至把党变修、国变色、全国发生反革命复辟看成已是面临的现实危险，这就严重脱离了当时的党内实际和社会实际。在“阶级斗争，一抓就灵”的声浪下开展大规模群众运动，势必走偏方向，混淆两类不同性质的矛盾，扩大打击面，难于达到运动预期的目的。

(二)运动的初步开展和《后十条》的制定

杭州会议以后，各地立即在一批社队进行了农村社会主义教育的试点，与此同时，城市的“五反”运动进一步展开。据中央组织部部长安子文同志后来在中央工作会议上的报告，到这年9月，中央机关的“五反”运动基本结束，其他各级机关、学校、企业以及文化卫生单位正在进行或试点。

从这一段的运动和试点情况来看，多数单位是搞得比较好的，但有些地方也发生了一些问题。早在1963年1月14日，《中央关于在社会主义教育运动中严禁打人的通知》就指出：“根据许多地区的材料反映，在农村社会主义教育运动中，有些地方发生打人和乱搞斗争等违法乱纪现象。”该通知所附的材料说，在湖南常德地区，发生了乱搞斗争、打人、乱“搜查”、重点“集训”、乱扣帽子、乱立“罚规”等现象；在湖北麻城县，也一度发生捆人、吊人、罚跪、打人等现象，据不完全统计，在11个区中共斗争了331人，其中被打的21人，被捆的65人，被吊的3人，被罚跪的42人。同年3月15日，帅孟奇同志在《关于湖南农村社会主义教育运动情况和存在问题的报告》中，也说湖南的运动虽然比历来的运动都较正常、健康，成绩也显著，但有些地方也发生了自杀、逃跑事件，以及打、跪、罚站等违法乱纪的现象。到2月底，全省已死了76人(王延春同志在报告中说97人)。另外，经济退赔面偏宽和要求偏严的现象相当普遍，有的甚至采用了“鸡下蛋，蛋孵鸡”的计算方法。

1963年5月15日到6月15日，彭真同志到河北、江西、湖南、广西、云南、贵州、四川、陕西等八省视察工作时，也发现了这方面的一些问题，7月4日向毛主席和党中央写了《有关当前农村阶级斗争、社会主义教育和四清、五反等若干问题的报告》。报告提出：要防止急躁情绪；对于上中农、工作人员中的地富和资本家子女、犯错误的干部要正确对待，防止出偏差；对于贪污盗窃、投机倒把分子，要在不损害严肃性的原则下尽可能从宽处理。他特别强调绝大多数干部是好的或者是可以教育好的，除领导权被地富篡夺的、蜕化变质的或情况很混乱、无力领导运动的社队应该派工作组外，“在正常的情况下，一般应该领导、教育并且基本依靠原来基层的组织和干部进行此次运动”，“不要重复老区土改整风时‘搬石头’、‘跳圈子’的错误”。

鉴于试点中出现的问题，中央认为有必要对运动中的一些具体政策作出明确的规定。在9月召开的中央工作会议上，对上述政策问题进行了讨论，并由小平同志和谭震林同志主持、田家英同志执笔，起草了《关于农村社会主义教育运动中的一些具体政策问题》（一九六三年九月中央工作会议纪要）。这个纪要经过反复讨论修改，小平同志认为“可以了”，于10月5日报送毛主席。

10月8日，小平同志在中央书记处会议上，强调贪污的一定要退赔，但运动要谨慎。他说：可否这样设想，因为从“三反”运动起十年没搞了，问题很多，“如不警惕，打击面可能大了。还有这几年党内斗争也很复杂，还有三年灾荒困难，所以要趋向谨慎”。“不管多少钱，都要退赔，但要区别浪费与贪污”，“农村还是以百分比那个杠杠为主”。“这个运动要二三年，后年还可能有个尾巴，只要政治上宽点，退赔方面、揭露方面搞严一点（也要实事求是），毛病就不会大”。

在这之后，毛主席到中南、华东找中央局和各省委领导同志进行了讨论。10月25日，毛主席起草了《关于印发和宣传〈关于农村社会主义教育运动的一些具体政策问题（草案）〉的通知》，要求将这个文件向农村全体党员和全体农民宣读，同时要向城市的一切人读，对农村和城市的地、富、反、坏、右也要宣读和讲解。中央政治局根据毛主席的意见，10月31日由少奇同志主持，开会讨论通过了文件的第六稿。11月1日，到上海向毛主席汇报后，又由小平同志主持进行了讨论修改，并根据少奇同志10月31日的意见，将题目改为

《中共中央关于农村社会主义教育运动中一些具体政策的规定(草案)》,于11月4日由田家英同志送交毛主席。11月14日,由少奇同志主持,中央政治局扩大会议最后通过了这个文件,随即由毛主席批准发出。这个规定草案,后来称为《后十条》。

由于《后十条》要同《前十条》相衔接,又要对一些具体政策作出规定,所以与《前十条》相比,既有相同处,也有不同处。其相同处,主要是继续强调阶级斗争,防止修正主义,并明确提出"以阶级斗争为纲"的口号。不同处,主要是对团结95%以上的干部、群众作了许多政策规定。

关于团结95%以上的干部。文件认为:这是"团结百分之九十五以上的群众的一个前提条件",运动应该"依靠基层组织和基层干部","工作队的任务,主要是给基层干部当'参谋',出主意,进行指导和帮助,启发基层干部善于分析问题,确定方针和方法,而决不能包办代替"。对基层干部总的精神是教育为主,在具体做法上要划清政策界限,做好教育工作、经济退赔和组织处理工作,对该处分的干部要坚持实事求是,处分的面要严格控制。

关于团结95%以上的群众。文件强调:第一,必须分清敌我矛盾和人民内部矛盾的界限,并且正确处理人民内部矛盾;第二,必须团结中农,特别是正确对待上中农;第三,正确对待地、富、反、坏分子问题;第四,正确对待地主、富农子女。为了达到这些要求,文件中提出了许多政策界限,并明确规定除个别情况特殊的地区以外,都不重划阶级,不需要一般地进行清查漏划地主、富农分子的工作。

除以上两点重要不同外,《后十条》还强调要结合社会主义教育运动"整顿农村党的基层组织",认为社教运动实际上"也是一次群众性的整党运动"。关于整党问题,毛主席在制定《前十条》时曾说不写或在末尾写,社会主义教育工作搞好了,整党也就大部分完成了。

这些规定,对于在运动中严格执行党的政策,防止扩大打击面,保证运动的正常进行,都是很重要的。但是由于这场运动总的是在"以阶级斗争为纲"的"左"的思想指导下开展的,打击面过宽的现象自然不可避免，自杀等事件在各地屡有发生。例如湖北省第一批试点铺开前后死了2000多人，第二批试点开始后，仅襄阳在25天内就死了74人。广东在这年秋冬的试点中，共发生自杀案件602起，死亡503人。

当时，不仅在实际运动中发生了不少问题，中央主要领导人的看法也发生了改变，把农村存在的问题看得很严重，强调要追上面的根子。1964年春节期间，少奇同志在同到河北抚宁县卢王庄公社桃园大队蹲点的王光美同志的谈话中，就说犯有严重“四不清”错误的干部，在上面大体都有根子，单单注意下面的根子，不注意上面的根子是不行的，应该切实查一下上面的根子，危险的是上面不清醒。

3月22日，党中央同时发出两个文件，即《关于在全党组织干部宣讲队伍把全党全民的社会主义教育运动进行到底的指示》、《关于继续抓紧进行“五反”运动的指示——转发华北局和中南局的两个文件》，强调凡是能下去的干部都要下去宣讲文件，抓紧进行农村社会主义教育和城市“五反”运动。

从3月底到4月底，毛主席外出视察，先后在邯郸、汉口、杭州等地，听取了河北、山西、河南、陕西、安徽、湖北、江西、浙江等省委，西北局及河北、河南一些地委领导的汇报，进行了多次谈话，强调领导干部要下去宣讲两个十条。4月2日在汉口时，毛主席问王任重同志是不是去向群众宣讲过？当王任重同志说省委、地委、县委的负责同志都下去宣讲过了，自己还未去时，毛主席尖锐地批评说：你为什么不去，你又不老，又没有病，又不是右派，应当亲自向群众去宣讲两个十条。另外，毛主席还强调要搞深搞透，保证质量，不要走过场等等。

5月15日至6月17日召开的中央工作会议，讨论了中央《关于印发〈中华人民共和国贫农下中农协会组织条例（草案）〉的指示》和条例草案。会上的一些发言，与制定《后十条》时强调的精神已大不一样，提出了许多过火的不恰当的意见和措施。例如，有的同志提出要在农村社会主义教育运动中“搬石头”，要在城市“五反”中划阶级等等。6月2日少奇同志在会上讲话中，提出“和平演变”已经演变到高级机关中的某些人了，省委、市委都有他们的人。他不再强调依靠基层干部，而是认为有些地方“四不清”干部对工作队的办法是“喂、顶、拖、混”，要想办法摆脱他们，并说：他们抵抗“四清”就是“反党”，破坏就是“反革命”，要开除党籍。群众没有充分发动起来以前，不能强调团结95%以上的干部、依靠基层。6月8日，毛主席在会上谈到防止修正主义的问题时说：国家有三分之一的权力不拿在我们手里，如白银厂、小站就是搞修正主义。提出中国出了修正主义怎么办的问题。

关于三分之一政权不在我们手里的估计，对于社会主义教育运动的向“左”发展产生了很大的影响。事实上，这个估计早就提出来了。1960年整风整社时，广东的坦州整社工作团，就认为原被划为二类社的坦州公社，20%的大队、30%的小队的领导权已掌握在坏人手里。1961年1月18日，毛主席在八届九中全会的讲话中也曾提出：我们党内也有代表地主阶级、资产阶级的，各地大约20%烂掉了，领导权落到敌人手中了，凡是三类县、社、队，大体上都与反革命有关。社会主义教育运动开始以后，毛主席的这种认识又有了发展。在这次会议上，明确提出三分之一的政权不在我们手里。

在这次会议上，还印发了甘肃省委和冶金工业部党组关于白银有色金属公司夺权的报告。关于白银公司的问题，在社会主义教育运动开始以前就反映出来了。应当说，当时白银厂的工作是有问题的，但有关单位向上反映时夸大了，以致造成那里的问题非常严重的假象。在接到甘肃省委的报告以后，1963年2月20日，我同吕东（冶金部副部长）、高扬文（冶金部副部长）、王林（西北局候补书记兼经委主任）、焦善民（甘肃省委书记处书记）、乔明甫（中央组织部副部长）同志对有关问题做了研究，确定由冶金工业部和甘肃省委负责，选调处级以上干部20人组成强有力的工作组，由高扬文同志率领，迅速前往进行整顿处理。2月25日，我给党中央和毛主席写了《关于研究和处理白银有色金属公司问题的请示》，认为根据现有材料，白银公司“实质上已为资产阶级所篡夺”，“其错误性质是属于敌我矛盾的。必须采取革命手段，改组领导班子，才能保证从根本上解决问题”。周总理同意我们的意见，于3月7日作了批示。后来，冶金工业部和甘肃省委派去了一个50多人的工作组，到那里夺权。这次中央工作会议以后，甘肃省委和冶金工业部党组的报告于6月23日由中央正式批发。中央在通知中明确指出：像这样一个刚建设起来的社会主义全民所有制的大型联合企业，“没有多久，很快就被地主、资产阶级集团篡夺了企业的领导大权，变成为地主、资产阶级集团统治的独立王国。这样一个严重的事件，很值得大家深思”。

这次中央工作会议以后，整个运动明显地向“左”转。在这种情况下，修正《后十条》也就势所必然了。

（三）《后十条》的修正和“左”倾错误的发展

修正《后十条》，是1964年6月17日的中央书记处会议正式决定的。会议提出：根据5月中央工作会议的精神，由谭震林同志主持修改《后十条》和《贫下中农协会组织条例》，然后作为草案发下去；城市的社会主义教育问题，由彭真同志主持代中央起草一个指示。城市划阶级的问题，各大区要进行一些试点，并将这方面的情况和问题由中央局汇总报中央。6月25日，中央印发《中华人民共和国贫下中农协会组织条例（草案）》，提出对过去划错了的阶级成分都应该认真审查并改正过来。8月5日召开的中央书记处会议又决定：《后十条》的修改由少奇同志负责；城市（包括街道）的社会主义教育，由我负责起草一个指示提交中央书记处，争取在8月底以前搞好，9月中旬发给各地研究，然后提交10月中央工作会议讨论。另外，根据陈伯达的提议，中央决定成立“四清”、“五反”指挥部，由少奇同志挂帅。

7月，少奇同志到天津、济南、合肥、南京、上海、郑州，8月后又到武汉、长沙、广州、南宁等地了解运动的情况，并在各地作了多次讲话。他在这些讲话中，除突出强调领导干部要下去蹲点，要追上面的根子（直至中央），三分之一的政权不在我们手里以外，还特别强调了三点：一是《后十条》关于团结95%以上干部的规定不那么妥当，强调放手发动群众不够，要修改。对于农村基层干部，开始不能依靠，等问题摸清以后才能依靠。二是要扩大“四清”的范围，提出“四清”不只是清经济方面的问题，而是经济、政治、思想、组织四个方面存在的问题，统统要搞清。三是要在运动中集中精力打歼灭战。

8月16日，少奇同志给毛主席和党中央写了一封信。信中说：中南各省准备每一个县搞一个区或一个相当于区的公社，这样分散进行能否搞深搞透是难于保证的。我已向湖北、湖南建议把各县工作队集中到地委，省委工作队也分到各地委，在省委、地委领导下集中搞一个县，县以下各行各业和城镇的“五反”也同时进行，这样“一个县可以集中工作队员数千人上万人，声势浩大”，“力量集中，领导加强，便于打歼灭战，便于掌握运动的火候”。今冬明春每个地委集中搞一个县，明年翻一番，搞两个县，后年再翻一番，搞四个县，如只依靠县里搞不出名堂。另外，少奇同志在信中还建议中央各机关也要抽出人来组织工作队，科长以上各级干部大体抽出三分之一，再加其他工作人员可以有一万至几万人。毛主席8月18日复信说：“八月十六日来信收到，我于昨天（十七日）看了一遍，觉得很好，完全赞成。今天（十八日）即与中央各同志商量，照此办理，迅速实行。十月工作会议还应该讨论此事一次，取得一致意见，统一党内思想。……八月中旬至十月中旬，中央、省、地、县委、各中等城市市委以两个月时间，即照你的办法，立即训练工作队，以利秋冬实施。”按照这个部署，中央各部委和省、地、县机关都抽了大批干部，实行大兵团作战的办法。当时，中央工业、交通战线的16个部、局共抽出3901人，占干部总数的26%，其中正副部长、司局长分别抽出34%、31%。据安子文同志说，全国下去搞“四清”和“五反”的，共有一百五六十万人。

对于这种做法，党内是有不同意见的。毛主席在北戴河找李雪峰同志及华北各省、市委书记谈话时，华北的同志就不赞成这样的部署。他们说，每个县派一万多人的工作队下去，倾盆大雨，是不是径流太大？河北141个县，如按这个进度，五年才能搞一半，时间拖得很久；应该主要搞落后区，一般地区可先在面上搞。

少奇同志这次到南方去，是带田家英同志一起去的。到了广州以后，他亲自主持对《后十条》的修改，加写了一些十分尖锐的话。8月19日，少奇同志写信给毛主席和党中央，并让田家英同志将修改稿带回去。8月27日，毛主席将这个修正草案批给小平同志："此件请印发大区书记及少数参加会议的同志，加上中央参加会议的同志，越快越好，请他们研究，并提意见，再加修改。"经过中央工作会议讨论修改和毛主席、周总理、小平、彭真等同志审阅后，9月18日由少奇同志签发《关于印发农村社会主义教育运动中一些具体政策规定的修正草案的通知》，规定将修正草案印发给县以上党委和工作队。这个修正草案，称为《后十条》修正草案。

《后十条》修正草案的重要修改和补充，主要有七个方面：(1)增加了毛主席提出的关于衡量社会主义教育运动搞得好还是不好的六条标准；(2)领导人必须亲自蹲点，要蹲在一个大队从头到尾做完全部工作，并且要蹲两次；(3)把放手发动群众放在第一位，提出是不是放手发动群众和贫下中农，是彻底或者不彻底进行运动的根本分界线；(4)解决群众中存在的问题，必须首先解决干部中存在的问题，团结95%以上的群众，是团结95%以上的干部的基础；(5)整个运动都由工作队领导；(6)民主革命不彻底的地区，必须认真地进行补课工作；(7)整个运动大体分为两个阶段，第一阶段主要是解决"四清"问题和对敌斗争问题，第二阶段主要是组织建设。

这七个方面的修改和补充，最重要的是第五点。修正草案中虽然仍然肯定绝大多数的农村基层干部是好的或基本上是好的，并把原来以县为单位处分干部一般控制在2%以内的规定，改为"一般地控制在百分之一左右，最多不超过百分之二"，但对农村干部中的问题估计得严重多了，并明确提出对农村基层组织和干部要在扎根串连、调查研究以后，分别情况区别对待，可以依靠的就依靠，不可以依靠的就不能依靠，整个运动都由工作队领导。这样，实际上就把基层组织和干部撇在了一边。实践证明，这是导致农村社会主义教育运动迅速向"左"转，严重扩大打击面的一个重要措施和步骤。

在《后十条》修正草案下发前后，少奇同志还采取了下列这些在实际上不能不加剧运动向“左”转的措施：

9月1日，少奇同志起草了中央《转发〈关于一个大队的社会主义教育运动的经验总结〉的批示》，正式将“桃园经验”下发。

10月12日，少奇同志起草了中央《批转李雪峰同志给刘少奇同志的信》的批示，同意李雪峰同志信中提出的“反对右倾”的意见，强调要及时地提出反对“怕左不怕右、宁右勿左的问题”，并提出对已经烂掉了的地委、县委、区委、公社、大队和厂矿企业及其他机构，应当进行夺权斗争，迅速加以解决。

10月24日，少奇同志起草了《中央关于社会主义教育运动夺权问题的指示》，转发了由陈伯达一手搞的、以天津市委名义写的《关于小站地区夺权斗争的报告》。

11月12日，少奇同志起草了《中央关于在问题严重的地区内贫协行使权力的批示》，提出在基层干部躺倒不干、领导权被蜕化变质分子掌握和地富反坏分子或新生资产阶级分子所掌握的情况下，经工作队批准可由贫协组织取而代之，或由工作队组织贫协取而代之。

11月18日，少奇同志起草了《中央关于检查不合中央当前指示精神、妨碍当前运动的文件的通知》，要求各地、各部门立即检查过去发的指示和规定，凡同中央两个十条和最近指示有抵触者，“应当宣布废除，或者进行修改和补充，而不要不加过问，让这些不合中央当前指示精神的文件妨碍当前的运动”。

11月13日，党中央还印发了经毛主席、少奇同志等同意，书记处会议通过的《中央关于农村社会主义教育运动中工作团的领导权限的规定（草案）》，规定在凡有地委以上党委负责同志领导的工作团集中进行社会主义教育运动的地方，当地县委和县人委即由工作团党委领导，该县各区委和区公所、公社党委和公社管理委员会也接受工作团分团党委和工作队党委的领导，并说本规定原则上适用于城市和企业事业单位的社会主义教育运动。

这些文件的下发，进一步促使了运动中“左”倾错误的发展。其中影响最大的，是“桃园经验”和天津小站地区夺权的“经验”。

“桃园经验”，是王光美同志7月5日在河北省委工作会议上的报告，以后又在许多地方讲过。当时陈伯达极力主张将这个报告印发各地党委和工作队员，少奇同志也同意报告的内容，他亲自向党中央和毛主席写信报告了这个经验总结，并代中央起草了转发这个报告的批语。8月27日，毛主席批示：“此件先印发到会各同志讨论一下，如果大家同意，再发到全国去。我是同意陈伯达和少奇同志意见的。”中央工作会议讨论同意后，9月1日中央正式转发了这个报告。报告过分夸大了农村阶级斗争的形势，说桃园党支部“基本上不是共产党”，“是一个反革命的两面政权”，支部书记是一个钻进党内的“坏分子”、“国民党分子”；强调要找真正的根子。这实际上是强调所谓扎根串连，采取一种秘密工作方式。这种工作方式后来使不少工作队员谨小慎微，生怕扎错了根子。

关于天津小站地区夺权的“经验”，是陈伯达一手搞的。8月4日，他给党中央写信，送上小站地区三个“反革命集团”的社会关系分布网，并附有三个“反革命集团头子”的历史大事记各一份。8月12日，中央转发了这封信及所附材料。9月25日，天津市委写出《关于小站地区夺权斗争的报告》，错误地认为：小站地区的政权是“三个反革命集团”建立的“反革命的两面政权”，他们长期“进行反革命复辟活动。在社会主义教育运动以前，这里的天下还不是我们的，或者在很大程度上还不是我们的”。10月24日，中央发出《关于社会主义教育运动夺权问题的指示》，转发了这一报告。指出：“凡是被敌人操纵或篡夺了领导权的地方，被蜕化变质分子把持了领导权的地方，都必须进行夺权的斗争，否则，要犯严重的错误。”这个指示和小站“经验”的下发，更加助长了当时已经盛行的夺权风，重复了土地改革中“搬石头”的错误，即把广大基层干部一脚踢开的错误。

在《后十条》修正草案和这些文件、“典型材料”的指导和影响下，从1964年秋铺开的农村社会主义教育运动，急转直下，“左”的倾向更为明显和突出。各个试点县都集中了上万人的工作队，完全撇开农村基层干部，在许多地方错误地进行“夺权”，使不少农村基层干部受到不应有的打击。例如，山东省曲阜县东郭大队是名副其实的红旗单位，支部书记郭守明是全省著名的劳动模范。在他领导下，全大队发生了巨大的变化，群众生活有了很大的提高。可是据1965年1月31日陈少敏同志向谭震林同志的汇报，工作队根本不从实际出发，不是帮助郭守明等同志克服缺点，改进作风，而是发动群众整干部，将所有大队干部隔离反省，郭守明全家被斗，担任民兵连长的大儿子被撤职，给这里的工作造成很大的损失。又如，青海省一个公社，工作队认为需要撤职处分的干部占总数的47%，其中地富反坏占21%，蜕化变质的占26%，打击面显然太宽了。

在许多地方，甚至多次发生打人、捆人等现象，自杀、逃跑等事件经常发生。例如北京郊区通县，去了2万多人的工作队，有110多个工作队打了人，自杀的有70多起，死了50多人。山西洪洞县也死了四五十人。

点上的“左”倾，很快影响到面上的“四清”。据荣高棠同志1965年2月9日向党中央写信反映，山东烟台地委提出退赔要达到“双十指标”，即干部退赔的东西，要达到每个社员平均分到10斤粮、10元钱。为了达到这个指标，乳山县在1964年12月连开了18天三级干部会，并限三天退完。县委在动员时说：“如果不立即退赔，就要考虑地主、富农、反革命分子、坏分子和新资产阶级分子这五顶帽子，哪一顶给你戴！”不少干部为了不戴帽子，只好卖掉基本口粮、房子、衣服、被褥等来退赔。泰安专区平阴县的退赔工作也搞得很厉害，从动员到退赔前后只有九天，既不去查证核实，也没有政策界限，交代多少就退赔多少。有些地方在砍干部多占工分时，从1958、1959年算起，甚至连《农业六十条》规定的补贴工分也砍掉了，东平县有些大队砍得每个干部平均每天只剩下三分。上述违反政策的做法，在干部思想上引起很大的混乱，许多基层干部躺倒不干，使冬季生产受到很大影响。另据山东菏泽专区成武县的干部反映，那里有些单位还用“参观”的名义到干部家中搜查，退赔面过宽，要求过急过严，有的连身上穿的棉裤也被迫脱下退赔了，只剩下一条小单裤；有的把全部家当甚至连茶缸子都上交了，床上只剩下一片席。

不仅许多基层干部受到打击，在重划阶级的过程中，一部分群众也被拔高了阶级成分，受到错误的处理。关于划阶级的标准，由于中央始终没有作出统一的规定，多数地方普遍过严。例如，贵州省委认为全省有一半以上的地区民主革命不彻底，需要重新划分阶级，并且审查社员成分，清洗一切混入的敌人，甚至提出重新成立人民公社。对于清查出来的地主、富农，其房屋、家具依法没收，债务一律废除，有破坏活动的应老账、新账一齐算。土改时对待富农与地主有所区别，现在除政治上应稍有区别，经济上应一样对待。这些规定，比土地改革的时候还要严厉，而且对富农与地主基本上不加区分，这就使那些错划了成分的人受到更严重的打击。

在这种形势下，城市的社教运动也受到了影响。如上海市向133个单位派驻了15000人的工作队，有的单位发生打人、罚站、挂牌游行、擅自搜查等现象，甚至采用录音诱供、监视、侦查等方法，经济退赔不仅靠毛估推算，而且追算时间过远。彭真同志1965年1月21日下午在人民大会堂的报告中也批评说：前段时间北京的学校发生了乱斗的现象，很紧张，特别是有些中学，乱斗一气，罢考罢课，打人，结果有的学校三四天就自杀好几个。工厂也发生这种情况，有一个工厂两天就自杀两个。

工业交通各部的“五反”运动，本来已经于1963年结束，这时又在有的部如建筑工程部重新搞。1964年，全国工交系统组织了13万人的工作队，在1800个全民所有制企业开展运动，18个部委有45名正副部长带领22000多名干部蹲点。各省市区和第二轻工业部，还在730个集体所有制企业中开展了运动。

根据中央书记处的决定，国家经委党组代中央起草了《关于放手发动群众，进一步深入开展城市社会主义教育运动的指示》。写出的稿子，强调“以阶级斗争为纲”，所有单位都要划分阶级，要反对右倾思想等等，反映了“左”的精神，但没有完全照搬农村“四清”的提法。9月19日，我将这个稿子报送小平同志，并写了一封信，表示了我对某些问题的不同看法。我在信中提到：对基层组织依靠不依靠有很大争论；至于整个阶级如何划分，要另搞文件，目前搞不出。我还提出：这个稿子能否提交中央讨论，没有把握。后来，稿子又作了修改，10月28日，由谷牧同志报送小平、彭真同志。但是，由于意见没有完全统一起来，中央没有批发这个文件。

(四)《二十三条》制定前后的思想分歧

1964年12月，第三届全国人民代表大会第一次会议在北京召开。党中央原想在会议期间请各地与会的一些领导同志讨论一下社会主义教育运动等问题，后来实际上开成了长达一个月的中央政治局工作会议。

这次工作会议的主要任务，是制定一个关于农村社会主义教育运动的文件，解决前段运动中出现的一些问题。会议先讨论了少奇同志在12月15日提出的关于农村"四清"、城市"五反"的几个问题，然后起草文件。12月23日写出文件的第一稿，内容比较简单，共十六条。根据会上讨论的意见，又反复修改为十七条。毛主席批示"照办"、"照发"。12月28日，由彭真同志批发了中央811号文件，印发了这个《十七条》，会议就准备结束了。

但是，在这段时间，毛主席和少奇同志之间发生了严重的分歧。分歧主要表现在两个问题上，一是当时的主要矛盾和社会主义教育运动的性质；二是运动的搞法。

关于主要矛盾和社会主义教育运动的性质，从运动一开始就提出来了。少奇同志认为是"四清"与"四不清"的矛盾，或人民内部矛盾与敌我矛盾交织在一起。毛主席则把问题的性质看得严重得多。1964年12月12日，他在我报送的陈正人同志在洛阳拖拉机厂蹲点报告上的批示中，认为已经形成了一个"官僚主义者阶级"，这个阶级"已经变成或正在变成吸工人血的资产阶级分子"，是"斗争对象，革命对象"。

在12月20日政治局扩大会议上，少奇同志说：陶铸同志提出，当前农村的主要矛盾是富裕农民阶层跟广大群众、贫下中农的矛盾，是这样提，还是说原来的地富反坏跟蜕化变质的有严重错误的坏干部结合起来跟群众的矛盾？毛主席认为，地富反坏是后台老板，"四不清"干部是当权派。地富反坏那些人已经搞臭过一次了，所以不要管下层，就是要发动群众整我们这个党，先搞豺狼，后搞狐狸，这就抓到了问题。少奇同志提出：主要矛盾就是“四清”与“四不清”的矛盾。陶铸同志表示赞成。毛主席则说：不以人的意志为转移。他还引用杜甫“挽弓当挽强，用箭当用长，射人先射马，擒贼先擒王”的诗句，说明就是要搞大的，大的倒了，狐狸慢慢清。群众就怕搞不了大的。但是，少奇同志仍然坚持：“四清”与“四不清”的矛盾是主要的，运动的性质就是人民内部矛盾跟敌我矛盾交织在一起。毛主席反问道：什么性质？反社会主义就行了，还有什么性质？

根据毛主席的意见，《十七条》中明确指出：关于运动性质的几种提法，即四清和四不清的矛盾，党内外矛盾的交叉或者是敌我矛盾和人民内部矛盾的交叉，社会主义和资本主义的矛盾，“后一种提法较适当，概括了问题的性质”，“重点是整那些走资本主义道路（包括贪污盗窃、投机倒把）的当权派”。但是在讨论中，与会同志的意见仍然不一致。针对这种情况，毛主席在 12 月 28 日的讲话中强调说：“我们常委会谈过，也跟几位地方的同志谈过，恐怕还是以第三种提法较好。因为我们这个运动，它的名称就叫做社会主义教育运动，不是叫做什么四清四不清教育运动，不是什么党内外矛盾交叉或者敌我矛盾和人民内部矛盾交叉的教育运动。一九六二年，北京一个月，北戴河一个月，搞出一个公报，就是讲要搞阶级斗争，要搞社会主义，不要搞那个资本主义。”1965 年 1 月 5 日，当陶铸同志谈到形势的新特点时，毛主席又说：从七届二中全会以来，一直是讲国内主要矛盾是资产阶级同无产阶级、资本主义同社会主义的矛盾，从杭州会议以来整个运动是搞社会主义教育，“怎么来了个四清与四不清的矛盾，敌我矛盾与人民内部矛盾的交叉？哪有那么多交叉？什么内外交叉？这是一种形式，性质是反社会主义嘛！重点是整党内走资本主义道路的当权派”。

关于社会主义教育运动的搞法，前已说过，少奇同志强调秘密扎根串连，实行大兵团作战，对干部开始不能依靠等等，结果导致了一系列“左”的做法。对少奇同志的这些主张，毛主席在会上从一开始就表示了不同意见。在 12 月 20 日中央政治局扩大会议上，毛主席虽然说“现在还是反右”，“不可泼冷水”，但又强调“不可搞得打击面太宽了”，要“把那些几十块钱、一百块钱、一百几十块钱的大多数四不清干部先解放”。他说：“我提这个问题有点‘右’。我就是怕搞得太多了，搞出那么多地主、富农、国民党、反革命、和平演变，划成百分之十几二十，如果二十，七亿人口就是一亿四，那恐怕会要发生一个‘左’的潮流。结果树敌太多，最后不利于人民。”

在这个期间，还发生了三件事，给我印象很深。一件事是毛主席过生日。在12月26日这一天，毛主席邀请部分中央领导同志、各大区主要负责同志及少数部长、劳模、科学家，在人民大会堂过了生日。毛主席让几位科学家和劳动模范跟他坐在一桌，其他中央常委和政治局同志坐在别的桌子上。他一开始就讲：今天我没有叫我的子女们来，因为他们对革命没有做什么工作。随后就陆续批评社教运动中的一些错误认识和提法，说什么四清四不清，党内外矛盾交叉？这是非马克思主义的；指责中央有的机关搞“独立王国”；还谈到党内产生修正主义的危险。席间鸦雀无声。

第二件事是毛主席在12月28日的讲话。他是自己拿着《党章》和《宪法》到会的。在讲了社会主义教育运动的性质和工作态度这两个问题之后，他接着说：请你们回去找《党章》看一下，《宪法》第三章也看一下，那是讲民主自由的。不要犯法呀，自己通过的，又不遵守。还说：我们这些人算不算中华人民共和国的公民？如果算的话，那么有没有言论自由？准不准许我们和你们讲几句话？

第三件事是《十七条》的停发。12月30日，毛主席将《十七条》中关于走资本主义道路的当权派的一段话作了如下修改：“这些当权派有在幕前、有在幕后的”，“在幕后的，有在下面的，有在上面的”，“在下面的，有已经划了的地主、富农、反革命分子和其他坏分子，也有漏划了的地主、富农、反革命分子和其他坏分子”，同时批示：“照改的(第二面倒数三行)文字，重印。请少奇同志阅后交机要室办。这是伯达同志建议的，我同意。如你也同意，则请交办”。12月31日，经少奇同志同意，中央办公厅发出814号文件，通知停止执行中央811号文件，指出这个文件“中央尚在修改中，请停止下发，并自行销毁”。由于这个文件停发，会议又继续开了下去。

1965年1月3日晚，毛主席在一个小型会议上不点名地批评了少奇同志。他说“四清”工作队集中大批人员，是搞“人海战术”；学习文件40天不进村，是搞“繁琐哲学”；反人家的右倾，实际“自己右倾”；不依靠群众，扎根串连，结果“冷冷清清”；第二个十条“太长了，太繁了”；提出“四清”运动“一是不要读文件，二是不要人多，三是不要那样扎根串连”，要依靠群众，清少数人，“有则清清，无则不清。没有虱子就不要硬找”。根据毛主席讲话的精神，将文件作了大的修改，内容变为二十三条，题为《农村社会主义教育运动中目前提出的一些问题》。在修改过程中，毛主席加写了一些很严厉的话。如：“不说是什么社会里四清四不清矛盾，也不说是什么党的内外矛盾交叉。从字面上看来，所谓四清四不清，过去历史上什么社会里也能用；所谓党内外矛盾交叉，什么党派也能用；都没有说明今天矛盾的性质，因此不是马克思列宁主义的。”1月14日，由彭真同志将文件送毛主席审阅后，正式发出，会议至此结束。

毛主席对少奇同志的批评这样尖锐，除了在主要矛盾、社会主义教育运动的性质及如何搞法这些问题上发生了严重分歧这个主要原因外，与当时正在召开的三届全国人大一次会议和各地反映的情况，以及陈伯达在其间所起的不好作用有关。在这次人大会议上，周总理在《政府工作报告》中，充分肯定了调整国民经济以来取得的巨大成就，代表们也普遍认为各方面的形势越来越好。1964年12月27日下午，朱德同志在会上说：“对基层政权也要一分为二，有好的有坏的。当权派，点上摸的情况是好的不多，应该还是好的多”，“这次人代会反映的问题也很多。两个会议两种反映，一分为二”。1965年1月5日，在宋任穷同志讲到现在形势一年比一年好，生产一年比一年好时，毛主席插话说：“在人代大会上讲的一片光明，在工作会议上讲的一片黑暗，对不起头来嘛！”三届全国人大一次会议的这种气氛，各地对“四清”运动中“左”的做法的反映，都很容易引起毛主席对少奇同志的不满。而陈伯达看到毛主席对少奇同志不满意，便在1964年12月27日下午的发言中，顺着毛主席的话，从“理论”上加以发挥说：所谓清不清，历代就有这个问题，不能说明矛盾的性质；国民党也说有党内外矛盾的交叉，因而人民内部矛盾与敌我矛盾交叉也不能概括矛盾的性质，所以主席的概括是正确的，性质不清楚，就会迷失方向。他这个发言，受到毛主席的欣赏。后来毛主席修改《二十三条》时，特别把这个意思写了进去。原来制定的十七条的停发，也是由陈伯达建议的。很显然，陈伯达的发言和建议在毛主席和少奇同志已发生的分歧中，起了不良的加剧作用。

党内高层领导中发生的这些思想分歧，影响是深远的。最严重的是使毛主席产生了对少奇同志的不信任，从而埋下了发动“文化大革命”的种子。毛主席 1966 年 8 月 5 日在八届十一中全会上写的那张《炮打司令部——我的一张大字报》中，就把“一九六四年形‘左’实右的错误倾向”，作为少奇同志的一条罪状。10 月 25 日，毛主席在中央工作会议上还回顾说，在制定《二十三条》的时候，就引起了他的“警惕”。1970 年 12 月 18 日，当斯诺问毛主席从什么时候明显感觉到必须把刘少奇从政治上搞掉时，毛主席也回答说是制定《二十三条》那个时候。

对中央领导层中的这些分歧，广大基层干部和群众是不知道的。运动的重点“是整党内那些走资本主义道路的当权派”的新提法，当时并没有引起大家普遍和足够的重视。倒是《二十三条》中关于尽早解放一批干部、退赔可以减缓免等规定，发生了很大的影响。因此《二十三条》下达以后，各地纠正了“四清”运动中一些“左”的做法，解放了一大批干部，使运动开始向好的方面发展。

到 1966 年上半年，全国结束“四清”运动的有 694 个县、市（其中包括少数只搞了一部分的地区），占总数的 32％；已搞了 40％以上的有辽宁、河北二省；北京、上海二市基本结束。加上随后开展的单位，全国开展“四清”运动的重点地区超过三分之一以上。其他地区，则普遍开展了面上的运动，即“小四清”。全国的厂矿企业，大体上也是这种情况。县以上各级机关和大、中、小学校及文化单位，则普遍开展了社会主义教育运动。

各地的“四清”运动虽然仍在抓紧进行，但是从1965年下半年开始，毛主席对这场运动已经不太感兴趣了，认为这场运动连同文化战线的批判，都不能解决根本问题，因而转向酝酿和发动“文化大革命”。

“文化大革命”开始以后，各地的“四清”运动已无法搞下去了。1966年12月15日，中央发出《关于农村无产阶级文化大革命的指示(草案)》，规定“把四清运动纳入文化大革命中去”，“四清”运动实际上也就不了了之。

在几年的时间中，前后有几百万各级干部和教师、学生、知识青年参加工作队，投入了“四清”运动。他们满怀革命热情，到农村、企业认真实行“三同”，与广大贫苦农民和职工同吃、同住、同劳动。由于他们和广大干部、群众的努力，这场运动的确取得了一定的成绩，对于解决干部中存在的不正之风和经济管理等方面的问题，起了好的作用。在运动过程中，工农业生产一直是向前发展的，没有受到大的影响。

另外还应该看到，这场运动虽然发生了严重偏差，但由于是有领导地、分期分批地进行的，中央对一些政策作出了正确或基本正确的规定，对运动中的偏差也进行过一些纠正，因而这场“四清”运动没有发展成为全局性的错误，它与“文化大革命”的错误有联系，但又毕竟是有所不同的。

不容否认，这场运动的确犯了“左”的错误。这个错误主要表现在两个方面，一是严重扩大了打击面，特别在1964年下半年，使许多基层干部和一部分群众受到不应有的打击和错误的处理，影响了他们的积极性，甚至留下了一些后遗症，后来这些问题同“文化大革命”搅在一起，加剧了一些地区和单位的混乱，甚至发生严重的武斗。二是在一些问题上颠倒了是非，把本来正确的或基本正确的东西当作错误加以批判。例如，三年困难时期许多地方实行的包产到户、自负盈亏，本来是搞活农村经济、有利于发展农业生产和改善农民生活的生产责任制，在“四清”运动中却当作“单干风”、“修正主义”、“资本主义”加以批判。又例如，三年困难时期恢复和发展起来的集市贸易，本来是搞活经济、搞活流通的必要的正确的措施；一些地方为解决农民生活困难而多留一些自留地，也是必要的正确的措施，可是在运动中都被加以批判和"纠正"。在工业方面，许多规章制度特别是《工业七十条》的有关规定，本来是正确的，在"四清"运动中却当作资本主义的"管、卡、压"加以批判，并认为很多企业单位"烂掉"了。记得当时任公安部长的谢富治在一次关于"四清"的大会上说，工业企业烂掉的占一半以上，有的城市占三分之二，听者无不心惊。对烂掉的当然要进行所谓夺权，这就不能不造成混乱，影响工业生产的正常秩序。

从以上可以看出，尽管"四清"运动在性质上和错误的程度上与"文化大革命"不同，但同样是以"左"的思想为指导的，并为"文化大革命"的发动做了某些思想理论准备。按照这种"左"的指导思想发展下去，"文化大革命"这场灾难也就难于避免了。

三十九　关于防止“和平演变”和培养革命事业的接班人

防止“和平演变”和培养革命事业接班人，是毛主席在50年代末、60年代初提出的一个重要战略思想。对这一战略思想和当时采取的措施，应该作何评价，认识并不完全一致。有的持全盘否定态度，有的则全盘肯定。有不同认识不要紧，重要的是要实事求是地进行具体分析。坚持这样去做，就可以清楚地看到，毛主席当时提出这些问题的出发点是好的，他的这一战略思想有不少重要之处，至今仍不失深远的意义，这是应该历史地加以肯定的；同时也可以清楚地看到，毛主席对当时形势的估计有重大失误之处，由此带来的许多做法则是应该加以抛弃的。只有这样，才能从中得到启迪，并开拓新的思路，在新的历史条件下，总结新的实践经验，丰富和发展毛主席的这一战略思想，并在实际工作中把这些问题正确地解决好。

（一）防止“和平演变”问题的提出

从社会主义革命的一般规律来看，都要在以马克思主义为指导的无产阶级政党领导下，依靠工人阶级和广大劳动人民，经历这样或那样形式的武装斗争，才能取得国家政权。而国际上的敌对势力，对于新生的人民政权，则总是想通过武装侵略、干涉和经济封锁，把它扼杀在摇篮中。十月革命胜利后，苏联经历了14国的武装干涉。第二次世界大战结束以后，帝国主义对社会主义国家进行了长期的“冷战”和经济遏制。中国和朝鲜民主主义人民共和国革命刚刚取得胜利后，美帝国主义就大举出兵朝鲜，封锁台湾海峡，并对中国实行全面禁运。这说明，新生的社会主义国家，往往还要经历一场与国外敌对势力的武装较量和其他形式的尖锐斗争，才能巩固自己的政权。

实践表明，西方帝国主义对社会主义国家的武装侵略、干涉和经济封锁，虽然给社会主义国家造成了极大的困难，但很难达到其颠覆社会主义国家的目的。因此，它们在使用“硬”的一手的同时，又采用“软”的一手。1953 年 1 月，美国国务卿杜勒斯突出地强调了“和平演变”的战略。他提出应该使社会主义国家“被奴役的人民”得到“解放”，成为“自由的人民”，而“解放可以用战争以外的方法达到”，“它必须而且可能是和平的方法”。他对一些社会主义国家内部出现的“要求自由化的力量”感到满意，并把希望寄托在社会主义国家第三代、第四代人的身上，说社会主义国家领导人“如果他继续要有孩子的话，而他们又有孩子的孩子，他的后代将获得自由”。他还攻击“中国共产主义是一致命的危险”，“是一种要消失的现象”，宣称美国及其同盟国的责任，就是要“尽一切可能使这种现象消逝”，要“用和平的方法使全中国得到自由”。

毛主席十分注意杜勒斯的这些言论，十分注意帝国主义对社会主义国家斗争策略、方式的变化。那时正值抗美援朝战争刚取得胜利，美国对台湾海峡的封锁和禁运还在继续；我们国内政治稳定，“一五”计划正在全面展开，经济建设蓬勃发展，到处是一派生机勃勃的景象。毛主席当时没有马上提出防止“和平演变”的问题。他后来提出这个问题，是同国际国内形势的发展变化联系在一起的。

1956 年，赫鲁晓夫在苏共二十大上大反斯大林，引发了国际上一股反共反社会主义的浪潮，波兰、匈牙利事件接连发生。1957 年，国内极少数资产阶级右派分子趁党整风之机，向党发起进攻。1958 年，赫鲁晓夫提出要同中国建立长波电台和联合舰队，企图从军事上控制中国，并公开反对我们党提出的“三面红旗”，反对我们“炮击金门”的正义行动（毛主席曾经说过：向金门打炮也好，停止炮击也好，主要的都是为了支持台湾人民和台湾当局守住台湾，而不被外国侵略和并吞。——一波注)。这些事件,都引起毛主席的高度警惕。

在这同时,美国积极地推行对社会主义国家的“和平演变”战略。1957年,艾森豪威尔政府提出“和平取胜战略”,鼓吹要通过“和平演变”,以促进“苏联世界内部的变化”。1958年10月24日,杜勒斯在接受英国电视公司记者采访时说:共产主义“将逐渐让位于一种更着重国家福利、人民福利的制度”,现在“俄国和中国共产党人并不在为他们人民的福利而奋斗”,“这种共产主义会发生演变”。

联系到苏联和国内的情况,毛主席对杜勒斯的这些言论极为重视。1958年11月30日,他在对各协作区主任的谈话中说:杜勒斯比较有章程,是美国掌舵的。这个人是个想问题的人,要看他的讲话,一个字一个字地看,要翻英文字典。杜勒斯是真正掌舵的,省委要指定专人看《参考资料》。毛主席历来要求党的各级领导干部特别是高级干部,要密切注视国际形势和国际社会矛盾与斗争的发展,审时度势,见微知著,以利做到心中有数,未雨绸缪,一旦有事,不至于因毫无准备而惶然失措。提出这一要求十分必要。毛主席是每天都要亲自看《参考资料》的。对我们领导干部来说,不仅脑子要有国内政治和国内全局,而且要有国际政治和国际全局。这样才能头脑清醒,从容应付,“任凭风浪起,稳坐钓鱼船”。这是一条很重要的政治经验和领导艺术。

到1959年,中苏关系更加紧张,分歧进一步扩大。这年1月,苏联正式通知中国,单方面废除帮助中国建立原子能工业和制造原子弹的协定;9月,在中印边界事件中声明中立,实际是支持印度一方,随后又公开指责中国;同月,苏美戴维营会谈前后,赫鲁晓夫一方面同美国拉关系,一方面激烈地攻击中国的对内对外政策。所有这些,都促使毛主席认为苏联领导已经变质,赫鲁晓夫已背叛马克思主义和无产阶级革命事业,变成修正主义。而在这年7月至8月召开的庐山会议上,彭德怀同志对“三面红旗”提出批评,毛主席错误地认为这是国内外的敌人联合向党进攻在党内的反映。在这种错综复杂的形势下,毛主席深深感到“和平演变”的危险性,于是在这年年底把这个问题明确提了出来。

1959年11月，毛主席在杭州召开了一次有周总理、彭真、王稼祥、胡乔木等同志参加的小型会议，讨论和研究当时的国际形势。在开会之前，毛主席要他的秘书林克同志，找一些杜勒斯关于“和平演变”的讲话送给他看。林克同志选了三篇，即杜勒斯1958年12月4日在加利福尼亚州商会发表的《对远东的政策》的演说，1959年1月28日在美国众议院外交委员会一次秘密会议的证词，以及同年1月31日在纽约州律师协会授奖宴会上发表的《法律在和平事业中的作用》的演讲。毛主席从前看过这几篇讲话，这次看了之后，同林克同志谈了他的看法。随后让林克同志根据他的谈话内容，在杜勒斯的每篇讲话前拟一个批注。林克同志将批注拟好后，毛主席便指示将批注连同杜勒斯的三篇讲话全文印发给到会同志。

杜勒斯的这三篇讲话，都贯穿着对社会主义国家实行“和平演变”的思想。根据毛主席的谈话拟的三个批注，点明了杜勒斯每篇讲话的要害，指出要警惕美国的“和平演变”。第一个批注指出：“美国不仅没有打算放弃实力政策，而且作为实力政策的补充，美国还企图利用渗透、颠覆的所谓‘和平取胜战略’摆脱美帝国主义‘陷入无情包围’的前途，从而想达到：保存自己（保存资本主义）和逐渐消灭敌人（消灭社会主义）的野心”。第二个批注在指出杜勒斯证词的主旨后认为：“这表明美帝国主义企图用腐蚀苏联的办法，阴谋使资本主义在苏联复辟，而达到美帝国主义用战争方法所达不到的侵略目的。”第三个批注在引用杜勒斯要以“法律和正义”代替武力，但“放弃使用武力并不意味着维持现状，而是意味着和平的转变”的话之后指出：“杜勒斯这段话表明：由于全世界社会主义力量日益强大，由于世界帝国主义力量越来越陷于孤立和困难的境地，美国目前不敢贸然发动世界大战。所以，美国利用更富有欺骗性的策略来推行它的侵略和扩张的野心。美国在标榜希望和平的同时，正在加紧利用渗透、腐蚀、颠覆种种阴谋手段，来达到挽救帝国主义的颓势，实现它的侵略野心的目的。”

11月12日，毛主席在会上又对杜勒斯的讲话和批注，作了进一步的分析和说明。他说：

林克同志为我准备了三个材料——杜勒斯1958、1959年的三篇演讲。这三个材料都是关于杜勒斯讲对社会主义国家“和平演变”问题的。比如杜勒斯今年1月28日在众议院外交委员会作证时说：基本上我们希望鼓励苏联世界内部起变化。这个所谓苏联世界，并不是讲苏联一个国家，是社会主义阵营，是（希望）我们内部起变化。从而使苏联世界不再成为对世界的自由的威胁，只管他们自己的事情，而不去设想实行共产主义化的目标和野心……

毛主席在谈到杜勒斯1959年1月31日的演讲时说：

杜勒斯说：要用正义和法律代替武力。仗不打，要搞法律同正义。杜勒斯又说：“在这方面极为重要的，是要认识到，在这种情况下放弃使用武力并不意味着维持现状，而是意味着和平的转变。”（笑声）和平转变谁呢？就是要转变我们这些国家，搞颠覆活动，内容转到合乎他的那个思想。……所以，美国企图利用更富有欺骗性的策略来推行它的侵略和扩张的野心。……就是说，它那个秩序要维持，不要动，要动我们，用和平转变，腐蚀我们。

毛主席认为赫鲁晓夫的言论是属于杜勒斯讲的“和平演变”的性质的，我们的方针是：

我们现在这个复杂的国际环境中采取的方针是硬着头皮顶住，硬着头皮顶住包括两个方面，一方面是对赫鲁晓夫，一方面是对艾森豪威尔。顶上五年到十年。对美国还是要全力揭露，用事实，要有说服力。我们不说赫鲁晓夫，也不影射赫鲁晓夫。我们只揭穿美国的欺骗，揭穿美国的所谓“和平”。

这是毛主席第一次明确提出并深刻论述防止“和平演变”的问题。从此，他对这个问题越来越重视，在一系列会议上一再提醒全党，并逐步展开了所谓反对国内外修正主义的斗争。

从1960年起，中苏两党的分歧进一步加剧。4月22日，以《红旗》杂志编辑部名义发表的《列宁主义万岁》一文，点名批判南斯拉夫的铁托同志，实际上是不点名地批判苏联的赫鲁晓夫。在内部，则明确指出苏联已经变修，要吸取他们的教训，并认为国内也已经有了"修正主义者"，就是彭德怀等同志，要警惕出修正主义，防止"和平演变"。1960年5月28日，毛主席在接见丹麦共产党主席耶斯佩森的时候说："我国也有修正主义者，以政治局委员彭德怀为首的修正主义者，去年夏季向党进攻。我们批评了他，他失败了。跟他走的有七个中央委员和候补委员，连他自己八个。我们中央委员和候补中央委员共192个，八个人当然是少数。"

在1962年1月召开的"七千人大会"上，少奇同志在代表中央所作的《书面报告》中，专门讲了反对现代修正主义的问题。毛主席在谈到坚持民主集中制的问题时也说："没有高度的民主，不可能有高度的集中，而没有高度的集中，就不可能建立社会主义经济。我们的国家，如果不建立社会主义经济，那会是一种什么状况呢？就会变成修正主义的国家，变成实际上是资产阶级的国家，无产阶级专政就会转化为资产阶级专政，而且会是反动的、法西斯式的专政。这是一个十分值得警惕的问题，希望同志们好好想一想。"（《毛泽东著作选读》下册，第822、823页）在这里，毛主席正式向全党敲响了警钟。1967年2月3日，他在接见阿尔巴尼亚卡博和巴卢库时曾说：在1962年的"七千人大会"上，"我讲了一篇话，我说，修正主义要推翻我们，如果我们现在不注意，不进行斗争，少则几年十几年，多则几十年，中国会要变成法西斯专政的。这篇讲演没有公开发表，在内部发表了。以后还要看一看，里面也许有些话还要修改。不过在那个时候已经看出问题来了"。

同年八九月间，毛主席在北戴河会议和八届十中全会上重新强调阶级斗争，他认为这样做的目的就是为了防止出修正主义。8月9日，他明确提出：要花几年工夫，对干部进行教育，把干部轮训搞好，不然，搞一辈子革命，却搞了资本主义，搞了修正主义。9月24日，他又提出要提高警惕，防止国家"走向反面"。9月27日发表的八届十中全会公报，重申了毛主席讲话的精神，强调“无论在现在和在将来，我们党都必须提高警惕，正确地进行两条战线上的斗争，既要反对修正主义，也要反对教条主义”。

从1962年底到1963年春，我们党连续发表七篇文章，批判意大利的陶里亚蒂、法国的多列士和美国共产党等所谓“现代修正主义”。1963年6月14日，中共中央发表《关于国际共产主义运动总路线的建议》。7月14日，苏共中央发表《给苏联各级党组织和全体共产党员的公开信》，中苏论战进一步公开化。从这年9月到1964年7月，我们党以《人民日报》编辑部和《红旗》杂志编辑部的名义，相继发表了九篇评苏共中央公开信的文章，点名批判“赫鲁晓夫修正主义”，中苏大论战进入高潮。与此同时，国内加紧了反对“修正主义”，防止“和平演变”的斗争。

1963年2月25日，少奇同志在中央工作会议上专门作了关于反修斗争问题的报告。报告的最后一个问题，“就是如何在我们国内防止修正主义思想的发展”。他说：我们需要在经济上，在政治上，在思想上，在党和国家的组织上，包括军队的组织上，保证不蜕化变质。不只是要保证我们这一代，而且要保证我们的后代也不蜕化变质，这“是生死存亡的问题”，“是亡党亡国的问题，是人民当权，还是少数剥削者当权的问题”。在报告的过程中，毛主席插话说：蜕化变质问题有两种可能：一种是可能的，一种是不可能，如蜕化变质，就会由无产阶级专政化为资产阶级专政。28日，毛主席又明确提出：“国内的修正主义也不少，要反对我们自己内部的修正主义、资产阶级这些牛鬼蛇神。”当时，大家对这些精神都是一致拥护的。27日，我在东北组的发言中，表示拥护少奇同志的报告，并提出了所谓防止修正主义的十条措施。3月14日，中央根据少奇同志的报告，发出《反对现代修正主义斗争问题提纲》，3月29日，又将报告全文作为绝密文件，发给各省、市、自治区党委第一书记和中央各部部长或党组书记。与此同时，开展了农村“四清”、城市“五反”运动及文化战线的批判，以从根本上挖掉所谓修正主义的根子。

在这年5月召开的杭州会议上，毛主席在主持制定《前十条》的过程中，一直把防止修正主义与“和平演变”作为一个重要指导思想。5月7日，他在吃饭时举杯祝酒说：“为城市五反，农村四清，挖掉修正主义的根子干杯！”5月9日，他在对《浙江省七个关于干部参加劳动的好材料》的批注中，描绘了一幅如果“党变修”、“国变色”将会是一种什么样的情景：

阶级斗争、生产斗争和科学实验，是建设社会主义强大国家的三项伟大革命运动，是使共产党人免除官僚主义、避免修正主义和教条主义，永远立于不败之地的确实保证，是使无产阶级能够和广大劳动群众联合起来，实行民主专政的可靠保证。不然的话，让地、富、反、坏、牛鬼蛇神一齐跑了出来，而我们的干部则不闻不问，有许多人甚至敌我不分，互相勾结，被敌人腐蚀侵袭，分化瓦解，拉出去，打进来，许多工人、农民和知识分子也被敌人软硬兼施，照此办理，那就不要很多时间，少则几年、十几年，多则几十年，就不可避免地要出现全国性的反革命复辟，马列主义的党就一定会变成修正主义的党，变成法西斯党，整个中国就要改变颜色了。请同志们想一想，这是一种多么可怕的情景啊！

从这里可以看出，在毛主席的心中，防止修正主义，防止“和平演变”，占了多么重要的位置！

1964年1月25日，中央发出《关于向基层干部、党员和人民群众进行反对现代修正主义教育的通知》(附《反对现代修正主义的宣传提纲》)，决定对全党全民进行一次反对现代修正主义的教育运动。从此，全党全民的反修教育迅速展开。

到1964年上半年，美国侵略越南的战火烧向北方。在这种形势下，于1964年五六月间召开的中央工作会议，突出地强调了防止“和平演变”、防止修正主义的重要性、迫切性，并从反修防修和防止世界大战的总体战略上布置了各项工作。6月8日，在毛主席讲话时，少奇同志插话说：光有南斯拉夫，还不足以教育全世界工人阶级；一定还要加上苏联，它是第一个社会主义国家，列宁领导的，它搞了四十年,出了修正主义！因此,也想想我们会不会搞修正主义？毛主席接着说:已经搞了,像白银厂、小站,不是么？国家有三分之一的权力不拿在我们手里。他还郑重发出号召:省、地、县传下去,中国出了赫鲁晓夫修正主义的中央,各省要顶住。少奇同志接着说:各省可以独立。6月11日下午,少奇同志在会上专门作了关于反对修正主义斗争的报告,他说:恐怕是一切社会主义国家,无产阶级取得政权以后,都可能产生修正主义,资本主义复辟。毛主席插话说:如果不注意,准出。注意了也可能出。康生更进一步把出修正主义看作不可避免的现象,他说:“看起来,大概一切社会主义国家是这个规律,不注意要出,注意了也还要出。关键在于它是不是掌握领导。”

从1965年起,毛主席越来越重视中央出修正主义的问题。这年10月10日,毛主席在中央工作会议上明确提出中央出了修正主义怎么办的问题,并反复强调:如果中央出了修正主义,你们应该造反,几个省可以联合起来,搞独立;现在你们要注意,不管谁讲的,中央也好,中央局也好,省也好,不正确的,你们可以不执行。你们要从实际出发。

这次会议以后,毛主席路经天津、济南、蚌埠南下,巡视南方各省。在南京、杭州、广州、南宁、长沙等地,他除了找当地的党、政领导谈话以外,还找了一些大军区、省军区司令员谈话,向他们提出中央出了修正主义你们怎么办的问题。同年5月,他不顾71岁高龄和旅途的劳顿,重上井冈山,并写下了“可上九天揽月,可下五洋捉鳖,谈笑凯歌还。世上无难事,只要肯登攀”的诗句,表达了他与修正主义斗争到底的决心和必胜的信心。

接着,毛主席从组织上采取一系列措施,撤换了他认为有“问题”的领导人。1965年12月,他根据林彪、叶群的诬陷,在上海召开中央政治局常委扩大会议,批判罗瑞卿同志,随后撤销了他的解放军总参谋长等领导职务。在1966年5月中央政治局扩大会议上,又停止或撤销了彭真、陆定一、杨尚昆同志的领导职务。为了打倒少奇同志及一大批中央领导同志,最后不顾后果发动了“文化大革命”。

为了防止中国发生“和平演变”，毛主席还曾设想请外国党来进行帮助。1964年1月5日，他在接见日共中央政治局委员听涛克己时曾说：如果将来中国修正主义占了统治地位，你们就要举起反修的旗帜。日本和印尼党有这个资格，那时的希望就在日本和印尼党身上。1965年9月17日，毛主席在接见日共中央袴田里见时又说：要准备中国出修正主义。那时候，你们要帮助中国工人阶级同人民群众反对这种修正主义。

前已说过，为了防止“和平演变”，毛主席发动了一系列政治运动。关于这些运动，本书的其他章节已经详谈，这里只谈一谈当时采取的其他两项措施：

一是号召学习解放军，设立政治机构，加强思想政治工作。

这是从学习大庆油田开始的，后来中央把它作为防止“和平演变”的一条重要措施。当时，大庆油田学习解放军的政治工作经验，培养出了一支过硬的石油工人队伍，克服巨大困难，使我国的石油工业取得显著的成就，成为各行各业学习的榜样。其他工业部门的同志也提议学习解放军，加强思想政治工作。我把这种情况向毛主席作了汇报。1963年12月16日，在全国工业交通工作会议期间，毛主席致信林彪和贺龙、聂荣臻、罗瑞卿、萧华同志，作出《关于学习解放军，加强政治工作的批示》。指出：“国家工业各部门现在有人提议从上到下（即从部到厂矿）都学解放军，都设政治部、政治处和政治指导员，实行四个第一和三八作风。我并建议从解放军调几批好的干部去工业部门那里去做政治工作（分几年完成，一年调一批人），如同石油部那样。据薄一波同志说：现在已有水利电力部、冶金工业部、化学工业部正在按石油部学习解放军的办法在做。我已收到冶金部学解放军的详细报告，他们主张从上至下设政治部、处和指导员。看来不这样做是不行的，是不能振起整个工业部门（还有商业部门，还有农业部门）成百万成千万的干部和工人的革命精神的。”会议对毛主席的批示进行了讨论，提出了学习解放军的初步措施。

这次会议以后，根据毛主席的批示和中央书记处的决定，由解放军总政治部、中央组织部、国家经济委员会和工业交通部门的九位同志，组成起草小组，起草了工业交通政治工作九个条例的草案，提交 1964 年 3 月召开的第一次全国工业交通政治工作会议讨论。16 日和 17 日，我在会上对这些条例草案作了几点说明，指出：毛主席的批示“具有重大的历史意义，它所要解决的是我国社会主义建设中一个方向性、根本性的问题”。4 月 19 日，中央将我的说明连同条例草案，作为中央文件下发，进行讨论。6 月 4 日上午，我又在中央工作会议上，对工交系统建立政治机关的决定（草稿）和政治工作条例（草稿）作了几点说明。

1965 年 5 月 11 日，中央作出《关于在全国工业交通系统建立政治工作机构的决定》。根据这个决定，从中央到县委都设立了工业交通政治部，国务院工业交通各部及大中小企业，都设立了政治机构和专职人员，甚至生产班组也设立了不脱产的政治宣传员。按照工交系统的这种做法，农业、财贸等部门及高等院校等，也都设立了政治部等机构。

二是改革有关制度，缩小三大差别。

1964 年 7 月 14 日，以《人民日报》编辑部、《红旗》杂志编辑部名义发表的“九评”，即《关于赫鲁晓夫的假共产主义及其在世界历史上的教训》一文，提出了防止资本主义复辟的十五条措施，其中第十一条就是：“绝不要实行对少数人的高薪制度，应当合理地逐步缩小而不应当扩大党、国家、企业、人民公社的工作人员同人民群众之间的个人收入的差距。防止一切工作人员利用职权享受任何特权。”1965 年 5 月 22 日，三届人大常委会决定取消解放军的军衔制度。1966 年 1 月 3 日，中央批转文化部党组关于进一步降低稿酬的请示报告。后来，又干脆取消了稿费制。

从以上回顾可以看到，关于防止“和平演变”这个问题，毛主席和党中央当年的认识和采取的措施，确有正确的方面和可取之处。由于革命发展的不平衡，少数社会主义国家创立以后，从国际范围的阶级斗争和经济竞争来说，在一个较长的时期内总是处于“弱”

势，处于资本主义国家的包围之中。因此，警惕国外敌对势力的“和平演变”，是完全必要的。前几年一些社会主义国家发生的剧变。再一次提醒我们，这是每个社会主义国家都不能回避而且必须注意研究和解决的重大问题。如果不把这个问题解决好，人民取得的政权就可能重新丧失，整个的革命事业就会付之东流。30 年前，毛主席针对西方帝国主义国家同社会主义国家斗争的战略策略的转换，及时地提出这个问题，并教育全党同志长期保持应有的警觉，这是很必要的，充分表现了一个伟大的无产阶级革命家、战略家的深谋远虑。

然而，历史也表明，毛主席和党中央当年关于防止“和平演变”的认识和实践，在许多方面显然是过了头了，捕风捉影的色彩甚多，因而不符合实际情况，是错误的，这就不能不付出很大的代价，留下了沉痛而深刻的教训。

首先，对当时形势的估计发生了严重的偏差。60 年代初期，西方帝国主义国家加紧推行“和平演变”的战略，对国内一些人可能会发生一些影响，但当时我们党和国家并不存在“和平演变”的现实危险。而毛主席在“以阶级斗争为纲”的思想指导下，在中苏分歧扩大，美国侵越战争升级，党内由于“大跃进”等工作失误造成的思想分歧增多等因素的影响下，自觉不自觉地夸大了“和平演变”的危险性，错误地把党和国家发生“和平演变”当成了当时最严重的政治问题，甚至认为即使注意了也可能发生。这就完全脱离了当时的客观实际。

其次，对于什么是修正主义，认识并不明确，甚至把很多本来是正确的东西也当作所谓修正主义、“和平演变”来加以反对。对外国许多党及其领导人，我们曾进行连续几年的大论战、大批判，后来的事实证明，这些论战和批判有许多并不是正确的。对国内，毛主席曾几次指出：修正主义就是对外搞“三和一少”，对内搞“三自一包”。在统一战线问题上，则是“向资产阶级投降”。所谓“三和一少”，本来是中央对外联络部部长王稼祥同志 1962 年春向中央的正确建议，即为争取时间渡过困难，抓紧国内建设，有必要争取对外关系的相对缓和，在同美国、苏联和印度的斗争中要注意策略；对外援助必须实事求是，量力而行。这本来是正确的，毛主席却说这是要对帝国主义和气一点，对反动派（尼赫鲁）和气一点，对修正主义（赫鲁晓夫）和气一点，对亚非拉人民斗争的援助少一些，是“修正主义的路线”（1963 年 5 月 22 日同新西兰共产党总书记威尔科克斯的谈话）。所谓“三自一包”，即自留地、自由市场、自负盈亏、包产到户，本来是中央农村工作部部长邓子恢同志关于发展农业生产和集市贸易、调动农民积极性、克服农村困难的一些正确主张，也被错误地认为是搞“资本主义”、“修正主义”。所谓“向资产阶级投降”，本来是中央统一战线工作部部长李维汉同志提出的一些关于巩固和发展统一战线的正确主张，也被当作修正主义受到严厉的批判。结果，三位部长被撤职，中央农村工作部被撤销。在其他方面也是这样，凡是不符合“以阶级斗争为纲”的观点的，不积极进行所谓“阶级斗争”的，都被批判为“修正主义”。这当然是错误的。

由于历史和认识的局限，毛主席对于修正主义是怎样产生的，哪些人容易出修正主义这个问题的一些看法，也有很多是不正确的。例如，他多次讲过：穷则变，富则修。说穷则思变是对的；但不能说富裕了就要变修，这中间并没有必然的逻辑联系。如果把这变成一个公式，似乎成了带规律性的社会现象，这在理论上是站不住的，在实践上则是有害的，就很容易走到把贫穷和社会主义连在一起的错误路子上去。毛主席还多次讲过：书越读越蠢，越是知识分子越容易产生修正主义。这种说法，从总体上来看，也是不对的。在文化知识和科学技术越来越显得重要的年代，对知识分子这种缺乏充分理解和信任的看法，显然也是有悖于实际和不公正的。

再次，当时防止“和平演变”所采取的措施，有许多是不正确的。例如，开展农村“四清”、城市“五反”及文化战线的批判，虽然规定了一些正确的或比较正确的政策和措施，在某些方面也取得了一些效果，但总的来说，都不同程度地犯了阶级斗争扩大化的错误，打击了很多不应该打击的人。至于后来为所谓反修防修而开展的“文化大革命”，更造成长达十年的大动乱，后果就更加严重了。

正反两方面的历史经验说明，一个社会主义国家能不能站得住，会不会垮，关键在于自己的经济建设搞得好不好，经济实力和综合国力是不是强大，人民生活是不是不断得到改善。如果这方面工作搞得好，得到人民的衷心拥护，谁要"演变"也演变不了。但是当时毛主席只是集中精力在政治上考虑问题，考虑如何反对外来的"和平演变"，如何防止所谓内部出修正主义，不适当地夸大了阶级斗争的形势和党内问题的严重性，大搞阶级斗争，而没有抓住集中力量进行经济建设这个问题的根本，因而带来了一系列不利的影响，直至造成"文化大革命"这样严重的后果。实践已经证明，在有了正确的政治路线的前提下，巩固和发展社会主义事业的中心任务是一心一意、聚精会神地不断推进国家的经济建设。只有把经济建设搞上去了，大大提高国家的经济实力和综合国力，并在此基础上促进社会的全面进步，才是防止"和平演变"的正确途径和根本措施。

当然，我在这里指出60年代初期在防止"和平演变"方面在理论上和实践上表现的不成熟性，以至在实际工作中发生了失误，并不是说不应该重视防止"和平演变"这个问题，更不是要否定警惕这个问题的必要性和重要性，而是说应该把它放在适当的位置上，处理好防止"和平演变"与经济建设这个中心任务的关系，并采取正确的防范措施。江泽民同志在党的十四大的报告中指出："在社会主义现代化建设过程中，和平演变与反和平演变的斗争将长期存在，决不能放松警惕。特别是党的高级干部要保持清醒的头脑。"这是非常正确的。在当今国际局势发生剧变之后，全党同志特别是各级领导干部经常注意警惕西方国家推行"和平演变"的战略，始终做到心中有数，加紧做好我们国内的经济工作和其他工作，更具有重要的现实意义。

从党的十一届三中全会以来，我们党认真总结了过去的经验教训，正确处理了防止"和平演变"与经济建设的关系。邓小平同志既强调坚持四项基本原则，反对资产阶级自由化，又始终强调坚持以经济建设为中心，坚持改革开放。1989年春夏之交的政治风波发生以后,党正确地处理了这个事件,没有动摇经济建设这个中心;国际局势发生剧变以后,党按照"冷静观察,沉着应付"的方针,坚持把注意力集中在办好我们自己的事情上,仍然没有动摇经济建设这个中心。以后,我们更不能动摇这个中心。邓小平同志提出"基本路线要管一百年,动摇不得",核心就是要坚持以经济建设为中心不动摇。

(二)培养革命事业接班人的措施

培养革命事业的接班人,是毛主席作为防止"和平演变"的百年大计,于1964年正式提出来的。在这以前,这个问题在毛主席的脑子里,实际上早已作为一件大事在进行思考和酝酿了。

1958年,在发动"大跃进"运动时,毛主席提出要解放思想、破除迷信、敢想敢干(在这个问题上,由于没有划清破除迷信的正确界限,结果在实际贯彻中出了偏差,例如把从实际出发,按客观规律办事,有些地方也当作"迷信"来破,当作"右倾保守"来反,把专家学者也当作所谓"反动权威"来批判,导致主观主义、唯意志论的盛行,这当然是严重失误。但是,我认为应该肯定,为了探索和试验适合中国情况的经济发展和社会主义建设的具体路子,毛主席从原则上提出解放思想、破除迷信、敢想敢干是对的,无可厚非的。——一波注),为此,他又提出要重视使用年轻干部。他在成都会议、八大二次会议上,曾列举了中外历史上许多出身寒微而建树甚多的名人,说他们都在年轻时期就做出了一番事业。在古代中国,他从孔夫子到战国时的甘罗、西汉的贾谊、晋朝的王弼、唐朝的王勃和李贺、宋朝的岳飞、明朝的夏完淳等等,一一讲述他们的生平事业,说明重视青年人的重要意义。他在批注《新唐书·王勃传》时,称赞王勃"少年英发"以后指出:"青年人比老年人强,贫人、贱人、被人看不起的人、地位低的人,大部分发明创造,百分之七十以上,都是他们干的。百分之三十的中老年而有干劲的,也有发明创造。这种三七开的比例,为什么如此,值得大家深深地想一想。结论就是因为他们贫贱低微,生力旺盛,迷信较少,顾虑少,天不怕、地不怕,敢想敢说敢干。

如果党再对他们加以鼓励，不怕失败，不泼冷水，承认世界主要是他们的，那就会有很多的发明创造。”世界的未来是属于年轻人的，要靠他们继往开来。在这里，毛主席是向全党提出了一个要重视起用和鼓励年轻有为的干部的重大问题，他虽然还没有使用“革命接班人”这个概念，但已经可以察见这个思想的端倪。

1964 年 2 月 8 日，毛主席在接见柬埔寨驻华大使西里克·马塔克时说：西哈努克亲王正在解决他的继承人问题，这个办法好，我们党早已决定接替我的人，你们知道吗？为了解决接班人问题，就要大力培养和选拔优秀的年轻干部。毛主席对此十分重视，这方面的论述也很多。3 月 24 日，毛主席在一次谈话中就曾这样说过：现在必须提拔青年干部。赤壁之战，群英会，诸葛亮那时是 27 岁，孙权也是 27 岁。孙策干事时只有十七八岁。周瑜死时才不过 36 岁，那时也不过 30 岁左右。鲁肃 40 岁，曹操 53 岁。事实上，年轻人打败了老年人。“长江后浪推前浪，世上新人斩（换）旧人。”同月，根据他的指示精神，中央组织部召开了各中央局组织部长座谈会，集中讨论培养和提拔新生力量、培养革命事业接班人的问题。

在这年五六月间召开的中央工作会议上，毛主席又突出地强调了这个问题。事情是由东北局宋任穷同志的一封信引起的。5 月 13 日，宋任穷同志致信中央和毛主席，汇报了辽宁省盖平县太阳升公社何屯大队党支部书记培养支部接班人的做法，认为这个党支部“有政治远见，他们提出了农村政治工作、党的建设和社会主义建设中的一个带根本性的问题”，“有重要的现实意义”，应重视“培养农村基层党组织的接班人”。5 月 18 日，毛主席将此信批给少奇、小平同志阅，并说：“阅后印发工作会议，予以讨论。”6 月 8 日，毛主席在中央工作会议上的讲话中说：宋任穷写的报告，很值得注意，那个支部书记说要注意后事，注意培养提拔年轻人，这个材料要发到各县、各社、各队去。你不注意培养后代怎么行？天有不测风云，人有旦夕祸福。不能一个人死了，就没人管事了，要准备几线。

6 月 16 日，毛主席在十三陵水库召开的中央政治局常委和大区第一书记会上讲了军事问题、准备打仗之后，又就宋任穷同志的信，再一次强调要重视培养革命事业接班人的问题。他说：帝国主义说我们第一代、第二代没有希望，第三、四代怎么样，有希望，帝国主义这话讲的灵不灵？我不希望灵，但也可能。像赫鲁晓夫，列宁、斯大林希望吗？还不是出了！如何防修，我看有几条：第一，要观察干部，教育干部懂得些马列主义，懂一些，不搞修正主义，要搞马列主义。第二，教育人民大多数，要靠大多数，为大多数人服务，中国的大多数人、世界的大多数人。没有这一条不能当支部书记，也不能当中央书记、主席。第三，要能团结多数人，包括反对过自己反对错了的。不管他是哪个山头的，不要结仇。不然，一朝天子一朝臣，那个不行。第四，民主作风。总要跟同志商量，总要听各种意见，反对意见让他讲出来，不要“一言堂”。不是团结两个95%以上吗？要讲民主。第五，自己有了错误，要自己批评。不要总是自己对，要比较。整风不要老一套，使人家没有出路，要多帮助人家改正，不要老是批评个没完。一共五点：马列、人民、多数、民主、自我批评。

接着，毛主席又说：关于培养接班人问题，我想的不完全，今晚你们开会研究一下，也部署一下，中央局、省、地、县到支部，都要搞几层接班人。不要认为世界上只有自己行，别人什么都不行，如果世界上没有自己，地球就不转了，党也没有了，自己死了无办法了。死了张屠夫，就吃活毛猪?！什么人死了也不怕。说什么死了一个人是很大损失，我就不相信。你看嘛，马克思、恩格斯、列宁、斯大林不是死了吗？死有各种死法的。敌人打死，飞机摔死，游水淹死，枪打死，包括原子弹炸死，细菌钻死，不钻也老死。要准备随时离开自己的岗位，随时准备接班人，要三线接班人，一二三把手。

关于培养接班人的这五个条件，7月5日毛主席在同毛远新的谈话中，曾作过具体解释，说这五条是互相联系不可分割的。第一条是理论也是方向；第二条是目的，到底是为谁服务，这是主要的，这一条学好了什么都能办；三、四、五条是方法问题。要团结多数人，要搞民主集中制，不能一人说了算，要有自我批评，要谦虚谨慎。这不都是方法吗？他在具体谈到第一条时还说：学习马列主义就是学习阶级斗争，最重要的是到实际中去学，这是一门主课。

7月14日，“九评”把毛主席提出的这五个条件写了进去，并把培养接班人作为防止修正主义和防止“和平演变”的重要措施。文章指出：“具备什么条件，才能够充当无产阶级革命事业的接班人呢？”“他们必须是真正的马克思列宁主义者”，“必须是全心全意为中国和世界的绝大多数人服务的革命者”，“必须是能够团结绝大多数人一道工作的无产阶级政治家”，“必须是党的民主集中制的模范执行者”，“必须谦虚谨慎，戒骄戒躁，富于自我批评精神，勇于改正自己工作中的缺点和错误”。文章提出：“无产阶级革命事业的接班人，是在群众斗争中产生的，是在革命大风大浪的锻炼中成长的。应当在长期的群众斗争中，考察和识别干部，挑选和培养接班人。”毛主席在修改这篇文章时，特别加上了这样一段文字：这“是我们能不能胜利地防止赫鲁晓夫修正主义在中国重演的问题。总之，这是关系我们党和国家命运的生死存亡的极其重大的问题。这是无产阶级革命事业的百年大计，千年大计，万年大计”，“要特别警惕像赫鲁晓夫那样的个人野心家和阴谋家，防止这样的坏人篡夺党和国家的各级领导”。这篇文章发表以后，抓紧培养接班人和接班人的五个条件，即成为当时全党的普遍认识。

培养革命事业接班人的问题提出后，党中央立即从两个方面采取了措施：一是大胆提拔新生力量到各级领导岗位；二是进行教育制度的改革。

7月4日，毛主席看了《人民日报》登载的关于北京怀柔县一渡河大队党支部培养接班人的消息后很高兴，立即在这张报纸的边上给吴冷西同志写了如下批示：“怀柔县一渡河支部提拔新生力量的做法，各省可能都有，要广泛采访、转载，在几年之内做到每社、每个工厂、学校、机关都有报道，但要是真实的、典型的。固步自封的反面材料，也要登一点。这个问题，报社和通讯社应当讨论一下，并与各省、市、区联系，要他们也一样做。”

1965年1月12日，彭真同志在中央工作会议上，代表党中央专门谈了提拔新生力量的问题。他说：如果我们现在不注意提拔青年、壮年干部，这就要吃亏，平时工作要吃亏，打起仗来要吃亏，因此要注意赶快把新生力量提起来。他强调说：咱们在座的这些人不注意特别提拔，底下那些干部上不来，讲德，讲经验，他都上不来，就压制了。我们这些人要看清这个问题。用小平同志的话，就是开明一点，不讲辈数，不是像青红帮一样，二十一辈，二十二辈，二十三辈，二十四辈，而是真正注意到德才，特别是注意到接班人。下个决心，提拔一批三四十岁左右的干部，一级一级提起来，首先是县、地，以至省委。这是百年大计，这个不搞，我们要吃亏的。

在彭真同志讲话时，毛主席插话说：将来中央委员也选点年轻的吧。彭真同志说：包括中央局，各级党委。毛主席接着说：中央局，各级，也搞点年轻的。我们这些老头子掌舵，你们就放心了。

根据毛主席的意见，党中央发出了培养和提拔一批优秀干部到县、地以至省的领导岗位上来工作的指示。6 月 14 日，又转发高等教育部党委根据少奇同志的建议写的《关于分配一批高等文科毕业生到县以下基层单位工作的请示报告》。报告提出，计划在两年内抽调高等学校毕业生一万余人（包括文科及部分到农村工作的理工科和生物等有关专业毕业生），先组织他们参加“四清”运动，一两年后再有计划、有重点地分配他们到县以下的基层单位工作。中央在批转这一报告时指出：分配一批大学生到农村，是实现知识分子同工农群众相结合，培养革命接班人的有效途径之一，是加强基层建设的重要措施，以后每年都要有计划地分配一些大学毕业生到农村，并且要把他们管理好、教育好。根据这个文件，大批大学毕业生分配到农村，参加了“四清”运动。

8 月 21 日，中央组织部向党中央作了《关于培养提拔新生力量参加县、地、省领导工作的报告》。11 月 17 日，党中央对中央组织部关于提拔新生力量，以及接收新党员、加强农村党的建设的三个报告作了批示，指出：“报告中所提的坚决地、放手地、逐步地培养提拔新生力量；积极地、较多地、慎重地接收新党员；在四清运动中认真地进行整党和加强基层党组织的建设等问题，都是目前党的建设方面的重大和迫切需要解决的问题，是关于全局和革命长远利益的战略问题，也是当前备战形势迫切需要解决的问题。各级党委应该就这些问题召开适当的会议，进行讨论，制定出具体的规划和办法，认真贯彻执行。”

根据党中央的指示，各级特别是县和公社两级，在“文化大革命”前，都有一批优秀中青年干部被提拔到领导岗位。

在加强培养、提拔新生力量的同时，党中央对教育制度、教育工作也进行了一系列改革。

对于当时的教育制度，毛主席是非常不满意的。1964 年 2 月 13 日，他在春节座谈会上的讲话中指出：“只是死读书，考试用对付敌人的办法对付学生，害死人，要改。现在这种做法是摧残人才，摧残青年，我很不赞成。”他还说：“课程太多，压得太重，是很摧残人的。学制、课程、教学方法、考试方法这几方面都要改。”8 月 20 日，当我向毛主席汇报计划工作革命化问题时，他跟我说：我跟一个军事学校的学生毛远新讲，你们啥事情也不懂，马牛羊，鸡犬豖，稻粱菽，麦黍稷，什么都不懂。你们到农村搞一个冬春。毛远新是我的侄儿，成了大老爷了，不好。8 月 29 日，毛主席在接见尼泊尔教育代表团时，还说：千万不要迷信中国的教育制度，不要以为它是好的。1965 年 11 月 15 日，他在蚌埠听取李葆华等同志汇报工作时，又说：现在学生连马牛羊鸡犬豖都不识，没有受过实际锻炼，怎么不出修正主义？总之，教育制度非改革不行。让青年学生在学校学习期间，就接触一些社会实践，了解工人、农民是怎么生产和生活的，具有起码的社会生活的实际知识，这一点很有必要，也很重要，对于青年的健康成长以及他们一生的工作大有益处。毛主席反对关门办学、关门读书，这个思想无疑是正确的，在我们的教育事业中应该坚持贯彻下去。

根据毛主席的意见，当时在教育改革方面主要采取了以下措施：第一，改进招生工作，更加强调政治标准，并招收一定数量的优秀知识青年、退伍士兵、在职干部入学。第二，增设政治理论课，加强政治思想教育。第三，让青年学生参加“四清”运动，在实际斗争中进行锻炼。1964 年 9 月 11 日，中共中央、国务院联合发出《关于组织高等学校文科师生参加社会主义教育运动的通知》，后来不仅文科师生下乡，连理工科师生也大批地参加了"四清"运动。第四，组织学生到部队参加军事训练。1965年11月召开的一次中央政治局会议上，还提出大学生第一年要先当半年兵。1966年5月7日，毛主席在"五·七指示"中，对以上精神作了概括，进一步提出：学生要"以学为主，兼学别样，即不但学文，也要学工、学农、学军，也要批判资产阶级。学制要缩短，教育要革命，资产阶级知识分子统治我们学校的现象，再也不能继续下去了"。

除了以上措施以外，当时还提出要实行半工半读、半农半读。这一点少奇同志在1958年就曾经提出过。1964年5月，少奇同志再次提出这个问题。七八月间他到各地视察工作时，每到一地都强调这种教育制度的优越性、必要性，并说还要实行亦工亦农的劳动制度，加上现有的教育制度和劳动制度，实行两种教育制度和两种劳动制度。7月23日、8月2日、8月22日少奇同志在上海、广西、湖北等地所作的报告中说：我们现在的教育制度是不好的，不是照马克思、列宁所设想的那样办的，大部分是资产阶级的教育制度。如果不采取措施，那要出修正主义。而实行这种半工半读、半农半读，教育与劳动相结合，可以减轻国家和学生家庭负担，实行普及教育；从长远来讲，可以初步地消灭脑力劳动同体力劳动的差别，以逐步消灭三大差别，为向共产主义过渡创造条件，还有利于克服官僚主义。他认为，按照这种办法培养出来的学生，与现在的干部、工人、农民和知识分子不同，没有知识分子的架子，既可以从事脑力劳动，又可以从事体力劳动；既可以当工人、农民，又可以当技术人员和领导干部，是一种新人。因而，实行两种教育制度和两种劳动制度，也是进行社会主义教育，是挖修正主义根子和培养革命接班人的重要措施。7月18日，他在安徽地、市委书记座谈会上谈到这种教育制度时明确提出："培养革命接班人主要靠这个办法。"后来，毛主席也认为这个办法好。这年11月17日，中央发出《关于发展半工(耕)半读教育制度问题的批示》。1965年7月14日，中央又发出《关于半农半读教育工作的指示》。同年7月5日，少奇同志在听取工交系统"四清"试点座谈会筹备小组向中央的汇报时说：不让资本主义复辟，防止“和平演变”，防止修正主义，有三项根本措施：第一，社会主义教育运动；第二，半工半读；第三，干部参加劳动。他说有了这三条措施，就可以防止资本主义复辟。

培养好革命接班人，这的确是个极为重要的问题，直接关系到我们党和国家的长治久安，关系到社会主义事业的兴旺发达。毛主席当年郑重提出这个问题，是富有远见的。但是，由于当时所坚持的指导思想是“以阶级斗争为纲”，选择的标准也不能不与这个“左”的指导思想密切相关，在这种情况下，社会主义事业的接班人是选不好的，“文化大革命”中的事实就证明了这一点。

1966年6月10日，毛主席在同越南胡志明主席谈话时说：我们都是七十以上的人了，总有一天被马克思请去。接班人究竟是谁，是伯恩斯坦、考茨基，还是赫鲁晓夫，不得而知。要准备，还来得及。总之，是一分为二，不要看现在都是喊“万岁”的。他特别叮嘱胡志明主席说：我劝你，你们的人不是都忠诚于你的。忠诚的可能是大多数，但小部分可能是只在口头上叫你“万岁”，他叫你“万岁”时，要注意，要分析。越是捧你的越靠不住。这是很自然的规律。一个党不分裂？没有那回事。一切事物都是一分为二。联系到不久以后毛主席在韶山滴水洞写给江青的那封信，这段话就意味深长了，看来他当时对自己选的接班人也并不那么自信。

“芳林新叶催陈叶，流水前波让后波。”

现在，我们正在进行社会主义现代化建设的伟大而艰巨的事业，我们的党和国家仍然面临着大力培养和选拔一大批可靠接班人的紧迫任务。如何解决好这个课题，关系极大。小平同志根据以往的经验教训，在1992年初视察南方的重要谈话中深刻地指出：

> 帝国主义搞和平演变，把希望寄托在我们以后的几代人身上。……中国要出问题，还是出在共产党内部。对这个问题要清醒，要注意培养人，要按照“革命化、年轻化、知识化、专业化”的标准，选拔德才兼备的人进班子。我们说党的基本路线要管一百年，要长治久安，就要靠这一条。真正关系到大局的是这

个事。这是眼前的一个问题，并不是已经顺利解决了，希望解决得好。……现在就是要选人民公认是坚持改革开放路线并有政绩的人，大胆地放进新的领导机构里，使人民感到我们真心诚意搞改革开放。人民，要看实践。人民一看，还是社会主义好，还是改革开放好，我们的事业就会万古常青！

江泽民同志在十四大报告中也提出：

按照干部队伍革命化、年轻化、知识化、专业化的方针和德才兼备的原则，把各级领导班子建设成为忠诚于马克思主义、坚持走有中国特色社会主义道路的坚强领导集体，是保证党的路线的连续性和国家长治久安的根本大计。衡量干部的德和才，主要看在执行党的基本路线中的表现。对坚决执行党的基本路线，有高度革命事业心和为人民服务的强烈责任感，在改革开放和现代化建设中政绩突出、群众信任的干部，要委以重任。……选拔大批优秀年轻干部进入各级领导班子，是当前一项紧迫而又重要的任务。要打破论资排辈、求全责备等陈旧观念，放开视野，拓宽渠道。对青年干部要热情爱护，严格要求。……

社会主义的巩固和发展，需要一代又一代人坚持不懈地努力奋斗。我们的事业任重道远，希望寄托在青年人身上。赢得青年，才能赢得未来。……全党、全社会都要关心青少年的健康成长，在改革和建设的实践中努力造就千百万社会主义事业接班人。

这些话讲得都是非常好的，为培养社会主义事业的接班人提出了正确的指针。当前，就是要按照这些要求，把人选准、选好，放到各级领导岗位上一边使用，一边锻炼和提高，让更多的年轻人不断地迅速成长起来。

培养社会主义事业接班人，我看是一靠路线，二靠制度。路线，就是要坚持党的正确的思想路线、政治路线、组织路线，核心就是坚持党的“一个中心、两个基本点”的基本路线和小平同志建设有中国特色社会主义的理论。制度，就是要加紧建立一套好的、完善的干部培养、选拔、任用、考核、奖惩、监督等制度，使各种优秀的年轻人、特别是那些在改革开放和现代化建设中有政绩的年轻人，能够脱颖而出，能够及时地发现和选拔上来，在工作中有效地加以培养锻炼，不合格的能够及时地被撤换下去。建立一套好的完善的干部制度，对于坚持马克思主义的正确的路线，保持社会主义事业的不断巩固和发展至关重要。当然，要形成这样一套干部制度需要时间，但我们从现在起就要抓紧建设起来。

四十 试办托拉斯

60 年代初期，在毛主席、少奇同志、周总理和小平同志的提议下，中央决定借鉴西方工业发达国家管理企业的组织形式，在工业、交通部门试办托拉斯(产品相同的企业或生产有密切联系的企业组成的联合经营的公司)，以改善我国的工业组织管理工作，提高企业的经营效益，加快国民经济的发展。这应该说是我国改革经济管理体制的一次有益的试验。然而，在“文化大革命”中，却被诬为所谓“复辟资本主义”的一大“罪状”，使这一工业管理改革工作被迫中断。我作为当年组织托拉斯试点工作的负责人，深感有责任把这项工作的决策及试办过程和效果如实地记述下来，或许对我们现在的改革也有所借鉴之处。

(一)问题的提出

我国的工业管理体制，在“一五”时期主要是参照苏联的经验，由中央各部集中管理。这在开始进行经济建设的一段时间内曾经发挥过好的作用。但是，由于中央集权过多，不利于调动地方的积极性，也束缚着企业的手脚。毛主席曾针对多种情况指出：要有中央和地方两个积极性，有两个积极性比只有一个积极性好，对企业也不能管得过死。到了“大跃进”期间，企业管理权下放，不仅中央下放到省市自治区，而且是层层下放，连鞍钢这样的大型企业也下放了，形成了过于分散和多头管理的问题。1960 年以后，又陆续收权，把大中型企业仍收归中央各部管理。但无论集中管理或分散管理，都局限在一个行政管理权上，对改善企业内部的经营管理没有发挥什么明显的作用。如何改革，才能克服对企业的多级、多头管理，才能促进企业与企业间的相互协作，使国民经济有计划按比例地协调发展，是当时中央领导同志思考的一个大问题。

大约在1960年春，中央考虑“二五”计划后三年的规划问题时，曾经议过托拉斯的问题。3月25日，小平同志在天津召开的一次中央会议上说：最近我们在北京讨论了托拉斯的问题，就是为了使工业发展速度更快一些，也是为了综合利用。组织托拉斯，首先接触到生产关系和上层建筑的问题。所谓搞托拉斯，就是以一个行业为主，兼管其他行业。比如淮南，有煤有铁，还有化工，搞一个托拉斯，或者归煤炭部管，或者归冶金部管，都可以。又比如石景山钢铁厂，京西煤矿就在它的门口，还有迁安铁矿、龙烟煤矿，这几个点可以建立几个钢铁基地、几个化工基地，搞一个托拉斯来管。

3月30日，小平同志在北京传达天津会议时说：要随着生产建设的发展，不断地改进生产关系和上层建筑。中央考虑三年规划时，议过托拉斯的问题，需要在这方面提起大家注意。过去少奇同志曾多次讲过，淮南的煤，马鞍山的铁，可以布点搞两个钢铁基地。过去，一个由煤炭部管，一个由冶金部管，不能很好协作。要解决这个矛盾，把这个生产关系和上层建筑改变一下，淮南煤矿和马鞍山钢铁厂搞个托拉斯，又管煤、又管铁，又管铁路专用线，又管相应的化工。上边可以归冶金部管，也可以归煤炭部管，由一个部主管。由此类推，相应的各行各业，中央的所有各部，将来管的业务都不只是一项，都是以一行为主，再兼管其他。毛主席几年前就提出了这个问题，说我们的工业建设可以走托拉斯的道路，托拉斯是工业发达国家找到的比较进步的组织管理形式，机器设备利用得比较合理，搞得也比较快。组织托拉斯，是生产关系的改革，也是上层建筑的改革。

组织托拉斯的问题虽然明确提出来了，但由于当时国民经济正在进行调整，没有作出具体部署。到1963年经济情况有了明显好转，党中央和毛主席决定对工业管理体制进行改革，逐步减少行政管理办法，增加经济管理办法，在工业、交通部门组织专业公司。

1963年夏，国家经委派出工作组到沈阳进行调查研究。沈阳市

463户国营工业企业中，有中央直属企业102户，省属企业54户，其余为市属企业。它们分别隶属中央17个部(委)的38个局、省的18个厅和市的20个局及公司，再加上其他经济部门，管理企业的机构纵横交错，关系复杂。各级主管部门都想自立门户、自成系统。在条块分割状况下，企业不得不走“大而全”、“小而全”的办厂道路。例如，沈阳市的上百户大中型机械厂，不问技术是否可行和经济是否合理，都搞铸造、锻压、标准件、工具等车间或工段，结果是重复建设、互不协作。特别是精密的设备和仪器，谁也不能成套，不仅造成浪费，设备闲置现象也很严重。沈阳市委和许多企业的领导干部，强烈要求改变这种企业管理体制，组织托拉斯性质的专业公司，试验用经济的办法来组织管理工业企业。

9月，中央组织起草的《关于工业发展问题》的文件(初稿曾在当年中央工作会议上印发征求意见，后来没有下达)中，就将组织托拉斯视为工业管理体制改革的重要措施。指出:“管理工业企业，主要是要用经济办法，而不能片面地依靠行政手段。”“可以考虑利用像托拉斯这一类生产、交换和科学试验的综合性的组织形式，来为社会主义服务。这是用经济办法管理工业企业的一种组织形式。”

但是，也有的同志担心办托拉斯可能增加中央和地方的矛盾，如果中央和地方双重领导，又会扯皮，主张暂时不动。他们说:几年来管理体制多变，以稳定一段为好，不合理的可作些小的调整。

10月24日，少奇同志在听取我们汇报工业工作问题时，又一次谈到托拉斯。他说:体制问题要好好研究。资本主义管理企业的经验、特别是搞垄断企业的经验要学习，苏联好的经验也要学。托拉斯、辛迪加、国家资本主义等等，列宁不是早就讲过了吗?如何管理好企业，无非是有组织、有计划，避免和减少官僚主义。要组织国内的统一市场，就要组织统一的生产。重要的工厂、交通都要统一管。组织企业性质的公司管，可能比行政机构管得好一些，官僚主义可能少一点。考虑把各部的管理局改成公司，不是行政机关，而是经济组织，这样就可以进一步接近生产，接近企业。我们现在的办法是中央各部和省、市的厅局都干预经济，这是超经济的办法，不是资本主义的办法,是封建主义的办法。搞公司也是官办机构,也可能产生官僚主义,但公司总比较接近企业。组织全国性专业公司的办法,可以试试看。

接着,国家经委在当年12月召开的全国工业、交通工作会议上,就试办托拉斯的问题进行了酝酿和征询意见。12月26日,我们向少奇同志汇报会议情况时,少奇同志指出:我们是个大国,将来工厂越办越多,究竟怎样管理对国家有利,要认真考虑。要撇开个人主义、地方主义、行业主义,撇开利润分成、产品分成和谁大谁小、谁说了算来考虑问题。恐怕还是以公司组织管理企业对发展生产更为有利。

1964年1月7日,我们向毛主席汇报1963年工业、交通工作会议情况时,毛主席也指示我们要学会按照经济办法改进工业管理体制。他说:"目前这种按行政方法管理经济的办法,不好,要改。比如说,企业里用了那么多的人,干什么!……用那么多的人。就是不按经济法则办事。"

总之,毛主席和中央其他主要领导同志,根据十来年经济建设的实践,已逐步发现单靠行政办法管理经济、管理企业存在不少弊端,造成对企业的多头行政管理,"婆婆多","小而全",重复建设,重复生产,浪费严重,以及人浮于事,效率低下等等,因而想吸收、实行西方经济发达国家的托拉斯之类的企业组织形式,按经济办法来管理经济和企业。这确实是我们党对经济管理体制问题认识上的一个重大进步和新的飞跃,也说明我们党在经济工作中开始注意借鉴和学习国外的先进经营管理经验。如果那时能把这一改革试验坚持下来,我国经济体制和经济建设就会是另一番景象了。

根据中央领导同志的决策,国家经委当即会同工业、交通各部门开始研究试办托拉斯的具体方案。

(二)试办方案

托拉斯应该怎么办,没有经验,只能从调查研究入手,一方面研究国外的做法,一方面研究我们自己的情况。当时,收集到《美国工业托拉斯的组织和管理》、《美国通用汽车公司的组织结构、职权分工和管理情况》、《美国石屋电器制造公司的组织管理情况》、《日本工业公司管理体制演变的趋向》、《英法煤炭工业的组织管理情况》、《瑞士钟表工业的组织概况》、《苏联早期采用托拉斯管理体制的演变情况》等参考资料，在同工业、交通各部同志共同讨论的基础上，国家经委党组在1964年6月间草拟出初步方案，即《关于试办工业、交通托拉斯的意见报告(草稿)》。

周总理十分重视这个文件，曾两次主持会议进行讨论，并提出了五条原则性的意见：(1)全国性的托拉斯及其分公司同所在地方的关系，要单写一段。组织托拉斯以后，还要照顾地方。地方上对全国性的托拉斯，既有责任，也有权利和要求。(2)托拉斯成立以后，仍要注意搞好同外部的协作关系、同地方的协作关系，包括原材料、产品、零配件等生产供应方面的协作，不能什么都自己搞。现在工业部门总想什么都自己搞，认为只有自己搞才能搞好。其实，什么都自己搞，不一定能搞好。(3)文件的总纲中，要把托拉斯的发展前途写明。托拉斯成立后，部的机构就要缩小，只留少数人就够了。将来有些专业部，如石油部可改变为大企业，石油部本身就可以变成总托拉斯。(4)托拉斯要按照经济的办法来办，按照经济规律的要求来管理。公司的企业职能逐步扩大，行政职能就要逐步缩小并转化为经济职能。将来地方上同托拉斯的关系，也要由行政关系为主转化为经济关系为主。(5)主办托拉斯的有关部，要就不同类型的托拉斯，如盐、卷烟、长江航运、华东煤炭、铝业等行业，写出具体的实施方案，作为文件的附件，一并送中央审查。我们根据周总理的指示，又对文件进行了补充、修改，于7月17日提交中央书记处讨论通过。8月17日，中共中央、国务院将这个报告批转各中央局、省市自治区党委、中央各部委和国务院各部委党组参照执行。

国家经委党组关于试办工业、交通托拉斯的意见的报告，主要有以下内容：

报告首先分析了当时工业管理体制和管理制度存在的弊端，认为它“不能适应现代化工业发展的要求”。这主要表现在：“工业的管理工作偏重于用行政办法（而不是用经济办法），管理多头多级，政出多门；管理机构重叠庞大，效能不高；有些规章制度不合理，等等。因此，就难以对企业实行具体的领导；难以对同一行业的生产、建设进行统一规划和合理布局；形成地区之间和企业之间的生产缺乏合理分工和密切协作，许多企业不必要地重复生产同一品种规格的产品，不少设备和技术力量分散使用，各不配套；某些行业的产、供、销结合不够好，中间环节多，物资流转慢，资源不能合理利用，特别是对新技术的研究、总结、推广不够有力。”报告指出：“这些问题如不加以解决，将会影响我国工业生产、建设多快好省的发展。”

报告阐述了中央关于试办托拉斯决策的意义，认为组建托拉斯“是改进工业、交通企业管理工作的一项带有革命性的重要措施”。指出：“我们社会主义的托拉斯，是在党的领导下，根据国家的方针政策和统一计划，用社会主义的经济办法（而不是行政办法）来管理工业、交通企业的一种组织形式。采用这种组织形式，就是要按照经济原则实行科学的、高效率的集中统一领导，以免除工业管理机关化和官僚主义、分散主义的流弊，加强科学研究，开展技术革新和技术革命，大力采用新技术，提高机械化、自动化的程度，尽快地赶上世界先进技术水平；按照专业化和协作的原则，统一规划和合理组织生产、进行基本建设和综合利用资源，逐步形成专业化生产的、大中小型企业相结合的生产体系。同时，要总结和批判过去在工业建设中存在的贪大求全的片面思想，根据和、战结合和党的战略方针的要求，结合工业布局，适当照顾地区分布；按照生产、流通的客观规律，使产、供、销密切结合起来；改进不合理的规章制度；精简管理机构和层次，减少非生产人员，提高工作效率；等等。办好这种托拉斯，就可以实现更高的劳动生产率，更先进的技术水平，更好的质量，更多的品种，更大的积累，并且节约投资，促进工业生产、建设多快好省的向前发展。”

报告说明了组建托拉斯必然引起上层建筑的变革。指出：“国务院工业、交通各部和省、市、自治区的工业、交通厅（局）的职能，将从现在的管理生产、建设的日常具体业务，逐步转向加强思想政治领导，检查方针政策的执行，负责长远规划、年度计划的制订和综合平衡，组织协作，协调各托拉斯之间的关系等方面。它们的机构，也应随着托拉斯的建立，逐步地精简、合并，人员应当大大地压缩。”

关于托拉斯的组织形式，报告认为：“应当根据各个工业、交通部门和各个行业的不同情况来确定，有的可以是全国性的，有的可以是地区性的，有的也可以既有全国的又有地区的。”报告提出在1964年内先试办12个托拉斯，其中全国性的9个，地区性的3个。

全国性的九个是：轻工业部所属的烟草公司和盐业公司，第一机械工业部所属的汽车工业公司，农业机械工业部所属的拖拉机、内燃机配件公司，纺织工业部所属的纺织机械公司，冶金工业部所属的制铝工业公司，化学工业部所属的橡胶工业公司和医药工业公司，地质部所属的地质机械、仪器公司。

地区性的三个是：煤炭工业部所属的华东煤炭工业公司，水利电力部所属的京津唐电力公司，交通部所属的长江航运公司。

报告规定上述公司按以下办法管理：

第一，国家以托拉斯为统一的计划单位和经济核算单位，有关计划、财政、物资、劳动等各项经济管理体制均以它为基础；托拉斯向国家承担经济责任。

第二，托拉斯内部实行集中统一管理，统一规划和安排生产建设，综合利用资源，逐步形成产供销紧密衔接、专业化与协作生产密切结合、大中小工厂相互匹配的生产体系。

例如：

在计划管理方面，国家通过主管部向托拉斯下达计划，由托拉斯统一生产经营，统一管理所属企事业单位，并对完成国家计划全面负责。

在基本建设方面，托拉斯有权制订长远的和年度的发展计划，但其基本建设项目必须统一纳入国家计划，在批准的计划范围内进行具体安排。

在财务管理方面，国家将固定资产和流动资金（包括必要的物资储备基金）划拨给托拉斯统一管理，托拉斯依照规定上缴利润和折旧基金,交纳税款(内部协作配套产品免纳税款)。国家用利润留成办法解决托拉斯所需四项费用(新产品试制费、技术组织措施费、劳动安全措施费、零星固定资产购置费)和所属企业一般研究试验项目所需费用,并以托拉斯为单位统一提取企业奖励基金和大修理基金。托拉斯在规定的范围内有权调剂使用归它管理的固定资产、流动资金、分成收入和其他各项基金。

在物资管理方面,以托拉斯为单位统一向国家申请统配物资,托拉斯可以自行管理调拨内部协作配套的产品而不必经物资部门分配,统一经营自销产品批发业务,有权对所属企业的产、供、销活动实行集中统一管理,并统一对外签订经济合同。

在劳动管理方面,由托拉斯统一掌握并调剂使用国家批准的劳动计划和工资总额,有权在所属企事业单位之间调动干部和职工。

在政治工作和干部管理方面,托拉斯的总公司设立党委和政治部,在主管部党委和政治部领导下进行工作,任免归它管理的干部。托拉斯的分公司和所属企事业单位党的工作和政治工作,由托拉斯党委和地方党委双重领导。

试办方案还规定:全国性的托拉斯,在主管部的授权下,可以行使某些行业管理权限,例如归口管理不属它直接管理的同行业的其他企业,把这些企业纳入行业的统一规划,对其进行生产技术指导等项工作。

党中央和国务院在批转国家经委报告的指示中,同意经委所提组建托拉斯的方案,并强调指出:“用托拉斯的组织形式来管理工业,这是工业管理体制上的一项重大改革。”“试办托拉斯以后,现行的有关计划、财政、物资、劳动等各项管理制度,要作相应改进。”

少奇同志说:托拉斯办起来了,上面部的工作就少了。企业让托拉斯去管,部只管做计划,进行监督、检查,做群众工作。他还提出:石油部和煤炭部可以改为公司,各厅、局一律取消,叫分公司,改两个部做试验。

所以,试办托拉斯,不单单是上收一部分企业,也不仅仅是生产力结构的局部改组，而同时是生产关系和上层建筑领域的调整与改革。

（三）试办的初步成效和遇到的矛盾

第一批试办的12个托拉斯，其管理范围和所属企业的情况是：烟草公司和医药公司具有全行业的性质，集中管理全国所有的烟厂和药厂；地质机械仪器公司仅限于管理原有的中央直属企业；其余的6个全国性托拉斯，除管理原有中央直属企业以外，还上收了数量不等的地方企业。例如：盐业公司集中了全国的大盐场和盐业销售机构；汽车公司从全国169个地方专业汽车配件厂中上收了42个，在全国汽车配件产量中占有39%的份额；橡胶工业公司从全国205个地方橡胶企业中上收了103个；拖拉机、内燃机配件公司从全国122个地方拖拉机、内燃机配件专业厂中上收了23个；纺织机械公司从全国36个地方纺织机械企业中上收了3个；制铝工业公司从地方铝厂中上收了两个较大的铝厂。以上合计，上收了300多个地方企业归托拉斯管理。

在中央工业、交通部门试办托拉斯的同时，部分省、市也试办了一批由地方管理的托拉斯。其中有：黑龙江省的糖业公司，辽宁省的柞蚕丝绸工业公司，北京市的玻璃总厂和塑料总厂，上海市的轻工业机械公司、标准件公司和丝绸公司，天津市的机床公司、造纸公司和染料化学公司，重庆市的皮革公司等。

这批托拉斯组建后，即着手改组生产组织，改革管理制度，建立适合社会化大生产和专业化分工协作的经营管理方式，以促进设备的充分利用和生产技术水平的提高。这样做，时间虽然不长，却收到了较好的经济效果。

烟草公司对全国的烟厂合理调整定点，将104个卷烟厂缩减为62个，年生产能力却从330万箱增加到480万箱，1964年全员劳动生产率比1963年提高42.4%，税利增加45%，卷烟质量也有显著提高，其中甲级烟的产量增加1倍以上。

医药公司将全国297个药厂调整为167个，精减职工4700人，六大类原料药的产量1965年第一季度比1964年第一季度提高29%,还增加了品种,提高了质量。

盐业公司由于对盐的生产和销售实行统一管理,在1964年因自然灾害减产50%的情况下,仍然保证了国内供应,出口量也超过历史最高水平。他们按照经济区域调整运销机构,合理组织运输,1964年节约铁路运力1亿多吨公里,节省麻袋300万条,实现利润比原定计划增加近1倍。

华东煤炭工业公司实行统一核算以后,有效地改善了经营管理,1965年第一季度开始扭转连续4年亏损的局面,盈利500万元。这个公司对地质勘探和基建安装工作统一管理,加快了建设进度,投资也有节省。

试办初期,也遇到一些矛盾,出现过一些问题,主要表现在三个方面。

1. 举办全国与跨地区性的托拉斯与地方的矛盾。

在上收企业的问题上,一些地方有不同意见,以致有些原定要收的企业收不上来;在有些要收的企业中,出现了调走人员和设备甚至改行、转产的现象。

在改组生产、调整企业的问题上,地方的看法也不同。上海工业基础雄厚,希望自己组织专业生产和协作。例如,医药、橡胶托拉斯在改组生产时,他们认为无此必要,说上海已基本上形成了合理的生产体系。江苏、山东、北京等省市也担心托拉斯统一安排生产后,将影响地方的利益。托拉斯上收企业难,调整企业更难。

2. 托拉斯内部统一经营与所属企业分级管理的矛盾。

为实行集中统一经营,托拉斯着手将过去由各厂矿企业分散管理的计划、财务、供销、劳动等项业务权力集中到分公司或公司手里,实行产、供、销和人、财、物的几统一,这就同曾经是独立核算单位的厂矿企业产生许多摩擦,地方也有意见。

3. 托拉斯同现行经济管理体制的矛盾。

按照现行体制,地方财政收入主要依靠工业利润和税收,托拉斯上收厂矿企业后,影响了地方的财政收入。这是一些地方不赞成上收企业的重要原因。像四川省的自贡市,70%的财政收入靠盐场利润分成,盐业公司把盐场收走,等于断了他们的财路。

按照现行体制,物资供应是按企业隶属关系申请和分配,托拉斯虽然掌握一批企业,物资分配渠道却没有打通。手里没有东西,管理生产便发生实际困难。

按照现行体制,产品定价权也分别掌握在国家或地方物价委员会手里,托拉斯不能问津,统一经营也有许多不方便。

新生的托拉斯缺乏经验,上收了有些可以不收的企业,集中了一部分不必要集中的权力,在调整改组生产中对若干地区的利益考虑不够,出现了一些始料未及的矛盾。1965 年 4 月 17 日,北京市在《全国医药托拉斯成立后的新情况》的一份材料中反映:医药托拉斯统一安排生产后,北京药品品种减少,供应量下降,一批常用药严重脱销,说这种统法不能适应医药生产供需的特殊情况。彭真同志将这份材料转呈毛主席和少奇、小平同志,建议对这批托拉斯的试办经验加以总结,再考虑建立第二批。毛主席 4 月 29 日批示,要求我们"迅速、周密地解决"。

(四)初步总结

1965 年 5 月 10 日至 6 月 7 日,国家经委党组召开了托拉斯试点工作座谈会,各个托拉斯和中央有关工交部门、综合经济部门的负责同志及九个省市党委和经委的同志参加,检查总结前一段的工作。到会同志对试办托拉斯以来出现的新情况和新问题,各抒己见,展开讨论。6 月 1 日,少奇同志和小平同志听取了汇报,并作了重要指示。少奇同志说:是试办,有不同意见是好事。办托拉斯就是要组织起来,组织起来才能搞专业化、标准化、系列化,才能增加产量,提高质量,发展新品种。在这方面,资本主义和社会主义国家都给我们提供了一些参考资料,但都没有完整的经验,要我们自己创造。托拉斯不是只办 12 个,要把眼光放大一点,全面看问题。小平同志提出了搞托拉斯章程的问题。他说:要搞一个托拉斯的章程,首先把汽车托拉斯的章程搞出来。搞章程的目的,是为了解决内部、外部的矛盾。托拉斯应该怎么办？怎样才能办好？各个托拉斯都应当总结试办的经验，在今年内拟出一个办法。

这次会议的基本收获，就是明确了工业必须组织起来，必须根据经济合理性的原则解决各项矛盾。正如少奇同志说：管经济，不仅要看到全国，还要看到全世界；不只看到现在，还要看到将来。一个市、一个省以至全国这么多工厂，怎样组织得好，要算总账，要有利于增加品种，提高质量，降低成本，提高劳动生产率，方便人民。至于各个地方的人权、财政问题，那不是托拉斯本身的问题，应当另外研究办法，不要都扯到托拉斯身上，更不能以此为理由反对托拉斯收厂。

座谈会搞了一个《会议纪要》，对有关问题提出了以下解决办法：

1. 关于托拉斯由谁办的问题。应该根据工业、交通行业在国民经济中的地位和特点，实行中央和地方合理分工的办法，既不是一些同志主张的以办全国性的托拉斯为重点，也不是另一些同志主张的以办地方性的托拉斯为重点。例如，国民经济中的某些重要行业，如煤炭、石油、基本化工、重要机械、纺织等，可以办全国性的托拉斯，由中央部门管理；有些行业，如制糖、玻璃、塑料制品等轻工业行业，某些通用机械、铸锻件等工艺加工、通用设备修理等，可以举办地方性的托拉斯，由省或大工业市管理。

2. 关于全国性托拉斯行业管理与上收地方工厂的问题。有的同志提出，托拉斯要实行行业管理，就必须把该行业所有的企业都收上来；也有的同志不赞成，说可以不必上收企业，而用计划和协作等办法实现行业管理。经过讨论，认为还是要根据不同的情况采取不同的做法。对需要和可能实行集中统一管理的行业，可以把同一行业的企业都收归托拉斯管理；有些行业，可以只收重要的工厂，一般性的厂子仍然隶属地方，但托拉斯有责任对该行业实行统一规划，统筹安排生产建设，统一下达计划，根据需要和可能把重要原材料的申请和分配以及产品的调拨和销售统管起来。这种托拉斯，可以建立若干分公司，把一个地区内同一行业的工厂组织起来，分公司由托拉斯领导或与地方双重领导。有些行业，例如铸锻件、标准件、汽车和机床等通用设备修理等，在成立地方性托拉斯的时候，也可以把当地中央直属企业中的有关车间或者设备、人员统一组织起来。

3. 关于托拉斯改组生产、调整企业的问题。要兼顾整体与局部、当前与长远、经济合理性与国防战略，考虑两方面的需要。不仅要求产品数量的增加，而且要求产品品种的增加和产品质量的提高。凡社会需要的产品，要迅速恢复生产。托拉斯既要组织好内部的生产协作，也要重视外部的生产协作，不能随意中断原有的协作关系；需要调整的，应该经过双方协商，并在妥善安排后才能调整。凡是适宜外部协作的，应该委托外部协作，并尽可能将这种协作关系固定下来，纳入国家计划。托拉斯也不能什么都搞“万能不求人”。

4. 托拉斯要正确划分公司、分公司和厂矿三级的管理权限，把集中经营和分级管理结合好。不能什么都集中到公司和分公司，尤其不能因为实行统一核算而削弱厂矿一级的经济核算。要使分公司和厂矿有必要的权力，因时因地安排生产，主动、灵活地进行工作，发挥大家的积极性。

关于托拉斯与现行经济管理体制的矛盾问题，由于牵涉面比较广，决定会后专门研究。

座谈会决定，把1965年工作的重点继续放在办好现有的托拉斯上，暂不扩大全国性托拉斯的试点范围；少数条件比较成熟的行业和地方，可再试办若干区域的或地方的托拉斯。我在会议总结讲话中，特别强调：托拉斯一定要坚持办下去，但要贯彻既积极又谨慎的方针，防止因大的偏差而出现反复。

可以说，我们从开始组建托拉斯，就注意稳扎稳打，先试点，发现问题后抓得也比较及时，既坚持少量试办、总结经验、逐步推广的方针，又积极解决矛盾，效果是好的。

当年中央决定试办托拉斯，期望以此为契机，逐步改变中央权力过分集中而束缚生产力发展的经济体制，是有远见卓识之举。少奇同志、周总理和小平同志为指导这一改革付出了很大努力。“文化大革命”否定了它，使经济又回到老路上去，实在是一大憾事。28年过去了，现在国家经济体制改革正在全面深入进行，正在向着建立社会主义市场经济体制的目标前进。全国城乡的经济面貌已经发生巨大的变化。这应该归功全党同志按照解放思想、实事求是的思想路线进行的大胆探索和勇于创新，应该归功于小平同志建设有中国特色社会主义理论的正确指导。

在这里，我想侧重谈谈经过十一届三中全会以后10多年来的改革开放，我国工业方面取得的显著成就。从我手头掌握的材料来看，全国工业企业的个数，1990年达到795.78万个，比1978年的34.8万个增加了近22倍。其中，全民所有制企业10.44万个，增加了24.3%；集体所有制企业166.85万个，增加了5.32倍；新兴办的城乡个体企业达到617.6万个，其他经济类型工业达到0.88万个。上述工业的总产值，1990年为23924.36亿元，比1985年的9716.47亿元增长了1.46倍。其中，全民所有制企业产值达到13063.75亿元，增长了1倍多；集体所有制企业产值达到8522.73亿元，增长了1.7倍多；城乡个体企业产值达到1290.3亿元，增长了6倍多；其他经济类型企业产值达到1047.56亿元，增长了8倍多。从这些企业的个数来看，全民所有制企业占的比重不大，但其产值占到54.6%；集体所有制企业产值所占比重近37%；城乡个体企业和其他类型企业的产值所占比重不到10%。这说明，改革开放以来，我国的工业生产建设有了长足的发展，已形成了以公有制为主体、多种经济成分并存的格局。这种格局，对促进我国生产力的发展、活跃城乡经济、改变落后地区的贫困面貌、大幅度地提高人民的实际收入水平，具有重要的作用。

特别值得提出的是，在工业建设中，已经组织起了众多的全国性的、地区性的、跨地区的行业公司和集团。这些公司和集团，在资源综合利用、新技术开发、专业化协作、产供销统一经营方面，都显现了它的优势；其产品，不仅在国内竞争中起着举足轻重的作用，有的在国际市场竞争中也具有一定的发展潜力。更感到欣慰的是，我从这些公司和集团组织中，看到了 60 年代试办托拉斯的轨迹。当然，现今的公司和集团，较之当年的托拉斯，在组织形式上更加完善、先进，经营管理上更具有活力。但是，历史总是在延续中发展的，从今天的改革成果中，可以看出当年中央关于组建托拉斯决策的正确性和留下的可贵启示。

四十一　“三五”计划的制定与三线建设的展开

发展国民经济的第三个五年计划，原应从1963年开始，国家计委和有关部门也都按此时限做了准备，并拟定了初步方案。这期间，中央和国务院决定再用三年时间继续对国民经济进行调整，“三五”计划推迟到1966年开始。随着经济情况的好转，毛主席提出从1964年下半年着手部署三线后方工业基地的建设，并于1965年初成立小计委负责“三五”计划的编制工作。因此，“三五”计划的方针任务与最初的设想有重大改变。1966年“文化大革命”开始后，我身陷囹圄，与世隔绝长达八年，对“三五”计划的执行过程不甚了了。本篇着重记述“三五”计划方针任务的酝酿和更改过程，以及三线后方工业基地部署的情况，同时也提出我对某些问题的看法。

(一)“吃穿用计划”的提出

三年“大跃进”，农业连续两年遭灾减产，以及苏联政府单方面撕毁经援协议等因素所造成的经济困难，经过1961、1962两年的调整，虽然有所缓和，但工农业生产仍未恢复，人民缺吃少穿的情况仍很严重。1957年到1962年六年间，全国按人口平均的主要生活资料的年消费量大幅度下降，粮食(贸易粮)由406斤减至329斤，食用植物油由4.8斤减至2.2斤，猪肉由10.2斤减至4.4斤，棉布由19.5尺减至10.6尺。市场商品匮乏，连日常生活必需的锅、碗、瓢、盆等都缺少供应。可以说，那几年是吃的、穿的、用的全面紧张。面对这种情况，人们焦急不安的心情是可想而知的。因此，在编制发展国民经济计划时，自然要首先解决人民的吃穿用问题。

为了加强计划工作的领导，改革某些不合理的计划管理制度，并在编制计划时协调工业、农业、财贸等方面的关系，李富春同志于1963年初向中央提出报告，建议成立由李富春、李先念、谭震林、薄一波、陈伯达、邓子恢、程子华、薛暮桥八人组成的计划领导小组。小组的任务，主要是讨论研究年度计划和长远计划的方针、政策、任务及主要指标，研究和确定实现计划的重大措施，并且定期听取国家计委日常工作的汇报。同时，还建议工业交通计划由国家经济委员会草拟，农业和财贸计划分别由国务院农林办公室和财贸办公室草拟，然后由国家计委汇总，在综合平衡的基础上提出全面计划。2月8日，中央批准了这些建议。随后，领导小组接连开会，初步研究了长期计划和“三五”计划的奋斗目标。

在2月20日的领导小组会上，李富春同志有个比较系统的发言。他认为：前些年没有长期计划，吃了苦头。发展国民经济，建设社会主义，必须要有长期计划。编制长期计划，要从远处着眼、近处着手。二十年的奋斗目标，就是要基本上实现农业、工业、国防和科学技术的现代化，基本上建立全国统一的、独立完整的、现代化的国民经济体系。十年的奋斗目标，需要在计划编制过程中逐步明确起来。第三个五年的奋斗目标，应集中力量解决人民的吃穿用。领导小组同志一致赞同他的这个设想。会后，他将上述设想写成《关于编制长期计划工作的要点》报送党中央。

党中央赞成李富春同志《要点》中提出的设想，并决定继续对国民经济进行调整。1963年7月30日，小平同志在工业问题座谈会上传达了党中央的决定：“还要进行三年调整，重点是巩固、充实、提高，创造条件，为第三个五年计划做好准备。”8月6日，我在各部负责同志讨论1964年计划的会议上，传达了党中央的指示，还讲了这样一段话：“这三年的调整，着重在填平补齐。不要一说调整，就单纯理解为继续精减人员、裁并机构、关并企业。1964年计划要瞻前顾后。解决吃穿用，吃的方面是粮食；穿的是纺织品，加上维尼龙和塑料制品（如尼龙袜、塑料鞋和鞋底等）；用的方面是桌椅板凳、锅碗瓢盆和暖水瓶等日用工业品，而不是电冰箱、电视机。要把基础工业发展起来，进行必要的国防建设。归纳起来，吃穿用第一，基础工业第二，国防第三。这是发展工业的方向，也是国民经济计划的方向。"

同年 9 月 5 日至 27 日，党中央召开工作会议，讨论农村工作、1964 年国民经济计划和工业发展问题。会议确定，把 1963 年至 1965 年作为"二五"计划到"三五"计划的过渡阶段，在此阶段对国民经济继续进行调整、巩固、充实、提高，贯彻执行以农业为基础、以工业为主导的发展国民经济总方针，发扬自力更生、奋发图强、艰苦奋斗、勤俭建国的精神，按照解决吃穿用、加强基础工业、兼顾国防、突破尖端技术的次序安排经济计划。随后，小平同志提出在"三五"计划内要建设五亿亩稳产高产农田，第二步再搞五亿亩；"三五"期间就是要努力解决吃穿用问题。

1963 年底，国务院召开全国工业交通工作会议，工交各部委负责同志、各大区和各省市自治区主管工交工作的负责同志及经委主任参加，研究改进计划工作。李富春同志代表国务院在会上作了报告，他指出：各级计委必须克服屁股坐在工业上的毛病，要首先抓农业发展计划和支援农业的计划；在国家财力、物力有限的情况下，"三五"计划期间首先抓水利、肥料和必要的农业机械，到 1970 年实现三个目标：一是建设五亿亩比较旱涝保收、稳产高产农田；二是化肥产量达到 1000 万吨；三是化纤产量达到 20 万吨。

1964 年 2 月至 4 月，农业、财贸、工交三个长期规划会议先后召开。农业会议由谭震林同志主持，主要是研究落实五亿亩稳产高产农田的建设问题。财贸会议由李先念同志主持，着重讨论农产品收购政策问题。工交会议由我主持，讨论编制长期计划的政策思想、计划方法和中心任务的问题。工交会议认为："三五"计划的中心任务，一是按不高的标准基本上解决吃穿用，1970 年粮食产量达到人均 600 斤左右，衣着消费量（包括各种纺织品）达到人均 24 尺左右；二是兼顾国防，解决国防所需的常规武器，突破国防尖端技术；三是加强基础工业对农业和国防工业的支援。会议要求工交各部门按上述任务，研究编制以化肥、化纤工业为中心的解决吃穿用的规划，以建设五亿亩稳产高产农田为中心的工业支援农业的规划，以采掘、采伐工业为中心的加强基础工业和配合国防尖端工业发展的规划。

5月中旬到6月17日，党中央召开工作会议，讨论国家计委提出的《第三个五年计划的初步设想》。《设想》拟定“三五”计划的中心任务是：第一，大力发展农业，基本上解决人民的吃穿用问题；第二，适当加强国防建设，努力突破尖端技术；第三，与加强农业和加强国防相适应，加强基础工业，继续提高产品质量，增加产品品种，增加产量，使我国国民经济建设进一步建立在自力更生的基础上。同时，相应地发展交通运输业、商业、文化、教育、科学研究事业，使国民经济有重点按比例地向前发展。《设想》还提出：同基本任务相适应，计划工作要转到以农业为基础的轨道上来，首先考虑农业的需要，兼顾国防工业的需要，然后从这两个方面出发来安排重工业。这个《设想》得到了中央工作会议的认可。

以上，就是“三五”计划重点解决吃穿用任务的提出、酝酿和确定的过程。它符合当时的实际情况，得到了广大干部和群众的拥护。当时人们形象地称它为“吃穿用计划”。可是，在“文化大革命”中，林彪、“四人帮”一伙却把它诬蔑为“修正主义计划”，把它作为“薄一波反党的罪证”，令人啼笑皆非。

(二)三线建设

调整一线，建设三线，改善工业布局，加强国防，进行备战，是毛主席和党中央富有远见的一项重大战略部署。

1964年4月25日，军委总参谋部作战部提出一份报告，对经济建设如何防备敌人突然袭击的问题进行了分析，认为有些情况相当严重：(1)工业过于集中。全国14个百万人口以上的大城市，就集中了约60%的主要民用机械工业和52%的国防工业。(2)大城市人口多。全国有14个百万人口以上和25个50万至百万人口的大城市，大都在沿海地区，防空问题尚无有效措施。(3)主要铁路枢纽、桥梁和港口码头多在大城市附近，还缺乏应付敌人突然袭击的措施。(4)所有水库的紧急泄水能力都很小，一旦遭到破坏，将酿成巨大灾害。报告建议由国务院组织一个专案小组，根据国家经济的可能情况，研究采取一些可行的措施。

总参作战部的这份报告，引起了毛主席和党中央的高度重视。当时，我们面临的国际环境是：美国在侵朝战争失败后，又发动了侵略越南的战争，把战火烧到我国南大门外，威胁着我国的安全。在此以前，1962 年，美国多方支持国民党武装特务部队窜犯我东南沿海和广东沿海地区，妄图建立大规模进犯大陆的“游击走廊”；印度政府不断蚕食我国领土，在中印边境东、西两段同时向我发动大规模的武装进攻；侵略我国长达八年的日本，还未同我国恢复正常邦交；我国北部中苏边境地区的气氛也很紧张。面对这些现实，我们不能等闲视之，必须进一步加强国防，做到常备不懈。

我们党在处理国际关系问题上，坚持和平共处五项原则，对敌对势力亦采取“人不犯我，我不犯人；人若犯我，我必犯人”的策略。毛主席的军事战略思想有独到之处，他重视有备无患，但不强调“御敌于国门之外”，而主张“诱敌深入，关起门来打狗”。建设三线后方工业基地，正是他的这种战略思想的体现。

1964 年 5 月 11 日，在中央召开工作会议的前夕，毛主席听取了计划领导小组关于“三五”计划的汇报，并讲了一些他的想法，大意是：国民经济有两个拳头、一个屁股，农业是一个拳头，国防工业是一个拳头，基础工业是屁股。工业要为农业服务。建设要按客观规律办事，只能是有多少钱办多少事，不能搞多了，要少而精，集中力量打歼灭战，留有余地。

5 月 28 日，中央书记处开会进一步研究“三五”计划。大家认为，国民经济经过几年调整，形势虽然有所好转，但各方面仍有不少困难，加强国防建设的重点和规模以及它同解决吃穿用的关系，必须安排得当。小平同志说：这次计划按农轻重、解决吃穿用和两个拳头、一个屁股进行安排，是建设的完整方针。攀枝花钢铁工业基地的建设，第三个五年计划打基础。按低方案摆计划，五年全国基本建设投资不能超过 1000 亿元。周总理说：计划方法要总结经验，不能再搞苏联的那一套。我们国家经济发展不平衡，如果不注意布局，发展下去更不平衡。1964 年的基本建设要重新排队。少奇同志也指出：大家要多搞基本建设，但不能过多，只能办几件事，一切要保持过去几年的做法，不能一下放松。

6 月 6 日，毛主席在中央工作会议上的讲话中，集中讲了两个方面的问题。

(一)改变计划方法。毛主席说：过去制定计划的方法基本上是学苏联的，先定下多少钢，然后根据它来计算要多少煤炭、电力和运输力量，再计算要增加多少城镇人口、多少福利；钢的产量变小，别的跟着削减。这是摇计算机的办法，不符合实际，行不通。这样计算，把老天爷计算不进去，天灾来了，偏不给你那么多粮食，城市人口不增加那么多，别的就落空；打仗计划不进去，国际援助也计划不进去。毛主席还强调指出：要改变计划方法，这是一个革命。学上了苏联的方法以后，成了习惯势力，似乎很难改变。这几年我们摸索出了一些方法，我们的方针是以农业为基础、以工业为主导。按照这个方针制定计划，先看可能生产多少粮食，再看需要多少化肥、农药、机械、钢铁，还要考虑打仗的需要。

(二)进行备战。毛主席说：只要帝国主义存在，就有战争的危险。我们不是帝国主义的参谋长，不晓得它什么时候要打仗。决定战争最后胜利的不是原子弹，而是常规武器。他提出：要搞三线工业基地的建设，一、二线也要搞点军事工业。各省都要有军事工业，要自己造步枪、冲锋枪、轻重机枪、迫击炮、子弹、炸药。有了这些东西，就放心了。攀枝花钢铁工业基地的建设要快，但不要潦草，攀枝花搞不起来，睡不着觉。毛主席还风趣地说：你们不搞攀枝花，我就骑着毛驴子去那里开会；没有钱，拿我的稿费去搞。

毛主席的这番话，引起与会同志的共鸣。大家一致拥护他的主张，认为应在加强农业生产、解决人民吃穿用的同时，迅速展开三线建设，加强战备。自此，全国备战的气氛日趋浓厚。

所谓一、二、三线，是按我国地理区域划分的，沿海地区为一线，中部地区为二线，后方地区为三线。三线分两大片，一是包括云、贵、川三省的全部或大部分及湘西、鄂西地区的西南三线；一是包括陕、甘、宁、青四省区的全部或大部分及豫西、晋西地区的西北三线。三线又有大小之分，西南、西北为大三线，中部及沿海地区省区的腹地为小三线。

1964年8月19日，李富春、罗瑞卿和我三人联名，把国务院研究国家经济建设如何防备敌人突然袭击的意见，向毛主席、党中央写了报告。报告建议在国务院成立专案小组，由李富春、李先念、谭震林、薄一波、罗瑞卿、谢富治、杨成武、张际春、赵尔陆、吕正操、程子华、谷牧、韩光、周荣鑫组成；李富春任组长，薄一波、罗瑞卿任副组长。报告还提出：一切新的建设项目应摆在三线，并按照分散、靠山、隐蔽的方针布点，不要集中在某几个城市；一线的重要工厂和重点高等院校、科研机构，要有计划地全部或部分搬迁到三线；不再新建大中型水库；恢复人民防空委员会，积极准备北京地下铁道的建设，考虑在上海、沈阳建设地下铁道。对上述各项工作，确定由专案小组成员分工负责，用八九两个月的时间进行研究，提出逐步施行的具体方案，经专案小组综合研究后，报中央批准，分别纳入1965年计划和“三五”计划。

根据中央的决定，各有关部门迅速展开西南、西北三线建设的具体部署。部署从三个方面进行：一是在三线建设新的工厂，扩建部分工厂，由国家计委负责组织；二是把一线的“独生子”（即全国仅此一家的重要工厂）和配合后方建设所必需的工厂搬迁到三线，由国家建委负责组织；三是组织好全国的工业生产，为三线建设提供设备和材料，由国家经委负责。随后，又分别成立了西南、西北三线建设指挥部，负责组织中央有关部门在三线地区新建、扩建、迁建项目的计划协调和物资供应工作。西南三线建设指挥部由李井泉、程子华、阎秀峰同志负责。彭德怀同志被“罢官”后，1965年也到西南三线担任过一段时间的副总指挥。西北三线由刘澜涛、王林、安志文、宋平同志负责。

10月18日，广东省委向党中央和中南局提出《关于国防工业和三线备战工作的请示报告》。报告规划于短期内，在省后方的连县、连山、连南一带建设小型枪厂、子弹厂、手榴弹厂、炸药厂，在海南建设地雷厂、合成氨厂（平时生产化肥，战时生产硝铵炸药）；各专区都建立军械修配和子弹厂；将广州及沿海城市的部分民用工厂和高等院校迁至三线（小三线）；加强国防公路、通讯网、电力及物资储备仓库等的建设；加速后方农业和山区经济的发展，并适当增建学校和医院。

毛主席对广东省委的这个报告很感兴趣，于22日批请少奇、恩来、小平、彭真和罗瑞卿同志传阅，并写了以下批语："广东省是动起来了，请总理约瑞卿谈一下，或者周、罗和邓（小平）、彭（真）一起谈一下，是否可以将此报告转发第一线和第二线各省，叫他们也讨论一下自己的第三线问题，并向中央提出一个合乎他们具体情况的报告。无非是增加一批建设费，全国大约十五亿元，分两三年支付，可以解决一个长远的战略性的大问题。现在不为，后悔无及。"周总理当即将毛主席的批语和广东省委的报告批转各有关省自治区，并于25日同罗瑞卿同志及中央有关部委的负责同志研究了一、二线省区的三线建设部署问题，写成书面材料报中央书记处审批。

一、二线各省自治区接到毛主席的批示及广东省委的报告后，立即仿效，根据本省的需要和可能，在自己的后方部署了一批新建和迁建项目，包括军工、民用、支援农业的工厂及交通、电力、通讯、文教、卫生等事业的建设。其行动之快，超出人们预料。这样，在备战的工作上，大小三线全面展开，齐头并进。

据不完全统计，1964年下半年到1965年，在西南、西北三线部署的新建和扩建、续建的大中型项目达300余项，其中钢铁工业14项、有色金属工业18项、石油工业2项、化学工业14项、化肥工业10项、森林工业11项、建材工业10项、纺织工业12项、轻工业8项、铁道工程26项、交通工程11项、民航工程2项、水利工程2项。此外，还有农业、林业、邮电、商业、广播、教育事业等项目。这一期间，从一线搬迁到三线的工厂约有400个。军事工业方面，在西南地区规划了以重庆为中心的常规兵器工业基地、以成都为中心的航空工业基地、以长江上游重庆至万县为中心的造船工业基地；在西北地区规划了航天工业、航空工业、常规兵器、电子和光学仪器等工业基地。

这里，我想着重讲一讲攀枝花钢铁工业基地建设的情况。攀枝花位于四川、云南两省交界处，面临金沙江，有丰富的铁矿资源。毛主席提出建设攀枝花基地后，国家计委立即组织 80 多人的工作组，由程子华、王光伟两位副主任带领，到成都同西南局和四川省委商定建厂事宜。西南局和四川省委的部分同志建议另选厂址，理由是攀枝花交通不便、人烟稀少、农业生产基础差。他们认为，钢厂应建在交通方便、有大城市作依托的地区，并提出了 18 个地点供选择。工作组用一个多月的时间普查了这些厂址，绝大多数地点既无铁又无煤炭资源，有的还要占用大量耕地，被否定了；只有乐山的九里、西昌的牛郎坝和攀枝花的弄弄坪可供选择。在评议中，程子华同志和中央有关部委的负责同志及专家，都倾向于攀枝花的弄弄坪，因为攀枝花地区不仅有丰富的铁矿资源、较多的煤炭资源和取之不竭的金沙江水资源，并且靠近林区，距离成昆铁路和贵州六盘水（六枝、盘县、水城）大型煤炭基地较近，地点也较隐蔽，又不占农田，是建钢厂的理想地区。而西昌的牛郎坝虽距攀枝花较近，但有地震问题（历史上曾发生过强烈地震），还有与农业争水的问题；乐山的九里虽然地势平坦，扩展余地大，又靠近工业城市，但距铁矿和煤矿太远，也有占耕地的问题，都不是建大型钢厂的理想地区。由于西南局和四川省委的部分同志仍持异议，论证工作迟迟不能定案。消息传到北京，我和李富春同志都赞成程子华同志的主张，在攀枝花建厂，并对迟迟不能确定厂址而着急，于是立即向周总理作了汇报。周总理思虑再三，说：既然西南局和四川省委有不同意见，程子华同志定不下来，就到毛主席那里定吧。周总理带着富春同志和我向毛主席作了汇报。毛主席听后，大为不满，说：乐山地址虽宽，但无铁无煤，如何搞钢铁？攀枝花有铁有煤，为什么不在那里建厂？钉子就钉在攀枝花！

1964年10月间，李富春同志和我到西南研究确定三线建设的总体规划。先到昆明召集西南局和云、贵、川三省及中央有关部委的负责同志开会，传达了毛主席对钢厂定址在攀枝花的意见，统一了思想认识。同时，初步议定攀枝花钢铁工业基地第一期工程的规模为年产铁矿石1350万吨、生铁160万—170万吨、钢150万吨、钢材110万吨。接着，我们到攀枝花进行了实地考察，看到那里崇山峻岭、深谷激流、地势隐蔽，建厂初期虽然交通条件差一些，但从长远和全局来看确是一个建设钢铁工业基地的理想场所，更感到程子华同志、冶金部的同志及有关专家坚持在攀枝花建厂的意见是对的，毛主席的决断是正确的。

1965年11月至次年1月，小平同志带领中央有关部委的负责同志视察三线建设的部署。我和李富春同志陪小平同志先到西北看了陕西的航空工业、兵器工业基地，甘肃的航天工业基地和酒泉钢铁厂等。到四川后，我因有他事先回北京，小平同志赴西南三线视察。小平同志看了攀枝花后，认为那里建设后方钢铁工业基地的条件得天独厚，当即代表党中央确定了攀钢的建设方案。

这里顺便说一件事。小平同志视察三线，是受党中央委托，到现场就地解决问题的。但在“文化大革命”中，林彪、“四人帮”一伙却把小平同志的三线之行诬蔑为所谓“二月兵变”的组成部分，把列入国家计划本子上的某些建设项目诬蔑为“黑项目”，真是荒唐至极！

(三)成立小计委与备战计划的形成

毛主席对经济工作不满意，作为经济综合部门的国家计委自然首当其冲。而成立小计委，则是由陈伯达的一封信引起的。

1964年8月，党中央在北京召开工作会议期间，陈伯达于20日写给李富春同志一封信，提出了他对改进计划工作的意见，其中有一条意见的题目是“改变拖拖沓沓的作风”。他认为：“毛主席在一九五七、一九五八年给我们提出的许多重要的指示，我们还没有进一步地、认真地去研究它，还没有进一步地、认真地去执行它。”27

日，陈伯达又把信的抄件送给毛主席。毛主席当即作了批示，指出："计划工作方法，必须在今明两年内实行改变。如果不变，就只好取消现有计委，另立机构。"

李富春同志看到毛主席的批示后，立即组织国家计委的干部进行讨论，力求尽快改变计划工作方法，并分别向毛主席和少奇、恩来、小平同志汇报了他对改进计划工作及编制长期计划的一些想法。接着，他让国家计委的同志拟定了一个《关于编制长期计划的程序问题》的文件，提交中央书记处讨论。讨论时，他特地请周总理和我参加，也请中央有关部委党组的负责同志参加，广泛征求意见。根据讨论意见对文件作了修改后，于 12 月 7 日送请毛主席审阅。

毛主席于 12 月 12 日对文件作了下述批示："此件已阅，写的可以，是好的。但有骨头，无血肉，感到枯燥乏味，则是缺点。望你们在今后几个月内，搞出一个有骨有血有皮有毛的东西出来。要有逻辑有论证。否则仍然是形而上学的东西。十几年来，形而上学盛行，唯物辩证法很少人理，现在是改变的时候了。"李富春同志接到毛主席批示后，为了及时向全党传达，更多地征求对计划工作的批评意见，要求小平同志于 17 日将计委的文件和毛主席的批示印发参加中央工作会议的同志。从毛主席的批语中不难看出，他对国家计委的工作意见甚大，另立机构势已难免。大概就在这个时候，毛主席开始物色计委领导干部的新人选。

1965 年初，毛主席决定成立小计委。小计委由当时的石油部部长余秋里、副部长李人俊，浙江省委主管农业的书记林乎加，北京市委主管工业的书记贾庭三组成。名单中还有一个陈伯达，但他从未参与小计委的任何工作。毛主席还特别交待：小计委由周总理直接领导，国务院各副总理不要干预他们的工作。看来，成立小计委，也是毛主席对改革计划管理体制的一种尝试。实践说明，仅仅改组一个机构，并不能解决计划管理体制改革的问题；尽管小计委的同志能够摆脱繁琐的日常事务，专心致力于研究战略问题，拟定的"三五"计划的方针任务得到了毛主席的赞许（毛主席对小计委在编制计划过程中报送中央的简报，都一一审阅)，但编制全面的具体的计划则离不开国家计委。李富春同志曾跟我商量，为了工作的方便，请小计委的同志都任国家计委副主任；余秋里同志任第一副主任、党组书记，过渡一个阶段后接替他的国家计委主任的职务。周总理同意我们的意见，报经毛主席批准，小计委的同志正式主持国家计委的工作，不再用小计委的名称。

随着大小三线建设的展开、备战气氛的增加，“三五”计划的方针任务，由重点解决吃穿用转向以备战为中心。

6月16日，毛主席在听取国家计委关于“三五”计划初步设想的汇报后，作了指示。大意是：计划要考虑三个因素，第一是老百姓，不要丧失民心；第二是打仗；第三是灾荒。毛主席还提出了安排计划的几条原则：(1)要根据客观可能办事，还要留有余地，五年基本建设投资控制在800亿到900亿元，三线建设的投资要压缩100亿至200亿元；(2)鉴于过去的经验，欲速则不达，建设项目不要搞那么多，少搞一些，能集中力量打歼灭战；(3)1970年钢产量达到1600万吨就行；(4)工业布局不能太分散；(5)农轻重次序要违反一下，吃穿用每年略有增加就好；(6)搞农业要靠大寨精神，投资不要那么多；(7)对老百姓不要搞得太紧张，要留点余地在老百姓那里，这是个原则问题。

根据毛主席的指示，国家计委又对“三五”计划的投资、项目和主要生产指标进行了调整，于7月21日向国务院作了汇报。汇报中提出：“三五”计划实质上是一个以国防建设为中心的备战计划，要从准备应付帝国主义早打、大打出发，把国防建设放在第一位，抢时间把三线建设成具有一定规模的战略大后方。在国防工业方面，首先把常规武器中最基本的东西搞起来，同时保证尖端方面一些最急需和周期长的工程项目的建设。到1970年，主要装备的生产能力，除造船外，三线地区占到一半左右。经过五年或稍多一些时间的建设，三线地区将成为一个门类比较齐全的新的工业基地。在交通运输方面，重点是建设西南的三条铁路干线，云贵线1966年通车，成昆线1969年通车，在成昆线施工高峰过后再转移力量建设贵昆线。还要整治和开发金沙江、嘉陵江、赣江,发展水路运输。经过讨论,国务院同意国家计委的上述安排。

8月底,毛主席要国家计委将“三五”计划的具体方案,提交9月召开的中央工作会议予以讨论。当时,国家计委正在草拟《关于第三个五年计划安排情况的汇报提纲》。《汇报提纲》共10部分:(1)方针、任务;(2)基本建设;(3)农业,工业生产和交通运输;(4)在科学技术上赶上和超过世界先进水平;(5)文化、教育、卫生事业;(6)人民生活;(7)对外贸易和对外经济技术援助;(8)人力、物力、财力的平衡;(9)十五年远景的设想;(10)调动一切积极因素,为实现第三个五年计划而奋斗。前9个部分已经完成,后一部分没有拟就。为了赶时间,余秋里同志说:后一部分可以暂缺,披头散发也要早点向毛主席和党中央汇报。这样,国家计委提交中央工作会议的《汇报提纲》,第10部分只列了一个标题。随《汇报提纲》还报送了3个附件:(1)第三个五年农业、工业主要产品产量和财政收支的设想;(2)第三个五年基本建设大中型项目的设想;(3)第三个五年基本建设投资和新增生产能力的设想。

《汇报提纲》关于方针任务的提法是:“第三个五年必须立足于战争,从准备大打、早打出发,积极备战,把国防建设放在第一位,加快三线建设,逐步改变工业布局;发展农业生产,相应地发展轻工业,逐步改善人民生活;加强基础工业和交通运输的建设;充分发挥一、二线的生产潜力;积极地,有目标、有重点地发展新技术,努力赶上和超过世界先进技术水平。”

计划安排五年基本建设投资850亿元,留50亿元机动。新建、续建、扩建大中型项目1475个,其中国防工业项目383个,重工业项目686个,轻工业项目98个,铁道、交通、邮电项目156个,农业、财贸、文教、科学和其他部门的项目41个,小三线有关国防的项目10个等。加上中型的水利项目,第三个五年施工的大中型项目约2000个左右。设想五年内全部建成投产的项目1213个,部分建成投产的项目177个。这样安排,基本建设投资的重点是国防工业和重工业,项目的分布大部分在西南、西北三线。这些项目按计划完成后,到

1970年,农业和工业主要产品的产量将达到:粮食4400亿至4800亿斤,棉花4400万至4800万担,棉纱900万件,棉布75亿米,钢1600万吨,原煤2.8亿至2.9亿吨,发电量1100亿度,原油1850万吨,化肥1800万吨,农药36万吨,机床6.5万台,汽车8万至9万辆,拖拉机2.36万台。根据上述安排,1970年工农业总产值约为2700亿至2750亿元,比1965年增长55%至58%,平均每年递增9%左右。其中农业总产值约700亿至750亿元,比1965年增长26%至35%,平均每年递增5%至6%;工业总产值约为2000亿元,比1965年增长69%,平均每年递增11%。

上述计划安排,国家计委事先同中央各部委和各省、市、自治区进行过充分协商,取得了一致意见,中央工作会议经过讨论予以认可。

1966年3月,毛主席在关于各省发展农业机械化问题给少奇同志的信中,对“三五”计划的方针任务作了高度概括,那就是,“备战、备荒、为人民”。毛主席在信中指出:发展农业机械化,应与备战、备荒、为人民联系起来,否则地方有条件也不热心去做。“第一是备战,人民和军队总得先有饭吃有衣穿,才能打仗,否则虽有枪炮,无所用之,第二是备荒。遇了荒年,地方无粮棉油等储备,仰赖外省接济,总不是长久之计。一遇战争,困难更大,而局部地区的灾年,无论哪一个省内常常是不可避免的。几个省合起来看,就更加不可避免。第三是国家积累不可太多,要为一部分人民至今口粮还不够吃、衣被甚少着想;再则要为全体人民分散储备以为备战备荒之用着想;三则更加要为地方积累资金用之于扩大再生产着想。”所以农业机械化再同这几个方面联系起来,才能动员群众,为较快地但是稳定地实现这种计划而奋斗。

从毛主席这封信中可以清楚地看到,备战也好,备荒也好,都是为了人民。他在国家边防受到侵扰的威胁、国民经济经过调整有了好转的情势下,高瞻远瞩地提出问题,鼓舞了广大干部和群众的情绪,一个以加快三线建设、搞好五亿亩稳产高产农田为中心的生产建设热潮迅速兴起。应该说,在毛主席直接过问下制定的“三五”计划，的确是一个有骨有肉的好计划。

(四)对一些问题的认识

1966年5月开始的“文化大革命”，持续10年之久，给国家的政治、经济、文化生活和人们的道德风貌都带来极大的危害。特别是前期，“踢开党委闹革命”，致使从中央部委、省市自治区委到基层各级党组织停止活动，造反派掌权，运动失控，对各级领导干部不分青红皂白地胡批乱斗，继而闹派性、打派仗，扰乱生产秩序，造成社会动荡，使“三五”计划的执行受到严重干扰和破坏。

用发动全民运动的形式解决党内的问题，任何时候任何情况下都是不可取的；把干部对某些工作某些决策的不同意见和认识上的差异无限上纲，说成是搞“修正主义”、“走资本主义道路”，视为敌我矛盾，进行无情打击和残酷斗争，更是极其错误的。而林彪、江青反党集团正是利用这些特殊的条件形成气候的。不难设想，如果不是粉碎了林彪、“四人帮”反党集团，那我们的党、国家、人民和社会主义事业，就会遭受更大的灾难。

党的十一届三中全会后，以邓小平同志为核心的党中央领导集体对“文化大革命”作出结论，认为这场运动从理论到实践都是错误的，必须彻底否定。这个论断是完全正确的。无此，政治上就不可能拨乱反正，实事求是的优良传统就不能恢复，人们的思想就得不到解放，改革开放的新政策也就不可能实行，经济发展、科技进步、社会安定团结、人民生活不断改善的大好局面就不可能到来。

1979年我恢复工作后，曾到一些地方做过调查，也翻阅了有关资料，所见所闻，令人感慨万端。

60年代初，我国国民经济经过几年的调整，逐步走出低谷。1965年的工农业总产值已基本上恢复到历史最好水平，比上年增长20.4%，其中农业增长8.3%、工业增长26.4%。在工业总产值中，轻工业增长47.7%、重工业增长10.2%。1966年上半年仍保持增长势头，下半年不少工厂停产闹革命，情况开始变化，但损失还较小。人民生活也有所改善，1966年粮食人均消费量接近1958年的水平，猪肉消费量达到历史最好水平。这说明，国民经济某些比例失调的局面已经得到扭转，困难的时期已经过去，可以在新的起点上向前发展了。

可是，“文化大革命”的冲击，又造成1967、1968两年工业生产的大幅度下降。1967年工业总产值比上年减少13.8%，1968年又比上年续减5%。1967年财政出现22.5亿元赤字。就当年各地生产、流通、分配秩序混乱的情况来看，说“‘文化大革命’把国民经济推向崩溃的边缘”，并不过分。

这里应当提出的是，纵观1966至1970年这5年乃至1966至1975年这10年的情况，经济还是有所发展的。就“三五”计划执行的情况来说，农业生产基本上是正常的，粮食产量除1968年因灾害比上年减产外，其他年份都是增产的，1970年达到4850亿斤，是历史的最高产量，5年平均年增长4.5%，高于“一五”时期3.5%的水平。工业生产在后两年也有较大的增长，1970年的原煤、发电、成品钢材的产量都是历史上最高的年份，特别是原油产量突破3000万吨，比1965年增长1.7倍。工农业总产值1969年为2613亿元，创历史最好水平，1970年达到3138亿元，比上年增长25.7%，5年平均年增长9.6%，接近“一五”时期的增长速度。财政收入4年有结余，5年合计结余10.5亿元。“三五”计划原定的各项主要经济指标，到1970年大都完成了。

“三五”计划安排的三线建设和其他重点建设项目，也取得了一些重大成果。择其要者有：1967年6月16日，我国的第一颗氢弹爆炸成功。1968年1月，我国第二大油田胜利油田全部建成投产，自己设计制造的万吨级远洋轮东风号建成投入使用；12月，南京长江大桥建成通车。1969年6月，冶金、煤炭、电力、化工、建材等5个部门已建成投产项目63项；8月，宝成铁路广元至马角坝段电气化工程建成投入运营；10月1日，北京东方红炼油厂竣工，比同等规模炼油厂的工期提前两年。1970年4月24日，我国的人造地球卫星上天；7月1日，成昆铁路全线建成通车；12月底，长江葛洲坝水利枢纽工程正式上马兴建。由于有了这样的基础，并随着我国外交工作的胜利、对外经济贸易的开展，才能在“三五”末期和“四五”初期酝酿决定引进武汉钢铁公司的1.7米轧机，以及13套大化肥、3套大化纤等先进的成套技术装备。在此期间，还建设了第二汽车制造厂等一批自己设计的大型骨干企业。

在“文化大革命”那种社会动乱的形势下，“三五”计划的生产建设所以还能取得一定的成就，有关部门当时曾作了如下分析：“一是经过1967、1968两年大的动乱之后，广大干部和群众迫切希望把生产搞上去；二是战备工作的展开，特别是三代建设的全面铺开，要求加快生产的发展；三是随着经济权限的下放，在一定程度上调动了地方的积极性，各地纷纷提出建立自己的经济体系，使地方工业得到了迅速的发展。”

上述分析无疑也是有道理的，但感到可能是限于当时的政治环境，有些重要的条件没有写出来。这里，根据我的看法，补充几点：第一，毛主席关于“抓革命、促生产”、“把国民经济搞上去”的指示，对广大关心国家和社会利益的党员、干部、知识分子和工农群众是一个很大的支持，而对林彪、“四人帮”反党集团及其操纵的一小撮坏人拿“革命”压生产、破坏生产建设的行为则是有力的打击；第二，周总理紧紧地掌握着党中央和国务院业务班子的领导实权，并且保护了中央各部委的一批领导干部，使他们能够在一定的岗位上坚持组织生产建设工作；第三，大批干部和工程技术人员忍辱负重，有的甚至白天挨批斗，晚上抓工作，以此表示他们对错误路线和对林彪、江青反党集团横行无忌的抗争，表达他们对党、对国家、对人民的赤胆忠心。正是由于这些基本因素起作用，才使国家的生产建设在极其困难的逆境中取得一定程度的发展。

“三五”计划的部署，实际上是对国民经济的一次全面的调整。调整的内容主要是：(1)在总结过去经验教训的基础上，贯彻以农业为基础、以工业为主导发展国民经济的总方针，力求农业、轻工业、重工业相互促进，协调发展，更好地解决人民的吃穿用。(2)加强国防战备，在大三线新建一批骨干厂矿企业，一、二线的大批企业内迁，进一步改善工业布局，促进西南、西北广大内地经济的发展。

(3)努力发展科学技术,在工农业生产建设、国防建设中采用先进的技术和装备。应该说,“三五”计划是加快实现我国农业、工业、国防、科技四个现代化建设进程的一个重大步骤。但是,由于当时主观认识上的局限性,特别是由于受到“文化大革命”的冲击和林彪、江青反党集团的干扰破坏,使计划执行遇到严重困难,未能达到预期效果。事后总结经验,我觉得应着重提出来探讨的问题有以下几个:

第一,对战争的威胁估计过分。因而,导致在三线建设的部署上要求过急,铺开的摊子也过大了一些,这对于解决人民的吃穿用问题不能不带来一些影响。

第二,“散、山、洞”方针有严重的片面性。三线新建项目的选址,要“分散、靠山、隐蔽”。这是中央根据毛主席提出的“大分散、小集中”和“依山傍水扎大营”的指示,以及西南三线的地貌条件确定的。这个方针无可非议。不分散,如果把新建企业都布置在内地的少数大城市,就会重复沿海大城市工业过于集中,在战时易于被毁,并发生与城市争水、争电等矛盾。不靠山,如果把企业布置在川、云、贵省区不多的平原上,就会占用大片耕地。我国人多耕地少,这一条特别重要。至于隐蔽,是同分散、靠山相联系的,主要是考虑到遇到战争时不容易被敌机侦察到,以免遭到破坏。同时,也反映出当时我们对人造地球卫星和导弹等现代军事技术装备的先进功能还缺乏认识。

但是,林彪极力主张重要的军事企业不仅越分散越好,而且要进山洞。当时,他是国防部长,后来又是所谓副统帅,他的“指示”在一些部门的影响是很大的。加之在当时备战气氛日趋浓重的情况下,一些部门注重了安全,却忽视了长远经济效益。于是,有些对环境条件要求较高、生产精密设备的企业,也进了川、云、贵的溶洞。由于溶洞湿度很大,又漏水,不得不又迁出洞来。有些企业,摆在山坳里,只要在公路上看不到它,就算是隐蔽了。有的企业,顺山势在60公里长的地区分散布置车间,形成一串“羊粪蛋”。企业这样布点,不仅建设费用增加,给生产组织也带来不利的影响。一些沿海大城市的重点高等学校和科研、设计机构，也到三线建分校、分所，工作难以开展，事后又不得不迁回，造成不少损失。

第三，小三线也有很大的浪费。为了备战，准备敌人入侵后把坛坛罐罐打烂，沿海一些省在它的后方适当地区建设一些企业，是必要的。但是，在布点上也执行“散、山、洞”的方针，把新建企业和老企业一分为二搬迁到山沟沟里，不仅交通不便，物资供应困难，职工与家庭两地分居，难以稳定。这样的企业，大部分没有维持下去，不仅造成了很大的浪费，也使搬迁企业的生产受到了影响。

第四，积累率偏高。“三五”基本建设投资完成1028.7亿元，比原定计划的850亿—900亿元增加178.7亿—128.7亿元。这说明，基本建设规模还是安排大了。工业基建规模过大，国民收入中的积累额增加，使积累和消费失调的矛盾又突出起来。

“大跃进”时期1959年的积累率高达43.8%，造成国民经济全面紧张。调整时期1962年的积累率跌到10.4%，基本建设投资仅为55.65亿元，可以说无所作为。1965年积累率上升到27.1%，稍高于“一五”时期的24.2%，基本上还算是正常的。“三五”的头一年1966年，积累率达到30.6%，显然高了；后两年生产建设不正常，积累率下降到21%多一点；最后两年又猛增，1970年达到32.9%。

积累率过高，必然影响消费。拿1970年来说，这一年积累额中非生产性的积累仅占26.5%，比“一五”时期的40.2%少得多。五年间，非生产性投资额仅占基本建设投资总额的10.6%，其中住宅投资占非生产性投资额的4%，均为历史最低水平。这样，造成住宅、学校、医院、商店等社会必不可少的设施大量欠账，给人民生活带来不便。历史事实说明，积累与消费的比例关系必须适当，积累率既不能过高，也不能过低。否则，都会影响经济和社会的顺利发展。这个国家建设中的重要经验，应经常加以注意，而不可忽视。

在加强三线建设的过程中，集中了我们国家一大批优秀干部、优秀科技人才和其他优秀知识分子。他们克服了种种困难，数十年如一日地在三线企业中默默无闻地工作着、生活着，为了祖国的国防建设、工业建设贡献了自己的宝贵的青春和聪明才智。他们在我国的社会主义建设史上是功不可没的。这一大批成绩卓著、经验丰富的科技专业人才，今天仍然是我们国家现代化建设中的宝贵财富，特别是在未来的高新技术的研究、开发和发展中，在中、西部地区经济振兴中，仍然是一支重要的中坚力量。党和政府要为他们创造条件，以利于他们继续贡献自己的创造才能，为祖国为民族为人民再建新的功业。

四十二　文化领域的大批判

八届十中全会之后，随着城乡“四清”运动的开展，在“以阶级斗争为纲”的“左”的思想指导下，文化领域的大批判不断升级，特别是对新编历史剧《海瑞罢官》的批判，更具有明显的政治斗争性质，成了“文化大革命”的先导，留下了极为深刻的历史教训。

（一）毛主席关于文艺工作的两个批示和各个领域批判的开展

文化领域的大批判，虽然从党的八届十中全会以后就已经逐步展开，但在全国大规模地开展，还是在毛主席作出关于文艺工作的两个批示之后。

第一个批示写在中央宣传部1963年12月9日编印的《文艺情况汇报》第116号上。这期情况汇报登载的《柯庆施同志抓曲艺工作》一文，介绍了上海抓评弹的长编新书目建设和培养农村故事员的做法。毛主席看后，于1963年12月12日将此件批给北京市委的彭真、刘仁同志，并写了这样一段批语：

> 此件可一看。各种艺术形式——戏剧、曲艺、音乐、美术、舞蹈、电影、诗和文学等等，问题不少，人数很多，社会主义改造在许多部门中，至今收效甚微。许多部门至今还是“死人”统治着。不能低估电影、新诗、民歌、美术、小说的成绩，但其中的问题也不少。至于戏剧等部门，问题就更大了。社会经济基础已经改变了，为这个基础服务的上层建筑之一的艺术部门，至今还是大问题。这需要从调查研究着手，认真地抓起来。

在《柯庆施同志抓曲艺工作》一文的下面，毛主席还作了如下的批注：

> 许多共产党人热心提倡封建主义和资本主义的艺术，却不热心提倡社会主义的艺术，岂非咄咄怪事。

后来公开发表时，删去了前一段批语的第一句，将两段话联在一起，题为毛主席《关于文学艺术的批示》。毛主席把这个材料批给彭真、刘仁同志，说明他对文艺工作，特别是北京文艺工作的不满意。

第二个批示写在中央宣传部《关于全国文联和各协会整风情况的报告》草稿上。第一个批示作出后，文化部党组立即检查近几年的工作，并于1964年3月下旬决定在全国文联和各协会全体干部中进行整风。5月8日，中央宣传部写出《关于全国文联和各协会整风情况的报告》。这个报告还未定稿，江青就抢先把它送给毛主席。6月27日，毛主席在这个报告草稿上写下了如下的批示：

> 这些协会和他们所掌握的刊物的大多数（据说有少数几个好的），十五年来，基本上（不是一切人）不执行党的政策，做官当老爷，不去接近工农兵，不去反映社会主义的革命和建设。最近几年，竟然跌到了修正主义的边缘。如不认真改造，势必在将来的某一天，要变成像匈牙利裴多菲俱乐部那样的团体。

毛主席的这两个批示，对我国的文学艺术界，对文联所属各个协会和他们掌握的大多数刊物，提出了尖锐的批评。应该说，我国的文学艺术，当时确实存在着这样那样的缺点。就拿戏剧来说，建国以后虽然创作了不少反映革命斗争和社会主义新生活的新剧日，并对一些旧剧目作了整理和改编，但与舞台上大量演出的基本原封不动的旧戏相比，还是显得太少。当然，对于旧戏不能一概否定，其中有不少内容是健康的，有的是宣传爱国主义精神和民族的传统美德的，有的还含有治理社会、治理国家的深刻启示，对人们有积极的教育作用；有些虽然没有什么教育作用，也没有明显的不健康的内容，可以调节群众的文化生活，使群众在劳动、工作之余得到娱乐。特别是有一些剧目，经过长期的千锤百炼和艺术家们的不断创造，具有优美的唱腔、音乐、舞蹈和脍炙人口的唱词，可以作为一种高雅的艺术品来欣赏，使人们得到美的享受。但是，在社会主义的戏剧舞台上，旧戏毕竟不应占据主导地位，应该多创作反映人民革命斗争和社会主义新生活的新剧目，以满足人民群众日益增长和提高的文化生活的需要，以激励人民的斗志，使他们为推动经济的发展和社会的进步而开拓、创新、不断地团结奋斗。就文联所属各协会和他们掌握的一些刊物来说，工作中确实也存在着这样那样的缺点。毛主席对这些缺点提出批评，是应该的。

但是，毛主席的批评显然把问题看得过于严重了。建国以后，文联所属各协会和广大的文艺工作者，努力按照党的政策进行工作，各个方面都出了不少先进人物和先进事迹。总的来说，我国的文艺队伍是好的，各个艺术部门的成就是巨大的、主要的。然而，由于毛主席对“修正主义上台”、“资本主义复辟”的危险看得过于严重，两个批示对各个文艺部门和建国以来的文艺工作基本上采取了否定的态度，认为社会主义改造在许多部门中“收效甚微”，15 年来基本上“不执行党的政策”，最近几年“竟然跌到了修正主义的边缘”，如不认真改造势必变成“裴多菲俱乐部”那样的团体。这就不符合客观实际了。另外，批示中对一些问题的性质也过分夸大了，没有做出实事求是的分析，好像旧戏等过去的文艺统统是封建主义的，外国的文艺统统是资本主义的，反映这些东西就是“死人”统治着。这样，就把古代的、外国的文学艺术完全否定了。采取这种态度，必然导致否定一切、横扫一切的“左”的错误。

本来，毛主席历来提倡实事求是，一切从实际出发；提倡具体问题具体分析，认为讲分析、大有益；提倡历史地全面地看问题，主张多一点唯物辩证法，少一点形而上学，反对肯定一切和否定一切。这些倡导都是很必要很正确的，并且在党内教育和影响了一批又一批干部和党员。然而，他在做两个文艺批示时，由于不适当地强调阶级斗争，根本的指导思想上发生了失误，观察问题的方法也就随之扭曲了，离开了科学的方法论轨道，自己违反了自己所倡导的正确原则和方法。这个不幸的教训，是很深刻的。

这两个批示作出以后，文艺界立即掀起一股大批判的浪潮，一大批电影、小说、戏剧、美术、音乐作品被否定，一大批文艺界的代表人物和领导干部如夏衍、田汉、阳翰笙、邵荃麟、齐燕铭等同志受到批判。

文艺界的大批判，很快扩展到其他领域。从1964年起，哲学界批判了杨献珍同志的“合二而一”论、冯定同志的《平凡的真理》和《共产主义人生观》；经济学界批判了孙冶方同志的生产价格论和企业利润观；史学界批判了翦伯赞同志的“历史主义”，以及农民战争史研究中的“让步政策”论，等等。一时间，大批判的浪潮遍及整个文学艺术和哲学社会科学领域。

现在重新回顾这个问题，可以看出，两个批示是强调“以阶级斗争为纲”所导致的必然结果。

毛主席历来认为，历史是劳动人民创造的，他们是历史的主角，因而他们在文艺舞台上也应该是主角。可是在旧戏中，帝王将相、老爷太太、少爷小姐们成了主角，劳动人民只是配角，只能跑龙套，有的甚至被丑化了。他认为这是不公正的，应该随着人民革命的胜利把这种局面改变过来，对旧戏加以改造。早在1944年1月9日，他在延安看了新编历史剧《逼上梁山》之后，写给作者杨绍萱、齐燕铭同志的信中，就明确地提出了这个问题：

> 历史是人民创造的，但在旧戏舞台上（在一切离开人民的旧文学旧艺术上）人民却成了渣滓，由老爷太太少爷小姐们统治着舞台，这种历史的颠倒，现在由你们再颠倒过来，恢复了历史的面目，从此旧剧开了新生面，所以值得庆贺。……你们这个开端将是旧剧革命的划时期的开端，我想到这一点就十分高兴，希望你们多编多演，蔚成风气，推向全国去！

从这之后，他一有机会，就阐述这个观点。这个观点，总的是符合历史唯物主义的，为戏剧事业的发展指出了一个新的正确的方向。

在一个较长的时期中，毛主席对旧戏并没有一概否定。他对于《西厢记》、《白蛇传》、《宝莲灯》、《十五贯》、《打金枝》、《刘三姐》、《生死牌》等剧，都曾加以肯定甚至表扬过。直到1962年12月21日，他在同华东省市委书记的谈话中，在批评"帝王将相、才子佳人多起来，有点西风压倒东风"，提出"东风要占优势"，表扬"过去的文工团只有几个人，反映现代生活，不错"的同时，还认为"有害的戏少"，《杨门女将》、《罢宴》还是好的。

但是，随着国际反修斗争的开展和国内对"黑暗风"、"单干风"、"翻案风"的批判，阶级斗争的弦越绷越紧，毛主席就逐渐把文学艺术中存在的问题，直接同阶级斗争和所谓修正主义联系起来了。在1962年八九月间召开的北戴河会议和八届十中全会上，他在强调大抓阶级斗争的时候，就提出要加强意识形态领域的工作，尖锐地指出有人"利用写小说搞反党活动"的问题。

八届十中全会以后，毛主席到各地视察工作，在了解各地贯彻八届十中全会精神时，又提出文化领域的问题，并首先对戏剧提出批评。12月21日，他在同华东省市委书记谈话时指出："对修正主义有办法没有？要有一些人专门研究。宣传部门应多读点书，也包括看戏。"

后来，随着国内农村"四清"、城市"五反"运动的发动，毛主席对文艺界的问题看得越来越重了。1963年5月8日，在制定《前十条》的杭州会议期间，他说："有鬼无害论"是农村、城市阶级斗争的反映。9月27日，他在中央工作会议的讲话中明确提出：反对修正主义要包括意识形态方面，除了文学之外，还有艺术，比如歌舞、戏剧、电影等等，都应该抓一下。要"推陈出新"，"陈"就是封建主义，资本主义，要把封建主义、资本主义推出去，出社会主义。就是要提倡新的形式，旧形式要搞新内容，形式也得有些改变。11月，毛主席又对《戏剧报》和文化部接连进行了两次尖锐的批评，他说：一个时期《戏剧报》尽宣传牛鬼蛇神。文化部不管文化，封建的、帝王将相的、才子佳人的东西很多，文化部不管。要好好检查一下，认真改正，如不改变，就改名“帝王将相部”、“才子佳人部”或者“外国死人部”。

根据毛主席对文艺界的这种批评和认识，他作出两个批示也就不难理解了。

两个批示作出以后，毛主席对文艺界和文化部继续进行了多次批评。1964 年 7 月 5 日，他在同毛远新的谈话中说：文化部是谁领导的？电影、戏剧都是为他们服务的，不是为多数人服务的。8 月 20 日，我向毛主席汇报计划工作方法革命化问题时，他又说：文化团体也要赶下去。文化部可以改为“帝王部”，最好取消。农村工作部可以取消，为什么文化部不可以取消？11 月 26 日，他在听取西南三线工作汇报时插话说：文化系统究竟有多少在我们手里？百分之二十？百分之三十？或者是一半？还是大部不在我们手里？我看至少一半不在我们手里。他甚至说：整个文化部都垮了。

对于文艺界的问题，毛主席认为中央有责任，他也有责任，因为他是主席嘛，所以提出不应责备陆定一同志。1964 年 9 月 4 日，他在接见老挝爱国战线党文工团时说：我这个人有缺点，有错误。20 年前我就讲过，文艺界要为工农兵服务。可是这 15 年我们没有很好抓，这还不是怪我不行？现在我改正错误。1965 年 6 月 11 日，毛主席在同华东局委员们的谈话中指出：对中央部门，我们这些人抓迟了。唱京戏，文艺工作，在 20 多年前我放过空炮，这只能怪我，谁叫你放了空炮，不实际抓呢。结果文艺为资产阶级服务，帝王将相在台上乱跑，劳动人民在台上只能打旗子跑龙套。现在可要改一改，让劳动人民在台上跑，让劳动人民当主角。要根本一风吹，把旧戏里帝王将相吹掉。由于毛主席认为过去自己没有很好抓，没有抓紧，文艺界才发生了那么多问题，现在要“改正错误”，要亲自抓，要抓紧，于是接连作出了两个批示。

两个批示的作出，与江青、康生等人为了达到其不可告人的政治目的，对文艺界的问题肆意加以渲染和夸大，也是分不开的。

江青早就有政治野心，一直对她不能“参政”心怀不满。毛主席在党的八届十中全会上强调要抓意识形态领域的工作以后，她伺机而动，立即向毛主席反映了很多所谓文艺界的“问题”。至于康生，早就与江青互相利用，这时更一拍即合。

在1961年前后，康生、江青曾极力从右的方面干扰文艺调整工作，强迫一些剧团演出久已禁演、停演的戏给他们看，在社会上造成很坏的影响。这时他们又换了一副“左”的面孔，对文艺界特别是戏剧、电影等进行全盘否定。1964年6月11日，康生在中央工作会议上的插话中，把部分演员的高薪直接同所谓修正主义联系起来，他说：“这一部分人如果不好好地改造，他就成为修正主义的社会基础的一部分。”6月23日，康生在京剧现代戏观摩演出人员座谈会上又说：“社会主义社会的京剧剧目大部分还是帝王将相，才子佳人，封建的忠孝节义那一套，真正反映社会主义社会的好东西很少，或者没有”，这是“严重的问题，而十几年来，这个问题我们没有解决”。接着，江青列举了一系列数字，说明在舞台上“主要的是帝王将相、才子佳人，早两年还有一些牛鬼蛇神”。她说：这对社会主义的经济基础是会起破坏作用的，这绝对不是替广大劳动人民服务，而且替“地、富、反、坏以及资产阶级分子”等少数人服务。

对于江青、康生的活动，上海的柯庆施同志给予了积极的支持和配合。1963年2月，他在上海的春节团拜会上提出“大写十三年”的口号，说不演十三年的戏就不看。随后，在他的支持下，在同月召开的中央工作会议上，华东组的代表发言强调：电影、戏剧中现代的、革命的题材太少了，而帝王将相、才子佳人、妖魔鬼怪的题材太多了，外国的、香港的也不少，已经有些“喧宾夺主”、“泛滥成灾”的味道，应该采取解决的措施。12月25日，他在华东区话剧观摩演出大会开幕式上又指责说：戏剧工作“十五年来成绩寥寥，不知干了些什么事。他们热衷于资产阶级、封建阶级的戏剧，热衷于提倡洋的东西，古的东西，大演‘死人’、鬼戏，……所有这些，深刻地反映了我们戏剧界、文艺界存在着两条道路、两种方向的斗争”。柯庆施同志的“幕僚”张春桥，则与江青直接联系，一再制造事端。

他们的这些言论，对于毛主席对文艺工作的看法，认为文艺界已滑到修正主义的边缘，不能不有所影响。在6月11日的中央工作会议上，毛主席曾同康生一起插话说：唱戏这十五年根本没有改，什么工农兵，根本不感兴趣，感兴趣的是那个封建主义同资本主义，所谓帝王将相、才子佳人。当康生在谈到高薪演员等属于高薪阶层时，毛主席补充说，包括高薪文学家，高薪教授，高薪科学家。对江青6月23日的发言，毛主席也很欣赏，于6月26日批示："已阅，讲得好。"

当时对一些文艺作品和演出的大批判，也是由康生、江青等乘机发难、策划和组织的。例如对长篇小说《刘志丹》的批判，就是由康生支持搞起来的；对昆曲《李慧娘》及廖沫沙同志写的《有鬼无害论》的批判，则是在柯庆施同志支持下由江青组织人写文章的；对《红河激浪》、《早春二月》、《舞台姐妹》、《北国江南》、《逆风千里》、《林家铺子》、《不夜城》、《红日》等10多部电影及田汉同志写的京剧《谢瑶环》的批判，也是由康生、江青最早点名的；对杨献珍同志"合二而一"论的批判，是由康生报告毛主席并由他亲自组织的；对冯定同志的《平凡的真理》、《共产主义人生观》两本书的批判，是康生首先作出批示的；对孙冶方同志经济观点的批判，也是首先由康生、陈伯达定性并报告毛主席的；戚本禹在史学界的"革命"，是直接得到江青支持的。后来对新编历史剧《海瑞罢官》的批判，更是由江青一手策划的。这些事实说明，对这些批判的开展以及后来"文化大革命"的发生，康生、江青等人起了始作俑者或者推波助澜的极坏作用。

(二)对新编历史剧《海瑞罢官》的批判

从1965年11月10日姚文元在《文汇报》发表《评新编历史剧〈海瑞罢官〉》开始，文化领域的大批判进入新阶段。

在此之前开展的大批判，虽然已带有浓厚的政治色彩，但基本上还限于文学艺术和哲学社会科学领域。对《海瑞罢官》的批判，性质则完全不同了。

事情的始末是这样的。

1959年4月5日，毛主席在上海召开的党的八届七中全会上，提出要敢于讲真话，敢于批评他的缺点。为此专门讲了海瑞的故事。他说：海瑞写给皇帝的那封信，那么尖锐，那是很不客气的。海瑞比包文正不知道高明多少，广东出了个海瑞（海瑞是海南岛人，当时属广东省。——一波注），很有荣誉。我们的同志哪有海瑞那样的勇敢？毛主席还说，他已把《明史·海瑞传》送给彭德怀同志看了，并劝周总理也看一看。当时任北京市副市长的吴晗同志是明史专家，对海瑞颇有研究。在他得知这一精神后，很快写成《海瑞骂皇帝》一文，登在1959年6月26日的《人民日报》上。9月17日，他又在《人民日报》上发表《论海瑞》一文（此文经胡乔木同志审阅修改。——一波注）。这时庐山会议已开过，他还专门在末尾加了一段批判"右倾机会主义分子"的文字。在这之后，北京京剧团团长马连良，请吴晗同志把海瑞的事迹编成一出戏。吴晗本来不会写戏，但盛情难却，于1960年3月写成五场新编历史京剧《海瑞》。这出戏根据戏剧界的意见七易其稿，剧名也根据他的一位朋友的意见改为《海瑞罢官》，于1961年初由北京京剧团上演。

这说明，吴晗同志当时写关于海瑞的文章及《海瑞罢官》一剧，与庐山会议罢彭德怀同志的"官"并无联系。毛主席当时也没有指出有什么问题。可是在姚文元的文章里，却说《海瑞罢官》塑造了一个"假海瑞"，"用地主资产阶级的国家观代替了马克思列宁主义的国家观，用阶级调和论代替了阶级斗争论"，并无中生有地把剧中写的"退田"、"平冤狱"，与1961、1962年的"单干风"、"翻案风"联系起来，说"'退田'、'平冤狱'就是当时资产阶级反对无产阶级专政和社会主义革命的斗争焦点"，"《海瑞罢官》就是这种阶级斗争的一种形式的反映"，"《海瑞罢官》并不是芬芳的香花，而是一株毒草"。

对于姚文元的这种政治陷害，当时许多历史学家极为气愤。而康生却从政治方面"发现"问题，把《海瑞罢官》同庐山会议联系起来，说这出戏的"要害"是"罢官"。于是，便引出了毛主席1965年12月21日在杭州同陈伯达、关锋等人的如下谈话：戚本禹的文章（指发表于12月6日出版的《红旗》杂志第13期的《为革命而研究历史》，该文不点名地批判了以翦伯赞同志等为代表的"反动历史观"。——一波注）写得好，缺点是没有点名。姚文元的文章，好处是点了名，但是没有打中要害。要害是"罢官"，嘉靖皇帝罢了海瑞的官，1959年我们罢了彭德怀的官。彭德怀也是海瑞。第二天，毛主席在同彭真同志等人的谈话中，又讲了这个看法。这样，经过康生的"发明"，毛主席的肯定，《海瑞罢官》这出戏，不仅成了所谓代表地主、资产阶级和一切牛鬼蛇神向党向社会主义进攻，而且升级为所谓直接代表彭德怀等党内的"右倾机会主义分子"向党进攻的严重政治问题了。在这种思想的影响下，顺藤摸瓜，批判的范围越来越大，揭出的"问题"越来越重，被打倒的人越来越多。由批判吴晗发展到批判"三家村"，由批判"三家村"又发展到批判全国各地的"黑店"、"黑帮"。"山雨欲来风满楼"，一场"横扫一切牛鬼蛇神"的"文化大革命"也就由此引发了。

需要指出的是，对《海瑞罢官》的批判，是江青在极不正常的情况下精心策划的。1964年，她曾在北京找人写批判文章，但遭到拒绝。于是，1965年2月，她又跑到上海找张春桥，在柯庆施同志的支持下，由姚文元着手撰写批判文章，并对绝大多数中央领导同志实行保密。1967年2月3日，毛主席在会见阿尔巴尼亚卡博、巴卢库时，谈及批判《海瑞罢官》时说：开头我也不知道，是江青他们搞的。搞出了稿子交给我看。同年5月他在会见阿尔巴尼亚军事代表团时又说：那个时候，我们这个国家在某些部门、某些地方被"修正主义"把持了。真是水泼不进，针插不进。当时我建议江青组织一下文章批判《海瑞罢官》，就在这个红色城市（指北京。——一波注）无能为力，无奈只好到上海去组织。最后文章写好了，我看了三遍，认为基本可以，让江青回去发表，我建议再让中央领导同志看一下。但江青建议："文章就这样发表的好，我看不用叫恩来同志、康生同志看了。"因为如果"给他们看，就得给刘少奇、邓小平、彭真、陆定一这些人看，而刘、邓这些人是反对发表这篇文章的"。这说明，批判《海瑞罢官》的这篇文章，是在毛主席的支持下，由江青一手组织的。

关于这种情况，江青1967年4月12日在军委扩大会议上的讲话中，还曾炫耀过。她说："在文教方面我算一个流动的哨兵。就是这样盯着若干刊物报纸，这样翻着看，把凡是我认为比较值得注意的东西，包括正面的、反面的材料，送给主席参考。"关于批判《海瑞罢官》，她说："因为主席允许，我才敢于去组织这篇文章"，这"也是柯庆施同志支持的。张春桥同志、姚文元同志为了这个担了很大的风险呵，还搞了保密"，"保密了七八个月"。

按照正常情况，对北京市的一位副市长和著名学者、明史专家在报刊上公开点名批判，应该事先同北京市委和中央宣传部打个招呼。但江青组织文章批判《海瑞罢官》，一直对彭真、陆定一同志，对北京市委及中央宣传部严加保密，发表前也没有同他们打招呼。因此，姚文元文章的发表，无疑是对中央许多领导同志和北京市委、中央宣传部的一次"突然袭击"。

正因为如此，彭真、陆定一等同志对姚文元的文章进行了抵制，18天内北京各报刊没有转载。毛主席看到北京按兵不动，立即指示上海把姚文元的文章印成小册子。由于不明真相，北京市新华书店没有立即表示订购。11月29、30日，《北京日报》、《人民日报》在被迫转载姚文元的文章时，由彭真同志和周恩来同志分别审阅定稿的编者按，也都把《海瑞罢官》的问题看作学术问题，认为有不同意见可以讨论。与此同时，彭真同志还让邓拓同志以向阳生的笔名写了一篇《从〈海瑞罢官〉到道德继承论》的文章，让吴晗同志写了一篇自我批评，分别发表在12月12、27日的《北京日报》上，力图把对《海瑞罢官》的政治批判拉回到学术讨论的范围之内，并保吴晗同志过关。这更激起了毛主席的不满。12月21、22日，毛主席在杭州作了关于《海瑞罢官》的"要害"问题的谈话。后来，这些分歧直接导致了《二月提纲》和《五·一六通知》的产生，导致了"文化大革命"的发动。

（三）从《二月提纲》到《五·一六通知》

《二月提纲》，即由彭真同志主持制定的《文化革命五人小组关于当前学术讨论的汇报提纲》，与毛主席当时的谈话精神有明显的不一致。那么为什么会产生这个提纲呢？这要从1965年底毛主席与彭真同志的谈话说起。

上面已经说过，1965 年 12 月 22 日，毛主席曾向彭真同志等明确指出，《海瑞罢官》的要害是“罢官”。但是，彭真同志不同意这种看法。他向毛主席说：根据调查，吴晗同彭德怀没有联系，《海瑞罢官》同庐山会议没有关系。由于彭真同志的坚持，毛主席只好说吴晗的问题两个月之后再作政治结论。12 月 26 日，彭真同志由杭州到上海后，向张春桥等人转达了毛主席的这个意思。

正因为毛主席同意（尽管比较勉强）先不对吴晗的问题作政治结论，所以才有 1966 年 2 月 3 日彭真同志召集的文化革命五人小组会议。这个五人小组，是 1964 年夏天由毛主席提议成立的。当时，在毛主席那里召开了一次会，有彭真、陆定一等同志和康生参加。毛主席批评了文化部的工作，也批评了中央宣传部和周扬同志，提出要彻底整顿文化部，并指定由陆定一、彭真、周扬同志三人组成领导小组，由陆定一同志主持。陆定一同志当场以“见事迟”为由，表示不宜由他主持，建议彭真同志挂帅。彭真同志没有表示不同意见，毛主席也表示同意。过了一会儿，康生也谈到了文化部的事情，毛主席接着要康生和吴冷西同志也参加小组工作。在 7 月 7 日召开的中央书记处会议上，彭真同志汇报了毛主席要成立五人小组的事情，会议决定：根据毛主席的提名，由彭真、陆定一、康生、周扬、吴冷西同志组成五人小组，“并以彭真同志为组长，负责领导各有关方面，贯彻执行中央和主席关于文学艺术和哲学社会科学问题的指示”。

在 1966 年 2 月 3 日的文化革命五人小组会议（许立群、胡绳同志等七人列席了会议。——一波注）上，彭真同志提出了“放”的方针。同时指出：已经查明吴晗同彭德怀没有关系，因此不要提庐山会议，不要谈《海瑞罢官》的政治问题。彭真同志还说：像郭（沫若）老这样的人都很紧张了，学术批判不要过头，要慎重。“左派”也要整风，不要当学阀。许立群同志在发言中谈到关锋 1962 年写的几篇杂文也有错误，应该批评。康生在会上并没有发表不同的意见，可是后来听到毛主席批评《二月提纲》，便急忙为自己开脱，并指使王力在编写《五·一六通知》的附件《一九六五年九月到一九六六年五月文化战线上的两条路线斗争大事记》中，歪曲和捏造事实，竟说康生在这次会上发表了完全相反的意见，把康生打扮成反《二月提纲》的先锋。

这次文化革命五人小组会议只开了一天。彭真同志急着向毛主席和中央常委汇报，要中央宣传部副部长许立群、姚溱同志起草给中央的《汇报提纲》，并由他修改定稿。2月5日，他在中央政治局常委开会前将《汇报提纲》送给常委同志，并让许立群同志在会上作了汇报，他插话作了说明。2月8日，彭真、陆定一、吴冷西、许立群同志和康生专程到武汉向毛主席汇报。毛主席当时没有表示不同意，只是一连问了两次吴晗是不是反党反社会主义？当谈到"左派"也要整风时，毛主席说：这样的问题，三年以后再说。当许立群同志谈到关锋的杂文时，毛主席说：写点杂文有什么关系，何明（即关锋）的文章我早就看过，还不错。汇报以后，彭真同志让许立群同志代中央起草了一个批语。2月12日，由小平同志批发，中央正式批转了《文化革命五人小组关于当前学术讨论的汇报提纲》。

在当时的形势下，这个《汇报提纲》不可避免地也带有一些"左"的提法。但是，《汇报提纲》的基本指导思想和重点是：强调学术争论要"用摆事实、讲道理的方法"，"要坚持实事求是，在真理面前人人平等的原则，要以理服人，不要像学阀一样武断和以势压人"；"要有破有立（没有立，就不可能达到真正、彻底的破）"；"要准许和欢迎犯错误的人和学术观点反动的人自己改正错误"；"对于吴晗这样用资产阶级世界观对待历史和犯有政治错误的人，在报刊上的讨论不要局限于政治问题，要把涉及到各种学术理论的问题，充分地展开讨论"；"报刊上公开点名作重点批判要慎重，有的人要经过有关领导机关批准"。另《汇报提纲》还提出："即使是坚定的左派（从长期表现来看），也难免因为旧思想没有彻底清理或者因为对新问题认识不清，在某个时候说过些错话，在某些问题上犯过大大小小的错误，要在适当的时机，用内部少数人学习整风的办法，清理一下，弄清是非……"很明显，《汇报提纲》是针对当时那些"左"的主要观点而写的，是想将这场大批判尽量加以限制，以避免发展成为严重的政治斗争，避免发生更大的社会混乱，其基本内容是正确的。

但是，《汇报提纲》的指导思想和其中的许多提法，是同毛主席的意愿不相符合的。2 月 8 日，彭真等同志向毛主席汇报时，毛主席虽然没有明确表示不同意见，但实际上是不同意的。1966 年 3 月 28、29 日，毛主席对康生说：《二月提纲》是错误的，是非不分，当时我没有明确指出，以为是常委讨论过的。4 月 22 日，毛主席在杭州的讲话中又说：二月三、四、五、六、七——五天嘛，不忙那么不忙，一忙那么忙。二月三日急于搞一个五人小组文件，迫不及待。在武汉谈整左派，我不同意。由于《二月提纲》这件事，毛主席进一步加深了对彭真同志的不满。

在彭真同志主持制定《二月提纲》的前后，江青看到对《海瑞罢官》的批判受到抵制，忙到苏州找林彪谈“文艺”问题，即后来她说的请无产阶级专政的“尊神”，来支持她发动进攻。然后，她在上海召开了部队文艺工作座谈会。会后写成纪要送给毛主席，这就是所谓《林彪同志委托江青同志召开的部队文艺工作座谈会纪要》。《纪要》对建国以来的文艺工作予以全盘否定，认为文艺界“被一条与毛主席思想相对立的反党反社会主义的黑线专了我们的政。这条黑线就是资产阶级的文艺思想、现代修正主义的文艺思想和所谓三十年代文艺的结合”，一定要“坚决进行一场文化战线上的社会主义大革命，彻底搞掉这条黑线”。并说：“这是关系到我国革命前途的大事，也是关系到世界革命前途的大事。”毛主席亲自对《纪要》修改了三遍，作了 11 处修改，加写了如下的一些话：“搞掉这条黑线之后，还会有将来的黑线，还得再斗争”；“过去十几年的教训是：我们抓迟了。毛主席说，他只抓过一些个别问题，没有全盘的系统的抓起来。而只要我们不抓，很多阵地就只有听任黑线去占领，这是一条严重的教训”，等等。4 月 10 日，党中央根据毛主席的意见，将《纪要》批发全国。指出：“这一文件很好，很重要”，“抓住了当前文艺工作上一些根本性的问题”，“不仅适合于军队，也适合于地方，适合于整个文艺战线”，各级党委要“认真研究、贯彻执行”。这个《纪要》的发出，明显是对《二月提纲》的否定，表明毛主席已下决心采取更大的行动。

3月17日至20日，毛主席在杭州召开中央政治局常委扩大会议，专门研究如何进一步开展批判的问题。他在讲话中说：我们在解放以后，对知识分子实行包下来的政策，有利也有弊。现在学术界和教育界是资产阶级知识分子掌握实权。社会主义革命越深入，他们就越抵抗，就越暴露出他们的反党反社会主义的面目。现在许多地方对于这个问题认识还很差，学术批判还没有开展起来。各地都要注意学校、报纸、刊物、出版社掌握在什么人的手里，要对资产阶级的学术权威进行切实的批判。我们要培养自己年轻的学术权威。不要怕青年人犯"王法"，不要扣压他们的稿件。中宣部不要成为农村工作部(农村工作部在1962年被撤销，意思是中宣部不要像农村工作部一样因"犯错误"而被撤销。——一波注)。

3月28日至30日，毛主席在上海接连同康生谈了两次话，同康生、江青、张春桥等人谈了一次话，批评彭真同志、中宣部和北京市委包庇坏人。说如果再包庇坏人，中宣部要解散，北京市委要解散，"五人小组"要解散。他还针对3月11日许立群同志根据彭真同志意见向上海市委宣传部部长杨永直打电话的问题(许立群同志在电话中讲了"学阀"问题并问发表姚文元的文章为什么不给中宣部打招呼。——一波注)，批评说：八届十中全会作出了进行阶级斗争的决议，为什么吴晗写了那么多反动文章，中宣部都不要打招呼，而发表姚文元的文章偏偏要跟中宣部打招呼，难道中央的决议不算数吗？什么叫学阀？那些包庇反共知识分子的人就是学阀，包庇吴晗、翦伯赞这些"中学阀"的人是"大学阀"，中宣部是"阎王殿"，要"打倒阎王，解放小鬼"！毛主席还说：我历来主张，凡中央机关做坏事，我就号召地方造反，向中央进攻，各地要多出些"孙悟空"，大闹天宫。去年九月会议，我就问各地同志，中央出了"修正主义"，你们怎么办？很可能出，这是最危险的。要支持左派，建立队伍，走群众路线。他还要康生告诉彭真同志，要就许立群的问题打电话向上海道歉。

从这几次谈话，可以看出毛主席已下决心批判彭真、陆定一等同志，彻底解决北京市委、中央宣传部和五人小组的"问题"，由此发动“文化大革命”。于是形势急转直下。

3月31日，康生回北京向周总理、彭真同志详细地传达了毛主席的这三次谈话。4月9日到12日，中央书记处召开会议，康生传达了毛主席的谈话。彭真同志表示了自己的态度。会议对彭真同志进行批评，康生系统地批评彭真同志在这次学术批判中的“严重错误”，陈伯达从民主革命和社会主义革命的问题上、从政治路线方面批评彭真同志的“严重错误”。会议决定：(一)起草一个通知，彻底批判五人小组汇报提纲的错误，并撤销这个提纲；(二)成立文化革命文件起草小组，报毛主席和政治局常委批准。

4月12日，陈伯达起草好撤销《二月提纲》的《通知》草稿，送毛主席及其他领导人。14日，毛主席对《通知》草稿作了重大的修改，加上了“撤销原来的‘文化革命五人小组’，重新设立‘文化革命文件起草小组’，隶属于政治局常委之下”等话。

4月22日至24日，毛主席在杭州召开中央政治局常委扩大会议。他在22日下午的讲话中说：我不相信只是吴晗的问题，这是触及灵魂的斗争，意识形态的，触及的很广泛。吴晗问题之所以严重，是因为“朝里有人”，中央有，各区、各省、市都有，军队也有，出修正主义，不只文化出，党政军也要出，主要是党、军。真正有代表性的，省、市都要批评一二个。毛主席还针对《二月提纲》关于“有破有立”的观点说：先破后立，不破不立，破中有立，破就要讲道理，讲道理就是立，要彻底地破。24日，会议通过了由毛主席反复审改的《通知》修改稿。

4月28、29日，毛主席又讲了两次话，对彭真同志和北京市委提出了更加严厉的批评。他说：北京市一根针也插不进去，一滴水也泼不进去，彭真要按他的世界观来改造党，事物走向反面，他已为自己准备了垮台的条件，对他的错误要彻底攻。并说：阶级斗争是不依人的意志为转移的，“西风吹渭水，落叶下长安”，“灰尘不扫不少”，“阶级斗争，不斗不倒”。至此，彭真同志的被打倒以及“文化大革命”的全面发动，已是无可挽回了。

根据毛主席的安排，从5月4日至26日中央政治局召开扩大会议，集中揭发和批判彭真、陆定一、罗瑞卿、杨尚昆同志的"问题"，并于5月16日通过了陈伯达起草、毛主席作了八次修改的《中国共产党中央委员会通知》(习惯上称为《五·一六通知》。——一波注)。这个《通知》宣布撤销《二月提纲》和原来的"文化革命五人小组"，宣布文化革命要彻底揭露反党反社会主义的所谓"学术权威"，批判学术界、教育界、新闻界、文艺界、出版界的资产阶级反动思想，夺取在这些文化领域中的领导权。毛主席在修改时加上了这样几段特别尖锐的也是全面发动"文化大革命"带指针性的话：

"中央和中央各机关，各省、市、自治区，都有这样一批资产阶级代表人物"。

"必须同时批判混进党里、政府里、军队里和文化领域的各界里的资产阶级代表人物，清洗这些人，有些则要调动他们的职务。尤其不能信用这些人去做领导文化革命的工作，而过去和现在确有很多人是在做这种工作，这是异常危险的"。

"混进党里、政府里、军队里和各种文化界的资产阶级代表人物，是一批反革命的修正主义分子，一旦时机成熟，他们就会要夺取政权，由无产阶级专政变为资产阶级专政。这些人物，有些已被我们识破了，有些则还没有被识破，有些正在受到我们信用，被培养为我们的接班人，例如赫鲁晓夫那样的人物，他们现正睡在我们的身旁，各级党委必须充分注意这一点"。

"无产阶级对资产阶级斗争，无产阶级对资产阶级专政，无产阶级在上层建筑其中包括在各个文化领域的专政，无产阶级继续清除资产阶级钻在共产党内打着红旗反红旗的代表人物，等等，在这些基本问题上，难道能够容许有什么平等吗?"

这样，批判和夺权就不再限于文化领域，进一步扩大到党、政府和军队等各个方面，而且斗争的矛头直接指向中央一些主要领导同志，"文化大革命"的纲领完整地制定出来了。所以这个《通知》一发出，一场“政治大革命”即十年内乱就全面爆发了。

(四)历史的教训和启迪

“文化大革命”前这场文化领域的大批判，导致了十年内乱，后果是极其严重的。早在1965年3月3日，彭真同志在中央书记处会议上就讲过：前一阶段的文艺和理论批判“有些问题，搞得人家不大敢写文章、写剧本了，连新华社有一阵一天只来四五篇稿子，这个现象值得我们警惕”。他说：“要保护一批”人，“不要随便展开批判”，文化部的问题“不要下面同志都承担责任”，“搞得大家都灰溜溜的”。“要注意有些人不是研究学问，靠攻别人岔子出名”，对批判“要有个控制”。他的这些正确意见在当时不仅未被采纳，批判的浪潮反而愈演愈烈。结果连我国著名的马克思主义史学家范文澜也被迫进行检讨，中国科学院院长、著名的马克思主义文学家和史学家郭沫若要求辞职，造成了我国的文化事业长时间内百花凋零的令人痛心的局面。

回顾这场批判运动，我们从中应该得到一些什么教训呢？我觉得主要应从如何正确处理好政治任务和文化工作的关系，如何按照文化事业本身的规律和特点领导文化工作上来总结经验、吸取教训。

文化，一般是指精神生产及精神产品。同政治、经济、军事等一样，也有自身的发展规律和特点。记得周总理1961年曾明确讲过：“文艺同工农业生产一样，有它客观的发展规律”，(《周恩来选集》下卷，第340页)要按照它的规律办事。文化虽然是政治、经济等在意识形态上的反映，是为政治、经济等服务的，但又反作用于政治和经济，具有相对的独立性和发展规律。它与政治、经济之间的相互关系是很复杂很独特的，不能用简单的是与非去武断。由于精神产品生产方式的不同，需要文学家、艺术家、哲学家和社会科学家进行个人创造性的劳动。又由于个人所处的环境、经历、条件不同，观察问题的角度和体验不同，表现手法和表达方式不同，形成了不同的观点、风格和流派。只有充分尊重他们的劳动和成果，充分发挥他们的创造性，才能促进文化事业的蓬勃发展。如果采取简单粗暴的压制办法，那是不会有像样的文艺创作的，更不用说出现伟大的作品了。

我们党在长期的革命斗争中，是十分重视包括文艺在内的整个文化战线的作用的，也是力图按照文化事业本身的发展规律和特点进行领导的。毛主席的《新民主主义论》和《在延安文艺座谈会上的讲话》，就是党正确领导文化工作的代表作。为了适应建国后文化工作大发展的需要，毛主席于1951年为中国戏曲研究院题写了“百花齐放，推陈出新”的题词，1953年又就中国历史研究问题提出要“百家争鸣”，1956年明确提出将“百花齐放，百家争鸣”作为我国发展科学文化事业的基本方针，为科学、文化工作指出了正确的方向。陆定一同志在解释这一方针时说：“我们所主张的‘百花齐放，百家争鸣’，就是提倡在文学艺术工作和科学研究工作中有独立思考的自由，有辩论的自由，有创作和批评的自由，有发表自己的意见、坚持自己的意见和保留自己的意见的自由。”（《人民日报》1956年6月13日）1957年2月27日，毛主席在《关于正确处理人民内部矛盾的问题》的报告中，对这个方针作了更加全面、系统的阐述：“百花齐放，百家争鸣的方针，是促进艺术发展和科学进步的方针，是促进我国的社会主义文化繁荣的方针。艺术上不同的形式和风格可以自由发展，科学上不同的学派可以自由争论。利用行政力量，强制推行一种风格，一种学派，禁止另一种风格，另一种学派，我们认为会有害于艺术和科学的发展。艺术和科学中的是非问题，应当通过艺术界科学界的自由讨论去解决，通过艺术和科学的实践去解决，而不应当采取简单的方法去解决。……对于科学上、艺术上的是非，应当保持慎重的态度，提倡自由讨论，不要轻率地作结论。”

正是在这个正确方针的指引下，建国以后我国科、教、文战线才有可能取得重大的成就。如果不发生1957年下半年以后的“左”的错误，我国的文学艺术事业的发展，会取得更大的成就，会出现更加繁荣的局面。

但是，从1957年夏季开始，我们党把意识形态领域的阶级斗争问题看得太重了，夸大了，把文化等同于政治，放到了不适当的地位上，甚至以为把这件事办好了，社会主义就能巩固了。其实，经济才是基础。不仅是政治稳定的基础，也是包括思想文化在内的各项社会事业顺利发展的基础。因为人们只有解决了吃穿住行用的问题，才能从事其他事业；只有具备了经济实力，其他各项社会事业的发展才有必不可少的重要物质条件。这是马克思主义唯物史观的最基本的观点和常识。经济搞不上去，不管用多少心思，今天批这个，明天斗那个，还是解决不了问题。不是说有错误不该批判，问题是任何时候批判一个人的缺点错误，批判一项工作、一个领域中存在的问题或不正确的倾向，都必须坚持实事求是的原则，是什么错误就是什么错误，是什么问题就是什么问题，该用什么办法解决就用什么办法解决，而绝不能牵强附会，绝不能无限上纲，绝不能把什么都往政治问题、阶级斗争问题上靠，更不能搞成一种政治批判的群众性运动。把文化等同于政治，就必然违背文化事业的自身发展规律，越干预就越乱套。我们党吃这方面的亏，确实太多了。至于江青、康生之流，藉文化批判"发难"，藉此以图私，别有政治用心，则另当别论了。

"忽如一夜春风来，千树万树梨花开。"粉碎"四人帮"后，特别是经过十一届三中全会以后的拨乱反正，我们党终于从"以阶级斗争为纲"的迷雾中走了出来。既不忽视在我国社会的一定范围内长期存在的阶级斗争，又坚决地把党和国家的工作重点转到以经济为中心的现代化建设上来；既坚持四项基本原则，又强调意识形态工作、科学文化艺术事业要按自身的客观规律办事。小平同志在《坚持四项基本原则》的讲话中明确指出："无论如何，思想理论问题的研究和讨论，一定要坚决执行百花齐放、百家争鸣的方针，一定要坚决执行不抓辫子、不戴帽子、不打棍子的'三不主义'的方针，一定要坚决执行解放思想、破除迷信、一切从实际出发的方针。这些都是三中全会决定了的，现在重申一遍，不允许有丝毫动摇。"(《邓小平文选》第2卷，第183页)在中国文学艺术工作者第四次代表大会上的祝辞中，小平同志又进一步阐明了文艺和政治的关系，他指出："党对文艺工作的领导，不是发号施令，不是要求文学艺术从属于临时的、具体的、直接的政治任务，而是根据文学艺术的特征和发展规律，帮助文艺工作者获得条件来不断繁荣文学艺术事业，提高文学艺术水平，创作出无愧于我们伟大人民、伟大时代的优秀的文学艺术作品和表演艺术成果。”“衙门作风必须抛弃。在文艺创作、文艺批评领域的行政命令必须废止。如果把这类东西看作是坚持党的领导，其结果，只能走向事情的反面。”“文艺这种复杂的精神劳动，非常需要文艺家发挥个人的创造精神。写什么和怎样写，只能由文艺家在艺术实践中去探索和逐步求得解决。在这方面，不要横加干涉。”(同上书，第213页)在这些正确指导思想和正确方针的指引下，10多年来，我国文化事业得到迅速的发展，呈现出一派繁荣的景象。

当然，这并不是说，这10多年我们在意识形态领域的工作，我国文化事业的发展，就一帆风顺了。不是的，前进中存在的矛盾和问题还很多，有些矛盾和问题有时还相当突出。例如，一方面过去留下来的“左”的思想影响尚未完全肃清，不时妨碍思想文化工作的发展；另一方面在实际工作中，又发生过“一手比较硬，一手比较软”的现象，以致酿成资产阶级自由化思潮的几度泛滥，甚至出现了1989年那样的政治风波，其教训也是很深刻的。有干扰，并不奇怪。问题是如何正确处理。经过多次磨难和各种社会政治风浪的考验，我们的党毕竟从正反两面经验的反复比较中更加成熟起来了。在以小平同志为核心的党中央领导集体的领导下，我们党既正确地解决了几次资产阶级自由化思潮的泛滥问题，正确地处理了1989年的政治风波，又坚定不移地坚持以经济建设为中心，坚持党的基本路线，不断朝着既定的奋斗目标把改革开放和现代化建设推向前进。这也就为我国文化事业的健康发展，开辟了广阔的道路。

我深感，无产阶级取得政权后，如何抓好意识形态领域的工作，恐怕不止是我们一个社会主义国家遇到的难题；在文化领域中所犯的一些错误，也不止是我们一个党存在，其他一些社会主义国家及其执政的共产党可能也程度不同地存在。这是因为，几乎所有的社会主义国家，在革命胜利之后都建立了一套高度集中统一的经济体制和政治体制，与之相适应，在思想文化领域也大都实行了严格控制的方针。在新生的人民政权尚不巩固的情况下，注意对思想文化工作、对意识形态领域加强管理、严格要求，以致在某种特定的条件下实行一些必要的控制是需要的、正确的，但是不能乱加行政干预，不能违反文化事业的发展规律。国内国外的历史事实已经充分证明，动不动就在思想文化领域大抓阶级斗争，大搞政治运动，无论如何是行不通的，是不能允许的，于文化事业的发展危害极大。所以会发生这些现象，这固然有国际、国内阶级斗争方面的原因，也与对社会主义的一些片面理解和“左”的认识密切相关。

在社会主义条件下，如何繁荣和发展文学艺术和哲学社会科学研究，至今仍是我们需要继续研究和解决的一个重要问题。继续解放思想，实事求是，防止、排除“左”的右的和其他各种错误东西的干扰，仍是我们在推进文化事业的发展过程中需要经常注意和解决的一项重要任务。小平同志在视察南方的重要谈话中讲得好：“现在，有右的东西影响我们，也有‘左’的东西影响我们，但根深蒂固的还是‘左’的东西。”“‘左’带有革命的色彩，好像越‘左’越革命。‘左’的东西在我们党的历史上可怕呀！一个好好的东西，一下子被他搞掉了。右可以葬送社会主义，‘左’也可以葬送社会主义。中国要警惕右，但主要是防止‘左’。”只要我们深刻理解小平同志这一指示的深刻意义，始终坚持党的“一个中心、两个基本点”的基本路线，坚持以建设有中国特色社会主义的理论为指导，坚持按照文化事业的客观规律以及反映这种规律的党的一系列正确方针办事，我们就一定能够不断开创中国文化事业发展的新局面，不断创造出无愧于我们伟大时代的社会主义精神文明的丰硕成果。

四十三　开始全面建设社会主义十年的经验与教训

下卷拟定的各个专题写完了。现在想概括起来，讲讲这十年的经验与教训问题。在专题各篇中已经讲过了的，一般不再重复，但有些还得简略地提一下。

《关于建国以来党的若干历史问题的决议》指出：开始全面建设社会主义的十年，“我们虽然遭到过严重挫折，仍然取得了很大成就”。成就是“这个期间党的工作的主导方面”。小平同志也讲过：这十年，“应当肯定，总的是好的，基本上是在健康的道路上发展的。这中间有过曲折，犯过错误，但成绩是主要的”。（《邓小平文选》第2卷，第302页）我认为，就整个十年来讲，这些观点符合实际。

开始全面建设社会主义的十年，是指从1956年我国社会主义改造基本完成以后到1966年“文化大革命”全面开始的前夕。

十年大体分为四个阶段，各个阶段的情况是不同的。

第一阶段，从1956年9月党的八大后到1957年9月的八届三中全会前。这个阶段虽然在1957年6月开始进行的反右派斗争中犯了扩大化的严重错误，但总体上讲，成绩是主要的，在社会主义建设中基本上执行了党的八大路线和八大规定的在综合平衡中稳步前进的经济工作方针，经济发展取得了显著的成就。

第二阶段，从八届三中全会修改八大关于社会主要矛盾的科学论断和开始批评“反冒进”、酝酿“大跃进”起，到1960年初冬。这个阶段，连续犯了批评“反冒进”、发动“大跃进”、农村人民公社化、反对实际并不存在的“右倾机会主义”和继续“大跃进”等一系列严重错误。虽然第一次郑州会议以后在纠正已经察觉的“左”的错误中，做了大量工作，提出了许多有价值的思想，但终究由于对错误的认识比较肤浅，还没有觉悟到从根本上改变“左”的指导思想，因而在纠正错误中发生了严重的回潮。从总体上讲，这个阶段工作上的失误是主要的，给党和人民带来了严重灾难，给社会主义事业带来了严重损失。

第三阶段，从1960年11月党中央发布《关于农村人民公社当前政策问题指示信》，开始纠正农村工作中的错误，并决定实行“调整、巩固、充实、提高”的方针起，到1962年9月的八届十中全会前。这个阶段，全党上下，同心同德，大兴调查研究，倾听群众意见，群策群力，艰苦奋斗，纠正错误，渡过难关。虽然纠正错误是限定在坚持“三面红旗”和庐山会议“反右倾”的雷池之内，纠正得很不彻底，但是，这个阶段，要纠正错误、克服困难的总的思想和方针是正确的，在恢复经济、恢复党的优良传统、作风和党在人民群众中的信誉等方面，收到了显著效果。

第四阶段，从八届十中全会重新强调阶级斗争到1966年5月《五·一六通知》的发出。这个阶段，由于坚持“八字方针”，由于接受1959年庐山会议的教训，防止政治斗争对经济工作的冲击，扭转了严重困难的局面，国民经济迅速得到恢复，并向一个新的台阶迈进，在经济管理体制方面，也进行了一些改革的试验。但可惜由于政策界限不清，经济工作还是受到一定程度的影响。更重要的是：由于把本来不是阶级斗争的问题当成了阶级斗争，把一些本来是实事求是的正确的东西也当成了“修正主义”，并且将它逐渐引向党内的高层，步步升级，愈演愈烈，因此，也就引燃了“文化大革命”的烽烟。

虽然经过严重的曲折，但总起来看，我们的国家，在这十年里，是在曲折中前进了。这同“文化大革命”十年没有迈出动乱的深渊相比，发展趋势是不相同的。

据国家统计局资料，按不变价格计算的全国工农业总产值指数，1949年为100，1956年为276，1965年为476.3；同一时期的工业总产值指数为100,502.1,1108.8;农业总产值指数为100,178.8,203.6。从1956年到1965年,全国钢产量由447万吨增加到1223万吨,煤产量从1.1亿吨增加到2.32亿吨,发电量从166亿度增加到676亿度,原油产量从116万吨增加到1131万吨,棉布产量从57.7亿米增加到62.8亿米。1965年粮食产量3891亿斤,基本相当1956年3855亿斤和1957年3901亿斤的水平,但1966年就达到4280亿斤,略超过1956年。1956年到1965年,棉花产量由2890万担增加到4195万担。

在产量和产值增长的同时,许多重要产品的品种规格有了增加,质量有了提高。钢和钢材品种都增加了1倍多。钢材自给率从85%提高到95%。机械工业试制成功几十种新产品。1964年机械产品品种达640种,比1957年增加1.8倍。主要机械设备的自给率,1956年为60%多一点,1964年达90%以上。1965、1966年,一大批经济技术指标刷新了“一五”期间创造的最好水平。

《关于建国以来党的若干历史问题的决议》指出:“我们现在(即80年代初。——一波注)赖以进行现代化建设的物质技术基础,很大一部分是这个期间建设起来的;全国经济文化建设等方面的骨干力量和他们的工作经验,大部分也是在这个期间培养和积累起来的。”这个概括是准确的,是以大量事实作依据的。

1957年到1965年,新建和扩建了一大批骨干企业。在钢铁工业方面,扩建了鞍钢,新建了武钢、包钢,续建了石钢、太钢、唐钢、马钢、重钢和上钢的三个厂。在有色金属方面,建成了白银、中条山、金川、赣东北等一大批冶炼企业。能源工业方面,除建成了几十个煤炭企业和发电厂以外,建成了年产原油1000多万吨的大庆油田。电子、原子能、导弹、石油化工等新兴工业,这个期间开始在我国崭露头角。这个期间,建成或部分建成12条铁路,全国铁路营运里程由2.65万公里扩大到3.64万公里。到1965年为止,全国除西藏外,各省、市、自治区都通了铁路。随着三线建设的开展和西南、西北多条铁路的建成,我国工业布局大有改善。这个期间对大江大河的开发治理也取得了可观成绩。三门峡水利枢纽工程,刘家峡、青铜峡、盐锅峡等大型水利工程和丹江口大型水库的建设，不仅对于防止黄河下游和长江主要支流的一般洪水发挥了作用，而且收到发电、灌溉等多方面的效益。这个期间建设的包括人民大会堂、民族文化宫等在内的首都十大工程，不仅建设速度快，而且质量也是上乘的。

1956 年到 1965 年，我国新建和扩建高等学校 32 所。1965 年在校学生 67.4 万人，比 1956 年的 40.3 万人增长 63%。这十年毕业生 130.8 万人，他们中的相当一部分，已成为我国现阶段党政机关和经济、教育、科技、文化、卫生等各条战线中的骨干力量。

在党中央的领导下，在周总理的直接部署、关怀、主持和聂荣臻同志的具体组织下，由于李四光、钱学森、钱三强等一大批科学家的努力，这个期间的科技工作成果累累。重要的有：在陆相地层中找到了丰富的石油资源，打破了“中国贫油论”。1964 年首次爆炸原子弹，打破了美、苏核垄断。与此同时，第一次在世界上人工合成蛋白质：具有生物活力的结晶胰岛素；弄清了第一个核糖核酸的结构，为人工合成氨基酸奠定了理论基础；我国第一台每秒运算一万次的通用电子计算机，于 1959 年 9 月试制成功；创造了高钛型钒钛磁铁矿冶炼技术，排除了攀枝花钢铁公司建设的一道难题，也为这种共生矿资源的综合利用提供了可能。此外，在农业科学方面，系统研究了东亚蝗虫生活史，基本消灭了严重危害农作物的蝗灾；最早培育了矮秆水稻，为后来水稻的大幅度增产做出了贡献。在医学方面，成功地解决了烧伤总面积达 98%、其中三度烧伤为 90%的病员的治疗问题。

所有这些巨大成就，都是在我们坚如磐石的党的领导下取得的。

关于这十年的经验与教训，我想从以下几个方面再做一些探讨和再谈一些自己的看法。

（一）关于阶级斗争

这十年，党中央、毛主席在处理阶级斗争问题上，有一些重要的经验，但更多的是教训。概括起来，这些经验与教训，主要有三点。

第一，坚持把正确处理人民内部矛盾作为党和国家政治生活中的主题。

我在本书第22篇讲过，毛主席《关于正确处理人民内部矛盾的问题》的讲话，全面地分析了我国社会主义改造基本完成后的社会矛盾，提出了正确区分和处理两类矛盾的理论，把正确处理人民内部矛盾作为党和国家政治生活中的主题；同时肯定一定范围内的阶级斗争还是长期的、曲折的，有时甚至是很激烈的，这是继《论十大关系》之后，探索适合中国情况的社会主义建设道路的又一新的贡献，是毛主席对科学社会主义学说的新发展。根据这一论述，把党和国家的工作着重点放在建设上来，是现代中国由革命时期转向全面建设社会主义时期的迫切需要。这个理论的提出，为社会主义建设中许多重要问题的解决指明了方向。

在开始全面建设社会主义的十年里，为坚持这一主题做了不少工作。例如：从建国十周年开始，分批特赦确已改恶从善的战争罪犯和其他罪犯。这个化消极因素为积极因素的努力，不仅收到了分化、瓦解残余的敌人，推动罪犯改造工作的效果，而且也向国内外表明我国人民民主专政政权的强大和巩固，表明我们党惩办与宽大相结合、劳动改造与思想改造相结合的政策的成功和正确。正如1957年5月2日《人民日报》撰写并经毛主席修改的社论所指出的："所谓团结全体人民，所谓调动一切力量，将消极力量化为积极力量，无非就是要正确处理人民内部矛盾。"

这十年，在实际的政治生活中，虽有许多时候严重混淆了两类不同性质的社会矛盾，主要是将人民内部矛盾错弄成了敌我矛盾，这是个严重的教训。但有些错误，一经认识到了，就得到了改正。1961年五六月间在北京召开的中央工作会议，专门讨论了平反甄别问题，毛主席就1959年将"反右倾"斗争扩展到基层问题做了自我批评，决定在肯定庐山会议对所谓"反党集团"的处理的前提下，对从"反右倾"以来受批判、处分的党员、干部进行甄别，凡是已经认识到完全搞错了的，就予以平反，恢复名誉，恢复职务；部分搞错了的，就改正这一部分结论。我在本书第 34 篇中讲到，仅据 23 个省、市、自治区到 1962 年 8 月间的统计，这次甄别，共为 695 万人平了反，如果连同他们的家属在内，实际受益的在 2000 万人以上。为吸取 1959 年将“反右倾”斗争扩展到基层的教训，1961 年召开的这次中央工作会议决定：今后在不脱产的干部和群众中，不再开展反右或反“左”的斗争，并不准再给他们戴政治帽子。这些举措，部分消除了过去几年间发生的混淆两类不同性质矛盾的消极后果，在一定程度上体现了坚持实事求是的原则。

遗憾的是，对 1957 年反右派以来混淆两类不同性质矛盾的错误认识得比较肤浅，已经认识到的类似错误，在八届十中全会以后又重犯，甚至变本加厉，更加有所发展。直到十一届三中全会以后，许多混淆两类不同性质矛盾的错误，才得以从根本上彻底纠正。

第二，对我国社会矛盾、阶级力量对比和阶级斗争规模的估量，一定要从我国已经完成社会主义改造这个基本实际情况出发。

在 1957 年右派进攻之前，毛主席一再重申：“我们的根本任务，已经由解放生产力变为在新的生产关系下面保护和发展生产力”；过去搞的是阶级斗争，现在进入另一种战争，就是向自然界开战。这说明当时毛主席对社会主义社会阶级斗争问题的认识，在理论上是清醒的。但是，后来由于对极少数右派分子的进攻估计得过于严重，他的认识发生了重大变化。我在第 23 篇中已经讲过，首先的一个重大变化就是对党的八大关于社会主义社会主要矛盾论断的修改。这一修改不仅延缓了党和国家的工作重点向经济建设转移，而且也导致了与修改后的主要矛盾理论相适应，而与社会主义经济基础相脱离的一系列阶级斗争观点的提出或重新强调。

大家知道，“文化大革命”中，曾把一套“左”的阶级斗争理论概括为“无产阶级专政下继续革命”的理论体系。这套与我国社会主义经济基础相脱离的理论体系，是逐步形成的，其中重要的观点大都在“文化大革命”前十年就形成了，而且这类观点的形成与 1957 年对极少数右派的进攻估计过于严重直接有关。

1957 年 7 月，在反击右派进攻时，毛主席在《一九五七年夏季的形势》一文中，首次提出了“政治战线上和思想战线上”的社会主义革命的概念。毛主席说：“单有一九五六年在经济战线上（在生产资料所有制上）的社会主义革命，是不够的，并且是不巩固的。匈牙利事件就是证明。必须还有一个政治战线上和一个思想战线上的彻底的社会主义革命。”这里讲的“政治战线上和思想战线上的彻底的社会主义革命”，当然不只是一般意义上的政治学习或思想改造，而是包含着一个阶级推翻另一个阶级那样的政治革命。1957 年 3 月以前，毛主席曾经认为我国社会主义革命“已经取得了决定性的胜利”，“已经基本上完成了社会主义革命”。“政治战线上和思想战线上彻底的社会主义革命”观点的提出，标志着毛主席已改变了自己这一本来是正确的认识。在生产资料已经掌握在劳动人民手里、无产阶级早已领导国家政权的历史条件下，还要进行这样彻底的革命，当然是同我国社会主义经济基础相背离的。

1958 年成都会议和八大二次会议提出了两个剥削阶级的观点。根据八大二次会议文件的表述，“两个剥削阶级：一个是反对社会主义的资产阶级右派、被打倒了的地主买办阶级和其他反动派；资产阶级右派实质上是帝国主义者、封建买办残余势力和蒋介石国民党的代理人。另一个是正在逐步地接受社会主义改造的民族资产阶级和它的知识分子，他们的大多数人在社会主义和资本主义两条道路之间处在动摇的过渡状态。”这两个剥削阶级是根据政治态度划定的，而不是根据剥削关系划定的，因为知识分子和资产阶级右派并没有占有剥削他人的生产资料，地主、民族资产阶级也不再占有生产资料，在社会主义历史阶段，都已不是以一个完整的剥削阶级而存在。所以两个剥削阶级的观点，是站不住脚的，是不合逻辑的。至于这段话对这些人的政治态度概括得是否都符合实际，今天人们一看也比较清楚，就不在这里讨论了。

武昌会议又提出了“政治思想上的阶级”的概念。1958 年 11 月 21 日，毛主席在武昌召开的政治局扩大会议上，谈到消灭阶级问题时说：作为经济剥削的阶级容易消灭，现在我们可以说已经消灭了；另一种是政治思想上的阶级，不易消灭，这是去年整风才发现的。

关于毛主席在这里提出的“政治思想上的阶级”的概念，康生后来在九大发言时解释说：“毛主席看阶级问题，他是结合起来看的，不仅从经济范畴来看，而且从政治范畴、思想范畴来看。社会主义社会，存在着阶级、阶级斗争，与资本主义社会存在的阶级、阶级斗争有本质的不同。资本主义社会阶级的存在，特别突出地表现在经济剥削关系上。社会主义社会中的阶级，虽然也存在着经济方面的矛盾，但是表现在思想范畴、政治范畴方面。”同极左的“风派”人物康生的解释相反，我认为，阶级是个经济范畴，阶级差别的基本标志，就是人们在社会生产中所处的地位不同，特别是对生产资料占有状况不同。马克思主义关于阶级划分的这个基本原理是不能修改的。毛主席关于“政治上思想上的阶级”的概念，不是对马克思主义的一种发展，而是对马克思主义基本原理的一种偏离。正是因为反右派斗争后就发生了这一偏离，八届十中全会以后，才会进一步得出“官僚主义者阶级”、“党内资产阶级”、“资产阶级就在党内”、“党内走资本主义道路的当权派”等一系列在理论上和实践上都站不住的错误概念，结果导致了十年“文化大革命”的“全面内战”的混乱局面。

此外，我在本书第27篇中已经讲过，1958年毛主席在北戴河会议讲话，是对马克思关于资产阶级权利问题的误解。那次会议以后，毛主席曾多次谈过对资产阶级权利的忧虑，他担心资产阶级会从这里产生。所以，1974年冬天他在关于理论问题的指示中又说：“林彪一类如上台，搞资本主义制度很容易。”把体现在等量劳动相交换中的平等权利看成是社会主义条件下产生资产阶级的土壤，这是与社会主义经济基础相脱离的不正确的阶级斗争理论中又一重要观点。

以上所述，包括社会主义社会的主要矛盾是两个阶级、两条道路的斗争，政治思想上的阶级，两个新的剥削阶级，政治战线上和思想战线上彻底的社会主义革命，过渡时期需要几十年、几百年，按劳分配中体现的资产阶级权利产生资产阶级，党内资产阶级，走资派，向走资派夺权等等，这一系列不正确的理论观点，就是无产阶级专政下继续革命的理论体系的基本构件。这一系列理论观点所以是不正确的，所以是错误的，就是因为它们都从根本上脱离了我国的社会主义经济基础。在生产资料私有制的社会主义改造基本完成以后，我国经济基础的主体已经是社会主义的。

第三，切实按照“坚持真理，修正错误”的原则和“团结——批评与自我批评——团结”的公式，处理党内不同意见的争论，坚决同国际共运和我党历史上多次发生的“残酷斗争，无情打击”的“左”的错误方针划清界限。

开始全面建设社会主义的十年，我党高层领导，曾围绕经济社会发展和阶级斗争的指导方针问题，发生过四次争论。这就是1958年关于反冒进问题的争论，1959年庐山会议的争论，1962年关于所谓“三风”（黑暗风、单干风、翻案风）问题的争论，1965、1966年关于“四清”指导方针问题的争论。四次争论的起因、焦点、过程和结论，我已在本书第24篇、第30篇、第37篇和第38篇中，分别做了比较详细的介绍。现在需要总括起来，讲讲其中的教训。

“大跃进”运动和人民公社化运动，对我国经济社会发展、人民生活的影响之深之广之剧烈，在历史上是罕见的。党的高层领导无论在运动的发动阶段、高潮阶段、运动过后的调整、整顿阶段，都会有不同的认识，这是正常的。如能按照延安整风时形成的“坚持真理，修正错误”，“知无不言，言无不尽”，“言者无罪，闻者足戒”，“有则改之，无则加勉”等一系列原则，按照“团结——批评与自我批评——团结”的公式，来处理这些党内的争论，以达到比较符合实际的统一的认识，那样，1958年以后的一系列错误，本来是可以避免，至少是可以减轻的。不幸的是：不仅没有遵照而是背离了这些原则和公式，在一定程度上，照搬了国际共运和我党历史上曾经多次发生过的“残酷斗争，无情打击”的那一套。除第一次争论没有直截了当地说成阶级斗争（但说过反冒进的同志离右派只50米了）以外，其余的三次争论都被看成是阶级斗争。与毛主席意见不同的一些同志，被看成资产阶级、富裕中农、官僚主义者阶级和被打倒的地主、官僚买办阶级在党内的代表，机会主义者，修正主义者，走资本主义道路的当权派等等。一次又一次的党内争论被看成是阶级斗争，积累下来，就把国内政治局势估计得极为严重，以致认为一次又一次的斗争都没有解决问题，需要“找出一种形式，一种方式，公开地、全面地、自下而上地揭发我们的黑暗面”，从而爆发了“文化大革命”。因此，这个教训是十分深刻的。

马克思、恩格斯、列宁都曾如实地指出过，他们当时在国际工人协会或党内面临的一些斗争，是阶级斗争的反映，但是，他们从来没有说过，党内的矛盾和斗争，都是阶级斗争在党内的反映。认为党内矛盾和斗争都是阶级斗争在党内的反映的观点，在斯大林执政时期的联共党内和第三国际内比较流行，并且是斯大林肃反扩大化和我们党内“残酷斗争，无情打击”的理论根源。斯大林本人的著作也从理论上论述这种观点。他认为无产阶级政党内部的矛盾所以是社会阶级矛盾的反映，根源有二：“第一，就是在阶级斗争的环境中资产阶级和资产阶级思想对无产阶级及其政党使用压力，无产阶级中最不坚定的阶层和无产阶级政党中最不坚定的分子往往受到这种压力的影响”。“第二，就是工人阶级的庞杂性，工人阶级内部存在着各种阶层”。(《斯大林全集》第 9 卷，第 10、11 页）毛主席在清算王明“左”倾教条主义的思想影响时，曾提出：“党内不同思想的对立和斗争是经常发生的，这是社会的阶级矛盾和新旧事物的矛盾在党内的反映。”“共产党内的矛盾，用批评和自我批评的方法去解决。”(《毛泽东选集》第 2 版，第 1 卷，第 306、311 页）这就从理论上同那种把党内的矛盾和斗争都看成阶级斗争的错误观点划清了界限，在政策上同“残酷斗争，无情打击”的错误方针划清了界限。如果说，在阶级社会，在民主革命两大对抗阶级的激烈搏斗时，都不能把党内的矛盾和斗争都看成阶级斗争，那么，在地主、资产阶级作为阶级已被消灭之后，再把党内的矛盾和斗争，都看成阶级斗争，就更是没有根据、更是错误的了。从 1959 年庐山会议开始，几次处理党内争论所发生的错误，都是同毛主席本人早年清算王明教条主义错误时所提出的正确理论和正确政策背道而驰的。

更加值得深思的是：在上述四次党内争论中，除第四次，关于“四清”指导思想之争是非比较复杂以外，其余三次被批判的同志的观点都是正确的或基本正确的。随意上阶级斗争之纲，不仅无法分清是非，而且把是非都颠倒了。

早在民主革命时期，我们党的党内斗争就经常使用“机会主义”、“路线错误”一类概念。1959年以后，又把国际共产主义运动中常用的“修正主义”概念，引进我们的党内斗争。但是，在社会主义革命和社会主义建设中，究竟什么是路线错误，什么是右倾机会主义，什么是修正主义，在党内并没有做过认真的深入的研究，也没有提出过科学的解释，因此运用起来，就很容易随心所欲，弄得十分混乱。早在1955年，毛主席就使用过“急机会主义”，“慢机会主义”一类概念，并把这个地方能办到而别的地方办不到的，也称为“右倾机会主义”(见本书上卷第278—279页)。1958年以后，就进一步用计划指标的高低来判断你是不是“右倾机会主义”了。八届十中全会又将“右倾机会主义”改名为“修正主义”。“文化大革命”中，又在“修正主义”之前，加“反革命的”定语。总之，这些用法，由于没有统一的客观依据和客观标准，都是不科学不确定的，主观随意性很大。1979年，叶剑英同志代表中央在建国30周年大会上的讲话，说到以反修防修为目的的“文化大革命”的起因时，指出是因为对“什么是修正主义没有作出准确的解释”。1981年6月，小平同志建议以后不再用路线斗争的提法，党内斗争是什么性质就说是什么性质，犯了什么错误就说是什么错误，讲它的内容。(见《邓小平文选》第2卷，第308页)十一届三中全会以后，党中央采纳小平、剑英、陈云等许多同志的建议，不仅为一切被错误地打成“右倾机会主义”、“修正主义”的同志平了反，而且一般地不再使用“路线斗争”、“右倾机会主义”、“修正主义”一类的概念。我认为，这样做，标志着我们党在认识和处理党内斗争的问题上更加成熟了，不仅重新恢复而且发展了实事求是的传统，同国际共运和我党历史上发生过的“残酷斗争、无情打击”的错误方针彻底划清了界限。

(二)关于经济建设

1980年初，我在全国党校工作座谈会上的讲话中，关于我国经济工作的历史经验教训，曾讲过四条意见。这就是：在社会主义改造完成以后，就应该坚定不移地把全党工作着重点放在经济建设上来；经济建设工作一定要以正确的思想路线做基础，实事求是，一切从实际出发，力求按照客观规律办事；国民经济的发展，必须在不平衡里边力求平衡，搞好计划的综合平衡工作；要正确地处理中央集权与地方分权的问题。这四条经验、教训，主要是就开始全面建设社会主义十年的情况讲的，是十多年前的认识。这篇讲话，已收入我的文选。重复的就不讲了。这里讲今天的认识。

第一，我国的社会主义建设，只能从我国的国情出发，在探索中前进。

我国是个人口众多的大国，原来又是一个经济严重落后的穷国。经过第一个五年的建设，虽然打下了一点工业基础，但现代工业在整个国民经济中还只占很小的比重。经过社会主义改造，我们的社会虽已迈进了社会主义的门槛，但是1957年的人均国民收入不过142元。而且地域辽阔，经济社会发展很不平衡。在我们这样的国家里建设社会主义，路怎么走，既不能照搬书本，也不能照抄别国经验。只能根据马克思主义揭示的人类社会发展的总规律、总趋势，从我国实际情况出发，在探索中前进。这就要求我们党必须谦虚谨慎，戒骄戒躁，多做调查研究，博采各方面的意见，择其善者而从之，经过实践证明确实是不对的就改之。但是，正如《关于建国以来党的若干历史问题的决议》所指出的："党在面临着工作重心转向社会主义建设这一新任务因而需要特别谨慎的时候，毛泽东同志的威望也达到高峰。他逐渐骄傲起来，逐渐脱离实际和脱离群众，主观主义和个人专断作风日益严重，日益凌驾于党中央之上，使党和国家政治生活中的集体领导原则和民主集中制不断受到削弱以至破坏。"从党的七大以来，我们党在民主革命和社会主义革命中，取得了一连串的历史性的胜利。正因为"毛泽东同志、中央和地方不少领导同志在胜利面前滋长骄傲自满情绪"，严重低估了我国社会主义建设的艰巨性、复杂性和长期性，以为只要运用战争和土改中大搞群众运动的方法，社会主义建设的成功就能指日可待。结果，适得其反，遭到了严重的挫折。

我国的社会主义建设，需要多长时间？毛主席在1958年前，有过一些设想。1954年6月14日，他在向中央人民政府委员会作宪法草案说明时说："我看，我们要建成一个伟大的社会主义国家，大概经过五十年即十个五年计划，就差不多了，就像个样子了，就同现在大不一样了。"1955年3月21日，在党的全国代表会议开幕词中，毛主席又说："我们可能经过三个五年计划建成社会主义社会，但要建成为一个强大的高度社会主义工业化的国家，就需要有几十年的艰苦努力，比如说，要有五十年的时间，即本世纪的整个下半世纪。"同年10月11日，他在党的七届六中全会的讲话中，又改为："大约在五十年到七十五年的时间内，就是十个五年计划到十五个五年计划的时间内，可能建成一个强大的社会主义国家。"1957年7月，他在青岛会议期间写的一篇文章中又指出："在我国建立一个现代化的工业基础和现代化的农业基础，从现在起，还要十年至十五年。"十至十五年以后的任务，则是进一步发展生产力，"准备着逐步地由社会主义过渡到共产主义的必要条件，准备以八个至十个五年计划在经济上赶上并超过美国。"这说明：当时对我国社会主义建设的长期性、复杂性、艰巨性，还是有一定认识的（尽管认识也还很不够）。但是，到了1958年，沉醉于"一天等于二十年"的美妙幻想之后，社会主义建设就被看成是轻而易举的了。头脑最热的时候，提出三年基本改变面貌、两年赶上英国的口号。还作出第三或第四个五年内赶上美国，开始向共产主义过渡的设想。

遭遇挫折之后，头脑又开始冷静下来。1960年6月18日，毛主席在《十年总结》中说："我们对于社会主义时期的革命和建设，还有一个很大的盲目性，还有一个很大的未被认识的必然王国。"1960年12月30日，他在一次谈话时又说："看来建设社会主义只能逐步地搞，不能一下子搞得太多太快。"并恢复了"大概要搞半个世纪"的估计。1961年8月23日，在庐山工作会议第一天，毛主席在中央和各大区负责人的会议上说："现在遭到了挫折和失败，碰了钉子，但还碰得不够，还要碰。再搞两三年看看能不能搞出一套来。对社会主义，我们现在有些了解，但不甚了了。我们搞社会主义是边建设边学习。搞社会主义，才有社会主义经验。‘未有学养子而后嫁者也’。郑州会议犯了错误，分三批开，一批开一天，我打通你，略知梗概，不甚了了。经过六个月，到庐山会议。会议顶住了彭德怀的那股风，是对的，不顶不行，但也犯了错误，不应一直传下去。现在搞了‘六十条’，不要认为一切问题都解决了。搞社会主义，我们没有一套，没有把握。”这段话，尽管对错误的认识还不彻底，但是，已认识到搞社会主义，我们没有一套，没有经验，没有把握，这就是一个重大进步。那时，人们还不大兴使用“探索”这个词，但毛主席这段话已清楚地表明了怎样建设社会主义，要在实践中探索的思想。少奇同志在主持起草1962年“七千人大会”的书面报告时曾说过：立三路线时，宣传只要两三年就能打倒国民党，结果，打了十年，自己越打越弱了，才知道打倒国民党要做长期的努力。如同经过严重挫折，才认识到打倒国民党要经过长期的努力，是民主革命一个重要的经验教训一样，经过严重挫折，认识到社会主义建设的艰巨性、长期性和复杂性，不能急于求成，只能在探索中前进，无疑也是社会主义建设中一项极为重要的经验教训。

第二，对国民经济的发展，始终应该保持有效的宏观调节。

国民经济是一个有机的整体。物质生产各部门之间、再生产运动的各个环节之间，互相依存，互相制约。比例协调，则互相促进，相得益彰；比例失调，特别是工农业之间、消费和积累之间等重大比例关系严重失调，就会引起整个国民经济秩序的紊乱，造成社会财富的巨大浪费。因此，对国民经济的发展，应该始终保持有效的宏观调节。

有效的宏观调节，一般可以采取计划和市场两种手段来实现。陈云同志在八大的发言，提出“计划生产是工农业生产的主体，按照市场变化而在国家计划许可范围内的自由生产是计划生产的补充”的原则，是对传统体制的一个重要改进，而且是提得很及时的。如果按照这个原则，做好综合平衡工作，并不断总结经验，改进工作，我国1958年以后的国民经济本来是可以在“一五”计划胜利完成的基础上，继续高速度而又协调发展的。但是，“大跃进”以来，由于错误地开展了对商品经济和按劳分配的批判，所有制搞“一大二公”，政府进一步依靠行政命令从严从细加强对生产单位（企业和农村生产队）经济活动的控制，市场调节手段几乎没有发挥作用的余地。而计划经济在主观主义和唯意志论盛行的情况下，实际上也不可能实行，不是被打乱，就是被取消。这是因为：(1)“大跃进”中提倡留缺口的“积极平衡”，实际上是否定了保留一定储备的、在调查研究基础上形成的综合平衡；(2)“大跃进”提倡三本账，为高指标、层层加码、朝令夕改开了绿灯；(3)实行“以钢为纲”，使各部门之间的比例关系遭到破坏，不仅其他部门受到严重损害，钢铁工业也未能得到正常发展；(4)实行权力大下放，鼓励以大协作区，甚至以省、市、自治区为单位建立相对独立的工业体系或国民经济体系，助长重复建设，盲目建设，割断了地区之间正常的经济联系和协作。因此，可以说，“大跃进”三年，我国经济实际上处于基本上没有宏观控制的无计划或半计划状态中。1961 年 6 月 12 日，毛主席在北京的中央工作会议的讲话说：最近三年违反客观规律，受到了大惩罚。所谓违反客观规律，我理解，主要的一条，就是违反有计划按比例发展的规律。这就是实际上打乱和取消了宏观控制的结果。

1961 年开始的调整，主要是把被破坏了的比例关系，特别是工业和农业、消费和积累两大战略性的比例关系调整过来。为保障恢复宏观控制和调整的顺利进行，中央决定，作为非常时期的非常措施之一，将经济管理大权集中到中央和中央局两级。1958 年以来，各省、市、自治区和中央各部下放给专区、县、公社的人权、财权、商权和工权，放得不适当的，一律收回。中央各部直属企业的行政管理、生产指挥、物资调度、干部安排的权力统归中央主管。后来的实践证明：在当时经济十分混乱、又没有更好的办法加强宏观控制的条件下，收权还是必要的，执行的效果还是很好的。当然，从历史发展的观点看，这样做，问题还没有根本解决。因为传统体制的根本弊病，是不承认企业是相对独立的经济实体，应当拥有相对独立的经济利益和自主权。当时，无论放权也好，收权也好，都只是调节中央政府和地方政府之间权力关系，并没有触及企业自主权这个关键问题。

今天的情况和当时完全不同了。当时面临的问题是治乱。今天，我们面临的是抓住当前有利时机，加快改革开放和经济发展的步伐问题。当年治乱的许多政策和措施，今天没有现实意义了。不过，"大跃进"给予我们的基本教训：经济发展必须按客观规律办事，不能急于求成，大轰大嗡，必须保持有效的宏观调节，尽量避免盲目性，则是我们在经济建设的进程中应该始终高度重视和充分注意的。任何时候都不可忘记这个曾经付出了很大代价的历史教训。

第三，确认农业在国民经济中的基础地位，不能削弱，只能加强。

农业是国民经济的基础，这是马克思在研究资产阶级古典经济学中重农学派的经济思想时，概括出来的一个重要的基本原理。代表新兴农业资产阶级的重农学派把农业看成唯一创造财富的部门，无疑有很大的片面性。但他们的思想中也有合理的成分。马克思正是在肯定其合理成分时指出："超过劳动者个人需要的农业劳动生产率，是一切社会的基础，并且首先是资本主义生产的基础。""农业劳动是其他一切劳动得以独立存在的自然基础和前提。"(《马克思恩格斯全集》第 25 卷，第 885 页；第 26 卷，第 1 分册，第 28—29 页)

为了纠正"大跃进"中"以钢为纲"，不顾其他的错误，毛主席在 1959 年夏天庐山会议开幕的头一天，提出让会议讨论的问题中，有一个关于农、轻、重的次序问题。他说：过去是两条腿，去年丢掉一条，重挤掉农、轻，也挤掉了商。过去安排是重轻农，现在是否改为农轻重。1960 年夏，在北戴河召开的中央工作会议上，讨论通过了根据毛主席指示草拟的《中共中央关于全党动手，大办农业，大办粮食的指示》，其中强调："农业是国民经济的基础，这个思想应当成为全体干部全党全民一致的认识，并且真正贯彻到各方面的实际工作中去。"毛主席、党中央把马克思从社会生产发展历史进程中概括出来的一般原理，运用到我国经济发展的实际工作中来，在理论上是一个创造。当时，尽管对"大跃进"的教训的认识，还只是初步的，而且还有待继续巩固,但是,这个总结却是科学的,是从沉重的代价之中取得的一个重要思想成果。发展国民经济以农业为基础,不但反映了经济规律,而且也反映了自然规律,是我国工业化和经济现代化进程中必须牢牢掌握的一个重要指导思想。这首先是因为我国是一个人多耕地少的大国,要以仅占世界7%的耕地养活占世界22%的人口,农业问题始终是一个头等重要的战略问题;其次,因为农业建设周期长,农业投资的比较效益低,稍一放松,就很容易被挤掉。农业是国民经济基础的思想,把人们对农业的认识提到了一个新境界。在实行改革开放的今天,第二产业、第三产业蓬勃发展,重温当年揭示的这个思想,不断深化认识农业这个第一产业的基础地位,仍然是十分必要的。绝不能因为全国基本解决了温饱问题,就忽视和削弱农业这个基础地位。在民主革命时期,农民问题始终是我国革命的中心问题。今天仍然可以这样说,农业问题、农村问题、农民问题始终是关系我国社会主义现代化建设能否顺利进行和最终获得成功的中心问题。任何时候忽视、削弱农业和农村经济,不能正确处理农民问题,都会犯极大的历史性错误。

第四,经济决策不可盲目跟着政治风向跑。

1958年的"大跃进",就是1957年整风、反右派和随后的"反右倾保守"、批评反冒进在经济发展方面的回应,"大跃进"本身就是经济决策跟着政治风向跑的结果。第一个回合的"大跃进",已经把国民经济搞得"筋疲力尽",可是1960年仍不顾当时面临的巨大困难,掀起国民经济的"继续大跃进"。"继续大跃进"带来的严重挫折,更清楚地显示了经济决策盲目跟着政治风向走带来的恶果。

1959年底、1960年春,经济决策跟着政治风向走,就是跟着庐山会议"反右倾"的风向走。庐山会议错误地开展了反对"右倾机会主义"的政治斗争,实际经济工作,也跟着作出一系列"反右倾、鼓干劲"的决策:工业方面,重搞三本账,高指标,名目繁多的"大办";年初搞"开门红,满堂红,红到底"。农业方面,搞"千头牛场"、"万头猪场"等那一套。财贸方面,最突出的就是反"瞒产",高征购。反对"右倾机会主义"的政治斗争和发动"继续大跃进"这两个错误,虽紧密相连，但导致错误的认识根源毕竟是有所不同的。前者涉及的是怎样评价“三面红旗”的问题，后者涉及的则是对当时的实际经济情况的估价问题。如果说，在当时的条件下，党对前一个错误已无力抵制，那么，如果还能坚持把“路线斗争”同实际工作分开，后一个错误是可以避免的，至少是可以缩小的。因为当时经济工作面临的情况，确如毛主席刚上庐山时讲的那样：“问题不少。”那时虽不允许讲比例失调，但物资短缺现象是个严重客观存在。就拿涉及建设全局的钢材来说吧，上庐山前，估计年内可分配钢材 900 万吨，庐山会议前期一算，只有 750 万吨，一下就少了 150 万吨，这对经济发展的影响至关重要。会后，全力突击，虽把钢、煤产量勉强搞上去了，但运输和其他方面却更加紧张。这说明，当时实际情况不允许继续“大跃进”，只能继续调整，处理“大跃进”以来积累的问题。把“路线斗争”同实际工作分开，本来是毛主席提倡的思想。庐山会议后没有坚持这样做，应该承认也是一个重要失误。作为主管工业交通方面的副总理，我在这个方面，也是有责任的。

1960 年夏，苏联单方面取消了中苏国防新技术协定，布加勒斯特会议又整中国。国际政治斗争加剧，因而全力以赴炼“争气钢”。在这种情况下，经济决策跟着政治风向跑，越跑就离实际越远了。

接受庐山会议“反右倾”，同时发动“继续大跃进”的教训，1962 年，八届十中全会重新强调阶级斗争以后，就有意识地注意到防止政治斗争对经济工作的冲击。这以后虽然批判“黑暗风”是错误的，但是并没有因为这个批判而停止“八字方针”的执行。政治斗争的弦虽然越绷越紧，但经济指标不再随风涨了。在工作部署上，也采取相应措施，保障政治斗争不影响生产，例如：1963 年 11 月，中共中央《关于农村社会主义教育运动中一些具体政策的规定（草案）》，即《后十条》规定：“社会主义教育运动的进行，必须同生产工作紧密地结合起来。运动进行的每一个步骤，都不能耽误生产，运动中的一切措施，都应当有利于生产。在整个运动中间，随时都要注意把群众的政治热情和劳动积极性，引导到巩固集体经济、发展农业（包括集体副业）生产上来。”1964 年 9 月 10 日，修正后的《后十条》，对社会主义教育运动同生产的关系，作了更全面的论述，并根据毛主席的指示，把“是增产，还是减产”作为评价运动好坏的标准之一。前后历时四年的“四清”运动虽然也给工农业生产带来消极影响，但同1959、1960年反“右倾”斗争比，影响要小得多。因此，调整期间五年的经济工作，又为经济决策不盲目跟着政治风向走，提供了成功的经验。

经济决策最忌时而大上、时而大下的“折腾”。为保证经济决策的稳定性和连续性，避免大上大下的“折腾”，认真总结和记取过去的有关经济决策不能盲目跟着政治风向走的正反两方面的历史经验，是有益的。

（三）关于生产关系和社会制度的变革

在这个方面的具体经验与教训，我在农村人民公社化、《农村六十条》、《工业七十条》和试办托拉斯等几篇中，已经讲了。这里着重根据农村人民公社化的失误谈三点意见。

第一，清醒地认识我国社会发展现在所处的历史阶段，是制定正确政策的前提。

我在本书第27篇中已经讲道：1958年北戴河会议通过的《关于在农村建立人民公社问题的决议》曾经预言：“共产主义在我国的实现，已经不是什么遥远将来的事情了。”当时，中央领导同志心里的底数，大体是：从1953年算起，15年到20年，即第三个到第四个五年计划期间，我国开始向共产主义过渡。基于这种估计，人民公社就作为向共产主义过渡的最好形式应运而生了。并为此制定了一系列的政策，包括一切生产资料归公的政策，部分供给制（当时把供给制看成按需分配的共产主义因素）和部分工资制相结合的政策，限制和批判按劳分配所体现的平等权利，加强共产主义的思想宣传的政策等。结果事与愿违，遭到了严重的挫折。我觉得，基本教训之一，就是没有弄清楚自己所处的历史方位，即我国社会现在所处的历史发展阶段。

共产主义是人类社会发展的最高阶段，是一代又一代的共产党人为之接力奋斗的崇高理想，也是人类物质文明和精神文明高度发达的结果。由于特殊的历史条件和中国共产党的正确领导，我们国家没有经过资本主义充分发展的阶段，而是由半殖民地半封建社会，经由新民主主义社会，径直进入社会主义社会的。因此，进入社会主义社会的时候，我国的生产力水平和文化科学水平都很低，肩上还背着沉重的几亿人民吃饭的包袱和历史包袱。小平同志讲："社会主义的优越性归根到底要体现在它的生产力比资本主义发展得更快一些、更高一些。"(《邓小平文选》第3卷，第63页)我们那时的生产力水平，在发展中的国家中还是等而下之的，更不用说同发达的资本主义国家和那种"比资本主义发展得更高一些"的社会主义水平相比了。十月革命胜利后，列宁曾把马克思在《哥达纲领批判》中设想的那种社会主义称之为"发达的社会主义"，而把苏维埃俄国准备着手建设的社会主义叫做"最初级形式"的社会主义。(《列宁全集》第2版，第38卷，第113、37页)1958年时，我们所处的历史发展阶段不会比俄国的"最初级形式"的社会主义高。在那样的水平上，就要在思想上、组织上、政策上做向共产主义过渡的准备，难道不是不知自己处于什么历史方位吗?

毛主席思想的深邃性毕竟是高于常人的。1960年1月，他邀集几个同志读苏联《政治经济学教科书》的第3版的中译本。在谈到从社会主义向共产主义过渡问题时，他说："在生产资料所有制的社会主义改造基本完成以后，社会主义社会又可以分为两个阶段，第一阶段是不发达的社会主义，第二阶段是比较发达的社会主义。后一阶段可能比前一阶段需要更长的时间。"这表明毛主席在此时已意识到在历史方位上有失误之处了。可惜，这个基本正确的思想只是昙花一现，没有用以统一全党的认识和贯彻到实际工作中去；而且在这前后，甚至就在这个读书会上，还讲了许多鼓励基本队有制向基本社有制过渡、集体所有制向全民所有制过渡的话，以致就在这次读书会的前后，在全国范围内又刮起了一股以急于过渡为特征的比1958年秋冬更加猛烈的"共产风"。

真正通过对历史经验的总结，弄清了我国现在所处历史发展阶段的，还是十一届三中全会以后。1981年6月，党的十一届六中全会通过的《关于建国以来党的若干历史问题的决议》，首次提出“我们的社会主义制度还是处于初级的阶段”的观点。1987 年 10 月，党的十三大报告指出：确认我们正处在社会主义初级阶段，这个论断，“包括两层含义。第一，我国社会已经是社会主义社会。我们必须坚持而不能离开社会主义。第二，我国的社会主义社会还处在初级阶段。我们必须从这个实际出发，而不能超越这个阶段”。至此，我们党已比较清醒地认识到：在处理生产关系和社会制度变革方面，超越了社会主义初级阶段，是当年犯错误的根本症结所在。

第二，变革生产关系和社会制度，一定要从生产力发展的实际需要出发，而不能从这样或那样的主观臆想出发。

《关于建国以来党的若干历史问题的决议》指出：“社会主义生产关系的发展并不存在一套固定的模式，我们的任务是根据我国生产力发展的要求，在每一个阶段上创造出与之相适应的和便于继续前进的生产关系的具体形式。”这是总结建国后 32 年，特别是开始全面建设社会主义十年生产关系变革的经验教训而得出的正确结论。

从 1958 年到 1960 年，毛主席、党中央关于生产关系和社会制度变革方面，始终盘算着几个过渡：第一是高级农业生产合作社向人民公社过渡；第二是人民公社的基本队有制向基本社有制过渡；第三是集体所有制向全民所有制过渡；第四是社会主义向共产主义过渡。当时的认识是：集体所有制单位都过渡为全民所有制之后，就实现了“全面的全民所有制”，这是社会主义建成的重要标志之一。社会主义建成之日，也就是开始向共产主义过渡之时。第一个过渡 1958 年靠“刮风”实现了，第二、第三个过渡，力争在第三到第四个五年计划内完成，到时再开始第四个过渡。

我在第 27 篇中已介绍过毛主席对人民公社“一大二公”的评论。他说：大，人多（几千户，一万户，几万户），地多，综合经营，工农商学兵，农林牧副渔；大，人多势众，办不到的事情就可以办到；大，好管，好纳入计划。公，就是比合作社更要社会主义，把资本主义残余（比如自留地、自养牲口）都可以逐步搞掉。毛主席认为实现“一大二公”，是农业生产合作社过渡到人民公社的根据。同样，他所以提倡或赞成其他几种过渡，也是认为后一种所有制形式较之前一种所有制形式更大更公，也就是说：人民公社的大集体比生产队的小集体，全民所有制比人民公社集体所有制，全面的全民所有制较之两种公有制并存，共产主义的全民所有制较之社会主义的全民所有制更大更公，因而更先进，更有利于生产力的发展。这些观点，在1958年12月10日党的八届六中全会通过的《关于人民公社若干问题的决议》中都有所阐述。例如，在解释全民所有制为什么比集体所有制更进步，在条件成熟的时候为什么集体所有制要转变为全民所有制时，决议说："因为全民所有制企业的生产资料和产品，可以直接由代表全体人民的国家按照整个国民经济的需要作统一的合理的分配，而集体所有制的企业，包括目前的人民公社，却不能做到这一点。"在条件成熟的时候，"如果不及时地发展和完成这种转变，老是维持集体所有制的现状，让公社社员的眼光只是局限在较小范围的集体利益的圈子里，那就将妨碍社会生产力的继续发展和人民群众觉悟的提高，因而是不适当的"。从这里可以明显地看出，当时处理生产关系和社会制度的变革，不是从生产力发展的实际需要和水平出发，而是从主观臆想出发。对于制约生产力发展的诸多因素都不考虑，只考虑"一大二公"，即只臆想到公有制的载体规模越大，公有化程度越高、越纯，就越能促进生产力发展。这种观点是违反马克思主义基本原理的。马克思主义认为，只有当生产关系成为生产力发展的桎梏的时候，才去变革生产关系；而我们这些年却采取了相反的做法：不顾生产力发展的实际需要和水平，不停顿地去变革生产关系。这是当年犯错误又一症结所在。

生产关系和社会制度的变革，通常有两种方式：一是突变，通过政治革命，彻底推翻阻碍生产力发展的旧的生产关系和社会制度，建立与生产力发展相适应的新的生产关系和社会制度；二是渐变，通过自我改革，调整生产关系和社会制度中某些与生产力发展不相适应的环节。这两种变革虽然性质不同，但无论哪种方式，都必须从生产力发展的实际需要和水平出发。正如马克思说的："人类始终只提出自己能够解决的任务，因为只要仔细考察就可以发现，任务本身，只有在解决它的物质条件已经存在或者至少是在形成过程中的时候，才会产生。”（《马克思恩格斯选集》第 2 卷，第 83 页）违背这个要求，革命和改革都不能取得成功，即使一时勉强进行了变革，最终还得退回去。这是古今中外许多事实所证明了的。我国 50 年代农村生产关系频繁的变革再一次提供了这方面的证明。1980 年 5 月，小平同志谈到这方面的教训时曾说：“有人说，过去搞社会主义改造，速度太快了。我看这个意见不能说一点道理也没有。比如农业合作化，一两年一个高潮，一种组织形式还没有来得及巩固，很快又变了。从初级合作化到普遍办高级社就是如此。如果稳步前进，巩固一段时间再发展，就可能搞得更好一些。一九五八年大跃进时，高级社还不巩固，又普遍搞人民公社，结果六十年代初期不得不退回去，退到以生产队为基本核算单位。”（《邓小平文选》第 2 卷，第 316 页）十一届三中全会以后，又再次退到坚持土地等生产资料公有前提下的家庭分户经营。这就有力地说明，生产关系的变革不能脱离生产力发展的客观要求。凭主观愿望、主观臆想办事必然会带来挫折。

经过 14 年的改革开放，我国已形成了以公有制为主体的多种经济成分（包括国有经济、集体经济、私营经济、个体经济、联营经济、股份制经济、外商投资经济和其他经济）并存的新格局。14 年来，我国生产力蓬勃发展，蒸蒸日上。这说明，对生产关系和社会制度变革的处理，是从生产力发展的实际需要出发的。牢记“大跃进”的教训、60 年代前期调整和 14 年改革开放的经验，不从书本上规定的这种或那种公式出发，而切实从生产力发展的客观需要出发，处理未来生产关系和社会制度的变革问题，是保障改革开放沿着正确轨道前进的一个十分重要的条件。

第三，严格划清平均主义与社会主义的界限，时刻谨防和自觉抵制平均主义的干扰和侵袭。

1958 年到 1960 年的“共产风”，实际上是农民的绝对平均主义风。平均主义阻碍生产力发展，这在土改和农业合作化初期即已露端倪。“大跃进”三年的两度“共产风”，则直接造成了对社会生产力的巨大破坏。第一次郑州会议前，有些同志曾说，那时是一种“农村包围城市”的形势。其实，所谓“包围城市”，实际上是汹涌澎湃的“共产风”冲击着城市。事实上，城市也受到很大的冲击，取消计件工资、奖金，限制“资产阶级法权”，纷纷成立城市人民公社，手工业、商业中合作组织纷纷升级过渡等，就是“共产风”刮进城市的表现。“共产风”刮到哪里，自然就给哪里带来灾难。“大跃进”时搞乱了的理论，也是很多的。其中重要的一个，就是混淆了社会主义和平均主义的界限。不少人头脑里的社会主义甚至共产主义，实质上是个农民平均主义。关于农民平均主义的落后性、反动性和危害性，毛主席在民主革命过程中，有过精辟的深刻的论述。真正认清平均主义的危害，从思想上划清社会主义和平均主义的界限，是我们吸取农村人民公社化教训的一个重要内容。

我国封建社会的历史特别长。从春秋晚期奴隶制解体开始，经历了漫长的封建社会，直到解放后的农业合作化以前，农村里是小农经济的汪洋大海。在小农经济基础上产生的平均主义思想，渗入到社会意识形态的各个方面。“均贫富，等贵贱”的主张，曾经成为许多仁人志士愤世嫉俗、操戈起义的纲领。我在本书上卷第 9 篇中讲过：中国近代资产阶级革命家孙中山先生，杰出的思想家康有为、章炳麟等，都程度不同地受到农民平均主义的思想影响。可见平均主义思想在中国近代影响之深厚了。我们党在毛主席的领导下，在民主革命中，虽长期实行战时共产主义分配制度，基本上实行平均分配，但在思想上有效地抵制了平均主义的影响，从而有助于取得革命的胜利。如果说平均主义思想在民主革命中，还有动员贫苦农民向封建土地占有制度冲击的某些积极作用的话，那么，在社会主义革命和社会主义建设中，它就没有任何积极作用，而只有消极作用了。但是，正是由于对这一点认识不足，在社会主义改造开始以后，就放松了对平均主义问题的注意。1951 年，围绕山西发展农业生产合作社的那场争论，以全部否定少奇同志的意见而结束之后，平均主义问题，就成为一个思想禁区了，以致到 1958 年发生了平均主义大泛滥。平均主义，吃“大锅饭”，端“铁饭碗”，搞“大而全”、“小而全”，万事不求人，否认商品经济和市场机制，是我们过去的经济体制的症结所在。改革过去的经济体制，一个很重要的内容就是要同平均主义决裂。因此，在改革开放的今天，吸取人民公社化的历史教训，划清社会主义与平均主义的界限，自觉谨防和抵制平均主义思想的干扰和侵袭，有很重要的现实意义。要充分实现按劳分配的原则，消除分配中的吃“大锅饭”的平均主义现象，以及消除社会生活中的其他平均主义现象，任务还很重，不是一下子可以做到的，需要继续通过深化改革，发展经济、文化来逐步实现，最终达到同平均主义的彻底决裂。这里还须指出一点，在克服平均主义的同时，在社会收入分配中，也要谨防另一种分配不公即社会成员之间收入过分悬殊的现象。如果长时期内老是一部分人富，而多数人富不起来，那就不是社会主义了。这同样是我们在改革过程中要始终注意防止和消除的东西。在多种经济成分并存和发展社会主义市场经济的新形势下，这个问题需要我们引起充分注意，并认真研究谨防的对策。

(四)关于党的建设

这十年，在党的建设方面，做了许多有益的工作，但也有严重的失误。这个方面的经验与教训，我想到有以下几点：

第一，党的各级领导人保持普通劳动者面貌，党员和群众同甘共苦，是纠正错误、战胜困难的重要一环。

1962年5月11日，少奇同志在中央工作会议上，谈到当时的形势时说：“从经济上来看，总的说不是大好形势，而是一种困难的形势。”但是，“政治形势是好的”。“这就是说，党是团结的，人民是团结的”。这个估计是符合实际的。60年代初期，我国在经济上所遇到的困难，是今天的年轻人所想象不到的。但是，那时社会却比较安定，比较团结，党风和社会风气都比较好。尽管我们党的工作发生了那么大的失误，给群众带来了那么大的痛苦，但群众仍然把克服困难、争取好转的全部希望寄托在我们党的身上。党要求群众配合的事，号令一出，仍然同过去一样，齐心协力，尽力完成。1961、

1962年内精减1000多万职工、减少2000万城镇人口，顺利实现，就是人们仍然把希望寄托在我们党的身上的一个最好的证明。这样的人民多么好啊！1981年小平同志在回顾这十年的情况时指出："那个时候，党和群众心连心，党在群众中的威信比较高，社会风尚好，广大干部群众精神振作。所以，尽管遇到困难，还是能够比较顺利地渡过。"（《邓小平文选》第2卷，第302页）党和群众心连心，社会比较安定团结，这是开始全面建设社会主义的十年和"文化大革命"十年最主要的区别，这里，在党的建设方面，肯定有些好的东西值得我们挖掘和总结。

我认为，最重要的，就是强调党的各级领导人以普通劳动者面貌在群众中出现，党员和群众同甘共苦，患难与共。

1957年的整风，因与反右派斗争扩大化、"反右倾"的消极影响联在一起，其积极方面就往往容易被人忽略了。我认为，它的积极方面主要是，比较有效地反了一下当时已经出现的那种脱离群众的官僚主义和做官当老爷的态度，那种官、暮、骄、娇之气。在整风基础上建立起来的干部参加体力劳动的制度；种试验田的制度；将军当兵的制度；两参一改三结合（干部参加劳动，工人参加管理，改革不合理的规章制度，领导干部、技术人员和工人相结合）的制度；领导干部除年老和生病的以外，每年一定要抽出几个月轮流离开办公室，到基层进行调查研究的制度；以及后来的蹲点制度等。这些制度虽然并不都适合现代化管理的要求，执行中也发生过这样那样的问题，但它确实密切了党群关系，密切了干部和群众的联系。把按劳分配体现的平等权利当作资产阶级性质的东西加以批判，那是不妥当的，但是，当时毛主席提倡发扬战争年代与群众同甘共苦的革命精神，号召各级领导干部以普通劳动者面貌在群众中出现，以平等的态度对人等，却很受群众欢迎。那时，包括中央领导人在内，各级领导人确实经常同群众在一起。许多同志也对自己能以普通劳动者面貌在群众中出现引以为荣。

在"大跃进"和人民公社化运动中，党中央和毛主席对干部的要求是很严的。1959年初发现部分干部有多吃多占等特殊化作风，就把特殊化作风列为"五风"之一加以批判和纠正。三年困难时期,发现商品走后门严重,就严厉地提出禁止用国家商品谋取个人私利的问题,并作出了相应的具体规定。颁布《党政干部三大纪律、八项注意》,更反映对工作人员的思想行为准则提出了更严格的要求。这个时期涌现的焦裕禄、雷锋、王进喜等先进典型,更为广大干部、党员和群众树立了学习的样板。50 年代末到 60 年代初那个时期,我们党的党风虽然存在着带有那个时期特征的一些突出问题(主要是离开实事求是原则,我将在下文阐明),但是,共产党不谋私利,广大党员和干部同群众同甘共苦,风里来,雨里去,这是群众看得见的。现在群众最痛恨的以权谋私等不正之风,在那个时候是比较少的。大批党员和干部,能发扬党的好传统,全心全意为人民服务,同群众同甘共苦,犯了错误,又能切实改正,这是 60 年代初期我们党能经受严重困难考验的最重要的原因之一。这个经验我认为是很宝贵的,值得史学家们系统地加以总结,把它继承下来、发扬下去。

第二,坚持解放思想、实事求是的思想认识路线是健全党和国家政治生活的重要一环。

1957 年 7 月,毛主席在青岛会议期间写的一篇文章提出:"我们的目标,是想造成一个又有集中又有民主,又有纪律又有自由,又有统一意志、又有个人心情舒畅、生动活泼,那样一种政治局面,以利于社会主义革命和社会主义建设,较易于克服困难,较快地建设我国的现代工业和现代农业,党和国家较为巩固,较为能够经受风险。"这段话,虽是在反右派高潮时说的,但它本身是正确的。作为党和国家政治生活的具体奋斗目标,我认为,直到现在,仍不失它的指导意义。

然而,不幸的是,在反右派斗争扩大化以后,特别是 1959 年庐山会议"反右倾"之后,我们党和国家的政治生活陷入了很不正常的状态。"逢人只说三分话,未可全抛一片心",成为普遍现象。那个时候,弄虚作假,吹牛夸大,成为一种严重的流行病。敢于坚持实事求是、敢于说真话的人受排斥打击,而一些看风使舵的人物却受到提拔重用。这也就迫使一些同志不得不"只磕头,不说话",或"只照抄报纸说套话”,或“昧着良心说假话”,或发些违心之言。记得1962年“七千人大会”上,有人说:这几年来,一个人自己想的是真的,两个人讲的,半真半假,三个人一起讲的,全是假的。这个话虽不能代表一般,但这种情况确实是存在的。1960年冬开始,党中央、毛主席总结经验教训,提倡调查研究,倾听群众意见,包括言之有物的反对意见,同时又为受到错误批判处分的几百万人平了反,党和国家的政治生活又开始活跃起来。令人十分惋惜的是,好景不长,八届十中全会以后,强调以阶级斗争为纲,党和国家的政治生活又死水一潭。到“文化大革命”开始不久,“踢开党委闹革命”,以致党的组织陷于瘫痪,广大共产党员一度被迫停止党的组织生活。直到十一届三中全会以后拨乱反正,十一届五中全会颁布《关于党内政治生活的若干准则》,五届人大五次会议重新制定《中华人民共和国宪法》,我们党和国家才又开始向毛主席当年提出的目标前进。20年的曲折告诉我们:坚持实事求是的思想认识路线,是健全党和国家政治生活的重要一环。

小平同志在《解放思想,实事求是,团结一致向前看》的讲话中,谈到关于实践是检验真理的唯一标准问题的讨论时指出:“实事求是,是无产阶级世界观的基础,是马克思主义的思想基础。过去我们搞革命所取得的一切胜利,是靠实事求是;现在我们要实现四个现代化,同样要靠实事求是。”(《邓小平文选》第2卷,第143页)在社会主义事业发展的新时期,我们党根据解放思想、实事求是的原则,从我国社会主义初级阶段的实际情况出发,制定了“一个中心”(经济建设)、“两个基本点”(坚持四项基本原则和坚持改革开放)的基本路线,从而保证10多年来我国经济和社会的发展取得了举世瞩目的伟大成就。现在,我们贯彻执行这条基本路线,要求进一步解放思想,实事求是,大胆探索,扎实工作,抓住有利时机,加快改革开放的步伐,集中精力把经济建设搞上去,并坚持“两手抓”,促进社会的全面进步,不断推动有中国特色的社会主义事业向前发展。解放思想与实事求是,是相互统一的。所谓解放思想,就是要求我们的思想认识符合客观实际,既不落后也不超越于客观实际,既不“左”也不右,所以也就是实事求是。在党和国家的政治生活方面，保持“又有集中又有民主，又有纪律又有自由，又有统一意志、又有个人心情舒畅、生动活泼，那样一种政治局面”，对于实现和坚持解放思想，实事求是，又快又好地推进改革开放和现代化建设，都是非常重要的。总之，我们要切记历史的经验教训，在党和国家的各项工作中间，一定要始终坚持解放思想、实事求是、一切从实际出发的马克思主义的思想认识路线。

第三，推进民主制度化、法律化，是实施民主集中制的有效途径。

我在本书第35篇中已经介绍了“七千人大会”对“大跃进”以来所犯错误原因的分析，那次会议一致认为，民主集中制受到破坏，是“大跃进”以来我们党在经济社会发展工作中犯错误的重要原因。这个分析无疑是正确的。但是，历史的经验告诉我们：只认识到这里，还不能解决问题。因为“七千人大会”以后，民主集中制照样受到破坏，甚至更严重的破坏。不仅经过中央工作会议集体讨论对经济形势做出的分析，可以作为“黑暗风”加以批判，人代会、党代会可以随意推迟，而且经过党代会、全国人代会选出的党和国家的许多领导人，也可以随便打倒。这就要求我们对那些年特别是“文化大革命”十年中民主集中制为什么会受到破坏和怎样保证民主集中制不受破坏的问题，必须进一步加以研究。

我看关键在于人治还是法治问题，在认识上和实践上没有得到根本解决。

毛主席在全党和全国人民中的崇高威望，是历史形成的。跟着毛主席走就是胜利，这是许多老同志在长期革命实践中得出的认识。但是，由于国际共运长期没有正确解决领袖和党的关系问题的消极影响，由于我国历史上长期缺乏民主传统，随着对毛主席信仰的提高和普及，个人崇拜现象也逐渐滋长起来。关于毛主席本人，我在本卷第30篇中讲过，从遵义会议以来直到50年代前期，他在执行民主集中制方面是做得好的，对集体决议是尊重的。但是，50年代中期以后，由于一系列的胜利，由于国内国外的种种因素，加上他个人不像过去那样谦虚谨慎了，也不像过去那样尽量倾听各方面的意见包括不同意见了，于是主观主义的东西和个人专断的作风就日益发展和严重起来了。他不仅接受个人崇拜，而且还提出了一些个人崇拜的理论。大家记得，1956 年党的八大提出防止个人崇拜现象，毛主席没有表示不同意见。1958 年初批判反冒进时，他却提出了一些与八大决议精神不相符的观点。1958 年 3 月，在成都会议上，毛主席提出了两种个人崇拜的观点，他说：个人崇拜有两种，一种是正确的，如对马克思、恩格斯、列宁、斯大林正确的东西，必须崇拜，永远崇拜，不崇拜不得了，真理在他们手里，为什么不崇拜呢？另一种是不正确的崇拜，不加分析，盲目服从，这就不对了。有人反对列宁，说列宁独裁，列宁回答很干脆：与其让你独裁，还不如我独裁好。毛主席在这里，显然是把崇拜真理与崇拜个人等同起来了，这在理论上是有破绽的，对党内一般政治生活来说，也是违反我们党一贯遵循的准则的。林彪、康生等人，1958 年以后，正是利用“正确的个人崇拜”的观点，刮起对毛主席的个人崇拜风。什么“顶峰”呀！什么“最高标准”、“最后标准”呀！什么“句句是真理，一句顶一万句”呀！都是他们在这个期间提出来的。此外，其他一些同志在这个期间，也提出了一些错误观点，例如：在成都会议上，有的负责干部提出：“对主席就是要迷信”，“我们相信主席要相信到迷信的程度，服从主席要服从到盲目的程度”。总之，我认为，没有一定的个人崇拜，“大跃进”发动不起来，批判反冒进，批判“右倾机会主义反党集团”，批判“三风”（“黑暗风”、“单干风”、“翻案风”），也很难批起来。而“大跃进”的发动，对反冒进、对彭德怀等同志、对“三风”的批判，不仅导致了个人崇拜的恶性膨胀，而且也导致了对党章、宪法和法律的严重忽视。党内歪风压倒了正气，谬误践踏了真理。“文化大革命”所以能够发动，根本原因也在这里。

民主集中制不仅是一种手段，一种作风，更重要的是，它是无产阶级政党必须遵循的制度，也是社会主义国家必须实行的制度。搞社会主义建设，无疑需要集中统一的领导，但是，正如小平同志指出的：“必须有充分的民主，才能做到正确的集中。”“为了保障人民民主，必须加强法制。必须使民主制度化、法律化，使这种制度和法律不因领导人的改变而改变，不因领导人的看法和注意力的改变而改变。”（《邓小平文选》第2卷，第144、146页）小平同志的这些观点，我认为是非常重要的，是对历史经验深刻的科学的总结。1957年以来发生的曲折，很多不是与主要领导人意见中途改变或注意力改变有关吗？历史的教训告诉我们：为了坚持民主集中制，除了从思想上、理论上彻底弄清阶级、政党、领袖的关系，民主与集中的关系，崇拜真理与崇拜个人等关系外，必须从我国的国情出发，积极而又稳妥地进行政治体制改革，建立确实有效的监督机制，并且使之制度化、法律化，以保证领导集体中每一成员有充分表达自己意见的自由，保证每个党员、每个公民有揭发、批判党政干部不正之风和违法乱纪行为的权利。

关于政治体制改革和制度建设的重要性，小平同志也根据历史经验，做出过精辟的论述。他说：“我们过去发生的各种错误，固然与某些领导人的思想、作风有关，但是组织制度、工作制度方面的问题更重要。这些方面的制度好可以使坏人无法任意横行，制度不好可以使好人无法充分做好事，甚至会走向反面。”“不是说个人没有责任，而是说领导制度、组织制度问题更带有根本性、全局性、稳定性和长期性。这种制度问题，关系到党和国家是否改变颜色，必须引起全党的高度重视。”（《邓小平文选》第2卷，第333页）我完全赞成小平同志的观点。我们在进一步的政治体制改革中，必须切实研究解决对领导人的监督机制和民主的制度化和法律化问题。领导人个人的权威是重要的，应该受到尊重和维护；但尊重和维护这种权威，应该建立在尊重和维护党章、宪法、法律的权威的基础上。要把我国建设成为富强、民主、文明的社会主义强国，任重而道远，还需要若干代人的持续不懈的奋斗。在这一点上，发达的资本主义国家对政府官员的监察制度和舆论监督制度，不无借鉴之处。

怎样避免党和国家的工作因领导人观点的变化或领导人的交替而出现某些失误甚至发生某种曲折的问题，我觉得，这仍然是一个需要我们党在理论上和实践上进一步加以研究和解决的重大问题。依据马克思主义的基本原理，并积多年之正反两方面的历史经验，解决这个问题，没有别的办法，只有坚持实行法治，加强社会主义法制建设，使社会主义民主制度化、法律化之一法。

研究历史，是为了吸取经验、教训，开辟未来的事业，使之少犯错误，少付代价。这里，关于开始全面建设社会主义十年的经验教训，共写了13条，其中：阶级斗争方面3条，经济建设方面4条，生产关系和社会制度变革方面3条，党的建设方面3条。这些意见可能不一定适当，权把它作为引玉之砖抛出来，希望能够引起读者，特别是史学界、理论界的同志作进一步的探索。

后　记

1988年4月，我向中央提出撰写《若干重大决策与事件的回顾》（上、下卷）一书的夙愿，花了整整五年的工夫，总算实现了。

这本书能写成现在这样，首先归功于党中央的领导，同时得益于党史工作领导小组的关心和支持。

写作过程中，中央办公厅、中央档案馆、中央党校、文献研究室、党史研究室、《求是》杂志社、社科院工经所等部门提供了方便或帮助，谨向他们表示感谢！

五年来，协助我写作的工作班子的同志们付出了辛勤的劳动，其中自始至终参加上、下卷工作的主要有滕文生、陈威、易之、陈斐章等同志。还有些同志为本书出过力。在此一并表示谢意！

对建国以来党中央的重大决策进行研究，本书还只是作了一种初步尝试。我深深地体会到，要如实地反映历史发展的真实过程，并作出合乎实际的评估，必须把个人的回忆和对历史档案、党的文献、中央领导同志的选集、文选以及十一届三中全会以来党中央关于重大问题的总结和根据新情况作出的新的重大决策的学习与研究结合起来，我力图照此去做，但仍感做得不够。书中讲到的，只是反映了目前我所了解的情况和认识，缺点和错误在所难免。我热切期望得到读者的批评和指正。

薄一波

1993年6月1日于北京中南海